Andreas Blank, Sylvia Derer, Martin Evers, Anja von der Haar, Manfred Krieger,
Helge Meyer, Maria Schilz

Herausgeber: Andreas Blank, Dr. Hans Hahn, Helge Meyer

# Allgemeine Wirtschaftslehre Medienberufe

3. Auflage



Bestellnummer 32500

Bildungsverlag EINS

Haben Sie Anregungen oder Kritikpunkte zu diesem Produkt?
Dann senden Sie eine E-Mail an 32500_003@bv-1.de
Autoren und Verlag freuen sich auf Ihre Rückmeldung.

**Legende der im Buch verwendeten Icons:**

Handlungssituation zur Herstellung von Bezügen zur betrieblichen Praxis.

Übung zur praxisnahen Anwendung des Gelernten.

Merke: Definition und Erläuterung wichtiger Fachbegriffe und Formeln.

Zusammenfassung wichtiger Inhalte.

*Vergleiche hierzu Kapitel 6.2*

Verweis auf erforderliches Wissen aus anderen Kapiteln.

*Vergleiche hierzu www.bildungsverlag1.de*

Link zu hilfreichen Internetseiten.

**www.bildungsverlag1.de**

Bildungsverlag EINS GmbH
Sieglarer Straße 2, 53842 Troisdorf

ISBN 978-3-427-**32500**-0

# Vorwort

Dieses Buch erfüllt die Anforderungen der Ausbildungsordnungen und der Rahmenlehrpläne der sechs kaufmännischen Medienberufe **Kaufmann/Kauffrau für audiovisuelle Medien, Buchhändler/Buchhändlerin, Medienkaufmann/Medienkauffrau Digital und Print, Kaufmann/Kauffrau für Marketingkommunikation, Veranstaltungskaufmann/Veranstaltungskauffrau und Fachangestellte für Medien- und Informationsdienste**. Die Aspekte der Allgemeinen Wirtschaftslehre für den Ausbildungsgang **Mediengestalter** werden ebenfalls berücksichtigt.

Die Autoren haben hierbei den Versuch unternommen, alle in den Rahmenlehrplänen dargestellten betriebswirtschaftlichen Inhalte in zehn Lernfeldern darzustellen. Handlungssituationen und eine Vielzahl von Beispielen sind dabei branchenbezogen formuliert und transferieren den betriebswirtschaftlichen Sachinhalt auf die betrieblichen Handlungsfelder. Die Lernfelder sind didaktisch reduzierte Handlungsfelder der betrieblichen Praxis und durch spezifische Zielformulierungen beschriebene thematische Einheiten. Sie orientieren sich an konkreten beruflichen Aufgabenstellungen und Handlungsabläufen, die in den Berufsbildern beschrieben sind.

Vom ersten Lernfeld an ist die Allgemeine Wirtschaftslehre für Medienberufe auf betriebliche Situationen, auf Problemlösungen und Entscheidungen sowie auf ökonomisches Denken und Handeln in den unterschiedlichen Branchen ausgerichtet. Die Erschließung der unterschiedlichen betrieblichen Handlungsfelder erfolgt mithilfe von konkreten Handlungssituationen, die sich auf ein konkretes **Modellunternehmen**, die Medi@ AG, beziehen. Die Medi@ AG ist ein Medienkonzern, der im Stammunternehmen und über eine Beteiligungs-GmbH die typischen Medienunternehmen der Praxis abdeckt. Im Vergleich mit diesem Modellunternehmen erkennen die Auszubildenden die Besonderheiten ihres Ausbildungsbetriebes.

In der Allgemeinen Wirtschaftslehre für Medienberufe werden folgende **berufsspezifischen Lernfelder** dargestellt:

1. Mit der Berufsausbildung im Medienunternehmen beginnen
2. Rechtsform der Unternehmung als betriebswirtschaftliches Entscheidungsproblem darstellen
3. Verträge abschließen und erfüllen
4. Medien- und Urheberrecht kennenlernen
5. Beschaffungsprozesse planen, steuern und kontrollieren
6. Marketingprozesse planen, steuern und kontrollieren
7. Investitions- und Finanzierungsprozesse planen
8. Steuern und Versicherungen als wirtschaftliche Rahmenbedingungen einbeziehen
9. Bei Personalentscheidungen mitwirken
10. Wirtschaftliche Rahmenbedingungen in Entscheidungen der Unternehmen und der privaten Haushalte einbeziehen

Die **Kapitel innerhalb der Lernfelder** sind in sachlogisch strukturierte Unterrichtseinheiten gegliedert. Jede Unterrichtseinheit ist folgendermaßen aufgebaut: 1. Handlungssituation mit Arbeitsaufträgen, 2. Sachinhalt, 3. Zusammenfassung, 4. Aufgaben.

Zu jedem Lernfeld werden Aufgaben mit unterschiedlichem Schwierigkeitsgrad und Umfang, einerseits zur Sicherung und Anwendung betriebswirtschaftlicher Begriffe, Definitionen und Abläufe, andererseits zur Auswertung und entscheidungs- und handlungsorientierten Durchdringung der Ergebnisse gestellt.

Im **Lehrerhandbuch** sind alle Aufgaben ausführlich gelöst. Ferner wird zu jedem Lernfeld eine handlungsorientierte Unterrichtsskizze vorgestellt. Darüber hinaus ist eine Vielzahl von Kopiervorlagen für den Lehrer enthalten.

*Die Herausgeber*

## Ein Unternehmen stellt sich vor

Jedes Unternehmen ist gleichzeitig Kunde bei anderen Unternehmen (**Lieferer**) und hat selbst Abnehmer (**Kunden**). Medienunternehmen beschaffen von verschiedenen Unternehmen Informationen und Medienprodukte sowie Dienstleistungen aller Art, aus denen sie neue Produkte herstellen, die sie dann ihren Kunden anbieten.

Damit Sie die vielfältigen Probleme und Methoden der Medienbetriebslehre leichter kennenlernen, haben wir für Sie ein mittelständisches Unternehmen als Modellbetrieb gewählt, die **Medi@ AG**, ein Unternehmen der Medienbranche. An typischen Situationen dieses Unternehmens lernen Sie die wesentlichen Themen kennen, mit denen sich die Wirtschaftslehre beschäftigt. Sie erfahren, wie betriebswirtschaftliche Entscheidungen zustande kommen und welche Methoden eingesetzt werden, damit ein Unternehmen Erfolg hat.

Betrachten Sie die **Medi@ AG** als „Ihren Ausbildungsbetrieb", um betriebswirtschaftliches Denken und Handeln zu lernen. Hierzu wollen Sie bestimmt einige Details über dieses Unternehmen erfahren.

Sie erfahren, wo die Medi@ AG ihren Sitz hat, wie das Unternehmen aufgebaut ist, welche Abteilungen vorhanden sind und welche Menschen in diesem Unternehmen arbeiten. Einigen der Mitarbeiter werden Sie in Ihrem Unterricht häufig begegnen und sie in typischen Situationen beobachten.

Sie finden auch einen Auszug aus der Kunden- und Liefererdatei. Außerdem wird die Satzung der Medi@ AG vorgestellt. Schließlich erfahren Sie, in welchen Verbänden die Medi@ AG Mitglied ist und wie ihr Betriebsrat und ihre Jugendvertretung zusammengesetzt sind.

Auf diese Informationen werden Sie bei Ihrer Lernarbeit häufiger zurückgreifen. Deshalb haben wir sie zusammengefasst und am Anfang des Lehrbuches zur ständigen Nutzung aufgeführt.

**Die Medi@ AG**

## Der Standort

Die Büroräume der Medi@ AG liegen in der Hugo-Eckener-Straße 1 in 50829 Köln. Hier hat das Unternehmen Büros, Lager- und Produktionsräume errichtet. Die Büroräume befinden sich im Hauptgebäude. Die Grundstücke und Gebäude sind Eigentum der Medi@ AG. Die Medi@ AG unterhält in der Schildergasse in Köln eine Buchhandlung, die Medi@Point GmbH & Co. KG.

Die Medi@ AG unterhält in ihrem Verwaltungsgebäude eine Geschäftsstelle, in der gewerbliche Kunden und Endverbraucher Anzeigen aufgeben und Abonnements für die Zeitung und die Zeitschriften des Unternehmens bestellen können. Die Geschäftsstelle wird überwiegend von den Auszubildenden der Medi@ AG geleitet und verwaltet.

Arbeitnehmerinnen und Arbeitnehmer können mit den Bus- und Straßenbahnlinien fast bis vor den Eingang des Unternehmens fahren. Auf dem Werksgelände befinden sich nur wenige Parkplätze für Mitarbeiter und Kunden, da die Geschäftsleitung der Medi@ AG die Mitarbeiter durch die Ausgabe von JobTickets für die öffentlichen Verkehrsmittel zu umweltbewusstem Verhalten anhalten möchte.

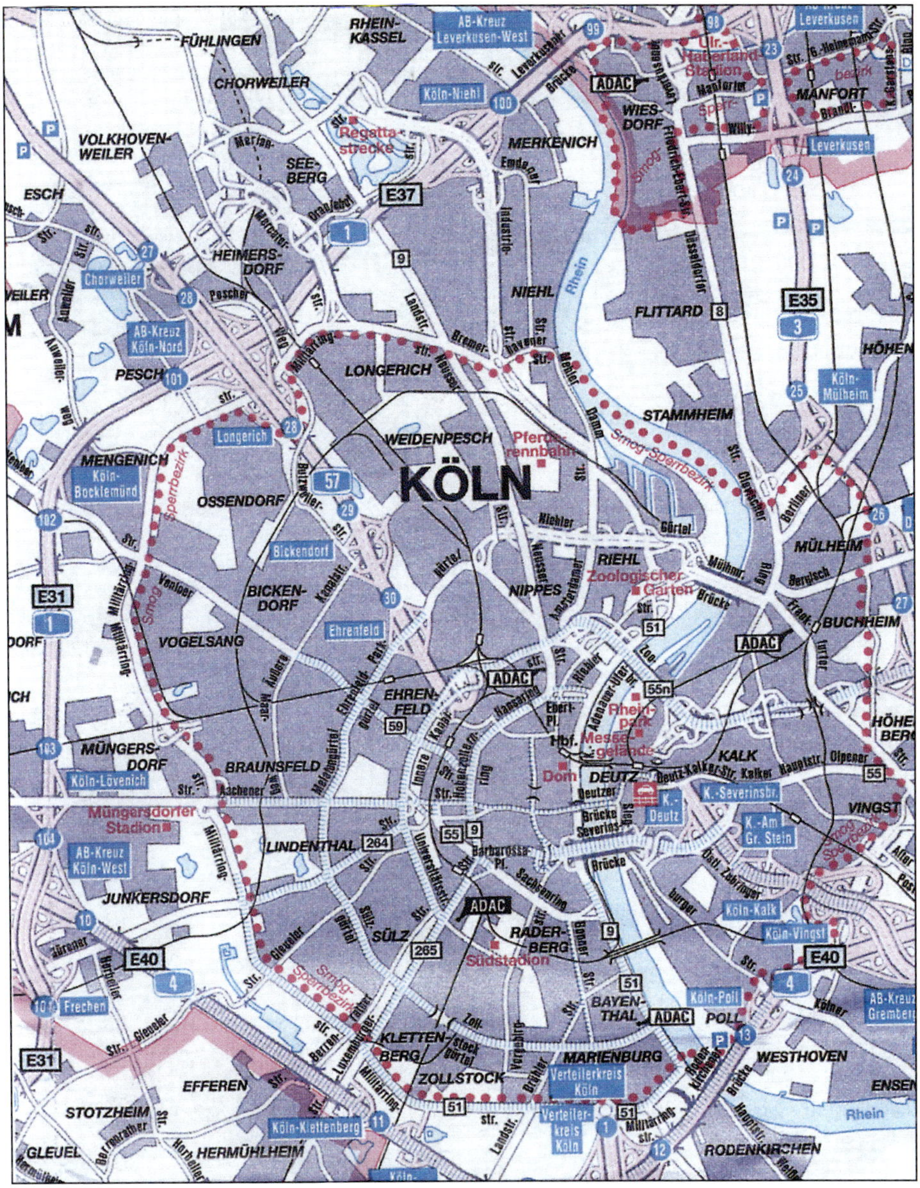


## Telefon und Telefax, Internetadresse

Telefon: 0221 445 36 90
Telefax: 0221 445 36 98

E-Mail: info@mediaag.de
Internet: http://www.mediaag.de

## Die Bankverbindungen

| Geldinstitut | Bankleitzahl | Kontonummer |
|---|---|---|
| Sparkasse KölnBonn | 370 501 98 | 360 058 796 |
| Postbank Köln | 370 100 50 | 286 778-431 |
| Deutsche Bank | 370 700 60 | 448 300 21 |

## Steuer-, Betriebs-Nr. für Sozialversicherung und Handelsregistereintragung

**Finanzamt:** Köln-West; Steuer-Nr.: 223/335/5342; USt-IDNr.: DE–124639412
**Betriebs-Nr. für die Sozialversicherung:** 43641271
**Handelsregistereintragung:** Amtsgericht Köln HR B 467-0301

## Die Verbände

Gemäß § 1 IHK-Gesetz ist die Medi@ AG Mitglied in der Industrie- und Handelskammer zu Köln. Mehrere Mitarbeiter der Medi@ AG sind Mitglieder in Prüfungsausschüssen der IHK. Das Unternehmen ist im Börsenverein des Deutschen Buchhandels – Landesverband Nordrhein-Westfalen e.V. – organisiert. Die organisierten Arbeitnehmer sind Mitglieder in der Gewerkschaft ver.di (Vereinte Dienstleistungsgewerkschaft).

## Der Betriebsrat und die Jugend- und Auszubildendenvertretung

Vorsitzender des Betriebsrates der Medi@ AG ist Marc Cremer, sein Stellvertreter ist Sven Fischer. Jugend- und Auszubildendenvertreterin ist Petra Jäger, Stellvertreter ist Andreas Dick.

*Marc Cremer*

*Petra Jäger*

## Der Aufsichtsrat

Dem **Aufsichtsrat** der Medi@ AG gehören neun Mitglieder an: Vier Vertreter der Arbeitnehmer und vier Vertreter der Anteilseigner. **Aufsichtsratsvorsitzende** ist Dr. Stein.

| Arbeitnehmervertreter | Anteilseignervertreter |
|---|---|
| Karl Wolf | Anne Miller |
| Jens Effer | Helga Neu |
| Christine Eder | Markus Runkel (Sparkasse KölnBonn) |
| Thomas Müller | Dr. Elke Stein (Deutsche Bank) |

## Die Unternehmensgeschichte

In der Kölner Südstadt gründeten Dr. phil. Hans Koch und Dipl.-Volkswirtin Helga Neu 1985 den Skriptenverlag **Koch & Neu GbR**, der Vorlesungsmitschriften der Kölner Universität produzierte und vertrieb. In allen Fällen konnten die Professoren für eine Revision der Mitschriften gewonnen werden, sodass die Skripten eine hohe Qualität aufwiesen. Im Jahre 1992 trat die Pädagogikstudentin Anne Miller in das bestehende Unternehmen als Mitgesellschafterin ein, wobei das Unternehmen seitdem als **Medi@ GmbH** firmierte. In den Jahren 1993 bis 1996 expandierte das Unternehmen: Es gründete Verlage für Periodika, erwarb eine Buchhandlung und beteiligte sich an Mediendienstleistungsunternehmen. 1997 wandelten die beiden Gründer und Anne Miller das Unternehmen in die **Medi@ AG** um, wobei das Unternehmen von der Kölner Südstadt in den Norden von Köln umzog. Damit begann der eigentliche Aufstieg des Unternehmens zu einem der führenden Medienunternehmen in Deutschland. Das Unternehmen hat den Ruf eines Pioniers der Cross-Media-Vermarktung erlangt.

Wesentliche **Grundmaximen** des Unternehmens sind die **Forderung nach hoher Qualität der Produkte und die Absage an verschwenderischen Verbrauch von Ressourcen**. So war die Medi@ AG eines der ersten Unternehmen in der Branche, das sich einem Öko-Audit unterzog und eine Umwelterklärung herausgab.

Mit der Unternehmensphilosophie bildete sich bei der Media@ AG auch ein **neues Verständnis für die Wertigkeit der Kundenbeziehungen** und **für das soziale Verhalten** im Unternehmen aus, das auf gegenseitiges Vertrauen gegründet ist. Der **Führungsstil** ist kooperativ und durch die Regel „Keine Anweisung ohne Begründung" charakterisiert.

Seit dem 1. Januar 1992 waren die Mitarbeiterinnen und Mitarbeiter mit 50 % am Betriebsergebnis (nach Steuern) vermögensbildend beteiligt und hielten als **stille Gesellschafter** 28 % des Kapitals. Mit der Umwandlung des Unternehmens in eine **Aktiengesellschaft** wurden die Mitarbeiteranteile in Vorzugsaktien umgewandelt.

Es ist nahe liegend, dass ein Unternehmen, das in der Produktentwicklung ebenso wie in seiner Haltung als Arbeitgeber neue Wege geht, sich in seiner Umweltverantwortung nicht abwartend verhält, sondern bestrebt ist, die Entwicklung aktiv mit voranzutreiben. Hierbei wird folgender Satz aus der Unternehmensphilosophie zugrunde gelegt: **„In diesem Jahrtausend werden nur die Unternehmen überleben, die zwei Voraussetzungen haben: hohe Qualität der Produkte und die Zustimmung der Menschen."**

# Auszug aus der Satzung der Medi@ AG

## I. Allgemeine Bestimmungen

### § 1 Firma, Sitz und Geschäftsjahr

*(1) Die Gesellschaft führt die Firma Medi@ AG.*
*(2) Sie hat ihren Sitz in 50829 Köln.*
*(3) Geschäftsjahr ist das Kalenderjahr.*

### § 2 Gegenstand des Unternehmens

*(1) Gegenstand des Unternehmens ist die Herstellung, Vermarktung und Verbreitung von Medienprodukten und -dienstleistungen aller Art. Es betreibt keine erlaubnispflichtigen Geschäfte.*

### § 3 Bekanntmachungen

*Die Bekanntmachungen der Gesellschaft erfolgen ausschließlich im Bundesanzeiger.*

## II. Grundkapital und Aktien

### § 4 Höhe und Einteilung des Grundkapitals

*(1) Die Gesellschaft hat ein Grundkapital von 50 000,00 EUR. Es ist eingeteilt in 50 000 Stückaktien.*
*(2) Die Form der Aktienurkunden und der Gewinnanteil- und Erneuerungsscheine bestimmt der Vorstand. Über mehrere Aktien eines Aktionärs kann eine Urkunde ausgestellt werden.*

## III. Der Vorstand

### § 6 Zusammensetzung und Geschäftsordnung

*(1) Der Vorstand besteht aus einer oder mehreren Personen. Die Gesellschaft wird durch zwei Vorstandsmit-glieder oder durch ein Vorstandsmitglied zusammen mit einem Prokuristen vertreten. Ist nur ein Vorstandsmitglied bestellt, so vertritt dieses die Gesellschaft allein. Der Aufsichtsrat kann bestimmen, dass Vorstandsmitglieder für Geschäfte von den Beschränkungen des § 181 2. Alt. BGB befreit sind. Im Übrigen bestimmt der Aufsichtsrat die Zahl der Mitglieder des Vorstands.*

## IV. Der Aufsichtsrat

### § 7 Zusammensetzung, Amtsdauer

*(1) Der Aufsichtsrat besteht aus acht Mitgliedern.*

## V. Hauptversammlung

### § 8 Ort und Einberufung

*(1) Die Hauptversammlung findet am Sitz der Gesellschaft statt. Sie wird durch den Vorstand einberufen.*
*(2) Die Einberufung muss mindestens einen Monat vor dem Tage der Versammlung erfolgen. Dabei werden der Tag der Veröffentlichung und der Tag der Hauptversammlung nicht mitgerechnet.*

### § 9 Vorsitz in der Hauptversammlung

*In der Hauptversammlung führt der Vorsitzende des Aufsichtsrats den Vorsitz, im Falle seiner Verhinderung sein Stellvertreter. Bei Verhinderung des Vorsitzenden des Aufsichtsrates und seines Stellvertreters wird der Vorsitzende durch die Hauptversammlung gewählt.*

### § 10 Beschlussfähigkeit und Mehrheit

*(1) Die Hauptversammlung ist beschlussfähig, wenn mehr als die Hälfte des Grundkapitals vertreten ist. Ist das nicht der Fall, so ist eine Hauptversammlung, die mit der gleichen Tagesordnung innerhalb der nächsten drei Monate stattfindet, in jedem Falle beschlussfähig.*
*(2) Jede Aktie gewährt in der Hauptversammlung eine Stimme.*
*(3) Beschlüsse der Hauptversammlung über die Auflösung der Gesellschaft, über die Verschmelzung mit einer anderen Gesellschaft, über die Übertragung des Gesellschaftsvermögens oder über eine Gewinnabführung werden mit einer Mehrheit von 75 % des gesamten stimmberechtigten Grundkapitals der Gesellschaft gefasst.*
*(4) Im Übrigen bestimmt sich die für eine Beschlussfassung erforderliche Mehrheit nach den Vorschriften des Aktiengesetzes.*

## VI. Jahresabschluss

### § 11 Jahresabschluss

*(1) Der Vorstand hat innerhalb der gesetzlichen Frist den Jahresabschluss sowie den Lagebericht für das vergangene Geschäftsjahr aufzustellen und dem Aufsichtsrat vorzulegen. Zugleich hat der Vorstand dem Aufsichtsrat den Vorschlag vorzulegen, den er der Hauptversammlung für die Verwendung des Bilanzgewinnes machen will. Der Aufsichtsrat hat den Jahresabschluss, den Lagebericht und den Vorschlag für die Verwendung des Bilanzgewinnes zu prüfen.*

## VII. Kosten

### § 12 Gründungskosten

*Die Kosten der Gründung der Gesellschaft (Gerichtsgebühren, Veröffentlichungskosten, Notarkosten, sowie ggf. Vergütung für vorbereitende Beratungstätigkeit) bis zu höchstens 5 000,00 EUR gehen zulasten der Gesellschaft.*

Die Medi@ AG, ihre Geschäftsfelder und die Medi@ Beteiligungs GmbH

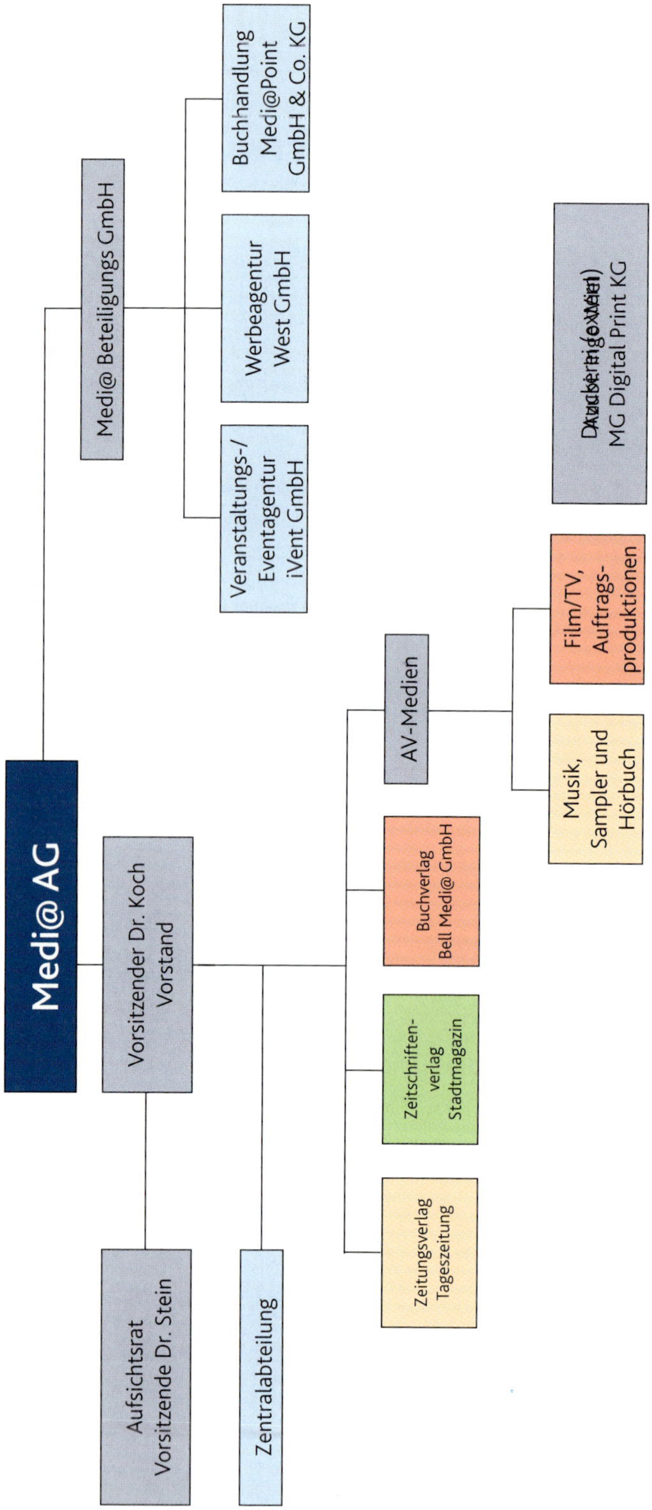

## Zentralabteilung Medi@ AG

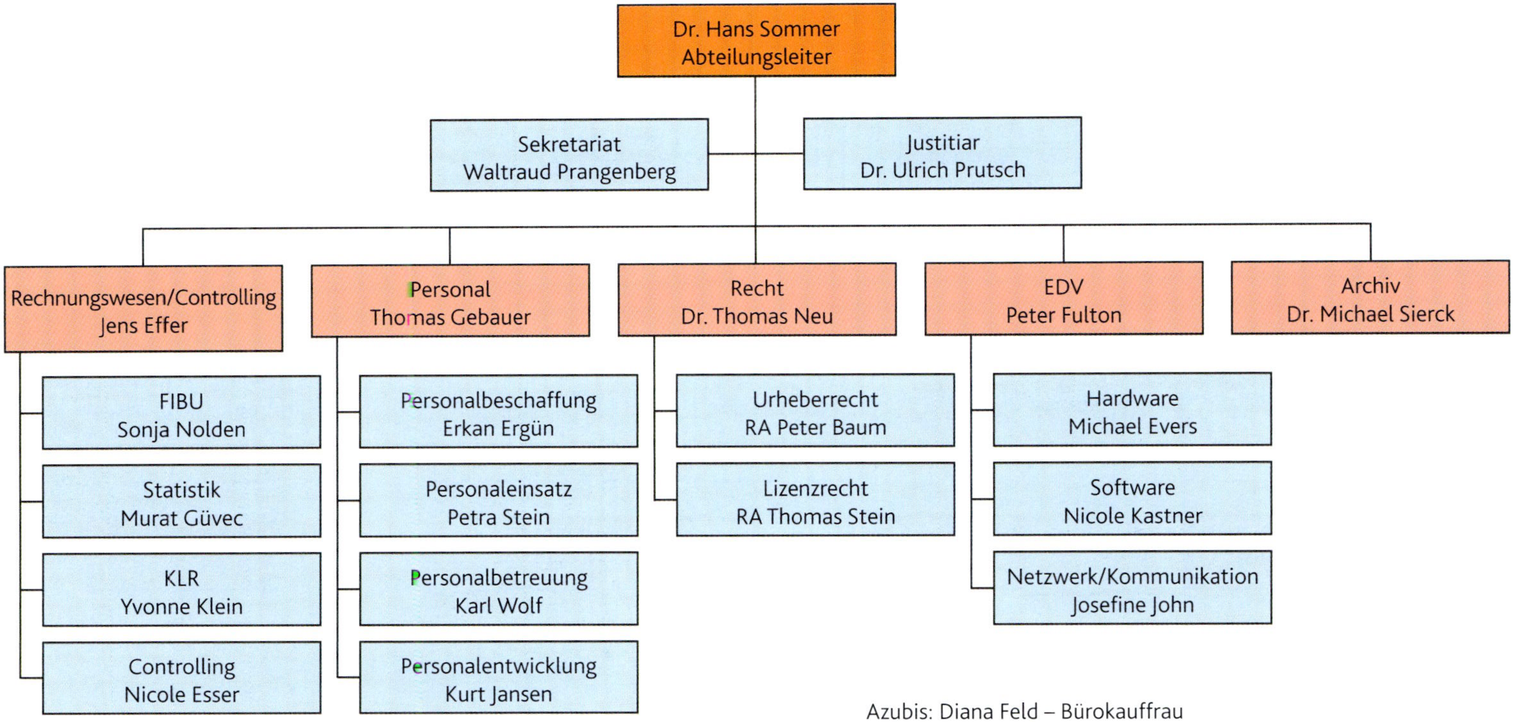


Azubis: Diana Feld – Bürokauffrau
Rudolf Heller – Bürokaufmann
Emilio Lanzetti – Informatikkaufmann
Nicole Sommer – Rechtsanwaltsfachgehilfin
Daniela Schaub – Industriekauffrau
Sven Peters – Fachangestellter für Medien- und Informationsdienste

## Geschäftsfeld Zeitungsverlag

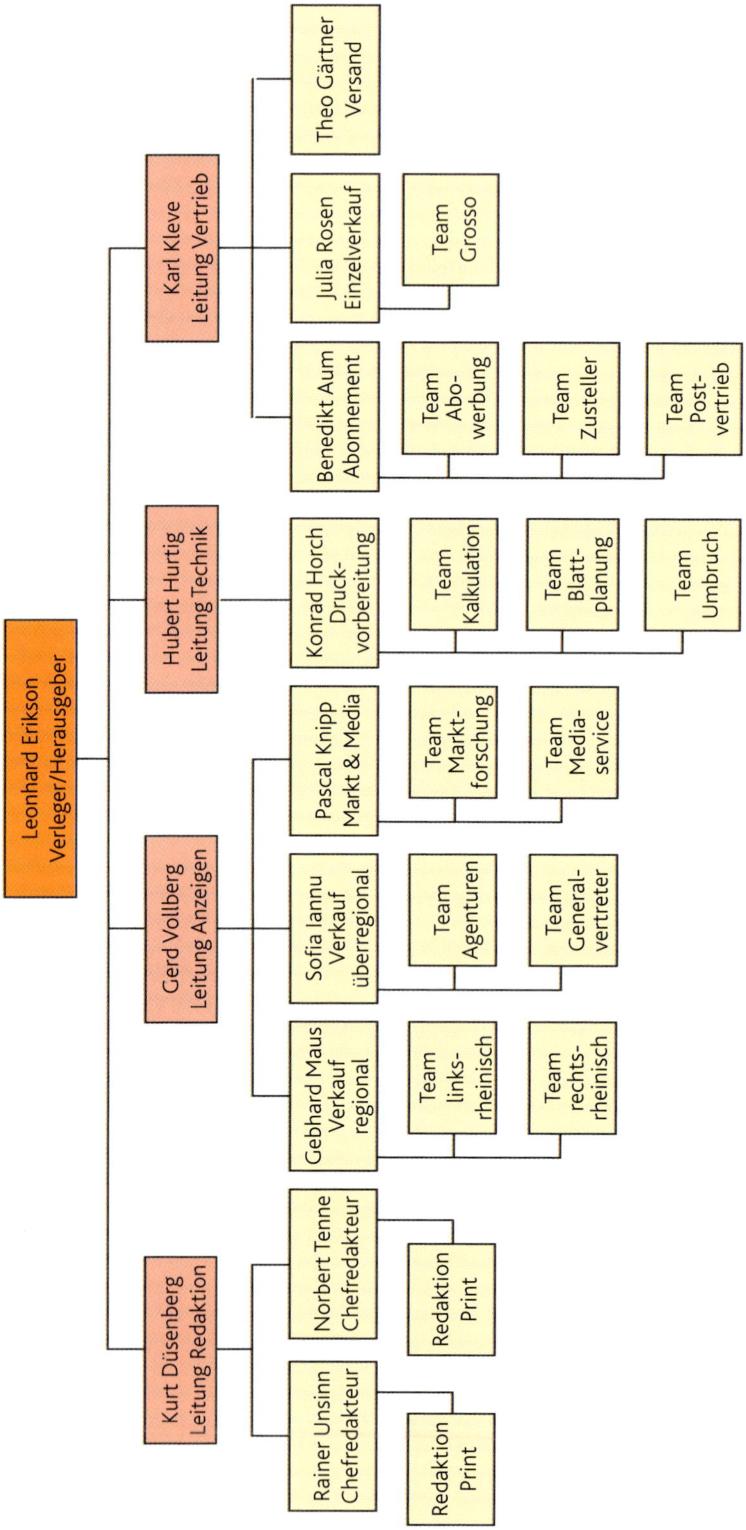

## Geschäftsfeld Zeitschriftenverlag

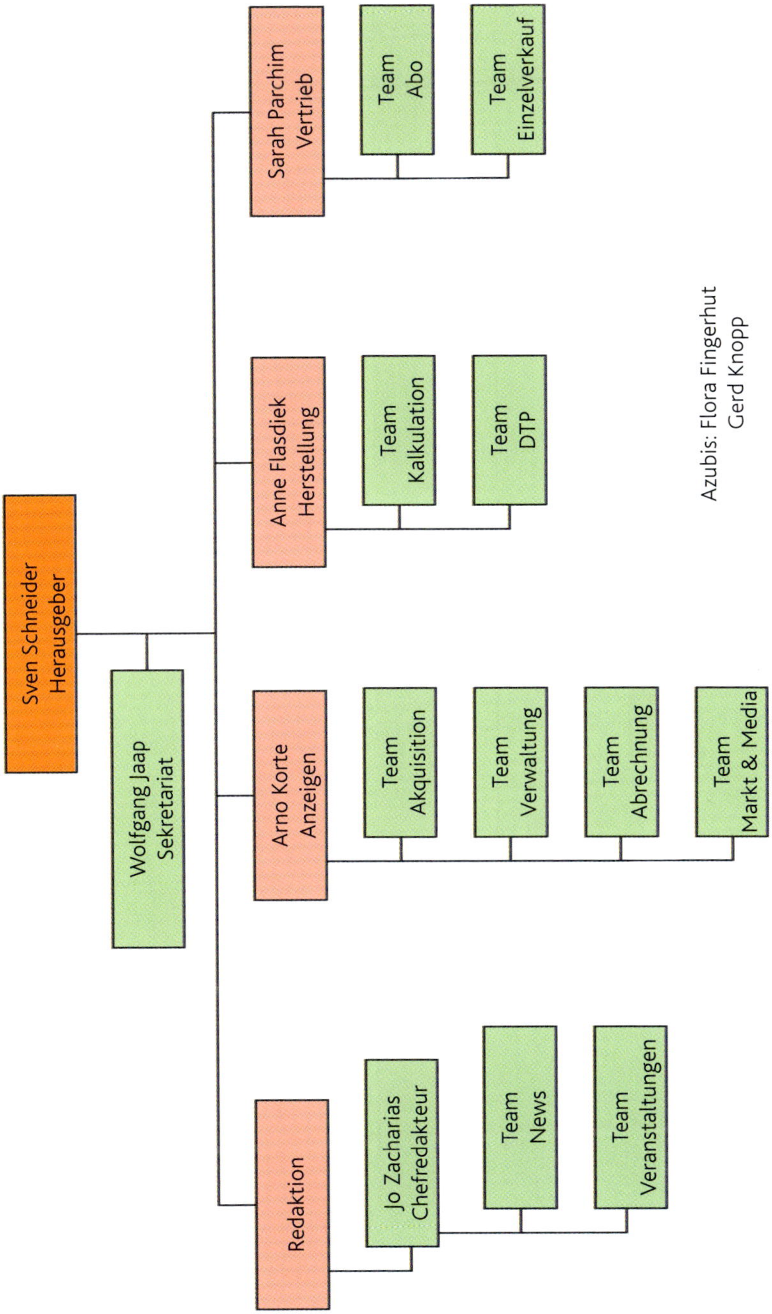

Geschäftsfeld Buchverlag Bell Medi@ GmbH

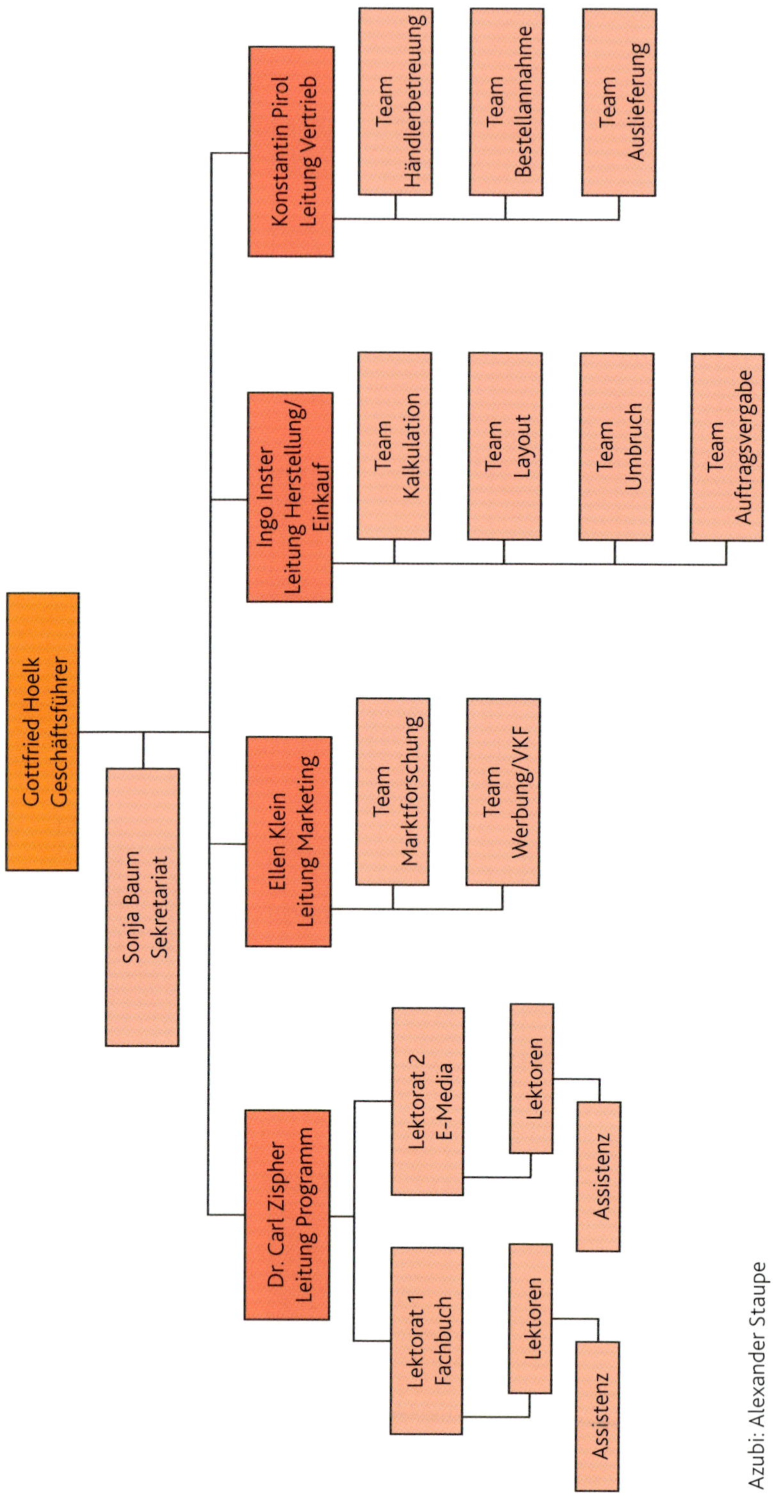

## Geschäftsfeld AV-Medien (Musik, Sampler und Hörbuch)

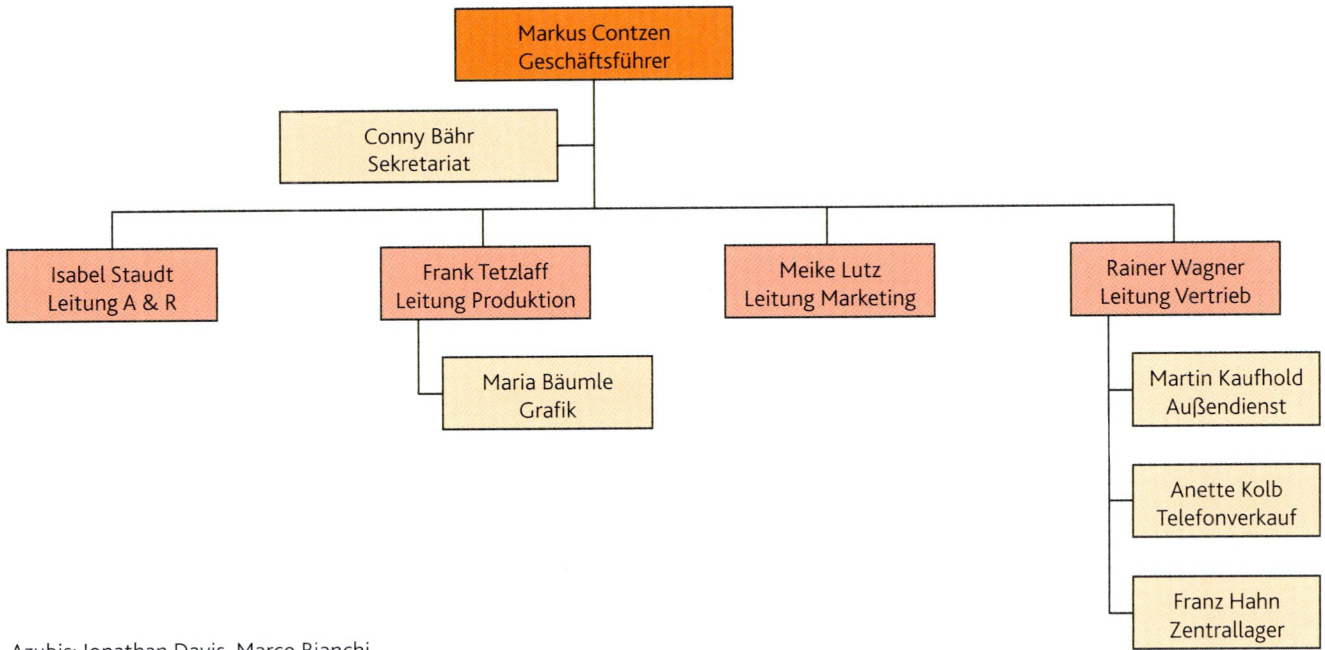


Azubis: Jonathan Davis, Marco Bianchi

## Geschäftsfeld AV-Medien (Film/TV, Auftragsproduktionen)

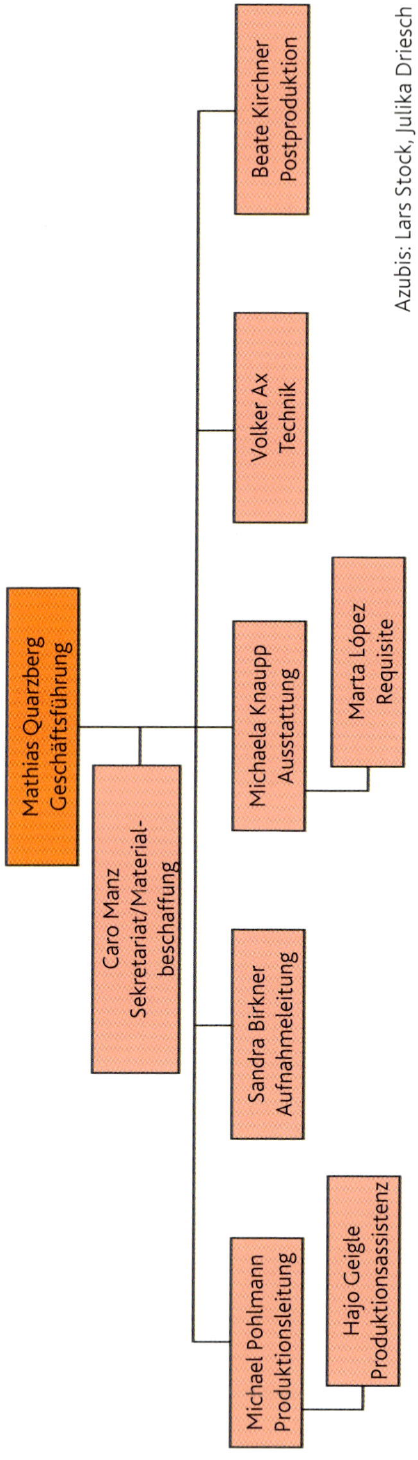


## (Medi@ Beteiligungs GmbH) Werbeagentur West GmbH

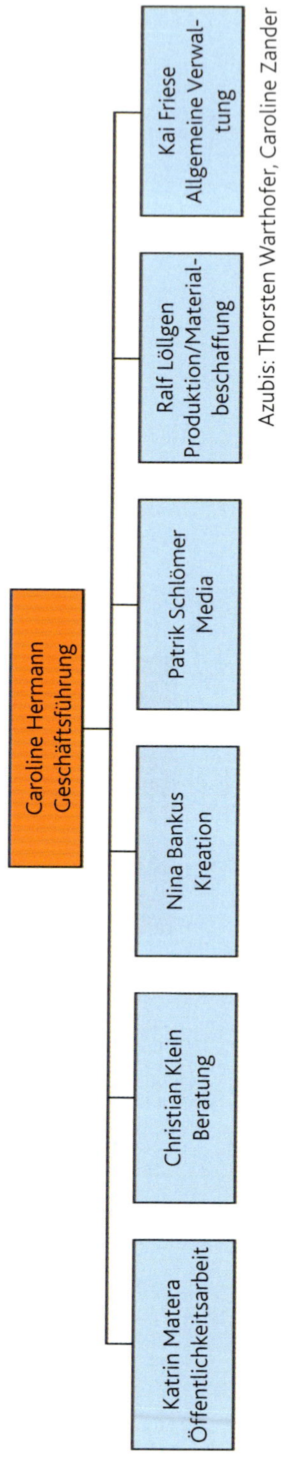

## (Medi@ Beteiligungs GmbH) Veranstaltungs-/Eventagentur iVent GmbH

N. B. Ähnlich wie im Buchhandel ist auch hier eine organisatorische Struktur unüblich. Bei kleinen Agenturen gibt es meist einen Geschäftsführer und mehrere Angestellte, die keine fest zugewiesenen Aufgaben haben, sondern flexibel und projektbezogen eingesetzt werden.

## (Medi@ Beteiligungs GmbH)
## Buchhandlung Medi@Point GmbH & Co. KG

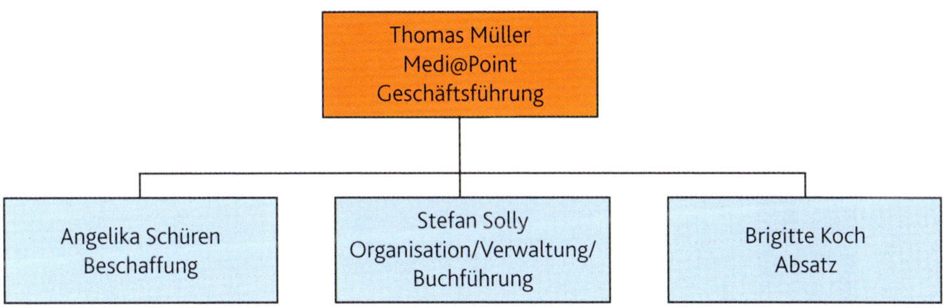


Azubis: Volker Bernhards, Barbara Wolf

| | | |
|---|---|---|
| **Adresse:** | Buchhandlung Medi@Point GmbH & Co. KG<br>Schildergasse 46<br>50667 Köln | |
| **Bankverbindungen:** | Deutsche Bank Köln<br>BLZ 370 700 60<br>Kto. Nr. 446632140 | Sparkasse KölnBonn<br>BLZ 370 501 98<br>Kto. Nr. 85213948 |

Auszug aus der Liefererdatei der AV-Medien der Medi@ AG

| Firma | Kreditoren-Nr. | Adresse | Ansprechpartner | Tel./Fax | Kreditinstitut | Produkte | Lieferbedingungen | Zahlungsbedingungen | Umsatz lfd. Jahr in EUR |
|---|---|---|---|---|---|---|---|---|---|
| DeeHaan Filmprodukte | 44 001<br>K 70 001 | Ilmstr. 42<br>51371 Leverkusen | Frau de Mijt | 0214<br>843120<br>843129 | SEB Leverkusen<br>BLZ: 375 114 11<br>Kto.-Nr.: 320873111 | Produktion von Soaps, Shows und Serien | Frachtfrei | Ziel: 20 Tage<br>Skonto:<br>7 Tage/3 % | 2 290 000,00 |
| Soundvision GmbH | 44 002<br>K 70 002 | Volksgartenstr. 12–20<br>50667 Köln | Frau Jansen | 0221 443228<br>0221 443217 | Deutsche Bank Köln<br>BLZ: 370 700 60<br>Kto.-Nr.: 40830122 | Vermietung von Licht- und Tontechnik | 4 % vom Warenwert, maximal 200,00 EUR | Ziel: 14 Tage<br>Skonto: – | 120 000,00 |
| Bürotec GmbH Handel für Bürobedarf | 44 009<br>K 70 009 | Koblenzer Str. 98<br>53177 Bonn | Herr Winkler | 0228 4453690<br>0228 44536984 | Sparkasse KölnBonn<br>BLZ: 370 501 98<br>Kto.-Nr.:<br>380600928 | Bürobedarf aller Art | Ab Auftragswert 500,00 EUR porto- und frachtfrei | Ziel: 30 Tage<br>Skonto:<br>10 Tage/2 % | 220 000,00 |
| Bürodesign GmbH | 44 020<br>K 70 020 | Stolberger Str. 188<br>50933 Köln | Herr Stam | 0221 6683550<br>0221 668357 | Deutsche Bank Köln<br>BLZ: 370 700 60<br>Kto.-Nr.: 25203488 | Büromöbel | Unfrei | Ziel: 30 Tage<br>Skonto:<br>8 Tage/2 % | 160 000,00 |
| Wagner e. K. | 44 008<br>K 70 008 | Johanniterstr. 6<br>51065 Köln | Herr Kern | 0221 334231<br>0221 334232 | Dresdner Bank Köln<br>BLZ: 370 800 40<br>Kto.-Nr.: 674563870 | Softgetränke, Wasser, Bier | Frei Haus | Ziel: 30 Tage<br>Skonto:<br>10 Tage/3 % | 80 000,00 |

Auszug aus der Kundendatei der AV-Medien der Medi@ AG

| Firma | Kunden-/ Debitoren-Nr. | Adresse | Ansprechpartner | Tel./Fax | Kreditinstitut | Umsatz lfd. Jahr in EUR | Offene Rechnungen | Rabattsätze |
|---|---|---|---|---|---|---|---|---|
| Jupiter Musik GmbH | D 24 001 | Hansaring 29<br>50366 Köln | Herr Baum | 0221 667531<br>0221 667538 | Sparkasse KölnBonn<br>BLZ 370 501 98<br>Kto.-Nr.: 111222870 | 1 500 000,00 | 0 | 25 |
| ProSiebenSat. 1 Media AG | D 24 002 | Medienallee 7<br>85560 Ebersberg | Frau Schneider | 08092 896532<br>08092 896533 | Deutsche Bank München<br>BLZ: 700 700 10<br>Kto.-Nr.: 97658891 | 15 800 000,00 | 2 | 5 |
| ZDF | D 24 003 | ZDF-Str.<br>55127 Mainz | Herr Ortloff | 06131 704972<br>06131 704979 | Sparda Bank Süd-West<br>BLZ: 550 905 00<br>Kto.-Nr.: 4652228 | 5 260 000,00 | 0 | |
| RTL Television GmbH | D 24 004 | Aachener Str. 1044<br>50858 Köln | Herr Manstetten | 0221 456-0<br>0221 1690 | Sparkasse KölnBonn<br>BLZ: 370 501 98<br>Kto.-Nr.: 373897411 | 11 356 000,00 | 1 | 10 |
| Decaux GmbH | D 24 020 | Austr. 6<br>53179 Bonn | Herr Richter | 0228 643028<br>0228 643030 | Volksbank Bonn<br>BLZ: 380 601 86<br>Kto.-Nr.: 453214379 | 500 000,00 | 5 | 10 |

Auszug aus der Kundendatei der Werbeagentur West GmbH

| Firma | Kunden-Nr. | Adresse | Ansprech-partner | Tel./Fax | Kreditinstitut | Umsatz lfd. Jahr in EUR | Offene Rech-nungen | Rabatt-sätze |
|---|---|---|---|---|---|---|---|---|
| **Interne Kunden**<br>Medi@ AG | W 000i<br>D 24010 | Hugo-Eckener-Str. 1<br>50829 Köln | Dr. Hans Sommer | 0221 4453690<br>0221 4453698 | Postbank Köln<br>BLZ: 370 100 50<br>Kto.-Nr.: 286778-431<br>Sparkasse KölnBonn<br>BLZ 370 501 98<br>Kto.-Nr.: 360058796 | 2 900 000,00 | 0 | 28 |
| Buchhandlung Medi@Point GmbH & Co. KG | W 001i<br>D 24011 | Schildergasse 46<br>50667 Köln | Herr Müller | 0221 9846130<br>0221 9846139 | Deutsche Bank Köln<br>BLZ: 370 700 60<br>Kto.-Nr.: 446632140 | 50 000,00 | 0 | 20 |
| **Externe Kunden** | | | | | | | | |
| Campus financial Consulting, Finanzdienstleis-tungen | W 001e<br>D 24012 | Bonnerstr. 324<br>50968 Köln | Herr Ort | 0221 667536<br>0221 667539 | Volksbank Köln<br>BLZ: 360 303 00<br>Kto.-Nr.: 526222870 | 500 000,00 | 0 | 25 |
| Pro Öko Einrich-tungshaus GmbH | W 002e<br>D 24013 | Vogelsanger Str. 16-34<br>50823 Köln | Frau Potdevin | 022196222<br>022196223 | Deutsche Bank Köln<br>BLZ: 370 700 60<br>Kto.-Nr.: 43978623 | 250 000,00 | 1 | 15 |
| Krankenhaus Ein-richtungshaus-GmbH | W 003e<br>D 24014 | Bachstr. 3<br>53721 Siegburg | Frau Breiden | 02241 556476<br>02241 556479 | Dresdner Bank Siegburg<br>BLZ: 370 800 40<br>Kto.-Nr.: 89366223 | 105 000,00 | 1 | 5 |
| Konrad Adenauer Flughafen Köln/ Bonn AG | W 004e<br>D 24015 | Flughafen 1–30<br>51147 Köln | Frau Lim-bach | 022189438<br>022189431 | Deutsche Bank Köln<br>BLZ: 370 700 60<br>Kto.-Nr. 674563870 | 2 400 000,00 | 2 | 15 |
| Decaux Bv. | W 005e<br>D 24016 | Vinckenhofstraat 45<br>NL 5900 AA Venlo | Frau van den Bosch | 003177 341769<br>003177 341760 | Credit Lyonnais Bank Nederland<br>BLZ: 324 110 00<br>Kto.-Nr.: 656632120 | 1 450 000,00 | 0 | 15 |
| Bürofachhandel Schneider GmbH | W 003e<br>D 24017 | Brunostr. 45<br>50333 Köln | Herr Schneider | 0221 5649967<br>0221 5649969 | Postbank Köln<br>BLZ: 370 100 50<br>Kto.-Nr.: 432056-204 | 50 000,00 | 1 | 15 |

Auszug aus der Liefererdatei der Werbeagentur West GmbH

| Firma | Kreditoren-Nr. | Adresse | Ansprechpartner | Tel./Fax | Kreditinstitut | Leistung | Lieferbedingungen | Zahlungsbedingungen | Umsatz lfd. Jahr in EUR |
|---|---|---|---|---|---|---|---|---|---|
| Freelancer[1] | K 70 001 | Deichtorstr. 38<br>51371 Leverkusen | Felix Steinebach | 0214 766754<br>0214 766734 | SEB Leverkusen<br>BLZ: 370 101 11<br>Kto.-Nr.: 471393200 | Fotografie | - | Bezahlung erfolgt auf Honorarbasis | 5 000,00 |
| Freelancer[1] | K 70 002 | Steinweg 42<br>50667 Köln | Abo Ötztürk | 0221 2244669<br>0221 2244664 | Sozialbank Köln<br>BLZ: 370 205 00<br>Kto.-Nr.: 671190870 | Illustration | - | Bezahlung erfolgt auf Honorarbasis | 8 000,00 |
| Freelancer[1] | K 70 003 | Baststr. 188<br>44265 Dortmund | Jens Siebert | 0231 6683550<br>0231 668357 | Postbank Dortmund<br>BLZ: 440 100 46<br>Kto.-Nr.: 324066-506 | Text | - | Bezahlung erfolgt auf Honorarbasis | 3 500,00 |
| MG Digital & Print KG | K 70 004 | Keplerstr. 8<br>53177 Bonn | Emilie Naus | 0228 866350<br>0228 866401 | Sparkasse KölnBonn<br>BLZ: 370 501 98<br>Kto.-Nr.: 92233723 | Druck | Unfrei, Fracht: 100,00 EUR pauschal, Rollgeld 40,00 EUR | Ziel: 30 Tage<br>Skonto: – | 1 330 000,00 |
| Lithoanstalt Hagen und Dorn OHG | K 70 005 | Neckarstr. 89–121<br>12053 Berlin | Fredy Dorn | 030 445546<br>030 445548 | Citibank Berlin<br>BLZ: 100 109 00<br>Kto.-Nr.: 98453223 | Lithografie | Frachtfrei | Ziel: 60 Tage<br>Skonto:<br>14 Tage/3 % | 2 150 000,00 |
| Prisma Messebau GmbH | K 70 006 | Eupener Str. 50<br>50933 Köln | Josef Alt | 0221 5164555<br>0221 5164590 | Sparkasse KölnBonn<br>BLZ: 370 501 98<br>Kto.-Nr.: 987654258 | Messebau: Gestaltung und Umsetzung | Bis Auftragswert 1 000,00 EUR: 50,00 EUR<br>Sonst frei Haus | Ziel: 30 Tage<br>Skonto: – | 50 500,00 |

[1] Freelancer: freiberufliche Spezialisten.

Auszug aus der Kundendatei der Buchhandlung Medi@Point GmbH & Co. KG

| Kunde | Kunden-/ Debitoren-Nr. | Adresse | Ansprech-partner | Tel./Fax | Kreditinstitut | Umsatz lfd. Jahr in EUR | Offene Rech-nungen |
|---|---|---|---|---|---|---|---|
| Universitäts- und Stadtbibliothek Köln | D 24 001 | Kerpener Str. 102<br>50937 Köln | Herr Dessing | 0221 1470-2351<br>0221 1470-5166 | Sparkasse KölnBonn<br>BLZ: 370 501 98<br>Kto.-Nr.: 875438 | 54 000,00 | 9 |
| Astrid-Lindgren-Schule Gemeinschafts-Grundschule | D 24 002 | A.-Dürer-Allee 9<br>50136 Bergheim | Frau Nales | 02271 767590<br>02271 767591 | Volksbank Bergheim<br>BLZ: 370 692 52<br>Kto.-Nr.: 532301 | 13 000,00 | 2 |
| Katholisches Krankenhaus e. V. Schleierthal | D 24 003 | Schleierthal 5<br>50937 Köln | Frau Meder | 0221 876-4535-13<br>0221 876-4535-97 | Sparkasse KölnBonn<br>BLZ: 370 501 98<br>Kto.-Nr.: 9008076 | 4 000,00 | 0 |
| Steuerberaterpraxis Scholl OHG | D 24 004 | Händelstr. 17<br>50859 Köln | Herr Zander | 040 614832<br>040 614833 | Deutsche Bank Hamburg<br>BLZ: 200 700 00<br>Kto.-Nr.: 634621130 | 6 800,00 | 3 |
| Kanzlei Behrens und Partner | D 24 005 | Im Medienpark 12<br>50670 Köln | Herr Schott | 0221 639877<br>0221 639878 | Sparkasse KölnBonn<br>BLZ: 370 501 98<br>Kto.-Nr.: 6566422 | 8 600,00 | 2 |
| Zahnarztpraxis Dr. Peter Hartleben | D 24006 | Roonstraße 16<br>50768 Köln | Frau Schmitter | 0221 555444<br>0221 555549 | Commerzbank Köln<br>BLZ: 370 400 44<br>Kto.-Nr.: 06325418 | 7 000,00 | 4 |
| Rechtsanwaltspraxis Bülling und Partner | D 24007 | Herzogenrather Str. 14<br>50739 Köln | Frau Leander | 0221 422675<br>0221 422679 | Sparkasse KölnBonn<br>BLZ: 370 501 98<br>Kto.-Nr.: 4933073 | 5 000,00 | 5 |
| Frau Nicole Bauer | D 24008 | Zwirner Str. 4<br>50678 Köln | Frau Bauer | 0221 5509065<br>0221 5504281 | Sparkasse KölnBonn<br>BLZ: 370 501 98<br>Kto.-Nr.: 2195832 | 1700,00 | 0 |

## Auszug aus der Liefererdatei der Buchhandlung Medi@Point GmbH & Co. KG

| Firma | Lieferer-/ Kreditoren-Nr. | Adresse | Ansprech-partner | Tel./Fax | Kreditinstitut | Produkte/ Leistung | Liefer- und Zahlungs-bedingungen | Umsatz lfd. Jahr in EUR |
|---|---|---|---|---|---|---|---|---|
| Barsortiment Könemann GmbH & Co. KG | 10 001<br>K 70 001 | Delsterner Str. 134<br>58091 Hagen | Herr Rybak | 02331 789-0<br>02331 789130 | Sparkasse Hagen<br>BLZ: 450 500 01<br>Kto.-Nr.: 7430216 | Medien aller Art, Buchhandelszubehör, IT-Support | Prozentual vom Lieferscheinwert<br>Bezugsgröße Vorjahresumsatz<br>Belastung zusammen mit Barsortimentsware/skontoabzugsfähig, Dekadenrechnung | 180 000,00 |
| Barsortiment Koehler & Volckmar GmbH | 10 002<br>K 70 002 | Edsel-Ford-Str. 26<br>50769 Köln | Frau Geissler | 02217025-0<br>02217025-323 | Deutsche Bank Köln<br>BLZ: 370 700 60<br>Kto.-Nr.: 400375 | Medien aller Art, Buchhandelszubehör, IT-Support | Prozentual vom Lieferscheinwert<br>Bezugsgröße Vorjahresumsatz<br>Belastung zusammen mit Barsortimentsware/skontoabzugsfähig, Dekadenrechnung | 210 000,00 |
| Georg Lingenbrinck GmbH & Co. KG (Barsortiment) | 10 003<br>K 70 003 | August-Schanz-Str. 33<br>60433 Frankfurt | Frau Beurich | 069 85398212<br>069 95422300 | Postbank Frankfurt<br>BLZ: 500 100 60<br>Kto.-Nr.: 3111977 | Medien aller Art, Buchhandelszubehör, IT-Support | Prozentual vom Lieferscheinwert<br>Bezugsgröße Vorjahresumsatz<br>Belastung zusammen mit Barsortimentsware/skontoabzugsfähig, Dekadenrechnung | 95 000,00 |
| HERA BSV GmbH & Co. KG Büchersammelverkehr | 10 004<br>K 70 004 | Postfach 680146<br>50704 Köln | Herr Berns | 02217121058<br>0221711092 | Postbank Köln<br>BLZ: 370 100 50<br>Kto.-Nr.: 852892 | Büchersammelverkehr<br>Kommissionsgeschäft | Monatliche Kommissionsgebühr zzgl. monatl. Gewicht für Verlegerbeischlüsse und Remittenden gemäß aktueller Staffelliste | 9 800,00 |
| Koehler & Volckmar GmbH/Abteilung Bücherwagendienst | 10 005<br>K 70 005 | Postfach 102142<br>50461 Köln | Herr Börne | 02217025-100<br>02217025-0323 | Deutsche Bank Köln<br>BLZ: 370 700 60<br>Kto.-Nr.: 900362 | Büchersammelverkehr<br>Kommissionsgeschäft | Monatliche Kommissionsgebühr zzgl. monatl. Gewicht für Verlegerbeischlüsse und Remittenden gemäß aktueller Staffelliste | 6 400,00 |
| Koch, Neff & Oetinger & Co. GmbH | 10 006<br>K 70 006 | Schockenriedstr. 37<br>70565 Stuttgart | Frau Kehr | 07117899-0<br>07117899-1010 | Postbank Stuttgart<br>BLZ: 600 100 70<br>Kto.-Nr.: 242878 | Verlagsauslieferung | Verlegerkommissionär<br>Je nach Verlag unterschiedliche Liefer-/Zahlungsbedingungen | 42 000,00 |
| Primus GmbH Großhandel für Bürobedarf | 10 007<br>K 70 007 | Koloniestr. 2–4<br>47057 Duisburg | Herr Winkler | 0203 4453690<br>0203 44536984 | Stadtsparkasse Duisburg<br>BLZ: 350 500 00<br>Kto.-Nr.: 360058796 | Bürobedarf aller Art | Ab Auftragswert 500,00 EUR porto- und frachtfrei<br>Ziel: 30 Tage<br>Skonto: 10 Tage/2 % | 220 000,00 |

## Auszug aus der Liefererdatei der Verlage der Medi@ AG

| Firma | Lieferer-/ Kredi-toren-Nr. | Adresse | Ansprech-partner | Tel./Fax | Kreditinstitut | Produkte | Lieferbedingungen | Zahlungs-bedin-gungen | Umsatz lfd. Jahr in EUR |
|---|---|---|---|---|---|---|---|---|---|
| Papierwerk Wil-helm Weil AG | 44 001<br>K 70 001 | Eifelstr. 10<br>51371 Leverkusen | Frau Gentgen | 0214 332910<br>0214 332915 | Dresdner Bank Leverkusen<br>BLZ: 370 800 40<br>Kto.-Nr.: 88831320 | Druckerpa-piere | Auftragswert bis 1 000,00 EUR: 50,00 EUR, über 1 000,00 EUR: 42,00 EUR – Verpackungs-pauschale: 30,00 EUR | Ziel: 20 Tage<br>Skonto:<br>7 Tage/2 % | 290 000,00 |
| Druckerei Bauer & Söhne OHG | 44 002<br>K 70 002 | Hacheneyer Str. 25<br>44265 Dortmund | Frau Siebert | 0231 881222<br>0231 881226 | Postbank Dortmund<br>BLZ: 440 100 46<br>Kto.-Nr.: 380228112 | Tiefdruck | Lieferpauschale: 40,00 EUR | Ziel: 50 Tage<br>Skonto:<br>14 Tage/2 % | 5 420 000,00 |
| Andreas Schnei-der Rotationsdruck KG | 44 003<br>K 70 003 | Palzstr. 16<br>59073 Hamm | Frau Sydow | 02381 417118<br>02381 985410 | Volksbank Hamm<br>BLZ: 410 601 20<br>Kto.-Nr.: 98789723 | Offsetdruck | Ab Bestellwert von 2 000,00 EUR frei Haus, sonst 3 % vom Waren-wert, mindestens jedoch 60,00 EUR | Ziel: 14 Tage<br>Skonto: – | 3 200 000,00 |
| Wollux GmbH<br>Peter Findeisen | 44 004<br>K 70 004 | Zinckestr. 19<br>39122 Magdeburg | Herr Kern | 0391 334231<br>0391 334232 | Dresdner Bank Magdeburg<br>BLZ: 810 800 00<br>Kto.-Nr.: 674563870 | Bezugsma-terialien für Buchdecken | Frei Haus | Ziel: 30 Tage<br>Skonto:<br>10 Tage/3 % | 800 000,00 |
| Primus GmbH<br>Großhandel für Bürobedarf | 44 005<br>K 70 005 | Koloniestr. 2-4<br>47057 Duisburg | Herr Winkler | 0203 4453690<br>0203 44536984 | Stadtsparkasse Duisburg<br>BLZ: 350 500 00<br>Kto.-Nr.: 360058796 | Bürobedarf al-ler Art | Ab Auftragswert 500,00 EUR porto- und frachtfrei | Ziel: 30 Tage<br>Skonto:<br>10 Tage/2 % | 220 000,00 |
| Wellpappe GmbH & Co. KG<br>Alfred Weigelt | 44 006<br>K 70 006 | Volksparkstr. 12-20<br>22525 Hamburg | Herr Demirel | 040 2244669<br>040 2244664 | Hamburger Handelsbank<br>BLZ: 200 205 00<br>Kto.-Nr.: 671190870 | Produkt- und Transportver-packungen | Bis 100 kg: 31,00 EUR,<br>bis 250 kg: 60,00 EUR,<br>bis 500 kg: 100,00 EUR,<br>bis 1 000 kg: 175,00 EUR,<br>über 1 000 kg: nach Vereinbarung | Ziel: 14 Tage<br>Skonto: – | 120 000,00 |

# 1 Mit der Berufsausbildung im Medienunternehmen beginnen

## 1.1 Der Medienmarkt in Deutschland

Als Flora Fingerhut kurz vor ihrem Schulabschluss stand, hat sie sich Gedanken über ihre berufliche Ausbildung gemacht. Von einer älteren Freundin bekam sie den Tipp, sich doch mal im Internet über Ausbildungsberufe in den Medien zu informieren. Dabei stieß sie auf eine Informationsseite von AIM, dem KoordinierungsCentrum für Ausbildung in Medienberufen.

Über den Hyperlink „Medienberufe A–Z" gelangte sie zu den Kurzbeschreibungen von über 100 Berufen, die in Medienunternehmen ausgeübt werden können. Dabei stieß sie immer wieder auf Begriffe wie „Medienbranche" und „Medienmarkt". Sie wusste diese nicht so recht einzuordnen.
Flora recherchierte weiter und fand viele Informationen, die ihr zu verstehen halfen, was sich hinter den Begriffen verbirgt.

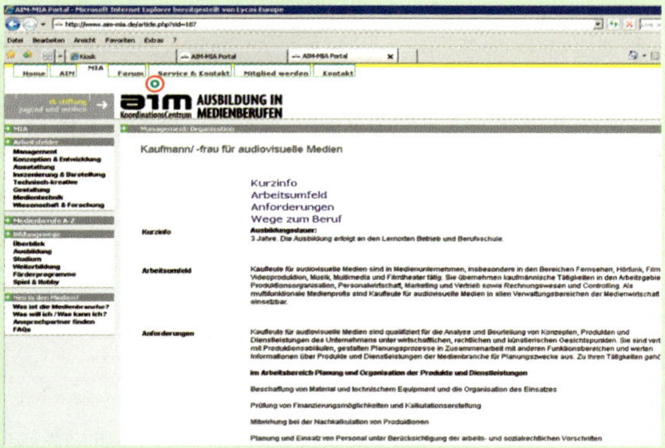


*Ausschnitt aus http://www.aim-mia.de/ (Abruf: 13.03.2009)*

### Arbeitsaufträge

- Sammeln Sie Informationen zu Ihrem Ausbildungsberuf, die folgende Aspekte berücksichtigen sollen: Bezeichnung des Ausbildungsberufs, Dauer der Ausbildung, Lernorte, wichtige Ausbildungsinhalte, Prüfungen und Perspektiven der Weiterbildung.
- Diskutieren Sie mit Ihren Mitschülern, mit welcher Motivation Sie sich für Ihren Ausbildungsberuf entschieden haben.
- Stellen Sie fest, inwieweit Ihre Erwartungen an den Ausbildungsberuf mit den gegebenen Möglichkeiten in Betrieb und Schule übereinstimmen.

### Medienmärkte

**Der Markt ist der „Ort, an dem Angebot und Nachfrage nach Gütern und Leistungen aufeinandertreffen. Im Wirtschaftsleben gibt es eine Vielzahl von Märkten. Sie bilden sich für jedes Gut und jede Leistung."[1]**

**Medienmärkte** sind durch das Angebot vielfältiger Waren und Dienstleistungen geprägt. Der Warencharakter überwiegt im Buchhandel, während in den anderen Medienmärkten nicht die Ware, also das Buch, die Zeitschrift, die Zeitung oder ein elektronischer Datenträger im Vordergrund steht, sondern die vom Medium gespeicherte und übertragene Information. In Medienmärkten geht es aber nicht nur um Informationsübermittlung, sondern auch um die Vermittlung von Emotionen.

Beispiel *Trivialromane oder TV-Soaps, die, entsprechend verpackt, den Weg vom Anbieter zum Nachfrager finden.*

[1] Mühlbradt, Frank W.: Wirtschaftslexikon, 6. Aufl., Berlin 1999, Stichwort „Markt".

Nicht zuletzt geht es in Medienmärkten um die Verbreitung von meist bezahlten Werbebotschaften, da fast jedes Medium auch als Werbeträger dient, sei es in Form von Anzeigen, TV- und Hörfunkspots sowie Sponsoringaktionen bei Veranstaltungen.
Medienmärkte in Deutschland sind von einer dualistischen Struktur geprägt: Es gibt zum einen **marktwirtschaftlich ausgerichtete Zweige** wie beispielsweise Buchverlage oder private Rundfunksender, zum anderen **öffentlich-rechtliche Formen** (die Sender der Arbeitsgemeinschaft der Rundfunkanstalten Deutschland [ARD]) und **erlaubte Kartelle im Vertrieb von Presseerzeugnissen**. So wird beispielsweise die Rücknahmepflicht unverkaufter Presseerzeugnisse durch die Verlage mit dem Hinweis auf Artikel 5 des Grundgesetzes als Ausnahme zugelassen.
Grundsätzlich bleibt jedoch der Angebot-Nachfrage-Mechanismus in Kraft: Letztendlich entscheiden Leserinnen und Leser, Zuhörerinnen und Zuhörer, also Mediennutzer, ob eine angebotene Dienstleistung angenommen wird oder nicht.

Medienmärkte werden von ihrer Umwelt durch eine Reihe von Faktoren bestimmt. Es lassen sich u. a. soziokulturelle, technologische, politisch-rechtliche, ökologische und ökonomische Faktoren identifizieren.

- Zu den **soziokulturellen** Faktoren zählen die allgemeine Entwicklung und die Veränderungen in der Gesellschaft.
- Die sich kontinuierlich verändernden **technologischen** Faktoren haben die Medienmärkte in besonderer Weise geprägt: Alte Technologien werden als überkommen von neueren Technologien abgelöst.
- Die **politisch-rechtlichen** Faktoren wirken mittel- oder unmittelbar durch Gesetzgebungsverfahren auf das Marktgeschehen ein. So hat das Buchpreisbindungsgesetz vom 1. Oktober 2002 Buchverlage und Buchhandlungen zur Änderung der bisher üblichen Praxis gezwungen.
- Die **ökologischen** Faktoren sind in den letzten Jahrzehnten deutlicher in das Blickfeld der Anbieter und Nutzer gerückt. Neben der Erhöhung der Umweltverträglichkeit von beispielsweise Druckfarben haben allerdings andere Gefährdungen zugenommen. Als Stichwort sei hier z. B. der Begriff „Elektrosmog“ erwähnt.
- Im **privaten Sektor** spielen die **ökonomischen** Faktoren eine herausragende Rolle, denn ohne eine ausgewogene betriebswirtschaftliche Basis hat ein Medienunternehmen keine Zukunftschancen. Im öffentlich-rechtlichen Bereich wird die Forderung nach einem marktgerechten Wirtschaften immer lauter.

Die Medienunternehmung selbst steht im Spannungsverhältnis zwischen Lieferanten und Kunden, spürt den Druck der Mitbewerber und bedient sich der Absatzmittler bzw. -helfer, um ihre Betriebsleistung gegen ein optimales Entgelt am Markt abzusetzen.

## Medienberufe

Ein wichtiger ökonomischer Faktor der Medienunternehmen besteht darin, dass die Branche eine Vielzahl von Arbeitsplätzen anbietet, die sowohl mit einem Arbeitsverhältnis als gewerblicher Mitarbeiter oder Angestellter als auch mit freien Mitarbeitern besetzt werden können.

Im Fokus dieses Lehrbuchs befinden sich die sogenannten **kaufmännischen Medienberufe**, also weder die rein technischen wie Drucker oder Kameramann noch die kreativen wie Redakteur oder Grafiker. Im Folgenden werden die kaufmännischen Ausbildungsberufe kurz dargestellt.
Zunächst ein Überblick über die **Zahlen der Auszubildenden** in diesen Berufen. Den traditionellen Ausbildungsberufen zum Buchhändler/zur Buchhändlerin, zum Medienkaufmann Digital und Print/zur Medienkauffrau Digital und Print und zum Kaufmann für Marketingkommunikation/zur Kauffrau für Marketingkommunikation mit Auszubildendenzahlen von ab 2 500 bis über 4 000 stehen die verhältnismäßig neuen Medienberufe wie Fachangestellte/-r für Medien- und Informationsdienste, Veranstaltungskaufmann/-kauffrau und Kaufmann/Kauffrau für audiovisuelle Medien gegenüber.

| Beruf | Zahl der Auszubildenden 2006 |
|---|---|
| Buchhändler/-in | 2121 |
| Fachangestellte/-r für Medien- und Informationsdienste | 1815 |
| Kaufmann/Kauffrau für audiovisuelle Medien | 741 |
| Kaufmann/Kauffrau für Marketingkommunikation | 1160 |
| Medienkaufmann/Medienkauffrau Digital und Print | 794 |
| Veranstaltungskaufmann/-kauffrau | 3872 |

*Quelle: BIBB nach Statistischem Bundesamt; ohne ältere Ausbildungsverträge*

♦ ***Buchhändler/-in***

Zu den wesentlichen Aufgaben der Buchhändlerin/des Buchhändlers gehört die Verbreitung von Büchern, Zeitschriften, elektronischen Publikationen und Hörbüchern, um die Wünsche und Bedürfnisse der Bevölkerung nach Literatur und Information abzudecken. Mehr denn je bestimmen Marktanalyse, Käuferverhalten und kundenorientierte Kommunikation den Buchhandelsalltag und das Gedeihen des Buchmarktes. Im Berufsbild sind alle Sparten des Buchhandels zusammengefasst (herstellender Buchhandel, Zwischenbuchhandel und verbreitender Buchhandel).

♦ ***Fachangestellte/-r für Medien- und Informationsdienste***

Fachangestellte für Medien- und Informationsdienste sind im öffentlichen Dienst und in der Privatwirtschaft tätig. Zu ihren Hauptaufgaben gehören das Beschaffen, das Erschließen, das Vermitteln und das Bereitstellen von Medien, Informationen und Daten sowie die Beratung und Betreuung von Kundinnen und Kunden sowie von Nutzerinnen und Nutzern. Die Ausbildungsordnung sieht die Fachrichtungen Archiv, Bibliothek, Information und Dokumentation, medizinische Dokumentation und Bildagentur vor. Der Lehrplan geht von einer gemeinsamen grundlegenden Beschulung der Auszubildenden der unterschiedlichen Fachrichtungen aus; die Unterrichtung in den Fachrichtungen erfolgt differenziert nach der Zwischenprüfung. Die integrierte Ausbildung entspricht dem technologisch bedingten Zusammenwachsen der Fachrichtungen und erfordert spezielle Fähigkeiten. Medienkompetenz ist mit kundenorientiertem und wirtschaftlichem Handeln zu verbinden.
Fachangestellte für Medien- und Informationsdienste sind qualifiziert, in der Informationsgesellschaft Verantwortung zu übernehmen. Als Informationsspezialisten verfügen sie über Fähigkeiten und Methoden, verantwortlich mit der ständig wachsenden Informationsflut umzugehen.

♦ ***Kaufmann/Kauffrau für audiovisuelle Medien***

Kaufleute für audiovisuelle Medien sind in Medienunternehmen, insbesondere in den Bereichen Fernsehen, Hörfunk, Film- und Videoproduktion, Musik, Multimedia und Filmtheater tätig. Sie übernehmen kaufmännische Tätigkeiten in Arbeitsgebieten wie Produktionsorganisation, Marketing und Vertrieb oder betriebliche Steuerung und Kontrolle.
Sie kennen die Produkte und Dienstleistungen sowie die Produktionsformen und Abläufe sowohl im eigenen Unternehmen als auch in der Branche. Im Rahmen der Planung, Herstellung und Vermarktung audiovisueller Medien führen sie unter Beachtung der Wirtschaftlichkeit ihres Handelns kaufmännische, organisatorische und logistische Aufgaben durch.

♦ ***Medienkaufmann/Medienkauffrau Digital und Print***

Das Internet revolutioniert die Verlagswelt. Die Ausbildung zum/zur Verlagskaufmann/Verlagskauffrau wurde daher in ihren Inhalten den neuen Anforderungen der Verlagswirtschaft angepasst und erhält den Namen Medienkaufmann/Medienkauffrau Digital und Print. Eine Ausrichtung des Berufes auf einzelne Produkte macht daher keinen Sinn.
Das neue Berufsbild soll sowohl für die Allrounder und Spezialisten der Medien- und Verlagswelt wie auch für verlagsnahe Multimediaunternehmen Relevanz haben. Medienkaufleute Digital und

Print arbeiten prozess- und kundenorientiert. Ihr Schwerpunkt liegt im Marketing und Vertrieb. Die Kundenberatung und der Verkauf von Medienprodukten und Dienstleistungen basieren auf fundierten Kenntnissen der Entwicklung, Gestaltung und Herstellung der Produkte und werden durch kommunikative Fähigkeiten gestaltet. Der selbstverständliche Umgang mit modernsten Informations- und Kommunikationstechnologien prägt das Berufsbild, Fremdsprachenkenntnisse sind im Feld international agierender Medienmärkte immer mehr erforderlich.
Medienkaufleute Digital und Print sind in Verlagen und Medienhäusern tätig, die gedruckte und digitale Medien herausgeben sowie Dienstleistungen anbieten. Sie arbeiten insbesondere in den Bereichen Programm, Produktentwicklung, Marketing, Verkauf, Vertrieb, Herstellung und Produktion.

- ***Kaufmann/Kauffrau für Marketingkommunikation***

Der Beruf Kaufmann/Kauffrau für Marketingkommunikation löst den bisherigen Beruf Werbekaufmann/Werbekauffrau ab. Dies wurde notwendig, da sich die Werbebranche in den vergangenen Jahren grundlegend verändert hat. Neben den klassischen Werbemedien TV, Print, Außenwerbung, Radio, Kino usw. wurden neue Geschäftsfelder entwickelt, die von Agenturen, Agenturverbänden und der Branche unter dem Begriff der Kommunikation zusammengefasst werden. Zum Tätigkeitsfeld gehören heute vielfältige Aktionen der Verkaufsförderung, die Beteiligung an Messen und Ausstellungen, der Einsatz von Werbeartikeln, Sponsoring und Event, Telefonmarketing und Öffentlichkeitsarbeit (PR). Diese Erweiterung ermöglicht ein vielfältiges und integriertes Kommunikationsangebot, das von Kaufleuten für Marketingkommunikation entwickelt, gesteuert und kontrolliert wird. Dazu benötigen sie fachliche Kompetenzen, die das gesamte Spektrum der verschiedenen Kommunikationsbereiche umfassen, und insbesondere soziale und personale Kompetenzen wie Kommunikations- und Teamfähigkeit. Da viele Agenturen mittlerweile im internationalen Rahmen tätig sind, sind Fremdsprachenkenntnisse ebenfalls von besonderer Bedeutung.
Kaufleute für Marketingkommunikation sind bei Agenturen, Beratungsunternehmen und Dienstleistern sowie in Marketing- und Kommunikationsabteilungen von Unternehmen, Non-Profit-Organisationen und öffentlichen Institutionen tätig. Sie arbeiten insbesondere in den Bereichen klassische Werbung, Dialogmarketing, Public Relations, Promotion, Event, Sponsoring, Multimedia, Messe und Design.

- ***Veranstaltungskaufmann/-kauffrau***

Veranstaltungskaufleute erbringen vielfältige Dienstleistungen in den unterschiedlichsten Firmen der Veranstaltungswirtschaft.
Beispiele *Konzertveranstalter, Eventagenturen, Marketingdienstleister, Messegesellschaften*

Wer in diesem Beruf arbeitet, nimmt an der Entwicklung, Konzeption, Gestaltung und Durchführung von Veranstaltungen aller Art teil. Der Beruf verlangt ein hohes Maß an Kommunikationsfähigkeit, Verantwortungsbewusstsein und Durchsetzungsvermögen.

- ***Medienunternehmen***

In der Vergangenheit konnte eine **funktionelle Abgrenzung** hilfreich sein. Funktionell bedeutet hier: Alle Aktivitäten eines Unternehmens zur Vermittlung von Meinungen, Informationen und Unterhaltung durch die sog. Massenmedien kennzeichneten es als Medienunternehmen. Dies ist eine kaum geeignete Definition, da eine Reihe von bestimmenden Faktoren (wie beispielsweise der Werbe- und Rezipientenmarkt) außer Acht gelassen werden. Eine **institutionelle Abgrenzung** bezieht alle Unternehmen, die ihren Schwerpunkt in der Medienproduktion sehen, ein. Als Definition schon brauchbarer, legt diese aber zu wenig Wert auf betriebswirtschaftliche Erfordernisse.

Eine zeitgenössische Sichtweise spricht von der **Wertschöpfungskette in Medienunternehmen**:
- Inhalte werden akquiriert und zielgruppenadäquat umgesetzt (Content Production).
- Inhalte werden, aufbereitet für unterschiedliche Angebotsformen wie Buch, Zeitschrift oder CD-ROM, für den Abruf durch Nutzer bereitgehalten (Content Providing).

- Inhalte werden potenziellen Kunden angeboten (Content Marketing).
- Inhalte werden den Nutzern zugänglich gemacht (Content Distribution).

An jeder der Schnittstellen erhöht sich der Wert der Leistung durch Investition von Arbeitskraft oder Finanzmitteln; daher der Begriff Wertschöpfungskette.
Medienunternehmen stehen in einem Spannungsfeld von drei unterschiedlichen Märkten:

- **Inhalte** müssen **beschafft** werden, um der publizistischen Aufgabe der Information der Bevölkerung und der Mitwirkung bei der Meinungsbildung gerecht werden zu können.
- Finanzmittel werden bei Zeitungen, Zeitschriften und bei privaten Rundfunksendern in erster Linie auf dem **Werbemarkt** akquiriert.
- Der **Rezipientenmarkt** schließlich entscheidet durch Annahme oder Ablehnung, ob eine Mediendienstleistung akzeptiert wird oder nicht.

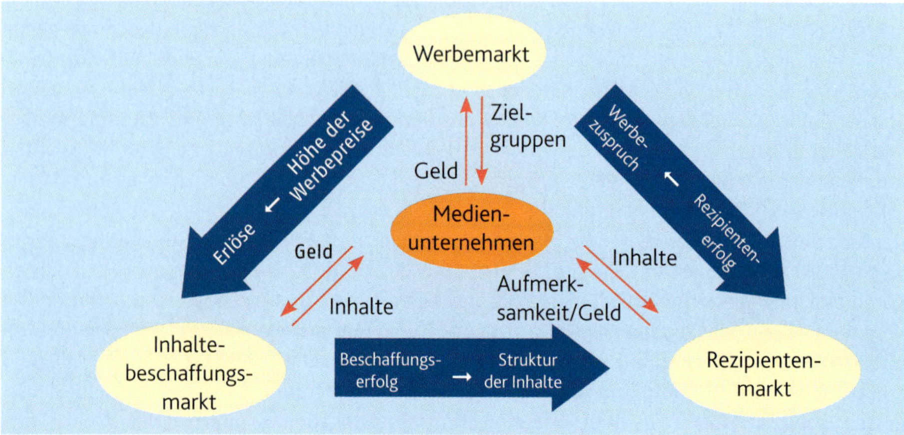


## Die klassischen Medienbranchen und Marktsegmente

Zu den **Printmedien** („gedruckte Medien") zählen Zeitungen, Zeitschriften, Bücher, Fachinformationen, Fachzeitschriften, aber auch Telefon- und Adressbücher. Zu den **elektronischen** (auch: audiovisuellen) **Medien** zählen Film, Fernsehen, Hörfunk, Tonträger sowie Mikroformen (Film/Fiches). **„Neue" Medien** sind multimediale Angebote über Onlinemedien (Internet) oder Offlinemedien (CD-ROM/DVD).

## Trends in der Medienwelt

Der Versuch, Trends in der Medienwelt aufzuzeigen, soll Hinweise auf die Medienwelt von morgen geben. Zunächst einmal ist festzustellen, dass gerade die Medienmärkte der **Globalisierung** unterworfen sind. Durch weltumfassende Netze wie beispielsweise das Internet werden geografische Barrieren überwunden; eine Information kann innerhalb von Sekundenbruchteilen übermittelt werden, Medienprodukte können in ihrer elektronischen Form in aller Welt zur Verfügung gestellt werden. Weiterhin lässt sich eine zunehmende **Individualisierung** durch spezifische Informations-/Unterhaltungsbedürfnisse feststellen, die durch besondere Angebotsformen wie Books on Demand (B. O. D.) oder Video on Demand befriedigt werden können.
Zudem ändern sich die Mediennutzungsgewohnheiten. Die **Digitalisierung** der Informationen hatte eine Abnahme der Kosten und eine Steigerung der Produktion zur Folge. Die Allzeit- und Überall-Verfügbarkeit von Medien lässt die Datenflut ansteigen, wobei der Informationswert nicht Schritt hält.
Schließlich sind die Trends **Konvergenz und Fragmentierung** zu erwähnen. Die multimediale Integration verschiedener Inhalte und Kanäle (Konvergenz) verbindet ehemals getrennte Branchen: Neue Dienste, neue Branchen und neue Unternehmensallianzen entstehen. Der Konsum wird differenzierter: Special-Interest-Angebote mit kleineren Auflagen, geringen Reichweiten und geschrumpften Märkten (Fragmentierung) belasten wirtschaftlich die Medienunternehmen.

# 1.2 Grundlagen des Wirtschaftens

## 1.2.1 Bedürfnis, Bedarf, Nachfrage

Katja Becker hat sich bei dem Kölner Medienkonzern Medi@ AG als Veranstaltungskauffrau beworben. Sie hat einen Ausbildungsplatz bei einem Konzernunternehmen der Medi@ AG, der Veranstaltungsagentur iVent GmbH, bekommen. Bernhard Schiller, der Chef der Agentur, erläutert ihr die Schwerpunkte der Arbeit der iVent GmbH. „Unser Hauptgeschäft sind Mitarbeiter-Incentives[1]. Hier hat sich die Nachfrage in den letzten zwei Jahren verdoppelt." Katja ist erstaunt, denn vor einigen Jahren war das noch ein ganz unbekanntes Konzept. „Woher kommt diese Zunahme?", fragt sie ihren Chef Bernhard Schiller. „Das liegt an dem Wandel der Bedürfnisse. Allerdings spiegelt die Nachfrage das nicht immer wider – sobald es den Unternehmen etwas schlechter geht, nimmt die Nachfrage nach solchen Events rapide ab – auch wenn das Bedürfnis auf Seiten der Mitarbeiter nach wie vor vorhanden ist. Wenn kein Geld da ist, dann haben die Unternehmen leider auch keinen Bedarf an solchen Veranstaltungen."
„Das heißt für uns, wir müssen uns ganz schnell etwas anderes überlegen, um andere Bedürfnisse zu entdecken, für die eine Nachfrage besteht?", fragt Katja. „So ist es", entgegnet Herr Schiller, „als Unternehmer muss man immer auf dem Laufenden sein und sich den Bedürfnissen der Menschen und dem Bedarf der Wirtschaft anpassen."

**Arbeitsaufträge**

- Stellen Sie fest, welcher Zusammenhang zwischen den Begriffen Bedürfnis, Bedarf und Nachfrage besteht.
- Nennen Sie weitere Bereiche, in denen ein Wandel der Bedürfnisse stattgefunden hat.

### Bedürfnis

Ausgangspunkt allen Wirtschaftens sind die **Wünsche** der Menschen. Diese Wünsche sind i. d. R. unbegrenzt. Jeder hat das Gefühl, dass ihm noch etwas fehlt. Eine eigene Wohnung, Anerkennung im Beruf oder Ferien in der Sonne. Dieses Gefühl eines Mangels, verbunden mit dem Bestreben, ihn zu beseitigen, bezeichnet man als **Bedürfnis**.

**Nach der Dringlichkeit der Bedürfnisbefriedigung** kann man in Existenz-, Kultur- und Luxusbedürfnisse unterscheiden.

- **Existenzbedürfnisse** sind lebensnotwendige Bedürfnisse. Sie müssen i. d. R. kurzfristig befriedigt werden, um das Leben der Menschen nicht zu gefährden.
  Beispiele *Wunsch nach Grundnahrungsmitteln, Kleidung, Wohnung*
- **Kulturbedürfnisse** werden durch die Umwelt oder Kultur geprägt. Sie müssen weitgehend befriedigt werden, wenn der Mensch in seiner sozialen Umwelt anerkannt werden will.
  Beispiele *Wunsch nach Bildung, modischer Kleidung, Hobbys*
- **Luxusbedürfnisse** sind übersteigerte Ansprüche. Sie können vom Großteil der Bevölkerung nicht befriedigt werden.
  Beispiele *Wunsch nach Designer-Kleidung, Champagner, einer eigenen Yacht*

Eine genaue Abgrenzung zwischen den Bedürfnissen ist nicht immer möglich. Sie ist von der persönlichen Situation des Einzelnen abhängig und **verändert sich im Laufe der Zeit**. So ist eine ausreichende und abwechslungsreiche Ernährung für uns ein Existenzbedürfnis, für weite Teile der Dritten

[1] Engl. Anreiz, Ansporn; Veranstaltung mit dem Ziel der Mitarbeitermotivation.

Welt hingegen ein Luxusbedürfnis. Und der Wunsch nach Erholung in der Sonne, der für unsere Eltern noch ein Luxusbedürfnis war, ist heute für viele ein Kulturbedürfnis.

Nach der Möglichkeit der **Bedürfnisbefriedigung** kann unterschieden werden:

- **Individualbedürfnisse**, die von einem einzelnen Menschen, dem Individuum ausgehen.
  Beispiel *Wunsch nach einem Auto*

- **Kollektivbedürfnisse**, die aus dem Zusammenleben der Menschen entstehen und nur in der Gemeinschaft befriedigt werden können.
  Beispiel *Ein gut ausgebautes Straßennetz*

Nach dem **Gegenstand der Bedürfnisse** kann man in materielle und immaterielle Bedürfnisse gliedern.

- **Materielle Bedürfnisse** richten sich auf sachliche Güter.
  Beispiele *Modische Kleidung, Auto, Möbel*

- **Immaterielle Bedürfnisse**, d. h. nicht greifbare Bedürfnisse, richten sich auf Dienstleistungen oder geistige Belange.
  Beispiele *Haarschnitt, Kinobesuch, Freundschaft, Anerkennung, Geborgenheit*

Nach dem **Grad der Bewusstheit** unterscheidet man akute und latente Bedürfnisse.

- **Akute** (offene) **Bedürfnisse**: Sie sind den Menschen bewusst und verlangen nach Befriedigung.
  Beispiel *Wunsch nach einer Reise in den Süden*

- **Latente** (schlummernde) **Bedürfnisse** sind den Menschen nicht bewusst. Sie können durch die Werbung geweckt werden.
  Beispiel *Die Marketingabteilung der Medi@ AG stellt im Rahmen der Marktforschung fest, dass das Bedürfnis nach Sicherheit eine immer größere Rolle spielt. Die Geschäftsleitung diskutiert, ob der Bereich der Sicherheitstechnik im Büro in das Produktionsprogramm aufgenommen werden soll.*

### Bedarf

Der Teil der Bedürfnisse, der sich mit Mitteln der Wirtschaft befriedigen lässt und der mit entsprechender **Kaufkraft** ausgestattet ist, wird **Bedarf** genannt.
Beispiel *Katja hat von ihrer Ausbildungsvergütung 300,00 EUR gespart, um sich einen DVD-Player zu kaufen.*

### Nachfrage

Wird der Bedarf am Markt wirksam, d. h. wird für ein bestimmtes Gut tatsächlich Geld ausgegeben, so wird er zur **Nachfrage**.
Beispiel *Katja geht in ein Fachgeschäft und kauft den von ihr ausgewählten DVD-Player.*

Vergleiche hierzu Seite 308, 312, 351

Ziel jedes Unternehmers ist es, aus den allgemeinen Bedürfnissen seiner möglichen (potenziellen) Kunden eine konkrete Nachfrage nach den Leistungen seines Unternehmens zu machen. Um dies zu erreichen, versucht er im Rahmen der Marktforschung die Bedürfnisse seiner Kunden zu ermitteln, sein Absatzprogramm darauf abzustellen und den Bedarf der Kunden durch die Kommunikationspolitik zu wecken.
Beispiel *Die iVent GmbH hat im Rahmen von Marktforschungen festgestellt, dass das Bedürfnis nach Anerkennung und Selbstverwirklichung bei den potenziellen Kunden zunimmt. Aus diesem Grund bietet iVent verschiedenste Mitarbeiter-Incentives an, in denen entsprechende Konzepte umgesetzt werden, die die Motivation und das Zugehörigkeitsgefühl der Mitarbeiter stärken.*

Die genaue Kenntnis der Bedürfnisse seiner Kunden gibt dem Unternehmer die Möglichkeit, unbewusst vorhandene **(latente) Bedürfnisse in offene Bedürfnisse umzuwandeln.** Mithilfe der **Werbung** wird der Kunde angeregt, Produkte zu kaufen, die ihm bisher nicht notwendig erschienen oder die er nicht kannte.

***Bedürfnis, Bedarf, Nachfrage***

**Bedürfnisse**

| Existenzbedürfnisse | Kulturbedürfnisse | Luxusbedürfnisse |
|---|---|---|
| müssen zur Erhaltung des Lebens befriedigt werden | müssen befriedigt werden, wenn der Mensch in seiner sozialen Umwelt anerkannt werden will | können vom Großteil der Bevölkerung nicht befriedigt werden |

- *Der **Bedarf** ist ein konkretisiertes Bedürfnis, das sich mit Mitteln der Wirtschaft befriedigen lässt und mit entsprechender Kaufkraft ausgestattet ist.*
- *Die **Nachfrage** ist der Teil des Bedarfs, der am Markt wirksam wird.*

## Aufgaben

1 a) Nennen Sie je drei Beispiele für
   - Existenzbedürfnisse, • Kulturbedürfnisse, • Luxusbedürfnisse.

  b) Stellen Sie den Bedürfnissen den entsprechenden Bedarf gegenüber.

2 Erläutern Sie, wie es zu erklären ist, dass ein Luxusbedürfnis zu einem Existenzbedürfnis wird.

3 Mithilfe der Werbung werden latente Bedürfnisse der potenziellen Kunden in Nachfrage nach Leistungen eines Unternehmens umgewandelt.

  a) Diskutieren Sie die Rolle der Werbung in unserer Gesellschaft.

  b) Werten Sie Anzeigen in Illustrierten aus und stellen Sie fest, wo in erster Linie latente Bedürfnisse angesprochen werden.

4 Erläutern Sie, wie die Medi@ AG das zunehmende Bedürfnis nach Information und Unterhaltung nutzen könnte.

## 1.2.2 Güter als Mittel der Bedürfnisbefriedigung

Flora Fingerhut, Auszubildende zur Medienkauffrau Digital und Print der Medi@ AG, ist empört: „Stellen Sie sich vor", berichtet sie der Gruppenleiterin Frau Parchim nach einem Gang durch die Zeitschriftenproduktion, „bei uns wird jedes Paket in eine Folie eingeschweißt, und Werbegeschenke werden in Styropor verpackt! Wenn ich an die Müllberge denke, die da entstehen, wird mir ganz schlecht!" „Und mir wird schlecht, wenn ich an die vielen Reklamationen wegen verknickter und beschädigter Produkte denke, wenn wir die Zeitschriften nicht transportsicher verpacken", entgegnet Frau Parchim. Flora hält ihr entgegen, dass es höchste Zeit sei, mit den Schätzen der Erde sparsamer umzugehen, da sie nur noch für begrenzte Zeit reichen. Und nicht nur das. Viele Güter, die früher im Überfluss vorhanden waren, müssen heute mit viel Mühe und Kosten wieder aufbereitet werden. Frau Parchim wird nachdenklich. Sie bittet Flora, doch einmal zu überlegen, wie man bei der Verpackung den Verbrauch von Rohstoffen einschränken könne. „Und wenn Sie eine gute Idee haben, geben wir sie im Rahmen des betrieblichen Vorschlagswesens weiter. Vielleicht gibt es da sogar eine Prämie!"

### Arbeitsauftrag

♦ Unterstützen Sie Flora bei ihrer Aufgabe und überlegen Sie, wie die Medi@ AG bei der Verpackung den Verbrauch von Rohstoffen einschränken kann.

Die Mittel, mit denen die menschlichen Bedürfnisse befriedigt werden können, nennt man **Güter**. Indem sie das Bedürfnis des Verwenders befriedigen, stiften sie einen **Nutzen**. Jeder Mensch wird sich für das Gut entscheiden, das ihm den höchsten Nutzen stiftet.

- **Freie Güter** sind im Überfluss vorhanden und ihre Bereitstellung verursacht keine Kosten.
  **Beispiele** *Luft, Meerwasser, Sonne, Wind*
- **Knappe (wirtschaftliche) Güter** sind nur begrenzt vorhanden. Ihre Bereitstellung verursacht Kosten, deshalb haben sie am Markt einen Preis.
  **Beispiel** *Fuhrpark der Medi@ AG, Papier für die Produktion, Arbeitskleidung, Lebensmittel*

Im Laufe der Zeit sind immer **mehr freie Güter zu knappen Gütern** geworden. So sind z. B. sauberes Wasser und klare Luft in vielen Gegenden nur noch unter großem Kostenaufwand zu erhalten.
**Beispiel** *Die Medi@ AG hat in der Filmentwicklung eine Filteranlage zum Preis von 140 000,00 EUR installiert. Dadurch gelangen keine Schadstoffe mehr in die Luft und in das Abwasser. Die Medi@ AG berücksichtigt die anteiligen Kosten in ihren Verkaufspreisen, die Produkte werden infolgedessen teurer.*

Bei vielen **knappen Gütern** wird deutlich, dass die für die Herstellung erforderlichen Rohstoffe nur noch für wenige Jahre reichen. Die Konsequenz muss der sparsamere Umgang mit diesen Stoffen und ihre Wiederverwertung (**Recycling**) sein.

Jeder kann Hilfe bei der Wiederverwertung von Rohstoffen und bei ihrem sparsameren Einsatz leisten. **Haushalte** können Glas, Altpapier und Wertstoffe **getrennt sammeln** und entsorgen. **Unternehmen** können Verpackungen **einschränken oder vermeiden** und wiederverwertbare Rohstoffe in der Produktion einsetzen.

Wie die Bedürfnisse können auch die knappen (wirtschaftlichen) Güter in verschiedene **Güterarten** unterschieden werden.

- Nach der **Dringlichkeit** in **Existenz-, Kultur- und Luxusgüter**:
  - **Existenzgüter**: Nahrung, Kleidung, Wohnung
  - **Kulturgüter**: Theater, Kino, Bücher
  - **Luxusgüter**: Goldbarren, Privatflugzeug
- Nach der **Verfügbarkeit** in **private und öffentliche Güter**:
  - **private Güter**: Kleidung, Auto
  - **öffentliche Güter**: Schule, Polizei, Krankenhaus
- Nach dem **Gegenstand** in **materielle und immaterielle Güter**:
  - **Materielle (fassbare) Güter** sind **Sachgüter**, (z. B. Schokoriegel, CD-Player, Damenbluse, Printprodukte der Medi@ AG),
  - **immaterielle (nicht fassbare) Güter** sind Dienstleistungen, Rechte und Informationen.
    - **Dienstleistungen** sind Arbeitsleistungen, durch die ein Wert oder Nutzen entsteht.
      **Beispiele** *Beratung eines Rechtsanwaltes, die Wartung der Büromaschinen der Medi@ AG*
    - **Rechte** sind Ansprüche oder Befugnisse.
      **Beispiele**
      - *Das Recht, einen bestimmten Markennamen zu führen oder ein Grundstück zunutzen.*
      - *Die Lizenz zur Nutzung eines Musiktitels in einem Film.*
    - **Informationen** sind Voraussetzung jeder Art von Entscheidungsfindung.
      **Beispiele** *Zugriff auf das Wissen in Datenbanken, Abonnement einer Fachzeitschrift*
- **Nach der Art der Verwendung** können Sachgüter, Dienstleistungen und Rechte in Konsum- und Produktionsgüter eingeteilt werden.
  - **Konsumgüter** dienen der unmittelbaren Bedürfnisbefriedigung. Sie werden vom Endverbraucher verwendet.

**Beispiele**

| | |
|---|---|
| *Sachgut als Konsumgut* | *Ein Hammer im Hobbykeller.* |
| *Dienstleistung als Konsumgut* | *Katja Becker fährt mit dem Taxi von der Diskothek nach Hause.* |
| *Recht als Konsumgut* | *Katjas Eltern haben einen Schrebergarten gepachtet.* |
| *Information als Konsumgut* | *Katja kauft sich eine Computerzeitschrift.* |

– **Produktions- oder Investitionsgüter** dienen zur Herstellung anderer Güter.

**Beispiele**

| | |
|---|---|
| *Sachgut als Produktionsgut* | *Eine Filmkamera der Medi@ AG.* |
| *Dienstleistung als Produktionsgut* | *Der Geschäftsführer der iVent GmbH, Bernhard Schiller, fährt mit dem Taxi zu einer Besprechung mit einem Kunden.* |
| *Recht als Produktionsgut* | *Die Medi@ AG hat ein Grundstück als Parkplatz gepachtet.* |
| *Information als Produktionsgut* | *Herr Quarzberg beantragt bei einer Wirtschaftsauskunftei eine Auskunft über einen möglichen Kunden.* |

Da bei der Einteilung in Konsum- und Produktionsgüter nicht die Art des Gutes, sondern die **Art der Verwendung** den Ausschlag für die Zuordnung gibt, kann ein und dasselbe Gut sowohl Konsum- als auch Produktionsgut sein.

- **Nach der Nutzungsdauer** können Güter in Gebrauchs- und Verbrauchsgüter eingeteilt werden.
  - **Gebrauchsgüter** können mehrmals verwendet werden und nutzen sich erst allmählich ab.
    **Beispiele** *Büromöbel, Kleidung, Maschinen*
  - **Verbrauchsgüter** können nur einmal zum Zwecke der Bedürfnisbefriedigung bzw. Produktion eingesetzt werden.
    **Beispiele** *Beispiele Filmnegative bei der Filmproduktion der Medi@ AG, Benzin für Geschäftswagen*
- **Nach der Beziehung der Güter zueinander** kann man in Komplementärgüter und Substitutionsgüter unterscheiden.
  - **Komplementärgüter** ergänzen sich gegenseitig. Sie können nur in Kombination miteinander ein Bedürfnis befriedigen.
    **Beispiele** *Beispiele Kfz und Treibstoff, CD-Player und CD*
  - **Substitutionsgüter** ersetzen sich, sie sind gegeneinander austauschbar.
    **Beispiele** *Lkw oder der Transport mit der Deutsche Bahn AG, Butter oder Margarine*

***Güter als Mittel der Bedürfnisbefriedigung***

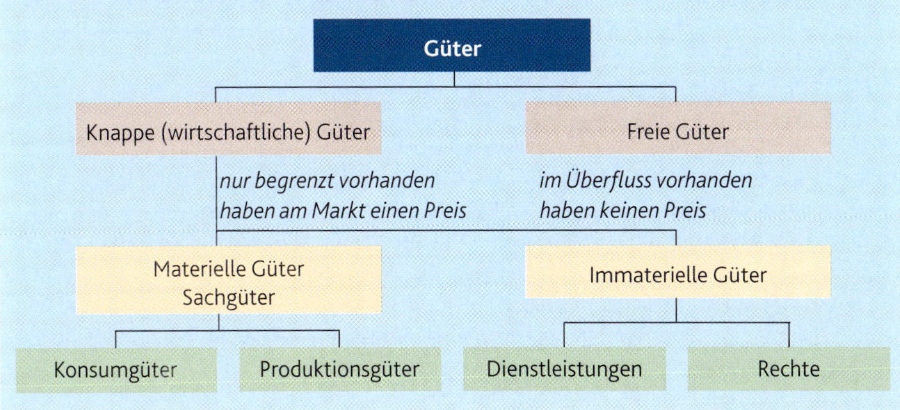

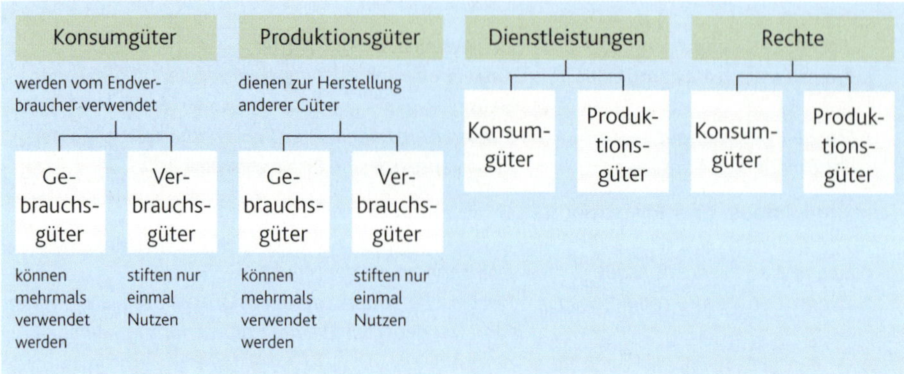


## Aufgaben

1 Beschreiben Sie einen Fall, in dem Wasser und Luft zu wirtschaftlichen Gütern werden.

2 Haushalte und Unternehmen können gemeinsam dazu beitragen, dass nicht noch mehr freie Güter zu wirtschaftlichen Gütern werden.
   a) Erläutern Sie diese Bemühungen anhand von fünf Beispielen aus Ihrem Haushalt.
   b) Stellen Sie fünf Beispiele aus Ihrem Ausbildungsbetrieb dar.

3 Erläutern Sie fünf Fälle, wie in Ihrem Ausbildungsbetrieb Verbrauchsgüter gegen mehrmals verwendbare Gebrauchsgüter ausgetauscht werden können.

4 Welche der nachfolgenden Verwendungsarten treffen auf unten stehende Sachverhalte zu?
   Verwendungsarten wirtschaftlicher Güter:
   a) Produktionsgut als Gebrauchsgut
   b) Produktionsgut als Verbrauchsgut
   c) Dienstleistung als Produktionsgut
   d) Dienstleistung als Konsumgut
   e) Recht als Produktionsgut
   f) Recht als Konsumgut
   g) Konsumgut als Gebrauchsgut
   1. Ein Kaufmann lässt sich in geschäftlicher Angelegenheit durch einen Rechtsanwalt vertreten.
   2. Überlassung von Geschäftsräumen gegen Entgelt.
   3. Verwendung eines Taschenrechners in der Buchhaltung des Kaufmanns.
   4. Verwendung eines Taschenrechners durch den Auszubildenden in der Schule.
   5. Verwendung von Heizöl zur Beheizung eines Bürohauses.

5 Erläutern Sie anhand eines Beispiels, wie ein Gut Konsumgut und Produktionsgut sein kann.

6 Überlegen Sie, wie Sie in Ihrer Klasse durch Veränderung Ihrer Einkaufsgewohnheiten sparsamer mit den begrenzten Rohstoffen umgehen können. Formulieren Sie einen Ökopakt, in dem Sie sich verpflichten, auf bestimmte umweltschädliche Produkte zu verzichten oder den Gebrauch einzuschränken.

### 1.2.3 Die Notwendigkeit wirtschaftlichen Handelns

Vier Wochen nach Beginn ihrer Ausbildung bei der iVent GmbH bekommt Katja Becker einen Kontoauszug von der Bank. Ihre Ausbildungsvergütung ist überwiesen worden, ihre ersten selbst verdienten 550,00 EUR. Katja überlegt, wofür sie das Geld ausgeben soll. Eigentlich wünscht sie sich schon lange einen CD-Player. Auf der anderen Seite träumt sie von einer Lederjacke, und neue Schuhe wären auch langsam fällig. Für den Urlaub sollte sie auch etwas zurücklegen und zum Geburtstag der Mutter will sie noch ein Geschenk kaufen. Als Katja die Beträge zusammenrechnet, merkt sie schnell, dass ihr Geld dafür nicht ausreicht.

**Arbeitsaufträge**
- Diskutieren Sie, was Katja tun kann, um ihr Problem zu lösen.
- Geben Sie den Diskussionsteilnehmern ein Feedback.
- Katja hat sich entschieden! Sie möchte mit ihrem ersten selbst verdienten Geld Urlaub in Spanien machen. Als sie die Preise vergleicht, stellt sie fest, dass die Fahrt mit dem eigenen Auto deutlich preiswerter ist als die Reise mit der Bahn. Auf der anderen Seite weiß Katja, dass die Schadstoffbelastung durch den Individualverkehr deutlich größer ist als bei einer Reise mit der Bahn. Erläutern Sie in einem Vortrag in diesem Zusammenhang das Spannungsverhältnis zwischen Ökonomie und Ökologie.

## Das ökonomische Prinzip

Die **Bedürfnisse** der Menschen sind i. d. R. **unbegrenzt. Wirtschaftsgüter** hingegen sind **knapp**. Sie sind nur begrenzt vorhanden und ihre Bereitstellung verursacht Kosten.
Private Haushalte und Unternehmen lösen dieses Problem, indem sie mit den knappen Wirtschaftsgütern sparsam umgehen, das heißt, sie **wirtschaften**. Dieses planvolle Handeln nennt man das **ökonomische (wirtschaftliche) Prinzip**. Es zeigt sich in zwei Erscheinungsformen:

### *Minimalprinzip*

Beim Minimalprinzip wird versucht, ein gegebenes Ziel mit möglichst wenig (minimalen) Mitteln zu erreichen. Dieses Prinzip wird i. d. R. in den Unternehmen angewandt.
Beispiel *Frank Tetzlaff, Produktionsleiter des Geschäftsfelds Musik der Medi@ AG, versucht, CD-Rohlinge für die Produktion so preiswert wie möglich einzukaufen.*

### *Maximalprinzip*

Beim Maximalprinzip wird versucht, mit gegebenen Mitteln einen größtmöglichen (maximalen) Erfolg zu erreichen. Dieses Prinzip wird i. d. R. in den Haushalten angewandt.
Beispiel *Katja versucht, sich mit ihrer Ausbildungsvergütung so viele Wünsche wie möglich zu erfüllen.*

## Das ökologische Prinzip

Lange Zeit stand die **Umwelt für jedermann kostenlos** zur Verfügung. Luft und Wasser waren als freie Güter im Überfluss vorhanden, die Vorräte an **Rohstoffen (Ressourcen) schienen unendlich**.

Die zunehmende Industrialisierung und das ungebremste Bevölkerungswachstum belasten das ökologische System inzwischen so stark, dass die **Selbstreinigungskräfte der Natur nicht mehr ausreichen**, um das ökologische Gleichgewicht zu erhalten. Darüber hinaus weiß man, dass die natürlichen **Ressourcen der Erde nur noch für begrenzte Zeit ausreichen**.

Mit den Beziehungen der Menschen zu ihrer Umwelt befasst sich die **Ökologie**, deren Ziel es ist, die Belastungen der Umwelt zu mindern oder gänzlich zu vermeiden.

Wenn private Haushalte wie Unternehmen bei allen wirtschaftlichen Tätigkeiten so handeln, dass die Umwelt so wenig wie möglich belastet wird, handeln sie nach dem **ökologischen Prinzip**.

Beim Handeln nach dem ökologischen Prinzip sind **folgende Möglichkeiten** denkbar:
- sparsamer Verbrauch von Rohstoffen und Energie
  Beispiel *Die Medi@ AG entscheidet sich dazu, eine Solaranlage zur Energiegewinnung auf dem Dach des Verwaltungsgebäudes zu installieren.*
- Aufarbeitung gebrauchter Rohstoffe (Recycling)
  Beispiel *Die Medi@ AG gibt eine Rücknahmegarantie für von ihr gelieferte Verpackungen. Die so zurückgewonnenen Rohstoffe werden bei der Herstellung neuer Verpackungen verwendet.*

- Herstellung umweltfreundlicher Produkte
  **Beispiel** *Ein Büromöbelhersteller bietet mit dem Drehstuhl „Picto" einen Bürostuhl an, der ausschließlich aus umweltverträglichen Rohstoffen gefertigt ist.*

- Anwendung umweltfreundlicher Produktionstechniken
  **Beispiel** *Die Lackiererei einer Automobilfabrik wurde auf wasserlösliche Lacke umgestellt, die keine umweltschädlichen Lösungsmittel enthalten.*

## Das Spannungsverhältnis zwischen Ökonomie und Ökologie

Zwischen Ökonomie und **Ökologie** kann es zu Zielkonflikten kommen. Dies ist immer dann der Fall, wenn ökologisch sinnvolle Entscheidungen mit **höheren Kosten** für das einzelne Unternehmen oder den privaten Haushalt verbunden sind.
**Beispiel** *Herr Dr. Sommer, Abteilungsleiter der Zentralabteilung der Medi@ AG, erfährt vom Energieberater der RheinEnergie AG, dass der Durchschnittspreis pro Kilowatt Windenergie-Strom 0,1490 EUR beträgt. Der Durchschnittspreis für Tarifkunden der RheinEnergie AG beträgt 0,1755 EUR je kW/h.*

Da Unternehmen und Haushalte sich oft am kurzfristigen Erfolg wirtschaftlichen Handelns orientieren, greift hier der **Staat** regelnd ein. Dabei sind folgende staatliche Maßnahmen im Sinne der **Umweltpolitik** denkbar:

- Beeinflussung der öffentlichen Meinung durch Aufklärung und Erziehung
  **Beispiele**
  - *Die Stadt Köln schafft ein Schadstoffmobil an, das kostenlos Sondermüll der privaten Haushalte abholt.*
  - *Der Bundesumweltminister gibt eine Broschüre zum Thema „Windenergie" heraus.*

- Gewährung von Subventionen für ökologisch sinnvolle Maßnahmen
  **Beispiele**
  - *Das Land Nordrhein-Westfalen zahlt beim Einbau isolierverglaster Fenster einen Zuschuss.*
  - *Beim Bau von besonders wärmegedämmten Häusern kann ein Zuschuss beantragt werden.*

- Erhebung von Steuern und Abgaben für die Verursacher von Umweltbelastungen
  **Beispiele**
  - *Die Kfz-Steuer beträgt für schadstoffarme Pkw 6,75 EUR je angefangene 100 ccm Hubraum. Fahrzeuge ohne Schadstoffreinigung (Katalysator) zahlen 11,04 EUR. Elektrofahrzeuge sind für fünf Jahre von der Kfz-Steuer befreit.*
  - *Einige Gemeinden erheben eine Steuer auf Einweggeschirr.*

- Gesetze und Verordnungen zum Umweltschutz
  **Beispiel**

**§ 1 Bundes-Immissionsschutzgesetz**

*(1) Zweck dieses Gesetzes ist es, Menschen, Tiere und Pflanzen, den Boden, das Wasser, die Atmosphäre sowie Kultur- und sonstige Sachgüter vor schädlichen Umwelteinwirkungen zu schützen und dem Entstehen schädlicher Umwelteinwirkungen vorzubeugen.*
*(2) Soweit es sich um genehmigungsbedürftige Anlagen handelt,*
*dient dieses Gesetz auch*
- *der integrierten Vermeidung und Verminderung schädlicher Umwelteinwirkungen durch Emissionen in Luft, Wasser und Boden unter Einbeziehung der Abfallwirtschaft, um ein hohes Schutzniveau für die Umwelt insgesamt zu erreichen, sowie*
- *dem Schutz und der Vorsorge gegen Gefahren, erhebliche Nachteile und erhebliche Belästigungen, die auf andere Weise herbeigeführt werden.*

## Wirtschaftsprinzipien

Die grundsätzliche Zielsetzung der Unternehmen in einer Volkswirtschaft richtet sich zunächst nach der Aufgabe, die diese zu erfüllen haben.

In **erwerbswirtschaftlichen Betrieben** wird Kapital investiert, um Gewinn zu erwirtschaften. Die Aussicht auf Gewinn veranlasst den Unternehmer, sein Kapital in dem Bereich einzusetzen, in dem er die höchste Verzinsung (Rentabilität) erwartet. So lenkt der erwartete Gewinn das Kapital in den rentabelsten Bereich und wirkt als „Motor der Wirtschaft".
**Beispiel** *Die Medi@ AG bringt eine Taschenbuchreihe aus recyceltem Papier heraus, da sie durch den Absatz eines ökologisch vertretbaren Produktes maximale Gewinne erwartet.*

In **gemeinwirtschaftlichen Betrieben** steht nicht die Gewinnerzielung, sondern die bestmögliche **Versorgung der Bevölkerung** mit Waren und Dienstleistungen im Vordergrund. Man unterscheidet hier zwischen **Kostendeckungsbetrieben** und **Zuschussbetrieben**.
**Beispiele** *Stadtwerke (Kostendeckungsbetriebe), kommunale Krankenhäuser, Theater (Zuschussbetriebe).*

## Einzel-, Volks- und Weltwirtschaft

Unter **Wirtschaft** versteht man alle Tätigkeiten und Einrichtungen, die sich auf die Produktion und den Konsum knapper Güter beziehen.

- *Einzelwirtschaft:*

Als **Einzelwirtschaften** werden das Wirtschaftswesen der einzelnen Unternehmung **(Betriebswirtschaft)** und das Wirtschaftswesen der einzelnen Haushalte **(Hauswirtschaft)** bezeichnet.

- *Volkswirtschaft:*

Als **Volkswirtschaft** bezeichnet man die Wirtschaft eines Staates, die eine bestimmte rechtliche Ordnung hat (Wirtschaftsordnung).

Vergleiche hierzu Seite 477

- *Weltwirtschaft:*

Die **Volkswirtschaften** der einzelnen Staaten sind durch den Außenhandel, durch Import und Export miteinander verbunden. Durch diese außenwirtschaftlichen Beziehungen entsteht die Weltwirtschaft.

Vergleiche hierzu Seite 535

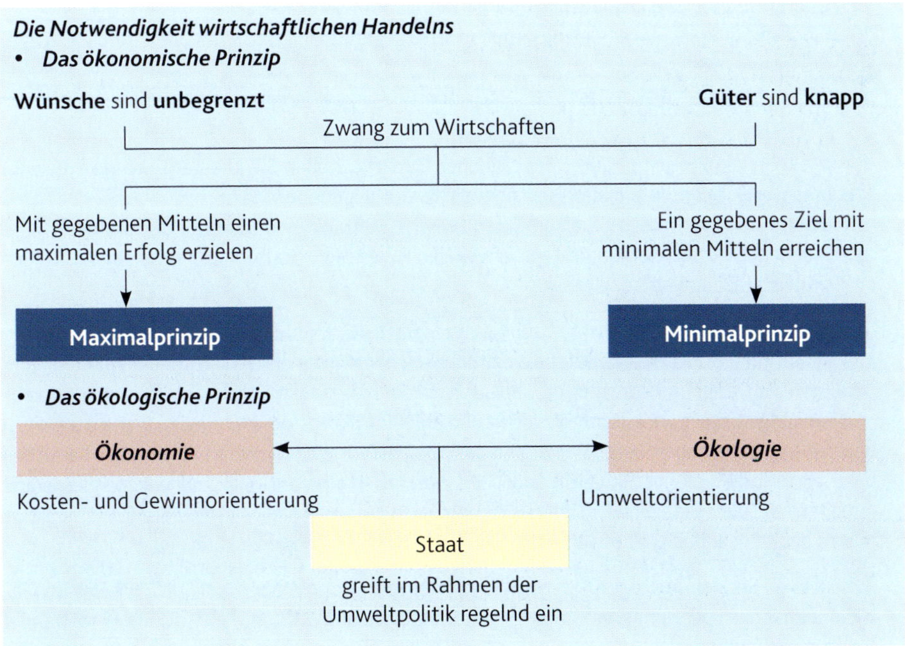

- ***Wirtschaftsprinzipien***

| **Erwerbswirtschaftliches Prinzip** | ←→ | **Gemeinwirtschaftliches Prinzip** |
|---|---|---|
| Maximaler Gewinn | | Bestmögliche Versorgung der Bevölkerung |

- *Die **Volkswirtschaft** besteht aus **Einzelwirtschaften** (Unternehmen, private Haushalte). Die Wirtschaftsbeziehungen der Staaten miteinander bezeichnet man als **Weltwirtschaft**.*

## Aufgaben

1 Stellen Sie fest, nach welchen Grundsätzen in den folgenden Fällen gehandelt wird:
   a) Die wirtschaftlichen Entscheidungen im Haushalt werden so getroffen, dass der größtmögliche Nutzen für die Familie erreicht wird.
   b) Ein festgelegtes Produktionsziel soll mit möglichst geringem Materialeinsatz erreicht werden.
   c) Ein Schüler versucht, eine bestimmte CD so günstig wie möglich zu kaufen.
   d) Eine Hausfrau versucht, durch Preisvergleich den Lebensmittelbedarf der Familie so preiswert wie möglich zu decken.
   e) Ein Unternehmer versucht, das festgelegte Umsatzziel mit minimalen Gesamtkosten zu verwirklichen.
   f) Ein Schüler versucht, mit möglichst geringem Einsatz die Versetzung zu erreichen.
   g) Ein Unternehmer möchte mit dem vorhandenen Personal den größtmöglichen Umsatz erzielen.

2 Katja möchte am Wochenende mit dem Auto in die Niederlande an die Nordseeküste fahren.
   a) Erläutern Sie anhand der Kriterien Kilometerleistung und Benzinverbrauch das Maximal- und das Minimalprinzip.
   b) Diskutieren Sie, wie Katja sich verhalten sollte, wenn sie nach dem ökologischen Prinzip handeln will.

3 a) Überprüfen Sie Ihren Arbeitsplatz im Betrieb auf umweltschädliche Arbeitsmittel.
   b) Machen Sie Vorschläge, welche Arbeitsmittel gegen ökologisch sinnvolle Produkte ausgetauscht werden können.
   c) Stellen Sie fest, wo ökologisch ratsame Änderungen zu Konflikten mit der Ökonomie führen können.

4 Ermitteln Sie die Preise für Güter des täglichen Bedarfs. Stellen Sie in einer Liste die Preise für das preiswerteste und das ökologisch sinnvollste Gut gegenüber.
   a) Überprüfen Sie, wo es zu Zielkonflikten zwischen Ökologie und Ökonomie kommt.
   b) Stellen Sie für sich persönlich fest, in welchen Fällen Sie trotz höherer Preise das ökologisch sinnvollste Gut wählen würden.

5 Auszug aus der Unternehmensphilosophie der Medi@ AG:
„Wie stark ein Produkt die Umwelt belastet und welcher Nutzen durch das Produkt entsteht, wird bereits in der Designphase festgelegt. Dabei spielen der Materialeinsatz, die Energie- und Rohstoffaufwendungen, die Produktionsemissionen und die Rückführung der Materialien in den Stoffkreislauf eine entscheidende Rolle. Wir tragen dazu bei, indem wir in unseren Produktionsbereichen Film, Print und Musik mit umweltfreundlichen Materialien arbeiten, Müll trennen, energiesparend arbeiten, und auch die Wahl der Lieferanten entsprechend ausrichten. Im Verwaltungsbereich liegt das Augenmerk auf einem umweltbewussten Umgang mit Büromaterial und Papier."

Diskutieren Sie den Auszug aus der Unternehmensphilosophie der Medi@ AG unter dem Gesichtspunkt des Spannungsverhältnisses von Ökonomie und Ökologie sowie dem Wertewandel bei den Verbrauchern.

### 1.2.4 Produktionsfaktoren im Wirtschaftsprozess

Im Geschäftsfeld Zeitungen/Zeitschriften der Medi@ AG ist seit Längerem davon die Rede, dass die Personalkosten gesenkt werden müssen. Bei einem Beratungsgespräch des Unternehmensberaters Tietze dürfen die beiden Auszubildenden Flora Fingerhut und Diana Feld teilnehmen. Tietze empfiehlt, dass langfristig nur die Lösung bleibt, den Produktionsfaktor Arbeit gegen Kapital zu substituieren, um die Personalproduktivität zu steigern.
Nach der Besprechung sind Flora und Diana nachdenklich geworden und diskutieren darüber, was es mit dem Ausdruck „Arbeit gegen Kapital substituieren" auf sich haben könnte.

**Arbeitsaufträge**

- Stellen Sie fest, was sich hinter der Formulierung „Arbeit gegen Kapital substituieren" verbirgt.
- Erläutern Sie die Substitution anhand möglicher Beispiele aus Ihrem Ausbildungsbetrieb.

## Die volkswirtschaftlichen Produktionsfaktoren

Nur ein kleiner Teil der Güter wird den Menschen von der Natur konsumreif zur Verfügung gestellt. In der Regel müssen Güter produziert werden. Zur **Produktion** zählt dabei nicht nur die Herstellung von Gütern, sondern auch die Bereitstellung von Dienstleistungen.
Alle an der Produktion beteiligten Menschen und die eingesetzten Güter kann man auf drei grundlegende Faktoren zurückführen, die man als **volkswirtschaftliche Produktionsfaktoren** bezeichnet:

| ***Arbeit*** | ***Boden (Natur)*** | ***Kapital*** |
|---|---|---|

### *Produktionsfaktor Arbeit*

Zum **Produktionsfaktor Arbeit** zählt jede geistige und körperliche Tätigkeit, die auf die Erzielung eines Einkommens gerichtet ist.

Beispiel *Wischt eine Putzhilfe in einem Büro der Medi@ AG die Böden, handelt es sich um Arbeit im volkswirtschaftlichen Sinne. Erledigt sie die gleiche Arbeit in ihrer Wohnung, zählt diese Tätigkeit nicht zum Produktionsfaktor Arbeit, da kein Einkommen erzielt wird.*

Der Produktionsfaktor Arbeit kann nach verschiedenen Gesichtspunkten unterteilt werden:

Nach der **Weisungsgebundenheit**:
- leitende (dispositive) Arbeit
  Beispiel *Der Geschäftsführer der iVent GmbH, Bernhard Schiller*
- ausführende Arbeit
  Beispiele *Kundendienstmitarbeiter, Sachbearbeiter*

Nach der **Ausbildung**:
- gelernte Arbeit (Voraussetzung ist eine abgeschlossene Berufsausbildung)
  Beispiele *Kaufmann/Kauffrau für Marketingkommunikation, Buchhändler/-in*
- angelernte Arbeit (Voraussetzung ist eine kurze Anlernzeit)
  Beispiel *Aushilfe auf der Medienmesse*
- ungelernte Arbeit
  Beispiel *Reinigungskraft*

Nach den **Anforderungen**:
- geistige Arbeit
  Beispiel *Der Gruppenleiter des Rechnungswesens der Medi@ AG*
- körperliche Arbeit
  Beispiel *Die Produktionsfahrer bei einer Filmproduktion*

Nach der **Selbstständigkeit**:

- selbstständige Arbeit
  Beispiel *Der Steuerberater der Medi@ AG*

- nicht selbstständige Arbeit
  Beispiel *Alle Arbeitnehmer der Medi@ AG*

♦ *Produktionsfaktor Boden (Natur)*

Der Produktionsfaktor Boden umfasst die zu wirtschaftlichen Zwecken genutzte Natur. Er ist nicht vermehrbar und nicht transportierbar. Da er nicht transportierbar ist, bezeichnet man ihn auch als Immobilie. Der Produktionsfaktor Boden wird in dreifacher Weise genutzt:

- **Anbauboden** ist der land- und forstwirtschaftlich genutzte Boden. Da der Produktionsfaktor Boden nicht vermehrbar ist, ist eine Steigerung der Erträge in der Landwirtschaft nur durch intensivere Nutzung möglich. Die damit verbundenen Probleme führen jedoch oft zu einer Störung des ökologischen Gleichgewichts und damit zu einem Zielkonflikt zwischen Ökonomie und Ökologie.

- **Abbauboden** ist der bergbaulich genutzte Boden, aus dem die Bodenschätze gewonnen werden. Hauptproblem ist hier die Knappheit der Rohstoffe, die oft nur noch für wenige Jahre reichen. Da Rohstoffe und Energieträger nicht erneuerbar sind, kommt dem Recycling immer größere Bedeutung zu.

- **Standortboden** ist der baulich genutzte Boden, auf dem ein Unternehmer seinen Betrieb errichtet. Dabei sucht der Unternehmer anhand bestimmter Standortfaktoren den Ort, der ihm die größten Ertrags- und Kostenvorteile bringt.
  Betriebe der Urproduktion wählen ihren Standort anhand der Rohstoffvorkommen. Industriebetriebe wählen ihren Standort aufgrund günstiger Verkehrsverbindungen. Fertigungsbetriebe, die hoch spezialisierte Arbeiter benötigen, siedeln sich in Gegenden an, in denen diese Arbeitskräfte zur Verfügung stehen.
  Beispiel *Für die Standortwahl der Medi@ AG waren mehrere Faktoren ausschlaggebend. So spielten die Kosten des Grundstücks, die günstigen Verkehrsverbindungen und die ausreichende Zahl von Fachleuten in der Region eine Rolle.*

Arbeit und Boden bezeichnet man als **ursprüngliche (originäre) Produktionsfaktoren**. Sie ermöglichen die Herstellung von Gütern und Dienstleistungen.
Beispiel *Ein Gärtner kann mithilfe der Produktionsfaktoren Arbeit (d. h. seiner Arbeitskraft) und Boden (d. h. eines Grundstücks) Gemüse anbauen und Blumen züchten.*

♦ *Produktionsfaktor Kapital*

Der Produktionsfaktor Kapital entsteht durch Konsumverzicht, d. h. durch Sparen.
Beispiel *Um sich die Arbeit zu erleichtern und die Erträge zu steigern, könnte der Gärtner ein Gewächshaus bauen. Voraussetzung hierfür ist das erforderliche Kapital. Dies entsteht, indem der Gärtner nur einen Teil der Ernte verzehrt. Bei dem anderen Teil der Ernte verzichtet er auf den Konsum und bringt ihn auf den Wochenmarkt, um ihn zu verkaufen. Das Geld legt er auf ein Sparbuch.*

Gesparte Mittel, die für produktive Zwecke bereitgestellt werden, heißen **Geldkapital**. Wird das Geldkapital in Produktionsmitteln angelegt, d. h. **investiert**, entsteht **Sach- oder Realkapital**.
Beispiel *Sobald das Kapital vorhanden ist, beauftragt der Gärtner einen Bauunternehmer mit dem Bau des Gewächshauses.*

Da der Produktionsfaktor Kapital nicht von Anfang an vorhanden ist, sondern erst durch den Einsatz der ursprünglichen Produktionsfaktoren Arbeit und Boden entsteht, bezeichnet man ihn als **abgeleiteten (derivativen) Produktionsfaktor**.

Bewahrt ein Haushalt sein Geld im „Sparstrumpf" auf, handelt es sich nicht um Sparen im volkswirtschaftlichen Sinne, da das Geld dem Wirtschaftskreislauf entzogen wird. Dieses Verhalten bezeichnet man als **„Horten"**.

## ● Die betriebswirtschaftlichen Produktionsfaktoren

Die volkswirtschaftlichen Produktionsfaktoren Arbeit, Boden und Kapital werden im Betrieb durch die betriebswirtschaftlichen Produktionsfaktoren

| ***Arbeitskräfte*** | ***Betriebsmittel*** | ***Werkstoffe*** |
|---|---|---|

dargestellt. Die leitenden Mitarbeiter eines Unternehmens setzen die betriebswirtschaftlichen Produktionsfaktoren so ein, dass das angestrebte Unternehmensziel erreicht wird. Ihre Aufgabe ist die Leitung, Planung und Organisation der Unternehmung. Aufgrund ihrer Bedeutung für das Unternehmen werden die leitenden Mitarbeiter zu einem eigenständigen betriebswirtschaftlichen Produktionsfaktor, dem **dispositiven Faktor**.

Beispiel *Herr Schiller ist als Geschäftsführer der iVent GmbH leitender Mitarbeiter und wird daher dem dispositiven Faktor zugeordnet.*

## ● Die Kombination der Produktionsfaktoren

Für die Produktion von Gütern und Dienstleistungen müssen die Produktionsfaktoren Arbeit, Boden und Kapital sinnvoll miteinander kombiniert werden. Das Ergebnis des Produktionsprozesses bezeichnet man als **Produktionsertrag**.

Beispiel *Der Umsatz der Medi@ AG betrug im vergangenen Jahr 430,6 Mio. EUR.*

Die Menge der eingesetzten Produktionsfaktoren, multipliziert mit dem Preis je Einheit, sind die Kosten der Produktion.

Beispiel *Die Personalkosten der Medi@ AG betrugen im vergangenen Jahr 25,8 Mio. EUR.*

Ziel jedes Unternehmers ist es, die Produktionsfaktoren so einzusetzen, dass ein bestimmter Produktionsertrag mit den geringstmöglichen Kosten erreicht wird. Diese Faktorkombination bezeichnet man als **Minimalkostenkombination**.

Bei vielen Produktionsprozessen ist das Einsatzverhältnis der Produktionsfaktoren vorgegeben, d. h. sie können nicht gegeneinander ausgetauscht werden. Ist dies der Fall, handelt es sich um **limitationale Produktionsfaktoren** (limitational = begrenzt). Hier stellt sich das Problem der Minimalkostenkombination nicht, da das Einsatzverhältnis der Produktionsfaktoren technisch bedingt ist.

Beispiel *Der Schnittplatz der Medi@ AG kann maximal 24 Stunden täglich eingesetzt werden. Ist dies der Fall, benötigt man bei einer Arbeitszeit von acht Stunden drei Cutter. Der zusätzliche Einsatz eines Cutters erhöht lediglich die Kosten der Produktion. Wird ein Cutter weniger eingesetzt, verringert sich der Produktionsertrag, da der Schnittplatz nicht ausgelastet ist.*

Sind bei einem Produktionsprozess die Produktionsfaktoren gegeneinander austauschbar, kann z. B. der Produktionsfaktor Arbeit gegen den Produktionsfaktor Kapital ersetzt werden, handelt es sich um **substitutionale Produktionsfaktoren** (substituieren = ersetzen). Hier bestimmen die Kosten der Produktionsfaktoren die Wahl der Faktorkombination. Gewählt wird die Faktorkombination mit den niedrigsten Gesamtkosten, die Minimalkostenkombination.

Beispiel *Die Stadt Köln will ihre Grünanlagen pflegen. Das Ziel lässt sich durch folgende Faktorkombinationen erreichen:*

| | Arbeitseinheit (AE) Angestellte | Kapitaleinheit (KE) Maschinen |
|---|---|---|
| Kombination 1 | 1 | 8 |
| Kombination 2 | 2 | 4 |

| | Arbeitseinheit (AE) Angestellte | Kapitaleinheit (KE) Maschinen |
|---|---|---|
| Kombination 3 | 4 | 2 |
| Kombination 4 | 8 | 1 |

*Der Preis für den Faktor Arbeit beträgt 1 250,00 EUR je Einheit. Der Preis für den Faktor Kapital beträgt 2 500,00 EUR je Einheit. Es entstehen folgende Gesamtkosten:*

| | AE | Arbeitskosten | KE | Kapitalkosten in EUR | Gesamtkosten in EUR |
|---|---|---|---|---|---|
| Kombination 1 | 1 | 1 250,00 | 8 | 20 000,00 | 21 250,00 |
| Kombination 2 | 2 | 2 500,00 | 4 | 10 000,00 | 12 500,00 |
| **Kombination 3** | **4** | **5 000,00** | **2** | **5 000,00** | **10 000,00** |
| Kombination 4 | 8 | 10 000,00 | 1 | 2 500,00 | 12 500,00 |

*Die Kombination 3 hat die geringsten Gesamtkosten. Sie ist die Minimalkostenkombination.*

Vergleiche hierzu Seite 41

Handelt ein Unternehmer nach dem ökonomischen Prinzip, wird er bei Kostensteigerungen des Produktionsfaktors Arbeit diesen durch den Produktionsfaktor Kapital ersetzen, d. h. substituieren. Der Mensch als Produktionsfaktor wird also durch die Maschine ersetzt, er wird **arbeitslos**.

***Produktionsfaktoren im Wirtschaftsprozess***

- ***Die volkswirtschaftlichen Produktionsfaktoren***

**Arbeit**
- Tätigkeit, die auf die Erzielung eines Einkommens gerichtet ist, z. B. leitende und ausführende Arbeit

**Boden (Natur)**
- Die zu wirtschaftlichen Zwecken genutzte Natur, z. B. Anbau-, Abbau-, Standortboden

→ Ursprüngliche (originäre) Produktionsfaktoren

**Kapital**
- Geldkapital als Finanzierungsmittel für Investitionen
- Sachkapital als Produktionsgut

→ Abgeleiteter (derivativer) Produktionsfaktor

- ***Die betriebswirtschaftlichen Produktionsfaktoren***

**Arbeitskräfte** | **Betriebsmittel** | **Werkstoffe**

→ **Dispositiver Faktor**

- ***Die Kombination der Produktionsfaktoren***
  - *Bei den **limitationalen** Produktionsfaktoren ist das Einsatzverhältnis der Faktoren technisch vorgegeben.*
  - *Bei den **substitutionalen** Produktionsfaktoren bestimmen die Kosten die Wahl der Faktorkombination. Gewählt wird die Kombination mit den niedrigsten Gesamtkosten, die **Minimalkostenkombination**.*

## Aufgaben

1 Beschreiben Sie den Vorgang der Kapitalbildung am Beispiel des auf einer einsamen Insel gestrandeten Robinson Crusoe.

2 Sven Schneider, Leiter des Geschäftsfelds Zeitschriften, plant, eine neue Zeitschrift herauszugeben. Es ist technisch möglich, die Zeitschrift mit geringem Kapitaleinsatz und hohem Arbeitseinsatz (arbeitsintensiv) oder mit hohem Kapitaleinsatz und geringem Arbeitseinsatz (kapitalintensiv) zu erstellen. Die geplante Auflage von 20 000 Stück pro Monat kann mit folgenden Faktorkombinationen erreicht werden:

| Arbeitseinheit (AE) | Kapitaleinheit (KE) |
|---|---|
| 1 | 60 |
| 3 | 40 |
| 6 | 20 |
| 12 | 10 |

Die Arbeitskosten für eine AE betragen 2 500,00 EUR, die Kapitalkosten für eine KE 2 000,00 EUR. Der Marktpreis beträgt 5,00 EUR pro Zeitschrift.
Ermitteln Sie
a) die Minimalkostenkombination,
b) die Kosten pro Stück in der Minimalkostenkombination,
c) den Jahresgewinn in der Minimalkostenkombination.

3 Beschreiben Sie anhand von zehn Gütern Ihrer Wahl, wie die Produktionsfaktoren Arbeit, Boden und Kapital bei ihrer Herstellung zusammenwirken.

4 Erläutern Sie, welche der unten stehenden Sachverhalte man den Produktionsfaktoren
a) Arbeit, b) Boden, c) Kapital, d) keinem der Produktionsfaktoren
zuordnen kann.
1. Einkommen, das nicht für Konsumgüter ausgegeben wird und in einen Sparvertrag fließt.
2. Ein Grundstück, das ein Unternehmer erwirbt.
3. Braunkohle, die im Tagebau gewonnen wird.
4. Halle, in der Fertigerzeugnisse gelagert werden.
5. Schülerarbeit während der Ferien bei der Medi@ AG.
6. Im Sparstrumpf gehortetes Geld.

### 1.2.5 Arbeitsteilung

Katja Becker und ihre Freundin Maria, beide Auszubildende zur Veranstaltungskauffrau, unterhalten sich in der Berufsschule über ihre Arbeit.
Maria: „Mir macht es Spaß, in einem kleinen Betrieb zu arbeiten. Wir sind im Büro nur zu viert und alle machen alles. Ich hole die Post, schreibe Rechnungen, helfe bei der Personalabrechnung, der Buchführung und bei der Kalkulation von Angeboten."
Katja: „Für mich wäre das nichts. Bei uns haben wir für jeden Bereich entsprechende Spezialisten. Zurzeit bin ich in der Personalabteilung eingesetzt, da beschäftigen wir uns ausschließlich mit Auswahl und Einsatz von Mitarbeitern und berechnen Löhne und Gehälter."

**Arbeitsaufträge**
- Erläutern Sie anhand der unterschiedlichen Formen der Arbeitsteilung, worin sich die Tätigkeiten von Maria und Katja unterscheiden.
- Stellen Sie dar, welche Folgen der Strukturwandel der Wirtschaft für den kaufmännischen Beruf im Medienbereich hat.

Im Modell des Wirtschaftskreislaufs werden die Unternehmen zu einem einheitlichen Sektor zusammengefasst, der alle in der Volkswirtschaft benötigten Güter herstellt. In der Realität wird diese Tätigkeit von einer Vielzahl von Unternehmen ausgeführt, die sich jeweils auf bestimmte Tätigkeiten spezialisiert und die Arbeit untereinander **aufgeteilt** haben.

## ● Berufliche Arbeitsteilung

Der Ursprung der beruflichen Arbeitsteilung geht weit zurück in die Zeit, als die Menschen noch in geschlossenen Hauswirtschaften lebten und es keinen Austausch von Gütern und Leistungen gab. Mit der Zeit entwickelten einzelne Menschen ein besonderes Geschick für bestimmte Tätigkeiten. Da sie in ihrem Spezialgebiet mehr produzieren konnten als ihre Mitmenschen, widmeten sie sich nur noch dieser Tätigkeit und tauschten die Überschüsse. Die **Berufsbildung** hatte stattgefunden. Die Grundberufe wie der des Schmieds, des Landwirts oder des Fischers waren entstanden.

Als Folge der Berufsbildung war man darauf angewiesen, die Güter auszutauschen. Der Schmied musste seine Werkzeuge gegen Getreide und der Bauer sein Getreide gegen Fisch eintauschen. Als Mittler zwischen den Tauschpartnern entstand der Beruf des **Kaufmanns**.

Im Laufe der Zeit spezialisierten sich die in den Berufen Tätigen auf einzelne Teilbereiche. Ein Kaufmann beschaffte z. B. nur noch Waren aus dem Ausland, ein anderer belieferte nur Großabnehmer und ein dritter spezialisierte sich auf die Arbeit im Büro. Diese Aufgliederung von Arbeitsfeldern in kleinere Arbeitsgebiete bezeichnet man als **Berufsspaltung**.
Beispiele *Kaufmann/Kauffrau, für Marketingkommunikation, Medienkaufmann/-kauffrau Digital und Print, Veranstaltungskauffrau/-kaufmann, Kauffrau/Kaufmann für audiovisuelle Medien*

### Berufliche Arbeitsteilung

| Vorteil | Nachteil |
|---|---|
| Spezielle Begabungen und Geschicklichkeiten können besser gefördert werden. | Mitarbeiter mit hoher Spezialisierung sind weniger mobil. |

**Betriebliche Arbeitsteilung:** Die betriebliche Arbeitsteilung findet in der Organisationsstruktur der Unternehmen ihren Niederschlag. Hier werden anhand der unterschiedlichen Aufgaben Abteilungen gebildet (**Abteilungsbildung**) und Arbeitsabläufe in Teilverrichtungen zerlegt (**Arbeitszerlegung**), die jeweils getrennt ausgeführt werden. Die Abteilungsbildung wird im **Organisationsplan** eines Unternehmens dargestellt.
Beispiel *Das Organigramm der Medi@ AG*

*Vergleiche hierzu Seite 14*

### Betriebliche Arbeitsteilung

| Vorteil | Nachteil |
|---|---|
| • Die Effektivität der Arbeit wird gesteigert. Die Qualität der Güter steigt. | • Einseitige körperliche und geistige Belastung führt zu gesundheitlichen Schäden.<br>• Die Einsicht in den Sinn der Arbeit und die Arbeitsfreude gehen verloren. |

## ● Volkswirtschaftliche Arbeitsteilung

Mit der Entstehung der Berufe entwickelten sich die ersten Unternehmen (Werkstätten, Manufakturen, Fabriken), die sich drei großen Wirtschaftsbereichen oder Produktionsstufen (**Sektoren**) zuordnen lassen. Die Einteilung der Wirtschaft anhand der unterschiedlichen Wirtschaftsstufen bezeichnet man als volkswirtschaftliche Arbeitsteilung.

Die einzelnen Sektoren lassen sich wie folgt unterscheiden:

- Dem **primären Sektor** werden die Unternehmen der Urerzeugung zugeordnet. Sie beschäftigen sich mit dem landwirtschaftlichen Anbau und dem Abbau der Bodenschätze und sorgen damit für die Voraussetzung der Produktion.
  Beispiele *Betriebe der Landwirtschaft, der Forstwirtschaft, der Fischerei, des Bergbaus und der Öl- und Gasgewinnung*
- Zum **sekundären Sektor** gehören die Unternehmen der Weiterverarbeitung. Hierbei kann es sich um Handwerksbetriebe oder Industriebetriebe handeln. Der Bereich der Industrie wird in die Grundstoff-, die Investitionsgüter- und die Konsumgüterindustrie gegliedert.
  Beispiele *Metallgießerei, Maschinenbaubetrieb, Molkerei, Büromöbelhersteller*
- Dem **tertiären Sektor** lassen sich die Dienstleistungsbetriebe zuordnen.
  Beispiele *Großhandel, Einzelhandel, Kreditinstitute, Medienbetriebe, Verkehrsbetriebe, Transportunternehmen*

Der Anteil der Beschäftigten in den drei Wirtschaftsstufen kennzeichnet die **Erwerbsstruktur** einer Volkswirtschaft. In der Wirtschaft der Bundesrepublik Deutschland vollzieht sich ein stetiger **Strukturwandel** vom primären zum tertiären Sektor. Immer weniger Menschen arbeiten in den Bereichen Urerzeugung und Weiterverarbeitung und immer mehr Menschen sind im Bereich von Handel und Dienstleistungen beschäftigt.

### Volkswirtschaftliche Arbeitsteilung

| Vorteil | Nachteil |
|---|---|
| Die Arbeitsproduktivität wird gesteigert. | Durch den Strukturwandel der Wirtschaft kann es zu Krisen ganzer Branchen kommen. |

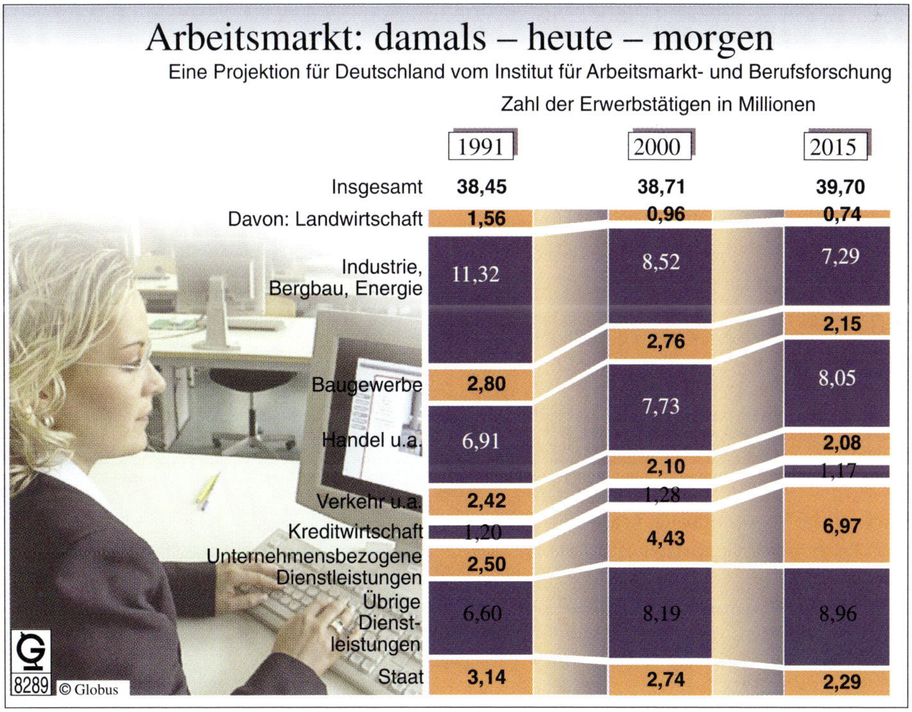

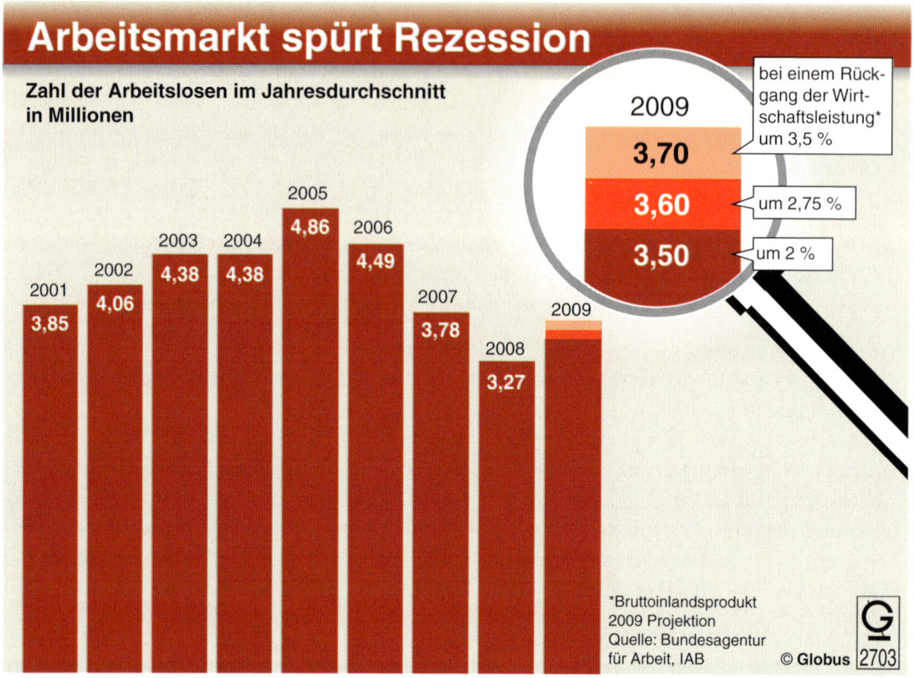


## Internationale Arbeitsteilung

Vergleiche hierzu Seite 505

Bei der Betrachtung der Volkswirtschaft im Modell kann man feststellen, dass die Volkswirtschaft der Bundesrepublik Deutschland in ein System vielfältiger internationaler Arbeitsteilung eingebettet ist. Folgende Gründe sind für die Beteiligung am **internationalen Handel** ausschlaggebend:

- Bestimmte Rohstoffe müssen importiert werden, da sie im Inland nicht oder nicht in ausreichender Menge vorhanden sind.
  Beispiele *Mineralöl, Erdgas, Erz, Uran*
- Klimatische Unterschiede ermöglichen den Anbau landwirtschaftlicher Produkte nur in bestimmten Regionen.
  Beispiele *Kaffee in Brasilien, Bananen in Mittelamerika, Baumwolle in den USA*
- Jedes Land wird sich auf die Produktion der Güter konzentrieren, deren Herstellungskosten niedriger sind als in anderen Ländern, und die Überschüsse gegen Güter tauschen, deren Herstellung im eigenen Land höhere Kosten verursacht.
  Beispiele *Die Bundesrepublik Deutschland importiert Textilien aus Singapur und exportiert hochwertige Maschinen.*
- Spezielle berufliche Fachkenntnisse überwiegen in einzelnen Volkswirtschaften.
  Beispiele *Maschinenbau in der Bundesrepublik Deutschland, Computerindustrie in Japan und den USA*

**Vorteile** der internationalen Arbeitsteilung:

- Da sich jede Volkswirtschaft auf die Produktion der Güter konzentriert, die sie am günstigsten herstellen kann, wird die bestmögliche Versorgung der Weltbevölkerung gesichert.
- Die Staaten der Weltgemeinschaft wachsen wirtschaftlich und in der Folge auch politisch und kulturell zusammen.

**Nachteile** der internationalen Arbeitsteilung:
- Arbeitsplätze im Inland sind gefährdet, wenn die Produktion z. B. aus Kostengründen ins Ausland abwandert.
- Die Beschäftigten der Exportindustrie sind direkt von der Höhe der Auslandsaufträge abhängig.

***Arbeitsteilung***
- ***Berufliche Arbeitsteilung:*** *Spezialisierung auf bestimmte Berufe und Arbeitsgebiete*
  - *Berufsbildung*
  - *Berufsspaltung*
- ***Betriebliche Arbeitsteilung:*** *Organisationsstruktur eines Unternehmens*
  - *Abteilungsbildung*
  - *Arbeitszerlegung*
- ***Volkswirtschaftliche Arbeitsteilung:*** *Einteilung der Wirtschaft in Wirtschaftsstufen*
  - *Primärer Sektor (Urerzeugung)*
  - *Sekundärer Sektor (Industrie und Handwerk)*
  - *Tertiärer Sektor (Handel und Dienstleistungsbetriebe)*
- ***Internationale Arbeitsteilung***
  - *Im- und Export von Waren und Dienstleistungen*

## Aufgaben

1 Erläutern Sie die Entwicklung der Berufsbildung und der Berufsspaltung anhand eines Beispiels.

2 Beschreiben Sie die Herstellung von je zwei Konsum- und Produktionsgütern durch alle drei Sektoren der Volkswirtschaft.

3 Die Wirtschaftsstruktur der Bundesrepublik Deutschland wandelt sich.
a) Erörtern Sie, welche Folgen dies für die Nachfrage nach einzelnen Berufen hat.
b) Erläutern Sie die Folgen des Wandels im Bereich des Dienstleistungssektors für Ihren Beruf.

4 Erläutern Sie die Abteilungsbildung und Arbeitszerlegung anhand eines Beispiels aus Ihrem Ausbildungsbetrieb und anhand des Organigramms der Medi@ AG.

*Vergleiche hierzu Seite 14*

5 Erstellen Sie eine Liste der Unternehmen, die mit Ihrem Ausbildungsbetrieb zusammenarbeiten, und ordnen Sie diese den Sektoren der Volkswirtschaft zu.

6 Erläutern Sie das Prinzip der internationalen Arbeitsteilung.

# 1.3 Das Ausbildungsverhältnis

## 1.3.1 Berufliche Handlungskompetenz und das System der dualen Berufsausbildung

Frau Isabel Hellmann-Berghäuser, die für die Betreuung der Auszubildenden zuständige Personalreferentin, führt die neuen Auszubildenden Flora Fingerhut und Alexander Staupe durch die Hauptabteilungen der Medi@ AG. Sie stellt sie den Bereichsleitern vor und bittet diese, die Aufgaben ihres jeweiligen Bereichs zu erläutern. Im Anschluss an den Rundgang bittet sie die Auszubildenden zu einer Tasse Kaffee in ihr Büro. Auch Ellen Klein, die Bereichsleiterin für Marketing im Buchverlag, und Gerd Vollberg, der Bereichsleiter für Anzeigen im Zeitungsverlag, sind dabei.

„Nach Auskunft von Wissenschaftlern liegt die Halbwertzeit des speziellen beruflichen Fachwissens für meinen Bereich bei drei bis fünf Jahren", erläutert Frau Klein. „Die Hälfte des Wissens über die Bereiche Marketing, das Sie am ersten Tag Ihrer Ausbildung erlernen, ist also am Tag Ihrer Abschlussprüfung bereits veraltet." „Auch in meinem Bereich werden die Innovationszyklen immer kürzer", ergänzt Herr Vollberg. „Moderne Arbeitsverfahren und Kommunikationstechniken führen zu veränderten Arbeitsinhalten und -abläufen. Was heute noch neu ist, ist morgen schon überholt." „Aber Sie haben doch gesagt, wir bekommen eine fundierte Ausbildung, die für das Berufsleben reicht", erwidert Flora Fingerhut verwundert.

### Arbeitsaufträge

- Lesen Sie die nachfolgenden Ausführungen zum Thema „Schlüsselqualifikationen und berufliche Handlungskompetenz" und formulieren Sie eine Antwort auf Flora Fingerhuts Feststellung.
- Diskutieren Sie, welche Folgen die dargestellte Entwicklung für Ihre betriebliche und schulische Ausbildung haben muss.
- Geben Sie den Diskussionsteilnehmern ein Feedback.

## Schlüsselqualifikationen und berufliche Handlungskompetenz

Die Welt, in der wir leben, unterliegt einem immer schneller werdenden Wandel. Insbesondere im Bereich der informationsverarbeitenden Berufe haben sich in den letzten Jahren Veränderungen ergeben, die eine Anpassung der schulischen und betrieblichen Ausbildung erforderlich machten.

Um die Auszubildenden zu befähigen, heute und in Zukunft auf neue Entwicklungen flexibel reagieren zu können, steht neben der fachlichen Qualifikation die Vermittlung sogenannter **Schlüsselqualifikationen** im Vordergrund.

Schlüsselqualifikationen sind fachübergreifende Qualifikationen, die den Auszubildenden befähigen, auch in veränderten Situationen sachgerecht, persönlich durchdacht und verantwortlich zu handeln.

**Sie sind somit der Schlüssel zur Lösung der Aufgaben von morgen.**

Wer über Schlüsselqualifikationen verfügen will, muss folgende Kompetenzen erwerben:

- **Fachkompetenz**, d. h. umfassendes berufsbezogenes und berufsübergreifendes Wissen.
  Beispiel *Im nächsten Kapitel werden Sie die Rechtsgrundlagen der Berufsausbildung kennenlernen. Wesentliche Paragrafen, z. B. aus dem Berufsbildungsgesetz (BBiG), müssen Sie kennen. Sie gehören zum Fachwissen eines Kaufmanns/einer Kauffrau.*

- **Methodenkompetenz**, d. h. die Fähigkeit, Probleme auch bei sich ändernden Rahmenbedingungen selbstständig zu lösen und das erworbene Wissen zu aktualisieren.
  Beispiel *Einige Paragrafen des BBiG werden Ihnen im Buch vorgestellt. Andere müssen Sie sich selbstständig erarbeiten. Die hierzu erforderlichen Methoden lernen Sie im Rahmen Ihrer Ausbildung kennen. Ändern sich Teile des Gesetzes oder werden neue Verordnungen eingeführt, sind Sie so in der Lage, sich auch neues Wissen selbstständig anzueignen.*

- **Sozialkompetenz**, d. h. die Fähigkeit zur Problemlösung im Team (Teamfähigkeit).
  Beispiel *Kaum eine der Aufgaben, die Sie im Rahmen Ihrer Ausbildung lösen müssen, werden Sie allein bewältigen können. Sie müssen mit Ihren Kolleginnen und Kollegen partnerschaftlich in der Gruppe zusammenarbeiten. Nur so können z. B. Rechte der Auszubildenden aus dem BBiG im Rahmen einer Jugend- und Auszubildendenvertretung (JAV) durchgesetzt werden.*

- **Humankompetenz**, d. h. die Fähigkeit, selbstbestimmt und in sozialer Verantwortung zu handeln.

*Beispiel Im BBiG sind Rechte und Pflichten des Auszubildenden aufgeführt. Das Abwägen zwischen dem Einfordern dieser Rechte und dem bewussten Verzicht darauf erfordert eine positive Einstellung zum Beruf und zum Ausbildungsbetrieb und die selbstbewusste Wahrnehmung der eigenen Interessen.*

Nur der Erwerb aller vier Kompetenzbereiche sichert **berufliche Handlungskompetenz**. Sie muss durch **lebenslanges Lernen** ständig aktualisiert werden. Ist der Auszubildende dazu bereit, kann er kreativ und selbstbewusst im Team Aufgaben lösen. Er hat Freude am Beruf und als guter Mitarbeiter einen sicheren Arbeitsplatz in einem zukunftsträchtigen Bereich der Wirtschaft.

## Das System der dualen Berufsausbildung

**Auszubildende werden in der Bundesrepublik Deutschland an zwei Lernorten ausgebildet: im Ausbildungsbetrieb und in der Berufsschule. Da zwei Einrichtungen bei der Berufsausbildung zusammenwirken, bezeichnet man diese Art der Ausbildung als „duales Berufsausbildungssystem".**

### *Ausbildungsbetrieb*

Im Ausbildungsbetrieb findet die fachpraktische Ausbildung statt. Hier gelten folgende bundeseinheitliche Rechtsvorschriften:

- Verordnung über die Berufsausbildung zum jeweiligen Ausbildungsberuf (**Ausbildungsordnung**)
- Berufsbildungsgesetz

### *Berufsschule*

In der **Berufsschule** werden den Auszubildenden berufsübergreifende und berufsbezogene Inhalte vermittelt. Rechtsgrundlage sind hier der **Rahmenlehrplan** und die **Richtlinien und Lehrpläne** der Kultusminister der Länder.

Der Lehrplan ist in fächerübergreifende **Lernfelder** gegliedert, die sich an konkreten beruflichen Aufgabenstellungen und Handlungsabläufen orientieren.

**Übersicht: Lernfelder und Zeitrichtwerte am Beispiel Medienkaufmann/Medienkauffrau Digital und Print**

| Lernfelder Nr. | | Zeitrichtwerte in Unterrichtsstunden | | |
|---|---|---|---|---|
| | | 1. Jahr | 2. Jahr | 3. Jahr |
| 1 | Den Ausbildungsbetrieb präsentieren | 80 | | |
| 2 | Werteströme und Werte erfassen, dokumentieren und auswerten | 80 | | |
| 3 | Beschaffungsprozesse planen, steuern und kontrollieren | 80 | | |
| 4 | Märkte analysieren und bewerten | 80 | | |
| 5 | Herstellungs- und Produktionsprozesse von Digital- und Printmedien planen, steuern und kontrollieren | | 60 | |
| 6 | Medialeistungen bewerben und verkaufen | | 80 | |
| 7 | Gesamtwirtschaftliche Einflüsse auf Medienunternehmen analysieren | | 60 | |

| Lernfelder Nr. | | Zeitrichtwerte in Unterrichtsstunden | | |
|---|---|---|---|---|
| | | 1. Jahr | 2. Jahr | 3. Jahr |
| 8 | Den Jahresabschluss eines Medienunternehmens analysieren und bewerten | | 80 | |
| 9 | Medienprodukte und Dienstleistungen vertreiben | | | 80 |
| 10 | Arbeitsprozesse in Redaktion und Lektorat unterstützen | | | 40 |
| 11 | Personalwirtschaftliche Aufgaben in Medienunternehmen wahrnehmen | | | 80 |
| 12 | Den wirtschaftlichen Erfolg eines Medienproduktes analysieren, beurteilen und steuern | | | 80 |
| | **Summen: insgesamt 880 Stunden** | 320 | 280 | **280** |

Der Unterricht in der **Berufsschule** umfasst den berufsübergreifenden Bereich, den berufsbezogenen Bereich und den Differenzierungsbereich.

Die **Fächer des berufsübergreifenden Bereichs** sind Deutsch, Politik, Religion und Sport. Der Unterricht dient einer Erweiterung und Vertiefung der Allgemeinbildung.

Im **Differenzierungsbereich** können Kurse zur Stützung, Vertiefung und Erweiterung oder zum Erwerb von **Zusatzqualifikationen** angeboten werden.
Beispiele *Berufsspezifische Aufgabenstellungen mit einem Produktions-Management-System, Englisch für Buchhändler, Stützkurs Rechnungswesen*

Der Berufsschulunterricht kann in Teilzeitform oder als Blockunterricht erteilt werden.

Beim **Teilzeitunterricht** besuchen die Auszubildenden an ein oder zwei Tagen in der Woche die Berufsschule. An den anderen Arbeitstagen werden sie im Betrieb ausgebildet.
Beispiel *Die Auszubildenden des 1. Ausbildungsjahres der Medi@ AG besuchen die Berufsschule: montags von 07:45 bis 13:05 Uhr und donnerstags von 07:45 bis 11:05 Uhr.*

Beim **Blockunterricht** besuchen sie z. B. drei Monate hintereinander die Berufsschule und arbeiten anschließend neun Monate im Betrieb, ohne in dieser Zeit die Berufsschule zu besuchen.
Beispiel *Die Auszubildenden zum/zur Buchhändler/-in der Medi@ AG besuchen zweimal sechs Wochen im Jahr die Berufsschule.*

Schülerinnen und Schüler, die die Berufsschule erfolgreich besucht haben, erhalten das **Abschlusszeugnis der Berufsschule**. Voraussetzung hierfür sind mindestens ausreichende Leistungen in allen Fächern bzw. mangelhafte Leistungen in nur einem Fach. Die Noten der Fächer werden zu einer Berufsschulabschlussnote zusammengefasst.

Der Berufsschulabschluss ist z. B. in Nordrhein-Westfalen
- **dem Abschluss der Sekundarstufe I (Fachoberschulreife) gleichwertig**, wenn die Schülerinnen und Schüler die Berufsabschlussprüfung bestanden haben, eine Berufsschulabschlussnote von mindestens 3,0 erreichen und die Englischkenntnisse der Fachoberschulreife nachweisen.
- **dem Abschluss der Sekundarstufe I (Hauptschulabschluss nach Klasse 10) gleichwertig**.

Die **Berufsschulpflicht** regeln die Kultusminister der Länder.
Beispiel *In Nordrhein-Westfalen ist ein Auszubildender für die gesamte Dauer der Berufsausbildung berufsschulpflichtig, wenn er vor Vollendung des 21. Lebensjahres einen Ausbildungsvertrag unterschreibt.*

**Finanziert** wird die betriebliche Ausbildung durch die Ausbildungsbetriebe. Die Kosten der schulischen Ausbildung tragen die Schulträger und die Länder.

**Gemeinsames Ziel** von Ausbildungsbetrieb und Berufsschule ist es, den Auszubildenden die Fertigkeiten und Kenntnisse zu vermitteln, die zum Erreichen des Ausbildungszieles erforderlich sind. Die **betriebliche Ausbildung** wird von den **Kammern**, die **schulische Ausbildung** von der **Schulaufsicht** der Kultusminister der Länder überwacht.

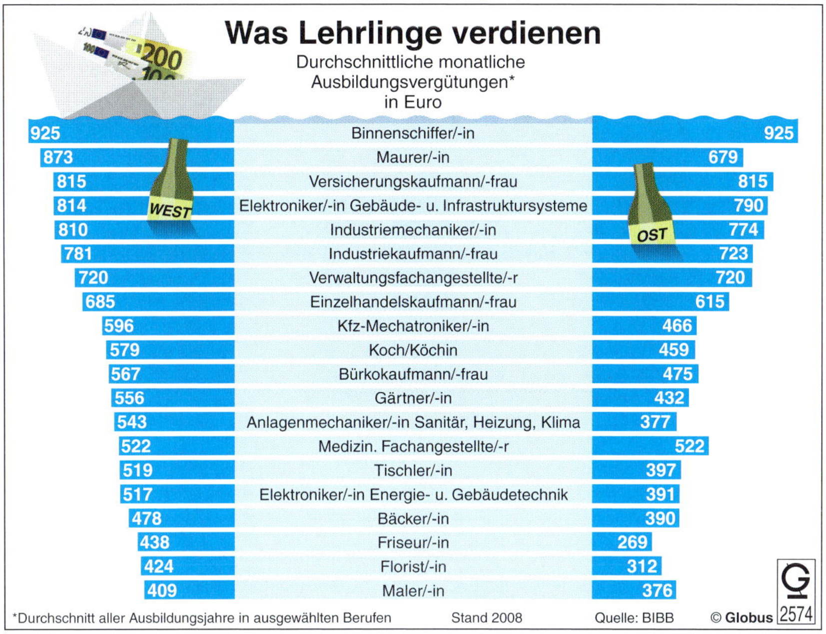


***Berufliche Handlungskompetenz und das System der dualen Berufsausbildung***

- ***Berufliche Handlungskompetenz*** *ist die Fähigkeit und Bereitschaft, in beruflichen Situationen sach- und fachgerecht, persönlich durchdacht und in gesellschaftlicher Verantwortung zu handeln. Sie umfasst die folgenden Dimensionen:*

  – ***Fachkompetenz****: Fähigkeit und Bereitschaft, Aufgabenstellungen selbstständig, fachlich richtig und methodengerecht zu bearbeiten und das Ergebnis zu beurteilen.*
  Beispiele *Kenntnis von Gesetzestexten, Kenntnis betrieblicher Arbeitsabläufe*

  – ***Methodenkompetenz****: Fähigkeit und Bereitschaft zu zielgerichtetem, planmäßigem Vorgehen bei der Bearbeitung beruflicher Aufgaben.*
  Beispiel *Fähigkeit zum selbstständigen Lernen*

  – ***Sozialkompetenz****: Fähigkeit und Bereitschaft, soziale Beziehungen und Interessenlagen, Zuwendungen und Spannungen zu erfassen sowie sich verantwortungsbewusst auseinanderzusetzen und zu verständigen.*
  Beispiel *Kommunikationsfähigkeit*

  – **Humankompetenz***: Fähigkeit und Bereitschaft, als Individuum Entwicklungschancen in Beruf und Familie zu beurteilen, eigene Begabungen zu entfalten sowie Lebenspläne zu erfassen und fortzuentwickeln.*
  Beispiel *Verantwortungsbewusstsein*

- *Das System der dualen Berufsausbildung*

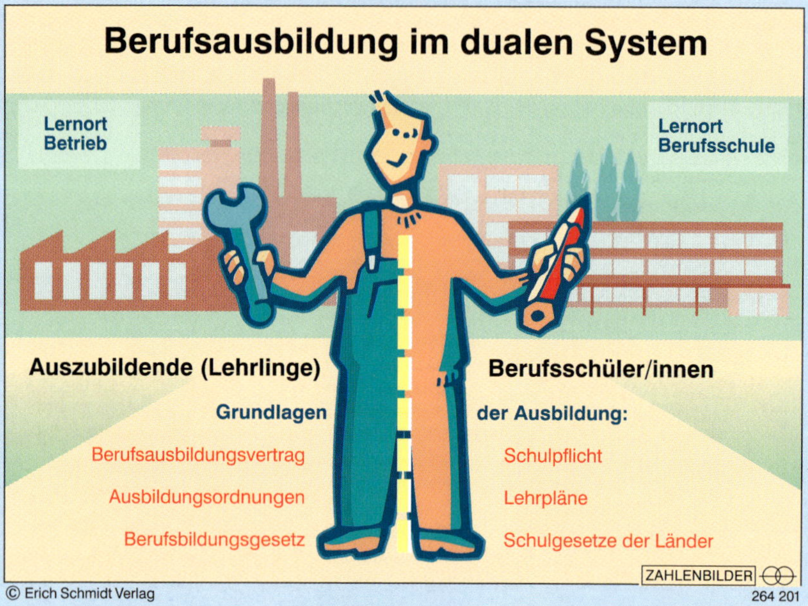


## Aufgaben

1 Ordnen Sie die folgenden Qualifikationen den Kompetenzbereichen zu: logisches Denken, Entscheidungsfähigkeit, Kritikfähigkeit, Kommunikationsfähigkeit, Fairness, wirtschaftliches Denken, Identifikation mit der Arbeit, Sprachkenntnisse, Planungsfähigkeit, Toleranz, Mobilität.

2 Erläutern Sie, unter welchen Voraussetzungen der Hauptschulabschluss Klasse 10 und die Fachoberschulreife im Rahmen einer betrieblichen Ausbildung erworben werden können.

3 Die Rechtsgrundlagen der Berufsausbildung sind für die gesamte Dauer Ihrer Ausbildung wichtige Nachschlagewerke. Beschaffen Sie für Ihre Klasse die Ausbildungsordnung, das Berufsbildungsgesetz, das Jugendarbeitsschutzgesetz und den Lehrplan und legen Sie einen Ordner mit diesen Unterlagen an.

4 Der Berufsschulunterricht kann als Teilzeitunterricht oder als Blockunterricht stattfinden. Diskutieren Sie Vor- und Nachteile der unterschiedlichen Regelungen aus der Sicht der Auszubildenden und aus der Sicht der Betriebe.

5 Diskutieren Sie andere zeitliche Modelle des Berufsschulunterrichts, z. B. Projektphasen oder zusammenhängende Wiederholungsphasen vor der Zwischen- und Abschlussprüfung.

### 1.3.2 Ausbildungsordnung und Ausbildungsvertrag

Flora Fingerhut, Auszubildende zur Medienkauffrau Digital und Print bei der Medi@ AG, sitzt mit ihrer Freundin Nadine zusammen. Nadine macht nach der Hauptschule ein Berufsgrundbildungsjahr im Berufsfeld Wirtschaft und Verwaltung. Sie erzählt Flora begeistert, dass sie nach dem Abschluss auch Medienkauffrau Digital und Print lernen möchte: „Und stell dir vor, für mich dauert die Ausbildung nur zwei Jahre!" Flora ist empört. Die Ausbildung zur Medienkauffrau

Digital und Print dauert drei Jahre, da ist sie sich ganz sicher, denn sie hat doch gerade erst den Ausbildungsvertrag unterschrieben.

**Arbeitsaufträge**
- Klären Sie, unter welchen Voraussetzungen Ihre Ausbildungszeit verkürzt werden kann und welche Möglichkeiten einer Verlängerung der Ausbildung bestehen.
- Erläutern Sie die wesentlichen Inhalte des Berufsbildungsgesetzes.
- Stellen Sie den Ablauf der Abschlussprüfung in einer kleinen Präsentation dar.

## Die Ausbildungsordnung

Die Verordnungen über die Berufsausbildungen (**Ausbildungsordnungen**) enthalten Regelungen über die Ausbildungsdauer, das Ausbildungsberufsbild, den Ausbildungsrahmenplan, den betrieblichen Ausbildungsplan, das Berichtsheft und die Prüfungen.

### *Ausbildungsdauer*

Die Ausbildungsdauer beträgt drei Jahre. Bei überdurchschnittlichen Leistungen oder aufgrund vorausgegangener Schul- und Ausbildungszeiten kann das Unternehmen oder der Auszubildende bei der Industrie- und Handelskammer bzw. bei der Handwerkskammer einen Antrag auf **Verkürzung** der Ausbildungszeit stellen.
Beispiel *Die Auszubildende Flora Fingerhut ist die beste Schülerin der Klasse. Auch ihr Ausbildungsbetrieb ist mit ihr zufrieden. Aus diesem Grund beantragt der Ausbildende nach Rücksprache mit Flora bei der Industrie- und Handelskammer eine Verkürzung der Ausbildung auf 2,5 Jahre.*

Hat der Auszubildende vor Beginn der Ausbildung ein Berufsgrundbildungsjahr im Berufsfeld Wirtschaft und Verwaltung erfolgreich abgeschlossen, **muss** die Ausbildung um ein Jahr **verkürzt** werden.

Grundsätzlich ist auch eine **Verlängerung** der Ausbildung möglich, wenn diese erforderlich ist, um das Ziel der Ausbildung zu erreichen. Der Antrag auf Verlängerung kann nur vom Auszubildenden selbst gestellt werden.
Beispiel *Eine Auszubildende versäumt wegen einer langen Krankheit ein halbes Jahr ihrer Ausbildung. Sie stellt bei der zuständigen Kammer den Antrag, die Ausbildung um diesen Zeitraum zu verlängern.*

### *Ausbildungsberufsbild*

Das Ausbildungsberufsbild beschreibt die Fertigkeiten und Kenntnisse sowie die Einsatzgebiete, die Gegenstand der Berufsausbildung sind.

### *Ausbildungsrahmenplan*

Die sachliche Gliederung der Berufsausbildung erfolgt im Ausbildungsrahmenplan, dem eine zeitliche Gliederung beigefügt ist. Hier ist das Ausbildungsberufsbild konkretisiert und es ist genau aufgeführt, in welchem Ausbildungsabschnitt dem Auszubildenden welche Fertigkeiten und Kenntnisse zu vermitteln sind.

### *Betrieblicher Ausbildungsplan*

Auf der Grundlage des Ausbildungsrahmenplanes erstellt der Ausbildungsbetrieb für jeden Auszubildenden einen betrieblichen Ausbildungsplan. Er hat so die Möglichkeit, die gesetzlichen Vorgaben auf die konkreten betrieblichen Bedingungen zu übertragen. Der Ausbildungsplan ist dem Auszubildenden zu Beginn der Ausbildung auszuhändigen.
Er beinhaltet
- einen in zeitlicher und sachlicher Hinsicht **vollständigen Überblick über den Ablauf der Ausbildung** und
- einen **Umsetzungs- und Schulungsterminplan**, der die Abfolge der Ausbildung in den einzelnen Abteilungen festlegt.

♦ *Berichtsheft*

Um den ordnungsgemäßen Ablauf der Ausbildung belegen zu können, führt der Auszubildende ein Berichtsheft. Es wird in Form eines Ausbildungsnachweises geführt und ist vom Ausbildenden regelmäßig durchzusehen und vom Ausbildenden und vom Auszubildenden zu unterschreiben. Vor Eintritt in das jeweilige Einsatzgebiet sind mindestens zwei Fachberichte anzufertigen. Dem Auszubildenden ist Gelegenheit zu geben, das Berichtsheft während der Ausbildungszeit zu führen.

♦ *Prüfungen*

Die Prüfung legt der Auszubildende in zwei Teilen ab. Sie wird von den zuständigen Stellen (z. B. Industrie- und Handelskammer, Handwerkskammer) abgenommen.

**Inhalte der Zwischen- und Abschlussprüfungen am Beispiel Medienkaufmann/Medienkauffrau Digital und Print**

| Medienkaufmann/Medienkauffrau Digital und Print |
|---|
| **1. Zwischenprüfung**<br>Die Zwischenprüfung ist schriftlich anhand praxisbezogener Aufgaben oder Fälle in höchstens 120 Minuten in folgenden Gebieten durchzuführen:<br>1. Arbeitsabläufe und Informationsverarbeitung,<br>2. Märkte und Medienprodukte, mediale Darstellungsformen und Gestaltungsgrundsätze,<br>2. Wirtschafts- und Sozialkunde. |
| **2. Abschlussprüfung**<br>Die Anforderungen in den Prüfungsbereichen sind:<br>**1. im Prüfungsbereich Produktentwicklungsprozess und Vermarktung von Produkten und Dienstleistungen:**<br>In höchstens 150 Minuten soll der Prüfling praxisbezogene Aufgaben oder Fälle insbesondere aus den folgenden Gebieten:<br>a) Produkte und Dienstleistungen in der Medienwirtschaft,<br>b) Herstellungsprozess,<br>c) Marketing und Verkauf<br>bearbeiten und dabei zeigen, dass er in diesem Zusammenhang Produkte und Dienstleistungen auswählen und unter Berücksichtigung der branchenspezifischen Rahmenbedingungen Marketingmaßnahmen ergebnis- und kundenorientiert entwickeln und umsetzen kann. |
| **2. im Prüfungsbereich Arbeitsorganisation und kaufmännische Steuerung und Kontrolle:**<br>In höchstens 90 Minuten soll der Prüfling praxisbezogene Aufgaben oder Fälle insbesondere aus den folgenden Gebieten:<br>a) Geschäftsprozesse und Arbeitsgestaltung,<br>b) Einkauf von Arbeits- und Produktionsmitteln sowie Dienstleistungen,<br>c) Rechnungswesen,<br>d) Kosten- und Leistungsrechnung, Controlling<br>bearbeiten und dabei zeigen, dass er Leistungserstellungen kaufmännisch beurteilen, Ergebnisse kontrollieren und daraus Schlussfolgerungen ableiten sowie wirtschaftlich handeln kann. |
| **3. im Prüfungsbereich Wirtschafts- und Sozialkunde:**<br>In höchstens 60 Minuten soll der Prüfling praxisbezogene Aufgaben oder Fälle bearbeiten und dabei zeigen, dass er wirtschaftliche und gesellschaftliche Zusammenhänge der Berufs- und Arbeitswelt darstellen kann. |

**Medienkaufmann/Medienkauffrau Digital und Print**

**4. im Prüfungsbereich Fallbezogenes Fachgespräch:**
Der Prüfling soll im Rahmen eines Fachgesprächs anhand einer von zwei ihm zur Wahl gestellten praxisbezogenen Aufgaben zeigen, dass er Aufgabenstellungen analysieren, Lösungsvorschläge erarbeiten und diese situationsbezogen präsentieren sowie kundenorientiert kommunizieren kann. Bei der Aufgabenstellung ist der betriebliche Bereich, in dem der Auszubildende überwiegend ausgebildet wurde, zu berücksichtigen. Dem Prüfling ist nach der Wahl der Aufgabe eine Vorbereitungszeit von höchstens 20 Minuten einzuräumen. Das Fachgespräch soll die Dauer von 20 Minuten nicht überschreiten.

*Quelle: Ausbildungsordnung Medienkaufmann/Medienkauffrau Digital und Print*

## Das Berufsbildungsgesetz (BBiG)

Die berufliche Ausbildung, Fortbildung und Umschulung ist im **Berufsbildungsgesetz** geregelt. In § 1 BBiG heißt es dazu:

### § 1 Ziele und Begriffe der Berufsbildung

*(1) Berufsbildung im Sinne dieses Gesetzes sind die Berufsausbildungsvorbereitung, die Berufsausbildung, die berufliche Fortbildung und die berufliche Umschulung.*
*(2) Die Berufsausbildungsvorbereitung dient dem Ziel, durch die Vermittlung von Grundlagen für den Erwerb beruflicher Handlungsfähigkeit an eine Berufsausbildung in einem anerkannten Ausbildungsberuf heranzuführen.*

**Der Ausbildungsvertrag:** Vor Beginn der Ausbildung muss zwischen Ausbildendem und Auszubildendem ein Ausbildungsvertrag abgeschlossen werden.

**Auszubildender** ist derjenige, der ausgebildet wird. Minderjährige Auszubildende benötigen zum Abschluss des Ausbildungsvertrages die Zustimmung des gesetzlichen Vertreters.
Beispiel *Alexander Staupe hat vor vier Wochen seinen Ausbildungsvertrag abgeschlossen. Er ist Auszubildender. Da er noch nicht volljährig ist, haben auch Vater und Mutter als Erziehungsberechtigte unterschrieben.*

**Ausbildender** ist derjenige, der einen anderen zur Berufsausbildung einstellt.
Beispiel *Alexander wird von der Medi@ AG ausgebildet. Die Medi@ AG ist Ausbildender.*

**Ausbilder** ist derjenige, der vom Ausbildenden mit der Durchführung der Ausbildung betraut ist.
Beispiel *Alexander wird zunächst in der Personalabteilung eingesetzt. Hier wird er von Herrn Krämer ausgebildet. Herr Krämer ist Ausbilder.*

Der Ausbildungsvertrag muss vor Beginn der Ausbildung schriftlich niedergelegt werden. Hierfür wird in der Praxis meist ein Vordruck der Industrie- und Handelskammer (IHK) oder der Handwerkskammer verwendet. Der Ausbildungsvertrag muss der **Industrie- und Handelskammer** bzw. der **Handwerkskammer** zur Eintragung in das Verzeichnis der Berufsausbildungsverhältnisse vorgelegt werden. Mit Abschluss des Ausbildungsvertrages übernehmen Ausbildender und Auszubildender Pflichten, die gleichzeitig die Rechte der anderen Vertragspartei sind.

- ***Pflichten des Ausbildenden***

- Der Ausbildende hat dafür zu sorgen, dass dem Auszubildenden die **Fertigkeiten und Kenntnisse** vermittelt werden, die zum Erreichen des Ausbildungszieles erforderlich sind.
  Beispiel *Der Ausbildungsrahmenplan für den Beruf Veranstaltungskaufmann/-kauffrau sieht vor, dass die Auszubildenden rechtliche Vorschriften der Berufsausbildung kennenlernen. Laut betrieblichem Ausbildungsplan wird Alexander Staupe die ersten drei Monate seiner Ausbildung in der Personalabteilung eingesetzt.*

- Die Ausbildung muss entweder **vom Ausbildenden selbst** oder **von persönlich und fachlich geeigneten Ausbildern** durchgeführt werden.
  Beispiel *Als Ausbilder setzt der Ausbildende den zuständigen Abteilungs- oder Gruppenleiter ein. Alle Ausbilder haben vor der Industrie- und Handelskammer eine Ausbildereignungsprüfung abgelegt.*

Beispiele

**Antrag auf Eintragung**
**In das Verzeichnis der Berufsausbildungsverhältnisse zum nachfolgenden**
**Berufsausbildungsvertrag**

Bitte die gelben Felder mit Schreibmaschine oder in Druckschrift ausfüllen

**Zwischen dem Ausbildenden (Ausbildungsbetrieb)** — **und der/dem Auszubildenden** männlich [X] weiblich [ ]

Ausbildungsbetrieb: Tel.-Nr.
Medi@ AG
Hugo-Eckener-Str. 1
50829 Köln

Verantwortlicher Ausbilder:
Herr/Frau/Fräulein — geb. am:
Isabel Hellmann-Berghäuser — 70-12-24

Name, Vorname: Alexander Staupe
Straße, Haus-Nr.: Eifelstr. 42
PLZ: 50677 Ort: Köln
Geburtsdatum: • •-02-28 Geburtsort: Köln
Staatsangehörigkeit: deutsch
Gesetzl. Vertreter¹): Eltern [X] Vater [ ] Mutter [ ] Vormund [ ]
Namen, Vornamen der gesetzl. Vertreter: Staupe, Peter und Staupe, Gabi
Straße, Haus-Nr.: Eifelstr. 42
PLZ: 50677 Ort: Köln

wird nachstehender Vertrag zur Ausbildung im Ausbildungsberuf Medienkaufmann Digital und Print
mit der Fachrichtung/dem Schwerpunkt, ______
nach Maßgabe der Ausbildungsordnung²) geschlossen.

Betrieblicher Unterricht ja [ ] — Ausbildungseinrichtung: Lehrbüro [ ] Lehrecke [ ] Lehrwerkstatt [ ] Sonstige [ ] — Anzahl Fachkräfte im Ausbildungsberuf: 3
Vom Auszubildenden besuchte Schulen⁵) zuletzt: 20 — Gutenberg-Realschule — Abgangsklasse: 10 — abgeschlossen mit⁶): 2,3 — davor⁵): ______
Berufsfeld⁷): ______ — Zuständige Berufsschule: Berufskolleg 2 Köln

[A] Die Ausbildungszeit beträgt nach der Ausbildungsordnung 36 Monate.
Die vorausgegangene Berufsausbildung/Vorbildung: ______
wird mit ______ Monaten angerechnet, bzw. es wird eine entsprechende Verkürzung beantragt.
Das Berufsausbildungsverhältnis
beginnt am (Tag Monat Jahr) 01 09 07 — endet am (Tag Monat Jahr) 31 08 10

[F] Die regelm. tgl. Ausbildungszeit (§ 6 Nr. 1) beträgt 8 Std.⁴).
[G] Der Ausbildende gewährt dem Auszubildenden Urlaub nach den geltenden Bestimmungen. Es besteht ein Urlaubsanspruch

| Im Jahr | 20.. | 20.. | 20.. | 20.. | 20.. |
|---|---|---|---|---|---|
| Werktage | | | | | |
| Arbeitstage | | | | | |

[H] Sonstige Vereinbarungen

- Dem Auszubildenden müssen die **Ausbildungsmittel kostenlos** zur Verfügung gestellt werden.
  Beispiele *Berichtshefte, Fachbücher und Schreibmaterial für die Ausbildung im Ausbildungsbetrieb (nicht in der Schule).*

  Vorgeschriebene Berufskleidung, z. B. Blaumann oder Kittel, wird vom Ausbildenden ebenfalls zur Verfügung gestellt.

- Der Auszubildende ist zum **Besuch der Berufsschule** und zum **Führen der Berichtshefte** anzuhalten. Das ordnungsgemäß geführte Berichtsheft ist Voraussetzung für die Zulassung zur Abschlussprüfung.
  Beispiel *Flora Fingerhut muss ihr Berichtsheft einmal im Monat dem jeweiligen Abteilungsleiter vorlegen.*

- Der Ausbildende muss dafür sorgen, dass dem Auszubildenden **nur Tätigkeiten** übertragen werden, **die dem Ausbildungszweck** dienen und seinen körperlichen Kräften angemessen sind.

**Beispiel** *Alexander Staupe ist als Auszubildender der Medi@ AG in der Personalabteilung eingesetzt. Alle hier anfallenden Arbeiten hat er auszuführen. Als die Sachbearbeiterin Peters ihn auffordert, für sie private Besorgungen zu erledigen, schreitet Herr Krämer ein und teilt Frau Peters mit, dass Alexander nur Tätigkeiten übertragen werden dürfen, die dem Ausbildungszweck dienen.*

- Der Auszubildende muss für die **Teilnahme am Berufsschulunterricht und an Prüfungen freigestellt werden**. Dies gilt auch für andere schulische Veranstaltungen.
  **Beispiel** *Die Berufsschule führt einmal im Jahr einen Wandertag durch. Herr Krämer ist der Meinung, dies habe nichts mit der Ausbildung zu tun. Herr Krämer ist im Irrtum; der Wandertag ist eine schulische Veranstaltung, für die der Ausbildende den Auszubildenden freistellen muss.*

- Dem Auszubildenden muss bei Beendigung des Ausbildungsverhältnisses ein **Zeugnis** ausgestellt werden. Der Auszubildende kann dabei zwischen dem einfachen Arbeitszeugnis und dem qualifizierten Arbeitszeugnis wählen.
  **Beispiel** *Das einfache Arbeitszeugnis enthält Angaben über Art, Dauer und Ziel der Berufsausbildung sowie die erworbenen Fertigkeiten und Kenntnisse. Das qualifizierte Arbeitszeugnis enthält zusätzlich Angaben über Führung, Leistung und besondere fachliche Fähigkeiten.*

*Vergleiche hierzu Seite 454*

- Dem Auszubildenden ist eine **angemessene Vergütung** zu zahlen.
  **Beispiel** *Die Höhe der Ausbildungsvergütung ist in den Tarifverträgen festgelegt. Ist ein Betrieb nicht an den Tarifvertrag gebunden, darf die Ausbildungsvergütung nicht mehr als 20 % unter den tariflichen Sätzen liegen.*

- Die Vergütung muss spätestens am letzten Arbeitstag des Monats gezahlt werden. Eine über die regelmäßige Ausbildungszeit hinausgehende Beschäftigung ist besonders zu vergüten. Erkrankt der Auszubildende, wird die Vergütung bis zur Dauer von sechs Wochen durch den Ausbildenden weitergezahlt, danach erhält er von der zuständigen Krankenversicherung **Krankengeld**.

*Vergleiche hierzu Seite 441*

♦ *Pflichten des Auszubildenden*

- Der Auszubildende hat sich zu bemühen, die **Fertigkeiten und Kenntnisse zu erwerben**, die zur Erreichung des Ausbildungsziels erforderlich sind.
  **Beispiel** *Die Auszubildende Kirsten Schorn, eine Mitschülerin von Alexander Staupe, besucht regelmäßig die Berufsschule, macht die Hausaufgaben und arbeitet im Unterricht mit. Trotzdem ist das Ergebnis der Zwischenprüfung in allen drei Fächern mangelhaft. Ihr Ausbilder droht daraufhin mit Kündigung. Eine Kündigung ist in diesem Fall nicht zulässig, da die Auszubildende sich bemüht hat, das Ziel der Ausbildung zu erreichen.*

- Der Auszubildende muss alle ihm im Rahmen der Ausbildung **aufgetragenen Tätigkeiten sorgfältig ausführen**.
  **Beispiel** *Alexander Staupe verliert den ihm vom Betrieb zur Verfügung gestellten Taschenrechner. Er ist zum Ersatz des Schadens verpflichtet, da er gegen die Sorgfaltspflicht verstoßen hat.*

- Der Auszubildende muss **an Ausbildungsmaßnahmen**, für die er freigestellt ist, **teilnehmen**.
  **Beispiel** *Eine Auszubildende schwänzt mehrfach die Berufsschule. Hierbei handelt es sich um eine grobe Pflichtverletzung der Auszubildenden, die zu einer Kündigung führen kann.*

- **Weisungen**, die ihm im Rahmen der Berufsausbildung erteilt werden, muss der Auszubildende **befolgen**.
  **Beispiel** *Flora Fingerhut ist im Rahmen ihrer Ausbildung als Medienkauffrau Digital und Print in einer Geschäftsstelle des Verlags eingesetzt und hat dadurch Kontakt mit Kunden. Floras Ausbilderin erteilt ihr die Weisung, nicht in Jeans oder Turnschuhen in den Betrieb zu kommen. Sie muss diese Weisung befolgen, da ein solches Erscheinungsbild von den Kunden nicht akzeptiert würde und geschäftsschädigende Folgen hätte.*

- Die für die Ausbildungsstätte **geltende Ordnung ist zu beachten**.
  Beispiel *In allen Räumen des Ausbildungsbetriebes gilt striktes Rauchverbot. Hieran muss sich jeder Auszubildende halten.*

- Arbeitsmittel und Einrichtungen sind **pfleglich zu behandeln**.
  Beispiel *Flora Fingerhut benutzt eine vom Betrieb überlassene Schere zum Öffnen einer Getränkeflasche. Die Schere bricht ab. Flora muss das Werkzeug ersetzen.*

- Über Betriebs- und Geschäftsgeheimnisse ist **Stillschweigen zu wahren**.
  Beispiel *Flora Fingerhuts Freund ist kaufmännischer Angestellter in einem Konkurrenzbetrieb. Sie berichtet ihm von der bevorstehenden Einführung eines neuen Objektes. Damit verstößt sie gegen die ihr auferlegte Schweigepflicht.*

♦ *Beginn und Beendigung der Ausbildung*

- Das Berufsausbildungsverhältnis beginnt mit der **Probezeit**. Sie muss mindestens einen Monat und darf höchstens vier Monate betragen. In der Probezeit prüft der Auszubildende, ob ihm der Beruf gefällt, und der Ausbildende, ob der Auszubildende für den Beruf geeignet ist.

- Das Ausbildungsverhältnis endet **mit Ablauf der Ausbildungszeit**. Besteht der Auszubildende die Prüfung zu einem früheren Zeitpunkt, so endet das Ausbildungsverhältnis mit Bestehen der Abschlussprüfung.
  Beispiel *Katja Kleins Ausbildungsvertrag endet am 31. August. Am 15. Juni schließt sie vor dem Prüfungsausschuss der Industrie- und Handelskammer erfolgreich die Prüfung zur Verlagskauffrau ab. Mit diesem Tag endet das Ausbildungsverhältnis und ihr steht im Falle der Übernahme das entsprechende Tarifgehalt zu.*

- Eine **Kündigung** des Ausbildungsverhältnisses ist in folgenden Fällen möglich:
  - **während der Probezeit** jederzeit ohne Einhaltung einer Frist und ohne Angabe von Gründen. Die Kündigung muss schriftlich erfolgen.
    Beispiel *Silke stellt während der Probezeit fest, dass ihr die Ausbildung zur Veranstaltungskauffrau nicht zusagt. Sie teilt dies ihrem Chef mit und kündigt das Ausbildungsverhältnis.*
  - **nach der Probezeit.**
    - Aus einem wichtigen Grund ohne Einhaltung einer Kündigungsfrist. Die fristlose Kündigung muss spätestens zwei Wochen nach Bekanntwerden des Grundes erfolgen.
      Beispiel *Ein Auszubildender wird bei einem Diebstahl ertappt. Der Chef kündigt ihm fristlos.*
    - Vom Auszubildenden mit einer Frist von vier Wochen, wenn er die Berufsausbildung aufgeben will.
      Beispiel *Angela erbt ein großes Vermögen. Sie möchte nicht mehr arbeiten. Mit einer Frist von vier Wochen kann sie ihren Ausbildungsvertrag kündigen.*
    - Vom Auszubildenden mit einer Frist von vier Wochen, wenn er sich für einen anderen Beruf ausbilden lassen will.
      Beispiel *Ein Jahr nach Beginn der Ausbildung zum Buchhändler kann ein Auszubildender eine Ausbildung in seinem Traumberuf als Goldschmied antreten. Er kündigt mit einer Frist von vier Wochen.*

Die Kündigung muss **schriftlich und unter Angabe der Kündigungsgründe** erfolgen.

**Einhaltung des Berufsbildungsgesetzes:** Die Einhaltung des Berufsbildungsgesetzes wird von der Industrie- und Handelskammer oder der Handwerkskammer überwacht.

***Ausbildungsordnung und Ausbildungsvertrag***

- *Die **Ausbildungsordnung** enthält Regelungen über:*
  - ***Ausbildungsdauer:** in der Regel drei Jahre*
  - ***Ausbildungsberufsbild**: Fertigkeiten und Kenntnisse, die Gegenstand der Berufsausbildung sind*
  - ***Ausbildungsrahmenplan:** sachliche und zeitliche Gliederung der Berufsausbildung*
  - ***betrieblichen Ausbildungsplan:** zeitlicher und sachlicher Überblick über den Ablauf der Ausbildung*
  - ***Betriebsheft:** Nachweis über den ordnungsgemäßen Ablauf der Ausbildung*
  - ***Prüfungen:** Zwischenprüfung und Abschlussprüfung*
- *Der **Berufsausbildungsvertrag** muss vor Beginn der Berufsausbildung schriftlich abgeschlossen werden.*
  - ***Auszubildender** ist derjenige, der ausgebildet wird.*
  - ***Ausbildender** ist derjenige, der einen anderen zur Berufsausbildung einstellt.*
  - ***Ausbilder** ist derjenige, der vom Ausbildenden mit der Durchführung der Ausbildung betraut ist.*
  - *Der Berufsausbildungsvertrag muss bestimmte Mindestangaben enthalten.*

| Pflichten des Ausbildenden | Pflichten des Auszubildenden |
|---|---|
| – Ausbildungspflicht<br>– Freistellung des Auszubildenden zum Besuch der Berufsschule<br>– Bereitstellung von Arbeitsmitteln<br>– Zeugnispflicht<br>– Vergütung | – Lernpflicht<br>– Besuch der Berufsschule<br>– Gehorsamspflicht<br>– Sorgfaltspflicht<br>– Einhaltung der Betriebsordnung<br>– Schweigepflicht |

  - *Die **Probezeit** muss mindestens einen Monat und darf höchstens vier Monate betragen.*

## Aufgaben

1 Beschaffen Sie sich die Verordnung über die Berufsausbildung für Ihren Ausbildungsberuf. Sie kann über die zuständige Kammer oder im Internet unter http://www.bibb.de bezogen werden. Verschaffen Sie sich einen Überblick über die Fertigkeiten und Kenntnisse, die Gegenstand Ihrer Berufsausbildung sind.

   a) Stellen Sie für den Themenkreis „Der Ausbildungsbetrieb“ der Ausbildungsordnung fest, welche Fertigkeiten und Kenntnisse im Ausbildungsrahmenplan vorgesehen sind.

   b) Prüfen Sie, wann diese Themen in Ihrem betrieblichen Ausbildungsplan vorgesehen sind und in welcher Abteilung Sie dazu ausgebildet werden.

   c) Stellen Sie fest, in welchem Unterrichtsfach und wann dieses Thema im Lehrplan der Berufsschule vorgesehen ist.

2 Während einer Grippewelle fällt die Hälfte der Mitarbeiter der Personalabteilung aus. Die Abteilungsleiterin verbietet der Auszubildenden daraufhin den Besuch der Berufsschule und fordert sie stattdessen auf, im Betrieb auszuhelfen. Ist dieses Verhalten zulässig? Begründen Sie Ihre Entscheidung.

3 Alexander Staupe beginnt seine Ausbildung zum Medienkaufmann Digital und Print. Nachdem ihn der Ausbildungsleiter durch die Abteilungen geführt hat, erklärt er ihm, dass er als jüngster Auszubildender in der Frühstückspause für alle Kaffee zu kochen habe. Alexander ist empört. Er ist der Meinung, dass er als Medienkaufmann und nicht als Kaffeekoch ausgebildet wird. Führen Sie das Gespräch des Ausbildungsleiters mit dem Auszubildenden in Form eines Rollenspiels.

4 a) Erstellen Sie eine Übersicht mit den Rechten und Pflichten des Auszubildenden. Schlagen Sie dazu im Berufsbildungsgesetz nach. Fertigen Sie die Übersicht auf einem großen Bogen Papier an und hängen Sie diesen in der Klasse auf.
b) In § 14 Absatz 2 Berufsbildungsgesetz heißt es: „Auszubildenden dürfen nur Aufgaben übertragen werden, die dem Ausbildungszweck dienen und ihren körperlichen Kräften angemessen sind." Befragen Sie Ihre Mitschüler, welche Tätigkeiten sie in der vergangenen Woche ausgeführt haben, die dem Ausbildungszweck dienen, und welche Tätigkeiten nicht im Sinne der Ausbildung waren. Diskutieren Sie, warum es sinnvoll sein könnte, auch die eine oder andere Tätigkeit auszuführen, die nicht im Sinne der Regelung des Berufsbildungsgesetzes ist.

5 Flora Fingerhuts Freund Jan ist seit einem Jahr als Auszubildender im Beruf Industriekaufmann in der Bürodesign GmbH. Als er eine Lehrstelle in seinem Traumberuf als Fotograf angeboten bekommt, will er das Ausbildungsverhältnis kündigen.
a) Erarbeiten Sie anhand § 22 f. BBiG die Möglichkeiten der Kündigung eines Ausbildungsverhältnisses.
b) Stellen Sie fest, unter welchen Bedingungen Jan seinen Ausbildungsvertrag kündigen kann.

6 Erläutern Sie die Unterschiede zwischen
a) Ausbildungsberufsbild, b) Ausbildungsrahmenplan, c) betrieblichem Ausbildungsplan.

## 1.4 Sicherheit am Arbeitsplatz

### 1.4.1 Gesetze und Verordnungen zum Schutz der Auszubildenden und Arbeitnehmer

Jonathan Davis ist genervt. Schon zum zweiten Mal hat ihn seine Freundin Barbara Wolf, die in der Buchhandlung Medi@Point GmbH & Co. KG eine Ausbildung zur Sortimentsbuchhändlerin macht, versetzt. „Stell Dir vor, die muss am Samstag nach Dienstschluss und sogar am Sonntag wegen Inventurarbeiten im Laden stehen", erzählt Jonathan seinem Freund Lars. „Aber das verstößt doch gegen das Gesetz", erwidert Lars. „Wieso, gibt es ein Gesetz, das es Mädchen verbietet, ihren Freund zu versetzen?", fragt Jonathan. Lars lacht. „Nein, nein, aber es gibt Gesetze und Verordnungen zum Schutz der Auszubildenden und Arbeitnehmer!"

**Arbeitsaufträge**

- Stellen Sie fest, welche Gesetze und Verordnungen es zum Schutz der Auszubildenden und Arbeitnehmer gibt. Stellen Sie Gesetze und wichtige Regeln in Form einer Mind-Map zusammen.
- Prüfen Sie, ob es ein Gesetz gibt, das es der 17-jährigen Barbara verbietet, am Sonntag zu arbeiten.
- Barbara ist in der Probezeit. Diskutieren Sie, wie sie sich gegenüber ihrem Ausbildungsbetrieb verhalten sollte.

#### Das Jugendarbeitsschutzgesetz (JArbSchG)

Das Jugendarbeitsschutzgesetz soll jugendliche Arbeitnehmer und Auszubildende vor Überforderung im Berufsleben schützen **(= sozialer Arbeitsschutz)**. Es enthält neben allgemeinen Vorschriften Regelungen zu den Themen Beschäftigung von Kindern und Jugendlichen, Beschäftigungsverbote und -beschränkungen, Berufsschulbesuch und Prüfungen und Aussagen über die gesundheitliche Betreuung der Auszubildenden.

**Allgemeine Vorschriften:** Das Jugendarbeitsschutzgesetz gilt für die Beschäftigung von Personen, die noch nicht 18 Jahre alt sind. Von 15 bis 18 Jahren ist man Jugendlicher, unter 15 Jahren ist man Kind.

♦ ***Beschäftigung von Kindern und Jugendlichen***

- Die **Beschäftigung von Kindern ist grundsätzlich verboten**. Kinder unter 15 Jahren dürfen nur in einem Ausbildungsverhältnis oder mit leichten Tätigkeiten beschäftigt werden (ab 13 Jahren maximal zwei Stunden täglich oder zehn Stunden wöchentlich).
  Beispiel *Jonathans Schwester Silke ist 14 Jahre alt. Sie möchte sich ihr Taschengeld selbst verdienen. Deshalb verteilt sie für den Supermarkt an der Ecke jeden Mittwoch Handzettel. Da es sich hierbei um eine leichte Tätigkeit handelt, verstößt dies nicht gegen das JArbSchG.*
- Jugendliche dürfen nicht **mehr als acht Stunden täglich** und **nicht mehr als 40 Stunden wöchentlich** beschäftigt werden. Die tägliche Arbeitszeit ist die Zeit vom Beginn bis zum Ende der Beschäftigung ohne Pausen.
  Beispiel *Sven arbeitet von 10:00 bis 13:00 Uhr und von 14:00 bis 19:00 Uhr. Die Arbeitszeit beträgt acht Stunden.*
- Die **Arbeitszeit**, die an einem Werktag **infolge eines gesetzlichen Feiertages ausfällt**, wird auf die wöchentliche Arbeitszeit **angerechnet**.
  Beispiel *Der Tag der Deutschen Einheit fällt auf einen Mittwoch. An diesem Tag hätte Sven acht Stunden arbeiten müssen. Da der Arbeitstag ausfällt, muss er in der restlichen Woche nur noch seine regelmäßige Wochenarbeitszeit abzüglich acht Stunden arbeiten (z. B. 40 Std. – 8 Std. = 32 Std.).*
- Wenn an einzelnen Werktagen die Arbeitszeit auf weniger als acht Stunden verkürzt ist, können Jugendliche an den übrigen Tagen der Woche 8,5 Stunden arbeiten.
  Beispiel *Sven arbeitet an drei Tagen in der Woche 8,5 Stunden, da er am Freitag bereits um 14:00 Uhr frei hat.*
- Jugendlichen müssen **im Voraus feststehende Ruhepausen von mindestens 15 Minuten Dauer** gewährt werden. Die Pausen betragen:
  - bei einer Arbeitszeit von 4,5 bis sechs Stunden 30 Minuten
  - bei einer Arbeitszeit von mehr als sechs Stunden 60 Minuten
- Nach Beendigung der täglichen Arbeitszeit dürfen Jugendliche **nicht vor Ablauf von mindestens zwölf Stunden beschäftigt werden.**
  Beispiel *Die 17-jährige Auszubildende Nicole arbeitet an einem Auftrag bis 20:00 Uhr. Sie darf am nächsten Tag frühestens um 08:00 Uhr zur Arbeit eingesetzt werden.*
- Jugendliche dürfen **nur in der Zeit von 06:00 bis 20:00 Uhr beschäftigt werden.** Von dieser Regelung gibt es jedoch Ausnahmen, so z. B. für Bäckereien und Konditoreien, die Gastronomie und die Landwirtschaft.
- Jugendliche dürfen **nur an fünf Tagen in der Woche beschäftigt werden.** Als Arbeitstage gelten auch die Berufsschultage. Die beiden beschäftigungsfreien Tage (Ruhetage) sollten nach Möglichkeit aufeinanderfolgen.
  Beispiel *Nicole hat Montag ihren langen Berufsschultag. Dienstag und Mittwoch arbeitet sie im Betrieb. Donnerstag hat sie wieder Berufsschule und anschließend geht sie in den Betrieb. Soll sie am Samstag im Betrieb eingesetzt werden, muss der Freitag arbeitsfrei bleiben, da sonst gegen das Gebot der Fünf-Tage-Woche verstoßen würde.*
- **An Sonntagen und am 24. und 31. Dezember nach 14:00 Uhr** dürfen Jugendliche **nicht beschäftigt** werden.

- Der **gesetzliche Urlaubsanspruch** für Jugendliche beträgt
  - 30 Werktage, wenn der Jugendliche noch nicht 16 Jahre alt ist,
  - 27 Werktage, wenn der Jugendliche noch nicht 17 Jahre alt ist,
  - 25 Werktage, wenn der Jugendliche noch nicht 18 Jahre alt ist.

  Es gilt jeweils das Alter des Jugendlichen zu Beginn des Kalenderjahres.
  Beispiel *Nicole wird am 19. März 18 Jahre alt. Da sie zu Beginn des Kalenderjahres noch nicht 18 Jahre alt ist, hat sie einen Urlaubsanspruch von 25 Werktagen.*

- Der **Urlaub** soll den Auszubildenden **während der Berufsschulferien** gewährt werden. Ist dies nicht der Fall, ist für jeden Berufsschultag, an dem die Schule während des Urlaubs besucht wird, ein weiterer Urlaubstag zu gewähren.
  Beispiel *Eine Auszubildende möchte eine Woche Urlaub vor der Zwischenprüfung nehmen. Sie besucht in dieser Woche an zwei Tagen die Berufsschule. Diese beiden Tage werden nicht auf den Urlaub angerechnet.*

♦ ***Berufsschulbesuch und Prüfungen***

§ 9 JArbSchG

*(1) Der Arbeitgeber hat Jugendliche für die Teilnahme am Berufsschulunterricht freizustellen. Er darf Jugendliche nicht beschäftigen*
*1. vor einem vor 09:00 Uhr beginnenden Unterricht (...),*
*2. an einem Berufsschultag mit mehr als fünf Unterrichtsstunden von mindestens je 45 Minuten, einmal in der Woche,*
*3. in Berufsschulwochen mit einem planmäßigen Blockunterricht von mindestens 25 Stunden an mindestens fünf Tagen; zusätzliche betriebliche Ausbildungsveranstaltungen bis zu zwei Stunden wöchentlich sind zulässig.*
*(2) Auf die Arbeitszeit werden angerechnet*
*1. Berufsschultage (nach Abs. 1 Nr. 2) mit acht Stunden,*
*2. Berufsschulwochen (nach Abs. 1 Nr. 3) mit 40 Stunden,*
*3. im Übrigen die Unterrichtszeit einschließlich der Pausen.*

Beispiel *Die 17-jährige Auszubildende Erika hat am Montag ihren langen Berufsschultag mit sechs Unterrichtsstunden. Dieser Tag wird mit acht Stunden auf die wöchentliche Arbeitszeit angerechnet. Am Mittwoch dauert der Unterricht von 08:00 bis 09:30 und von 09:50 bis 11:20 Uhr. Dieser Berufsschultag wird mit 3 Stunden und 20 Minuten auf die Arbeitszeit angerechnet.*

**Der Arbeitgeber hat den Jugendlichen für Prüfungen freizustellen.** Dies gilt auch für den Arbeitstag unmittelbar vor der schriftlichen Abschlussprüfung.
Beispiel *Erika hat am Dienstag und Mittwoch ihre Prüfung vor der Handelskammer. Der Montag ist arbeitsfrei. Die schriftliche Abschlussprüfung beginnt am Montag. Hier entfällt der Freistellungsanspruch, da dem Prüfungstag kein Arbeitstag unmittelbar vorangeht.*

**Beschäftigungsverbote und -beschränkungen:**
Jugendliche dürfen nicht beschäftigt werden
- mit Arbeiten, die ihre Leistungsfähigkeit übersteigen,
- mit Arbeiten, bei denen sie sittlichen Gefahren ausgesetzt sind,
- mit Arbeiten, die mit Unfallgefahren verbunden sind,
- mit Arbeiten im Umgang mit Gefahrstoffen,
- mit Arbeiten im Umgang mit biologischen Arbeitsstoffen.

**Gesundheitliche Betreuung:**
Vor Beginn der Ausbildung müssen alle Jugendlichen von einem Arzt untersucht worden sein. Die Untersuchung darf nicht mehr als 14 Monate zurückliegen. Ein Jahr nach Aufnahme der Beschäfti-

gung müssen sich alle Jugendlichen einer ärztlichen Nachuntersuchung unterziehen. Die Untersuchungen sind kostenlos.

## Das Mutterschutzgesetz

- Das **Mutterschutzgesetz** (MuSchG) gilt für alle Frauen, die in einem Arbeitsverhältnis stehen **(= sozialer Arbeitsschutz)**. Es findet auch auf Auszubildende Anwendung.
- Bei der Gestaltung des Arbeitsplatzes muss der Arbeitgeber einer werdenden oder stillenden Mutter besondere Sorgfalt walten lassen. Auch die Regelung des Arbeitsablaufes ist so zu gestalten, wie es im Interesse von Leben und Gesundheit der Arbeitnehmerin erforderlich ist.

  Beispiele
  - *Wird eine Schwangere mit Arbeiten beschäftigt, bei denen sie ständig stehen oder gehen muss, muss für sie eine Sitzgelegenheit zum kurzen Ausruhen bereitgestellt werden.*
  - *Wird eine Schwangere mit Arbeiten beschäftigt, bei denen sie ständig sitzen muss (z. B. im Sekretariat), ist ihr Gelegenheit zu kurzen Unterbrechungen der Arbeit zu geben.*
  - *Während der Pausen sollte es ihr in einem geeigneten Raum ermöglicht werden, sich auf einer Liege auszuruhen.*
- **Sechs Wochen vor der Entbindung** darf eine werdende Mutter nicht beschäftigt werden, es sei denn, dass sie sich ausdrücklich mit einer Beschäftigung einverstanden erklärt. Diese Erklärung kann sie jederzeit widerrufen.
- **Acht Wochen nach der Entbindung** dürfen Frauen nicht beschäftigt werden. Die Frist verlängert sich auf zwölf Wochen bei Früh- oder Mehrlingsgeburten.

- Während der Schutzfristen, also sechs Wochen vor und acht Wochen nach der Geburt, erhalten Frauen **Mutterschaftsgeld** von der zuständigen gesetzlichen Krankenkasse. Das Mutterschaftsgeld beträgt maximal 13,00 EUR pro Kalendertag. Die Differenz zwischen diesem Betrag und dem letzten Nettoarbeitsentgelt ist vom Arbeitgeber zu zahlen.

  Beispiel *Sonja Nolden ist Sachbearbeiterin für Finanzbuchhaltung der Medi@ AG. Sie hat ein Nettoeinkommen von 1 912,00 EUR. Am 30. April hat Frau Nolden eine Tochter bekommen. In den Monaten Mai und Juni darf Frau Nolden nicht beschäftigt werden. Sie erhält für diesen Zeitraum folgendes Arbeitsentgelt:*
  *Mutterschaftsgeld von der Krankenkasse:*
  *Mai 31 Tage · 13,00 EUR = 403,00 EUR*
  *Juni 30 Tage · 13,00 EUR = 390,00 EUR*
  *Differenzbetrag zum letzten Nettoarbeitsentgelt von der Medi@ AG:*
  *Mai 1 912,00 EUR – 403,00 EUR = 1 509,00 EUR*
  *Juni 1 912,00 EUR – 390,00 EUR = 1 522,00 EUR*
- Im Rahmen des Bundeselterngeld- und Elternzeitgesetzes können Mütter und Väter bis zu drei Jahren **Elternzeit** beanspruchen. Für den Zeitraum des Erziehungsurlaubs wird ein einkommensabhängiges **Elterngeld** gezahlt, und zwar für zwölf Monate mit bis zu 1 800,00 EUR monatlich.
- Während der Schwangerschaft, bis vier Monate nach der Entbindung und während des Erziehungsurlaubs besteht für Frauen **Kündigungsschutz**.

## Arbeitszeitgesetz

Die Arbeitszeit der Arbeitnehmer ist durch das Arbeitszeitgesetz (ArbZG) geregelt **(= sozialer Arbeitsschutz)**. Die regelmäßige werktägige Arbeitszeit darf die Dauer von **acht Stunden täglich** nicht überschreiten. Sie kann nur dann auf bis zu zehn Stunden verlängert werden, wenn innerhalb eines halben Kalenderjahres im Durchschnitt eine werktägliche Arbeitszeit von acht Stunden nicht überschritten wird. Eine ergänzende Regelung zum Gesundheitsschutz bei flexiblen Arbeitszeiten kann zwischen den Tarifparteien oder mit deren Zustimmung zwischen Geschäftsleitung und Betriebsräten vereinbart werden.
Die Arbeitszeit ist durch feststehende **Ruhepausen** zu unterbrechen. Die Dauer der Pausen beträgt 30 Minuten bei einer Arbeitszeit von mehr als sechs bis neun Stunden und 45 Minuten bei mehr als neun Stunden. Die Ruhepausen können in Zeitabschnitte von mindestens 15 Minuten Dauer aufgeteilt werden.
Beispiel *In der Werbeagentur West GmbH wird regelmäßig acht Stunden täglich gearbeitet. Die Mittagspause beträgt 30 Minuten und wird von 12:30 bis 13:00 Uhr genommen. In dieser Zeit werden Anrufer auf eine Mailbox umgeleitet.*

**Sonn- und Feiertagsarbeit** ist dann möglich, wenn ein Betrieb sonst seine internationale Konkurrenzfähigkeit verliert. Sie wird aber nur dann vom Amt für Gewerbeschutz genehmigt, wenn im Betrieb von montags bis samstags bereits rund um die Uhr gearbeitet wird und ausländische Konkurrenten ebenfalls sonntags arbeiten. Jeder Arbeitnehmer muss aber an mindestens 15 Sonntagen pro Jahr arbeitsfrei haben. Auch an Sonn- und Feiertagen darf die maximale tägliche Arbeitszeit zehn Stunden nicht überschreiten.

Die Einhaltung der gesetzlichen Regelungen wird durch die **Ämter für Gewerbeschutz** und die **Berufsgenossenschaft** überwacht. Die Überwachung der Arbeitszeitregelungen gewinnt zunehmend an Bedeutung, da durch flexible Arbeitszeitmodelle **(Gleitzeit, Jahresarbeitszeitkonten, Teilzeit)** die individuelle Arbeitszeit immer schwieriger nachzuvollziehen ist.

## Gesundheits- und Unfallschutz

Arbeitsschutzmaßnahmen haben die Aufgabe, einen umfassenden Unfall- und Gesundheitsschutz **(= technischer Arbeitsschutz)** zu regeln.
Die wesentliche Grundlage für den technischen Arbeitsschutz, also die Vermeidung von Unfällen, ist die **Gewerbeordnung**. Sie legt unter anderem fest, dass der Arbeitgeber die Arbeitsräume, Maschinen und Gerätschaften so einzurichten und zu unterhalten hat, dass die Arbeitnehmer gegen Gefahren für Leben und Gesundheit geschützt sind. Insbesondere für ausreichendes Licht, gute Belüftung und Beseitigung bei der Arbeit entstehender Dünste, Gase und Abfälle hat der Arbeitgeber zu sorgen.
Darüber hinaus sind Sicherheitsmaßnahmen geregelt in der **Arbeitsstättenverordnung** (Ziel: menschengerechte Gestaltung von Arbeitsplätzen), in **Maschinenschutzgesetzen** (Ziel: Vermeidung von Unfällen durch Sicherstellung der einwandfreien Funktionstüchtigkeit technischer Geräte), in der **Gefahrgutverordnung** (Ziel: sachgerechte Behandlung von Gefahrstoffen), in den **Unfallverhütungsvorschriften der Berufsgenossenschaften**, in der **Verordnung über Sicherheit und Gesundheitsschutz bei der Arbeit an Bildschirmgeräten** und durch das **Arbeitssicherheitsgesetz** (Ziel: Vermeidung von Unfällen und Gesundheitsschäden durch Sicherheitsbeauftragte und Betriebsärzte).
Beispiel *Petra Stein ist bei der Medi@ AG Sicherheitsbeauftragte. Sie veranstaltet regelmäßig für alle Mitarbeiter Seminare zur Unfallverhütung.*

## Bundesurlaubsgesetz (BundUrlG)

Nach dem Bundesurlaubsgesetz (= **sozialer Arbeitsschutz**) hat jeder Arbeitnehmer in jedem Kalenderjahr Anspruch auf einen bezahlten Erholungsurlaub von mindestens **24 Werktagen**. Als Werktage gelten alle Kalendertage, die nicht Sonn- oder Feiertage sind. Der volle Urlaubsanspruch wird erstmalig nach sechsmonatigem Bestehen des Arbeitsverhätnisses erworben.

***Gesetze und Verordnungen zum Schutz der Auszubildenden und Arbeitnehmer***

- **Jugendarbeitsschutzgesetz (sozialer Arbeitsschutz)**
  - *Es gilt für alle beschäftigten Personen, die noch nicht 18 Jahre alt sind.*
  - *Die Beschäftigung von Kindern unter 15 Jahren ist verboten.*
  - *Die tägliche maximale Arbeitszeit beträgt acht Stunden.*
  - *Es gilt grundsätzlich die Fünftagewoche.*
  - *Der Auszubildende ist für den Besuch der Berufsschule freizustellen.*
- **Mutterschutzgesetz (sozialer Arbeitsschutz)**
  - *Es gilt für Frauen, die in einem Arbeits- und Ausbildungsverhältnis stehen.*
  - *Schwangere Frauen dürfen sechs Wochen vor und acht Wochen nach der Entbindung nicht beschäftigt werden.*
  - *Während der Schutzfristen erhalten Frauen Mutterschaftsgeld.*
  - *Nach der Geburt wird Müttern oder Vätern unter bestimmten Bedingungen Erziehungsgeld gewährt.*
- **Arbeitszeitgesetz (sozialer Arbeitsschutz)**
  - *Regelungen zur Dauer und Arbeitszeitgestaltung.*
  - *Die regelmäßige und werktägliche Arbeitszeit darf acht Stunden nicht überschreiten.*
- **Gesundheits- und Unfallschutz (technischer Arbeitsschutz)**
  - *Gewerbeordnungen und Vorschriften der Berufsgenossenschaften regeln den Gesundheits- und Unfallschutz im Unternehmen.*
  - *Arbeitgeber sind verpflichtet, Arbeitsräume und Maschinen so einzurichten, dass für Arbeitnehmer möglichst keine Gefährdung für Leben und Gesundheit besteht.*
- **Bundesurlaubsgesetz (sozialer Arbeitsschutz)**
  - *Regelungen zum Mindesturlaub*

## Aufgaben

1 Daniela Schaub ist seit einer Woche als Auszubildende in der Personalabteilung eingesetzt. Als erste selbstständige Aufgabe soll sie ihren Wocheneinsatzplan erstellen. Helfen Sie Daniela bei der Lösung dieser Aufgabe.
Berücksichtigen Sie dabei folgende Bedingungen:
a) Die Geschäftszeiten der Personalabteilung der Medi@ AG sind werktags von 08:00 bis 12:00 Uhr und von 13:00 bis 17:00 Uhr.
b) Daniela hat am Dienstag von 08:00 bis 14:00 Uhr und am Donnerstag von 08:00 bis 12:30 Uhr Berufsschule.
c) Am Montag soll Daniela ganztägig im Büro sein.
d) Die tarifvertragliche Arbeitszeit ist zu berücksichtigen. Erfragen Sie die für Sie geltende tarifvertragliche Wochenarbeitszeit in der Personalabteilung oder bei Ihrem Jugendvertreter oder Betriebsrat.
e) Berücksichtigen Sie die Regelungen des Jugendarbeitsschutzgesetzes zur täglichen und wöchentlichen Arbeitszeit, zur Festlegung der Pausen und zum Berufsschulbesuch.

2 Stellen Sie fest, in welchem der folgenden Fälle gegen das JArbSchG verstoßen wurde! Begründen Sie Ihre Entscheidung mithilfe des entsprechenden Paragrafen.
a) Die 16-jährige Auszubildende Caroline ist bei der Werbeagentur West GmbH als Auszubildende zur Kauffrau für Marketingkommunikation beschäftigt. Laut Wocheneinsatzplan des Abteilungsleiters muss sie am Samstag arbeiten.
b) Der Wocheneinsatzplan sieht vor, dass Caroline an drei Tagen jeweils neun Stunden im Betrieb ist.
c) Am langen Berufsschultag hat Caroline sieben Stunden à 45 Minuten Unterricht. Der Abteilungsleiter setzt sie am gleichen Tag für weitere drei Stunden im Betrieb ein.

d) Am kurzen Berufsschultag beginnt der Unterricht um 09:00 Uhr. Der Abteilungsleiter will Caroline in der Zeit von 07:30 bis 08:30 Uhr im Betrieb einsetzen.
e) Caroline hat ihre Ausbildung am 1. Juli begonnen. Die Personalabteilung teilt ihr mit, dass ihr für das laufende Jahr ein Urlaubsanspruch von 14 Tagen zustehe.
f) Im Rahmen der Inventur hat Caroline bis 20:00 Uhr gearbeitet. Ihre Ausbilderin geht davon aus, dass sie am nächsten Tag um 07:30 Uhr zur Arbeit erscheint.
g) Um sich einen Urlaub in der Dominikanischen Republik leisten zu können, will Caroline am Samstag und Sonntag in einem Café arbeiten.

3 Das Jugendarbeitsschutzgesetz enthält Regelungen über die Beschäftigung von Kindern und Jugendlichen, Beschäftigungsverbote und -beschränkungen, Berufsschulbesuch und Prüfungen sowie Aussagen über die gesundheitliche Betreuung der Auszubildenden. Erläutern Sie jede dieser Regelungen an einem Beispiel, das Sie persönlich betrifft.

4 Beurteilen Sie die folgenden Fälle vor dem Hintergrund des Mutterschutzgesetzes.
a) Die Buchhändlerin Monika soll am 1. März entbinden. Wegen dringender Inventurarbeiten bittet ihre Chefin sie, am 1. Februar im Betrieb auszuhelfen. Monika ist einverstanden.
b) Pünktlich am 1. März bekommt Monika eine Tochter. Am 15. April ruft ihre Chefin sie an und bittet sie, in der nächsten Woche im Betrieb auszuhelfen. Monika ist einverstanden.
c) Eine Mitarbeiterin im sechsten Schwangerschaftsmonat soll täglich fünf Stunden – statt wie bisher acht Stunden – als Verkäuferin in der Cafeteria an der Essensausgabe eingesetzt werden.
d) Eine Mitarbeiterin der Zeitschriftenredaktion will trotz Schwangerschaft nicht auf Überstundenprämien für Nachtarbeit verzichten.
e) Eine Mitarbeiterin der Versandabteilung ist im sechsten Schwangerschaftsmonat. Sie muss regelmäßig Pakete mit einem Gewicht von 12 kg vom Packtisch in einen Container laden.

5 Teilen Sie die Klasse in zwei Gruppen, die Prüfer und die Prüflinge. Die Gruppe der Prüfer legt Kriterien für eine Prüfung zum Thema „Arbeitsschutzgesetze" fest und formuliert Fragen. Die Prüflinge bereiten sich vor. Führen Sie die Prüfung durch und bewerten Sie Ihre Mitschüler anhand der formulierten Kriterien.

### 1.4.2 Institutionen zum Schutz der Auszubildenden und Arbeitnehmer

Als Alexander Staupe Unterlagen aus der Finanzbuchhaltung holen muss, wird er an Frau Nolden verwiesen. „Schön, dass ich Sie auch einmal kennenlerne", sagt Frau Nolden. „Wenn's Ärger gibt in der Ausbildung, können Sie sich jederzeit an mich wenden." Zurück in der Abteilung fragt er seinen Kollegen, warum er sich ausgerechnet an Frau Nolden wenden solle. „Die ist doch im Betriebsrat der Medi@ AG", antwortet Konstantin Pirol. „Und was hat der mit meiner Ausbildung zu tun?", fragt Alexander.

**Arbeitsaufträge**
- Stellen Sie fest, welche Rechte der Betriebsrat und die Jugend- und Auszubildendenvertretung haben.
- Erläutern Sie, welche weiteren Institutionen es zum Schutz der Auszubildenden gibt, und stellen Sie deren Aufgaben dar.

#### Der Betriebsrat

Vergleiche hierzu Seite 127

Zur Wahrnehmung seiner Aufgaben hat der Betriebsrat Rechte, die im Betriebsverfassungsgesetz (BetrVerfG) geregelt sind.

Das **Informationsrecht** sichert dem Betriebsrat rechtzeitige und umfassende Informationen über alle betrieblichen Angelegenheiten, die die Arbeitnehmer betreffen.
**Beispiel** *Die Geschäftsleitung der Medi@AG plant die Umstellung der gesamten EDV auf ein neues Betriebssystem und berät sich hierüber mit dem Betriebsrat.*

Das **Anhörungs- und Beratungsrecht** geht weiter als das Informationsrecht. In bestimmten Angelegenheiten muss der Arbeitgeber den Betriebsrat vor einer Entscheidung anhören. Versäumt er dies, ist die Entscheidung aus formalen Gründen rechtsunwirksam.
**Beispiele** *Die Geschäftsleitung der Medi@AG plant, die Herstellung aus dem Unternehmen auszugliedern und hierfür eine eigene GmbH zu gründen. Zu dieser Betriebsänderung muss der Betriebsrat gehört werden.*

Das **Mitbestimmungsrecht** ist das weitgehendste Recht des Betriebsrates. Hier entscheiden Arbeitgeber und Betriebsrat gemeinsam.
**Beispiele** *In der Vorweihnachtszeit plant die Geschäftsleitung der Medi@ AG Überstunden. Hier muss der Betriebsrat zustimmen. Das Gleiche gilt für die Regelung der Pausenzeiten, Einführung einer Betriebsordnung, Urlaubsplan usw.*

## ● Die Jugend- und Auszubildendenvertretung

In Betrieben mit mindestens fünf Arbeitnehmern bis zu 18 Jahren oder Auszubildenden bis zu 25 Jahren kann eine Jugend- und Auszubildendenvertretung gewählt werden. Sie nimmt die besonderen Belange der Jugendlichen und Auszubildenden im Betriebsrat wahr.
**Beispiel** *Jugend- und Auszubildendenvertreterin der Medi@ AG ist Petra Jäger, Stellvertreter ist Andreas Dick.*

*Vergleiche hierzu Seite 80*

## ● Die Industrie- und Handelskammer

Die Kammern (Industrie- und Handelskammer, Handwerkskammer, Rechtsanwaltskammer, Landwirtschaftskammer) überwachen den betrieblichen Teil der Berufsausbildung und nehmen die Abschlussprüfung ab.

Zur Überwachung der Ausbildung und Beratung der an der Ausbildung Beteiligten stehen bei den Kammern **Ausbildungsberater** zur Verfügung.
**Beispiel** *Die Auszubildende Barbara Wolf der Medi@Point GmbH & Co. KG Buchhandlung plant die Verkürzung ihrer Ausbildung. Sie besucht den Ausbildungsberater der IHK in seiner Sprechstunde und lässt sich über die Vor- und Nachteile dieses Schrittes beraten.*

## ● Die Gewerkschaften

> **Artikel 9 Abs. 3 Grundgesetz**
>
> *Das Recht, zur Wahrung und Förderung der Arbeits- und Wirtschaftsbedingungen Vereinigungen zu bilden, ist für jedermann und für alle Berufe gewährleistet. (...)*

Dieses im Grundgesetz garantierte Recht der Arbeitnehmer und Arbeitgeber zur Gründung von Gewerkschaften oder Arbeitgeberverbänden wird auch als **Koalitionsfreiheit** bezeichnet.

**Beispiele**

- *Die Medi@Point GmbH & Co. KG Buchhandlung ist Mitglied im Börsenverein des Deutschen Buchhandels e. V., der Landesverband NRW ist dabei Tarifpartner.*
- *Die Arbeitnehmer der Medi@Point GmbH & Co. KG Buchhandlung, die sich einer Gewerkschaft angeschlossen haben, sind in der Gewerkschaft ver.di organisiert.*

## ● Arbeitsschutzbehörden

Für die Einhaltung aller Schutzvorschriften ist der Arbeitgeber verantwortlich. Neben den **Berufsgenossenschaften** und dem **TÜV** als außerbetrieblichen Überwachungsorganen überwachen

**Betriebsrat, Betriebsärzte und Sicherheitsbeauftragte** als innerbetriebliche Überwachungsorgane durch technische Aufsichtsbeamte die Durchführung der Unfallverhütung. Die **staatlichen Ämter für Gewerbeschutz und Sicherheitstechnik** sind staatliche Organe, die die Einhaltung der Arbeitsschutzvorschriften garantieren sollen.

## Arbeitsgerichtsbarkeit

*Vergleiche hierzu Seite 127*

Die **Gerichtsbarkeit** in Arbeitssachen wird durch die Arbeitsgerichte, die Landesarbeitsgerichte und das Bundesarbeitsgericht ausgeübt. Sie sind **zuständig** für bürgerliche (privatrechtliche) Streitigkeiten aus Arbeits- oder Tarifverträgen und alle Angelegenheiten nach dem **Betriebsverfassungsgesetz** (BetrVerfG) und dem **Mitbestimmungsgesetz** (MitbestG).

***Institutionen zum Schutz der Auszubildenden und Arbeitnehmer***

- ***Der Betriebsrat***
  - *vertritt die Belange aller Arbeitnehmer eines Unternehmens*
  - *hat ein Informationsrecht*
  - *hat ein Anhörungs- und Beratungsrecht*
  - *hat ein Mitbestimmungsrecht*
- ***Die Jugend- und Auszubildendenvertretung*** *vertritt die Belange der Jugendlichen und Auszubildenden eines Unternehmens.*
- ***Die Industrie- und Handelskammer*** *überwacht den betrieblichen Teil der Berufsausbildung und nimmt die Prüfungen ab.*
- *Die **Gewerkschaften** vertreten die Belange der Arbeitnehmer aller Unternehmen.*
- ***Arbeitsschutzbehörden*** *sind die Berufsgenossenschaft, der TÜV und die Ämter für Gewerbeschutz und Sicherheitstechnik (= außerbetriebliche Überwachungsorgane), innerbetriebliche Überwachungsorgane sind der Sicherheitsbeauftragte, der Betriebsarzt und der Betriebsrat.*
- ***Die Arbeitsgerichte*** *sind für Streitigkeiten aus dem Arbeitsvertrag zuständig.*

## Aufgaben

1 Betriebsrat und Jugend- und Auszubildendenvertreter haben Informations-, Anhörungs- und Beratungs- und Mitbestimmungsrechte. Stellen Sie fest, ob es in Ihrem Ausbildungsbetrieb einen Betriebsrat oder eine Jugend- und Auszubildendenvertretung gibt, und nehmen Sie Kontakt zu Ihrer Vertretung auf. Lassen Sie sich von Ihrem Arbeitnehmervertreter erläutern, welche Aufgaben er wahrnimmt, und ordnen Sie die Aufgaben den o. g. Rechten zu.

2 Nehmen Sie im Rahmen einer Internetrecherche Kontakt zu der für Sie zuständigen Industrie- und Handelskammer auf. Stellen Sie fest, welche Dienstleistungen die IHK erbringt und welche Funktionen sie im Rahmen der Berufsausbildung wahrnimmt.

3 Erläutern Sie die Aufgaben des Ausbildungsberaters und der Schlichtungsstelle der Industrie- und Handelskammer.

4 Bilden Sie in der Klasse zwei Gruppen. Die eine Gruppe sammelt Gründe, die für die Mitgliedschaft in einer Gewerkschaft sprechen, die andere Gruppe sammelt Gründe gegen eine Mitgliedschaft. Wählen Sie einen Diskussionsleiter und führen Sie ein Streitgespräch.

5 Bei welchen der folgenden Sachverhalte hat der Betriebsrat
a) ein Mitbestimmungsrecht, b) kein Mitbestimmungsrecht:
1. Einführung einer Betriebsordnung
2. Aufstellung allgemeiner Grundsätze für den Urlaubsplan
3. Auswahl eines neuen Lieferers
4. Berufung von Vorstandsmitgliedern
5. Beginn und Ende der täglichen Arbeitszeit
6. Regelung der Pausenzeiten

6 Stellen Sie fest, wer in Ihrem Ausbildungsbetrieb die Funktion des Sicherheitsbeauftragten ausübt und welches die für Sie zuständige Berufsgenossenschaft ist.
a) Befragen Sie Ihren Sicherheitsbeauftragten nach seinen Aufgaben!
b) Ermitteln Sie die Leistungen der Berufsgenossenschaft im Rahmen einer Internetrecherche!

## 1.5 Mitwirkung und Mitbestimmung

### 1.5.1 Mitwirkung und Mitbestimmung des einzelnen Arbeitnehmers

Flora Fingerhut ist sauer! Erst hat der Wecker nicht geklingelt und dann ist ihr auch noch die Bahn weggefahren. Und jetzt macht Herr Krämer so einen Aufstand, nur wegen der halben Stunde Verspätung. „Das gibt eine Eintragung in die Personalakte", sagt Herr Krämer. „Und wenn das nicht das erste Mal ist, riskieren Sie Ihre Lehrstelle!" Als sie in der Mittagspause mit Rudolf Heller darüber spricht, beruhigt der sie. „Bei einer Abmahnung passiert Dir gar nichts", sagt Rudolf. „Das ist doch deine erste, oder?" Flora ist ratlos. „Was weiß ich, was Herr Krämer alles in meine Personalakte geschrieben hat." „Dann sieh doch nach", erwidert Rudolf. „Kann man denn so einfach Einblick in seine Personalakte nehmen?", fragt Flora.

**Arbeitsaufträge**
- Erarbeiten Sie in der Gruppe, welche Mitwirkungs- und Mitbestimmungsrechte der einzelne Arbeitnehmer hat.
- Stellen Sie fest, ob Flora Einsicht in ihre Personalakte nehmen kann.

Die Mitwirkungs- und Mitbestimmungsrechte des einzelnen Arbeitnehmers und des Betriebsrates sind im **Betriebsverfassungsgesetz** (BetrVerfG) geregelt.

In den §§ 81 bis 86 BetrVerfG sind die Rechte des Arbeitnehmers auf Unterrichtung, Anhörung, Erörterung und Beschwerde festgelegt. Sie gelten jedoch nur in den Angelegenheiten, die den einzelnen Arbeitnehmer und seinen Arbeitsplatz unmittelbar betreffen.

Der Arbeitgeber hat den Arbeitnehmer über dessen **Aufgaben und Verantwortlichkeiten** sowie über die **Art der Tätigkeit** und die **Einordnung in den Arbeitsablauf** des Betriebes zu unterrichten (§ 81 BetrVerfG).
Beispiel *Jeder neu eingestellte Arbeitnehmer der Medi@ AG erhält das Organigramm und eine ausführliche Stellenbeschreibung.*

Bei Einstellung oder Versetzung ist der Arbeitnehmer über die **Unfall- und Gesundheitsgefahren** des Arbeitsplatzes und über die Unfallverhütungsvorschriften zu belehren (§ 81 BetrVerfG).
Beispiel *Jeder neu eingestellte Arbeitnehmer der Medi@ AG führt vor Aufnahme seiner Tätigkeit ein ausführliches Gespräch mit der Umweltbeauftragten, Frau Lauer, dem Qualitätsbeauftragten, Herrn Wolf, und der Sicherheitsbeauftragten, Frau Stein.*

In betrieblichen Angelegenheiten, die seine Person und seinen Arbeitsplatz betreffen, hat der Arbeitnehmer das Recht, sich **an seinen Vorgesetzten zu wenden und von diesem angehört zu werden**. Er ist berechtigt, Vorschläge zur Gestaltung seines Arbeitsplatzes und des Betriebsablaufs zu machen (§ 82 BetrVerfG).
Beispiel *Das Recht des Arbeitnehmers, in Angelegenheiten seines Arbeitsplatzes oder des Betriebsablaufs initiativ zu werden, wird von der Geschäftsleitung der Medi@ AG durch Maßnahmen im Rahmen des betrieblichen Vorschlagswesens gefördert. Danach werden Mitarbeiter am Erfolg ihrer Vorschläge finanziell beteiligt.*

**§ 83 Abs. 1 BetrVerfG**

*Der Arbeitnehmer hat das Recht, in die über ihn geführte Personalakte Einsicht zu nehmen. Er kann hierzu ein Mitglied des Betriebsrates hinzuziehen. Das Mitglied des Betriebsrates hat über den Inhalt der Personalakte Stillschweigen zu bewahren, soweit es vom Arbeitnehmer im Einzelfall nicht von dieser Verpflichtung entbunden wird.*

**Inhalt der Personalakte** sind neben dem Arbeitsvertrag alle den Arbeitnehmer betreffenden Unterlagen.

Jeder Arbeitnehmer hat das Recht, sich **bei seinem Vorgesetzten zu beschweren**. Ihm dürfen aus der Beschwerde keine Nachteile entstehen.

***Mitwirkung und Mitbestimmung des einzelnen Arbeitnehmers***

*Jeder Arbeitnehmer hat das **Recht** auf ...*
- *Information zur und Erörterung der Tätigkeit*
- *Information zu und Erörterung der Unfall- und Gesundheitsgefahren*
- *Anhörung und Erörterung in betrieblichen Angelegenheiten*
- *Einsicht in die Personalakte*
- *Beschwerderecht*

## Aufgaben

1 Sonja Nolden, Sachbearbeiterin in der Abteilung Rechnungswesen, fühlt sich durch ihren Kollegen Lage belästigt. Herr Lage macht anzügliche Bemerkungen und hat Frau Nolden in der Teeküche unsittlich berührt. Frau Nolden möchte sich bei der Abteilungsleiterin beschweren, hat aber Angst, dass ihr daraus Nachteile entstehen. Diskutieren Sie, welche Probleme mit einer solchen Beschwerde verbunden sind, und beraten Sie Frau Nolden bei ihrer Entscheidung.

2 Der Lagerarbeiter Schneiders ist Mitglied in einer Umweltschutzorganisation. Er ist der Meinung, dass die Medi@ AG ausschließlich Umweltpapiere benutzen sollte, und besteht darauf, diesen Vorschlag der Geschäftsleitung persönlich mitzuteilen. Prüfen Sie, ob sich Schneiders bei diesem Wunsch auf das Betriebsverfassungsgesetz berufen kann.

3 Herr Lage erhält eine Abmahnung, da er Sonja Nolden vor Zeugen belästigt hat. Der Justitiar der Medi@ AG, Rechtsanwalt Dr. Ulrich Prutsch, macht Herrn Lage darauf aufmerksam, dass er im Wiederholungsfall „bei seiner Personalakte“ mit einer fristlosen Kündigung rechnen müsse. Herr Lage ist sich unsicher, was denn alles in seiner Personalakte festgehalten ist, und will in diese Einsicht nehmen. Er möchte sich dabei von einem Mitglied des Betriebsrates begleiten lassen. Prüfen Sie, ob dies zulässig ist.

4 Führen Sie in der Klasse ein Rollenspiel zum Thema „Arbeitskampf“ durch. Orientieren Sie sich dabei an den Ausführungen zum Rollenspiel auf Seite XX ff.

Ausgangssituation:

- Der Gehaltstarifvertrag in der Medienbranche ist gekündigt. Die Gewerkschaft ver.di fordert eine lineare Erhöhung der Gehälter von 3 % und eine einmalzahlung von 250,00 EUR. Als Begründung werden die hohen Gewinne und die immer höher werdenden Steuer- und Abgabenbelastungen der Mitarbeiter angeführt.
- Der Arbeitgeberverband klagt über die zurückgehenden Umsätze und die steigenden Lohnnebenkosten. Bei einem Abschluss in der geforderten Größenordnung würden Entlassungen und Geschäftsschließungen die Folge sein.

a) Bilden Sie in der Klasse drei Gruppen, die Vertreter der Gewerkschaft, die Vertreter des Arbeitgeberverbandes und die Beobachter.

b) Jede Gruppe fertigt zunächst Rollenkarten für ihre Rollenspieler an. Die Gruppe der Beobachter einigt sich auf einen Beobachtungsposten.

| Rollenkarte ver.di | Rollenkarte Arbeitgeber |
| --- | --- |
| | |

c) Die Gruppe „Gewerkschaft" und „Arbeitgeber" wählt jeweils drei Rollenspieler aus ihrer Mitte.

d) Führen Sie das Rollenspiel durch. Das Rollenspiel sollte ca. 10 Minuten dauern und möglichst auf Video aufgezeichnet werden.

e) Werten Sie das Rollenspiel aus.

### 1.5.2 Mitwirkung und Mitbestimmung des Betriebsrates

Flora Fingerhut ist müde. Als die Abteilungsleiterin sie in das Papierlager schickt, kommt sie am Aufenthaltsraum vorbei. Sie setzt sich in eine stille Ecke, zündet sich eine Zigarette an und träumt vor sich hin. Da schreckt sie auf. Aus dem Lautsprecher ertönt die Stimme ihrer Chefin: „Frau Fingerhut, machen Sie sofort die Zigarette aus und gehen Sie zurück in die Abteilung!"
Im Hinausgehen entdeckt sie eine Videokamera an der Decke. Flora ist empört! Als sie überlegt, wie sie ihrem Ärger Luft machen kann, fällt ihr der neu gewählte Betriebsrat ein.

**Arbeitsaufträge**

- Stellen Sie fest, ob der Betriebsrat auf den Einbau technischer Einrichtungen wie einer Videokamera Einfluss nehmen kann und ob er Möglichkeiten hat, dieses zu verhindern.
- Der Betriebsrat genießt während seiner Amtszeit einen besonderen Kündigungsschutz. Diskutieren Sie die Notwendigkeit dieser Regelung.

#### Betriebsrat

**§ 1 Betriebsverfassungsgesetz**

*In Betrieben mit in der Regel mindestens fünf ständigen wahlberechtigten Arbeitnehmern, von denen drei wählbar sind, werden Betriebsräte gewählt.*

**§ 2 Stellung der Gewerkschaften und Vereinigungen der Arbeitgeber**

*(1) Arbeitgeber und Betriebsrat arbeiten unter Beachtung der geltenden Tarifverträge vertrauensvoll und im Zusammenwirken mit den im Betrieb vertretenen Gewerkschaften und Arbeitgebervereinigungen zum Wohl der Arbeitnehmer und des Betriebs zusammen.*

**Wahlberechtigt** sind alle Arbeitnehmer, die das 18. Lebensjahr vollendet haben.

**Wählbar** sind alle Wahlberechtigten, die mindestens sechs Monate dem Betrieb angehören.

Die **Zahl** der Betriebsratsmitglieder ist im Betriebsverfassungsgesetz geregelt.

Auch die **Zusammensetzung** des Betriebsrates regelt das Gesetz. So **müssen** gewerbliche Mitarbeiter und Angestellte entsprechend ihrem zahlenmäßigen Verhältnis im Betrieb im Betriebsrat vertreten sein. Männer und Frauen **sollen** entsprechend ihrem zahlenmäßigen Verhältnis vertreten sein.

Beispiel *In einem Industriebetrieb mit 80 % weiblichen Beschäftigten sollte auch der Betriebsrat zu 80 % aus Frauen bestehen.*

Die **Amtszeit** des Betriebsrates beträgt vier Jahre. Die regelmäßigen **Betriebsratswahlen** finden in der Zeit vom 1. März bis 31. Mai statt. Acht Wochen vor Ablauf seiner Amtszeit bestellt der Betriebsrat einen Wahlvorstand, der die Wahlen vorbereitet und durchführt.

Der Betriebsrat wird in geheimer und unmittelbarer Wahl gewählt. Die Betriebsratsmitglieder wählen aus ihren Reihen einen **Vorsitzenden**. Sie sind für die Wahrnehmung ihrer Aufgaben von ihrer beruflichen Tätigkeit freizustellen.

Der Betriebsrat hat folgende **allgemeine Aufgaben:**
- Interessenvertretung der Arbeitnehmer im Betrieb,
- Überwachung der Einhaltung von Gesetzen (z. B. Kündigungsschutzgesetz), Verordnungen (z. B. Reichsversicherungsordnung), Unfallverhütungsvorschriften und Tarifverträgen,
- besondere Förderung von Jugendlichen, älteren und ausländischen Arbeitnehmern und sonstiger besonders schutzbedürftiger Personen.

Darüber hinaus hat der Betriebsrat konkrete Mitwirkungs- und Mitbestimmungsrechte.

♦ ***Mitwirkung***

Mitwirkung bedeutet, dass der Betriebsrat **informiert** und **angehört** werden muss. Die Rechtsgültigkeit einer Entscheidung hängt hier nicht von der Zustimmung, wohl aber von der vorherigen Unterrichtung des Betriebsrates ab. Das Mitwirkungsrecht des Betriebsrates erstreckt sich u. a. auf folgende Themen:
- alle betrieblichen Angelegenheiten, die die Arbeitnehmer betreffen,
- geplante Betriebsänderungen, z. B. die Einschränkung oder Stilllegung von Betrieben,
- Personalplanung.

♦ ***Mitbestimmung***

Mitbestimmung bedeutet, dass betriebliche Maßnahmen erst nach Zustimmung des Betriebsrates wirksam werden. Der Betriebsrat hat vor allem in folgenden Angelegenheiten mitzubestimmen:
- Fragen der betrieblichen Ordnung,
- Beginn und Ende der täglichen Arbeitszeit,
- Regelung von Mehrarbeit (Überstunden),
- personelle Einzelmaßnahmen wie Einstellungen, Ein- oder Umgruppierungen und Versetzungen.

§ 87 Abs. 1 Nr. 6 BetrVerfG

*Einführung und Anwendung von technischen Einrichtungen, die dazu bestimmt sind, das Verhalten oder die Leistung der Arbeitnehmer zu überwachen.*

Der Betriebsrat ist vor jeder **Kündigung** zu hören. Der Arbeitgeber muss ihm die Gründe für die Kündigung mitteilen. Wird er vor einer Kündigung nicht gehört, ist diese unwirksam.

Einmal in jedem Kalendervierteljahr muss der Betriebsrat eine **Betriebsversammlung** einberufen. Sie besteht aus den Arbeitnehmern des Betriebes. Der Arbeitgeber ist zu den Betriebsversammlungen einzuladen und berechtigt, dort zu sprechen.

Der Betriebsrat genießt einen **besonderen Kündigungsschutz**. Während der Amtszeit und ein Jahr danach ist eine Kündigung unzulässig. Hiervon ausgenommen ist lediglich die außerordentliche Kündigung.

### Was der Arbeitgeber beachten muss

**Mitbestimmung im engeren Sinne**

| | |
|---|---|
| Der Betriebsrat bestimmt mit | Arbeitgeber und Betriebsrat haben ein gleichberechtigtes Initiativrecht. Sie können Entscheidungen nur gemeinsam treffen. Bei unüberbrückbaren Meinungsverschiedenheiten entscheidet die Einigungsstelle.<br>Beispiele *Arbeitszeit, Sozialplan, Lohngestaltung* |
| Der Betriebsrat muss zustimmen | Der Arbeitgeber darf eine Maßnahme nur mit Einverständnis des Betriebsrates durchführen. Der Betriebsrat hat aber kein Recht zur Durchsetzung eines Alternativvorschlages.<br>Beispiele *Einstellungen, Versetzungen, Ein- und Umgruppierungen* |

**Kapital**

| | |
|---|---|
| Der Betriebsrat muss mit beraten | Arbeitgeber und Betriebsrat erörtern eine Angelegenheit in einem gemeinsamen Gespräch.<br>Beispiele *Gestaltung von Arbeitsplatz, Arbeitsablauf und Arbeitsumfang* |
| Der Betriebsrat muss angehört werden | Der Arbeitgeber teilt dem Betriebsrat seine Absichten mit und fordert den Betriebsrat unter Fristsetzung zur Stellungnahme auf.<br>Beispiel *Entlassungen* |
| Der Betriebsrat muss informiert werden | Der Arbeitgeber teilt dem Betriebsrat anhand von Unterlagen seine Pläne mit.<br>Beispiel *Personalplanung* |

*Quelle: Horst-Udo Niedenhoff, Mitbestimmung in der Bundesrepublik Deutschland, 13., überarbeitete und erweiterte Auflage, Deutscher Instituts-Verlag, Köln 2002*

♦ *Tendenzschutz*

Das **Betriebsverfassungsgesetz gilt in einigen Betrieben nur eingeschränkt.** Für Unternehmen und Betriebe, die politischen, koalitionspolitischen, konfessionellen, karitativen, erzieherischen, wissenschaftlichen oder künstlerischen Zielen dienen, gilt der sogenannte Tendenzschutz.
Beispiele *Büros und Betriebe der politischen Parteien, Verwaltungen und Einrichtungen der Gewerkschaften und Arbeitgeberverbände, wissenschaftliche Bibliotheken, Theater u. a.*

Dazu gehören auch Betriebe und Unternehmen, die auf dem Gebiet der Berichterstattung und der Meinungsbildung tätig sind, da sie sich auf das Grundrecht der Pressefreiheit und der Freiheit der Berichterstattung durch Rundfunk und Film berufen.
Beispiele *Presseunternehmen für Zeitungen und Zeitschriften, Verlagsunternehmen, öffentlich-rechtlich organisierte Rundfunksender*

In den Tendenzunternehmen sind die Beteiligungsrechte des Betriebsrats in sozialen, personellen und wirtschaftlichen Angelegenheiten eingeschränkt.

- Einschränkungen in sozialen Angelegenheiten
  Beispiele *Festlegung des Redaktionsschlusses, Lage und Dauer der Redaktionskonferenzen, da diese Zeiten für die Aktualität der Berichterstattung ausschlaggebend sind*
- Einschränkungen in personellen Angelegenheiten
  Beispiele *Einstellung, Versetzung und Umgruppierung, Arbeitgeberkündigung eines Tendenzträgers (z. B. Mitglied der Redaktion, Lektor in einem Buchverlag)*
- Einschränkungen in wirtschaftlichen Angelegenheiten
  Beispiel *In Tendenzunternehmen entfällt die Einrichtung eines Wirtschaftsausschusses.*

## Jugend- und Auszubildendenvertretung

> **§ 70 BetrVerfG**
>
> *(1) Die Jugend- und Auszubildendenvertretung hat folgende allgemeine Aufgaben:*
> *1. Maßnahmen, die den in § 60 Abs. 1 genannten Arbeitnehmern dienen, insbesondere infragen der Berufsbildung, beim Betriebsrat zu beantragen;*
> *2. darüber zu wachen, dass die zugunsten der in § 60 Abs. 1 genannten Arbeitnehmer geltenden Gesetze, Verordnungen, Unfallverhütungsvorschriften, Tarifverträge und Betriebsvereinbarungen durchgeführt werden;*
> *3. Anregungen von den in § 60 Abs. 1 genannten Arbeitnehmern, insbesondere infragen der Berufsbildung entgegenzunehmen und, falls sie berechtigt erscheinen, beim Betriebsrat auf Erledigung hinzuwirken. (...)*

In Betrieben mit mindestens fünf Arbeitnehmern bis zu 18 Jahren oder Auszubildenden bis zu 25 Jahren kann eine **Jugend- und Auszubildendenvertretung** (JAV) gewählt werden. **Wahlberechtigt** sind alle jugendlichen Arbeitnehmer (also von 14 bis 18 Jahren) und alle Auszubildenden bis zur Vollendung des 25. Lebensjahres. **Wählbar** sind alle Arbeitnehmer, die das 25. Lebensjahr noch nicht vollendet haben. Wird ein Jugend- und Auszubildendenvertreter während seiner Amtszeit 26 Jahre alt, bleibt er bis zum Ende der Wahlperiode im Amt.

Auch die **Zahl** der Jugend- und Auszubildendenvertreter ist von der Zahl der Jugendlichen bzw. Auszubildenden unter 25 Jahren im Betrieb abhängig.

Die **Amtszeit** des Jugend- und Auszubildendenvertreters beträgt zwei Jahre.
**Aufgabe** der Jugend- und Auszubildendenvertretung ist es, Maßnahmen, die den Jugendlichen und Auszubildenden dienen, beim Betriebsrat zu beantragen und auf deren Erledigung hinzuwirken.

Die Jugend- und Auszubildendenvertretung kann zu allen Betriebsratssitzungen Vertreter entsenden. Sie haben im Betriebsrat **Stimmrecht**, wenn die Beschlüsse überwiegend die Belange der Jugendlichen und Auszubildenden betreffen.

Während seiner Amtszeit und ein Jahr danach ist die **Kündigung** des Jugend- und Auszubildendenvertreters unzulässig. Ist er Auszubildender, muss er auf Antrag nach bestandener Prüfung übernommen werden.

***Mitwirkung und Mitbestimmung des Betriebsrates***

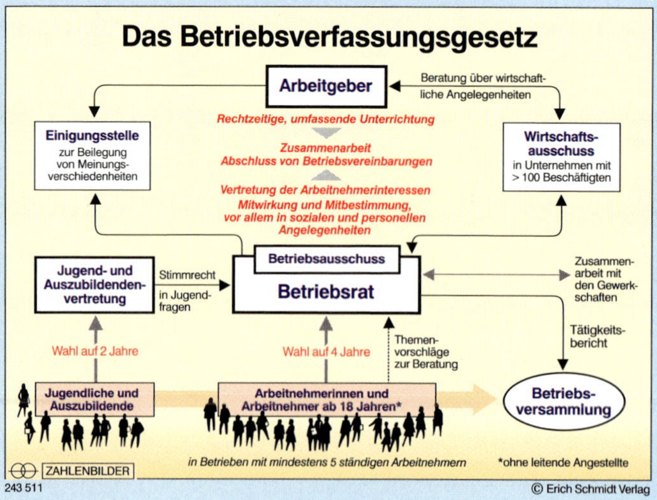

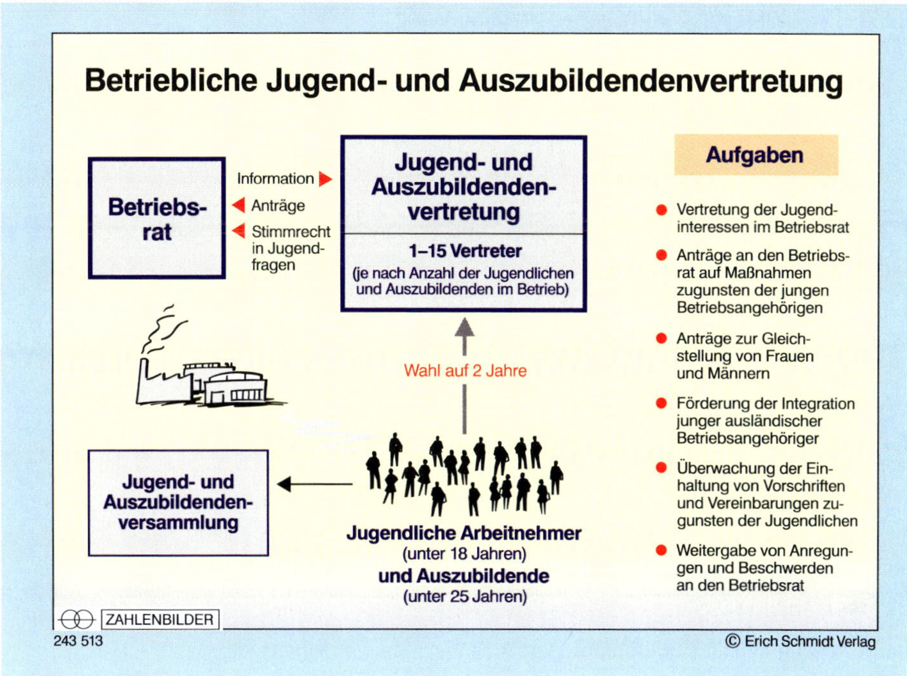


## Aufgaben

1 Erläutern Sie mithilfe des Betriebsverfassungsgesetzes, welche Rechte der Betriebsrat in personellen Angelegenheiten hat.

2 Der Betriebsrat genießt einen besonderen Kündigungsschutz.
   a) Erläutern Sie den besonderen Kündigungsschutz des Betriebsrates anhand der Rechtsgrundlage im BetrVerfG.
   b) Begründen Sie, warum der Gesetzgeber dem Betriebsrat einen über den normalen Kündigungsschutz hinausgehenden Schutz gewährt.

3 Der Mitarbeiter in der Vertriebsabteilung der Medi@ AG, Daniel Berger, hat sich um eine im Unternehmen ausgeschriebene Stelle beworben. Er wurde nicht ausgewählt. Berger vermutet, dass dies auf eine negative Beurteilung seines Vorgesetzten Kraus zurückzuführen ist. Er fordert die Einsichtnahme in seine Personalakte. Prüfen Sie, ob Daniel Berger dazu berechtigt ist.

4 Das Betriebsverfassungsgesetz regelt das Verfahren der Wahl des Betriebsrates.
   a) Stellen Sie das Wahlverfahren auf der Grundlage des von § 7 ff. BetrVerfG in Form eines Ablaufdiagrammes dar.
   b) Führen Sie die Wahl des Klassensprechers nach den Regeln der Betriebsratswahl durch.

5 Das Betriebsverfassungsgesetz sieht vor, dass Betriebsrat und Arbeitgeber eine Einigungsstelle bilden können. Stellen Sie mithilfe des Gesetzes fest, welche Funktionen die Einigungsstelle hat.

6 Das Betriebsverfassungsgesetz sieht in § 118 vor, dass in bestimmten Betrieben die Mitbestimmungs- und die Mitwirkungsrechte eingeschränkt sind.
   a) Erläutern Sie den Begriff Tendenzbetrieb.
   b) Welche Einschränkungen gelten in sozialen, personellen und wirtschaftlichen Angelegenheiten?

### 1.5.3 Tarifvertrag und Betriebsvereinbarung

Diana Feld, Auszubildende der Medi@ AG, ist froh. Nach vierwöchigen Verhandlungen und einigen Warnstreiks ist endlich der neue Tarifvertrag für den Bereich Zeitungsverlage abgeschlossen worden. Alle Arbeitnehmer erhalten jetzt monatlich 3 % mehr Gehalt, die Ausbildungsvergütung wird um 25,00 EUR erhöht. Außerdem gibt es eine Arbeitsplatzgarantie für die nächsten drei Jahre und allen Auszubildenden wird für den gleichen Zeitraum die Übernahme nach Abschluss ihrer Kaufmannsgehilfenprüfung zugesagt.
Da Diana im kommenden Sommer ihre Ausbildung beendet, ist sie über dieses Ergebnis sehr glücklich. Rudolf Heller, ebenfalls Auszubildender der Medi@ AG, ist dagegen skeptisch: „Glaubst du wirklich, dass alle Azubis nach der Lehre übernommen werden? So viele Leute können wir doch gar nicht brauchen!"

**Arbeitsaufträge**

- Stellen Sie fest, wer die Tarifvertragsparteien sind und welche rechtliche Bedeutung der Tarifvertrag hat.
- Beschreiben Sie, welche Arten von Tarifverträgen es gibt.
- Erläutern Sie, ob sich Diana Feld auf die Regelungen dieses Tarifvertrages verlassen kann.

Während der Einzelarbeitsvertrag eine individuelle, d. h. einzelvertragliche Vereinbarung zwischen Arbeitnehmer und Arbeitgeber darstellt, legen Tarifverträge und Betriebsvereinbarungen **gemeinsame Regelungen** für ganze Gruppen von Arbeitnehmern und Arbeitgebern fest.

#### Der Tarifvertrag

Grundlage des Tarifvertragswesens ist die in Artikel 9 Abs. 3 GG garantierte **Tarifautonomie**. Danach haben die Tarifvertragsparteien das Recht, Vereinigungen zu bilden und in eigener Verantwortung Tarifverträge abzuschließen.

§ 1 Tarifvertragsgesetz

*(1) Der Tarifvertrag regelt die Rechte und Pflichten der Tarifvertragsparteien und enthält Rechtsnormen, die den Inhalt, den Abschluss und die Beendigung von Arbeitsverhältnissen sowie betriebliche und betriebsverfassungsrechtliche Fragen ordnen können.*
*(2) Tarifverträge bedürfen der Schriftform.*

§ 2

*(1) Tarifvertragsparteien sind Gewerkschaften, einzelne Arbeitgeber sowie Vereinigungen von Arbeitgebern.*
*(2) Zusammenschlüsse von Gewerkschaften und von Vereinigungen von Arbeitgebern (Spitzenorganisationen) können im Namen der ihnen angeschlossenen Verbände Tarifverträge abschließen, wenn sie eine entsprechende Vollmacht haben.*

**Die organisierten Arbeitnehmer der Medi@AG sind in der Vereinigten Dienstleistungsgewerkschaft ver.di organisiert, die Medi@AG ist Mitglied im Börsenverein des Deutschen Buchhandels, Landesverband Nordrhein-Westfalen.**

Nur die Mitglieder der Tarifvertragsparteien sind an den Tarifvertrag **gebunden**. Der Bundesminister für Arbeit und Sozialordnung kann einen Tarifvertrag für **allgemein verbindlich** erklären. Ist dies erfolgt, gilt der Tarifvertrag für alle Arbeitgeber und Arbeitnehmer. Die Mitglieder der Tarifvertragsparteien müssen die getroffenen Regelungen erfüllen **(Erfüllungspflicht)**. Während der Laufzeit des Vertrages sind keine Kampfmaßnahmen (z. B. Streik) zulässig **(Friedenspflicht)**.

Die wichtigsten Tarifverträge sind der **Manteltarifvertrag** und der **Vergütungstarifvertrag**. Darüber hinaus gibt es noch Tarifverträge über die Höhe vermögenswirksamer Leistungen, Vorruhestands-Tarifverträge, Tarifverträge über Sonderzahlungen (z. B. Weihnachtsgeld) usw.

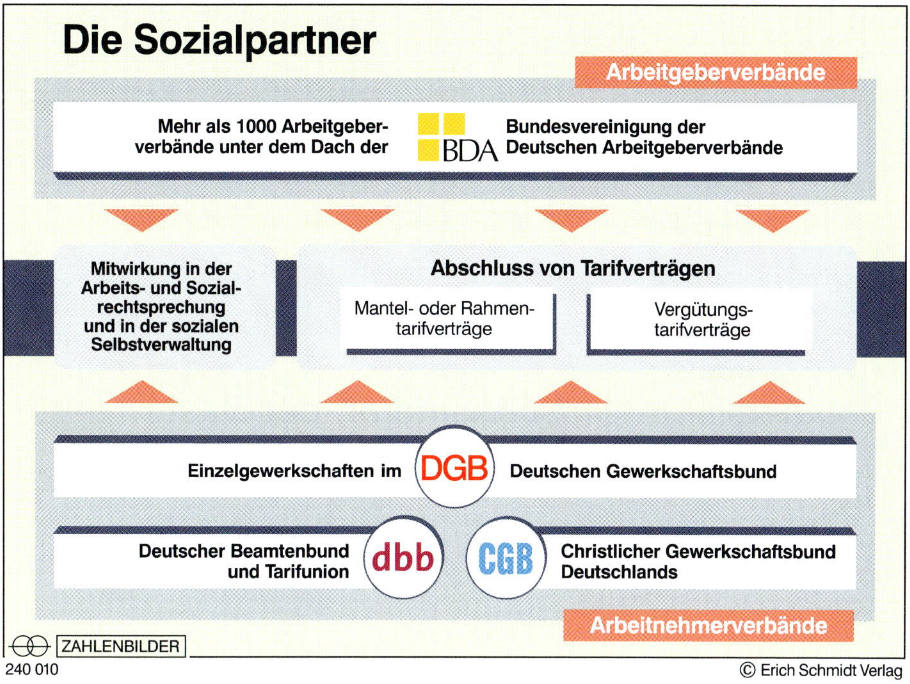


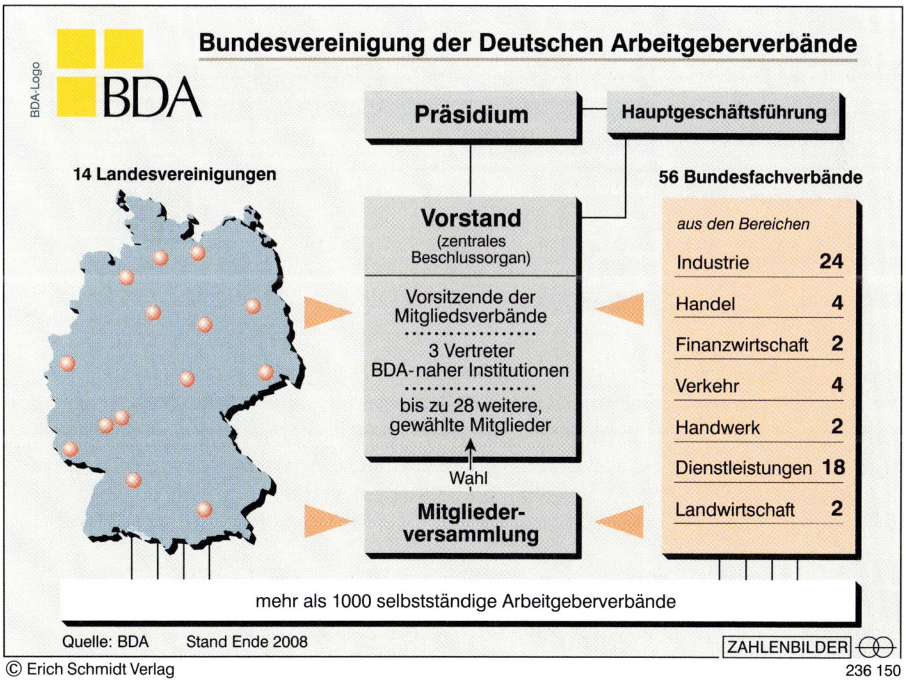

♦ *Mantel- oder Rahmentarifvertrag*

Der Mantel- oder Rahmentarifvertrag regelt die grundsätzlichen Arbeitsbedingungen. Er wird meist für mehrere Jahre abgeschlossen. Im Manteltarifvertrag sind z. B. folgende Regelungen enthalten:

- Einstellungen und Entlassungen
- Arbeitszeit
- Mehrarbeit
- Arbeitsunterbrechung und -versäumnis
- Urlaub
- Unfallschutz

**Beispiele**

**Manteltarifvertrag Angestellte in Verlagen von Tageszeitungen Nordrhein-Westfalen**

**Arbeitszeit**

*Die regelmäßige wöchentliche Arbeitszeit beträgt – ausschließlich der Pausen – 35 Stunden.*

**Urlaubsdauer**

*Die Urlaubsdauer beträgt 30 Urlaubstage.*

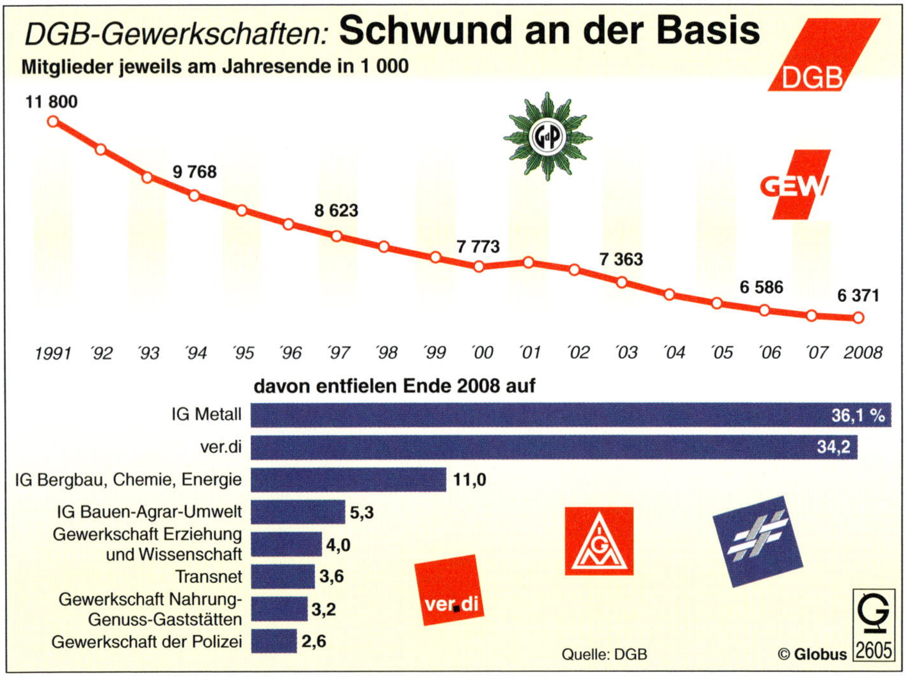


♦ *Vergütungstarifvertrag*

Der Vergütungstarifvertrag besteht aus dem Gehaltstarifvertrag für die kaufmännischen und technischen Angestellten, dem Lohntarifvertrag für die gewerblichen Arbeitnehmer und dem Tarifvertrag über die Ausbildungsvergütung. Die Arbeitnehmer werden zunächst entsprechend ihrer tatsächlich verrichteten Tätigkeit in **Lohn- und Gehaltsgruppen** eingeteilt, denen dann die entsprechenden **Tarifgehälter** zugeordnet werden. Lohn- und Gehaltstarifverträge werden meist für ein Jahr abgeschlossen.

**Beispiel** *Bei der Medi@ AG sind die Teamleiter in die Gehaltsgruppe A7 eingestuft. Sie verdienen nach Tarif bei Eintritt in diese Gruppe 2 896,00 EUR.* ***Gewerbliche Arbeitnehmer*** *verdienen je nach Lohngruppe zwischen 9,41 EUR und 11,07 EUR in der Stunde.*

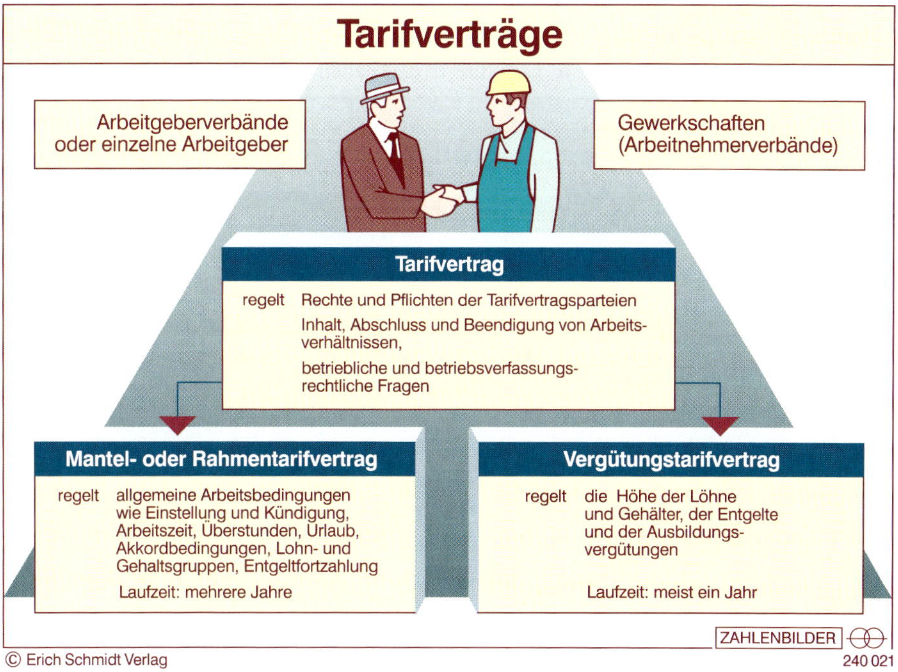


Der Ablauf von **Tarifverhandlungen** könnte unter Einbeziehung von Arbeitskampfmaßnahmen folgendermaßen aussehen:

- fristgerechte **Kündigung** des Tarifvertrages zum angegebenen Termin.
- Eröffnung der **Tarifverhandlungen**, die Gewerkschaften stellen ihre Forderungen, die Arbeitgeberverbände unterbreiten ihr Angebot.
- Kommt man zu keinem Kompromiss, kann jede Seite das **Scheitern** der Verhandlungen erklären.
- Sind Tarifverhandlungen gescheitert, kommt es zum **Schlichtungsverfahren**. Die tarifliche Schlichtungsstelle besteht aus der gleichen Zahl von Arbeitgeber- und Gewerkschaftsvertretern und einem unparteiischen Vorsitzenden, die nach einem Einigungsvorschlag suchen.
- Kommt es zu keiner Einigung, ist die Schlichtung **gescheitert**. Die Friedenspflicht ist erloschen und der Arbeitskampf kann beginnen.
- Zunächst stellt die Gewerkschaft durch eine **Urabstimmung** fest, ob ihre Mitglieder zum Streik bereit sind.
- Stimmen 75 % der Mitglieder für einen **Streik**, kann die Gewerkschaft den Streik für den Tarifbezirk ausrufen. Bei einem Streik legen die organisierten Arbeitnehmer für einen befristeten Zeitraum die Arbeit nieder. Ob Auszubildende an Streiks teilnehmen dürfen, ist umstritten. Nach Auffassung des Bundesarbeitsgerichts darf die Gewerkschaft Auszubildende nur dann zu kurzen, befristeten Warnstreiks aufrufen, wenn über die Ausbildungsvergütung verhandelt wird.
- Als Reaktion auf den Streik können die Arbeitgeber die **Aussperrung** aller Arbeitnehmer durchführen, d. h., sie verweigern ihnen die Möglichkeit zu arbeiten.
  Für die Dauer von Streik und Aussperrung **ruhen die Arbeitsverträge**. Die Arbeitgeber zahlen demnach auch keine Gehälter. Gewerkschaftsmitglieder erhalten von ihrer Gewerkschaft eine Streikunterstützung. Arbeitnehmer der unmittelbar betroffenen Betriebe haben weder Anspruch auf Arbeitslosengeld noch auf Kurzarbeitergeld.

- Die Umsatzeinbußen bei den Unternehmen, die Zahlung von Streikunterstützung durch die Gewerkschaften und der Verdienstausfall bei den Arbeitnehmern führen dazu, dass die Tarifvertragsparteien in **neuen Tarifverhandlungen** nach einem Kompromiss suchen.
- Kommt es zu einer Einigung, müssen dem Ergebnis in einer **Urabstimmung** mindestens 25 % der organisierten Arbeitnehmer zustimmen.
- Ist dies der Fall, kommt es zum **Abschluss eines neuen Tarifvertrages** und die Arbeit wird wieder aufgenommen.

Tarifverhandlungen werden meist für einzelne Länder oder Bezirke durchgeführt **(Pilotabschluss)**. Oft wird der Abschluss danach für die anderen Bezirke übernommen.

## Die Betriebsvereinbarung

Betriebsvereinbarungen werden zwischen **Betriebsrat** und **Arbeitgeber** eines bestimmten Betriebes geschlossen. Sie müssen schriftlich niedergelegt werden und sind an geeigneter Stelle im Betrieb auszulegen.

Betriebsvereinbarungen dürfen den Bestimmungen des Tarifvertrages nicht widersprechen, sondern sollen diesen an die besonderen Belange des Betriebes anpassen.

**Beispiele** *Zwischen Vorstand und Betriebsrat der Medi@ AG wurde eine Betriebsvereinbarung zur wöchentlichen Arbeitszeit geschlossen.*

*Vergleiche hierzu Seite 87*

Darüber hinaus können in Betriebsvereinbarungen z. B. folgende Regelungen getroffen werden:
- die Planung von Sozialeinrichtungen, z. B. Kantinen, Betriebskindergärten,
- Pausenregelungen,
- Regelungen über das Verhalten der Arbeitnehmer im Betrieb, wie z. B. Rauchverbot,
- die Betriebsordnung.

***Tarifvertrag und Betriebsvereinbarung***

- *Der **Tarifvertrag***
  - *Der Tarifvertrag legt Lohn- und Arbeitsnormen für die Tarifvertragsparteien kollektiv, d. h. gemeinschaftlich, fest.*
  - ***Tarifvertragsparteien** sind Arbeitgeber/Arbeitgeberverbände und Gewerkschaften.*
  - *Alle Mitglieder der Tarifvertragsparteien sind an den Tarifvertrag gebunden. Sie müssen ihn erfüllen **(Erfüllungspflicht)** und dürfen während der Laufzeit keine Kampfmaßnahmen ergreifen **(Friedenspflicht)**.*
  - *Tarifverträge können für **allgemein verbindlich** erklärt werden. Sie gelten dann für alle betroffenen Arbeitnehmer.*
  - *Der **Manteltarifvertrag** regelt allgemeine Arbeitsbedingungen (Arbeitszeit, Urlaub usw.).*
  - *Der **Vergütungstarifvertrag** regelt die Lohn-/Gehaltshöhe in den Lohn-/Gehaltsgruppen.*
- *Die **Betriebsvereinbarung**: Betriebsvereinbarungen werden zwischen **Betriebsrat** und **Arbeitgeber** eines Betriebes geschlossen. Sie dürfen den Bestimmungen des Tarifvertrages nicht widersprechen.*

## Aufgaben

1 Schildern Sie den Ablauf von Tarifverhandlungen
   a) als friedliche Tarifverhandlungen,
   b) als Tarifverhandlungen unter Einbeziehung von Arbeitskampfmaßnahmen.
   Schreiben Sie dazu jeden Schritt auf eine Karte und präsentieren Sie das Ergebnis an einer Pinnwand.
   Geben Sie den Vortragenden ein Feedback.

2 Formulieren Sie eine „Betriebsvereinbarung" für Ihre Klasse. Sie sollte die Schul- und Hausordnung an die besonderen Belange Ihrer Klasse anpassen.

3 Die Jugendvertreterin der Medi@ AG hat festgestellt, dass die Auszubildenden das Berichtsheft während der Arbeitszeit führen dürfen. Nennen Sie die entsprechende gesetzliche Grundlage.

4 Zwischen dem Betriebsrat und der Geschäftsleitung der Medi@ AG ist die folgende Betriebsvereinbarung abgeschlossen worden:

**Betriebsvereinbarung über die betriebliche Arbeitszeitregelung**
Zwischen Vorstand und Betriebsrat der Medi@ AG Köln wird entsprechend § 87 Abs. 1 Nr. 2 BetrVerfG und den geltenden Tarifverträgen folgende Vereinbarung über die Arbeitszeit getroffen.

1. Die regelmäßige wöchentliche Arbeitszeit beträgt ausschließlich Pausen für sämtliche vollbeschäftigten Tarifmitarbeiter und Auszubildenden 37 Stunden in der Woche. Die tägliche Arbeitszeit ist wie folgt geregelt.

| | |
|---|---|
| 1.1. Gewerbliche Mitarbeiter: | |
| montags–donnerstags | 07:00–15:45 Uhr |
| freitags | 07:00–14:15 Uhr |
| Pausen | 09:00–09:15 und 11:45–12:15 Uhr |
| 1.2. Angestellte: | |
| montags–donnerstags | 07:45–16:45 Uhr |
| freitags | 07:45–15:15 Uhr |
| Pausen | 12:00–13:00 Uhr |

1.3. Auszubildende
Siehe 1.2.
Die Pausen lt. JArbSchG sind zu berücksichtigen.

Diese Betriebsvereinbarung verliert mit Inkrafttreten einer neuen Vereinbarung ihre Gültigkeit.

Der Betriebsrat
gez. Cremer (Vorsitzender)
gez. Fischer (Stellvertreter)

Der Vorstand
gez. Dr. Koch

Im neuen Manteltarifvertrag für den Bereich Zeitungsverlage wird eine Wochenarbeitszeit von 35 Stunden vereinbart. Passen Sie die Betriebsvereinbarung der Medi@ AG der veränderten Wochenarbeitszeit an.
Diskutieren Sie unterschiedliche Lösungen in Ihrer Klasse.

5 Die Gewerkschaften argumentieren: „Aussperrung ist ein Akt unternehmerischer Willkür. Arbeitgeber haben in Lohnverhandlungen schon von vornherein eine stärkere Machtstellung, weil sie über die Produktionsmittel verfügen. Das Recht zum Streik schafft erst das Gleichgewicht!"
Die Arbeitgeber argumentieren: „Streik ohne Aussperrung zerstört das Kräftegleichgewicht und schafft ein Übergewicht der Gewerkschaften!"
Diskutieren Sie die unterschiedlichen Argumente und fertigen Sie ein Protokoll an.

6 Erläutern Sie Tarifautonomie, Sozialpartner, Urabstimmung und Pilotabschluss.

## 1.6 Rechtsschutz des Arbeitnehmers

Herrn Schneiders, ein Mitarbeiter der Medi@ AG, ist gekündigt worden. Er hat beim Betriebsrat fristgerecht Einspruch gegen seine Kündigung erhoben. Der Betriebsratsvorsitzende, Herr Cremer, macht ihn darauf aufmerksam, dass er binnen drei Wochen Kündigungsschutzklage beim Arbeitsgericht erheben muss. Als Herr Schneiders die weiteren Schritte mit seiner Frau bespricht, ist diese skeptisch. „Denk doch nur an die Anwaltskosten und die Dauer des Verfahrens. Das kann sich über Monate hinziehen und in der Zeit kannst du keine neue Stelle antreten und sitzt schlecht gelaunt zu Hause rum!" „Ich glaube, Herr Cremer hat gesagt, dass ich für die Dauer des Verfahrens weiterbeschäftigt werde und in der ersten Instanz gar keinen Anwalt brauchen werde", erwidert Herr Schneiders.

**Arbeitsaufträge**
- Stellen Sie den Ablauf eines Arbeitsgerichtsverfahrens durch alle Instanzen dar.
- Erläutern Sie, wie die Parteienvertretung vor dem Arbeitsgericht geregelt ist.

### Arbeitsgericht

Das **Arbeitsgericht** befasst sich mit Streitigkeiten, die sich aus Arbeitsverhältnissen ergeben. Das Arbeitsgericht kann also nur von Arbeitnehmern und Arbeitgebern angerufen werden. Sachlich zuständig ist das Arbeitsgericht **für folgende Streitigkeiten**:

- aus dem Arbeits- oder Ausbildungsverhältnis
  **Beispiel** *Streitigkeiten um Lohn oder Gehalt oder um den Urlaub*
- über das Bestehen eines Arbeitsverhältnisses
  **Beispiel** *Streit über die Wirksamkeit einer Kündigung*

- aus Verhandlungen über die Eingehung eines Arbeitsverhältnisses
  Beispiel *Streitigkeiten über die Gültigkeit eines Vorvertrages*
- aus unerlaubter Handlung im Zusammenhang mit einem Arbeitsverhältnis
  Beispiel *Schadenersatzklage eines Arbeitgebers gegen einen Arbeitnehmer, der eine Maschine grob fahrlässig beschädigt hat*
- aus dem Tarifvertrag
  Beispiel *Streitigkeiten um die Eingruppierung in eine Lohn- oder Gehaltsgruppe*
- aus dem Betriebsverfassungsgesetz
  Beispiel *Beispiel Streitigkeiten um die Freistellung eines Betriebsrates*

**Örtlich** zuständig ist das Arbeitsgericht, in dessen Bezirk der Erfüllungsort des Arbeitsvertrages des Arbeitnehmers liegt.

♦ *Güteverhandlung*
Vor Klageerhebung kommt es zu einer Güteverhandlung, die der Vorsitzende Richter der Kammer des Arbeitsgerichts durchführt, um die Parteien zu einer gütlichen Einigung zu bewegen. Dies kann z. B. durch einen Vergleich geschehen. Wird keine Einigung erzielt, kommt es zur ersten Verhandlung vor der Kammer des Arbeitsgerichts.

♦ *Arbeitsgericht*
Vor dem Arbeitsgericht können die Parteien den Rechtsstreit selbst führen oder sich durch Vertreter der Verbände (Arbeitgeberverband, Gewerkschaften), bzw. einen Rechtsanwalt vertreten lassen.
Beispiel *Herr Schneiders ist Mitglied in der Gewerkschaft ver.di. Er wird in der Verhandlung vor dem Arbeitsgericht durch einen Vertreter der Gewerkschaft kostenlos vertreten.*

Das Verfahren wird durch ein **Urteil**, bei Streitigkeiten aus dem Betriebsverfassungsgesetz oder dem Mitbestimmungsgesetz durch einen **Beschluss** abgeschlossen.

♦ *Landesarbeitsgericht*
Übersteigt der Streitwert 600,00 EUR oder hat das Arbeitsgericht dies ausdrücklich zugelassen, kann **Berufung** gegen ein Urteil oder **Beschwerde** gegen einen Beschluss beim Landesarbeitsgericht eingelegt werden. In der Berufung wird der Streitfall erneut geprüft und es ergeht ein Urteil oder Beschluss. Bei Rechtsstreitigkeiten über das Bestehen, das Nichtbestehen oder die Kündigung eines Arbeitsverhältnisses ist die Berufung immer zulässig. Vor dem Landesarbeitsgericht müssen sich die Parteien durch Vertreter der Verbände (Arbeitgeberverband, Gewerkschaften) oder einen Rechtsanwalt vertreten lassen.

♦ *Bundesarbeitsgericht*
Hat das Landesarbeitsgericht dies ausdrücklich zugelassen, kann **Revision** beim Bundesarbeitsgericht in Erfurt eingelegt werden. Sie wird immer dann zugelassen, wenn die Angelegenheit von grundsätzlicher Bedeutung ist. In der Revision wird nicht der Streitfall an sich, sondern die richtige Rechtsanwendung überprüft. Vor dem Bundesarbeitsgericht müssen sich die Parteien durch einen Anwalt vertreten lassen.

Für Streitigkeiten aus der Sozialversicherung sind die **Sozialgerichte** zuständig. Die Sozialgerichtsbarkeit gewährt dem einzelnen Bürger aus konkretem Anlass Rechtsschutz gegenüber der Verwaltung. Durch Klage vor dem Sozialgericht kann er die gerichtliche Nachprüfung des Verwaltungshandelns – meist mit dem Ziel der Aufhebung, Änderung oder Herbeiführung eines bestimmten Verwaltungsaktes – in Gang setzen. Der Klageweg kann im Allgemeinen aber erst beschritten werden, wenn in einem außergerichtlichen Vorverfahren der Widerspruch des Betroffenen von der Verwaltung abgewiesen worden ist. Das Sozialgericht entscheidet in Kammern, die für die einzelnen Fachgebiete eingerichtet sind. Jede Kammer ist mit einem Berufsrichter als Vorsitzendem und zwei ehrenamtlichen Richtern besetzt. Das Gericht muss von Amts wegen den Sachverhalt erforschen und ist nicht an die Beweisanträge der Verfahrensbeteiligten gebunden. Der Instanzenweg ist wie bei den Arbeitsgerichten geregelt.

*Rechtsschutz des Arbeitnehmers*

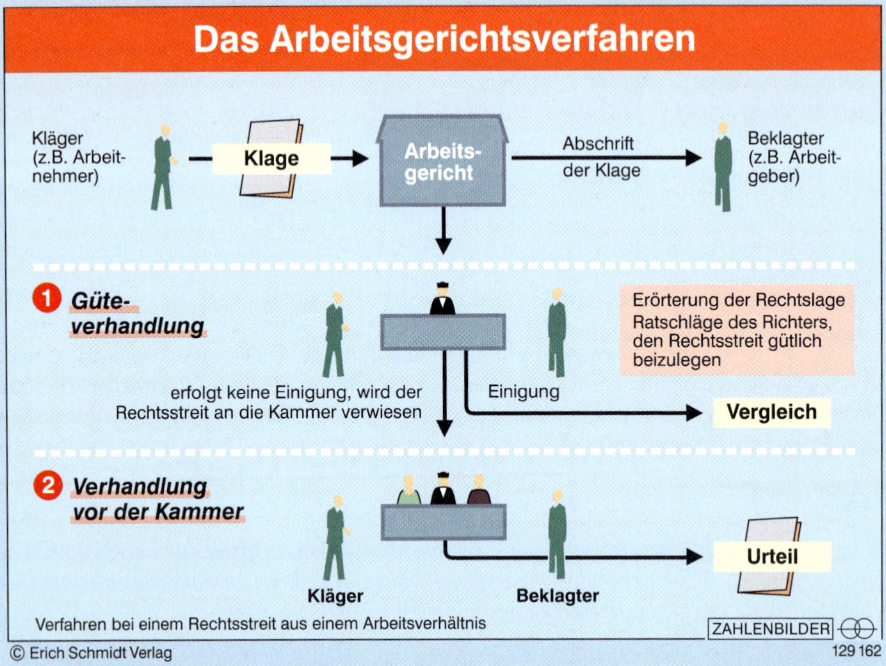


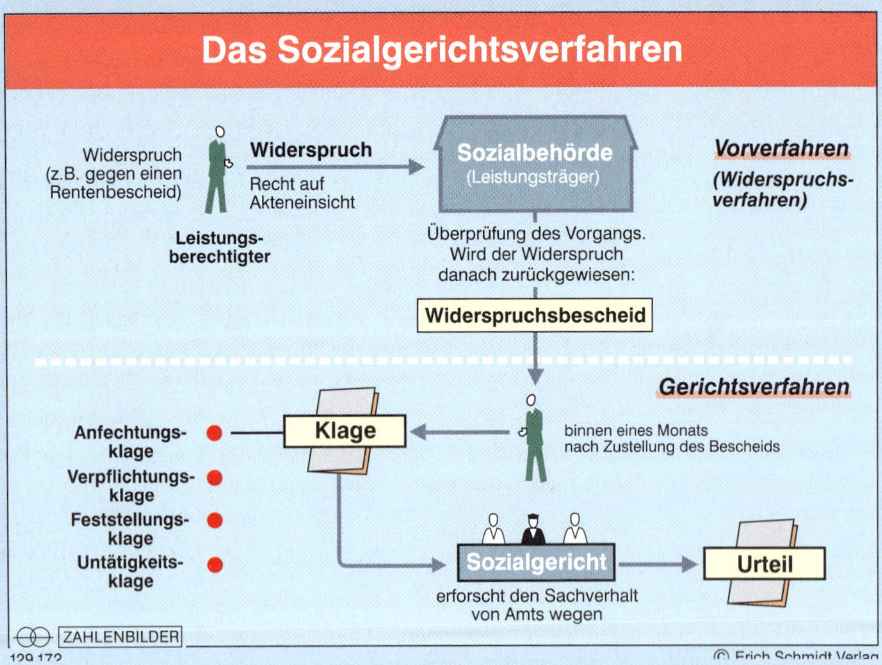

## Aufgaben

1 Beschreiben Sie das Verfahren vor dem Arbeitsgericht durch alle Instanzen.

2 Im Mai 2000 wurde im Gesetz zur Vereinfachung und Beschleunigung des arbeitsrechtlichen Verfahrens festgelegt, dass die Beendigung von Arbeitsverhältnissen sowie die Befristung eines Arbeitsvertrages der Schriftform bedarf. Diskutieren Sie, was den Gesetzgeber zu diesem Gesetz veranlasst haben könnte.

3 Gegen ein Urteil des Arbeitsgerichts kann sofortige Revision (Sprungrevision) beim Bundesarbeitsgericht zugelassen werden. Diskutieren Sie, warum der Gesetzgeber diese Möglichkeit vorgesehen haben könnte.

4 Herr Schneiders diskutiert weiter die Risiken eines Arbeitsgerichtsverfahrens. „Wenn ich in der ersten Instanz verliere, kann ich ja immer noch in die Berufung gehen!" „Ja, aber nur wenn der Streitwert 600,00 EUR übersteigt, oder wenn sie durch das Gericht zugelassen wird", ergänzt sein Freund Walter. „Ansonsten hast du keine Möglichkeit der Berufung!" Prüfen Sie die Richtigkeit der Behauptung von Walter.

5 Erläutern Sie die Begriffe
a) Vergleich b) Urteil c) Beschluss d) Berufung e) Revision
im Zusammenhang mit einem Arbeitsgerichtsverfahren.

## Wiederholungsaufgaben[1]

**Ein Lehrvertrag aus dem Jahre 1864**[1]

Eduard Groos in Grünberg einerseits und Philipp Walther in Biedenkopf andererseits haben folgende Übereinkunft getroffen:

Groos nimmt den Sohn des Philipp Walther mit Namen Georg auf vier Jahre, und zwar vom 15ten Oktober 1864 bis dahin 1868, als Lehrling in sein Geschäft auf.

Groos macht sich verbindlich, seinen Lehrling in Allen dem, was in seinem Geschäft vorkommt, gewissenhaft zu unterrichten, ein wachsames Auge auf sein sittliches Betragen zu haben und ihm Kost und Logis in seinem Hause frei zu geben.

Groos gibt seinem Lehrling alle 14 Tage des Sonntags von 12 bis 5 Uhr frei; dabei ist es gestattet, dass er auch an dem Sonntage, wo er seinen Ausgangstag nicht hat, einmal den Gottesdienst besuchen kann.

Groos verzichtet auf ein Lehrgeld, hat aber dagegen die Lehrzeit auf vier Jahre ausgedehnt. Walther hat während der Lehrzeit seines Sohnes denselben in anständiger Kleidung zu erhalten und für dessen Wäsche besorgt zu sein.

Walther hat für die Treue seines Sohnes einzustehen und allen Schaden, den derselbe durch bösen Willen, Unachtsamkeit und Nachlässigkeit seinem Lehrherrn verursachen sollte, ohne Einrede zu ersetzen.

Der junge Walther darf während der Dauer seiner Lehrzeit kein eigenes Geld führen, sondern die Ausgaben, welche nicht von seinem Vater direkt bestritten werden, gehen durch die Hände des Lehrherrn und der Lehrling hat solche zu verzeichnen.

Hat der junge Walther seine Kleidungsstücke und sonstige Effekten auf seinem Zimmer zu verschließen, aber so, dass sein Lehrherr davon Kenntnis hat und dieser solche von Zeit zu Zeit nachsehen kann, so oft es diesem gewahrt ist, um ihn gehörig zu überwachen.

---

[1] Ein Lehrvertrag aus dem Jahre 1864, in: Informationen zur politischen Bildung Nr. 175, hrsg. von der Bundeszentrale für politische Bildung

Darf der Lehrling während seiner Lehrzeit kein Wirtshaus oder Tanzbelustigung besuchen, er müsste denn ausdrücklich die Erlaubnis hierzu von seinem Vater oder Lehrherrn erhalten haben und dann besonders darf er auch nicht rauchen im Geschäft oder außer demselben, es bleibt ganz untersagt.

Wenn der junge Walther das Geschäft des Groos verlässt, so darf dieser in kein Geschäft in Grünberg eintreten, ohne dass Groos seine Erlaubnis dazu gibt.

Zur Sicherstellung, dass beide Teile diese Übereinkunft treulich halten und erfüllen wollen, ist dieser Contract doppelt ausgefertigt. Jedem ist ein Exemplar eingehändigt und unterschrieben worden.

Grünberg und Biedenkopf, den 27. November 1864

Vergleichen Sie diesen Lehrvertrag mit den Regelungen des Berufsbildungsgesetzes und stellen Sie Gemeinsamkeiten und Unterschiede fest.

## Prüfungsaufgaben

1 Wer schließt bei Minderjährigen den Ausbildungsvertrag ab?
   a) Der Auszubildende und sein gesetzlicher Vertreter.
   b) Ausbildender und Auszubildender und dessen gesetzlicher Vertreter.
   c) IHK, Ausbilder und Erziehungsberechtigte.
   d) Ausbilder, Auszubildender und dessen gesetzlicher Vertreter.

2 Welche tägliche Arbeitszeit darf lt. Jugendarbeitsschutzgesetz bei Jugendlichen nicht überschritten werden?
   a) 9,5 Stunden b) 9 Stunden c) 8,5 Stunden d) 8 Stunden e) 7,5 Stunden

3 Welche Angaben über die Probezeit und die Ausbildungszeit werden im Ausbildungsvertrag festgelegt?
   a) Höchstens sechs Monate Probezeit, Dauer der täglichen Arbeitszeit.
   b) Höchstens sechs Monate Probezeit, Dauer der wöchentlichen Arbeitszeit.
   c) Höchstens vier Monate Probezeit, Dauer der regelmäßigen täglichen Ausbildungszeit
   d) Höchstens vier Monate Probezeit, Dauer der monatlichen Ausbildungszeit
   e) Höchstens vier Monate Probezeit, Höhe der Leistungsvergütung, Dauer der monatlichen Ausbildungszeit.

4 Welche der nachfolgenden Vereinbarungen in einem Berufsausbildungsvertrag ist nichtig?
   a) Der Auszubildende verpflichtet sich, nach Abschluss der Ausbildungszeit nicht bei der Konkurrenz zu arbeiten.
   b) Der Auszubildende verpflichtet sich, Werkzeuge und Maschinen pfleglich zu behandeln.
   c) Der Ausbildende überlässt die Ausbildung einer anderen Person, die persönlich und fachlich dazu geeignet ist.
   d) Die Vertragspartner vereinbaren eine Probezeit von sechs Wochen.
   e) Der Ausbildende will drei Monate vor der Abschlussprüfung mit dem Auszubildenden einen Arbeitsvertrag von drei Jahren abschließen.

5 In welchem Fall wird einem Auszubildenden die Zulassung zur Abschlussprüfung verweigert?
   a) Die Zwischenprüfung wurde nach 24 Monaten Ausbildungszeit abgelegt.
   b) Der Auszubildende war vier Wochen vor der Abschlussprüfung krank.
   c) Der Auszubildende ist nicht zur Zwischenprüfung erschienen.
   d) Die Leistungen im Betrieb sind mangelhaft.
   e) Die Leistungen in der Berufsschule sind in vier Fächern mangelhaft.

6 Stellen Sie fest, welche der folgenden Aussagen zum Arbeitszeugnis eines Auszubildenden richtig sind!
   a) Jeder Auszubildende hat nach Beendigung seiner Ausbildung Anspruch auf ein Zeugnis.
   b) Ein Arbeitszeugnis muss alle für die Gesamtbeurteilung wesentlichen Angaben enthalten.
   c) Die Ehrlichkeit des Auszubildenden muss in einem Arbeitszeugnis grundsätzlich hervorgehoben werden.
   d) Außerdienstliches Verhalten ist grundsätzlich nicht im Zeugnis aufzuführen.
   e) Bei vorzeitiger Beendigung der Ausbildung besteht kein Anspruch auf ein Zeugnis.

7 Ab wann steht dem Auszubildenden, der die Abschlussprüfung bestanden hat, gesetzlich Gehalt zu?
   a) Nach Unterschrift des Arbeitsvertrages durch Arbeitgeber und Arbeitnehmer.
   b) Nach Beendigung der vertraglich vereinbarten Ausbildungszeit.
   c) Nach Ablauf des Monats, in dem die Prüfung vor der Kammer bestanden wurde.
   d) Mit dem Tag der bestandenen Abschlussprüfung.

8 Welche der unten stehenden Aussagen über den Berufsausbildungsvertrag sind zutreffend?
   Der Berufausbildungsvertrag ...
   a) wird zwischen dem Ausbildenden, der zuständigen Industrie- und Handelskammer, dem Auszubildenden und, wenn dieser minderjährig ist, dem gesetzlichen Vertreter abgeschlossen.
   b) muss spätestens während der ersten drei Monate nach Beginn der Ausbildung schriftlich niedergelegt werden.
   c) wird bei der zuständigen Industrie- und Handelskammer in das Verzeichnis der Berufsausbildungsverhältnisse eingetragen.
   d) kann von den Vertragspartnern auch nach der Probezeit unter Einhaltung einer vierwöchigen Kündigungsfrist ohne Angabe von Gründen gekündigt werden.

9 Das Jugendarbeitsschutzgesetz gilt für die Beschäftigung folgender Personengruppen.
   Welche der unten stehenden Aussagen ist in diesem Zusammenhang richtig?
   a) Jugendliche Berufstätige (bis 21 Jahre)   b) Heranwachsende (18 bis 21 Jahre)
   c) Jugendliche (14 bis 18 Jahre)   d) Personen unter 18 Jahre   e) Kinder bis 14 Jahre

10 Welche Pflichten hat der Auszubildende mit Abschluss eines Ausbildungsvertrages übernommen?
   a) Gehorsamspflicht   b) Schweigepflicht   c) Lernpflicht   d) Fürsorgepflicht   e) Zeugnispflicht

11 Beurteilen Sie folgende Sachverhalte vor dem Hintergrund der Reglungen des Berufsbildungsgesetzes:
   a) Eine Auszubildende wird von ihrem Chef aufgefordert, seiner Frau im Haushalt zu helfen.
   b) Der Ausbildungsbetrieb schreibt die Anschaffung eines Fachbuches vor. Der Ausbilder ist der Meinung, die Kosten müssten selbstverständlich vom Auszubildenden getragen werden.
   c) Eine Auszubildende weigert sich, das Berichtsheft zu führen.
   d) An der Berufsschule werden die Wahlen zum Schülerrat durchgeführt. Renate Becker ist als Klassensprecherin hierzu eingeladen. Ihr Ausbilder weigert sich, sie dafür freizustellen.
   e) Eine Auszubildende zur Bürokauffrau kündigt fristgerecht, um eine Ausbildung als Goldschmiedin zu beginnen. Ihr Chef ist darüber so erbost, dass er die Ausstellung eines Zeugnisses verweigert.
   f) Renate Becker erkrankt ernsthaft. Sie macht sich Sorgen, dass der Betrieb die Ausbildungsvergütung kürzen könnte.

12 Die Abiturientin Caroline Zander, geboren am 22.01.1991, wird seit dem 01.08.2009 bei der Veranstaltungs-/Eventagentur iVent GmbH ausgebildet. Die Ausbildung endet laut Vertrag am 31.01.2012. Caroline wurde auf Antrag vorzeitig zur Prüfung zugelassen, so dass sie am 01. und 02.03.2011 den schriftlichen Teil der Abschlussprüfung ablegt. Aufgrund welcher Voraussetzungen durfte Caroline am 01. und 02.03. an der schriftlichen Abschlussprüfung teilnehmen?

1. Wenn ihre Leistungen dies rechtfertigen und Auszubildende und Berufsschule dem zugestimmt haben.
2. Wenn ihre Leistungen dies rechtfertigen und Ausbildender und Berufsschule angehört wurden.
3. Wenn ihre Leistungen dies rechtfertigen und ihre Erziehungsberechtigten dem zugestimmt haben.
4. Wenn ein wichtiger Grund vorliegt, z. B. die Aufnahme eines Studiums im Sommersemester 20..
5. Wenn ihre Leistungen dies rechtfertigen und Erziehungsberechtigte und Ausbildende dem zugestimmt haben.

13 Diana Feld ist seit fünf Monaten Auszubildende zur Kauffrau für audiovisuelle Medien der Medi@ AG. Sie ist 21 Jahre alt. Prüfen Sie, welche Rechte ihr bei der zur Zeit stattfindenden Wahl zur Jugend- und Auszubildendenvertretung zustehen.

1. Sie besitzt nur das aktive Wahlrecht, weil sie während ihrer zweijährigen Ausbildung das 25. Lebensjahr vollenden wird.
2. Sie besitzt nur das aktive Wahlrecht, weil sie zum Zeitpunkt der Wahl noch keine sechs Monate bei der Medi@ AG beschäftigt ist.
3. Sie besitzt nur das passive Wahlrecht, weil sie während ihrer zweijährigen Ausbildung das 25. Lebensjahr vollenden wird.
4. Sie besitzt nur das passive Wahlrecht, weil sie zum Zeitpunkt der Wahl noch keine sechs Monate bei der Medi@ AG beschäftigt ist
5. Sie besitzt sowohl das aktive als auch das passive Wahlrecht.

14 Die Farbwerke Wilhelm Weil AG, ein Lieferant der Medi@ AG, will einen neuen Betriebsrat wählen. Bei den Farbwerken Wilhelm Weil AG sind folgende wahlberechtigte Mitarbeiterinnen und Mitarbeiter beschäftigt

| | |
|---|---|
| Arbeiter | 128 |
| Arbeiterinnen | 25 |
| Männliche Angestellte | 15 |
| Weibliche Angestellte | 32 |
| Summe | 200 |

Der neue Betriebsrat wird aus 7 Personen bestehen. Stellen Sie fest, wie viele Frauen dem Betriebsrat angehören sollen, wenn ihr Anteil ihrem Anteil an der wahlberechtigten Belegschaft entsprechen soll!

15 Alexander Stein, ein ehemaliger Mitarbeiter der Medi@ AG, befindet sich seit Anfang des Jahres im Ruhestand. Alexander Stein ist mit der Höhe seines Altersruhegeldes nicht einverstanden und reicht Klage beim Nordrhein-Westfälischen Landesarbeitsgericht in Düsseldorf ein. Stellen Sie fest, was Alexander Stein falsch gemacht hat!

1. Er hat sich an die falsche Instanz gewandt. Zuständig ist das Bundesarbeitsgericht in Erfurt.
2. Er hätte sich einen Anwalt nehmen müssen, weil dieser für eine Klageerhebung beim Arbeitsgericht vorgeschrieben ist.
3. Er hat sich an die falsche Instanz gewandt. Zuständig ist zunächst das Arbeitsgericht in Essen.
4. Er hat sich an das falsche Gericht gewandt. Zuständig ist das Amtsgericht in Essen.
5. Er hat sich an die falsche Instanz gewandt. Zuständig ist das Sozialgericht in Essen.

# 2 Rechtsformen der Unternehmung als betriebswirtschaftliches Entscheidungsproblem darstellen

## 2.1 Die Gründung eines Unternehmens

Thorsten Warthofer, Auszubildender der Werbeagentur West GmbH, erarbeitet in der Berufsschule zurzeit das Thema Unternehmensformen. Um aber richtig zu begreifen, wie man als Angestellter dazu kommt, in die Selbstständigkeit zu wechseln und wie in diesem Zusammenhang die Wahl der Rechtsform in der Praxis abläuft, bittet er seine Chefin, die Geschäftsführerin Caroline Hermann, ihm zu erzählen, was sie dazu bewegt hat, vor drei Jahren die Full-Service-Agentur West GmbH zu gründen:

Caroline Hermann hat vor sieben Jahren ihre Ausbildung zur Werbekauffrau bei der IDEAL Werbeagentur GmbH abgeschlossen. Bereits zwei Jahre später war sie Werbeleiterin in ihrem damaligen Ausbildungsbetrieb. Zeitgleich hat sie im Abendstudium ihren Abschluss zur Kommunikationswirtin gemacht. In den folgenden zwei Jahren konnte sie einige Erfahrungen besonders im Medienbereich sammeln.

Als sie davon hörte, dass die Medi@ AG, ein großer Medienkonzern im Kölner Raum, eine Werbeagentur in den Konzern integrieren wollte, die aber gleichzeitig selbstständig externe Aufträge bearbeitet, kam ihr erstmals der Gedanke, sich mit einer Werbeagentur selbstständig zu machen.

**Arbeitsauftrag**

- Überlegen Sie, welche Ziele Caroline Hermann mit dem Schritt in die Selbstständigkeit verbunden hat und welche Voraussetzungen sie erfüllen musste, damit die Gründung eines eigenen Unternehmens ein Erfolg wurde.

### Unternehmerische Ziele

Wichtigstes Ziel jedes Unternehmers ist die langfristige Sicherung des größtmöglichen Gewinns **(Gewinnmaximierung)**. Daneben spielen aber auch andere Ziele, z. B. Unabhängigkeit, das Ansehen in der Öffentlichkeit oder die soziale Verantwortung, eine Rolle. In einer marktwirtschaftlichen Wirtschaftsordnung ist jedoch ein langfristiger Gewinn für die Existenzsicherung des Unternehmers unabdingbar. Für den selbstständigen Unternehmer bedeutet der Gewinn:

- **Unternehmerlohn** für die geleistete Arbeit im Betrieb und damit Einkommen und Sicherung des Lebensstandards,
- **Kapitalverzinsung** für das eingebrachte Eigenkapital,
- **Risikoprämie** für die Möglichkeit des Scheiterns, z. B. im Rahmen einer Insolvenz des Unternehmens.

### Gründungsvoraussetzungen

In der Bundesrepublik Deutschland herrscht gem. Artikel 12 Absatz 1 Grundgesetz (GG) und § 1 Gewerbeordnung (GewO) der Grundsatz der **Gewerbefreiheit**.

§ 1 Abs. 1 GewO

*Der Betrieb eines Gewerbes ist jedermann gestattet, soweit nicht durch dieses Gesetz Ausnahmen oder Beschränkungen vorgeschrieben sind.*

Die genannten Ausnahmen oder Beschränkungen dienen dem Schutz der Verbraucher. So gibt es Gesetze und Verordnungen, die den Verkauf von

- bestimmten Arzneimitteln,
- Hackfleisch,
- Waffen,
- Pflanzenschutzmitteln

an besondere Sachkundenachweise oder Prüfungen der Zuverlässigkeit binden. Darüber hinaus ist es jedoch jedermann gestattet, ein Unternehmen zu gründen. Um dieses Unternehmen erfolgreich führen zu können, sollte der zukünftige Unternehmer jedoch bestimmte Voraussetzungen erfüllen.

- ***Persönliche Voraussetzungen***

Die harten Anforderungen des Wettbewerbs erfordern unter anderem
- umfassende Kenntnisse der Branche,
- Kenntnis der einschlägigen Gesetze und Verordnungen,
- Einsatzbereitschaft,
- Menschenkenntnis.
- Risikobereitschaft,
- Führungsfähigkeit,
- Ideenreichtum,

Beispiel *Caroline Hermann erfüllte die wichtigsten Voraussetzungen für die Selbstständigkeit: Sie verfügte über vier Jahre Berufserfahrung. In diesen Jahren hat sie erfahren, dass ihr die Planung, Durchführung und Kontrolle der werblichen Gesamtkonzeption eines Unternehmens besonders viel Freude bereitete. Zudem hat sie in den Jahren einen guten Überblick über die gesamte Werbebranche bekommen.*
*Auch persönlich bringt sie die geforderten Voraussetzungen mit. Als Werbeleiterin hat sie Führungsfähigkeit und Menschenkenntnis bewiesen.*

- ***Sachliche Voraussetzungen***

Die Hauptschwierigkeiten bei der Neugründung liegen im Bereich der Beschaffung von Kapital, Personal und den anderen Betriebsfaktoren. Daneben spielen selbstverständlich auch Absatzprobleme eine Rolle.

Um die genannten Schwierigkeiten zu vermeiden, sollten folgende Fragen geklärt werden:

- **Marktchancen:** Es muss Bedarf vorhanden sein, d. h. es müssen Marktlücken im Güter- und Dienstleistungsangebot der Mitbewerber bestehen, und es müssen Absatzchancen vorhanden sein, d. h. die Konkurrenzsituation muss die Neugründung ermöglichen. Hier unterstützen Kreditinstitute, Kammern und Verbände gründungswillige Unternehmer durch Marktuntersuchungen.

- **Geeigneter Standort:** Die Wahl des Standortes ist eine der wichtigsten Entscheidungen bei der Neugründung. Sie beeinflusst maßgeblich den Kundenkreis, den Umsatz und die Kosten des Unternehmens.
  Beispiel *Um die Marktchancen einer Full-Service-Agentur einschätzen zu können, führte Caroline Hermann intensive Gespräche mit der zuständigen Industrie- und Handelskammer zu Köln. Der Beratungsschwerpunkt lag auf der konzeptionellen Beratung und der Beratung über rechtliche Voraussetzungen für die Existenzgründung. Aus dem Gespräch mit dem Zentralverband der Werbeagenturen (ZAW) sowie der Medi@ AG selbst zog sie viele interne Brancheninformationen. Auch die Kreissparkasse Köln bot ihr eine intensive Finanzierungsberatung insbesondere über öffentliche Fördermittel an. Nach einer ausführlichen Marktanalyse stellte sie fest, dass für eine Werbeagentur mit den vorliegenden Kernkompetenzen ein entsprechender Bedarf vorlag.*

- **Leistungsfähige Lieferanten:** Es müssen Lieferanten gefunden werden, die den Bedarf des Unternehmens mengen- und qualitätsmäßig decken. Fragen der Einschaltung des Großhandels oder von Handelsvertretern, der Eintritt in einen Einkaufsverband oder die Notwendigkeit langfristiger Lieferantenbindungen sind zu klären.

- **Qualifiziertes und motiviertes Personal:** Trotz hoher Arbeitslosigkeit stellt die Beschaffung qualifizierten Personals und die langfristige Motivation der Mitarbeiter bei vielen Unternehmen ein Problem dar. Darüber hinaus sind die Personalkosten und insbesondere die Lohnnebenkosten zu berücksichtigen.

- **Eine gesicherte Finanzierung:** Der Kapitalbedarf ist u. a. von der Betriebsgröße, der Betriebs- und Vertriebsform, dem Marketingkonzept und der Art der Ware abhängig.
  Beispiel *Da es sich bei einer Werbeagentur um ein sehr personalintensives Dienstleistungsunternehmen handelt, ist der Standortfaktor „lokaler Arbeitsmarkt" sehr wichtig. Es muss genügend qualifiziertes Personal bereitstehen.*

♦ *Rechtliche Voraussetzungen*

Wer ein Gewerbe betreiben will, muss unbeschränkt geschäftsfähig sein.

Das Unternehmen muss **angemeldet** werden bei

- der zuständigen Behörde, das ist i. d. R. das zuständige Amt für Gewerbeschutz,
- dem Finanzamt,
- der Berufsgenossenschaft,
- der Industrie- und Handelskammer,
- der Krankenkasse, sofern Arbeitnehmer beschäftigt werden,
- dem Handelsregister,
- dem Gesundheitsamt (falls Lebensmittel angeboten werden).

***Die Gründung eines Unternehmens***

- ***Oberziel:*** *langfristiges Gewinnmaximum*
- ***Teilziele:*** *Wachstum, Unabhängigkeit, Ansehen, soziale Verantwortung*

**Voraussetzungen**

| persönliche | sachliche | rechtliche |
| --- | --- | --- |
| • Warenkenntnisse | • Marktchancen | • Geschäftsfähigkeit |
| • Erfahrung im Verkauf | • Geeigneter Standort | • Anmeldung bei |
| • Kaufmännisches Wissen | • Leistungsfähige Lieferanten | – zuständiger Behörde |
| • Einsatzbereitschaft | • Qualifiziertes Personal | – Finanzamt |
| • Menschenkenntnis | • Gesicherte Finanzierung | – Berufsgenossenschaft |
| • Risikobereitschaft | | – IHK |
| | | – Krankenkasse |
| | | – Handelsregister |

## Aufgaben

1 Fritz und Walter erben jeder 750 000,00 EUR. Fritz gründet eine Werbeagentur, Walter legt das Kapital in festverzinslichen Wertpapieren mit einer Verzinsung von 7,5 % an. Nach einigen Jahren treffen sie sich wieder und stellen fest, dass Fritz einen durchschnittlichen Jahresgewinn von 100 000,00 EUR erwirtschaftet hat. Walter hingegen erhält jährlich 56 250,00 EUR Zinsen. Walter findet es ungerecht, dass sein Bruder fast die doppelte Rendite erzielt, und schimpft auf die Unternehmer.
Nehmen Sie zu den Standpunkten der Brüder Stellung.

2 Nennen Sie sechs Stellen, bei denen ein neu gegründetes Unternehmen angemeldet werden muss.

3 Stellen Sie Vor- und Nachteile einer Existenzgründung im Dienstleistungsbereich am Beispiel eines Betriebes Ihrer Branche gegenüber. Begründen Sie Ihre persönliche Entscheidung für oder gegen die Selbstständigkeit.

4 Überprüfen Sie, welche persönlichen, sachlichen und rechtlichen Voraussetzungen gegeben sein müssen, um ein Unternehmen zu gründen. Stellen Sie diese Voraussetzungen Ihren Mitschülern in einem Referat vor. Nutzen Sie für Ihren Vortrag geeignete Möglichkeiten der Visualisierung und setzen Sie dabei geeignete Medien ein.

## 2.2 Kaufmann/Kauffrau, Firma, Handelsregister

### 2.2.1 Kaufmannseigenschaften

Caroline Hermann erzählt, dass sie sich im Rahmen ihrer Existenzgründung Gedanken machen musste, ob sie als Kauffrau i. S. d. HGB handeln wollte. Der Auszubildende Thorsten Warthofer runzelt die Stirn: „Wenn alles gut geht, werde ich sehr bald Kaufmann für Marketingkommunikation sein. Warum muss man darüber noch nachdenken?“ „Nein, nein, Thorsten, wer Kaufmann ist, regelt das HGB!“, antwortet die Geschäftsführerin.

**Arbeitsaufträge**

- Stellen Sie fest, ob Thorsten Kaufmann im Sinne des HGB ist.
- Erläutern Sie, was man unter einem Handelsgewerbe versteht.
- Erläutern Sie die unterschiedlichen Kaufmannseigenschaften und visualisieren Sie Ihre Ergebnisse.

#### ● Gewerbetreibender nach § 1 HGB (Kaufmann/Kauffrau im juristischen Sinne)

Umgangssprachlich bezeichnet man die Menschen als Kaufleute, die eine entsprechende Ausbildung abgeschlossen haben.

Beispiele *Medienkaufmann/Medienkauffrau Digital und Print, Veranstaltungskaufmann/-kauffrau, Kaufmann/Kauffrau für audiovisuelle Medien, Kaufmann/Kauffrau für Marketingkommunikation, Fachangestellte(r) für Medien und Informationsdienste, Buchhändler/-in*

Wer im juristischen Sinne **Kaufmann** ist, regelt das HGB.

Das HGB unterscheidet drei Formen der Kaufmannseigenschaft, den Istkaufmann, den Kannkaufmann und den Formkaufmann.

- *Istkaufmann*

§ 1 Abs. 1 HGB

*(1) Kaufmann im Sinne dieses Gesetzbuches ist, wer ein Handelsgewerbe betreibt.*
*(2) Handelsgewerbe ist jeder Gewerbebetrieb, es sei denn, dass das Unternehmen nach Art oder Umfang einen in kaufmännischer Weise eingerichteten Geschäftsbetrieb nicht erfordert.*

Ein Handelsgewerbe ist jede auf Dauer angelegte und auf Gewinnerzielung ausgerichtete selbstständige Tätigkeit, die einen in **kaufmännischer Weise eingerichteten Geschäftsbetrieb** erfordert. Eine kaufmännische Einrichtung muss dabei nicht tatsächlich vorhanden, sondern grundsätzlich nur erforderlich sein.

**Handelsgewerbe** ist nach § 1 Abs. 2 HGB jedes gewerbliche Unternehmen, das einen in kaufmännischer Weise eingerichteten Gewerbebetrieb erfordert, und zwar ohne Rücksicht auf die Eintragung ins Handelsregister. Das Vorliegen eines Handelsgewerbes ist somit unabhängig von der Eintragung in das Handelsregister. Grundvoraussetzung für die Kaufmannseigenschaft ist das Vorhandensein eines Gewerbebetriebes. In Deutschland herrscht lt. Gewerbeordnung der Grundsatz der Gewerbefreiheit (§ 1 GewO).

Vergleiche hierzu Seite 96

Es besteht die Pflicht zur Eintragung in das Handelsregister. Da der Status des Kaufmanns von der Eintragung unabhängig ist, ist die Wirkung der Eintragung **deklaratorisch**.

Vergleiche hierzu Seite 106

Was ein „in kaufmännischer Weise geführter Geschäftsbetrieb" ist, ist gesetzlich nicht geregelt. Eine Entscheidung trifft das Amtsgericht nach folgenden Kriterien:

| | | |
|---|---|---|
| Mitarbeiterzahl | Höhe des Umsatzes | Zahl der Zweigniederlassungen |
| Größe der gewerblichen Räume | Höhe des Vermögens | Höhe der Forderungen |

**Beispiel** *Der Betreiber einer Veranstaltungsagentur, der drei Angestellte und eine Zweigniederlassung hat, wäre aufgrund seines kaufmännischen Organisationsumfangs ein Istkaufmann.*

**Rechtsfolgen:**
Für den Kaufmann gilt das HGB **in vollem Umfang**. Er
- muss Handelsbücher führen,
- muss sich in das Handelsregister eintragen lassen, wobei die Eintragung hier rein deklaratorische Wirkung hat,
- führt eine Firma,
- darf Prokura erteilen,
- kann Personengesellschaften gründen,
- bürgt selbstschuldnerisch.

Da ein Handelsgewerbe jeder Gewerbebetrieb ohne Rücksicht auf die Branche ist, ist damit auch der Dienstleistungssektor erfasst. Auch bei Dienstleistungsunternehmen gilt die Voraussetzung, dass sie einen in kaufmännischer Weise eingerichteten Geschäftsbetrieb erfordern.

### ♦ *Kannkaufmann*

§ 2 HGB

*Ein gewerbliches Unternehmen, dessen Gewerbebetrieb nicht schon nach § 1 Abs. 2 Handelsgewerbe ist, gilt als Handelsgewerbe im Sinne dieses Gesetzbuchs, wenn die Firma des Unternehmens in das Handelsregister eingetragen ist. Der Unternehmer ist berechtigt, aber nicht verpflichtet, die Eintragung nach den für die Eintragung kaufmännischer Firmen geltenden Vorschriften herbeizuführen. Ist die Eintragung erfolgt, so findet eine Löschung der Firma auch auf Antrag des Unternehmers statt, sofern nicht die Voraussetzung des § 1 Abs. 2 eingetreten ist.*

Ein Gewerbetreibender, dessen Betrieb keine kaufmännische Organisation erfordert, ist Kleingewerbetreibender. Für ihn gilt das HGB nur in **beschränktem Umfang**. Er
- ist nur zu eingeschränkter Buchführung verpflichtet,
- braucht sich nicht in das Handelsregister eintragen zu lassen,
- führt keine Firma,
- kann keine Personengesellschaften gründen,
- kann nur eine Ausfallbürgschaft übernehmen.

**Beispiel** *Hermann Meyer, der die Werbeagentur West GmbH mit Büromaterial beliefert, hat keine Mitarbeiter und macht im Jahr einen Gewinn von 15 000,00 EUR. Somit ist er Kleingewerbetreibender und kann frei wählen, ob er Kaufmann sein möchte oder nicht.*

Ein in kaufmännischer Weise eingerichteter Geschäftsbetrieb ist i. d. R. erforderlich, wenn eine kaufmännische Buchführung notwendig ist (s. o.) und kaufmännische Mitarbeiter beschäftigt werden.

Ist dies nicht der Fall, kann sich der Gewerbetreibende freiwillig in das Handelsregister eintragen lassen **(Kannkaufmann)**. Ab dem Zeitpunkt der Eintragung ist der Gewerbetreibende Kaufmann, folglich ist die Wirkung der Eintragung **konstitutiv**.

Vergleiche hierzu Seite 106

♦ ***Formkaufmann***
Die Aktiengesellschaft, die Gesellschaft mit beschränkter Haftung und die eingetragene Genossenschaft sind Kaufmann kraft **Rechtsform (Formkaufmann)**. Sie sind ab der Eintragung in das Handelsregister juristische Personen und erwerben damit ohne Rücksicht auf den Gegenstand des Unternehmens die Eigenschaft eines Kaufmanns.

Vergleiche hierzu Seite 152

§ 6 Abs. 1 HGB

*Die in Betreff der Kaufleute gegebenen Vorschriften finden auch auf die Handelsgesellschaften Anwendung.*

Beispiel *Medi@ AG, Medi@ Beteiligungs GmbH, Papierwerke Iserlohn GmbH, Farbenwerke Wilhelm Wiel AG, Primus GmbH, Deutsche Bank AG*

**Nichtkaufmann:** Wissenschaftliche und künstlerische Tätigkeiten, die als freie Berufe ausgeübt werden können, sind eintragungsunfähig, diese Personen gelten somit als Nichtkaufleute. Ebenfalls sind die sonstigen freien Berufe (z. B. Ärzte, Rechtsanwälte, Steuerberater) von der Regelung des § 1 HGB ausgenommen, auch sie sind keine Kaufleute.
Ein Nichtkaufmann ist nicht berechtigt, eine Firma zu führen, er kann aber sein Kleingewerbe mit einer Geschäftsbezeichnung benennen, sofern die Bezeichnung nicht den Anschein eines kaufmännischen Gewerbes erzeugt.

Beispiel *Der Steuerberater der Medi@ AG, Herr Stein, möchte sich als „Steuer-Spar-Praxis" in das Handelsregister eintragen lassen. Da Stein Nichtkaufmann ist, ist dies nicht zulässig.*

Für land- und forstwirtschaftliche Unternehmen gelten die Vorschriften des § 1 HGB **(Istkaufmann)** nicht. Sie besitzen unabhängig von der Größe des Betriebes ein Wahlrecht, ob sie als Kaufmann geführt werden wollen.

***Kaufmannseigenschaften***

**Kaufmannseigenschaften**

| Istkaufmann | Kannkaufmann | Formkaufmann |
|---|---|---|
| • Kaufmann aufgrund der Größe der Unternehmung<br>• Eintragung: deklaratorisch | • Es besteht die Wahlmöglichkeit der Eintragung<br>• Eintragung: konstitutiv | • Kaufmann kraft Eintragung (§ 6 HGB)<br>• Eintragung: konstitutiv |

## Aufgaben

1 Für den Kaufmann gilt das HGB in vollem Umfang. Erläutern Sie, welche Rechtsfolgen der Status eines Kaufmanns nach § 1 HGB hat.

2 Erläutern Sie die Rechte und Pflichten
a) des Kaufmanns, b) des Kleingewerbetreibenden.

3 Die Wirtschaftsauskunftei Wilhelm Müller e. K. beschäftigt 35 Mitarbeiter.
a) Begründen Sie, ob Herr Müller Kaufmann ist.
b) Begründen Sie, ob er Kaufmann kraft Eintragung oder kraft Gesetzes ist.
c) Erläutern Sie, ob er Bücher führen muss.

4 Stellen Sie fest, ob es sich in den unten stehenden Fällen
   a) um einen Kaufmann,
   b) um einen Formkaufmann,
   c) nicht um einen Kaufmann,
   d) um einen Kleingewerbetreibenden handelt.
   1. Anja Schmitz ist Inhaberin eines nicht im Handelsregister eingetragenen Glas- und Porzellan-Einzelhandelsgeschäftes. Sie betreibt den Betrieb allein.
   2. Beim Schulfest des Berufskollegs Essen verkaufen Schüler Pizza.
   3. Die Autoreparaturwerkstatt Schmitz GmbH ist in das Handelsregister eingetragen.
   4. Die addc Anke Detlefsen Design&Communication e. K. ist eine Werbeagentur mit sechs Angestellten.

5 Sammeln Sie Anzeigen aus der Tageszeitung und ordnen Sie die Unternehmen den jeweiligen Kaufmannseigenschaften zu.

6 Ordnen Sie Ihre Ausbildungsbetriebe den jeweiligen Kaufmannseigenschaften zu.

7 Prüfen Sie in den folgenden Fällen, ob es sich um einen Istkaufmann, einen Kannkaufmann oder einen Formkaufmann handelt:
   a) Medi@ AG
   b) Medi@ Beteiligungs GmbH
   c) Zeitungskiosk Martha Metzger
   d) Forstbetrieb Schneider
   e) Caroline Kurz, Handelsvertreterin
   f) Krankenhaus GmbH „Zum guten Hirten" (200 Betten)

## 2.2.2 Firma

„Das mit den Kaufmannseigenschaften ist ja ganz schön kompliziert", sagt sich Thorsten Warthofer und denkt dabei an seinen Cousin, der vor einem Jahr seine Ausbildung zum Industriekaufmann abgeschlossen hat und sich kurze Zeit später mit dem An- und Verkauf von Computerfachartikeln selbstständig gemacht hat. „Wenn ich das richtig verstanden habe, ist mein Cousin noch gar kein Kaufmann; er arbeitet ganz allein in seiner Firma ... und Gewinn macht er auch noch nicht." „Vielleicht, er muss auf jeden Fall kein Kaufmann sein. Aber da wir gerade bei dem Thema sind: Beachtet man die kaufmännische Fachsprache, dürfen Sie den Begriff ‚Firma' in diesem Zusammenhang nicht verwenden", antwortet Caroline Hermann.

**Arbeitsaufträge**
- Stellen Sie fest, was in der kaufmännischen Fachsprache der Begriff „Firma" bedeutet.
- Erläutern Sie Firmenarten und Firmengrundsätze.
- Für wen spielt der Grundsatz der Firmenöffentlichkeit eine große Rolle?

### Begriff der Firma

**Umgangssprachlich** werden die Begriffe Unternehmung, Betrieb und Firma gleichgesetzt.

Beispiel *Daniela behauptet, Reinhards Freundin Anna arbeite bei diesem in der Firma.*

Was im juristischen Sinne eine Firma ist, regelt das HGB:

§ 17 Abs. 1 HGB

*(1) Die Firma eines Kaufmanns ist der Name, unter dem er im Handel seine Geschäfte betreibt und die Unterschrift abgibt.*
*(2) Ein Kaufmann kann unter seiner Firma klagen und verklagt werden.*

§ 18 Firma

*(1) Die Firma muss zur Kennzeichnung des Kaufmanns geeignet sein und Unterscheidungskraft besitzen.*

*(2) Die Firma darf keine Angaben enthalten, die geeignet sind, über geschäftliche Verhältnisse, die für die angesprochenen Verkehrskreise wesentlich sind, irrezuführen. Im Verfahren vor dem Registergericht wird die Eignung zur Irreführung nur berücksichtigt, wenn sie ersichtlich ist.*

Es ist also streng zu unterscheiden zwischen dem bürgerlichen Namen eines Kaufmanns, unter dem er seine Privatangelegenheiten regelt, und dem kaufmännischen Namen, mit dem er seine Geschäfte betreibt.

Die Firma besteht aus dem Firmenkern und dem Firmenzusatz.
Beispiele *Medi@ AG, Medi@ Beteiligungs GmbH*

Der **Firmenkern** beinhaltet den Namen des Kaufmanns, den Gegenstand des Unternehmens oder eine Fantasiebezeichnung.
Beispiele *Heinrich Schulte e. K., Wellpappe GmbH & Co. KG, Wollux GmbH*

Der **Firmenzusatz** kann das Gesellschaftsverhältnis erklären, über Art und Umfang des Geschäftes Auskunft geben oder der Unterscheidung der Person oder des Geschäftes dienen. Er muss der Wahrheit entsprechen.
Beispiele *Computec GmbH & Co. KG, iVent GmbH, Veranstaltungs- und Eventagentur, Hard- und Softwarevertrieb, Latex AG, Leder- und Synthetik-Großhandel, Metallwerke Bauer & Söhne OHG*

## Arten der Firma

- **Personenfirma**
  Der Firmenkern besteht aus einem oder mehreren Namen und gegebenenfalls dem Vornamen.
  Beispiel *Heinrich Schulte e. K.*

- **Sachfirma**
  Der Firmenkern ist aus dem Gegenstand des Unternehmens abgeleitet.
  Beispiel *IDEAL Werbeagentur GmbH*

- **Gemischte Firma**
  Die Firma besteht aus Namen und Gegenstand des Unternehmens.
  Beispiel *Andreas Schneider Mediaagentur KG*

- **Fantasiefirma**
  Die Firma besteht aus einer Abkürzung oder einem Fantasienamen.
  Beispiel *i-Motion AG*

## Firmengrundsätze

Bei der Wahl der Firma muss der Kaufmann neben den Vorschriften, die sich auf die Unternehmensform beziehen, die Firmengrundsätze beachten.

- **Firmenwahrheit/Firmenklarheit**
  Bei Gründung muss der Firmenkern der Wahrheit entsprechen, d. h. bei einer Sachfirma muss der Gegenstand der Unternehmung den Tatsachen entsprechen (**Firmenwahrheit**). Firmenzusätze dürfen nicht zu einer Täuschung über die Art oder den Umfang des Geschäfts oder die Verhältnisse des Geschäftsinhabers Anlass geben (**Firmenklarheit**).
  Beispiel *Ein Lieferant der Werbeagentur führt die Firma „Internationaler Papierhandel", obwohl er nur Unternehmen innerhalb von Nordrhein-Westfalen beliefert.*

- **Firmenausschließlichkeit**
  Ist eine Firma in das Handelsregister eingetragen, hat sie das ausschließliche Recht, diese Firma zu führen. Will sich ein Kaufmann gleichen Namens in dieses Handelsregister eintragen lassen, so muss er sich von der bereits eingetragenen Firma deutlich unterscheiden. Dies kann z. B. durch einen Firmenzusatz oder weitere Vornamen geschehen.

- **Firmeneinheit**
  Ein und dasselbe Unternehmen darf nur unter der einen, im Handelsregister eingetragenen Firma geführt werden.
  Beispiel *Der Medienkonzern Medi@ AG ist in das Handelsregister Köln eingetragen. Sie darf daher nur unter diesem Namen firmieren und keinen „Zweitnamen" tragen. Davon ausgenommen sind selbstständige Filialen oder organisatorisch selbstständige Unternehmen.*

- **Firmenbeständigkeit**
  Eine am Markt bekannte Firma kann einen großen Wert **(Firmenwert)** darstellen. Aus diesem Grund ermöglicht der Gesetzgeber, den Namen der Firma bei einem Wechsel in der Person des Inhabers fortzuführen. Dies kann mit oder ohne einen das Nachfolgeverhältnis andeutenden Zusatz geschehen.
  Beispiele *Peter Nicolai erwirbt die Werbeagentur Herbert Blank, folgende Firmen sind möglich:*
  - *Peter Nicolai e. K.*
  - *Herbert Blank Nachfolger e. K.*
  - *Peter Nicolai, vormals Herbert Blank e. K.*
  - *Herbert Blank, Inhaber Peter Nicolai e. K.*

- **Firmenöffentlichkeit**
  Jeder Kaufmann ist verpflichtet, seine Firma am Ort der Niederlassung in das Handelsregister eintragen zu lassen, damit sich jedermann über die Rechtsverhältnisse informieren kann.

*Firma*

| Begriff | Arten | Grundsätze |
|---|---|---|
| Die Firma eines Kaufmanns ist der Name, unter dem er sein Handelsgewerbe betreibt und die Unterschrift abgibt. Sie besteht aus Firmenkern und gegebenenfalls Firmenzusatz. | • Personenfirma<br>• Sachfirma<br>• Gemischte Firma<br>• Fantasiefirma | • Wahrheit<br>• Klarheit<br>• Ausschließlichkeit<br>• Einheit<br>• Beständigkeit<br>• Öffentlichkeit |

## Aufgaben

1 Suchen Sie aus dem Branchenbuch je drei Beispiele für eine Personen-, Sach-, Fantasiefirma und gemischte Firma heraus.

2 Paul Serries will sich selbstständig machen. Er stellt fest, dass bereits eine Firma gleichen Namens in seinem Amtsgerichtsbezirk im Handelsregister eingetragen ist. Erläutern Sie, was Paul Serries tun kann.

3 Ordnen Sie die Firma Ihres Ausbildungsbetriebes den Arten der Firma zu.

4 Der Medi@ AG wird ein alteingesessenes Unternehmen zum Kauf angeboten. Welche Überlegungen sollten bei der Wahl der Firma bei einem eventuellen Kauf angestellt werden?

5 Sie haben im Kapitel „Kaufmannseigenschaften" Anzeigen von Unternehmen der Region gesammelt. Ordnen Sie diese jetzt nach den Arten der Firma.

6 Auf welche der folgenden Firmengrundsätze:

1. Wahr-/Klarheit, 2. Ausschließlichkeit, 3. Beständigkeit,

4. Öffentlichkeit

treffen die unten stehenden Aussagen zu?

a) Ein Kaufmann ist verpflichtet, seine Firma und den Ort der Niederlassung in das Handelsregister eintragen zu lassen.

b) Die Firma muss sich von allen am selben Ort bereits bestehenden und in das Handelsregister eingetragenen Firmen deutlich unterscheiden.
c) Die Firma darf keine unrichtigen Angaben über Art und Umfang der Unternehmung enthalten.
d) Bei Wechsel des Inhabers darf die Firma beibehalten werden.

### 2.2.3 Handelsregister

Der Auszubildende Thorsten Warthofer will nicht völlig unvorbereitet in das Gespräch mit der Geschäftsführerin gehen. Deshalb fragt er zuvor seine Ausbilderin Katrin Matera, ob es eine Möglichkeit gebe, Informationen über das Unternehmen von Caroline Hermann zu bekommen. Katrin Matera hat eine einfache Lösung: „Alle wichtigen Informationen über Kaufleute und Handelsgesellschaften sind im Handelsregister niedergelegt. Und das Handelsregister ist für jedermann zugänglich!" Sie holt eine Kopie des Handelsregisterauszugs der West GmbH aus einer Akte und zeigt sie Thorsten.

Amtsgericht Köln

**HR B 9842**

| Nr. der Eintragung | a) Firma<br>b) Ort der Niederlassung (Sitz der Gesellschaft)<br>c) Gegenstand des Unternehmens (bei juristischen Personen) | Grund- oder Stammkapital EUR | Vorstand<br>Persönlich haftende Gesellschafter<br>Geschäftsführer<br>Abwickler | Prokura | Rechtsverhältnisse | a) Tag der Eintragung und Unterschrift<br>b) Bemerkungen |
|---|---|---|---|---|---|---|
| 1 | 2 | 3 | 4 | 5 | 6 | 7 |
| 1 | a) West GmbH<br>b) 50931 Köln<br>c) Full-Service-Agentur, Schwerpunkt Kreation, Konzeption und Produktion von Werbemitteln | 100 000,00 | Caroline Hermann | Prokura besitzt Katrin Matera (Gesamtprokura mit der Geschäftsführerin) | Gesellschaft mit beschränkter Haftung. Der Gesellschaftsvertrag ist am 1. Januar .. festgestellt.<br>Caroline Hermann ist alleinige Geschäftsführerin. | a) 1. Januar .. |

„Ein Interessent kann sich über jeden Kaufmann und jede Handelsgesellschaft seines Amtsgerichtsbezirks eine solche Kopie anfertigen lassen und z.T. kann man die Auskünfte sogar online aus dem Internet abrufen!" Thorsten ist verblüfft. Dann könnte er sich ja auch eine solche Information über jedes andere Unternehmen beschaffen!

#### Arbeitsaufträge

- Suchen Sie nach Gründen, die für die Öffentlichkeit des Handelsregisters sprechen.
- Erläutern Sie die Einteilung des Handelsregisters und die Wirkung von Eintragungen.

Das Handelsregister ist ein **amtliches Verzeichnis aller Kaufleute**, das vom Amtsgericht des Bezirks elektronisch geführt wird. Es kann unter www.handelsregister.de oder www.unternehmensregister.de eingesehen werden. Es soll die Öffentlichkeit über wichtige Sachverhalte und Rechtsverhältnisse der Kaufleute und Handelsgesellschaften unterrichten.

§ 9 Abs. 1 HGB

*(1) Die Einsicht des Handelsregisters sowie der zum Handelsregister eingereichten Schriftstücke ist jedem zu Informationszwecken gestattet.*
*(2) Von den Eintragungen und den zum Handelsregister eingereichten Schriftstücken kann eine Abschrift gefordert werden.*

Alle publikationspflichtigen Daten eines Unternehmens werden bundesweit in einem Unternehmensregister unter http://www.unternehmensregister.de eingestellt. Damit gibt es eine zentrale Internetadresse, unter der alle publikationspflichtigen Daten eines Unternehmens bereitstehen.

- **Abteilungen:** Das Handelsregister wird in zwei Abteilungen gegliedert:
  - **Abteilung A** für Einzelkaufleute und Personengesellschaften, z. B. e. Kfm., KG
  - **Abteilung B** für Kapitalgesellschaften, z. B. GmbH

Vergleiche hierzu Seite 111 ff.

Die Genossenschaften werden in ein spezielles **Genossenschaftsregister** eingetragen.

♦ ***Anmeldung***

Die Anmeldung muss mündlich durch den Inhaber oder Geschäftsführer oder schriftlich in notariell beglaubigter Form erfolgen.

♦ ***Inhalt der Eintragung***

Inhalt der Eintragung sind u. a.:
- Firma und Ort der Niederlassung
- Name des Inhabers oder der persönlich haftenden Gesellschafter
- Art der Prokura, Name von Prokuristen
- Name und Einlage von Kommanditisten

*Vergleiche hierzu Seite 109*

Bei Kapitalgesellschaften werden zusätzlich eingetragen:
- Name der Vorstandsmitglieder bzw. Geschäftsführer
- Gegenstand des Unternehmens
- Höhe des Haftungskapitals
- Datum des Gesellschaftsvertrages

♦ ***Unterschriften***

Die Unterschriften der Zeichnungsberechtigten sind beim Handelsregister zu hinterlegen.
Beispiel *Die Unterschrift der Geschäftsführerin der West GmbH ist beim Handelsregister in Köln hinterlegt.*

Ebenfalls eingetragen wird z. B. die Auflösung der Unternehmung. **Löschungen** im Handelsregister erfolgen, indem Eintragungen rot unterstrichen werden oder auf andere eindeutige Weise als gegenstandslos kenntlich gemacht werden.

♦ ***Wirkung der Eintragung***

Die Wirkung der Eintragung kann **rechtsbezeugend** (deklaratorisch) oder **rechtserzeugend** (konstitutiv) sein.

**Deklaratorisch** bedeutet, dass die Rechtswirkung schon vor Eintragung eingetreten ist. So ist derjenige Kaufmann, der ein Handelsgewerbe nach § 1 HGB betreibt. Die Eintragung in das Handelsregister **bezeugt** diese Tatsache lediglich.
Beispiel *Eine Werbeagentur in der Rechtsform der KG wird mit Aufnahme eines Handelsgewerbes zum Kaufmann. Die Eintragung in das Handelsregister bezeugt diese Tatsache lediglich.*

**Konstitutiv** bedeutet, dass die Rechtswirkung erst mit der Eintragung in das Handelsregister eintritt. So wird der Formkaufmann erst im Moment der Eintragung Kaufmann im Sinne des HGB. Die Eintragung **erzeugt** die Rechtswirkung.
Beispiel *Die West GmbH entstand als juristische Person im Moment der Eintragung in das Handelsregister.*

Ist eine Tatsache eingetragen und bekannt gemacht, so muss ein Dritter sie gegen sich gelten lassen, auch wenn er sie nicht kannte (**Öffentlichkeitswirkung**).
Beispiel *Helga Kowski war Prokuristin der Medi@ AG. Wegen einer Unterschlagung wurde ihr die Prokura entzogen und der Arbeitsvertrag fristlos gekündigt. Die Entziehung der Prokura wurde sofort im Handelsregister eingetragen und veröffentlicht. Zwei Wochen später kaufte Frau Kowski im Namen der Medi@ AG bei der Auto-Becker GmbH einen Pkw der Oberklasse und verschwand mit dem Fahrzeug. Da der Entzug der Prokura von Frau Kowski eingetragen und veröffentlicht war, kann die Auto-Becker GmbH die Forderung nicht gegen die Medi@ AG geltend machen.*

Jeder Kaufmann sollte das Unternehmensregister und den elektronischen Bundesanzeiger (http://www.ebundesanzeiger.de) sorgfältig lesen. Nur so kann er sicherstellen, dass er jederzeit über Veränderungen, z. B. bei der Haftung eines Kunden, informiert ist.

*Handelsregister*

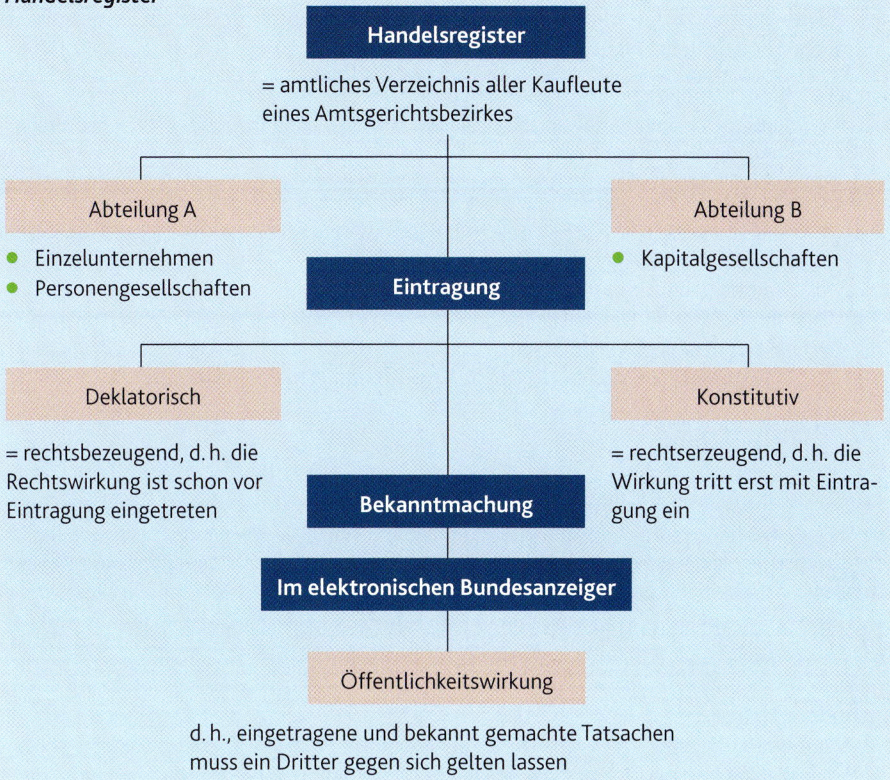


## Aufgaben

1 Erläutern Sie den Unterschied zwischen deklaratorischer und konstitutiver Wirkung einer Eintragung in das Handelsregister anhand je eines Beispiels.

2 Welche Rechtsfolgen hat die sogenannte „Öffentlichkeitswirkung" des Handelsregisters? Erläutern Sie den Sachverhalt anhand eines Beispiels.

3 Besuchen Sie das Unternehmensregister im Internet. Stellen Sie fest, auf welche Daten ein Kaufmann durch das Unternehmensregister Zugriff hat.

4 Prüfen und begründen Sie, ob die nachfolgenden Aussagen den gesetzlichen Vorschriften zum Handelsregister entsprechen:
a) Das Handelsregister ist das Verzeichnis aller Kaufleute eines Amtsgerichtsbezirkes.
b) In das Handelsregister dürfen nur Kaufleute bei Vorliegen eines berechtigten Interesses Einblick nehmen.
c) Die GmbH wird in die Abteilung A (HRA) des Handelsregisters eingetragen.
d) Kapitalgesellschaften werden in die Abteilung B (HRB) des Handelsregisters eingetragen.
e) Eintragungen in das Handelsregister erfolgen ausschließlich in elektronischer Form.
f) Bestellung oder Widerruf der Prokura (vgl. S. 109) müssen nicht in das Handelsregister eingetragen werden.
g) Die Anmeldung zum Handelsregister kann formlos erfolgen.

5 Recherchieren Sie öffentliche Bekanntmachungen im elektronischen Bundesanzeiger. Ordnen Sie diese anhand der Kriterien Gründung, Veränderungen, Löschung. Stellen Sie fest, welche Branchen und Unternehmensformen am häufigsten vertreten sind.

6 Stellen Sie im Rahmen einer Internetrecherche fest, welche Informationen Handelsregister, Unternehmensregister und Bundesanzeiger bieten. Führen Sie die Ergebnisse Ihrer Recherche in Form von Ausdrucken zusammen.

7 Welche der unten stehenden Aussagen über das Handelsregister ist richtig?
   a) Im Handelsregister sind alle Kleingewerbetreibenden eines Amtsgerichtsbezirks eingetragen.
   b) Alle wichtigen Eintragungen werden rot unterstrichen.
   c) Nur Kaufleute dürfen das Handelsregister einsehen.
   d) Die Abteilung A des Handelsregisters erfasst alle Einzelunternehmungen, Personengesellschaften und Kapitalgesellschaften.
   e) Alle Eintragungen im Handelsregister werden öffentlich bekannt gemacht.

### 2.2.4 Vollmachten

Walter Friese, zuständig für die Allgemeine Verwaltung der Werbeagentur West GmbH, hat zum Jahresende die Bilanz sowie den Geschäfts- und Lagebericht der Werbeagentur fertig gestellt. Da die Geschäftsführerin auf einer Auslandsmesse ist, schlägt die Auszubildende Caroline Zander vor, dass die Prokuristin Katrin Matera die Bilanz alleine unterschreibt. Herr Friese unterbricht sie und sagt: „Das geht nicht. Frau Matera und Frau Hermann haben Gesamtprokura, da müssen alle Prokuristen gemeinsam unterschreiben!"

**Arbeitsaufträge**
- Erläutern Sie die unterschiedlichen Arten der Prokura.
- Stellen Sie fest, ob ein Prokurist die Bilanz eines Unternehmens unterschreiben darf.
- Erläutern Sie, wie die Prokura der Medi@ AG geregelt ist.

#### ● Handlungsvollmacht

§ 54 Abs. 1 HGB

*Ist jemand (...) zum Betrieb eines Handelsgewerbes oder zur Vornahme einer bestimmten zu einem Handelsgewerbe gehörigen Art von Geschäften oder zur Vornahme einzelner zu einem Handelsgewerbe gehöriger Geschäfte ermächtigt, so erstreckt sich die Vollmacht (Handlungsvollmacht) auf alle Geschäfte und Rechtshandlungen, die der Betrieb eines derartigen Handelsgewerbes oder die Vornahme derartiger Geschäfte gewöhnlich mit sich bringt.*

♦ ***Umfang der Handlungsvollmacht***
Sie erstreckt sich nach § 54 HGB lediglich auf **gewöhnliche Rechtsgeschäfte des Betriebes**.

Der Handlungsbevollmächtigte ist **nicht befugt**:
- Grundstücke zu veräußern oder zu belasten
- Grundstücke zu kaufen
- Wechselverbindlichkeiten einzugehen
- Darlehen aufzunehmen
- Prozesse im Namen des Unternehmens zu führen

Handlungsvollmacht kann formlos, d. h. schriftlich, mündlich oder stillschweigend, erteilt werden. Sie wird nicht in das Handelsregister eingetragen.

♦ *Arten der Handlungsvollmacht*

- **Allgemeine Handlungsvollmacht:** Sie berechtigt zur Ausführung aller gewöhnlichen Geschäfte, die im Geschäftszweig des Handelsgewerbes vorkommen.
  Beispiel *Walter Friese, Abteilungsleiter Allgemeine Verwaltung, weist seine Gruppenleiterinnen und Gruppenleiter an, ihm einen Tätigkeitsbericht für das vergangene Quartal vorzulegen.*
- **Artvollmacht:** Sie berechtigt zur Ausführung einer bestimmten Art von Geschäften.
  Beispiel *Ingo Apfel aus der Abteilung Produktion bestellt bei der Primus GmbH regelmäßig Druckmaterialien.*
- **Einzelvollmacht:** Sie berechtigt zur Ausführung einzelner Rechtsgeschäfte.
  Beispiel *Der Auszubildende Thorsten Warthofer legt bei Kunden eine Rechnung vor und kassiert den Betrag.*

**Untervollmacht:** Jeder Bevollmächtigte kann innerhalb seiner Vollmacht Untervollmachten erteilen. So kann z. B. der Angestellte mit allgemeiner Handlungsvollmacht Artvollmacht und der Mitarbeiter mit Artvollmacht Einzelvollmacht erteilen.

**Unterschrift:** Der Handlungsbevollmächtigte unterschreibt mit dem das Vollmachtsverhältnis ausdrückenden Zusatz i. A. (im Auftrag) oder i. V. (in Vertretung).

## Prokura

§ 49 Abs. 1 HGB

*Die Prokura ermächtigt zu allen Arten von gerichtlichen und außergerichtlichen Geschäften und Rechtshandlungen, die der Betrieb eines Handelsgewerbes mit sich bringt.*

Die Prokura ist die weitreichendste handelsrechtliche Vollmacht. Sie ermächtigt den Prokuristen als „zweites Ich" des Kaufmanns zu allen gerichtlichen und außergerichtlichen Rechtsgeschäften, die der Betrieb **irgendeines** Handelsgewerbes mit sich bringt.
Beispiel *Die Prokuristin Katrin Matera möchte ihre Chefin angenehm überraschen, wenn diese aus dem Urlaub zurückkommt. Sie kauft neue, sehr exklusive Büromöbel und verpasst der gesamten Agentur einen neuen, außergewöhnlichen Anstrich. Als die Chefin aus dem Urlaub zurückkommt, traut sie ihren Augen nicht. Trotzdem sind alle in diesem Zusammenhang geschlossenen Verträge für das Unternehmen bindend.*

**Besondere Vollmachten** benötigt der Prokurist lediglich zum Verkauf und zur Belastung von Grundstücken.

Gesetzlich **verboten** ist ihm,

- die Bilanz und die Steuererklärung zu unterschreiben,
- Handelsregister-Eintragungen vornehmen zu lassen,
- Gesellschafter aufzunehmen,
- Prokura zu erteilen,
- das Geschäft zu verkaufen,
- das Insolvenzverfahren zu beantragen.
  Eine darüber hinausgehende Beschränkung der Prokura ist Dritten gegenüber **unwirksam**.

♦ *Erteilung der Prokura*

Nur der Kaufmann kann Prokura erteilen. Diese Erklärung sollte schriftlich abgefasst werden, da die Prokura in das Handelsregister eingetragen und die Unterschrift dort hinterlegt wird.

Im **Innenverhältnis** beginnt die Prokura mit der Erteilung. Im **Außenverhältnis** beginnt die Prokura, wenn ein Dritter Kenntnis davon hat oder wenn sie in das Handelsregister eingetragen und bekannt gemacht ist. Damit man im geschäftlichen Verkehr die Prokura erkennt, unterschreibt der Prokurist mit einem die Prokura andeutenden Zusatz. Als üblich hat sich hier die Abkürzung ppa., d. h. „per procura", durchgesetzt.

### ♦ *Arten der Prokura*

Arten der Prokura sind

- **Einzelprokura:** Hier darf der Prokurist alle genannten Rechtsgeschäfte allein abschließen.
- **Filialprokura:** Hier ist die Vollmacht auf eine Filiale beschränkt.
- **Gesamtprokura:** Hier dürfen nur zwei oder mehrere Prokuristen die Vollmacht gemeinsam ausüben.

Amtsgericht Köln — **HR B 9842**

| Nr. der Eintragung | a) Firma<br>b) Ort der Niederlassung (Sitz der Gesellschaft)<br>c) Gegenstand des Unternehmens (bei juristischen Personen) | Grund- oder Stammkapital EUR | Vorstand<br>Persönlich haftende Gesellschafter<br>Geschäftsführer<br>Abwickler | Prokura | Rechtsverhältnisse | a) Tag der Eintragung und Unterschrift<br>b) Bemerkungen |
|---|---|---|---|---|---|---|
| 1 | 2 | 3 | 4 | 5 | 6 | 7 |
| 1 | a) West GmbH<br>b) 50931 Köln<br>c) Full-Service-Agentur, Schwerpunkt Kreation, Konzeption und Produktion von Werbemitteln | 100 000,00 | Caroline Hermann | Prokura besitzt Katrin Matera (Gesamtprokura mit der Geschäftsführerin) | Gesellschaft mit beschränkter Haftung. Der Gesellschaftsvertrag ist am 1. Januar .. festgestellt.<br>Caroline Hermann ist alleinige Geschäftsführerin. | a) 1. Januar .. |

HRB 467-0301: West GmbH, Köln.
Gesamtprokuristen:
Katrin Matera, 7. Mai 2000, Köln
in Gemeinschaft mit der Geschäftsführerin

Die Prokura kann jederzeit **widerrufen** werden, sie ist nicht übertragbar und erlischt nicht mit dem Tode des Geschäftsinhabers. Der Widerruf muss ins Handelsregister eingetragen werden.

***Vollmachten***

- ***Handlungsvollmacht***

| | |
|---|---|
| **Umfang** | • Ermächtigt zu Rechtsgeschäften, die der Betrieb eines Handelsgewerbes **gewöhnlich** mit sich bringt |
| **Erteilung** | • Schriftlich, mündlich, stillschweigend |
| **Arten** | • **Allgemeine Handlungsvollmacht:** Alle möglichen Geschäfte des Betriebes<br>• **Artvollmacht:** Eine bestimmte Art von Rechtsgeschäften<br>• **Einzelvollmacht:** Ausführung einzelner Rechtsgeschäfte |
| **Unterschrift** | • in Vertretung (i. V.)<br>• oder im Auftrag (i. A.) |

- ***Prokura***

| | |
|---|---|
| **Umfang** | • Ermächtigt zu allen Rechtsgeschäften, die der Betrieb **irgendeines** Handelsgewerbes mit sich bringt |
| **Erteilung** | • Ausdrücklich schriftlich oder mündlich nur durch Kaufmann<br>• Eintragung in das Handelsregister |
| **Arten** | • **Einzelprokura:** Der Prokurist ist allein vertretungsbefugt<br>• **Gesamtprokura:** Mehrere Prokuristen können nur gemeinsam handeln<br>• **Filialprokura:** Vertretung für eine Filiale |
| **Unterschrift** | • per procura (ppa.) |

## Aufgaben

1 Welche der folgenden Aussagen treffen
   a) nur auf die Artvollmacht,
   b) nur auf die Einzelvollmacht,
   c) sowohl auf die Art- als auch auf die Einzelvollmacht,
   d) weder auf die Art- noch auf die Einzelvollmacht zu?

   Diese Vollmacht
   1. kann von Prokuristen erteilt und widerrufen werden.
   2. berechtigt den Verkäufer zum regelmäßigen Kassieren.
   3. erlischt nach Durchführung des Auftrags.
   4. wird durch den Unterschriftzusatz ppa. kenntlich gemacht.
   5. wird ins Handelsregister eingetragen und veröffentlicht.

2 Als Caroline Zander am Morgen in die Abteilung kommt, hat ihr Chef einen Auftrag für sie. Das Fax-Papier ist ausgegangen und auch Herr Lanzetti von der Beschaffung hat keines mehr im Lager. Caroline soll jetzt schnell von einem nahen Bürofachgeschäft drei Rollen holen. Sie ist sauer und meint, sie sei doch kein Laufbursche. „Aber dafür sind Sie jetzt Handlungsbevollmächtigte der West GmbH", sagt ihr Chef unter dem Gelächter der Kollegen. Caroline ist unsicher. Will man sich über sie lustig machen, oder hat sie wirklich eine Vollmacht?

3 Der Unternehmer Schröder ernennt seinen langjährigen Mitarbeiter Wolf zum Prokuristen und lässt die Prokura im Handelsregister eintragen. Während sich Schröder im wohlverdienten Urlaub befindet, wird Wolf ein Grundstück angeboten, das sich hervorragend zur dringend notwendigen Erweiterung des Betriebsgeländes eignet. Wolf erwirbt das Grundstück für das Unternehmen Karl Schröder OHG.
   a) Erläutern Sie, ob der Kaufvertrag über den Grundstückskauf rechtswirksam zustande gekommen ist.
   b) Erläutern Sie die Rechtslage, wenn es sich um den *Ver*kauf eines Betriebsgrundstückes gehandelt hätte.
   c) Wie stellt sich die Rechtslage dar, wenn Schröder seinem Mitarbeiter Wolf nicht Prokura, sondern allgemeine Handlungsvollmacht erteilt hätte?

4 Erläutern Sie die unterschiedlichen Arten der Handlungsvollmacht und Prokura und stellen Sie diese in einer Übersicht gegenüber.

## 2.3 Typische Rechtsformen der Unternehmung

### 2.3.1 Die Einzelunternehmung

Angelika Schüren, erste Sortimenterin der Medi@Point Buchhandlung, überlegt, ob sie sich selbstständig machen soll. Sie trägt sich mit dem Gedanken, eine Fachbuchhandlung für Recht, Wirtschaft und Steuern zu gründen. Die Vor- und Nachteile einer Existenzgründung hat sie abgewogen und auch die Frage der Firma ist bereits geklärt. In einem Gespräch zur Gründungsberatung bei der IHK stellt sich die Frage nach der Unternehmensform. Für Angelika Schüren ist klar, dass sie alleinige Inhaberin des Unternehmens sein will. „Dafür mache ich mich doch schließlich selbstständig! Mir soll keiner reinreden können!"

**Arbeitsaufträge**

- Stellen Sie in einem Lernplakat die Vor- und Nachteile der Gründung eines eigenen Unternehmens gegenüber.
- Erläutern Sie die Rechtsform der Einzelunternehmung.

Die Einzelunternehmung wird von **einer Person** betrieben, die das Eigenkapital allein aufbringt.

## Gründung

Die Gründung erfolgt formlos. Falls es sich um ein Handelsgewerbe nach §1 HGB handelt und das Gewerbe in kaufmännischem Umfang betrieben wird, ist eine Eintragung in das Handelsregister erforderlich. Die Firma der Einzelunternehmung kann Personen-, Sach-, Fantasiefirma oder gemischte Firma sein.

§18 HGB

*(1) Die Firma muss zur Kennzeichnung des Kaufmanns geeignet sein und Unterscheidungskraft besitzen.*
*(2) Die Firma darf keine Angaben enthalten, die geeignet sind, über geschäftliche Verhältnisse, die für die angesprochenen Verkehrskreise wesentlich sind, irrezuführen.*

Beispiel *Angelika Schüren e. K., Fachbuchhandlung für Recht-Wirtschaft-Steuern*

## Kapitalaufbringung

Da der Einzelunternehmer als alleiniger **Eigenkapitalgeber** fungiert, ist die Eigenkapitalbasis durch das Vermögen des Unternehmers begrenzt. Eine Erweiterung des Eigenkapitals kann nur durch die Nichtentnahme erzielter Gewinne erfolgen. Diese Möglichkeit ist jedoch begrenzt, weil der Kaufmann aus dem Gewinn seines Betriebes die Kosten seiner persönlichen Lebensführung bestreiten muss, da er kein Gehalt bezieht.

Unabhängig von den tatsächlichen wirtschaftlichen Verhältnissen wirkt sich die Beschränkung des Haftungskapitals auf das Vermögen einer Person nachteilig auf die Kreditwürdigkeit aus. Deshalb sind den Möglichkeiten der **Fremdkapitalbeschaffung** bei der Einzelunternehmung enge Grenzen gesetzt.

## Haftung

Der Einzelunternehmer **haftet** für die Verbindlichkeiten seines Unternehmens allein und unbeschränkt, d. h. mit seinem gesamten Vermögen.

Beispiel *Die Einzelunternehmerin Schüren hat für die Gründung ihrer Fachbuchhandlung bei der Bank einen Kredit aufgenommen. Sie haftet hierfür mit ihrem gesamten Vermögen, d. h. auch mit ihrem Privatvermögen.*

## Gewinn und Verlust

Da der Einzelunternehmer alle Risiken allein übernimmt, steht ihm auch der gesamte Gewinn zu, andererseits trägt er auch alle Verluste allein.

## Geschäftsführung und Vertretung

Der Einzelunternehmer ist alleiniger Inhaber, er hat infolgedessen auch alle Entscheidungsbefugnisse. Er hat das alleinige Recht, im Innenverhältnis die Geschäfte zu führen **(Geschäftsführungsbefugnis)** und das Unternehmen im Außenverhältnis gegenüber Dritten zu vertreten **(Vertretungsbefugnis)**.

Die Einzelunternehmung ist die einfachste Rechtsform des Handelsrechts. Hier liegen alle betrieblichen Entscheidungen in der Hand eines mitarbeitenden Eigentümers, der auch das volle Risiko trägt. Rund 75 % aller steuerpflichtigen Unternehmen in Deutschland sind Einzelunternehmen.

Die **Vorteile** der Einzelunternehmung liegen auf der Hand. Da der Unternehmer alleiniger Inhaber ist, kann er alle Entscheidungen unabhängig, selbstständig und schnell treffen. Er ist niemandem Rechenschaft schuldig, und es gibt keine Meinungsverschiedenheiten. Den erwirtschafteten Gewinn muss er nicht teilen. Der Einzelunternehmer ist wirklich sein „eigener Herr".
Dem stehen wesentliche **Nachteile** gegenüber. Der Einzelunternehmer trägt das alleinige Risiko und er haftet mit seinem gesamten Vermögen. Durch die begrenzte Kapitalkraft ist die Beschaffung von Fremdkapital oft schwierig. Der Vorteil, sein eigener Herr zu sein, beinhaltet für den Einzelunternehmer gleichzeitig einen wesentlichen Nachteil: er trägt die gesamte Verantwortung allein.

***Die Einzelunternehmung***

| | |
|---|---|
| **Definition** | • Gewerbebetrieb, dessen Eigenkapital von einer Person aufgebracht wird |
| **Gründung** | • Eine Person<br>• Eintragung in das Handelsregister bei Handelsgewerbe mit kaufmännischem Umfang |
| **Firma** | • Personen-, Sach-, Fantasiefirma oder gemischte Firma und der Zusatz „eingetragener Kaufmann" (e. K./e. Kfm.) oder „eingetragene Kauffrau" (e. K./e. Kffr.) |
| **Kapitalaufbringung** | • Durch den Einzelunternehmer |
| **Haftung** | • Allein und unbeschränkt |
| **Geschäftsführung und Vertretung** | • Allein durch den Einzelunternehmer |
| **Gewinn und Verluste** | • Erhält bzw. trägt der Einzelunternehmer |

## Aufgaben

1 Der Einzelunternehmer Eberle ist zahlungsunfähig. Der Gläubiger Pfeiffer behauptet, Eberle hafte auch mit seinem Privatvermögen. Eberle selbst steht auf dem Standpunkt, Geschäfts- und Privatvermögen hätten nichts miteinander zu tun. Nehmen Sie zu diesen Behauptungen Stellung.

2 Stellen Sie fest, wer sich in Ihrer Klasse einmal selbstständig machen möchte, und diskutieren Sie die damit verbundenen Vor- und Nachteile.

3 Die Universitätsbibliothek Köln bietet Angelika Schüren exklusiv die Pflege aller Online-Angebote der juristischen Fakultät an. Dazu müsste Angelika Schüren zusätzlich diverse PC anschaffen und entsprechende Netzwerklizenzen erwerben. Mindestens ein Mitarbeiter müsste zusätzlich eingestellt werden. Überlegen Sie, welche Schwierigkeiten sich für Angelika Schüren bei der Kapitalbeschaffung ergeben könnten.

4 Stellen Sie in einem Kurzreferat die Unternehmensform der Einzelunternehmung vor. Nutzen Sie Tafel, Overheadprojektor oder andere Medien zur Veranschaulichung.

5 Fritz und Walter erben jeweils 750 000,00 EUR. Fritz gründet eine Papiergroßhandlung, Walter legt das Kapital in Bundesschatzbriefen an. Nach einigen Jahren treffen sie sich wieder und stellen fest, dass Fritz einen durchschnittlichen Jahresüberschuss von 100 000,00 EUR erwirtschaftet hat. Walter hingegen erhält jährlich 56 250,00 EUR Zinsen. Errechnen Sie die Verzinsung der jeweiligen Anlage.

## 2.3.2 Personengesellschaften

### 2.3.2.1 Die offene Handelsgesellschaft (OHG)

Angelika Schüren ist mit dem Buchhändler Klaus Schürgers befreundet, der in einer exklusiven Einkaufsgalerie eine belletristische Fachbuchhandlung als Einzelunternehmung betreibt. Die Verwaltung der Galerie bietet dem Buchhändler zusätzliche Räume zur Anmietung an, damit besondere Events (Autorenlesungen, Schwerpunktpräsentationen usw.) geschäftsnah durchgeführt werden können. Ein für die Erweiterung des Geschäfts benötigter Kredit wurde jedoch wegen zu geringen Eigenkapitals von der Bank abgelehnt. Zusätzlich benötigtes Personal kann aus gleichem Grund nicht eingestellt werden. Dennoch will Klaus Schürgers die Chance zur Geschäftserweiterung nutzen. Nach eingehender Beratung durch den Betriebsberater der IHK schlägt dieser die Gründung einer Personengesellschaft in der Rechtsform einer OHG vor.

**Arbeitsauftrag**

- Erarbeiten Sie die Merkmale der OHG! Beurteilen Sie, ob die Wahl dieser Unternehmensform die Lösung für Herrn Schürgers Probleme ist.

§ 105 Abs. 1 HGB

*Eine Gesellschaft, deren Zweck auf den Betrieb eines Handelsgewerbes unter gemeinschaftlicher Firma gerichtet ist, ist eine offene Handelsgesellschaft, wenn bei keinem der Gesellschafter die Haftung gegenüber den Gesellschaftsgläubigern beschränkt ist.*

Die **Gründung** der OHG (§ 105 ff. HGB) ist formfrei, die Schriftform in Form eines Gesellschaftsvertrages ist jedoch üblich. Die Gesellschaft entsteht bei Kaufleuten i. S. von § 1 HGB mit Aufnahme der Tätigkeit, bei Kleingewerbetreibenden und Kannkaufleuten mit Handelsregistereintrag. Die Gesellschaft ist zur Eintragung in das Handelsregister anzumelden.

Die **Firma** der OHG kann Personen-, Sach-, Fantasiefirma oder gemischte Firma sein. Sie muss die Bezeichnung „offene Handelsgesellschaft" oder eine verständliche Abkürzung dieser Bezeichnung (z. B. OHG) enthalten.

Beispiel *Becker und Bauer betreiben eine Druckerei in der Rechtsform einer OHG. Folgende Firmen sind möglich: Becker & Bauer OHG, Bauer & Becker OHG, Becker OHG, Bauer OHG, Becker & Co. OHG, BEBA OHG*

Ähnlich wie bei der Einzelunternehmung kann die **Eigenkapitalbasis** durch Erhöhung der Kapitaleinlagen der Gesellschafter oder durch die Nichtentnahme von Gewinnen erfolgen. Darüber hinaus besteht die Möglichkeit der Aufnahme neuer Gesellschafter.

Beispiel *Die Becker OHG erzielt einen Jahresüberschuss von 68 800,00 EUR, die Gesellschafter beschließen, den Gewinn zur Anschaffung eines Hochleistungskopierers zu verwenden.*

Die Beschaffung von **Fremdkapital** ist leichter als bei der Einzelunternehmung, da hier mindestens zwei Gesellschafter mit ihrem gesamten Vermögen haften und das Risiko der Gläubiger dadurch auf zwei Schuldner verteilt ist.

Die Gesellschafter der OHG **haften** solidarisch, unbeschränkt und unmittelbar.

- **Unbeschränkt** bedeutet, dass jeder Gesellschafter mit seinem gesamten Vermögen haftet. Es haftet also nicht nur das Gesellschaftsvermögen, sondern jeder Gesellschafter muss auch mit seinem Privatvermögen für die Schulden der OHG einstehen.
- **Unmittelbar** bedeutet, dass sich ein Gläubiger an jeden beliebigen Gesellschafter wenden kann. Der Gesellschafter kann nicht verlangen, dass der Gläubiger zuerst gegen die Gesellschaft auf Zahlung klagt.

- **Solidarisch** (gesamtschuldnerisch) heißt, dass jeder Gesellschafter für die gesamten Schulden der OHG haftet. Er haftet also für die anderen Gesellschafter mit. Im Innenverhältnis hat der Gesellschafter selbstverständlich einen Ausgleichsanspruch.

Ein in eine Einzelunternehmung oder OHG **eintretender Gesellschafter** haftet auch für die Verbindlichkeiten, die bei seinem Eintritt bereits bestehen. **Bei Austritt** haftet der Gesellschafter noch fünf Jahre für die bei seinem Austritt vorhandenen Verbindlichkeiten.

Zur **Geschäftsführung** ist jeder OHG-Gesellschafter allein berechtigt und verpflichtet.

§ 114 Geschäftsführung

*(1) Zur Führung der Geschäfte der Gesellschaft sind alle Gesellschafter berechtigt und verpflichtet.*

Im Außenverhältnis kann jeder Gesellschafter die OHG wirksam vertreten **(Einzelvertretungsmacht)**.
Beispiel *Bauer schafft für die OHG einen repräsentativen Geschäftswagen an. Als Becker davon erfährt, kommt es zum Streit. Er ist mit dem Kauf nicht einverstanden. Trotzdem ist der Kaufvertrag zwischen dem Autohaus und der OHG wirksam zustande gekommen, da jeder Gesellschafter die OHG wirksam vertreten kann.*

Es besteht jedoch auch die Möglichkeit, dass ein oder mehrere Gesellschafter nur in Gemeinschaft zur Vertretung der OHG ermächtigt sein sollen **(Gesamtvertretungsmacht)**. Diese Einschränkung ist jedoch nur wirksam, wenn sie in das Handelsregister eingetragen ist.
Beispiel *Becker und Bauer vereinbaren Gesamtvertretungsmacht und lassen dies in das Handelsregister eintragen. Beim Kauf eines neuen Kopierers müssen jetzt beide den Kaufvertrag unterschreiben.*

Ein Gesellschafter darf ohne Einwilligung seiner Partner weder im Handelszweig seiner Gesellschaft Geschäfte tätigen noch sich an einer anderen Gesellschaft als persönlich haftender Gesellschafter beteiligen **(Wettbewerbsverbot)**.
Beispiel *Bauer will sich an einer weiteren Druckerei als Gesellschafter beteiligen. Hierfür ist die Zustimmung des Gesellschafters Becker erforderlich.*

Der **Gewinn** der OHG wird gemäß Gesellschaftsvertrag verteilt. In der Regel bekommen die mitarbeitenden Gesellschafter zunächst ein Arbeitsentgelt (Unternehmerlohn). Danach werden die geleisteten Kapitaleinlagen in einer vereinbarten Höhe verzinst. Der verbleibende Rest kann „nach Köpfen" oder nach einem Schlüssel verteilt werden, der die unterschiedliche Höhe des mithaftenden Privatvermögens berücksichtigt. Wird zur Gewinnverteilung nichts vereinbart, gilt § 121 HGB. Danach steht jedem Gesellschafter zunächst ein Anteil in Höhe von 4 % seiner Kapitaleinlage zu. Der Rest wird nach Köpfen unter den Gesellschaftern verteilt.
Beispiel *Der Gewinn der Becker OHG beträgt 68 800,00 EUR. Die Einlage von Becker beläuft sich auf 100 000,00 EUR, die von Bauer auf 150 000,00 EUR. Becker hat am 31.12. d. J. 8 100,00 EUR, Bauer 9 600,00 EUR entnommen. Die Verteilung soll nach § 121 HGB erfolgen.*

| Gesellschafter | Kapital am Anfang des Jahres in EUR | 4 % der Kapitaleinlage in EUR | Rest nach Köpfen in EUR | Gesamtgewinn in EUR | Entnahme in EUR | Gutschrift in EUR | Kapital am Ende des Jahres in EUR |
|---|---|---|---|---|---|---|---|
| Becker | 100 000,00 | 4 000,00 | 29 400,00 | 33 400,00 | 8 100,00 | 25 300,00 | 125 300,00 |
| Bauer | 150 000,00 | 6 000,00 | 29 400,00 | 35 400,00 | 9 600,00 | 25 800,00 | 175 800,00 |
| Gesamt | 250 000,00 | 10 000,00 | 58 800,00 | 68 800,00 | 17 700,00 | 51 100,00 | 301 100,00 |

Der Gewinn eines Gesellschafters wird seinem Kapitalanteil zugeschrieben. Jeder Gesellschafter ist berechtigt, vier Prozent seines Kapitalanteils pro Jahr **zu entnehmen**. Dies ist auch dann möglich, wenn die OHG Verluste macht.

Die **Verluste** der OHG werden nach Köpfen verteilt und vom Kapitalkonto der Gesellschafter abgezogen. Vertragliche Abweichungen von dieser Regelung sind möglich.
Beispiel *Die Becker OHG macht im folgenden Jahr einen Verlust von 50 600,00 EUR. Jedem der Gesellschafter werden 25 300,00 EUR vom Kapitalkonto abgezogen. Der neue Kontostand von Becker beträgt jetzt 100 000,00 EUR, der von Bauer 150 500,00 EUR.*

Die Ertragskraft des Unternehmens wird mithilfe der **Rentabilität** ausgedrückt.

- Rentabilität des Eigenkapitals **(Unternehmerrentabilität)**: Hier wird das prozentuale Verhältnis des Jahresüberschusses zum Eigenkapital ausgedrückt.
  Beispiel
  $$\text{Eigenkapitalrentabilität} = \frac{\text{Jahresüberschuss} \cdot 100}{\text{Durchschnittliches Eigenkapital}} = \frac{68\,800{,}00 \cdot 100}{25\,0000{,}00} = \underline{\underline{27{,}52\,\%}}$$
- Rentabilität des Gesamtkapitals **(Unternehmungsrentabilität)**: Hier wird der mit dem Gesamtkapital erzielte Reinertrag (Gewinn + gezahlte Fremdkapitalzinsen) dem durchschnittlichen Gesamtkapital gegenübergestellt.
  Beispiel
  $$\text{Gesamtkapitalrentabilität} = \frac{(\text{Jahresüberschuss} + \text{Fremkapitalzinsen}) \cdot 100}{\text{Durchschnittliches Eigenkapital}} =$$
  $$\frac{(68\,800{,}00 + 1\,200{,}00) \cdot 100}{350\,000{,}00} = \underline{\underline{20\,\%}}$$

Eine **Kündigung** des Gesellschaftsvertrages ist mit einer Frist von sechs Monaten zum Ende des Geschäftsjahres möglich.

***Die offene Handelsgesellschaft (OHG)***

| | |
|---|---|
| **Definition** | • Gesellschaft, deren Zweck auf den Betrieb eines gemeinsamen Handelsgewerbes gerichtet ist, wobei alle Gesellschafter unbeschränkt haften |
| **Gründung** | • Mindestens zwei Personen<br>• Gesellschaftsvertrag ist formfrei<br>• Die Gesellschaft ist zur Eintragung in das Handelsregister anzumelden |
| **Firma** | • Personen-, Sach-, Fantasiefirma oder gemischte Firma mit Zusatz „offene Handelsgesellschaft" |
| **Kapitalaufbringung** | • Verbesserte Möglichkeiten der Fremdkapitalaufbringung durch Verbreiterung der Eigenkapitalbasis und Haftung |
| **Haftung** | • Unbeschränkt, unmittelbar, solidarisch (gesamtschuldnerisch) |
| **Geschäftsführung** | • Jeder Gesellschafter ist berechtigt, allein die Geschäfte zu und Vertretung führen und die Gesellschaft im Außenverhältnis zu vertreten |
| **Gewinnverteilung** | • Lt. Gesellschaftsvertrag<br>• Wenn nichts geregelt ist, dann gilt das HGB, d. h. 4 % auf das eingesetzte Kapital, Rest nach Köpfen |
| **Verlustverteilung** | • Nach Köpfen |

## Aufgaben

1 Roland Rothe plant die Gründung eines Bücherwagendienstes (Zustellservice) in der Rechtsform einer OHG. Um Chancen und Risiken gegeneinander abzuwägen, bittet Rothe seinen Steuerberater Schmitz um die Beantwortung bzw. Kommentierung der folgenden Aspekte:
   a) Wo muss die Gesellschaft eingetragen bzw. angemeldet werden?
   b) Wie haften die Gesellschafter?
   c) Wie ist die gesetzliche Gewinnverteilung geregelt?
   d) Begründen Sie, warum der Gewinn der OHG nach Köpfen und in Form einer Kapitalverzinsung verteilt wird.
   e) Roland Rothe betreibt die OHG zusammen mit seinem Kompagnon Kotte. Nennen Sie fünf mögliche Firmen.
   f) Stellen Sie in einer Tabelle die Rechte und Pflichten der OHG-Gesellschafter gegenüber.

   Helfen Sie Herrn Schmitz bei der Erledigung dieses Auftrages.

2 Nach der Eintragung der Rothe OHG in das Handelsregister kauft Rothe mehrere Lieferwagen.
   a) Erläutern Sie, ob Rothe das Geschäft für die Firma wirksam abschließen konnte.
   b) Welche Rechtsfolgen hätte es gehabt, wenn Kotte dem Geschäft widersprochen hätte?
   c) Begründen Sie, ob Kotte sich an einer anderen OHG als Gesellschafter beteiligen könnte.
   d) Kotte bekommt einen Lkw günstig angeboten. Er möchte damit Geschäfte auf eigene Rechnung machen. Ist dies zulässig, wenn Rothe dagegen ist?
   e) Aufgrund von Unstimmigkeiten möchte Kotte die Gesellschaft verlassen. Er ist der Meinung, ab dem Tag der Auflösung des Gesellschaftsvertrages habe er mit den Verbindlichkeiten des Unternehmens nichts mehr zu tun. Erläutern Sie die Rechtslage.

3 Entwerfen Sie einen Text, mit dem Sie die Rothe OHG zum Handelsregister anmelden.

4 Entwerfen Sie einen Formulierungsvorschlag für einen Gesellschaftsvertrag. Orientieren Sie sich dabei an der Satzung der Medi@ AG und an den gesetzlichen Vorgaben.

5 Stellen Sie in einem Kurzreferat die Unternehmensform der OHG vor. Nutzen Sie Tafel, Overheadprojektor oder andere Medien zur Veranschaulichung.

*Vergleiche hierzu Seite 12*

6 Abweichend von der gesetzlichen Regelung vereinbaren die Gesellschafter die folgende Gewinnverteilung: „Die Verzinsung des eingesetzten Kapitals soll jeweils 2% über dem Basiszinssatz der EURopäischen Zentralbank vom 1. Dezember des jeweiligen Geschäftsjahres liegen. Der Rest wird nach Köpfen verteilt." Überlegen Sie, welche Gründe für diese Formulierung sprechen könnten.

7 A, B und C betreiben eine OHG. A hat 600 000,00 EUR, B 750 000,00 EUR und C 1 200 000,00 EUR in das Unternehmen eingebracht. Alle drei Gesellschafter arbeiten im Betrieb mit. Im letzten Geschäftsjahr wurde ein Gewinn in Höhe von 525 000,00 EUR erzielt.
   a) Ermitteln Sie den Gewinnanteil der Gesellschafter nach § 121 HGB.
   b) Erläutern Sie, warum es ungerecht wäre, wenn der Gewinn allein im Verhältnis der Kapitalanteile verteilt würde.
   c) Warum wäre es ebenso ungerecht, wenn der Gewinn ausschließlich nach Köpfen verteilt würde?

8 Prüfen Sie die folgenden Aussagen über die Haftung der Gesellschafter einer OHG.
   1. Wer in eine bestehende OHG eintritt, haftet wie die anderen Gesellschafter für die Verbindlichkeiten, die vor seinem Eintritt entstanden sind.
   2. Ein ausscheidender Gesellschafter haftet noch ein Jahr für alle vor seinem Ausscheiden entstandenen Schulden.
   3. Jeder Gesellschafter einer OHG haftet nur für Schulden, die anteilmäßig auf ihn entfallen, nicht dagegen für die anteiligen Schulden der anderen Gesellschafter.

### 2.3.2.2 Die Kommanditgesellschaft (KG)

Klaus Schürgers ist grundsätzlich von den Vorzügen der Gründung einer Personengesellschaft in der Rechtsform einer OHG überzeugt. In der Praxis gestaltet sich die Suche nach einem geeigneten Partner jedoch schwierig. Trotz der Unterstützung durch die IHK und der Veröffentlichung einer Anzeige in der branchenrelevanten Presse findet sich kein geeigneter Gesellschafter. In dieser Situation bietet der Steuerberater Herrn Schürgers eine Beteiligung an seinem Unternehmen an. Er ist bereit, eine beträchtliche Summe zu investieren, kann aber aufgrund seiner beruflichen Situation nicht im Unternehmen mitarbeiten und möchte auch die Haftung auf das eingesetzte Kapital beschränken. Er rät zur Gründung einer Kommanditgesellschaft.

**Arbeitsaufträge**

- Erarbeiten Sie die Merkmale der KG.
- Prüfen Sie anhand der nachfolgenden Ausführungen, ob diese Unternehmensform den Vorstellungen der beiden Partner gerecht wird.

- Die Kommanditgesellschaft (§§ 161 ff. HGB) ist eine Handelsgesellschaft, bei der mindestens ein Gesellschafter unbeschränkt **(Komplementär)** und ein Gesellschafter nur in Höhe seiner Einlage **(Kommanditist)** haftet.

- Zur **Gründung** einer KG sind mindestens zwei Personen (ein Komplementär und ein Kommanditist) erforderlich. Der Gesellschaftsvertrag ist formfrei. Die Gesellschaft ist zur Eintragung in das Handelsregister anzumelden.

- Die **Firma** der KG kann Personen-, Sach-, Fantasiefirma oder gemischte Firma sein. Sie muss den Zusatz „Kommanditgesellschaft" oder eine verständliche Abkürzung dieser Bezeichnung (z. B. KG) enthalten.
  **Beispiel** *Klaus Schürgers kann z. B. die Firma Schürgers KG oder Literaturtreff Schürgers KG führen.*

  Die Möglichkeiten der **Eigenkapitalbeschaffung** sind bei der KG i. d. R. größer als bei der Einzelunternehmung oder der OHG, da aufgrund der Beschränkung der Haftung des Kommanditisten auf seine Einlage leichter Kapitalgeber gefunden werden können.

- Die **Fremdkapitalbeschaffung** ist leichter als bei der Einzelunternehmung, da hier neben dem Vollhafter zumindest ein Teilhafter zusätzlich haftet. Grundsätzlich ist sie jedoch schwieriger als bei der OHG, da bei der OHG mindestens zwei Gesellschafter unbeschränkt haften.

- Der Komplementär der KG **haftet** wie der OHG-Gesellschafter unbeschränkt, unmittelbar und solidarisch. Die Haftung des Kommanditisten ist auf die in das Handelsregister eingetragene Einlage beschränkt.

  Bei Eintritt in die KG haftet der Kommanditist bis zur Höhe seiner Einlage auch für bereits bestehende Verbindlichkeiten. **Bei Austritt** haftet er noch fünf Jahre für die bis zu seinem Austritt entstandenen Verbindlichkeiten.

- **Geschäftsführung** und **Vertretung** der Gesellschaft liegen allein beim Komplementär, d. h. der Kommanditist ist von der Führung der Geschäfte ausgeschlossen. Er kann Rechtsgeschäften jedoch widersprechen, wenn sie über den gewöhnlichen Geschäftsbetrieb hinausgehen.
  **Beispiel** *Der Komplementär will den Sitz des Unternehmens aus steuerlichen Gründen nach Liechtenstein verlegen. Hier hat der Kommanditist ein Widerspruchsrecht.*

  Der Kommanditist ist berechtigt, eine Abschrift der Bilanz zu verlangen und diese durch Einsicht in die Bücher auf ihre Richtigkeit hin zu überprüfen. Das Recht auf eine laufende Kontrolle der Geschäfte hat er jedoch nicht.

Beispiel *Der Kommanditist Lästig erscheint an jedem ersten Freitag im Monat im Unternehmen und verlangt Einblick in die Bücher. Komplementär Pfiffig kann ihm dies verweigern, da der Kommanditist kein Recht auf eine laufende Kontrolle der Geschäfte hat.*

- Auch bei der KG erhält der geschäftsführende Gesellschafter vom **Gewinn** der Unternehmung i. d. R. zunächst einen Unternehmerlohn. Danach werden die Kapitaleinlagen gemäß Gesellschaftsvertrag verzinst. Ist hierüber keine Regelung getroffen, gilt § 168 HGB, der eine Kapitalverzinsung von 4 % vorsieht. Falls der Gewinn diesen Betrag übersteigt, soll der Rest „angemessen" verteilt, d. h. das unterschiedliche Risiko der Gesellschafter berücksichtigt werden.
  Beispiel *Lästig ist mit 10 000,00 EUR als Kommanditist an der Druckerei Pfiffig beteiligt. Pfiffig hat als Komplementär 100 000,00 EUR eingebracht. Im ersten Jahr der Gründung erwirtschaftet die KG einen Gewinn in Höhe von 54 450,00 EUR. Nach der Kapitalverzinsung lt. HGB verbleibt ein Restgewinn in Höhe von 50 050,00 EUR. Im Gesellschaftsvertrag ist vereinbart, dass die angemessene Gewinnverteilung im Verhältnis der Einlagen, d. h. im Verhältnis 1 : 10, erfolgt.*

Der Kommanditist hat nur Anspruch auf Auszahlung des Gewinns, wenn er seine Einlage voll geleistet hat.
Macht die Gesellschaft **Verlust**, wird dieser im Verhältnis der Anteile verteilt, wobei die Verlustbeteiligung des Kommanditisten auf die Höhe seiner Einlage beschränkt ist.
Die Gesellschafter können das Gesellschaftsverhältnis mit einer Frist von sechs Monaten zum Ende des Geschäftsjahres **kündigen**.

***Die Kommanditgesellschaft (KG)***

| | |
|---|---|
| **Definition** | • Handelsgesellschaft, bei der mindestens ein Gesellschafter unbeschränkt (Komplementär) und ein Gesellschafter in Höhe seiner Einlage (Kommanditist) haftet |
| **Gründung** | • Mindestens zwei Personen<br>• Gesellschaftsvertrag ist formfrei<br>• Handelsregistereintragung erforderlich |
| **Firma** | • Personen-, Sach-, Fantasiefirma oder gemischte Firma mit Zusatz „Kommanditgesellschaft" |
| **Kapitalaufbringung** | • Verbesserte Möglichkeiten der Eigenfinanzierung durch Aufnahme von Kommanditisten |
| **Haftung** | • Komplementär: unbeschränkt, unmittelbar, solidarisch<br>• Kommanditist: in Höhe seiner Einlage |
| **Geschäftsführung und Vertretung** | • Der Komplementär führt die Geschäfte und vertritt die Gesellschaft nach außen<br>• Der Kommanditist ist von der Geschäftsführung ausgeschlossen |
| **Gewinnverteilung** | • Lt. Gesellschaftsvertrag<br>• Wenn nichts geregelt ist, dann gilt das HGB, d. h. 4 % auf das eingesetzte Kapital, Rest im angemessenen Verhältnis |
| **Verlustverteilung** | • Angemessen, d. h. im Verhältnis der Anteile |

## Aufgaben

1 Erläutern Sie die wesentlichen Unterschiede zwischen OHG und KG.

2 Erläutern Sie die gesetzliche Gewinnverteilung bei der OHG und bei der KG und begründen Sie die unterschiedliche Behandlung der Gesellschafter.

3 Stellen Sie die Rechtsstellung des Komplementärs der des Kommanditisten der KG gegenüber.

4 In Aufgabe 4 zum Abschnitt 2.3.2.1 „Die offene Handelsgesellschaft (OHG)" haben Sie einen Gesellschaftsvertrag für eine OHG entworfen. Schreiben Sie den Gesellschaftsvertrag für eine Kommanditgesellschaft um.

5 Stellen Sie in einem Kurzreferat die Unternehmensform der KG vor. Nutzen Sie Tafel, Overheadprojektor oder andere Medien zur Veranschaulichung.

6 Auszug aus dem Gesellschaftsvertrag der Bauer KG:

**§ 6 Einlagen der Gesellschafter**

*Die Gesellschafter verpflichten sich, folgende Einlagen zu leisten:*

| | |
|---|---|
| *Andreas Bauer (Komplementär)* | *1 000 000,00 EUR* |
| *Thomas Doberstein (Kommanditist)* | *100 000,00 EUR* |

**§ 7 Ergebnisverteilung**

*Für die Geschäftsführung erhält der Komplementär vom erzielten Reingewinn vorweg eine Vergütung von 60 000,00 EUR. Die Verzinsung des eingesetzten Kapitals beträgt 10 %, der Rest wird im Verhältnis der Einlagen verteilt."*

a) Im ersten Geschäftsjahr beträgt der Reingewinn 500 000,00 EUR. Führen Sie die Gewinnverteilung lt. Gesellschaftsvertrag durch.
b) Stellen Sie die Gewinnverteilung einer OHG, bei der Bauer und Doberstein als Gesellschafter mit den gleichen Anteilen beteiligt sind, der Gewinnverteilung der KG gegenüber.
c) Im zweiten Geschäftsjahr macht die Bauer KG Verluste. Erläutern Sie die Verlustverteilung der KG.

## 2.3.3 Kapitalgesellschaften

### 2.3.3.1 Die Gesellschaft mit beschränkter Haftung (GmbH) mit Unternehmergesellschaft (UG haftungsbeschränkt)

Nicola Gehrke, bisher A&R-Managerin[1] bei der Medi@ AG, möchte gerne ein eigenes Independent-Musiklabel gründen, da sie gerne abseits des Mainstreams, der von der Medi@ AG bedient wird, Musik verlegen würde. Mit der Erfahrung, die sie über Jahre im Musikgeschäft bei der Medi@ AG gesammelt hat, traut sie es sich zu, ein eigenes Unternehmen in diesem Bereich zu führen, möchte jedoch auf keinen Fall persönlich haften. Die GmbH, insbesondere die Möglichkeit sie zunächst als Unternehmergesellschaft zu gründen, scheint ihr dafür die geeignete Rechtsform.

**Arbeitsaufträge**

- Prüfen Sie, ob Nicola Gehrke ein solches Unternehmen alleine gründen kann und welche weiteren Voraussetzungen dafür erfüllt sein müssen.
- Erläutern Sie mögliche Vor- und Nachteile, die die GmbH gegenüber Personengesellschaften hat.

Im Rahmen des Gesetzes zur Modernisierung des GmbH-Rechts und zur Bekämpfung von Missbräuchen (MoMiG) wurden am GmbH-Gesetz zahlreiche Änderungen vorgenommen, die die Rechtsform der GmbH attraktiver machen sollen, vor allem gegenüber der englischen Limited, die in den

*Vergleiche hierzu Seite 123*

[1] Artist & Repertoire: Bezeichnung aus dem Musikbusiness für jene Schaltstelle einer Plattenfirma, die für das Repertoire zuständig ist, neue Talente sucht, Verträge abschließt und die Musiker oder Bands an Produzen-ten vermittelt.

letzten Jahren immer häufiger von Unternehmensgründern gewählt wurde, um Kosten und Gründungsaufwand zu sparen.
Seit dem 01.12.2008 kennt das neue GmbH-Recht nunmehr zwei Varianten der GmbH: die **klassische GmbH** mit 25 000,00 EUR Mindestkapital und die haftungsbeschränkte **Unternehmergesellschaft** ohne Mindestkapital. Im Zuge dieser Neuerungen wurden auch das Gründungsverfahren und die Registereintragung beschleunigt.

*Vergleiche hierzu Seite 123*

**Die Gesellschaft mit beschränkter Haftung (GmbH)**
§ 1 GmbHG

*Gesellschaften mit beschränkter Haftung können nach Maßgabe der Bestimmungen dieses Gesetzes zu jedem gesetzlich zulässigen Zweck durch eine oder mehrere Personen errichtet werden.*

Die GmbH ist eine Handelsgesellschaft mit eigener Rechtspersönlichkeit **(juristische Person)**, deren Gesellschafter mit ihren Stammeinlagen am Stammkapital der Gesellschaft beteiligt sind, ohne persönlich zu haften.

## ● Gründung

Eine Mindestzahl von **Gründern** ist nicht vorgeschrieben, d. h., dass auch eine Person allein eine GmbH gründen kann (Ein-Mann-GmbH). Dies kann auch eine juristische Person sein.
Beispiel *Alleiniger Gründer der Medi@ Beteiligungs GmbH ist die Medi@ AG.*

Der Gesellschaftsvertrag **(Satzung)** bedarf der notariellen Beurkundung. Als juristische Person entsteht die GmbH erst mit Eintragung in das Handelsregister. Sie ist damit Formkaufmann.

Für unkomplizierte Standardgründungen (u. a. höchstens drei Gesellschafter) gibt es zwei beurkundungspflichtige **Musterprotokolle**, die die GmbH-Gründung wesentlich vereinfachen. Sie können im Internet unter http://bundesrecht.juris.de/gmbhg/ abgerufen werden.

§ 11 Abs. 2 GmbHG

*Ist vor Eintragung im Namen der Gesellschaft gehandelt worden, so haften die Handelnden persönlich und solidarisch.*

Beispiel *Jürgen Kruse plant die Gründung einer Werbeagentur in der Rechtsform einer GmbH. Er lässt von seinem Rechtsanwalt einen Gesellschaftsvertrag aufsetzen und beschafft die erforderlichen Einrichtungsgegenstände. Da die hiermit verbundenen Rechtsgeschäfte vor der Eintragung abgeschlossen wurden, haftet Kruse persönlich und solidarisch.*

## ● Firma

Die Firma der GmbH kann Personen-, Sach-, Fantasiefirma oder gemischte Firma sein. Sie muss den Zusatz „Gesellschaft mit beschränkter Haftung“ oder eine verständliche Abkürzung dieser Bezeichnung enthalten.
Beispiel *Herr Kruse könnte z. B. folgende Firmen wählen: Kruse GmbH, Admotion GmbH oder Werbe-Kruse GmbH.*

## ● Kapitalaufbringung

Anders als bei den Personengesellschaften ist bei der GmbH ein festes Gesellschaftskapital vorgeschrieben. Es wird **Stammkapital** genannt und beträgt mindestens 25 000,00 EUR. Die Einlage jedes einzelnen Gesellschafters ist der **Geschäftsanteil**. Er muss auf volle Euro lauten. Das Stammkapital kann in Geld oder Sachwerten aufgebracht werden.
Beispiel *Jürgen Kruse will bei Gründung der Kruse GmbH ein Grundstück im Wert von 1 000 000,00 EUR einbringen. Seine Mitgesellschafter wollen ihre Einlage in Höhe von 1 500 000,00 EUR in bar leisten.*

Die Erweiterung der Eigenkapitalbasis der GmbH ist durch sogenannte **Nachschusszahlungen** der Gesellschafter möglich. Diese müssen jedoch ausdrücklich in der Satzung vorgesehen sein. Darüber hinaus besteht die Möglichkeit der Aufnahme neuer Gesellschafter, die durch ihre Einlagen das Stammkapital der GmbH erhöhen.

Infolge der Beschränkung der Haftung und der damit verbundenen geringen Kreditwürdigkeit der GmbH sind der **Fremdkapitalbeschaffung** enge Grenzen gesetzt. Dies führt dazu, dass in der Praxis Kredite häufig nur durch Sicherung mit Privatvermögen der Gesellschafter vergeben werden.

## ● Haftung

Die Haftung der Gesellschafter der GmbH ist ausgeschlossen, es haftet ausschließlich die juristische Person.

Vergleiche hierzu Seite 123

Beispiel *Wird die iVent GmbH zahlungsunfähig, können sich die Gläubiger ausschließlich an die Gesellschaft wenden. Sie haftet mit ihrem gesamten Betriebsvermögen in Höhe von 4 000 000,00 EUR. Auf das Privatvermögen der Gesellschafter haben die Gläubiger keinen Zugriff.*

## ● Organe der GmbH

- **Geschäftsführer:** Ihnen obliegt die Geschäftsführung und Vertretung der Gesellschaft. In der Praxis sind dies gerade bei kleinen Unternehmen häufig die Gesellschafter, es können aber selbstverständlich auch dritte Personen sein. Die Art der Vertretungsbefugnis (Einzel- oder Gesamtvertretung) ist in das Handelsregister einzutragen und auf den Geschäftsbriefen der GmbH anzugeben.
  Beispiel *Geschäftsführer der iVent GmbH ist Bernhard Schiller.*

- **Gesellschafterversammlung:** Sie wird durch die Geschäftsführer einberufen und beschließt z. B. über
  - Jahresabschluss und Gewinnverwendung,
  - Bestellung, Entlastung und Abberufung der Geschäftsführer und
  - Bestellung von Prokuristen und Handlungsbevollmächtigten. Die Abstimmung erfolgt mit einfacher Mehrheit nach Geschäftsanteilen. Je 50,00 EUR eines Geschäftsanteils gewähren eine Stimme.

- **Aufsichtsrat:** Der Gesellschaftsvertrag kann die Einrichtung eines **Aufsichtsrates** vorsehen. Seine wesentlichen Aufgaben sind die Überwachung der Geschäftsführer und die Prüfung von Jahresabschluss und Lagebericht. Für GmbHs, die mehr als 500 Arbeitnehmer beschäftigen, ist die Einrichtung eines Aufsichtsrates durch das **Betriebsverfassungsgesetz** zwingend vorgesehen.
  Der Aufsichtsrat wird für vier Jahre gewählt. Er besteht aus Vertretern der Arbeitnehmer und der Gesellschafter.

## ● Gewinn und Verlust

Der **Gewinn** der GmbH wird, wenn die Satzung nichts anderes vorsieht und die Gesellschafterversammlung dies beschließt, im Verhältnis der Geschäftsanteile verteilt. Bei **Verlusten** werden zunächst die Rücklagen aufgezehrt. Ist die Gesellschaft zahlungsunfähig oder ergibt sich bei Aufstellung der Bilanz, dass die Schulden nicht mehr durch das Vermögen der Gesellschaft gedeckt sind **(Überschuldung)**, müssen die Geschäftsführer spätestens nach drei Wochen das **Insolvenzverfahren** beantragen.

Eine **Pflichtprüfung und die Veröffentlichung** (Publizierung) von Jahresabschluss und Lagebericht sind für große Kapitalgesellschaften vorgeschrieben.

Die **Bedeutung der GmbH** in der Praxis ergibt sich aus folgenden Gründen:
- Das Risiko der Gesellschafter ist auf die Kapitaleinlage beschränkt.
- Sie kann mit relativ wenig Kapital (25 000,00 EUR) gegründet werden.
- Die Kosten der Gründung sind niedriger als bei der AG.

- Sie ermöglicht als juristische Person die Fortführung der Unternehmung bei Tod oder Ausscheiden eines Gesellschafters.

**Die Unternehmergesellschaft (UG haftungsbeschränkt)**
§ 5a Abs. 1 und 2 GmbHG

*(1) Eine Gesellschaft, die mit einem Stammkapital gegründet wird, das den Betrag des Mindeststammkapitals nach § 5 Abs. 1 unterschreitet, muss in der Firma abweichend von § 4 die Bezeichnung „Unternehmergesellschaft (haftungsbeschränkt)" oder „UG (haftungsbeschränkt)" führen.*
*(2) Abweichend von § 7 Abs. 2 darf die Anmeldung erst erfolgen, wenn das Stammkapital in voller Höhe eingezahlt ist. Sacheinlagen sind ausgeschlossen.*

Die **Unternehmergesellschaft** bietet eine Einstiegsvariante der GmbH und ist für Existenzgründer interessant, die zu Beginn ihrer Tätigkeit wenig Stammkapital haben oder benötigen – wenn z. B. keine teuren Anschaffungen getätigt werden müssen. Jeder Geschäftsanteil muss nun nur noch auf einen Betrag von mindestens 1,00 EUR lauten. Mit den neuen Musterprotokollen für unkomplizierte Standardgründungen können zudem Verwaltungsaufwand und -kosten minimiert werden.
Bei der haftungsbeschränkten Unternehmergesellschaft handelt es sich nicht um eine neue Rechtsform, sondern um eine GmbH, die ohne bestimmtes Mindeststammkapital gegründet werden kann. Diese GmbH darf ihre Gewinne aber nicht voll ausschütten. Sie soll auf diese Weise das Mindeststammkapital der normalen GmbH nach und nach ansparen.

In folgenden Punkten unterscheidet sich die UG von der klassischen GmbH:
- Die Einlage muss bar erfolgen; Sacheinlagen sind bei der UG ausgeschlossen.
- Anders als bei der GmbH kann die UG erst angemeldet werden, wenn das Stammkapital in voller Höhe eingezahlt ist.
- Die Firma muss den Zusatz „Unternehmergesellschaft (haftungsbeschränkt)" tragen.
- Es müssen gesetzliche Rücklagen gebildet werden.

Bei allen anderen Gesichtspunkten gelten die rechtlichen Vorschriften für die GmbH.
Beispiel *Jürgen Kruse plant die Gründung einer Werbeagentur. Da er selbst nicht persönlich haften möchte, aber für eine GmbH das Mindestkapital von 25 000,00 EUR nicht aufbringen kann, bietet ihm die UG die Möglichkeit, eine Gesellschaft mit geringem Stammkapital zu gründen, die er später in eine vollwertige GmbH umwandeln kann.*

## Die englische Limited

In den letzten Jahren erlebten die nach englischem Recht gegründeten **Limiteds** mit Niederlassungssitz in Deutschland einen Boom, der aber mit der neuen Form der Unternehmergesellschaft in Zukunft wieder zurückgehen dürfte. Die Limited ist rechtlich und steuerlich **der GmbH gleichgestellt**.

**Vorteile der Limited:**
- Gründungskosten komplett ab 259,00 EUR
- Limitierte Haftung – keine Haftung mit dem Privatvermögen
- Haftungskapital ab 1 £ (ca. 1,50 EUR) – keine 25 000,00 EUR wie bei der GmbH
- Unkompliziertes Auslagern von Betriebsrisiken in neue Tochtergesellschaften (Limiteds)
- Firmenfreundliches Gesellschaftsrecht, z. B. ohne Notarzwang bei Wechsel von Gesellschaftern
- Einfaches Auflösen der Limited
- Intelligente Altersvorsorge für Geschäftsführer, die Vorsorgeaufwendungen sind Betriebsausgaben

Weitere Informationen finden Sie unter: http://www.go-limited.de

***Die Gesellschaft mit beschränkter Haftung (GmbH)***

| | |
|---|---|
| **Definition** | • Handelsgesellschaft mit eigener Rechtspersönlichkeit (juristische Person), deren Gesellschafter mit ihren Geschäftsanteilen am Stammkapital der Gesellschaft beteiligt sind, ohne persönlich zu haften |
| **Gründung** | • Mindestzahl nicht vorgeschrieben<br>• Notarieller Gesellschaftsvertrag erforderlich, Musterprotokoll möglich<br>• Handelsregistereintragung erforderlich |
| **Firma** | • Sach-, Personen-, Fantasiefirma oder gemischte Firma mit Zusatz „GmbH" |
| **Kapitalaufbringung** | • Stammkapital mindestens 25 000,00 EUR<br>• Summe der Geschäftsanteile der Gesellschafter muss dem Stammkapital entsprechen<br>• Fremdkapitalbeschaffung durch Beschränkung der Haftung problematisch |
| **Haftung** | • Es haftet die juristische Person mit ihrem gesamten Vermögen |
| **Geschäftsführung und Vertretung** | • Durch die Geschäftsführer (Einzel- oder Gesamtgeschäftsführung möglich) |
| **Beschließendes Organ** | • Gesellschafterversammlung |
| **Kontrollierendes Organ** | • Gegebenenfalls Aufsichtsrat (ab 500 Arbeitnehmer) |
| **Gewinnverteilung** | • Im Verhältnis der Geschäftsanteile |
| **Verlustverteilung** | • Aufzehrung von Rücklagen, bei Überschuldung Insolvenzverfahren |

***Die Unternehmergesellschaft (haftungsbeschränkt)***

*Von der GmbH abweichende Regelungen:*

| | |
|---|---|
| **Firma** | • Sach-, Personen-, Fantasiefirma oder gemischte Firma mit Zusatz „UG (haftungsbeschränkt)" |
| **Kapitalaufbringung** | • Kein Mindeststammkapital vorgeschrieben, ansonsten wie GmbH |

## Aufgaben

1 Erläutern Sie die Unternehmensform der GmbH (inklusive Unternehmergesellschaft) in Form eines Kurzreferates anhand der Merkmale
- Gründung
- Haftung
- Firma
- Geschäftsführung und Vertretung
- Kapitalaufbringung
- Gewinn- und Verlustverteilung.

2 Die Kaufleute Dieter Wolf und Jens Walter wollen einen Musikverlag in der Rechtsform einer GmbH gründen.
a) Geben Sie an, welches Mindestkapital sie einbringen müssen.
b) Wolf möchte seinen Sohn Daniel als Gesellschafter mit einer geringen Einlage beteiligen. Erläutern Sie, ob es hierfür einen Mindestbetrag gibt.
c) Formulieren Sie einen Gesellschaftsvertrag für die Kaufleute Wolf junior und senior und Walter. Nehmen Sie dabei das GmbH-Gesetz zu Hilfe.

d) Wolf senior und Walter wollen die Geschäftsführung übernehmen. Sie diskutieren die Vor- und Nachteile der Einzel- und Gesamtgeschäftsführung. Stellen Sie die unterschiedlichen Arten der Geschäftsführung gegenüber.
e) Nach Unterschrift unter den Gesellschaftsvertrag, aber vor Eintragung in das Handelsregister, kauft Wolf im Namen der GmbH einen repräsentativen Geschäftswagen. Walter junior und senior sind nicht damit einverstanden. Prüfen Sie, ob die GmbH wirksam verpflichtet wurde.
f) Wolf und Walter senior werden zu Geschäftsführern bestimmt. Sie haben Einzelvertretungsmacht. Wolf mietet Geschäftsräume, ohne Walter zu fragen. Begründen Sie, ob der Mietvertrag gültig ist.
g) Erläutern Sie, wie die Ernennung der Geschäftsführer bekannt gemacht werden muss.
h) Das Stammkapital der GmbH entspricht dem gesetzlichen Mindestkapital. Wolf ist mit 15 000,00 EUR, Walter senior mit 9 500,00 EUR und sein Sohn mit dem Rest beteiligt. Erläutern Sie, wie viel Stimmen die drei in der Gesellschafterversammlung haben.
i) Im ersten Jahr macht die GmbH 80 000,00 EUR Gewinn. Wie wird der Gewinn verteilt, wenn in Gesellschafterversammlung und Satzung darüber nichts festgelegt wurde?

3 Als Wolf senior seinem Sohn berichtet, dass er und Walter die Geschäftsführung übernehmen wollen, sagt dieser lachend: „Dann kannst du dir ja selbst einen Arbeitsvertrag schreiben und ein Gehalt zahlen, das du dir schon immer gewünscht hast."
a) Kann ein Kaufmann in der beschriebenen Weise mit sich selbst Verträge schließen?
b) Schlagen Sie im BGB unter dem Stichwort „Selbstkontrahierungsverbot" nach und stellen Sie fest, was sich hinter diesem Stichwort verbirgt.

4 Stellen Sie in einer Tabelle die Rechte und Pflichten der GmbH-Gesellschafter gegenüber.

### 2.3.3.2 Die Aktiengesellschaft (AG)

Der Vorstand der Medi@ AG überlegt, wie die Mitarbeiter am Erfolg des Unternehmens beteiligt werden können. Nach eingehender Beratung mit dem Aufsichtsrat wird entschieden, dass die Mitarbeiter Aktien zum Vorzugspreis erwerben können, der unter dem Nennwert der Aktie liegt. Somit hätten sie dieselben Gewinnchancen wie andere Aktionäre, trügen aber ein wesentlich geringeres Risiko.

**Arbeitsaufträge**
- Erläutern Sie die in der Handlungssituation genannten Begriffe „Aufsichtsrat", „Aktie" und „Aktionäre".
- Stellen Sie die Rechte und Pflichten von Aktionären gegenüber.
- Erläutern Sie, wie der Wert einer Aktie festgelegt wird.
- Erläutern Sie die Vor- und Nachteile der Rechtsform der AG.

Die Aktiengesellschaft ist eine Handelsgesellschaft mit eigener Rechtspersönlichkeit (**juristische Person**), deren Grundkapital in Aktien zerlegt ist. Eine Haftung der Gesellschafter (Aktionäre) ist ausgeschlossen.

*Vergleiche hierzu Seite 151*

Das **Grundkapital** der Aktiengesellschaft ergibt sich aus dem Nennwert sämtlicher Aktien. Es muss mindestens 50 000,00 EUR betragen, wobei der Mindestbetrag pro Aktie 1,00 EUR beträgt.

Die **Aktie** ist eine Urkunde über die Beteiligung an einer AG. Sie wird i. d. R. zum **Nennwert** (auf der Aktie ausgewiesener Wert) ausgegeben. Werden die Aktien an der Börse gehandelt und ist die AG erfolgreich, steigt der Wert der Aktie über den Nennwert. Der Börsenpreis einer Aktie wird Kurs oder **Kurswert** genannt.

Aktien sind i. d. R. **Inhaberaktien**, d. h. Inhaberpapiere. Alle Rechte können vom Inhaber der Aktie geltend gemacht werden. Es gibt aber auch **Namensaktien**, bei denen der Name des Aktionärs auf der Aktie und im Aktienbuch der AG vermerkt ist.

> § 4 Abs. 1 Aktiengesetz (AktG)
>
> *Die Firma der Aktiengesellschaft muss, auch wenn sie nach § 22 des Handelsgesetzbuchs oder nach anderen gesetzlichen Vorschriften fortgeführt wird, die Bezeichnung „Aktiengesellschaft" oder eine allgemein verständliche Abkürzung dieser Bezeichnung enthalten.*

Die **Firma** der AG kann somit Personen-, Sach-, Fantasiefirma oder gemischte Firma mit dem Zusatz AG sein.

Zur **Gründung** einer Aktiengesellschaft ist mindestens eine Person erforderlich, die die Aktien gegen Einlage des Grundkapitals übernimmt. Der Gesellschaftsvertrag, die **Satzung**, muss notariell beurkundet werden. Als Formkaufmann i. S. d. § 6 HGB entsteht die Aktiengesellschaft mit Eintragung in das Handelsregister.

Bei Bargründungen müssen mindestens 25 % des Nennwertes der Aktien eingezahlt werden. Werden die Aktien über dem Nennwert verkauft, also mit Aufgeld **(Agio)**, muss auch das Agio bezahlt werden. Es wird in die gesetzlichen Kapitalrücklagen eingestellt und ist somit Eigenkapital.

## Gesetzlich vorgeschriebene Organe der Aktiengesellschaft

### *Vorstand*

Er ist das Leitungsorgan der Gesellschaft und wird vom Aufsichtsrat auf höchstens fünf Jahre bestellt. Eine gleichzeitige Mitgliedschaft in Vorstand und Aufsichtsrat ist nicht zulässig. Der Vorstand kann aus einer oder mehreren Personen bestehen. Besteht der Vorstand aus mehreren Personen, haben diese Gesamtvertretungsmacht, d. h. sie müssen alle Entscheidungen gemeinsam treffen. Die Satzung kann jedoch Einzelvertretungsmacht vorsehen.

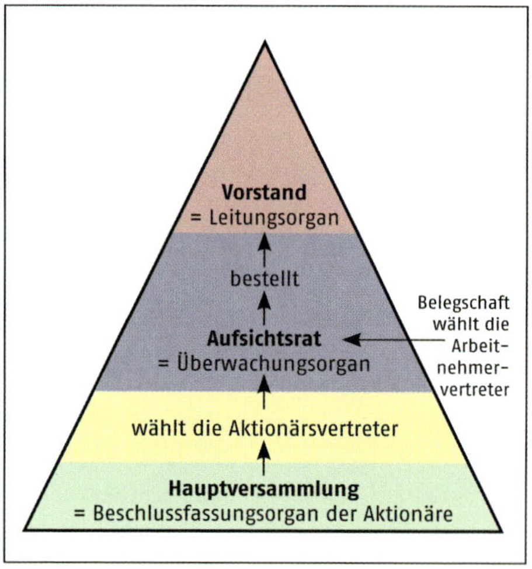


Die **Aufgaben** des Vorstandes sind:

- Geschäftsführung und Vertretung der Gesellschaft unter eigener Verantwortung
- Berichterstattung an den Aufsichtsrat über die beabsichtigte Geschäftspolitik, die Rentabilität der Gesellschaft und den Gang der Geschäfte
- Aufstellung von Jahresabschluss und Lagebericht und Vorlage bei den Abschlussprüfern
- Einberufung der Hauptversammlung

Die Mitglieder des Vorstandes sind im Handelsregister einzutragen und auf allen Geschäftsbriefen der Aktiengesellschaft anzugeben.

Erfolgsabhängige Sonderzahlungen als Beteiligung am Bilanzgewinn an den Vorstand oder andere leitende Mitarbeiter werden als **Tantiemen** bezeichnet.

### *Aufsichtsrat*

Als das Kontrollorgan der Aktiengesellschaft überwacht er den Vorstand und wird auf vier Jahre durch die Hauptversammlung gewählt. Amtszeit des Vorstandes (fünf Jahre) und des Aufsichtsrates (vier Jahre) sind bewusst unterschiedlich gewählt, damit die Gesellschaft nicht in regelmäßigen

Abständen die gesamte Führung auswechseln muss. Die Zahl der Aufsichtsratsmitglieder ist von der Höhe des Grundkapitals abhängig.

Das Recht auf **Mitgestaltung der Arbeitswelt bei Kapitalgesellschaften** (Gesellschaft mit beschränkter Haftung, Aktiengesellschaft) ist in folgenden Gesetzen geregelt:
- dem Betriebsverfassungsgesetz (BetrVerfG) von 1952,
- dem Mitbestimmungsgesetz (MitbestG) von 1976,
- dem Montan-Mitbestimmungsgesetz von 1951,
- dem Drittelbeteiligungsgesetz von 2004.

Diese Gesetze regeln die Mitbestimmung der Arbeitnehmer im **Aufsichtsrat**. Der Aufsichtsrat ist das **Kontrollorgan** der Kapitalgesellschaften. Er hat folgende **Aufgaben**:
- Überwachung der Geschäftsführung des Vorstandes (Aktiengesellschaft) oder der Geschäftsführer der GmbH,
- Bestellung und Abberufung des Vorstandes (Aktiengesellschaft) oder der Geschäftsführer der GmbH,
- Prüfung von Jahresabschluss und Lagebericht,
- Unterrichtung der Hauptversammlung (Aktiengesellschaft) oder Gesellschafterversammlung (GmbH) über das Ergebnis der Prüfung,
- Einberufung der Hauptversammlung (Aktiengesellschaft) oder Gesellschafterversammlung (GmbH), wenn dies zum Wohle der Gesellschaft notwendig ist,
- Zustimmung bei bestimmten, im Gesellschaftsvertrag vorgesehenen Geschäften.

  Beispiel *Die Zahl der Aufsichtsratsmitglieder nach MitbestG beträgt:*
  - *2 000–10 000 Arbeitnehmer = je 6 Mitglieder der Anteilseigner und der Arbeitnehmer*
  - *mehr als 10 000 Arbeitnehmer = je 8 Mitglieder der Anteilseigner und der Arbeitnehmer*
  - *mehr als 20 000 Arbeitnehmer = je 10 Mitglieder der Anteilseigner und der Arbeitnehmer*

♦ *Mitbestimmung*

- **Mitbestimmung nach dem Drittelbeteiligungs- und Betriebsverfassungsgesetz** (BetrVerfG) von 2004: Es gilt für Aktiengesellschaften mit bis zu 2 000 Beschäftigten und für Gesellschaften mit beschränkter Haftung mit 501 bis 2 000 Beschäftigten.
  Die Hauptversammlung, d. h. die Versammlung der Aktionäre, wählt zwei Drittel der Mitglieder des Aufsichtsrates, ein Drittel wird von den Arbeitnehmern gewählt **(Drittelparität)**. Die Größe des Aufsichtsrates ist von der Größe des Unternehmens abhängig, die Zahl der Mitglieder muss in jedem Fall durch drei teilbar sein.

- **Mitbestimmung nach dem Mitbestimmungsgesetz** (MitbestG) von 1976: Sie gilt für Aktiengesellschaften und Gesellschaften mit beschränkter Haftung mit über 2 000 Beschäftigten.
  Hier wird der Aufsichtsrat zu gleichen Teilen von Vertretern der Aktionäre oder Gesellschafter (Anteilseigner) und Vertretern der Arbeitnehmer besetzt **(paritätische Mitbestimmung)**. Den Arbeitnehmervertretern muss jeweils ein Vertreter der im Unternehmen vertretenen Arbeitnehmergruppen angehören, also z. B. ein leitender Angestellter. Der Aufsichtsratsvorsitzende wird mit 2/3-Mehrheit vom Aufsichtsrat gewählt. Können sich die Mitglieder des Aufsichtsrates über die Wahl des Vorsitzenden nicht einigen, wird er durch die Anteilseigner gewählt. Bei Abstimmungen im Aufsichtsrat hat der Vorsitzende bei Stimmengleichheit **zwei Stimmen**. Damit ist ausgeschlossen, dass Entscheidungen gegen den Willen der Anteilseigner getroffen werden können.

- **Mitbestimmung nach dem Montan-Mitbestimmungsgesetz** von 1951: Sie gilt für Aktiengesellschaften und Gesellschaften mit beschränkter Haftung des Bergbaus und der Eisen- und Stahlindustrie mit über 1 000 Beschäftigten.
  Der Aufsichtsrat besteht zu gleichen Teilen aus Vertretern der Anteilseigner und Vertretern der Arbeitnehmer **(paritätische Mitbestimmung)**. Hinzu kommt ein **neutrales Mitglied**, auf das sich beide Seiten einigen müssen.

Die **Aufgaben des Aufsichtsrates** sind:

- Überwachung der Geschäftsführung des Vorstandes
- Bestellung und Abberufung des Vorstandes
- Prüfung von Jahresabschluss und Lagebericht
- Unterrichtung der Hauptversammlung über das Ergebnis der Prüfung

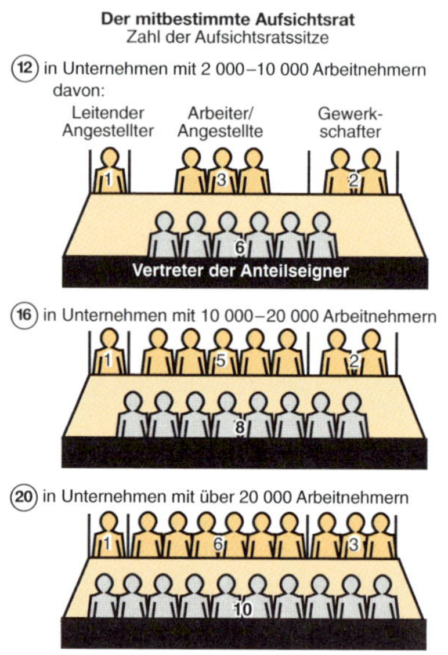


Billigt der Aufsichtsrat den Jahresabschluss, so gilt dieser als festgestellt. Jahresabschluss und weitere Abschlussunterlagen sind beim Handelsregister einzureichen und werden je nach Größe der Kapitalgesellschaft veröffentlicht. Der Aufsichtsrat kann eine außerordentliche Hauptversammlung einberufen, wenn das Wohl der Gesellschaft dies erfordert. **Beispiel** *Bei den Farbenwerken Wilhelm Weil AG sind wegen drastischer Umsatzeinbrüche Massenentlassungen geplant. Der Aufsichtsrat beruft eine außerordentliche Hauptversammlung ein.*

### ♦ *Hauptversammlung*

Sie ist die Versammlung der Aktionäre. Jedem Aktionär ist auf Verlangen in der Hauptversammlung vom Vorstand Auskunft über Angelegenheiten der Gesellschaft zu geben.

Die **Aufgaben der Hauptversammlung** sind:

- Wahl der Aufsichtsratsmitglieder der Anteilseigner
- Beschlussfassung über wichtige Fragen der AG, die einer Satzungsänderung bedürfen
- Beschlussfassung über die Verwendung des Bilanzgewinns. 5 % des Jahresüberschusses sind dabei in die gesetzlichen Rücklagen einzustellen, bis 10 % des Grundkapitals erreicht sind. Die Hauptversammlung beschließt auch über den Betrag des Bilanzgewinns, der an die Aktionäre ausgeschüttet wird. Dieser Betrag wird als Dividende bezeichnet.
- Entlastung der Mitglieder von Vorstand und Aufsichtsrat
- Bestellung der Abschlussprüfer
- Beschluss über die Erhöhung des Grundkapitals

Die Hauptversammlung wird vom Vorstand einberufen. Diese Einberufung wird in der Presse bekannt gemacht. Die **Abstimmung** in der Hauptversammlung erfolgt nach Aktiennennbeträgen. Nur ein kleiner Teil der Aktionäre in der Bundesrepublik nimmt jedoch an den Hauptversammlungen der Aktiengesellschaften teil. Die meisten Aktionäre beauftragen ihre Kreditinstitute mit der Ausübung ihres Stimmrechts **(= Depotstimmrecht)**.

Grundsätzlich werden Beschlüsse der Hauptversammlung mit einfacher Mehrheit gefasst. Bei Satzungsänderungen ist jedoch eine Mehrheit von 75 % der abgegebenen Stimmen erforderlich. Ein Aktionär, der über 25 % des Grundkapitals + eine Stimme verfügt, kann demnach Beschlüsse über entscheidende Fragen der Gesellschaft verhindern **(= Sperrminorität)**.

Die Aktiengesellschaft ist eine geeignete Organisationsform für Unternehmen, die zur Durchführung ihrer Vorhaben **großer Kapitalmengen** bedürfen. Das Grundkapital wird dabei nicht von einigen wenigen Gesellschaftern aufgebracht, sondern in eine Vielzahl von Anteilsscheinen, die Aktien, zerlegt und den Aktionären zum Kauf angeboten. Die Beschränkung der Haftung auf die Einlage, die Aussicht auf entsprechende Rendite und die Möglichkeit, sich auch mit bescheidenen Mitteln an einem Unternehmen zu beteiligen, veranlassen viele Anleger dazu, Aktien zu erwerben, und ermöglichen es der Aktiengesellschaft, das erforderliche Kapital aufzubringen.

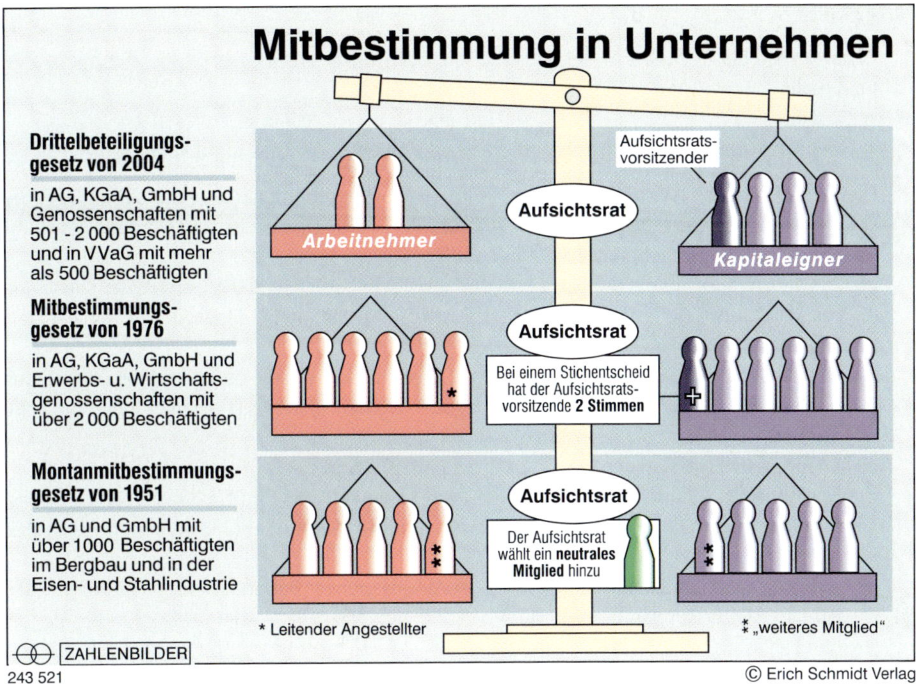


***Die Aktiengesellschaft (AG)***

| | |
|---|---|
| **Definition** | • Handelsgesellschaft mit eigener Rechtspersönlichkeit (juristische Person), deren Grundkapital in Aktien zerlegt ist |
| **Gründung** | • Mindestens eine Person erforderlich<br>• Satzung muss notariell beurkundet werden<br>• Eintragung in das Handelsregister |
| **Firma** | • Sach-, Personen-, Fantasiefirma oder gemischte Firma mit Zusatz „Aktiengesellschaft" |
| **Kapitalaufbringung** | • Das Grundkapital in Höhe von mindestens 50 000,00 EUR ist in Aktien zerlegt.<br>• Eine Aktie ist eine Urkunde über die Beteiligung an einer AG. |
| **Haftung** | • Es haftet die juristische Person mit ihrem gesamten Vermögen. Eine Haftung der Gesellschafter (Aktionäre) ist ausgeschlossen. |
| **Geschäftsführung und Vertretung** | • Vorstand |
| **Beschließendes Organ** | • Hauptversammlung |
| **Kontrollorgan** | • Aufsichtsrat |
| **Gewinnverteilung** | • Zahlung einer Dividende pro Aktie nach Beschluss der Hauptversammlung |
| **Verlustverteilung** | • Aufzehrung von Rücklagen<br>• Bei Überschuldung Insolvenzverfahren |

## Aufgaben

1 Erläutern Sie die Rechtsform der Aktiengesellschaft unter besonderer Berücksichtigung der Merkmale
- Gründung
- Haftung
- Firma
- Geschäftsführung und Vertretung
- Kapitalaufbringung
- Gewinn- und Verlustverteilung.

2 Die Medi@ AG hat ein Grundkapital von 4 Mio. EUR. Sie beschäftigt 2 100 Mitarbeiter. Der Vorstand besteht aus drei Mitgliedern, zum Vorsitzenden wurde Dr. Hansen bestellt. Eine Regelung über die Vertretungsmacht wurde nicht getroffen.
a) Dr. Hansen möchte ein dringend erforderliches Grundstück für die AG erwerben. Die anderen Vorstandsmitglieder sind dagegen. Überprüfen Sie, ob Dr. Hansen sich durchsetzen kann.
b) Dr. Hansen möchte alle Briefbogen der AG neu drucken lassen, da er der Meinung ist, der Vorstand müsse auf den Briefbogen angegeben werden. Seine Kollegen halten dies für nicht erforderlich. Wie ist die Rechtslage?
c) Erläutern Sie, wie sich der Aufsichtsrat zusammensetzt.
d) Der Aktionär Schmitz besitzt 30 Aktien zum Nennwert von 50,00 EUR, sein Freund Lang 20 Aktien zu 100,00 EUR. Wie viele Stimmen haben Schmitz und Lang bei der Wahl des Aufsichtsrates?
e) Der Aktionär Schmitz verlangt zum Tagesordnungspunkt „Rationalisierung" Auskunft über geplante Entlassungen der AG. Der Vorstand verweigert die Auskunft. Begründen Sie, ob dies zulässig ist.
f) Zur Frage der Zahlung einer Dividende kommt es zu kontroversen Diskussionen. Fast alle der anwesenden Kleinaktionäre sind dafür. Lediglich Dr. Schäfer, der Vertreter der Großaktionäre (sie halten 74 % der Anteile), ist dagegen. Erläutern Sie, wie entschieden wird.
g) Dr. Schäfer möchte die Satzung der AG dahin gehend ändern lassen, dass der Sitz des Unternehmens nach Liechtenstein verlegt wird. Kann er dies durchsetzen?

3 Überprüfen Sie, in welcher Situation die Gründung eines Unternehmens in der Rechtsform einer Aktiengesellschaft sinnvoll sein könnte.

4 Stellen Sie in einer Übersicht die wesentlichen Unterschiede von GmbH und AG gegenüber.

5 Vervollständigen Sie die unten stehenden Sätze durch Einsetzen der folgenden Begriffe zu zutreffenden Aussagen über die AG.
a) Der Vorstand b) Der Aufsichtsrat c) Die Hauptversammlung
1. ... beschließt eine Erhöhung des Grundkapitals.
2. ... prüft den Jahresabschluss, den Geschäftsbericht und den Vorschlag zur Verwendung des Bilanzgewinns.
3. ... leitet die Unternehmung in eigener Verantwortung.
4. ... bestellt die Unternehmungsleitung und überwacht ihre Tätigkeiten.

6 Der Aufsichtsrat ist das Kontrollorgan der Aktiengesellschaft, der Vorstand das Leitungsorgan. Im Aktiengesetz ist geregelt, dass ein Mitglied im Aufsichtsrat nie zugleich Vorstandsmitglied sein darf. Erläutern Sie den Sinn dieser Regelung.

7 Diskutieren Sie in einer Podiumsdiskussion über die Argumente der Anteilseigner und der Arbeitnehmer.

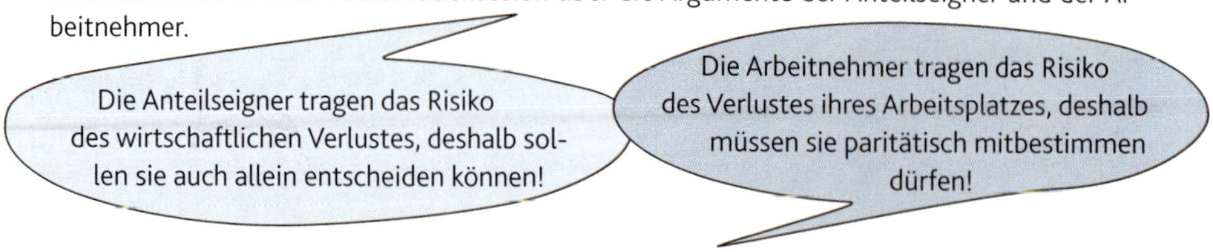

## 2.4 Unternehmenszusammenschlüsse

Aktuelle Tendenzen und Entwicklungen im Mediensektor veranlassen die Medi@ AG zu Überlegungen, Attraktivität und Konkurrenzfähigkeit der Unternehmung zu evaluieren. In einer zentralen Veranstaltung, an der Vertreter von Zentralabteilung, Geschäftsfeldern und Beteiligungsgesellschaften teilnehmen, sollen unterschiedliche Möglichkeiten und Vorschläge zur Unternehmenskonzeption unter den Aspekten Kooperation bzw. Konzentration diskutiert werden. Der Geschäftsleitung liegen einerseits Kaufangebote anderer Medienunternehmungen vor, andererseits gibt es Überlegungen zur Neugestaltung der Geschäftsfelder bzw. der Integration der Beteiligungsgesellschaften.

**Arbeitsaufträge**

- Ermitteln Sie Ursachen für die Notwendigkeit der Diskussion innerhalb der Medi@ AG.
- Stellen Sie in einer Liste Argumente zusammen, die für einen Verkauf bzw. eine Neuordnung der Medi@ AG sprechen.
- Vergleichen Sie die generellen Entwicklungen im gesamten Mediensektor mit vergleichbaren Tendenzen im Bucheinzelhandel.

Das Motto der Genossenschaft „Gemeinsam sind auch die Schwachen stark" lässt sich auch für wirtschaftlich und rechtlich selbstständige Unternehmen verfolgen. Je nachdem, wie viel Selbstständigkeit sie im Rahmen dieser Zusammenarbeit aufgeben müssen, sprechen wir von **Kooperation** oder **Konzentration**.

*Vergleiche hierzu Kap. 10.1 S. 483 ff*

**Kooperation** liegt vor, wenn wirtschaftlich und rechtlich weitgehend selbstständig bleibende Unternehmen sich zur Zusammenarbeit verpflichten.

**Konzentration** liegt vor, wenn Unternehmen sich unter Aufgabe ihrer wirtschaftlichen Selbstständigkeit unter zentraler Leitung zusammenschließen.

Geben Unternehmen bei einem Zusammenschluss auch ihre rechtliche Selbstständigkeit auf, spricht man von einer **Fusion**. Die so verschmolzenen Unternehmen werden auch als **Trust** bezeichnet.

Gerade kleine und mittelständische Unternehmen sind vor dem Hintergrund der zunehmenden Unternehmens- und Umsatzkonzentration und dem damit verbundenen Konkurrenzdruck immer weniger in der Lage, ihre Funktionen wirkungsvoll wahrzunehmen. Diese Entwicklung hat den Unternehmenszusammenschlüssen starke Impulse gegeben.

Die **Ziele** eines Zusammenschlusses von Unternehmen sind zahlreich. Bei der Kooperation wird jedoch immer die Erhöhung der Wirtschaftlichkeit im Vordergrund stehen, während bei der Konzentration i. d. R. die Erringung von Marktmacht eine Rolle spielt.

Im Einzelnen können die Ziele einer Kooperation oder Konzentration allen Funktionsbereichen (Beschaffung, Lagerhaltung, Absatz usw.) des Handels zugeordnet werden.

**Beispiel** *Der Buchhandel in der Bundesrepublik Deutschland vollzieht derzeit die Krise nach, die der sonstige Einzelhandel schon seit Jahren erlebt: Die Aufspaltung in einen Discount- und einen Qualitätsbereich. Das Qualitätsprodukt Buch wird zum Massenartikel. Die großen Ketten wie Thalia, Hugendubel und Weltbild streben an, nationale Marken zu werden. Damit vollzieht sich in diesem Teil der Medienbranche mit einiger Verspätung eine Entwicklung, die die festzustellende Ähnlichkeit der Großstadtinnenzonen bewirkt. Wie vorher schon Ketten wie C&A und P&C gehören die uniformen Läden der Buchhandelsketten immer mehr zum normalen Erscheinungsbild unserer Innenstädte.*

### Die 25 größten Buchverlage nach Umsatz in Mio. EUR 2008

| Rang (Vorjahr) | Name | Ort | Umsatz |
|---|---|---|---|
| 1 (1) | Springer Science+Business Media | Berlin | 601,3 |
| 2 (2) | Klett-Gruppe | Stuttgart | 420 |
| 3 (3) | Cornelsen Verlagsgruppe | Berlin | 362,4 |
| 4 (4) | Westermann Verlagsgruppe | Braunschweig | 241,9 |
| 5 (5) | Random House | München | 240 |
| 6 (6) | Weltbild | Augsburg | 205,6 |
| 7 (7) | Weka Firmengruppe | Kissing | 196,7 |
| 8 (10) | Haufe Gruppe | Freiburg/Breisgau | 180 |
| 9 (9) | MairDuMont | Ostfildern | 175 |
| 10 (8) | Wolters Kluwer Deutschland | Köln | 150 |
| 11 (11) | Thieme | Stuttgart | 146 |
| 12 (14) | Rentrop Verlagsgruppe | Bonn | 135 |
| 13 (13) | Deutscher Fachverlag | Frankfurt/Main | 133,1 |
| 14 (12) | C.H. Beck | München | 132 |
| 15 (17) | Wiley-VCH | Weinheim | 93,3 |
| 16 (16) | BI/Brockhaus | Mannheim | 90 |
| 17 (15) | Vogel Medien Gruppe | Würzburg | 90 |
| 18 (18) | Langenscheidt | München | 89,7 |
| 19 (54) | Carlsen | Hamburg | 80,3 |
| 20 (20) | Verlagsgruppe Droemer Knaur | München | 71,1 |
| 21 (22) | S. Fischer | Frankfurt/Main | 68,3 |
| 22 (19) | Rowohlt | Reinbek | 67,2 |
| 23 (26) | Landwirtschaftsverlag | Münster | 65,5 |
| 24 (24) | Elsevier GmbH | München | 63,5 |
| 25 (29) | Deutscher Ärzte Verlag | Köln | 61,7 |

### Die 20 größten Buchhandlungen nach Umsatz in Mio. EUR 2008

| Rang | Name | Ort /Land | Mio. EUR | +/–% | Vorjahr Rang |
|---|---|---|---|---|---|
| 1 | Thalia Holding GmbH | Hagen / D | 801 | +25 | 1 |
| 2 | DBH Buch Handels GmbH | München / D | 711 | +4,5 | 2 |
| 3 | Mayersche Buchhandlung | Aachen / D | 145 | +16 | 3 |
| 4 | Schweitzer Fachinformationen | München / D | 140 | +3,7 | 4 |
| 5 | Libro Handelsgesellschaft mbH | Guntramsdorf / A | 81 | +5 | 5 |
| 6 | Kaufhof | Köln / D | 80 | 0 | 6 |
| 7 | Orell Füssli Buchhandlungs AG | Zürich / CH | 77 | 0 | 7 |
| 8 | Lehmanns Fachbuchhandlung GmbH | Heidelberg / D | 74 | +8,8 | 8 |
| 9 | Karstadt Warenhaus | Essen / D | 66 | -6 | 9 |
| 10 | Morawa Buch und Medien | Wien / A | 47,6 | 0 | 10 |
| 11 | Osiander | Tübingen / D | 34,2 | +19,7 | 11 |
| 12 | Ex Libris | Dietikon / CH | 40 | +2,5 | 12 |
| 13 | Pustet | Regensburg / D | 36 | 0 | 13 |
| 14 | Stern-Verlag | Düsseldorf / D | 35,5 | 0 | 14 |
| 15 | Wittwer | Stuttgart / D | 34,9 | +1,2 | 15 |
| 16 | Lüthy, Balmer, Stocker | Solothurn / CH | 34,3 | +9,9 | 16 |
| 17 | Sack Mediengruppe | Köln / D | 34,3 | +0,6 | 16 |
| 18 | Facultas | Wien / A | 30,8 | 0 | 18 |
| 19 | Athesia | Bozen / I | 29,3 | 0 | 19 |
| 20 | Tyrolia | Innsbruck / A | 27,8 | +2,2 | 20 |

*Quelle: http://www.buchreport.de (Abruf: 09.01.2009)*

Beispiele

- *Zusammenschlüsse im Bereich der Beschaffung haben das Ziel, durch den Einkauf großer Mengen günstigere Preise oder Konditionen zu erwirken. Im Bereich der Lagerhaltung können durch Kooperation oder Konzentration die Lieferbereitschaft erhöht und die Kosten der Lagerhaltung verringert werden.*
- *Die Motive für Zusammenschlüsse im Bereich des Absatzes sind vielfältig. So können sich Einzelhändler beispielsweise zu einer Gemeinschaftswerbung zusammenschließen oder Kundendienstleistungen koordinieren.*
- *Im Bereich der Finanzierung können kapitalintensive Investitionsvorhaben, z. B. der Bau eines Einkaufszentrums, i. d. R. nur nach einem Zusammenschluss kleiner oder mittlerer Betriebe durchgeführt werden.*

## Horizontale Kooperation

Aus der Vielzahl der möglichen horizontalen Kooperationsformen werden nachfolgend die Einkaufsgenossenschaft, das Einkaufszentrum, die Gemeinschaftswerbung und Verlagszusammenschlüsse dargestellt.

Bei der **Einkaufsgenossenschaft** gründen selbstständige Einzelhändler eine Genossenschaft, um durch gemeinsame Warenbeschaffung günstigere Preise und Konditionen erzielen zu können. Darüber hinaus hat sich die Zusammenarbeit auf fast alle Funktionsbereiche des Einzelhandels ausgedehnt. Die einheitliche Gestaltung der Verkaufsstellen, die Entwicklung gemeinsamer Handelsmarken, eine zentral gesteuerte Werbung, eine gemeinsame Verwaltung im Bereich Rechnungs- und Personalwesen und die Gewährung von Krediten sind nur einige der Leistungsmerkmale solcher Full-Service-Kooperationen.

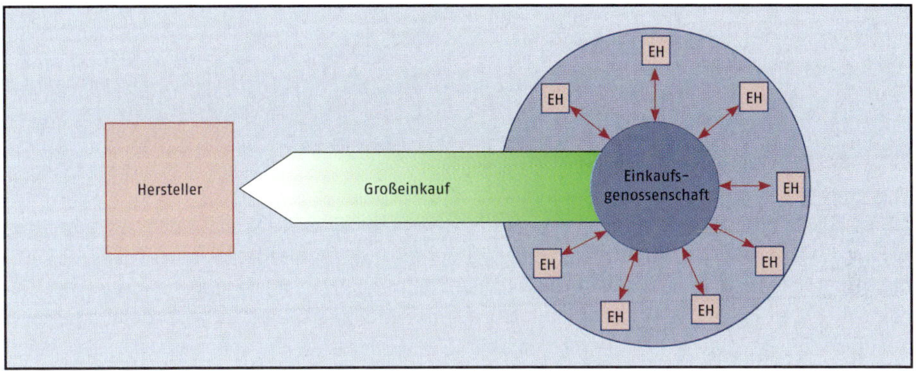


Das **Einkaufszentrum oder Shoppingcenter** ist ein als Einheit geplanter, errichteter und verwalteter Zusammenschluss von Einzelhandels-, Dienstleistungs-, gastronomischen und kulturellen Betrieben unter einem Dach. Häufigster Standort für diese Kooperationsform ist der Innenstadtbereich. Aber auch in der städtischen Peripherie, in Satellitenstädten und zwischen den Städten „auf der grünen Wiese" finden wir zunehmend Einkaufszentren.
Beispiele *Einkaufszentrum Rheinpark GmbH, Köln; Einkaufszentrum Gerapark Erfurt*

Die **Gemeinschaftswerbung** gewinnt als Kooperationsform in Handel und Vertrieb immer mehr an Bedeutung. Kleine und mittlere Händler und Verlage haben nur so die Möglichkeit, Aufmerksamkeit zu erwecken, gute Werbefachleute zu verpflichten und aufwändige Werbemittel, z. B. Großflächen (Plakatwände), Funk- oder Fernsehwerbung einzusetzen. Auch die Durchführung von Sonderveranstaltungen, z. B. Straßenfesten, eine aufwändige Weihnachtsbeleuchtung oder die Einführung eines Park-and-ride-Systems bedürfen der gemeinsamen Planung und Finanzierung.

Beispiel *Alle Einzelhändler des Einkaufszentrums Rheinpark werben gemeinsam in einem Prospekt für den Einkauf im EKZ.*

Das Verlagswesen ist derzeit geprägt von einer Vielzahl von **Verlagszusammenschlüssen**.
Beispiele *Bonnier, Holtzbrinck*

## ● Vertikale Kooperation

Im Rahmen der vertikalen Kooperation, also des Zusammenschlusses von Unternehmen aufeinanderfolgender Handelsstufen, gibt es z. B. die freiwilligen Ketten, das Franchising- und das Rack-Jobber-System.

**Bei den freiwilligen Ketten** handelt es sich um einen Zusammenschluss eines oder mehrerer Großhändler mit rechtlich und wirtschaftlich selbstständig bleibenden Einzelhandelsbetrieben. Die Initiative geht dabei vom Großhandel aus, der mit einer Anzahl selbstständiger Einzelhändler zusammenarbeitet, die von ihm einen möglichst großen Teil ihrer Waren beziehen. Heute unterscheiden sich Aufgaben und Ziele kaum von den bereits dargestellten Einkaufsgenossenschaften, die Zusammenarbeit hat sich auf alle Leistungsbereiche des Einzelhandels ausgedehnt.
Beispiel *Die freiwilligen Ketten haben besonders im Lebensmittelsektor große Bedeutung erlangt und konnten ein gewisses Gegengewicht gegen die fortschreitende Konzentration im Handel schaffen.*

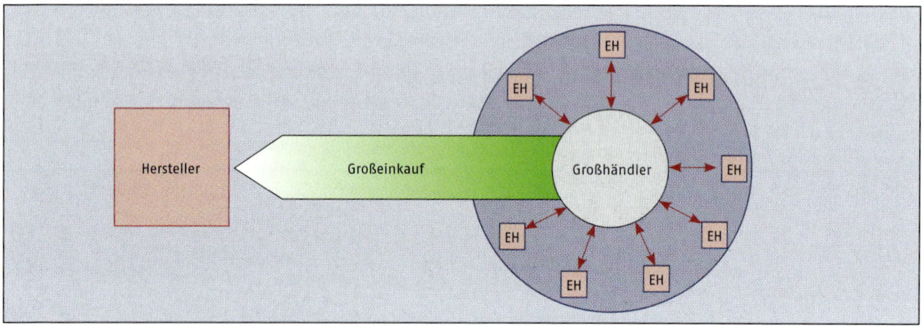


**Franchising** ist eine Form der Kooperation, bei der der Franchisegeber (Franchisor) aufgrund einer langfristigen vertraglichen Bindung dem Franchisenehmer (Franchisee) das Recht einräumt, bestimmte Waren oder Dienstleistungen unter Verwendung der Firma, des Warenzeichens, der Ausstattung und der technischen und gewerblichen Erfahrungen des Franchisegebers zunutzen. Der Franchisegeber vergibt die Konzession für ein von ihm entwickeltes Marketingkonzept, das sich in der Praxis bereits bewährt hat. Er erhält dafür i. d. R. eine einmalige Gebühr und/oder eine Umsatzbeteiligung.
Beispiele *Eismann (Tiefkühlkost), Tchibofilialen (Kaffee), Ihr Platz (Drogerie), McDonald's (Fastfood), Weltbild-Plus (Buchhandel).*

Beim **Rack-Jobber-System** stellt der Einzelhändler dem Großhändler, Hersteller oder selbstständig arbeitenden Rack-Jobbern gegen Entgelt Regalfläche zur Verfügung. Der Rack-Jobber bietet dort seine Ware für eigene Rechnung an. Er füllt die Ware selbstständig auf, zeichnet sie aus, betreibt Warenpflege, nimmt unverkaufte Ware zurück und rechnet mit dem Einzelhändler ab.
Beispiele *Die Colonia Warenhaus GmbH hat Regale an einen Schreibwarengroßhandel und einen Batteriehersteller vermietet, Pressegrosso bestückt Einzelhandelsunternehmen mit Büchern (SB-Warenhaus, Tankstellen, Kiosk).*

## ● Konzentration im Verlagswesen

Die Ursachen für den dargestellten Konzentrationsprozess im Verlagswesen und Buchhandel sind vielfältig. So schätzen die Kunden in wachsendem Maße die Bequemlichkeit des Einkaufens in Großbetrieben, die „alles unter einem Dach" anbieten und ein „one-stop-shopping" ermöglichen.

Der Einzelhandel wird durch moderne Verkaufsmethoden (Selbstbedienung) und -techniken (Warenwirtschaftssysteme) zunehmend kapitalintensiver.

Beispiel *Im Dezember 2003 begannen die Uhren im deutschen Verlagsgewerbe schneller zu ticken. Nach monatelangem Zögern beschloss das Bundeskartellamt: Random House (Bertelsmann AG) darf aus der von der Axel-Springer AG abgestoßenen Verlagsgruppe Ullstein Heyne List (UHL) den leicht abgespeckten Heyne Verlag übernehmen. Einer Gesamtübernahme hätte das Bundeskartellamt nicht zugestimmt. Somit konnten die anderen Teile von UHL (neben den Verlagen Ullstein und List auch die Verlage Econ, Propyläen und Marion von Schröder) durch die schwedische Bonnier-Gruppe gekauft werden. Der schwedische Medienkonzern agiert in Deutschland erfolgreich mit den Marken Piper, Malik, Kabel, Carlsen, Thienemann und ars edition.*[1]

§ 18 Abs. 1 AktG

*Sind ein herrschendes und ein oder mehrere abhängige Unternehmen unter einheitlicher Leitung des herrschenden Unternehmens zusammengefasst, so bilden sie einen Konzern; die einzelnen Unternehmen sind Konzernunternehmen.*

Die Beherrschung der Konzernunternehmen kann auch durch eine **Holding-Gesellschaft** (Dachgesellschaft) erfolgen, die lediglich die angeschlossenen Betriebe verwaltet, ohne selbst Produktions- oder Handelsaufgaben zu übernehmen.

Da **Konzerne** eine marktbeherrschende Stellung erlangen und eine Beschränkung des Wettbewerbs erreichen können, unterliegen sie dem **Gesetz gegen Wettbewerbsbeschränkungen** (GWB). Konzerne sind grundsätzlich **zulässig**. Ab einer bestimmten Größe müssen sie dem Bundeskartellamt in Berlin angezeigt werden. Es kann den Zusammenschluss untersagen, wenn zu erwarten ist, dass durch den Zusammenschluss eine marktbeherrschende Stellung entsteht.

**Im Gegensatz zu den Konzernen sind Kartelle grundsätzlich verboten**. Bei einem Kartell handelt es sich um eine vertragliche Absprache zwischen Unternehmen der gleichen Produktions- oder Handelsstufe, ohne dass die wirtschaftliche oder rechtliche Selbstständigkeit der Unternehmen aufgegeben wird.

§ 1 Kartellverbot GwB

*Vereinbarungen zwischen Unternehmen, Beschlüsse von Unternehmensvereinigungen und aufeinander abgestimmte Verhaltensweisen, die eine Verhinderung, Einschränkung oder Verfälschung des Wettbewerbs bezwecken oder bewirken, sind verboten.*

§ 19 Missbrauch einer marktbeherrschenden Stellung GwB

*(1) Die missbräuchliche Ausnutzung einer marktbeherrschenden Stellung durch ein oder mehrere Unternehmen ist verboten.*

Ziel von Kartellverträgen ist die Marktbeherrschung durch Beseitigung oder zumindest Beschränkung des Wettbewerbs. Dies kann z. B. durch die Absprache von Preisen, Produktionsquoten oder die räumliche Aufteilung des Absatzmarktes erfolgen. Das GWB gestattet Herstellern von Markenwaren, unverbindliche Preisempfehlungen an Einzelhändler zu geben.

Eine Ausnahme des grundsätzlichen Verbotes bilden bestimmte Arten von Kartellen, die nach Ansicht des Gesetzgebers keine unmittelbare Beeinträchtigung des Wettbewerbs zum Ziel haben (z. B. Konditionen- und Mittelstandskartelle). Sie müssen jedoch beim Bundeskartellamt **angemeldet** werden.

[1] Vgl. Focus, Nr. 49, 01.12.2003, S. 88

***Unternehmenszusammenschlüsse***

- ***Horizontale Kooperation***
  *Horizontale Kooperation liegt vor, wenn wirtschaftlich und rechtlich selbstständig bleibende Unternehmen* ***der gleichen Handelsstufe*** *sich durch Verträge zur Zusammenarbeit verpflichten.*
  ***Formen:***
  - ***Einkaufsgenossenschaft:*** *Durch gemeinsamen Einkauf sollen günstigere Preise und Konditionen erzielt werden.*
  - ***Einkaufszentrum oder Shoppingcenter:*** *Ein als Einheit geplanter, errichteter und verwalteter Zusammenschluss von rechtlich und wirtschaftlich selbstständigen Einzelhandels-, Dienstleistungs-, gastronomischen und kulturellen Betrieben unter einem Dach.*
  - ***Gemeinschaftswerbung:*** *Zusammenschluss mehrerer Einzelhandelsbetriebe, um durch gemeinschaftliche Werbung die individuelle Werbung des Unternehmens zu ergänzen und zu verstärken.*
  - ***Verlagszusammenschluss:*** *Kooperation von Verlagen zum Erreichen von Synergieeffekten.*
- ***Vertikale Kooperation***
  *Vertikale Kooperation liegt vor, wenn wirtschaftlich und rechtlich selbstständig bleibende Unternehmen* ***aufeinanderfolgender Handelsstufen*** *sich durch Verträge zur Zusammenarbeit verpflichten.*
  ***Formen:***
  - ***Franchising:*** *Der Franchisegeber räumt dem Franchisenehmer das Recht ein, bestimmte Waren oder Dienstleistungen unter Verwendung der Firma, des Warenzeichens, der Ausstattung und der technischen und gewerblichen Erfahrung zunutzen. Der Franchisenehmer zahlt dafür eine einmalige Gebühr und/oder räumt eine Beteiligung am Umsatz ein, z. B. Weltbild-Plus.*
  - ***Rack-Jobbing:*** *Der Einzelhändler stellt dem Großhändler oder Hersteller gegen Sonderkonditionen Verkaufsraum oder Regalfläche zur Verfügung, z. B. Libr-Tower (ausgewähltes Sortiment mit Neuen Medien).*
- ***Konzentration im Verlagswesen***
  *Konzentration liegt vor, wenn Unternehmen sich unter Aufgabe ihrer wirtschaftlichen Selbstständigkeit unter zentraler Leitung zusammenschließen.*
  ***Formen:***
  - ***Konzern:*** *Zusammenschluss rechtlich selbstständig bleibender Unternehmen, die ihre wirtschaftliche Selbstständigkeit unter zentraler Leitung aufgeben, z. B. Random House Deutschland.*
  - ***Holding-Gesellschaft:*** *Dachgesellschaft, die angeschlossene Betriebe verwaltet, ohne selbst Produktions- oder Handelsaufgaben zu übernehmen.*
  - ***Kartell:*** *Zusammenschluss von Unternehmen der gleichen Produktions- oder Handelsstufe, bei dem Absprachen mit dem Ziel der Marktbeherrschung erfolgen. Kartelle sind grundsätzlich verboten.*

## Aufgaben

1 Diskutieren Sie, welche Folgen sich für die Medi@ AG aus der Konzentration im Medienmarkt ergeben.

2 Nennen Sie mögliche Ziele des Zusammenschlusses
   a) eines Verlages mit seinem Buchhändler,
   b) zweier Buchhändler.

3 „Die freiwilligen Ketten bieten dem selbstständigen Medienunternehmer die Möglichkeit, dem Konkurrenzdruck der Konzerne standzuhalten." Erläutern und begründen Sie diese Aussage.

4 Informieren Sie sich im Internet über Shop-in-Shop-Systeme und erläutern Sie deren Merkmale im Vergleich zum Rack-Jobbing.

5 Erläutern Sie Konzern und Kartell anhand der folgenden Gesichtspunkte:
- rechtliche Selbstständigkeit,
- wirtschaftliche Selbstständigkeit,
- Ziel der Zusammenarbeit,
- rechtliche Einschränkungen.

## Wiederholungsaufgaben

Karl Küster und Peter Schenk wollen eine Fachbuchhandlung für Medizin gründen. Peter Schenk besitzt in der Nähe der Universitätsklinik Köln eine Immobilie im Wert von 500 000,00 EUR, die er ebenso wie seinen Lieferwagen im Wert von 40 000,00 EUR in das Unternehmen einbringen will. Karl Küster bringt seine Sparguthaben in Höhe von 280 000,00 EUR in das zu gründende Unternehmen ein. Beide wollen außerdem aktiv im Unternehmen mitarbeiten.

Im Zusammenhang mit der Unternehmensgründung von Karl Küster und Peter Schenk müssen eine Vielzahl von Entscheidungen hinsichtlich Planung und Durchführung getroffen werden. Beantworten Sie im Rahmen der beschriebenen Situation die nachstehenden Aufgaben.

1 Welche persönlichen Voraussetzungen sollten Küster und Schenk erfüllen, damit ihre Existenzgründung Aussicht auf Erfolg hat?

2 Fertigen Sie eine Liste der Sachverhalte an, über die sich die Partner vor Gründung eines Unternehmens einigen sollten.

3 Machen Sie einen Vorschlag für eine geeignete Unternehmensform und begründen Sie Ihre Entscheidung.

4 Angenommen, die beiden Partner gründen eine OHG, welche Grundsätze müssen bei der Firmierung beachtet werden?

5 Welche Kaufmannseigenschaften treffen auf Küster und Schenk zu?

6 Erstellen Sie eine Liste der Institutionen, bei der die OHG angemeldet werden muss.

7 Küster und Schenk besprechen die Regelung der Gewinnverteilung. Die gesetzliche Regelung kommt für sie nicht infrage, da die Kapitalverzinsung nicht dem Marktzins entspricht. Machen Sie Vorschläge für eine entsprechende Vertragsklausel, die nicht dauernd geändert werden muss.

8 Erläutern Sie die Regelung der Haftung der OHG.

9 Am Ende des ersten Geschäftsjahres wird ein Reingewinn in Höhe von 124 000,00 EUR ausgewiesen, verteilen Sie den Gewinn
a) nach der im HGB vorgesehenen Regel, b) nach der von Ihnen vorgeschlagenen Regel.

10 Aufgrund des überaus positiven Geschäftsverlaufs planen Küster und Schenk die Gründung zweier weiterer Filialen im Uni-Hauptgebäude und in der Studentenmensa. Um das Risiko zu beschränken, wollen sie die OHG in eine GmbH umwandeln. Stellen Sie Vor- und Nachteile der Personen- und Kapitalgesellschaften gegenüber.

11 Erläutern Sie, ab wann die GmbH als juristische Person entsteht.

12 In der Gesellschafterversammlung diskutieren Küster und Schenk über die Einstellung eines Prokuristen. Küster ist dagegen, Schenk ist dafür. Begründen Sie, wie in diesem Fall entschieden wird.
Hinweis zur methodischen Gestaltung: Die Lerngruppe bildet die Gesellschafterversammlung. Ein/e Schüler/-in übernimmt die Gesprächsleitung.

13 Küster und Schenk könnten auch andere Rechtsformen für ihre Unternehmung wählen. Um welche handelt es sich?

14 Schenk träumt davon, mit dem gemeinsamen Unternehmen an die Börse zu gehen. Erläutern Sie die Vor- und Nachteile, die bei der Gründung einer Aktiengesellschaft beachtet werden müssen.

15 Stellen Sie anhand geeigneter Kriterien in einer Tabelle sämtliche Personen- und Kapitalgesellschaften gegenüber.

16 Infolge der rasanten Entwicklung des Medienmarktes wollen sich Küster und Schenk mit einem Internetanbieter und einer Werbeagentur zu einem Medienkonzern mit Schwerpunkt im Bereich Medizin zusammenschließen. Erläutern Sie, was unter einem Konzern zu verstehen ist und beschreiben Sie die unterschiedlichen Zielperspektiven eines solchen Zusammenschlusses.

## Prüfungsaufgaben

1 Der Mitarbeiter einer Buchhandlung mit allgemeiner Handlungsvollmacht kann
   a) allgemeine Rechtsgeschäfte ohne weitere besondere Bevollmächtigungen rechtswirksam vornehmen,
   b) ohne besondere Vollmacht zusätzlich rechtsverbindlich Rechtsgeschäfte vornehmen, wenn er eine Prokura erhalten hat.

   Ordnen Sie folgende Rechtsgeschäfte a) oder b) zu:
   1. Entlassung einer langjährigen Mitarbeiterin
   2. Kauf einer neuen EDV-Anlage im Wert von 20 000,00 EUR
   3. Ausgleich einer fälligen Rechnung über 45 000,00 EUR durch Banküberweisung
   4. Aufnahme eines Darlehens von 30 000,00 EUR zur Anschaffung eines neuen Geschäftswagens
   5. Umwandlung der Buchhandlung in eine Buchclub-Filiale
   6. Kauf eines Grundstücks im Wert von 15 000,00 EUR zur Erweiterung des Kundenparkplatzes
   7. Änderung der Firma der Buchhandlung durch Eintragung ins Handelsregister

2 Machen Sie zutreffende Aussagen, indem Sie die nachfolgend genannten Begriffe den unten aufgeführten Sätzen zuordnen.
   a) Allgemeine Handlungsvollmacht
   b) Prokura
   c) Artvollmacht
   d) Einzelvollmacht
   1. Für die einmalige Beschaffung von Wechselgeld bei der Bank ist eine ... erforderlich.
   2. Für die regelmäßige Erledigung von Darlehensgeschäften in einer Buchhandlung ist ... erforderlich.
   3. Für die ständige Durchführung des Einkaufs für eine Buchhandlung ist eine ... erforderlich.
   4. Der Leiter einer Filiale soll alle Rechtsgeschäfte, die das Buchhandelsgewerbe gewöhnlich mit sich bringt, erledigen dürfen. Dazu benötigt er eine ... .

3 Benennen Sie die nach den gesetzlichen Bestimmungen auf eine KG zutreffenden Aussagen.
   a) Das Mindestkapital muss 25 000,00 EUR betragen.
   b) Alle Gesellschafter haben Anspruch auf eine Kapitalverzinsung.
   c) Es handelt sich um eine Kapitalgesellschaft.
   d) Die Haftung aller Gesellschafter ist auf das Geschäftsvermögen beschränkt.
   e) Die vollhaftenden Gesellschafter sind zur Geschäftsführung berechtigt.

4 Dem Computerexperten der Urs Mayer KG soll als Leiter der EDV-Abteilung Einzelprokura erteilt werden. Erläutern Sie, ob er als Prokurist die nachfolgend genannten Geschäfte abschließen kann.
   a) Darlehen aufnehmen,
   b) Mitarbeiter für die Abteilung einstellen,
   c) Mitarbeitern Handlungsvollmacht erteilen,
   d) Grundstück für Kredit belasten,
   e) Grundstück zur Abteilungserweiterung kaufen.

5 Andrea Hupp hat die Abschlussprüfung zur Buchhändlerin bestanden. Sie möchte sich als Einzelunternehmerin selbstständig machen und im Handelsregister eintragen lassen. Eine Erbschaft von 250 000,00 EUR fördert ihre Gründungslaune. Sie mietet ein Ladenlokal, sorgt für eine moderne Einrichtung und installiert ein WWS mit mehreren PC-Plätzen. Außerdem über-

nimmt sie vier Angestellte einer anderen Buchhandlung in ihre Unternehmung. Sie eröffnet ihre Geschäftstätigkeit mit einer Bilanzaufstellung.

a) Im Zusammenhang mit der Wahl der Firma sind Regelungen zu beachten. Welche treffen zu?
   1. Andrea Hupp kann zwischen Personen-, Sach- oder Fantasiefirma wählen.
   2. Sie kann den Firmenzusatz OHG wählen.
   3. Auf einen Zusatz kann verzichtet werden.
   4. Die Firma muss sich von allen in demselben Amtsgerichtsbezirk eingetragenen Firmen deutlich unterscheiden.
   5. Andrea Hupps vollständiger Name muss in der Firma genannt sein.

b) Ist eine der nachstehend genannten Kaufmannseigenschaften von Andrea Hupp zutreffend?
   1. Mit der Aufnahme der Geschäfte ist Andrea Hupp Istkaufmann.
   2. Da Andrea Hupp nur eine Buchhandlung betreibt, ist die Eintragung ins Handelsregister freiwillig.
   3. Die Handelsregistereintragung hat für die Kaufmannseigenschaft rechtserzeugende Wirkung.
   4. Andrea Hupp ist als Buchhändlerin kein Kaufmann kraft Gewerbebetriebs.

6 Anlässlich der Neuaufnahme der Medi@-Info KG soll ein neuer Gesellschaftsvertrag geschlossen werden. Überprüfen Sie aus Sicht der Medi@-Info KG, ob die nachstehend genannten Aussagen des neu zu schließenden Gesellschaftsvertrags den gesetzlichen Vorschriften des HGB entsprechen, und begründen Sie jeweils Ihre Entscheidung.

a) Einlagen werden nicht verzinst.
b) Der Kommanditist kann ohne Angabe von Gründen den Jahresabschluss jederzeit durch Einsicht in die Bücher und andere Geschäftsunterlagen kontrollieren.
c) Der Komplementär kann bis zu 4 % seines am Anfang des Geschäftsjahres vorhandenen Kapitals aus der Gesellschaft entnehmen, das gilt auch für den Fall, dass die Gesellschaft Verlust erwirtschaftet.

7 Aufgrund der guten Auftragslage ist ein Kleingewerbebetrieb in die Spezi@l-Design OHG umgewandelt worden. Neben Konrad Wrobel ist sein Bruder Gordon zweiter Gesellschafter.

a) Erläutern Sie die gesetzliche Gewinnverteilung für die OHG.
b) Erklären Sie die Haftung der Gesellschafter in dieser OHG.

8 Vor drei Jahren hat die Kauffrau für Marketingkommunikation Christa Pitz eine kleine Werbeagentur in Bergheim gegründet, die sich sehr gut entwickelt. Sie beschäftigt heute acht Angestellte und zwei Auszubildende. Kaufmännisch ist der Betrieb voll durchorganisiert. Christa Pitz ist im Handelsregister nicht eingetragen.

a) Ist Christa Pitz Kaufmann im Sinne des HGB? Begründen Sie Ihre Entscheidung.
   Ihre Steuerberaterin macht Christa Pitz darauf aufmerksam, dass sie den Geschäftsbetrieb ins Handelsregister eintragen lassen muss. Daraufhin lässt sich Christa Pitz am 15. Februar 20.. unter der Firma „Werbeagentur Christa Pitz e. K." ins Handelsregister eintragen.
b) Erläutern Sie die Wirkung dieses Handelsregistereintrags.
c) Nennen Sie Gericht und Ort, an dem das Handelsregister für die Eintragung der Werbeagentur geführt wird.

9 Große Werbeagenturen in Nordrhein-Westfalen erwägen die Umwandlung in die Rechtsform einer AG.

a) Erläutern Sie mindestens zwei Gründe, die für diese Rechtsform sprechen.
b) Nennen Sie drei Organe der AG und je eine Aufgabe dieser Organe.

10 Sie kennen sich im Handelsregister (HR) aus. Entscheiden Sie, welche Aussagen zutreffend sind.

a) Das HR unterrichtet u. a. über die Kapitalverhältnisse eines Unternehmens.

b) GmbHs werden in Abteilung B des HR geführt.
c) Wer ein berechtigtes Interesse nachweist, kann Eintragungen im HR einsehen.
d) Die Löschung einer Eintragung im HR erfolgt durch rote Unterstreichung.
e) Prokuristen werden nur in Abteilung B des HR geführt.
f) Das HR ist ein öffentliches Verzeichnis aller Kaufleute nach HGB innerhalb eines Amtsgerichtsbezirks.
g) Alle Eintragungen und Änderungen im HR werden veröffentlicht.
h) Eintragungsanmeldungen im HR müssen in notariell beglaubigter Form erfolgen.
i) Das HR informiert Außenstehende über die Gewinnsituation des Unternehmens.

11 KG, GmbH, OHG – was trifft auf welche Rechtsform zu?
a) Stimmrecht in der Hauptversammlung
b) Aufsichtsrat ist laut Gesetz immer vorgeschrieben
c) Beschränkte Haftung aller Gesellschafter
d) Eintragung im Genossenschaftsregister
e) Mindestens fünf Gründer bei Unternehmensgründung
f) Unbeschränkte Haftung aller Gesellschafter
g) Gesetzliche Gewinnverteilung 4 % der Kapitaleinlage, Restgewinn in angemessenem Verhältnis.

12 Britta Kenzler, Ursula Falkenberg und Inge Kracht möchten als alleinige Gesellschafterinnen ein Unternehmen gründen, das für Messen und Veranstaltungen Multimedia-Präsentations-Equipment leihweise zur Verfügung stellt. Jede der drei Gesellschafterinnen leistet eine Kapitaleinlage von 40 000,00 EUR. Kenzler ist für die kaufmännische Verwaltung verantwortlich, Falkenberg für den Einkauf und Kracht für die Bereiche Systemberatung und Vertrieb. Kenzler und Falkenberg erklären sich bereit, unbeschränkt, d. h. auch mit ihrem Privatvermögen, zu haften. Kracht dagegen will lediglich in Höhe ihrer Kapitaleinlage haften. Im Gesellschaftsvertrag wird vereinbart, dass für die Geschäftsführung und Vertretungsbefugnisse die gesetzlichen Regelungen gelten.
Entscheiden Sie, welche der folgenden Firmierungen den Vorstellungen der Gesellschafter und den handelsrechtlichen Vorschriften entspricht.
a) Kenzler & Falkenberg OHG
b) Kenzler & Falkenberg KG
c) Kenzler – Mediaequipment
d) Kenzler, Falkenberg & Kracht GmbH
e) Kenzler & Co.

13 Zwei Verlage wollen durch Zusammenarbeit ihre Marktposition verbessern und Rationalisierungsmaßnahmen durchführen. Erwogen werden zunächst eine Kooperation, eventuell danach eine Konzentration. Erläutern Sie an je einem Beispiel
a) Kooperation, b) Konzentration.

14 Zwei Verlage gründen eine GmbH, die R@Ku GmbH. Benennen Sie
a) die gesetzlich möglichen Organe der GmbH,
b) die Kaufmannseigenschaft der GmbH,
c) das Mindestkapital, mit dem diese GmbH gegründet werden muss.

15 Einem Mitarbeiter der R@Ku GmbH soll allgemeine Handlungsvollmacht erteilt werden.
a) Erläutern Sie diese Art der Vollmacht.
b) Erläutern Sie weitere Vollmachten (Prokura ausgenommen), die eine Unternehmung erteilen kann.
c) Nennen Sie zwei Formen, in der die vorgenannten Arten der Handlungsvollmacht erteilt werden können.

16 Mit einem Kapital von insgesamt 30 000,00 EUR möchten zwei Nachwuchsfilmproduzenten eine Unternehmung gründen. Dabei wollen sie einen Geschäftsführer einstellen und die Möglichkeit der Kapitalerhöhung durch die Aufnahme weiterer Gesellschafter verwirklichen sowie keine persönliche Haftung übernehmen. Welche Rechtsform bietet sich an?
a) AG b) KG c) GmbH d) OHG e) Einzelunternehmung f) UG (haftungsbeschränkt)

17 Ilona Kaluza, Grafikdesign-Studentin in Köln, liefert der Online-Marketing-Agentur Cross@GmbH Entwürfe für die Websitegestaltung ihrer Kunden. Dafür berechnet sie Honorar und überlegt, ob sie in diesem Zusammenhang einen Kleingewerbebetrieb anmelden soll.
a) Erläutern Sie zunächst die Rechtslage bezüglich der Eintragungspflicht der Jungunternehmerin ins Handelsregister.
b) Formulieren Sie ein Beispiel für eine Firma, unter der sie ihren Betrieb anmelden könnte.
c) Erläutern Sie die damit zusammenhängenden Grundsätze der
1. Firmenwahrheit und 2. der Firmenausschließlichkeit.

18 In einer Vielzahl von Branchen (z. B. Medien, Energie, Genussmittel) finden Unternehmens-zusammenschlüsse statt.
a) Erläutern Sie drei betriebswirtschaftliche Gründe für Unternehmenszusammenschlüsse.
b) Beschreiben Sie zwei Auswirkungen von Unternehmenszusammenschlüssen auf die Volkswirtschaft.

19 Die Werbeagentur Rekl@me GmbH hat einen Auftrag zur Entwicklung einer Kampagne mit einem Etat von 120 000,00 EUR vom Kunden Steinsatz Bachmichel KG erhalten. Der Auftrag wurde vom Kommanditisten der KG, Herrn Walscheck, erteilt. Der Komplementär der KG, Herr Thiel, hat jedoch den Auftrag an eine andere Werbeagentur vergeben.
a) Begründen Sie, welcher der beiden Aufträge rechtskräftig ist.
b) Erläutern Sie, wer der Werbeagentur Rekl@me GmbH für den Schaden haftet.

20 Die Werbeagentur Cordula Paar e. K. arbeitet seit Jahren mit beachtlichem Geschäftserfolg. Weitere Investitionen sollen nicht mit Fremdkapital durchgeführt werden. Deshalb beschließt Cordula Paar, eine Personengesellschaft zu gründen. Das notwendige Kapital und die gewünschte Fachkompetenz bringen die Mitarbeiter Hans Feuerstein und Hermann Herterich mit. Sie wollen als Gesellschafter einsteigen, aber nicht mit ihrem gesamten Vermögen haften.
a) Welche Rechtsform kommt infrage?
b) Gibt es weitere Gründe, die Frau Paar veranlasst haben könnten, ihre Mitarbeiter in dieser Rechtsform zu beteiligen?
c) Bei dieser Rechtsform soll die gesetzliche Regelung hinsichtlich der Gewinnverteilung gelten. Erläutern Sie diese Aussage.

21 Zwei Kaufleute für audiovisuelle Medien möchten ein Filmproduktionsunternehmen gründen. Als Selbstständige beabsichtigen beide, das Unternehmen zu leiten, möchten aber im Fall einer Insolvenz auf gar keinen Fall mit ihrem Privatvermögen für die Unternehmensschulden haften müssen.
a) Welche Unternehmensformen kommen infrage?
1. OHG 2. KG 3. AG 4. Einzelunternehmung 5. GmbH 6. UG (haftungsbeschränkt)

b) Ordnen Sie den o. a. Unternehmensformen die nachfolgend genannten gesetzlichen Vorschriften zu.
1. Jeder Gesellschafter hat die Pflicht, die Geschäfte der Gesellschaft zu führen und Dienste persönlich zu leisten.
2. Den Gläubigern gegenüber haftet mindestens ein Gesellschafter unbeschränkt und mindestens ein Gesellschafter beschränkt.
3. Jeder Gesellschafter hat einen Gewinnanspruch von 4 % seines Kapitalanteils, der Restgewinn wird nach Köpfen verteilt.

4. Jeder Gesellschafter muss eine Einlage von mindestens 1,00 EUR leisten und kann nicht persönlich haftbar gemacht werden.
5. Das Mindestkapital beträgt 25 000,00 EUR und wird in der Bilanz als gezeichnetes Kapital ausgewiesen.
6. Die Geschäftsführungsbefugnis und Vertretungsmacht werden unmittelbar von der Hauptversammlung übertragen.
7. Das Mindestkapital beträgt 50 000,00 EUR und wird in der Bilanz als gezeichnetes Kapital ausgewiesen.

c) Welche der nachfolgend genannten Personen ist Kaufmann kraft Rechtsform (Formkaufmann)?
1. Der Geschäftsführer einer GmbH
2. Der Vorstand einer AG
3. Eine OHG
4. Eine AG
5. Der Gesellschafter einer GmbH

d) Ermitteln Sie die Richtigkeit der nachfolgenden Aussagen über Firmengrundsätze.
1. Firmenwahrheit bedeutet, dass jede Unternehmung ihren Jahresabschluss veröffentlichen muss.
2. Firmenausschließlichkeit bedeutet, dass an einem Ort die gleiche Firma nicht von mehreren Unternehmen geführt werden kann.
3. Firmenklarheit bedeutet, dass jede Firma den ausgeschriebenen Vornamen des Inhabers enthalten muss.
4. Firmenbeständigkeit bedeutet, dass eine Firma nicht geändert werden kann.
5. Firmenwahrheit bedeutet, dass beim Wechsel in der Person des Inhabers die Firma mit dem Zusatz „Nachfolger" zu versehen ist.

e) Überprüfen Sie die Richtigkeit der nachfolgenden Aussagen über die AG.
1. Der Aufsichtsrat ist das Kontrollorgan für den Vorstand.
2. Das Grundkapital muss mindestens 500 000,00 EUR betragen.
3. Die Hauptversammlung bestellt Aufsichtsrat und Vorstand für vier Jahre.
4. Die Hauptversammlung bestellt Aufsichtsrat und Vorstand für fünf Jahre.
5. Die Vertreter der Arbeitnehmer wählen die Hälfte der Vorstandsmitglieder, die andere Hälfte wird von der Hauptversammlung gewählt.

22 Die „Kölner Nachrichten" ist eine Tageszeitung mit 500 000 Exemplaren Auflage. Außerhalb des Verbreitungsgebietes veröffentlicht der Verlag Tillmann Käfer e. K. eine lokale Tageszeitung, den „Eifeler Boten" mit 65 000 Exemplaren Auflage. Der Verleger Tillmann Käfer e. K. sucht zur Zukunftssicherung einen finanzstarken Partner, will jedoch die alleinige Entscheidungsbefugnis im Verlag nicht aufgeben. Der Verlag der „Kölner Nachrichten", die KN GmbH, beteiligt sich am Verlag Tillmann Käfer e. K.

a) Benennen Sie die bestehende Kaufmannseigenschaft des Verlags Tillmann Käfer e. K. laut HGB.
b) Erläutern Sie eine Rechtsform, die für die Beteiligung der KN GmbH am Verlag Tillmann Käfer e. K. geeignet ist.

23 Die Buchhandlung „Lesezauber" erhält täglich mit der Geschäftspost viele Schreiben von verschiedenen Unternehmungen. Anhand der Geschäftsangaben in den Schreiben ist u. a. zu erkennen, welche Rechtsform der Absender hat. Welche der folgenden Geschäftsangaben auf Briefvordrucken deutet auf eine

a) Einzelunternehmung, b) Kommanditgesellschaft, c) GmbH hin?

1. Vorsitzende des Aufsichtsrates: Anna Bode; eingetragen: Amtsgericht Essen HRB 196
2. Textilhandlung Beate Ganska e. K., Rotweinweg 34, 40223 Düsseldorf
3. Persönlich haftender Gesellschafter: Georg Elbern
4. Geschäftsführer: Karin Lanzerath, Sabine Opladen, Jürgen Kirsch, Sitz der Gesellschaft: Bonn, Amtsgericht HRB 201

# 3 Verträge abschließen und erfüllen

## 3.1 Rechtsquellen und Rechtsnormen

Der Vertriebsleiter der BellMedi@ GmbH, Buchverlag, Konstantin Pirol, beklagt gegenüber dem Geschäftsführer der BellMedi@, Gottfried Hoelk, dass die Räumlichkeiten in der Auslieferung inzwischen nicht mehr ausreichten. Nur mit einem Erweiterungsbau seien die Lagerkapazitäten in den Umsatzspitzen, beispielsweise im Weihnachtsgeschäft, zu bewältigen. Die Argumentation des Vertriebsleiters überzeugt den Geschäftsführer. Gottfried Hoelk beauftragt Herrn Pirol mit der Planung des erforderlichen Erweiterungsbaus. Als nach umfangreichen planerischen Vorarbeiten unter Hinzuziehung eines Architekten der Bauantrag beim zuständigen Kölner Bauamt eingereicht wird, dauert es drei Monate, bis die BellMedi@ eine Ablehnung des Antrags erhält. Einem Widerspruch gegen den Ablehnungsbescheid wird nicht stattgegeben. Das Bauamt verweist auf den bestehenden Flächennutzungsplan, der einen Anspruch der BellMedi@ auf weitere Bebauung nicht zulässt. Die Behörde verweist in ihrem Ablehnungsbescheid darauf, dass gegen den Bescheid der Verwaltungsrechtsweg offen stehe, wonach die BellMedi@ Klage vor dem zuständigen Verwaltungsgericht Köln erheben könne.
Gottfried Hoelk und Konstantin Pirol diskutieren die weitere Vorgehensweise.

**Arbeitsaufträge**

- Erarbeiten Sie sich die nachfolgenden Ausführungen zum objektiven und subjektiven Recht. Erläutern Sie anschließend unter Bezugnahme auf die vorgenannte Handlungssituation, in welchen Punkten objektives und subjektives Recht zum Tragen kommen.
- Erklären Sie in eigenen Worten öffentliches Recht, Privatrecht und Gewohnheitsrecht.

Das **Recht** soll die Ordnung im Zusammenleben der Menschen auf der Grundlage von Regeln sichern. In der Rechtsordnung ist das Verhalten des Staates und der Bürger zueinander geregelt. Diese **Rechtsordnung** umfasst eine Vielzahl von Regelungen, die sogenannten **Rechtsnormen**, die in Gesetzen und Verordnungen niedergelegt sind. Unter Rechtsnormen versteht man **Rechtsquellen**, aus denen sich ein geregeltes Rechtsleben entwickeln soll.
Rechtsnormen können als *geschriebenes* Recht

- **Gesetze** sein, die über den verfassungsmäßig vorgeschriebenen Weg der Gesetzgebung zustande kommen, **Rechtsverordnungen**, von den Verwaltungsbehörden aufgrund der Ermächtigung in einem Gesetz erlassen, oder **Satzungen**, beschlossen von den juristischen Personen des öffentlichen Rechts (Kreise, Gemeinden usw.) oder von den Organen der juristischen Personen des Privatrechts (eingetragene Vereine),
- durch **individuelle Vereinbarungen** zwischen einzelnen Personen entstehen **(= Privatrecht)**,
- sich durch **dauernde allgemeine Praxis und Rechtsanschauung** entwickeln **(= Gewohnheitsrecht)**.

### Objektives und subjektives Recht

#### *Objektives Recht*

Das objektive Recht umfasst die Gesamtheit der Gesetze und Verordnungen (Rechtsnormen) der verschiedenen Rechtsgebiete innerhalb eines Staatsgebietes.
**Beispiele** *Steuer-, Arbeits-, Sozialrecht*

Das objektive Recht legt allgemeine Rechtsfolgen fest.
**Beispiele**

- *Verkauf von Fertigerzeugnissen, Rechtsfolge: z. B. Umsatzsteuerschuld*
- *Diebstahl von Waren, Rechtsfolge: Verurteilung wegen Diebstahls*

#### *Subjektives Recht*

Unter dem subjektiven Recht versteht man einen Anspruch, der sich für den Berechtigten aus dem objektiven Recht ergibt. Dabei handelt es sich bei einem **Anspruch** nach § 194 BGB um ein Recht, von einem anderen ein Handeln, Dulden oder Unterlassen fordern zu können. Das objektive Recht bildet den Rahmen für das subjektive Recht, in dem der Einzelne innerhalb des objektiven Rechts seine Interessen individuell ausgestalten kann.

Beispiele

- *Käufer und Verkäufer können im Rahmen der geltenden Gesetze die Vertragsbedingungen frei gestalten.*
- *Der Eigentümer eines Grundstückes kann von seinem Nachbarn verlangen, dass der vorgeschriebene Bauabstand zur Grundstücksgrenze eingehalten wird.*

## Öffentliches Recht, Privatrecht und Gewohnheitsrecht

In der **Rechtsordnung unterscheidet man** das öffentliche Recht, das Privat-, das Gewohnheitsrecht und das Europäische Recht.

### *Öffentliches Recht*

Es regelt die **Rechtsbeziehungen zwischen dem Staat (Bundesrepublik Deutschland), den öffentlichen Körperschaften (Länder, Gemeinden, Verwaltungsbehörden) und dem einzelnen Bürger.** Zum öffentlichen Recht gehören u. a.

- Staatsrecht (z. B. Grundgesetz),
- Verwaltungsrecht (z. B. Bau-, Gewerbe-, Schulgesetzgesetz),
- Steuerrecht (z. B. Einkommensteuergesetz),
- Straf- und Prozessrecht (z. B. Strafgesetzbuch),
- Kirchenrecht,
- Völkerrecht,
- Sozial- und Sozialversicherungsrecht,
- Wettbewerbsrecht,
- Teile des Arbeitsrechts.

Das öffentliche Recht wird vom **Grundsatz der Über- und Unterordnung** beherrscht, d. h., die Bundesrepublik Deutschland, die Länder und die Kommunen sind als übergeordnete Institutionen berechtigt, den ihnen untergeordneten Bürgern Steuern aufzuerlegen. Öffentliches Recht ist **zwingendes Recht**. Jeder Bürger muss sich diesem Recht unterwerfen.

Beispiel *Ein Unternehmen stellt einen neuen Mitarbeiter ein und vereinbart mit diesem eine Kündigungsfrist von einer Woche. Laut § 222 BGB ist aber eine Kündigungsfrist von 30 Tagen vorgeschrieben. Die Vereinbarung verstößt gegen zwingendes Recht und ist somit ungültig.*

Im Interesse der Allgemeinheit werden dem einzelnen Bürger **Verbote** auferlegt.

Beispiele

§ 1 AGG

*Das Allgemeine Gleichbehandlungsgesetz, das Benachteiligungen aus Gründen der Rasse, des Geschlechts, der Religion und weiteren Merkmalen verbietet.*

§ 242 StGB

*(1) Wer eine fremde bewegliche Sache einem anderen in der Absicht wegnimmt, dieselbe Sache sich rechtswidrig zuzueignen, wird mit Freiheitsstrafe bis zu fünf Jahren oder mit Geldstrafe bestraft.*

§ 99 SchulG

*... (2) Im Übrigen ist Werbung, die nicht schulischen Zwecken dient, in der Schule grundsätzlich unzulässig ...*

Neben den Verboten muss der einzelne Bürger **Gebote** (Pflichten) beachten.

§ 1 GWB

*Vereinbarungen zwischen Unternehmen, Beschlüsse von Unternehmensvereinigungen und aufeinander abgestimmte Verhaltensweisen, die eine Verhinderung, Einschränkung oder Verfälschung des Wettbewerbs bezwecken oder bewirken, sind verboten.*

**Beispiele**

Art. 12a GG

*(1) Männer können vom vollendeten achtzehnten Lebensjahr an zum Dienst in den Streitkräften, im Bundesgrenzschutz oder in einem Zivilschutzverband verpflichtet werden.*

§ 1 Einkommensteuergesetz

*(1) Natürliche Personen, die im Inland einen Wohnsitz oder ihren gewöhnlichen Aufenthalt haben, sind unbeschränkt einkommensteuerpflichtig ...*

§ 43 SchulG

*(1) Schülerinnen und Schüler sind verpflichtet, regelmäßig am Unterricht und an den sonstigen verbindlichen Schulveranstaltungen teilzunehmen.*

Verstöße gegen Gebote und Verbote lässt der Staat durch seine Judikative (Gerichte) und die Staatsanwaltschaft und Polizei als Exekutivorgane verfolgen und ahnden. Streitigkeiten auf dem Gebiet des öffentlichen Rechts werden durch die **Verwaltungsgerichte** entschieden.

♦ *Privatrecht*

Es regelt die **Rechtsbeziehungen der Bürger untereinander**, die sich als gleichberechtigte Partner **(Grundsatz der Gleichordnung)** gegenüberstehen.

**Privatrecht** ist weitgehend **dispositives** oder **nachgiebiges Recht**, von dem immer dann die Rede ist, wenn eine bestehende gesetzliche Regelung von den Beteiligten geändert oder aufgehoben werden kann.

Beispiel *Im Verlagsbereich gilt in den Beziehungen zwischen Verleger und Autor prinzipiell das sogenannte Verlagsgesetz aus dem Jahre 1901. Praxisüblich sind jedoch Verlagsverträge zwischen Verleger und Autor, die den individuellen Bedürfnissen der Beteiligten entsprechen. Der Verleger erhielte nach dem Verlagsgesetz beispielsweise nur das Recht, eine Auflage eines Buches mit* ***einer*** *Stückzahlbegrenzung von 1000 Exemplaren herzustellen. Diese für den Verleger unbefriedigende Regelung wird in einem Verlagsvertrag ersetzt durch das Recht, das Werk ohne Auflagen- und Stückzahlbegrenzung vervielfältigen und verbreiten zu dürfen.*

Privatrecht gilt aber auch dann, wenn Träger öffentlicher Gewalt wie Privatpersonen handeln, z. B. die Stadt Köln mietet vorübergehend Unterkünfte für Asylbewerber oder die Stadt Köln kauft Bürobedarfsartikel für die Stadtverwaltung. Hier spricht man vom fiskalischen Handeln der Verwaltung.

Zum Privatrecht gehören u. a.:

- **bürgerliches Recht:** Es enthält Vorschriften des Bürgerlichen Gesetzbuches (BGB) und regelt die Rechtsbeziehungen der Bürger untereinander, wie Schuldrecht bzw. Vertragsrecht, Sachenrecht, Familien- und Erbrecht.

**Beispiel**

§ 433 BGB

*(1) Durch den Kaufvertrag wird der Verkäufer einer Sache verpflichtet, dem Käufer die Sache zu übergeben und das Eigentum zu verschaffen ...*
*(2) Der Käufer ist verpflichtet, dem Verkäufer den vereinbarten Kaufpreis zu zahlen und die gekaufte Sache abzunehmen.*

- **Handels- und Gesellschaftsrecht als Recht der Kaufleute:** Es enthält u. a. Vorschriften des Handelsgesetzbuches (HGB), des Gesellschafts-, Scheck-, Wertpapier- und Wettbewerbsrechts.

**Beispiel**

> §1 HGB
>
> *Kaufmann im Sinne des Handelsgesetzbuches ist, wer ein Handelsgewerbe betreibt.*

- **Urheberrecht:** Sinn und Zweck des Urheberrechtsgesetzes ist der Schutz der Werkschöpfer und ihrer Geistesschöpfungen.

Vergleiche hierzu Seite 206

**Beispiel**

> §11 Urheberrechtsgesetz
>
> *Das Urheberrecht schützt den Urheber in seinen geistigen und persönlichen Beziehungen zum Werk und in der Nutzung des Werkes. Es dient zugleich der Sicherung einer angemessenen Vergütung für die Nutzung des Werkes.*

Streitigkeiten des Privatrechts werden vor dem **Amts- oder Landgericht** (= ordentliche Gerichte) entschieden.

### ♦ *Gewohnheitsrecht*

Jeder Bereich des öffentlichen Rechts und des Privatrechts enthält eine Fülle von Gesetzen. Einige Regeln und Normen sind jedoch nicht in Gesetzen geregelt, sondern durch Gewohnheit zur **Verkehrssitte, zum Brauch,** geworden. In diesen Fällen spricht man von Gewohnheitsrecht.

**Gewohnheitsrecht ist also definiert als ungeschriebenes verbindliches Recht, das aus der Rechtsüberzeugung der Gemeinschaft entstanden ist, auf langer tatsächlicher Ausübung beruht und auch als Rechtsnorm anerkannt wird. In Deutschland verliert das Gewohnheitsrecht zugunsten des geschriebenen Rechts immer mehr an Bedeutung.**

**Beispiele**

- Gewohnheitsrecht der Gemeinden über Straßenreinigung oder Streupflicht im Winter bei Eis- oder Schneeglätte;
- Handelsbräuche: §346 HGB „Unter Kaufleuten ist in Ansehen der Bedeutung und Wirkung von Handlungen ... auf die im Handelsverkehre geltenden Gewohnheiten und Gebräuche Rücksicht zu nehmen", z. B. ein briefliches Angebot an einen Kunden gilt für die Dauer von etwa fünf Tagen.

### ♦ *Europäisches Recht*

Die Gesetzgebung der Bundesrepublik Deutschland beruht heutzutage zum großen Teil auf europäischen Vorgaben (**Richtlinien**). Hierbei handelt es sich um verbindliche Mindestvorgaben, z. B. für den Verbraucherschutz. Diese EU-Richtlinien werden durch die Europäische Union erlassen und müssen innerhalb eines bestimmten Zeitraumes in nationales Recht umgesetzt werden. Hierbei kann der Landesgesetzgeber die Mindeststandards überschreiten, hingegen ist eine Unterschreitung unzulässig. Sobald der nationale Gesetzgeber die Richtlinie nicht fristgemäß umsetzt, kann derjenige, der von ihr geschützt werden soll, sich vor einem Gericht auf sie berufen und Klage einreichen.

***Rechtsquellen und Rechtsnormen***

- *Der Staat schafft die Rahmenbedingungen für das Zusammenleben der Menschen durch die **Rechtsordnung**.*
- ***Subjektives Recht** wird dem Einzelnen zur Durchsetzung oder Vertretung seiner Ansprüche vom **objektiven Recht**, der Rechtsordnung, eingeräumt und garantiert.*

- *Das **öffentliche Recht** regelt die rechtlichen Beziehungen zwischen Trägern der öffentlichen Gewalt (Bund, Länder und Gemeinden) und Privatpersonen nach dem Prinzip der Über- und Unterordnung. Träger der öffentlichen Gewalt können Recht durch Zwang durchsetzen, wenn ein Gesetz dies zulässt (z. B. polizeiliche Maßnahmen zur Durchsetzung der Regeln der Straßenverkehrsordnung). Es regelt außerdem die rechtlichen Beziehungen der Träger öffentlicher Gewalt untereinander (Verteilung der Gesetzgebungsbefugnisse zwischen Bund und Ländern).*

*Zum öffentlichen Recht gehören beispielsweise das Staats-, Völker-, Strafrecht, Strafprozessrecht, Zivilprozessrecht, Steuerrecht, Sozialversicherungsrecht).*

- *Das **Privatrecht** regelt die Rechtsbeziehungen der einzelnen Bürger untereinander.*
- ***Gewohnheitsrecht:** Einige Regeln und Normen sind durch Gewohnheit zur Verkehrssitte geworden.*
- ***Europäisches Recht:** EU schreibt bei bestimmten Gesetzen Mindestvorgaben vor.*

### Aufgaben

1 Erläutern Sie, wodurch sich öffentliches Recht und Privatrecht unterscheiden.

2 Zählen Sie auf, welche Bereiche zum Privatrecht gehören.

3 Geben Sie jeweils zwei Beispiele für Gebote und Verbote, die den Bürgern vom Staat oder den öffentlichen Körperschaften auferlegt werden können.

4 „Privatrecht ist weitgehend nachgiebiges Recht." Erläutern Sie diese Aussage.

5 Listen Sie alle Gesetze auf, die Sie kennen, und ordnen Sie diese dem öffentlichen Recht und dem Privatrecht zu.

6 Beschaffen Sie das Grundgesetz und das Bürgerliche Gesetzbuch. Suchen Sie jeweils zehn Artikel bzw. Paragrafen heraus und geben Sie jeweils an, warum und in welchem Zusammenhang diese Sie jetzt oder später in Ihrem Leben betreffen können.

## 3.2 Rechtssubjekte

Der 16-jährige Gerd Knopp, Auszubildender im Geschäftsfeld „Zeitschriftenverlag" der Medi@ AG, erhält von seinen Eltern monatlich 50,00 EUR Taschengeld. Schon seit längerer Zeit möchte er sich in der Buchhandlung Medi@Point ein mehrbändiges Lexikon zum Preise von 200,00 EUR kaufen. Nachdem er den Betrag angespart hat, bestellt Gerd Knopp das nicht vorrätige Lexikon. Die Eltern sind damit nicht einverstanden und lehnen die Genehmigung des Vertrages ab, mit der Begründung, ihr Sohn sei noch nicht unbeschränkt geschäftsfähig und die Wirksamkeit seiner Willenserklärungen von der Genehmigung der gesetzlichen Vertreter abhängig.

### Arbeitsaufträge

- Machen Sie sich mit den Stufen und Besonderheiten der Geschäftsfähigkeit vertraut. Entscheiden und begründen Sie dann, ob die Buchhandlung Medi@Point zur Rücknahme der Bücher verpflichtet ist.
- Erläutern Sie die verschiedenen Stufen der Geschäftsfähigkeit.

Rechtssubjekte im rechtlichen Sinne sind alle natürlichen und juristischen Personen als selbstständige Träger von Rechten und Pflichten.

### ● Natürliche Personen

Alle Menschen sind natürliche Personen im Sinne des § 1 BGB. Sie sind rechtsfähig und – abgesehen von Ausnahmen – mit dem Erreichen bestimmter Altersstufen unbeschränkt oder beschränkt geschäftsfähig.

♦ *Rechtsfähigkeit*

Sie ist die vorgenannte **Fähigkeit von Personen, Träger von Rechten und Pflichten zu sein.**
Beispiele *Recht, ein Vermögen zu erben; Pflicht, Steuern zu zahlen*

Alle **natürlichen Personen** sind mit Vollendung der Geburt bis zum Tod (§ 1 BGB) rechtsfähig.

♦ *Geschäftsfähigkeit*

**Geschäftsfähigkeit ist die Fähigkeit natürlicher Personen, Willenserklärungen rechtswirksam abzugeben und anzunehmen und somit Rechtsgeschäfte rechtswirksam vornehmen zu können.**
**Der Gesetzgeber hat wegen der unterschiedlichen Einsichtsfähigkeit in die Rechtsfolgen von Willenserklärungen drei Stufen der Geschäftsfähigkeit vorgesehen.**

Stufen der Geschäftsfähigkeit

- Geschäftsunfähigkeit
- beschränkte Geschäftsfähigkeit
- unbeschränkte Geschäftsfähigkeit

**Kinder, Jugendliche und andere Personengruppen sollen vor den Rechtsfolgen unüberlegt abgeschlossener Geschäfte geschützt werden. Deshalb ist die Geschäftsfähigkeit von Altersstufen abhängig.**

- **Geschäftsunfähig** (§ 104 BGB) sind:
  - alle natürlichen Personen unter 7 Jahren
  - Personen mit andauernder, krankhafter Störung der Geistestätigkeit

  Die Willenserklärungen geschäftsunfähiger Personen sind unwirksam (nichtig), folglich kann ein Geschäftsunfähiger auch keine rechtswirksamen Verpflichtungen eingehen. Für die Geschäftsunfähigen handelt ein gesetzlicher Vertreter (bei Kindern unter 7 Jahren meistens die Eltern, für alle anderen ein Vormund).

  Beispiele
  - *Ein 5-jähriges Mädchen „kauft" eine Tüte Bonbons.*
  - *Der 20-jährige Edmund, der geistig behindert ist, „kauft" eine CD.*

  *In beiden Fällen ist kein Vertrag zustande gekommen.*

  Geschäftsunfähige können im Auftrag des gesetzlichen Vertreters für diesen Geschäfte als Bote wirksam abschließen, der Bote überbringt die fremde Willenserklärung des Auftraggebers.
  Beispiel *Der 6-jährige Klaus wird von seiner Mutter zum Bäcker geschickt, um 20 Brötchen zu kaufen. Die Mutter gibt Klaus abgezähltes Geld mit. Da Klaus im Auftrag der Mutter als Bote handelt, kommt zwischen der Mutter und dem Bäcker ein Kaufvertrag über 20 Brötchen zustande.*

- **Beschränkt geschäftsfähig** sind alle Personen vom vollendeten 7. bis zum vollendeten 18. Lebensjahr (§ 106 BGB).

  Beschränkt Geschäftsfähige können Rechtsgeschäfte mit Einwilligung des gesetzlichen Vertreters abschließen. Ihre Rechtsgeschäfte sind **bis zur Genehmigung des gesetzlichen Vertreters schwebend unwirksam**, d. h., ein von einem beschränkt Geschäftsfähigen abgeschlossener Vertrag wird erst durch die nachträgliche Genehmigung des gesetzlichen Vertreters, die auch stillschweigend erfolgen kann, rechtswirksam. Wenn der gesetzliche Vertreter die ausdrückliche Zustimmung verweigert, ist der Vertrag nichtig.

**Beispiel** *Die 16-jährige Angelika kauft einen DVD-Player, ohne dass sie ihre Eltern um Erlaubnis gefragt hat. Als die Eltern vom Kauf des DVD-Players erfahren, erheben sie keine Einwände. Somit ist der Kaufvertrag durch die stillschweigende Billigung der Eltern zustande gekommen.*

Die **Zustimmung des gesetzlichen Vertreters ist in folgenden Fällen nicht erforderlich:**
Der beschränkt Geschäftsfähige

- bestreitet den Kauf mit Mitteln, die ihm zu diesem Zweck oder zur freien Verfügung vom gesetzlichen Vertreter überlassen worden sind, wobei man von einem, dem Alter entsprechenden Betrag auszugehen hat (Bewirkung der Leistung mit eigenen Mitteln, § 110 BGB). Die generelle Einwilligung des gesetzlichen Vertreters geht allerdings nicht so weit, dass dieser dem beschränkt Geschäftsfähigen im Voraus die Zustimmung zu Geschäften aller Art erteilt und ihn damit wie einen Geschäftsfähigen stellt. Auch wenn die gesetzlichen Vertreter dem Minderjährigen Taschengeld zur freien Verfügung überlassen haben, können die gesetzlichen Vertreter jederzeit bestimmen, wofür und in welchem Umfang es ausgegeben werden darf.
  Nicht gedeckt durch § 110 BGB sind Raten- und Kreditgeschäfte Minderjähriger.
  **Beispiel** *Die 15-jährige Julia kauft von ihrem Taschengeld die neue CD der MG Bild & Ton. Die Eltern sind von diesem Kauf nicht begeistert. Der Kaufvertrag ist zustande gekommen, auch wenn die Eltern nicht einverstanden sind.*
- erlangt durch das Rechtsgeschäft nur einen **rechtlichen Vorteil** (§ 107 BGB). Der einzige praxisrelevante Fall ist in diesem Zusammenhang der der Schenkung.
  **Beispiel** *Der 13-jährige Frank erhält von seiner Tante ein Geldgeschenk über 1 500,00 EUR. Die Eltern von Frank lehnen dieses Geschenk der Tante ab, weil sie seit Jahren mit der Tante zerstritten sind. Frank kann das Geld auch gegen den Willen der Eltern annehmen.*
- schließt **Geschäfte im Rahmen eines Dienst- oder Arbeitsverhältnisses** ab, die der gesetzliche Vertreter genehmigt hat (§ 113 BGB)
  **Beispiel** *Der 16-jährige Sandro Klein schließt mit Einwilligung seiner Eltern einen Arbeitsvertrag für die Sommerferien beim „Stadtmagazin" der Medi@ AG ab. Er darf jetzt ohne Zustimmung der gesetzlichen Vertreter Arbeitskleidung kaufen oder ein Gehaltskonto bei einem Geldinstitut eröffnen, da er zur Erfüllung aller sich aus dem Arbeitsverhältnis ergebenden Verpflichtungen ermächtigt worden ist. Nach dem Gesetz gilt diese Regelung nicht für Ausbildungsverhältnisse.*

Wird durch den gesetzlichen Vertreter mit Genehmigung des Vormundschaftsgerichts ein Minderjähriger zum **selbstständigen Betrieb eines Erwerbsgeschäftes** ermächtigt, so ist der Minderjährige für solche Rechtsgeschäfte unbeschränkt geschäftsfähig, die der Geschäftsbetrieb mit sich bringt. Ausgenommen sind solche Rechtsgeschäfte, zu denen der Vertreter der Genehmigung des Vormundschaftsgerichts bedarf.
**Beispiel** *Ein 17-Jähriger betreibt nach Ermächtigung durch seinen gesetzlichen Vertreter eine Buchhandlung und kann so z. B. den Einkauf für das Geschäft tätigen.*

- **Unbeschränkt geschäftsfähig** sind **alle natürlichen Personen ab 18 Jahren**, sofern sie nicht zum Personenkreis der Geschäftsunfähigen im Sinne des § 104, Ziffer 2 und § 105, II BGB gehören. Für volljährige Personen kann vom Vormundschaftsgericht ein sog. **Betreuer** bestellt werden (§ 1896 BGB). **Voraussetzungen** für die Bestellung des Betreuers sind
  - Vorliegen einer psychischen Krankheit oder einer körperlichen, geistigen oder seelischen Behinderung **und**
  - Unfähigkeit zur Besorgung eigener Angelegenheiten **und**
  - Notwendigkeit einer Betreuung.

Der Betreuer ist gesetzlicher Vertreter des Betreuten.

- Der Betreute ist im Regelfall voll geschäftsfähig, d. h., er ist **ohne Einwilligungsvorbehalt** des Betreuers zur Abgabe rechtswirksamer Willenserklärungen berechtigt.

**Beispiel** *Der 54-jährige Michael Lenz hat einen Schlaganfall erlitten, wodurch er halbseitig gelähmt und dauernd bettlägrig ist. Hieraus ergibt sich die Notwendigkeit der Betreuung. Das Vormundschaftsgericht bestellt einen Betreuer, der für ihn rechtswirksam Willenserklärungen abgeben kann.*

- Wenn es für die Abwendung einer erheblichen Gefahr für die Person oder das Vermögen des Betreuten erforderlich ist, kann das Vormundschaftsgericht anordnen, dass die Willenserklärungen des Betreuten der Einwilligung des Betreuers bedürfen **(Einwilligungsvorbehalt)**. In diesem Fall hat der Betreute den **Status eines beschränkt Geschäftsfähigen.**

**Beispiel** *Der 35-jährige Dieter ist aufgrund jahrelangen übermäßigen Alkoholkonsums und der sich daraus ergebenden Verwirrtheit nicht mehr in der Lage, mit dem ihm zur Verfügung stehenden Geld umzugehen. Sobald er Bargeld in Händen hält, verschenkt er dieses an zufällig vorbeigehende Passanten. Er erhält vom Vormundschaftsgericht einen Betreuer und darf Rechtsgeschäfte nur noch mit Einwilligung des Betreuers abschließen.*

## Juristische Personen

Juristische Personen (§ 21 ff. BGB) werden vom Gesetz wie natürliche Personen behandelt. Sie haben volle Handlungsfreiheit, d. h., sie sind rechtsfähig. Über ihre Organe, z. B Geschäftsführer, können sie am Rechtsverkehr teilnehmen. Zu den juristischen Personen zählen die juristischen Personen des öffentlichen Rechts und des Privatrechts.

**Juristische Personen**

| des Privatrechts | des öffentlichen Rechts |
|---|---|
| **Beispiele** | **Beispiele** |
| • *Gesellschaft mit beschränkter Haftung (GmbH)* | • *Gemeinden* |
| • *Aktiengesellschaft (AG)* | • *Kreise* |
| • *eingetragene Genossenschaften (eG)* | • *Länder* |
| • *eingetragene Vereine (e. V.)* | • *Bundesrepublik Deutschland* |
| | • *Industrie- und Handelskammer* |
| | • *Krankenkassen* |
| | • *Stiftungen* |

*Vergleiche hierzu Seite 120, 125*

- **Juristische Personen des öffentlichen Rechts** sind z. B. Gemeinden, Kirchen, Rundfunkanstalten (ARD, ZDF) und Ortskrankenkassen. Sie erfüllen öffentliche Aufgaben.
- **Juristische Personen des Privatrechts** sind privatrechtliche Stiftungen (z. B. Stiftung Warentest) und Körperschaften des privaten Rechts (Aktiengesellschaften, rechtsfähige Vereine). Sie verfolgen private Zwecke.

Bei juristischen Personen beginnt die Rechtsfähigkeit mit der Eintragung in das jeweilige Register (z. B. Handels-, Vereinsregister) und endet mit Löschung in diesem Register.

Juristische Personen werden über ihre Organe (z. B. bei der AG durch Vorstand, bei der GmbH durch Geschäftsführer) vertreten. Sie handeln durch die Organe, die in der Satzung oder in der jeweiligen Rechtsvorschrift festgelegt sind.

*Vergleiche hierzu Seite 126*

**Beispiel** *Der Geschäftsführer der BellMedi@ GmbH, Gottfried Hoelk, kann für die GmbH handeln.*

***Rechtssubjekte***

- *Rechtssubjekte sind **natürliche** und **juristische Personen** als selbstständige Träger von Rechten und Pflichten.*
- ***Rechtsfähigkeit ist die Fähigkeit, Träger von Rechten und Pflichten zu sein.** Sie beginnt bei natürlichen Personen mit Vollendung der Geburt und endet mit dem Tod. Bei juristischen Personen beginnt sie mit der Eintragung in ein öffentliches Register und endet mit der Löschung in diesem Register.*

**Geschäftsfähigkeit**

| Geschäftsunfähigkeit | Beschränkte Geschäftsfähigkeit | Volle Geschäftsfähigkeit |
|---|---|---|
| **Unter 7 Jahren,** außerdem<br>• Personen mit andauernder, krankhafter Störung der Geistestätigkeit | **7 bis 18 Jahre,** außerdem<br>• Betreute mit Einwilligungsvorbehalt | **Ab 18 Jahren** |
| Eigene Willenserklärungen **sind nichtig**, gilt auch für Willenserklärungen, die im Zustand der Bewusstlosigkeit oder vorübergehender Störung der Geistestätigkeit abgegeben werden, § 105, II BGB. | Eigene Willenserklärungen sind **schwebend unwirksam**, bis gesetzlicher Vertreter genehmigt. Bei Ablehnung durch gesetzlichen Vertreter ist das Rechtsgeschäft nichtig (= ungültig). | Eigene Willenserklärungen **sind rechtsverbindlich.** |
| **Ausnahme:**<br>• Auftreten als Bote des gesetzlichen Vertreters, da Boten nur fremde Willenserklärungen überbringen | **Ausnahmen:**<br>• Beschränkt Geschäftsfähiger hat nur rechtlichen Vorteil durch das Rechtsgeschäft (z. B. Schenkung)<br>• Kauf einer Leistung mit eigenen Mitteln<br>• Abschluss von Rechtsgeschäften im Rahmen des Dienst- oder Arbeitsverhältnisses | **Ausnahme:**<br>• Personen mit andauernder, krankhafter Störung der Geistestätigkeit oder die im § 105 II BGB genannten Fälle |

## Aufgaben

1 Die 15-jährige Tina bekommt von ihrem Onkel einen CD-Player geschenkt. Ihre Eltern verbieten ihr die Annahme des Gerätes, da sie seit Jahren mit dem Onkel zerstritten sind. Begründen Sie, ob Tinas Eltern ihrer Tochter die Annahme des Geschenkes verwehren können.

2 Erläutern Sie, warum unter Umständen auch Erwachsene beschränkt geschäftsfähig oder geschäftsunfähig sein können.

3 Erklären Sie Rechtsfähigkeit.

4 Der 6-jährige Karl kauft ohne Wissen der Eltern im benachbarten Schreibwarengeschäft von seinem Taschengeld ein Malbuch, das bereits nach kurzer Zeit von Karl bemalt worden ist. Die Eltern sind mit dem Kauf des Malbuches nicht einverstanden und verlangen vom Einzelhändler die Herausgabe des Kaufpreises. Muss der Einzelhändler unter Beachtung der gesetzlichen Bestimmungen das Buch zurücknehmen und den Kaufpreis erstatten? Nehmen Sie zu den folgenden Aussagen Stellung.
   a) Nein, denn das Buch ist bereits bemalt worden und daher nicht mehr verkäuflich.
   b) Nein, mit 6 Jahren ist er beschränkt geschäftsfähig. Er kann im Rahmen der zur freien Verfügung überlassenen Mittel ohne Einwilligung der Erziehungsberechtigten rechtswirksam Rechtsgeschäfte abschließen.
   c) Nein, denn die Eltern hätten im Rahmen ihrer Sorgfaltspflicht verhindern müssen, dass das Kind alleine das Schreibwarengeschäft aufsucht.
   d) Ja, denn es ist kein Kaufvertrag abgeschlossen worden.
   e) Ja, denn erst ab 7 Jahren ist man geschäftsfähig.
   f) Ja, denn Kinder unter 7 Jahren sind noch nicht rechtsfähig.

5 Die 75-jährige Hermine Bauer hat in ihrem Testament als Alleinerben ihren 10-jährigen Pudel eingesetzt. Begründen Sie, ob man Tieren nach deutschem Recht etwas vererben kann.

6 Erläutern Sie, welche Rechtssubjekte unterschieden werden.

7 Diskutieren Sie in der Klasse über folgende These: „Mit 18 Jahren ist man nicht in der Lage, die rechtlichen Folgen von Rechtsgeschäften abzusehen. Daher sollte die volle Geschäftsfähigkeit erst mit 21 Jahren erreicht werden." Verfassen Sie über die Diskussion ein Stundenprotokoll.

## 3.3 Rechtsobjekte

Die Auszubildende Flora Fingerhut verleiht ihr Rechnungswesenbuch an ihren Klassenkameraden Roland Weiß. Nach einer Woche verlangt Flora das Buch von ihrem Klassenkameraden zurück, da sie es selbst zur Vorbereitung auf eine Klassenarbeit benötigt. Roland lehnt die Herausgabe des Buches mit der Begründung ab, er sei noch nicht fertig mit den Aufgaben, die er machen wolle, und außerdem habe Flora bei der Übergabe des Buches keinen Termin für die Rückgabe genannt.

**Arbeitsaufträge**
- Stellen Sie anhand der einschlägigen Rechtsvorschriften im Dritten Buch des BGB – Sachrecht – fest, ob Roland das Buch sofort herausgeben muss.
- Unterscheiden Sie die verschiedenen Rechtsobjekte anhand von Beispielen.
- Erläutern Sie Besitz und Eigentum und erstellen Sie hierzu ein Lernplakat.

Rechtsobjekte im rechtlichen Sinne sind Sachen und Rechte.

### Sachen und Rechte

Als **Rechtsobjekte** bezeichnet man die Gegenstände des Rechtsverkehrs. Hierbei unterscheidet man körperliche Rechtsobjekte (Sachen) und nichtkörperliche Rechtsobjekte (Rechte). Sachen werden in unbewegliche (Immobilien) und bewegliche (vertretbare und nicht vertretbare Sachen, Mobilien) unterschieden. **Vertretbare Sachen** sind untereinander austauschbar, **nicht vertretbare Sachen** können nicht durch andere ersetzt werden (z. B. ein Originalbild von Picasso). Im Vertragsleben spielt diese Unterscheidung eine große Rolle, weil in Fällen der Unmöglichkeit der Leistung die vertretbare Sache durch eine artgleiche ausgetauscht werden kann.

Vergleiche hierzu Seite 168

**Rechtsobjekte**

- **Sachen**
  - **Unbewegliche Sachen (Immobilien)**

    **Beispiele**
    - *Grundstücke*
    - *Häuser*
    - *Wohnungen*
  - **Bewegliche Sachen (Mobilien)**
    - **Vertretbare Sachen**

      Durch Zahl, Maß, Gewicht, Größe, usw. bestimmt und durch andere Sachen zu ersetzen

      **Beispiele**
      - *neue Konsumgüter, z. B. Neuwagen*
    - **Nicht vertretbare Sachen**

      Durch individuelle Merkmale bestimmt, können nicht durch andere Sachen ersetzt werden

      **Beispiele**
      - *gebrauchte Gegenstände*
      - *Originalgemälde*
      - *Maßanfertigung*
- **Rechte**

  **Beispiele**
  - *Besitz*
  - *Eigentum*
  - *Forderungen*
  - *Lizenzen*
  - *Patente*
  - *Konzessionen*
  - *Wegerecht*

## Besitz und Eigentum als Rechte

Zu den nichtkörperlichen Rechtsobjekten zählen die Rechte Besitz und Eigentum. **Besitz ist die tatsächliche Herrschaft über eine Sache (§ 854 BGB),** d. h. beispielsweise, dass der rechtmäßige Besitzer eines gemieteten PKW damit von A nach B fahren darf. **Eigentum ist die rechtliche Herrschaft über eine Sache.** Dem Eigentümer gehört die Sache, er kann damit nach Belieben verfahren (§ 903 BGB).

| Beispiele | Besitzer ist der | Eigentümer ist der |
|---|---|---|
| Mieter eines Autos | Mieter | Vermieter |
| Leihe eines Buches | Leiher | Verleiher |
| Pacht eines Grundstückes | Pächter | Verpächter |
| Kauf einer CD | Käufer | Käufer |

Die **Eigentumsübertragung** ist bei beweglichen und unbeweglichen Sachen unterschiedlich geregelt.

**Eigentumsübertragung**

- **bei beweglichen Sachen**

  z. B. beim Kauf eines Buches (§ 929 BGB)
  - durch **Einigung und Übergabe**
- **bei unbeweglichen Sachen**

  z. B. Kauf eines Grundstücks (§§ 873, 925 BGB)
  - durch **Auflassung** (= Einigung und notarielle Beurkundung des Grundstückskaufvertrages) **und Eintragung ins Grundbuch**

**Beispiel** *Ein Kunde kauft in der Buchhandlung Medi@Point GmbH & Co. KG ein Buch und bezahlt dieses in bar. Mit der Übergabe des Buches und des Geldes hat der Leistungsaustausch stattgefunden. Der Kunde ist nun Eigentümer des Buches,der Medi@Point GmbH & Co. KG gehört das Geld.* Befindet sich bei beweglichen Sachen der Gegenstand bereits beim Käufer, genügt es für die Eigentumsübertragung, dass sich der Verkäufer und der Käufer darüber einig sind, dass das Eigentum übergehen soll.

Im **Ausnahmefall** kann man auch Eigentümer einer Sache werden, die dem Verkäufer nicht gehört. Voraussetzung ist, dass **der Käufer in gutem Glauben gehandelt hat (§ 932 BGB).** Unter gutgläubig ist zu verstehen, dass man den Verkäufer den Umständen nach für den Eigentümer halten darf.

Ein **Dieb kann niemals Eigentümer einer gestohlenen Sache werden**, sondern nur deren Besitzer. An gestohlenen Sachen kann grundsätzlich kein Eigentum erworben werden, selbst wenn der Käufer die gestohlene Sache in gutem Glauben gekauft hat. Normalerweise kann also nur der Eigentümer einer Sache das Eigentum auf eine andere Person übertragen.

***Rechtsobjekte***

- *Zu den Rechtsobjekten zählen **Sachen** (bewegliche und unbewegliche) und **Rechte**.*

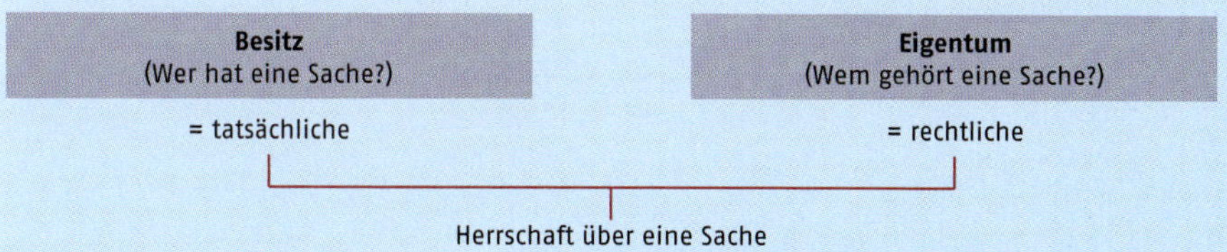


- *Die **Eigentumsübertragung** erfolgt bei beweglichen Sachen durch Einigung und Übergabe, bei unbeweglichen Sachen durch Auflassung und Eintragung ins Grundbuch.*
- *An gestohlenen Sachen kann man nie Eigentum erwerben.*

## Aufgaben

1 Erläutern Sie den Unterschied zwischen Besitz und Eigentum.

2 Heinrich Peters kauft von einem guten Bekannten ein gebrauchtes Fahrrad. Nach zwei Wochen wird Heinrich bei einer Polizeikontrolle darauf aufmerksam gemacht, dass das Fahrrad vor zwei Monaten gestohlen wurde. Heinrich argumentiert, dass er das Fahrrad in gutem Glauben von seinem Bekannten gekauft hat, er sei damit rechtmäßiger Eigentümer des Fahrrades. Begründen Sie, ob Heinrich Recht hat.

3 Erläutern Sie die Eigentumsübertragung bei unbeweglichen Sachen.

4 Die Magic Movie GmbH Köln vermietet und verkauft Filmequipment an Produktionsfirmen. Die AV-Medien der Medi@ AG erhält von einem Privatsender eine neue Auftragsproduktion. Die Aufnahmeleiterin Sandra Birkner möchte dazu eine neue ARRIFLEX-Kamera zunächst einige Tage zur Probe einsetzen. Nachdem sich die Kamera im Einsatz bewährt hat, schlägt Sandra Birkner dem Geschäftsführer der AV-Medien, Mathias Quarzberg, vor, die Kamera zu kaufen, zumal noch mit weiteren Auftragsproduktionen zu rechnen sei. Der Geschäftsführer stimmt zu, Sandra Birkner teilt dies der Magic Movie GmbH mit und der Kaufpreis wird nach Erhalt der Rechnung beglichen.

a) Erläutern Sie die Besitz- und Eigentumsverhältnisse des Kunden.
b) Beschreiben Sie, wie in diesem Fall die Eigentumsübertragung stattfindet.
c) Erklären Sie, wann die Medi@ AG Eigentümer der Kamera wird.

5 Stellen Sie in den unten stehenden Fällen fest, welche Person

1. nur Eigentümer,
2. nur Besitzer,
3. Eigentümer und Besitzer,
4. weder Eigentümer noch Besitzer ist.

a) Ein Autohändler verkauft im Kundenauftrag einen Pkw an Wilhelm Straub.

b) Die MG Bild & Ton mietet für ein Jahr von einem Büromaschinenhersteller vier Fotokopierer.
c) Eine Kundin kauft in einem Textilfachgeschäft ein Halstuch. Auf dem Nachhauseweg verliert sie das Halstuch, ein Spaziergänger findet es.
d) Ein Kunde kauft in einem Radio- und Fernsehgeschäft einen DVD-Player, den der Hersteller dem Einzelhändler zu Vorführzwecken leihweise überlassen hatte.
e) Eine Buchhändlerin schließt mit ihrem Nachbarn einen nicht notariell beurkundeten Kaufvertrag über ein Grundstück ab.

6 Erläutern Sie, welche Rechtsobjekte sich unterscheiden lassen, und nennen Sie jeweils drei Beispiele.

7 Geben Sie an, um welche Arten von Rechtsobjekten (Sachen, Rechte) es sich handelt (Mehrfachnennungen sind möglich):
a) neuer Wohnzimmerschrank,
b) 6 Eier, Größe 2,
c) Wochenendgrundstück,
d) Lizenz,
e) gebrauchte Skier,
f) Patent,
g) Forderung gegen einen Kunden,
h) Konzession.

8 „Immer mehr Kinder und Jugendliche geraten durch sogenannte Bagatelldiebstähle mit dem Gesetz in Konflikt. Der Ruf nach härteren Strafen wird immer lauter." Beschaffen Sie Materialien zu diesem Thema und verfassen Sie hierzu ein Referat.

## 3.4 Rechtsgeschäfte, Willenserklärungen und wichtige Vertragsarten des Wirtschaftslebens

Die Buchhandlung Medi@Point rechnet mit einem reißenden Absatz des neuen Romans von John Grisham und einiger anderer Autoren und will zusätzliche Lagerkapazitäten schaffen. Bei der Durchsicht der Rubrik „Mietangebote für gewerbliche Lagerräume" im Kölner Stadt-Anzeiger findet der Geschäftsführer Thomas Müller eine Anzeige, in der eine nahe gelegene Lagerhalle angeboten wird. Telefonisch teilt er dem Vermieter mit, dass das Objekt infrage käme und die Konditionen akzeptabel seien. Tags darauf unterschreibt Müller einen Mietvertrag über fünf Jahre. Nur einen Tag später entdeckt er ein wesentlich günstigeres Angebot, das Objekt steht ebenfalls noch zur Verfügung. Müller möchte sich daraufhin von dem am Vortag geschlossenen Vertrag lösen, doch der Vermieter besteht auf Erfüllung des Mietvertrages.

Arbeitsaufträge

- Überprüfen Sie, ob die Buchhandlung Medi@Point vom Mietvertrag zurücktreten kann, um das günstigere Angebot des Immobilienmaklers anzunehmen.
- Stellen Sie fest, welche Verträge Sie bereits in Ihrem Leben abgeschlossen haben.

### Willenserklärungen und Rechtsgeschäfte

**Rechtsgeschäfte**, z. B. Mietverträge, kommen durch Willenserklärungen einer oder mehrerer Personen zustande. Unter einer **Willenserklärung** versteht man die rechtlich wirksame Äußerung einer geschäftsfähigen Person, durch welche bewusst eine Rechtsfolge herbeigeführt werden soll.

**Grundsätzlich sind Verträge zu erfüllen: pacta sunt servanda!**

**Beispiel**

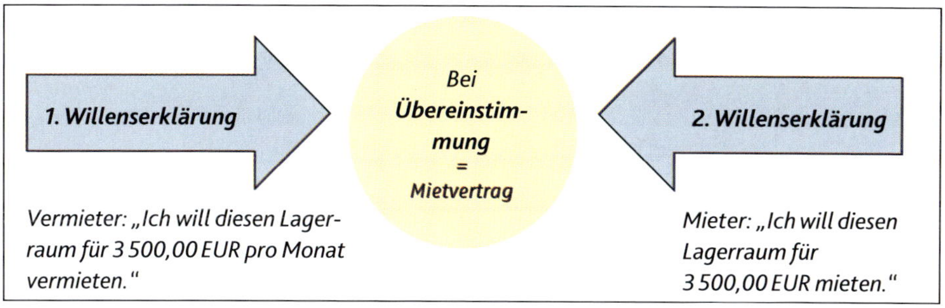


Willenserklärungen können
- schriftlich, mündlich oder
- durch bloßes schlüssiges Handeln abgegeben werden.
  **Beispiel** *Kauf einer Zeitung am Kiosk, ohne dass Käufer und Verkäufer miteinander reden.*

## Arten von Rechtsgeschäften

Man unterscheidet **einseitige und zweiseitige Rechtsgeschäfte.**
Bei den **einseitigen Rechtsgeschäften** ist die Willenserklärung einer Person erforderlich.
**Beispiele** *Abfassung eines Testaments, Mahnung, Kündigung eines Ausbildungsvertrages.*

Vergleiche hierzu die Seite 64

**Einseitige Rechtsgeschäfte** können empfangsbedürftig oder nicht empfangsbedürftig sein. Zu den **nicht empfangsbedürftigen Rechtsgeschäften** zählen die Aufgabe eines Eigentumsanspruchs und das Testament, d. h., die Willenserklärung einer Person ist hier gültig, ohne dass sie einer anderen Person zugegangen sein muss.
**Beispiel** *Als beim Tennisschläger von Thomas Müller, dem Geschäftsführer der Buchhandlung Medi@Point GmbH & Co. KG, mehrere Saiten reißen, lässt er den Schläger in einem Mülleimer auf dem Tennisplatz zurück. Heinz, der dies sieht, nimmt den Tennisschläger an sich und lässt ihn neu bespannen. Später sieht Herr Müller den reparierten Schläger und wirft Heinz vor, er habe sich sein Eigentum angeeignet. Er verlangt den Schläger zurück. Heinz lehnt dieses ab, da Herr Müller in dem Moment seinen Eigentumsanspruch an dem Schläger aufgegeben hat, als er ihn in den Mülleimer geworfen hat.*

Zu den **empfangsbedürftigen Rechtsgeschäften** zählen die Kündigung eines Ausbildungs- oder Arbeitsvertrages, die Anfechtung und die Mahnung. Die Willenserklärung wird erst dann wirksam, wenn sie einer anderen Person zugeht, § 130 I BGB.
**Beispiel** *Die Auszubildende Gerlinde Rasch möchte innerhalb der Probezeit ihren Ausbildungsvertrag bei der Medi@Point GmbH & Co. KG Buchhandlung kündigen. Sie muss dafür Sorge tragen, dass ihrem Arbeitgeber die Kündigung auch tatsächlich zugeht, da es sich um ein empfangsbedürftiges Rechtsgeschäft handelt. Es empfiehlt sich, die Kündigung per Einschreiben zu versenden.*

Vergleiche hierzu die Seite 163

**Zwei- oder mehrseitige Rechtsgeschäfte (= Verträge)**, bei der die Willenserklärungen zweier oder mehrerer Personen erforderlich sind, werden nur durch **korrespondierende Willenserklärungen** aller beteiligten Personen rechtswirksam (§ 151 BGB).

Alle Verträge haben gemeinsam, dass sie durch **Antrag bzw. Angebot und Annahme** zustande kommen. Die zuerst abgegebene Willenserklärung heißt Antrag, wobei sie von jedem Vertragspartner ausgehen kann. Die zustimmende Willenserklärung nennt man Annahme. Die Annahme darf nur aus einem „Ja" zum abgegebenen Antrag bestehen, die Annahmeerklärung stimmt dann inhaltlich mit dem Antrag überein. Ein „Ja, aber ..." wäre eine Annahme unter Einschränkungen, Erweiterungen oder sonstigen Änderungen, die das Bürgerliche Gesetzbuch als Ablehnung, verbunden mit einem neuen Antrag, wertet, §§ 145 und § 150 II BGB.

**Im Vertragsrecht gilt der Grundsatz: Verträge sind einzuhalten.**

**Wichtige Verträge im Privatrecht**: Folgende **zweiseitigen Rechtsgeschäfte** können unterschieden werden.

| Vertragsart | Vertragsgegenstand | Beispiel aus der Praxis | Gesetzliche Regelung §§ |
|---|---|---|---|
| Kaufvertrag | Entgeltliche Veräußerung von Sachen und Rechten. | Die AV-Medien der Medi@ AG kauft für Filmproduktionen eine neue Kamera. | BGB §§ 433–514 |
| Mietvertrag | Entgeltliche Überlassung von Sachen zum Gebrauch. | Die Medi@Point Buchhandlung mietet einen Lagerraum. | BGB §§ 535–580 |
| Leihvertrag | Unentgeltliche Überlassung von beweglichen Sachen oder Grundstücken zum Gebrauch; Rückgabe derselben Sachen. | Das Barsortiment Köhler & Volckmar überlässt der Medi@Point Buchhandlung Transportbehälter für Remittenden. | BGB §§ 598–605 |
| Pachtvertrag | Entgeltliche Überlassung von Sachen zum Gebrauch und Fruchtgenuss. | Die Medi@Point pachtet ein Grundstück zur Errichtung einer Filiale in Köln-Ossendorf. | BGB §§ 581–597 |
| Darlehensvertrag | Entgeltliche oder unentgeltliche Überlassung von (vertretbaren, vgl. S. 165) Sachen zum Verbrauch; Rückgabe gleichartiger Sachen. | Zur Finanzierung der Büro- und Geschäftsausstattung nimmt die Medi@Point Buchhandlung ein verzinsliches Darlehen bei der Sparkasse KölnBonn auf. | BGB §§ 607–610 |
| Gesellschaftsvertrag | Regelung der Zusammenarbeit von Geschäftsteilhabern. | Die Medi@ Beteiligungs GmbH hat einen Gesellschaftsvertrag als Grundlage für die Zusammenarbeit der Gesellschaft. | BGB §§ 705–740<br>AktG § 16<br>GmbH § 2<br>usw. |
| Schenkungsvertrag | Unentgeltliche Vermögensübertragung an andere Personen. | Die Auszubildende Flora Fingerhut hat von ihrer Tante zum Abitur ein Geldgeschenk über 1 000,00 EUR erhalten | BGB §§ 516 ff. |
| Arbeitsvertrag | Entgeltliche Leistung von Arbeitnehmern. | Die Medi@Point Buchhandlung stellt eine neue Mitarbeiterin ein. | BGB §§ 611–630 |
| Dienstvertrag | Entgeltliche Leistung von Diensten. | Die Medi@Point Buchhandlung lässt sich bei dem Aufbau neuer Filialen von einem Unternehmensberater helfen. | BGB § 611 |
| Berufsausbildungsvertrag | Ausbildung in einem anerkannten Ausbildungsberuf. | Die Medi@Point Buchhandlung stellt eine Auszubildende für die Ausbildung zur Buchhändlerin ein. | BBiG §§ 3–16 |

| Vertragsart | Vertragsgegenstand | Beispiel aus der Praxis | Gesetzliche Regelung §§ |
|---|---|---|---|
| Werkvertrag | Herstellung eines Werkes gegen Vergütung, zu dem der Besteller das Material liefert. | Der Geschäftsführer der AV-Medien (Film) TV, Auftragsproduktionen, Mathias Quarzberg, beauftragt den Drehbuchautor Joseph Maria Goldfeder mit der Erstellung eines Drehbuches. | BGB §§ 631–650 |
| Werklieferungsvertrag[1] | Herstellung eines Werkes gegen Vergütung, zu dem der Hersteller das Material liefert. | Die AV-Medien führt eine Auftragsproduktion mit von ihr gestellten Personen, Equipment und Materialien durch. | BGB § 651 § 433 ff. |

***Rechtsgeschäfte, Willenserklärungen und wichtige Vertragsarten des Wirtschaftslebens***

- ***Rechtsgeschäfte*** *kommen durch Willenserklärungen zustande.*
- ***Willenserklärungen*** *können schriftlich, mündlich und stillschweigend abgegeben werden.*

**Rechtsgeschäfte**

**Einseitige**
(Willenserklärung einer Person)

- Kündigung
- Mahnung
- Anfechtung

} **Empfangsbedürftig**

- Aufgabe eines Eigentumsanspruchs
- Testament

} **nicht empfangsbedürftig**

**Zweiseitige**
(Übereinstimmende Willenserklärungen von zwei oder mehr Personen)

**Alle Verträge**

- Kaufvertrag
- Mietvertrag
- Leihvertrag
- Pachtvertrag
- Schenkungsvertrag
- Arbeitsvertrag
- Dienstvertrag
- Berufsausbildungsvertrag
- Werkvertrag
- Werklieferungsvertrag

- ***Zweiseitige Rechtsgeschäfte (= Verträge)*** *kommen durch übereinstimmende Willenserklärungen von zwei oder mehr Personen zustande* ***(Antrag und Annahme)****.*

## Aufgaben

1 Beschreiben Sie am Beispiel des Kaufes eines iPod, wie ein Vertrag zustande kommt.

2 Erklären Sie
a) Kauf-, b) Leih-, c) Miet-, d) Pacht-, e) Darlehensvertrag
und erläutern Sie zu jeder Vertragsart, welche Vertragsinhalte berücksichtigt werden sollten.

3 Beurteilen Sie folgende Fälle danach, um welche Vertragsarten es sich handelt:
a) Karin Weber „leiht“ sich gegen Zahlung von 1,50 EUR im Videoshop eine DVD.
b) Ein Küchenmöbelstudio verarbeitet beim Einbau einer Küche Eichenbalken, die der Kunde gestellt hat.
c) Ein Schneider stellt für eine Kundin ein Hochzeitskleid her und liefert den dazugehörigen Stoff.
d) Die Auszubildende Doris erwirbt am Kiosk die neueste Ausgabe der Zeitschrift „Mädchen“.

[1] Aufgrund neuer Regelung wird der Begriff „Werklieferungsvertrag“ durch „Lieferung herzustellender beweglicher Sachen“ ersetzt. Da sich inhaltlich jedoch keine Änderungen ergeben, wird an dieser Stelle der gebräuchlichere Begriff „Werklieferungsvertrag“ verwendet.

4 Auf welche Art können Willenserklärungen abgegeben werden? Geben Sie jeweils ein Beispiel an.

5 Nennen Sie Beispiele für einseitige Rechtsgeschäfte.

6 Begründen Sie, warum das Testament zu den nicht empfangsbedürftigen Rechtsgeschäften zählt.

7 Michael Pohlmann besucht den Verbrauchermarkt „Preiskauf". Da er nur wenig Zeit hat, stellt er drei leere Pfandflaschen an der Leergutannahme auf dem Boden ab, da ihm die Warteschlange vor der Annahmestelle zu lang ist. Am nächsten Tag erscheint Michael wieder bei der Leergutannahme und verlangt die Herausgabe des Pfandbetrages. Begründen Sie, ob Michael einen Rechtsanspruch auf die Herausgabe des Pfandbetrages hat.

## 3.5 Vertragsfreiheit und Formvorschriften

Nachdem die Verhandlungen zur Anmietung von Lagerraum erfolglos verlaufen sind, beschließt die Buchhandlung Medi@Point GmbH & Co. KG, eine Lagerhalle auf einem Nachbargrundstück zu bauen. Geschäftsführer Müller hat sich dazu mit Dieter Schnell, dem Eigentümer eines Nachbargrundstückes, zusammengesetzt, um über den Kauf des Grundstückes zu verhandeln. Nach einer Stunde hat man sich über den Preis geeinigt. Zur Sicherheit lässt sich Herr Müller von Dieter Schnell eine schriftliche Bestätigung über die getroffene Vereinbarung geben. Nach vier Tagen teilt Herr Schnell der Medi@Point GmbH & Co. KG Buchhandlung mit, dass er nicht mehr gewillt sei, das Grundstück zu den vereinbarten Konditionen zu verkaufen.

Arbeitsaufträge
- Begründen Sie, ob Herr Müller auf dem Verkauf des Grundstückes zu den vereinbarten Konditionen bestehen kann.
- Erläutern Sie den Grundsatz der Vertragsfreiheit.

### Vertragsfreiheit

In der Bundesrepublik Deutschland gilt der Grundsatz der **Vertragsfreiheit**, d. h., es kann niemand zum Abschluss eines Vertrages gezwungen werden **(Abschlussfreiheit)**. Jeder kann seinen Vertragspartner selbst aussuchen. Ein Kaufmann kann jederzeit den Kaufantrag eines Kunden ablehnen. Außerdem kann der Inhalt der Verträge frei bestimmt werden **(Gestaltungsfreiheit)**, solange dieser nicht gegen bestehende Gesetze verstößt.

In einigen Fällen muss ein Unternehmen kraft Gesetzes einen Vertrag mit einem Antragsteller schließen, sobald diese Person einen Antrag an dieses Unternehmen stellt **(Kontrahierungszwang)**. Dieser **Abschlusszwang** gilt gesetzlich u. a. für die Briefbeförderung der Deutschen Post AG, die Personenbeförderung der Deutschen Bahn AG, die Energieversorgung der Haushalte durch die kommunalen Gas- und Elektrizitätswerke und die Mitgliedschaft in der GEMA, der Gesellschaft für musikalische Aufführungs- und mechanische Vervielfältigungsrechte. Hierbei handelt es sich um eine sogenannte „Verwertungsgesellschaft" im Sinne des Urheberrechts.

### Form der Rechtsgeschäfte

Die meisten Rechtsgeschäfte können formlos abgeschlossen werden **(Formfreiheit)**. Bei einigen Rechtsgeschäften besteht der Gesetzgeber auf der Einhaltung bestehender Formvorschriften (Formzwang). Bei Nichtbeachtung dieser Formvorschriften ist das Rechtsgeschäft nichtig (§ 125 BGB), d. h., der Vertrag existiert nur dem äußeren Anschein nach. Er ist jedoch von Anfang an unwirksam.

Viele Verträge werden heutzutage über das **Internet** abgeschlossen. Hierbei kann die schriftliche Form durch die **elektronische Form** ersetzt werden, solange sich aus dem Gesetz nicht etwas anderes ergibt. Soll die elektronische Form statt der üblichen Schriftform verwendet werden, sind einige Voraussetzungen zu berücksichtigen (Signaturgesetz – SigG):

- Die Vertragsparteien müssen diese Form ausdrücklich vereinbaren.
- Es ist ein entsprechendes Dokument zu erstellen, das beim Adressaten auf einem geeigneten Speichermedium (z. B. Festplatte) gespeichert werden kann.
- Der Aussteller muss seinen Namen auf einer qualifizierten Signatur hinzufügen, damit er eindeutig identifiziert werden kann (§ 2 Nr. 3 SigG).

**Formvorschriften**

**Schriftform**

§ 126 BGB

- Bestätigung des Vertrages durch eigenhändige Unterschrift
- Schriftform kann durch elektronische Form ersetzt werden (z. B. im Internet), § 2 SigG
- Textform nach § 126b BGB (z. B. SMS oder E-Mail)

**Beispiele**

- *Mietverträge über eine längere Dauer als ein Jahr*
- *Bürgschaften unter Privatpersonen*
- *Ratenkäufe*
- *Ausbildungs-, Arbeitsverträge und deren Kündigung*
- *Handschriftliche Testamente*

**Öffentliche Beglaubigung**

§ 129 BGB

Niederschrift der Willenserklärung und notarielle oder behördliche Beglaubigung der Unterschrift (Beglaubigung bestätigt nur die Echtheit der Unterschrift)

**Beispiele**

- *Anträge auf Eintragungen ins*
  - *Grundbuch*
  - *Handelsregister*
  - *Vereinsregister*
  - *Güterrechtsregister*
- *Maschinenschriftliche Testamente*

**Notarielle Beurkundung**

§ 128 BGB

Niederschrift und Beurkundung der Echtheit des Vertragsinhalts und der Unterschrift durch einen Notar (Beurkundung bestätigt Inhalt der Willenserklärung und Echtheit der Unterschrift)

**Beispiele**

- *Haus- und Grundstückskäufe und -verkäufe*
- *Eintragungen von Hypotheken und Grundschulden ins Grundbuch*
- *Eheverträge*
- *Beschlüsse der Hauptversammlung einer AG*

Vergleiche hierzu die Seite 160

Der Gesetzgeber verfolgt mit dem **Formzwang** bei bestimmten Rechtsgeschäften das Ziel, die Vertragspartner vor leichtfertigem und übereiltem Handeln zu bewahren und erhöhte Sicherheit und leichte Beweisbarkeit zu gewährleisten.

***Vertragsfreiheit und Formvorschriften***

- *Bei der **Gestaltung** gegenseitiger **Vereinbarungen** sind die Vertragspartner **frei**.*
- *Niemand kann zum Abschluss eines Vertrages gezwungen werden.*
- *Jeder kann seinen Vertragspartner selbst aussuchen.*
- ***Die meisten Rechtsgeschäfte** des täglichen Lebens können **formfrei** abgeschlossen werden.*
- *Einige Rechtsgeschäfte müssen **schriftlich abgeschlossen**, einige **öffentlich beglaubigt oder notariell beurkundet** werden.*

## Aufgaben

1 Erläutern Sie den Begriff der Vertragsfreiheit.

2 Die Geschäftsführer Mathias Quarzberg und Bernhard Schiller besuchen an einem Mittwochabend gegen 20:00 Uhr ein Restaurant. Der Restaurantinhaber erklärt ihnen jedoch, er wolle

nach Hause gehen, um im Fernsehen das Endspiel um die Championsleague zu sehen. Auf einem Schild im Schaufenster steht aber, dass die Küche bis 23:00 Uhr geöffnet sei. Erläutern Sie, ob das Restaurant offen bleiben und Mathias Quarzberg und Bernhard Schiller noch eine Mahlzeit zubereitet werden muss.

3 In der Medi@Point GmbH & Co. KG Buchhandlung erscheint ein angetrunkener und laut gröhlender Kunde. Frau Koch erklärt dem Kunden, dass sie nicht bereit sei, ihm etwas zu verkaufen. Begründen Sie, ob der Kunde einen rechtlichen Anspruch darauf hat, dass ihm die Medi@Point Buchhandlung etwas verkauft.

4 Erläutern Sie an je einem Beispiel den Unterschied zwischen öffentlicher Beglaubigung und notarieller Beurkundung.

5 Welche Formvorschriften sind in den folgenden Fällen vorgeschrieben?
   a) Kauf eines gebrauchten Pkw.
   b) Aufstellung eines handgeschriebenen Testaments.
   c) Eine Gruppe von 20 Freizeitjoggern beschließt, einen Sportverein zu gründen.
   d) Ein Kunde kauft eine Wohnzimmereinrichtung in einem Möbelhaus mit der Vereinbarung einer Ratenzahlung.
   e) Die 19-jährige Flora Fingerhut schließt einen Ausbildungsvertrag ab.
   f) Hans Schmitz schließt mit Theodor Körner einen dreijährigen Mietvertrag für eine Apartmentwohnung ab.

6 Der 70-jährige Anton Huber möchte ein Testament aufstellen. Geben Sie an, welche Formvorschriften Herr Huber beachten muss.

7 Entwerfen Sie unter Zuhilfenahme des BGB den Vertragstext für
   a) einen Mietvertrag, b) einen Ehevertrag, c) ein Testament.

## 3.6 Nichtigkeit, Anfechtbarkeit und schwebende Unwirksamkeit von Rechtsgeschäften

Die Auszubildende Flora Fingerhut kommt in guter Stimmung an einem heißen Sommerabend in ihr Stammlokal. Sie verspricht, demjenigen ihr neues Auto zu schenken, der ihr am schnellsten ein kaltes Bier bringt. Ihr Freund Klaus bringt ihr sofort ein Bier und verlangt die Herausgabe der Autopapiere und des Schlüssels.

Arbeitsaufträge
- Begründen Sie, ob Flora ihrem Freund das Auto überlassen muss.
- Erläutern Sie je drei nichtige und anfechtbare Rechtsgeschäfte.

### Nichtigkeit von Rechtsgeschäften

Nichtigkeit bedeutet, dass ein Vertrag nur dem äußeren Anschein nach existiert, tatsächlich jedoch von Anfang an unwirksam ist. Folgende Gründe können zur Nichtigkeit von Rechtsgeschäften führen:

*Vergleiche hierzu Seite 149*

- **Geschäfte mit geschäftsunfähigen Personen (§ 105 BGB)**
- **Geschäfte mit beschränkt geschäftsfähigen Personen ohne Zustimmung der Erziehungsberechtigten oder des Betreuers (§ 108 BGB)**
- **Geschäfte, die gegen die guten Sitten verstoßen (§ 138 BGB)**
  Beispiel *Ein Einzelhändler verlangt von einer Kundin bei einem Ratenvertrag einen Zinssatz von 40 %. In diesem Fall liegt ein Wucherzins vor, der Vertrag ist nichtig. (Ein Wucherzins liegt vor, wenn der dreifache Marktzins überschritten wird.)*
- **Geschäfte, die gegen ein gesetzliches Verbot verstoßen (§ 134 BGB)**
  Beispiel *Ein Kaufmann schließt mit einem Dieb einen Vertrag über gestohlene Waren ab.*

- **Geschäfte, die gegen gesetzliche Formvorschriften verstoßen (§ 125 BGB)**
  Beispiel *Kaufvertrag über ein Grundstück ohne notarielle Beurkundung, § 311 b BGB.*
- Verträge, die im Scherz abgeschlossen werden, sogenannte **Scherzgeschäfte**.
  Beispiel *Ein Fußballanhänger des 1. FC Köln erklärt scherzhaft in einem Gespräch, er würde jedem Fan 50 000,00 EUR zahlen, wenn der 1. FC Köln den FC Bayern München schlagen würde. Der 1. FC Köln gewinnt das Fußballspiel 2:0. Für jedermann war ersichtlich, dass die Erklärung zum Scherz abgegeben wurde. Somit ist das Rechtsgeschäft nichtig.*
  **§ 118 BGB Grundsatz:** Bei einem Scherzgeschäft muss für jedermann erkennbar sein, dass es sich um einen Scherz handelte.
  Beispiel *Der 20-jährige Adrian will seiner 17-jährigen Freundin Ursula auf einem Pferdemarkt in Hannover imponieren. Er verspricht seiner Freundin, dass er es schaffen werde, ein bestimmtes Pferd bei einem Händler für 3 000,00 EUR zu kaufen. Er schafft es tatsächlich in zähen Verhandlungen mit dem Pferdehändler, den Kaufpreis von 6 000,00 EUR auf 3 000,00 EUR runterzuhandeln und besiegelt den Kaufvertrag mit einem Handschlag. Anschließend erklärt er dem Pferdehändler, dass es sich um einen Scherz gehandelt habe. Der Pferdehändler verlangt die Abnahme des Pferdes und Zahlung der 3 000,00 EUR. Der Pferdehändler konnte nicht ersehen, dass es sich um einen Scherz handelt. Somit ist ein Kaufvertrag zustande gekommen.*
- Verträge, die zum Schein abgeschlossen werden, sogenannte **Scheingeschäfte (§ 117 BGB)**.
  Beispiel *Der Kaufmann Peter Schneller lässt im notariellen Kaufvertrag über ein Grundstück mit Einwilligung des Verkäufers einen geringeren Kaufpreis eintragen, um einen Teil der Grunderwerbsteuer zu sparen. Der Kaufvertrag ist nichtig.*

## Anfechtbarkeit von Rechtsgeschäften

Rechtsgeschäfte können durch besondere Erklärungen gegenüber dem Vertragspartner nachträglich ungültig werden. Man nennt diese Erklärung Anfechtung. **Anfechtbare Rechtsgeschäfte sind bis zur Anfechtung gültig.** Folgende Gründe können zur Anfechtung von Rechtsgeschäften führen:

- **Anfechtung wegen Irrtums über den Inhalt der Erklärung (§ 119 BGB)**
  Beispiel *Gottfried Hoelk lädt den Geschäftsführer des Barsortiments Lingenbrink (Libri) in das Kölner Brauhaus „Früh" ein. Dieser bestellt einen „halven Hahn" und ist überrascht, ein Röggelchen mit Käse zu erhalten.*
- **Anfechtung wegen Irrtums in der Erklärung (§ 119 BGB) durch Versprechen, Verschreiben**
  Beispiel *Der Geschäftsführer der BellMedi@ GmbH, Gottfried Hoelk, bietet dem Barsortiment Koch, Neff und Volckmar GmbH in Köln telefonisch eine Partie von 200 Exemplaren des neuen John-Grisham-Romans aufgrund eines Versprechers für 500,00 EUR an. Der korrekte Preis hätte aber 5 000,00 EUR betragen müssen.*
- **Anfechtung wegen Irrtums in der Übermittlung (§ 120 BGB)**
  Beispiel *Frau Geissler bietet einem Kunden telefonisch einen Artikel für 1 999,00 EUR an. Durch die schlechte Telefonleitung versteht der Kunde aber 999,00 EUR.*
- **Ausnahme:** Bei einem **Motivirrtum (Irrtum im Beweggrund)** liegt kein Grund zur Anfechtung vor.
  Beispiel *Eine Kundin hat in Anbetracht ihrer bevorstehenden Hochzeit einen Kaufvertrag über ein teures Porzellanservice unterschrieben. Zwei Tage später erscheint die Kundin und erklärt, ihr Verlobter habe die Verlobung gelöst und sie wolle das Porzellanservice nicht mehr haben. Der Kaufvertrag bleibt aber bestehen, da ein Irrtum im Motiv rechtlich unerheblich ist, d. h., für die Verbindlichkeit des Kaufvertrages ist es ohne Bedeutung, aus welchem Grund (= Motiv „Hochzeit") die Kundin das Service bestellt hat.*
- **Anfechtung wegen arglistiger Täuschung (§ 123 BGB)**
  Beispiel *Der Autohändler Franz Foltz bietet der Medi@Point GmbH & Co. KG Buchhandlung einen ausdrücklich unfallfreien Gebrauchtwagen für 6 000,00 EUR an. Die Medi@Point GmbH & Co. KG Buchhandlung erwirbt den Wagen, stellt aber nach zwei Monaten fest, dass der Wagen einen Unfall hatte. Die Medi@Point GmbH & Co. KG Buchhandlung kann den Kaufvertrag anfechten und ihr Geld zurückverlangen.*

- **Anfechtung wegen widerrechtlicher Drohung (§ 123 BGB)**
  Beispiel *Ein Angestellter droht seinem Arbeitgeber mit einer Anzeige beim Ordnungsamt wegen eines Umweltvergehens, falls er seine Forderung nach einer Gehaltserhöhung ablehne. Auch wenn sich der Arbeitgeber damit einverstanden erklärt, ist er zwar an die Abmachung gebunden, er kann sie aber anfechten.*

## Schwebend unwirksame Rechtsgeschäfte

*Schwebend unwirksam sind solche Rechtsgeschäfte, deren Wirksamkeit von der* **Genehmigung (= nachträgliche Zustimmung, § 184, I BGB)** *eines Vertreters abhängt. Erteilt der Vertreter die Genehmigung, ist das betreffende Rechtsgeschäft wirksam. Verweigert der Vertreter die Genehmigung, ist das Rechtsgeschäft unwirksam.*

Zwei Fallgruppen sind in diesem Zusammenhang von Bedeutung:

- Rechtsgeschäfte beschränkt geschäftsfähiger Personen, die **ohne Einwilligung (= vorherige Zustimmung, § 183, I BGB) des gesetzlichen Vertreters** geschlossen werden. Die Wirksamkeit des Rechtsgeschäftes hängt nach § 108 BGB von der Genehmigung des gesetzlichen Vertreters ab.
- Rechtsgeschäfte von **Vertretern ohne Vertretungsmacht** (§ 164 ff. BGB).
  Beispiel *Die Marketingleiterin Ellen Klein der BellMedi@ GmbH teilt dem Einkäufer des Barsortiments Köhler & Volckmar GmbH mit, die Lieferung der Partie der John-Grisham-Romane für ein Zehntel des aufgedruckten Ladenverkaufspreises „sei schon in Ordnung. Im Übrigen könne die BellMedi@ darin eine kleine Anerkennung der jahrelangen guten Zusammenarbeit zum Ausdruck bringen." Als Gottfried Hoelk, der Geschäftsführer der BellMedi@ GmbH, davon erfährt, nimmt er diese Zusage umgehend zurück und erklärt, er habe im vorhergehenden Telefonat irrtümlich einen falschen Preis genannt. Ellen Klein handelte hier als Vertreterin ohne Vertretungsmacht (§ 177 BGB), sodass die Wirksamkeit der von ihr im Namen der BellMedi@ GmbH abgegebenen Erklärung von der Genehmigung des vertretungsberechtigten Geschäftsführers abhing.*

***Nichtigkeit, Anfechtbarkeit und schwebende Unwirksamkeit von Rechtsgeschäften***

| Nichtigkeit von Rechtsgeschäften | Anfechtbarkeit von Rechtsgeschäften | Schwebend unwirksame Rechtsgeschäfte |
|---|---|---|
| • Vertrag mit Geschäftsunfähigen<br>• Vertrag mit beschränkt Geschäftsfähigen ohne Zustimmung der Erziehungsberechtigten<br>• Verstoß gegen die guten Sitten<br>• Verstoß gegen gesetzliches Verbot<br>• Verstoß gegen die Formvorschriften<br>• Scherz- und Scheingeschäfte | • Wegen Irrtums über den Inhalt der Erklärung<br>• Wegen Irrtums in der Erklärung<br>• Wegen Irrtums in der Übermittlung<br>• Wegen arglistiger Täuschung<br>• Wegen widerrechtlicher Drohung | • Vertreter ohne Vertretungsmacht<br>• Beschränkt geschäftsfähige Person |
| ↓ | ↓ | ↓ |
| **Rechtsgeschäfte sind von Anfang an ungültig.** | **Bis zur Anfechtung sind die Rechtsgeschäfte gültig.** | **Die Wirksamkeit des Rechtsgeschäftes ist abhängig von der Genehmigung des gesetzlichen/vertraglichen Vertreters.** |

- ***Rechtsfolgen**: Die beabsichtigten Rechtsfolgen fehlerhafter Rechtsgeschäfte treten nicht ein, wenn diese von Anfang an unwirksam waren oder im Nachhinein unwirksam werden. Wurden jedoch aufgrund eines unwirksamen Rechtsgeschäftes Leistungen ausgetauscht, sind diese zurückzugewähren. Es entsteht ein sogenanntes „Rückgewährschuldverhältnis" auf der Grundlage der Vorschriften über die ungerechtfertigte (d. h. rechtsgrundlose, weil „vertragslose", denn die Verträge sind oder waren ja unwirksam) Bereicherung nach § 812 ff. BGB. Außerdem können unter Umständen Schadenersatzansprüche entstehen. Entstandene Schäden sind demjenigen zu ersetzen, der auf die Gültigkeit der Verträge vertraut hat.*

## Aufgaben

1 Erläutern Sie anhand von Beispielen die wesentlichen Unterschiede zwischen Nichtigkeit und Anfechtbarkeit von Rechtsgeschäften.

2 Beschreiben Sie, wovon das Zustandekommen von Verträgen mit beschränkt Geschäftsfähigen abhängt.

3 Der Industriekaufmann Hilbig verkauft an einen guten Bekannten ein Grundstück für ein Wochenendhaus, ohne dass ein Notar in Anspruch genommen und der Verkauf ins Grundbuch eingetragen wird, da beide Vertragspartner die Notargebühren sparen wollen. Begründen Sie, ob ein rechtswirksamer Vertrag zustande gekommen ist.

4 Beurteilen Sie folgende Fälle danach, ob sie rechtswirksam, anfechtbar oder nichtig sind. Ziehen Sie dazu die einschlägigen Vorschriften des BGB heran.
   a) Der Auszubildende Peter erwirbt in einer Diskothek eine Pistole, obwohl er keinen Waffenschein besitzt.
   b) Die 5-jährige Nicole kauft sich in einer Bäckerei ein Stück Kuchen.
   c) Der 19-jährige Hermann erwirbt bei einem Bekannten eine neue Hi-Fi-Anlage, die einen Wert von 3 000,00 EUR hat, für 2 000,00 EUR.
   d) Ein Hersteller bietet einem Kunden telefonisch einen Artikel für 59,00 EUR an. Der Kunde versteht aber 49,00 EUR.
   e) Der 16-jährige Engelbert erwirbt mit den zur freien Verfügung überlassenen Mitteln eine CD. Die Eltern sind mit diesem Kauf nicht einverstanden.
   f) Eine Verkäuferin verkauft eine Kunststoffjacke mit dem Hinweis, dass die Jacke aus Leder gefertigt sei.
   g) Der Geschäftsführer der AV-Medien Film/TV, Auftragsproduktionen, Mathias Quarzberg beauftragt den Produktionsleiter Michael Pohlmann, eine neue Kamera für die demnächst anstehende Produktion zu kaufen. Diese dürfe aber nicht mehr als 10 000,00 EUR kosten. Die Magic Movie GmbH bietet Pohlmann eine Kamera für 11 500,00 EUR an. Pohlmann hält den Preis für sehr günstig und „schlägt zu".

5 Stellen Sie bei nachstehenden Willenserklärungen fest, ob sie
   1. von Anfang an wirksam sind,
   2. schwebend unwirksam sind, solange die Zustimmung des gesetzlichen Vertreters fehlt,
   3. von Anfang an unwirksam sind.
   a) Ein 6-jähriger Junge kauft ein Spielzeugauto. Er zahlt den Kaufpreis mit seinem Taschengeld, das ihm seine Eltern zur freien Verfügung gegeben haben.
   b) Ein 14-jähriges Mädchen nimmt gegen den Willen ihrer Eltern von ihrer Tante ein Geldgeschenk an.
   c) Eine 16-Jährige schließt ohne Wissen ihrer Eltern einen Ausbildungsvertrag ab.
   d) Ein 18-Jähriger beantragt bei seiner Bank ein Kleindarlehen zur Anschaffung eines Gebrauchtwagens.
   e) Ein 11-Jähriger kauft von seinem Taschengeld ein gebrauchtes Fahrrad.
   f) Eine 26-Jährige lehnt die Annahme des Hochzeitskleides von einer Schneiderin ab, da sie den Hochzeitstermin abgesagt hat.
   g) Käufer und Verkäufer eines Grundstücks einigen sich darüber, im Kaufvertrag einen geringeren Kaufpreis anzugeben, um Grunderwerbssteuer zu sparen.

6 Welches Rechtsgeschäft ist **nichtig**?
   1. Die 16-jährige Nadja kauft eine CD für 18,00 EUR von ihrer Ausbildungsvergütung.
   2. Der 10-jährige Peter kauft von seinem 6-jährigen Freund ein Spielzeugauto. Den Kaufpreis von 3,00 EUR entrichtet er von seinem Taschengeld.
   3. Der 18-jährige Ingo kündigt seinen Berufsausbildungsvertrag schriftlich.
   4. Die 10-jährige Kim bekommt von ihrer Tante 200,00 EUR zum Geburtstag geschenkt.

5. Die 19-jährige Andrea kauft sich ohne Einwilligung der Eltern ein sehr teures Kleid in zwei Monatsraten.

## 3.7 Zustandekommen, Erfüllung und besondere Arten von Kaufverträgen

Eine Kundin kauft in der Medi@Point Buchhandlung ein mehrbändiges Lexikon und leistet eine Anzahlung. Die Kundin möchte den Restbetrag am darauf folgenden Tag begleichen und das Lexikon mitnehmen. Als sie tags darauf erscheint, bittet sie um Rückzahlung der geleisteten Anzahlung mit der Begründung, im Nachhinein sei ihr klar geworden, dass sie die Anschaffung im Moment nicht tätigen könne.

### Arbeitsaufträge

- Erläutern Sie anhand von selbst gewählten Beispielen, wie ein Kaufvertrag zustande kommt.
- Überprüfen Sie, ob der Kunde die Erstattung der **Anzahlung** verlangen und sich vom betreffenden Kaufvertrag lösen kann.
- Erstellen Sie eine Übersicht zu den verschiedenen Arten von Kaufverträgen.

### Zustandekommen des Kaufvertrages

Der **Kaufvertrag** (§ 433 ff. BGB) des Verkäufers mit dem Käufer kommt durch **zwei übereinstimmende Willenserklärungen** zustande. Dabei kann die Initiative zum Abschluss des Kaufvertrages **(Antrag)** sowohl vom Verkäufer als auch vom Käufer ausgehen. Die Zustimmung zum Kaufvertrag erfolgt durch die **Annahme** des Käufers bzw. des Verkäufers. Die nachfolgend aufgeführten Möglichkeiten des Zustandekommens eines Kaufvertrages sind denkbar.

- ***Der Verkäufer macht den Antrag***

Der Kaufvertrag kommt zustande, wenn die **Bestellung (Annahme) des Käufers** inhaltlich mit dem **Angebot (Antrag) des Verkäufers** übereinstimmt.

- ***Der Käufer macht den Antrag***

Der Kaufvertrag kommt zustande, wenn der Verkäufer **(Annahme)** die Bestellung des Käufers **(Antrag)** annimmt.
Um Missverständnisse zu vermeiden, legen die Vertragspartner die Vertragsinhalte oft bis ins Einzelne fest.

## Verpflichtungs- und Erfüllungsgeschäft

Aus dem Kaufvertrag entstehen für die Vertragsparteien Pflichten und Rechte. Mit dem Vertragsabschluss **(Verpflichtungsgeschäft)** verpflichten sich die Vertragsparteien, den Vertrag zu erfüllen **(Erfüllungsgeschäft)**. Die Pflichten des Verkäufers entsprechen den Rechten des Käufers und umgekehrt.

| Pflichten des Verkäufers | Pflichten des Käufers |
|---|---|
| Übergabe und Übereignung der mangelfreien Ware zur rechten Zeit und am rechten Ort | Annahme der ordnungsgemäß gelieferten Ware |
| Annahme des Kaufpreises | Rechtzeitige Zahlung des vereinbarten Kaufpreises |

Die Vertragspartner können den Kaufvertrag erfüllen, indem sie ihren jeweiligen Verpflichtungen nachkommen. Zeitlich können zwischen dem Abschluss **(Verpflichtungsgeschäft)** und der Erfüllung **(Erfüllungsgeschäft)** des Kaufvertrages oft mehrere Wochen oder Monate liegen.
Beispiel *Ein Kunde kauft ein Lexikon und begleicht sofort den Kaufpreis für das betreffende Lexikon. Die Buchhändlerin übergibt das Lexikon. Die Kaufverpflichtung bzw. der Kaufvertrag (=Verpflichtungsgeschäft) entstand durch den vom Käufer geäußerten Kaufwunsch (=Antrag), dem die Buchhändlerin entsprach (=Annahme). Durch Begleichung des Kaufpreises und Übergabe des Lexikons erfüllten (=Erfüllungsgeschäft) beide Vertragsparteien das zugrunde liegende Verpflichtungsgeschäft.*
Verpflichtungsgeschäfte begründen ein Schuldverhältnis und gehören zum Schuldrecht, siehe §§ 241 ff. BGB. Erfüllungsgeschäfte verändern Rechte an Sachen und gehören zum Sachenrecht, siehe §§ 854 ff. BGB.

## Besondere Arten von Kaufverträgen

Durch unterschiedliche Vereinbarungen zwischen Verkäufer und Käufer ergeben sich verschiedene Arten von Kaufverträgen.

### Unterscheidung nach der rechtlichen Stellung der Vertragspartner

- **Bürgerlicher Kauf:** Wenn zwei Privatpersonen einen Kaufvertrag abschließen, spricht man von einem bürgerlichen Kauf. Es gilt das BGB.
  Beispiel *Die Auszubildende Daniela Schaub verkauft ihrer Freundin Nadine einen gebrauchten MP3-Player.*
- **Handelskauf:** Wenn ein Vertragspartner Kaufmann und das Geschäft für ihn ein Handelsgeschäft ist, liegt ein **einseitiger Handelskauf** vor. Für den Kaufmann gilt zusätzlich zum BGB auch das HGB. Für den Privatmann gelten nur die Bestimmungen des BGB.
  Beispiel *Die Auszubildende Daniela Schaub kauft im Fabrikverkaufsladen der BellMedi@ GmbH ein mehrbändiges Lexikon.*

Wenn beide Vertragspartner Kaufleute sind und im Rahmen ihres Handelsgewerbes Kaufverträge abschließen, liegt ein **zweiseitiger Handelskauf** vor. Es gelten die Bestimmungen des BGB und des HGB.
Beispiel *Die BellMedi@ GmbH bestellt bei den Farbenwerken Wilhelm Weil AG 200 kg Klebstoff.*

♦ *Unterscheidung der Kaufarten nach der Festlegung der Warenart und -güte*

- **Stückkauf:** Die Kaufgegenstände sind **nicht vertretbare Sachen**. Die Ware kann bei Verlust oder Zerstörung nicht durch eine andere Ware ersetzt werden, da sie entweder ein Einzelstück ist oder durch Gebrauch bestimmte Eigenschaften bekommen hat. Es handelt sich bei der Ware um ein Unikat.
  Beispiele *Kunstwerke, Sonderanfertigung eines Schreibtisches, gebrauchte Gegenstände*

Vergleiche hierzu Seite 153

- **Gattungskauf:** Die Kaufgegenstände sind **vertretbare Sachen**, die nach allgemeinen Gattungsmerkmalen bestimmbar sind (z. B. Größe, Farbe, Zahl, Gewicht). Von der Ware sind noch weitere gleichartige Stücke vorhanden, die untereinander austauschbar sind. Der Verkäufer kann jede Sache liefern, die diese Merkmale aufweist. Wenn die Sachen nicht völlig gleichwertig sind, sind Sachen mittlerer Art und Güte zu liefern.
  Beispiele *Papierrollen, DVDs*

- **Kauf auf Probe:** Der Käufer hat ein Rückgaberecht innerhalb einer vereinbarten Frist. Überschreitet der Käufer diese Frist, ist ein Kaufvertrag zwischen dem Verkäufer und dem Käufer zustande gekommen.
  Beispiel *Die BellMedi@ GmbH darf 14 Tage lang einen Verpackungsautomaten eines Herstellers ausprobieren. Bei Nichtgefallen kann sie die Maschine innerhalb der Frist zurückgeben.*

- **Kauf nach Probe (Muster):** Der Käufer kann die Ware anhand eines Musters oder einer Probe begutachten. Die Probe oder das Muster sind kostenlos. Wenn dem Käufer die Probe oder das Muster gefallen, bestellt der Käufer. Die dann vom Verkäufer gelieferte Ware muss mit dem Muster oder der Probe übereinstimmen, da die Eigenschaften durch die Probe oder das Muster zugesichert sind.
  Beispiel *Die BellMedi@ GmbH erhält von ihrem Lackhersteller Druckfarben für die Fertigung geliefert, die den von den Reisenden vorgelegten Mustern entsprechen sollen.*

- **Kauf zur Probe:** Der Käufer kauft eine kleine Menge, um die Ware zu testen. Sagt die Ware dem Käufer zu, wird er eine größere Menge kaufen. Der Käufer muss die Probe bezahlen.
  Beispiel *Die BellMedi@ GmbH kauft bei einem Lackhersteller eine kleine Menge schadstofffreie Druckfarben für die Fertigung, um sie auszuprobieren.*

- **Spezifikationskauf (Bestimmungskauf):** Bei Vertragsabschluss legen Lieferer und Käufer nur die Menge und die Warenart der Gattungsware fest. Der Käufer kann innerhalb einer festgelegten Frist die zu liefernden Waren nach Farbe, Form oder Maß bestimmen. Versäumt der Käufer eine Bestimmung der Ware innerhalb der Frist, kann der Verkäufer dem Käufer eine Nachfrist setzen und nach Ablauf dieser Frist die genaue Bestimmung der Ware selbst vornehmen. Für den Käufer hat der Bestimmungskauf den Vorteil, dass er zukünftige Entwicklungen (z. B. Mode, Nachfrageveränderungen) abwarten kann.
  Beispiel *Die BellMedi@ GmbH behält sich bei der Bestellung von Druckfarben vor, die Farben zu einem späteren Zeitpunkt zu bestimmen.*

- **Ramschkauf (Kauf in Bausch und Bogen oder Kauf en bloc):** Der Käufer kauft einen bestimmten Warenposten zu einem Pauschalbetrag, ohne dass für die einzelnen Waren eine bestimmte Qualität zugesichert wird.
  Beispiel *Aus einem Insolvenzverfahren wird der gesamte Papierbestand einer Papierfabrik von der BellMedi@ GmbH ersteigert.*

- **Kauf nach Sicht:** Der Käufer kann die Waren vor Vertragsabschluss besichtigen und mögliche Mängel feststellen. Nach Kaufvertragsabschluss können keine Mängel mehr geltend gemacht werden.
  Beispiele
  - *Vor einer Versteigerung können alle Gegenstände, die versteigert werden sollen, besichtigt werden. Wenn sich nach der Versteigerung ein Mangel herausstellt, kann der Käufer diesen nicht mehr geltend machen.*

- *Wenn ein gebrauchter Pkw bei einem bürgerlichen Kauf veräußert wird, wird meistens die Klausel: „Kauf nach Sicht" vereinbart.*

♦ ***Unterscheidung nach dem Zeitpunkt der Eigentumsübertragung***

Je nach Vereinbarung hinsichtlich des Übergangs des Eigentums vom Verkäufer auf den Käufer lassen sich folgende Sonderformen von Kaufverträgen unterscheiden.

- **Kauf unter Eigentumsvorbehalt:** In der kaufmännischen Praxis sichert der Lieferant einer Ware, der seinen Abnehmern ein Zahlungsziel gewährt, seine Forderung durch einen Eigentumsvorbehalt ab (§ 448 BGB).
  Durch die Vereinbarung des Eigentumsvorbehalts im Kaufvertrag **bleibt der Verkäufer bis zur vollständigen Bezahlung** des Kaufpreises **Eigentümer** der Ware. Der **Käufer** wird zunächst nur Besitzer. Der Eigentumsvorbehalt muss ausdrücklich im Kaufvertrag vereinbart werden, es genügt nicht, dass er bei der Lieferung auf dem Lieferschein vermerkt wird. Der Eigentumsvorbehalt kann sowohl beim einseitigen als auch beim zweiseitigen Handelskauf vereinbart werden.

- **Einfacher Eigentumsvorbehalt:** In den Kaufvertrag wird folgende Klausel aufgenommen: **„Die Ware bleibt bis zur vollständigen Bezahlung mein/unser Eigentum."** Man spricht in diesem Fall vom einfachen Eigentumsvorbehalt. Bei Lieferung unter Eigentumsvorbehalt hat der Verkäufer das **Recht**, bei nicht rechtzeitiger Bezahlung oder bei Nichtzahlung **vom Kaufvertrag zurückzutreten und die Herausgabe der Ware zu verlangen.**
  Der **Eigentumsvorbehalt erlischt** in dem Moment, in dem der Käufer den Kaufpreis vollständig bezahlt hat.

Der einfache Eigentumsvorbehalt hat für den Verkäufer **folgende Vorteile:**

- Herausgabe der Ware, falls der Käufer seinen Zahlungsverpflichtungen nicht nachkommt,
- sollte der Käufer ein Insolvenzverfahren anmelden, kann der Verkäufer die Ware aus der Insolvenzmasse aussondern lassen,
- sollte die Ware beim Käufer durch einen Vollstreckungsbeamten gepfändet werden, kann der Verkäufer die Freigabe der Ware verlangen (Drittwiderspruchsklage gegen den pfändenden Gläubiger.

Der einfache Eigentumsvorbehalt hat **folgende Nachteile**:

- **Die Ware kann an einen gutgläubigen Dritten weiterverkauft werden.**
  Beispiel *Ein Buchverlag verkauft unter Eigentumsvorbehalt gelieferte Waren an seine Kunden weiter. Der Kunde wird Eigentümer der Ware, da er die Waren gutgläubig erworben hat.*
- **Die Ware kann verarbeitet, verbraucht, vernichtet oder mit einer unbeweglichen Sache fest verbunden werden.**
  Beispiele
  - *Eine Kfz-Werkstatt schweißt an den Pkw eines Kunden den vom Hersteller unter Eigentumsvorbehalt gelieferten Kotflügel an. Der Kunde wird Eigentümer des Kotflügels* **(Verarbeitung)**.
  - *Ein Gemüsegroßhändler beliefert die Kantine eines Betriebes mit Gemüse und Kartoffeln unter Eigentumsvorbehalt. Nach einer Woche ist die gesamte Lieferung verbraucht* **(Verbrauch)**.
  - *Ein Unternehmen hat von einem Kfz-Händler einen Pkw unter Eigentumsvorbehalt gekauft. Nach vier Tagen wird der Pkw durch Verschulden eines Mitarbeiters des Unternehmens bei einem Unfall zerstört* **(Vernichtung)**. *Um sich vor diesem Fall zu schützen, verlangt der Verkäufer vom Käufer den Abschluss einer Vollkaskoversicherung. Im Schadensfall erhält der Verkäufer Ersatz von der Versicherung.*
  - *Ein Baustoffhändler liefert einem Privatmann, der ein Haus baut, Steine. Die Steine werden in der Außenwand des Rohbaus vermauert* **(Verbindung mit einer unbeweglichen Sache)**.

**In all diesen Fällen erlischt der einfache Eigentumsvorbehalt.**

- **Verlängerter Eigentumsvorbehalt:** Um sich vor den genannten Nachteilen zu schützen, vereinbart der Lieferer mit seinen Kunden den **verlängerten Eigentumsvorbehalt**, d. h., die beim Weiterverkauf entstehenden Forderungen werden an den Lieferer abgetreten, bei Verarbeitung erwirbt der Lieferer Miteigentum an der hergestellten Sache.
  Beispiel *Die Buchhandlung Medi@Point GmbH & Co. KG verkauft vom BellMedi@ GmbH Buchverlag unter Eigentumsvorbehalt gelieferte Ware an ihre Kunden weiter. Die Buchhandlung Medi@Point GmbH & Co. KG hat ihre Kaufpreisforderung gegen ihre Kunden im Voraus an den BellMedi@ Buchverlag abgetreten.*
- **Erweiterter Eigentumsvorbehalt**: Eine dritte Form des Eigentumsvorbehalts stellt der **erweiterte Eigentumsvorbehalt** dar. Er liegt dann vor, wenn der Lieferer nicht nur die Forderung aus einer Warenlieferung absichert, sondern wenn **sämtliche Lieferungen an einen Käufer durch den Eigentumsvorbehalt gesichert werden.** Das Eigentum geht erst mit der Begleichung aller Forderungen des Verkäufers an den Käufer über.
  Beispiel *Der BellMedi@ GmbH Buchverlag hat der Buchhandlung Medi@Point GmbH & Co. KG im Laufe des letzten Jahres sieben unterschiedliche Warenlieferungen zukommen lassen. Das Eigentum aller Lieferungen geht erst dann auf die Buchhandlung über, wenn alle sieben Lieferungen vollständig bezahlt sind.*
- **Kommissionskauf:** Beim Kommissionsgeschäft schließt ein Unternehmen (Kommissionär) mit seinem Lieferer (Kommittent) einen **Kommissionsvertrag** ab, wobei der **Kommittent** Eigentümer der Ware bleibt (§ 383 HGB). Der **Kommissionär** wird Besitzer der gelieferten Ware. Er verkauft die Kommissionsware in seinem Namen. Die verkaufte Ware rechnet der Kommissionär mit dem Lieferer ab **(Verkauf in eigenem Namen für fremde Rechnung)**. Nicht verkaufte Ware gibt der Kommissionär an den Kommittenten zurück.

***Zustandekommen, Erfüllung und besondere Arten von Kaufverträgen***

- *Der Kaufvertrag kommt durch übereinstimmende Willenserklärungen von zwei oder mehr Personen zustande (Antrag und Annahme).*
- *Der **Verkäufer verpflichtet sich**,*
  - *rechtzeitig und mangelfrei zu liefern und*
  - *dem Käufer das Eigentum an der Ware zu verschaffen.*
- *Der **Käufer verpflichtet sich**,*
  - *die ordnungsgemäß gelieferte Ware anzunehmen und*
  - *den Kaufpreis rechtzeitig zu zahlen.*
- *Beide Vertragspartner müssen ihre Pflichten erfüllen.*
- *Nach der **rechtlichen Stellung der Vertragspartner** unterscheidet man den bürgerlichen Kauf, den einseitigen und zweiseitigen Handelskauf.*
- *Nach der **Art und Güte der Ware** lassen sich folgende Kaufverträge unterscheiden: Kauf auf Probe, Kauf nach Probe, Kauf zur Probe, Stück-, Gattungs-, Spezifikations-, Ramschkauf, Kauf nach Sicht.*
- *Beim **Kauf unter Eigentumsvorbehalt** bleibt der Verkäufer bis zur vollständigen Bezahlung durch den Käufer Eigentümer der Ware.*
  - *Beim **verlängerten Eigentumsvorbehalt** werden die beim Weiterverkauf entstehenden Forderungen vom Käufer an den Lieferer abgetreten.*
  - *Beim **erweiterten Eigentumsvorbehalt** geht das Eigentum an den Waren erst mit der Begleichung aller Forderungen des Verkäufers an den Käufer über.*
- *Beim **Kommissionskauf** wird der Käufer nur Besitzer der Ware. Er verkauft sie im Auftrag des Lieferers und kann die nicht verkaufte Ware an den Lieferer zurückgeben.*

## Aufgaben

1 Erläutern Sie, wodurch sich Verpflichtungs- und Erfüllungsgeschäft unterscheiden.

2 Erklären Sie anhand von drei Beispielen, wie Verpflichtungs- und Erfüllungsgeschäft zeitlich auseinanderfallen können.

3 Welche Aussage über den Kaufvertrag ist richtig?
   a) Die Eigentumsübertragung ist immer mit der Übergabe der Sache verbunden.
   b) Die Eigentumsübertragung an beweglichen Sachen erfolgt in der Regel durch Einigung und Übergabe.
   c) Beim Kaufvertrag geht die Initiative zum Abschluss des Vertrages immer vom Verkäufer aus.
   d) Der Kaufvertrag kommt schon durch den Antrag des Käufers an den Verkäufer zustande.
   e) Beim Kaufvertrag über gestohlene Waren kann der Käufer das Eigentum gutgläubig erwerben.

4 Beschreiben Sie, wodurch sich Stück- und Gattungskauf unterscheiden.

5 Ordnen Sie die jeweilige Kaufvertragsart zu.
   a) Ein Großhändler kauft von einem Industriebetrieb 300 m Stoff zum Preis von 12,00 EUR je lfd. m. Vor dem Liefertermin teilt er dem Hersteller mit, in welchem Muster er den Stoff haben möchte.
   b) Ein Kaffeeröster bestellt drei Tonnen Kaffee entsprechend der Warenprobe, die ihm der Kaffeeimporteur mit dem Angebot zugesandt hatte.
   c) Einem Medienunternehmen werden von einem Computerhersteller drei Personalcomputer übergeben, damit er testen kann, welcher ihm am meisten zusagt. Nach zwei Wochen entscheidet sich das Medienunternehmen für einen PC und lässt die zwei anderen wieder abholen.
   d) Ein Großhändler kauft bei einem Winzer auf einer Weinmesse kleinere Mengen verschiedener Weine und gibt dem Winzer zu verstehen, dass er, wenn die Weine sich bei ihm gut verkaufen, mehr bestellen wird.

6 Erläutern Sie an je einem Beispiel, wodurch bürgerlicher Kauf, einseitiger und zweiseitiger Handelskauf gekennzeichnet sind.

7 Beschreiben Sie die Vorteile eines Käufers aus dem
   a) Kauf auf Abruf,
   b) Kauf nach Probe,
   c) Spezifikationskauf,
   d) Kauf zur Probe.

8 Geben Sie Beispiele für die Fälle an, in denen der einfache Eigentumsvorbehalt erlischt.

## 3.8 Verbraucherschutz

Alexander Staupe befindet sich seit einem halben Jahr bei der BellMedi@ in der Ausbildung. Endlich hat er so viel Geld gespart, dass er sich die seit Langem gewünschte mehrbändige Enzyklopädie kaufen kann. Nachdem er sich in mehreren Geschäften über die Enzyklopädien verschiedener Verlage informiert hat, ist er verunsichert. Eine solche Fülle von mehrbändigen Enzyklopädien hätte er nicht erwartet.

An seinem freien Nachmittag klingelt es bei ihm zu Hause an der Haustür. Vor der Tür steht ein Vertreter, der auch mehrbändige Enzyklopädien anbietet. Nach einer Stunde hat der Vertreter Alexander zum Kauf einer mehrbändigen Enzyklopädie über 650,00 EUR überredet. Alexander unterschreibt den Kaufvertrag. Am nächsten Tag stellt er bei einem Besuch in einem Geschäft fest, dass die gleiche mehrbändige Enzyklopädie dort für 400,00 EUR angeboten wird.

**Arbeitsaufträge**

- Erläutern Sie, wie Alexander sich verhalten kann.
- Führen Sie dazu eine Internetrecherche zum Stichwort „Verbraucherschutz" durch.
- Stellen Sie nach einer entsprechenden Internetrecherche die verschiedenen Verbraucherschutzgesetze in einer Übersicht dar und präsentieren Sie Ihre Ergebnisse Ihren Mitschülern.
- Beschreiben Sie nach einer entsprechenden Internetrecherche staatliche und private Maßnahmen des Verbraucherschutzes.

**Verbraucherschutz bezeichnet die Gesamtheit der Bestrebungen und Maßnahmen, die Menschen in ihrer Rolle als Verbraucher von Gütern oder Dienstleistungen schützen sollen. Zahlreiche Verbraucherschutzbehörden und Verbraucherorganisationen sind auf diesem Gebiet tätig.**

*Vergleiche hierzu Seite 477*

Aufgrund der im deutschen Recht geltenden Vertragsfreiheit können die Vertragspartner Verträge frei gestalten. Dies kann dazu führen, dass der **wirtschaftlich Schwächere – der Verbraucher – benachteiligt wird**, zumal von manchen Anbietern die Unkenntnis der Verbraucher über ihre Rechte ausgenutzt wird. Ferner fehlt den Verbrauchern aufgrund der Fülle neuer Güter, die in ihrer Qualität oft sehr unterschiedlich sind, und der mangelnden Zeit für eine eigene Marktforschung die notwendige Markttransparenz. Zudem können durch den zunehmenden Konzentrationsprozess der Anbieter die Gefahr von Preisabsprachen erhöht und die Preiswürdigkeit des Angebots verschlechtert werden. Die soziale Marktwirtschaft verlangt aber einen **informierten und kritischen Verbraucher** als Gleichgewicht zu Hersteller und Handel. Ein Verbraucher sollte in der Lage sein,

- aus den vorhandenen Angeboten das für ihn günstigste auszuwählen,
- den Anbietern gegenüber seine Rechte wahrzunehmen,
- sich vorhandene Informationshilfen zu beschaffen und auszuwerten.

Um dieses Ziel des Verbraucherschutzes zu erreichen, gibt es private und staatliche Maßnahmen.

## Private Maßnahmen

In erster Linie liegt es am Verbraucher selbst, sich umfassend über das Marktgeschehen zu informieren. Hierzu steht den Verbrauchern eine Vielzahl von Möglichkeiten zur Verfügung.

- **Verbraucherzentralen und -beratungsstellen** geben jedem Verbraucher in den meisten Städten Auskunft über das Warenangebot, die Qualität und die Preise der Waren.
- **Verbraucherorganisationen** setzen sich für die Stärkung der Verbraucherinteressen ein.
  Beispiele *Arbeitsgemeinschaft der Verbraucher (AGV), Deutsche Gesellschaft für Ernährung, Verbraucherzentrale Bundesverband, http://www.vzbv.de*

## Staatliche Maßnahmen

Das 1964 von der Bundesregierung gegründete Institut **„Stiftung Warentest"** hat die Aufgabe, vergleichende Warentests durchzuführen und deren Ergebnisse zu veröffentlichen. Monatlich werden die Testergebnisse dieser Stiftung in der Zeitschrift „test" und jährlich im „test-Jahrbuch" veröffentlicht.

Um den Verbrauchern eine gleichgewichtige Marktposition gegenüber den Anbietern zu sichern und sie vor Benachteiligungen zu schützen, hat der Gesetzgeber neben dem BGB und dem HGB weitere Gesetze erlassen.

### *Haustürgeschäftewiderrufsrecht (§§ 312 f., 355 BGB)*

Durch die §§ 312 f. und 355 BGB hat der Verbraucher die Möglichkeit, unbedacht an der Haustür, auf der Straße oder bei Verkaufsveranstaltungen abgeschlossene Verträge ab einem Wert von 40,00 EUR innerhalb von zwei Wochen ohne Begründung zu widerrufen. Der Verbraucher muss in den Vertragsformularen über dieses Recht belehrt werden. Versicherungsverträge sind von den Regelungen des Gesetzes ausgenommen.

### ♦ *Bestimmungen im BGB zu den allgemeinen Geschäftsbedingungen*

Im Geschäftsleben wird täglich eine Vielzahl von Verträgen abgeschlossen. Zur Vereinfachung bedient man sich **vorgedruckter Vertragsformulare.** Die in diesen vorgedruckten Verträgen aufgeführten Bedingungen, das sogenannte **„Kleingedruckte"**, bezeichnet man als **allgemeine Geschäftsbedingungen (AGB)**, siehe §§ 305 ff. BGB.

Die Bestimmungen der AGB können vom BGB abweichen. Hieraus ergibt sich ein **Interessenkonflikt** zwischen den **Interessen des Verkäufers** (Zeit-, Kostenersparnis und Besserstellung, als es das BGB vorsieht) und den **Interessen des Käufers**. Um zu verhindern, dass der Käufer unangemessen benachteiligt wird, hat der Gesetzgeber im BGB die Gestaltung rechtsgeschäftlicher Schuldverhältnisse durch Allgemeine Geschäftsbedingungen (§ 305 ff. BGB) erlassen. Die meisten Bestimmungen zu den AGB im BGB gelten für einseitige Handelsgeschäfte, einige auch für zweiseitige Handelsgeschäfte:

- **Klauseln, die bei ein- und zweiseitigen Handelsgeschäften gelten**
  - **Überraschende Klauseln (§ 305c BGB):** Enthalten die AGB überraschende Klauseln, mit denen der Käufer nicht zu rechnen braucht, sind diese unwirksam:
    Beispiel *In den AGB der „Bürotec GmbH" ist eine Klausel enthalten, dass der Käufer eines Faxgerätes in den ersten zwei Jahren verpflichtet ist, das Faxpapier bei der Bürotec GmbH zu kaufen. Diese Klausel ist so überraschend, dass sie nicht Bestandteil des Vertrages wird.*
  - **Vorrang von persönlichen Absprachen (§ 305b BGB):** Persönliche Absprachen zwischen dem Verkäufer und dem Käufer haben Vorrang vor den AGB.
    Beispiel *Als Liefertermin für Druckereibedarf wurde zwischen dem Verkäufer und dem Käufer schriftlich der 1. Oktober vereinbart. In den AGB steht jedoch, dass Liefertermine grundsätzlich unverbindlich sind. Als Liefertermin gilt trotzdem der 1. Oktober, da persönliche Absprachen Vorrang vor den AGB haben, die AGB sind insoweit dispositives, also nachgiebiges Recht.*
  - **Rechtsfolgen bei Unwirksamkeit der AGB (§ 306 BGB):** Sind einzelne Teile der AGB unwirksam, so bleibt der Vertrag bestehen. Der Inhalt des Vertrages richtet sich dann nach den gesetzlichen Vorschriften. Diese sind meistens die Bestimmungen des BGB.
  - **Generalklausel und Klauselverbote (§ 308 f. BGB):** Bestimmungen in den AGB sind unwirksam, wenn sie den Vertragspartner entgegen dem Gebot von Treu und Glauben unangemessen benachteiligen.
    Beispiel *Ein Büromöbelhersteller liefert eine Ledergarnitur nicht wie vereinbart in Schwarz, sondern in Braun. In den AGB steht: „Modelländerungen vorbehalten". Der Kunde muss aber nur Änderungen hinnehmen, die technisch unvermeidbar oder völlig belanglos sind, so können z. B. Lederbezüge nicht immer in völlig gleichem Farbton hergestellt werden. Eine Ledergarnitur, die in Schwarz bestellt wurde, kann folglich nicht in Braun geliefert werden. Der Verkäufer verstößt gegen das Gebot von Treu und Glauben.*
- **Klauseln, die nur bei einseitigen Handelsgeschäften gelten**
  **Einbeziehung in den Vertrag (§ 305 BGB):** Die AGB werden nur dann Bestandteil des Vertrages, wenn der Käufer
  - vor Vertragsabschluss ausdrücklich auf die AGB hingewiesen wird. Dieses kann durch einen deutlich sichtbaren Aushang am Orte des Vertragsabschlusses (Geschäftsräume des Unternehmens) oder durch einen persönlichen Hinweis des Verkäufers geschehen,
  - vom Inhalt der AGB Kenntnis nehmen kann,
  - sein Einverständnis zu den AGB gegeben hat.
    Beispiel *Ein in der Praxis häufig vorkommendes Problem sind die sogenannten Abo- oder Kostenfallen im Internet. Hierbei handelt es sich um Seiten, die für den Verbraucher scheinbar*

*kostenlos sind, ihm letztlich jedoch im „Kleingedruckten" einen kostenpflichtigen Vertrag unterschieben möchten.*
*Hinweise und Beispiele zu Rechtsverfahren gegen entsprechende Anbieter finden sich auf der Homepage der Verbraucherzentrale Bundesverband: http://www.vzbv.de.*

Allgemeine Geschäftsbedingungen finden auch im Medienbereich Anwendung. So gibt es im Zeitungsbereich allgemeine Geschäftsbedingungen für die Annahme von Anzeigen. Auch im Buchhandel ist die Verwendung solcher allgemeiner Geschäftsbedingungen – beispielsweise bei Internetbuchhandlungen – üblich.

Die Buchhandlung Medi@Point GmbH & Co. KG, die auch im Internet vertreten ist, legt dabei folgende AGB zugrunde.

**Allgemeine Geschäftsbedingungen**

§ 1 Geltungsbereich

*Für die Geschäftsbeziehung zwischen Medi@Point und dem Besteller gelten ausschließlich die nachfolgenden allgemeinen Geschäftsbedingungen. Abweichende Bedingungen des Bestellers erkennt Medi@Point nicht an, es sei denn, Medi@Point hätte ausdrücklich schriftlich ihrer Geltung zugestimmt.*

§ 2 Vertragsschluss und Rücktritt

*Falls der Lieferant von Medi@Point trotz vertraglicher Verpflichtung Medi@Point nicht mit der bestellten Ware beliefert, ist Medi@Point zum Rücktritt berechtigt. In diesem Fall wird der Besteller unverzüglich darüber informiert, dass das bestellte Produkt nicht zur Verfügung steht. Der bereits bezahlte Kaufpreis wird unverzüglich erstattet. Der Besteller kann seinerseits schriftlich (auch per E-Mail) oder durch Rücksendung der Ware innerhalb von zwei Wochen den Vertrag widerrufen. Sofern der Bestellwert mehr als 40,00 EUR beträgt, erstattet Medi@Point die Kosten der Rücksendung. Es wird darauf hingewiesen, dass Medi@Point ggf. eine durch die Ingebrauchnahme der Sache entstandene Wertminderung einbehalten kann. Ein Widerrufsrecht besteht nicht bei Audio- oder Videoaufzeichnungen (z. B. CDs, MP3s, DVDs) oder Software, die vom Besteller entsiegelt worden ist, ferner nicht bei Leistungen, die online (z. B. Software zum Download) übermittelt worden sind. Darüber hinaus gilt unsere Rücknahmegarantie. Medi@Point bietet keine Produkte zum Kauf durch Minderjährige an. Auch unsere Produkte für Kinder können nur von Erwachsenen gekauft werden.*

§ 3 Lieferung, Gefahrenübergang

*Sofern nicht anders vereinbart, erfolgt die Lieferung ab Lager an die vom Besteller angegebene Lieferadresse. Angaben über die Lieferfrist sind unverbindlich, soweit nicht ausnahmsweise der Liefertermin verbindlich zugesagt wurde. Bitte beachten Sie, dass wir Medien- und Unterhaltungselektronikprodukte nur in haushaltsüblichen Mengen ausliefern. Die Gefahr, trotz Verlustes oder Beschädigung den Preis zahlen zu müssen, geht mit der Übergabe auf den Käufer über.*

§ 4 Fälligkeit und Zahlung, Verzug

*Der Besteller kann den Kaufpreis per Rechnung (unter den in § 5 genannten Voraussetzungen), Kreditkarte oder Lastschriftverfahren zahlen. Kommt der Besteller in Zahlungsverzug, so ist Medi@Point berechtigt, Verzugszinsen in Höhe von 5 % über dem von der EURopäischen Zentralbank bekannt gegebenen Basiszinssatz p. a. zu fordern. Falls Medi@Point ein höherer Verzugsschaden nachweisbar entstanden ist, ist Medi@Point berechtigt, diesen geltend zu machen.*

### § 5 Besonderheiten beim Kauf auf Rechnung

*Zahlung auf Rechnung ist nur für Verbraucher ab 18 Jahren möglich. Die Lieferadresse, die Hausanschrift und die Rechnungsadresse müssen identisch sein und innerhalb Deutschlands liegen.*

*Für Leistungen, die online (z. B. Software zum Download) übermittelt werden, sowie für den Kauf von Gutscheinen ist die Zahlung auf Rechnung nicht möglich. Der Rechnungsbetrag wird mit Erhalt der Rechnung fällig. Bei Zahlung auf Rechnung wird zuzüglich eventuell anfallender Versandkosten für den Komplettversand einmalig ein Entgelt von 1,00 EUR, bei Einzelversand 1,00 EUR pro Lieferung, berechnet. Der Besteller wird vor Vertragsschluss stets gesondert darüber informiert, ob dieses Entgelt anfällt. Bei Zahlung auf Rechnung prüft und bewertet Medi@Point die Datenangaben der Besteller und pflegt bei berechtigtem Anlass einen Datenaustausch mit anderen Unternehmen innerhalb des Medi@ AG-Konzerns und mit Wirtschaftsauskunfteien.*

### § 6 Aufrechnung, Zurückbehaltung

*Ein Recht zur Aufrechnung steht dem Besteller nur zu, wenn seine Gegenansprüche rechtskräftig festgestellt oder von Medi@Point anerkannt sind. Außerdem ist er zur Ausübung eines Zurückbehaltungsrechts nur insoweit befugt, als sein Gegenanspruch auf dem gleichen Vertragsverhältnis beruht.*

### § 7 Eigentumsvorbehalt

*Die gelieferte Ware bleibt bis zur vollständigen Bezahlung Eigentum von Medi@Point.*

### § 8 Mängelhaftung

*Liegt ein Mangel der Kaufsache vor, kann der Besteller Nacherfüllung (Mängelbeseitigung oder Ersatzlieferung) verlangen. Schlägt die Nacherfüllung fehl, kann der Besteller bei einem nicht unerheblichen Mangel vom Vertrag zurücktreten, den Kaufpreis mindern oder Schadensersatz statt der Leistung geltend machen.*
*Soweit sich nachstehend nichts anderes ergibt, sind weitergehende Ansprüche des Bestellers – gleich aus welchen Rechtsgründen – ausgeschlossen. Medi@Point haftet deshalb nicht für Schäden, die nicht am Liefergegenstand selbst entstanden sind; insbesondere haftet Medi@Point nicht für entgangenen Gewinn oder für sonstige Vermögensschäden des Bestellers. Soweit die Haftung von Medi@Point ausgeschlossen oder beschränkt ist, gilt dies auch für die persönliche Haftung von Arbeitnehmern, Vertretern und Erfüllungsgehilfen. Vorstehende Haftungsbeschränkung gilt nicht, soweit die Schadensursache auf Vorsatz oder grober Fahrlässigkeit beruht oder ein Personenschaden vorliegt. Sie gilt ferner dann nicht, wenn der Besteller Ansprüche aus §§ 1, 4 Produkthaftungsgesetz geltend macht.*
*Sofern Medi@Point fahrlässig eine vertragswesentliche Pflicht verletzt, ist die Ersatzpflicht für Sachschäden auf den typischerweise entstehenden Schaden beschränkt.*
*Die Verjährungsfrist beträgt 24 Monate, gerechnet ab Lieferung.*

### § 9 Datenschutz

*Der Besteller ist über Art, Umfang, Ort und Zweck der Erhebung, Verarbeitung und Nutzung der für die Ausführung von Bestellungen, die Anmeldung zu dem E-Mail-Benachrichtigungsdienst, die Übermittlung einer Onlinerezension erforderlichen personenbezogenen Daten durch die Medi@ AG Unternehmensgruppe ausführlich unterrichtet worden. Der Besteller stimmt dieser Erhebung, Verarbeitung und Nutzung personenbezogener Daten ausdrücklich zu.*

### § 10 Anwendbares Recht

*Es gilt deutsches Recht unter Ausschluss des UN-Kaufrechts.*

- **Verbotene und damit unwirksame Klauseln in Kaufverträgen bei einseitigen Handelsgeschäften sind**
  - nachträgliche kurzfristige Preiserhöhung (binnen vier Monaten nach Vertragsabschluss),
  - Verkürzung der gesetzlichen Sachmängelhaftungsfristen,
  - Rücktrittsvorbehalte des Verkäufers („Der Verkäufer behält sich vor, die versprochene Leistung zu ändern oder von ihr abzuweichen."),
  - Ausschluss der Haftung des Verkäufers bei grobem Verschulden,
  - unangemessen lange Lieferfristen,
  - Ausschluss von **Reklamationsrechten** (Der Lieferer darf die gesetzlichen Sachmängelhaftungsrechte des Käufers nicht ausschließen. Der Käufer muss immer ein Recht auf **Nachbesserung** oder **Ersatzlieferung** behalten),
  - Beschneidung von Kundenrechten bei verspäteter Lieferung.

Diese Klauseln finden keine Anwendung bei zweiseitigen Handelskäufen, da Kaufleute die Probleme und Nachteile, die in diesen AGB des Vertragspartners stecken, erkennen und sich entsprechend wehren können.

♦ ***Preisangabenverordnung***

§ 2 Preisangabenverordnung

*Waren, die in Schaufenstern, Schaukästen innerhalb oder außerhalb des Verkaufsraumes auf Verkaufsständern oder in sonstiger Weise ausgestellt werden, und Waren, die vom Verbraucher unmittelbar entnommen werden können, sind durch Preisschilder oder Beschriftung der Ware auszuzeichnen.*

Durch die Pflicht zur Preisauszeichnung im Einzelhandel soll für den Verbraucher die **Möglichkeit eines klaren Preisvergleichs** geschaffen werden. Ein Preisschild muss gesetzliche und kann freiwillige Angaben enthalten.

| Gesetzliche Angaben | Freiwillige Angaben |
|---|---|
| Bruttoverkaufspreis (einschl. Umsatzsteuer) | Eingangsdatum |
| Bezeichnung der Ware | Lieferanten-Nr. |
| Grundpreis bei loser Ware (Preis je kg, je Liter usw.) | Artikel-Nr. |
| Handelsübliche Gütebezeichnung (Handelsklasse) | Größe, Farbe (bei Textilien) |

Die **Preisauszeichnungspflicht entfällt** bei
- Kunstgegenständen, Sammlerstücken oder fertigen Waren, die bei Werbevorführungen angeboten werden, sofern der Preis bei der Vorführung oder unmittelbar vor dem Verkaufsabschluss genannt wird,
- Waren bei Versteigerungen,
- Blumen und Pflanzen, die unmittelbar vom Beet verkauft werden,
- Antiquitäten.

♦ ***Produkthaftungsgesetz***

§ 1 Produkthaftungsgesetz

*Wird durch den Fehler eines Produktes jemand getötet, sein Körper oder seine Gesundheit verletzt oder eine Sache beschädigt, so ist der Hersteller des Produktes verpflichtet, dem Geschädigten den daraus entstehenden Schaden zu ersetzen.*

Der Hersteller eines Produktes haftet für alle Schäden, die aus dem Ge- oder Verbrauch fehlerhafter Ware entstehen. Im Gesetz wird zwischen Personen- und Sachschäden unterschieden. Das Produkthaftungsgesetz dient dem Schutz des Verbrauchers, da es nur dem privaten Endverbraucher einen Schadensersatz zugesteht. In der Praxis wird die Verpflichtung der Unternehmen zur Produkthaftung, z. B. durch zahlreiche Rückrufaktionen von Autoherstellern, deutlich. Der Hersteller ist zu Schadensersatz verpflichtet. Die Haftung ist auf 85 Mio. EUR begrenzt. Er kann die Schadensersatzpflicht weder ausschließen noch beschränken.
Beispiel *Ein Hersteller von Petroleumöl hat auf seiner Verpackung vermerkt, dass das Öl sowohl innerhalb als auch außerhalb von geschlossenen Räumen verwendet werden kann. Ein Verbraucher benutzt das Öl in einer Petroleumlampe innerhalb seines Hauses und vergisst die Lampe am Abend auszumachen. Am nächsten Morgen ist der gesamte Wohnraum verrußt. Die Innenwände des Hauses müssen neu gestrichen und tapeziert werden. Der Hersteller muss für den entstandenen Schaden haften.*

Gegen das Risiko der Produkthaftungspflicht können Versicherungsverträge abgeschlossen werden.

♦ *Geräte- und Produktsicherheitsgesetz*

**Mit dem Geräte- und Produktsicherheitsgesetz (ProdSG) soll eine allgemeine Rechtsgrundlage dafür geschaffen werden, dass die von Herstellern und Händlern in den Verkehr gebrachten, für den privaten Verbrauch bestimmten Produkte sicher sind.**

Mit diesem Gesetz wird der vorbeugende Verbraucherschutz **gestärkt. Die Behörden können bei Vorliegen von Produktgefahren** Warnungen an die Bevölkerung veranlassen oder selbst aussprechen, den Rückruf unsicherer Produkte anordnen und den weiteren Verkauf untersagen.
Grundsätzlich ist der Hersteller der primär Verantwortliche für die Produktsicherheit. Gleichwohl verpflichtet das Geräte- und Produktsicherheitsgesetz auch den Händler, dazu beizutragen, dass nur **sichere Produkte in den Verkehr** gebracht werden dürfen. Der Händler darf somit kein Produkt verkaufen, von dem er weiß oder anhand der ihm vorliegenden Informationen wissen müsste, dass das Produkt nicht sicher ist. Für den Fall, dass der Hersteller oder der Händler wissentlich ein unsicheres Produkt in den Verkehr bringt, sieht das Gesetz eine Strafe bis zu 30 000,00 EUR vor.
Beispiel *Ein Möbelhersteller erfährt, dass bei einem von ihm vertriebenen Schreibtischstuhl „Modus" aufgrund mangelhafter Stahlrohrgestelle Unfallgefahr besteht. Sofort informiert er alle Kunden, die diesen Stuhl gekauft haben.*

***Verbraucherschutz***

- *Der Schutz des Verbrauchers ist **aufgrund seiner schwächeren Stellung gegenüber dem Anbieter erforderlich.***
- *Der Verbraucherschutz kann durch **private** (Verbraucherzentralen, -beratungsstellen, -organisationen, Stiftung Warentest) oder **staatliche Maßnahmen** (Gesetze) erreicht werden.*
- *Zu den **wichtigen Verbraucherschutzgesetzen** zählen das Haustürwiderrufsrecht, die Bestimmungen im BGB zu den AGB, die Preisangabenverordnung, das Produktsicherheitsgesetz und das Produkthaftungsgesetz.*
- *In den **AGB** legt ein Kaufmann die grundsätzliche Ausgestaltung der Verträge für seine Lieferungen fest.*
  - *Durch § 305 f. BGB zu den AGB wird ein Käufer vor unseriösen AGB geschützt.*
  - *Grundsätzlich haben persönliche Absprachen Vorrang vor den AGB.*
  - *Klauseln, die den Käufer entgegen dem Grundsatz von Treu und Glauben unangemessen benachteiligen, sind unwirksam.*
  - *Wenn AGB unwirksam werden, richtet sich der Inhalt des Vertrages nach den gesetzlichen Vorschriften des BGB.*

- ***Preisangabenverordnung:*** *Es müssen für Endverbraucher Bruttoverkaufspreis, Bezeichnung der Ware, Verkaufs- und Leistungseinheit (kg, l, m), Handelsklasse angegeben werden.*
- ***Produkthaftungsgesetz:*** *Der Hersteller eines Produktes haftet für alle Schäden, die aus dem Ge- oder Verbrauch fehlerhafter Ware entstehen.*
- ***Geräte- und Produktsicherheitsgesetz:*** *Stärkung des vorbeugenden Verbraucherschutzes durch Verpflichtung der Hersteller und Händler zu sicheren Produkten.*

## Aufgaben

1 Erläutern Sie, warum der Schutz des Verbrauchers in der sozialen Marktwirtschaft erforderlich ist.

2 Beschaffen Sie Unterlagen zum Thema „Verbraucherschutz“ aus Verbraucherzentralen, -beratungsstellen und Verbraucherorganisationen und stellen Sie diese in einer Übersicht zusammen.

3 Begründen Sie, warum Unternehmen ihre Geschäftsbedingungen bereits vorformuliert haben.

4 Erläutern Sie, unter welchen Voraussetzungen bei einseitigen Handelsgeschäften die allgemeinen Geschäftsbedingungen Bestandteil des Vertrages werden.

5 Erklären Sie, warum persönliche Absprachen Vorrang vor den AGB haben.

6 Die Medi@ AG hat mit der Sommerfeld Bürosysteme GmbH am 1. Juni einen Kaufvertrag über die Lieferung zweier Regalsysteme „Wikinger“ abgeschlossen.
   a) Die Lieferung sollte in sechs Wochen erfolgen. Geliefert wird aber erst am 15. Oktober. Aus dem Rechnungsbeleg geht hervor, dass der Preis inzwischen um 10 % gestiegen ist. Kann die Sommerfeld Bürosysteme GmbH einen um 10 % höheren Preis verlangen? (Begründung)
   b) Nachdem die Regalsysteme aufgestellt worden sind, stellt Medi@ AG fest, dass der Farbton geringfügig heller als beim Ausstellungsstück ist. Muss Medi@ AG die geringfügige Farbabweichung akzeptieren? (Begründung)

7 Bringen Sie die AGB aus Ihren Betrieben mit und stellen Sie eine Materialsammlung mit den AGB von einigen Unternehmen zusammen! Vergleichen Sie diese AGB mit denen der Medi@ Point Buchhandlung.

8 Erläutern Sie die Bestimmungen des Geräte- und Produktsicherheitsgesetzes.

9 Geben Sie an, welche Angaben der Gesetzgeber durch die Preisangabenverordnung bei einem Preisschild vorschreibt.

10 Erläutern Sie an selbst gewählten Beispielen das Problem der Produkthaftung
   a) für die Bürotec GmbH, einen Lieferer der AV-Medien der Medi@ AG,
   b) für die Sommerfeld Bürosysteme GmbH, einen Büromöbelhersteller,
   c) für die Event-Agentur iVent GmbH,
   d) für Ihren Ausbildungsbetrieb.

## Wiederholungsaufgaben

Die Medi@ AG ist tagtäglich in Rechtsgeschäfte aller Art verwickelt, so z. B. Abschluss von Kauf-, Miet- und Arbeitsverträgen. Es werden sowohl Bereiche des privaten wie auch des öffentlichen Rechts berührt. Gute Kenntnisse des deutschen Rechts auf Seiten der Geschäftsführung und der Mitarbeiter sind unabdingbare Voraussetzung für das Funktionieren eines solchen Betriebes.

Beantworten Sie die unten stehenden Fragen anhand der folgenden Situation aus dem Arbeitsalltag der Medi@ AG:
Die Medi@ AG wird im Februar vom einem großen Mobilfunkunternehmen beauftragt, einen Werbefilm zu drehen. Dieser soll in Verbindung mit einer Roadshow (ausgeführt von der iVent GmbH)

im Sommer in verschiedenen Großstädten Deutschlands präsentiert und anschließend im Fernsehen ausgestrahlt werden.

1 Überprüfen Sie, welche Rechtsbereiche a) durch den Dreh des Films und b) durch die Organisation einer Roadshow berührt werden könnten. Nennen Sie konkrete Beispiele.

2 Stellen Sie fest, mit welchen natürlichen und juristischen Personen die Medi@ AG bei der Durchführung des Projekts zu tun haben wird. Erläutern Sie, inwiefern die Rechts- und Geschäftsfähigkeit von Personen dabei eine Rolle spielen könnte.

3 Nennen und kategorisieren Sie mindestens fünf Verträge, die bei den anstehenden Arbeiten geschlossen werden müssen. Erläutern Sie jeweils, wie diese Verträge zustande kommen. Geben Sie an, ob die Verträge an eine bestimmte Form gebunden sind.

4 Überprüfen Sie, welche möglichen Vertragsstörungen im vorliegenden Fall auftreten könnten. Gehen Sie insbesondere auf solche Störungen ein, die zu einer erheblichen Verzögerung der Durchführung führen könnten.

## Prüfungsaufgaben

1 Welche Aussage über das Privatrecht ist richtig?
   a) Das Privatrecht regelt die Rechtsverhältnisse zwischen Privatpersonen und dem Staat als Hoheitsträger.
   b) Das Privatrecht regelt die Beziehungen eines Einzelnen zu den Körperschaften des öffentlichen Rechts.
   c) Das Privatrecht umfasst ausschließlich geschriebenes Recht.
   d) Für das Privatrecht gilt das Prinzip der Gleichordnung der Beteiligten.
   e) Ein Teil des Privatrechts ist das Strafrecht.

2 Bei welchem Rechtssubjekt handelt es sich um eine juristische Person des privaten Rechts?
   a) die ARD
   b) die Deutsche Bahn AG
   c) ein Vollstreckungsbeamter
   d) die Deutsche Bundesbank
   e) das Land NRW

3 Zu den Geschäftsunfähigen zählen solche Personen,
   a) die noch nicht das 18. Lebensjahr vollendet haben.
   b) deren Geistestätigkeit dauernd krankhaft gestört ist.
   c) die keinen ständigen Wohnsitz und keine geregelte Arbeit nachweisen können.
   d) die mehrfach vorbestraft sind.

4 Welche der unten stehenden Aussagen sind
   a) wegen Geschäftsunfähigkeit eines Vertragspartners unwirksam,
   b) trotz der Geschäftsunfähigkeit eines Vertragspartners wirksam,
   c) wegen beschränkter Geschäftsfähigkeit eines Vertragspartners schwebend unwirksam,
   d) trotz beschränkter Geschäftsfähigkeit eines Vertragspartners wirksam?

   1. Der 5-jährige Andreas kauft in der Bäckerei mit abgezähltem Geld Brötchen. Der Verkäufer weiß, dass Andreas im Auftrag der Mutter handelt.
   2. Die Patentante schenkt ihrem 15-jährigen Patenkind ohne Rücksprache mit dessen Eltern eine Hifi-Anlage. Die Eltern sind damit nicht einverstanden.
   3. Der 17-jährige Michael kündigt sein Ausbildungsverhältnis, das er mit Zustimmung seiner Eltern abgeschlossen hatte.
   4. Die 6-jährige Monika kauft sich von ihrem Taschengeld ein Malbuch.

5 Beurteilen Sie in den folgenden Fällen bitte, ob
a) ein Rechtsgeschäft rechtsgültig zustande gekommen ist,
b) das Rechtsgeschäft nichtig ist,
c) ein Grund zur Anfechtung vorliegt,
d) das Rechtsgeschäft schwebend unwirksam ist.

1. Ein Fotohändler verkauft eine gebrauchte Kamera und gibt diese – wider besseren Wissens – als neu aus.
2. Die 17-jährige Auszubildende Iris kauft sich Stifte und Ordner für die Berufsschule.
3. Für Filmaufnahmen erwirbt die Alpha TV GmbH eine Pistole, obwohl sie dafür keine Genehmigung hat.
4. Ein Equipmentverleih vermietet der iVent GmbH versehentlich Projektoren für 2 000,00 EUR statt 3 000,00 EUR.
5. Ein 11-Jähriger kauft von seinem Taschengeld einen Hamster.
6. Ein 16-Jähriger kauft von seinem ersparten Taschengeld ein gebrauchtes Fahrrad.
7. Die iVent GmbH schließt mündlich einen Arbeitsvertrag mit einem Buchhalter.

6 Bei welcher der nachstehenden Vertragsarten handelt es sich um kein zweiseitiges Rechtsgeschäft?
a) Berufsausbildungsvertrag
b) Kaufvertrag
c) Mietvertrag
d) Testament
e) Kündigung eines Ausbildungsvertrags

7 Welche der folgenden Vertragsarten liegen in den unten stehenden Fällen vor?
a) Kaufvertrag
b) Mietvertrag
c) Werkvertrag
d) Dienstvertrag

1. Sandra Birkner, Aufnahmeleiterin bei der Medi@ AG, belegt während der Dreharbeiten drei Stunden lang einen Parkplatz im Parkhaus. Die Parkgebühr beträgt 8,00 EUR.
2. Frau Prangenberg, Sekretärin bei der Medi@ AG, lässt einen Vertreter des Kopiergeräte-Verleihs kommen, um einen defekten Kopierer zu reparieren.

8 In welchem Fall ist ein Rechtsgeschäft anfechtbar?
a) Wenn das Geschäft mit einem Geschäftsunfähigen abgeschlossen worden ist.
b) Wenn es sich um ein Scheingeschäft handelt.
c) Wenn Formvorschriften verletzt wurden.
d) Wenn das Geschäft gegen die guten Sitten verstößt.
e) Wenn das Geschäft aufgrund einer irrtümlichen Preisauszeichnung zustande kam.

9 Welche Aussage über den rechtswirksamen Abschluss von Verträgen ist richtig?
a) Ein Kaufvertrag muss immer schriftlich abgeschlossen werden.
b) Ausbildungsverträge sind auch mündlich gültig.
c) Kaufverträge über Grundstücke bedürfen der notariellen Beurkundung.
d) Darlehensverträge sind nur gültig, wenn sie schriftlich abgeschlossen werden.
e) Jeder per Telefon vereinbarte Kauf muss schriftlich bestätigt werden.

10 Geben Sie an, ob es sich bei unten stehenden Sachverhalten um
a) einen Antrag,
b) die Annahme eines Antrags oder
c) Teile des Erfüllungsgeschäftes handelt.

1. Ein Kunde bestellt einen DVD-Player aufgrund einer Zeitungsanzeige.
2. Beim Abholen eines neuen Bürostuhls zahlt der Kunde mit Scheck.
3. Die Medi@ AG sendet einem Kunden, der ohne Angebot bestellt hatte, eine Auftragsbestätigung zu.
4. Nach dem Ausprobieren mehrerer Videokameras sagt der Kunde: „Diese Kamera nehme ich!"

11 Stellen Sie fest, ob für die nachfolgenden Verträge
a) die Schriftform erforderlich ist,
b) die notarielle Beurkundung erforderlich ist, oder
c) Formfreiheit besteht.

1. Bürgschaftsvertrag zwischen zwei Nichtkaufleuten
2. Kaufvertrag über einen Computer im Wert von 2 000,00 EUR
3. Berufsausbildungsvertrag
4. Grundstückskaufvertrag
5. Arbeitsvertrag

12 Welche der folgenden AGB-Klauseln ist unwirksam?
a) Die Lieferung erfolgt ab Werk auf Rechnung und Gefahr des Empfängers.
b) Die gelieferte Ware bleibt bis zur vollständigen Bezahlung unser Eigentum.
c) Die Sachmängelhaftungspflicht beträgt ein Jahr nach Lieferung.
d) Der Rechnungsbetrag ist zahlbar mit 2 % Skonto innerhalb von zehn Tagen oder 30 Tage Ziel netto.
e) Erfüllungsort und Gerichtsstand ist Dresden.

13 Welche Aussage über Besitz und Eigentum ist richtig?
a) Eigentumsübertragung ist immer mit der Übergabe der Sache verbunden.
b) Eigentum ist die tatsächliche Gewalt über eine Sache, Besitz die rechtliche Gewalt.
c) Der gutgläubige Käufer erwirbt in der Regel das Eigentumsrecht an gestohlenen Waren.
d) Die Eigentumsübertragung an beweglichen Sachen erfolgt in der Regel durch Einigung und Übergabe.
e) Bei unbeweglichen Sachen erfolgt die Eigentumsübertragung durch die Einigung zwischen Käufer und Verkäufer.

14 Stellen Sie bei den nachfolgenden Sachverhalten fest, ob sie 1. einen einseitigen Handelskauf, 2. einen zweiseitigen Handelskauf oder 3. einen bürgerlichen Kauf darstellen.
a) Die Medi@ AG kauft bei einem Fachhandel Filmmaterial.
b) Die Kantinenleiterin der Medi@ AG kauft bei einem Großhändler 100 Zentner Kartoffeln.
c) Der Geschäftsführer der iVent GmbH kauft für seinen Sohn in einem Sportfachgeschäft ein Paar Ski.
d) Ein Angestellter der Medi@ AG verkauft an eine Arbeitskollegin ein gebrauchtes Fahrrad.
e) Die Verkäuferin eines Verbrauchermarktes kauft für ihren Ehemann in einem Münzgeschäft zwei Silbermünzen als Geburtstagsgeschenk.

15 Welche der folgenden Aussagen treffen auf die Lieferung unter Eigentumsvorbehalt zu?
a) Der Eigentumsvorbehalt wird unwirksam, wenn die Ware an einen gutgläubigen Dritten veräußert wird.
b) Der Eigentumsvorbehalt erlischt, wenn die gekaufte Sache mit einem Grundstück fest verbunden wird.
c) Der Verkäufer kann die Ware zurückverlangen, wenn der Käufer nicht zahlt.
d) Der Käufer wird erst nach Entrichtung des vollen Kaufpreises Besitzer der Ware.
e) Vor der endgültigen Bezahlung darf die Ware nicht weiterveräußert werden.

16 Um welche der nebenstehenden Vertragsarten handelt es sich in den untenstehenden Fällen?
a) Mietvertrag
b) Pachtvertrag
c) Darlehensvertrag
d) Schenkungsvertrag
e) Werkvertrag
f) Werklieferungsvertrag
g) Dienstvertrag
h) Kaufvertrag
i) Leihvertrag
1. Ein Einstellplatz in einer Tiefgarage wird gegen monatliche Zahlung von 60,00 EUR überlassen.
2. Ein Austauschmotor wird durch eine Autowerkstatt besorgt und in den Geschäftswagen eingebaut.
3. Der Scheinwerfer eines Pkw wird zum Preis von 40,00 EUR in der Werkstatt eingestellt.
4. Ein Auszubildender erhält zum Geburtstag 50,00 EUR von seiner Großmutter.
5. Der Eigentümer einer Gaststätte überlässt diese einem Ehepaar zur Weiterführung gegen Entgelt.
6. Eine 16-Jährige erhält von ihrem Vater zinslos 200,00 EUR; das Geld muss sie ihm zurückzahlen.

17 Stellen Sie fest, ob nachfolgende Rechtssubjekte
1. natürliche
2. juristische Personen sind.
a) Stadtsparkasse Siegburg GmbH
b) Buchhandlung Josef Klein e. K.
c) Warenhaus AG
d) Einkaufsgenossenschaft Oberrhein e. G.
e) Sportverein e. V. Bonn
f) Dr. Hans Hahn, Steuerberater

18 Stellen Sie in den folgenden Fällen fest, ob ein
1. Werkvertrag
2. Werklieferungsvertrag
3. Kaufvertrag
4. Mietvertrag abgeschlossen wird.

a) Ein Unternehmer zahlt für die Dauer der Reperatur seines Geschäftsautos für ein ihm überlassenes Ersatzfahrzeug 50,00 EUR je Tag.
b) Ein Innendekorateur fertigt eine Gardine an. Der Stoff wird vom Kunden im Geschäft des Innendekorateurs gekauft.
c) Ein Elektroeinzelhändler erhält vom Hersteller eine bestellte Lieferung Waschmaschinen.
d) Die Auszubildende Gerdas erwirbt für 14,00 EUR eine CD.
e) Ein Textilgeschäft lässt für einen Kunden einen Maßanzug anfertigen, wobei der Kunde den Stoff geliefert hat.

19 Welcher der nachfolgenden Sachverhalte stellt ein rechtlich verbindliches Angebot des Einzelhändlers dar?
1. Ein Lebensmitteleinzelhändler inseriert: „Dänische Markenbutter, 250 g für nur 0,99 EUR."
2. Bei einer Werbeveranstaltung werden den Kunden mehrere technische Geräte vorgeführt.
3. Ein Elektroeinzelhändler legt an der Kasse die neuesten Prospekte eines Herstellers aus.
4. Ein Einzelhändler präsentiert seine Waren in Selbstbedienung.
5. Der Verkäufer in einem Sportfachgeschäft bietet einem Kunden im Verkaufsgespräch ein Surfbrett zu einem Sonderpreis an.

# 4 Medienrecht und Urheberrecht kennenlernen

# 4.1 Medienrecht

## 4.1.1 Grundlagen des Medienrechts

Dr. Thomas Neu, der bei der Zentralabteilung der Medi@ AG die Rechtsabteilung leitet, möchte den Auszubildenden der Zentralabteilung einige grundlegende Einsichten zum Thema Medienrecht vermitteln und stellt folgende provokative Frage zum Nachdenken: Adolf Braun, der dem nationalsozialistischen Gedankengut bis heute anhängt, gibt eine Zeitung namens „Führer" heraus, in welcher der Holocaust geleugnet und die Jugend dazu aufgefordert wird, sich zum nationalsozialistischen Gedankengut zu bekennen.

**Arbeitsaufträge**

- Führen Sie Argumente an, mit denen Adolf Braun begründen wird, warum er seine Zeitung herausgeben darf.
- Nehmen Sie die Position des Rechtsstaates ein und begründen Sie, warum der Staat Adolf Braun die Herausgabe des Führers verbieten kann.

### Verfassungsrechtliche Grundlagen

Das **Medienrecht** umfasst insbesondere das Presserecht, Rundfunkrecht, Filmrecht sowie das Recht der Neuen Medien. Medien dienen der Übermittlung von Informationen, Nachrichten, Meinungen sowie Kulturgütern und genießen den Schutz durch die Verfassung (Grundgesetz).

**Artikel 5 Grundgesetz** (GG) ist die zentrale Grundrechtsnorm des Medienrechts und beinhaltet gleich mehrere Grundrechte, nämlich fünf in Art. 5 I und zwei weitere in Art. 5 III. Es handelt sich hierbei um

- Meinungsäußerungsfreiheit,
- Informationsfreiheit,
- Pressefreiheit,
- Freiheit der Rundfunkberichterstattung,
- Freiheit der Filmberichterstattung,
- Freiheit der Kunst,
- Freiheit der Wissenschaft.

Neben den Grundrechten enthält Art. 5 ein **Zensurverbot** (Art. 5 I 3) sowie eine **Schrankenbestimmung** (Art. 5 II). Dies ist eine Vorschrift, die zuvor eingeräumte Befugnisse wieder einschränkt. Als Schranken für die in Art. 5 I genannten Grundrechte dienen die allgemeinen Gesetze, der Jugendschutz sowie der Schutz der persönlichen Ehre.

**Beispiel** *Die Presse muss in einem Artikel über den Vorstandsvorsitzenden der Medi@ AG, Dr. Koch, dessen Persönlichkeitsrechte beachten. Nicht erlaubt wäre etwa, einen Bericht über seinen beruflichen Werdegang mit Details aus seinem Intimleben zu ergänzen.*

Für die **Grundrechte** des Art. 5 I 1 und 2 gilt das Zensurverbot des Art. 5 I 3. Das Zensurverbot besagt, dass eine Veröffentlichung nicht von einer Vorprüfung oder einer etwa vorweg zu erteilenden Genehmigung abhängig gemacht werden darf (**Verbot der Vorzensur**). Nicht verboten ist dagegen die Nachzensur. Dies bedeutet, dass eine bereits erfolgte Veröffentlichung nach Maßgabe der bestehenden Gesetze überprüft werden darf.

### Presse

Unter der **Presse** versteht man

- vervielfältigte Schriften, wie etwa Tageszeitungen, Periodika, Bücher,
- die im Pressewesen tätigen Unternehmen, wie etwa Verlage, Druckereien,
- die bei der Vorbereitung, Herstellung, Verbreitung von Druckwerken mitwirkenden Personen.

Das **Presserecht** umfasst alle Vorschriften, die die Betätigung der Presseunternehmen im Ganzen und bezüglich der einzelnen dort beschäftigten Personen, regeln. Die Länder haben das Pressewesen in jeweils einem Landespressegesetz pro Bundesland geregelt.

Der Schutz der Presse durch Art. 5 GG (Pressefreiheit) hat zwei verschiedene Schutzrichtungen:
- Als subjektives Abwehrrecht schützt die Pressefreiheit die Freiheit der **Presseunternehmen** sowie der im Pressebereich tätigen Personen vor staatlichen Übergriffen.
- Unter einem objektiv-rechtlichen Aspekt schützt die Pressefreiheit die **freie Presse als Institut**.

Inhaltlich kann man die **Pressefreiheit** in folgende Einzelaspekte untergliedern:
- Unter der **äußeren** Pressefreiheit fasst man Rahmenbedingungen, wie etwa die erlaubnisfreie Gründung von Presseverlagen, die zulassungsfreie Ausübung von Presseberufen und das Herausbringen von Presseerzeugnissen ohne staatliche Erlaubnis, zusammen. Mit der öffentlichen Aufgabe der Presse rechtfertigt man Privilegien, wie zum Beispiel Auskunftsansprüche gegenüber Behörden oder die Wahrung des Redaktionsgeheimnisses.
- Mit **innerer** Pressefreiheit bezeichnet man die außen- oder innenpluralistischen Organisationsformen innerhalb der oder zwischen den Presseunternehmen. Die Inhaltsfreiheit der Presse bedeutet, dass kein Presseunternehmen fremdbestimmt werden soll und darf.

Auch die Presse muss sich, besonders im Hinblick auf die ihr eingeräumten Privilegien, an bestimmte Sorgfaltspflichten halten, die man in ihrer Gesamtheit als **Presseordnungsrecht** bezeichnet. Einzelne herausragende Pflichten der Presse sind zum Beispiel die Beachtung der publizistischen Sorgfalt (= redliches Bemühen um Wahrheit) sowie eine Verpflichtung zur sorgfältigen Recherche.

## Rundfunk

Der **Rundfunk** ist der Oberbegriff für **Hörfunk** und **Fernsehen**. Er ist dadurch gekennzeichnet, dass er sich an die Allgemeinheit richtet (Massenkommunikation) und dass Darbietungen unter Benutzung elektromagnetischer Schwingungen verbreitet werden.

Die durch das Grundgesetz garantierte Rundfunkfreiheit ist eine „dienende Freiheit", die dem Prozess der freien Meinungsbildung dient. Deswegen muss der Rundfunk frei von staatlichen Eingriffen bleiben. Die Verfassung verlangt zudem vom Gesetzgeber, dass er durch entsprechende Gesetze eine Vielfalt stiftende und Vielfalt erhaltende Rundfunkordnung gewährleistet. Dies spiegelt sich in der Organisation des Rundfunks, der sich in den öffentlich-rechtlichen Rundfunk und den privaten Rundfunk unterteilen lässt, wider.
- Der **öffentlich-rechtliche Rundfunk** ist nach dem Prinzip des **Binnenpluralismus** organisiert. Vertreter gesellschaftlich relevanter Gruppen sind im Rundfunkrat als höchstem Organ einer Rundfunkanstalt vertreten und wirken an der Programmgestaltung mit.
- Die **privaten Rundfunksender** sollen in ihrer Gesamtheit die Meinungsvielfalt und kulturelle Vielfalt im Verbreitungsgebiet widerspiegeln (**Außenpluralismus**). Ihre Zulassung und Beaufsichtigung erfolgt durch die Landesmedienanstalten, deren Hauptorgan, der Medienrat, wiederum auch mit Repräsentanten diverser gesellschaftsrelevanter Gruppen besetzt ist (**Binnenpluralismus**).

## Film

Das Medium **Film** (Kino-, Fernseh-, Videofilm) ist auf die staatliche Filmförderung angewiesen. Zuständig für die Filmförderung ist die Filmförderungsstelle **FFA**, die Fördermittel auf der Grundlage des Filmförderungsgesetzes in Verbindung mit den Filmförderungsrichtlinien des Bundesministers des Inneren vergibt. Die **Filmbewertungsstelle** in Wiesbaden ist eine gemeinsame Einrichtung aller Bundesländer und vergibt Prädikate für besonders herausragende Filme. Gleichfalls eine gemeinsame Einrichtung aller Bundesländer ist die **FSK** (Freiwillige Selbstkontrolle der Filmwirtschaft), die bei der Filmbewertungsstelle in Wiesbaden angesiedelt ist und durch eine freiwillige Selbstkontrolle dafür sorgt, dass Filminhalte insbesondere den Anforderungen des Jugendschutzes gerecht werden.

## Neue Medien

Auch die neuen, infolge neuer **Informations- und Kommunikationstechnologien** entstandenen Medien und Dienste bedürfen eines gesetzlichen Rahmens. Sie sind entweder als

- Rundfunk oder
- Telemediendienste

einzuordnen und müssen sich nach den für den jeweiligen Bereich geltenden gesetzlichen Vorgaben richten (Rundfunkstaatsvertrag oder Telemediengesetz).

**Telemediendienste** sind alle elektronischen Informations- und Kommunikationsdienste, die nicht zum Bereich der Telekommunikation oder zum Bereich des Rundfunks gehören. Der Gesetzgeber dachte bei den Telemediendiensten insbesondere an Online-Angebote von Waren und Dienstleistungen mit unmittelbarer Bestellmöglichkeit oder an die elektronische Presse, News-Clubs und Chatrooms.

Das **Telemediengesetz** (TMG) beinhaltet u. a. wichtige Regelungen

- zum Impressum von Telemediendiensten,
- zur Haftung von Dienstebetreibern für rechtswidrige Inhalte,
- zu den inhaltlichen Mindestanforderungen für Werbe-Mails (z. B., dass der Absender zu erkennen ist),
- zum Datenschutz.

Keine Telemediendienste sind die sogenannten „Telekommunikationsdienste", also Dienste, die ganz oder überwiegend die Übertragung von Signalen über Telekommunikationsnetze anbieten. Auf sie findet das Telekommunikationsgesetz (TKG) Anwendung.
Beispiel *Telekommunikationsdienste sind etwa die Angebote von Access-Providern, die reine Zugangsvermittlung im Bereich des Internets betreiben.*

Keine Telemediendienste sind außerdem alle Angebote, die in den Bereich des Rundfunks fallen. Dazu gehört der herkömmliche klassische Rundfunk (Radio und Fernsehen) ebenso, wie etwa das Live-Streaming (zusätzliche Parallelübertragung herkömmlicher Rundfunkprogramme über das Internet) oder das Webcasting (ausschließliche Übertragung von Rundfunkprogrammen über das Internet).

## Jugendmedienschutz

**Kinder** (unter 14 Jahre) und **Jugendliche** (unter 18 Jahren) sollen in besonderer Weise vor negativen Einflüssen der Medien geschützt werden. Die Medienveranstalter sind daher verpflichtet, die dem Jugendschutz dienenden Vorschriften zu beachten.

Das **Jugendschutzgesetz** sieht etwa vor, dass Kino- und Videofilme sowie Computerspiele mit Alterskennzeichnungen versehen werden müssen. Diese Medien mit Altersangaben dürfen Kindern und Jugendlichen nur ihrem Alter entsprechend zugänglich gemacht werden. Dasselbe gilt auch für Kinobesuche, bei denen Filme mit Altersbeschränkungen gezeigt werden. Medien, die als jugendgefährdend gelten, werden von der **Bundesprüfstelle für jugendgefährdende Medien** indiziert, das heißt in eine besondere Liste aufgenommen. Sie dürfen Kindern und Jugendlichen überhaupt nicht zugänglich gemacht werden.

Der **Jugendmedienschutz-Staatsvertrag** schützt Kinder und Jugendliche vor jugendgefährdenden Inhalten, die über den Rundfunk oder das Internet verbreitet werden. Der Jugendschutz kann in diesem Bereich etwa durch Sendeverbote, zeitliche Grenzen für Ausstrahlungen oder durch Zugangsbeschränkungen realisiert werden.

***Grundlagen des Medienrechts***

- *Artikel 5 Grundgesetz*

| Absätze und Sätze | Art. 5 I 1, 1. Halbsatz | Art. 5 I 1, 2. Halbsatz |
|---|---|---|
| I 1 | Meinung in Wort, Schrift, Bild frei äußern und verbreiten | sich aus allgemein zugänglichen Quellen ungehindert unterrichten |
| | Meinungsäußerungsfreiheit | Informationsfreiheit |
| I 2 | Gewährleistung der Pressefreiheit und der Freiheit der Berichterstattung durch Rundfunk und Film | |
| I 3 | Zensur findet nicht statt | |
| II | Schranken | |
| III | Kunst, Wissenschaft (= Forschung und Lehre) | |

**Die Medienordnung**

| 1. Telemediendienste | 2. Telekommunikationsdienste | 3. Rundfunk |
|---|---|---|
| Informations- und Kommunikationsdienste, die nicht 2. und 3. sind. | Kennzeichnend ist die Übertragung von Signalen über Telekommunikationsnetze. | Charakteristisch ist, dass sich die Angebote an die Allgemeinheit richten und dass die Darbietungen unter Benutzung elektromagnetischer Schwingungen verbreitet werden. |
| ↓ | ↓ | ↓ |
| Telemediengesetz (TMG) | Telekommunikationsgesetz (TKG) | Rundfunkstaatsvertrag (RStV) |

- *Jugendschutz in den Medien*

| Jugendschutzgesetz | Jugendmedienschutz-Staatsvertrag |
|---|---|
| • Schutz der Jugend in der Öffentlichkeit<br>• Schutz bei Trägermedien durch Altersfreigabe oder Indizierung | • Jugendschutz für Rundfunk und Telemedien (Internet) |

## Aufgaben

1 Beschreiben Sie, welche Gebiete zum Medienrecht gehören.

2 Erläutern Sie, welche Rolle unsere Verfassung im Medienrecht spielt.

3 Erläutern Sie, inwiefern bei der Organisation von Rundfunk oder Presse verfassungsrechtliche Vorgaben eine Rolle spielen.

4 Die Auszubildende Flora Fingerhut möchte einen Internetshop eröffnen, um ihre handgefertigten Perlenketten zu verkaufen. Welchen Dienst im Sinne unserer Medienordnung bietet Flora an und welches Gesetz muss sie beachten?

5 Die beiden Auszubildenden Lars Stock und Julika Driesch diskutieren darüber, welche Filminhalte in die Liste der jugendgefährdenden Medien aufgenommen werden sollten oder müssten: Kinder-Pornografie, Gewaltdarstellungen, Kriegsverherrlichung. Argumentieren Sie, welche Inhalte Sie auf diese Liste setzen würden.

### 4.1.2 Persönlichkeitsschutz, Recht am eigenen Bild und Unternehmensschutz

Im Zeitschriftenverlag der Medi@ AG taucht folgendes Problem auf. Fotograf Guido Flink hat in einer Einkaufsstraße in Zürich ein Bild von Prinzessin Caroline von Monaco in Begleitung eines ihrer Kinder geschossen, das sehr gut zu einem Artikel über Europas Hochadel passen würde. Der Auszubildende Gerd Knopp fragt sich, ob man Caroline fragen muss, wenn man dieses Bild veröffentlichen will.

**Arbeitsaufträge**

- Erläutern Sie, unter welchen Aspekten man Bedenken gegen einen solchen Abdruck haben könnte.
- Empfehlen Sie dem Herausgeber Sven Schneider eine Vorgehensweise, mit welcher er auf jeden Fall auf der „sicheren Seite" ist.

#### Schutz der Persönlichkeit in den Medien

Der **Schutz der Persönlichkeit** ist ein zentrales Thema der gesamten Medienkultur. Auf der einen Seite ist es erwünscht, dass die Medien möglichst ungehemmt ihrem Informationsauftrag nachkommen können, weshalb ihnen die Verfassung Betätigungsspielräume garantiert. Auf der anderen Seite genießt aber auch die Persönlichkeit jedes Einzelnen einen grundgesetzlich garantierten Schutz. Der Persönlichkeitsschutz ist im Spannungsfeld zwischen dem Interesse der Medien auf freie Betätigung und dem Interesse des Einzelnen an der Wahrung seiner Persönlichkeitsrechte angesiedelt.

Das **allgemeine Persönlichkeitsrecht** ist in § 823 I BGB in der Tatbestandsrubrik „sonstiges Recht" verankert. In gravierenden Fällen der Verunglimpfung einer Person reicht ein Widerruf oder Ähnliches nicht aus, um die erlittene Ehrverletzung auszugleichen. Dies ist nur über einen Schadensausgleich in Form einer Geldzahlung zu erreichen. Deshalb kann der Betroffene in begründeten und gravierenden Fällen einer Persönlichkeitsrechtsverletzung einen in Geld zu leistenden Schadensersatzanspruch für den immateriellen Schaden „Ehrverletzung" beanspruchen. Eine solche Geldzahlung soll den Störer (in der Regel die Medien, die mithilfe von Persönlichkeitsverletzungen viel Geld verdienen können) vor solchen Verhaltensweisen abschrecken und die erlangten Geldvorteile abschöpfen.

Eine Verletzung des allgemeinen Persönlichkeitsrechts kann sich gegen die Identität, Selbstbestimmung oder Ehre eines Menschen richten.

#### Identitätsschutz

Identitätsschutz bedeutet, dass diejenigen Merkmale, die eine Person kennzeichnen und dasjenige, was nach außen hin über eine Person verbreitet wird, übereinstimmen müssen. Die Verbreitung von Unwahrheiten über eine Person stellt deshalb einen Eingriff in deren Persönlichkeitsrecht dar.

**Beispiel** *Die Presse berichtet über Justitiar Dr. Ulrich Prutsch von der Zentralabteilung der Medi@ AG, dass sich dieser zum Erhalt seines jugendlichen Aussehens einer Schönheits-OP unterzogen hätte. Dies ist unwahr und daher ein Eingriff in das Persönlichkeitsrecht von Dr. Prutsch.*

### ● Schutz der Selbstbestimmung

Das selbst bestimmte Handeln des Menschen gehört auch zum Persönlichkeitsschutz. Deshalb kann es einen Eingriff in das Persönlichkeitsrecht darstellen, etwas gegen den Willen einer Person zu veröffentlichen, selbst wenn es wahr sein sollte. Wann ein Persönlichkeitseingriff durch eine ungewollte Veröffentlichung vorliegt, wird unter anderem dadurch bestimmt, welche Sphäre der betroffenen Person berührt wird.

Unter dem Begriff **Öffentlichkeitssphäre** fasst man diejenigen Betätigungen einer Person zusammen, die sich bewusst und gewollt in der Öffentlichkeit abspielen. Zutreffende Berichte über öffentliche Geschehnisse gehören zum Wesen jeglicher Berichterstattung und sind in aller Regel zulässig, ohne dass die betroffene Person sich auf ihr Persönlichkeitsrecht berufen kann.
Die **Sozial- oder Individualsphäre** umreißt das Leben in seinen sozialen Bezügen, ohne dass ein Öffentlichkeitsbezug beabsichtigt wird. Um in diesem Bereich eine ungewollte Veröffentlichung zu rechtfertigen, muss das öffentliche Interesse an der Berichterstattung das private Interesse an der Nichtveröffentlichung deutlich überwiegen.

Der häusliche Familienkreis sowie das sonstige Privatleben gehören zur **Privatsphäre** einer Person. Für eine Publikation in diesem Bereich bedarf es besonderer Gründe. Eine bloße Interessenabwägung, wie in der Sozialsphäre, reicht jetzt nicht mehr.
Am stärksten geschützt vor ungewollter Veröffentlichung ist die **Intimsphäre** einer Person. Dazu gehört nicht nur der sexuell-intime Bereich, sondern die gesamte innere Gedanken- und Vorstellungswelt einer Person. Die Intimsphäre gehört zum Wesenskern der Persönlichkeit eines Menschen und ist daher vor Bloßstellungen zu schützen.
Zusammenfassend lässt sich sagen, dass das Interesse der Medien an der Veröffentlichung von Sachverhalten umso stärker berücksichtigt wird, je öffentlicher ein Geschehnis ist. Andererseits fällt das Interesse der Einzelperson an der Nichtveröffentlichung umso stärker ins Gewicht, je privater oder intimer das Mitzuteilende ist.
**Beispiel** *Die Presse berichtet unter dem Titel „So lustig sind die Justitiare" über eine Privatparty im Garten von Dr. Prutsch, die sie vom Nachbargelände aus beobachtet hat.*

### ● Schutz der Ehre

Schließlich ist die Persönlichkeit eines Menschen auch vor Ehrverletzungen geschützt. Darunter fallen vor allem Beleidigungen, Verleumdungen und Schmähkritik.

Natürliche Personen finden Schutz vor ehrenrührigen Angriffen durch das Strafrecht (§ 185 ff. StGB: Beleidigung, üble Nachrede, Verleumdung) und durch das Zivilrecht über § 823 II BGB. § 823 II BGB dient dabei als zivilrechtliche Anspruchsgrundlage, die einen Schadensersatzanspruch in Verbindung mit einer Schutzgesetzverletzung gewährt, wobei jede einzelne Strafrechtsnorm, aber auch andere Schutznormen ein solches Schutzgesetz darstellen können.
**Beispiel** *Die Presse schreibt in einem Bericht über das Wirken von Dr. Prutsch in der Medi@ AG, dass dessen rasiermesserkurze Nazi-Frisur Schlimmes ahnen lasse.*

### ● Recht am eigenen Bild

Eine im Zusammenhang mit dem Identitätsschutz gesondert geregelte Materie ist das in den §§ 22, 23 Kunsturhebergesetz (kurz: KUG) geregelte Recht am eigenen Bild.

Grundsätzlich dürfen Bildnisse **nur mit Einwilligung** der abgebildeten Person verbreitet und öffentlich zur Schau gestellt werden (§ 22 KUG).

Die **Ausnahmen** von diesem Grundsatz nennt § 23 I Nr. 1–4 KUG. Danach dürfen Bildnisse ohne Einwilligung des Betroffenen in der Regel veröffentlicht werden, wenn es sich um

- Bildnisse aus dem Bereich der Zeitgeschichte,
- Bilder, auf denen Personen als Beiwerk abgebildet sind,
- Bilder von Versammlungen etc.,
- Bildnisse, die einem höheren Interesse der Kunst dienen,

handelt.

**Beispiel** *Ein Politiker besucht die Medi@ AG und darf als Person der Zeitgeschichte anlässlich dieses öffentlichen Auftritts ohne Einwilligung fotografiert werden. Bilder von der den Politiker umgebenden Menge dürfen auch ohne Einwilligung der abgebildeten Personen gemacht werden, sofern die Abgebildeten nur Beiwerk sind.*

Etwas anderes gilt nur dann, wenn der Abgebildete sich auf ein entgegenstehendes berechtigtes Interesse (vgl. § 23 II KUG) berufen kann.

## Schutz des Unternehmens

Nicht nur eine natürliche Person, sondern auch ein Unternehmen ist in seinem gesamten gewerblichen Tätigkeitsbereich vor Störungen seitens Dritter, etwa durch ehrenrührige Behauptungen, die sich schädigend auf den Kundenstamm oder geschäftliche Beziehungen auswirken, geschützt. Dieses Recht ist als „sonstiges Recht“ in § 823 I BGB (Schutz des eingerichteten und ausgeübten Gewerbebetriebs) verankert. Wer ein Unternehmen schädigt, indem er schuldhaft eine unwahre Tatsache behauptet und verbreitet, die dem Unternehmen nachteilig ist, macht sich nach § 824 BGB schadensersatzpflichtig.

**Beispiel** *Waltraud Prangenberg aus dem Sekretariat der Zentralabteilung der Medi@ AG darf nicht verbreiten, dass die Medi@ AG kurz vor der Pleite steht, obwohl die Insolvenz weit und breit nicht in Sicht ist. Und selbst wenn es so wäre, müsste sie sich mit Äußerungen zurückhalten.*

***Persönlichkeitsschutz, Recht am eigenen Bild und Unternehmensschutz***

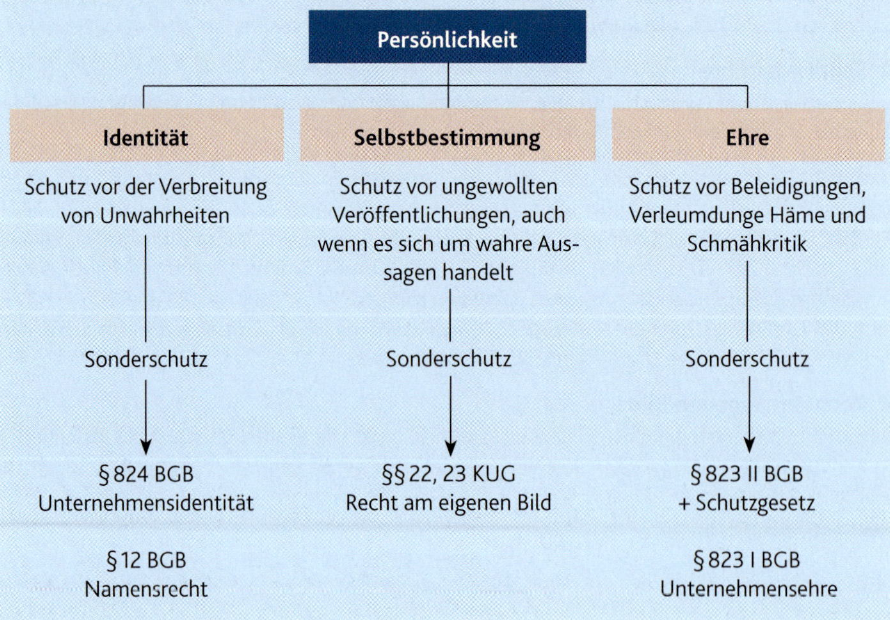

## Aufgaben

1 Gerda Fink, ehemals Arbeitnehmerin bei der Medi@ AG, wurde aus ihrer Sicht ungerechtfertigt gekündigt. Aus Rache möchte sie nun in der Zeitung in der Rubrik Leserbrief wahrheitswidrig veröffentlichen, dass die Medi@ AG angeblich kurz vor der Pleite steht. Begründen Sie, unter welchem Gesichtspunkt dies nicht erlaubt ist.

2 Der Auszubildende Lars Stock liest in einer Reportage über die Entwicklung des Rundfunks, dass eine Fernsehansagerin schon einmal als „ausgemolkene Ziege" bezeichnet wurde. Erläutern Sie, unter welchem Aspekt unsere Rechtsordnung dies nicht zulässt.

3 Der Auszubildende Lars Stock kommt zufällig an einem Presseempfang im Foyer der Medi@ AG vorbei und wird von einem Pressefotografen im Vorbeigehen „mitgeknipst". Erläutern Sie anhand der §§ 22, 23 KUG, ob die Presse Lars Stock bei Veröffentlichung des Bildes um seine Einwilligung bitten muss.

4 Erläutern Sie, inwieweit die Presse bei ihrer Berichterstattung die Persönlichkeitssphären einer Person zu beachten hat.

5 Welchen medienpolitischen Sinn macht es, dass gerade prominente Opfer von Schmutzkampagnen der Medien für die erlittene „Ehrverletzung" oft sehr viel Geld als Schadensersatz bekommen?

### 4.1.3 Folgen von Rechtsverletzungen, Haftung der Medien und Zeugnisverweigerungsrecht der Medienmitarbeiter

Der Zeitungsverlag der Medi@ AG bringt einen Beitrag über das Leben der berühmten Schriftstellerin Carla Schulz heraus, in dem unter anderem auch auf die Nazi-Vergangenheit der Schriftstellerin eingegangen wird. Als Carla Schulz den Beitrag liest, ist sie empört, weil die Darstellung ihrer Aktivitäten während der Zeit des Dritten Reiches aus ihrer Sicht überhaupt nicht stimmen.

**Arbeitsaufträge**

- Erläutern Sie, was Carla Schulz verlangen kann.
- Stellen Sie fest, welche Konsequenzen die Veröffentlichung für die Medi@ AG haben könnte.

Wer von einer Rechtsverletzung betroffen ist, kann sich etwa gegenüber einem Verlag, einem Rundfunksender oder einer Redaktion mit folgenden Mitteln wehren.

#### Gegendarstellung

Der Anspruch auf eine Gegendarstellung ist ein spezieller Anspruch des Medienrechts, bei dem es im Kern darum geht, einem Betroffenen die Chance einzuräumen, auf eine aufgestellte Tatsachenbehauptung, die er nicht für richtig hält, mit einer berichtigenden Tatsachendarstellung zu reagieren. Entscheidend ist dabei, dass zwischen den Medien und einer Einzelperson insofern Waffengleichheit hergestellt wird, als Darstellung und Gegendarstellung im selben Medium mit demselben Publizitätsgrad erscheinen.

Die Abgabe von Meinungs- oder sonstigen Äußerungen ist dem Betroffenen im Rahmen der Gegendarstellung nicht gestattet. Die Gegendarstellung ist schriftlich abzufassen und sollte den Umfang der beanstandeten Darstellung nicht überschreiten. Die Überschrift „Gegendarstellung" ist nicht zwingend, eventuell aber zur eindeutigen Kennzeichnung ratsam. Zwingend notwendig dagegen ist die persönliche Unterschrift des Betroffenen.
**Beispiel** *Dr. Thomas Neu von der Rechtsabteilung der Medi@ AG entdeckt auf der Titelseite der Tagespresse einen Artikel über die Med@ AG, in welchem behauptet wird, die Medi@ AG sei in eine*

*Schmiergeldaffäre verstrickt. Da dies nicht stimmt, verlangt Dr. Neu die Gelegenheit zu einer Gegendarstellung auf der Titelseite desselben Mediums in derselben Größe und Aufmachung, wie der falsche Bericht.*

## Unterlassungserklärung

Als präventiver (= vorbeugender) Rechtsschutz, zum Beispiel vor Ausstrahlung einer Rundfunksendung, kommt ein Unterlassungsanspruch in Betracht (= deliktischer Tatbestand in Verbindung mit § 1004 BGB). Voraussetzung ist eine Begehungsgefahr oder eine Wiederholungsgefahr, falls eine ähnliche Rechtsverletzung schon einmal begangen wurde. Wenn die Voraussetzungen für einen Unterlassungsanspruch vorliegen, wird vom potenziellen Beeinträchtiger in der Regel die Abgabe einer strafbewährten Unterlassungserklärung verlangt.

Beispiel *Über die angebliche Schmiergeldaffäre wurde im Rundfunk berichtet. Da Dr. Neu befürchtet, dass auch andere Rundfunksender die falsche Meldung aufgreifen könnten, lässt er diese vorsorglich Unterlassungserklärungen abgeben.*

## Widerruf/Richtigstellung

Für den Fall, dass eine Rechtsverletzung bereits stattgefunden hat, beispielsweise weil die beanstandete Rundfunksendung bereits ausgestrahlt wurde, kommt ein Anspruch auf Beseitigung der Beeinträchtigung in Betracht. Dies kann geschehen durch einen Widerruf, durch Richtigstellung oder Abrücken von einer Tatsachenbehauptung oder durch eine ergänzende Berichterstattung (§§ 823, 1004 BGB). Ein Widerruf kann nur zu Tatsachenbehauptungen verlangt werden und bedarf des vollen Beweises der Unrichtigkeit der Behauptungen.

Beispiel *Von der Rundfunkanstalt, die wahrheitswidrig über die Schmiergeldaffäre der Medi@ AG berichtet hat, verlangt Dr. Neu eine Richtigstellung.*

## Schadensersatz

Wenn die im vorigen Abschnitt dargestellten Tatbestände aus den §§ 823 I, II 824, 826 BGB erfüllt sind und zudem ein rechtswidriges und schuldhaftes Handeln des Schädigers gegeben ist, kommt zusätzlich ein Schadensersatzanspruch in Betracht. Schadensersatzansprüche werden vor allem für materielle Schäden gewährt, ausnahmsweise aber auch für immaterielle Schäden, wie zum Beispiel eine gravierende, nicht anders ausgleichbare Verletzung des allgemeinen Persönlichkeitsrechts einer Person.

Beispiel *Sollte die Medi@ AG infolge der wahrheitswidrigen Berichterstattung einen Schaden erlitten haben, etwa infolge von Umsatzrückgängen, so kann sie den Schaden gegenüber dem Schädiger geltend machen, dem sie allerdings ein schuldhaftes Verhalten nachweisen muss.*

Grundsätzlich haftet ein Autor oder Redakteur selbst für den von ihm erstellten Beitrag. Unter dem Aspekt der **Verbreiterhaftung** können aber ausnahmsweise auch Medienunternehmen für das Weiterverbreiten von Inhalten zivilrechtlich zur Verantwortung gezogen werden.

Zu den **intellektuellen Verbreitern** gehören etwa der Verleger, der Herausgeber, der Chefredakteur und der verantwortliche Redakteur. Intellektuelle Verbreiter haften prinzipiell auf Unterlassung, wenn eine Darstellung unzulässig ist. Die Verbreitung kann ausnahmsweise zulässig sein, wenn

- an der Äußerung eines Dritten, die auch unzulässig sein kann, ein Informationsinteresse der Allgemeinheit besteht und der Verbreiter sich von der Äußerung distanziert,
- wenn die Medien sich als Meinungsmarkt betätigen und kontroverse Meinungen zu einem strittigen Thema darstellen.

**Technische Verbreiter** sind mit der Herstellung oder dem Vertrieb von Medien beschäftigt und können gleichfalls auf Unterlassung des Verbreitens von unzulässigen Behauptungen in Anspruch genommen werden.

### ● Zeugnisverweigerungsrecht

Angehörige der Medien, wie etwa Presse- und Rundfunkjournalisten, dürfen vor dem Zivil- und Strafgericht das Zeugnis verweigern, wenn sie ansonsten Verfasser von Beiträgen oder Informanten preisgeben müssten (§§ 53 I 1 Nr. 5 Strafprozessordnung, 383 I Nr. 5 Zivilprozessordnung).

***Folgen von Rechtsverletzungen, Haftung der Medien und Zeugnisverweigerungsrecht der Medienmitarbeiter***

**Rechtsverletzungen durch die Medien**

- Gegendarstellung
- Unterlassungserklärung
- Schadensersatz
- Widerruf/Richtigstellung

### Aufgaben

1 Erläutern Sie, welche Ansprüche eine Fernsehansagerin, die von den Medien als „ausgemolkene Ziege" bezeichnet wurde, geltend machen kann.

2 Fotograf Flink hat noch ein weiteres Bild von Prinzessin Caroline geschossen, das sie im Bikini auf ihrem Hotelbalkon zeigt. Das Bild konnte er vom Hausdach des Nachbargebäudes aus machen. Was für Ansprüche hätte Prinzessin Caroline, wenn dieses Bild in der Zeitung veröffentlicht werden würde?

3 Erläutern Sie, was man unter Verbreiterhaftung versteht.

4 Erläutern Sie den Gedanken der „Waffengleichheit" bei der Gegendarstellung.

5 Erklären Sie die Bedeutung der §§ 53 Strafprozessordnung und 383 Zivilprozessordnung (Zeugnisverweigerungsrecht) für die Medien.

## 4.2 Urheberrecht

### 4.2.1 Urheberrecht und angrenzende Rechtsgebiete

Alexander Staupe hat als neuer Auszubildender beim Buchverlag Bell Medi@ GmbH angefangen. Seinen Freunden erzählt er, dass Bücher durch das Urheberrecht vor unerlaubter Nachahmung geschützt sind. Arno fragt, ob auch eine Maschine oder ein toller Produktname durch das Urheberrecht geschützt ist. Katja will wissen, ob so etwas Alltägliches wie eine Besteckgarnitur auch Urheberschutz genießt.

#### Arbeitsaufträge

- Erläutern Sie, ob das Urheberrecht die Erfindung einer neuen Maschine oder einen Produktnamen schützen kann.
- Beantworten Sie die Frage, ob eine Besteckgarnitur Urheberschutz genießen kann.

**Ideen** als solche können nicht geschützt werden. Dieser Zustand wird unbefriedigend, sobald eine Idee sich zu einer konkreten Leistung von bestimmter Gestaltungshöhe auswächst: Der Künstler oder der Erfinder möchte dann seine geistige Leistung anderen mitteilen und sie verwerten, ohne befürchten zu müssen, dass seine Idee von Dritten ausgebeutet wird.

Das Rechtssystem kennt als Antwort auf dieses Problem einen Sonderrechtsschutz, bestehend aus dem **Urheberschutz** und dem **gewerblichen Rechtsschutz**.

Durch den Urheberschutz wird der Schutz von Werken der Literatur, Wissenschaft und Kunst gewährleistet. Der gewerbliche Rechtsschutz dient dem Schutz derjenigen geistigen Leistungen, die dem gewerblichen Bereich zuzuordnen sind. Technisch-gewerbliche Leistungen können als Patent, Gebrauchsmuster oder nach dem Halbleitergesetz geschützt werden.

Nichttechnisch-gewerbliche Leistungen können als Schriftzeichen oder als Geschmacksmuster geschützt werden. Kennzeichen und Titel werden vor allem durch das Markengesetz geschützt.

Leistungen, die weder dem gewerblichen Leistungsschutz noch dem Urheberrecht zuzuordnen sind, sind im Prinzip **gemeinfrei**. Dies bedeutet, dass jeder diese Leistungen nutzen darf, indem er sie zum Beispiel nachahmt oder nachbaut. Dies kann ungerecht sein, wenn der Nachahmer das Arbeitsergebnis unmittelbar übernimmt, ohne die Leistung selbst nacharbeiten zu müssen. Eventuell hat er sogar Wettbewerbsvorteile gegenüber dem Leistungserbringer, da er sich dessen Aufwendungen erspart hat. Solche nicht erwünschten negativen Folgen für den Wettbewerb werden über das **Wettbewerbsrecht** korrigiert.

***Urheberrecht und angrenzende Rechtsgebiete***

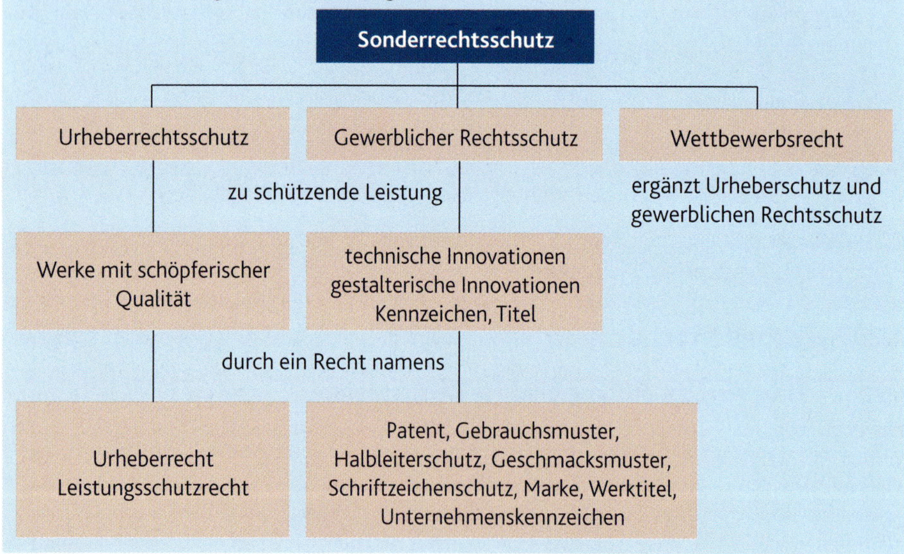


## Aufgaben

1 Erläutern Sie, weshalb ein Sonderrechtsschutz für geistige Leistungen notwendig ist.

2 Grenzen Sie den Urheberrechtsschutz vom gewerblichen Rechtsschutz ab.

3 Welche Schutzrechte kommen für den Schutz gestalterischer Leistungen infrage?

4 Diskutieren Sie, wozu das Wettbewerbsrecht im Gesamtsystem des Sonderrechtsschutzes für geistige Leistungen dient.

5 Erläutern Sie, was es bedeutet, wenn man eine Leistung als „gemeinfrei" bezeichnet.

### 4.2.2 Grundprinzipien des Urheberrechts

Rechtsanwalt Peter Baum, Experte für Urheberrecht in der Zentralabteilung der Medi@ AG, hat für die Auszubildenden des Unternehmens einen „Kleinen Leitfaden zum Urheberrecht" verfasst. Die Auszubildenden sollen diesen lesen und anschließend ein paar Fragen beantworten.

**Arbeitsaufträge**

- Erläutern Sie die Entstehung eines Urheberrechts.
- Beantworten Sie die Frage, ob ein Schauspieler ein Urheberrecht am fertigen Film hat.

Das nationale Urheberrecht ist im **Gesetz über Urheberrecht und verwandte Schutzrechte** (Urhebergesetz = UrhG) geregelt.

Das UrhG unterscheidet zwischen

- **Urheberrechten** an Werken,
- **Leistungsschutzrechten** an Leistungen.

Das Urheberrecht knüpft am Werkbegriff an. Als **Werk** (§ 2 II UrhG) wird nur diejenige geistige Schöpfung anerkannt, die einen individuellen und persönlichen geistigen Gehalt aufweist, welcher in einer sinnlich wahrnehmbaren Form Ausdruck gefunden hat. Eine Fixierung in einem Werkstück ist nicht unbedingt erforderlich; es reicht schon aus, dass das Werk beispielsweise hörbar ist.

§ 2 UrhG enthält eine Aufzählung verschiedener Werke. Diese Aufzählung ist jedoch nicht abschließend, d. h., es können auch Werke nach dem UrhG geschützt sein, die nicht ausdrücklich in der Liste des § 2 UrhG genannt sind.

Der **Urheber** ist der Schöpfer des Werks (§ 7 UrhG). In seiner Person entsteht das Urheberrecht ohne eigenen Rechtsschöpfungsakt aufgrund gesetzlicher Anordnung nach dem UrhG. Mehrere Urheber eines einheitlichen Werks sind **Miturheber** (§ 8 UrhG).

Das Urheberrecht ist ein **absolutes Recht** (§ 11 UrhG). Ein absolutes Recht ist jedermann gegenüber wirksam. Im Gegensatz hierzu ist ein relatives Recht nur einer bestimmten Person gegenüber wirksam. Ein Beispiel für ein absolutes Recht ist das Eigentum: Der Eigentümer einer Sache kann seinen Eigentumsanspruch jedermann gegenüber geltend machen und jeden anderen von der Nutzung seines Eigentums ausschließen. Ebenso kann der Urheber jede andere Person daran hindern, sein Werk zunutzen. Ein Beispiel für ein relatives Recht ist ein Anspruch aus einem schuldrechtlichen Vertrag. Einen vertraglichen Anspruch kann der Anspruchsinhaber nur gegenüber dem Vertragspartner durchsetzen.

Das Urheberrecht ist zwar **vererbbar**, aber **ansonsten nicht übertragbar**. Dies deshalb nicht, weil das Urheberrecht eine höchstpersönliche Komponente besitzt, die das Recht an den Urheber bindet. Der Urheber kann aber am Urheberrecht Nutzungsrechte einräumen. Der Erwerb von Nutzungsrechten erfolgt durch einen **Lizenzvertrag** zwischen dem Urheber und dem Nutzungsberechtigten, durch den dem Nutzer das Recht eingeräumt wird, das Werk auf einzelne oder alle Nutzungsarten zunutzen (§ 31 I 1 UrhG).

Das Urheberrecht erlischt **70 Jahre** nach dem Tod des Urhebers, bei Miturheberschaft 70 Jahre nach dem Tod des am längsten lebenden Urhebers (§ 6 UrhG).

Die **Leistungsschutzrechte** (= verwandte Schutzrechte) beziehen sich auf die Leistungen derjenigen, die an der Interpretation, Vorführung, Aufführung, Verbreitung und Sendung von Werken maßgeblich beteiligt sind, wie etwa ausübende Künstler, Hersteller von Tonträgern, Sendeunternehmen und Filmhersteller. Die Leistungsschutzrechte lassen sich, wie auch das Urheberrecht, in einen persönlichkeitsrechtlichen und in einen verwertungsrechtlichen Teil untergliedern. Die Leistungsschutzrechte sind gesetzlich geringer geschützt als die Urheberrechte. Ihre Schutzdauer beträgt in der Regel nur 25 Jahre.

Für den Bereich des Urheberrechts existieren folgende internationale Rechtsnormen:

- **RBÜ** = Revidierte Berner Übereinkunft (von 1886, zuletzt revidiert 1971)
  Die Mitgliedstaaten der RBÜ, inzwischen 105 Länder, gewähren sich gegenseitig die gleichen Urheberbefugnisse wie ihren jeweiligen eigenen Staatsbürgern (= Prinzip der Inländerbehandlung). Darüber hinaus sind in der RBÜ Mindestrechte aufgeführt, die in allen Mitgliedstaaten gelten.

- **WUA** = Welturheberrechtsabkommen (von 1951, zuletzt revidiert 1971)
  Zu den 94 Mitgliedstaaten gehören unter anderem die USA sowie Russland und die Ukraine. Nach dem Beitritt der USA zur RBÜ hat das WUA an Bedeutung eingebüßt. Das WUA beinhaltet gleichfalls das Prinzip der Inländerbehandlung.

  Aus dem WUA resultiert die Durchsetzung des Copyright-Zeichens (= © + Name + Jahreszahl der Erstveröffentlichung). Die Anbringung dieses Zeichens hat dann Bedeutung, wenn in einem Mitgliedstaat des WUA bestimmte Förmlichkeiten zu beachten sind. Das Copyright-Zeichen ist in diesem Fall ein Ersatz für diese Förmlichkeiten. Da in Deutschland für die Entstehung des Urheberschutzes keine Förmlichkeiten beachtet werden müssen, hat das Copyright-Zeichen hierzulande keine rechtliche Bedeutung.

- **TRIPS-Abkommen** = Agreement on Trade-Related Aspects of Intellectual Property Rights
  Das TRIPS-Abkommen soll den Diebstahl von geistigem Eigentum über den Kreis der RBÜ- und WUA-Staaten hinaus verhindern. Die inhaltlichen Regelungen entsprechen weitgehend den Anforderungen der RBÜ, auf die das TRIPS-Abkommen teilweise sogar verweist. Die Ratifizierung des TRIPS-Abkommens wird dazu führen, dass die RBÜ künftig praktisch weltweit gilt.

- **Rom-Abkommen** (1961)
  Das Rom-Abkommen betrifft nicht die Urheber-, sondern die Leistungsschutzrechte. Auch das Rom-Abkommen folgt dem Prinzip der Inländerbehandlung.

***Grundprinzipien des Urheberrechts***

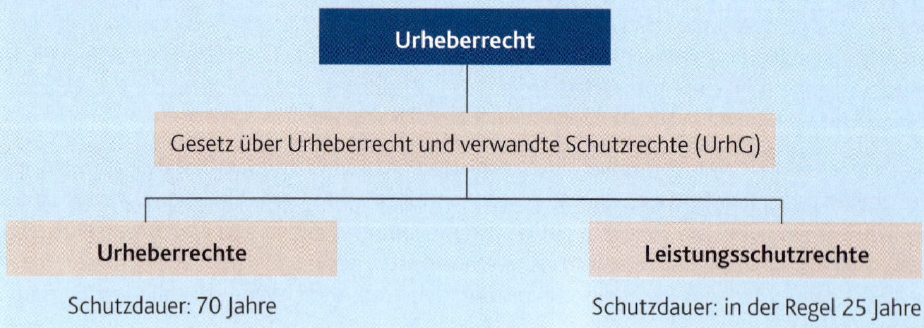


## Aufgaben

1 Erläutern Sie, was ein Urheberrecht an einem Werk und das Eigentum an einer Sache gemeinsam haben.

2 Kann ein Urheberrecht übertragen werden?

3 Kann ein Urheberrecht vererbt werden?

4 Grenzen Sie Urheberrechte und Leistungsschutzrechte voneinander ab.

5 Wie lange kann ein Urheber für sein Werk Urheberschutz beanspruchen?

### 4.2.3 Was ist ein Urheberrecht?

In der Cafeteria der Medi@ AG treffen sich die beiden Auszubildenden Caroline Zander und Julika Driesch zu einer Tasse Kaffee. An der Wand hängt ein modernes Gemälde, das blaue Pferde vor einem gelben Hintergrund zeigt. Caroline würden rote Pferde mit dem Firmenlogo auf der Flanke als Werbeplakat gut gefallen. Julika hat Bedenken, ob man dies aus dem Gemälde machen dürfte. Caroline entgegnet, dass die Medi@ AG das Bild als Eigentümerin erworben habe und man mit seinem Eigentum schließlich machen dürfe, was man wolle.

**Arbeitsaufträge**

- Versuchen Sie, die Bedenken von Julika anhand rechtlicher Argumente zu formulieren.
- Untermauern Sie die Gegenposition von Caroline gleichfalls mit rechtlichen Argumenten und zeigen Sie die Grenzen von Carolines Standpunkt auf.

Was ist das Wesentliche an einem Urheberrecht? Als Anschauungsbeispiel soll ein Buch dienen. Das Buch in seiner körperlichen Substanz wird von der Rechtsordnung dem Eigentümer zugeordnet. Der Eigentümer kann mit dem Buch nach Belieben verfahren, er kann es zum Beispiel auch zerstören. Davon zu trennen ist die Frage, wer das Recht am Inhalt des Buches hat. Diese Fragestellung beruht auf der Erkenntnis, dass es **„geistiges" Eigentum** gibt, das genauso wie das dingliche Eigentum einer Person zugeordnet werden kann und wirtschaftlich verwertbar ist. Der geistige Eigentümer heißt in diesem Fall Urheber und das geistige Eigentum heißt Urheberrecht.

Der Urheber hat nicht nur materielle Interessen, sondern als Schöpfer des Werks auch emotionale Bindungen an das von ihm Erschaffene. Will man den Urheber in seinen persönlichkeitsrechtlichen Belangen nicht übergehen, so muss man ihm zur Wahrung seiner ideellen Interessen bestimmte Rechte zugestehen, zum Beispiel über die Veröffentlichung seines Werkes zu entscheiden oder spätere Entstellungen des Werks durch andere zu verhindern. Es liegt auf der Hand, dass die materiellen und immateriellen Interessen und Rechte in Widerstreit zueinander geraten können.

So kann es passieren, dass die Urheberpersönlichkeitsrechte in Konflikt geraten mit dem Interesse, das Werk möglichst optimal zu verwerten. Ebenso möglich ist eine Kollision zwischen dem Urheberrecht und dem Eigentumsrecht an der Sache.

Beispiel *Gerd Knopp, Auszubildender beim Zeitschriftenverlag der Medi@ AG, erwirbt eine Druckgrafik der Künstlerin Elvira Schönhuber. Obwohl er Eigentümer der Grafik geworden ist, darf er diese nicht vervielfältigen und weiterverbreiten.*

Bei der Lösung urheberrechtlicher Fallvarianten ist es demnach sehr wichtig, zwischen den verschiedenen Rechten und den sich daraus ableitenden Befugnissen genau zu unterscheiden, so zum Beispiel zwischen dem Eigentum an der Sache, also der Werkverkörperung, einerseits und dem Urheberrecht am Werk andererseits.

***Was ist ein Urheberrecht?***

**Was ist ein Urheberrecht?**

„Buch"

| Wem gehört das Buch in seiner Sachsubstanz? | Wer hat das Recht am Buchinhalt? |
|---|---|
| Eigentümer | Urheber |

**Lehre vom geistigen Eigentum**
(Immanuel Kant)

Diese Theorie beleuchtet die **materiellen Interessen** des Urhebers, also sein Interesse an der Werkverwertung.

**Persönlichkeitsrechtliche Theorie**
(Otto von Gierke)

Diese Theorie beschäftigt sich mit der Beziehung zwischen dem Urheber und seinem Werk, also den **ideellen Interessen** des Urhebers.

Nach der dualistischen Theorie stehen dem Urheber zwei unterschiedliche Rechte zu: ein **Verwertungsrecht** (materielles Interesse) und ein **persönlichkeitsrechtliches Individualrecht** (ideelles Interesse).

Nach der **herrschenden** monistischen Theorie ist das Urheberrecht ein **einheitliches Recht**, bestehend aus **vermögensrechtlichen** und **persönlichkeitsrechtlichen Komponenten**.

## Aufgaben

1 Dr. Stein von der Rechtsabteilung der Medi@ AG hat als Anschauungsbeispiele zwei Rechtsfälle aus der Rechtsprechung herausgesucht, die er seiner Auszubildenden Nicole Sommer mit der Frage vorlegt, was sie in rechtlicher Hinsicht dazu meint.
   a) Unterscheiden Sie das geistige Eigentum vom dinglichen Eigentum.
   b) Beschreiben Sie die beiden Komponenten, die dem geistigen Eigentum zugrunde liegen.
   c) Wie hat unser heutiges Urheberrecht diesen beiden Komponenten Rechnung getragen?

2 In einem Fall, den das historische Reichsgericht zu entscheiden hatte, ließ die Eigentümerin des Bildes „Felseneiland mit Sirenen" einige Jahre nach Erwerb des Bildes aufgrund ihrer gewandelten Sittlichkeitsvorstellungen die zuvor unbekleideten Sirenen mit Schleiern übermalen. Der Künstler verklagte daraufhin die Eigentümerin des Bildes. Überprüfen Sie, ob der Künstler mit seiner Klage Recht hatte.

3 Ein CD-Produzent bekommt von der Musikgruppe Stinkstiefel die Nutzungsrechte für die Produktion einer CD eingeräumt. Später müssen die Musiker von Stinkstiefel feststellen, dass die eigenen Stücke mit Musikstücken aus der rechtsradikalen Szene gemischt wurden und die CD insgesamt einen rechtsradikalen Touch aufweist. Die Musiker von Stinkstiefel möchten nicht in einen solchen Zusammenhang gebracht werden. Beurteilen Sie die rechtliche Situation.

### 4.2.4 Das geschützte Werk

Katja Becker, Auszubildende bei der Eventagentur iVent GmbH, trifft in der Kantine den Auszubildenden Thorsten Warthofer von der Werbeagentur West GmbH. Katja erzählt Thorsten, dass sie bei iVent gerade für einen Kunden ein „Happening" organisieren. Dabei entsteht ein Gesamtkunstwerk aus Musik, Theater und Skulpturen, wobei auch die Zuschauer in die Geschehnisse mit einbezogen werden.

**Arbeitsaufträge**

- Verschaffen Sie sich einen Überblick, welche Werke vom Urhebergesetz geschützt sind.
- Erläutern Sie, ob ein „Happening" zu dem vom Urhebergesetz geschützten Werken gehört.

Der Ausgangspunkt des Urheberschutzes ist das Werk. Welche Werke geschützt sind, ergibt sich aus § 1 UrhG: Es sind die **Werke der Literatur, Wissenschaft und Kunst**.

Zunächst zum Werkbegriff selbst. Die Erstellung eines Werkes setzt eine schöpferische Tätigkeit voraus. Von einer **Schöpfung** spricht man, wenn

- etwas Neues geschaffen wird,
- die Gestaltung eine gewisse Eigentümlichkeit aufweist,
- eine persönliche Schöpfung vorliegt und
- eine geistige Schöpfung vorliegt.

Um etwas **Neues** zu schaffen, genügt es nicht, lediglich etwas bereits Bekanntes wiederzugeben. Wenn der Urheber allerdings zufällig etwas erstellt, was ein anderer gleichfalls geschaffen hat (Doppelschöpfung), so ist das von ihm Geschaffene gleichwohl „neu". Die Neuheit wird nämlich nur in subjektiver Hinsicht, das heißt aus Sicht des Schöpfers, gefordert.

Eine Gestaltung weist eine **gewisse Eigentümlichkeit** auf, wenn sich die Werkgestaltung von alltäglichen Gestaltungen abgrenzen lässt. Dies ist eine wesentlich geringere Anforderung, als wenn man zur Bejahung des Werkcharakters bestimmte Qualitätsmindestansprüche stellen würde. Das UrhG sieht von solchen Mindestansprüchen ab, um neben den „großen" Werken auch die sogenannte „kleine Münze" mit geringer Schöpfungshöhe zu schützen.

Von einer **persönlichen** Schöpfung ist auszugehen, wenn eine von Menschenhand erbrachte Schöpfung einen individuellen Charakter aufweist. Individualität ist zu bejahen, sobald der Urheber von einem persönlichen Gestaltungsspielraum Gebrauch gemacht hat.

Eine **geistige** Schöpfung liegt vor, wenn das Geschaffene eine Gedankenäußerung des Schöpfers enthält.

Eine gesetzliche **Aufzählung** der durch das Urhebergesetz geschützten Werke befindet sich in § 2 I UrhG.

Es handelt sich um

- Sprachwerke
- Musikwerke
- pantomimische Werke
- Werke der Tanzkunst
- Werke der bildenden und angewandten Kunst
- Werke der Baukunst
- Lichtbildwerke
- Filmwerke
- Darstellungen wissenschaftlicher und technischer Art

Die Aufzählung des § 2 I UrhG ist **nicht abschließend**, sodass auch neue Werkarten problemlos einen Schutz nach dem UrhG erlangen können.

**Amtliche Werke**, also solche, deren Vorhandensein einer Behörde zuzurechnen sind, genießen nach § 5 UrhG keinen Urheberschutz.
Beispiel *Gesetze sind immer amtliche Werke, DIN-Normen eventuell, wenn in einer amtlichen Verlautbarung auf die DIN-Normen Bezug genommen wird.*

Auch wer Werke oder Beiträge sammelt, kann ein Urheberrecht, das sogenannte **Sammelurheberrecht** (§ 4 UrhG), erwerben. Voraussetzung hierfür ist, dass die Sammlung einen eigenen schöpferischen Gehalt aufweist, zum Beispiel durch die Auswahl der Werke oder durch die Schaffung eines Ordnungssystems, das in spezifischer Weise durch die Sammlung führt.
Beispiel *„Die 100 besten Kurzgeschichten des 20. Jahrhunderts".*

***Das geschützte Werk***

| Werkarten | Medium | Werkform | Beispiele |
|---|---|---|---|
| Sprachwerke<br>§ 2 I Nr. 1 UrhG | Sprache | Schriftwerke<br>Reden<br>Computerprogramme | Gedicht, Drehbuch<br>Vorlesung, Predigt<br>Softwareprogramm |
| Musikwerke<br>§ 2 I Nr. 2 UrhG | Töne | Musik in Noten<br>Musik auf Tonträgern | Opernaufführung<br>Schlager auf CD |
| Pantomimische Werke<br>§ 2 I Nr. 3 UrhG | Mimik und Bewegung | Tanzkunst<br>Pantomime | Ballett, Eisrevue |
| Werke der bildenden Kunst<br>§ 2 I Nr. 4 UrhG | Bildnerische Mittel | Bildende Kunst<br>Baukunst<br>Angewandte Kunst | Malerei, Bildhauerei, Grafik<br>Gebäude, Brücken, Innengestaltung<br>Möbel, Schmuck |
| Lichtbildwerke<br>§ 2 I Nr. 5 UrhG | Fotografische Mittel | Künstlerische Fotografie | Porträt, Akt, Landschaft |
| Abgrenzung zum Lichtbild als Gebrauchsfotografie, für das nur ein Leistungsschutzrecht nach § 72 UrhG in Anspruch genommen werden kann | | | |
| Filmwerke<br>§ 2 I Nr. 6 UrhG | Filmerische Mittel | Film | Spielfilm, Dokumentation |
| Abgrenzung zum Laufbild (= keine Urheberrechtsqualität), für das nur ein Leistungsschutzrecht nach § 95 UrhG besteht. | | | |
| Darstellungen wissenschaftlicher und technischer Art<br>§ 2 I Nr. 7 UrhG | | | Bebauungsplan, Landkarte |
| Datenbankwerke und Sammelwerke<br>§ 4 UrhG | | | Liederbuch, Lexikon |

## Aufgaben

1 Erläutern Sie, welche Merkmale ein Werk im Sinne des Urhebergesetzes kennzeichnen.

2 In welche Werkkategorien fallen ein Lexikon, eine Landkarte, ein Softwareprogramm?

3 Wie behandelt das Urheberrecht eine Doppelschöpfung? Grenzen Sie diese Konstellation von dem Fall ab, dass zwei Erfinder dieselbe technische Erfindung machen und jeweils ein Patent beantragen.

4 In der Werbeagentur West GmbH soll zeitgenössisches Fotomaterial für eine Kampagne verwendet werden. Genießen Fotos automatisch immer Urheberschutz? In welchen Fällen nicht?

5 Der Auszubildende Alexander Staupe von der Bell Medi@ GmbH bekommt ein Manuskript in die Hände, in welchem Passagen aus Gesetzen abgedruckt sind. Er fragt, ob man dafür Nutzungsrechte einholen muss.

### 4.2.5 Bearbeitung und freie Benutzung von Werken anderer

Für ein Mittelalter-Event soll bei der Agentur iVent eine Madonnenfigur nach dem Vorbild einer Madonna aus dem 15. Jahrhundert in Gips nachgegossen werden, die als Dekorationsstück Verwendung finden, aber auch an Interessenten verkauft werden soll. Melanie Schäfer vom Projektteam wendet sich an Rechtsanwalt Peter Baum aus der Zentralabteilung.

**Arbeitsaufträge**

- Melanie Schäfer möchte von Rechtsanwalt Baum wissen, ob die Nachbildung der Madonna erlaubt ist.
- Erläutern Sie, welche Fragestellungen eine Rolle spielen, um zu überprüfen, ob die Bearbeitung eines Werkes zulässig ist oder nicht.

In engem Zusammenhang mit dem Werkbegriff steht die Frage, unter welchen Voraussetzungen ein schöpferisch Tätiger auf bereits vorhandene Werke zurückgreifen darf.

Die Nachahmung bereits vorhandener Werke mit Urheberqualität verstößt dann nicht gegen das Urheberrecht, wenn der Urheberschutz für das betreffende Werk bereits abgelaufen ist. Solche Werke sind **gemeinfrei** und dürfen von jedermann erlaubnisfrei genutzt werden.
Beispiel *Die Werke des 1973 verstorbenen Pablo Picasso sind bis 2043 urhebergeschützt und (noch) nicht gemeinfrei.*

Die bloße Übernahme fremder Werke, für die noch Urheberschutz besteht, stellt eine Rechtsverletzung dar. Anders ist es, wenn das Werk eines anderen **bearbeitet** wird, zum Beispiel durch die Übersetzung in eine andere Sprache (§ 23 UrhG). Die Veröffentlichung oder sonstige Verwertung der Bearbeitung ist allerdings nur **mit Zustimmung** des Urhebers des Ursprungswerks zulässig.

Falls die Bearbeitung selbst ein Werk darstellt, kann an ihr sogar ein eigenes **Bearbeitungsurheberrecht** entstehen (§ 3 UrhG).
Beispiel *Ein Komponist schreibt ein Streichquartett mit Zustimmung des Urhebers in eine Jazz-Komposition um.*

Unter der **freien Benutzung** eines fremden Werkes ist zu verstehen, dass das neue Werk vom Ursprungswerk so weit abweicht und so selbstständig ist, dass die Züge des Ursprungswerkes völlig untergehen (§ 24 UrhG). In diesem Fall darf das neue Werk **ohne Zustimmung** des Urhebers des Ursprungswerks veröffentlicht und verwertet werden.

***Bearbeitung und freie Benutzung von Werken anderer***

## Aufgaben

1 Grenzen Sie die Begriffe „freie Benutzung“ und „Bearbeitung“ eines Werkes voneinander ab.

2 Melanie Schäfer möchte einmal mehr die Mona Lisa als Vorlage verwenden, um sie am Computer zu bearbeiten und zu verändern. Muss sie die Nachfahren von Leonardo da Vinci um Erlaubnis fragen?

3 Melanie Schäfer möchte als Vorlage für ihre Bearbeitung nicht das Original der Mona Lisa verwenden, sondern eine witzige Bearbeitung einer Werbeagentur, die der Mona Lisa bereits ein Augenzwinkern verpasst hat. Darf sie dies so ohne weiteres?

4 In der Redaktion des Zeitschriftenverlags der Medi@AG ist ein Problem aufgetaucht. In die aktuelle Ausgabe der Zeitschrift Medi@ soll eine Karikatur eingefügt werden, die die Körper von Donald Duck und Mickey Mouse mit den aufmontierten Köpfen bekannter Lokalpolitiker zeigt. Die Redakteure sind sich aber nicht ganz sicher, ob man hierdurch die Rechte der Walt Disney Company an den Figuren verletzt.

5 Der im Buchverlag Bell Medi@ GmbH verlegte Erfolgsroman „Eine Kröte zum Verlieben“ soll in das Französische übersetzt werden. Der Auszubildende Alexander Staupe fragt nach, ob man mit dem Übersetzer eine Lizenzvereinbarung treffen muss.

### 4.2.6 Wer kann Urheber sein?

In der Abteilung der AV-Medien der Medi@ AG wird eine Musik-CD produziert. Die Texte stammen von Max Kraushaar, der sich mit seinen frechen satirischen Texten auch schon auf Kabarettbühnen einen Namen gemacht hat. Musikautor der Schlagerkompositionen ist der gleichfalls schon bekannte Gerd Bauer.

**Arbeitsaufträge**

- Erläutern Sie, welche Formen des Zusammenwirkens verschiedener Urheber nach dem Urhebergesetz möglich sind.
- Begründen Sie, welche Art der Zusammenarbeit zwischen Max Kraushaar und Gerd Bauer bezüglich der Musik-CD besteht.

Ein **Alleinurheber** ist jemand, der die schöpferische Leistung alleine erbracht hat. Möglich ist es aber auch, dass mehrere Personen bei der Werkerbringung zusammenarbeiten. Von **Miturhebern** spricht man, wenn mehrere gemeinsam an der Schöpfung des Werkes mitgewirkt haben (§ 8 UrhG). Die Einheitlichkeit des so entstandenen Werkes kann man daran erkennen, dass die eingebrachten Anteile derselben Werkgattung angehören und nicht gesondert verwertbar sind.

Die Miturheber entscheiden über die Veröffentlichung und Verbreitung des Werks gemeinsam (= **Gesamthandsprinzip**). Die Erträgnisse aus dem Werk werden unter den Miturhebern anteilsmäßig, d. h. je nach dem Umfang der Mitwirkung am Werk verteilt. Ein Miturheber kann nicht alleine über seinen Anteil am Werk verfügen, er kann höchstens auf seinen Anteil verzichten.

Keine Miturheberschaft liegt vor, wenn mehrere Urheber ihre Werke zwecks gemeinsamer Verwertung miteinander verbinden (§ 9 UrhG). Eine **Verbindung** ist sowohl zwischen gleichartigen als auch zwischen unterschiedlichen Werkarten möglich. Zwar müssen die Urheber eines verbundenen Werkes für die Veröffentlichung, Verwertung oder Änderung des Werks die Einwilligung der jeweils anderen Urheber einholen, darüber hinaus ist jedoch jeder Urheber zur **getrennten Verwertung** seines Werkes befugt.

Die Urheberschaft wird vermutet, wenn der Name oder eine sonstige Bezeichnung, die auf den Urheber schließen lässt, auf Vervielfältigungsstücken des erschienenen Werks oder auf Originalstücken eines Werks der bildenden Künste erscheint (§ 10 UrhG). Bei der Verwendung eines Pseudonyms hat der Urheber die Möglichkeit, sich in die **Urheberrolle** eintragen zu lassen (§ 138 UrhG). Diese Rolle wird beim Deutschen Patentamt in München geführt und dient dem Nachweis der Urheberschaft einer Person.

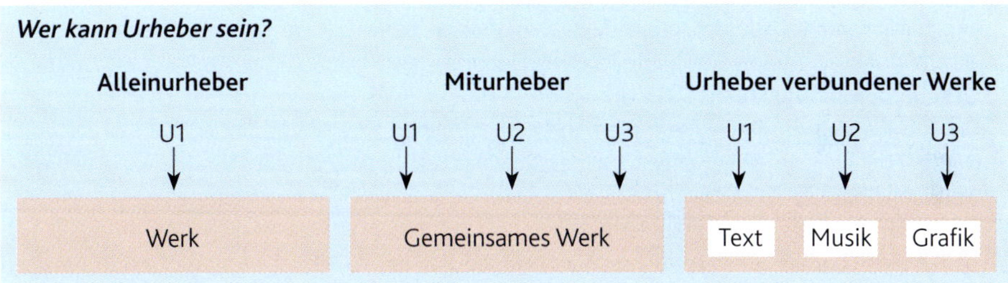


## Aufgaben

1 Susanne Ohlen und Sandra Müller haben gemeinsam ein Graffity-Kunstwerk auf eine Leinwand gesprüht. Susanne veröffentlicht das Kunstwerk ohne Wissen von Sandra. Darf sie dies?

2 Erläutern Sie, was es in unserem Urheberrecht bedeutet, wenn ein Künstler sein Werk mit seinem Namen unterschreibt.

3 Was versteht man unter dem Gesamthandsprinzip?

4 Jonathan Davis und Marco Bianchi, zwei technisch begabte Auszubildende der Medi@ AG, schreiben in ihrer Freizeit zusammen ein Computerprogramm. Wer hat die Rechte am Programm?

5 Jonathan hat im Gegensatz zu Marco zwei Drittel des Programms erstellt. Wie wirkt sich dies auf die Urheberschaft von Jonathan und Marco aus?

### 4.2.7 Inhalt des Urheberrechts

Die Medi@ AG, Geschäftsfeld AV-Medien, lässt sich von Drehbuchautor Horst Wildbluth eine Filmidee samt Exposé präsentieren. Anschließend wird der Film produziert und vertrieben. Horst Wildbluth stellt entsetzt fest, dass er im Vorspann nicht als Autor genannt wird. Außerdem wird bekannt, dass sich die Auszubildende Julika Driesch Filmausschnitte auf ihren Computer geladen hat, ohne zu fragen, ob sie dies darf.

**Arbeitsaufträge**

- Beantworten Sie die Frage, ob Horst Wildbluth verlangen kann, im Vorspann genannt zu werden.
- Überlegen Sie, welche Rechte von Horst Wildbluth Julika Driesch eventuell verletzt hat.

#### Überblick

Welche Rechte dem Urheber aus seinem Urheberrecht erwachsen, ergibt sich aus der Aufspaltung des Urheberrechts in einen **ideellen** und einen **materiellen** Teil:

- Die **Urheberpersönlichkeitsrechte** resultieren aus der ideellen Komponente des Urheberrechts.
- Die **Verwertungsrechte** resultieren aus der materiellen Komponente des Urheberrechts.
- Eine dritte Rubrik von Urheberrechten sind die **sonstigen Rechte**, worunter man diverse schuldrechtliche Ansprüche des Urhebers versteht.

#### Urheberpersönlichkeitsrechte

Der Urheber eines Werkes hat folgende Urheberpersönlichkeitsrechte:

- **Veröffentlichungs- und Informationsrecht** (§ 12 UrhG)
  Unter dem Veröffentlichungsrecht ist die Entscheidungsbefugnis des Urhebers zu verstehen, ob und in welcher Form das Werk an die Öffentlichkeit gebracht wird.
  Informationsrecht bedeutet, dass alleine der Urheber berechtigt ist, den Inhalt seines noch unveröffentlichten Werkes vorab öffentlich mitzuteilen.
- **Urheberbenennungsrecht** (§ 13 UrhG)
  Der Urheber hat das Recht, sein Werk mit einer Urheberbezeichnung seiner Wahl zu versehen. Darüber hinaus kann er verlangen, dass er bei einer Beschreibung seines Werkes als Urheber Erwähnung findet.
- **Beeinträchtigungsverbot** (§ 14 UrhG)
  Der Urheber hat ein Interesse daran, dass sein Werk in der von ihm gewollten Gestalt erhalten bleibt (Integritätsinteresse). Deshalb räumt ihm § 14 UrhG das Recht ein, Beeinträchtigungen oder Entstellungen (= besonders gravierende Beeinträchtigungen) am Werk zu verbieten. Dies jedoch nur dann, wenn durch die Beeinträchtigung des Werks seine berechtigten Interessen gefährdet sind. Davon ist nicht auszugehen, wenn die Beeinträchtigung nicht am Original, sondern an einem Vervielfältigungsstück auftritt, zum Beispiel, wenn ein Buch vom Leser mit Randnotizen versehen wird.

#### Verwertungsrechte

Die Verwertungsrechte lassen sich untergliedern in **körperliche** Rechte und in **unkörperliche** Rechte.

Die körperlichen Rechte betreffen die Verwertung des Werks oder von Vervielfältigungsstücken hiervon in körperlicher Gestalt. Körperliche Verwertungsrechte sind:

- Vervielfältigungsrecht (§§ 16, 44 a UrhG),
- Verbreitungsrecht (§ 17 I UrhG),
- Vermietrecht (§ 17 III UrhG),
- Ausstellungsrecht (§ 18 UrhG).

Die unkörperlichen Rechte beziehen sich auf die Verwertung des körperlosen Werkinhalts. Unkörperliche Verwertungsrechte lassen sich untergliedern in **Erstverwertungsrechte** und **Zweitverwertungsrechte**. Erstverwertungsrechte stellen die erste Nutzung des Urheberrechts dar. Zweitverwertungsrechte setzen eine vorangegangene erste Nutzung voraus.

**Unkörperliche Erstverwertungsrechte** sind:
- Vortrags-, Aufführungs- und Vorführungsrecht (§ 19 UrhG),
- Recht der öffentlichen Zugänglichmachung (§ 19 a UrhG),
- Senderecht (§§ 20, 20 a, 20 b UrhG)

**Unkörperliche Zweitverwertungsrechte** sind:
- Recht der Wiedergabe durch Bild- oder Tonträger (§ 21 UrhG)
- Recht zur Wiedergabe von Funksendungen (§ 22 UrhG)

♦ *Vervielfältigungsrecht (§§ 16, 44 a UrhG)*

Kennzeichnend für das Vervielfältigen ist die körperliche Festlegung in einem Vervielfältigungsstück, wobei es unerheblich ist, ob die Festlegung dauerhaft oder nur vorübergehend ist. Das Vervielfältigungsrecht berechtigt dazu, eine beliebige Anzahl von Vervielfältigungsstücken des Werks, mindestens jedoch ein Stück, in einem beliebigen Verfahren herzustellen.

Beispiele *Ein Werk kann vervielfältigt werden durch Fotokopieren von Texten und Bildern, manuelles Kopieren eines Bildes, Herstellen einer Bandaufnahme, Scannen, Laden in den Arbeitsspeicher eines PCs, Brennen einer CD usw.*

♦ *Verbreitungsrecht (§ 17 I UrhG)*

Nach der gesetzlichen Definition in § 17 I UrhG erlaubt das Verbreitungsrecht, das Werkoriginal oder Vervielfältigungsstücke hiervon der Öffentlichkeit anzubieten oder in Verkehr zu bringen.

Das Verbreitungsrecht hat eine etwas andere Aussage, als es der Gesetzeswortlaut vermuten lässt. Es sagt nämlich etwas aus über das Verhältnis zwischen dem Eigentümer und dem Urheber. Der Eigentümer eines Werks oder eines Vervielfältigungsstücks hat das Recht, mit seinem Eigentum beliebig zu verfahren, sofern nicht das Gesetz oder die Rechte anderer entgegenstehen. Ein solches entgegenstehendes Recht ist das Verbreitungsrecht des Urhebers. Dieses Recht gibt dem Urheber die Befugnis, dem Eigentümer das Anbieten oder Inverkehrbringen des Werkes zu verbieten. § 17 I ist demnach ein „Verbietungsrecht“. Ist also z. B. eine Person dazu berechtigt, das Werk zu vervielfältigen, so schließt dies nicht bereits automatisch die Befugnis ein, die Vervielfältigungsexemplare auch zu veräußern. Hierzu bedarf es der zusätzlichen Einräumung des Verbreitungsrechts durch den Urheber.

Das Verbreitungsrecht unterliegt dem Erschöpfungsgrundsatz. Dies bedeutet: Ist das Original oder ein Vervielfältigungsstück des Werkes mit Zustimmung des Rechtsinhabers im Wege der Veräußerung in Verkehr gebracht worden, so ist die anschließende Weiterveräußerung auch ohne Zustimmung des Rechtsinhabers möglich. Das Verbreitungsrecht hat sich dann mit der ersten Veräußerung erschöpft.

♦ *Vermietrecht (§ 17 III UrhG)*

Das Vermietrecht ist als Bestandteil des Verbreitungsrechts gleichfalls ein Verbietungsrecht. Der Urheber eines Werks kann dem Eigentümer des Werkstücks die Vermietung des Werkstücks zu Erwerbszwecken grundsätzlich verbieten, es sei denn, er hat ihm eigens ein Vermietrecht eingeräumt.
Das Vermietrecht unterliegt anders als das Verbreitungsrecht nicht dem Erschöpfungsgrundsatz. Ein Erwerber darf das Werkoriginal oder Vervielfältigungsstücke zwar weiterveräußern (= Erschöpfungsgrundsatz greift ein), jedoch nicht weitervermieten oder weiterverleihen (= kein Erschöpfungsgrundsatz).

Beispiel *Die Medi@ AG Geschäftsfeld AV-Medien erwirbt eine Bühnenkulisse, die sie zeitweilig an weitere Filmproduzenten weitervermieten will. Dafür muss sie sich vom Urheber eigens ein Vermietrecht einräumen lassen.*

♦ ***Ausstellungsrecht (§ 18 UrhG)***

Unter dem Ausstellungsrecht ist das Recht zu verstehen, das Original oder Vervielfältigungsstücke eines unveröffentlichten Werkes der bildenden Kunst oder eines unveröffentlichten Lichtbildwerkes öffentlich zur Schau zu stellen.

Auch das Ausstellungsrecht ist ein Verbietungsrecht. Der Urheber darf als Inhaber des Ausstellungsrechtes einem anderen verbieten, das Werk auszustellen und damit gleichzeitig zu veröffentlichen. Solange der Urheber gleichzeitig der Eigentümer des Werkes der bildenden Kunst oder des Lichtbildwerkes ist, hat er es selbst in der Hand, ob er das Werk unveröffentlicht lässt oder sich doch zu einer Veröffentlichung entschließt.

Hat der Urheber das noch unveröffentlichte Werk veräußert, so darf er dem Erwerber die spätere Ausstellung dieses Werkes nur verbieten, wenn er das Recht des Eigentümers auf öffentliche Ausstellung anlässlich der Veräußerung ausdrücklich ausgeschlossen hat (§ 44 II UrhG).

**Beispiel** *Der Künstler Horst Oelig verkauft ein noch unveröffentlichtes Ölgemälde an den Kunstliebhaber und Vorstandsvorsitzenden der Medi@ AG, Dr. Koch, der es in seinem Büro aufhängen möchte. Wenn Horst Oelig verhindern möchte, dass sein Gemälde irgendwann in einer Ausstellung veröffentlicht wird, muss er bei Abschluss des Kauf- und Übereignungsvertrages mit Dr. Koch vereinbaren, dass dieser das Gemälde nicht öffentlich ausstellen darf.*

♦ ***Vortrags-, Aufführungs- und Vorführungsrecht (§ 19 UrhG)***

§ 19 UrhG berechtigt den Urheber zur unmittelbaren öffentlichen Wiedergabe seines Werkes. Unter dem **Vortragsrecht** versteht man dabei das Recht, ein Sprachwerk durch persönliche Darbietung öffentlich zu Gehör zu bringen.

**Beispiele** *Eine Rede halten, aus einem Werk vorlesen*

Das **Aufführungsrecht** ist das Recht, ein Werk der Musik durch persönliche Darbietung öffentlich zu Gehör zu bringen (konzertmäßiges Aufführungsrecht) oder ein Werk öffentlich bühnenmäßig darzustellen (bühnenmäßiges Aufführungsrecht).

**Beispiele** *Sinfoniekonzert als konzertmäßiges Aufführungsrecht, Ballet, Musical, Oper, Schauspiel als bühnenmäßige Aufführungsrechte*

Unter dem **Vorführungsrecht** versteht man das Recht, ein Werk der bildenden Künste, ein Lichtbildwerk, ein Filmwerk oder Darstellungen wissenschaftlicher Art durch technische Einrichtungen öffentlich wahrnehmbar zu machen.

**Beispiele** *Diavorführung, Filmvorführung, Videovorführung, Projektion von Schaubildern mit einem Projektor*

Diese Vortrags-, Aufführungs- und Vorführungsrechte kann der Urheber auf andere Personen übertragen. Nach § 37 III UrhG wird mit der Übertragung dieser Rechte im Zweifel nicht zugleich das Übertragungsrecht eingeräumt. Darunter ist das Recht zu verstehen, Vorträge, Aufführungen und Vorführungen außerhalb des Raumes, in dem sie stattfinden, mittels technischer Einrichtungen wahrnehmbar zu machen.

**Beispiel** *Ein Vortrag wird mittels Lautsprecher in andere Räume als den Vortragsraum übertragen. Der Urheber des Vortrags muss dem Vortragenden deshalb neben dem Vortragsrecht auch das Übertragungsrecht einräumen.*

Der Urheber hat nach § 19 a UrhG auch das Recht, sein Werk über einen elektronischen Abrufdienst der Öffentlichkeit zugänglich zu machen.

♦ ***Senderecht (§§ 20, 20 a, 20 b UrhG)***

Unter dem Senderecht versteht man das Recht, ein Werk durch Funk, Drahtfunk oder ähnliche technische Einrichtungen der Öffentlichkeit zugänglich zu machen. Zur Ausübung des Senderechts genügt es nicht, eine Sendung lediglich zu empfangen. Erforderlich ist vielmehr, dass eine Sendung öffentlich weitergesendet wird.

**Beispiele** *Rundfunk und Fernsehen, Kabelfernsehen, Sendung über Direktsatellit*

- ***Recht der Wiedergabe durch Bild- oder Tonträger (§ 21 UrhG)***

Das Recht der Wiedergabe durch Bild- oder Tonträger gestattet es, Vorträge oder Aufführungen des Werkes mittels Bild- oder Tonträger öffentlich wahrnehmbar zu machen. Dieses Recht ist ein Zweitverwertungsrecht, weil es die Aufnahme auf den Träger und damit das Gebrauchmachen vom Vervielfältigungsrecht voraussetzt. Die Wiedergabe von Filmwerken als solchen fällt nicht unter § 21 UrhG, sondern wird von § 19 IV UrhG erfasst.
**Beispiel** *Abspielen von Musik auf CD in Gaststätten*

- ***Recht der Wiedergabe von Funksendungen (§ 22 UrhG)***

Das Recht zur Wiedergabe von Funksendungen erlaubt, Funksendungen des Werkes durch Bildschirm, Lautsprecher oder ähnliche technische Einrichtungen öffentlich wahrnehmbar zu machen. Das Recht zur Wiedergabe von Funksendungen setzt voraus, dass bereits vom Senderecht Gebrauch gemacht wurde, und ist deswegen ein Zweitverwertungsrecht.
**Beispiel** *In der Kneipe wird im Fernsehen ein Fußballspiel gezeigt.*

## Sonstige Rechte

Mit dem Begriff „Sonstige Rechte" bezeichnet der Gesetzgeber drei schuldrechtliche Ansprüche des Urhebers.

- ***Zugangsrecht des Urhebers zum Werk (§ 25 UrhG)***

Der Urheber hat das Recht, zu seinem Werk den tatsächlichen Zutritt zu bekommen, wenn er Vervielfältigungsstücke vom Werk fertigen will oder wenn er das Original sehen muss, um das Werk bearbeiten zu können.

- ***Folgerecht (§ 26 UrhG)***

Unter der Voraussetzung, dass ein Original eines Werkes der bildenden Künste weiterveräußert wird und ein Kunsthändler oder Versteigerer als Erwerber oder Veräußerer oder Vermittler beteiligt ist, hat der Urheber gegen den Veräußerer einen Anspruch auf fünf Prozent des Veräußerungserlöses. Dieser Anspruch des Urhebers heißt „Folgerecht".

- ***Vermiet- und Verleihtantieme (§ 27 UrhG)***

Ein Urheber, der an seinem Werk bereits ein Vermietrecht oder ein Verbreitungsrecht eingeräumt hat, hat im Falle der Verleihung oder Vermietung seines Werks als Original, als Vervielfältigungsstück oder auf Bild- oder Tonträgern einen unverzichtbaren Vergütungsanspruch gegenüber dem Vermieter. Dieser Vergütungsanspruch des Urhebers kann allerdings nur über eine Verwertungsgesellschaft geltend gemacht werden.
**Beispiel** *Das Verleihen von Büchern in einer öffentlichen Bibliothek gibt den Autoren gegenüber der Bücherei ein Recht auf Vergütung.*

***Inhalt des Urheberrechts***

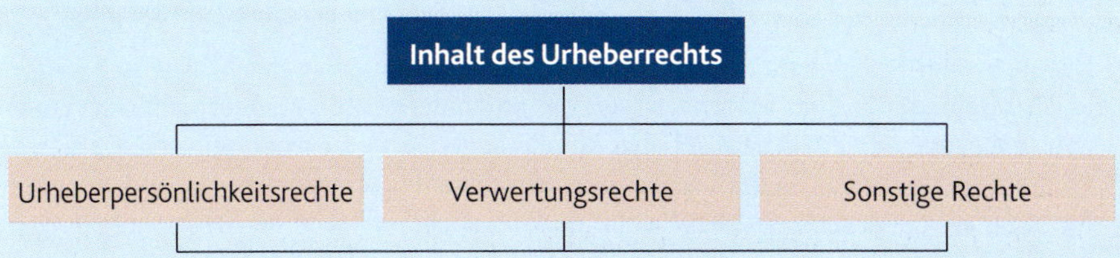

**Urheberpersönlichkeitsrechte**

- **Veröffentlichungs- und Informationsrecht** – § 12 UrhG
- **Urheberbenennungsrecht** – § 13 UrhG
- **Beeinträchtigungsverbot** – § 14 UrhG

**Verwertungsrechte**

- **Körperliche Verwertungsrechte**
  - Vervielfältigungsrecht (§§ 16, 44 a UrhG)
  - Verbreitungsrecht (§ 17 UrhG)
  - Vermietrecht (§ 17 UrhG)
  - Ausstellungsrecht (§ 18 UrhG)
- **Unkörperliche Verwertungsrechte**
  - Erstverwertungsrechte
    - Vortrags-, Aufführungs- und Vorführungsrecht (§ 19 UrhG)
    - Recht der öffentlichen Zugänglichmachung (§ 19 a UrhG)
    - Senderecht (§§ 20, 20 a UrhG)
  - Zweitverwertungsrechte
    - Recht der Wiedergabe durch Bild- oder Tonträger (§ 21 UrhG)
    - Recht zur Wiedergabe von Funksendungen (§ 22 UrhG)

**Sonstige Rechte des Urhebers**

- **Zugangsrecht** – § 25 UrhG
- **Folgerecht** – § 26 UrhG
- **Vermiet- und Verleihtantieme** – § 27 UrhG

## Aufgaben

1 Die Auszubildende Flora Fingerhut schreibt in ihrer Freizeit Gedichte. Als ihr Kollege Gerd Knopp in ihrer Arbeitsmappe ein Gedicht von ihr entdeckt, gefällt es ihm so gut, dass er es ohne ihr Wissen bei der Redaktion des Zeitungsverlages der Medi@ AG einreicht, die es prompt in ihrer nächsten Ausgabe abdruckt. Flora ist empört. Welches Recht von Flora hat Gerd verletzt?

2 Der Buchverlag Bell Medi@ GmbH möchte für einen Buchumschlag eine künstlerisch wertvolle Porträtaufnahme eines Mädchenkopfes des namhaften Fotografen Justus Bloch verwenden, wobei von dem Mädchenkopf aber nur die Augenpartie zu sehen sein soll. Da sich der Programmverantwortliche Dr. Zispher aber nicht sicher ist, ob man dies darf und um welche Rechte man gegebenenfalls nachsuchen müsste, sucht er Rat in der Rechtsabteilung der Medi@ AG.

3 Rechtsanwalt Baum konfrontiert die Auszubildende Flora Fingerhut mit folgender kniffliger Fallgestaltung zum Verbreitungsrecht: Die Firma „Trendwende" versteigert Teile der ehemaligen Berliner Mauer mit Graffiti-Kunstwerken für 1 Million EURo. Zwei Graffiti-Künstler verlangen eine Beteiligung am Erlös. Wie werden sie argumentieren?

4 Bei der Agentur iVent sollen gemalte Bühnenkulissen, die anlässlich eines Theater-Events genutzt wurden, weitervermietet werden. Die Auszubildende Katja Becker fragt sich, ob man den Maler der Kulissen informieren muss.

5 Die Auszubildende Julika Driesch kauft in ihrer Mittagspause im nahe gelegenen Kaufhaus ein T-Shirt. Sie fragt sich, ob die Musikbeschallung aus den Lautsprechern das Kaufhaus etwas kostet.

6 Der Kunsthändler „Galerie2000" verkauft an die Medi@ AG ein Original-Ölgemälde des zeitgenössischen Künstlers Oskar Matoschka. Warum sollte Matoschka von der Veräußerung erfahren?

7 Oskar Matoschka wendet sich an die Medi@ AG mit der Bitte, sein Kunstwerk aufsuchen zu dürfen, weil er es bearbeiten will. Kann ihm die Medi@ AG diese Bitte abschlagen?

## 4.2.8 Schranken des Urheberrechts

In der Abteilung AV-Medien der Medi@ AG wird ein Dokumentarfilm vorbereitet, der zwei Ausschnitte aus zwei Spielfilmen enthält. Der erste Ausschnitt dauert 3 Minuten, der zweite 40 Sekunden. Der Dokumentarfilm dauert insgesamt 45 Minuten. Produktionsleiter Michael Pohlmann erkundigt sich vorsorglich bei RA Thomas Stein aus der Zentralabteilung, ob man für die zwei Filmausschnitte eine Erlaubnis der Urheber einholen muss.

### Arbeitsaufträge

- Erläutern Sie, welche Rechte durch den Dokumentarfilm verletzt werden könnten.
- Erörtern Sie, unter welchem Aspekt eine solche Rechtsverletzung eventuell erlaubt sein könnte.

### Überblick

Das Urheberrecht einer Einzelperson kann nicht schrankenlos gelten, weil der Urheber in einer Gemeinschaft lebt.

**Inhaltliche Schranken** des Urheberrechts ergeben sich insofern, als auf die Belange gesellschaftlich relevanter Einrichtungen und Gruppen sowie auf die Interessen der Allgemeinheit Rücksicht zu nehmen ist. So muss der Urheber Beschränkungen seines Urheberrechts zugunsten der Allgemeinheit, aber auch zugunsten der Medien oder sonstiger staatlicher Einrichtungen, wie etwa Gerichte, Behörden, Kirchen und Schulen, hinnehmen. Zudem gibt es auch noch Branchen, die das UrhG durch Schrankenregelungen unterstützt.

**Zeitliche Schranken** des Urheberrechts, d. h. der Umstand, dass ein Urheberrecht nicht unbegrenzt lange gilt, fördern die Entwicklungsfähigkeit einer Gesellschaft, indem Kulturgüter nach Zeitablauf für jedermann zugänglich werden. Klare zeitliche Begrenzungen der Schutzdauer schaffen zudem Rechtssicherheit. Ebenso der Rechtsklarheit und Rechtssicherheit dienen die **räumlichen und persönlichen Schranken**, da sie Auskunft darüber geben, für welche Personen in welchem Gebiet der gesetzliche Schutz des Urhebergesetzes gilt.

Die Schrankenregelungen im UrhG stellen **Beschneidungen des Urheberrechts** dar. Dabei können die Eingriffe unterschiedlich hart ausfallen. Am härtesten trifft es den Urheber, wenn er in seinem

Urheberrecht ohne Entschädigung beschnitten wird. Etwas weniger hart ist die Beschneidung des Urheberrechts gegen Leistung einer Vergütung, einer sogenannten gesetzlichen Lizenz.

## Inhaltliche Schranken zugunsten der Allgemeinheit

Zugunsten der Allgemeinheit muss es der Urheber unter den Voraussetzungen der jeweiligen Schrankenregelungen dulden, dass etwa einzelne Kopien seines Werkes erstellt werden oder aus seinem Werk zitiert wird.

### *Zitierrecht (§ 51 UrhG)*

Der Urheber muss es zugunsten der Allgemeinheit dulden, dass aus seinem Werk zitiert wird. Man unterscheidet dabei verschiedene Zitatformen.
Das **Großzitat** zitiert ein vollständiges Werk, zum Beispiel ein Bild oder ein Gedicht. Dies ist erlaubt, wenn das Werk, in dem das Großzitat enthalten ist, ein selbstständiges wissenschaftliches Werk ist und das Großzitat der Erläuterung des Inhalts dieses Werkes dient. Beim zitierten Werk muss es sich um ein bereits erschienenes Werk handeln.
**Kleinzitate**, die aus einem Werk nur Stellen zitieren, dienen gleichfalls der Erläuterung des eigenen Werkes. Außerdem haben sie die Funktion, die eigenen Darstellungen zu belegen. Kleinzitate sind zulässig in Sprachwerken (vgl. Gesetzeswortlaut) sowie in Filmwerken (in entsprechender Anwendung des Gesetzes = Gesetzesanalogie).
Als **Musikzitat** zulässig ist das Zitieren einzelner Stellen eines erschienenen Musikwerks in einem selbstständigen eigenen Werk der Musik. Vom Zitierrecht nicht mehr gedeckt ist die Übernahme einer ganzen Melodie (= starrer Melodienschutz aus § 24 II UrhG).

Das (ungeregelte) **Bildzitat** ist nur als Großzitat sinnvoll, da das Zitieren einzelner Bildstellen niemandem nützt. Bildzitate als Großzitate sind in wissenschaftlichen Werken ohne Weiteres erlaubt. Das Bildzitat in nichtwissenschaftlichen Sprachwerken ist nach dem Gesetz eigentlich nur als Kleinzitat erlaubt. Diese unsinnige Gesetzesfolge hat die Rechtsprechung in einzelnen Fällen, unter anderem auch im Hinblick auf Art. 5 GG, korrigiert. Dies bedeutet, dass auch in nichtwissenschaftlichen Sprachwerken ein Bildzitat als Großzitat ausnahmsweise zulässig sein kann.

### *Öffentliche Wiedergabe (§ 52 UrhG)*

Mit Rücksicht auf die Allgemeinheit muss der Urheber es dulden, wenn sein Werk unter den eingeschränkten Bedingungen des § 52 UrhG öffentlich wiedergegeben wird. Nach § 52 UrhG ist es erlaubt, ein erschienenes Werk öffentlich wiederzugeben, wenn

- die Wiedergabe des Werkes keinem Erwerbszweck des Veranstalters dient,
- die Teilnehmer der Veranstaltung ohne Entgelt zugelassen werden und
- beteiligte ausübende Künstler keine Gage erhalten.

Der Urheber muss die Wiedergabe seines Werkes zwar dulden, kann aber eine angemessene Vergütung für die Benutzung seines Werkes verlangen. Dieser Vergütungsanspruch kann ausnahmsweise entfallen für Veranstaltungen der Jugendhilfe, der Sozialhilfe, der Alten- und Wohlfahrtspflege, der Gefangenenbetreuung und für Schulveranstaltungen.
Beispiel *Für eine nicht-kommerzielle Schulaufführung ohne Eintritt wird ein Theaterstück verwendet.*

### *Herstellung von Vervielfältigungsstücken (§ 53 UrhG)*

Eine in der Praxis wichtige Beschränkung des Urheberrechts zugunsten aller stellt das Recht, Vervielfältigungsstücke herzustellen, dar. Die Allgemeinheit darf Werke vervielfältigen, wenn es zum privaten oder sonstigen Gebrauch erforderlich ist. Auch für Unterrichts- bzw. Prüfungszwecke dürfen Vervielfältigungen angefertigt werden.
Wer einzelne Vervielfältigungsstücke, gleichgültig ob als analoge oder digitale Kopie, zum privaten Gebrauch fertigt, darf keine erwerbswirtschaftlichen Zwecke damit verfolgen. Die Privatkopierfreiheit kommt allerdings nicht zum Tragen, wenn zur Vervielfältigung eine offensichtlich rechtswidrige Vorlage verwendet wurde. Der Privatnutzer darf auch keine technischen Sperrmaßnahmen umgehen, die dem Kopierschutz dienen. Weitere Privilegierungen, die das Herstellen einzelner Vervielfäl-

tigungsstücke gestatten, sind etwa der eigene wissenschaftliche Gebrauch, die Aufnahme in ein eigenes Archiv, das Kopieren einzelner Zeitungs- und Zeitschriftenbeiträge sowie der Gebrauch von Kopien für den Einsatz im Unterricht. Der Urheber muss diese Beschneidung seines Urheberrechts nur gegen eine Vergütung hinnehmen und hat gegenüber den Herstellern von Geräten und Speichermedien, die sich zum Vervielfältigen von Urheberwerken eignen, einen Anspruch auf Zahlung einer angemessenen Vergütung (§ 54 UrhG). Die Geldeintreibung erfolgt in Form einer Abgabe, welche die Hersteller und Importeure von Vervielfältigungsgeräten und Speichermedien, aber auch schulische Einrichtungen, Bibliotheken und Kopierläden leisten müssen. Der Vergütungsanspruch des Urhebers kann nur über die Verwertungsgesellschaften geltend gemacht werden.

♦ ***Werke an öffentlichen Plätzen (§ 59 UrhG)***

Eine weitere Inhaltsschranke zugunsten der Allgemeinheit ist § 59 UrhG. Danach dürfen Werke an öffentlichen Plätzen, aber auch Wegen oder Straßen, gezeichnet, gemalt, gefilmt oder fotografiert werden. Dies betrifft in der Praxis vor allem die Bauwerke. Zu beachten ist allerdings, dass sich das Recht zum Filmen, Zeichnen usw. auf die äußere Fassade des Bauwerks beschränkt.
**Beispiel** *Eine Jugendstilvilla darf vom Gehsteig aus, nicht aber vom Garten aus oder gar von innen fotografiert werden.*

♦ ***Bildnisse (§ 60 UrhG)***

§ 60 UrhG gestattet die Vervielfältigung und die unentgeltliche Verbreitung von Personenbildnissen durch den Besteller und/oder den Abgebildeten.

## ● Inhaltliche Schranken zugunsten der Medien

Um die Funktionsfähigkeit der Medien zu gewährleisten, muss der Urheber einige Beschränkungen seines Urheberrechts hinnehmen.

♦ ***Öffentliche Reden (§ 48 UrhG)***

Reden über Tagesfragen, die bei öffentlichen Versammlungen oder im Rundfunk gehalten werden, dürfen in Zeitungen, Zeitschriften und ähnlichen Informationsblättern vervielfältigt und verbreitet werden, ohne dass der Urheber gefragt werden muss. Dieses Privileg soll den Medien ihre Aufgabe der Berichterstattung ermöglichen und erleichtern.
**Beispiel** *Wiedergabe einer Parlamentsdebatte in der Zeitung*

♦ ***Zeitungsartikel und Rundfunkkommentare (§ 49 UrhG)***

Zeitungsartikel und Rundfunkkommentare über politische, wirtschaftliche und religiöse Tagesfragen dürfen durch andere Zeitungen vervielfältigt oder verbreitet oder gleichfalls öffentlich wiedergegeben werden. Hierfür ist dem Urheber grundsätzlich eine Vergütung zu bezahlen, die dieser über eine Verwertungsgesellschaft geltend machen muss. Ausnahmsweise entfällt der Anspruch des Urhebers auf eine Vergütung, wenn lediglich ein kurzer Auszug oder eine Übersicht seines Werkes vervielfältigt, verbreitet oder öffentlich wiedergegeben wurde.
**Beispiel** *Der Bericht des Reporters Eugen Schnell über einen Mordprozess darf auch von anderen Zeitungen aufgegriffen werden, wofür Eugen Schnell eine Vergütung zusteht.*

♦ ***Bild- und Tonberichterstattung (§ 50 UrhG)***

§ 50 UrhG ist eine Regelung zugunsten der aktuellen Berichterstattung. Werke, die anlässlich der Berichterstattung über Funk, Fernsehen oder Zeitung wahrnehmbar werden, dürfen in einem durch den Zweck gebotenen Umfang vervielfältigt, verbreitet und öffentlich wiedergegeben werden. Der Urheber muss diese Eingriffe in seine Verwertungsrechte vergütungsfrei dulden, damit über Tagesereignisse schnell und effektiv informiert werden kann.

♦ ***Unwesentliches Beiwerk (§ 57 UrhG)***

Weiterhin dürfen Werke verbreitet, vervielfältigt und öffentlich wiedergegeben werden, die „unwesentliches Beiwerk" sind. Dies ist anzunehmen, wenn sie nur zufällig in der Darstellung erscheinen.
**Beispiel** *Ein Gemälde taucht in einem Filmwerk als Hintergrunddekoration auf.*

♦ *Vervielfältigung der Sendeunternehmen (§ 55 UrhG)*
§ 55 UrhG gestattet den Rundfunkveranstaltern die Aufzeichnung eines Werkes auf Bild- oder Tonträger zur einmaligen Ausstrahlung. Diese Vorschrift dient der Verwirklichung des Senderechts.

## Inhaltliche Schranken zugunsten von Gerichten, Behörden, Kirchen und Schulen

Auch zugunsten der Exekutive und Judikative, aber auch zugunsten von Kirchen und Schulen muss der Urheber Beschneidungen seines Urheberrechts dulden.

♦ *Rechtspflege und öffentliche Sicherheit (§ 45 UrhG)*
§ 45 UrhG gestattet die Vervielfältigung von Beweismitteln, zum Beispiel von Urkunden, zur Verwendung in gerichtlichen und behördlichen Verfahren. Auch Bildnisse dürfen vervielfältigt werden. Die Vervielfältigungsstücke dürfen verbreitet, ausgestellt bzw. wiedergegeben werden.

♦ *Sammlungen (§ 46 UrhG)*
Für den Kirchen-, Unterrichts- und Schulgebrauch dürfen unter den Voraussetzungen des § 46 UrhG Sammlungen verschiedener Werke konzipiert werden. Der Urheber muss benachrichtigt werden und hat einen Vergütungsanspruch.

♦ *Schulfunksendungen (§ 47 UrhG)*
§ 47 UrhG erlaubt den Schulen und anderen Einrichtungen die Herstellung von Vervielfältigungsstücken aus den Auszügen von Schulfunksendungen.

## Inhaltliche Schranken zugunsten bestimmter Branchen

Schließlich sind bestimmte Branchen mit Rücksicht auf ihre Funktionsfähigkeit durch das UrhG privilegiert.

♦ *Geschäftsbetriebe (§ 56 UrhG)*
Geschäftsbetriebe, die ihren Kunden zur individuellen Beratung Rundfunk- und Fernsehgeräte, Musikwiedergabegeräte, DVD-Geräte oder Bänder vorführen müssen, sind diesbezüglich von urheberrechtlichen Bindungen befreit.
Beispiel *Der Radioverkäufer darf Radiomusik vorspielen, ohne an Urheberrechte denken zu müssen.*

♦ *Katalogbild (§ 58 UrhG)*
§ 58 UrhG enthält die Katalogbildfreiheit. Danach dürfen Kataloge für Museen oder Kunstausstellungen, in denen Werke der bildenden Künste verzeichnet sind, ohne Nutzungsrechtseinräumung seitens des Urhebers hergestellt und sodann vervielfältigt und verbreitet werden.

## Zeitliche Schranken im Urhebergesetz

Eine zeitliche Schranke bedeutet, dass das Urheberrecht bzw. das Leistungsschutzrecht nach Ablauf einer bestimmten Zeit erlischt. Das Urhebergesetz kennt drei verschiedene Fristen:
- Schutzfrist von 70 Jahren
- Schutzfrist von 50 Jahren
- Schutzfrist von 25 Jahren

Das Urheberrecht und das Miturheberrecht erlöschen 70 Jahre nach dem Tod des Urhebers oder des längstlebenden Miturhebers (§§ 64, 65 UrhG).

Die folgenden Leistungsschutzrechte erlöschen nach 50 Jahren:
- Schutz der Lichtbildner: § 72 III UrhG
- Schutz der ausübenden Künstler: § 76 UrhG
- Schutz der Hersteller von Tonträgern: § 85 III UrhG
- Schutz des Sendeunternehmens: § 87 III UrhG
- Schutz des Filmherstellers: § 94 III UrhG

Die folgenden Leistungsschutzrechte erlöschen nach 25 Jahren:

- Schutz wissenschaftlicher Ausgaben: § 70 III UrhG
- Schutz nachgelassener Werke: § 71 III UrhG
- Schutz des Veranstalters von Darbietungen ausübender Künstler: § 82 UrhG

## Räumliche Schranken des Urhebergesetzes

Das UrhG ist gültig im Gebiet der Bundesrepublik Deutschland (= räumliche Schranke).
Der Urheberschutz gilt für deutsche Staatsangehörige oder ihnen gleichgestellte Personen (= persönliche Schranke, § 120 UrhG). Für ausländische Staatsangehörige, Staatenlose und Flüchtlinge gelten die §§ 121, 122, 123 UrhG.

***Schranken des Urheberrechts***

**Schranken des Urheberrechts**

= Beschneidungen des Urheberrechts

| **Inhaltliche Schranken** | **Zeitliche Schranken** | **Räumliche und persönliche Schranken** |
|---|---|---|
| aus Rücksicht auf die Belange der Allgemeinheit sowie gesellschaftlich relevanter Gruppen | aus Gründen der Innovationsförderung und Rechtssicherheit | um den Schutzbereich des UrhG abzustecken |

**Inhaltsschranken des Urheberrechts**

Schranken zugunsten

| Allgemeinheit | Medien | Gerichte, Behörden, Kirchen, Schulen | Branchen |
|---|---|---|---|
| Zitierrecht § 51 UrhG | Öffentliche Reden § 48 UrhG | Rechtspflege und öffentliche Sicherheit § 45 UrhG | Geschäftsbetriebe § 56 UrhG |
| Öffentliche Wiedergabe § 52 UrhG | Zeitungsartikel und Rundfunk § 49 I UrhG | Sammlungen § 46 UrhG | Katalogbild § 58 UrhG |
| Vervielfältigung zum eigenen Gebrauch § 53 UrhG | Bild- und Tonberichterstattung § 50 UrhG | Schulfunksendungen § 47 UrhG | |
| Werke an öffentlichen Plätzen § 59 UrhG | Unwesentliches Beiwerk § 57 UrhG | | |
| Bildnisse § 60 UrhG | Vervielfältigung der Sendeunternehmen § 55 UrhG | | |

## Aufgaben

1 Im Buchverlag Bell Medi@ GmbH ist folgendes Problem aufgetaucht. Der Verlag möchte ein Zitate-Handbuch herausgeben, das aus urheberrechtlich geschützten Textstellen besteht, die besonders ausgewählt und angeordnet werden sollen. Rechtsanwalt Stein, der in der Medi@ AG für das Lizenzrecht zuständig ist, erhält die Anfrage, ob man hierfür die Erlaubnis der zitierten Urheber einholen muss.

2 Die Azubis der Medi@ AG wollen gemeinsam eine Party organisieren, auf der auch Musik-CDs zum Tanzen abgespielt werden sollen. Plötzlich bekommen einige der Azubis Zweifel, ob man dies so ohne Weiteres darf.

3 Bei iVent wird gerade eine Kunstausstellung mit künstlerischen Fotografien vorbereitet, die sich im Eigentum der Medi@ AG befinden. Begleitend zur Ausstellung soll ein Katalog gedruckt und verkauft werden. Die Auszubildende Katja Becker fragt den Geschäftsführer Bernard Schiller, ob man dies einfach so darf oder ob man die Fotografen um Erlaubnis bitten muss. Wäre der Fall anders zu beurteilen, wenn die iVent GmbH ein Fotobuch herausgeben möchte, das man auch unabhängig von der Ausstellung als Kunstband nutzen kann?

4 Die Auszubildende Katja Becker lässt eine Porträtaufnahme von einem bekannten Fotografen von sich fertigen. Über das Resultat ist sie so glücklich, dass sie Vervielfältigungen der Porträt-Fotografie an sämtliche Neffen und Nichten verteilt. Darf Katja dies tun?

5 Der Auszubildende Lars Stock sieht in den Nachrichten einen Ausschnitt aus einer Aufsehen erregenden Vorstellung eines berühmten Ballet-Ensembles. Da er inzwischen für das Urheberrecht sensibilisiert ist, fragt er sich, ob der Fernsehsender dem Ballet-Ensemble für die Ausstrahlung dieses Werkausschnitts Geld zahlen muss.

### 4.2.9 Einräumung von Nutzungsrechten

In der Werbeagentur West GmbH soll eine Werbebroschüre erstellt werden, in die eine Fotografie der populären Fotografin Belinda Mai eingearbeitet werden soll. Belinda Mai legt großen Wert darauf, dass sie diese Fotografie auch noch anderweitig verwerten kann. Außerdem fragt Frau Mai nach, in welcher Auflage die Broschüre erscheinen soll, an wen sie verteilt werden soll und für welchen Zeitraum die Kampagne gedacht ist.

**Arbeitsaufträge**

- Erläutern Sie, weshalb Belinda Mai diese Fragen stellt.
- Erklären Sie, was Belinda Mai keinesfalls vereinbaren darf, falls sie ihre Fotografie auch noch anderweitig kommerziell nutzen möchte.

Da das Urheberrecht neben der materiellen Komponente auch einen ideellen Anteil hat, ist es von der Person des Urhebers nicht abtrennbar und folglich auch nicht auf andere Personen übertragbar. Von diesem Grundsatz der Unübertragbarkeit des Urheberrechts macht das Gesetz nur für den Erbfall Ausnahmen. Der Urheber kann aber von seinem Urheberrecht Nutzungsrechte gleichsam abspalten und anderen Personen einräumen. Diese **Einräumung von Nutzungsrechten** ist von einer Rechtsübertragung zu unterscheiden, bei der ein Recht von einer Person zu einer anderen wechselt. Die Einräumung von Nutzungsrechten ist dagegen **keine Rechtsübertragung**, weil das Urheberrecht beim Urheber verbleibt.

Der Urheber kann **anderen Personen** Nutzungsrechte einräumen, damit diese die Rechte selbst nutzen oder weiteren Personen einräumen. Er kann aber auch eine **Verwertungsgesellschaft** mit der Wahrnehmung seiner urheberrechtlichen Interessen beauftragen.

Von der Einräumung eines **einfachen Nutzungsrechts** spricht man, wenn der Nutzungsberechtigte neben dem Urheber oder anderen Personen das eingeräumte Recht nutzen darf. Aus der Einräumung eines einfachen Nutzungsrechts folgt für den Nutzungsberechtigten eine positive Nutzungsbefugnis. Die Einräumung eines **ausschließlichen Nutzungsrechts** (= **Exklusivrecht**) bedeutet, dass der Nutzungsberechtigte das eingeräumte Recht alleine nutzen darf. Neben der positiven Nutzungsbefugnis hat er aufgrund der Exklusivität des eingeräumten Rechts auch die Befugnis, anderen Personen einschließlich des Urhebers die Nutzung zu verbieten (= negatives Verbotsrecht).
Beispiel *Journalistin Karin Storch räumt dem Zeitschriftenverlag der Medi@ AG ein exklusives Nutzungsrecht an einer Reportage ein. Der Zeitschriftenverlag ist berechtigt, die Reportage zu verwerten (positives Nutzungsrecht), sowie allen anderen einschließlich Karin Storch zu verbieten, die Reportage zu verwerten (negatives Verbotsrecht).*

Die Einräumung eines Nutzungsrechts in der Form eines einfachen oder ausschließlichen Nutzungsrechts sagt etwas darüber aus, wer der nutzungsberechtigte Personenkreis ist. Will der Urheber außerdem bestimmen, in welchem Gebiet das Nutzungsrecht gelten soll, zu welchem Zeitpunkt oder in welchem Zeitraum das Recht ausgeübt werden darf oder auf welche Weise, so kann er die Einräumung des Nutzungsrechts zusätzlich **räumlichen, zeitlichen oder inhaltlichen Einschränkungen** unterwerfen (§ 31 UrhG). Fehlen derartige Schranken, so spricht man von einer unbeschränkten Rechtseinräumung.

Die Einräumung von Nutzungsrechten erfolgt durch einen Vertrag zwischen dem Urheber und dem Berechtigten, der in aller Regel schriftlich abgefasst wird. Ein Vertrag, durch den Nutzungsrechte eingeräumt werden, nennt man **Lizenzvertrag**. Der Urheber als Inhaber des Stammrechts ist in diesem Fall der **Lizenzgeber**, die Inhaber der Nutzungsrechte sind die **Lizenznehmer**.

Der Inhaber eines ausschließlichen Nutzungsrechts kann mit Zustimmung des Urhebers seinerseits Nutzungsrechte vergeben und zwar sowohl in der Form eines einfachen Nutzungsrechtes (= Wortlaut des § 35 I UrhG) als auch als ausschließliches Nutzungsrecht (= herrschende Meinung zu § 35 I UrhG).

***Einräumung von Nutzungsrechten***

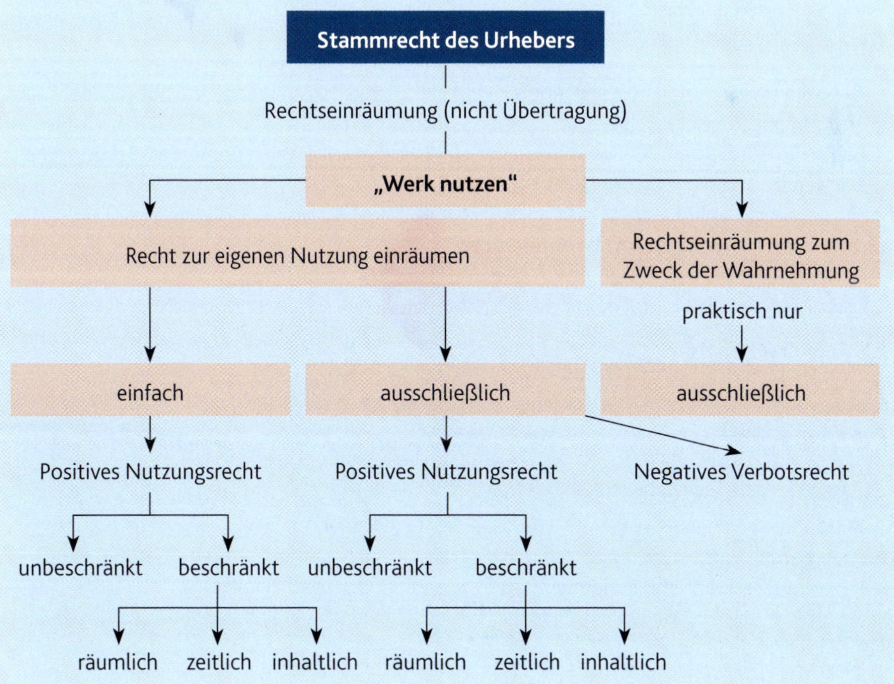

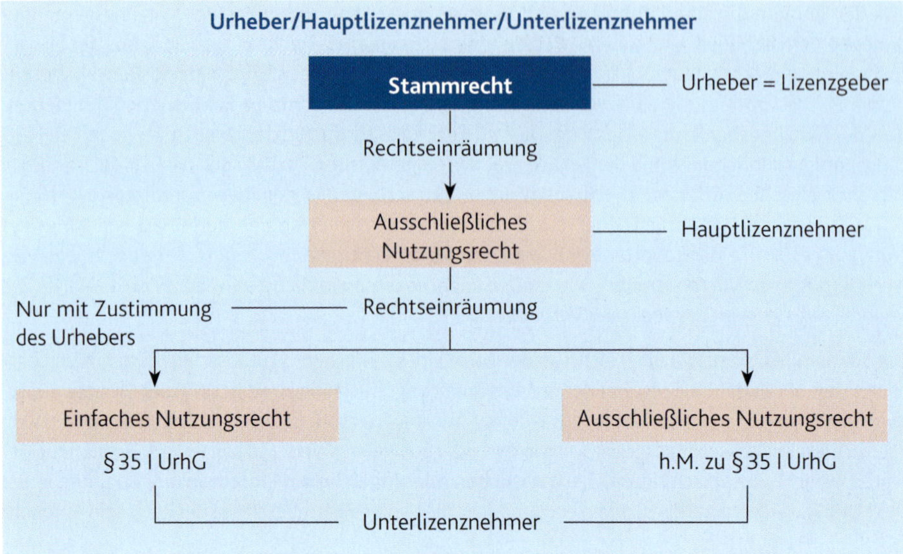


## Aufgaben

1 Erläutern Sie den Unterschied zwischen der Einräumung von Nutzungsrechten und einer Rechtsübertragung.

2 Ein Schlagerkomponist möchte seine Songs verwerten. Welche Vorgehensweise würden Sie ihm raten?

3 Grenzen Sie die Begriffe Haupt- und Unterlizenz voneinander ab.

4 Erläutern Sie, was es bedeutet, wenn ein Verlag das „Exklusivrecht" an einem Buch eingeräumt bekommt?

5 Der freie Texter Karl Schulz schreibt für eine Kampagne der Werbeagentur West GmbH einen Text für eine Werbebroschüre, die im Raum Stuttgart in der Zeit vom 1. Oktober bis 1. November in die Briefkästen der Privathaushalte eingeworfen wird. Wie könnte Karl Schulz seine Lizenzvereinbarung mit der West GmbH abfassen?

### 4.2.10 Vertragsregeln im Urheberrecht

Cartoonist Oliver Gast räumt dem Zeitungsverlag der Medi@ AG pauschal die Nutzungsrechte an einem Cartoon ein. Der Auszubildende Gerd Knopp denkt: „Prima, dann gehört dem Verlag ja jedes denkbare Nutzungsrecht am Cartoon."

**Arbeitsaufträge**

- Nehmen Sie Stellung dazu, ob die Ansicht von Gerd Knopp zutreffend ist.
- Argumentieren Sie dabei anhand der vertraglichen Regelungen des UrhG.

Verträge werden aufgesetzt, wenn von den Vertragsparteien eine **individuelle Lösung** angestrebt wird. Der Vertrag sollte alle Punkte enthalten, die zur eindeutigen Festlegung des Vertragsgegenstandes notwendig sind. Bedeutsam sind auch vorausschauende Vereinbarungen, die künftige Streitigkeiten vermeiden helfen.

Wichtige Gesichtspunkte, die das Urheberrecht betreffen, sind zum Beispiel

- genaue Festlegung des Vertragsgegenstandes,
- Klarstellung, dass dem Urheber das unbelastete Verfügungsrecht am Vertragsgegenstand zusteht,
- die Frage, wer weitere Rechte zu beschaffen hat,
- genaue Festlegung der Nutzungsarten (räumliche, zeitliche, inhaltliche Beschränkungen),
- Recht zur Vergabe von Unterlizenzen,
- Vergabe von Nebenrechten (z. B. Merchandising = Nutzung des Werks als Ware),
- Recht zur Bearbeitung und Veränderung durch den Lizenznehmer,
- Werknutzungspflicht zulasten des Lizenznehmers (insbesondere wichtig, wenn das Urheberhonorar vom Nutzungsumfang abhängt),
- Vergütung (pauschaliert oder als Beteiligung an den Verkaufs- und/oder Lizenzerlösen),
- Bucheinsichtsrecht des Urhebers,
- Recht, Werk durch Dritten bearbeiten zu lassen (für den Fall, dass der Urheber nicht kann oder will),
- Vereinbarung der Wirksamkeit des Vertrages auch für den Fall fehlenden Urheberschutzes (vorbeugend für den Fall, dass das Stammrecht nicht existiert und folglich auch das eingeräumte Recht nicht besteht, sogenanntes Problem der „Leerübertragung").

Darüber hinaus kennt das UrhG zum Schutz des Urhebers eine Reihe von zwingenden, vertraglich nicht abdingbaren Regeln.

### ● Verträge über unbekannte Nutzungsarten (§ 31a UrhG)

Ein Vertrag, durch den der Urheber Rechte für unbekannte Nutzungsarten einräumt oder sich dazu verpflichtet, bedarf der Schriftform.

### ● Recht auf angemessene Vergütung (§ 32 UrhG)

Fehlt in einer Nutzungsvereinbarung eine Regelung über die Höhe der Vergütung, so gilt eine angemessene, d. h. branchenübliche Vergütung als vereinbart. Wird in einen Nutzungsvertrag eine Vereinbarung aufgenommen, die die Schwelle zur Angemessenheit nicht erreicht, so kann der Urheber vom Vertragspartner verlangen, dass eine Vereinbarung über eine angemessene Vergütung in den Vertrag aufgenommen wird.

### ● Bestseller-Paragraf (§ 32 a UrhG)

Diese Vorschrift hat den Beinamen „Bestseller-Paragraf", weil sie für den Fall vorgesehen ist, dass das Werk des Urhebers unerwartet ein Bestseller wird. Bei einem auffälligen Missverhältnis zwischen dem Ertrag des Urhebers und demjenigen des Verwerters gibt § 32 a UrhG dem Urheber ein Nachforderungsrecht gegenüber dem Lizenznehmer bis zur Höhe einer angemessenen Vergütung.

### ● Künftige Werke (§ 40 UrhG)

§ 40 UrhG ordnet die Schriftform für den Fall an, dass der Urheber einen Vertrag über künftige, d. h. für gegenwärtig noch nicht existente Werke abschließt. Dies dient dem Schutz des Urhebers vor übereilten Vertragsabschlüssen. § 40 UrhG enthält außerdem ein Kündigungsrecht für beide Vertragsteile nach Ablauf von fünf Jahren.

### ● Rückrufrechte (§§ 41, 42 UrhG)

Wenn der Urheber ein ausschließliches Nutzungsrecht einräumt, kann er dieses Recht nach zwei Jahren zurückrufen, falls der Lizenznehmer das Recht bis dahin nicht oder nicht ausreichend ausgeübt hat und dem Urheber dadurch ein Schaden entstanden ist (§ 41 UrhG). Bevor der Urheber das Exklusivrecht zurückruft, muss er dem Lizenznehmer allerdings eine angemessene Frist für die Rechtsausübung setzen.

Ein Rückrufrecht steht dem Urheber außerdem zu, wenn sich seine Überzeugung hinsichtlich des Werks geändert hat und er die Verwertung des Werkes aus diesem Grunde nicht mehr möchte

(§ 42 UrhG). In diesem Fall muss der Urheber den oder die Lizenznehmer allerdings entschädigen. Überlegt es sich der Urheber später wieder anders und möchte das Werk nun doch wieder verwerten, so muss er die Verwertungsrechte als Erstes den ursprünglichen Lizenznehmern anbieten.

### ● Zweckübertragungstheorie (§ 31 V UrhG)

Die wichtigste Auslegungsregel des Urhebergesetzes ist die in § 31 V UrhG geregelte Zweckübertragungstheorie. Sie greift ein, wenn ein Nutzungsrecht eingeräumt wurde, ohne dass die Nutzungsarten, auf die sich das Recht erstreckt, einzeln bezeichnet wurden. Nach der Zweckübertragungstheorie bestimmt sich der Umfang des eingeräumten Nutzungsrechts nach dem mit seiner Einräumung verfolgten Zweck. Die Zweckübertragungstheorie ist eine den Urheber begünstigende Auslegungsregel, da im Zweifelsfall davon ausgegangen wird, dass der Urheber nicht mehr Rechte eingeräumt hat, als es der Vertragszweck erfordert.

***Vertragsregeln im Urheberrecht***

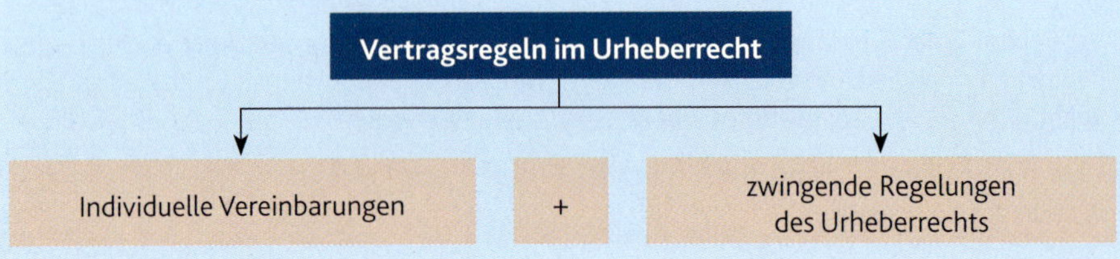


## Aufgaben

1 Erläutern Sie, welchen Zweck die vertraglichen Regelungen im Urhebergesetz verfolgen.

2 Grafiker Friedo Beck wird von einer Bäckereikette beauftragt, für eine Kampagne im Großraum Hannover Werbematerial zu erstellen. Im Nachhinein erfährt er, dass das Werbematerial bundesweit verteilt wurde.

3 Schriftstellerin Sarah Kampe plant bereits ihren nächsten Roman, über den sie bereits zum gegenwärtigen Zeitpunkt mit ihrem Verlag einen Verlagsvertrag abschließen möchte. Was muss sie beachten?

4 Paul Bäumler hat dem Buchverlag Bell Medi@ GmbH ein Exklusivrecht an seinem Fotobildband „Schule des Sehens" eingeräumt. In der Folgezeit hat er den Eindruck, dass sein Werk nicht optimal vermarktet wird. Was kann Paul Bäumler unternehmen?

5 Unter welchen Voraussetzungen könnte Paul Bäumler im Nachhinein eine Verbesserung seiner Honorierung verlangen?

### 4.2.11 Besondere Regeln für Filme

Bei der AV-Medien wird ein Film gedreht. Der Auszubildende Lars Stock ist beeindruckt, wie viele Personen hieran mitwirken. Er fragt den Produktionsleiter, wer eigentlich der Urheber des fertigen Films ist.

#### Arbeitsaufträge

- Erörtern Sie die schwierige Situation bezüglich der Rechte an einem Film.
- Erläutern Sie, wer als Urheber eines Filmes infrage kommt.

Den Filmen ist im Urhebergesetz ein eigener Abschnitt (§§ 88–95 UrhG) gewidmet. Dies deshalb, weil in einen Film viele überwiegend urhebergeschützte Werke einfließen und weil an der Entstehung eines Filmes viele Personen mitwirken, die als Urheber oder als Leistungsschutzberechtigte in Betracht kommen. Ein Film ist eine Bildfolge oder eine Bild-Ton-Folge, die den Eindruck einer Bewegung hinterlässt. Laufbilder unterscheiden sich insofern von Filmwerken, als bei ihnen der Werkcharakter verneint wird. Dementsprechend entstehen am **Filmwerk** Urheberrechte, an **Laufbildern** lediglich Leistungsschutzrechte (vgl. § 95 UrhG). Das **Verfilmungsrecht** ist zu unterscheiden vom **Recht am Filmwerk**. Das Verfilmungsrecht ist das Recht, ein vorbestehendes Werk zu verfilmen. Hierfür erforderlich ist, dass dem Filmhersteller die notwendigen Nutzungsrechte eingeräumt werden. Das Recht am neu entstandenen Filmwerk hat, wie im Urheberrecht üblich, der Urheber. Beim Filmwerk ist es allerdings nicht immer ganz leicht zu entscheiden, welche Mitwirkenden einen urheberrechtsrelevanten Beitrag zum Filmwerk geleistet haben. Als Filmurheber ist in erster Linie der Regisseur anzusehen. Daneben kommen aber auch noch der Kameramann, der Cutter, der Tonmeister oder andere Personen als Miturheber in Betracht, die einen eigenständigen schöpferischen Beitrag geleistet haben. Keine Urheber sind dagegen die Schauspieler und der Filmproduzent. Für sie gibt es Leistungsschutzrechte (§§ 73 ff., 92 ff. UrhG).

***Besondere Regeln für Filme***

**Film**

**Vorbestehende Rechte**

Problem:
Vorbestehende Rechte müssen dem Filmhersteller eingeräumt werden.

Recht zur Verfilmung

§ 88 UrhG

§ 88 UrhG beantwortet die Frage, welche Nutzungsrechte dem Filmhersteller an einem vorbestehenden Werk im Zweifel eingeräumt sind.

- Recht zur Bearbeitung oder Umgestaltung
- Ausschließliches Recht zur Verfilmung für 10 Jahre
- Diverse Nutzungsrechte am Filmwerk

**Neu entstandene Rechte**

Problem:
Wer erwirbt welche Rechte am Filmwerk?

Recht am Filmwerk

§ 89 UrhG

Regisseur = Filmurheber

Beteiligte bei der Herstellung (Kameramann, Cutter, Tonmeister) sind evtl. Miturheber

Filmproduzent = Leistungsschutzrechte (§ 94 UrhG)

Schauspieler = Leistungsschutzrechte (§§ 92, 93 UrhG)

### Aufgaben

1 Grenzen Sie das Filmwerk vom Laufbild ab.

2 Erklären Sie, was man unter dem Verfilmungsrecht einerseits und dem Recht am Filmwerk andererseits versteht.

3 Der Romanautor Wilfried Lange räumt der AV-Medien das Verfilmungsrecht für seinen Roman „Auf Messers Schneide" ein. Erläutern Sie anhand des § 88 UrhG, welche Nutzungsrechte der AV-Medien im Zweifel eingeräumt wurden.

4 Nennen Sie einige Beispiele für bereits bestehende Werke, die man in ein Filmwerk typischerweise einbringt.

5 Kameramann Karl Schulz behauptet, Miturheber eines Filmes geworden zu sein. Welche Argumente könnte er hierfür anführen?

## 4.2.12 Besondere Regeln für Computerprogramme

Unter den Auszubildenden Lars Stock und Julika Driesch ist ein Streit darüber entbrannt, ob Software nach dem Urhebergesetz oder nach dem Patentgesetz geschützt ist. Lars meint auch, dass man von Software keine Sicherungskopien erstellen darf.

### Arbeitsaufträge

- Erörtern Sie, ob Software dem Urheberschutz oder dem technischen Rechtsschutz (Patent) zugänglich ist.
- Beantworten Sie die Frage, ob der Softwarenutzer ohne Erlaubnis eine Sicherungskopie seiner Software anfertigen darf.

Der Schutz von Computerprogrammen wird von zwei Gesetzen mit unterschiedlichen Schutzrichtungen abgedeckt:

- Das **Urhebergesetz** schützt Computerprogramme in nichttechnischer Hinsicht als konkretes schöpferisches Werk.
- Das **Patentgesetz** schützt die in Computerprogrammen enthaltene technische Idee.

Wird ein Patent für ein Computerprogramm **als solches**, also für das Programm und den Programmcode in seiner **konkreten Ausdrucksform** beantragt, so ist die Patenterteilung nach geltendem deutschem und EURopäischem Patentrecht ausgeschlossen.
Wird ein Patent für die **Implementierung eines Verfahrens** beantragt, so ist eine Patenterteilung bei Vorliegen der übrigen Voraussetzungen möglich. Ein Computerprogramm ist somit patentschutzfähig, wenn das Programm den Aufbau einer neuen und erfinderischen Datenverarbeitungsanlage lehrt oder die Verbesserung der Benutzbarkeit einer solchen Datenverarbeitungsanlage enthält.
Beispiel *Ein Programmierer kann sich eine Verfahrensweise patentieren lassen, die mithilfe eines Computerprogramms einen technischen Vorgang sicherer, sparsamer usw., ablaufen lassen kann.*

Im UrhG finden sich in den § 69 a ff. besondere Regeln über den Schutz von Computerprogrammen. Mit dem Argument, dass Computerprogramme „lesbar" sind, gelten sie als „Sprachwerke" im Sinne des UrhG. Aus § 69 a UrhG folgt, dass nicht nur das fertige Computerprogramm, sondern auch das Entwurfsmaterial oder Programmteile vom Urheberschutz erfasst sind.

**Geschützt** sind also

- das Entwurfsmaterial (Problemanalyse, Datenfluss, Programmabläufe usw.),
- der Quellcode und der Maschinencode,
- Schnittstellen (zwischen Programm und Hardware oder zwischen Programm und Programmteilen),
- Bildschirmmaske (nach Rechtsprechung).

§ 69 c UrhG nennt drei Verwertungsrechte bezüglich des Urheberrechts am Computerprogramm, die im Gesetz als „**zustimmungsbedürftige Handlungen**" bezeichnet werden:

- Vervielfältigung, wobei eine vorübergehende Mehrfertigung ausreicht (§ 69 c Nr. 1 UrhG),
- Bearbeitung und Umarbeitung (§ 69 c Nr. 2 UrhG),
- Verbreitung einschließlich Vermietung (§ 69 c Nr. 3 UrhG).

Keiner Zustimmung bedürfen nach den §§ 69 d und e UrhG folgende Handlungen (= **Schrankenregelungen**):

- bestimmungsgemäße Benutzung (§ 69 d I UrhG),
- Erstellung einer Sicherungskopie (§ 69 d II UrhG),
- Beobachtung/Untersuchung/Test von Programmen (§ 69 d III UrhG),
- Dekompilierung = Rückwärtsanalyse (§ 69 e UrhG).

***Besondere Regeln für Computerprogramme***

**Rechtlicher Schutz von Software**

| **Patentschutz** | **Urheberschutz** |
|---|---|
| nicht für das Computerprogramm „als solches", sondern nur für eine mithilfe des Programms verbesserte Verfahrensweise | für ein Computerprogramm als konkrete Ausdrucksform |

## Aufgaben

1 Kann der Quellcode eines Softwareprogramms Urheberschutz beanspruchen?

2 Erläutern Sie, was das Urhebergesetz im Zusammenhang mit dem Schutz von Software unter „zustimmungsbedürftigen Handlungen" versteht.

3 Auf einer Website befindet sich ein Standard-Button. Wie sieht es mit dem Urheberschutz für diesen Button aus?

4 Nicole lädt illegal Software aus dem Netz auf ihren Rechner. Beschreiben Sie in der Terminologie des Urheberrechts, welche Rechtsverletzung Nicole begangen hat.

5 Stellt das Ablegen einer Datei im Zwischenspeicher (Cache) eines Rechners bereits eine Vervielfältigungshandlung dar?

### 4.2.13 Schutz von Datenbanken

Der Auszubildende Marco Bianchi steht an der Bushaltestelle und fragt sich, ob der von den Stadtwerken herausgegebene Busfahrplan ein Datenbankwerk ist.

**Arbeitsaufträge**

- Beantworten Sie die Frage von Marco Bianchi.
- Ein privater Verwerter möchte den Busfahrplan der Stadtwerke für eigene Zwecke nutzen. Erörtern Sie, ob dies erlaubt ist.

Nach dem UrhG muss man unterscheiden zwischen
- **Datenbankwerken** nach § 4 II UrhG
- **Datenbanken** nach § 87 a UrhG (Sui-generis-Schutz)

Das Urhebergesetz schützt traditionell sogenannte **Sammelwerke** (§ 4 I UrhG). Die gesammelten Werke oder Beiträge sind aber urheberrechtlich nur geschützt, wenn die Sammlung durch besondere Anordnung oder Auslese selbst eine persönlich-geistige Schöpfung darstellt.

Eine **Datenbank** ist gleichfalls eine Sammlung von Daten, Werken, Beiträgen, Texten, Tönen, Bildern usw., die nach bestimmten Ordnungskriterien sortiert sind und einzeln abgerufen werden können. Unerheblich für die Begriffsbestimmung ist, welcher Datenträger benutzt wird. Das UrhG stellt nun ausdrücklich fest, dass jede Sammlung im Rahmen einer Datenbank urhebergeschützt ist, sofern das Datenbankmaterial nach Auswahl oder Anordnung die Kriterien einer persönlichen geistigen Schöpfung erfüllt. Es reicht also nicht aus, Daten oder Werke lediglich aneinanderzureihen, ohne dass eine über das handwerksmäßig-mechanische hinausgehende Leistung eingebracht wird.

Um ein **Datenbankwerk** annehmen zu können, muss die Auswahl oder Anordnung der Daten zumindest originell sein (§ 4 II UrhG). Die Urheberschutzfähigkeit von Datenbanken hat zur Folge, dass bei der Benutzung von Datenbanken Nutzungsrechte (sogenannte „zustimmungsbedürftige Handlungen") eingeholt bzw. eingeräumt werden müssen, wie etwa Vervielfältigungs-, Bearbeitungs- oder Verbreitungsrechte.
**Beispiel** *Ein Zettelkasten mit alphabetisch sortierten Adressen ist zwar eine Datenbank, aber mangels Gestaltungshöhe noch kein Datenbankwerk, das den Schutz des Urhebergesetzes als Werk genießt.*

Einen Investitionsschutz eigener Art beinhaltet der in neuerer Zeit eingefügte § 87a ff. UrhG (**Sui-generis-Schutz**). So genießen Datenbankhersteller für den Inhalt der Datenbanken einen 15-jährigen Schutz, sofern die Erstellung der Datenbank eine wesentliche Investition erfordert hat. Geschützt wird der Datenbankinhalt vor rechtswidrigen Entnahmen und Verwertungen, wenn der Datenbankersteller dadurch unzumutbar beeinträchtigt wird.

***Schutz von Datenbanken***

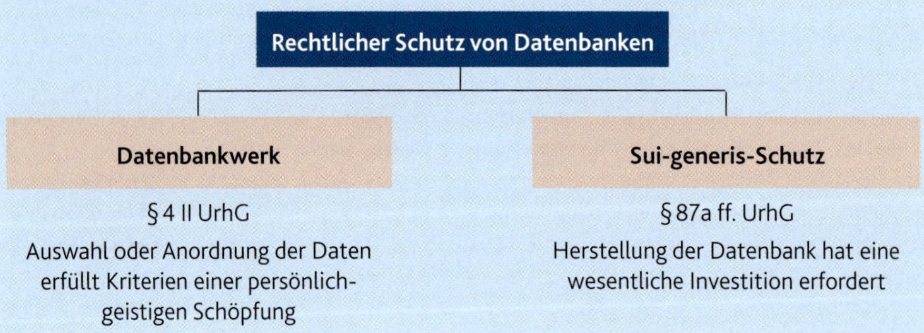


## Aufgaben

1 Erläutern Sie, unter welchem Gesichtspunkt eine redaktionell bearbeitete Gesetzessammlung in Buchform dem Urheberschutz unterfallen könnte.

2 Der Literaturkritiker Bruno Probst stellt eine Sammlung namens „Die schönsten Gedichte deutscher Sprache aus 3 Jahrhunderten" zusammen. Argumentieren sie, ob der Schutz des Urhebergesetzes greift.

3 Was unterscheidet den Sui-generis-Schutz im Sinne von § 87a ff. UrhG von den Grundgedanken des Urhebergesetzes?

4 Elvira möchte sich aus einem Internet-Lexikon einen Artikel herunter laden. Erläutern Sie, ob sie dies darf.

5 Erläutern Sie, wie lange Datenbanken nach § 87a ff. UrhG geschützt sind.

### 4.2.14 Rechtsfolgen von Urheberrechtsverletzungen

Der Auszubildende der Werbeagentur West GmbH Thorsten Warthofer ist ein begnadeter Karikaturen-Zeichner. Seine Kollegin Caroline Zander, die eine Zeichnung von ihm findet, scannt seine Zeichnung ein und verwendet sie für eine eigene Arbeit. Der Entwurf von Caroline wird anschließend vervielfältigt und in einer Werbebroschüre publiziert.

**Arbeitsaufträge**
- Beurteilen Sie Carolines Verhaltensweise.
- Erläutern Sie, was Thorsten für Ansprüche gegenüber Caroline geltend machen könnte.

Das Urhebergesetz regelt in den §§ 97–105 die **zivilrechtlichen Rechtsfolgen** von Verletzungshandlungen. Danach kommen folgende Ansprüche in Betracht:
- Unterlassung weiterer Verletzungen,
- Beseitigung der Beeinträchtigung,
- Ersatz des materiellen Schadens,
- Ersatz des immateriellen Schadens.

Der Inhaber eines Urheberrechts oder eines verwandten Schutzrechts sowie der Inhaber eines ausschließlichen Rechts kann die **Unterlassung** rechtswidriger Verletzungshandlungen verlangen, wenn eine Begehungs- oder Wiederholungsgefahr besteht.

Der **Beseitigungsanspruch** ist auf die Beseitigung eines fortdauernden Störungszustandes gerichtet, der auf einer widerrechtlichen Verletzung einer urheberrechtlich geschützten Rechtsposition beruht. Im Rahmen des Beseitigungsanspruches kann zum Beispiel die Vernichtung widerrechtlich hergestellter Vervielfältigungsstücke verlangt werden (vgl. § 98 UrhG).

**Materieller Schadensersatz** kommt bei schuldhaftem Handeln des Verletzers in Betracht, wobei Rechtsunkenntnis nicht entschuldigt. Der Geschädigte kann den Ausgleich des ihm entstandenen Vermögensschadens verlangen, wobei der ihm entgangene Gewinn mit zu berücksichtigen ist. Sollte der tatsächliche Schaden nicht bekannt oder nicht beweisbar sein, so kann der Geschädigte auch die fiktive Lizenzgebühr verlangen. Darunter ist die Gebühr zu verstehen, die bei abgeschlossenem Lizenzvertrag zu zahlen gewesen wäre. Anstelle des Schadensersatzes kann der Geschädigte vom Verletzer auch dasjenige verlangen, was dieser durch die Rechtsverletzung erlangt hat.

Der Anspruch auf **immateriellen Schadensersatz** setzt ein schuldhaftes Handeln des Schädigers voraus, das zu einer schweren und gravierenden Verletzung von Urheberpersönlichkeitsrechten geführt hat, die anderweitig nicht ausgleichbar ist.

Das Urhebergesetz kennt zudem **strafrechtliche Sanktionen**. Für die in § 106 I UrhG genannten Verletzungshandlungen droht dem Täter eine Freiheitsstrafe bis zu drei Jahren oder eine Geldstrafe. Bereits der Versuch ist strafbar (§ 106 II UrhG). Die gewerbsmäßige Piraterie wird mit einer Freiheitsstrafe bis zu fünf Jahren geahndet (§ 108a UrhG). Auch unerlaubte Eingriffe in technische Schutzmaßnahmen können strafrechtliche Folgen haben (§ 108b UrhG).

***Rechtsfolgen von Urheberrechtsverletzungen***

**Rechtsfolgen von Urheberrechtsverletzungen**

**Zivilrecht: §§ 97–105 UrhG**
- Unterlassung
- Beseitigung
- Schadensersatz

**Strafrecht: § 106 ff. UrhG**
- Freiheits- oder Geldstrafe

## Aufgaben

1 Unterscheiden Sie die zivilrechtlichen Sanktionen von den strafrechtlichen Sanktionen, die als Folge von Urheberrechtsverletzungen eintreten können.

2 Ingo Trick hat widerrechtlich Grafiken des Künstlers Mario Bunsen vervielfältigt und verbreitet. Versuchen Sie, eine Unterlassungserklärung zu formulieren, wie sie Mario Bunsens Rechtsanwältin Freia Krieg von Ingo Trick verlangen wird.

3 Erklären Sie den Unterschied zwischen materiellem und immateriellem Schadensersatz.

4 Erläutern Sie, welches Merkmal immer vorliegen muss, damit man als Opfer einer Urheberrechtsverletzung überhaupt zivilrechtlichen Schadensersatz bekommen kann.

5 Designer Hans Hase stellt fest, dass eine Grafik von ihm in einem Fernsehspot verwendet wurde, ohne dass er dem Sender entsprechende Rechte eingeräumt hat. Er ist aber gar nicht so böse darüber, da das Fernsehen im Allgemeinen gut zahlt. Was wird Hans Hase vom Sender verlangen?

### 4.2.15 Verwertungsgesellschaften

Der Auszubildende Alexander Staupe wird von seinem Chef Markus Contzen darüber informiert, dass die Buchverlag Bell Medi@ GmbH eine einstündige Lesung aus dem dort verlegten Werk „Heute" der Autorin Kerstin Glück veranstalten möchte.

**Arbeitsaufträge**
- Erläutern Sie, an welche Rechte der Autorin dabei gedacht werden muss.
- Überlegen Sie, wer als Rechteinhaber infrage kommt.

Je nach Werkart kann es sich in der Praxis für den Urheber als unausführbar oder unpraktikabel erweisen, mit jedem Werknutzer einen gesonderten Nutzungsvertrag abzuschließen. Deswegen tritt neben die individuelle Verwertung von Urheberrechten die **kollektive Verwertung** über sogenannte Verwertungsgesellschaften. Die Urheber übertragen der Verwertungsgesellschaft durch einen **Wahrnehmungsvertrag** die erforderlichen Verwertungsrechte und die Verwertungsgesellschaft schließt ihrerseits mit den Werknutzern Verwertungsverträge ab. Die Vergütungen aus diesen Verträgen werden von der Verwertungsgesellschaft eingezogen und nach einem Verteilungsplan an alle Urheber, die Mitglieder der Verwertungsgesellschaft sind, ausgeschüttet.

Um den Verwertungsgesellschaften einen gesetzlichen Rahmen zu geben, wurde das **Urheberrechtswahrnehmungsgesetz** (WahrnG) geschaffen. Aus dem WahrnG geht hervor, dass die Gründung einer Verwertungsgesellschaft der Erlaubnis des DPMA (Deutsches Patent- und Markenamt) bedarf, das auch die Aufsicht über die Verwertungsgesellschaften ausübt (§ 18 ff. WahrnG). Aus der starken, zuweilen monopolartigen Stellung der Verwertungsgesellschaften folgen eine Reihe von

Pflichten der Verwertungsgesellschaften gegenüber den Urhebern, etwa Wahrnehmungs-, Auskunfts- und Vertragsabschlusspflichten. Aber auch die Werknutzer haben gegenüber den Verwertungsgesellschaften Pflichten, etwa die Pflicht, eine Werknutzung zu melden.

Die einzelnen Verwertungsgesellschaften haben sich auf jeweils bestimmte Werkarten, Leistungen und/oder Nutzungsarten spezialisiert. Die wichtigsten Verwertungsgesellschaften sind:

- **GEMA** = Gesellschaft für musikalische Aufführungs- und mechanische Vervielfältigungsrechte, rechtskräftiger Verein kraft Verleihung.
- **GVL** = Gesellschaft zur Verwertung von Leistungsschutzrechten m. b. H.
- **VG Wort** = Verwertungsgesellschaft Wort, rechtsfähiger Verein kraft Verleihung.
- **VG Bild-Kunst** = Verwertungsgesellschaft Bild-Kunst, rechtsfähiger Verein kraft Verleihung.

***Verwertungsgesellschaften***

## Aufgaben

1 Erläutern Sie die Bedeutung und Aufgaben von Verwertungsgesellschaften.

2 Beschreiben Sie die Zusammenarbeit zwischen dem Urheber und einer Verwertungsgesellschaft.

3 Musikkomponist Carlo Forte möchte die Rechte an seinen Kompositionen von der GEMA wahrnehmen lassen. Hat Carlo Forte einen Anspruch darauf, von der GEMA vertreten zu werden?

4 Nennen Sie einige Verwertungsgesellschaften.

5 Stellen Sie dar, für die Wahrnehmung welcher Rechte die Verwertungsgesellschaften besonders bedeutsam sind.

## Wiederholungsaufgaben

1 Artikel 5 Grundgesetz ist die zentrale Grundrechtsnorm des Medienrechts. Nennen Sie einige Rechtsgüter oder Einrichtungen, die Artikel 5 schützt.

2 Die Auszubildende Flora Fingerhut möchte wissen, ob man Personen einfach fotografieren darf, ohne sie zu fragen. Was antworten Sie ihr?

3 Gerd Knopp, der als Azubi im Zeitschriftenverlag der Medi@ AG arbeitet, findet auf dem Flohmarkt einen ausrangierten PC, auf dessen Festplatte sich noch Datenmaterial (Briefwechsel) einer stadtbekannten Persönlichkeit befindet. Darf Gerd Knopp mit Hilfe dieses Materials einen Sensationsbericht in der Zeitung verfassen?

4 Thorsten Warthofer, Azubi in der Werbeagentur West GmbH, wird von Katrin Matera, die für die Öffentlichkeitsarbeit zuständig ist, damit betraut, eine Gegendarstellung zu verfassen. Hintergrund dieser Aufgabe ist ein Bericht über die Werbeagentur West GmbH in der örtlichen Tagespresse. In diesem Bericht finden sich zu niedrige Umsatzzahlen, unzutreffende Angaben über Aufträge und Kunden und ein nicht der Wahrheit entsprechender Hinweis auf eine angeblich

drohende Entlassungswelle bei der Werbeagentur. Thorsten Warthofer möchte von Ihnen wissen, was eine Gegendarstellung ist und auf was er alles achten muss.

5 Chefredakteur Norbert Tenne vom Zeitungsverlag der Medi@ AG bekommt von einem Informanten Material zu betrügerischen Machenschaften in der Stadtverwaltung zugesendet. Die Strafverfolgungsbehörden wollen von Norbert Tenne den Namen und die Anschrift dieses Informanten erfahren, da sie sich hilfreiche Hinweise für ihre Ermittlungsarbeit erhoffen. Muss Norbert Tenne den Informanten preisgeben?

6 Die kreativ veranlagte Auszubildende Caroline Zander gestaltet in ihrer Freizeit eine Internetseite, auf die sie ihre selbst gemachten Fotografien mit selbst verfassten Untertexten stellt. Auch die Buttons zur Benutzerführung hat sie selbst entworfen. Sie möchte nun wissen, ob ihre Beiträge auf der Internetseite davor geschützt sind, von anderen nachgeahmt zu werden.

7 Caroline Zander möchte Zeichnungen von Wilhelm Busch auf ihrer Internetseite verwenden. Darf sie das?

8 Der Auszubildende Marco Bianchi aus dem Geschäftsfeld AV-Medien verfolgt die Produktion einer Hörbuch-CD. Ursprünglich sollten die Gedichte der Autorin Clara Gabelsberger mit klassischer Musikuntermalung vorgetragen werden. Nun stellt sich im Studio heraus, dass die Kombination mit Rockmusik viel interessanter wäre. Marco Bianchi stellt sich die Frage, ob man für die Rockmusik-Variante eine Einwilligung der Autorin braucht – denn schließlich hat sie ja bereits der Verwertung ihres dichterischen Werkes zugestimmt.

9 Der Grafiker Horst Künstler produziert für den Buchverlag Bell Medi@ GmbH Technik-Cartoons, die ein künftiges Technikbuch auflockern sollen. Azubi Alexander Staupe ist so begeistert von den Zeichnungen, dass er vorschlägt, schon mal vorab eine kleine Ausstellung dieser Bilder im Foyer der Bell Medi@ GmbH zu veranstalten. Muss man Horst Künstler extra fragen, ob er dies möchte?

10 Azubi Jonathan Davis aus dem Geschäftsfeld AV-Medien ist verunsichert, ob er nach der jüngsten Verschärfung des Urheberrechts im Hinblick auf die Kopierfreiheit überhaupt noch Kopien seiner privaten Musik-CDs zum privaten Gebrauch herstellen darf. Können Sie ihm weiterhelfen?

11 Alexander Staupe, Azubi beim Buchverlag Bell Medi@ GmbH kommt zu Ohren, dass der Fachbuchautor Franz Xaver Schlauberger mit dem Verlag einen Exklusiv-Vertrag abschließen wird. Er fragt sich, was ein Exklusiv-Vertrag eigentlich genau ist. Können Sie es ihm erklären?

12 Alexander Staupe hat gleich noch eine Frage. Er möchte wissen, was er sich unter einem Bestseller-Paragrafen vorstellen soll.

13 Nicole Sommer macht eine Ausbildung zur Rechtsanwaltsfachgehilfin in der Zentralabteilung der Medi@ AG. Rechtsanwalt Thomas Stein, Experte für Lizenzrecht, erklärt Nicole Sommer, dass die Zweckübertragunstheorie die wichtigste Auslegungsregel bei der Frage, welche Nutzungsrechte im Zweifel eingeräumt sind, darstellt. Die Zweckübertragungstheorie ist inzwischen sogar in das Urhebergesetz aufgenommen worden. Was besagt die Zweckübertragungstheorie?

14 Emilio Lanzetti, angehender Informatikkaufmann und derzeit Azubi in der Zentralabteilung der Medi@ AG, soll eine Datenbank als interne Unternehmenskommunikationsplattform einrichten. Was unterscheidet eine Datenbank von einem Datenbankwerk im Sinne des Urhebergesetzes? Was liegt hier wohl konkret vor?

# 5 Beschaffungsprozesse planen, steuern und kontrollieren

# 5.1 Bedeutung der Beschaffung für den betrieblichen Leistungsprozess

## 5.1.1 Güterbeschaffungsmarketing (Beschaffungsobjekte, Beschaffungsmarktforschung)

Bei einer Teambesprechung in der Buchhandlung Medi@Point GmbH & Co. KG sagt der Geschäftsführer Thomas Müller: „Für das Ökologie-Sonderheft unserer Kundenzeitschrift ‚Medi@ Point Aktuell' dürfen wir natürlich nur Recyclingmaterialien verwenden. Es dürfen keine umweltschädlichen Stoffe benutzt werden, sonst machen wir uns unglaubwürdig. Frau Schüren, besorgen Sie doch bitte eine Aufstellung geeigneter Lieferanten, Druckereien, Papier- und Druckfarbenqualitäten." Frau Schüren überlegt kurz und antwortet dann: „Herr Müller, eine geeignete Liste kann ich innerhalb von 30 Minuten besorgen. Da brauche ich bloß mittels PC eine Marktrecherche zu starten. Aber das allein wird uns nicht viel nutzen. Exakte Daten müssen auch ausgewertet werden, dafür brauche ich mindestens eine Woche Zeit." „Ich brauche aber sofort das benötigte Material, wir stehen ziemlich unter Termindruck", entgegnete Herr Müller. Frau Schüren lächelt: „Das kenne ich, aber sauberes Beschaffungsmarketing braucht seine Zeit. Und wir wollen doch nichts überstürzen. Sie wissen doch selbst: Im Einkauf liegt der Gewinn!"

**Arbeitsaufträge**
- Erläutern Sie, was Frau Schüren mit ihrer letzten Aussage meint.
- Unterscheiden Sie im Rahmen der Beschaffungsmarktforschung interne und externe Quellen.

### Beschaffungsobjekte

*Vergleiche hierzu die Seiten 309 ff.*

Zum Beschaffungsmarketing gehören im weitesten Sinne alle Tätigkeiten, die sich auf die Beschaffung und termingerechte Bereitstellung der betrieblichen Produktionsfaktoren beziehen. Hierzu gehört eine genaue Kenntnis der einzelnen Teilmärkte, die durch **Beschaffungsmarktforschung** erreicht werden kann.

- **Arbeitskräfte:** Für alle Abteilungen des Unternehmens müssen entsprechend ausgebildete Mitarbeiter auf dem Arbeitsmarkt beschafft werden. Hierzu gehören auch geeignete Nachwuchskräfte. Diese Maßnahmen gehören zum Personalbeschaffungsmarketing.
  **Beispiele** *Facharbeiter für die Produktion, Fach- und Hilfskräfte für die kaufmännische Verwaltung, Mitarbeiter im Verkauf, Führungskräfte*
- **Finanzmittel:** Zur Beschaffung von Maschinen, Fahrzeugen, Büroausstattung usw. sowie zum Kauf von Grundstücken für Produktions-, Lager- und Verwaltungsgebäude und zu deren Erhaltung werden finanzielle Mittel benötigt, die auf dem Kapitalmarkt beschafft werden müssen. Hiermit beschäftigt sich das Finanzmittelbeschaffungsmarketing.
  **Beispiel** *Kredite, Darlehen, Hypotheken*
- **Dienstleistungen:** Jedes Unternehmen benötigt Dienstleistungen anderer Unternehmen, um seine Ziele zu erreichen. Das Dienstleistungsbeschaffungsmarketing dient einer optimalen Versorgung mit Dienstleistungen.
  **Beispiele** *Versicherungen, Transportleistungen (Spediteure), Steuerberatung (Steuerberater, Wirtschaftsprüfer), Rechtsberatung (Rechtsanwälte, Notare), Gebäudereinigung, Beratung bei Werbemaßnahmen (Werbeagenturen), Geldanlage (Banken), Unternehmensberater*
- **Betriebsmittel:** Betriebsmittel werden zur Produktion von Erzeugnissen benötigt. Ihre Beschaffung ist Aufgabe des **Güterbeschaffungsmarketings**.

- **Handelswaren:** Handelswaren sind für Industriebetriebe Güter, die unverändert weiterveräußert werden und nicht Bestandteile von selbst produzierten Erzeugnissen sind.
  Beispiel *Ein Büromöbelhersteller vertreibt neben seinen selbst produzierten Möbeln zusätzlich Schreibtischauflagen, Schreibtischlampen, Kalender, Kugelschreiber usw. Diese Artikel sind für das Unternehmen Handelswaren.*

- **Informationen:** Aktuelle und schnell verfügbare Informationen sind für Unternehmen ein wichtiger Wettbewerbsfaktor. Sie sind Basis für alle Entscheidungen in einem Unternehmen. Informationen, die nicht intern vorliegen, z. B. durch Aufzeichnungen des Rechnungswesens, müssen kostengünstig und kurzfristig beschaffbar sein, um auf Veränderungen der Marktsituationen rechtzeitig reagieren zu können. Das **Informationsbeschaffungsmarketing** nimmt deshalb in Unternehmen eine zunehmend wichtige Stellung ein.

## Güterbeschaffung

Das Beschaffungsmarketing im engeren Sinne bezieht sich auf die **Güterbeschaffung**. Sie ist meist in einer Abteilung (z. B. Beschaffung, Einkauf) zusammengefasst, die nach **Beschaffungsobjekten** in Arbeitsgruppen untergliedert ist. Der Vorteil besteht darin, dass die Mitarbeiter sich in den einzelnen Arbeitsgruppen auf bestimmte Beschaffungsobjekte spezialisieren können. Sie haben einerseits fundierte Kenntnisse in ihrem Materialbereich und andererseits spezialisierte Marktkenntnisse.

**Grundlage** des Güterbeschaffungsmarketings ist der **Absatzplan** eines Unternehmens. Hierin wird festgelegt, wie viel und welche Produkte in den Planperioden (Monat, Quartal, Jahr) herzustellen sind. Er basiert auf den Entscheidungen des Absatzmarketings.

Aus dem Absatzplan lässt sich ableiten, welche Güter (Art und Menge) beschafft werden müssen, um das Absatzziel zu erreichen. Für jedes Produkt ist aus der **Stückliste** zu entnehmen, aus welchen Einzelteilen es besteht. Die hierzu erforderlichen Roh-, Hilfs-, Betriebsstoffe und Fertigteile sind in einem **Beschaffungsplan** zu erfassen.

Aus den Beschaffungsplänen für einzelne Produkte bzw. Produktgruppen ist der gesamte Bedarf an Gütern abzuleiten, der für die jeweilige Planungsperiode entsteht. Die Beschaffungspläne sind Grundlage für die **Finanzbedarfspläne**. Hierin wird festgelegt, welcher Finanzmittelbedarf für die Planungsperiode entsteht. So wird sichergestellt, dass zum Beschaffungstermin die erforderlichen Mittel zur Bezahlung bereitstehen.

Um die betrieblichen Ziele zu erreichen und **wirtschaftlich vertretbare und absatzorientierte** Beschaffungsentscheidungen zu treffen, sind folgende Fragen zu klären:

| Fragen | Entscheidungskriterien |
|---|---|
| Welche Güter sind zu beschaffen? | Hierbei sind Qualität, Ausführung, Größe, Farbe usw. eines Produktes zu berücksichtigen |
| Welche Menge soll von jedem Gut beschafft werden? | Hierzu muss der geplante Absatz bekannt sein. Die verfügbare Lagerkapazität muss berücksichtigt werden. Es wird auch geklärt, wie oft (nach-)bestellt werden soll (Bestellrhythmus). |
| Wann sollen die zu beschaffenden Güter zur Verfügung stehen? | Entscheidend ist, wann die Güter in der Produktion benötigt werden. Hiervon hängt ab, wann bestellt wird. Zu beachten sind die Lagerfähigkeit der Güter, die Liefer- und Transportzeiten sowie Preisentwicklungen auf dem Beschaffungsmarkt. |
| Zu welchen Konditionen soll (kann) beschafft werden? | Hier sind die Liefer- und Zahlungsbedingungen zu prüfen und zu vergleichen. |

| Fragen | Entscheidungskriterien |
|---|---|
| Zu welchem Preis soll (kann) beschafft werden? | Nicht immer ist der Lieferer mit dem niedrigsten Preis auch der günstigste. Alle übrigen Gesichtspunkte (Konditionen, Zuverlässigkeit, Liefertermin, ökologische Gesichtspunkte usw.) müssen in die Entscheidung einbezogen werden. |
| Bei welchem Lieferer soll beschafft werden? | Hier sind u. a. Preise, Konditionen und Image der Lieferer zu vergleichen. |

## Beschaffungsmarktforschung

Alle Entscheidungen des Güterbeschaffungsmarketings stützen sich auf Informationen, die im Rahmen der **Beschaffungsmarktforschung** gewonnen werden müssen. Hierbei werden Daten des Beschaffungsmarktes erhoben und ausgewertet.
Beispiele *Erfassen von Preisentwicklungen bei verschiedenen Roh- und Hilfsstoffen, Beobachtung des Marktes, um Produktneuheiten zu erkennen, Erfassen und Bewerten des Marktverhaltens von Lieferern.*

Wie im Rahmen der Absatzmarktforschung werden **interne und externe Informationsquellen** genutzt.

- **Interne Quellen:** Informationen über eigene Lieferer werden meist computergestützt gesammelt und ausgewertet. In einer **Liefererdatei** bzw. **Angebotsdatei** werden Name, Anschrift, Liefersortiment, Preise und Konditionen von Lieferern und die Einhaltung ökologischer Vorgaben erfasst. Diese Bezugsquelleninformationen können bei Bedarf zur Entscheidungsfindung herangezogen werden.
  Beispiel *Bei der Medi@ AG ist der Stammlieferer für Kopierpapier ausgefallen. Kurzfristig muss bei einem anderen Lieferer bestellt werden, damit die Produktion und der Verkauf nicht verzögert werden. Frau Flasdiek, Gruppenleiterin für Zubehörbeschaffung, tippt in ihren Computer das Suchwort „Kopierpapier" ein und erhält auf ihrem Monitor eine Aufstellung aller entsprechenden Lieferer. Per Telefon oder Fax kann sie nun kurzfristig anfragen, ob und zu welchen Bedingungen geliefert werden kann.*

- **Externe Quellen:** Sie müssen genutzt werden, wenn der Informationsbedarf nicht durch interne Quellen gedeckt werden kann, z. B. bei der Suche nach Bezugsquellen für Produkte, die bisher noch nicht im Produktionsprozess benötigt wurden.
  Beispiele
  - *Auswerten von Anzeigen in Fachzeitschriften*
  - *Besuch von Messen und Ausstellungen*
  - *Gespräche mit Handelsvertretern oder Reisenden*
  - *Informationen von Banken, Geschäftsfreunden, Fachverbänden, Industrie- und Handelskammern*
  - *Branchenadressbücher, Messekataloge*
  - *ABC der Deutschen Wirtschaft*
  - *Gelbe Seiten der Telekom*
  - *Datenbanken im Internet*

Eine besondere Stellung bei externen Informationsquellen nehmen **Datenbanken** ein. Zunehmend lösen sie herkömmliche Printmedien wie Adressbücher ab. Ein Interessent für bestimmte Lieferer oder Produkte kann am eigenen Computer mit Datenleitungen (Telefon) auf diese Datensammlungen direkt zugreifen **(Online-Recherche)**. Er kann diese Datenrecherche aber auch bei Banken oder speziellen Datenbankbetreibern (Informationsbroker) gegen Honorar in Auftrag geben **(Offline-Recherche)**. Alle Informationsquellen müssen sorgfältig ausgewertet werden. Sind Bezugsquellen bekannt, können gezielt Angebote, Warenproben, Muster usw. angefordert werden.

***Güterbeschaffungsmarketing (Beschaffungsobjekte, Beschaffungsmarktforschung)***

- ***Beschaffungsmarketing*** *im weiteren Sinne umfasst die Versorgung eines Betriebes mit allen erforderlichen* ***Gütern und Dienstleistungen****:*
  - *Arbeitskräfte*
  - *Betriebsmittel*
  - *Finanzmittel*
  - *Informationen*
  - *Dienstleistungen*
- *Beschaffungsmarketing im engeren Sinne umfasst die Güterbeschaffung. Sie bezieht sich auf die* ***Beschaffungsobjekte*** *Betriebsmittel:*
  - *Maschinen*
  - *Fuhrpark*
  - *Werkstoffe (Roh-, Hilfs- und Betriebsstoffe) und Handelswaren*
  - *Fertigteile*
- ***Grundlage*** *des Beschaffungsmarketings ist der* ***Absatzplan****. Hieraus ergibt sich der Bedarf an Gütern.*
- *Bei der Beschaffung sind folgende Entscheidungen zu fällen:*
  - ***Art und Bezeichnung der Beschaffungsobjekte***
  - ***Menge***
  - ***Bestellzeitpunkt***
  - ***Liefer- und Zahlungskonditionen***
  - ***Beschaffungspreis***
  - ***Lieferquelle***
- *Die Beschaffungsmarktforschung bedient sich* ***interner*** *(Lieferer-, Angebotsdatei) und* ***externer Informationsquellen*** *(Fachzeitschriften, Messen, Datenbanken).*

## Aufgaben

1 Sie möchten sich einen neuen PC kaufen. Das Geld (1 500,00 EUR) hierfür haben Sie im Lotto gewonnen. Führen Sie eine Beschaffungsmarktforschung für dieses Produkt durch. Arbeiten Sie in Ihrer Klasse in Gruppen.
   a) Erstellen Sie eine Liste aller Bezugsquellen, z. B. Fachgeschäfte, Warenhäuser, Versandhandel, Gebrauchtwarenmarkt.
   b) Erfassen Sie die Preise aller Lieferer für ein bestimmtes Gerät.
   c) Erfassen Sie die Liefer-, Zahlungs- und Garantiekonditionen aller Lieferer.
   d) Entscheiden Sie sich für einen Lieferer und begründen Sie Ihre Entscheidung.
   e) Präsentieren Sie Ihre Gruppenarbeitsergebnisse.

2 a) Die Medi@ AG möchte für ihre Druckerzeugnisse nur noch schadstofffreie bzw. -arme Druckfarben verwenden. Welche Möglichkeiten gibt es für den Sachbearbeiter in der Beschaffungsabteilung, die Anzahl und die Anschriften der Anbieter für diese Materialien herauszufinden? Bedenken Sie, dass nur eine möglichst vollständige Marktübersicht sinnvoll ist und dass die Informationen so schnell wie möglich bereitstehen sollen.
   b) Nehmen Sie an, dass es für die gesuchten Druckfarben 120 Anbieter gibt. Beschreiben Sie, wie Sie möglichst schnell die Informationen über Preise, Liefer- und Zahlungsbedingungen, Qualitäten, Farbmuster usw. der Anbieter erhalten können.

3 Erläutern Sie, weshalb der Absatzplan eines Unternehmens Grundlage des Beschaffungsmarketings ist.

4 Ein Unternehmen möchte seine Entscheidungsbasis für das Beschaffungsmarketing verbessern und eine Lieferer- und Angebotsdatei aufbauen. Erstellen Sie hierzu eine Liste aller benötigten Datenfelder.

5 Beschreiben Sie die Vorzüge von externen Datenbanken bei der Beschaffungsmarktforschung.

6 Im Rahmen der Beschaffungsmarktforschung werden interne und externe Informationsquellen genutzt. Erläutern Sie einige interne und externe Quellen.

### 5.1.2 Bedarfsermittlung nach Menge und Zeit

Barbara Wolf kommt ganz aufgeregt nach dem Unterricht im Berufskolleg in die Medi@Point GmbH & Co. KG Buchhandlung zurück. Sie bittet um ein Gespräch mit dem Geschäftsführer Thomas Müller. „Herr Müller, wir sollen für die nächste Woche das Thema ‚Bedarfsermittlung nach Menge und Zeit' betriebspraktisch orientiert für den Wirtschaftslehreunterricht vorbereiten. Wo kommt denn diese Thematik bei uns im Betrieb vor?" Herr Müller überlegt kurz, dann sagt er: „Da schicke ich Sie doch am besten zu Frau Flasdiek vom Zeitschriftenverlag, denn dort hat man täglich damit zu tun."
Frau Flasdiek erklärt Barbara Wolf kurze Zeit später den Zusammenhang wie folgt: „Pro Tag unterschreibe ich durchschnittlich 25 Bestellungen für Bürobedarfsartikel, Papier, Druckfarben usw. Bei jeder Bestellung muss ich kostbare Zeit opfern, um die Bestellmenge und die Preise zu kontrollieren. Für jede Prüfung brauche ich etwa drei Minuten. Meine Sachbearbeiterin, Frau Michels, arbeitet zwar sehr sorgfältig, aber wie heißt es doch: Kontrolle muss sein. Auf Dauer kann es aber nicht sinnvoll sein, jeden Tag 75 Minuten nur mit der Bestellprüfung zuzubringen. Deshalb erarbeite ich gerade mit Frau Michels ein Konzept, wie wir es schaffen können, den Bedarf eines halben Jahres zu bestellen und auf Lager zu nehmen. Dann blieben noch höchstens 200 Bestellungen pro Jahr zu bearbeiten. Die ganze Arbeit hätten wir dann in einer Woche erledigt und hätten somit eine Menge Kapazitäten für andere Arbeiten gewonnen. Allerdings machen uns die vom Lager Probleme und liegen uns in den Ohren mit dem Satz, dass das neue Verfahren die Gesamtkosten steigern würde. Wir müssen also den Kollegen den Zusammenhang zwischen der Anzahl der Bestellungen und den entstehenden Kosten klarmachen."

**Arbeitsauftrag**

- Stellen Sie fest, welche Lager- und Beschaffungskosten in einem Medienbetrieb entstehen, und erläutern Sie, in welchem Zusammenhang diese Kosten zueinander stehen.

Bei jeder Bestellung muss entschieden werden, wie viel und wie oft bestellt werden soll. Je **größer die Bestellmengen** sind, desto mehr Kapital wird gebunden und desto höhere Lagerkosten werden verursacht. Andererseits ermöglichen große Bestellungen das Ausnutzen von Preis- und Kostenvorteilen.

**Beispiele**

- *Bei größeren Bestellmengen sind oft Mengenrabatte zu erhalten.*
- *Größere Bestellmengen verringern Transportkosten, da nicht so häufig angeliefert werden muss (ökologischer Aspekt).*

**Kleinere Bestellmengen** binden wenig Kapital und führen zu niedrigen Lagerkosten. Sie verursachen aber höhere Beschaffungskosten.

#### Beschaffungskosten, Lagerkosten

Sowohl die Beschaffung als auch die Lagerung verursachen Kosten, deren Höhe von der Einkaufsmenge abhängig ist. Um diese Kosten zu minimieren, ist eine genaue Planung der Beschaffungsmengen erforderlich.
Unter Bestellkosten oder Beschaffungskosten werden alle **Sach- und Personalkosten** verstanden, die durch eine Bestellung oder Beschaffung von Gütern verursacht werden. Hierzu zählen Kosten für Anfragen, Angebotsvergleiche, Vertragsverhandlungen usw. Diese Kosten können nicht immer einem einzelnen Produkt zugerechnet werden. Hier sind Erfahrungs- und Schätzwerte die Basis.
**Beispiel** *Bei der Bürodesign GmbH, einem Zulieferer der Medi@ AG, sind zwei Einkäufer beschäftigt. Sie bearbeiten in einem Jahr 3 000 Bestellungen. Die beiden Mitarbeiter verursachen jährlich 70 000,00 EUR Personalkosten. An Sachkosten (Büromiete, -material usw.) entstehen weitere 6 000,00 EUR. Die 3 000 Bestellungen kosten daher in einem Jahr 76 000,00 EUR. Somit verursacht eine Bestellung durchschnittliche Kosten von etwa 25,00 EUR.*

Diese Berechnung ist sehr grob und kann das Prinzip der **Kostenermittlung für Bestellungen** nur oberflächlich erklären, denn der Arbeitsaufwand bei der Warenprüfung im Lager und in der Produktion muss ebenfalls berücksichtigt werden. Ferner entstehen im Rechnungswesen bei jeder Bestellung Arbeiten (Buchung der Verbindlichkeiten, Veranlassen der Bezahlung usw.), die ebenfalls Kosten verursachen, jedoch nicht von dem Bestellwert abhängig sind **(bestellfixe Kosten)**.

Beispiel *Das Schreiben einer Bestellung, die Buchung einer Verbindlichkeit, die Überweisung des Rechnungsbetrages an den Lieferer kosten im Durchschnitt immer gleich viel, egal ob eine Bestellung über 15 000,00 EUR oder 1,50 EUR ausgeführt wird.*

## ● Optimale Bestellmenge (Mengendisposition)

Beschaffungskosten und Lagerkosten entwickeln sich gegenläufig. Je häufiger nachbestellt wird, desto geringer sind der Lagerbestand und die Lagerkosten. Je seltener nachbestellt wird, desto geringer sind die Beschaffungskosten. Die Bestellmenge, bei der die Summe beider Kostenarten (Beschaffungskosten und Lagerkosten) am geringsten ist (Minimum der Kosten), heißt **optimale Bestellmenge**. Hieraus lässt sich die **optimale Bestellhäufigkeit** ableiten.

Beispiel *Bei der Medi@ AG werden in den Büros pro Jahr etwa 120 000 Pakete Kopierpapier verbraucht. Je Paket entstehen an Lagerkosten etwa 0,04 EUR. Jede Bestellung verursacht 75,00 EUR Kosten. Die Sachbearbeiterin Frau Michels könnte einerseits den gesamten Jahresbedarf auf einmal bestellen und auf Lager nehmen. Sie könnte auch kleinere Mengen bestellen (im Extremfall täglich). Um die Summe beider Kosten bei unterschiedlichen Bestellhäufigkeiten zu bestimmen, erstellt sie eine Tabelle. Sie berechnet für jede Anzahl von Bestellungen die Bestellkosten, die Lagerkosten und die Summe der Kosten. Bei den durchschnittlichen Lagerkosten berücksichtigt sie, dass durchschnittlich nur die Hälfte der Bestellmenge auf Lager liegt. Um Zeit zu sparen, bedient sie sich der Hilfe eines Computers und einer Tabellenkalkulationssoftware.*

**Optimale Bestellmenge und -häufigkeit**
**Kosten für eine Bestellung in EUR:** 75,00
**Lagerkosten je Stück in EUR:** 0,04
**Jahresbedarf in Stück:** 120 000

| Anzahl der Bestellungen | Bestell-menge in Stück | Ø Lager-bestand in Stück | Ø Lager-kosten in EUR | Bestell-kosten in EUR | Gesamt-kosten in EUR |
|---|---|---|---|---|---|
| 1 | 120 000 | 60 000 | 2 400,00 | 75,00 | 2 475,00 |
| 2 | 60 000 | 30 000 | 1200,00 | 150,00 | 1350,00 |
| 3 | 40 000 | 20 000 | 800,00 | 225,00 | 1025,00 |
| 4 | 20 000 | 15 000 | 600,00 | 300,00 | 900,00 |
| 5 | 24 000 | 12 000 | 480,00 | 375,00 | 855,00 |
| **6** | **20 000** | **10 000** | **400,00** | **450,00** | **850,00** |
| 7 | 17 143 | 8 572 | 342,86 | 525,00 | 867,86 |
| 8 | 15 000 | 7 500 | 300,00 | 600,00 | 900,00 |
| 9 | 13 333 | 6 667 | 266,67 | 675,00 | 941,67 |
| 10 | 12 000 | 6 000 | 240,00 | 750,00 | 990,00 |
| 11 | 10 909 | 5 455 | 218,18 | 825,00 | 1043,13 |
| 12 | 10 000 | 5 000 | 200,00 | 900,00 | 1100,00 |

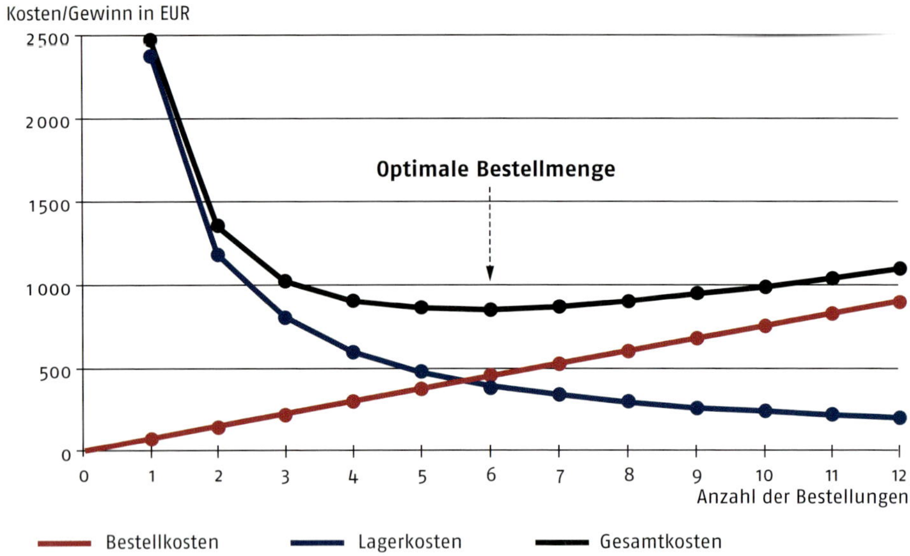


*Das Minimum der Gesamtkosten ergibt sich bei sechs Bestellungen pro Jahr, d. h., Frau Michels sollte alle zwei Monate 20 000 Pakete Kopierpapier bestellen.*

In der Praxis kann die optimale Bestellmenge aus folgenden Gründen häufig nicht verwirklicht werden:

- Der Lieferer schreibt Mindestabgabemengen vor.
  Beispiel *Kopierpapier wird nur bei einer Mindestabnahme von 100 Paketen geliefert.*
- Die Güter werden nur in festen Verpackungseinheiten geliefert.
  Beispiel *Druckfarbe wird in 30-kg-Fässern geliefert.*
- Die Güter sind nur beschränkt lagerfähig.
  Beispiele *Lebensmittel für die Betriebskantine, Tinte in Druckerpatronen.*
- Die Güter unterliegen starken Preisschwankungen.
  Beispiel *Druckbogen werden eingekauft und gelagert, wenn der Marktpreis niedrig ist.*

Häufig ist es nicht wirtschaftlich, für jedes Beschaffungsgut die optimale Bestellmenge zu berechnen, selbst wenn Computerhilfe in Anspruch genommen werden kann. Der Arbeitsaufwand steht oft in keinem wirtschaftlichen Verhältnis zur möglichen Kosteneinsparung.
Beispiel *In den Büros werden bei der Medi@AG Farbstifte verwendet. Dieses Verbrauchsmaterial ist preiswert und wird je nach Bedarf unter Ausnutzung von Mengenrabatt eingekauft. Der Aufwand, die optimale Bestellmenge zu ermitteln, würde den Kostenvorteil des Mengenrabattes aufzehren.*

## Bestellzeitpunkt (Zeitdisposition)

Bei der Festlegung des Bestellzeitpunktes und des geplanten Liefertermins ist zu überprüfen, ob die Lieferung der Produkte auch **just in time (jit = gerade zur rechten Zeit)** erfolgen kann, d. h., alle Beschaffungsgüter sollen genau zu dem Zeitpunkt an dem Ort bereitgestellt werden, an dem sie benötigt werden. Als **Vorteile** ergeben sich für den Hersteller die **Vermeidung von Lagerkosten** und die damit verbundene **Verringerung der Kapitalbindung**. Der Liefertermin richtet sich bei der jit-Belieferung nach den Bestellungen der Kunden bzw. dem Absatzplan. Folglich muss die Verkaufsabteilung der Fertigungsabteilung die benötigten Mengen mitteilen. Danach kann die Fertigungsabteilung die Lieferanten benachrichtigen, damit diese die benötigten Mengen herstellen und zur rechten Zeit liefern können. Wesentliche Voraussetzungen für die jit-Belieferung sind der Einsatz moderner Kommunikationstechniken und eine computergestützte Auftragsbearbeitung und Lagerorganisation. Durch die jit-Belieferung ergeben sich in einer Volkswirtschaft eine Reihe von **Nachteilen**, da das entstehende **erhöhte Verkehrsaufkommen** zu einer Belastung der Umwelt durch Energieverbrauch, Schadstoffemissionen und Lärmbelästigung führt.

Der Zeitpunkt für eine Beschaffung hängt von vielen Faktoren ab. Grundlage für die Entscheidung über den **Bestellzeitpunkt** ist der Termin, zu dem das Gut in der Produktion zur Verfügung stehen muss. Von diesem Termin muss rückwärts gerechnet werden. Zu berücksichtigen sind:

- **Bestelldauer innerhalb des Hauses** (die Zeit vom Feststellen des Bedarfs in der Produktion oder dem Lager bis zur Bedarfsmeldung bei der Beschaffungsabteilung, Zeit für Angebotseinholung und -auswertung, Schreiben und Versand der Bestellung)
- **Bearbeiten der Bestellung beim Lieferer** (Zeit für Postweg der Bestellung, Posteingang und -bearbeitung beim Lieferer, Auftragsprüfung und -planung, ggf. Produktion, Verpacken)
- **Lieferzeit** (Versand per Deutsche Post AG, Deutsche Bahn AG, Spediteur usw.)
- **Warenannahme und -prüfung** (beim Besteller)
- Zeit für den **innerbetrieblichen Transport** des Gutes bis zur Produktion

Ferner ist bei der Festlegung des Bestellzeitpunktes die **Lagerfähigkeit** der Güter zu berücksichtigen. Außerdem muss beim Eintreffen der bestellten Güter genügend **freie Lagerkapazität** vorhanden sein.

♦ *ABC-Analyse*

Bei Unternehmen mit einer Vielzahl verschiedener Lagergüter ist eine Bestandskontrolle besonders schwierig. Je größer die Anzahl verschiedener Lagergüter ist, desto höher sind die Kosten für Organisation, Planung und Durchführung der Beschaffung sowie der Kontrolle des Lagerwesens. Deshalb ist es für ein Unternehmen sinnvoll und wirtschaftlich, **Schwerpunkte** zu **bilden**. Eine Möglichkeit der Schwerpunktbildung ist die **ABC-Analyse**.

**Erstellen einer ABC-Analyse: Hier werden die gelagerten Güter hinsichtlich ihres Anteils an den Lagerkosten, der Lagerfläche oder der Kapitalbindungskosten in drei Gruppen (A-, B-, C-Gruppe) eingeteilt.**

- **Die Güter der A-Gruppe haben einen Anteil von etwa 70 bis 80 % (Lagerkosten, -fläche, -wert).**
- **Die Güter der B-Gruppe haben einen Anteil von etwa 15 bis 20 % (Lagerkosten, -fläche, -wert).**
- **Die Güter der C-Gruppe haben einen Anteil von etwa 5 bis 10 % (Lagerkosten, -fläche, -wert).**

Durch die Einteilung in A-, B- und C-Gruppen wird die Grundlage für eine wirtschaftliche Unterscheidung von Gütern gelegt. Nur diejenigen Güter, die eine hohen Lagerwert haben, hohe Lagerkosten verursachen oder große Teile der Lagerfläche beanspruchen, also die A-Güter, rechtfertigen genaue und aufwändige Planungs- und Organisationsarbeiten. Bei den B-Gütern muss im Einzelfall entschieden werden, ob ein hoher Auswertungsaufwand gerechtfertigt ist. Bei den C-Gütern sind einfache und kostengünstige Kontrollen ausreichend.

Beispiel *Ein Unternehmen lagert zehn Güter. Von allen Gütern sind der Bezugs-/Einstandspreis je Stück und die Beschaffungsmenge bekannt. Daraus lässt sich der Lagerwert berechnen. Diese Lagerwerte werden in eine Reihenfolge gebracht. Das Gut mit dem höchsten Wert erhält die Rangziffer 1 usw. Danach können die Werte kumuliert werden, d. h., die einzelnen Lagerwerte werden addiert.*

| Artikel-Nr. | Bezugs-/Einstands-preis in EUR | Beschaf-fungsmenge in Stück | Lagerwert in EUR | in % | Rang | Gruppe |
|---|---|---|---|---|---|---|
| 391 | 62,50 | 980 | 61 250,00 | 37,70 | 1 | A |
| 523 | 87,90 | 456 | 40 082,40 | 24,67 | 2 | A |
| 321 | 58,80 | 310 | 18 228,00 | 11,22 | 3 | A |
| 156 | 17,50 | 720 | 12 600,00 | 7,75 | 4 | B |
| 123 | 9,80 | 1 235 | 12 103,00 | 7,45 | 5 | B |
| 324 | 120,00 | 60 | 7 200,00 | 4,43 | 6 | B |
| 127 | 12,69 | 550 | 6 979,50 | 4,30 | 7 | B |
| 567 | 15,75 | 170 | 2 677,50 | 1,65 | 8 | C |
| 152 | 3,50 | 280 | 980,00 | 0,60 | 9 | C |
| 782 | 0,15 | 2 570 | 385,50 | 0,24 | 10 | C |
| | | | **162 485,90** | **100,00** | | |

*Die Aufstellung wird nach den gefundenen Rangziffern sortiert und der prozentuale Anteil eines jeden Gutes am gesamten Lagerwert wird bestimmt. Aus dieser Tabelle kann z. B. abgeleitet werden, dass bereits die drei Güter mit dem höchsten Lagerwert 73,85 % des gesamten Lagerwertes ausmachen, dies sind eindeutig A-Güter. Die B-Güter sind die Güter mit den Rängen 4 bis 7, sie vereinigen 23,93 % des Lagerwertes auf sich. Die C-Güter sind lediglich mit 2,49 % vertreten.*

*Mithilfe einer Tabellenkalkulationssoftware kann eine computergestützte ABC-Analyse erfolgen. Aus der Lagerdatei werden die erforderlichen Daten übernommen (Bezugs-/Einstandspreis und -menge). Der Lagerwert jedes Artikels wird bestimmt, anschließend wird die Tabelle nach dem Lagerwert absteigend sortiert, um die Ränge zu ermitteln.*

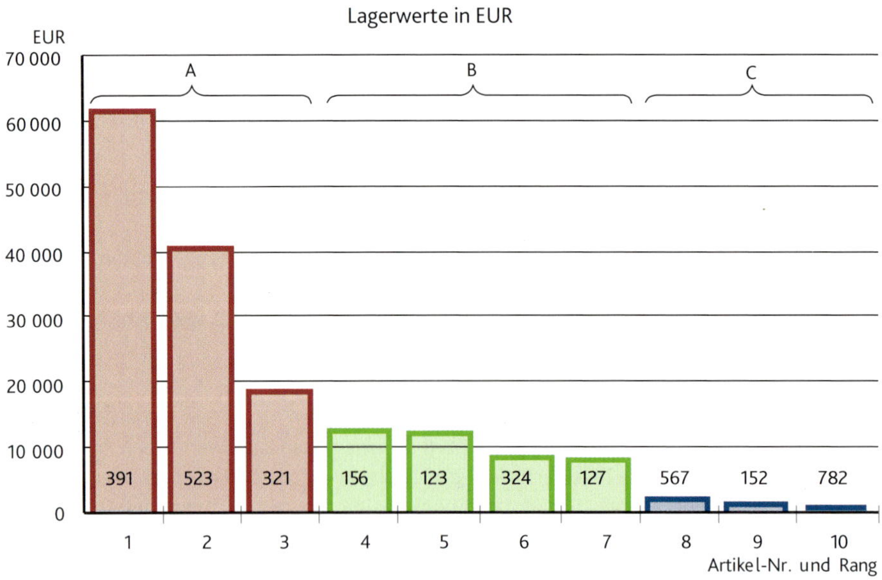


Der Einsatz der ABC-Analyse ist nicht nur auf den Lagerbereich beschränkt. Sie lässt sich ebenfalls im Rahmen des Beschaffungsmarketings einsetzen, wenn Liefererstrukturen zum Zweck der Senkung von Beschaffungskosten untersucht werden sollen.

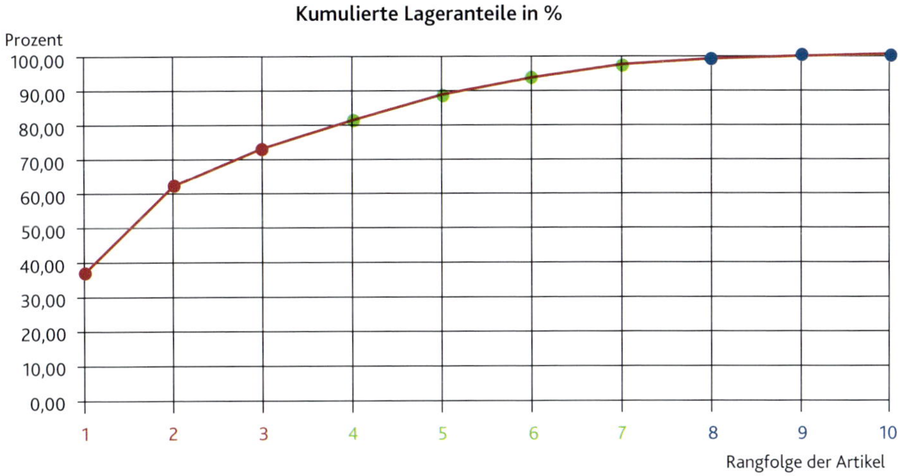


**Auswerten einer ABC-Analyse:** Wenn bekannt ist, welche Lagergüter den höchsten, zweithöchsten usw. Anteil am gesamten Bestellwert haben, so können sich die Aktivitäten des Beschaffungsmarketings hierauf konzentrieren. Hieraus lassen sich die nachfolgenden Grundsätze ableiten.

| A-Güter | B-Güter | C-Güter |
|---|---|---|
| • besonders intensive Marktanalysen bei der Beschaffung<br>• eingehende Untersuchungen von Preisen und Konditionen<br>• genaue Bestellmengenplanung (optimale Bestellmenge)<br>• geringe Lagerbestände<br>• sorgfältige Lagerkostenkontrolle<br>• strenge Lagerkontrollen | • Hier ist im Einzelfall zu entscheiden, welche Maßnahmen im Beschaffungsmarketing und in der Lagerorganisation zu treffen sind. Meist wird ein Mittelweg zwischen A-Gütern und B-Gütern beschritten. | • einfache und kostengünstige Verfahren der Marktanalyse<br>• höhere Bestände zur Vermeidung von Bestellkosten<br>• einfache Bestandskontrollen |

## Lagerkennziffern

Die Lagervorräte in einem Medienbetrieb müssen systematisch kontrolliert werden, um Lagerkosten zu minimieren. Hierzu dienen Kennziffern, die im Zeitablauf untersucht werden müssen.

- Die **Lagerbestände** sind so niedrig zu halten, um Kapital-, Sach- und Personalkosten sowie das Lagerrisiko zu senken. Die **Lagerdauer** sollte möglichst kurz sein, damit das gebundene Kapital möglichst schnell wieder freigesetzt werden kann.
- **Höchstbestand:** Jedes Lager hat eine begrenzte Lagerkapazität, die nicht beliebig veränderbar ist. Somit kann in einem Lager nur eine beschränkte Anzahl von Gütern gelagert werden (technischer Höchstbestand). Ebenso beschränkt das Kapital, das zur Vorratshaltung zur Verfügung steht, die Menge der Lagergüter (wirtschaftlicher Höchstbestand).
- **Mindestbestand:** Der Mindestbestand wird häufig „eiserner Bestand" oder „eiserne Reserve" genannt. Er soll die Produktions- bzw. Verkaufsbereitschaft sichern, wenn durch unvorhergesehene Ereignisse der Vorrat nicht ausreicht, um die Produktion fortzuführen.
- **Meldebestand:** Von der Bestellung eines Gutes bis zum Eingang in das Vorratslager vergeht eine bestimmte Zeit (Lieferzeit, Transportzeit, Zeit zur Eingangsüberprüfung usw.). Während dieser Zeit muss die Produktion bzw. der Verkauf weitergehen. Daher wird bereits bestellt, auch wenn der Mindestbestand noch nicht erreicht ist.

**Meldebestand = (Tagesverbrauch · Lieferzeit in Tagen) + Mindestbestand**

- **Durchschnittlicher Lagerbestand (DLB):** Der DLB eines Gutes gibt an, welcher Bestand sich durchschnittlich im Lager befindet. Seine Kontrolle ist wichtig, weil er wesentlich die Kapitalbindungskosten beeinflusst.

$$\textbf{Durchschnittlicher Lagerbestand bei Jahresinventur} = \frac{\textbf{Anfangsbestand + Endbestand}}{\textbf{2}}$$

**Beispiel** *In der Medi@Point GmbH & Co. KG Buchhandlung soll der DLB für einen Taschenbuchbestseller ermittelt werden. Barbara Wolf ist mit dieser Aufgabe betraut. Der Jahresanfangsbestand für dieses Taschenbuch beträgt 38 Stück, der Jahresendbestand (lt. Inventur) beträgt 60 Stück.*

$$DLB = \frac{38+60}{2} = \frac{98}{2} = \underline{\underline{49\ \text{Stück}}}$$

Der durchschnittliche Lagerbestand kann auch als Wertkennziffer in EUR ausgerechnet werden, indem die Mengen mit ihren Bezugs- oder Einstandspreisen multipliziert werden. Die Genauigkeit der Kennziffer „DLB“ hängt davon ab, wie viel Bestände in die Berechnung eingehen.

$$\textbf{Durchschnittlicher Lagerbestand (mit Quartalsendbeständen)} = \frac{\textbf{Jahresanfangsbestand + 4 Quartalsendbestände}}{\textbf{5}}$$

**Beispiel** *Barbara Wolf möchte den DLB genauer berechnen. Sie nimmt zusätzlich zu dem Jahresanfangsbestand noch 4 Quartalsbestände (Vierteljahreswerte) in ihre Berechnung auf.*

| | | | |
|---|---|---|---|
| *Jahresanfangsbestand:* | *38 Stück* | *Bestand am Ende des 3. Quartals:* | *220 Stück* |
| *Bestand am Ende des 1. Quartals:* | *146 Stück* | *Bestand am Ende des 4. Quartals:* | *61 Stück* |
| *Bestand am Ende des 2. Quartals:* | *190 Stück* | *(Jahresendbestand)* | |

$$DLB = \frac{38+146+190+220+61}{5} = \frac{655}{5} = \underline{\underline{131\ \text{Stück}}}$$

Die gleiche Berechnung kann ebenfalls mit EUR-Beträgen durchgeführt werden. Einen noch genaueren DLB erhält man, wenn zusätzlich zu dem Jahresanfangsbestand noch die zwölf Monatsinventurwerte hinzugenommen werden. So stehen 13 Werte zur Verfügung.

$$\textbf{DLB} = \frac{\textbf{Jahresanfangsbestand + Summe der Monatsendbestände}}{\textbf{13}}$$

**Beispiel** *Bestandsübersicht für die Druckerpatrone „4c“, Lagernummer 3456-3412, Jahresanfangsbestand 60 Stück, Monatsendbestände:*

| | | | | | |
|---|---|---|---|---|---|
| Jan.: 92 | Febr.: 85 | März: 72 | April: 70 | Mai: 64 | Juni: 63 |
| Juli: 60 | Aug.: 56 | Sept.: 75 | Okt.: 80 | Nov.: 88 | Dez.: 97 |

$$DLB = \frac{60+92+85+72+70+64+63+60+56+75+80+88+97}{13} = 74$$

*Wenn eine Druckerpatrone 30,00 EUR kostet, dann hat der DLB einen Wert von 2 220,00 EUR.*

- **Lagerumschlagshäufigkeit (UH) oder Lagerumschlagsgeschwindigkeit:** Die Umschlagshäufigkeit eines Gutes gibt an, wie oft der durchschnittliche Lagerbestand eines Gutes innerhalb eines Jahres „umgeschlagen“, d. h. verbraucht oder verkauft wurde.

$$\text{Lagerumschlagsgeschwindigkeit} = \frac{\text{Jahresverbrauch (Stück)}}{\text{DLB}}$$

Beispiel *Von der Druckerpatrone „4c" wurden in einem Jahr 1200 Stück verbraucht. Der DLB beträgt 74 Stück. Die UH beträgt somit 1200 : 74 = 16,22.*

- **Durchschnittliche Lagerdauer (DL):** Wenn die Lagerumschlagshäufigkeit eines Gutes bekannt ist, dann kann auf die durchschnittliche Lagerdauer geschlossen werden. Hieraus erkennt man den Zeitraum vom Eintreffen der Ware bis zum Verbrauch in der Produktion bzw. zum Absatz des Produktes.

$$\text{Durchschnittliche Lagerdauer} = \frac{\text{360 (Tage)}}{\text{Lagerumschlagshäufigkeit}}$$

***Bedarfsermittlung nach Menge und Zeit***

- ***Größere Bestellmengen** binden viel Kapital und verursachen **hohe Lagerkosten, kleinere Bestellmengen** verursachen **höhere Beschaffungskosten**.*
- *Die **optimale Bestellmenge** liegt dort, wo die Summe aus Beschaffungs- und Lagerkosten (Gesamtkosten) minimal ist.*
- *Die **optimale Bestellhäufigkeit** liegt im Minimum der Gesamtkosten.*
- *Der **Bestellzeitpunkt** hängt davon ab, wann das bestellte Gut in der Produktion bzw. im Verkauf benötigt wird. Zu beachten sind:*
  - *die Bestelldauer im Hause (= Zeit von der Bedarfsfeststellung bis zur Bestellung)*
  - *Bearbeitungs- und Produktionszeit beim Lieferer*
  - *Lieferzeit und die Zeit für die Warenprüfung bei Anlieferung*
  - *Zeit für den innerbetrieblichen Transport*
- *Die **ABC-Analyse** ist ein **Verfahren, um Schwerpunkte zu bilden**. Analysiert werden z. B. Lagerbestandsmengen, Lagerkosten oder -werte. Hierbei werden die Güter in A-, B- und C-Gruppen eingeteilt.*
  - *A-Gruppe, Anteil = 70 – 80 %, Güter mit besonders hohem Kontrollbedarf*
  - *B-Gruppe, Anteil = 15 – 20 %, Güter mit mittlerem Kontrollbedarf*
  - *C-Gruppe, Anteil = 5 – 10 %, Güter mit geringem Kontrollbedarf*
- ***Lagerkennziffern** zur Kontrolle der Lagerbestände und der Lagerdauer*
  - ***Höchstbestand** (technisch, wirtschaftlich)*
  - ***Mindestbestand** (eiserne Reserve)*
  - ***Meldebestand** = (Tagesverbrauch · Lieferzeit) + Mindestbestand*
  - $\textbf{DLB bei Jahresinventur} = \dfrac{\text{Jahresanfangsbestand + Jahresendbestand}}{2}$
  - $\textbf{DLB mit Monatsendbeständen} = \dfrac{\text{Jahresanfangsbestand + Summe aller Monatsendbestände}}{13}$
  - $\textbf{DLB mit Quartalsendbeständen} = \dfrac{\text{Jahresanfangsbestand + 4 Quartalsendbestände}}{5}$
  - $\textbf{Lagerumschlagshäufigkeit} = \dfrac{\text{Jahresverbrauch oder Jahresabsatz}}{\text{durchschnittlicher Lagerbestand}}$
  - $\textbf{Durchschnittliche Lagerdauer} = \dfrac{360}{\text{Lagerumschlagshäufigkeit}}$

## Aufgaben

1 Beschreiben Sie, wie die gesamten Kosten einer Bestellung berechnet werden können.

2 Erläutern Sie die Aussage „Beschaffungskosten und Lagerkosten entwickeln sich gegenläufig".

3 Von einem Gut werden jährlich 10 000 Stück benötigt. Je Stück fallen 0,25 EUR Lagerkosten an, jede Bestellung verursacht 50,00 EUR Beschaffungskosten. Bestimmen Sie die optimale Bestellmenge und die optimale Bestellhäufigkeit! Erstellen Sie hierzu eine Tabelle und berechnen Sie die einzelnen Kosten für 1, 2, 3 ... 12 Bestellungen.

4 Erstellen Sie mithilfe eines Tabellenkalkulationsprogramms eine Entscheidungshilfe für die Ermittlung der optimalen Bestellmenge! Einflussgrößen sind die Bestellkosten und die Lagerkosten je Stück.

5 Erstellen Sie aus den folgenden Angaben eine ABC-Analyse und werten Sie diese aus.

| Produkt | Lagermenge in Stück | Einzelwert in EUR |
|---|---|---|
| 1 | 2 400 | 9,00 |
| 2 | 1100 | 12,00 |
| 3 | 1 400 | 18,00 |
| 4 | 150 | 122,00 |
| 5 | 5 200 | 0,20 |
| 6 | 350 | 16,00 |
| 7 | 2 000 | 61,00 |
| 8 | 900 | 90,00 |
| 9 | 550 | 4,00 |
| 10 | 600 | 59,00 |

6 Beschreiben Sie Planungs- und Kontrollarbeiten, die für Güter der A-Gruppe erforderlich sind.

7 Begründen Sie, bei welchen Lagergütern höhere Bestände sinnvoll sind, um Bestellkosten zu vermeiden.

8 Erläutern Sie, welche Maßnahmen im Beschaffungsmarketing für Güter der B-Gruppe erforderlich sind.

9 Beschreiben Sie, wie mithilfe von Computern ABC-Analysen durchgeführt werden können.

10 In einem Medienunternehmen liegen folgende Angaben vor: Materialverbrauch: 600 000,00 EUR, durchschnittlicher Lagerbestand 50 000,00 EUR. Berechnen Sie die Lagerumschlagsgeschwindigkeit und die durchschnittliche Lagerdauer.

11 Ein Artikel hat eine Lagerumschlagshäufigkeit von 6. Berechnen Sie die durchschnittliche Lagerdauer.

12 Ein Artikel liegt durchschnittlich 40 Tage auf Lager. Ermitteln Sie die Lagerumschlagshäufigkeit.

## 5.2 Vorgänge bei der Anbahnung, Durchführung und Erfüllung des Kaufvertrages

### 5.2.1 Anfrage und Angebot

Der Ruwahlt Verlag bietet der Medi@Point GmbH & Co. KG Buchhandlung eine Taschenbuchaktion an. Zu den besonderen Konditionen gehört, dass neben Plakaten und anderen Deko-Materialien Papier- und Plastiktragetaschen in hoher Stückzahl kostenfrei mitgeliefert werden. Im Verlagsangebot steht u. a.: „Lieferung nur solange Vorrat reicht."

Geschäftsführer Thomas Müller zögert nicht lange und bestellt noch am Tag des Angebots die Aktion. Nach einer Woche erhält er vom Ruwahlt Verlag folgende Nachricht: „Leider müssen wir Ihnen mitteilen, dass alle Aktionspakete schon ausverkauft sind." Thomas Müller ärgert sich und ruft empört beim Ruwahlt Verlag an. Im Gespräch verlangt er die Lieferung des bestellten Aktionspakets.

### Arbeitsaufträge

- Stellen Sie fest, welche rechtliche Bedeutung ein Angebot für den Anbietenden hat.
- Überprüfen Sie, ob die Medi@Point GmbH & Co. KG Buchhandlung Anspruch auf Lieferung der bestellten Waren hat.

## Die Anfrage

Bevor ein Kunde einen Kaufvertrag mit einem Lieferer abschließt, informiert er sich über **Preis, Qualität, Mengeneinheiten usw.** eines oder mehrerer Artikel. Diese Anfrage ist für Kunden und Lieferer unverbindlich, d. h. ohne rechtliche Wirkung.

Die Anfrage ist **formfrei**. Sie kann schriftlich, mündlich, telefonisch oder fernschriftlich (Telefax, Internet) erfolgen. Käufer und Verkäufer sind nicht verpflichtet, aufgrund einer Anfrage einen Kaufvertrag abzuschließen.

Mit der Anfrage können

- neue Geschäftsbeziehungen angebahnt oder
- bekannte Lieferer zur Abgabe eines Angebotes aufgefordert werden.

**Allgemeine Anfrage:** Wenn ein Kunde in seiner Anfrage nur um einen Katalog, eine Preisliste, ein Warenmuster oder um einen Vertreterbesuch bittet, so spricht man von einer allgemeinen Anfrage.

**Bestimmte Anfrage:** Ein Kunde will vom Verkäufer konkrete Angaben über bestimmte Waren und Konditionen (Liefer- und Zahlungsbedingungen) erhalten, so z. B. Angaben über Güte (Qualität und Beschaffenheit) der Produkte, Mindestabnahmemengen, Preis, Lieferzeit.

## Das Angebot

Ein **Angebot** ist eine an eine **bestimmte Person gerichtete Willenserklärung**, mit der der Anbietende zu erkennen gibt, dass er bestimmte Waren zu bestimmten Bedingungen liefern will. Das Angebot unterliegt ebenso wie die Anfrage **keinen Formvorschriften**. Es kann mündlich, schriftlich, telefonisch oder fernschriftlich abgegeben werden. Zur Vermeidung von Irrtümern sollte immer die Schriftform gewählt werden. Durch den **elektronischen Datenaustausch (EDI = Electronic Data Interchange)** von Computer zu Computer können Anfragen, Angebote, Bestellungen, Lieferscheine, Rechnungen zwischen Kunden, Lieferanten, Geldinstituten usw. über Onlinenetze und das Internet schnell und rationell abgewickelt werden.

*Vergleiche hierzu Seite 156*

*Vergleiche hierzu Seite 256*

Ein **Angebot** ist nur dann **rechtsverbindlich**, wenn es **an eine bestimmte Person gerichtet ist (§ 145 BGB)**. Das **Ausstellen von Waren** in Schaufenstern, Automaten, Verkaufsräumen, ebenso das Anpreisen von Waren in Prospekten, Katalogen, Postwurfsendungen, im Internet und Anzeigen in Zeitungen sind im rechtlichen Sinne kein Angebot, sondern eine an die Allgemeinheit gerichtete **Anpreisung**. Diese beinhalten lediglich die **Aufforderung an den Kunden, selbst einen Antrag an den Verkäufer zu richten**.

**Bindung an das Angebot:** Grundsätzlich sind alle Angebote verbindlich. Will der Verkäufer die Bindung des Angebots einschränken oder ausschließen, so nimmt er in sein Angebot sogenannte **Freizeichnungsklauseln** auf:

| Freizeichnungsklauseln | Verbindlich | Unverbindlich |
|---|---|---|
| • Solange Vorrat reicht | Preis, Lieferzeit | Menge |
| • Freibleibend | – | Alles |
| • Ohne Gewähr, ohne Obligo | – | Alles |
| • Preise freibleibend | Lieferzeit, Menge | Preis |
| • Lieferzeit freibleibend | Preis, Menge | Lieferzeit |

Beinhaltet ein **schriftliches Angebot** keine Freizeichnungsklauseln, so ist der Anbietende so lange an sein Angebot gebunden, **wie er unter verkehrsüblichen Umständen mit einer Antwort rechnen kann**, d. h., der Kunde muss auf dem gleichen oder einem schnelleren Weg antworten. Zu berücksichtigen sind hierbei die Beförderungsdauer des Angebots, eine angemessene Überlegungsfrist des Kunden und die Beförderungsdauer der Bestellung.

**Beispiele**

- *Angebot per Brief: zweimal Postweg in vier Tagen (vom Anbieter zum Empfänger und zurück), ein Tag Bearbeitung, Gültigkeitsdauer höchstens fünf Tage*
- *Angebot per Fax: ein Tag*

Bei einem **mündlichen Angebot** ist der Anbietende **während des Verkaufsgesprächs** an sein Angebot gebunden. Nach Beendigung des Gesprächs ist das mündliche Angebot erloschen. Angebote während eines Telefongespräches gelten ebenfalls nur für die Dauer des Gesprächs.

Der Lieferer ist nicht mehr an sein Angebot gebunden, wenn

- **das Angebot vom Kunden abgeändert wurde,**
  **Beispiel** *Statt der angebotenen zehn Exemplare pro Titel bestellt der Kunde nur fünf Exemplare.*

- **das Angebot vom Lieferer rechtzeitig widerrufen wurde;** der Widerruf muss aber spätestens gleichzeitig mit dem Angebot beim Kunden eintreffen,
  **Beispiel** *Ein Angebot wurde brieflich an den Kunden gesandt; nach einem Tag will der Verkäufer aufgrund eines Irrtums widerrufen, es empfiehlt sich ein Widerruf per Telefon oder Telefax, damit der Widerruf spätestens mit dem Brief eintrifft.*

- **zu spät vom Kunden bestellt wurde,**
  **Beispiel** *Ein Kunde bestellt nach einem brieflichen Angebot ohne Fristsetzung erst nach drei Wochen.*

- **der Kunde das Angebot ablehnt.**
  Eine besondere Form der Anfrage ist die **Ausschreibung**. Dabei beschreibt der Nachfrager seinen Bedarf in allen Einzelheiten und bittet öffentlich um Angebote (z. B. in Zeitungen oder im Internet).

## Zusendung unbestellter Ware

Vergleiche hierzu Seite 167

- Erhält ein Kaufmann unbestellte Waren eines Lieferers (zweiseitiger Handelskauf), dann liegt ein Angebot des Lieferers vor. Es ist zu überprüfen, ob zwischen dem Lieferer und dem Käufer bereits Geschäftsbeziehungen bestehen.
  - Unterhält ein Kaufmann mit einem Lieferer bisher noch **keine Geschäftsbeziehungen**, dann gilt sein **Schweigen** bei Zusendung unbestellter Ware als **Ablehnung des Angebots**. Der Kaufmann ist nur verpflichtet, die unbestellte Ware eine angemessene Zeit aufzubewahren, nicht aber sie zurückzuschicken.
  - Sendet ein Lieferer einem Kaufmann, mit dem er **bereits Geschäftsbeziehungen** pflegt, unbestellte Waren zu, und war das Zusenden unbestellter Ware bisher üblich (Handelsbrauch) zwischen den Vertragspartnern, dann gilt das **Stillschweigen** des Kaufmanns als Annahme des Angebots. Will der Kaufmann das Angebot nicht annehmen, so ist er verpflichtet, dem Lieferer **unverzüglich** eine Nachricht zukommen zu lassen (§ 362 HGB).

**Beispiel** *Der Lappe Verlag sendet der Medi@Point GmbH & Co. KG Buchhandlung den nicht angekündigten Roman eines Bestsellerautors als „Schnellschuss" ohne RR (Rückgaberecht), d. h. es liegt keine Bestellung vor. Seit Jahren beliefert der Lappe Verlag bereits die Buchhandlung. Unterlässt es die Medi@Point GmbH & Co. KG Buchhandlung, dem Verlag unverzüglich Nachricht darüber zu geben, dass sie die Buchlieferung nicht haben möchte, muss die Medi@ Point GmbH & Co. KG Buchhandlung die Bücher behalten.*

- Wenn ein Verkäufer einer **Privatperson** (einseitiger Handelskauf) unbestellte Ware zusendet, gilt das **Schweigen** der Privatperson als **Ablehnung**. Die Privatperson ist weder zur Aufbewahrung der Waren, noch zu deren Rücksendung verpflichtet. Wurde die unbestellte Ware als Nachnahme versandt und nimmt die Privatperson diese an, kommt ein Kaufvertrag zustande.
  **Beispiel** *Eine Buchversandhandlung sendet Elke Grau unbestellt ein Buch zum Vorzugspreis von 25,00 EUR. Elke ist nicht verpflichtet, das Buch zu bezahlen. Sie muss das Buch auch nicht zurücksenden. Sie muss das Buch auch nicht aufbewahren.*

Vergleiche hierzu Seite 169

***Anfrage und Angebot***

- *Durch eine* ***Anfrage*** *kann sich ein Kunde Informationsmaterial über bestimmte Waren beschaffen.*
- *Bei der* ***unbestimmten Anfrage*** *bittet der Kunde um einen Verlagsprospekt, einen Vertreterbesuch, Auftragsformulare oder Leseexemplare.*
- *Bei der* **bestimmten Anfrage** *will der Kunde konkrete Informationen zu bestimmten Artikeln, z. B. Menge, Preise, Liefer- und Zahlungsbedingungen, Lieferzeit.*
- *Jede* **Anfrage** *ist* **formfrei und rechtlich unverbindlich**.
- *Ein* **Angebot** *ist eine verbindliche Willenserklärung, Waren zu den angegebenen Bedingungen zu verkaufen. Anpreisungen sind rechtlich unverbindlich.*

| Zielgruppe | Angebot | Anpreisung |
|---|---|---|
| | Eine bestimmte Person | Die Allgemeinheit |
| Form | Schriftlich<br>Mündlich | Katalog, Prospekte, Postwurfsendung<br>Zeitungsanzeige, Schaufenster |
| Rechtliche Bedeutung | Antrag | Aufforderung zur Abgabe eines Angebotes |
| Rechtsfolge | Verbindlich | Unverbindlich |

- **Mündliche und telefonische Angebote** *sind verbindlich, solange das Gespräch dauert (= Angebote unter Anwesenden).*
- **Schriftliche Angebote** *sind so lange verbindlich, wie der Anbieter unter verkehrsüblichen Umständen mit einer Antwort rechnen kann (= Angebote unter Abwesenden).*
- *Durch* **Freizeichnungsklauseln** *werden Angebote ganz oder teilweise unverbindlich.*
- *Bei* **Zusendung unbestellter Ware** *gilt Schweigen als Ablehnung.* ***Ausnahme****: Der Empfänger ist Kaufmann und steht mit dem Absender in ständiger Geschäftsbeziehung.*

## Aufgaben

1 Beschreiben Sie den Zweck einer Anfrage.

2 Die Medi@Point GmbH & Co. KG Buchhandlung erhält von einer Grundschule eine Anfrage, bei der Einrichtung einer Schulbibliothek mitzuwirken. Die Schule äußert in ihrem Schreiben unklare Vorstellungen hinsichtlich Autoren, Verlagen, Stückzahl usw. Man bittet den Geschäftsführer der Buchhandlung um ein organisatorisches Gespräch hinsichtlich der Konkretisierung der Vorschläge.

a) Um welche Art der Anfrage handelt es sich?
b) Geben Sie an, ob die Anfrage für den Kunden eine rechtliche Bedeutung hat.
c) Welche Inhaltspunkte sollte das Antwortschreiben der Medi@Point GmbH & Co. KG Buchhandlung haben?
d) Schreiben Sie für die Medi@Point GmbH & Co. KG Buchhandlung das Angebot an den Kunden.

3 Erläutern Sie an einem Beispiel, wie sich die allgemeine und die bestimmte Anfrage unterscheiden.

4 Beschreiben Sie anhand von Beispielen, wie lange ein Lieferer an sein schriftliches Angebot gebunden ist.

5 Erläutern Sie, welche Möglichkeiten ein Lieferer hat, um die Bindung an ein Angebot einzuschränken oder auszuschließen.

6 Erläutern Sie folgende Freizeichnungsklauseln:
a) solange Vorrat reicht c) ohne Obligo
b) Preis freibleibend d) freibleibend

### 5.2.2 Inhalt des Angebotes

Die Medi@Point GmbH & Co. KG Buchhandlung beteiligt sich an den Kölner Krimiwochen und hat mit dem Omens Verlag einen Kaufvertrag über die Lieferung von 300 Köln-Krimis abgeschlossen. Der selbstausliefernde Verlag verspricht, die Bücher am nächsten Tag zu liefern, ohne dass dies schriftlich festgehalten wird. Ebenfalls werden keine vertraglichen Vereinbarungen bezüglich der Transport- und Verpackungskosten getroffen. Da der für die Auslieferung zuständige Fahrer erkrankt, können die Bücher erst eine Woche später ausgeliefert werden.

**Arbeitsaufträge**
- Stellen Sie fest, ob die Medi@Point GmbH & Co. KG Buchhandlung die sofortige Lieferung der Ware verlangen kann.
- Überprüfen Sie, wer die Transport- und Verpackungskosten zu tragen hat.
- Geben Sie an, welcher Ort bei Streitigkeiten bezüglich der Transportkosten der Gerichtsstand wäre.

Es gibt keine gesetzlichen Vorschriften über den **Inhalt des Angebotes**. Dieses sollte jedoch alle wesentlichen Bestimmungen enthalten, die zur reibungslosen Erfüllung des Kaufvertrages erforderlich sind.

**Inhalte des Angebotes**

**Angaben über die Ware**
- Art, Güte (Qualität und Beschaffenheit)
- Menge
- Preis

**Sonstige Angaben**
- Lieferzeit
- Verpackungskosten
- Zahlungsbedingungen
- Beförderungsbedingungen
- Gerichtsstand
- Erfüllungsort

*Vergleiche hierzu Seite 173*

Um nicht alle Inhaltspunkte immer wieder neu aushandeln zu müssen, verwenden die Lieferer oft vorgedruckte „allgemeine Geschäftsbedingungen" (AGB). Wenn weder in den AGB noch im Kaufvertrag Regelungen zu bestimmten Einzelheiten getroffen worden sind, gelten die Bestimmungen des BGB und HGB.

## Art der Ware

Die **Art der Ware** wird durch **handelsübliche Bezeichnungen festgelegt**.

Beispiele *Herrenfahrrad Farvel Sprinter, Weißwein Müller-Thurgau Knurrberg, Hi-Fi-Receiver Sany 2001, Schreibtisch Eldorado Eiche massiv, Fundsachen für Krass-Leser, Faksimiles in Archivmappen.*

## Güte der Ware

**Gesetzliche Regelung:** Sind im **Angebot des Lieferers keine Angaben** über die Güte der Ware gemacht worden, so ist bei Lieferung die **Ware in mittlerer Güte** zu liefern (§ 243 BGB).

Die **Güte (Qualität und Beschaffenheit) einer Ware wird bestimmt durch:**

- **Muster und Proben**
  Beispiele *Stoffbezüge, Tapeten, Papier (Muster), Einbandmaterialien, Hörproben (CD)*
- **Güteklassen zur Angabe von Warenqualitäten:** Sie geben Auskunft über die Handelsklassen (I. Wahl, II. Wahl, DIN-Normen, Auslese), über Typen (z. B. Weizenmehl Type 405) und Standards (z. B. Faserlänge von Baumwolle).
- **Marken**
- **Gütezeichen**
- **Herkunft der Ware**, die durch das Anbaugebiet oder Herstellungsland gekennzeichnet ist.
  Beispiele *Wein von der Mosel, Holz aus Finnland*
- **Jahrgang der Ware**
  Beispiele *Antiquitäten, Whiskey, Wein*
- **Zusammensetzung der Ware**
  Beispiele *Bestandteile bei Farben und Lacken, Fettanteile in Käse und Wurst, Silbergehalt bei Essbestecken*

Vergleiche hierzu Seite 362

Vergleiche hierzu Seite 362

## Menge der Ware

**Gesetzliche Regelung:** Enthält das Angebot keine Mengenangabe, die sich auf einen bestimmten Preis bezieht, dann gilt es für jede handelsübliche Menge.

Die Menge einer Ware wird in **gesetzlichen Maßeinheiten** (m, $m^2$, l, hl, kg), **in Stückzahlen oder in handelsüblichen Mengeneinheiten** (Stück, Dutzend, Sack, Fass, Kiste, Karton, Ballen, Ries) angegeben.

## Preis der Ware

Der Preis einer Ware bezieht sich entweder **auf eine handelsübliche Mengeneinheit oder auf eine bestimmte Gesamtmenge.** Von entscheidender Bedeutung für die Beurteilung der Vorteilhaftigkeit eines Angebotspreises ist die Berücksichtigung der Preisnachlässe.

## Lieferzeit

**Gesetzliche Regelung:** Ist im Kaufvertrag keine Regelung über den Zeitpunkt der Lieferung vereinbart worden, so **kann der Käufer sofortige Lieferung** verlangen und der Verkäufer muss sofort liefern (§ 271 BGB). Dieser Kauf wird Tages- oder Sofortkauf genannt.

**Gesetzliche Regelung:** Wenn der Käufer eine Ware verlangt, die nicht vorrätig ist, muss eine vertragliche Regelung über die Lieferzeit vereinbart werden. Hierbei hat der Käufer drei Möglichkeiten:

- **Terminkauf: Lieferung innerhalb einer bestimmten Frist** (z. B. Lieferung innerhalb von 90 Tagen) oder zu einem bestimmten Zeitpunkt (Termin).
  Beispiele *Lieferung am 15. März .., Lieferung bis 30. Juni ..*

Vergleiche hierzu Seite 261

- **Fixkauf:** Lieferung zu einem kalendermäßig festgelegten Zeitpunkt, wobei die Klauseln „fest",„fix", „genau",„exakt" angegeben werden müssen.
  Beispiel *Lieferung am 15. März .. fix*

- **Kauf auf Abruf:** Bei diesem Kauf wird der Zeitpunkt der Lieferung bei Abschluss des Kaufvertrages nicht festgelegt, er ist in das Ermessen des Käufers gestellt. Bei Bedarf ruft der Käufer die Ware ab, die als Ganzes oder in Teilmengen geliefert werden kann. Hieraus ergeben sich für den Käufer folgende Vorteile:
  - geringere Lagerkosten
  - Lieferung frischer Waren
  - Ausnutzung von Rabatt durch den Kauf einer großen Menge
- Beispiel *Die Medi@Point GmbH & Co. KG Buchhandlung hat mit dem Eichhahn Verlag einen Kaufvertrag über 50 VE (Verkaufseinheiten) des neuen Romans von Waldemar Miers abgeschlossen. Aufgrund der großen Bestellmenge konnte ein Rabatt von 47 % statt der sonst üblichen 40 % in Anspruch genommen werden. Um die Lagerkapazität der Buchhandlung nicht zu überfordern, hat man Lieferung auf Abruf (in Teilmengen abrufbar) vereinbart.*

## Verpackungskosten

**Gesetzliche Regelung:** Ist über die Berechnung der Verpackungskosten zwischen dem Verkäufer und dem Käufer nichts vereinbart worden, **trägt der Käufer die Kosten der Versandverpackung** (§ 447 BGB, § 380 HGB). Das **Gewicht der Versandverpackung** wird als Tara (= Verpackungsgewicht) bezeichnet. Man unterscheidet zwischen **tatsächlicher Tara** (wirkliches Gewicht der Verpackung) und handelsüblicher Tara. Als **handelsübliche Tara** wird je nach Ware ein bestimmter Prozentsatz des Bruttogewichts festgesetzt. Zieht man vom Bruttogewicht Tara ab, erhält man das Nettogewicht:

| | | |
|---|---|---|
| | Bruttogewicht | (Ware und Verpackung = Rohgewicht oder Gesamtgewicht) |
| – | Tara | (Verpackungsgewicht) |
| = | Nettogewicht | (Reingewicht der Ware) |

**Vertraglich kann zwischen Lieferer und Käufer Folgendes vereinbart werden:**

- **Reingewicht einschließlich Verpackung:** Die Verpackungskosten sind im Preis enthalten, die Verpackung wird nicht berechnet. Der Verkäufer trägt die Verpackungskosten.
  Beispiele *Elektrogeräte, Fotokopierpapier*

- **Reingewicht ausschließlich Verpackung:** Die Verpackungskosten werden zusätzlich berechnet (gesetzliche Regelung), der Käufer trägt die Verpackungskosten. Die Verpackung kann
  - **Eigentum des Käufers** werden oder
  - vom Lieferer dem Käufer **leihweise** überlassen werden. Bei Rückgabe schreibt der Lieferer die Verpackungskosten ganz oder teilweise gut.

  Beispiele *Holzpaletten, faltbare Alubehälter, Getränkekästen, Mehrwegbücherwannen*

- **Rohgewicht einschließlich Verpackung (brutto für netto = bfn. = b/n):** Die Verpackung wird wie Ware berechnet, die Verpackung geht in das Eigentum des Käufers über, der Käufer zahlt die Verpackung.
  Beispiele *Obst und Gemüse in Kisten und Kartons, Schrauben und Nägel in Kartons*

## Zahlungsbedingungen

**Gesetzliche Regelung: Geldschulden sind Schickschulden** (§ 270 f. BGB), d. h., der Käufer trägt die Kosten und die Gefahr der Geldübermittlung bis zum Verkäufer. Folglich muss der Käufer die Kosten der Zahlung (z. B. Überweisungsentgelte) tragen. Ferner sieht die gesetzliche Regelung **sofortige Bezahlung der Ware bei Lieferung** vor (§ 433 II BGB).
Beispiele *Ware gegen Geld, Zug um Zug, netto Kasse, gegen bar, sofort*

Folgende vertragliche Zahlungsbedingungen können vereinbart werden:

- **Vorauszahlung:** Der Lieferer verlangt bei neuen oder schlecht zahlenden Kunden einen Teil des Rechnungsbetrages oder den gesamten Rechnungsbetrag im Voraus.
  Beispiele *Zahlung im Voraus, Lieferung gegen Vorkasse, Zahlung bei Vertragsabschluss/Bestellung*
- **Zahlung mit Zahlungsziel** (Ziel- oder Kreditkauf): Der Lieferer gewährt dem Käufer einen kurzfristigen Kredit.
  Beispiele *Zahlung innerhalb von 10 Tagen mit 3 % Skonto oder in 40 Tagen netto Kasse, Zahlung in einem Monat, 60 Tage Valuta*

## Beförderungsbedingungen

**Gesetzliche Regelung: Warenschulden sind Holschulden** (§ 447 I BGB), danach trägt der **Käufer beim Versendungskauf alle entstehenden Beförderungskosten ab der Versandstation**. Die Kosten bis zur Versandstation (z. B. Bahnhof oder Poststelle des Verkäufers) und die Wiege- und Messkosten trägt der Verkäufer. Diese Regelung gilt immer, wenn es sich um einen **Versendungskauf** handelt, d. h. Käufer und Verkäufer haben ihren Geschäftssitz an unterschiedlichen Orten.

**Vertragliche Regelung:** Je nach Versandart können unterschiedliche Versandkosten anfallen:

Vergleiche hierzu Seite 248

- 1. Rollgeld für die Anfuhr (Transportkosten vom Betrieb des Verkäufers bis zur Versandstation)
- Wiege-, Mess- und Verladekosten
- Frachtkosten (Transportkosten von der Versandstation bis zur Empfangsstation)
- 2. Rollgeld für die Zufuhr (Transportkosten von der Empfangsstation bis zum Geschäfts-, Wohnsitz des Käufers)

Die Vertragspartner können die gesetzliche Regelung durch vertragliche Regelungen abändern, diese müssen aber im Kaufvertrag vereinbart werden. Unabhängig von der vertraglichen Regelung wird der Verkäufer die anteiligen Beförderungskosten, die er übernimmt, in seine Verkaufspreise einkalkulieren, sodass der Käufer über den Listeneinkaufspreis in jedem Fall die vom Verkäufer übernommenen Beförderungskosten trägt. Die vertragliche Regelung der Beförderungskosten ist demnach nur eine Maßnahme im Rahmen der Preispolitik.

Vergleiche hierzu Seite 329

## Erfüllungsort

Dies ist der Ort, an dem die Vertragspartner ihre Leistungen zu erfüllen haben (§ 269 BGB).

§ 269 BGB

*(1) Ist ein Ort für die Leistung weder bestimmt noch aus den Umständen, insbesondere aus der Natur des Schuldverhältnisses zu entnehmen, so hat die Leistung an dem Orte zu erfolgen, an welchem der Schuldner zur Zeit der Entstehung des Schuldverhältnisses seinen Wohnsitz hatte.*
*(3) Aus dem Umstand allein, dass der Schuldner die Kosten der Versendung übernommen hat, ist nicht zu entnehmen, dass der Ort, nach welchem die Versendung zu erfolgen hat, der Leistungsort sein soll.*

**Gesetzliche Regelung**

- Der **Erfüllungsort für die Warenlieferung** ist der **Wohn- oder Geschäftssitz des Verkäufers.** Die Gefahr, dass Ware durch Beschädigung, Verderb, Verlust oder Vernichtung beeinträchtigt wird, geht am Erfüllungsort auf den Käufer über. Somit bestimmt der Erfüllungsort den Gefahrenübergang.
  Beispiel *Bei der Auslieferung einer großen Verlagslieferung an die Medi@Point GmbH & Co. KG Buchhandlung verunglückt der Lkw des Spediteurs ohne Verschulden des Lkw-Fahrers, wobei die Bücher zerstört werden. Es war keine vom Gesetz abweichende vertragliche Regelung getroffen worden, d. h. der Erfüllungsort ist der Geschäftssitz des Verkäufers. Obwohl die Ware nicht geliefert wird, kann der Lieferer von der Medi@Point GmbH & Co. KG Buchhandlung trotzdem die*

*Zahlung des Kaufpreises verlangen. Das Transportrisiko kann jedoch durch eine Transportversicherung abgedeckt werden.*

**Übernahme der Beförderungskosten**

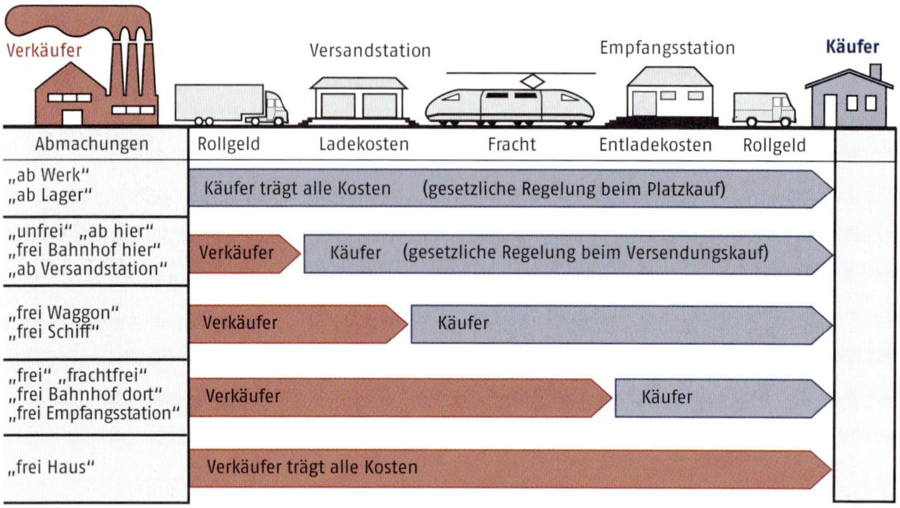


Liegt bei der Warenlieferung an den Käufer bei Beschädigung oder Verlust einer Ware ein Verschulden des Verkäufers oder eines Frachtführers, z. B. Deutsche Post AG, Deutsche Bahn AG, Güterkraftverkehr, private Paketdienste, Flugzeuggesellschaften vor, so hat der Schuldige den Schaden zu tragen (**Verschuldensprinzip**). Ein Verschulden liegt vor, wenn der Verkäufer oder sein Erfüllungsgehilfe vorsätzlich oder fahrlässig handelt.
Beispiel *Eine Warenlieferung wird wegen mangelhafter Verpackung beschädigt.*

Darüber hinaus gelten folgende Bestimmungen:

- **Der Käufer holt die Ware ab:** Mit der Übergabe der Ware an den Käufer oder seinen Erfüllungsgehilfen geht die Gefahr auf den Käufer über.
  Beispiel *In den Allgemeinen Geschäftsbedingungen der Medi@Point GmbH & Co. KG Buchhandlung steht: „VIII. Gefahrübergang: Die Gefahr, trotz Verlustes oder Beschädigung den Preis zahlen zu müssen, geht mit der Übergabe auf den Käufer über."*

Vergleiche hierzu Seite 174

- **Die Ware wird auf Verlangen des Käufers versandt** (Schickschuld): Die Gefahr geht mit der Auslieferung an den Frachtführer auf den Käufer über.
  Beim **Platzkauf**, d. h., Käufer und Verkäufer haben ihren Geschäftssitz am selben Wohnort, geht die Gefahr mit der Übergabe der verkauften Waren an den Käufer über.

- Der **Erfüllungsort für die Zahlung** ist der **Wohnsitz des Käufers**, da der Käufer an diesem Ort das Geld bereitzustellen bzw. zugunsten des Gläubigers aufzugeben hat. Da **Geldschulden Schickschulden** sind, hat der Käufer auf seine Gefahr und Kosten das Geld an den Wohn- oder Geschäftssitz des Verkäufers zu schicken. Der Erfüllungsort dient nur noch dem Nachweis, dass das Geld rechtzeitig bereitgestellt wurde.
  Beispiel *Der Käufer lässt dem Lieferer das Geld durch die Bank überweisen, dem Lieferer geht das Geld aber nicht zu. Der Lieferer kann weiterhin auf Zahlung bestehen, der Käufer kann aber die Bank haftbar machen.*

**Vertragliche Regelung:** Im Kaufvertrag kann zwischen dem Käufer und dem Verkäufer ein vom Gesetz abweichender Erfüllungsort vereinbart werden. Dieser kann der Ort des Käufers, des Verkäufers oder ein anderer Ort sein.

## Gerichtsstand

**Gesetzliche Regelung:** Bei Streitigkeiten zwischen dem Käufer und dem Verkäufer ist das Gericht zuständig, in dessen Bereich der Erfüllungsort liegt. Da der Erfüllungsort der Wohn- oder Geschäftssitz des Schuldners ist, befindet sich **der Gerichtsstand grundsätzlich an dem für den Wohn- bzw. Geschäftssitz des jeweiligen Schuldners zuständigen Amts- bzw. Landgericht** (Amtsgericht bis zu 5 000,00 EUR Streitwert, Landgericht bei über 5 000,00 EUR Streitwert).

- **Der Sitz des Verkäufers** ist der Gerichtsstand für Streitigkeiten aus der Lieferung **(Warenschuld)**.
- **Der Sitz des Käufers** ist der Gerichtsstand für Streitigkeiten um die Bezahlung **(Geldschuld)**.

Beispiel *Die Astrid-Lindgren-Schule in Bergheim erhält von der Medi@Point Buchhandlung, Köln, eine Warenlieferung. Der gesetzliche Gerichtsstand für Streitigkeiten aus der Lieferung ist Köln, für die Streitigkeiten um die Zahlung Bergheim.*

**Vertragliche Regelung:** Abweichungen von der gesetzlichen Regelung sind **nur beim zweiseitigen Handelskauf (beide Vertragspartner sind Kaufleute) möglich**. In der Praxis wird meistens der Geschäftssitz des Lieferers als Gerichtsstand für beide Vertragspartner vereinbart.

***Inhalt des Angebotes***

- *Es gibt **keine konkreten gesetzlichen Vorschriften über den Inhalt** eines Kaufvertrages.*
- *Ist im Kaufvertrag eine bestimmte Einzelheit nicht angegeben, dann gelten die* **Vorschriften des BGB oder HGB**.
- *Enthält der Kaufvertrag keine Angaben über die Güte der Ware, muss der Verkäufer **Waren mittlerer Güte liefern**.*
- *Die **Art einer Ware** wird durch handelsübliche Bezeichnungen bestimmt.*
- *Die **Güte einer Ware** wird bestimmt durch Muster und Proben, Güteklassen, Marken und Gütezeichen, Herkunft, Zusammensetzung und Jahrgang.*
- *Die **Menge der Ware** wird in gesetzlichen Maßeinheiten, in Stückzahlen oder in handelsüblichen Bezeichnungen angegeben.*
- *Der **Preis der Ware** bezieht sich auf eine handelsübliche Mengeneinheit oder eine bestimmte Gesamtmenge.*
- *Enthält ein Kaufvertrag **keine Aussage zur Lieferzeit**, dann muss der Verkäufer **sofort liefern**.*
- *Vertraglich kann im Kaufvertrag ein **Terminkauf** (Lieferung innerhalb einer bestimmten Frist oder zu einem bestimmten Zeitpunkt) oder ein **Fixkauf** (Lieferung zu einem genau festgelegten Zeitpunkt) vereinbart werden.*
- *Beim **Kauf auf Abruf** wird die Ware auf Anweisung des Käufers ganz oder in Teilmengen später geliefert.*
- *Wenn im Kaufvertrag **keine Regelung über die Verpackung** getroffen wurde, muss der Käufer die Kosten der Verpackung tragen.*
- ***Geldschulden sind Schickschulden**, d. h., der Käufer muss unverzüglich und auf seine Kosten das Geld an den Verkäufer schicken.*
- ***Warenschulden sind Holschulden,** d. h., der Käufer trägt alle entstehenden Beförderungskosten ab der Versandstation (Klauseln: unfrei, ab hier, ab Bahnhof) = gesetzliche Regelung.*
- ***Erfüllungsort** ist der Ort, an dem die Vertragspartner ihre Pflichten erfüllen.*
- ***Gerichtsstand** ist der Ort, an dem bei Streitigkeiten aus dem Kaufvertrag verhandelt wird.*

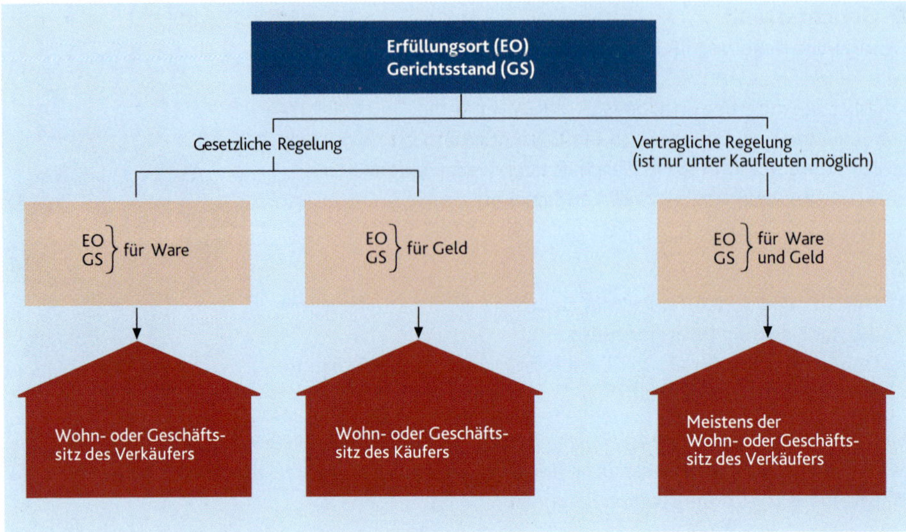


## Aufgaben

1 Geben Sie die gesetzlichen Regelungen für den Fall an, dass im Angebot keine Angaben zu der angebotenen Menge und der Güte der Ware gemacht wurden.

2 Beschreiben Sie, worin der Unterschied zwischen einem Fix- und einem Terminkauf besteht.

3 Erläutern Sie die Aussage: „Geldschulden sind Schickschulden".

4 Erläutern Sie die Klausel: „Zug um Zug".

5 Die Lieferungsbedingung lautet „frachtfrei". Die Fracht beträgt 40,00 EUR, die Hausfracht für die An- und Abfuhr je 10,00 EUR. Ermitteln Sie, wie viel EUR der Käufer für den Transport bezahlen muss!

6 Erklären Sie die Klausel: „Warenschulden sind Holschulden".

7 Die Lieferung einer Ware an einen Kunden erfolgt durch die Deutsche Bahn AG. An Kosten entstehen:

| | | | |
|---|---|---|---|
| Hausfracht (Rollgeld) am Ort des Käufers | 10,00 EUR | Entladekosten | 10,00 EUR |
| Hausfracht (Rollgeld) am Ort des Lieferers | 10,00 EUR | Verladekosten | 10,00 EUR |
| Fracht | 180,00 EUR | | |

Welchen Kostenanteil hat der Käufer bei Vereinbarung nachfolgender Lieferungsbedingungen jeweils zu übernehmen?

a) Frei Waggon
b) Frachtfrei
c) Frei Bahnhof hier
d) Ab hier
e) Frei Bahnhof dort

8 Erläutern Sie, welche Bedeutung der Erfüllungsort hat.

9 Geben Sie an, was man unter Gerichtsstand versteht und wo sich der Gerichtsstand
a) für Warenschulden, b) für Geldschulden befindet.

10 Begründen Sie, warum ein Lieferer bei einem Zielverkauf meistens einen Kauf unter Eigentumsvorbehalt vereinbart.

11 Beschreiben Sie die Vorteile des Käufers aus dem
a) Kauf auf Abruf, b) Spezifikationskauf.

12 Sie finden in einem Angebot eines Verkäufers die Angabe „brutto für netto". Wie werden die Kosten für die Verpackung berechnet?
   a) Die Verpackung bleibt unberechnet.
   b) Die Verpackung wird wie Ware berechnet.
   c) Die Verpackung muss zurückgesandt werden, ein Abnutzungsentgelt wird berechnet.
   d) Die Verpackung wird leihweise überlassen.
   e) Der Verkäufer zahlt die Kosten der Verpackung.
   f) Die Verpackung wird gesondert in Rechnung gestellt.

### 5.2.3 Der Angebotsvergleich

Die bei der Medi@Point GmbH & Co. KG Buchhandlung für die Beschaffung zuständige Mitarbeiterin Angelika Schüren legt dem Geschäftsführer Thomas Müller folgende Übersicht für den Einkauf von Lesezeichen vor, von denen 6 000 Stück als Werbematerialien benötigt werden:

| Lieferer | Georg Lingenbrinck GmbH & Co KG | Papier AG | Merchandising GmbH |
|---|---|---|---|
| Listeneinkaufspreis je 1 000 Stück | 87,60 EUR | 79,80 EUR | 84,50 EUR |
| Rabatt | 5 % | 10 % | 20 % |
| Skonto | – | 2 % bei Zahlung innerhalb von 30 Tagen | 3 % bei Zahlung innerhalb von 14 Tagen |
| Lieferzeit | 10 Tage | 20 Tage | 15 Tage |
| Lieferbedingungen | ab Werk | frei Haus | frei Haus |
| Mindestabnahme | 6 000 Stück | 5 000 Stück | 7 500 Stück |
| Qualität | 1 A (mehrfarbig) | 1 A (mehrfarbig) | 1 B (einfarbig) |

Die Bezugskosten betragen 30,00 EUR.
Frau Schüren schlägt vor, die Ware bei dem Lieferer Merchandising GmbH zu bestellen. Der Geschäftsführer Thomas Müller widerspricht ihr energisch.

**Arbeitsauftrag**
- Stellen Sie fest, warum Thomas Müller seiner ersten Sortimenterin widerspricht.

Die Beschaffungsabteilung eines Medienbetriebes hat in der Regel mehrere Angebote unterschiedlicher Lieferer zur Auswahl. Der zuständige Einkäufer hat die Aufgabe, denjenigen Anbieter aus den vorhandenen auszuwählen, der das für das Unternehmen günstigste Angebot abgibt. Zu diesem Zweck führt er einen Angebotsvergleich durch. Dabei achtet der Einkäufer nicht nur auf Qualität, Preise, Liefertermine, sondern auch auf die Zuverlässigkeit und Kreditgewährung des Lieferers und ökologische Gesichtspunkte.

- **Qualitätsvergleich:** Nicht das preiswerteste Angebot ist automatisch das beste. Es sind die Ansprüche des Unternehmens, die Ansprüche, die sich aus dem Produkt ergeben, und die Ansprüche der Kunden zu berücksichtigen.
  Beispiel *Die Lieferer Georg Lingenbrinck GmbH & Co. KG und Papier AG haben eine bessere Qualität als der Lieferer Merchandising GmbH angeboten.*
- **Preisvergleich:** Die angebotenen Preise sind auf eine einheitliche Basis zu bringen, wobei die gewährten Preisnachlässe (Rabatte, Bonus) und Skonto zu berücksichtigen sind. Ebenfalls sind die Bezugskosten (Fracht, Rollgeld) zu berücksichtigen.

**Beispiel** *In der Medi@Point GmbH & Co. KG Buchhandlung werden folgende Bezugs-/Einstandspreis für Lesezeichen ermittelt:*

| Lieferer | Georg Lingenbrinck GmbH & Co. KG | | Papier AG | | Merchandising GmbH | |
|---|---|---|---|---|---|---|
| Stückzahl | 6 000 Stück | | 6 000 Stück | | 7 500 Stück | |
| Listeneinkaufspreis<br>- Rabatt | 525,60 EUR<br>26,28 EUR | <br>5 % | 478,80 EUR<br>47,88 EUR | <br>10 % | 633,75 EUR<br>126,75 EUR | <br>20 % |
| Zieleinkaufspreis<br>- Skonto | 499,32 EUR<br>– | | 430,92 EUR<br>8,62 EUR | <br>2 % | 507,00 EUR<br>15,21 EUR | <br>3 % |
| Bareinkaufspreis<br>+ Bezugskosten | 499,32 EUR<br>30,00 EUR | | 422,30 EUR<br>– | | 491,79 EUR | |
| Bezugs-/Einstandspreis insgesamt | 529,32 EUR | | 422,30 EUR | | 491,79 EUR | |
| Bezugs-/Einstandspreis je 100 Stück | 8,82 EUR | | 7,04 EUR | | 6,56 EUR | |

*Wäre nur der Preis ausschlaggebend, hätte der Lieferer Merchandising GmbH das günstigste Angebot abgegeben.*

- **Terminvergleich:** Insbesondere wenn die schnelle Belieferung eine große Rolle spielt, ist die Lieferzeit ein wesentliches Kriterium für die Auswahl des Lieferers. Dies ist dann besonders wichtig, wenn bestimmte Termine bei der Herstellung eingehalten werden müssen.
- **Zuverlässigkeit des Lieferers:** Wenn bestimmte Lieferer in der Vergangenheit unzuverlässig gearbeitet haben, sollte auch dieser Aspekt berücksichtigt werden. Umgekehrt kann besonders zuverlässigen Lieferern selbst bei geringfügig höheren Preisen der Vorzug gegeben werden.
- **Kreditgewährung:** Einige Lieferer bieten großzügige Zahlungsziele an, sodass selbst bei höheren Bezugs-/Einstandspreisen diesen Lieferern ein Auftrag erteilt werden kann, da bei Ausnutzung des Zahlungszieles der für die Bezahlung des Rechnungsbetrages erforderliche Geldbetrag kurzfristig anderweitig zur Verfügung steht.
- **Ökologische Gesichtspunkte:** Sie treten in zunehmendem Maße in den Vordergrund. So sollten Transport-, Verpackungsgesichtspunkte und die sich aus der bei der Herstellung oder Verwendung von Produkten ergebenden Umweltbelastungen unter diesem Aspekt beachtet werden.
  **Beispiel** *Die Medi@Point GmbH & Co. KG Buchhandlung bezieht einen Großteil ihrer Waren über Bücherwagendienste. Dabei kommen zunehmend Mehrwegverpackungen (Wannentransportbehälter) zum Einsatz. Sollten keine Transportmöglichkeiten mittels dieser Mehrwegwannen bestehen, wird grundsätzlich die Möglichkeit des Recyclings hinsichtlich der Entsorgung von Verpackungsmaterialien beachtet. Bei der Auswahl von Lieferanten werden solche bevorzugt, die Umweltverträglichkeit, Recyclingmöglichkeit und Schadstoffarmut am ehesten gewährleisten.*
- **Gewichtung der Kriterien:** Sämtliche Entscheidungskriterien müssen für jeden Lieferer erfasst und in eine Übersicht gebracht werden. Die einzelnen **Bewertungskriterien** sind gemäß ihrer Bedeutung im Einzelfall zu **gewichten**. So kann es in einigen Fällen sein, dass der Bezugspreis im Vergleich zu der Qualität weniger wichtig ist, in anderen Fällen kann der Bezugs-/Einstandspreis das wichtigste Kriterium sein. Eine Gewichtung kann dadurch erfolgen, dass jedem Kriterium ein bestimmter prozentualer Anteil an der Gesamtbedeutung zugeordnet wird. Dieser Anteil gibt die Punktzahl an, die je Kriterium auf die einzelnen Lieferer zu verteilen ist. Durch diese Punktvergabe können die Leistungen der Lieferer gemessen und verglichen werden.

***Der Angebotsvergleich***

- *Um das günstigste Angebot für eine Ware zu ermitteln,* ***werden die Angebote mehrerer Lieferer*** *miteinander verglichen. Dabei berücksichtigen Unternehmen Preise, Preisabzüge, Bezugskosten, Lieferzeit, Qualität der Ware, Zuverlässigkeit des Lieferers, Kreditgewährung und ökologische Gesichtspunkte.*
- *Eine* ***Bewertung der Lieferer*** *erfolgt über ein Schema, in dem alle Beschaffungskriterien aufgelistet und in ihrer Bedeutung gewichtet sind. Bei jedem Lieferer und jedem Kriterium werden entsprechende Punkte vergeben.*

## Aufgaben

1 Die Medi@Point GmbH & Co. KG Buchhandlung will für werbliche Maßnahmen von einem bestimmten Artikel 400 Stück bestellen. Hierzu liegen ihr drei Angebote vor. Geben Sie an, für welchen Lieferer sich die Medi@Point GmbH & Co. KG Buchhandlung entscheiden soll, und begründen Sie Ihre Antwort.
Rollgeld für die An- und Abfuhr je 30,00 EUR und für die Fracht 180,00 EUR.

**1. Angebot:** 3,00 EUR/Stück einschließlich Verpackung, unfrei, 15 % Rabatt bei Abnahme von mindestens 300 Stück, Lieferung sofort, Zahlung innerhalb von 10 Tagen mit 2 % Skonto oder in 30 Tagen netto Kasse.
**2. Angebot:** 2,80 EUR/Stück zuzüglich 0,10 EUR/Stück für Verpackung, frachtfrei, 10 % Mengenrabatt, Lieferung in 14 Tagen, Zahlung innerhalb von 14 Tagen mit 3 % Skonto oder in 40 Tagen netto Kasse.
**3. Angebot:** 2,70 EUR/Stück einschließlich Verpackung, ab Werk, 5 % Wiederverkäuferrabatt, Lieferung in 8 Tagen, Zahlung sofort netto Kasse.

2 Die Medi@ AG benötigt 120 Stück Ablagekästen. Es liegen drei Angebote verschiedener Lieferer vor. Ermitteln Sie den günstigsten Lieferer (Begründung).
**Angebot Lieferer Klein:** Karton mit 12 Stück zu 78,00 EUR einschließlich Verpackung, Mengenrabatt ab 5 Kartons 4 %, ab 10 Kartons 10 %, ab 20 Kartons 15 %, Beförderungskosten 2 % vom Warenwert, Lieferzeit 8 Tage, Zahlungsbedingung: 2 % Skonto bei Zahlung innerhalb von 8 Tagen oder 30 Tage netto Kasse.
**Angebot Lieferer Stefer:** Karton mit 6 Stück zu 36,00 EUR, Verpackung 0,20 EUR je Karton, Mengenrabatt 10 %, frei Haus, Lieferzeit 3 Tage, Zahlungsbedingung: 3 % Skonto bei Zahlung innerhalb von 10 Tagen oder 40 Tage netto Kasse.
**Angebot Lieferer Schmitt-Blass:** Stück 5,50 EUR, Verpackungskosten 0,40 EUR je Stück, ab Werk (Rollgeld für An- und Abfuhr je 30,00 EUR, Fracht 80,00 EUR), Lieferzeit: 1 Tag, Zahlungsbedingung: 2 % Skonto bei Zahlung innerhalb von 8 Tagen oder 20 Tage netto Kasse.

3 Begründen Sie, warum unter Umständen ein Unternehmen einen Lieferer bevorzugt, der höhere Bezugs-/Einstandspreise als andere Lieferer hat.

4 Bestimmen Sie den Bezugspreis für einen Artikel aus folgendem Angebot: Listeneinkaufspreis 8,00 EUR, Rabatt 10 %, Skonto 2 %, Bezugskosten 5 % vom Zieleinkaufspreis.

5 Führen Sie einen Bezugspreisvergleich durch:

| Lieferer | A | B | C | D |
|---|---|---|---|---|
| Listeneinkaufspreis je 100 Stück in EUR | 76,00 | 98,00 | 85,00 | 92,00 |
| – Rabatt in % | 15 | 22 | 18 | 25 |
| – Skonto in % | 2 | 2,5 | 2 | 0 |
| + Bezugskosten je 100 Stück in EUR | 10,00 | 12,00 | 15,90 | 8,50 |

## 5.2.4 Bestellung, Auftragsbestätigung und E-Commerce

Die Medi@Point GmbH & Co. KG Buchhandlung bestellt aufgrund eines Angebotes vom 1. April mit nachfolgendem Schreiben bei der Primus GmbH Buchhandelszubehör.

Medi@Point GmbH & Co. KG
BUCHHANDLUNG

Medi@Point GmbH & Co. KG Buchhandlung, Schildergasse 46, 50667 Köln

Primus. GmbH
Koloniestr. 2–4
47057 Duisburg

Anschrift: Schildergasse 46, 50667 Köln
Telefon: 0221 9846130
Telefax: 0221 9846139

Bankverbindung:
Sparkasse KölnBonn BLZ 370 50198 Kto.-Nr. 85213948
Deutsche Bank BLZ 370 700 60 Kto.-Nr. 446632140
Steuernummer: 215/335/5342
USt.-IDNr.: DE-9563 4978 6

| Ihr Zeichen, Ihre Nachricht vom | Unser Zeichen, unsere Nachricht vom | Telefon, Name | Datum |
|---|---|---|---|
| lü-gi ..-04-01 | mü-sc ..-03-19 | 43, Herr Müller | ..-04-20 |

Bestellung

Sehr geehrte Damen und Herren,

aufgrund Ihres Angebotes vom 1. April .. bestellen wir hiermit

| | | |
|---|---|---|
| 2 Prospekt-Präsentations-Systeme Poroda, metallic 2/24, Fußplatte schwarz lackiert | zu | 197,91 EUR/Stück |
| 25 Geschenkpapiere/Bogen/Aworiobano | zu | 10,69 EUR/Stück |
| 4 Rollen Geschenkpapiere Vollton Silber | zu | 72,09 EUR/Stück |
| 1 Tischabroller Standard 158 | zu | 49,78 EUR/Stück |
| 1 Senkrecht-Abroller Standard 178 | zu | 61,69 EUR/Stück |
| 2 Vario-Geschenkband-Abroller/4 Spulen | zu | 38,79 EUR/Stück |
| 20 Rollen Geschenkband metallic-rot/10 mmm | zu | 11,66 EUR/Stück |

einschließlich Verpackung, abzüglich 10 % Rabatt.

Die Lieferung soll bis zum 20. Mai .. unfrei erfolgen.

Unsere Zahlung wird innerhalb von 40 Tagen netto oder innerhalb von 12 Tagen unter Abzug von 2 % Skonto ab Rechnungserhalt geleistet.

Wir erwarten Ihre termingerechte Lieferung.

Mit freundlichen Grüßen
Medi@Point GmbH & Co. KG Buchhandlung

*Müller*

Müller
Geschäftsführung

Amtsgericht Köln HRB9842 — Geschäftsführer: Thomas Müller

Nach einer Woche geht eine briefliche Antwort von der Primus GmbH ein, in der diese erklärt, sie könne die bestellten Waren nur noch zu einem um 10 % höheren Preis liefern, da die Zulieferer die Preise erhöht hätten. Außerdem habe die Medi@Point GmbH & Co. KG Buchhandlung zu spät bestellt, da seit dem Angebot bereits drei Wochen vergangen seien.

**Arbeitsaufträge**

- Begründen Sie, ob die Medi@Point GmbH & Co. KG Buchhandlung auf einer Lieferung zu den alten Preisen bestehen kann.
- Erläutern Sie einige Internet-Dienste und Akteure beim E-Commerce.

## Bestellung

Die Bestellung ist eine **Willenserklärung des Käufers, eine bestimmte Ware zu den im Angebot angegebenen Bedingungen zu kaufen**. Die Bestellung kann durch den Käufer schriftlich, fernschriftlich, mündlich oder telefonisch abgegeben werden, sie ist an keine Formvorschriften gebunden und für den Bestellenden immer verbindlich.

Heutzutage wird zunehmend der Online-Einkauf über das Internet interessant, zumal er zu Rationalisierungen und Kosteneinsparungen führen kann.
Die Bestellung soll folgende Angaben enthalten:

- Art und Güte (Qualität und Beschaffenheit) der Waren,
- Preis und Preisnachlässe,
- Lieferungs- und Zahlungsbedingungen,
- Menge,
- Lieferzeit.

Wird in der Bestellung auf ein ausführliches Angebot Bezug genommen, ist die Wiederholung aller Angaben nicht erforderlich, es reicht dann die genaue Angabe der Ware (z. B. Artikelnummer), der Bestellmenge und des Preises der Ware.

Ein Besteller kann eine Bestellung widerrufen, **wenn er dem Lieferer eine entsprechende** Nachricht vor oder spätestens gleichzeitig mit der Bestellung zukommen lässt.
Beispiel *Die Medi@Point GmbH & Co. KG Buchhandlung hat irrtümlich in ihrer brieflichen Bestellung 100 Stück statt 10 Stück angegeben. Nach einem Tag bemerkt Stefan Solly den Irrtum und ruft den Lieferer sofort an, um die Bestellung zu widerrufen. In der Regel dauert die Zustellung eines Briefes etwa zwei bis drei Tage, somit hat die Medi@Point GmbH & Co. KG Buchhandlung rechtzeitig vor Eintreffen der Bestellung widerrufen.*

## Auftragsbestätigung (Bestellungsannahme)

Ein Lieferer kann die Bestellung des Käufers mündlich, fernmündlich, schriftlich oder fernschriftlich bestätigen. Die **Auftragsbestätigung (Bestellungsannahme)** ist eine Willenserklärung des Lieferers, mit der er sich bereit erklärt, die bestellte Ware zu den angegebenen Bedingungen zu liefern.

Die Auftragsbestätigung kann für das **Zustandekommen eines Kaufvertrages** in folgenden Fällen **erforderlich** sein:

- **Der Bestellung ist kein Angebot vorausgegangen.**
  Beispiel *Die Medi@Point GmbH & Co. KG Buchhandlung bestellt bei Primus GmbH 5 000 Stück Bücherabholzettel, 3-fach durchschreibend, DIN A6, 34,00 EUR pro 1 000 Stück, ohne dass der Medi@Point GmbH & Co. KG Buchhandlung ein Angebot vorlag. Der Kaufvertrag kommt mit der Bestellungsannahme zustande.*

Bei sofortiger Lieferung kann auf eine Bestellungsannahme verzichtet werden, in diesem Fall gilt die Lieferung als Annahme der Bestellung.

- **Die Bestellung weicht vom Angebot ab.**
  Beispiel *Die Medi@Point GmbH & Co. KG Buchhandlung bestellt zehn VE Geschenktaschen in Packeinheiten à 50 Stück für CDs, cobra-rot, 5,95 EUR pro VE. Das Angebot des Lieferers lautete über 6,95 EUR pro VE. Erst durch eine Bestellungsannahme über 5,95 EUR kommt der Kaufvertrag zustande.*

- **Das Angebot des Lieferers ist freibleibend.**
  Beispiel *Die Medi@Point GmbH & Co. KG Buchhandlung bestellt aufgrund eines Angebotes des Lieferers, in dem die Klausel „Preise freibleibend" vermerkt war. Erst durch die Bestellungsannahme kommt der Kaufvertrag zustande.*

- **Die Bindungsfrist an das Angebot ist abgelaufen.**
  Beispiel *Die Medi@Point GmbH & Co. KG Buchhandlung bestellt beim Coppenruth-Verlag aufgrund eines Faxangebotes nach einer Woche einen Sonderposten Filux-Merchandising-Artikel. Erst durch die Bestellungsannahme kommt der Kaufvertrag zustande.*
  Schiebt der Lieferer durch eine Bestellungsannahme Vertragspunkte nach, die im Angebot noch nicht geregelt waren, muss der Käufer unverzüglich widersprechen, wenn er nicht einverstanden ist.

## Electronic Commerce (E-Commerce, E-Business)

Unter Electronic Commerce versteht man den elektronischen Austausch und die elektronische Abwicklung von Informationen, Gütern, Zahlungen und Geschäftstransaktionen.

- **Internet-Dienste:** Sie sind die wesentliche Kommunikationsplattform des E-Commerce.

| Internet-dienste | Erläuterungen | Beispiele |
|---|---|---|
| **E-Mail** | **Elektronische Post:** Informationen können weltweit und binnen Sekunden versandt werden, Anhänge sind möglich (alle Dateiformate, Texte, Grafiken, Videos, Sound usw.), Serienbriefe sind einfach erstellbar, direkte Antwortmöglichkeiten. | Die Medi@Point GmbH & Co. KG Buchhandlung erstellt einen Newsletter für spezielle Kundengruppen, als Anhang können Fotos von Buchcovern versandt werden. Kundenanfragen können per E-Mail schnellstens beantwortet werden. |
| **FTP** | **File Transfer Protocol:** Dateien aller Formate (Texte, Grafiken, Datenbankauszüge, Video, Sound) können zwischen verschiedenen Rechnern übertragen werden (Upload, Download). | Die Medi@ AG stellt auf ihrer Website Download-Files zur Verfügung, bei Bedarf können Interessenten sich Videosequenzen von Veranstaltungen, Katalogauszüge usw. downloaden. |
| **IRC** | **Internet Relay Chat:** Textbasierende Kommunikation zwischen mehreren Benutzern. In sogenannten Chat-Räumen „unterhalten" sich Personen, indem sie kurze Textmeldungen versenden. | Im Chat-Raum der Medi@Point GmbH & Co. KG Buchhandlung werden gezielte Fragen von Kunden beantwortet und Liefer- und Zahlungsbedingungen diskutiert. |
| **News-groups** | **Diskussionsforen:** Interessengruppen tauschen Informationen aus. Zu bestimmten Themen können Meinungen oder Fragen „gepostet" werden. Die Leser der Newsgroups senden ihre Stellungnahmen, die wiederum beantwortet werden, usw. | Die Medi@ AG beteiligt sich an der Newsgroup „Medien im 3. Jahrtausend". Hier erhält sie Anregungen zur Verbesserung der Mediengestaltung, sie kann aber auch eigene Anregungen abgeben und auf Stellungnahmen reagieren. |
| **Net-Phoning** | **Internet-Telefonie:** Via Internet werden Verbindungen zum akustischen zeitgleichen Datenaustausch hergestellt. So kann bei Einbeziehung einer Web-Kamera eine Videokonferenz durchgeführt werden. | Für kurzfristige Entscheidungen mit Lieferern setzt die Medi@ AG Videokonferenzen ein, um Reisekosten zu sparen. |
| **WWW** | **World Wide Web:** In diesem Dienst werden die klassischen Internetdienste unter einer multimedialen Oberfläche zusammengefasst. Auf Websites werden Informationen präsentiert und über Links wird auf weitere Seiten verwiesen. Ferner werden Möglichkeiten zur Kommunikation (E-Mail, Gästebuch usw.) sowie zum Download von Dateien angeboten. | Die Web-Präsenz der Medi@Point GmbH & Co. KG Buchhandlung beginnt mit der Homepage.<br>Dem Besucher der Seite werden Navigationshilfen geboten (Site-Map, Suchhilfe). Es können z. B. Buchrezensionen, Preislisten und AGB abgerufen werden und ein Newsletter abonniert werden, ferner kann direkt per E-Mail Kontakt aufgenommen werden. |

E-Commerce kann einerseits sämtliche **Geschäftsprozesse** innerhalb eines Unternehmens und seiner Beziehungen zur Umwelt (Kunden, Lieferer, Banken, Spediteure usw.) tief greifend beeinflussen und andererseits völlig neue **Geschäftsmodelle** hervorbringen.

- **Akteure im E-Commerce:** Die Beteiligten im E-Commerce können Unternehmen (Business), Endverbraucher (Customer) oder staatliche Einrichtungen (Government) sein.

| | Business | Customer | Government |
|---|---|---|---|
| **Business** | **B-to-B, B2B**<br>Alle Transaktionen zwischen Unternehmen, z. B. Beschaffung, Zahlungsabwicklung, Kooperationen, Marktplätze | **B-to-C, B2C**<br>Alle Vertriebsaktivitäten mit Endverbrauchern als Zielgruppe, z. B. Teleshopping, Tele-Service, Homebanking, Reisen buchen | **B-to-G, B2G**<br>Aktivitäten zwischen Unternehmen und staatlichen Einrichtungen, z. B. Umsatzsteuervoranmeldung, Nachfrage nach Gewerbeflächen |
| **Customer** | **C-to-B, C2B**<br>Aktivitäten, die vom Endverbraucher ausgehen und sich an Unternehmen richten, z. B. Power-Shopping, elektronische Bewerbungen | **C-to-C, C2C**<br>Transaktionen zwischen Privatleuten, z. B. Gebrauchtwarenbörsen, Kleinanzeigenmärkte, Gelegenheitsarbeiten | **C-to-G, C2G**<br>Aktivitäten zwischen Privatleuten und staatlichen Einrichtungen, z. B. Anfragen, Steuererklärungen |
| **Government** | **G-to-B, G2B**<br>Aktivitäten staatlicher Einrichtungen, die sich an Unternehmen richten, z. B. Steuerabwicklung, Vermittlung von Arbeitskräften | **G-to-C, G2C**<br>Aktivitäten staatlicher Einrichtungen, die sich an Privatleute richten, z. B. Abrechnung von Gebühren, Bürgerinformationen | **G-to-G, G2G**<br>Abwicklung von Prozessen zwischen staatlichen Einrichtungen, z. B. Kommunikation, gemeinsame Verarbeitung von Daten |

- **E-Commerce-Geschäftsmodelle:** Die E-Commerce-Geschäftsmodelle zeigen eine breite Vielfalt auf. Sie entwickeln sich ständig weiter und es entstehen z. T. völlig neue Modelle.

**Beispiele**

| | |
|---|---|
| **E-Shop** | Elektronischer Handel mit allen Aspekten der Werbung, Produktdemonstration (Online-Kataloge), Bestellung, Auftragsbestätigung, Rechnungsstellung, Versandüberwachung und Bezahlung, B2B oder B2C. |
| **E-Mall** | Virtueller Zusammenschluss unabhängiger E-Shops zu einem elektronischen Marktplatz, B2B oder B2C. |
| **E-Procurement** | Elektronisches Beschaffungssystem für Unternehmen, mit elektronischen Ausschreibungen (auch von Behörden) sowie Ausschreibungskooperationen, elektronischen Verhandlungen und Vertragsabschlüssen, B2B, G2B, B2G. |
| **E-Auction** | Virtuelle Auktionen im WWW bieten Käufern günstige Einkaufsmöglichkeiten und Verkäufern zusätzlichen Vertriebskanal, B2B, B2C, C2C. |
| **Power-Shopping** | Produkte werden im WWW mit einem Startpreis angeboten, je mehr Interessenten sich finden, desto günstiger wird der Endpreis. Hier können sich auch Einkaufsgemeinschaften bilden, um Rabatte zu erzielen. |
| **Information Broking** | Qualifizierte Recherchedienste, z. B. für Marktforschungsdaten, Informationen über Branchen, Geschäftspartner. |
| **Virtual Community** | Spezielle Interessengruppen werden angesprochen (z. B. Heimwerker, Senioren, Schüler), sie bilden eine „Online-Gemeinde". Die Community ist gleichzeitig Kommunikations- und Einkaufsplattform. |
| **Advertising Models** | Sonderwerbeformen im Internet (Banner-, Link-Tausch) sowie Online-Marktforschung |

- **Rechtliche Aspekte des E-Commerce:** Grundsätzlich gelten im E-Commerce die gleichen rechtlichen Bestimmungen (z. B. Kaufvertragsrecht) wie im nicht elektronischen Geschäftsleben auch. Probleme treten jedoch auf, wenn ausländische Geschäftspartner miteinander agieren. Hier sind vertragliche Regelungen erforderlich. Speziell für Privatkunden gelten seit dem Jahr 2002 in Deutschland die Vorschriften über Fernabsatzverträge (§ 312 BGB). Dieser Paragraf sichert dem Verbraucher diverse Rechte, z. B. Rückgabe von Waren binnen zwei Wochen, Widerrufsrecht, Informations- und Aufklärungspflicht für Anbieter.
  Elektronische Dokumente mit **digitaler Signatur** gelten seit dem 1. Januar 2000 als rechtlich vollwertige Alternative zu Papier und Briefpost. Damit ist es erlaubt, Dokumente per E-Mail zu verschicken, für die Gesetz oder Vertrag die Schriftform verlangen. Bisher stellte die digitale Signatur nur sicher, dass die elektronische Post vor Gericht als Beweis anerkannt wurde. In bestimmten Streitfällen ging dagegen nichts ohne Papier, Unterschrift und Briefpost. Das **Signaturgesetz** (SigG) regelt die Grundlagen für elektronische Unterschriften. Damit sollen elektronische Dokumente mit gleicher Rechtswirkung wie solche aus Papier verschickt werden können. Dies erleichtert den Abschluss von Verträgen auf elektronischem Weg und den Handel über das Internet.

***Bestellung, Auftragsbestätigung und E-Commerce***

- *Die Bestellung ist die **Willenserklärung des Käufers, bestimmte Waren zu bestimmten Bedingungen zu kaufen.***
- *Die Bestellung ist an **keine Formvorschrift** gebunden und kann **schriftlich, fernschriftlich, mündlich oder telefonisch** erteilt werden.*
- *Die Bestellung sollte möglichst alle Bedingungen eines Angebotes enthalten, **mindestens jedoch Warenart, Menge, Preis.***
- ***Widerruf der Bestellung muss spätestens gleichzeitig mit Bestellung** beim Lieferer sein.*
- *Die **Bestellungsannahme (Auftragsbestätigung) ist in folgenden Fällen erforderlich**, damit ein **Kaufvertrag zustande kommt**: abweichende Bestellung, Bestellung ohne vorliegendes Angebot oder aufgrund eines freibleibenden Angebots, abgelaufene Bindungsfrist an das Angebot.*
- ***E-Commerce:** elektronischer Austausch von Informationen, Gütern, Dienstleistungen, Zahlungen.*

## Aufgaben

1 In welchen der nachfolgenden Fälle ist eine Bestellungsannahme (Auftragsbestätigung) für das Zustandekommen des Kaufvertrages erforderlich?
   a) Der Lieferer macht dem Medienunternehmen ein telefonisches Angebot. Das Medienunternehmen bestellt einen Tag später schriftlich zu den telefonisch vereinbarten Bedingungen.
   b) Der Lieferer macht dem Medienunternehmen ein freibleibendes Angebot per Brief. Das Medienunternehmen bestellt zu den angegebenen Bedingungen per Telefax.
   c) Der Lieferer bietet dem Medienunternehmen einen Artikel zu 6,80 EUR/Stück an. Das Medienunternehmen bestellt termingerecht zu 6,60 EUR/Stück.
   d) Ein Medienunternehmen bestellt aufgrund eines brieflichen Angebotes des Lieferers sofort nach Erhalt des Briefes telefonisch zu den angegebenen Bedingungen.

2 Die Medi@Point GmbH & Co. KG Buchhandlung hat irrtümlich eine falsche Bestellung per Brief aufgegeben. Erläutern Sie, wie die Medi@Point GmbH & Co. KG Buchhandlung sich verhalten soll, um die falsche Bestellung zu widerrufen.

3 Welche Angaben sollte eine Bestellung beinhalten, wenn
   a) der Besteller aufgrund eines ausführlichen Angebotes,

b) ohne Vorliegen eines Angebotes bestellt?

4 Erläutern Sie, welche rechtliche Bedeutung eine Bestellung hat.

5 Erstellen Sie mithilfe des Internets eine Übersicht über Anbieter von Buchhandelsbedarf.

6 Entwerfen Sie für die Medi@Point GmbH & Co. KG Buchhandlung am PC eine Auftragsbestätigung und einen Bestellvordruck.

7 Erläutern Sie, in welchen Fällen es für das Zustandekommen des Kaufvertrages erforderlich ist, eine Auftragsbestätigung an den Kunden zu schicken.

8 Erläutern Sie,
a) welche Akteure es im E-Commerce gibt,
b) welche Geschäftsmodelle im E-Commerce vorzufinden sind.

## 5.3 Störungen bei der Abwicklung des Kaufvertrages

### 5.3.1 Nicht-Rechtzeitig-Lieferung (Lieferungsverzug)

Zur Vorbereitung des Weihnachtsgeschäftes bestellt die Medi@Point GmbH & Co. KG Buchhandlung am 01.09. bei der Primus GmbH zehn Rollen hochwertiges Geschenkpapier. Als Lieferfrist wurden vier Wochen nach Eingang der Bestellung vereinbart. Am 15.10. stellt die Leiterin Absatz, Brigitte Koch, fest, dass die bestellten Geschenkpapierrollen noch nicht eingetroffen sind. Bei einer telefonischen Rückfrage bei der Primus GmbH erfährt Frau Koch, dass die Papierrollen aufgrund einer produktionsbedingten Störung erst in vier Wochen geliefert werden können. Frau Koch besteht auf der sofortigen Lieferung und teilt dies dem Lieferer telefonisch und schriftlich mit.

**Arbeitsaufträge**
- Stellen Sie die Voraussetzungen für eine Nicht-Rechtzeitig-Lieferung fest.
- Begründen Sie, welches Recht die Medi@Point GmbH & Co. KG Buchhandlung im vorliegenden Fall in Anspruch nehmen sollte.

#### Voraussetzungen der Nicht-Rechtzeitig-Lieferung

Der Lieferer hat sich im Kaufvertrag dazu verpflichtet, bestellte Waren termingerecht zu liefern. **Sind folgende Voraussetzungen** gegeben, befindet sich der Lieferer im Lieferungsverzug (§ 280 ff. BGB, § 376 HGB):

- *Fälligkeit der Lieferung*
- Ist der Liefertermin kalendermäßig nicht genau festgelegt, muss die Lieferung beim Verkäufer durch den Käufer angemahnt werden.
  Beispiele *Lieferung ab Mitte Februar, Lieferung ab Anfang August, Lieferung frühestens 20. März*

Erst durch die Mahnung des Käufers mit kalendermäßiger Bestimmung des Lieferungsverzuges gerät der Lieferer in Verzug.

- Ist der Liefertermin **kalendermäßig genau vereinbart** worden **(= Terminkauf)**, so ist **keine Mahnung** des Käufers erforderlich.
  Beispiele *Lieferung am 12. Juni .., Lieferung zwischen dem 5. und 8. Januar ..,*
  *Lieferung 30. März fix*

Eine **Mahnung ist auch nicht erforderlich**
- bei **Selbstinverzugsetzung**, d. h., der Verkäufer erklärt ausdrücklich, dass er nicht liefern kann oder nicht liefern will, oder

- bei einem **Zweckkauf**, d. h., der Käufer hat kein Interesse mehr an der Lieferung, da der Zweck des Kaufs durch die verspätete Lieferung weggefallen ist,
  Beispiel *Lieferung von Weihnachtsartikeln nach Weihnachten*
- bei **eilbedürftigen Pflichten**.
  Beispiel *Reparatur bei Wasserrohrbruch*

♦ ***Verschulden des Lieferers***

Ein Verschulden des Lieferers liegt vor, wenn der Lieferer oder sein Erfüllungsgehilfe **vorsätzlich oder fahrlässig** gehandelt haben.
Beispiel *Die Primus GmbH hat eine Bestellung der Medi@Point GmbH & Co. KG Buchhandlung erhalten. Der Sachbearbeiter der Primus GmbH vergisst die Bestellung und dadurch versäumt der Lieferer den vereinbarten Liefertermin (Fahrlässigkeit).*

Ist die Ursache für die verspätete Lieferung auf höhere Gewalt zurückzuführen, gerät der Lieferer nicht in Lieferungsverzug.
Beispiele *Brand, Sturm, Krieg, Erdbeben, Hochwasser, Streik*

## Rechte des Käufers bei der Nicht-Rechtzeitig-Lieferung

Aus dem Lieferungsverzug ergeben sich für den Käufer unterschiedliche Rechte. Welches Recht der Käufer in Anspruch nehmen kann, hängt davon ab, ob er dem Lieferer eine **angemessene Nachfrist** setzt oder nicht. Eine Nachfrist ist dann angemessen, wenn der Lieferer die Möglichkeit hat, die Lieferung nachzuholen, ohne die Ware selbst beschaffen oder anfertigen zu müssen.

**Ohne Nachfristsetzung** hat der Käufer das Recht,

- **die Lieferung zu verlangen oder**
- **die Lieferung und Schadenersatz wegen verspäteter Lieferung (= Verzögerungsschaden) zu verlangen.**
  Beispiel *Es liegen 140 Bestellungen für einen Titel vor, der am 01.06. erscheinen soll (verbindlich festgelegter Erstverkaufstag). Die Lieferung des Verlags Karlson trifft mit einer Woche Verspätung bei der Medi@Point GmbH & Co. KG Buchhandlung ein. 90 Kunden haben inzwischen den Roman bei anderen Buchhandlungen erworben. Die Medi@Point GmbH & Co. KG Buchhandlung verlangt vom Verlag neben der bestellten Ware Schadenersatz wegen verspäteter Lieferung in Höhe des entgangenen Gewinns.*

**Nach Ablauf einer Nachfristsetzung** hat der Käufer das Recht,

- **die Lieferung abzulehnen und vom Vertrag zurückzutreten und/oder**
  Beispiel *Die gleiche Ware ist bei einem anderen Lieferer inzwischen günstiger beschaffbar.*
- **Schadenersatz statt der Leistung (= Nichterfüllungsschaden) zu verlangen**. Für die Inanspruchnahme dieses Rechts ist ein Verschulden des Verkäufers erforderlich.

Anstelle des Schadenersatzes statt der Leistung kann der Käufer den **Ersatz vergeblicher Aufwendungen** nach § 284 BGB verlangen. Hierzu zählen solche Aufwendungen, die der Käufer im Vertrauen darauf, die Kaufsache tatsächlich zu erhalten, gemacht hatte.
Beispiel *Ein Käufer hat für die Finanzierung des beim Lieferer bestellten Kaufgegenstandes einen Kredit bei seiner Bank aufgenommen. Da er den bestellten Gegenstand vom Lieferer nicht erhält, sind die entstandenen Finanzierungskosten vergeblich gewesen. Der Käufer kann vom Verkäufer den Ersatz seiner vergeblichen Aufwendungen verlangen.*

Bei Schadenersatz ist der Gläubiger so zu stellen, als ob der Schuldner seine Leistungspflicht erfüllt hätte. Die gesetzlichen Rechte bei einer Nicht-Rechtzeitig-Lieferung werden jedoch oft durch die zwischen den Vertragspartnern vereinbarten allgemeinen Geschäftsbedingungen abgeändert.

Die **Nachfristsetzung entfällt** beim

- Selbstinverzugsetzen des Lieferers,
- Zweckkauf,
- Fixkauf (beim zweiseitigen Handelskauf).

Beim **Fixkauf** (§ 376 HGB) gerät der Lieferer automatisch mit Überschreiten des Liefertermins in Verzug. In diesem Fall hat der Käufer **ohne Nachfristsetzung das Recht**,

- sofort vom Vertrag zurückzutreten oder
- auf der Lieferung zu bestehen (der Käufer muss dieses aber dem Lieferer unverzüglich mitteilen) oder
- Schadenersatz statt der Leistung zu verlangen (Verschulden des Verkäufers ist aber erforderlich).

Medi@Point GmbH & Co. KG
BUCHHANDLUNG

Medi@Point GmbH & Co. KG Buchhandlung, Schildergasse 46, 50667 Köln

Einschreiben
Karlson Verlag
Potterstr. 17
43735 Warthog

Anschrift: Schildergasse 46, 50667 Köln
Telefon: 0221 9846130
Telefax: 0221 9846139

Bankverbindung:
Sparkasse KölnBonn BLZ 370 50198 Kto.-Nr. 85213948
Deutsche Bank BLZ 370 700 60 Kto.-Nr. 446632140
Steuernummer: 215/335/5342
USt.-IDNr.: DE-9563 4978 6

| Ihr Zeichen, Ihre Nachricht vom | Unser Zeichen, unsere Nachricht vom | Telefon, Name | Datum |
|---|---|---|---|
| pa-do ..-01-23 | schü ..-01-20 | 42, Schüren | ..-02-06 |

Nicht-Rechtzeitig-Lieferung

Sehr geehrte Damen und Herren,

am 20. März .. haben wir bei Ihnen 200 Exemplare „Stein des Schreckens" bestellt. In Ihrer Auftragsbestätigung vom 23. März .. hatten Sie uns eine Lieferung für den 20. Mai .. zugesagt. Leider haben wir bisher keine Lieferung von Ihnen erhalten.

Wir benötigen diese Bücher dringend bis zum 10.06. Daher fordern wir Sie auf, uns die Bücher „Stein des Schreckens" bis zum 10.06. zu liefern.

Sollten Sie unserer Forderung nicht nachkommen, sehen wir uns gezwungen, den Auftrag an ein Barsortiment zu vergeben. Einen möglicherweise höheren Einkaufspreis werden wir Ihnen bei Vornahme des Deckungskaufs in Rechnung stellen.

Wir hoffen, dass Sie Ihrer Lieferverpflichtung nachkommen werden.

Mit freundlichen Grüßen

Medi@Point GmbH & Co. KG Buchhandlung

i.A. Schüren

Schüren
Abteilung Beschaffung

Amtsgericht Köln HRB9842 Geschäftsführer: Thomas Müller

Im Falle des Schadenersatzes bereitet die Ermittlung des Schadens oft Schwierigkeiten. Verlangt ein Käufer von seinem Lieferer Schadenersatz statt der Leistung, so muss er dem Lieferer den Schaden durch eine **Schadensberechnung** nachweisen. Hierbei werden zwei Formen der Schadensberechnung unterschieden.

- **Tatsächlicher (konkreter) Schaden:** Der Käufer nimmt für die nicht gelieferte Ware einen anderweitigen Einkauf **(Deckungskauf)** vor, d. h., er kauft die Ware bei einem anderen Lieferer. Hierbei kann sich der Schaden aus dem Mehrpreis für die beim Deckungskauf gekauften Waren ergeben.

- **Angenommener (abstrakter) Schaden:** Der zu ersetzende Schaden umfasst auch den **entgangenen Gewinn**, der unter normalen Umständen erwartet werden konnte. Er lässt sich nicht ohne Weiteres ermitteln, so kann ein Käufer z. B. nur schwer beweisen, wie viel Gewinn ihm entging, da er die bestellten, aber nicht gelieferten Waren nicht termingerecht erhalten hatte, da er nicht nachweisen kann, wie viel er tatsächlich verkauft hätte. Um diese Problematik der Schadensermittlung zu vermeiden, werden zwischen dem Käufer und dem Lieferer häufig **Konventionalstrafen** (Vertragsstrafen) vereinbart, die der Lieferer im Verzugsfall zahlen muss, selbst wenn der Schaden geringer ist.

***Nicht-Rechtzeitig-Lieferung (Lieferungsverzug)***

- ***Voraussetzungen des Lieferungsverzuges*** *sind*
  - ***Fälligkeit*** *der Lieferung (Liefertermin ist kalendermäßig bestimmt = Terminkauf),*
  - ***Mahnung*** *(Liefertermin ist kalendermäßig nicht genau bestimmt),*
  - ***Verschulden*** *des Lieferers durch Vorsatz oder Fahrlässigkeit.*
    *Bei höherer Gewalt trifft den Lieferer kein Verschulden.*

**Rechte des Käufers**

| ohne Nachfristsetzung | nach Ablauf der Nachfrist |
|---|---|
| • Lieferung oder<br>• Lieferung und Schadenersatz | • Rücktritt vom Kaufvertrag und/oder<br>• Schadenersatz statt der Leistung oder Anspruch auf Ersatz vergeblicher Aufwendugen |

- *Beim* ***Fixkauf*** *braucht keine Nachfrist gesetzt zu werden.*

## Aufgaben

1 Als Liefertermin wurde in einem Kaufvertrag über Gattungsware der 14. Juni .. vereinbart. Die Lieferung trifft aber zu diesem Termin nicht ein.
   a) Erläutern Sie, wann der Lieferungsverzug eingetreten ist.
   b) Beschreiben Sie, welche Rechte der Käufer in Anspruch nehmen kann.

2 Erläutern Sie
   a) Selbstinverzugsetzung, b) Zweckkauf.

3 Geben Sie an, wann der Verkäufer bei folgenden Lieferterminen in Verzug gerät.
   a) Bis 10. Januar ..
   b) 13. Juni .. fix
   c) Lieferbar ab Mai
   d) Am 16. Dezember ..
   e) In ca. 4 Wochen
   f) Heute in drei Wochen

4 Ein Süßwarenhersteller hat bei einem Lieferer 50 Tonnen Kakaopulver bestellt. Als Liefertermin wurde Mitte Juni zugesagt. Durch ein Versehen beim Kakaolieferer ist die Bestellung abhanden gekommen, es erfolgt keine Lieferung bis zum 28. Juni ..
   a) Prüfen Sie, ob sich der Lieferer im Verzug befindet.
   b) Welches Recht wird der Süßwarenhersteller bei einer Nicht-Rechtzeitig-Lieferung geltend machen, wenn
      1. die Preise inzwischen gefallen sind,
      2. die Preise inzwischen gestiegen sind,
      3. nachweisbar ein Schaden entstanden ist?

5 Erläutern Sie anhand eines Beispiels, was man bei der Nicht-Rechtzeitig-Lieferung unter dem „Ersatz vergeblicher Aufwendungen" versteht.

6 Unterscheiden Sie zwei Formen der Schadensberechnung bei der Nicht-Rechtzeitig-Lieferung.

7 **Schriftverkehr:** Schreiben Sie anhand nachfolgender Angaben jeweils einen Brief:
a) Der Medienbedarfsgroßhändler Rudolf Meis e. K., Magdeburger Str. 16, 19063 Schwerin, hatte am 10. Februar .. beim Hi-Fi-Hersteller Schwarz KG, Wiesbadener Str. 16–20, 70372 Stuttgart, 30 Hi-Fi- Kompaktanlagen „Vision 2000" bestellt. Der Hi-Fi-Hersteller schickte am 16. Februar .. eine Auftragsbestätigung. Als Liefertermin wurde Mitte März vereinbart. Am 29. März .. ist die Ware noch nicht beim Großhändler eingetroffen.
b) Die Medi@Point GmbH & Co. KG Buchhandlung hat am 26. März bei der Primus GmbH 500 Grußkarten bestellt. Die Lieferung ist bis zum 15. April zugesagt. Am 20. April ist die Lieferung immer noch nicht eingetroffen. Ein anderer Lieferer bietet die gleichen Grußkarten zu einem günstigeren Preis an.

### 5.3.2 Schlechtleistung (Mängelrüge)

Am 12.02. erfolgt die Auslieferung der Frühjahrsnovitäten der Verlagsgruppe Bandom. Die Überprüfung der Warensendung bei der Medi@Point GmbH & Co. KG Buchhandlung erfolgt erst am Tag nach der Lieferung, da mehrere Mitarbeiter bei Anlieferung nicht im Haus waren. Bei der Lieferkontrolle stellt die Auszubildende Barbara Wolf fest, dass statt der bestellten 35 Exemplare des neuen Krimis von E. Nall 35 Exemplare eines Naturführers Eifel geliefert wurden. Außerdem sind fünf Exemplare eines hochpreisigen Australien-Bildbandes beschädigt, sodass sie nicht zum festgesetzten Ladenpreis verkauft werden können. Frau Wolf ruft sofort nach Entdeckung der Mängel beim Bandom Verlag an und rügt die fehlerhafte Lieferung. Die zuständige Sachbearbeiterin bei Bandom lehnt eine Rücknahme der falsch bzw. mangelhaft gelieferten Bücher mit der Begründung ab, die Medi@Point GmbH & Co. KG Buchhandlung hätte die Lieferung unverzüglich nach Erhalt am Tag der Warenannahme überprüfen müssen.

**Arbeitsaufträge**
- Stellen Sie fest, welche Mängelarten im geschilderten Fall vorliegen.
- Prüfen Sie, ob die Medi@Point GmbH & Co. KG Buchhandlung einen Anspruch gegen den Bandom Verlag geltend machen kann.

#### Prüfungs- und Rügepflicht des Käufers

Der **Verkäufer** ist verpflichtet, die bestellte **Ware mangelfrei zu liefern**. Die eingegangene Ware muss vom Käufer beim zweiseitigen Handelskauf **unverzüglich (ohne schuldhafte Verzögerung)** auf Mängel untersucht werden.
Bei Feststellung von Mängeln muss der Käufer dem Lieferer eine **Mängelrüge** (§ 433 ff. BGB) zukommen lassen. Für die Mängelrüge gibt es keine bestimmte Formvorschrift. Aus **Beweissicherungsgründen** ist die Schriftform sinnvoll. In der Mängelrüge sollten die festgestellten Mängel so genau wie möglich beschrieben werden.

Beim **zweiseitigen Handelskauf** (§ 377 HGB) müssen vom Käufer **offene Mängel unverzüglich, versteckte Mängel unverzüglich nach Entdeckung, spätestens vor Ablauf von zwei Jahren** gerügt werden. **Arglistig verschwiegene Mängel müssen unverzüglich nach Entdeckung innerhalb von drei Jahren** gerügt werden, wobei die Frist am Ende des Jahres beginnt, in dem der Mangel entdeckt wurde. Kommt der Käufer seinen Rügepflichten nicht termingerecht nach, verliert er alle Rechte aus der mangelhaften Warenlieferung gegen den Lieferer. Der Käufer ist verpflichtet, die mangelhafte Ware auf Kosten des Lieferers sorgfältig aufzubewahren. Beim **einseitigen Handelskauf** (§ 438 BGB) hat der Käufer bei Neuwaren bei offenen und versteckten Mängeln **zwei Jahre**

**Zeit**, seine Mängelrüge zu erteilen. Für gebrauchte Produkte beläuft sich die Sachmängelhaftungsfrist zwischen einem Kaufmann und einem Privatmann auf ein Jahr.

## Mängelarten

Eine Warenlieferung kann Sach- oder Rechtsmängel aufweisen.

### *Sachmängel*

- **Mängel in der Menge (Quantitätsmängel):** Es wird zu viel oder zu wenig Ware geliefert.
  **Beispiel** *Statt der bestellten 350 Romane werden 35 Romane geliefert. (Zuweniglieferung)*

- **Mängel in der Art (Falschlieferung):** Es wird eine andere Ware als die bestellte geliefert.
  **Beispiel** *Statt gebundener Ausgaben werden Paperback-Ausgaben geliefert.*

- **Mängel durch fehlerhafte Ware, Montagefehler oder mangelhafte Montageanleitungen:** Die Ware kann möglicherweise zwar verwendet werden, ihr fehlt aber eine bestimmte oder zugesicherte Eigenschaft, die vertraglich vereinbart war. Hierzu zählen auch fehlerhafte Bedienungsanleitungen (IKEA-Klausel) oder wenn die vereinbarte Montage vom Verkäufer unsachgemäß ausgeführt wurde (Montagefehler).
  **Beispiele**
  - *Gelieferte Titel sind Defektexemplare.*
  - *Bucheinbanddecken sind gestaucht.*

- **Mängel durch falsche Werbeversprechungen oder durch falsche Kennzeichnungen:** Es fehlen der Ware Eigenschaften, die in einer Werbeaussage oder durch Kennzeichnung versprochen wurden.
  **Beispiel** *Die Medi@Point GmbH & Co. KG Buchhandlung kauft aufgrund einer Werbebroschüre eines Autoherstellers einen Geschäftswagen, der laut Prospekt nur fünf Liter pro 100 km verbrauchen soll. In Wirklichkeit braucht der Pkw aber acht Liter.*

### *Rechtsmängel*

Die zu verkaufende Sache ist durch Rechte anderer belastet.
**Beispiel** *Auf dem Flohmarkt verkauft ein Händler fabrikneue Bücher, die gestohlen worden sind.*

Hinsichtlich der **Erkennbarkeit der Mängel** kann folgende Einteilung vorgenommen werden:

- **offener Mangel:** Er ist bei der Prüfung der Ware sofort erkennbar.
  **Beispiel** *Schutzumschlag ist eingerissen.*

- **versteckter Mangel:** Er ist nicht gleich erkennbar, sondern zeigt sich erst später.
  **Beispiel** *Ein Druckbogen ist nicht eingeheftet.*

- **arglistig verschwiegener Mangel:** Er ist dem Verkäufer bekannt, wird aber bewusst von ihm verschwiegen.
  **Beispiel** *Verkauf eines ausdrücklich unfallfreien Pkw, der aber bereits einen Unfall hatte.*

## Rechte des Käufers aus der Mängelrüge (gesetzliche Sachmängelhaftungsansprüche § 433 ff. BGB)

Der Käufer kann **aus der Mängelrüge zuerst nur das Recht auf Nacherfüllung** geltend machen, wobei dem Verkäufer eine angemessene Frist zur Nacherfüllung einzuräumen ist.

Dabei kann der Käufer wählen zwischen **Ersatzlieferung oder Nachbesserung (= Nacherfüllung):** Der Kaufvertrag bleibt bestehen, der Käufer besteht auf der Lieferung mangelfreier Ware. Das Recht auf Nachlieferung ist nur beim Gattungskauf (vertretbare Ware) möglich. Der Käufer wird dieses Recht wählen, wenn der Kauf besonders günstig oder der Verkäufer bisher besonders zuverlässig war. Eine Nachbesserung gilt nach dem erfolglosen zweiten Versuch als fehlgeschlagen. Der Nacherfüllungsanspruch besteht auch bei geringfügigen Mängeln und ist verschuldensunabhängig. Falls die vom Käufer gewünschte Art der Nacherfüllung mit unverhältnismäßig hohen Kosten verbunden ist, kann der Verkäufer sie ablehnen.

Gelingt die Nacherfüllung nicht, d. h., ist der Käufer anschließend nicht im Besitz einer mangelfreien Ware, kann der Käufer folgende Rechte geltend machen:

**Minderung des Kaufpreises = Preisnachlass:** Der Kaufvertrag bleibt bestehen. Der Verkäufer mindert den ursprünglichen Verkaufspreis um einen angemessenen Betrag. Allerdings ist eine Vereinbarung zwischen Verkäufer und Käufer über die Minderung erforderlich. Der Käufer wird dieses Recht in Anspruch nehmen, wenn die Gebrauchsfähigkeit der Ware nicht wesentlich beeinträchtigt ist.

**Rücktritt vom Kaufvertrag:** Der Kaufvertrag wird aufgelöst, d. h., der Käufer tritt vom Kaufvertrag zurück und bekommt sein Geld zurück. Der Käufer wird insbesondere dann vom Vertrag zurücktreten, wenn er die gleiche Ware bei einem anderen Lieferer preiswerter beschaffen kann.

**Schadenersatz statt der Leistung:** Anspruch auf Schadenersatz besteht nur, wenn auch ein tatsächlicher Schaden nachgewiesen werden kann. Ein Schadenersatz setzt voraus, dass ein Verschulden des Verkäufers vorliegt. Wenn ein Verschulden des Verkäufers vorliegt, kann der Käufer auch den Ersatz vergeblicher Aufwendungen verlangen.

Bei Mängeln bei einem **Verbrauchsgüterkauf** (einseitiger Handelskauf, wobei der Käufer Privatmann ist), die nach mehr als sechs Monaten zum ersten Mal auftauchen, muss der Käufer gegebenenfalls mithilfe von Sachverständigen belegen, dass die Mängel schon bei der Warenübergabe vorhanden waren.

Der Verkäufer haftet ebenfalls dafür, wenn eine Ware nicht hält, was die Werbung verspricht, die Ware gilt dann als mangelhaft. Zudem haftet der Verkäufer für Angaben des Herstellers und für falsche Montage- und Gebrauchsanleitungen.

**Bei unerheblichen Mängeln** hat der Käufer nur das Recht auf Nacherfüllung oder Minderung, nicht jedoch auf Rücktritt oder Schadenersatz statt der Leistung.

Ein **Käufer hat keine Ansprüche** gegen den Lieferer, wenn
- der Käufer beim Abschluss des Kaufvertrages von dem Mangel gewusst hat,
- die Ware auf einer öffentlichen Versteigerung oder
- in Bausch und Bogen (Ramschkauf) gekauft wurde.

Vergleiche hierzu Seite 168

Bei Stückkäufen ist eine Ersatzlieferung für die mangelhafte Kaufsache nicht möglich (**Unmöglichkeit der Leistung**, § 275 BGB). In diesem Fall kann der Verkäufer nicht liefern und der Käufer kann die Rechte Rücktritt vom Kaufvertrag und bei Verschulden des Verkäufers Schadenersatz statt der Leistung durchsetzen.

Der Unternehmer, der eine neu hergestellte mangelhafte Sache von einem Verbraucher zurücknehmen oder eine Preisminderung gewähren musste, kann die Rechte gegen seinen eigenen Lieferer geltend machen (**Unternehmerrückgriff**, § 478 BGB). Er muss allerdings eine Nachfrist setzen. Zudem kann er den Ersatz der Aufwendungen für eine Nichterfüllung verlangen (§ 478 BGB). Entsprechendes gilt auch für die anderen Lieferer in der Liefererkette.

## Garantie und Kulanz

Oft beschränken die AGB des Verkäufers die Rechte des Kunden auf Nachbesserung und Ersatzlieferung. Laut Gesetz sind zwei Nachbesserungsversuche des Verkäufers zulässig. Die Zeit, die der Verkäufer für die Nachbesserungsversuche benötigt, verlängert den Sachmängelhaftungsanspruch des Kunden.

**Beispiel** *Die Medi@Point GmbH & Co. KG Buchhandlung schickt einen Monat nach Kaufvertragsabschluss einen defekten Thermotransfer-Etiketten-Drucker Pica 108/4, 200 dpi zur Hankel & Cie. GmbH. Für die Reparatur und eine weitere Reparatur nach zwei Monaten benötigt die Hankel & Cie. GmbH insgesamt acht Wochen. Somit verlängert sich der gesetzliche Sachmängelhaftungsanspruch von zwei Jahren um acht Wochen.*

Gelingt aber weder die Nachbesserung noch die Ersatzlieferung, dann kann der Kunde Rücktritt vom Vertrag oder Minderung verlangen.

Medi@Point GmbH & Co. KG
BUCHHANDLUNG

Medi@Point GmbH & Co. KG Buchhandlung, Schildergasse 46, 50667 Köln

Bandom Verlag
Ulmer Straße 12
86154 Augsburg

Anschrift: Schildergasse 46, 50667 Köln
Telefon: 0221 9846130
Telefax: 0221 9846139

Bankverbindung:
Sparkasse KölnBonn BLZ 370 50198 Kto.-Nr. 85213948
Deutsche Bank BLZ 370 700 60 Kto.-Nr. 446632140
Steuernummer: 215/335/5342
USt.-IDNr.: DE-9563 4978 6

| Ihr Zeichen, Ihre Nachricht vom | Unser Zeichen, unsere Nachricht vom | Telefon, Name | Datum |
|---|---|---|---|
| bi-so ..-10-02 | schü ..-13-02 | 43, Schüren | ..-13-02 |

Schlechtleistung

Sehr geehrte Damen und Herren,

wir haben Ihre Lieferung fristgerecht am 12.02. erhalten. Bei der unverzüglichen Überprüfung der Sendung stellten wir allerdings folgende Mängel fest:

1. Statt der bestellten 44 Exemplare „A. Schink, Liebesbeweise" lieferten Sie 44 Exemplare „Radwanderführer Emsland".
2. Fünf Exemplare „Hochseejachten in Farbe" weisen erhebliche Einband-Mängel auf.

Zur Regelung dieser Mängel machen wir Ihnen folgenden Vorschlag:

1. Umgehende Lieferung der Bestellung „A. Schink, Liebesbeweise". Die Lieferung der „Radwanderführer Emsland" senden wir Ihnen unfrei zurück.
2. Die beschädigten Bildbände möchten wir als Mängelexemplare preisreduziert im Modernen Antiquariat anbieten und erbitten daher Gutschrift von 75%.

Mit freundlichen Grüßen

Medi@Point GmbH & Co. KG Buchhandlung

i.A. Schüren

Schüren
Abteilung Beschaffung

Amtsgericht Köln HRB9842 Geschäftsführer: Thomas Müller

Häufig wird die gesetzliche Sachmängelhaftungsfrist von zwei Jahren durch eine **Garantie des Herstellers** auf mehrere Jahre erweitert. Die **Garantie des Herstellers muss ausdrücklich** zwischen dem Verkäufer und dem Kunden **im Kaufvertrag vereinbart werden**, wobei Inhalt, Umfang und Garantiefrist geregelt werden. Wird eine Garantie angeboten, hat der Käufer innerhalb der zweijährigen gesetzlichen Sachmängelhaftungspflicht das Wahlrecht, ob er bei Auftreten eines Mangels seine Rechte aus der Garantie oder aus der gesetzlichen Sachmängelhaftung in Anspruch nimmt. Die Garantie sieht meistens nur vor, dass der Kunde die Beseitigung des Mangels verlangen, jedoch nicht vom Vertrag zurücktreten kann. Ist der Verkäufer nicht in der Lage, den Mangel zu beseitigen, hat der Käufer per Gesetz ein Rücktrittsrecht.
Verkäufer gewähren häufig ihren Kunden, wenn die Sachmängelhaftungsfrist abgelaufen ist, aus **Kulanzgründen** die Rechte aus der Mängelrüge, obwohl sie gesetzlich dazu nicht verpflichtet sind.

***Schlechtleistung (= Mängelrüge)***

| Pflichten des Käufers | Zweiseitiger Handelskauf | Einseitiger Handelskauf und bürgerlicher Kauf |
|---|---|---|
| **Prüfpflicht** | Unverzüglich | Keine gesetzliche Regelung |
| **Rügepflicht Feststellung von** • **offenen,** | Unverzüglich | Innerhalb von zwei Jahren |
| • **versteckten,** | Unverzüglich nach Entdeckung Innerhalb von zwei Jahren | Innerhalb von zwei Jahren |
| • **arglistig verschwiegenen Mängeln** | Unverzüglich nach Entdeckung Innerhalb von 3 Jahren | Innerhalb von drei Jahren Beginn: mit Schluss des Jahres, in dem der Anspruch entstanden ist |

***Mängelarten***

- ***Sachmängel***
  - *Mangel in der Menge (Quantitätsmangel)*
  - *Mangel in der Art (Falschlieferung)*
  - *Mangel durch fehlerhafte Ware, Montagefehler oder mangelhafte Montageanleitungen*
  - *Mangel durch falsche Werbeversprechungen und falsche Kennzeichnungen*
- ***Rechtsmängel** (Sache ist durch Rechte anderer belastet)*

**Rechte des Käufers**

**Kaufvertrag bleibt bestehen**

- Ersatzlieferung oder Nachbesserung (**Nacherfüllung**).
  Gelingt die Nacherfüllung nicht, hat der Käufer folgende Rechte:
  1. Minderung (Preisnachlass),

**Kaufvertrag wird aufgelöst**

2. Rücktritt vom Kaufvertrag und/oder
3. Schadenersatz statt der Leistung oder Anspruch auf Ersatz vergeblicher Aufwendungen.

- *Eine über die gesetzliche Sachmängelhaftungspflicht hinausgehende **Garantie** berechtigt nach Ablauf der gesetzlichen Sachmängelhaftungsfrist grundsätzlich nur zur Reparatur.*
- *Im Rahmen der **Kulanz** gewähren Verkäufer dem Käufer Rechte, ohne dazu gesetzlich verpflichtet zu sein.*

## Aufgaben

1 Bei der Überprüfung eingehender Lieferungen stellt die Medi@Point GmbH & Co. KG Buchhandlung folgende Mängel an der Ware fest:

a) Zwei Partien des Romans „Im Eisberg“ wurden als HC statt als TB geliefert.

b) Bei Nachlieferung einer Reiseführerbestellung ist mehr als die Hälfte der gelieferten Titel verschmutzt.

c) Statt zehn Exemplaren eines Titels wurden 100 geliefert.

d) Sechs Romane aus einem Partiebezug sind verheftet.

1. Geben Sie an, welche Mängelarten vorliegen.
2. Erläutern Sie, welche Rechte die Medi@Point GmbH & Co. KG Buchhandlung in Anspruch nehmen sollte.

2 Nennen Sie die Prüf- und Rügefristen beim ein- und zweiseitigen Handelskauf bei
a) offenen Mängeln,
b) versteckten Mängeln,
c) arglistig verschwiegenen Mängeln.

3 Erläutern Sie an einem Beispiel den Unterschied zwischen Garantie und Kulanz.

4 Führen Sie den Schriftverkehr nachstehender Unternehmen anhand folgender Daten:
a) Am 15. August .. trifft bei der Medi@ AG eine Sendung Lederwaren ein, die am 17. Juli .. bei der Lederwarenfabrik Hans Röllgen OHG, Waldstr. 115, 66953 Pirmasens, bestellt worden war und als Werbepräsente genutzt werden sollen. Bei der unverzüglichen Überprüfung durch die Warenannahme wurden folgende Mängel festgestellt:
   1. Ein Lederkoffer Marke „Universum“, EAN 4039600001489, weist Kratzer am Oberleder auf.
   2. Eine Damenhandtasche Marke „Midnight Lady“, EAN 4039600184356, hat defekte Verschlüsse.
   3. Ein Herrenhandtasche Marke „Casanova“, EAN 4039601356423, ist fehlerhaft vernäht worden.

   Der Lederkoffer kann noch verkauft werden; die Damenhandtasche und die Herrenhandtasche sind unverkäuflich.
b) Am 26. März .. trifft eine Sendung des Bachwogen Verlags bei der Medi@Point GmbH & Co. KG Buchhandlung ein. Frau Koch, die die Warensendung unverzüglich überprüft, macht folgende Meldung:

| Fehlermeldung | | Bearbeiter: Koch | | Datum: 26.03. .. | |
|---|---|---|---|---|---|
| Titel-nummer | Titel | Gelieferte Menge | Preis in EUR | Fehler-hafte Stücke | Beanstandung |
| 384488 | Cavan, La Notte | 7 | 22,90 | 3 | Einband verschmutzt |
| 2975822 | Herba, Traum | 11 | 11,90 | 11 | Statt HC TB geliefert |
| 5472321 | Ginsberg, Mutter | 3 | 19,80 | 2 | fehlend |

   Folgende Sachmängelhaftungsansprüche werden geltend gemacht:
   1. Cavan — Minderung des Kaufpreises
   2. Herba — Ersatzlieferung
   3. Ginsberg — Nachlieferung

### 5.3.3 Annahmeverzug

Thomas Müller hat für die Kundin Frau Bauer zwei Exemplare des Bildbandes Nada aus dem Paschen-Verlag ersteigern können. Die Lieferung soll Montag, 12:00 Uhr erfolgen. Aufgrund eines Zahnarzttermins ist Herr Müller bei Lieferung der Werke nicht im Laden. Da er keine entsprechende Mitteilung hinterlassen hat, verweigert Angelika Schüren aufgrund des enorm hohen Rechnungsbetrages von 8 000,00 EUR die Annahme der Werke. Beim Rücktransport der Bücher werden diese aufgrund eines Zufalls durch Wasserschaden (Reinigungsfahrzeuge der Stadtwerke) irreparabel beschädigt. Der Lieferer verlangt die Bezahlung der Bildbände.

**Arbeitsaufträge**
- Beurteilen Sie die rechtliche Situation.
- Erläutern Sie die Rechte des Verkäufers aus dem Annahmeverzug.

Nimmt ein Käufer die von ihm bestellte Ware, die zur rechten Zeit, am rechten Ort und in der richtigen Güte und Menge geliefert wird, nicht an, gerät er in Annahmeverzug. Beim Annahmeverzug handelt es sich um eine Pflichtverletzung des Käufers (= Gläubigerverzug, §§ 293 ff., 372 ff. BGB; § 373 ff. HGB).

## ● Voraussetzungen des Annahmeverzuges

**Fälligkeit der Lieferung**, d. h., der Verkäufer muss zum vereinbarten Termin liefern.

**Tatsächliches Angebot der Lieferung**, d. h., der Verkäufer muss dem Käufer die Ware zur richtigen Zeit, am richtigen Ort, in der vereinbarten Art und Weise anbieten.

**Nichtannahme des Käufers**, d. h., der Käufer muss die Annahme der ordnungsgemäß gelieferten Ware verweigern.
Der Annahmeverzug setzt kein Verschulden voraus, d. h., die Gründe des Käufers für die Nichtannahme der Ware sind unerheblich.

## ● Wirkungen des Annahmeverzuges

**Einschränkung der Haftung des Verkäufers:** Der Verkäufer haftet nur noch für Vorsatz und grobe Fahrlässigkeit. Der Käufer haftet jetzt für leicht fahrlässig verursachte Schäden, also für die Gefahr des zufälligen Untergangs oder der zufälligen Beschädigung der Ware.
Beispiel *Auf dem Rückweg vom Käufer zum Lieferer wird die vom Käufer nicht angenommene Ware durch einen nicht verschuldeten Verkehrsunfall zerstört. Der Käufer trägt die Kosten für die zerstörten Waren.*

## ● Rechte des Verkäufers aus dem Annahmeverzug

Ohne Nachfristsetzung hat der Verkäufer das Recht, auf Abnahme der Ware zu bestehen.

Handelt es sich bei der nicht angenommenen Lieferung um eine Ware, die für die speziellen Zwecke des Käufers hergestellt wurde oder anderweitig schwer zu verkaufen ist, wird ein Verkäufer die Ware auf Kosten und Gefahr des Käufers einlagern lassen (in einem öffentlichen oder eigenen Lager). Das Gleiche wird der Fall sein, wenn die Transportkosten vom Verkäufer zum Käufer sehr hoch sind. Anschließend wird der Verkäufer entweder auf außergerichtlichem oder auf gerichtlichem Wege versuchen, den Käufer zur Abnahme der Ware zu bewegen. Der gerichtliche Klageweg ist allerding sehr zeitraubend, zudem werden die Geschäftsbeziehungen mit dem Kunden durch eine Klage nachhaltig gestört.

**Nach Ablauf einer Nachfrist hat der Verkäufer folgende Rechte:**

- **Durchführung eines Selbsthilfeverkaufs:** Eine gerichtliche Klage ist sehr zeitaufwändig und kostspielig. Um die Klage zu vermeiden, kann der Verkäufer die eingelagerten Waren im Wege des Selbsthilfeverkaufs veräußern. Dies kann in folgender Weise geschehen:
  - in einer **öffentlichen Versteigerung** (z. B. durch einen Vollstreckungsbeamten),
  - durch einen **freihändigen Verkauf von Waren**, die einen Börsen- oder Marktpreis haben (z. B. durch einen vom Gericht bevollmächtigten Handelsmakler).
    Beispiele *Kaffee, Tee, Diamanten*

  Bei einem Selbsthilfeverkauf sind dem Verkäufer durch das Gesetz zum Schutz des Käufers **Pflichten** auferlegt:
  - **Mitteilung** an den Käufer über den Ort der Aufbewahrung
  - **Androhung** des Selbsthilfeverkaufs und Setzung einer angemessenen **Nachfrist** zur Abnahme der Waren
  - Die Androhung des Selbsthilfeverkaufs ist nicht erforderlich **bei leicht verderblichen Waren**, sie können sofort in Form eines **Notverkaufs** veräußert werden (§ 384 BGB).
    Beispiel *Die Kantine der Medi@ AG erhält termingerecht eine Lieferung Erdbeeren. Da der Kantinenleiter seine Mitarbeiter von der Lieferung nicht informiert hatte, wird die Annahme*

*der Lieferung abgelehnt. Der Spediteur fährt zum nächsten Großmarkt und verkauft dort unverzüglich die Waren.*
- **Mitteilung** an den Käufer über Ort und Zeitpunkt des Selbsthilfeverkaufs, damit dieser selbst mitbieten kann
- unverzügliche Mitteilung nach erfolgtem Selbsthilfeverkauf an den Käufer mit der **Abrechnung** über den Selbsthilfeverkauf. Die entstandenen Kosten (Lager-, Versteigerungskosten) sowie die Differenz (Mindererlös) zwischen dem vereinbarten Kaufpreis und dem erzielten Versteigerungserlös muss der Käufer tragen. Einen etwaigen Mehrerlös muss der Verkäufer nach Abzug der Kosten an den Käufer abführen.

- **Rücktritt vom Kaufvertrag:** Von diesem Recht wird der Verkäufer Gebrauch machen, wenn er die Ware problemlos weiterverkaufen kann, die Verkaufspreise für die Waren in der Zwischenzeit gestiegen sind oder der Käufer ein sehr guter Kunde ist, mit dem schon lange gute Geschäftsbeziehungen gepflegt werden.

***Annahmeverzug***
- *Voraussetzungen des **Annahmeverzuges** sind:*
  - ***Fälligkeit** der Lieferung*
  - ***tatsächliches Angebot** der Lieferung*
  - ***Nichtannahme** des Käufers*

  *Annahmeverzug setzt **kein Verschulden** voraus.*
- ***Folgen** des Annahmeverzuges sind:*
  - ***Einschränkung der Haftung des Verkäufers** auf Vorsatz und grobe Fahrlässigkeit*
  - ***Käufer haftet** für Schäden, die durch leichte Fahrlässigkeit und Zufall (z. B. höhere Gewalt) eintreten.*

**Rechte des Verkäufers**

| ohne Nachfristsetzung | nach Ablauf der Nachfrist |
|---|---|
| • **Bestehen auf Abnahme** der Ware (gerichtliche Klage) | • **Selbsthilfeverkauf** in Form von<br>1. öffentlicher Versteigerung,<br>2. freihändigem Verkauf,<br>3. Notverkauf<br>*oder*<br>• **Rücktritt vom Vertrag** |

## Aufgaben

1 Erläutern Sie die Voraussetzungen des Annahmeverzuges und die jeweiligen Rechte des Verkäufers.

2 Beschreiben Sie die Folgen, die sich aus dem Annahmeverzug für den Käufer ergeben.

3 Geben Sie in den nachfolgenden Fällen an, wie Sie sich als Lieferer verhalten würden:
   a) Ein Kunde gerät in Annahmeverzug für einen Warenwert über 450,00 EUR.
   b) Eine Buchhandlung nimmt eine Warensendung Bücher nicht an, weil sie Betriebsferien hat.
   c) Ein Kunde, mit dem langjährige Geschäftsbeziehungen bestehen, verweigert ohne Angabe von Gründen die Annahme der Warenlieferung.
   d) Die Kantine eines Medienunternehmens lehnt die Annahme bestellter frischer Champignons ab.

e) Ein Kunde lehnt die Annahme eines bestellten Surfbrettes ab, weil er sich den Fuß gebrochen hat und nicht in Urlaub fahren kann.

4 **Schriftverkehr:** Schreiben Sie anhand nachfolgender Angaben einen Brief:
Das katholische Krankenhaus Schleiertal hat bei der Medi@Point GmbH & Co. KG Buchhandlung zur Ergänzung der Patientenbibliothek zum 2. April 200 Unterhaltungsromane bestellt. Die Ware wird termingerecht an das katholische Krankenhaus Schleiertal ausgeliefert. Da die Auftragskopie im Krankenhaus abhanden gekommen ist, wird die Annahme der Lieferung verweigert. Da die bestellten Titel im Sortiment der Buchhandlung keine Verwendung für andere Kunden finden können, besteht die Medi@Point GmbH & Co. KG Buchhandlung auf Abnahme der Lieferung.

## 5.3.4 Nicht-Rechtzeitig-Zahlung (Zahlungsverzug)

Zu den Kunden der Medi@Point GmbH & Co. KG Buchhandlung gehört u. a. die Zahnarztpraxis Dr. Hartleben. Regelmäßig liefert die Buchhandlung medizinische Fachbücher auf Rechnung. Nachdem mehrfach festgestellt wurde, dass die Praxis nur zögerlich zahlt, wurde auf der letzten Rechnung besonders darauf hingewiesen, dass diese zum 10.01. zur Zahlung fällig sei. Am 30. Januar erhält die Praxis eine Mahnung mit der Aufforderung, den Rechnungsbetrag zuzüglich 10 % Verzugszinsen zu bezahlen. Wütend ruft Dr. Hartleben in der Medi@Point GmbH & Co. KG Buchhandlung an und erklärt, er werde nur den Rechnungsbetrag begleichen, auf die Verzugszinsen hätte die Medi@Point GmbH & Co. KG Buchhandlung keinen Anspruch, da es sich bei der überzogenen Zahlungsfälligkeit um ein Versehen gehandelt habe.

**Arbeitsaufträge**
- Begründen Sie die Notwendigkeit der Überwachung von Zahlungsterminen.
- Stellen Sie fest, ob die Voraussetzungen des Zahlungsverzuges gegeben sind.
- Überprüfen Sie, ob die Zahnarztpraxis Dr. Hartleben den Rechnungsbetrag einschließlich der Verzugszinsen bezahlen muss.

### Notwendigkeit der Terminüberwachung

Es gibt eine Vielzahl von Gründen, Zahlungsein- und -ausgänge zu überwachen.

**Gründe für die Nichtzahlung oder verspätete Zahlung können sein:**
- Vergesslichkeit (Übersehen der Zahlungsfälligkeit, falsche Ablage der Rechnung, Irrtum im Termin)
- Ausfall eigener Forderungen, wodurch der Zahlungspflichtige vorübergehend Schwierigkeiten hat, die notwendigen Zahlungsmittel aufzubringen
- Zahlungsunwilligkeit oder Zahlungsunfähigkeit
- Übermittlungsfehler beim Geldinstitut

**Ein Unternehmen sollte aus folgenden Gründen bestrebt sein, auf den pünktlichen Zahlungseingang seiner Forderungen zu achten:**
- Verringerung der eigenen Liquidität (= Zahlungsfähigkeit) und Zinsverluste
- Aufnahme von teuren Bankkrediten
- mögliche Verjährung von Forderungen
- Aufgrund mangelnder Liquidität kann Skonto des Lieferers nicht ausgenutzt werden. Ein Unternehmen sollte Skonto immer in Anspruch nehmen, da ein nicht ausgenutzter Skonto die Inanspruchnahme eines besonders teuren Kredites bedeutet.

Vergleiche hierzu Seite 280

Vergleiche hierzu Seite 385

Die Bezahlung eigener Verbindlichkeiten des Unternehmens muss ebenfalls überwacht werden. Bei nicht termingerechter Erfüllung von Zahlungsverpflichtungen vermindert sich das Ansehen bei Lieferern und es fallen Verzugszinsen an. Ebenso sinkt die eigene Bonität.

**Terminkontrolle:** Damit eine geordnete Terminüberwachung erreicht wird, müssen organisatorische Maßnahmen ergriffen werden, um Zahlungseingänge und -ausgänge zu kontrollieren. Es gibt verschiedene Möglichkeiten, den Zahlungseingang von Kunden und den Zahlungsausgang an Lieferer zu überwachen. Die Forderungen an Kunden werden als offene Posten bezeichnet. Die Kontrolle der Zahlungseingänge von Kunden wird mithilfe von Offenen-Posten-Dateien durchgeführt. Hierbei werden die Rechnungsbeträge mit ihren Fälligkeitsterminen gespeichert und täglich abgeglichen. Bei einer Überschreitung des Zahlungsziels wird das kaufmännische Mahnverfahren eingeleitet. Zur Überwachung der termingerechten Zahlungsausgänge an Lieferer kann ebenfalls eine Datei der ausstehenden Verbindlichkeiten erstellt werden.

*Vergleiche hierzu Seite 275*

Die **Art und Weise der Terminüberwachung** richtet sich nach der Zahl der Außenstände, dem Umfang der Forderungen und Verbindlichkeiten und nach der Organisation der Buchführung.

**Factoring:** Eine Möglichkeit, vorzeitig über Geldmittel aus ausstehenden Forderungen zu verfügen, stellt das **Factoring** dar. Ein Unternehmen **verkauft** hierbei **seine Forderungen** an eine Factoring-Bank. Diese übernimmt das Inkasso bei den Kunden und stellt dem Unternehmen den Geldbetrag vorab zur Verfügung.

*Vergleiche hierzu Seite 398*

## Voraussetzungen der Nicht-Rechtzeitig-Zahlung (Zahlungsverzug)

Zahlt ein Käufer nicht oder nicht rechtzeitig, gerät er in Zahlungsverzug (§ 286 ff. BGB).

**Voraussetzung für den Eintritt des Zahlungsverzuges sind die Fälligkeit der Zahlung und das Verschulden des Käufers.**

Zahlungsverzug tritt bei fest vereinbarten Zahlungsterminen sofort ein, wenn der Käufer nicht bis zum vereinbarten Termin zahlt (§ 286 II BGB). Der Schuldner kommt beim zweiseitigen Handelskauf bei nicht fest vereinbarten Zahlungsterminen **30 Tage nach dem Erhalt einer Rechnung** automatisch in Verzug – ohne weitere Mahnung (§ 286 Abs. 3 BGB). Die 30-Tage-Frist beginnt mit der Zustellung der Rechnung. Den ordnungsgemäßen Zugang der Rechnung hat im Streitfall der Gläubiger zu beweisen.
Diese Regelung gilt gegenüber einem Schuldner, der Verbraucher ist, nur, wenn der Verbraucher auf diese Folgen in der Rechnung oder Zahlungsaufstellung besonders hingewiesen worden ist. Ist der Zeitpunkt des Zugangs der Rechnung unsicher, kommt der Schuldner beim einseitigen Handelskauf spätestens 30 Tage nach Fälligkeit und Empfang der Waren in Verzug. Der Zahlungsverzug tritt nur dann ein, wenn die vom Verkäufer geschuldete Leistung bereits vertragsmäßig erbracht wurde. Ist der Zeitpunkt der Zahlung kalendermäßig nicht bestimmt, so tritt der Zahlungsverzug nach § 286 (1) BGB erst nach einer Mahnung ein.

Das **Verschulden des Käufers ist** für den Eintritt des Zahlungsverzuges ebenfalls **erforderlich**.

## Rechte des Verkäufers aus dem Zahlungsverzug

Der Verkäufer kann zuerst nur Nacherfüllung verlangen, d. h., er kann

- auf verspäteter Zahlung bestehen, d. h., der Käufer zahlt nach dem Zahlungstermin und der Verkäufer stellt keine weiteren Ansprüche,
- **oder auf verspäteter Zahlung bestehen und Schadenersatz wegen Verzögerung der Leistung verlangen.** Der Schadenersatz (Ersatz des Verzugsschadens) kann die entgangenen Zinsen und den Kostenersatz (Mahnentgelte) umfassen. Die Verzugszinsen betragen laut Gesetz (§ 353 HGB, § 288 BGB) beim einseitigen Handelskauf 5 % über dem Basiszinssatz für Kredite vom Tag des Verzugs an, beim zweiseitigen Handelskauf 8 % über dem Basiszinssatz.

Wenn die Nacherfüllung durch den Käufer nach einer Mahnung mit Fristsetzung nicht erfolgt, dann kann der Verkäufer:

- **die Zahlung ablehnen und vom Vertrag zurücktreten.** Der Verkäufer verlangt seine Waren zurück. Dieses ist besonders sinnvoll beim Verkauf unter Eigentumsvorbehalt oder bei großen Zahlungsschwierigkeiten des Käufers.
- **die Zahlung ablehnen und Schadenersatz statt der Leistung verlangen.** Für die Inanspruchnahme dieses Rechts wird ein Käuferverschulden vorausgesetzt.

**Beispiel**

Medi@Point GmbH & Co. KG
BUCHHANDLUNG

Medi@Point GmbH & Co. KG Buchhandlung, Schildergasse 46, 50667 Köln

Einschreiben
Praxis Dr. Hartleben
Roonstr. 16
50768 Köln

Anschrift: Schildergasse 46, 50667 Köln
Telefon: 0221 9846130
Telefax: 0221 9846139

Bankverbindung:
Sparkasse KölnBonn BLZ 370 50198 Kto.-Nr. 85213948
Deutsche Bank BLZ 370 700 60 Kto.-Nr. 446632140
Steuernummer: 215/335/5342
USt.-IDNr.: DE-9563 4978 6

| Ihr Zeichen, Ihre Nachricht vom | Unser Zeichen, unsere Nachricht vom | Telefon, Name | Datum |
|---|---|---|---|
| ha-ho ..-04-12 | ko ..-30-01 | 44, Koch | ..-13-02 |

Nicht-Rechtzeitig-Zahlung

Sehr geehrter Herr Dr. Hartleben,

Sie erhielten von uns am 20. Dezember .. eine Lieferung medizinischer Fachliteratur. Gleichzeitig sandten wir Ihnen die Rechnung Nr. 308/94 über 2 184,10 EUR einschließlich 7% USt. zu.

Gemäß den Zahlungsbedingungen sollten Sie die Rechnung innerhalb von 30 Tagen nach Rechnungserhalt begleichen, d.h. im vorliegenden Fall bis zum 21. Januar. Da wir bis zu diesem Termin keine Zahlung von Ihnen erhalten haben, schickten wir Ihnen am 30. Januar eine Mahnung, in der wir Ihnen eine Zahlungsfrist bis zum 10. Februar setzten. Leider ließen Sie auch diesen Zahlungstermin ungenutzt verstreichen.

Gemäß den AGB, die unserem Vertrag zugrunde gelegt wurden, sind wir berechtigt, für verspätete Zahlungen unserer Kunden 10% Verzugszinsen in Rechnung zu stellen.

Wir bitten Sie daher, den Rechnungsbetrag über 2 184,10 EUR zuzüglich 13,35 EUR Verzugszinsen, insgesamt 2 197,45 EUR bis spätestens zum 20. Februar .. zu bezahlen.

Sollte bis zu diesem Termin Ihre Zahlung nicht eingegangen sein, sehen wir uns gezwungen, vom Vertrag zurückzutreten oder ggf. Schadenersatz statt der Leistung zu verlangen.

Wir hoffen auf eine rechtzeitige Bezahlung.

Mit freundlichem Gruß

Medi@Point GmbH & Co. KG Buchhandlung

i.A. Koch

Koch

Anlage
Rechnungskopie

Amtsgericht Köln HRB9842

Geschäftsführer: Thomas Müller

Der Verkäufer wird dieses Recht in Anspruch nehmen, wenn der Verkaufspreis der Waren inzwischen gesunken ist und er beim Verkauf an einen anderen Kunden einen geringeren Verkaufserlös erzielt. Der Schaden ist in Höhe der Differenz zwischen dem ursprünglichen und dem jetzt erzielten Verkaufspreis entstanden. Für die Inanspruchnahme dieses Rechts ist ein Verschulden des Käufers erforderlich.

***Nicht-Rechtzeitig-Zahlung (Zahlungsverzug)***

- *Die **Notwendigkeit der Überwachung von Zahlungseingängen** ergibt sich aus folgenden Gründen:*
  - *Erhaltung der eigenen Liquidität*
  - *Verjährung von Forderungen*
- ***Zahlungsausgänge** müssen überwacht werden, um vom Lieferer gewährte Skontofristen ausnutzen zu können und die eigene Kreditwürdigkeit zu erhalten.*
- *Voraussetzung des Zahlungsverzuges: **Fälligkeit der Zahlung, Verschulden des Käufers**.*
- *Der **Zahlungsverzug tritt ein** bei nicht fest vereinbarten Zahlungsterminen nach Ablauf von 30 Tagen seit Zugang einer Rechnung. Der Gläubiger hat den Zugang der Rechnung im Streitfall zu beweisen. Bei fest vereinbarten Zahlungsterminen tritt der Verzug sofort ein, wenn der Käufer bis zu diesem Termin nicht gezahlt hat.*

**Rechte des Verkäufers**

- **Ohne Mahnung kann der Verkäufer**
  - **Zahlung verlangen oder**
  - **Zahlung und Schadenersatz verlangen**
- **Nach einer Mahnung mit Festsetzung kann der Verkäufer**
  - **Ablehnung der Zahlung und Rücktritt vom Vertrag und/oder**
  - **Ablehnung der Zahlung und Schadenersatz statt der Leistung verlangen**

- ***Verzugszinsen** laut Gesetz beim einseitigen Handelskauf 5 % über dem jeweils gültigen Basiszinssatz für Kredite, beim zweiseitigen Handelskauf 8 % über dem Basiszinssatz.*

## Aufgaben

1 Geben Sie einige Gründe an, aus denen eine Zahlung verspätet erfolgen kann.

2 Erläutern Sie die Konsequenzen, die sich aus einer verspäteten Zahlung
a) für den Zahlungspflichtigen, b) für den Zahlungsempfänger
ergeben können.

3 Beschreiben Sie die Kontrolle der Zahlungseingänge und -ausgänge in Ihrem Ausbildungsbetrieb.

4 Erläutern Sie die Voraussetzungen des Zahlungsverzuges und die jeweiligen Rechte des Verkäufers.

5 Berechnen Sie die gesetzlichen Verzugszinsen, wenn ein Rechnungsbetrag über 4 890,00 EUR, der am 26. Februar fällig war, erst am 2. April .. bezahlt wird,
a) bei einem Zinssatz von 7,5 %,
b) bei einem Zinssatz von 9 %
c) bei einem vertraglich vereinbarten Zinssatz von 10 %.

6 Die Medi@Point GmbH & Co. KG Buchhandlung hat der Zahnarztpraxis Dr. Hartleben am 20. September ordnungsgemäß eine Lieferung medizinischer Fachliteratur per Boten zugesandt. Die Rechnung wurde der Praxis am 21. September zugestellt.
a) Überprüfen Sie, wann die Praxis in Zahlungsverzug gerät.

b) Die Praxis befindet sich in Zahlungsverzug. Erläutern Sie, wovon die Medi@Point GmbH & Co. KG Buchhandlung die Ausübung der einzelnen Rechte beim Zahlungsverzug abhängig machen wird.

7 **Schriftverkehr:** Schreiben Sie anhand nachfolgender Angaben einen Brief.
Die Steuerberaterpraxis Scholl, Händelstraße 17, 22761 Hamburg hat bei der Medi@Point GmbH & Co. KG Buchhandlung Literatur im Werte von 4 210,00 EUR gekauft. Zwei Wochen nach Ablauf des Zahlungstermins hat die Steuerberaterpraxis Scholl noch nicht bezahlt.

### 5.3.5 Das außergerichtliche (kaufmännische) und das gerichtliche Mahnverfahren

Trotz mehrfacher Mahnungen hat die Zahnarztpraxis Dr. Hartleben den ausstehenden Rechnungsbetrag von 2 184,10 EUR nicht bezahlt. An Mahnkosten sind bisher 23,00 EUR und an Verzugszinsen 13,35 EUR entstanden. Stefan Solly von der Medi@Point GmbH & Co. KG Buchhandlung ist sich nicht sicher, wie er sich verhalten soll.

**Arbeitsaufträge**

- Machen Sie Vorschläge, welche Möglichkeiten die Medi@Point GmbH & Co. KG Buchhandlung hat, wenn mehrere Mahnungen bei einem Kunden keine Wirkung gezeigt haben.
- Erläutern Sie, was man unter einer eidesstattlichen Versicherung versteht.

#### Außergerichtliches (kaufmännisches) Mahnverfahren

Man spricht von einem **außergerichtlichen oder kaufmännischen Mahnverfahren**, wenn der Verkäufer ohne Einschaltung des Gerichts versucht, seine ausstehenden Forderungen einzutreiben. Eine Mahnung sollte aber immer mit sehr viel **„Fingerspitzengefühl"** vorgenommen werden, da durch zu harte und ungeschickte Formulierungen Kunden verärgert werden können. Die Mahnung sollte einen Hinweis auf den fälligen Betrag und den überfälligen Zahlungstermin enthalten. **Aus Beweissicherungsgründen** sollte sie **schriftlich** abgefasst werden.

Ein kaufmännisches Mahnverfahren kann **z. B. in folgenden Schritten** durchgeführt werden:

- **Zahlungserinnerung:** Der Schuldner erhält 14 Tage nach Überschreiten des Fälligkeitstages in höflicher Form eine Rechnungskopie oder einen Kontoauszug.
  Formulierung: „Sehr geehrte Damen und Herren, sicher haben Sie übersehen, dass Sie bei uns noch eine Rechnung über 9 000,00 EUR offen haben. Wir bitten Sie daher höflich, den Betrag baldmöglichst zu überweisen."
- **1. Mahnung:** nochmalige Zusendung einer Rechnungskopie oder eines Kontoauszuges nach weiteren 14 Tagen, wobei ein nachdrücklicher Ton angeschlagen wird.
- **2. Mahnung:** Nach weiteren 14 Tagen wird eine Mahnung mit Fristsetzung an den Kunden gesandt, wobei nachdrücklich auf die Fälligkeit, den Betrag und die Folgen der Nichtzahlung hingewiesen wird.
- **3. Mahnung:** Es wird nach 8 Tagen ein letzter Termin gesetzt und der Mahnbescheid (gerichtliche Mahnung) angedroht.

Eine besondere Form der Mahnung ist die Zustellung einer Postnachnahme, wobei man Geldbeträge bis höchstens 1 600,00 EUR durch die Deutsche Post AG einziehen lassen kann. Hierbei werden die Forderungen mithilfe eines Nachnahmeformblattes mit Zahlschein eingezogen.

*Vergleiche hierzu Seite 286*

Mit der Einziehung von überfälligen Zahlungen können gegen Zahlung eines Entgelts auch **Inkassobüros** beauftragt werden.

## Das gerichtliche Mahnverfahren

Wenn ein säumiger Kunde nicht auf die Maßnahmen des außergerichtlichen (kaufmännischen) Mahnverfahrens reagiert, kann ein Lieferer bei einem Amtsgericht[1] einen Antrag auf Erlass eines **Mahnbescheides** stellen. Dadurch wird das gerichtliche Mahnverfahren (§ 688 ff. ZPO) eingeleitet. Der Mahnbescheid stellt eine Mahnung von Amts wegen dar, durch die der Schuldner aufgefordert wird, den ausstehenden Betrag binnen einer Frist von zwei Wochen zu zahlen oder Widerspruch zu erheben.

Der Antrag kann auf einem besonderen Vordruck (Formularzwang) gestellt oder im Onlineverfahren dem Amtsgericht übermittelt werden.

*Vergleiche hierzu Seite 277*

Das Amtsgericht erlässt den Mahnbescheid, wobei nicht überprüft wird, ob der Anspruch zu Recht besteht oder nicht. Der Mahnbescheid wird dem Schuldner vom Gericht zugestellt. Der **Schuldner hat** nach Zustellung des Mahnbescheids durch das Amtsgericht **drei Möglichkeiten**:

- **Schuldner zahlt an den Gläubiger** (Forderungsbetrag und sämtliche Kosten des Verfahrens), **Verfahren ist beendet**.
- **Schuldner erhebt Widerspruch** beim zuständigen Amtsgericht innerhalb der Widerspruchsfrist von zwei Wochen. Auf Antrag des Gläubigers kommt es zum **Zivilprozess** beim zuständigen Amts- oder Landgericht (Streitwert bis 5 000,00 EUR Amtsgericht, über 5 000,00 EUR Landgericht). Zuständig ist bei einseitigen Handelskäufen das Prozessgericht, in dessen Bezirk der Schuldner seinen Wohn- oder Geschäftssitz hat, bei zweiseitigen Handelskäufen kann auch vertraglich ein anderer Gerichtsstand vereinbart werden. Der Widerspruch kann mündlich (bei einem zuständigen Beamten des Amtsgerichts) oder schriftlich (Einschreiben) eingelegt werden.
- **Schuldner unternimmt nichts**, Gläubiger kann nach Ablauf der Widerspruchsfrist einen **Vollstreckungsbescheid** binnen sechs Monaten beim Amtsgericht beantragen.

Hat der Gläubiger beim Amtsgericht einen Vollstreckungsbescheid beantragt, wird dieser dem Schuldner vom Amtsgericht durch den Vollstreckungsbeamten zugestellt. Der **Schuldner** hat wieder **drei Möglichkeiten:**

- **Schuldner zahlt an den Gläubiger** (Forderungsbetrag und sämtliche Kosten des Verfahrens), **Verfahren ist beendet**.
- **Schuldner erhebt Einspruch** innerhalb der Einspruchsfrist von zwei Wochen. Auf Antrag des Gläubigers kommt es zum **Zivilprozess** beim zuständigen Amts- oder Landgericht.
- Schuldner unternimmt nichts, Gläubiger kann nach Ablauf der Einspruchsfrist durch den Vollstreckungsbeamten beim Schuldner eine **Zwangsvollstreckung** (= **Pfändung**, d. h., der Vollstreckungsbeamte pfändet beim Schuldner verwertbare Gegenstände, indem er diese mit einem **Pfandsiegel = Kuckuck** versieht) vornehmen lassen.

Bei einer Zwangsvollstreckung dürfen nicht alle verwertbaren Gegenstände gepfändet werden. Nicht pfändbar sind Gegenstände, die für eine bescheidene Lebensführung benötigt werden.
**Beispiele** *Kleidungsstücke, Einrichtungsgegenstände, Radiogerät, Küchengeräte*

[1] Aus Rationalisierungsgründen werden alle Mahnbescheide zentral je nach Bundesland bei einigen Amtsgerichten bearbeitet, rechtliche Wirkung hat der Antrag erst mit Eingang beim zuständigen Amtsgericht.

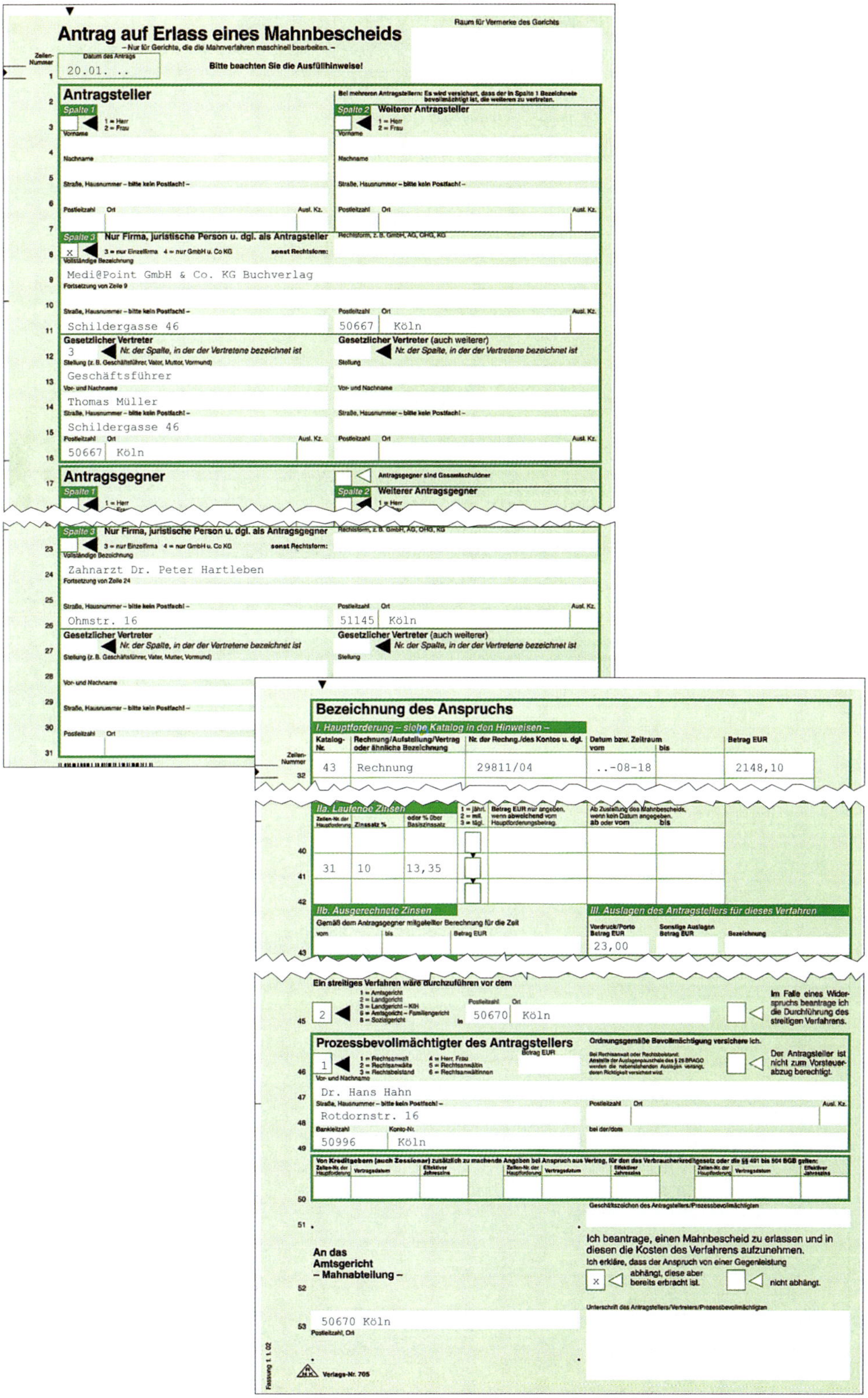

**Antrag auf Erlass eines Mahnbescheids**
– Nur für Gerichte, die die Mahnverfahren maschinell bearbeiten. –

Raum für Vermerke des Gerichts

Datum des Antrags: 20.01. ..

Bitte beachten Sie die Ausfüllhinweise!

**Antragsteller**

Spalte 1 – 1 = Herr, 2 = Frau – Vorname – Nachname – Straße, Hausnummer – bitte kein Postfach! – Postleitzahl – Ort – Ausl. Kz.

Bei mehreren Antragstellern: Es wird versichert, dass der in Spalte 1 Bezeichnete bevollmächtigt ist, die weiteren zu vertreten.

Spalte 2 – Weiterer Antragsteller – 1 = Herr, 2 = Frau – Vorname – Nachname – Straße, Hausnummer – bitte kein Postfach! – Postleitzahl – Ort – Ausl. Kz.

Spalte 3 – Nur Firma, juristische Person u. dgl. als Antragsteller – Rechtsform, z. B. GmbH, AG, OHG, KG

x – 3 = nur Einzelfirma, 4 = nur GmbH u. Co KG – sonst Rechtsform:

Vollständige Bezeichnung: Medi@Point GmbH & Co. KG Buchverlag

Fortsetzung von Zeile 9

Straße, Hausnummer – bitte kein Postfach!: Schildergasse 46 – Postleitzahl: 50667 – Ort: Köln – Ausl. Kz.

Gesetzlicher Vertreter: 3 – Nr. der Spalte, in der der Vertretene bezeichnet ist

Stellung (z. B. Geschäftsführer, Vater, Mutter, Vormund): Geschäftsführer

Vor- und Nachname: Thomas Müller

Straße, Hausnummer – bitte kein Postfach!: Schildergasse 46

Postleitzahl: 50667 – Ort: Köln – Ausl. Kz.

Gesetzlicher Vertreter (auch weiterer) – Nr. der Spalte, in der der Vertretene bezeichnet ist – Stellung – Vor- und Nachname – Straße, Hausnummer – bitte kein Postfach! – Postleitzahl – Ort – Ausl. Kz.

**Antragsgegner**

Antragsgegner sind Gesamtschuldner

Spalte 1 – 1 = Herr – Spalte 2 – Weiterer Antragsgegner – 1 = Herr

Spalte 3 – Nur Firma, juristische Person u. dgl. als Antragsgegner – Rechtsform, z. B. GmbH, AG, OHG, KG

3 = nur Einzelfirma, 4 = nur GmbH u. Co KG – sonst Rechtsform:

Vollständige Bezeichnung: Zahnarzt Dr. Peter Hartleben

Fortsetzung von Zeile 24

Straße, Hausnummer – bitte kein Postfach!: Ohmstr. 16 – Postleitzahl: 51145 – Ort: Köln – Ausl. Kz.

Gesetzlicher Vertreter – Nr. der Spalte, in der der Vertretene bezeichnet ist – Stellung (z. B. Geschäftsführer, Vater, Mutter, Vormund) – Vor- und Nachname – Straße, Hausnummer – bitte kein Postfach! – Postleitzahl – Ort

Gesetzlicher Vertreter (auch weiterer) – Nr. der Spalte, in der der Vertretene bezeichnet ist – Stellung

**Bezeichnung des Anspruchs**

I. Hauptforderung – siehe Katalog in den Hinweisen –

| Katalog-Nr. | Rechnung/Aufstellung/Vertrag oder ähnliche Bezeichnung | Nr. der Rechng./des Kontos u. dgl. | Datum bzw. Zeitraum vom | bis | Betrag EUR |
|---|---|---|---|---|---|
| 43 | Rechnung | 29811/04 | ..-08-18 | | 2148,10 |

IIa. Laufende Zinsen

| Zeilen-Nr. der Hauptforderung | Zinssatz % | oder % über Basiszinssatz | 1 = jährl. 2 = mtl. 3 = tägl. | Betrag EUR nur angeben, wenn abweichend vom Hauptforderungsbetrag | Ab Zustellung des Mahnbescheids, wenn kein Datum angegeben. ab oder vom | bis |
|---|---|---|---|---|---|---|
| | | | | | | |
| 31 | 10 | 13,35 | | | | |
| | | | | | | |

IIb. Ausgerechnete Zinsen – Gemäß dem Antragsgegner mitgeteilter Berechnung für die Zeit vom – bis – Betrag EUR

III. Auslagen des Antragstellers für dieses Verfahren – Vordruck/Porto Betrag EUR: 23,00 – Sonstige Auslagen Betrag EUR – Bezeichnung

Ein streitiges Verfahren wäre durchzuführen vor dem: 2 – 1 = Amtsgericht, 2 = Landgericht, 3 = Landgericht – KfH, 6 = Amtsgericht – Familiengericht, 8 = Sozialgericht – in Postleitzahl: 50670 – Ort: Köln

Im Falle eines Widerspruchs beantrage ich die Durchführung des streitigen Verfahrens.

**Prozessbevollmächtigter des Antragstellers**

1 – 1 = Rechtsanwalt, 2 = Rechtsanwälte, 3 = Rechtsbeistand, 4 = Herr, Frau, 5 = Rechtsanwältin, 6 = Rechtsanwältinnen – Betrag EUR

Ordnungsgemäße Bevollmächtigung versichere ich.

Der Antragsteller ist nicht zum Vorsteuerabzug berechtigt.

Vor- und Nachname: Dr. Hans Hahn

Straße, Hausnummer – bitte kein Postfach!: Rotdornstr. 16 – Postleitzahl – Ort – Ausl. Kz.

Bankleitzahl: 50996 – Konto-Nr.: Köln – bei der/dem

Von Kreditgebern (auch Zessionar) zusätzlich zu machende Angaben bei Anspruch aus Vertrag, für den das Verbraucherkreditgesetz oder die §§ 491 bis 504 BGB gelten: Zeilen-Nr. der Hauptforderung – Vertragsdatum – Effektiver Jahreszins

Geschäftszeichen des Antragstellers/Prozessbevollmächtigten

An das
Amtsgericht
– Mahnabteilung –

50670 Köln
Postleitzahl, Ort

Ich beantrage, einen Mahnbescheid zu erlassen und in diesen die Kosten des Verfahrens aufzunehmen.
Ich erkläre, dass der Anspruch von einer Gegenleistung
x abhängt, diese aber bereits erbracht ist. / nicht abhängt.

Unterschrift des Antragstellers/Vertreters/Prozessbevollmächtigten

Fassung 1.1.02 – Verlags-Nr. 705

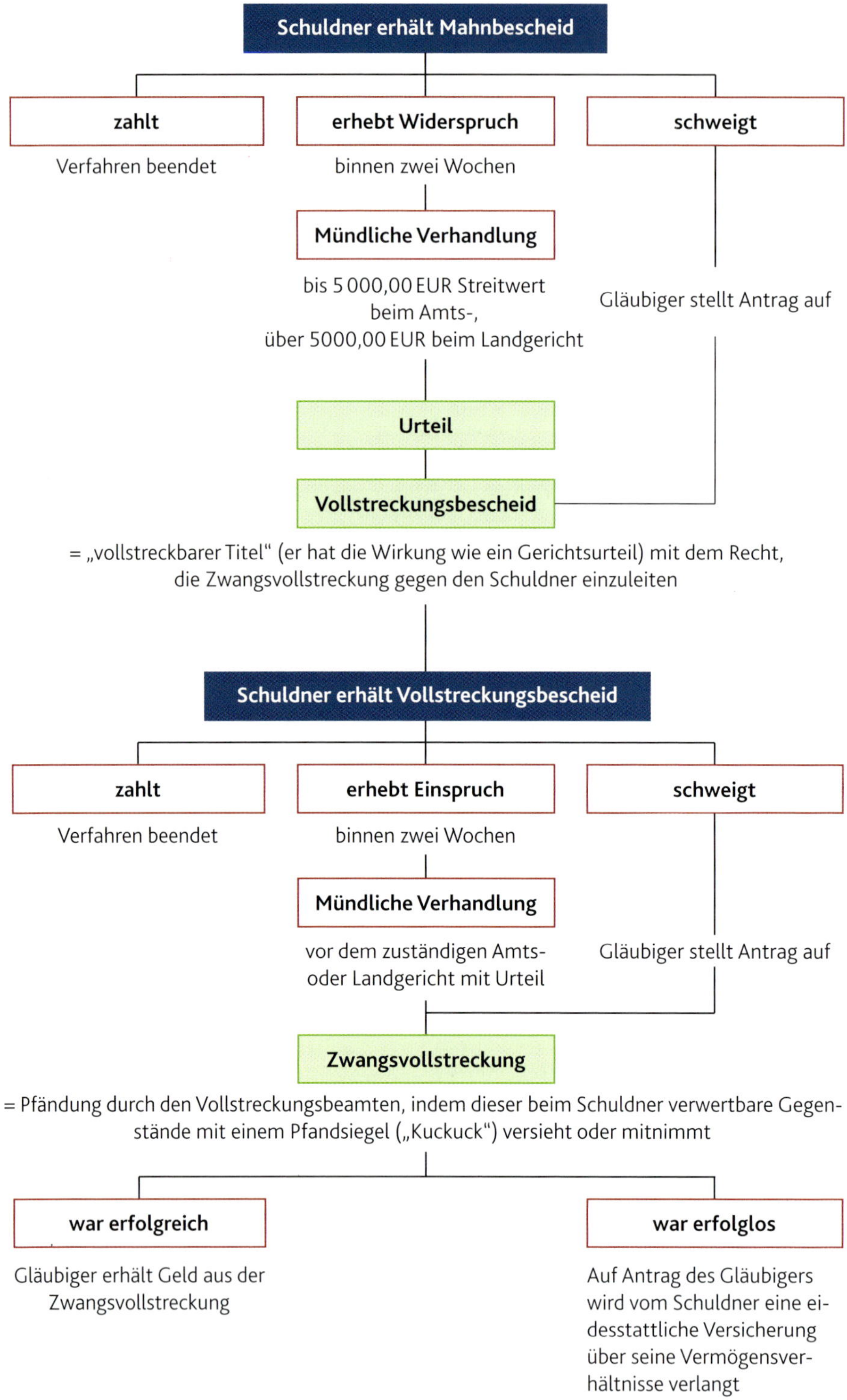
Schuldner erhält Mahnbescheid
zahlt
Verfahren beendet
erhebt Widerspruch
binnen zwei Wochen
Mündliche Verhandlung
bis 5 000,00 EUR Streitwert beim Amts-, über 5000,00 EUR beim Landgericht
schweigt
Gläubiger stellt Antrag auf
Urteil
Vollstreckungsbescheid
= „vollstreckbarer Titel“ (er hat die Wirkung wie ein Gerichtsurteil) mit dem Recht, die Zwangsvollstreckung gegen den Schuldner einzuleiten
Schuldner erhält Vollstreckungsbescheid
zahlt
Verfahren beendet
erhebt Einspruch
binnen zwei Wochen
Mündliche Verhandlung
vor dem zuständigen Amts- oder Landgericht mit Urteil
schweigt
Gläubiger stellt Antrag auf
Zwangsvollstreckung
= Pfändung durch den Vollstreckungsbeamten, indem dieser beim Schuldner verwertbare Gegenstände mit einem Pfandsiegel („Kuckuck“) versieht oder mitnimmt
war erfolgreich
Gläubiger erhält Geld aus der Zwangsvollstreckung
war erfolglos
Auf Antrag des Gläubigers wird vom Schuldner eine eidesstattliche Versicherung über seine Vermögensverhältnisse verlangt

Hat der Vollstreckungsbeamte auf Antrag des Gläubigers beim Schuldner verwertbare Gegenstände gepfändet, werden diese nach einer Schonfrist von sieben Tagen versteigert. Der Gläubiger erhält den Erlös der Versteigerung abzüglich der entstandenen Versteigerungskosten bis zur Höhe seiner Forderungen.

Ist eine **Zwangsvollstreckung mangels verwertbarer Gegenstände beim Schuldner erfolglos** und hat der Gläubiger das Gefühl, dass der Schuldner verwertbare Gegenstände unterschlägt, muss der Schuldner eine **eidesstattliche Versicherung** über seine Vermögensverhältnisse ablegen. Bei der eidesstattlichen Versicherung erklärt der Schuldner, dass sich außer den angegebenen Gegenständen keine weiteren Vermögensgegenstände in seinem Eigentum befinden.

Verweigert er die eidesstattliche Versicherung, kann der Schuldner auf Kosten des Gläubigers in eine **Beugehaft** bis zu sechs Monaten genommen werden. Macht er falsche Angaben über seine Vermögensverhältnisse, muss er mit einer Haftstrafe wegen Meineides rechnen.

Der Gläubiger kann auf das gerichtliche Mahnverfahren verzichten und gleich beim zuständigen Amts- oder Landgericht eine **Klage** wegen Vertragsbruchs gegen den Schuldner einreichen.

***Das außergerichtliche (kaufmännische) und das gerichtliche Mahnverfahren***

- *Das **außergerichtliche Mahnverfahren** wird angewandt, wenn von säumigen Schuldnern fällige Forderungen **ohne Einschaltung des Gerichts** eingetrieben werden.*
- *Der **Mahnbescheid** stellt eine Aufforderung des Gläubigers an den Schuldner dar, innerhalb einer bestimmten Frist die vom Gläubiger geforderte Summe zu zahlen oder sich vor Gericht zu verteidigen.*
- *Mit dem **Vollstreckungsbescheid** hat ein Gläubiger einen vollstreckbaren Titel mit dem Recht, die Zwangsvollstreckung gegen den Schuldner einzuleiten.*
- *Die **Zwangsvollstreckung** ist ein Verfahren, um mithilfe eines Vollstreckungsbeamten Geldforderungen bei einem Kunden einzutreiben.*

## Aufgaben

1 Erläutern Sie einige Ursachen dafür, dass Kunden nicht oder nicht rechtzeitig zahlen.

2 Erklären Sie die Schritte beim außergerichtlichen Mahnverfahren.

3 Beschreiben Sie die Konsequenzen, die einem Unternehmen entstehen, wenn es seine Außenstände nicht rechtzeitig von den Kunden bezahlt bekommt.

4 Erläutern Sie, wovon es abhängen kann, in welcher Form und wie oft ein Unternehmen einen säumigen Käufer mahnt.

5 Beschreiben Sie den Ablauf des gerichtlichen Mahnverfahrens.

6 Die Auszubildende Barbara Wolf erhält per Post einen Mahnbescheid zugesandt, in welchem sie von einer Versandhandlung aufgefordert wird, 2 000,00 EUR zu zahlen. Da Barbara keine Einkäufe bei der Versandhandlung getätigt hat, ist sie der Überzeugung, dass es sich um einen Irrtum handeln muss, der sich von selbst aufklärt. Infolgedessen unternimmt sie nichts. Beschreiben Sie die Folgen, die sich für Barbara aus ihrem Schweigen ergeben können.

7 Geben Sie an, welche Konsequenzen eine Zwangsvollstreckung für den Schuldner hat.

8 Die Medi@Point GmbH & Co. KG Buchhandlung hat dem Institut für Weiterbildung e. V., Brunnstraße 25, 80331 München, Medien und Software im Werte von 9 800,00 EUR geliefert. Als Zahlungstermin war vereinbart worden: „Zahlbar 30 Tage nach Erhalt der Rechnung netto Kasse“.

Die Rechnung wurde am 17. Februar .. per Brief versandt.

a) Schreiben Sie
   1. eine Zahlungserinnerung am 25. März ..,
   2. die 1. Mahnung am 9. April ..,
   3. die 2. Mahnung am 23. April ..,
   4. die 3. und letzte Mahnung am 30. April ..!

   (Das Institut reagiert auf kein Mahnschreiben.)

b) Angenommen, das Institut überweist nach der letzten Mahnung nur 7 000,00 EUR. Besorgen Sie sich bei der Deutschen Post AG eine Postnachnahme und füllen Sie diese über den Restbetrag aus.

c) Trotz dreimaliger schriftlicher Mahnung (Mahnkosten = vorgerichtliche Kosten 68,00 EUR, Vordruck 3,50 EUR) zahlt das Institut nicht. Am 15. Juni .. beantragt die Medi@Point GmbH & Co. KG Buchhandlung einen Mahnbescheid. Sie beauftragt ihren Rechtsvertreter Dr. Hans Hahn, Rotdornstraße 16, 50996 Köln, als Prozessbevollmächtigten mit der Wahrnehmung ihrer Interessen. Stellen Sie diesen Mahnbescheid aus.

9 Erstellen Sie mithilfe einer Textverarbeitungssoftware ein Textbausteinsystem für das kaufmännische Mahnverfahren.

### 5.3.6 Die Verjährung

Beim Abheften von Rechnungskopien im Dezember findet Barbara Wolf, Auszubildende bei der Buchhandlung Medi@Point GmbH & Co. KG, zufällig eine Rechnungskopie an die Rechtsanwaltspraxis Bülling und Partner über 2 985,00 EUR. Die vor der Einführung eines Warenwirtschaftssystems erstellte Rechnung enthält als Zahlungsbedingung „fällig sofort nach Erhalt" und ist datiert mit 10.12. des vorangegangenen Jahres. Die Rechnung ist noch nicht bezahlt. Thomas Müller, von Barbara Wolf informiert, ist sehr aufgebracht und lässt dem Kunden umgehend eine Mahnung zustellen. Die Rechtsanwaltspraxis antwortet schriftlich: „Ihre Forderung besteht nicht mehr, da Ihr Anspruch verjährt ist."

**Arbeitsaufträge**
- Überprüfen Sie, ob die Aussage der Rechtsanwaltspraxis berechtigt ist.
- Erläutern Sie die Bedeutung des Neubeginns und der Hemmung der Verjährung.

#### Verjährungsfristen

Eine Forderung ist dann **verjährt, wenn eine bestimmte vom Gesetz vorgeschriebene Frist abgelaufen ist, ohne dass der Gläubiger seine Forderung geltend gemacht hat.** Nach Ablauf der Verjährungsfrist hat der Schuldner das Recht, die Zahlung zu verweigern (= **Einrede der Verjährung**, § 194 ff. BGB). Die Forderung des Gläubigers besteht zwar weiter, er kann diese aber nicht mehr einklagen. Bezahlt ein Schuldner nach Ablauf der Verjährung, kann dieser die geleistete Zahlung nicht zurückfordern. Das BGB unterscheidet zwei Verjährungsfristen:

| | 30 Jahre | Regelmäßige Verjährung: 3 Jahre | |
|---|---|---|---|
| **Es verjähren Ansprüche** | • auf Herausgabe aus Eigentum und anderen dergleichen Rechten<br>• aus rechtskräftigen Urteilen<br>• aus Insolvenzforderungen<br>• aus Vollstreckungsbescheiden | • der Kaufleute untereinander<br>• auf regelmäßig wiederkehrende Leistungen (Miete, Pacht, Rente)<br>• auf Zinsen<br>• der Privatleute untereinander<br>• aus Forderungen aufgrund arglistig verschwiegener Mängel | • der Kaufleute an Privatleute der freien Berufe (Ärzte, Architekten, Ingenieure, Rechtsanwälte)<br>• der Gastwirte<br>• der Transportunternehmen<br>• von Lohn und Gehalt<br>• des Vermieters von beweglichen Sachen<br>• aus Darlehensforderungen |
| **Beginn der Laufzeit** | mit dem Datum der Fälligkeit des Anspruchs | mit dem Schluss des Jahres, in dem der Anspruch entstanden ist und der Gläubiger von den anspruchsbegründenden Umständen und der Person des Schuldners Kenntnis hatte bzw. hätte haben können. | |

Für Baumängel gilt eine 5-jährige Verjährungsfrist, bei Ansprüchen aus Mängeln an Kaufsachen und Werken aus Werkverträgen gilt eine 2-jährige Verjährungsfrist.

**Beispiele**

| | 30 Jahre | 3 Jahre |
|---|---|---|
| **Fälligkeit der Schuld** | 18. Juni 2009 | 15. März 2009 |
| **Beginn** | 18. Juni 2009 | 31. Dezember 2009 |
| **Verjährung** | 18. Juni 2039 | 31. Dezember 2012 |

## Hemmung und Neubeginn der Verjährung

- **Hemmung: Die Verjährung kann auch gehemmt werden**, d. h., die **Verjährungsfrist wird um die Zeitspanne der Hemmung verlängert**. Der Zeitraum der Hemmung wird also der normalen Verjährungsdauer hinzugerechnet. Sie beginnt erst wieder zu laufen, wenn der Hemmungsgrund beseitigt ist.

  Die Verjährung wird **gehemmt durch**
  - berechtigte Zahlungsverweigerung des Schuldners, da er eine Gegenforderung an den Gläubiger hat,
  - Stillstand der Rechtspflege durch Naturkatastrophen, Krieg usw.

  Der **Gläubiger** kann die Verjährung hemmen durch:
  - Stundung (Zahlungsaufschub) der Forderung
  - Zustellung des Mahnbescheids (eine außergerichtliche Mahnung hat keine hemmende Wirkung), die Hemmung beginnt mit der Einreichung bzw. Zustellung des Antrags und endet erst sechs Monate nach rechtskräftiger Entscheidung oder anderweitiger Beendigung des Verfahrens
  - Klage beim Gericht
  - Anmeldung der Forderung zum Insolvenzverfahren
  - Antrag auf Erlass eines Vollstreckungsbescheides

  Vergleiche hierzu Seite 407

  **Beispiel** *Die Medi@Point GmbH & Co. KG Buchhandlung hat eine Forderung gegen die Kanzlei Behrends und Partner aufgrund einer Warenlieferung. Die Forderung war am 8. Juni 2008 fällig. Nachdem die Medi@Point GmbH & Co. KG Buchhandlung mehrere vergebliche Mahnungen an die Kanzlei gesandt hatte, lässt sie am 5. März 2009 dem Kunden einen Mahnbescheid zustellen:*

  | | |
  |---|---|
  | *Entstehung der Forderung:* | *8. Juni 2008* |
  | *Verjährung der Forderung ohne Zustellung des Mahnbescheids:* | *31. Dezember 2011* |
  | *Verjährung der Forderung nach Zustellung des Mahnbescheids: (Hemmungszeit vom 05.03.08 bis 10.05.09 = 66 Tage und sechs Monate = 184 Tage, insgesamt 250 Tage)* | *4. September 2012* |

- **Neubeginn (§ 212 BGB):** Neben der Hemmung besteht die Möglichkeit des Neubeginns der Verjährung, d. h., **die Verjährung beginnt** von Neuem. Die bisherige Verjährungsfrist gilt nicht mehr. Die neue Frist beginnt immer vom Ende der Unterbrechung an zu laufen und nicht erst ab dem darauf folgenden Jahresende.

  Der **Schuldner kann** einen Neubeginn der Verjährung **bewirken** durch
  - schriftliche Stundungsbitte,
  - Teilzahlung,
  - Zinszahlung,
  - Schuldanerkenntnis (z. B. durch einen Schuldschein).

  Ferner kann der Gläubiger einen Neubeginn der Verjährung durch die Beauftragung der Zwangsvollstreckung erreichen.

  Vergleiche hierzu Seite 278

**Beispiel** *Die Kanzlei Behrends und Partner bittet am 10. März 2009 die Medi@Point GmbH & Co. KG Buchhandlung um Stundung der ausstehenden Forderung vom 8. Juni 2008 um sechs Monate.*

| | |
|---|---|
| *Entstehung der Forderung:* | *8. Juni 2008* |
| *Verjährung der Forderung ohne Stundungsbitte:* | *31. Dezember 2011* |
| *Verjährung der Forderung nach der Stundungsbitte des Kunden (Neubeginn der Verjährung):* | *8. Dezember 2012* |

***Die Verjährung***

- *Ein Gläubiger kann die **Zahlung nicht mehr gerichtlich erzwingen**, wenn die Forderung verjährt ist. Nach Ablauf der Verjährung kann der Schuldner die Zahlung verweigern.*
- *Bei der **Berechnung der Verjährung sind zu beachten**:*
  - ***Verjährungsfristen***
    - ***30 Jahre** (Forderungen aus Vollstreckungsbescheiden, Urteilen, Insolvenzen)*
    - ***3 Jahre** (Kaufmann an Kaufmann, regelmäßig wiederkehrende Leistungen, Kaufleute an Privatleute, Lohn- und Gehaltsforderungen, Forderungen von Freiberuflern und aufgrund arglistig verschwiegener Mängel, Privat an Privat, Forderungen aus Darlehen)*
    - ***2 Jahre** (Mängel an Kaufsachen und bei Werkverträgen)*
- ***Hemmung der Verjährung** (durch Stundung der Forderung, berechtigte Zahlungsverweigerung des Schuldners, Stillstand der Rechtspflege, Mahnbescheid, Klage beim Gericht, Anmeldung der Forderung zum Insolvenzverfahren, Vollstreckungsbescheid). Der Zeitraum der Hemmung wird der normalen Verjährungsdauer hinzugerechnet.*
- ***Neubeginn der Verjährung** (durch Beantragung der Zwangsvollstreckung, Schuldanerkenntnis des Schuldners oder dessen Teil- oder Zinszahlung). Vom Tag des Neubeginns an beginnt die Verjährung neu zu laufen.*

## Aufgaben

1 Erläutern Sie die Aussage: „Ihre Forderung ist verjährt".

2 Erläutern Sie die Verjährungsfristen und führen Sie jeweils vier Beispiele für die unterschiedlichen Verjährungsfristen an.

3 Erklären Sie die Auswirkungen von Neubeginn und Hemmung auf die Verjährungsfrist.

4 Geben Sie Beispiele an, wann die Verjährungfrist
a) neu beginnt, b) gehemmt wird.

5 Stellen Sie die Verjährungsfristen bei folgenden Fällen fest:
a) Ein Großhändler hat gegenüber einem Verlag eine Verbindlichkeit aufgrund einer Warenlieferung über 23 000,00 EUR.
b) Eine Buchhandlung hat bei einem Großhändler ein Darlehen über 20 000,00 EUR aufgenommen.
c) Eine Ärztin hat eine Forderung gegen einen Privatpatienten über 800,00 EUR.
d) Der Verpächter einer Wiese hat gegen den Pächter eine Pachtforderung über 1 200,00 EUR.
e) Die Auszubildende Barbara hat ihren Pkw für 4 800,00 EUR an eine Klassenkameradin verkauft.
f) Die Auszubildende Barbara hat ihrer Klassenkameradin Janine verschwiegen, dass der von ihr an Janine verkaufte Pkw ein Unfallwagen ist.
g) Die Medi@ AG hat gegen einen Kunden eine Insolvenzforderung über 23 200,00 EUR.
h) Die Medi@ AG hat gegen einen Kunden einen Vollstreckungsbescheid über 6 400,00 EUR erwirkt.

6 Eine Unternehmerin gewährt ihrer Angestellten am 5. Dezember 2008 ein Darlehen in Höhe von 10 000,00 EUR zum Kauf eines Pkw. Die Rückzahlung des Darlehens soll in einem Betrag nach genau einem Jahr erfolgen. Wann verjährt die Forderung der Unternehmerin gegen die Angestellte,
   a) wenn die Angestellte nach einem Jahr nicht zahlt,
   b) wenn die Angestellte die Unternehmerin am 5. Dezember 2009 schriftlich um eine Stundung von 6 Monaten bittet,
   c) wenn die Unternehmerin am 10. Februar 2010 die Forderung aufgrund der Stundungsbitte von ihrer Angestellten um sechs Monate stundet?

## 5.4 Zahlungsverkehr

### 5.4.1 Bar(geld)zahlung und halbbare Zahlung

Ein Heimatforscher hat im Eigenverlag eine Publikation über die nördlichen Kölner Vororte erstellt. Normalerweise liefert er der Medi@Point GmbH & Co. KG Buchhandlung diese Publikation auf Rechnung. Da er plötzlich erkrankt, liefert ein Nachbar 20 Bücher an die Buchhandlung aus. Er besteht auf Barzahlung der Ware, da er vom üblichen Abrechnungsverfahren keine Kenntnis hat. Angelika Schüren bezahlt den geforderten Betrag von 345,00 EUR und vermerkt lediglich auf dem Lieferschein, dass sie an den Auslieferer die Summe von 345,00 EUR bezahlt hat. Eine Woche später erhält die Medi@Point GmbH & Co. KG Buchhandlung eine Rechnung über 345,00 EUR. Angelika Schüren erinnert sich daran, dass sie die Rechnung bar bezahlt hat und findet den Lieferschein mit ihrem Vermerk. Dabei fällt ihr auf, dass sie sich den bezahlten Betrag nicht hat bestätigen lassen.

**Arbeitsaufträge**
- Überprüfen Sie, wie die Medi@Point GmbH & Co. KG Buchhandlung diese Situation hätte vermeiden können.
- Erläutern Sie den Clearingverkehr über die Landeszentralbanken.
- Stellen Sie alle Arten der halbbaren Zahlung in einer Übersicht dar und präsentieren Sie diese in einer geeigneten Art und Weise.

Geld erfüllt in einer arbeitsteiligen Volkswirtschaft die Aufgaben des Zahlungs-, Tausch-, Wertaufbewahrungs-, Wertübertragungsmittels und des Wertmaßstabes.

Zahlungen werden entweder mit **Bargeld** (Banknoten, Münzen), **Buch- oder Giralgeld** (= alle Guthaben oder Kredite bei Geldinstituten, über die jederzeit frei verfügt werden kann) oder Geldersatzmitteln (Scheck, Kreditkarte) vorgenommen. Kennzeichen der Bar(geld)zahlung ist, dass **sowohl der Schuldner als auch der Gläubiger Bargeld in die Hand bekommen**.

#### ● Bar(geld)zahlung

**Persönliche sofortige Zahlung:** Im Alltagsleben ist bei Kaufverträgen im Handel und bei Geschäften unter Nichtkaufleuten die sofortige Barzahlung üblich. Meistens handelt es sich hier nur um geringe Beträge. Der Käufer erhält die **Waren gegen sofortige Zahlung (Zug-um-Zug-Geschäft).**
Als Beweis für die Zahlung erhält der Schuldner eine **Quittung**. Als Quittung gelten der **Kassenzettel, Kassenbon einer Computerkasse oder besondere Quittungsvordrucke**. Liegt der Rechnungsbetrag über 150,00 EUR, so ist ein Kaufmann aus umsatzsteuerrechtlichen Gründen verpflichtet, die Umsatzsteuer gesondert auszuweisen.

**Zahlung durch Express-Brief (Deutsche Post AG):** Die Hauptaufgabe der **Deutschen Post AG** ist die Beförderung von Briefen, Paketen und Postkarten. Da das Versenden von Bargeld in einem normalen Brief sehr riskant und in einem Einschreibebrief bei einem Verlust nur bis 25,00 EUR versichert ist, kann Bargeld bis zu 25 000,00 EUR als Express-Brief in einem normalen Briefumschlag

mit der Deutschen Post AG versandt werden. Mit einem Express-Brief können **neben Bargeld auch Wertgegenstände versandt werden.**
Beispiele *Diamanten, Wertpapiere*

Die Versendung mit einem Express-Brief ist zwar sicher, aber sehr **umständlich und mit hohen Kosten verbunden**. Sollte ein Express-Brief verloren gehen, haftet die Deutsche Post AG bis zur Höhe des angegebenen Wertes.

Die Bargeldzahlung spielt in Medienunternehmen mit Ausnahme von Buchhandlungen keine Rolle, da sie zu personal-, zeit- und kostenintensiv und deshalb nur für den privaten Zahlungsverkehr geeignet ist.

## Halbbare Zahlung

### *Träger des Zahlungsverkehrs*

Bei der halbbaren Zahlung ist es notwendig, dass entweder der Schuldner oder der Gläubiger ein Girokonto bei einem **Kreditinstitut** besitzt. Diese **Geldinstitute** sind die **Träger des Zahlungsverkehrs**. Die Deutsche Postbank AG wickelt den Zahlungsverkehr der Postbank-Niederlassungen ab. Sie unterhält bundesweit in zehn Städten Postbank-Niederlassungen.

In Deutschland haben sich die Geldinstitute zu fünf Gironetzen zusammengeschlossen:

Für den Teilnehmer am Zahlungsverkehr ist es gleichgültig, bei welchen Geldinstituten Schuldner und Gläubiger ihre Konten unterhalten. Zur internen Verrechnung untereinander unterhalten die Geldinstitute Konten bei den Landeszentralbanken **(Clearing- oder Abrechnungsverkehr)**. Die Abwicklung dieser internen Verrechnung erfolgt durch **Datenfernübertragung** bargeldlos. Für diese Datenfernübertragung stellen Onlineanbieter, z. B. die Deutsche Telekom AG, Datendienste zur Verfügung **(= Online-Dienste)**.
Beispiel *Die Überweisungen der Sparkasse KölnBonn an die Deutsche Bank Köln betragen am 16. Februar 2 000 000,00 EUR und umgekehrt 2 300 000,00 EUR. Im Wege der Umbuchung werden tatsächlich nur 300 000,00 EUR an die Sparkasse KölnBonn im Wege des Clearing-Verfahrens überwiesen.*

**Die Eröffnung eines Kontos bei einem Kreditinstitut:** Neben natürlichen Personen können auch juristische Personen Konten bei einem Geldinstitut eröffnen. Für die Kontoeröffnung muss ein Antragsteller das 18. Lebensjahr vollendet haben und geschäftsfähig sein. Der Kontoinhaber wird über Zahlungsvorgänge und den Kontostand durch einen Kontoauszug unterrichtet, den der Kontoinhaber bei einem Kreditinstitut mit der Kundenkarte maschinell erstellen oder sich zuschicken lassen kann.

Auf dem **Kontoauszug** werden alle Zahlungseingänge (Zahlungen gehen zugunsten des Kontoinhabers ein = +) auf der Habenseite eingetragen, alle Zahlungsausgänge (Zahlungsaufträge werden zulasten des Kontos ausgeführt = –) auf der Sollseite. Zudem sind der alte und der neue Kontostand und der Tag des **Auszugsdatums** vermerkt. Wenn ein Konto ein Guthaben aufweist, liegt ein **Habensaldo** (H) vor. Ist das Konto überzogen, liegt ein **Sollsaldo** (S) vor.

**Beispiel** *Das Konto der Medi@Point GmbH & Co. KG Buchhandlung weist am 15. Juni einen Habensaldo von 24 582,26 EUR aus. Der letzte Kontoauszug vom 14. Juni wies einen Habensaldo von 27 638,20 EUR aus.*

| Konto | | Kontoauszug | | Auszug | Blatt |
|---|---|---|---|---|---|
| 446632140 | | DEUTSCHE BANK KOELN BLZ 370 700 60 | | 127 | 1 |
| Buch.-Tag | Wert | PN | Erläuterung/Verwendungszweck | Umsätze | |
| 14.06 | 14.06 | 0954 | SCHNEIDER VERLAG KG, Frankfurt<br>KD-NR 44007, RG-NR 2386<br>V. ..-06-01 | 3055,94 | S |

KREDITZUSAGE EUR 30 000

IHR AKTUELLER KONTOSTAND UM 16:00 UHR EUR 24 582,26 H

| BS | Letzter Auszug | Auszugsdatum | Alter Kontostand | Neuer Kontostand |
|---|---|---|---|---|
| 44 | ..-06-14 | ..-06-15 | EUR 27 638,20 H | EUR 24 582,26 H |

BUCHHANDLUNG MEDI@POINT GmbH & Co. KG, SCHILDERGASSE 46, 50667 KÖLN

**In der Regel darf ein Kontoinhaber sein Konto bis zu einem bestimmten Betrag überziehen (= Dispositionskredit bei privaten Kunden, Kontokorrentkredit bei gewerblichen Kunden)**, wobei die Höhe des **Dispositions-/Kontokorrentkredites** mit dem Kreditinstitut vereinbart werden muss.

### ♦ *Zahlschein*

Hat der Gläubiger ein Konto bei einem Kreditinstitut, kann der Schuldner mit einem Zahlschein zahlen. Der **Schuldner zahlt das Geld bar bei einem Kreditinstitut ein**. Zusätzlich entrichtet er ein Entgelt. Dem Gläubiger wird der entsprechende Betrag auf seinem Girokonto gutgeschrieben. Mit Zahlscheinen können Beträge in beliebiger Höhe übertragen werden, wobei die Kosten der Zahlung vom Schuldner zu tragen sind. Häufig werden dem Schuldner vom Gläubiger vorgedruckte Zahlscheine zugesandt, auf denen bereits Name, Kontonummer, Bankleitzahl, Geldinstitut des Gläubigers und Überweisungsbetrag eingetragen wurden.

Der Zahlschein besteht aus zwei **Bestandteilen**:

1. **Gutschrift (Zahlschein)** = Beleg des Geldinstitutes (Original)
2. **Zahlschein – Quittung** = Beleg für Einzahler (Kopie)

Bareinzahlung — Postbank

WICHTIGER HINWEIS! Bitte nur für Überweisung nach Bareinzahlung am Postschalter verwenden. Bankleitzahlen siehe Rückseite der Durchschrift.

Annahmevermerk

Begünstigter: Name, Vorname/Firma (max. 27 Stellen): MEDI@POINT GMBH & Co. KG

Konto-Nr. des Begünstigten: 69481223 — Bankleitzahl: 37010050

Kreditinstitut des Begünstigten: POSTBANK KOELN

EUR — Betrag: Euro, Cent: 150,00

Kunden-Referenznummer - Verwendungszweck, ggf. Name und Anschrift des Überweisenden - (nur für Begünstigten): KDN.-NR. 1674 RE. V. 20.06.

noch Verwendungszweck (insgesamt max. 2 Zeilen à 27 Stellen)

Einzahler: Name, Vorname/Firma, Ort (max. 27 Stellen, keine Straßen- oder Postfachangaben): MUELLER, HELMUT KOELN

923 900 000 01.02 — 68

Schreibmaschine: normale Schreibweise! Handschrift: Blockschrift in GROSSBUCHSTABEN und dabei Kästchen beachten!

Bitte dieses Feld nicht beschriften und nicht bestempeln

♦ ***Postnachnahme***

Der Zahlschein kann auch in Verbindung mit einer **Nachnahme** verwendet werden. Der Inhaber eines Postbankkontos kann Briefe, Postkarten, Pakete, Päckchen oder selbst gebuchte Sendungen als Nachnahmesendung verschicken. Der Empfänger erhält die Nachnahmesendung nur gegen Barzahlung. Somit kann der Absender sicher sein, dass er den ausstehenden Rechnungsbetrag auch tatsächlich erhält. Mit dem Zahlschein wird der nachgenommene Betrag nach Abzug der Zahlscheingebühr (= der im Zahlschein ausgewiesene Betrag) dem Postbankkonto des Absenders gutgeschrieben. **Postnachnahmen werden bis 1600,00 EUR** bei Briefen und Postkarten **und bis 3500,00 EUR bei Paketen und Päckchen** ausgeführt. Jede Nachnahmesendung muss den Vermerk „Nachnahme/Remboursement", das Nachnahmezeichen und den Nachnahmebetrag tragen.

♦ ***Der Scheck***

Hat ein Schuldner ein Konto bei einem Kreditinstitut, dann kann er mit einem Barscheck bezahlen. Der Scheck ist eine **Anweisung an ein Geldinstitut, bei Vorlage einen bestimmten Geldbetrag zulasten des Scheckausstellers auszuzahlen**. Bei Ausstellung eines Schecks muss der Schuldner (= Aussteller) einen Scheckvordruck seines Geldinstitutes verwenden. Da der Scheck **kein gesetzliches Zahlungsmittel** ist, kann der Gläubiger die Annahme des Schecks ablehnen und Bargeld verlangen. Zahlt ein Schuldner seine Verbindlichkeit mit einem Scheck, ist die Verbindlichkeit erst beglichen, wenn das bezogene Geldinstitut den Scheck einlöst.

- **Bestandteile des Schecks**

  Ein Scheck ist nur gültig, wenn er gemäß Scheckgesetz (SchG) **sechs gesetzliche Bestandteile** aufweist (Art. 1 SchG):

① Name des Geldinstitutes, das zahlen soll (= Bezogener)
② Zahlungsort (= Geschäftssitz des Geldinstitutes)
③ Scheckklausel (Bezeichnung Scheck im Text der Urkunde)
④ Unbedingte Anweisung, eine bestimmte Geldsumme zu zahlen (Betrag in Buchstaben)
⑤ Ort und Tag der Ausstellung
⑥ Unterschrift des Ausstellers (= Kontoinhaber)

**Beispiel** *Die Medi@Point GmbH & Co. KG Buchhandlung hat von einem Kunden einen Scheck über 348,00 EUR erhalten. Auf dem Scheckvordruck sind die Angaben Ausstellungsort, -datum, Betrag in Buchstaben nicht ausgefüllt worden. Die bezogene Bank lehnt die Einlösung des Schecks ab.*

Nur wenn der Scheckvordruck vollständig und richtig ausgefüllt ist, wird er von Geldinstituten eingelöst.

Fehlt einer dieser Bestandteile, ist der Scheck ungültig. Die Bestandteile ① bis ③ sind bereits auf dem Scheck vorgedruckt, während die Bestandteile ④ bis ⑥ vom Aussteller einzutragen sind. Stimmen im Scheck der in Buchstaben und der in Ziffern angegebene Betrag nicht überein, dann gilt der in Buchstaben geschriebene Betrag, da er gesetzlicher Bestandteil ist.

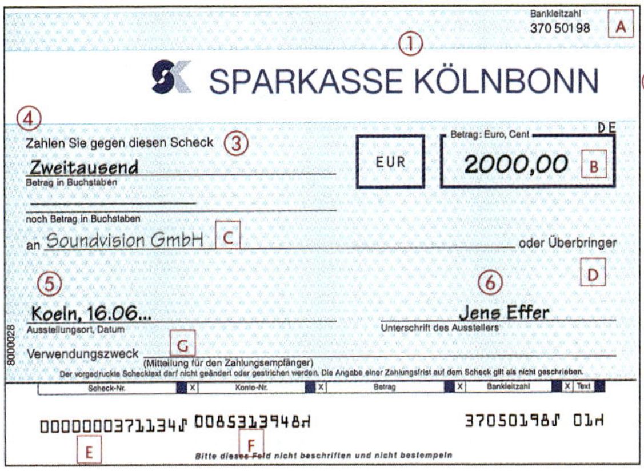


Neben den vorgeschriebenen gesetzlichen Bestandteilen gibt es **kaufmännische Bestandteile** eines Schecks, die die technische Abwicklung des Scheckverkehrs erleichtern:

| Kaufmännische Bestandteile | Bedeutung |
|---|---|
| A Bankleitzahl (= Nummer des Geldinstituts) | Sie sind in Zahlen verschlüsselte Anschriften der Banken (ähnlich den Postleitzahlen). |
| B Betrag in Ziffern (= Zahlen) | Er ermöglicht den Kreditinstituten eine schnellere Bearbeitung der Schecks. |
| C Name des Zahlungsempfängers | Es kann der Aussteller oder eine dritte Person namentlich angegeben werden. |
| D Überbringerklausel | Durch diese kann ein Scheck formlos weitergegeben werden. |
| E Schecknummer | Sie ermöglicht die Identifizierung eines Schecks, z. B. bei Widerruf. |
| F Kontonummer des Ausstellers | Sie soll dem Geldinstitut helfen, schnell und einfach die Ordnungsmäßigkeit des Schecks zu überprüfen. |
| G Verwendungszweck | Hier können Mitteilungen an den Zahlungsempfänger eingetragen werden. |

Ein Scheck darf nur ausgestellt werden, wenn der Kontoinhaber auf seinem Konto über ein Guthaben in Höhe des Scheckbetrages oder einen entsprechenden Dispositionskredit verfügen kann.

- **Scheckarten:** Schecks können anhand der folgenden Kriterien unterschieden werden:
  - **Unterscheidung nach der Weitergabe**
    - **Inhaberscheck:** Die meisten von den Geldinstituten ausgegebenen Scheckvordrucke tragen den Zusatz „oder Überbringer", d. h., **das Geldinstitut zahlt an den Inhaber, also jede Person**, die den Scheck vorlegt. Die Streichung dieses Zusatzes ist ohne Bedeutung. Die Geldinstitute lösen den Scheck auch dann ein, wenn die Klausel gestrichen ist.
    - **Namensscheck (= Orderscheck; Orderpapier):** Es handelt sich um einen Sc**heck ohne Überbringerklausel**, d. h., der Scheck enthält den Namen des Scheckempfängers und wird nur an diesen ausgezahlt. Er wird nur in besonderen Fällen (z. B. bei besonders hohen Beträgen) verwendet. Er kann nur durch einen Übertragungsvermerk (= Indossament) auf der Rückseite des Schecks weitergegeben werden.
      Beispiel *Die Medi@Point GmbH & Co. KG Buchhandlung erhält von ihrer Feuerversicherung nach einem Brand in einem Lagerraum einen Namensscheck über 25 000,00 EUR per Brief*

*zugesandt. Auch wenn dieser Scheck auf dem Postweg verloren geht, besteht kein Risiko für den Aussteller, da der Betrag nur dem im Scheck genannten Empfänger ausgezahlt wird.*

- **Unterscheidung nach der Art der Einlösung**
  - **Barscheck:** Der Scheckbetrag wird dem Überbringer bar an einem Schalter des bezogenen Geldinstituts ausgezahlt. Legt der Überbringer den Barscheck einem anderen Geldinstitut vor (z. B. seiner eigenen Bank), dann wird der Barscheck nicht bar ausgezahlt, sondern dem Konto des Überbringers gutgeschrieben.
  - **Verrechnungsscheck:** (Er zählt zur bargeldlosen Zahlung) Enthält ein Scheck den Vermerk „Nur zur Verrechnung", wird der **Scheckbetrag dem Konto des Überbringers gutgeschrieben**, d. h., er wird **nicht bar** an den **Überbringer** ausgezahlt.

- **Verwendungsmöglichkeiten und Einlösefristen des Schecks:** Der Inhaber eines Barschecks hat **verschiedene Möglichkeiten zur Scheckverwendung**:
  - Vorlage beim bezogenen Geldinstitut zur Barauszahlung
  - Einreichung beim eigenen Geldinstitut zur **Gutschrift auf dem eigenen Konto**
  - **Weitergabe an einen Gläubiger** zum Ausgleich einer Verbindlichkeit. (Bei Inhaberschecks genügt die formlose Übergabe. Bei höheren Scheckbeträgen verlangen die Geldinstitute aus Sicherheitsgründen die Unterschrift des Scheckeinreichers auf der Rückseite des Schecks.) Der Weitergebende haftet dem Scheckempfänger für die Einlösung des Schecks.

**Ein Scheck ist bei Sicht zahlbar**, d. h. bei Vorlage durch den Scheckinhaber. Dieses gilt auch für Schecks, bei denen als Ausstellungsdatum ein zukünftiges Datum eingetragen wurde (= vordatierter Scheck).

Ein Scheck muss innerhalb einer bestimmten Frist bei einem Geldinstitut vorgelegt werden. Die **Vorlegefrist** beträgt für
- **im Inland** (innerhalb der Bundesrepublik) ausgestellte Schecks **8 Tage**,
- **im europäischen Ausland** ausgestellte Schecks **20 Tage**,
- **im außereuropäischen Ausland** ausgestellte Schecks **70 Tage**.

Wird ein Scheck erst nach Ablauf dieser Frist vorgelegt, kann das bezogene Geldinstitut den Scheck einlösen. Eine Verpflichtung zur Einlösung besteht jedoch nicht mehr.

- **Nichteinlösung von Schecks und Scheckverlust:** Wird ein rechtzeitig vorgelegter Scheck vom bezogenen Geldinstitut nicht eingelöst (z. B. das Konto weist keine ausreichende Deckung auf), muss sich der Scheckinhaber die **Nichteinlösung auf dem Scheck vermerken lassen**.

Der Scheckinhaber kann dann vom Scheckaussteller den Ersatz der entstandenen Kosten (Zinsen und Provision) und weiterhin die Zahlung der Schecksumme verlangen **(Scheckregress, -rückgriff)**. Verweigert der Scheckaussteller die Zahlung, kann er vom Scheckinhaber verklagt werden **(Scheckklage)**.

Verliert ein Scheckinhaber einen ausgestellten Scheck, sollte er sofort das bezogene Geldinstitut benachrichtigen und den **Scheck sperren lassen**, da ein unehrlicher Finder z. B. einen Barscheck beim bezogenen Geldinstitut einlösen kann.

***Bar(geld)zahlung und halbbare Zahlung***
- *Kennzeichen der Bar(geld)zahlung ist, dass **sowohl der Schuldner als auch der Gläubiger Bargeld in Händen haben.***
- *Bei **persönlicher sofortiger Zahlung (Zug-um-Zug-Geschäft)** erhält ein Kunde die Ware nur gegen sofortige Zahlung. Der Kunde (Zahler) erhält über die Zahlung eine Quittung.*
- *Bei Zahlung durch einen **Express-Brief** können durch die Deutsche Post AG Geldbeträge **bis zu 25 000,00 EUR** in einem verschlossenen Briefumschlag versandt werden, wobei die Deutsche Post AG für den Verlust haftet.*

- *Die halbbare* ***Zahlung ist dadurch gekennzeichnet****, dass entweder der Schuldner oder der Gläubiger ein Girokonto bei einem Kreditinstitut haben muss.*
- *Mit einem* ***Zahlschein*** *kann ein Schuldner, der über kein eigenes Konto verfügt, Geld bar bei einem Kreditinstitut einzahlen. Dem Gläubiger wird der Betrag auf seinem Konto gutgeschrieben.*
- ***Postnachnahmesendungen*** *(Briefe, Postkarten bis 1 600,00 EUR, Pakete, Päckchen bis 3 500,00 EUR) werden dem Empfänger nur gegen sofortige Bezahlung des Nachnahmebetrages ausgehändigt. Dem Absender wird der nachgenommene Betrag auf seinem Postbankkonto gutgeschrieben.*
- *Mit einem* ***Scheck*** *weist ein Kontoinhaber sein Geldinstitut an, bei Vorlage des Schecks den Scheckbetrag zu zahlen.*

**Bestandteile des Schecks**

**Gesetzliche (= vorgeschriebene)**

- Name des Geldinstitutes
- Zahlungsort
- Scheckklausel
- Unbedingte Anweisung, einen bestimmten Betrag (in Buchstaben) zu zahlen
- Ort und Tag der Ausstellung
- Unterschrift des Ausstellers

**Kaufmännische (= freiwillige)**

- Bankleitzahl
- Betrag in Ziffern
- Name des Zahlungsempfängers
- Überbringerklausel
- Schecknummer
- Kontonummer des Ausstellers
- Verwendungszweck

- ***Inhaberschecks*** *kann jeder beim bezogenen Geldinstitut einlösen, Namensschecks können in der Regel nur vom Scheckempfänger eingelöst werden.*
- ***Barschecks*** *werden bar ausgezahlt, Verrechnungsschecks (= bargeldlose Zahlung) dem Konto des Überbringers gutgeschrieben.*
- *Die* ***Vorlegefristen*** *betragen für Schecks*
  *– im Inland 8 Tage – in Europa 20 Tage – außerhalb von Europa 70 Tage*
- *Der* ***Verlust eines Schecks*** *muss dem Geldinstitut* ***sofort mitgeteilt werden****, damit der* ***Scheck gesperrt werden kann****.*

## Aufgaben

1 Beschreiben Sie, wodurch die Bar(geld)zahlung gekennzeichnet ist und welche Formen unterschieden werden.

2 Erläutern Sie, welche Daten der Kontoinhaber dem Kontoauszug auf S. 285 entnehmen kann.

3 Erklären Sie „Dispositions-“ und „Kontokorrentkredit“.

4 Melanie Pilz, Steinstr. 6, 46395 Bocholt, hat Waren im Werte von 678,00 EUR bei der Oliver Klein Haushaltswaren KG auf Ziel gekauft. Sie möchte die fällige Rechnung über 678,00 EUR, Rechnungsnummer 26759/92 vom 14. November .., bezahlen. Zahlungsempfänger: Oliver Klein Haushaltswaren KG, Hurther Str. 16, 50969 Köln. Die KG unterhält Konten bei folgenden Geldinstituten: Postbank Niederlassung Köln, BLZ 370 100 50, Konto-Nr. 3 240 66-506,
Deutsche Bank AG, Köln, BLZ 370 700 60, Konto-Nr. 013 600 625 1

a) Besorgen Sie sich je einen Zahlschein bei der Postbank und einem Kreditinstitut und füllen Sie die Zahlscheine aus.

b) Erläutern Sie die verschiedenen Bestandteile des Zahlscheins.

5 Die Medi@Point GmbH & Co. KG Buchhandlung sendet einem Kunden eine Büchersendung, Gewicht 10 kg, über 180,25 EUR per Postnachnahme als Paket zu. Besorgen Sie sich einen Postnachnahmevordruck und füllen Sie diesen für die Medi@Point GmbH & Co. KG Buchhandlung aus.

6 Nennen Sie die gesetzlichen und kaufmännischen Bestandteile eines Schecks.

7 Beschreiben Sie, wodurch sich
a) Inhaber- und Namensscheck, b) Bar- und Verrechnungsscheck unterscheiden.

8 Erläutern Sie, wie man einen Bankbarscheck verwenden kann.

9 Der Auszubildende Volker Bernhards hat bei einem Einkaufsbummel fünf Barschecks verloren. Beschreiben Sie, wie sich Volker Bernhards verhalten sollte.

10 Folgender Scheck wird am 20. Juni .. zur Bareinlösung der bezogenen Bank vorgelegt:

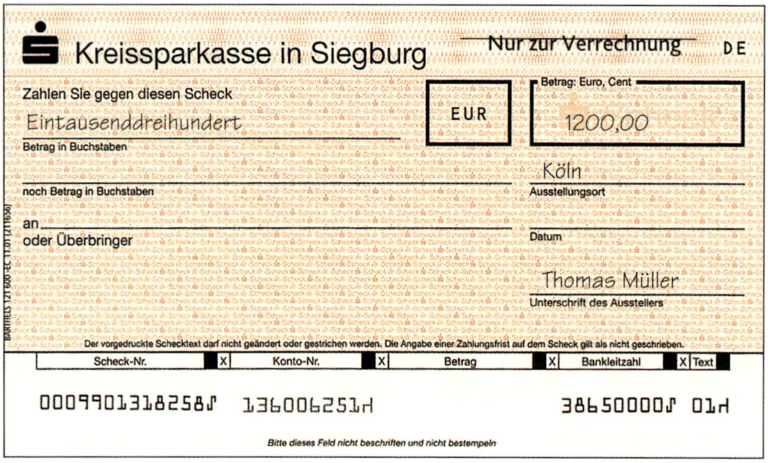
Kreissparkasse in Siegburg
~~Nur zur Verrechnung~~ DE
Zahlen Sie gegen diesen Scheck
Eintausenddreihundert
Betrag in Buchstaben
EUR
Betrag: Euro, Cent
1200,00
noch Betrag in Buchstaben
Köln
Ausstellungsort
an
oder Überbringer
Datum
Thomas Müller
Unterschrift des Ausstellers
Der vorgedruckte Schecktext darf nicht geändert oder gestrichen werden. Die Angabe einer Zahlungsfrist auf dem Scheck gilt als nicht geschrieben.
Scheck-Nr. X Konto-Nr. X Betrag X Bankleitzahl X Text
0009901318258⑆ 1360062514⑈ 38650000⑆ 01⑈
Bitte dieses Feld nicht beschriften und nicht bestempeln

a) Überprüfen Sie, ob der Scheck ordnungsgemäß ausgefüllt worden ist!
b) Die Aufschrift „Nur zur Verrechnung" wurde vom Scheckinhaber versehentlich angebracht. Deshalb hat er sie wieder gestrichen. Nehmen Sie zu diesem Vorgang Stellung (vgl. S. 291).
c) Welche Verwendungsmöglichkeiten hat ein Scheckinhaber bei einem Verrechnungsscheck (vgl. S. 291)?

## 5.4.2 Bargeldlose Zahlung und elektronische Zahlungssysteme

Bei der Durchsicht eines Kontoauszuges fällt Thomas Müller eine Abbuchung der Telekom AG in Höhe von 845,00 EUR auf. Beim Vergleich mit der Telefonrechnung stellt er fest, dass der Rechnungsbetrag über 84,50 EUR lautet. Sofort geht er zu Herrn Solly, dem Finanzbuchhalter, und teilt diesem seine Entdeckung mit. „Das ist überhaupt kein Problem, wir werden gegen diese Kontobelastung sofort Widerspruch einlegen", meint Herr Solly.

**Arbeitsaufträge**
- Überprüfen Sie, ob die Medi@Point GmbH & Co. KG Buchhandlung der Abbuchung der Telekom widersprechen kann.
- Erstellen Sie eine Übersicht zu den elektronischen Zahlungssystemen und halten Sie darüber einen Vortrag vor der Klasse.
- Erstellen Sie eine Übersicht der Möglichkeiten bargeldloser Zahlung und der Zahlungsvereinfachungen.

Der **bargeldlose Zahlungsverkehr** setzt voraus, dass Schuldner und Gläubiger über ein Konto bei einem Geldinstitut verfügen. Der Schuldner kann von seinem Konto einen Betrag abbuchen lassen, der dann dem Gläubiger auf seinem Konto gutgeschrieben wird.

## ● Überweisung

Mit einer Überweisung **kann ein Schuldner von seinem Konto einen Geldbetrag auf ein anderes Konto bei jedem Geldinstitut überweisen lassen**. Der Auftrag wird dem Geldinstitut durch das Ausfüllen und die Abgabe eines Überweisungsvordrucks erteilt. Dies ist ein **zweiteiliger Vordrucksatz**, den jeder Kontoinhaber von seinem Geldinstitut erhält. Der Vordruck wird im **Durchschreibeverfahren** ausgefüllt.

Ein Schuldner kann eine Überweisung auch mit dem kombinierten Formblatt **„Zahlschein/Überweisung"** tätigen. Diese Vordrucke werden oft zusammen mit Rechnungen versandt, wobei bereits alle Angaben des Gläubigers (Name, Kontonummer, bezogene Bank, Bankleitzahl, Überweisungsbetrag, Verwendungszweck) aufgedruckt sein können. Für den Schuldner ergibt sich dadurch eine **Arbeitserleichterung**.

Vergleiche hierzu Seite 285

Durch den **elektronischen Datenaustausch (EDI)** zwischen Kunden, Lieferern, Banken usw. kann der Zahlungsverkehr vollautomatisch zwischen den Beteiligten über Online-Netze abgewickelt werden.

Vergleiche hierzu Seite 241

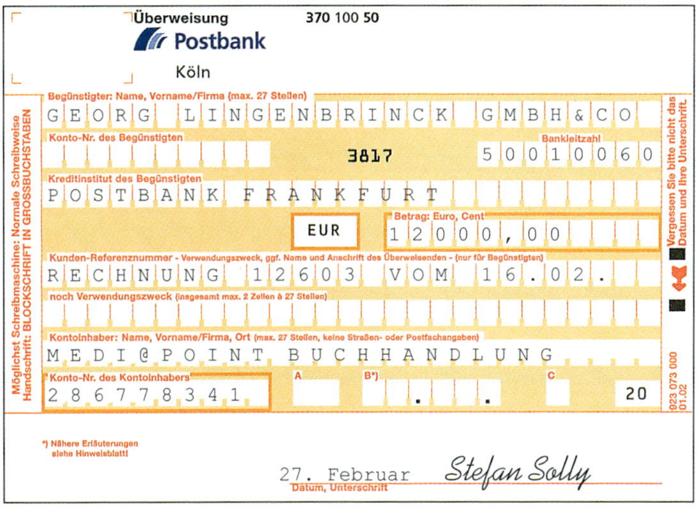
Überweisung 370 100 50
Postbank
Köln
Möglichst Schreibmaschine: Normale Schreibweise Handschrift: BLOCKSCHRIFT IN GROSSBUCHSTABEN
Begünstigter: Name, Vorname/Firma (max. 27 Stellen)
GEORG LINGENBRINCK GMBH&CO
Konto-Nr. des Begünstigten 3817
Bankleitzahl 50010060
Kreditinstitut des Begünstigten
POSTBANK FRANKFURT
EUR
Betrag: Euro, Cent 12000,00
Kunden-Referenznummer - Verwendungszweck, ggf. Name und Anschrift des Überweisenden - (nur für Begünstigten)
RECHNUNG 12603 VOM 16.02.
noch Verwendungszweck (insgesamt max. 2 Zeilen à 27 Stellen)
Kontoinhaber: Name, Vorname/Firma, Ort (max. 27 Stellen, keine Straßen- oder Postfachangaben)
MEDI@POINT BUCHHANDLUNG
Konto-Nr. des Kontoinhabers 286778341
A B*) . . C 20
Vergessen Sie bitte nicht das Datum und Ihre Unterschrift.
923 073 000 01.02
*) Nähere Erläuterungen siehe Hinweisblatt!
27. Februar Stefan Solly
Datum, Unterschrift

## ● Verrechnungsscheck

Verrechnungsschecks tragen den **Vermerk „Nur zur Verrechnung".** Dieser Vermerk kann nachträglich auf einem Barscheck angebracht werden oder er ist von vornherein aufgedruckt. Bei Zahlung mit einem Verrechnungsscheck weist ein Kontoinhaber sein Geldinstitut an, die auf dem Scheck angegebene Summe **nur dem Konto des Scheckempfängers gutzuschreiben**, während das Konto des Scheckausstellers entsprechend belastet wird. Der Verrechnungsscheck wird nicht an den Empfänger bar ausgezahlt, erst nach Gutschrift auf dem Konto kann der Scheckbetrag vom Kontoinhaber abgehoben werden. Verrechnungsschecks sind deshalb sicherer als Barschecks. So kann ein Dieb zwar einen gestohlenen Verrechnungsscheck seinem Konto gutschreiben lassen. Hierzu muss er aber seinen Namen angeben, wodurch es leicht nachvollziehbar wird, wer den Scheck eingelöst hat. Ein bereits geschriebener oder aufgedruckter Verrechnungsvermerk kann nicht mehr gestrichen werden, ein Verrechnungsscheck kann also nicht mehr in einen Barscheck umgewandelt werden.

Vergleiche hierzu Seite 288

**Beispiel** *Die Medi@Point GmbH & Co. KG Buchhandlung überweist der Georg Lingenbrinck GmbH & Co. KG 12 000,00 EUR.*

## Zahlungsvereinfachungen

Im Rahmen der bargeldlosen Zahlung können einige Zahlungsvereinfachungen, die dem Schuldner Arbeitserleichterungen bringen oder die den Überweisungsvorgang beschleunigen, genutzt werden.

- **Dauerauftrag:** Mit einem Dauerauftrag beauftragt ein Kontoinhaber sein Kreditinstitut **regelmäßig** zu einem **bestimmten Zeitpunkt** einen **gleich bleibenden Betrag** zulasten seines Kontos auf das Konto des Gläubigers zu **überweisen**.
  Beispiele *Die Medi@Point GmbH & Co. KG Buchhandlung hat für Miete, Versicherungsbeiträge, Tilgungsraten für Darlehen, Ratenzahlungen der Deutschen Bank Köln einen Dauerauftrag erteilt.*

  Nach der Auftragserteilung durch den Kontoinhaber stellt das Geldinstitut regelmäßig die Buchungsbelege aus. Ein Dauerauftrag behält seine Gültigkeit bis zum schriftlichen Widerruf durch den Kontoinhaber.

- **Lastschriftverfahren: Bei regelmäßig wiederkehrenden Zahlungen** in gleicher oder unterschiedlicher Höhe kann ein Kontoinhaber den Gläubiger ermächtigen, bis auf Widerruf **zu unterschiedlichen Terminen Beträge von seinem Konto abbuchen zu lassen**.
  Beispiel *Die Medi@Point GmbH & Co. KG Buchhandlung lässt die Telefon-, Strom-, Wasserrechnung, Grundsteuer per Lastschriftverfahren einziehen.*

  Dazu kann der Kontoinhaber dem Gläubiger eine **Einzugsermächtigung (= Einzugsermächtigungsverfahren)** oder seinem Geldinstitut einen **Abbuchungsauftrag (= Abbuchungsverfahren)** erteilen.
  - **Einzugsermächtigung (= Einzugsermächtigungsverfahren):** Bei diesem Verfahren ermächtigt der Kontoinhaber den Gläubiger, seine Forderung vom Konto des Kontoinhabers einzuziehen. Sollte der Gläubiger das Konto des Kontoinhabers ungerechtfertigt belasten, kann der Kontoinhaber der Kontobelastung innerhalb von sechs Wochen widersprechen. Der belastete Betrag wird dann wieder gutgeschrieben.
    Beispiel *Die Medi@Point Buchhandlung hat der Stadt Köln eine Einzugsermächtigung für die Grundsteuerabgaben erteilt. Aufgrund eines Fehlers in der Rechnungsabteilung der Stadt Köln wird das Konto der Medi@Point Buchhandlung statt mit 245,16 EUR mit 2 451,60 EUR belastet. Die Medi@Point Buchhandlung kann bei ihrem Geldinstitut der Lastschrift widersprechen, der Betrag wird ihrem Konto wieder gutgeschrieben.*
  - **Abbuchungsauftrag (= Abbuchungsverfahren, Einziehungsauftrag):** Bei diesem Verfahren beauftragt der Kontoinhaber sein Geldinstitut, Lastschriften eines bestimmten Gläubigers (z. B. Rechnungen von Lieferern) ohne vorherige Rückfrage abzubuchen. Der Abbuchungsauftrag gilt, bis er widerrufen wird. Der Schuldner kann einer Belastung nicht widersprechen.
    Beispiel *Die Medi@Point GmbH & Co. KG Buchhandlung beliefert das Ingenieurbüro Karl Schneider GmbH regelmäßig mit Fachliteratur. Da das Ingenieurbüro Karl Schneider GmbH mehrmals unregelmäßig gezahlt hat, vereinbart die Medi@Point GmbH & Co. KG Buchhandlung mit diesem Kunden, dass im Abbuchungsverfahren offene Rechnungsbeträge eingezogen werden können. Da bei diesem Verfahren einer Belastung nicht widersprochen werden kann, hat die Medi@Point GmbH & Co. KG Buchhandlung die Sicherheit, dass sie bei Deckung des Kontos ihr Geld bekommt.*

- **Sammelüberweisung:** Führt ein Unternehmen **an einem Tag an verschiedene Gläubiger mehrere Überweisungen** aus, ist die Sammelüberweisung vorteilhaft. Die einzelnen Überweisungen (sie sind als Endlosvordrucke bei den Geldinstituten erhältlich) werden listenmäßig mit der Nummer des Überweisungsvordrucks und dem Betrag auf einem Sammel-Überweisungsauftrag (zwei Bestandteile: Original für Geldinstitut, Durchschrift für Auftraggeber = Schuldner) festgehalten. Nur dieser Auftrag wird vom Schuldner unterschrieben, somit hat er eine Arbeitsersparnis. Zudem werden Buchungsentgelte gespart. Mit einem einzigen ordnungsgemäß unterschriebenen Sammel-Überweisungsauftrag können beliebig viele Überweisungen zum Entgelt einer einzigen Überweisung durchgeführt werden **(= Kostenersparnis)**.

- **Eilüberweisung:** Ist eine **Überweisung** besonders **dringlich**, so kann ein Schuldner sie als Eil- oder sogar Blitzüberweisung (Postbank „Eilauftrag") übermitteln lassen. Hierbei wird der Überweisungsvorgang sofort nach Auftragserteilung telefonisch oder per Fax ausgeführt. Dafür erheben die Geldinstitute eine besondere Gebühr.
  Beispiel *Stefan Solly, Finanzbuchhalter im Rechnungswesen der Medi@Point GmbH & Co. KG Buchhandlung, hat vergessen, termingerecht die Zinsen für ein Darlehen an die Commerzbank zu überweisen. Um mögliche Verzugszinsen möglichst gering zu halten, wird eine Eilüberweisung bei der Deutschen Bank AG, Köln, in Auftrag gegeben.*

## Kartenzahlungssysteme und Electronic-Banking-Systeme

In den nächsten Jahren wird der Bargeldzahlungsverkehr immer mehr durch Kartenzahlungssysteme **(Plastikgeld)** und den elektronischen Zahlungsverkehr **(Netzgeld)** ersetzt werden. Der Begriff „Plastikgeld" stammt daher, dass der Käufer bei der Bezahlung statt Bargeld eine kleine **Kunststoffkarte** vorlegt, auf der bestimmte Daten eingetragen sind, z. B. Name, Kontonummer, Kundennummer. Diese Daten können entweder direkt lesbar sein, d. h., sie sind in einer normalen Schrift auf der Karte eingetragen, oder sie sind nur mithilfe bestimmter Lesegeräte zu erkennen. Die Karten haben entweder auf ihrer Rückseite einen **Magnetstreifen** oder einen **Chip**, in dem alle wesentlichen Daten gespeichert sind.

### ♦ *Kreditkarten*

Kreditkarten werden von Kreditkartenorganisationen Personen mit einem bestimmten Mindestjahreseinkommen oder Unternehmen gegen Zahlung eines Jahresentgeltes angeboten. Sie können in allen Vertragsunternehmen, z. B. Hotels, Restaurants, Reisebüros, Mietwagenunternehmen, von den Kunden benutzt werden. Der Kunde ist somit stets zahlungsfähig, ohne ständig Bargeld oder Schecks mit sich führen zu müssen. Kreditkarten gelten meist im Inland und im Ausland.

Bei Verlust oder Diebstahl der Kreditkarte ist die herausgebende Organisation sofort zu benachrichtigen, sie sperrt die Karte dann international. Der Inhaber haftet meist nur für einen bestimmten Betrag.

Die **Abwicklung eines Kreditkartengeschäfts** vollzieht sich folgendermaßen:

- Der Kreditkarteninhaber legt dem Vertragsunternehmen seine Kreditkarte vor und unterschreibt einen Leistungsbeleg.
- Das Vertragsunternehmen sendet den unterschriebenen Leistungsbeleg an die Kreditkartenorganisation zur Abrechnung.
- Die Kreditkartenorganisation überweist nach etwa einem Monat dem Vertragsunternehmen aufgrund des Leistungsbeleges einen Betrag, der um die Umsatzprovision (etwa 2 bis 7 %) verringert ist.
- Die Kreditkartenorganisation schickt dem Karteninhaber monatlich eine genaue Sammelrechnung über die fälligen Zahlungen und belastet im Wege des Lastschrifteinzugsverfahrens das Konto des Kreditkarteninhabers.

### ♦ *Electronic-Banking-Systeme*

- **Electronic Cash (Point-of-Sale-Banking):** Bei diesem System handelt es sich um eine Form des **Electronic Banking**. Kern dieses Systems ist die Girocard.

  Eine Girocard enthält verschiedene Daten, einige davon sind sichtbar (Vorderseite), z. B. Name des Kunden, Konto- und Kartennummer. Andere Daten sind nicht direkt lesbar. Sie sind codiert auf dem Magnetstreifen (Rückseite) gespeichert und können nur von einem Lesegerät erfasst werden.
  Damit die Girocard nicht von Unbefugten benutzt werden kann, wird jedem Girocard-Besitzer von seiner Bank eine persönliche Geheimzahl mitgeteilt. Sie gilt als „**p**ersönliche **I**dentifikations-

Nummer", daher wird sie auch häufig nur PIN genannt. Die **PIN** ist **nicht** auf dem Magnetstreifen gespeichert, sondern wird jedesmal neu aus einer komplizierten verschlüsselten Kombination aus Bankleitzahl, Konto-Nr. und Karten-Nr. berechnet und mit der Eingabe des Kunden verglichen.

Die Grundidee des Electronic Cash besteht darin, am **POS (Point of Sale = Verkaufsort)**, also direkt beim Zahlungsempfänger (Gläubiger) ein Gerät aufzustellen, das die Daten einer Girocard lesen und verarbeiten kann. Für Gläubiger und Karteninhaber sieht ein Zahlungsvorgang so aus, als ob durch Einschieben der Girocard in den Kartenleser der Kaufbetrag vom Bankkonto des Karteninhabers direkt auf das Girokonto des Gläubigers umgebucht wird. In Wirklichkeit zieht der Gläubiger seine Forderungen aus den Electronic-Cash-Umsätzen beleglos im Lastschrifteinzugsverfahren über sein Kreditinstitut ein. Die Zahlungen sind durch das kartenausgebende Kreditinstitut garantiert.

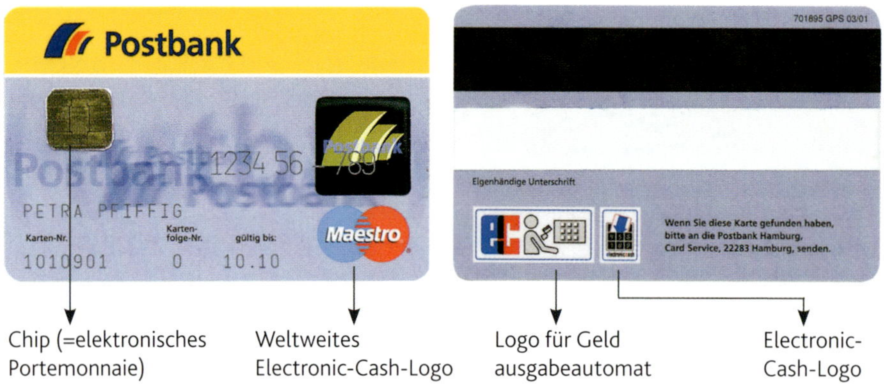


Im Rahmen des Electronic Banking können mit einer Girocard und der Eingabe einer persönlichen Geheimzahl (PIN) an Geldautomaten Barbeträge im Inland und auch im Ausland (MAESTRO) außerhalb der Schalteröffnungszeiten abgehoben werden.

Mithilfe des **maestro-service = weltweites Electronic Cash** der Geldinstitute ist es bei Reisen möglich, mit der Girocard mit persönlicher Geheimzahl auch im Ausland an elektronischen Kassen von Tankstellen, Einzelhandelsbetrieben, Hotels und Restaurants zu zahlen.

- Alternativ zum Electronic Cash werden sogenannte **Chipkarten (Hybrid-Karten, „intelligente Karten")** ausgegeben. Dies sind Karten mit einem eingebauten Mikrochip, der im Vergleich zum Magnetstreifen der Girocard sehr viel mehr Informationen speichern kann. So kann er als wesentliche Information ein bestimmtes **Guthaben** des Karteninhabers enthalten. Der Schuldner steckt die Karte in das Lesegerät ein. Der zu zahlende Betrag wird erfasst und dem Gläubiger später von der Bank gutgeschrieben. Im gleichen Moment wird auf dem Mikrochip das Guthaben des Karteninhabers um den Rechnungsbetrag verringert (**elektronisches Portemonnaie** = Geldbörsenfunktion). Ist das Guthaben verbraucht, kann der Karteninhaber von seinem Giro konto einen neuen Betrag auf die Chipkarte umbuchen lassen. Dieser Umbuchungsvorgang kann auch an Geldautomaten vorgenommen werden. Mithilfe von Chipkarten können z. B. auch öffentliche Telefone oder Fahrkartenautomaten benutzt werden.

Die **Chipkarte hat folgende Vorteile**:
- Sie bietet ein hohes Maß an Sicherheit, da Informationen nur von berechtigten Nutzern gelesen und verändert werden können und somit Betrugsdelikte deutlich verringert werden. Das Risiko bei Missbrauch ist auf das auf der Karte vorhandene Guthaben beschränkt.
- Während beim Electronic-Cash-System die erfassten Daten während des Verkaufsvorgangs an eine Autorisierungszentrale übermittelt werden, wodurch sich unter Umständen längere

Wartezeiten am POS ergeben können, ist bei der Chipkarte dieser Aufwand nicht erforderlich, da alle erforderlichen Daten im Chip enthalten sind.
- Zudem entfällt die bei Vorlage von Kreditkarten bei jedem Zahlungsvorgang notwendige teure Leitungsverbindung zu den Bankrechnern, die bisher hergestellt werden musste, um den Kontostand festzustellen.
- Chipkarten gewinnen zunehmend auch als Mitgliedsausweise an Bedeutung, z. B. bei Krankenkassen und Sportvereinen.

- **Elektronisches Lastschriftverfahren (ELV):** Im Gegensatz zum Electronic Cash wird beim kostengünstigeren **Elektronischen Lastschriftverfahren (ELV)** auf die ergänzende Eingabe der Geheimnummer verzichtet. Dieses System ermöglicht dem Händler die automatische Erstellung einer Einzugsermächtigung unter Verwendung der Girocard. Die Legitimation des Karteninhabers erfolgt durch seine Unterschrift. Bei diesem Verfahren übernimmt die Karten ausgebende Bank keine Zahlungsgarantie, sodass der Kontoinhaber Belastungen seines Kontos aus ELV-Lastschriften widersprechen kann. Die Lastschrift kann auch von der kontoführenden Bank mangels Deckung zurückgegeben werden. Der Karteninhaber hat aber durch die Erteilung der Einzugsermächtigung dem Kreditinstitut die Einwilligung gegeben, dem Handelsunternehmen auf Anfrage seinen Namen und seine Adresse mitzuteilen.

- **„Homebanking" und „Cashmanagement":** Weitere Formen des Electronic Banking sind **„Homebanking" und „Cashmanagement"**.
  - Unter **Homebanking** versteht man die elektronische Kontoführung durch Nutzung von **Online-Diensten (z. B. T-Online)**. Der Kontoinhaber kann mithilfe eines PC und entsprechender Software Kontoinformationen abrufen oder Zahlungsaufträge erteilen. Die Verbindung zum Online-Dienst wird über das Internet hergestellt.
  - Das **Cashmanagement** wird von Unternehmen genutzt. Hierbei erfolgt eine elektronische Kontoführung mittels beleglosem Datenträgeraustausch oder Datenfernübertragung unter Nutzung spezieller PC-Software.

- **Telefonbanking:** Eine weitere neue Entwicklung des Zahlungsverkehrs stellt der Telefonservice der Geldinstitute dar. Mit einer persönlichen Telefon-Geheimzahl hat jeder Kontoinhaber zu jeder Zeit und von jedem Ort aus Zugriff auf sein Konto. Der Kontoinhaber kann
  - seinen Kontostand abfragen,
  - zusätzliche schriftliche Kontoauszüge anfordern,
  - Überweisungen veranlassen,
  - Daueraufträge einrichten, ändern, löschen,
  - Zahlungsvordrucke bestellen.

- **Belegloser Datenträgeraustausch:** Die Geldinstitute haben den **Elektronischen Zahlungsverkehr für Individualüberweisungen (EZÜ)** eingeführt, um den Zahlungsverkehr zu rationalisieren. Hierbei werden per Beleg erteilte Überweisungsaufträge beim beauftragten Geldinstitut oder beim Auftraggeber in Datensätze umgewandelt. Diese Daten werden auf elektronischen Datenträgern (z. B. Magnetbänder oder CD-ROM) erfasst und im Rahmen des **beleglosen Datenträgeraustauschs** zwischen den Geldinstituten weitergeleitet und verrechnet. An die Stelle des Beleges tritt somit ein Datensatz, der mithilfe **elektronischer Datenträger** oder der **Datenfernübertragung** (elektronische Leitungsverbundnetze) vom Auftraggeber über die Kreditinstitute und deren Clearingstellen bis zum Konto des Zahlungsempfängers bzw. des Zahlungspflichtigen weitergeleitet wird.
  Beispiel *So kann die Medi@ AG dem jeweiligen Geldinstitut statt 250 Überweisungen eine CD-ROM, auf der alle auszuführenden Überweisungen als Datensatz enthalten sind, geben.*

Durch den **elektronischen Datenaustausch (EDI)** von Computer zu Computer können Zahlungsbelege vollautomatisch zwischen dem Unternehmen und seiner Bank über Online-Dienste abgewickelt werden.

Zur rationellen Abwicklung des **grenzüberschreitenden Zahlungsverkehrs** haben sich in- und ausländische Geldinstitute zum Betrieb eines vollautomatisierten und beleglosen Datenfernübertragungssystems zusammengeschlossen (Society for Worldwide Interbank Financial Telecommunication = **Swift**).

***Bargeldlose Zahlung und elektronische Zahlungssysteme***

- *Voraussetzung für den bargeldlosen Zahlungsverkehr ist, dass* ***sowohl der Schuldner als auch der Gläubiger ein Konto haben****.*
- *Bei der Banküberweisung findet eine* ***Umbuchung vom Konto des Schuldners auf das Konto des Gläubigers statt****.*
- ***Sonderformen der Überweisung*** *sind: Sammelüberweisung, Eilüberweisung, Dauerauftrag und Lastschriftverfahren.*
- *Der* ***Dauerauftrag*** *wird bei regelmäßig wiederkehrenden Zahlungen in gleicher Höhe genutzt.*
- *Das Lastschriftverfahren wird als*
  - ***Einzugsermächtigung*** *(= Vollmacht des Kontoinhabers an den Gläubiger) oder*
  - ***Abbuchungsauftrag*** *(= Auftrag vom Kontoinhaber an sein Geldinstitut, Geldbeträge abbuchen zu lassen) durchgeführt. Der Abbuchungsauftrag ermöglicht dem Gläubiger, ohne vorherige Rückfrage beim Schuldner offene Beträge einzuziehen bzw. abbuchen zu lassen.*
- *Mit der* ***Sammelüberweisung*** *kann ein Schuldner Überweisungen an verschiedene Gläubiger kostengünstig ausführen lassen.*
- *Bei besonders dringlichen Überweisungen können* ***Eilüberweisungen*** *ausgeführt werden.*
- ***Kreditkarten:*** *Kreditkartenunternehmen geben gegen Entgelt Karten aus, mit denen Kunden bei allen Vertragsunternehmen (Hotels, Handelsbetriebe, Restaurants usw.) bargeldlos bezahlen können.*

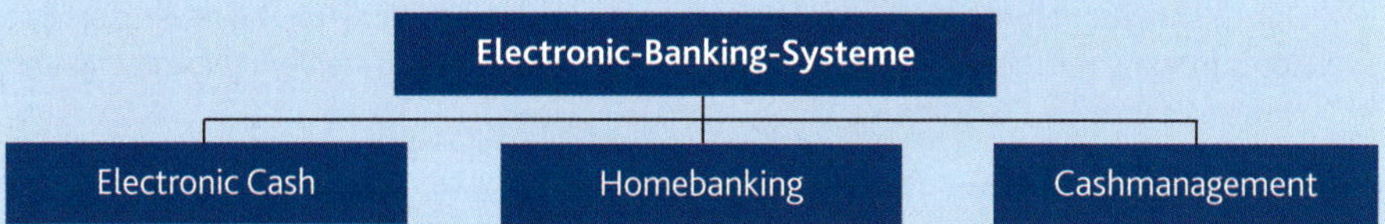


- ***Electronic Cash:*** *Bei einem Zahlungsempfänger befindet sich ein Gerät, das die Daten einer Girocard lesen kann. Hierdurch wird die Kontendeckung beim Kunden überprüft und eine Zahlung vom Konto des Kunden auf das Konto des Gläubigers eingeleitet.*
- ***ELV:*** *Einzugsermächtigungslastschriftverfahren ohne Zahlungsgarantie.*
- ***Homebanking:*** *Elektronische Kontoführung durch Nutzung von Online-Diensten.*
- ***Cashmanagement:*** *Elektronische Kontoführung von Unternehmen durch beleglosen Datenträgeraustausch oder Datenfernübertragung.*
- ***Chipkarte:*** *Karte mit Mikrochip, auf dem Guthaben gespeichert ist.*
- ***Telefonbanking:*** *Abwicklung des Zahlungsverkehrs mithilfe des Telefons.*
- *Beim* ***beleglosen Zahlungsverkehr*** *(EDI, elektronischer Datenaustausch) werden unbare Zahlungen auf elektronischen Medien oder im Wege der Datenfernübertragung weitergeleitet* ***(= belegloser Datenträgeraustausch)****.*

## Aufgaben

1 Beschreiben Sie die wesentlichen Unterschiede zwischen halbbarer und bargeldloser Zahlung.

2 In welchen Fällen würden Sie einen Dauerauftrag, eine Einzugsermächtigung oder einen Abbuchungsauftrag erteilen? Geben Sie jeweils drei Beispiele an.

3 Erläutern Sie, welche Vorteile der bargeldlose Zahlungsverkehr für den Schuldner und den Gläubiger hat.

4 Die Medi@Point GmbH & Co. KG Buchhandlung muss täglich etwa 25 Überweisungen tätigen.
   a) Geben Sie an, welche Sonderform der Überweisung die Medi@Point GmbH & Co. KG Buchhandlung in Anspruch nehmen kann.
   b) Erläutern Sie die wesentlichen Merkmale dieser Überweisung.

5 a) Erläutern Sie den Ablauf eines Zahlungsvorganges mithilfe von Chipkarten.
   b) Geben Sie an, welche Vorteile sich für Chipkarteninhaber aus der Nutzung einer Chipkarte ergeben.

6 Beurteilen Sie Electronic Cash im Vergleich zu Einkäufen mit Kreditkarten aus der Sicht eines Kunden.

7 Erläutern Sie in einem Vortrag
   a) Telefonbanking, b) Homebanking, c) Cashmanagement!

## Wiederholungsaufgaben

Die medizinische Fachbuchhandlung von Küster und Schenk konnte aufgrund der gelungenen Filialisierung und des Konzernzusammenschlusses zur Küschemedi@-Medlit AG ihre Position am Markt ausbauen und festigen. Die Gesellschafter Karl Küster und Peter Schenk stellen nun mit ihren Mitarbeitern Überlegungen an, die erreichte Position langfristig abzusichern. Dabei spielt der Gedanke der Verstärkung von Kundenbindungspotenzialen eine herausragende Rolle. Die zuständigen Mitarbeiter der Küschemedi@-Medlit AG entwickeln deshalb ein Konzept, dessen Grundlage werbliche Maßnahmen (Werbegeschenke und andere Zuwendungen) in diversen Abstufungen an Groß- und Spezialkunden bilden sollen. Die Planung, Steuerung und Kontrolle der Beschaffungsprozesse der infrage kommenden Gegenstände sollen im Folgenden von Ihnen bearbeitet werden.

*Vergleiche hierzu Seite 138*

1 Neben der Art und der Bezeichnung von Beschaffungsobjekten sind weitere wesentliche Entscheidungen zu fällen. Erstellen Sie eine Liste aller notwendigen Entscheidungen.

2 Begründen Sie, warum Bestellmenge und Bestellzeitpunkt genauer Planungsnotwendigkeit unterliegen.

3 Als Beschaffungsobjekte werden nach eingehender Diskussion folgende Produkte festgelegt:
   a) Wein in unterschiedlicher Menge und Qualität
   b) Briefpapier in unterschiedlicher Menge und Qualität
   c) Terminplaner
   d) Kalender
   e) Kunstdrucke, z. B. Lithographien, Serigraphien
   Formulieren Sie für ein Produkt Ihrer Wahl eine bestimmte Anfrage.

4 Folgende Angebote zweier Weinlieferanten liegen der Küschemedi@-Medlit AG vor:
   a) 120 Flaschen 99er Grauburgunder in Kartons à 12 Flaschen, Einzelpreis pro Karton 59,00 EUR, zuzüglich 24,00 EUR Verpackung gesamt, Lieferung frei Haus, zahlbar sofort nach Empfang, bei Abnahme von 15 Kartons werden 5 % Rabatt gewährt.
   b) 120 Flaschen 99er Riesling in Kartons à 6 Flaschen, Einzelpreis pro Karton 25,00 EUR, 2 % Skonto bei Zahlung innerhalb von 10 Tagen, zuzüglich Verpackungskosten von 2,00 EUR pro Karton, Lieferung ab Lager, die Spedition berechnet 100,00 EUR für die Lieferung.
   Entscheiden Sie sich für einen Lieferanten und begründen Sie Ihre Entscheidung.

5 Erläutern Sie anhand unterschiedlicher Beispiele die Relevanz des E-Commerce in der heutigen Beschaffungsorganisation.

6 Als Liefertermin für 80 Terminplaner DIN A4 Medicoplan wurde der 15. September vereinbart. Am 20. September ist die bestellte Ware noch nicht eingetroffen. Erläutern Sie die Rechte der Küschemedi@-Medlit AG.

7 a) Der Weingrossist „Ahrquelle", an den die Küschemedi@-Medlit AG eine Anfrage geschickt und zu dem bisher keine Geschäftsbeziehung bestanden hatte, liefert unaufgefordert 120 Flaschen eines Sonderpostens Spätburgunder. Beurteilen Sie, ob ein Kaufvertrag zustande gekommen ist.
b) Erläutern Sie, wie sich die Sachlage ändern würde, wenn zum Weingrossisten „Ahrquelle" eine jahrelange Geschäftsbeziehung bestehen würde.

8 Die Küschemedi@-Medlit AG hat bei einem Papiergrossisten schriftlich Briefpapiere Ia Chamois-Bütten bestellt. Nach einer Woche bemerkt Karl Küster, dass die falsche Qualitätsstufe bestellt wurde. Per Fax widerruft er die Bestellung. Der Papiergrossist reagiert nicht auf diesen Widerruf. Nach drei weiteren Tagen liefert der Papiergrossist.
a) Begründen Sie, ob ein Kaufvertrag zwischen der Küschemedi@-Medlit AG und dem Papiergrossisten zustande gekommen ist.
b) Erläutern Sie die Auswirkungen des Widerrufs auf den Kaufvertrag.
c) Beschreiben Sie die Rechtslage, die entstanden wäre, wenn die Küschemedi@-Medlit AG einen Tag nach der schriftlichen Bestellung widerrufen hätte.

9 Beim Branchenjournal „Buchbörse" hat die Küschemedi@-Medlit AG 15 Lithografien des Illustrators Michelbach (nummeriert und signiert) als besondere Weihnachtsgabe für spezielle Kunden bestellt. Nach unverzüglichem Auspacken der gelieferten Ware stellt die Prokuristin Barbara Bauer fest, dass vier der Lithografien eingerissen sind. Erläutern Sie, welche Rechte die Küschemedi@-Medlit AG in Anspruch nehmen sollte.

10 Die Küschemedi@-Medlit AG bestellt bei einer Baumschule für die betriebliche Weihnachtsfeier einen Tannenbaum, Liefertermin 20. Dezember. Am 23. Dezember liefert die Baumschule den Tannenbaum an. Die Küschemedi@-Medlit AG weigert sich, den Tannenbaum noch anzunehmen.
a) Die Baumschule argumentiert, die Küschemedi@-Medlit AG befände sich durch die Weigerung der Annahme im Annahmeverzug. Beurteilen Sie die Rechtslage.
b) Die Küschemedi@-Medlit AG argumentiert, die Baumschule befände sich im Lieferungsverzug, worauf die Baumschule behauptet, um in Lieferungsverzug zu geraten, hätte die Küschemedi@-Medlit AG eine Nachfrist setzen müssen. Beurteilen Sie die Rechtslage.

11 Die Küschemedi@-Medlit AG hatte 50 Tischkalender „Annoplan" bei der BüroCom GmbH bestellt und als Weihnachtspräsent an verschiedene Kunden verschenkt. Oberarzt Dr. Gaus bedankt sich im Februar für die Aufmerksamkeit, wobei er anmerkt: „Ein ganz toller Kalender, nur schade, dass das Kalendarium für März fehlt." Erläutern Sie die Rechtslage.

12 Am 15. Januar fällt der Buchhalterin Sabine Rehorst auf, dass die Küschemedi@-Medlit AG infolge des turbulenten Weihnachtsgeschäfts versehentlich eine Rechnung der „Ahrquelle" vom 30. November des Vorjahres nicht bezahlt hat.
a) Stellen Sie fest, ob sich die Küschemedi@-Medlit AG im Zahlungsverzug befindet.
b) Erläutern Sie die rechtlichen Möglichkeiten der „Ahrquelle".

13 Peter Schenk organisiert den innerbetrieblichen Unterricht für die Auszubildenden der Küschemedi@-Medlit AG. Dabei engagiert er sich selbst bei der Beschreibung des Themenbereichs „Beschaffungsprozesse". Als wichtigen Bestandteil des Unterrichts konzipiert er einen

Vortrag über das gerichtliche Mahnverfahren und die Verjährung. Beschreiben Sie die Inhalte, die dieser Vortrag unbedingt enthalten muss.

14 Die Küschemedi@-Medlit AG überlegt, ob sie für Hauptgeschäft und Filialen künftig Kreditkarten als Zahlungsmittel zulassen soll.
   a) Erläutern Sie die Bedeutung von Kreditkarten.
   b) Beschreiben Sie Vor- und Nachteile für die Küschemedi@-Medlit AG durch das Akzeptieren von Kreditkarten im Unternehmen.
   c) Erläutern Sie Vor- und Nachteile für Kunden, die mit Kreditkarten bezahlen.

15 Die Privatdozentin Dr. Ilona Schaffer kauft im Weihnachtsgeschäft drei anatomische Atlanten zum Preis von insgesamt 576,00 EUR. Sie zahlt mit einem Barscheck. Ausstellungstag ist der 19. Dezember.
   a) Füllen Sie den Barscheck für die Kundin aus.
   b) Erläutern Sie, was bei der Annahme von Barschecks zu beachten ist.
   c) Geben Sie an, an welchem Tag die Vorlegungsfrist für diesen Scheck abläuft.
   d) Der Barscheck geht verloren. Erläutern Sie, wie sich die Küschemedi@-Medlit AG verhalten soll.
   e) Beschreiben Sie die Verwendungsmöglichkeiten für einen Barscheck.

16 Erstellen Sie abschließend ein Mind-Map, anhand dessen die wesentlichen Inhalte des Themenkomplexes „Zahlungsverkehr" deutlich werden.

## Prüfungsaufgaben

1 Im Rahmen der Geschäftstätigkeit einer Buchhandlung ergibt sich häufig die Notwendigkeit, eine Schlechtlieferung zu beanstanden. In welchen der nachfolgenden Fälle
   a) muss unverzüglich,
   b) muss innerhalb von zwei Jahren,
   c) muss unverzüglich nach Entdecken, spätestens innerhalb von zwei Jahren,
   d) kann auch nach Ablauf von zwei Jahren

   gerügt werden, wenn die gesetzlichen Bestimmungen zugrunde gelegt werden?
   1. Iris Hunscheid kauft für die Buchhandlung einen neuen PC. Bei der Installation wird noch am selben Tag festgestellt, dass die Belüftung über eine zu geringe Leistungskraft verfügt.
   2. Iris Hunscheid hat für ihren Firmenwagen eine Sonderlackierung mit dem Logo der Firma bestellt. Bei der Lieferung des PKW stellt sie fest, dass dieser nicht in der bestellten Farbe lackiert wurde.
   3. Iris Hunscheid kauft ihrer Tochter einen tragbaren CD-Spieler. Zu Hause stellt die Tochter fest, dass der Kopfhörer nicht funktioniert.
   4. Iris Hunscheid hat eine große Anzahl Aktenordner gekauft, die sie in den folgenden Monaten nach und nach in der Buchhandlung in Gebrauch nimmt. Dabei stellt sie fest, dass die Mechanik einiger Ordner nicht funktioniert.
   5. Der Verkäufer eines neuen Faxgerätes verschweigt absichtlich, dass bei der Anlieferung des Faxgerätes ein Transportschaden entstanden ist, der nicht erkennbar ist, aber langfristig zu Funktionsstörungen führt.

2 Welches der folgenden Rechte steht der Buchhandlung in den Fällen der 1. Aufgabe nicht zu, wenn beim Abschluss der Kaufverträge keine besonderen Vereinbarungen getroffen wurden?
   a) Schadenersatz
   b) Ersatzlieferung
   c) Preisminderung
   d) Nachbesserung
   e) Rücktritt vom Kaufvertrag

3 In welchen der unten genannten Fälle wird die Bindung der Buchhandlung Thien KG an das jeweilige Angebot
   a) eingeschränkt,
   b) aufgehoben,
   c) nicht berührt?

1. Die Buchhandlung Thien KG hat einem Kunden aus einem Katalog einen Titel angeboten. Der Kunde bestellt sofort. Das Barsortiment teilt mit, dass der Titel nicht mehr lieferbar ist.
2. Die Buchhandlung Thien KG bietet einem Kunden einen Titel schriftlich an. Nach drei Wochen hat der Kunde noch nicht reagiert.
3. Die Buchhandlung Thien KG bietet einem Großkunden einen Sondertitel aus dem Modernen Antiquariat für dessen Kunden an. Das Angebot enthält den Zusatz „nur solange Vorrat reicht".

4 Welche der genannten Zahlungsverfahren werden in den unten beschriebenen Fällen angesprochen?
Zahlungsverfahren:
a) Einzugsermächtigungsverfahren, b) Abbuchungsverfahren, c) Dauerauftrag.
Der Buchhändler Gordon Bissels
1. weist seine Bank an, die monatliche Miete zum ersten jedes Monats von seinem Konto an den Vermieter zu zahlen.
2. stellt fest, dass die Telefonkosten für Oktober innerhalb von drei Tagen in gleicher Höhe seinem Konto zweimal belastet wurden. Er widerspricht dieser doppelten Belastung nach einer Woche.
3. beauftragt seine Bank, ohne vorherige Rücksprache von seinem Konto Forderungen des Schulz-Verlags einzulösen.
4. beauftragt seine Bank, Forderungen vom Konto eines bestimmten Kunden einzuziehen, der ihn dazu bevollmächtigt hat.

5 In welchen der folgenden Fälle geht der Antrag auf Abschluss eines Kaufvertrags vom Verkäufer aus?
a) Ein Kunstbuchhändler schickt einem Kunden ein schriftliches freibleibendes Angebot über einen Kunstband, der Kunde bestellt daraufhin.
b) Eine Verkäuferin legt einer Kundin drei Romane zur Auswahl vor. Die Kundin begutachtet die Titel, kann sich aber nicht für einen Kauf entscheiden.
c) Im Schaufenster einer Buchhandlung ist ein Kalender als Einzelstück mit 98,00 EUR ausgezeichnet. Eine Kundin bittet die Verkäuferin, diesen Kalender aus dem Schaufenster zu holen.
d) Ein langjähriger Kunde bestellt 10 Exemplare eines Wanderführers „wie gehabt". Der Buchhändler liefert daraufhin ohne Auftragsbestätigung.
e) In einer Buchhandlung nimmt eine Kundin eine Landkarte aus dem Ständer und legt sie an der Kasse vor.

6 In welchen der folgenden Fälle wird eine Kundin unmittelbar nach Abschluss des Kaufvertrags Eigentümerin der Ware?
a) Die Kundin bestellt bei einem Buchhändler eine Künstlerbibel zum Preis von 1 000,00 EUR. Die Lieferung der Bibel wird für die folgende Woche fest zugesagt.
b) Die Kundin kauft bei einem Antiquar unter Eigentumsvorbehalt eine Goethe-Gesamtausgabe und nimmt diese sofort mit. Sie vereinbart mit dem Antiquar die Zahlung des Kaufpreises in Raten.
c) Die Kundin lässt sich eine DVD zur Probe vorführen und entschließt sich dann zum Kauf. Der Verkäufer packt die DVD ein und übergibt sie der Kundin. Die Kundin bezahlt mit Bankkarte.
d) Die Kundin kauft eine bibliophil gestaltete Bibelausgabe zum Preis von 2 000,00 EUR. Die Lieferung wird binnen 14 Tagen in Aussicht gestellt. Die Kundin zahlt 50 % des Preises mit Kreditkarte an.

7 Die Schulte GmbH in Köln hat der BF AG in Düsseldorf eine Anzeigenrechnung über 7 538,00 EUR auch nach mehrmaliger Mahnung nicht bezahlt. Nennen Sie das für die Klage im Rahmen des Zahlungsverzugs zuständige Gericht und den entsprechenden Gerichtsort, wenn der Vertrag der BF AG mit der Schulte GmbH
a) keine Klausel enthält, die den Gerichtsstand regelt,
b) die Klausel enthält: „Erfüllungsort und Gerichtsstand ist Düsseldorf".

8 Welche der unten stehenden Zahlungsmöglichkeiten werden in den nachfolgend genannten Fällen angesprochen?
a) Beim Kauf tippt der Kunde seine PIN in ein Gerät am Kassenterminal ein.
b) Über ein Verrechnungszentrum wird der Kaufbetrag direkt vom Bankkonto des Kunden abgebucht und dem Konto der Buchhandlung gutgeschrieben.
c) Karl Krauthausen beauftragt die Hausbank, monatlich die Ladenmiete zu überweisen.
d) Ulf Schulte beauftragt die Hausbank, alle Lastschriften, die von einem Barsortiment ausgestellt werden, zulasten des Geschäftskontos einzulösen.
e) Die Buchhandlung Reimund Groß oHG erhält von einem Kunden die Erlaubnis, fällige Zahlungen für periodische Lieferungen von dessen Konto abbuchen zu lassen.
Zahlungsmöglichkeiten:
1. Kreditkarte
2. Einzugsermächtigung
3. Abbuchungsauftrag
4. Dauerauftrag
5. POS-Banking (Electronic Cash)

9 Das Kreativteam Schneider & Schultz oHG, Werbeagentur, gibt ein Angebot für die Entwicklung einer Werbekampagne ab. Aufgrund eines Schreibfehlers fordert die Werbeagentur dabei nur 1200,00 EUR statt der kalkulierten 12000,00 EUR als Honorar. Das Angebot wird auf dem normalen Postweg versandt. Beurteilen Sie die Rechtslage hinsichtlich der Gültigkeit des Angebots und die möglichen wirtschaftlichen Folgen, wenn der Schreibfehler in der Werbeagentur
a) am Nachmittag desselben Tages bemerkt und per Fax korrigiert wird,
b) erst nach Annahme des Angebots bemerkt wird.

10 Eine Werbeagentur hat bei einer Druckerei, mit der sie seit Gründung zusammenarbeitet, einen Prospekt in Auftrag gegeben. Auflage 2000 Stück, 16 Seiten, 4-farbig, Hochglanzpapier. Bei Lieferung wird festgestellt, dass die Innenseiten auf dem Kopf stehend eingeheftet wurden.
a) Nennen Sie die hier vorliegende Vertragsart.
b) Welche Art von Pflichtverletzung liegt vor?
c) Überprüfen Sie, welche Rechtsfolge die Werbeagentur bei dieser Art der Pflichtverletzung einhalten muss.
d) Erläutern Sie, was die Werbeagentur tun sollte.

11 Stefan Roggendorf ist in der Werbeagentur Bauer GmbH Wuppertal tätig. Bei Überprüfung der Zahlungseingänge stellt er fest, dass die Autohaus Kuhn GmbH, Hagen, das Zahlungsziel um 14 Tage überschritten hat. Stefan Roggendorf mahnt die Autohaus Kuhn GmbH zweimal im Abstand von jeweils zehn Tagen. Die Autohaus Kuhn GmbH reagiert nicht, auch nicht auf die dritte Mahnung, in der gerichtliche Schritte angedroht werden.
1. Nennen Sie Sitz/Ort, an dem die Bauer GmbH den Mahnbescheid beantragen muss.
2. Nennen Sie die drei Reaktionsmöglichkeiten der Autohaus Kuhn GmbH nach Zugang des Mahnbescheids.
3. Begründen Sie, warum die an die Autohaus Kuhn GmbH geleasten PKW nicht gepfändet werden können.

12 Der Buchverlag der Dekardon GmbH hat direkt an einen Privatkunden hochwertige Bücher geliefert. In einem Lexikon-Reprint sind zwei Seiten in schlechter Qualität gedruckt, aber noch lesbar.
a) Überprüfen Sie, welche Rechte der Privatkunde hat.
b) Innerhalb welcher Frist muss der Privatkunde den Mangel rügen?
c) Welche rechtlichen Konsequenzen hätte folgende Bestimmung in den AGB des Buchverlags: „Geringfügige Mängel sind von der Gewährleistung ausgeschlossen“?

13 Die „Eifeler Rundschau“ möchte ihre Inkassopraxis umstellen.
a) In ihrem ländlichen Verbreitungsgebiet werden die Aboentgelte überwiegend durch Inkassobeauftragte beglichen. Erläutern Sie zwei geeignete bargeldlose Zahlungsarten.

b) Anzeigenkunden zahlen durch Scheck oder Überweisung. Beurteilen Sie diese beiden Zahlungsarten aus der Sicht des Verlags.
c) Erläutern Sie zwei Maßnahmen zur Sicherung des Zahlungseingangs.

14 In einer Buchhandlung werden verschiedene Zahlungsmöglichkeiten genutzt. Welche der aufgelisteten Zahlungsmöglichkeiten werden in den unten genannten Fällen genutzt?
Zahlungsmöglichkeiten:

| | | |
|---|---|---|
| a) Einzugsermächtigung | c) Barscheck | e) Überweisung |
| b) Dauerauftrag | d) Express-Brief | f) Zahlschein |

1. Ein Kunde berechtigt die Buchhandlung, fällige Zahlungen von seinem Konto abbuchen zu lassen.
2. Geld, das von einem Kunden bei der Post in einem Brief eingeliefert wurde, wird der Buchhandlung als Brief übergeben.
3. Die Buchhandlung beauftragt ihre Bank, die Zahlungen der Monatsmiete auf das Konto des Vermieters zu veranlassen.
4. Eine Kundin zahlt einen fälligen Rechnungsbetrag bei einem Kreditinstitut bar zugunsten der Buchhandlung ein.
5. Das Kreditinstitut eines Kunden wird angewiesen, aus dessen Guthaben einen Betrag bar auszuzahlen.
6. Die Buchhandlung veranlasst die Übertragung eines Betrags von ihrem Bankkonto auf das Bankkonto eines Lieferers.

15 Seit Jahren beauftragt die Schnell GmbH die Sofortdruck KG mit der Erstellung von Prospekten im Kundenauftrag. Für den 12. November .. hat die Sofortdruck KG die Fertigstellung einer Großserie Weihnachtsprospekte schriftlich zugesagt. Am 10. November erfährt Klaus Hindelang telefonisch von der Sofortdruck KG, dass der Termin wegen Überlastung nicht eingehalten werden kann. Auch eine Verlängerung der Frist um vier Tage werde nicht ausreichen.
a) Sind die Voraussetzungen für einen Lieferungsverzug gegeben? Begründen Sie Ihre Entscheidung.
b) Nennen Sie zwei Rechte, die die Schnell GmbH in diesem Fall wahlweise geltend machen sollte.
c) Erläutern Sie im Zusammenhang mit dem Lieferungsverzug den Begriff „Konventionalstrafe“.

16 Eine Werbeagentur hat den Auftrag, das Rahmenprogramm einer Sportveranstaltung zu organisieren, bei der ein Agenturkunde als Sponsor auftritt. Zu diesem Zweck hat die Agentur bei einem Getränkegroßhandel 15 Kartons Sekt bestellt, die am Morgen der Sportveranstaltung bis 11:00 Uhr geliefert werden sollen. Um 11:30 Uhr ist der Sekt noch nicht eingetroffen. Auf dem Anrufbeantworter des Getränkegroßhandels wird bei einer telefonischen Rückfrage mitgeteilt, dass wegen des Betriebsausflugs an diesem Tage nicht ausgeliefert werde.
a) Sind in diesem Fall die Voraussetzungen einer Spätleistung gegeben? Begründen Sie Ihre Entscheidung.
b) Nennen Sie die Rechte, die die Werbeagentur gegenüber dem Getränkegroßhandel geltend machen kann! Was sollte sie tun?

17 Erläutern Sie an je einem Beispiel aus dem Medienbereich
a) den gesetzlichen Erfüllungsort, b) den vertraglichen Erfüllungsort.

18 Die Zahlungseingänge aus Anzeigenverkäufen sind teilweise schleppend.
a) Benennen Sie drei vorbeugende Maßnahmen zur Sicherung des Zahlungseingangs.
b) Beschreiben Sie die Schritte eines außergerichtlichen Mahnverfahrens.

19 Durch welche der folgende Angebotsklauseln wird die Verbindlichkeit eines Angebots
a) ausgeschlossen b) eingeschränkt c) nicht berührt?

| | |
|---|---|
| 1. Lieferung frei Haus | 3. Lieferung gegen Barzahlung |
| 2. Solange der Vorrat reicht | 4. Zahlung sofort ohne Abzug |

# 6 Marketing-prozesse planen, steuern und kontrollieren

## 6.1 Marketing im Medienunternehmen

Zum zehnjährigen Bestehen möchte die Medi@ AG das Unternehmen in seiner ganzen Vielfalt präsentieren. Im Mittelpunkt der Jubiläumsaktivitäten soll ein Festakt stehen, der für die Teilnehmer ein einzigartiges und unwiederbringliches Erlebnis darstellt. Der Medi@ AG kommt es dabei darauf an, dass sie nicht sich selbst feiert, sondern diejenigen in den Mittelpunkt stellt, die das Unternehmen zu dem gemacht haben, was es ist: Mitarbeiter, Kunden und Geschäftspartner.
Aus Effizienzüberlegungen soll ein imageträchtiger, sympathischer Auftritt für ein möglichst breites Publikum angestrebt werden.
Gefordert ist ein vielseitiges Event,

- das für die Leistung der Medi@ AG in gesellschaftlicher und wirtschaftlicher Hinsicht steht,
- das den gesellschaftlichen Höhepunkt aller Aktivitäten rund um das zehnjährige Jubiläum darstellt und
- an dem eine breite Öffentlichkeit teilnehmen kann.

Um praxisnah zu lernen, bilden die Auszubildenden der Medi@ AG ein AZUBI-EVENT-TEAM, das einen Gegenvorschlag für die „alten Hasen" machen möchte.
Zunächst gehen sie auf die Suche nach Informationen über das Unternehmen, denn ohne einen Überblick über die Geschichte des Unternehmens wird es schwer, dieses Event zielgerichtet zu planen.
In der Presseabteilung finden sie einige Manuskripte der Geschäftsführung. Thorsten Warthofer, dem Auszubildenden zum Kaufmann für Marketingkommunikation, fällt auf, dass sehr häufig der Begriff „Marketing" auftaucht. Unter anderem liest er:
„Wir sind froh, dass wir uns seit Beginn der Siebzigerjahre konsequent mit den Grundsätzen des Marketings beschäftigt haben. Marketing bedeutet, dass ein Unternehmen ‚vom Markt her' geführt wird, d. h., dass alle Maßnahmen und Entscheidungen des Unternehmens vom Marktgeschehen und von Marktdaten bestimmt werden. Zur Erreichung unserer Ziele bedienen wir uns aller Instrumente des Marketing-Mix, ohne die betriebswirtschaftliches Arbeiten heute nicht mehr möglich ist."
Thorsten ist zunächst über die vielen neuen Begriffe verwirrt. Katrin Matera, zuständig für die Öffentlichkeitsarbeit im Unternehmen, sagt aber: „Wichtig ist, dass Sie die Bedeutung des Marketings in unserem Unternehmen verstehen, die Begriffe erschließen sich dann von selbst."

**Arbeitsaufträge**

- Finden Sie heraus, was Katrin Matera unter Marketing versteht, und erarbeiten Sie die Bedeutung des Marketings und seiner Instrumente für ein Unternehmen.
- Stellen Sie die Bedeutung des Marketings in den unterschiedlichen Marktarten dar.
- Erläutern Sie den Unterschied zwischen der Marktdurchdringungs- und der Marktentwicklungsstrategie.

### ● Marketing als Prinzip der Unternehmensführung

**Unter Marketing versteht man eine Konzeption der Unternehmensführung, bei der alle Aktivitäten auf die gegenwärtigen und künftigen Erfordernisse der Märkte ausgerichtet werden. Dabei sind systematisch gewonnene Informationen über die Märkte die Grundlage aller Entscheidungen.**

*Vergleiche hierzu Seite 330*

Marketing ist also ein **Prinzip der Unternehmensführung**, das sich an Marktdaten (insbesondere über Kunden und Konkurrenz) orientiert. Unter **Markt** versteht man dabei den Ort, an dem sich Angebot und Nachfrage treffen und regulieren. Jedes Unternehmen ist Teilnehmer auf mehreren Märkten.

Beispiele *Die Medi@ AG ist u. a. Teilnehmer auf folgenden Märkten:*
- ***Absatzmarkt:** Die Medi@ AG bietet u. a. Film- und Musikproduktion sowie Beratung an (Anbieter von Gütern und Leistungen).*
- ***Beschaffungsmarkt:** Die Medi@ AG kauft Materialien ein. Sie muss Betriebs- und Geschäftsausstattung, Fahrzeuge usw. beschaffen. Ferner benötigt sie Telekommunikationsmöglichkeiten (Telefon, Fax) und Energie (Nachfrager nach Gütern und Leistungen).*
- ***Arbeitsmarkt:** Die Medi@ AG benötigt qualifizierte Mitarbeiter (Nachfrager nach Arbeitskräften).*
- ***Kapitalmarkt:** Die Medi@ AG benötigt Kapital zur Finanzierung von Investitionen in Geschäftsausstattung, Gebäude, Fuhrpark usw. (Nachfrager nach Kapital). Sie sucht nach Anlagemöglichkeiten für kurz- und mittelfristiges Barvermögen (Anbieter von Kapital).*

Marktorientierung bedeutet **Kunden-** und **Wettbewerbsorientierung.**

| Kundenorientierung | Wettbewerbsorientierung |
|---|---|
| Gezielte Analyse der Wünsche, Bedürfnisse und Ansprüche der Kunden. | Analyse der jeweiligen Wettbewerbssituation und Vergleich eigener Leistungen mit denen der Konkurrenz. |
| **Ziel:** optimale Befriedigung der sich wandelnden Kundenansprüche. | **Ziel:** eigene Wettbewerbsvorteile erkennen, pflegen und ausbauen. |

Marketing bezieht sich nicht nur auf den Absatzmarkt, sondern umfasst Maßnahmen auf allen Märkten, in denen ein Unternehmen aktiv ist. Dabei können Schwerpunkte der Unternehmensaktivitäten auf einzelnen Märkten besonders herausgestellt werden.
- **Absatzmarketing:** Aktivitäten, um Waren und Dienstleistungen zu verkaufen.
- **Beschaffungsmarketing:** Aktivitäten, um Produkte, Geschäftsausstattung, Maschinen usw. zu beschaffen bzw. einzukaufen.
- **Personalmarketing:** Aktivitäten, um geeignete Mitarbeiter für ein Unternehmen zu gewinnen und zu halten.
- **Finanzmarketing:** Aktivitäten, um Finanzmittel günstig zu erhalten (Kredite) und Kapital außerhalb des Unternehmens sinnvoll anzulegen.

## Käufer- und Verkäufermarkt

Die zunehmende Notwendigkeit der marktorientierten Unternehmensführung spiegelt sich auch in der Entwicklung des Marketings in Unternehmen wider. Seit dem Zweiten Weltkrieg ist ein Wandel vom **Verkäufermarkt** zum **Käufermarkt** eingetreten.

**Als Verkäufermarkt** bezeichnet man einen Markt, bei dem die Nachfrage größer ist als das Angebot. Die Verkäufer befinden sich gegenüber den Kunden in einer stärkeren Position. Je mehr Kunden um den Kauf eines Produktes konkurrieren, desto höher kann der Kaufpreis sein.
Beispiel *Nach dem Zweiten Weltkrieg war das Warenangebot knapp. Die Käufer rissen den Anbietern die Produkte förmlich aus der Hand.*

**Auf den veränderten Märkten der Gegenwart** befinden wir uns auf einem **Käufermarkt**. Die Käufer haben gegenüber den Anbietern oft die stärkere Position, da das Angebot heute größer ist als die Nachfrage. Durch die Konkurrenz der Anbieter untereinander wird verhindert, dass der Kunde überhöhte Preise bezahlt. Der Kunde wird zum „König". Der Wettbewerb um die Kunden muss verstärkt werden.
Beispiel *In vielen Bereichen der Industrie sind Käufermärkte typisch. Häufig ist die Nachfragemacht der Kunden so groß, dass der Kunde die Preise und Konditionen nicht nur beeinflusst, sondern sogar bestimmt.*

## Marketingziele

Aus dem **Zielsystem** der Unternehmung lassen sich Ziele der Funktionsbereiche ableiten. **Ziele** stellen Richtgrößen für das unternehmerische Handeln dar und beschreiben einen künftigen Zustand, der den einzelnen Funktionsbereichen vorgegeben wird. Unternehmen verfolgen in der Regel nicht ein Ziel, sondern gleichzeitig mehrere Ziele bzw. Zielkombinationen. Diese Zielkombinationen lassen sich in ein **hierarchisch** gegliedertes **Zielsystem** einordnen, das durch eine zunehmende Konkretisierung gekennzeichnet ist. Aus den **übergeordneten Zielen** des Unternehmenszwecks, der Unternehmensidentität und der Unternehmensgrundsätze werden die **Unternehmensziele** (z. B. wirtschaftliche, soziale, ökologische Ziele) abgeleitet. Diese müssen durch entsprechende untergeordnete Ziele in den **Funktionsbereichen** konkretisiert werden.

Beispiel *Die Medi@ AG hat sich als ein Unternehmensziel die Erhöhung des Jahresumsatzes um 5,5 % pro Jahr gesetzt. Der Funktionsbereich Marketing soll dieses Ziel durch die Steigerung des Marktanteils auf 7 % innerhalb eines Jahres unterstützen. Als Unterziele für die einzelnen Marketinginstrumente werden für die Produktpolitik eine bessere Qualität als die der Konkurrenz, für die Preispolitik eine Preissenkung knapp unter Konkurrenzniveau, für die Distributionspolitik die Senkung der Logistikkosten um 4 % und für die Kommunikationspolitik die Steigerung des Bekanntheitsgrades formuliert.*

Um ein Ziel genau zu erfassen und überprüfen zu können, muss es **operational** sein, d. h. nach Inhalt, Ausmaß und Zeitbezug konkretisiert werden.

Beispiel *Steigerung des Umsatzes bei der Produktgruppe „Fernsehfilm" um 10 % innerhalb eines Jahres. Ausweitung des Marktanteils im Segment Reiseführer von 5 auf 7,5 % im Kalenderjahr 2011.*

Funktionsbereichsziele und deren **Instrumentalziele** als Unterziele müssen mit dem Zielsystem der Unternehmung **kompatibel** sein. Die genannten Ziele sollten sich positiv ergänzen **(Zielharmonie)**.

Beispiel *Die „Erhöhung des Jahresumsatzes" und das Marketingziel „Steigerung des Marktanteils" ergänzen sich. Es herrscht Zielharmonie.*

## Marketingstrategien

Unter einer **Marketingstrategie** versteht man eine langfristig festgelegte Verhaltensweise, mit der eine Unternehmung am Markt vorgehen will. Sie trifft unter Berücksichtigung der Unternehmensziele konkrete Aussagen über die vielfältigen Maßnahmen im Rahmen des Marketing-Mix. Marketingstrategien können wie folgt festgelegt werden:

**Wachstumsstrategien:** Das Ziel Marktwachstum steht für viele Unternehmen an erster Stelle. Mit einer Strategie der **Marktdurchdringung** will ein Industrieunternehmen mit den vorhandenen Produkten eine stärkere Durchdringung der vorhandenen Märkte erreichen. Durch eine **Produktentwicklung** werden für bestehehende Märkte neue Produkte entwickelt. Verfolgt ein Industrieunternehmen die Strategie der **Marktentwicklung**, versucht es, mit seinen vorhandenen Produkten neue Märkte zu erschließen.

Beispiel *Die Buchhandlung Medi@Point GmbH & Co. KG versucht durch verstärkte Marketingaktivitäten, mehr Titel bei ihren Kunden abzusetzen. Gleichzeitig soll die kundenorientierte Aufnahme neuer Titel ins Programm sicherstellen, dass die Kunden dem Unternehmen erhalten bleiben.*

**Marktsegmentierungsstrategien:** Ein Unternehmen teilt seinen Markt in Teilmärkte auf. Dadurch können die Bedürfnisse der einzelnen Zielgruppen (Abnehmer) besser erfasst und gezielter bearbeitet werden. **Teilmärkte** oder **Marktsegmente** können nach verschiedenen Kriterien gebildet werden.

| Marktsegmente | Beispiele |
|---|---|
| **Produktgruppen** | *Musik-CD, Hörbuch, Fernsehfilme …* |
| **Preisgruppen** | *Produkte des unteren, mittleren und gehobenen Preisniveaus* |
| **Abnehmergruppen** | *Sendeanstalten, Facheinzelhandel, Großabnehmer, Kleinabnehmer* |
| **Regionale Gruppen** | *Inlandskunden, Auslandskunden* |

**Wettbewerbsstrategien:** Wettbewerbsstrategien haben ihren Ansatzpunkt im Verhältnis des Unternehmens zum Wettbewerb. Durch eine **Strategie der Kostenführerschaft** versucht ein Industrieunternehmen, Kunden mit dem günstigsten Preis zu gewinnen. Bei der **Strategie der Produktdifferenzierung** möchte sich ein Anbieter bewusst mit seinen Produkten von seinen Konkurrenten abheben.

Vergleiche hierzu Seite 325

Beispiel *Die meisten Major-Labels im Musikbereich produzieren Rock- und Popmusik. Da sich die Medi@ AG in ihrem Geschäftsfeld Musik von der Konkurrenz abheben möchte, produziert sie zusätzlich Jazz- und Latinalben.*

Die aufgezählten Strategien werden in der Praxis meist nicht in klarer Form angewendet, es gibt **Mischformen, Kombinationen** und **betriebsindividuelle Strategien**. Ferner ist es möglich, dass für verschiedene Produkte oder Teilmärkte unterschiedliche Strategien beschritten werden.

Beispiel *Die Medi@ AG hat sich entschlossen, bei der Einführung neuer Produkte eine Kombination aus Differenzierungsstrategie und Marktsegmentierungsstrategie zu wählen. Zum einen will sich die Medi@ AG mithilfe der Kundendienstpolitik bewusst von der Konkurrenz abheben, zum anderen soll der Markt in Teilgruppen nach Abnehmergruppen zur besseren Bearbeitung segmentiert werden.*

## ● Marketinginstrumente

Zur Erreichung der Ziele werden vom Management spezielle absatzpolitische **Instrumente** eingesetzt. Sie wirken sich nicht nur im Bereich Absatz aus, sondern wirken in alle Unternehmensbereiche (Abteilungen) hinein.

| Marktsegmente | Entscheidungen (Beispiele) |
|---|---|
| **Produkt- und Sortimentspolitik** | Welche Waren sollen angeboten werden? |
| **Preispolitik** | Zu welchem Preis sollen die Waren angeboten werden? |
| **Konditionenpolitik** | Zu welchen Liefer- und Zahlungsbedingungen sollen die Waren angeboten werden? |
| **Kundendienstpolitik** | Welche Zusatzleistungen sollen angeboten werden? |
| **Distributionspolitik** | Über welche Absatzwege sollen die Waren angeboten werden? |
| **Kommunikationspolitik** | Wie soll geworben werden? |

Die optimale Kombination der Marketinginstrumente wird als **Marketing-Mix** bezeichnet. Alle Instrumente müssen dabei zielorientiert aufeinander abgestimmt werden. Die Notwendigkeit, Marketing zu betreiben, ergibt sich für ein Industrieunternehmen aus dem allgemeinen **Marktrisiko** (gegenwärtige unternehmerische Entscheidungen können sich in der Zukunft als falsch erweisen) und aus der zunehmenden **Sättigung des Absatzmarktes**.

***Marketing im Medienunternehmen***

- ***Marketing*** *umfasst alle auf den Markt gerichteten Tätigkeiten eines Unternehmens: Absatzmarketing, Beschaffungsmarketing, Personalmarketing, Finanzmarketing.*
- *Eine marktorientierte Unternehmensführung beinhaltet die Schwerpunkte* ***Kundenorientierung*** *und* ***Wettbewerbsorientierung****.*
- *Aus den* ***Unternehmenszielen*** *lassen sich die* ***Funktionsbereichsziele*** *(z. B. Marketingziele) und deren Unterziele* ***(Instrumentalziele)*** *ableiten. Das Zielsystem ist hierarchisch geordnet und sollte operational sein. Alle Ziele müssen untereinander kompatibel sein.*
- *Aus den Marketingzielen lassen sich* ***Marketingstrategien*** *als langfristige Verhaltensgrundsätze zum Vorgehen am Markt ableiten.*
- *Zur Erreichung der Marketingziele werden spezielle* ***Marketinginstrumente*** *eingesetzt: Produkt- und Programmpolitik, Preis- und Konditionenpolitik, Distributionspolitik und Kommunikationspolitik. Im* ***Marketing-Mix*** *werden diese Instrumente optimal kombiniert.*

## Aufgaben

1 Marketing ist die Grundlage der Absatzwirtschaft. Erläutern Sie, warum auch in anderen betrieblichen Bereichen (Beschaffung, Personal- und Finanzwirtschaft) Marketingarbeit geleistet werden muss.

2 Beschreiben Sie, wie Ihr Ausbildungsbetrieb Kundenorientierung und Wettbewerbsorientierung berücksichtigt.

3 Entwickeln Sie ein mögliches Zielsystem für die Medi@ AG. Überlegen Sie dabei, welche Zielkonflikte auftreten und wie diese gelöst werden könnten.

4 Viele Unternehmen arbeiten mit einer Strategie der Marktsegmentierung. Stellen Sie ein mögliches Marktsegment für Ihren Ausbildungsbetrieb dar und überlegen Sie, welche Vorteile diese Strategie für Ihr Unternehmen haben könnte.

5 Erläutern Sie die einzelnen Marketinginstrumente anhand von Beispielen.

6 Erfragen Sie in Ihrem Ausbildungsbetrieb, welche Marketinginstrumente bevorzugt eingesetzt werden. Erstellen Sie sich zu diesem Zweck eine Tabelle und vergleichen Sie anschließend Ihre Ergebnisse in der Klasse.

7 Ihr Ausbildungsbetrieb ist Teilnehmer auf verschiedenen Märkten. Beschreiben Sie diese unter Berücksichtigung der jeweiligen Stellung Ihres Unternehmens.

# 6.2 Marktinformationen gewinnen

Im Geschäftsbericht der Medi@ AG finden die Auszubildenden des AZUBI-EVENT-TEAMS Angaben über die strategischen Geschäftsfelder des Unternehmens.

| Zeitung | Zeitschrift | Buch | Musik | Film |
|---|---|---|---|---|
| Tageszeitung | Stadtmagazin<br>In Planung:<br>„YUP"<br>Szenemagazin | Belletristik und Regionalliteratur | Sampler<br>Hörbuch | Auftragsproduktion |

Aus der Statistik entnehmen sie, dass das Angebot innerhalb dieser Teilmärkte einem ständigen Wechsel unterliegt. Sie vermuten, dass sich das Unternehmen dabei ständig an den veränderten Kundenansprüchen orientiert.

**Arbeitsaufträge**

- Überlegen Sie, welche Marktdaten die Auszubildenden benötigen, um die aktuelle Entwicklung der Teilmärkte zu erkunden.
- Machen Sie Vorschläge, wie die Auszubildenden an die erforderlichen Marktdaten gelangen können.
- Erläutern Sie, worin die Vorteile der Primär- bzw. der Sekundärmarktforschung liegen.

## Ziele und Aufgaben der Marktforschung

Um die marketingpolitischen Instrumente so einzusetzen, dass die verfolgten Unternehmensziele erreicht werden, ist es erforderlich, dass über den Markt Informationen gewonnen werden. Je genauer und aktueller die Informationen sind, desto sicherer kann eine Entscheidung getroffen werden. Die **Beschaffung** und **Aufbereitung von Marktinformationen** ist Aufgabe der **Marktforschung**. Die Absatz- und Konkurrenzmarktforschung soll einem Unternehmen Daten liefern, die aktuell, genau und zuverlässig sind. Ferner soll die Datenbeschaffung schnell und kostengünstig erfolgen. Aus Kosten- und Zeitgründen beschränkt man sich meistens auf einen Ausschnitt des Marktes **(Teilerhebung)** und schließt dann auf die Grundgesamtheit (**Vollerhebung** = gesamter Markt). Die Marktforschung erfasst folgende Bereiche:

**Marktanalyse (zeitpunktorientiert):** Hier werden zu einem bestimmten Zeitpunkt alle Einflussfaktoren eines Marktes ermittelt.
Beispiel *Die Medi@ AG stellt zum Ende des 1. Quartals fest, wie viele Konkurrenten auf den einzelnen Teilmärkten vorhanden sind, welchen Marktanteil sie haben und welche neuen Produkte sie auf den Markt bringen.*

**Marktbeobachtung (zeitraumorientiert):** Hier wird die Entwicklung des Marktes über einen bestimmten Zeitraum untersucht. Dabei sollen Trends festgestellt werden.
Beispiel *Die Medi@ AG befragt regelmäßig ihre Abnehmer sowie ihre Außendienstmitarbeiter und ermittelt so die sich wandelnden Kundenwünsche.*

**Marktprognose (zukunftsorientiert):** Sie baut auf den Ergebnissen der Marktanalyse und der Marktbeobachtung auf und soll Aussagen über künftige Marktsituationen ermöglichen.
Beispiel *Aufgrund von Marktanalysen prognostiziert die Media@ AG eine Zunahme von Reality-Shows im deutschen Fernsehen.*

## Wer ist in der Markt- und Sozialforschung tätig?

Beschäftigt werden in der wachsenden Branche der Markt- und Sozialforschung bisher vor allem Absolvent(innen)en aus dem Hochschulbereich. Sie sind derzeit sowohl für wissenschaftliche Aufgaben als auch für die vielfältigen Tätigkeiten, die sich aus der Vorbereitung, Organisation und Präsentation ihrer Forschungstätigkeit ergeben, zuständig.
Seit 2006 gibt es die **Fachangestellten für Markt- und Sozialforschung**, die in enger Zusammenarbeit mit den Forschern die Durchführung von Projekten planen, organisieren und steuern, um die Akademiker von den operativ-organisatorisch orientierten Tätigkeiten im Forschungsbereich zu entlasten.
Zu den Aufgaben dieses dualen Ausbildungsberufs gehört es,

- Daten zu beschaffen, zu recherchieren und auszuwerten,
- an der Konzeption und Gestaltung von Fragebogen und Gesprächsleitfäden mitzuarbeiten,
- den Einsatz von Interviewer(inn)en zu organisieren, sie in ihre Arbeit einzuweisen und den Rücklauf von Interviews zu erfassen,
- die erhobenen, aufzubereitenden Daten auf ihre Plausibilität zu überprüfen
- und – in der Schlussphase des Projekts – die Untersuchungsberichte und Präsentationen vorzubereiten.

Ihr Betätigungsfeld sind Marktforschungsinstitute, Industrie-, Handels- und Dienstleistungsunternehmen mit eigener betrieblicher Marktforschung, Unternehmensberatungen, Werbe- und Media-Agenturen und nicht zuletzt Forschungseinrichtungen der empirischen Sozial- und Wirtschaftsforschung.

## Informationsquellen der Marktforschung

**Betriebsinterne Quellen:** Das betriebsinterne Datenmaterial der Marktforschung entstammt den Aufzeichnungen der verschiedenen Abteilungen eines Unternehmens, insbesondere dem **Rechnungswesen**. Hier werden alle betrieblichen Aktivitäten, wie Einkäufe von Materialien und Verkäufe an Kunden, in einer **betrieblichen Datenbank** erfasst. Sie können dann von der Marketingabteilung abgerufen und aufbereitet werden. Somit ist Marktforschung und letztlich Marketing ohne ein funktionierendes Rechnungswesen, das in ein computergestütztes Informationssystem eingebunden ist, undenkbar. Mit dieser Datenbank arbeiten also die Mitarbeiter des Rechnungswesens ebenso wie die Mitarbeiter in Marketing und Verkauf. Gleichzeitig ist sie Grundlage für Entscheidungen des Managements. Ein computergestütztes Informationssystem, das allen Beteiligten Zugriff auf diese Daten ermöglicht, ist somit eine Voraussetzung für eine effiziente Marktforschung.

**Betriebsexterne Quellen:** Oft ist es erforderlich, dass in der Marktforschung Daten ausgewertet werden müssen, die nicht betriebsintern angefallen sind. Soll beispielsweise die konjunkturelle Entwicklung eingeschätzt werden, so müssen Berichte der EZB, der Bundesbank und einzelner Ministerien (Ministerium für Wirtschaft und Arbeit, Finanzministerium) sowie Pressemitteilungen ausgewertet werden. Diese Arbeit ist häufig zeitraubend und kostenintensiv. Jedoch sind auch hier moderne Informations- und Kommunikationssysteme eine große Hilfe.

**Marktforschungsinstitute** oder deren Auftraggeber (z. B. Großverlage) veröffentlichen zunehmend Studien zu allgemeinen interessanten Themen. Die Veröffentlichung der Studien ist Teil der Kommunikationspolitik dieser Unternehmen, die sich dadurch als besonders aktuell und gesellschaftsnah darstellen wollen.

Beispiele *Soziale Milieus (Focus), Jugendstudie (Shell, Spiegel), Media-Daten (Gruner + Jahr)*

## Sekundär- und Primärdaten

**Sekundärdaten:** Die bisher genannten Daten (betriebsintern oder -extern) wurden nicht speziell für Marktforschungszwecke erhoben, es handelt sich um Daten, die für andere Zwecke erfasst wurden, z. B. für Zwecke des Rechnungswesens. Für die Marktforschung und für sonstige Entscheidungszwecke müssen sie jeweils neu aufbereitet (sortiert, selektiert, verknüpft) werden. Bei diesen Daten handelt es sich um sogenannte Sekundärdaten.

Beispiel *Die Medi@ AG hat aus Sekundärdaten für jeden Kunden ein Kundenprofil entwickelt, welches ständig aktualisiert wird. Dieses Profil gibt Auskunft über Umsätze und Bestellungen, aber auch Reklamationen und besondere Kundenwünsche. Diese internen Daten werden kombiniert mit externen Informationen über wirtschaftliche und gesellschaftliche Entwicklungen, die aus Datenbanken und dem Internet gewonnen werden.*

**Vorteil** der Sekundärmarktforschung ist, dass die Daten bereits zur Verfügung stehen. Eine auf derartigen Daten basierende Marktforschung geht schnell und verursacht geringe Kosten. Problematisch ist jedoch, dass die Daten häufig nicht sehr aktuell sind, da die meisten Statistiken nur jährlich (oder noch seltener) erstellt werden. Ein weiterer **Nachteil** ist die bereits erfolgte Zusammenfassung der Daten zu einem bestimmten Zweck. Nicht immer ist es möglich, diese Zusammenfassung auf die aktuellen betrieblichen Erfordernisse zu übertragen. Bei der Auswertung von Sekundärmaterial muss zudem berücksichtigt werden, dass die Daten auch allen Mitbewerbern zur Verfügung stehen.

**Primärdaten:** Sind aus Sekundärdaten die gewünschten Informationen nicht zu gewinnen, müssen die Daten erstmals neu erhoben werden. Man spricht dann von Primärdaten. In der Primärforschung,

d. h. der unmittelbaren Erhebung vor Ort, werden grundsätzlich folgende Methoden angewendet: die Befragung, die Beobachtung, das Experiment und das Panel.

- Durch eine **Befragung** versucht eine Unternehmung **schriftlich** (Fragebogen), **mündlich** (Interview), **telefonisch** oder **computergestützt** Informationen von Personen über den Befragungsgegenstand zu erhalten.
  Beispiel *Das Geschäftsfeld „Musik" der Medi@ AG benötigt Informationen über das Marktsegment „Hörer(-innen) zwischen 14 und 20". Hierzu wird ein entsprechender Fragebogen entwickelt. Ein Marktforschungsinstitut wird mit der Durchführung der Befragung beauftragt.*
- Bei einer **Beobachtung** kann das tatsächliche Verhalten von Personen in bestimmten Situationen erhoben werden, ohne dass die Person befragt werden muss. Die Beobachtung ist nicht von der Auskunftsbereitschaft der Person abhängig. Um das Verhalten zu erklären, müssen Beobachtungen in der Regel jedoch durch Befragungen ergänzt werden.
  Beispiel *In den Verkaufsräumen der Jupiter Musik GmbH, einem Kunden der Medi@ AG, wird langfristig beobachtet, ob die Platzierung der Musik-CDs Auswirkungen auf den Verkauf hat. Dabei wurde ermittelt, dass der Verkauf von im Erdgeschoss platzierten CDs überdurchschnittlich hoch war.*
- Das **Experiment** versucht, für einen bestimmten Zusammenhang Ursache und Wirkung zu ermitteln. Dabei wird jeweils ein Wesensmerkmal verändert, um die Auswirkungen studieren zu können.
  Beispiel *In einer Anzeige wird jeweils nur die Überschrift verändert. Am Ende des Versuchs wird ermittelt, welche Variante sich am besten eingeprägt hat. An eine Anzeige mit einer roten Überschrift erinnerten sich die meisten Versuchspersonen.*
- Wird ein gleich bleibender Kreis von Personen oder Institutionen über einen längeren Zeitraum in regelmäßigen Abständen zum gleichen Untersuchungsgegenstand befragt, spricht man von einem **Panel**. Mit dem Panel versucht man mündlich, schriftlich, telefonisch oder computergestützt Verhaltensänderungen aufzuzeigen und zu begründen. Während sich die Gesellschaft für Konsumforschung (GFK) in Nürnberg mit den Konsumgewohnheiten der Haushalte **(Verbraucherpanel, Fernsehpanel)** beschäftigt, untersucht die Nielsen GmbH insbesondere Handelsbetriebe z. B. nach Umsätzen, Lagerbeständen oder dem Sortiment **(Handelspanel)**.
  Beispiel *Das Fernsehpanel liefert den Sendeanstalten genaue Informationen über das Ein- und Ausschaltverhalten der Fernsehzuschauer. Es ist eine wichtige Grundlage für die Berechnung der Werbezeitenpreise.*

***Marktinformationen gewinnen***

- ***Aufgabe der Marktforschung ist die Beschaffung und Aufbereitung von Marktdaten.*** *Sie ist Grundlage der* ***Marketingplanung*** *(kurz-, mittel-, langfristig). Sie umfasst*
  - ***Marktanalyse*** *(zeitpunktbezogen)*
  - ***Marktbeobachtung*** *(zeitraumbezogen)*
  - ***Marktprognose*** *(zukunftsbezogen)*
- *Sie bedient sich betriebsinterner und -externer Quellen und stützt sich auf*
  - ***Sekundärdaten*** *(bereits vorhandene Daten) oder gewinnt*
  - ***Primärdaten*** *(erstmalige Erhebung)*
- *Erhebungsmethoden der Primärforschung sind die* ***Befragung****, die* ***Beobachtung*** *und das* ***Experiment****. Daneben können durch ein* ***Panel*** *Entwicklungen längerfristig dargestellt werden.*

## Aufgaben

1 Der Verband der Film-, Fernseh- und Videoschaffenden (VFFV) veröffentlicht jährlich eine Statistik der Absatzzahlen seiner Branche. Erläutern Sie, wie diese Daten für die Zwecke der Marktforschung von der Medi@ AG genutzt werden können.

2 Ein Hersteller von Filmmaterial möchte die Strategie der Marktsegmentierung konsequent durchführen. Bilden Sie hierzu vier Beispiele für Marktsegmente.

3 Welche Möglichkeiten hat ein Reisebüro, das vorwiegend Gruppenreisen für Sportvereine anbietet, mit seinem vorhandenen Angebot die Strategie der Markterschließung durchzuführen?

4 Erstellen Sie eine Checkliste für die Marktforschungsabteilung der Medi@ AG
a) für betriebsinterne, b) für betriebsexterne Quellen.

## 6.3 Marketinginstrumente auswählen und einsetzen

### 6.3.1 Produkt- und Sortimentspolitik

Der Medienkonzern Medi@ AG ist in vier Unternehmensbereiche gegliedert:
1. Zeitung, 2. Zeitschrift, 3. Buch und 4. AV-Medien
Diese als Sparten bezeichneten Unternehmensbereiche führen ihre Geschäfte selbstständig und in eigener Verantwortung. Sie entscheiden über alle Beschaffungs-, Produktions-, Absatz- und Finanzierungsmaßnahmen innerhalb eines vorgegebenen Rahmens.

Die **Tageszeitung** zeigte sich entgegen dem allgemeinen negativen Trend im Segment Abonnementzeitungen nahezu stabil. Mit einer leicht rückläufigen Auflage (240 000) stieg die Reichweite pro Ausgabe auf über 840 000 Leser. Das Anzeigengeschäft ist durch die derzeitige allgemeine Marktschwäche gekennzeichnet. Das Geschäftsfeld Zeitung ist regelmäßig auf der Suche nach neuen Akquisitionskonzepten und innovativen Angebotsformen.

Der Geschäftsbereich **Zeitschrift** entwickelt sich kontinuierlich weiter. Anfang des Jahres 2002 erschien die erste Ausgabe der komplett überarbeiteten Programmzeitschrift „TVspecial“. Durch den optischen und redaktionellen Relaunch wurden Zugewinne in attraktiven Leserschaften erzielt. In diesem Segment konnte damit die Marktführerschaft gefestigt werden. Auch der Internetauftritt „TVspecial.de“ bietet jetzt einen elektronischen Programmführer.
Die Frauenzeitschrift „she“ behauptete in einem sich verschärfenden Verdrängungswettbewerb ihre hervorragende Marktstellung. Seit Anfang des Jahres positioniert sich „she“ im innovativen Big-Pocket-Format. Mit neuer Rubrizierung, neuer Typografie und einem neuen Modeteil wird die Zeitschrift optisch und inhaltlich aufgewertet.
Ein neues Projekt der Medi@ AG im Bereich Zeitschrift ist die Einführung eines monatlich erscheinenden Szenemagazins. Der Name des Szenemagazins ist die aus dem Englischen stammende Abkürzung „YUP“ – für Young Urban Professionals. Die Mitarbeiter sind jedoch mit dem Namen und mit dem inhaltlichen Konzept des neuen Produktes noch unzufrieden.

Im Geschäftsbereich **Buch** liegt der Schwerpunkt der Produktion auf Belletristik und Regionalliteratur. Auch der Buchverlag erzielt entgegen dem allgemeinen negativen Trend der Buchbranche bemerkenswerte Markterfolge. Bücher des Verlages rangieren vielfach an den Spitzen der Bestsellerlisten.

**Arbeitsaufträge**
- Erarbeiten Sie Vorschläge zur Gestaltung der neuen Szenezeitschrift „YUP“. Bedienen Sie sich dabei der Methoden zur Erzeugung von Produktideen.
- Die Zeitschrift „YUP“ soll als Markenartikel positioniert werden. Stellen Sie fest, welche Voraussetzungen hierfür erforderlich sind.
- Erläutern Sie die Stellung der Zeitschrift „YUP“ im Sortiment anhand des Produktportfolios und des Produktlebenszyklus.

- Vergleichen Sie das Produktportfolio mit dem Produktlebenszyklus.
- Die Medi@ AG möchte das Produkt auf seine Marktgängigkeit hin überprüfen. Machen Sie Vorschläge für geeignete Produkt- oder Markttests.

Die **Produktpolitik** umfasst alle Entscheidungen, die im Zusammenhang mit dem Produkt stehen und die darauf gerichtet sind, neue Produkte zu entwickeln und auf dem Markt einzuführen **(Produktinnovation)**, bereits auf dem Markt befindliche Produkte zu verändern **(Produktmodifikation)** oder aus dem Markt herauszunehmen **(Produktelimination)**.

## Der Produktbegriff

Ein **Produkt** ist Teil der Marketingleistung. Es umfasst konkrete Gegenstände, Dienstleistungen, Personen, Orte, Organisationen und Ideen und die damit verbundenen Nutzenerwartungen.

**Beispiele**

| | | | |
|---|---|---|---|
| *Gegenstände* | *→ Bücher* | *Orte* | *→ ein Kurort* |
| *Dienstleistungen* | *→ Reisen* | *Organisationen* | *→ eine politische Partei* |
| *Personen* | *→ ein Rocksänger* | *Ideen* | *→ eine Konfession* |

Die **Nutzenerwartungen** können sich dabei auf den Grund- oder den Zusatznutzen eines Produktes beziehen. **Der Grundnutzen basiert auf den objektiv-technischen Gebrauchseigenschaften** des Produktes.

**Beispiel** *Grundnutzen einer Musik-CD ist, dass man damit Musik hören kann.*

Der **Zusatznutzen** eines Produktes umfasst Eigenschaften, die über die reine Funktionserfüllung des Produktes hinausgehen. Er kann in den persönlichen Nutzen, den soziologischen Nutzen und den magischen Nutzen unterschieden werden.

- Der **persönliche Nutzen** eines Produktes beinhaltet Erwartungen und Vorstellungen, die das Verhältnis des Käufers zum Produkt betreffen.
  **Beispiel** *Ein Rechtsanwalt lässt seine Kanzlei renovieren. Da ihm die Umwelt sehr am Herzen liegt, beauftragt er ein nach baubiologischen Gesichtspunkten arbeitendes Architekturbüro. Bei der Frage der Möblierung sucht er Hersteller, die ihre Produkte nach ökologischen Gesichtspunkten fertigen.*
- Der **soziologische Nutzen** entsteht aus der Beziehung des Käufers zu seiner gesellschaftlichen Umwelt. Er wird immer dann angesprochen, wenn der Kauf des Produktes zur Angleichung oder zur bewussten Abhebung von der gesellschaftlichen Umwelt dient.
  **Beispiel** *Der Rechtsanwalt vertritt eine Umweltschutzorganisation. Die Umgestaltung seiner Kanzlei wird von seinen Klienten wohlwollend zur Kenntnis genommen.*
- Der **magische Nutzen** eines Produktes trägt irrationale Züge. Hier werden dem Produkt Eigenschaften zugeschrieben, die es durch seine objektiv-technischen Gebrauchseigenschaften in der Regel nicht erfüllen kann.
  **Beispiel** *Im Bereich der Kosmetika versprechen viele Produkte Schönheit und ewige Jugend.*

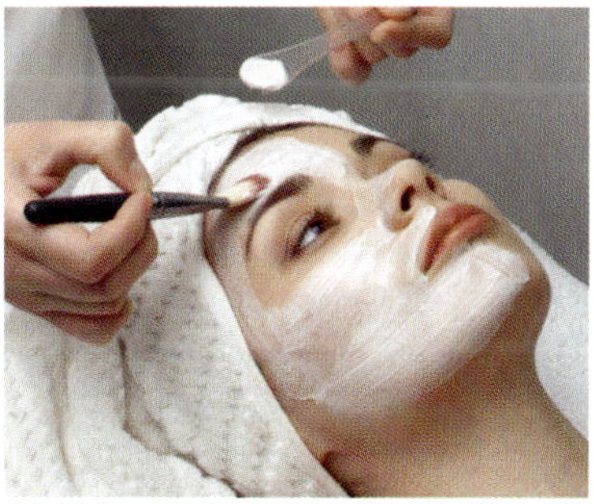

## Die Güterarten

Im Rahmen der Volkswirtschaftslehre werden Produkte als Güter bezeichnet und anhand unterschiedlicher Kriterien in **Güterarten** gegliedert: in freie und knappe Güter, in materielle und immaterielle Güter, in Konsum- und Produktivgüter und in Ver- und Gebrauchsgüter.

Im Rahmen der Produktpolitik soll eine Unterscheidung nach der **Selbstverkäuflichkeit**, nach der **Dauer der Kaufentscheidung** und nach dem **Ausmaß der Markierung** vorgenommen werden.

| Produkte | | |
|---|---|---|
| **Nach der Selbstverkäuflichkeit**<br>• Problemlose Produkte<br>• Erklärungsbedürftige Produkte | **Nach der Dauer der Kaufentscheidung**<br>• Convenience Goods<br>• Shopping Goods<br>• Speciality Goods | **Nach dem Ausmaß der Markierung**<br>• Anonyme Ware<br>• Markierte Ware<br>• Markenartikel |

**Nach der Selbstverkäuflichkeit** kann in problemlose und erklärungsbedürftige Produkte unterschieden werden.

*Vergleiche hierzu Seite 346*

*Vergleiche hierzu Seite 347*

- **Problemlose Produkte** eignen sich im Rahmen des indirekten Absatzes für das Angebot in Selbstbedienung.
- **Erklärungsbedürftige Produkte** erfordern ausführliche Beratung und sollten im Direktabsatz z. B. durch unternehmensinterne Distributionsorgane wie Reisende oder Vertragshändler angeboten werden.
  Beispiele *CDs und Bücher gehören zu den selbstverkäuflichen Produkten, während DVD-Player je nach Ausstattungsmerkmalen sehr erklärungsbedürftig sind.*

**Unterscheidung nach der Dauer der Kaufentscheidung:** Diese Unterscheidung kommt aus den USA. Hier wird zwischen Convenience Goods, Shopping Goods und Speciality Goods unterschieden.

- **Convenience Goods** werden vom Verbraucher häufig und mit einem Minimum an Aufwand gekauft. Der Verbraucher hat ein festes Präferenzsystem für qualitativ und preislich etwa gleichwertige Substitutionsgüter. Ist das gesuchte Produkt nicht verfügbar, unternimmt der Käufer keine zusätzlichen Beschaffungsanstrengungen, sondern weicht auf ein gleichwertiges Ersatzerzeugnis aus. Bei Convenience Goods ist der Käufer also darauf bedacht, den Beschaffungsaufwand zu minimieren.
  Beispiele *Milch, Eier, Brot*
- **Shopping Goods** werden vom Verbraucher relativ selten und nach sorgfältigem Vergleich von Preis und Qualität gekauft. Da hier kein festes Präferenzsystem vorhanden ist, sind der Beschaffungsaufwand und das Risiko des Fehlkaufs größer.
  Beispiele *Mini-Discs, DVDs, CDs, Elektrogeräte*
- **Speciality Goods** werden in größeren Abständen gekauft, befriedigen spezielle Bedürfnisse und rechtfertigen beachtliche Kaufanstrengungen durch den Konsumenten. Ähnlich wie bei den Convenience Goods hat der Käufer ein festes Präferenzsystem. Da diese Güter für ihn jedoch von besonderem Interesse sind und das Risiko späterer Enttäuschung groß ist, unternimmt der Kunde im Gegensatz zu Convenience Goods sorgfältige Vergleiche von Preis und Qualität und ist darauf bedacht, seinen Nutzen zu maximieren.
  Beispiele *Computer, Geräte der Unterhaltungselektronik (Playstation, DVD-Player)*

**Nach dem Ausmaß der Markierung** unterscheidet man in anonyme Ware, markierte Ware und Markenartikel.

- **Anonyme Ware** findet sich insbesondere bei Fleisch, Gemüse oder Backwaren. Eine Variante sind die sogenannten „No-Name-Artikel", auch Gattungsmarken oder Generics genannt. Hierbei handelt es sich um preiswerte Produkte in bewusst schlicht gehaltener Verpackung. In der Praxis werden **„No-Name-Artikel"** von Handelsunternehmen angeboten, die sich dadurch gegen Niedrigpreisanbieter behaupten wollen.
  Beispiele *Die Weißen, „Ja"*
- Tragen Produkte einen Namen, haben aber noch keine Marktgeltung erlangt, handelt es sich um **markierte Ware**.
- **Markenartikel** sind durch eine Marke (englisch „brand") gekennzeichnete Produkte. Eine Marke besteht dabei aus dem Markennamen und dem Markenzeichen, das durch ein Symbol oder die

Schreibweise des Namens das Produkt optisch im Bewusstsein des Kunden verankert. Neben der Markierung sind Markenartikel durch folgende **Merkmale** gekennzeichnet:

- gleich bleibende Qualität und Aufmachung,
- überregionaler Vertrieb,
- überregionale Werbung und
- hoher Bekanntheitsgrad.

Gelingt es einem Hersteller, sein Produkt zum Markenartikel zu profilieren, kann er dadurch die Markenbindung seiner Kunden verstärken. Durch die Schaffung einer eigenen Produktpersönlichkeit hebt sich das Produkt von den Erzeugnissen der Mitbewerber ab und es entstehen beim Kunden **Präferenzen**, die den preispolitischen Spielraum des Herstellers erweitern.
Eine Variante der Markenartikel sind die Handelsmarken, die von Handelsunternehmen unter einer geschützten **Marke** vertrieben werden.

*Vergleiche hierzu Seite 330*

*Vergleiche hierzu Seite 362*

## Markenstrategien

Welche **Markenstrategie** ein Unternehmen bei der Markierung seiner Produkte anwendet, ist von den **Zielen des Unternehmens** abhängig.
Beispiel *Steht das Streben nach Gewinn im Vordergrund, werden Produkte mit dem höchsten Deckungsbeitrag gefördert. Sind die Ziele auf Prestige ausgerichtet, werden Markenartikel unabhängig von der Gewinnsituation bevorzugt.*

Mögliche Markenstrategien sind z. B. die **Monomarkenstrategie** und die Sortiments- oder **Dachmarkenstrategie**.

Bei der **Monomarkenstrategie** wird für jedes einzelne Produkt eine eigene Marke gewählt. Das Marketingkonzept kann so auf das jeweilige Produkt individuell zugeschnitten werden.
Beispiele *Zeitschriften des Axel-Springer-Verlags, Waschmittel bei Procter & Gamble*

**Vorteil** dieser Strategie ist, dass der Ruf des Unternehmens nicht vom Erfolg des Produktes abhängt, und dass das Produkt vollkommen frei positioniert werden kann.
Beispiele *Das Geschäftsfeld Musik der Medi@ AG ist mit seinen Alben im hochpreisigen Segment positioniert. Die Marketingabteilung schlägt vor, parallel hierzu eine preiswerte „Best-of-Serie" anzubieten. Um die Positionierung des Produktionsprogramms nicht zu gefährden, wird hierfür eine Monomarke kreiert.*

Bei der **Sortiments- oder Dachmarkenstrategie** werden alle Produkte des Unternehmens unter dem Firmennamen angeboten.
Beispiele *Milka, Nivea, Audi, Sony*

Der **Vorteil** der Strategie liegt darin, dass die Marketingaufwendungen für das einzelne Produkt geringer sein können, da dieses durch das gesamte Produktionsprogramm mitgetragen wird.

## Produkt- und Sortimentsanalyse

Produktpolitische Entscheidungen setzen eine gründliche Analyse des **Produkts** und des Produktsortiments voraus. Neben der zwingend erforderlichen Abstimmung mit dem Zielsystem des Unternehmens stellen die Zielgruppenanalyse, die Portfolioanalyse und die Produktlebenszyklusanalyse mögliche Verfahren zur Entscheidungsfindung dar.

**Im Rahmen der Zielgruppenanalyse** wird die Frage gestellt, wer das Produkt kauft oder kaufen soll. Es muss kritisch hinterfragt werden, welche soziografischen, psychografischen und demografischen Merkmale die Zielgruppe aufweist. Sind es Männer oder Frauen, Alte oder Junge, welche soziale Schicht wird angesprochen usw.? Im Idealfall stimmt die tatsächliche Zielgruppe mit der geplanten überein, sie können aber auch auseinanderfallen.
Beispiel *Die Medi@AG produziert Lern-Hörspiele für 50- bis 60-Jährige, die sich im Alter fit halten möchten. Gekauft werden diese von Geschäftsreisenden, die ihre Reisezeit sinnvoll nutzen möchten.*

Die genaue Kenntnis der Zielgruppe ist wichtig, um auf Veränderungen der Zielgruppe sofort reagieren zu können.

**Beispiel** *Nachdem die Marketingabteilung der Medi@ AG erkannt hat, dass ihr Buchsortiment überwiegend von älteren Frauen gekauft wird, werden Anzeigen in einschlägigen Publikationszeitschriften geschaltet.*

**Um die Stellung eines Produktes**, ganzer Produktgruppen oder strategischer Geschäftseinheiten im Vergleich zum Wettbewerb zu analysieren, können **Produktportfolios** erstellt werden.

Die **Boston-Consulting-Group** hat hierzu das sog. **Marktwachstum-Marktanteil-Portfolio** entwickelt. Hierbei wird das **Marktwachstum** der Produkte mit dem **relativen Marktanteil** verglichen.

Marktwachstum und relativer Marktanteil werden dabei als hoch oder niedrig klassifiziert. Durch diese Zuordnung entstehen vier Felder, die mit den englischen Begriffen **stars** (Sterne), **cash cows** (Milchkühe), **question marks** (Fragezeichen) und **poor dogs** (arme Hunde) bezeichnet werden. Die Produkte oder Produktgruppen werden in Form von Kreisen in den jeweiligen Feldern dargestellt, wobei der Kreis den Standort und die Kreisgröße die Bedeutung der Produkte symbolisiert.

Marktwachstum-Marktanteil-Portfolio

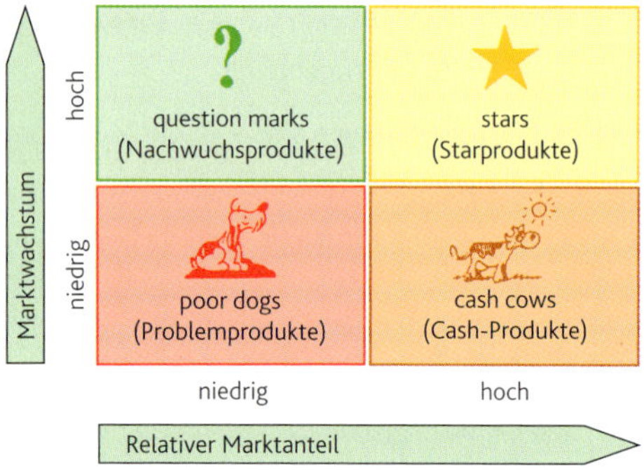


- **Stars** sind Produkte, die am Markt erfolgreich sind und die gute Wachstumschancen haben. Sie beanspruchen z. B. im Bereich der Kommunikationspolitik große finanzielle Ressourcen und erwirtschaften in der Zeit des Wachstums kaum Finanzmittelüberschüsse (Cashflow). Aufgrund des hohen Wachstumspotenzials bilden sie jedoch das Geschäft der Zukunft. Um den Marktanteil zu halten und das Wachstumspotenzial auszuschöpfen, sollten erwirtschaftete Finanzmittel sofort in die Entwicklung der Stars von morgen reinvestiert werden.
  **Beispiel** *Die Medi@ AG macht 60 % ihres Umsatzes mit Produkten, die noch keine 24 Monate alt sind.*
- **Question marks** sind durch hohes Marktwachstum bei geringem relativem Marktanteil gekennzeichnet. Aufgrund des hohen Marktwachstums binden sie Finanzmittel, ohne ihrerseits Überschüsse zu erwirtschaften. Ob sich der geringe Marktanteil langfristig ausweiten lässt, ist noch unklar.
- **Cash cows** sind am Markt erfolgreiche und etablierte Produkte. Ihr Marktanteil ist hoch, aber das Marktwachstum ist gering. Sie werfen Gewinne ab und sichern kurzfristig den Erfolg des Unternehmens. Die hier erwirtschafteten Finanzmittelüberschüsse sollten zum Aufbau der Stars genutzt werden.
- Die Lebensdauer der **poor dogs** ist abgelaufen. Sie erwirtschaften meist keine Finanzmittelüberschüsse, und positive Entwicklungsmöglichkeiten sind hier kaum zu erwarten.
  **Beispiel** *Der Geschäftsbereich „Buch" der Medi@ AG stellt fest, dass sich in seinem Sortiment zwei Romane befinden, die als „poor dogs" gelten können. Aufgrund des geringen Marktwachstums und des permanent sinkenden Marktanteils überlegt das Unternehmen, diese Romane aus dem Sortiment zu nehmen.*

**Beispiel** *Im strategischen Geschäftsfeld Buch liegt der Schwerpunkt der Produktion auf Belletristik und Regionalliteratur. Die Romane weisen unterschiedliche Wachstumsraten auf von 4, 6, 20 und 25 %. Betrachtet man jetzt den Marktanteil der Produkte im Verhältnis zum jeweils stärksten Konkurrenzprodukt, so ergibt sich folgendes Ergebnis: A 15 %, B 20 %, C 5 %, D 6 %. Der relative Marktanteil von A und B wird als hoch, der von C und D als niedrig eingestuft. In der Darstellung ergibt sich das nachfolgende Bild.*

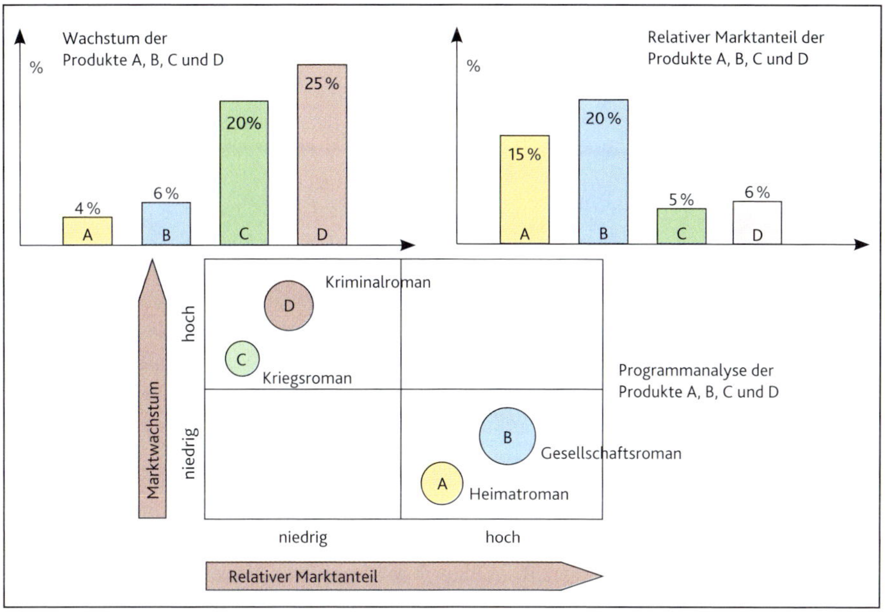


Der **Grundgedanke der Produktlebenszyklusanalyse** ist, dass Produkte, Produktgruppen oder Produktklassen im Laufe des Zeitraums, den sie am Markt sind, dieselben Phasen durchlaufen. Betrachtet man Umsatz oder Gewinn dieser Bezugsgrößen im Zeitablauf, so können während der Lebensdauer fünf Phasen identifiziert werden: die Einführung, das Wachstum, die Reife, die Sättigung und die Degeneration.

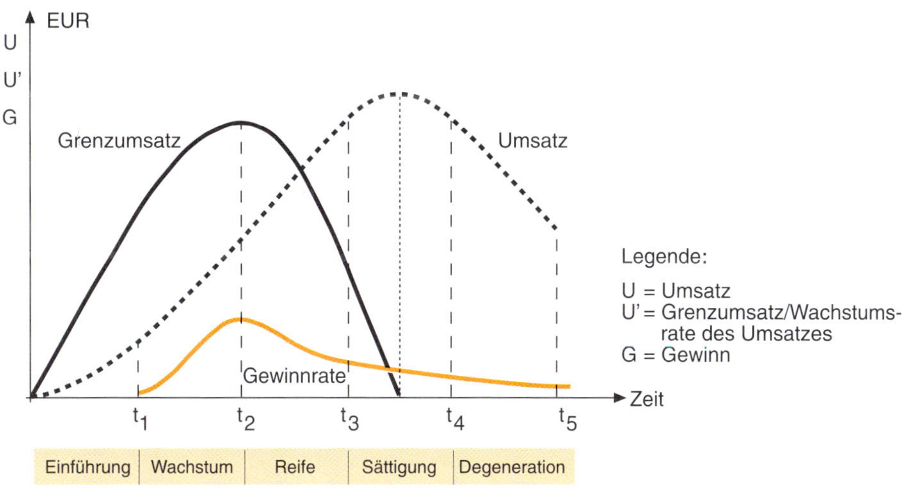

- Die **Einführungsphase** beginnt mit dem Erscheinen des Produktes auf dem Markt und endet mit der Erreichung der Gewinnschwelle. Die Umsätze steigen langsam, aufgrund der hohen Ausgaben für Marketingaktivitäten erwirtschaftet das Produkt jedoch noch Verluste. Handelt es sich um ein neuartiges Produkt, hat das Unternehmen zunächst eine monopolartige Stellung. Konsumenten sind die aufgeschlossenen und innovationswilligen Konsumpioniere oder **Innovatoren**.
  Beispiel *Zielgruppe bei der Einführung des Szenemagazins „YUP" sind zunächst die Innovatoren.*
- In der **Wachstumsphase** nimmt der Bekanntheitsgrad des Produktes zu und es kann sich langsam am Markt durchsetzen. Der Umsatz wächst schneller und das Produkt erwirtschaftet Gewinne. Da die Zahl der Konkurrenten zunimmt, die mit „Me-too-Produkten" (d. h. Nachahmungen) auf den Markt treten, nimmt auch die Preiselastizität zu, d. h., die Kunden reagieren verstärkt auf den Preis. Die Steigerung des Bekanntheitsgrades führt zu einer Erweiterung des Käuferkreises. Durch die Zunahme der Nachkäufe entstehen erste Stammkunden. Die Gruppe der Kunden, die in dieser Phase kaufen, wird als Frühadopter bezeichnet.
- In der **Reifephase** kommt es zwar noch zu einer absoluten Umsatzerhöhung, die Wachstumsrate des Umsatzes und der Gewinn gehen jedoch zurück. Die Preiselastizität der Nachfrage nimmt stark zu und die Preispolitik wird zu einem wirkungsvollen absatzpolitischen Instrument. Durch die steigende Zahl der Konkurrenten verschärft sich der Wettbewerb zunehmend, die Preise sinken und der Gewinn geht weiter zurück. Der Anbieter sucht im Rahmen der Produktpolitik nach Möglichkeiten, sein Produkt von den Konkurrenzprodukten zu differenzieren. Konsumenten sind Kundengruppen mit schwachem Innovationsbewusstsein, die als **frühe Mehrheit** bezeichnet werden. Das Ende der Reifezeit ist erreicht, wenn der Umsatz auch absolut nicht mehr wächst.
- In der **Sättigungsphase** stagniert die Nachfrage, da das Marktpotenzial ausgeschöpft ist, der Umsatz hat seinen absoluten Höhepunkt überschritten und beginnt zu sinken. Die Preiselastizität der Nachfrage ist in dieser Phase am größten. Preiskämpfe und steigende Ausgaben zur Verteidigung der Marktstellung, z. B. im Bereich der Kommunikationspolitik, drücken auf die Erträge. Der Gewinn nimmt ständig ab und erreicht am Ende der Sättigungsphase die Gewinnschwelle. Bei den Konsumenten handelt es sich um die **späte Mehrheit**, die oft nur noch gewohnheitsmäßig kauft und stark in der Tradition verhaftet ist.
- Die **Degenerationsphase** beschließt den Lebenszyklus eines Produktes. Ursache ist, dass die Konsumenten ihre Bedürfnisse besser, preiswerter oder bequemer durch andere Produkte befriedigen können. Die Nachfrage geht rapide zurück, der Umsatz sinkt und das Produkt erwirtschaftet Verluste. Bei den Konsumenten handelt es sich um die **Nachzügler**. Die Preiselastizität nähert sich dem Nullpunkt, d. h., Preissenkungen zeigen kaum noch Wirkung. Die absatzpolitischen Maßnahmen werden zunehmend eingeschränkt und das Produkt wird vom Markt genommen.
  Beispiel *Das Marktforschungsteam des strategischen Geschäftsfeldes Buch hat erkannt, dass die Umsatzzahlen des Heimatromans rückläufig sind, weil sich auch bei der älteren Käuferschaft die Bedürfnisse gewandelt haben. Das Team vermutet, dass sich der Heimatroman in der Degenerationsphase befindet.*

Der **Aussagewert der Produktlebenszyklusanalyse** ist begrenzt, da der idealtypische Lebensweg eines Produktes lediglich modellhaft beschrieben wird. In der Praxis gibt es eine Vielzahl abweichender Zyklen, so z. B. den **Flop**, der durch schnelles Wachstum und einen ebenso schnellen Rückgang gekennzeich-

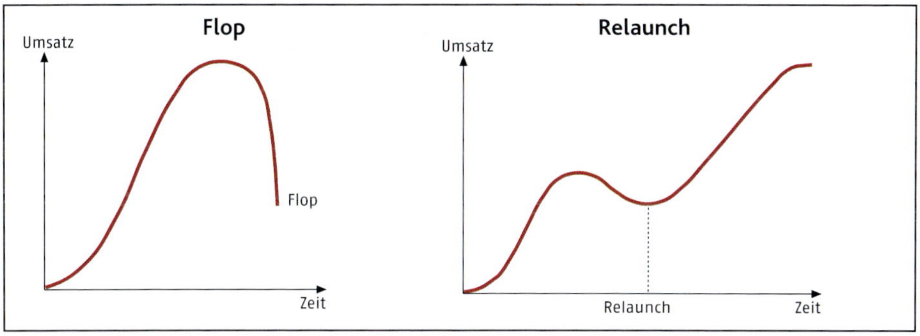


## Instrumente der Produktpolitik

### *Produktinnovationen*

**Produktinnovationen** treten in immer kürzeren Intervallen an den Markt und die Produktlebenszyklen werden immer kürzer. Da die Produktneuentwicklung für ein Unternehmen sehr kostspielig und zeitaufwendig ist, müssen die **Gründe für eine Produktneuentwicklung** sorgfältig geprüft werden.

Beispiele *Mögliche Gründe für eine Produktneuentwicklung:*

- *Wachstumssteigerung, da mit bestehenden Produkten keine Marktanteile mehr hinzugewonnen werden können,*
- *Produkt ist veraltet (vgl. Produktlebenszyklus),*
- *Patente laufen aus und es ist mit starkem Wettbewerb zu rechnen,*
- *Produkt-Mix ist einseitig (vgl. Portfolio-Analyse),*
- *technische Erneuerungen und geänderte rechtliche Restriktionen,*
- *veränderte Kundenansprüche,*
- *unternehmensinterne Restriktionen,*
- *veränderte Unternehmenspotenziale und Zufallsentwicklungen.*

Die **Suche nach neuen Produktideen** kann grundsätzlich durch das Sammeln oder das Erzeugen von Produktideen erfolgen.

Eine einfache Möglichkeit, um Produktideen zu gewinnen, ist die systematische Ideensammlung. Hierbei können Ideen aus dem Unternehmen oder von außerhalb beschafft werden.

- **Interne Informationsquellen** sind häufig die Forschungs- und Entwicklungsabteilungen. In der täglichen Arbeit werden oft Lösungen entwickelt, die für das momentane Problem nicht relevant sind, jedoch für ein anderes Produkt hilfreich sein können.
  Beispiel *Die Medi@AG beauftragt ein Forschungszentrum damit, einen Klebstoff zu entwickeln, mit dem die Preisetiketten auf CDs und Büchern nach dem Kauf einwandfrei abzuziehen sind, ohne dass Rückstände bleiben.*

Weitere Ideen können aus dem Marketing und vor allem **aus dem Verkauf** kommen. Hierbei können Ideen, die vom Kunden kommen, umgesetzt werden. Dieser Weg ist gerade bei Produktveränderungen oder -differenzierungen eine häufig gewählte Möglichkeit, da die Kunden Schwächen der Produkte sehr schnell erkennen oder aus dem täglichen Umgang mit dem Produkt neue Ideen entstehen.
In vielen Unternehmen existiert ein **internes Vorschlagswesen**. Hier werden neben Rationalisierungs- und Sicherheitsvorschlägen auch Produktverbesserungsvorschläge gefordert und prämiert.

Produktideen können auch durch eine sorgfältige Auswertung von **Reklamationen** entstehen. Schwachstellen eingeführter Produkte können so Ansatzpunkt für die Entwicklung neuer Produkte sein.

- Im Rahmen der **externen Informationsbeschaffung** können Veröffentlichungen jeglicher Art herangezogen werden. Messen und Ausstellungen, die Auswertung von Fachzeitschriften, Internetrecherchen oder die Neuanmeldung von Patenten dienen ebenso zur Informationsbeschaffung wie die Beauftragung von Marktforschungsunternehmen zur Findung von Ideen. Ideen können darüber hinaus aus anderen Produktbereichen entliehen werden. Häufig geben auch Neuentwicklungen von Mitbewerbern Anstöße zur Entwicklung von Produkten.

**Methoden zur Erzeugung von Produktideen** sind z. B. das Brainstorming und die morphologische Analyse.

- Beim **Brainstorming** soll durch freie Assoziation und gegenseitige Anregung der Teilnehmer ein „Sturm" an Ideen entstehen.
  Die Regeln für ein erfolgreiches Brainstorming lauten:
  - **Freie Entfaltung der Ideen!**
    Die Teilnehmer können ihren Ideen freien Lauf lassen. Jede Anregung, und sei sie noch so utopisch, ist willkommen.
  - **Quantität geht vor Qualität!**
    Je mehr Ideen erzeugt werden, desto größer ist die Chance, eine verwertbare Lösung zu finden.
  - **Jede Kritik ist streng verboten!**
    Einwände wirken sich hemmend auf den schöpferischen Prozess aus und sind zu unterlassen.
  - **Es gibt keine Urheberrechte!**
    Ideen anderer Teilnehmer sollen aufgegriffen, weiterentwickelt oder kombiniert werden. Gerade die wechselseitige gedankliche Befruchtung bringt Ideen hervor, auf die der einzelne Teilnehmer allein nicht gekommen wäre.
- Beim Verfahren der **morphologischen Analyse** werden ein Produkt oder Teile davon in seine charakteristischen Elemente zerlegt. Dann sucht man für jedes Problemelement mögliche Ausprägungen. Anschließend wird die jeweils beste Teillösung ausgewählt und mit den anderen Teillösungen kombiniert.
  **Beispiel** *Eine Veranstaltung soll geplant werden. In einem ersten Schritt werden die charakteristischen Elemente bestimmt. Dies sind die Location, das Catering, die Anreise, der Inhalt und das Rahmenprogramm. Im zweiten Schritt werden möglichst viele Ausprägungen der Elemente festgehalten. In einer anschließenden Diskussion werden im dritten Schritt möglichst viele Kombinationen durchgespielt und die optimale Lösung wird festgehalten.*

| | | | |
|---|---|---|---|
| ***Location*** | *Burg* | ***Schiff*** | *Hotel* |
| ***Catering*** | ***Buffet*** | *Menu* | *Snacks* |
| ***Anreise*** | *Bus* | *Bahn* | ***Kfz*** |
| ***Inhalt*** | ***Workshop*** | *Tagung* | *Kongress* |
| ***Rahmenprogramm*** | *Musik* | ***Tanz*** | *Spiele* |

*Im vorliegenden Fall haben sich die Gruppenmitglieder für einen Workshop entschieden, der auf einem Schiff stattfinden soll. Die Anreise erfolgt per Pkw; es wird ein Buffet und abends eine Tanzveranstaltung geben.*

- **Die Auswahl des Produktes**

Liegen Produktideen vor, werden sie in einer **Selektionsphase** einer kritischen Beurteilung unterzogen. Produktideen müssen zum Unternehmen, zu seinen Stärken und Märkten und seinem Corporate-Identity-Konzept passen. Darüber hinaus müssen sie in den Augen der Kunden eigenständig und unverwechselbar sein.

Im Rahmen einer **Vorauswahl** werden die Produktideen herausgefiltert, die den unternehmens- und marketingpolitischen Zielen nicht genügen. Hilfe für eine strukturierte Vorauswahl kann eine Checkliste leisten, die das Produkt auf seinen Nutzen für das Unternehmen, die Zielgruppe, den Handel und den Markt hin befragt und Grundlage einer weiter gehenden Diskussion ist.

Beispiele *Auszug aus einer Checkliste für die Auswahl von Produktideen:*

***1 Unternehmen***

*1.1 Passt das Produkt zur Zielsetzung des Unternehmens?*

*1.2 Sind Substitutionseffekte bei eigenen Produkten zu erwarten?*

***2 Zielgruppe***

*2.1 Welche Kundenbedürfnisse erfüllt das Produkt?*

*2.2 Deckt das Produkt die formulierten Bedürfnisse der Zielgruppe ab?*

***3 Handel***

*3.1 Ist das Produkt für den Handel attraktiv?*

*3.2 Entspricht das Produkt den Anforderungen des Handels?*

***4 Markt***

*4.1 Welche Marktanteile werden erwartet?*

*4.2 Welche Deckungsbeiträge können in welchen Zeitspannen erzielt werden?*

Sind im Rahmen der Vorauswahl die Produktideen ermittelt worden, die sich in das Unternehmensgefüge einpassen, kann die Auswahl im Rahmen einer Detailanalyse weiter eingeengt werden. Zu den Bewertungsverfahren der **Detailanalyse** zählt z. B. die Produktbewertungsmatrix.
Hier erfolgt die Beurteilung der Produktidee durch festgelegte Faktoren, die mit einer Gewichtung versehen sind und auf einer Beurteilungsskala bewertet werden.
Im Rahmen einer **Wirtschaftlichkeitsanalyse** wird der Versuch unternommen, den erwarteten Erfolg eines Produktes zu ermitteln. Hilfe hierbei leistet die **Break-even-Analyse**, mit der die Absatzmenge ermittelt werden kann, die erforderlich ist, um die mit Entwicklung, Produktion und Absatz eines Produktes verbundenen Kosten zu decken.

Die **grafische Darstellung** zeigt die Beziehung zwischen Kosten und Erlösen und die Menge (**Break-even-Point** oder **Gewinnschwelle**), bei der die Gesamtkosten durch die erwarteten Erlöse gedeckt werden.

**Break-even-Point**

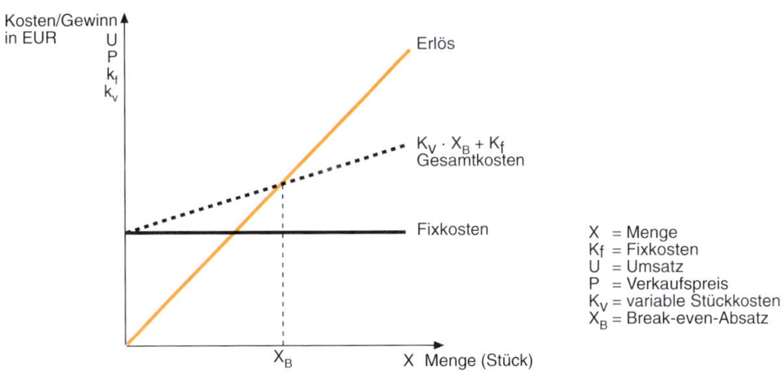


Die **arithmetische Ermittlung** des Break-even-Absatzes ist folgendermaßen möglich:

$$\textbf{Break-even-Absatz} = \frac{\textbf{Fixkosten}}{\textbf{Verkaufspreis} - \textbf{variable Kosten}}$$

**Beispiel** *Die Medi@ AG plant die Einführung eines Hörspiels auf CD. Die Fixkosten betragen 60 000,00 EUR, die variablen Stückkosten der CD 12,00 EUR. Die Marktforschungsabteilung hält einen Verkaufspreis von 15,00 EUR für realisierbar. Der Break-even-Absatz errechnet sich wie folgt:*

$$\textit{Break-even-Absatz} = \frac{\text{Fixkosten}}{\text{Preis} - \text{variable Kosten}}$$

$$\textit{Break-even-Absatz} = \frac{60\,000{,}00}{15{,}00 - 12{,}00} = \underline{\underline{20\,000\ \text{Stück}}}$$

Ist der erwartete Absatz größer als der Break-even-Absatz, kann das neue Produkt aus Wirtschaftlichkeitsgründen eingeführt werden.

- **Die Produktkonzeption**

Wird im Rahmen der durchgeführten Auswahlverfahren eine Produktidee als marktgängig, wirtschaftlich und zum Zielsystem des Unternehmens passend herausgefiltert, erfolgt im Rahmen der **Produktkonzeption** eine konkrete Zielformulierung. Sie sollte Aussagen über die Marktsituation, die Konkurrenzsituation, die potenziellen Verbraucher und das Produkt beinhalten.

Die **Marktsituation** kann anhand der Begriffe des Markt- und Absatzpotenzials und des Markt- und Absatzvolumens beschrieben werden.

- Das **Marktpotenzial** ist die maximale Aufnahmefähigkeit des Marktes für ein Produkt, das **Absatzpotenzial** ist der Anteil des eigenen Produktes am Markt, der maximal erreicht werden kann.
  **Beispiel** *Es gibt in Deutschland etwa 40 Mio. Haushalte. Wird unterstellt, dass jeder Haushalt maximal einen DVD-Player nutzen kann, beträgt das Marktpotenzial für DVD-Player 40 Mio. Stück. Kann ein Unternehmen aufgrund seiner Produktionskapazitäten 10 Mio. DVD-Player fertigen, beträgt das Absatzpotenzial maximal 25 %.*
- Das **Marktvolumen** ist die realisierte oder prognostizierte Absatzmenge einer Güterart in einem Markt, das **Absatzvolumen** die getätigte Absatzmenge eines Unternehmens in einer Periode.

**Marktpotenzial und -volumen**

$$\textbf{Marktanteil} = \frac{\textbf{Absatzvolumen} \cdot \textbf{100}}{\textbf{Marktvolumen}}$$

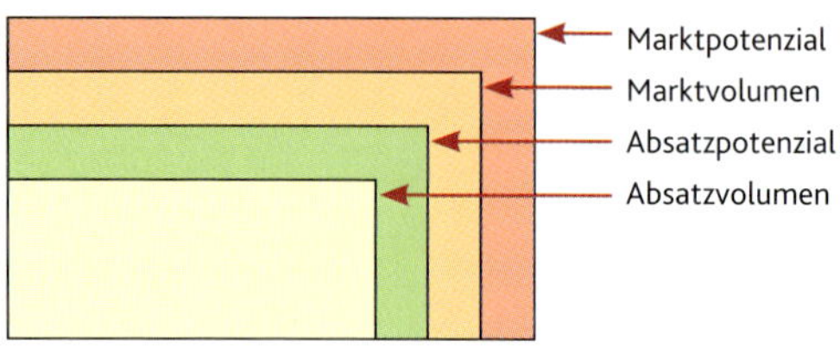


**Hilfe bei der Formulierung von Aussagen** über die **Konkurrenzsituation** kann die Marktforschung leisten. Hier ist die Frage der Marktanteile oder der Produktpositionierung zu klären. Die Produktpositionierung kann anhand von begrifflichen Gegensatzpaaren auch grafisch vorgenommen werden und Aufschluss über Marktlücken geben.

**Beispiel** *Der Produktmanager der Medi@ AG nimmt folgende Positionierung der Szenemagazine vor:*

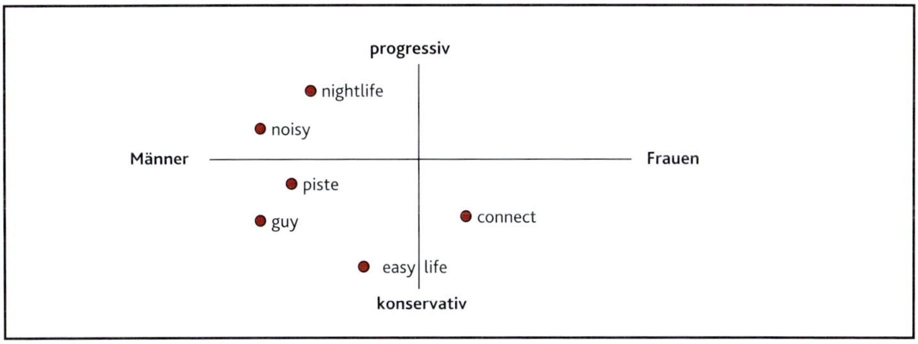


*Der Produktmanager stellt fest, dass es im Bereich progressiver Szenemagazine für Frauen eine Marktlücke gibt. Hier hat sich die West GmbH positioniert.*

Die **Definition der potenziellen Verbraucher** erfolgt vor dem Hintergrund der im Rahmen der Marktforschung ermittelten Kundenansprüche. Dabei werden Verbraucher mit weitgehend homogenen Bedürfnisstrukturen zu Marktsegmenten zusammengefasst. Kriterien zur Zielgruppenbestimmung können demografische, psychografische oder soziologische Merkmale sein.

**Beispiele**

***Demografische Merkmale:*** *Alter, Geschlecht, Familienstand, Ortsgrößenklassen*
***Psychografische Merkmale:*** *Lebens- und Kaufgewohnheiten, Wünsche und Neigungen, Einstellungen und Erwartungen*
***Soziografische Merkmale:*** *soziale Schicht, soziale Rolle, Status innerhalb der Gruppe, Sozialprestig*

Die **Aussagen über das Produkt** können sich z. B. auf die Formulierung des einzigartigen Nutzens des Produktes, die Ansprüche an die Produktgestaltung und -verpackung und die Festlegung des Preises beziehen.

- Die Formulierung des **einzigartigen Nutzens des Produktes** erfolgt in Abgrenzung zu den Stärken und Schwächen der Mitbewerber. Dieser einzigartige Nutzen wird auch als USP **(Unique Selling Proposition)** bezeichnet. Der USP soll eine Antwort auf die Frage geben, warum der Kunde gerade dieses Produkt kaufen soll.
- Die **Produktgestaltung** oder das Design legt die Erscheinungsform des Produktes hinsichtlich Form, Farbe, Qualität, Markierung und Verpackung fest. Da die äußere Form des Produktes häufig kaufentscheidend ist, gewinnt dieser Bereich zunehmend an Bedeutung.
- Die **Produktverpackung** vermittelt ähnlich wie die Produktgestaltung den ersten oder kaufentscheidenden Eindruck des Produktes. Sie erfüllt dabei für das Produkt, den Hersteller, den Handel und die Kunden unterschiedliche Funktionen. Daneben spielt der Wertewandel im Bereich der Umwelt eine zunehmende Rolle.

Wesentliche Funktion der Verpackung **für das Produkt** ist der Schutz auf dem Weg vom Hersteller zum Kunden. Dabei sind die Kosten, die Lagerfähigkeit und technische und rechtliche Vorschriften zu beachten.

**Beispiel** *Die Bücher der Medi@Point GmbH & Co. KG Buchhandlung werden z. T. aus dem Ausland importiert. Zu diesem Zweck werden sie mit einer extra Schutzhülle versehen. Die Verpackung muss die Bücher gegen Stoß, Temperaturunterschiede und Feuchtigkeit schützen.*

Die Funktion der Verpackung **für den Hersteller** liegt in erster Linie im Bereich der Kommunikationspolitik. Leichte Identifizierung, die Selbstverkäuflichkeit und die Einfügung in das Produktionsprogramm sollten bei der Gestaltung der Verpackung berücksichtigt werden. Gelingt es, eine produkttypische Verpackung zu entwickeln, kann diese nur durch ihre Form und Gestaltung über den Inhalt informieren.

*Vergleiche hierzu Seite 351*

**Beispiele** *Odolflasche, Niveadose, Maggiflasche*

**Für den Handel** beziehen sich die Ansprüche an die Produktverpackung auf die Stapelfähigkeit, Palettentauglichkeit, Transportgerechtheit und Bruchsicherheit.
**Beispiel** *Die Anlieferung der Produkte in der Industrie findet ausschließlich über Paletten statt. Nicht stapelfähige und palettengängige Produkte werden vom Handel i. d. R. nicht geführt (gelistet).*

**Für den Kunden** steht die Informationsfunktion der Verpackung im Vordergrund. Menge, Gewicht, Inhaltsstoffe und Haltbarkeit sollen möglichst vor dem Öffnen der Verpackung erkennbar sein. Die Verpackung selbst muss funktional gestaltet sein, sodass sie einfach zu handhaben und gegebenenfalls wiederzuverwenden ist.
**Beispiel** *Nachfüllpackungen für Waschmittel*

Das **Umweltbewusstsein** hat in den vergangenen Jahren stark zugenommen. Der Gesetzgeber hat darauf mit dem Erlass der Verpackungsverordnung reagiert. Danach müssen Hersteller und Vertreiber Transportverpackungen zurücknehmen und wiederverwenden oder außerhalb der öffentlichen Entsorgung einer stofflichen Verwertung zuführen. Der Handel muss Verkaufsverpackungen ebenfalls zurücknehmen und einer stofflichen Verwertung zuführen. Die Rücknahmepflicht der Verkaufsverpackungen entfällt für:

> § 6 Abs. 2 VerpackVO
>
> *„solche Hersteller und Vertreiber, die sich an einem System beteiligen, das flächendeckend (...) eine regelmäßige Abholung gebrauchter Verkaufsverpackungen beim Endverbraucher oder in der Nähe des Endverbrauchers gewährleistet."*

Die **„Duale System Deutschland Gesellschaft für Abfallvermeidung und Sekundärstoffgewinnung mbH"** nimmt diese Aufgabe wahr. Recyclingfähige Verkaufsverpackungen werden nach Abschluss eines Vertrages mit dieser Gesellschaft mit dem „Grünen Punkt" versehen, gesammelt und der Wiederverwertung (Recycling) zugeführt.

Die **Preisfestsetzung** des neuen Produktes erfolgt im Rahmen der Preispolitik.

*Vergleiche hierzu Seite 329*

Nach Abschluss der Produktkonzeption wird die **Entwicklungsempfehlung** gegeben, die bei positiver Bewertung durch die Unternehmensleitung zur **Entwicklungsentscheidung** führt.

## ● Die Markteinführung

Vor der Markteinführung werden die neu entwickelten Produkte durch Produkttests oder Markttests **auf ihre Marktgängigkeit** hin überprüft. Gegenstand des Tests können dabei das gesamte Produkt oder einzelne Komponenten, wie z. B. die Verpackung oder der Preis, sein.

Im Rahmen eines **Produkttests** werden Qualität, Name, Verpackung oder Preis des Produktes überprüft. Dies kann als Einzeltest oder im Vergleich mit Konkurrenzprodukten geschehen. Da der Produkttest i. d. R. in Form eines **Labortests** stattfindet, kann er Umweltbedingungen nur unzureichend einbeziehen und seine Ergebnisse sind nur begrenzt auf den Gesamtmarkt übertragbar.
**Beispiel** *Ein Marktforschungsinstitut prüft im Rahmen eines Labortests die Aufmachung des neuen Szenemagazins. Mithilfe eines Tachistoskops wird den Versuchspersonen das Magazin für den Bruchteil einer Sekunde gezeigt und sie werden aufgefordert anzugeben, was sie gesehen bzw. beachtet haben.*

Bei einem **Markttest** handelt es sich um den probeweisen Verkauf des Produktes unter kontrollierten Bedingungen. Im Sinne einer letzten Kontrolle sollen hier vor der Einführung des Produktes Erfahrungen über die Marktgängigkeit und die Wirksamkeit der Komponenten des Marketing-Mix unter möglichst realen Bedingungen gesammelt werden. Der Test kann als Store-Test in ausgewählten Einzelhandelsgeschäften oder in einem abgegrenzten Testmarkt erfolgen.

Vor der probeweisen Einführung des Produktes im Testmarkt wird häufig ein **Store-Test** in ausgewählten Einzelhandelsgeschäften durchgeführt. Hier kann die Variation einzelner Elemente des Marketing-Mix unter realen Bedingungen simuliert werden. Insbesondere der Preis, die Platzierung oder Maßnahmen der Verkaufsförderung können im Store-Test auf ihre Wirksamkeit hin überprüft werden. **Nachteil** des Store-Tests ist, dass er nur in ausgewählten Einzelhandels-geschäften durchgeführt wird und nicht der gesamte Marketing-Mix zum Einsatz kommt.

**Ist die Produktkonzeption aufgrund der Ergebnisse des Store-Tests optimiert worden,** kann die probeweise Einführung im **Testmarkt** erfolgen. Um die Vergleichbarkeit der Daten des Testmarktes mit dem Gesamtmarkt sicherzustellen, sollte dieser räumlich abgegrenzt sein und in der Zusammensetzung der Grundgesamtheit entsprechen. Auch das Verbreitungsgebiet der eingesetzten Werbeträger muss dem Testmarkt entsprechen. Beim Test im Testmarkt können neben dem Produkt auch absatzpolitische Maßnahmen, wie z. B. alternative kommunikationspolitische Strategien, in die Versuchsanordnung einbezogen werden. Der **Nachteil** des Verkaufs im Testmarkt liegt in der atypischen Reaktion der Konkurrenz, die auf das begrenzte Angebot eines neuen Produktes nicht in der Weise reagiert, wie es bei der Einführung im Gesamtmarkt zu erwarten wäre. Ein weiteres Problem besteht darin, Einzelhändler zu finden, die bereit sind, das Produkt für die probeweise Einführung in ihr Sortiment aufzunehmen.
Beispiel *Das Szenemagazin „YUP" wird testweise in Haßloch, einem kleinen Ort in der Pfalz, der repräsentativ für die Bundesrepublik Deutschland ist, eingeführt. Nach einigen Monaten kann darauf geschlossen werden, ob das Magazin von den Lesern angenommen wird.*

### ♦ *Produktdifferenzierung*

Eine **Produktdifferenzierung** ist die Entwicklung und Vermarktung von Produktvarianten zusätzlich zu den schon vorhandenen Produkten. Sie steht in engem Zusammenhang zur Strategie der Marktsegmentierung.
Beispiel *Die Marketingabteilung der Medi@ AG, Geschäftsfeld Zeitschriften, stellt fest, dass das Marktsegment der Kunden in der Altersgruppe von 18 bis 24 Jahren durch die eingeführten Magazine nicht abgedeckt ist. Um dieses Segment zu erschließen, wird unter dem Markennamen „YUP" ein preiswertes Szenemagazin angeboten.*

### ♦ *Produktdiversifikationen*

Eine Produktdiversifikation ist die Entwicklung und Vermarktung neuer Produkte für neue Märkte.

- Bei der **horizontalen Diversifikation** stehen die Produkte in einem sachlichen Zusammenhang mit dem bisherigen Produktionsprogramm. Dieser Zusammenhang kann z. B. durch die Abnehmer oder den Verwendungszweck der Produkte gegeben sein.
  Beispiel *Die Medi@ AG erweitert ihr Zeitschriftenangebot um fremdsprachige Zeitschriften.*
- Bei der **vertikalen Diversifikation** wird das Leistungsprogramm des Herstellers durch Produkte der Vor- oder Nachstufe ergänzt.
  Beispiel *CD-Rohlinge für die Musikproduktion wurden bislang von Zulieferern bezogen. Als die Silver-Disc-GmbH zum Verkauf angeboten wird, denkt der Vorstand der Medi@ AG über den Kauf des Unternehmens nach.*
- Bei der **lateralen Diversifikation** besteht zwischen dem neuen Produkt und dem vorhandenen Leistungsprogramm kein sachlicher Zusammenhang.
  Beispiel *Aufgrund der guten Ertragsaussichten auf dem Immobilienmarkt beschließt die Medi@ AG, sich an einem Einkaufszentrum zu beteiligen.*

### ♦ *Produktmodifikation (Relaunch)/Variation*

Wichtigster Ansatzpunkt für eine **Produktmodifikation (Relaunch)** sind die Daten der Produktlebenszyklusanalyse. Hat der Gesamtumsatz seinen Wendepunkt erreicht und wird die Umsatzveränderungsrate negativ, muss das Produkt verändert (modifiziert) werden, um es in den Augen der Verbraucher weiterhin attraktiv erscheinen zu lassen.

**Beispiel** *Sollte sich das Szenemagazin „YUP" auf dem Markt nicht durchsetzen, sollte die Medi@ AG darüber nachdenken, das Produkt zu modifizieren, z. B. in der Aufmachung oder im Inhalt.*

Bevor Maßnahmen im Rahmen eines Produktrelaunchs ergriffen werden, müssen sorgfältig die **Ursachen** der negativen Umsatzentwicklung erforscht werden. Die Entwicklung des eigenen Produktes ist dabei immer vor dem Hintergrund des Gesamtmarktes zu sehen. Ist die Entwicklung des Marktes insgesamt negativ, ist ein Umsatzrückgang weniger dramatisch, als wenn sich der Gesamtmarkt positiv entwickelt und nur das eigene Produkt einen Umsatzrückgang zu verzeichnen hat.

♦ ***Produktelimination***

Die Stellung des Produktes im Produktionsprogramm des Unternehmens, sein Anteil am Deckungsbeitrag und seine Position im Produktlebenszyklus sind ständigen Veränderungen unterworfen. Sie zu erkennen kann Anstoß für eine Modifikation oder Eliminierung des Produktes sein.

Befindet sich ein Produkt in der **Degenerationsphase** und ist sein Absatz den Unternehmenszielen nicht mehr förderlich, muss die Entscheidung über eine **Produkteliminierung** getroffen werden.

Die Elimination eines Produktes ist eine der **schwierigsten unternehmenspolitischen Entscheidungen**. Auch nach sorgfältiger Wirtschaftlichkeitsanalyse bleibt das Risiko, dass gerade das zu eliminierende Produkt wesentlich zum Bild des Unternehmens in der Öffentlichkeit beiträgt und im Sinne einer Erreichung des Unternehmensziels erhalten werden sollte.

***Produkt- und Sortimentspolitik***

- *Ein **Produkt** ist Teil der Marketingleistung. Es umfasst konkrete Gegenstände, Dienstleistungen, Personen, Orte, Organisationen und Ideen und die damit verbundenen Nutzenerwartungen.*
- ***Produkte lassen sich unterscheiden:***
  - *nach der **Selbstverkäuflichkeit***
    - *Erklärungsbedürftige Produkte*
    - *Problemlose Produkte*
  - *nach der **Dauer der Kaufentscheidung***
    - *Convenience Goods (Kauf häufig und mit minimalem Aufwand)*
    - *Shopping Goods (Kauf nach Vergleich von Preis und Qualität, kein festes Präferenzsystem)*
    - *Speciality Goods (sorgfältiger Vergleich von Preis und Qualität)*
  - *nach dem **Ausmaß der Markierung***
    - *Anonyme Ware*
    - *Markierte Ware*
    - *Markenartikel*
- ***Markenstrategien***
  - *Monomarkenstrategie (jedes Produkt als eigene Marke)*
  - *Dachmarkenstrategie (alle Produkte unter einer Familienmarke)*
- ***Produkt- und Sortimentsanalyse***
  - *Produktportfolio*
    - *Stars*
    - *Cash cows*
    - *Question marks*
    - *Poor dogs*
  - ***Produktlebenszyklus***
    - *Einführung*
    - *Wachstum*
    - *Reife*
    - *Sättigung*
    - *Degeneration*

- ***Suche nach neuen Produktideen***
  - *Erzeugen von Produktideen*
  - *Sammlung von Produktideen*
- ***Auswahl des Produktes***
  - *Wirtschaftlichkeitsanalyse durch Ermittlung des Break-even-Point*
- *Die **Produktkonzeption** fasst folgende Aussagen zusammen:*
  - *Marktsituation*
  - *Definition der potenziellen Kunden*
  - *Konkurrenzsituation*
  - *Aussagen über das Produkt*
- ***Markteinführung** nach*
  - *Produkttest*
  - *Markttest*
  - *Testmarkt*
- ***Produktinnovation***
  - *Produktdifferenzierung (Entwicklung und Vermarktung von Produktvarianten)*
  - *Produktdiversifikation (Entwicklung und Vermarktung neuer Produkte)*
    - *Horizontale Diversifikation*
    - *Laterale Diversifikation*
    - *Vertikale Diversifikation*
- ***Produktmodifikation** (Relaunch): Das Produkt wird modernisiert.*
- ***Produktelimination:** Das Produkt wird vom Markt genommen.*

## Aufgaben

1 Erläutern Sie Grund- und Zusatznutzen für folgende Produkte:

a) Werkzeugmaschine | c) Fernreise | e) Modellkleid
b) Sportwagen | d) Lebensversicherung | f) Faxgerät

2 Nach der Dauer der Kaufentscheidung wird zwischen Convenience Goods, Shopping Goods und Speciality Goods unterschieden. Erläutern Sie diese unterschiedlichen Güterarten anhand von je drei Beispielen Ihrer Wahl.

3 Die Medi@ AG möchte ein neues Szenemagazin als Markenartikel profilieren. Erläutern Sie die damit verbundenen Voraussetzungen und nennen Sie Vorteile, die ein Markenartikel gegenüber markierter oder anonymer Ware hat.

4 Japanische Pkw werden auf dem amerikanischen Markt häufig als Monomarken ohne Bezug zum Unternehmen angeboten. Suchen Sie Gründe für diese Strategie.

5 Ein Möbelhaus will eine neue Einrichtungsmöbellinie im Rahmen einer Dachmarkenstrategie einführen. Sie werden vom Produktmanager beauftragt, die damit verbundenen Risiken zu ermitteln und auf einer Konferenz vorzustellen.

6 Sie werden beauftragt, für ein Unternehmen ein Produktportfolio zu erstellen. Dabei weisen die vier führenden Produkte Wachstumsraten von A = 5 %, B = 12 %, C = 20 %, D = 22 % auf. Der relative Marktanteil beträgt A = 6 %, B = 18 %, C = 5 %, D = 3 %. Erstellen Sie das Portfolio und interpretieren Sie die Ergebnisse.

7 Das Modell des Produktlebenszyklus kann auch auf ganze Branchen angewendet werden. Erläutern Sie das Modell anhand einer Branche Ihrer Wahl aus dem Bereich

a) Dienstleistungen, b) Konsumgüter, c) Investitionsgüter.

8 Instrumente der Produktpolitik sind u. a. die Produktdifferenzierung und die Produktdiversifikation. Erläutern Sie diese Formen anhand von je einem Beispiel Ihrer Wahl.

9 Ein führender Haushaltsgerätehersteller stellt Thermoskannen her. Dem Produktmanagement wird die Aufgabe gestellt, darüber nachzudenken, wie man das Kaffeetrinken während des Autofahrens sicher und ungefährlich machen kann. Setzen Sie ein Ihnen bekanntes Verfahren der Erzeugung von Produktideen zur Lösung des Problems ein.

10 Ein Haushaltsgerätehersteller möchte einen neuen Toaster auf den Markt bringen. Sie werden beauftragt, mögliche Varianten mithilfe der morphologischen Analyse zu ermitteln.

11 Sie sind der/die für die Zeitschrift „YUP" zuständige Produktmanager/-in. Die Neueinführung des „YUP" hat sich Ihrer Meinung nach gut entwickelt.
a) Beweisen Sie diese Aussage Ihrem Chef.
b) Ihr Chef erläutert Ihnen, wie sich die Geschäftsleitung den Erfolg dieses Produktes in den nächsten Jahren vorstellt. Es wird über Umsatzwachstum, aber auch über Marktanteilsgewinne gesprochen. Was werden Sie tun, damit Ihr Produkt die Erwartungen der Geschäftsleitung in den kommenden Jahren erfüllen kann?

12 Die Marketingstrategie einer Industrieunternehmung lautet: „Horizontale Diversifikation durch Lizenznahme und Zukauf von Produkten."
a) Erläutern Sie den Begriff der horizontalen Diversifikation anhand von Beispielen.
b) Erläutern Sie drei Gründe, die für diese Marketingstrategie sprechen.

13 Eine marketingorientierte Produktpolitik umfasst die stetige Überwachung des Produktionsprogramms. Erläutern Sie
a) zwei Ziele, die mit einer Produktelimination angestrebt werden,
b) drei Kriterien zur Bestimmung der zu eliminierenden Produkte.

14 Die Bewertung der Produkte einer Industrieunternehmung unter den Gesichtspunkten Marktwachstum und Marktanteil ist in dem nachstehenden Schaubild (Portfolio-Matrix) dargestellt.

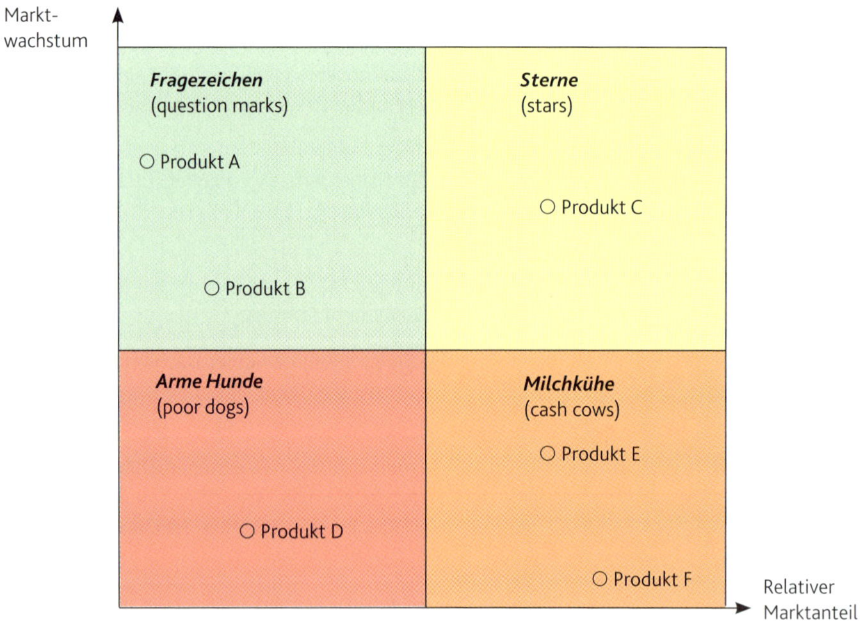


Erläutern Sie die Bedeutung der Felder

a) Sterne, b) Fragezeichen, c) Arme Hunde, d) Milchkühe.

## 6.3.2 Kontrahierungspolitik

### 6.3.2.1 Preispolitik

Die Entscheidung ist gefallen! In der Medi@ AG soll die neu entwickelte Zeitschrift „YUP" auf den Markt gebracht werden. Die Abteilungs- und Gruppenleiter sowie die Geschäftsführung sitzen in einer Besprechung zwecks Festlegung des Verkaufspreises. Der Gruppenleiter des Rechnungswesens sagt: „Auf alle Fälle muss der Preis so hoch angesetzt werden, dass unsere Kosten gedeckt werden und zusätzlich ein ordentlicher Gewinn erzielt wird." Der Abteilungsleiter Vertrieb und Marketing meint: „Wir müssen vorsichtig sein, am besten orientieren wir uns an der Konkurrenz und unterbieten sie im Preis, dann – ich übertreibe einmal – können wir so viel verkaufen, wie wir wollen." Der Vertriebsleiter gibt zu bedenken: „Wir müssen erst einmal herausfinden, wie viel unsere Kunden bereit sind, für die Zeitschrift zu bezahlen. Wenn dieser Preis bekannt ist, können wir kalkulieren, ob wir zu diesem Preis verkaufen können."

**Arbeitsaufträge**

- Ermitteln Sie Kriterien, woran man sich bei der Preisgestaltung für ein Produkt orientieren kann.
- Erläutern Sie unterschiedliche Preisstrategien, die die Medi@ AG verfolgen könnte.
- Beschreiben Sie an Beispielen die verschiedenen Arten der Preisdifferenzierung, die von der Medi@ AG angewendet werden können.

#### Preis und Preispolitik

Unter dem **Preis** eines Produktes oder einer Dienstleistung ist die Menge der Geldeinheiten zu verstehen, die ein Käufer für eine bestimmte Mengeneinheit eines Gutes entrichten muss oder für die der Verkäufer bereit ist, das Produkt abzugeben.

Die **Preispolitik** umfasst alle Maßnahmen zur Preisgestaltung eines Unternehmens, um den Absatz zu beeinflussen. Über den Preis können ökonomische Vorteile der angebotenen Produkte im Vergleich zur Konkurrenz direkt verdeutlicht werden. Für die anbietenden Unternehmen ist der Preis neben den Kosten die wichtigste Gewinneinflussgröße.

Selbstkosten ⟶ Gewinn ⟵ Nettoverkaufspreis

Unterschiedliche preispolitische Maßnahmen werden in folgenden Situationen ausgelöst:

- Festlegung der Preislage, in der das Unternehmen langfristig anbieten will
- Preisbildung bei Markteinführung neuer Produkte
- Sonderangebote aus verschiedenen Anlässen (z. B. Lagerabbau auslaufender Modelle)
- Preisänderungen aufgrund verschiedener Marktbedingungen
- niedrigere Konkurrenzpreise (z. B. Nachahmer)
- Nachfrageänderungen (z. B. bei Umsatzrückgang oder -steigerung)
- Aushandeln von Preisen mit Großkunden

Allerdings lassen sich über den Preis allein nur schwer dauerhafte Wettbewerbsvorteile schaffen, weil die Konkurrenz sehr schnell auf Preisstellungen und -änderungen reagiert. Eng verzahnt mit der Preispolitik sind daher Produkt-, Konditionen-, Distributions- und Kommunikationspolitik.

Ob ein Unternehmen Preispolitik betreiben kann oder nicht, hängt zunächst von der Zahl der Marktteilnehmer ab. Während in unvollkommenen Märkten (Monopol, Oligopol) der Preisspielraum weitgehend von der Marktstellung des Anbieters bestimmt wird, sind im vollkommenen Markt (Polypol) Preisspielräume grundsätzlich nicht vorhanden.

## Marktformen

Nach der **Zahl der Marktteilnehmer** lassen sich die Märkte in folgende Marktformen einteilen.

| | Nachfrager | | |
|---|---|---|---|
| **Anbieter** | **Viele** | **Wenige** | **Einer** |
| **Viele** | Polypol | Nachfrageoligopol | Nachfragemonopol |
| **Wenige** | Angebotsoligopol | Zweiseitiges Oligopol | Beschränktes Nachfragemonopol |
| **Einer** | Angebotsmonopol | Beschränktes Angebotsmonopol | Zweiseitiges Monopol |

**Beispiele**

- ***Polypol:*** *der Markt für Süßwaren*
- ***Angebotsoligopol:*** *der Markt für Mineralöl*
- ***Angebotsmonopol:*** *der Markt für die Beförderung von Gütern auf der Schiene durch die Deutsche Bahn AG*

Der Markt erfüllt zwei wichtige Aufgaben **(Funktionen)**:

- Er dient der **Vermittlung** der Güter zwischen Anbietern und Nachfragern und
- er dient der **Bewertung** der Güter, d. h., auf dem Markt wird der Preis für die gehandelten Güter ermittelt.

## Die Preisbildung im Polypol auf dem vollkommenen Markt

Der vollkommene Markt ist durch folgende Merkmale gekennzeichnet:

- Die Güter sind homogen, d. h., sie gleichen sich in Art, Aufmachung und Qualität völlig.
  **Beispiel** *Landeier der Güteklasse A*
- Es besteht vollkommene **Markttransparenz**, d. h., alle Marktteilnehmer haben die vollständige Übersicht über den Markt und reagieren sofort auf Veränderungen.
  **Beispiel** *Eine Hausfrau auf dem Wochenmarkt kennt die Mengen, die Qualität und die Preise aller angebotenen Eier.*
- Käufer und Verkäufer orientieren sich bei Angebot und Nachfrage ausschließlich am Preis der Ware. Die Käufer haben **keine Präferenzen** (Vorlieben) für bestimmte Anbieter oder Waren.
  **Beispiele** *So zahlen sie keinen höheren Preis, weil*
  - *die Verkäuferin in einem Geschäft freundlicher ist (**persönliche** Präferenz),*
  - *der Kundendienst bei einem bestimmten Markenartikel besser ist (**sachliche** Präferenz),*
  - *ein Tankstellenshop am Donnerstag bis 24:00 Uhr geöffnet hat (**zeitliche** Präferenz),*
  - *der „Tante-Emma-Laden" gleich um die Ecke liegt (**räumliche** Präferenz).*

*Wochenmarkt*

Um diese Preisbildung zu erklären, ist es zunächst notwendig, das Angebot der Unternehmen und die Nachfrage der Haushalte näher zu betrachten.

### *Nachfrage der Haushalte*

Die Nachfrage der Haushalte zeigt im Hinblick auf Preis und Menge folgende typische Merkmale:

- Je niedriger der Preis für ein Gut ist, desto höher ist die Nachfrage.
- Je höher der Preis für ein Gut ist, desto niedriger ist die Nachfrage.

Die Nachfrager sind also bestrebt, ein Gut so preiswert wie möglich einzukaufen. Dieses Verhalten bezeichnet man als **Nutzenmaximierung**.

**Beispiel** *In einer Kleinstadt mit 100 000 Einwohnern lassen sich im Hinblick auf die wöchentliche Nachfrage nach CDs in einem Musik-Fachgeschäft folgende Preis-Mengen-Verhältnisse ermitteln:*

| Preis je Fachgeschäft in EUR | 20,00 | 16,00 | 12,00 | 8,00 | 4,00 |
|---|---|---|---|---|---|
| Nachfrage in Stück | 15 000 | 20 000 | 25 000 | 30 000 | 35 000 |

### ♦ *Angebot der Unternehmen*

Das Angebot der Unternehmen zeigt im Hinblick auf Preis und Menge folgende typische Merkmale:

- Je niedriger der Preis für ein Gut ist, desto geringer ist das Angebot.
- Je höher der Preis für ein Gut ist, desto größer ist das Angebot.

Die Anbieter verfolgen das Ziel der **Gewinnmaximierung**. Bei hohen Marktpreisen bieten sie große Mengen an Gütern an, um entsprechend hohe (maximale) Gewinne zu erwirtschaften. Sinken die Preise, weichen sie auf andere Märkte aus oder scheiden ganz aus dem Markt aus.

**Beispiel** *Das Fachgeschäft wird von drei CD-Herstellerfirmen beliefert. In Abhängigkeit vom Preis ergeben sich folgende Preis-Mengen-Verhältnisse:*

| Preis je CD in EUR | 20,00 | 16,00 | 12,00 | 8,00 | 4,00 |
|---|---|---|---|---|---|
| Angebot in Stück | 35 000 | 30 000 | 25 000 | 20 000 | 15 000 |

Angebots- und Nachfragekurve können in einem Koordinatensystem **zusammengefasst** werden.

**Beispiel**

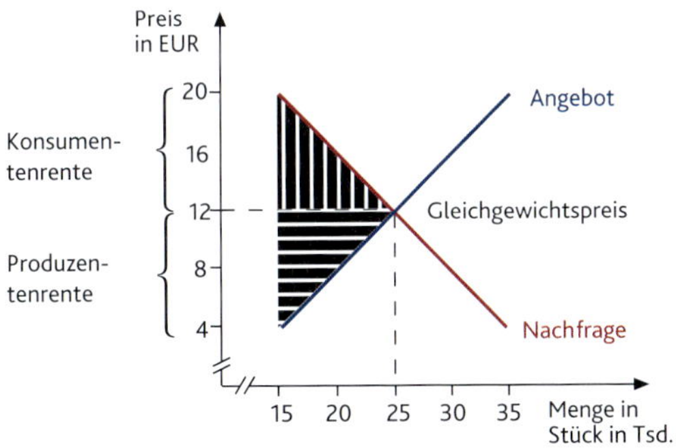


*Angebots- und Nachfragekurve schneiden sich beim Preis von 12,00 EUR. Zu diesem Preis werden 25 000 CDs angeboten und 25 000 CDs nachgefragt. Alle Anbieter, die bereit sind zu diesem Preis zu verkaufen, können ihre gesamte Produktion absetzen. Alle Nachfrager, die bereit sind diesen Preis zu zahlen, können die gewünschte Menge erwerben. Alle Anbieter, die die CDs auch zu einem niedrigeren Preis anbieten können, erhalten eine* ***Produzentenrente****, ebenso erzielen alle Nachfrager, die bereit wären, einen höheren Preis zu zahlen, eine* ***Konsumentenrente****.*

### ♦ *Gleichgewichtspreis*

Da der Preis für die angebotene und nachgefragte Menge in dieser Situation genau gleich ist, wird er als Gleichgewichtspreis bezeichnet.

Liegt der Marktpreis über dem Gleichgewichtspreis, ist das Angebot größer als die Nachfrage. Es entsteht ein **Angebotsüberhang**. Diese Situation wird auch als **Käufermarkt** bezeichnet.

Liegt der Marktpreis unter dem Gleichgewichtspreis, ist die Nachfrage größer als das Angebot. Es entsteht ein **Nachfrageüberhang**. Diese Situation wird auch als **Verkäufermarkt** bezeichnet.

**Beispiel**

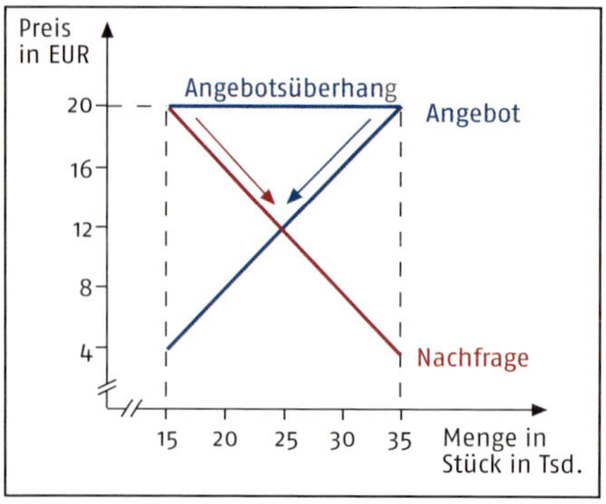


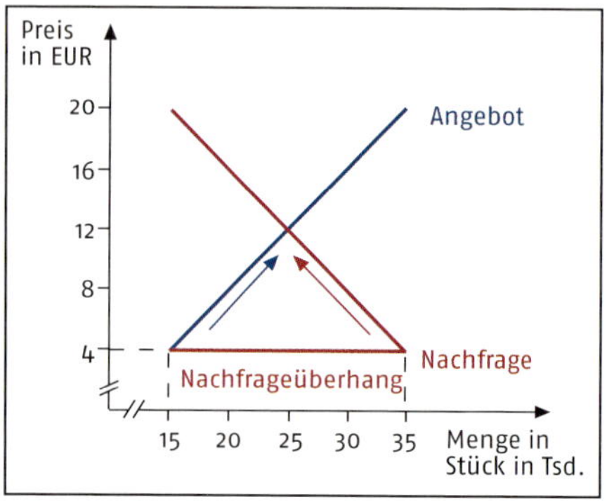


*Beim Preis von 20,00 EUR sind die Anbieter bereit, 35 000 CDs zu liefern. Diesem Angebot steht aber lediglich eine Nachfrage von 15 000 CDs gegenüber. Es besteht ein* ***Angebotsüberhang*** *von 20 000 CDs. Da die Anbieter nur einen Teil ihrer Ware absetzen können, werden sie die Preise senken. Bei einer Preissenkung auf 16,00 EUR werden noch 30 000 CDs angeboten. Die Nachfrage steigt auf 20 000 Stück, d. h. der Angebotsüberhang beträgt nur noch 10 000 CDs. Senken die Anbieter ihre Preise ein weiteres Mal auf 12,00 EUR, sind angebotene und nachgefragte Menge genau gleich groß, der Gleichgewichtspreis ist erreicht.*

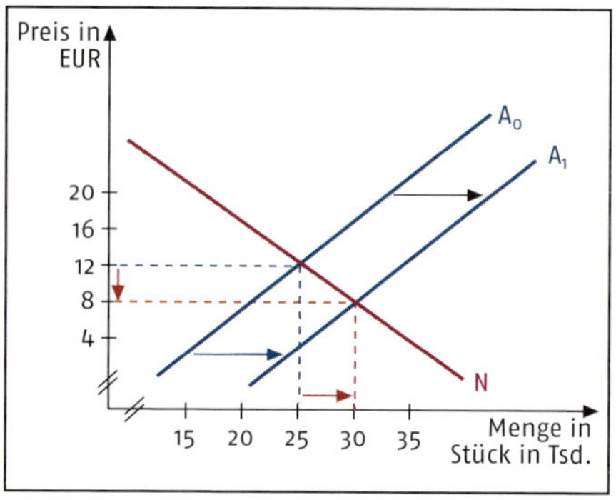


*Beim Preis von 4,00 EUR beträgt die Nachfrage 35 000 CDs. Dieser Nachfrage steht aber lediglich ein Angebot von 15 000 CDs gegenüber. Es besteht ein* ***Nachfrageüberhang*** *von 20 000 CDs. Da die Nachfrage größer ist als das Angebot, werden die Anbieter ihre Preise erhöhen. Beim Preis von 8,00 EUR erhöht sich das Angebot auf 20 00 CDs, die Nachfrage sinkt jedoch auf 30 000 CDs, d. h., der Nachfrageüberhang verringert sich auf 10 000 Stück. Erhöhen die Anbieter die Preise ein weiteres Mal auf 12,00 EUR, ist der Gleichgewichtspreis erreicht.*

♦ *Änderung der Angebots- und Nachfragesituation*

- **Erhöht sich** bei gleich bleibender Nachfrage das **Angebot**, verschiebt sich die Angebotskurve nach rechts. Der Preis sinkt.
  **Beispiel** *Da ein weiterer Anbieter in den Markt eintritt, erhöht sich die angebotene Menge um 5 000 auf 30 000 Stück. Die Angebotskurve verschiebt sich nach rechts von A0 nach A1. Der Gleichgewichtspreis sinkt entsprechend von 12,00 auf 8,00 EUR.*

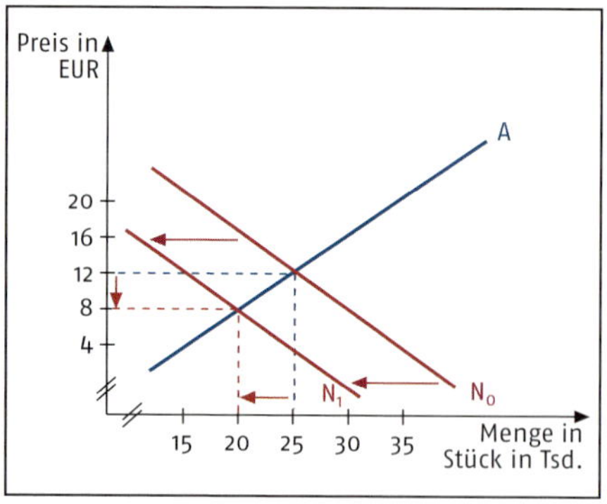


- Sinkt bei gleich bleibendem Angebot die Nachfrage, verschiebt sich die Nachfragekurve nach links. Der Preis sinkt.
  **Beispiel** *Durch Gerüchte über Fehler in der Produktion sinkt die Nachfrage nach CDs von 25 000 auf 20 000 Stück. Die Nachfragekurve verschiebt sich nach links von N0 nach N1. Der Gleichgewichtspreis sinkt von 12,00 EUR auf 8,00 EUR.*

## Die Preisbildung im Polypol auf dem unvollkommenen Markt

In der Praxis sind die Bedingungen des vollkommenen Marktes i. d. R. **nicht gegeben**:

- **Die Güter sind nicht homogen.**
  Beispiel *Aufgrund des Musikgeschmacks entscheiden sich Käufer, z. B. bei CD-Compilations, für „ihre" Zusammenstellung.*
- **Es besteht keine Markttransparenz.**
  Beispiel *Aufgrund der Größe und der Vielschichtigkeit der Märkte ist eine vollständige Übersicht i. d. R. nicht möglich.*
- **Die Käufer haben Präferenzen.**
  Beispiel *Seit der Musik-Fachhandel einen 24-Stunden-Bestellservice eingerichtet hat, steigt die Nachfrage bei gleichen Preisen deutlich. Die Kunden haben offensichtlich zeitliche Präferenzen.*

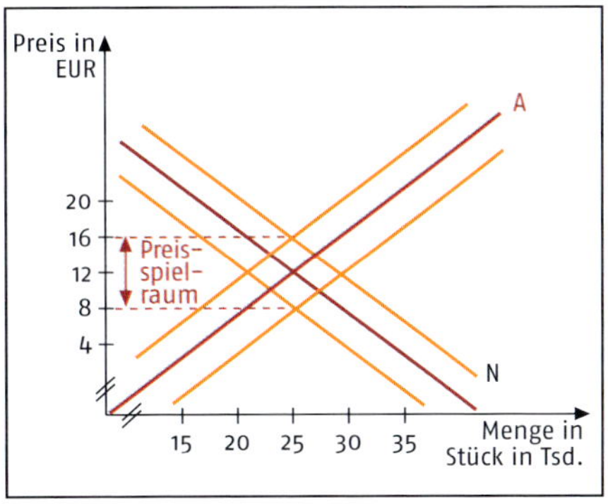


Da die Bedingungen des vollkommenen Marktes nicht gegeben sind, kann der Anbieter die Preise innerhalb einer bestimmten **Bandbreite** ändern, ohne dass die Kunden darauf reagieren. Aber auch die Kunden haben oft keine eindeutige Vorstellung über den Preis der gewünschten Ware, sodass es auch hier zu einem **Preisspielraum** kommt.

## Die Preisbildung im Angebotsoligopol auf dem vollkommenen Markt

Im Oligopol auf einem vollkommenen Markt bieten wenige Anbieter homogene Güter an, es herrscht Markttransparenz und die Nachfrager haben keine Präferenzen.
Senkt ein Anbieter den Preis, werden theoretisch alle Nachfrager bei diesem Anbieter kaufen. In dieser Situation werden die anderen Anbieter die Preise ebenfalls senken, um ihre Kunden zu halten. Da sich die Gesamtnachfrage kaum erhöht, hat sich am Ende der Preissenkungsrunde lediglich der Gewinn der Anbieter verringert. Da die Anbieter durch Preisvariationen also nur Nachteile haben, versuchen sie den Preis starr zu halten **(Preisstarrheit)** oder den Markt unvollkommen zu machen.

## Die Preisbildung im Angebotsoligopol auf dem unvollkommenen Markt

Durch Einsatz des absatzpolitischen Instrumentariums (Produkt-, Preis-, Konditionen-, Kundendienst-, Distributions-, Kommunikationspolitik) wird der Oligopolist versuchen, Präferenzen für sein Produkt zu schaffen. Gelingt ihm dies, ist der Markt unvollkommen. Der Oligopolist hat jetzt einen Preisspielraum, innerhalb dessen er seine Preise variieren kann, ohne dass es zu entsprechenden Mengenvariationen kommt.

Aufgrund eines ähnlichen (homogenen) Produktes und ähnlicher Kostenstrukturen sind die Oligopolisten bei Veränderungen der Rohstoff- oder Materialkosten oder der Lohn- und Lohnnebenkosten gleich betroffen. Aus diesem Grund werden sie i. d. R. die Preise in einem **abgestimmten Verhalten** gemeinsam heraufsetzen. Dabei kann in jeder Preisrunde ein anderer Anbieter die **Preisführerschaft** übernehmen, sodass sich die Mengenverluste der Preisführer langfristig ausgleichen.
Beispiel *Die Benzinpreise werden bei steigenden Mineralölpreisen heraufgesetzt. Dabei übernimmt abwechselnd jeweils ein Mineralölkonzern die Preisführerschaft.*

## Die Preisbildung im Angebotsmonopol

Der Angebotsmonopolist ist in der Preisfestsetzung frei, da er eine **marktbeherrschende Stellung** hat. Erhöht er den Preis, sinkt die nachgefragte Menge, senkt er ihn, steigt die Menge.

In der Praxis wird der Angebotsmonopolist jedoch nicht den Preis festlegen, sondern **die Preis-Mengen-Relation suchen, bei der sein Gewinn maximal ist**. Dies ist dann gegeben, wenn die Differenz zwischen Umsatzerlösen und Gesamtkosten am größten ist.

## ● Einflussgrößen der Preispolitik

Die Preispolitik eines Unternehmens ist über die jeweilige Marktform hinaus von den **betrieblichen Zielen**, den **Kosten**, der **Konkurrenz** und der **Nachfrage** abhängig. Alle Einflussfaktoren sind genau zu untersuchen und bei der Preisgestaltung zu berücksichtigen.

Für jedes Produkt gibt es dabei **Preisuntergrenzen**, die durch die langfristige Deckung der Kosten vorgegeben werden, und **Preisobergrenzen**, die durch die Kaufkraft der Kunden und deren Nutzeneinschätzung sowie die Preise der Mitbewerber bestimmt werden.

## ● Betriebliche Ziele der Preispolitik

Wichtigstes Ziel der Preispolitik ist die **Gewinnsteigerung**. Sie soll über eine **Erhöhung des Marktanteils** und des **Umsatzes**, ein **Zurückdrängen** oder ein **Ausschalten der Konkurrenz** erreicht werden. Mit dem größeren Marktanteil wird eine bessere **Auslastung der Kapazität** und damit über die Verteilung der fixen Kosten eine **Stückkostensenkung** erreicht.

Diese Ziele werden nicht zwingend ausschließlich mit verhältnismäßig niedrigen Preisen erreicht. Wenn es gelingt, die Nachfrager vom besonderen **Zusatznutzen** des Produktes oder einem bestimmten **Preis-Leistungs-Verhältnis** zu überzeugen, können auch höhere Preise langfristig durchgesetzt werden.

**Beispiele**

- *Die Medi@AG begründet ihre teilweise über der Konkurrenz liegenden Preise mit der Verfolgung ökologischer Ziele, insbesondere der Verwendung umweltfreundlicher und teurerer Produkte.*
- *Bei einer Reihe von Produkten stellt sie in der Kommunikationspolitik neben der besonderen Qualität das exklusive Design der Produkte und die Serviceleistung heraus.*
  *Der Musik-Fachhandel bietet rund um den Kauf seiner CDs viele Serviceleistungen an, die die Kunden vor Ort direkt in Anspruch nehmen können. Die Geschäftsleitung erhofft sich dadurch eine stärkere Kundenbindung, die dazu führt, dass die Kunden auch bereit sind, einen höheren Preis zu akzeptieren, ohne sofort zur Konkurrenz abzuwandern.*

## ● Kostenorientierte Preispolitik

Will ein Industrieunternehmen die eigenen Preisvorstellungen am Markt durchsetzen (**Preisgestaltung**), wird es sich von den in der Kostenrechnung ermittelten **Selbstkosten** und von der **Gewinnvorstellung** leiten lassen.

Will sich das Industrieunternehmen jedoch den Preisen der Konkurrenz anpassen (**Preisanpassung**), wird es überprüfen, ob der gegebene Marktpreis (Branchenpreis, Preis des Marktführers) ausreicht, um die eigenen Kosten zu decken und darüber hinaus einen Gewinn zu erzielen.

Für die Beantwortung dieser Fragen muss der **Mindestpreis** oder die **Preisuntergrenze** je Leistungseinheit (Produkt, Auftrag) ermittelt werden, den der Industriebetrieb aufgrund seiner Kostensituation erzielen muss. Die kostenorientierte Preisbildung kann auf **Vollkostenbasis** oder auf **Teilkostenbasis** erfolgen.

## ● Konkurrenzorientierte Preisbildung

Die Preisbildung kann sich unabhängig von der eigenen Kostenstruktur und den Informationen über die Nutzeneinschätzung der Nachfrager an den Preisen der Konkurrenz orientieren.

**Anpassung statt Gestaltung** ist die Devise. Dabei sind zwei Formen üblich.

### ♦ *Orientierung am Branchenpreis (durchschnittlicher Marktpreis)*

Diese Preisbildung setzt folgende Marktbedingungen voraus:

1. Die Produkte sind weitgehend homogen (gleichartig).
2. Es gibt mehrere (Oligopol) oder viele Konkurrenten auf der Angebotsseite (Angebotspolypol).

**Beispiele**

- *So liegt z. B. der Preis einer CD bei etwa 9,00 EUR, eine Wochenzeitschrift kostet ungefähr 1,00 EUR und eine Fachzeitschrift, die monatlich erscheint, etwa 4,00 EUR bis 5,00 EUR. Eine starke Abweichung des Preises nach oben würde vom Markt nicht akzeptiert. Das Produkt wäre auch durch noch so starke Herausstellung von Zusatznutzen nur schwer verkäuflich. Die Nachfrager würden auf Konkurrenzprodukte ausweichen.*
- *Der Branchenpreis für einen Personalcomputer mittlerer Ausstattung liegt bei etwa 1 000,00 EUR. Wenn ein Hersteller dieser Geräte einen Preis von 4 000,00 EUR verlangen würde, könnte er wahrscheinlich auch bei Betonung von Design, Garantieleistungen usw. kaum Geräte verkaufen.*

♦ ***Orientierung am Preisführer***

Der Preisführer ist ein Anbieter, dem sich die übrigen Konkurrenten aufgrund seiner starken Marktposition weitgehend anschließen, wenn er seine Preise variiert. Oft ist der Preisführer der marktbeherrschende Anbieter mit dem größten Marktanteil. Preisführer können auch mehrere Anbieter gemeinsam sein.

**Beispiel** *Wenn die großen Mineralölkonzerne den Preis für Benzin erhöhen, schließen sich kleinere Produzenten an und erhöhen ihren Preis ebenfalls.*

## ● Nachfrageorientierte Preispolitik

Die Preisbildung darf nicht auf Kosten- und Gewinnberechnungen verzichten, muss sich aber zusätzlich an der Nachfrage, d. h. am potenziellen Käufer, orientieren. Hier sind die Preisvorstellungen möglicher Kunden zu berücksichtigen. Informationen hierzu muss die Marktforschung liefern. Man geht in vielen Fällen von der Annahme aus, dass die Kunden eher einen niedrigen als einen hohen Preis akzeptieren. Jedoch sind die Kunden auch bereit einen hohen Preis zu zahlen, wenn sie ein akzeptables Verhältnis zwischen dem Preis eines Produktes und ihrer individuellen Einschätzung des Nutzens erkennen.

Liegt der Preis zwischen den Selbstkosten der Industrieunternehmung und dem Nutzen, den der Käufer sich von dem Gut verspricht, ergeben sich für beide Seiten Vorteile:

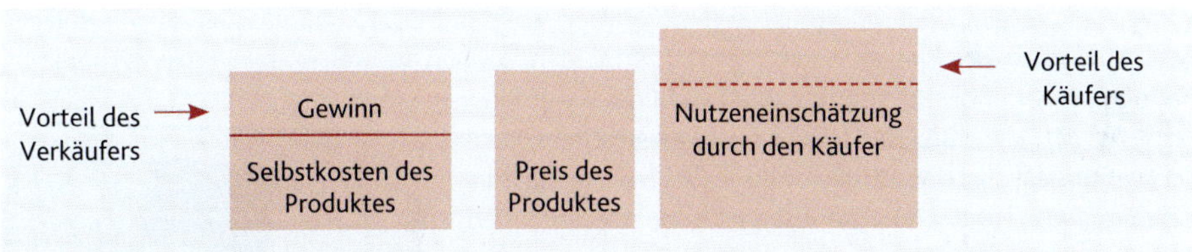


## ● Messinstrument der Preispolitik

Ziel preispolitischer Maßnahmen ist die Steigerung der Nachfrage. Um Aussagen dazu machen zu können, bedient man sich der **Preiselastizität der Nachfrage**. Diese misst das Verhältnis zwischen einer relativen (prozentualen) mengenmäßigen Nachfrageänderung nach einem Produkt und der relativen Preisänderung des Produktes, die die Nachfrageänderung bewirkt hat. Da sie das Verhalten der Nachfrager bei Preisänderungen widerspiegelt, spricht man von der Preiselastizität der Nachfrage.

$$\text{Preiselastizität der Nachfrage} = \frac{\text{prozentuale Mengenänderung}}{\text{prozentuale Preisänderung}}$$

**Beispiel** *Bei einem Einführungspreis von 252,80 EUR für einen exklusiven Bildband werden im ersten Jahr 5 000 Stück abgesetzt. Nach einer Preiserhöhung auf 316,00 EUR werden im Folgejahr nur noch 3 500 Stück abgesetzt.*

Prozentuale Mengenänderung: $\frac{-1500 \cdot 100}{5000} = -30\%$

Prozentuale Preisänderung: $\frac{63{,}20 \cdot 100}{252{,}80} = 25\%$

Preiselastizität der Nachfrage: $\frac{-30}{25} = 1{,}2$

***Aussagen:***
- *Die Nachfrage hat elastisch (negativ) auf die Preiserhöhung reagiert.*
- *Die relative Nachfrageabnahme (30 %) ist größer als die relative Preissenkung (25 %)*

***Schlussfolgerungen:***
- *Eine Preiserhöhung gegenüber der Konkurrenz ist nicht sinnvoll, wenn die Nachfrage nach dem Produkt elastisch ist.*
- *Umgekehrt ist eine Preissenkung nur bei elastischer Nachfrage sinnvoll, weil die Preissenkung Umsatzverluste verursacht.*

## Strategien der Preispolitik (Preisabfolge)

### *Marktabschöpfungspolitik (Skimmingstrategie)*

Mit dieser Strategie wird vorwiegend bei Gebrauchsgütern eine **kontinuierliche Preissenkung** aufgrund von Veränderungen im produktionstechnischen Bereich, im Wettbewerbsverhalten oder aufgrund von marktstrategischen Überlegungen umschrieben.

Der Hersteller versucht bereits bei der Markteinführung eines Produktes relativ hohe Preise zu realisieren, um möglichst schon am Anfang des Marktzyklus große Teile der fixen Kosten aufgrund hoher Forschungs-, Entwicklungs- und Investitionskosten über den Preis hereinzuholen und somit das Entwicklungs- und Investitionsrisiko abzutragen.

**Beispiele** *Fernseher, Computer, Taschenrechner, Scanner*

Diese Erzeugnisse werden anfangs solchen Nachfragergruppen angeboten, die sie verwenden, um hohe Gewinne zu erzielen, Kosten zu sparen oder ihr Prestige zu verbessern. Wenn später die Konkurrenz mit vergleichbaren Produkten (Nachahmer) auf den Markt kommt, kann das Preisniveau gesenkt werden. Um Imageschädigungen zu vermeiden, können die Preissenkungen mit Produktvariationen unter anderen Produktnamen verbunden werden.

**Beispiel** *Ein TV-Geräte-Hersteller hat großen Industrie-, Versicherungsunternehmen und Banken zur exklusiven Ausstattung der Empfangszimmer im Vorstandsbereich den neusten Videoscreen in der Einführungsphase für 10 000,00 EUR angeboten. Mit aufkommender Konkurrenz, die leichtere Modelle zum Preis unter 9 000,00 EUR anbot, wurde dieser Videoscreen allen Unternehmungen für 8 500,00 EUR angeboten. Um auch den preiswerteren Produkten um 4 000,00 EUR für Schulen und Verwaltungen zu begegnen, wurde die Picto-Linie entwickelt.*

### *Marktdurchdringungspolitik (Penetrationsstrategie)*

Im Gegensatz zur Skimmingstrategie werden in der Einführungsphase besonders niedrige Preise verlangt, um breite Käuferschichten zu Testkäufen zu bewegen und somit hohe Absatzmengen und große Marktanteile zu erreichen.
Nachdem sich das Produkt etabliert hat, wird der Preis nach und nach angehoben, um zunehmend Gewinne zu erzielen. Diese Strategie ist besonders für Verbrauchsgüter und Dienstleistungen geeignet, die regelmäßig nachgekauft werden.

**Beispiel** *Schnupperpreis für Anzeigen in neuen Zeitschriften. Bei Steigerung der Auflage werden die Anzeigenpreise erhöht.*

## Strategien der Preispositionierung

### *Hochpreispolitik (Premiumstrategie)*

Die Absatzprogramme insbesondere traditionsreicher Unternehmen mit hohem Prestige zielen auf Abnehmer mit gehobenen Ansprüchen. Die Produkte werden als besonders exklusiv herausgestellt, um einen auf Dauer hohen Marktpreis erzielen zu können. Dabei werden weniger die ökonomischen Vorteile und die besonderen Funktionen der Produkte herausgestellt als vielmehr ihre besondere Ästhetik, ihr Design, ihr Prestige, der besondere Geschmack. Das Markenimage lebt von dem Motto: „Es war schon immer etwas teurer, einen guten Geschmack zu haben!"

Die Industrieunternehmen konzentrieren sich auf kleine Marktnischen. Produktionstechnisch sind damit kleine Stückzahlen und hohe fixe Kosten pro Produktionseinheit verbunden. Um diese Nachteile auszugleichen, muss eine besondere Produktqualität angestrebt werden, mit der absatzpolitisch beim Käufer besondere Emotionen vermittelt werden können.

Beispiele *Rolls-Royce, Maurice Lacroix*

### *Niedrigpreispolitik (Promotionstrategie)*

Das Absatzprogramm zielt auf preisbewusste Abnehmer. Dauerhaft niedrige Preise (Discountpreise) zielen auf große Zielgruppen und hohe Absatzmengen. Produktionstechnisch werden mit der Promotionspolitik große Stückzahlen, große Kapazitäten und Kostenvorteile durch Fixkostendegression verbunden. Absatzpolitisch werden lange Produktlebenszyklen mit Produkten gleich bleibender Qualität angestrebt. Über einen längeren Zeitraum werden keine innovativen Veränderungen vorgenommen. Unter Einsparung von Forschungs- und Entwicklungskosten werden bekannte Produkte nachgeahmt und zu niedrigen Preisen angeboten (Me-too-Produkte).

Beispiele *Anbieter von Kugelschreibern*

## Strategien der Preisdifferenzierung

### *Preisdifferenzierung*

Unternehmen verlangen für ein und dasselbe Produkt auf verschiedenen Teilmärkten (Abnehmer, Abnehmergruppen) unterschiedliche Preise mit der Zielsetzung, einen höheren Gewinn zu erwirtschaften. Dabei nutzen sie die Präferenzen der Nachfrage für das Produkt und deren unvollkommene Markttransparenz. Möglichkeiten der Preisdifferenzierung werden an folgenden Beispielen erläutert.

Beispiele *Die Geschäftsführung der Medi@ AG möchte den Vertrieb von Musik-Samplern ankurbeln und beabsichtigt folgende Preisdifferenzierungen.*

- ***Mengenmäßige Preisdifferenzierung:*** *Es wird eine Mengenrabattstaffel erstellt. Für Großabnehmer gelten folgende Rabatte: ab 100 Stück 2 %, ab 500 Stück 4 %, ab 1 000 Stück 8 %.*
- ***Zeitliche Preisdifferenzierung:*** *Der Listenverkaufspreis oder Katalogpreis der CD beträgt 5,99 EUR; während der Einführungsphase (sechs Monate) wird ein Sonderpreis von 5,49 EUR festgelegt.*
- ***Persönliche (soziale) Preisdifferenzierung:*** *Besondere Abnehmergruppen erhalten die CD im Fachhandel zum Sonderpreis.*
- ***Räumliche Preisdifferenzierung:*** *Inlandskunden zahlen den Normalpreis, Auslandskunden wird je nach Marktsituation ein Zuschlag berechnet oder ein Nachlass gewährt.*
- ***Sachliche Preisdifferenzierung:*** *Die CDs werden einmal mit und einmal ohne zusätzliche Schutzhülle angeboten.*

### *Mischkalkulation (Ausgleichskalkulation)*

Um ein Produkt auf dem Markt platzieren zu können, muss aus Konkurrenzgründen manchmal der Preis eines Produktes so niedrig angesetzt werden, dass kaum noch ein Gewinn übrig bleibt. Dann müssen aber andere Produkte zur Gewinnsicherung des Unternehmens beitragen. Fehlende Gewinne oder Verluste bei einigen Produkten **(Ausgleichsnehmer)** werden durch höhere Gewinne anderer Produkte **(Ausgleichsgeber)** ausgeglichen.

- ***Psychologische Preisfestsetzung***

Der Preis wird so festgesetzt, dass der Abnehmer den Eindruck einer knappen Preiskalkulation erhält

Beispiel *Die Medi@ AG bietet dem Handel die CD für 3,59 EUR an.*

- ***Preisbildung durch Zielkostenrechnung – Target-Costing***

Zunehmend wird der Industriebetrieb zum **Problemlöser** seiner Kunden.

Beispiel *Autohersteller wollen zwecks Benzinersparnis leichtere Autos bauen. Die Zulieferer von Fertigteilen müssen diese Forderung und damit die Anforderungen der Kunden an die Produkte erfüllen, wenn sie Absatzchancen haben wollen.*

Innerhalb des Gesamtprodukts wird ein Preis für das Problemlösungskonzept ausgehandelt oder vom Kunden vorgegeben.

Beispiel *Ein Autohersteller handelt mit einem chemischen Industriebetrieb für einen Kunststofftank einen Preis von 120,00 EUR aus, wobei der Autohersteller die Anforderungen an den Kunststofftank vorgibt.*

Es handelt sich also um einen zielorientierten Preis **(Target-Price)**, der durch den Kunden aufgrund seiner Zielvorgaben und Nutzeneinschätzung vorgegeben wird. Der Hersteller gestaltet zu diesem Preis sein Produktangebot. Er muss also darauf achten, dass er durch den Zielpreis seinen geplanten Gewinn und seine Kosten deckt. Die Vorgehensweise ist also folgende:

| | | | | |
|---|---|---|---|---|
| **Target-Price** | = Verkaufspreis am Markt | 120,00 EUR | ← | Ermittlung durch Marktforschung (Kunden-/Expertenbefragung) |
| – **Target-Profit** | = geplanter Gewinn | 20,00 EUR | | |
| = **Target-Costs** | = Obergrenze der Selbstkosten | 100,00 EUR | ← | Kosten, die der Markt zulässt |

Liegen die Selbstkosten laut Kostenrechnung über den **Target-Costs**, muss eine Kostensenkung angestrebt werden, z. B. durch alternative Materialien, günstigere Materialbeschaffung oder Rationalisierungsmaßnahmen im Fertigungs- und Vertriebsverfahren.

- ***Preisstellungssysteme***

Industrieunternehmen haben grundsätzlich zwei Möglichkeiten bei der Preisstellung: das **Bruttopreissystem** und das **Nettopreissystem**.

- **Bruttopreissystem:** Beim Bruttopreissystem werden dem Kunden auf die angebotenen Listenverkaufspreise Rabatte aus verschiedenen Anlässen angeboten.
  Beispiel *Die Medi@ AG bietet folgende Rabatte an:*
  - ***5 % Mengenrabatt** bei Abnahme ab zehn Stück*
  - ***1 % Treuerabatt** für langjährig an das Unternehmen gebundene Kunden*
  - ***30 % Wiederverkäuferrabatt** für Wiederverkäufer (Großhandel, Einzelhandel) für die Übernahme der Verkaufsfunktion*
  - ***Bonus** als Umsatzrückvergütung, wenn ein Jahresumsatz von 125 000,00 EUR erreicht wird*

  Mithilfe der angebotenen Rabatte kann jeder Kunde durch seine individuelle Entscheidung den Rechnungspreis zu seinen Gunsten beeinflussen. Aus der Sicht des Verkäufers ist das Bruttopreissystem dadurch besonders geeignet, Kunden langfristig zu binden und zu großen Umsätzen oder großen Abgabemengen zu bewegen.

- **Nettopreissystem:** Beim Nettopreissystem wird der Rechnungspreis für eine bestimmte Menge angegeben. Durch eine Preisstaffelung können auch hier Kostenvorteile bei Großmengenabgabe erzielt werden.

**Beispiel** *Die Medi@ AG bietet für ihre Jazz-Compilation folgende Preisstaffelung an:*

| Abnahmemenge in Stück | Preis je Stück in EUR |
|---|---|
| 5–10 | 8,00 |
| 11–50 | 7,90 |
| 51–500 | 7,80 |
| über 500 | 7,50 |

Da der in Rechnung zu stellende Betrag festgelegt wird, fördert das Nettopreissystem die Markttransparenz und somit die direkte Vergleichbarkeit der Anbieter.

**Preispolitik und Wettbewerbsrecht:** In der Bundesrepublik Deutschland können die Unternehmungen ihre Preise frei gestalten und die Preise an die der Mitbewerber anpassen oder diese darüber oder darunter festlegen. Sogar Verkaufspreise unter Selbstkosten (Erzeugnisse) oder Anschaffungskosten (Werkstoffe, Handelswaren) sind erlaubt, wenn damit keine Verdrängung der Wettbewerber verfolgt wird.
**Beispiel** *Die Medi@ AG bietet ihren Stammkunden eine ältere Version einer CD, von der noch ein Vorrat von 420 Stück besteht, in einer Sonderaktion für 2,00 EUR unter dem Selbstkostenpreis von 4,80 EUR an.*

Grundsätzlich wird der Preis durch Angebot und Nachfrage bestimmt. Er drückt die Geldmenge aus, zu der der Verkäufer bereit ist ein bestimmtes Gut abzugeben, und die der Käufer für dieses Gut zu zahlen bereit ist.

***Preispolitik***
- *Ob ein Unternehmen **aktive Preispolitik** betreiben kann, hängt von der Zahl der Marktteilnehmer, den Kosten, der Nachfrage, der Konkurrenz und den betrieblichen Zielen ab.*
- ***Kostenorientierte Preisbildung** setzt eine genaue Analyse der Kostenstruktur eines Unternehmens voraus.*
- ***Nachfrageorientierte Preisbildung** berücksichtigt zunächst die Preisvorstellungen der Abnehmer. Ein hoher Preis wird durch Betonung des Zusatznutzens des Produktes begründet.*
- ***Konkurrenzorientierte Preisbildung** richtet sich am Branchenpreis oder am Preisführer aus.*
- *Neben Kosten, Nachfrage und Konkurrenz spielt das **betriebliche Zielsystem** eine wesentliche Rolle bei der Gestaltung der Preispolitik (Target-Costing).*
- ***Preisstrategien:***
  - ***Preisdifferenzierung:** zeitlich, räumlich, persönlich, mengenmäßig, sachlich*
  - ***Mischkalkulation:** Produkte mit hohem Gewinn gleichen niedrige Gewinne bzw. Verluste bei anderen Produkten aus*
  - ***psychologische Preisfestsetzung:** Eindruck der knappen Kalkulation wird erweckt*
  - ***Hochpreispolitik:** Sortiment zielt auf Abnehmer mit gehobenen Ansprüchen*
  - ***Niedrigpreispolitik:** Sortiment zielt auf preisbewusste Abnehmer*
  - ***Marktabschöpfungspolitik:** hohe Preise bei Markteinführung*
  - ***Marktdurchdringungspolitik:** niedrige Preise bei Markteinführung*
- ***Preisstellungssysteme:***
  - ***Bruttopreissystem** = zu zahlender Betrag ergibt sich erst nach Abzug von Preisnachlässen*
  - ***Nettopreissystem** = zu zahlender Betrag wird sofort festgelegt*

## Aufgaben

1 Erläutern Sie die Aussage: „Das Preis-Leistungs-Verhältnis muss stimmen!“ anhand von Beispielen aus Ihrem eigenen Erfahrungsschatz.

2 Beschreiben Sie die unterschiedlichen Strategien von Preisdifferenzierung und Mischkalkulation.

3 Die Abteilung Vertrieb überlegt, ob sie bei der Markteinführung der Zeitschrift „YUP" die Hochpreispolitik oder die Niedrigpreispolitik verfolgen soll.
   a) Erläutern Sie beide Strategien.
   b) Finden Sie Argumente für beide Strategien.
   c) Entscheiden Sie sich für eine der beiden Strategien und begründen Sie Ihre Entscheidung.

4 Martin Kaufhold ist ein erfahrener Außendienstmitarbeiter bei der Medi@ AG. Er sagt: „Wir müssen das Eisen schmieden, solange es heiß ist. Deshalb sollten wir den Markt abschöpfen, solange uns die Konkurrenz noch nicht im Nacken sitzt." Sein Kollege, Herr Bohne, meint hingegen: „Meine Erfahrung sagt mir, dass wir erst mal den Markt durchdringen sollten, danach können wir den Rahm abschöpfen."
   a) Erläutern Sie, welche Preisstrategien die beiden Außendienstmitarbeiter verfolgen möchten.
   b) Zu welcher Strategie raten Sie? Begründen Sie bitte Ihre Entscheidung.

5 Erstellen Sie mithilfe eines Tabellenkalkulationsprogramms eine Break-even-Point-Analyse und testen Sie Ihre Tabelle mit verschiedenen Werten für variable Kosten, fixe Kosten und Verkaufspreise. Werten Sie Ihre Ergebnisse grafisch aus.

6 Die Medi@ AG will den Verkaufspreis der Tageszeitung von 0,80 EUR auf 0,85 EUR anheben. Sie rechnet mit max. 0,5 % Mengenverlust.
Ermitteln Sie die Preiselastizität der Nachfrage und beurteilen Sie die Entscheidung.

7 Die Medi@ AG möchte mit ihrer Jazz-Compilation gegenüber den Konkurrenten eine Hochpreispolitik verfolgen.
   a) Stellen Sie dazu in Gruppen einen Katalog von Begründungen zusammen, die für die Reisenden (Außendienst) geeignet sind, den Kunden den Zusatznutzen gegenüber den Konkurrenzprodukten zu verdeutlichen.
   b) Tragen Sie Ihre Ergebnisse in der Klasse vor und entwickeln Sie ein Argumentationspapier für die Reisenden (Außendienst).

8 Mit ihren hochpreisigen Produkten möchte die Medi@ AG die Strategie der
   a) räumlichen Preisdifferenzierung,
   b) zeitlichen Preisdifferenzierung,
   c) persönlichen (sozialen) Preisdifferenzierung und
   d) sachlichen Preisdifferenzierung verfolgen.
Erarbeiten Sie dazu jeweils zwei Möglichkeiten.

9 Marktforschung und Kostenrechnung haben vor der Markteinführung für ein Produkt folgende Daten erfasst:

| Verkaufspreis (p) in EUR | Nachgefragte Menge m | Umsatz U | variable Stückkosten kv | fixe Stückkosten kf | gesamte Stückkosten kg | variable Kosten Kv | fixe Kosen Kf | Gesamtkosten Kg | Gewinn G | Stückgewinn g |
|---|---|---|---|---|---|---|---|---|---|---|
| 8,00 | 10 000 | | 2,00 | | | | 50 000 | | | |
| 6,00 | 20 000 | | 2,00 | | | | 50 000 | | | |
| 5,00 | 30 000 | | 2,00 | | | | 50 000 | | | |
| 4,00 | 40 000 | | 2,00 | | | | 50 000 | | | |
| 3,50 | 50 000 | | 2,00 | | | | 50 000 | | | |

   a) Vervollständigen Sie die vorstehende Tabelle als Grundlage für preispolitische Überlegungen.
   b) Welchen Preis wird das Unternehmen unter der Berücksichtigung dieser Daten aus der Marktforschung wahrscheinlich für ein Stück verlangen? Begründen Sie Ihre Entscheidung.
   c) Überprüfen Sie, ob eine andere Preisfestsetzung auch denkbar wäre, und wenn ja, mit welcher Zielsetzung.

### 6.3.2.2 Konditionen- und Kundendienstpolitik

Nachdem die Medi@ AG den Preis des neuen Szenemagazins „YUP" festgelegt hat, stehen nun Entscheidungen zu den weiteren Marketinginstrumenten an.
„Wenn wir ‚YUP' auf den Markt bringen, müssen wir uns überlegen, welche Konditionen wir den Grossisten bieten und ob wir nicht mal ganz neue Wege in Sachen Lieferungs- und Zahlungsbedingungen ins Auge fassen wollen." „Ganz wichtig ist aber auch, dass wir bei unserem neuen Magazin nicht nur die Zufriedenheit der Kunden mit dem Produkt, sondern auch mit unserer gesamten Unternehmensleistung im Auge haben", bemerkt Frau Zander. „Nur über vollkommene Kundenzufriedenheit kann man heute noch Kunden binden. Auch wenn wir bereits einige Kundendienstleistungen vorweisen können, ich bin mir sicher, dass es noch eine Vielzahl weiterer Möglichkeiten gibt. Wir sollten diese in der nächsten Projektsitzung in einem Brainstorming sammeln und im Hinblick auf die Einführung des neuen Magazins auswerten."

**Arbeitsaufträge**

- Beschreiben Sie, wie die Lieferungs- und Zahlungsbedingungen der Medi@ AG gestaltet werden können, sodass sie einerseits für Kunden einen Kaufanreiz bieten, aber andererseits der Medi@ AG eine schnelle Zahlung garantieren.
- Erläutern Sie an Beispielen die Servicepolitik.
- Überlegen Sie, warum es für die Medi@ AG wichtig sein könnte, zusätzliche Kundendienstleistungen anzubieten.
- Erarbeiten Sie ein mögliches Kundendienstleistungskonzept für die Medi@ AG.

#### Konditionenpolitik

Im Rahmen der Konditionenpolitik legt ein Unternehmen die Bedingungen fest, zu denen es seine Produkte an seine Kunden verkauft. Für ein Medienunternehmen stellt die Konditionenpolitik ein wesentliches marketingpolitisches Instrument dar und kann die gesamte Absatzstruktur beeinflussen. Konditionen sind ein Mittel der preispolitischen Feinsteuerung, wobei wettbewerbsrechtliche Regelungen zu beachten sind.

*Vergleiche hierzu Seite 329*

Wichtige Mittel der Konditionenpolitik sind Rabatte, Lieferungs- und Zahlungsbedingungen, Mindestmengenzuschläge und Mindestabnahmemengen, Garantiebedingungen sowie die Valutierung.

#### Rabatte (Preisnachlässe)

Preisnachlässe werden gewährt, um die Preise wirtschaftlich begründet möglichst flexibel auf die unterschiedlichen Abnehmer abstellen zu können.

| Rabattart | Beispiele |
|---|---|
| **Wiederverkäuferrabatt**<br>Gewährung von Rabatt an Abnehmer, die die Ware wiederverkaufen | *Die Medi@ AG gewährt dem Einzelhandel grundsätzlich einen Wiederverkäuferrabatt von 20 %.* |
| **Mengenrabatt**<br>Anreiz zu höheren Abnahmemengen | *Die Medi@ AG hat für den Bezug von CDs eine Rabattstaffel: ab 100 = 5 %, ab 500 = 10 %, über 1 000 = 20 %.* |
| **Treuerabatt**<br>Gewährung von Dauerpreisermäßigungen an langjährige Kunden | *Kunden, die bereits zehn Jahre mit der Medi@ AG zusammenarbeiten, erhalten einen Treuerabatt von 5 %.* |
| **Sonderrabatt**<br>Rabattgewährung an bestimmte Personenkreise oder zu besonderen Anlässen | *Die Mitarbeiter erhalten bestimmte CDs zum Sonderpreis.* |

## Lieferbedingungen

Die Gestaltung der Lieferbedingungen ist ein wichtiges Instrument des Marketings. Oft sind für Abnehmer die Produkte verschiedener Hersteller austauschbar bezüglich Preis, Ausstattung und Qualität. Die Entscheidung für einen bestimmten Lieferer hängt dann z. B. von den Lieferkonditionen ab.

**Beförderungskosten:** Nach der gesetzlichen Regelung muss sich ein Käufer seine Waren beim Lieferer auf eigene Kosten abholen (§ 448 BGB). Im Rahmen der Konditionenpolitik kann jedoch ein Unternehmen seinen Kunden entgegenkommen, indem es die Beförderung übernimmt. Dies gilt ebenfalls für die Verpackung und die Kosten für eine Transportversicherung.
Beispiel *Die Medi@ AG beliefert alle Abnehmer im gesamten Bundesgebiet ab 5 000,00 EUR Umsatz zuzüglich Mehrwertsteuer porto- und frachtfrei. (Der Mindestauftragswert beträgt 2 000,00 EUR.)*

**Lieferzeit:** Für Käufer ist häufig entscheidend, dass sie die Lieferzeit selbst bestimmen können. So wünschen manche Abnehmer, dass die Lieferung sofort, zu einem festgelegten späteren Zeitpunkt oder in bestimmten Teillieferungen erfolgen soll. Durch eine kundengerechte Gestaltung der Lieferzeit können Kaufentscheidungen von Abnehmern günstig beeinflusst werden.
Beispiel *Die Medi@ AG vereinbart mit ihren Abnehmern flexible Lieferzeiten, bei Bedarf kann ein fester Lieferzeitpunkt gewählt werden.*

**Lieferart:** Hier geht es um den Weg, den die Lieferung nehmen soll (z. B. Versand durch Bahn, Lkw, Flugzeug, Schiff), und die Kosten des Transports.

## Zahlungsbedingungen

Wenn über den Zahlungszeitpunkt im Kaufvertrag nichts ausgesagt ist, so gilt die gesetzliche Regelung, d. h., der Käufer hat sofort bei Übergabe der Ware zu zahlen. Auch hier kann eine großzügige Erweiterung dieser Regelung Kaufanreize geben.
Beispiel *Rechnungen der Medi@ AG sind innerhalb von 30 Tagen zu begleichen.*

**Zahlungsziel (Kundenkredit):** Ein Zahlungsziel liegt vor, wenn ein Verkäufer Ware liefert und dem Käufer einräumt, erst zu einem bestimmten späteren Zeitpunkt zu zahlen. Dies kann beim Käufer zu erheblichen Kosteneinsparungen führen, insbesondere dann, wenn er den Kaufpreis mit Fremdkapital finanzieren muss.
Beispiel *Die Medi@ AG liefert der Universitäts- und Stadtbibliothek Waren im Wert von 42 500,00 EUR. Sie gewährt dem Kunden ein außerordentliches Zahlungsziel von drei Monaten. Obwohl die Bibliothek das Geld zur Bezahlung zur Verfügung hat, nutzt sie das Zahlungsziel aus, da sie vorübergehend eine gute kurzfristige Anlage für Barkapital hat (Verzinsung zu 8 %). Hieraus ergibt sich für sie ein Zinsvorteil von 850,00 EUR.*

$$\text{Berechnung:}\quad \text{Zinsen} = \frac{\text{Kapital} \cdot \text{Monate} \cdot \text{Zinssatz}}{100 \cdot 12} = \frac{42\,500{,}00 \cdot 3 \cdot 8}{100 \cdot 12} = 850{,}00\ \text{EUR}$$

**Skonto:** Skonto ist ein Nachlass für vorzeitige Zahlung. Zwar wird ein Zahlungsziel vereinbart, jedoch wird dem Kunden erlaubt, z. B. 2 % vom Rechnungspreis abzuziehen, wenn er innerhalb der kürzeren Skontofrist die Rechnung bezahlt. Der Zinssatz ist auf ein Jahr gesehen so hoch, dass nur eine vorzeitige Zahlung für den Kunden attraktiv ist.

**Finanzierung:** Viele Industrieunternehmen bieten ihren Kunden Finanzierungshilfen an. Diese beinhalten insbesondere den Ratenkauf sowie den Kauf auf Kredit. Häufig werden die Kredite über bestimmte Kreditinstitute abgewickelt, mit denen die Unternehmen zusammenarbeiten.

Beispiel *Die Medi@ AG entschließt sich, ihren Abnehmern die Möglichkeit einzuräumen, ihre Produkte auf Kredit zu kaufen. Hierbei arbeitet sie mit der Stadtsparkasse Köln zusammen, die den Kunden der Medi@ AG bei Bedarf einen Kredit zur Verfügung stellt.*

## Mindermengenzuschläge und Mindestabnahmemengen

Aus Kostengründen verlangen viele Industrieunternehmen oft die Abnahme einer bestimmten **Mindestmenge**. Kunden, die trotzdem weniger bestellen wollen, wird ein **Mindermengenzuschlag** berechnet.
Beispiel *Die AGB der Medi@ AG sehen einen Mindestauftragswert von 500,00 EUR vor.*

## Sachmängelhaftung, Garantie, Kulanz[1]

Die Sachmängelhaftung für die Lieferung mangelfreier Produkte beträgt nach gesetzlicher Regelung 24 Monate. Häufig verlängern Lieferer auf dem Kulanzwege diese Frist, um ihren Kunden entgegenzukommen und sich von dem Angebot der Konkurrenz abzuheben (Garantie).
Beispiel *Die Medi@ AG übernimmt für alle Produkte eine Mindestgarantie von 36 Monaten.*

Im Rahmen der Kulanz kann ein Unternehmen auch Leistungen erbringen, zu denen es gesetzlich oder vertraglich nicht verpflichtet ist.
Beispiel *Ein Rechtsanwalt kauft im Musik-Fachhandel eine Hardrock-CD. Nach einer Woche bittet er um Umtausch in eine Kuschelrock-CD. Der Musik-Fachhandel ist rechtlich zu diesem Umtausch nicht verpflichtet. Im Wege der Kulanz nimmt er die alte CD zurück und gibt dem Kunden eine neue.*
Eine gegenüber der Garantieleistung erweiterte Garantie bietet dem Käufer zusätzliche Sicherheit, da der Hersteller die Haftung für die weiteren Jahre übernimmt.

## Valutierung

Bei der Valutierung datiert man eine Rechnung für einen Vertragsabschluss vor. Zahlung und Zahlungsbedingungen (z. B. Skonto) beziehen sich entsprechend auf das vordatierte Rechnungsdatum.
Beispiel *Viele Versandhäuser werben im Weihnachtsgeschäft damit, dass die Bezahlung oder die erste Rate erst in drei Monaten fällig wird. Der Kauf erfolgt im Dezember. Die Rechnung wird jedoch auf März datiert.*

## Kundendienstpolitik

Neben dem Produktangebot als Kernleistung bieten viele Industrieunternehmen immer mehr Zusatzleistungen an, die den Absatz fördern sollen. Durch die **Kundendienstpolitik** versuchen Industrieunternehmen, den Warenabsatz zu fördern und zu ergänzen. Gleichwertige Produktionsprogramme können sich so voneinander abgrenzen. Die Dienste können warenbezogen oder auch vom Warenabsatz unabhängig, entgeltlich oder unentgeltlich angeboten werden. Kunden können so neben dem Warenangebot zusätzliche Dienstleistungen in Anspruch nehmen.

## Serviceleistungen

Zu den **Serviceleistungen** zählen diejenigen Dienste, die vor, während oder nach dem Einkauf angeboten werden. Die **warenunabhängigen** Serviceleistungen sind generell auf den Kunden ausgerichtet und sollen seine Beschaffungstätigkeit erleichtern.
Beispiele Kundenbetreuung, Unterstützung bei Marketingaktivitäten, betriebswirtschaftliche Beratung und Schulung, Personalschulung

Im Mittelpunkt der **warenabhängigen** Serviceleistungen kann sowohl die Ware als auch der Kunde stehen. Sie sollen die Ingebrauchnahme der Ware, die Erhaltung und Verbesserung der Gebrauchstauglichkeit und die Entsorgung vereinfachen.

---

[1] Je nach Umfang und Ausgestaltung können Garantie und Kulanz auch Instrumente der Kundendienstpolitik sein.

*Vergleiche hierzu Seite 266*

**Beispiele** *Planung, Installation, Reparatur, Wartung, Pflege, Gebrauchsberatung, Waren- oder Investitionskredite, Kulanz, Zustellung, Entsorgung*

Serviceleistungen werden immer mehr zu einem wichtigen Marketinginstrument. Hierin kann für die Abnehmer ein entscheidendes Auswahlkriterium für die Wahl des Lieferanten bestehen.

### ● Qualitätsgarantien

Steigende Kundenerwartungen, rechtliche Rahmenbedingungen und die zunehmende Marktmacht im Handel zwingen die Hersteller, eine nahezu fehlerfreie Ware zu liefern, sodass eine Wareneingangskontrolle nahezu überflüssig wird. Mit zunehmendem Wettbewerbsdruck wächst darüber hinaus das Interesse der Industrieunternehmen, über **Qualitätssicherung** und **Qualitätsmanagement** Kunden fester an das Unternehmen zu binden. Der Begriff „Qualität" zielt jedoch nicht in erster Linie auf die Produktqualität ab, da diese weitgehend vom Hersteller bestimmt wird, im Vordergrund steht vielmehr die Qualität der erbrachten Leistungen insgesamt und somit des gesamten Leistungsangebots des Industrieunternehmens. Man spricht hier von **Total Quality Management** (**TQM**). Die grundlegende Norm für den Aufbau und die Beschreibung von Qualitätsmanagement-Systemen ist die **DIN EN ISO 9000 ff.** Dabei steht:

*Vergleiche hierzu Seite 464*

**DIN** für Deutsches Institut für Normung,
**EN** für EURopäische Norm,
**ISO** für International Organization for Standardization,
**9000 ff.** für die Nummer der Norm.

Das wesentliche Ziel dieser Norm ist die Schaffung eines national und international gültigen, einheitlichen Rahmens für den Aufbau und die Beschreibung von Qualitätsmanagement-Systemen.

Das **Zertifikat** einer Zertifizierungsstelle ist der Nachweis, dass das Qualitätsmanagement-System des Unternehmens von einer unabhängigen und kompetenten Stelle überprüft und überwacht wird. Neben der Zertifizierung des Qualitätsmanagement-Systems gehen viele Unternehmen noch weiter und unterziehen sich auf freiwilliger Basis einer Umweltbetriebsprüfung **(EU-Umwelt-Audit)**.

***Konditionen- und Kundendienstpolitik***

- *Die **Gestaltung der Konditionen** muss darauf abgestimmt sein, dass für die Kunden Kaufanreize entstehen. Sofern durch die Konditionen Kosten verursacht werden, müssen sie in der Preiskalkulation berücksichtigt werden.*
- *Die **Lieferbedingungen** umfassen die Beförderungskosten und die Lieferzeit.*
- *Die **Zahlungsbedingungen** regeln das Zahlungsziel, Skonto, Rabatte und Finanzierungshilfen.*
- *Die **Garantie** kann über den gesetzlichen Rahmen der Sachmängelhaftung (24 Monate) hinausgehen.*
- *Eine **Valutierung** ermöglicht die Vordatierung einer Rechnung und verändert entsprechend die Zahlungsbedingungen.*
- *Die **Kundendienstpolitik** umfasst alle warenbezogenen und warenunabhängigen Leistungen, die entgeltlich oder unentgeltlich erbracht werden.*
- ***Serviceleistungen**: Dienstleistungen, die vor, während oder nach dem Einkauf zusätzlich angeboten werden.*
- ***Qualitätsgarantien** versuchen, das Vertrauen in die Unternehmensleistungen zu stärken.*

## Aufgaben

1 Überlegen Sie sich Gründe, weshalb Lieferer ihren Kunden ein Zahlungsziel einräumen.

2 Es ist verständlich, dass Kunden lieber eine Garantiefrist haben, die die gesetzlich vorgeschriebene Frist von zwei Jahren übersteigt. Für den Lieferer können dadurch langfristige Verpflichtungen und ggf. Kosten entstehen. Zählen Sie Gründe auf, weshalb sich die Medi@ AG trotzdem zu längeren Garantiefristen entschließen könnte.

3 Geben Sie an, welche Vorteile die Medi@ AG und einer ihrer Kunden durch die Ausnutzung von Skonto haben.

4 Ein Kunde erhält eine Rechnung über 12 000,00 EUR, das Zahlungsziel beträgt zwei Monate, innerhalb von zehn Tagen können 2 % Skonto in Anspruch genommen werden. Der Kunde möchte über einen Kredit (Zinssatz 9 %) von seiner Bank den Skonto ausnutzen. Berechnen Sie, ob sich dieser Entschluss lohnt.

5 Werten Sie Anzeigen in Zeitungen bezüglich der Angabe von Liefer- und Zahlungsbedingungen aus, beschaffen Sie sich Liefer- und Zahlungsbedingungen von Unternehmen (Geschäftsbedingungen bei Kaufverträgen) und stellen Sie Unterschiede heraus.

6 Formulieren Sie für die Medi@ AG konkrete Konditionen für die Bezahlung und die Lieferung von Produkten.

7 Erstellen Sie mit einem Tabellenkalkulationsprogramm eine Entscheidungshilfe für die Ausnutzung eines Zahlungsziels oder den Abzug von Skonto! Ziel ist es, ein praktikables Instrument zu entwickeln, bei dem ein Rechnungsbetrag, ein Skontosatz und der marktübliche Zinssatz einzugeben sind. Aus diesen Werten ist eine eventuelle Kosteneinsparung bei Skontoausnutzung zu berechnen.

8 Erläutern Sie die verschiedenen Rabattarten und geben Sie an, wie Finanzierungshilfen des Lieferers kaufanreizend wirken können.

9 Welche Arten der Preisdifferenzierung treffen auf die folgenden Maßnahmen zu?
a) Räumlich b) Sachlich c) Zeitlich d) Persönlich
1. Ein bestimmtes Produkt ist in Italien preiswerter als in Deutschland.
2. Markenartikelhersteller verkaufen einen Teil ihrer Produkte als preiswertere „No-Name-Produkte".
3. Schüler, Studenten und Auszubildende erhalten Rabatte.
4. Die Telekom verlängert ab 22:00 Uhr den Takt für eine Telefoneinheit.
5. Die Preise sind in der Vorsaison günstiger als in der Hochsaison.

10 Überlegen Sie sich, welche Kundendienstleistungen Sie als Privatverbraucher bereits in Anspruch genommen haben, und sammeln Sie die Ergebnisse in einer Liste.

11 Sammeln Sie alle Kundendienstleistungen Ihres Ausbildungsbetriebs und ordnen Sie diese danach, ob sie warenabhängig oder warenunabhängig sind.

12 Erarbeiten Sie Bereiche, in denen Ihr Ausbildungsbetrieb Qualitätsgarantien erhält und in denen er welche geben könnte. Fassen Sie die Ergebnisse in der Klasse zusammen.

### 6.3.3 Distributionspolitik

Im Geschäftsbereich Musik der Medi@ AG wird heftig darüber diskutiert, wie man dem Problem der rückläufigen Verkaufszahlen begegnen kann. Geschäftsführer Markus Contzen berät sich mit dem Vertriebsleiter Rainer Wagner. „Vielleicht sollten wir zusätzlich zum klassischen Vertrieb über den Musik-Einzelhandel auch über direktere Absatzformen nachdenken", meint Rainer Wagner. „Was soll ich darunter verstehen?", fragt Markus Contzen. „Nun, wir könnten die neuen Veröffentlichungen als Downloads auf unserer Website anbieten. Gegen Bezahlung, versteht sich." „Vielleicht ist die Idee nicht schlecht – so würde man in jedem Fall eine zusätzliche Zielgruppe erreichen", überlegt Markus Contzen.

**Arbeitsaufträge**

- Erläutern Sie den Unterschied zwischen direkten und indirekten Absatzwegen anhand des Beispiels der Medi@ AG.
- Sammeln Sie weitere Argumente für die Ausweitung des Vertriebs auf Online-Medien.
- Nennen Sie weitere Formen des direkten und indirekten Absatzes.

Die **Distributionspolitik (Distribution = Verteilung**) beschäftigt sich im Rahmen der Absatzsystemgestaltung mit Entscheidungen über die Absatzwege und die Absatzorgane.

## Absatzwege

Im Rahmen der Absatzwegeentscheidung hat ein Unternehmen die Festlegung zu treffen, ob auf direktem oder indirektem Wege distribuiert werden soll, d. h. ob die Ware ohne Einschaltung des Handels **(= direkter Absatz)** oder unter Einschaltung des Handels **(= indirekter Absatz)** zum Kunden gelangen soll.
Grundsätzlich lässt sich feststellen, dass mit zunehmender Wertigkeit von Produkten die Länge des Absatzweges abnimmt.
Beispiel *Während Investitionsgüter meist direkt vom Hersteller zum Kunden gelangen, führt der Absatzweg von Gütern des täglichen Bedarfs meist über mehrere Stufen.*

- **Direkter Absatz:** Beim direkten Absatz beliefert ein Unternehmen den Endabnehmer direkt. Das ist nur möglich, wenn zu den Endabnehmern auch Kontakt hergestellt werden kann. Für die Kontaktaufnahme sind verschiedene Formen denkbar: Reisende, Verkaufsniederlassungen, Hausmessen oder Versandhandel.

- **Indirekter Absatz:** Viele Industriebetriebe beliefern den Endverbraucher indirekt. Sie vertreiben ihre Produkte über selbstständige Handelsunternehmen, d. h. über betriebsfremde Einrichtungen, wobei hier Absatzhelfer wie Kommissionäre, Makler und Handelsvertreter eingesetzt werden können.
  Beispiele *Großhandel, Einzelhandel, Marktveranstaltungen*

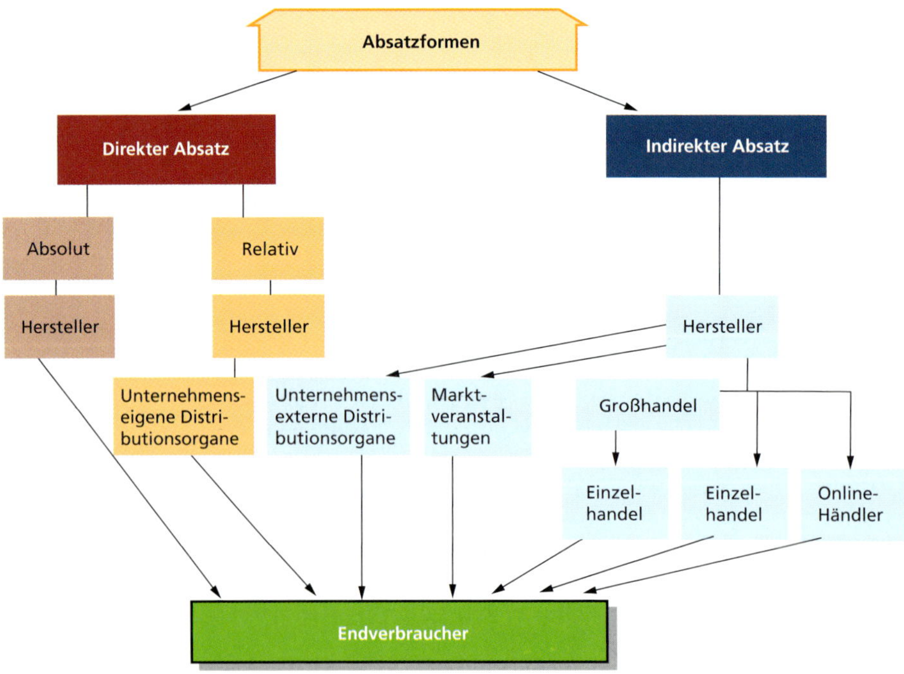

Auch der Händler kann von seinen Lieferern als Organ des direkten Absatzes genutzt werden, indem er als Vertragshändler oder Franchisenehmer arbeitet.

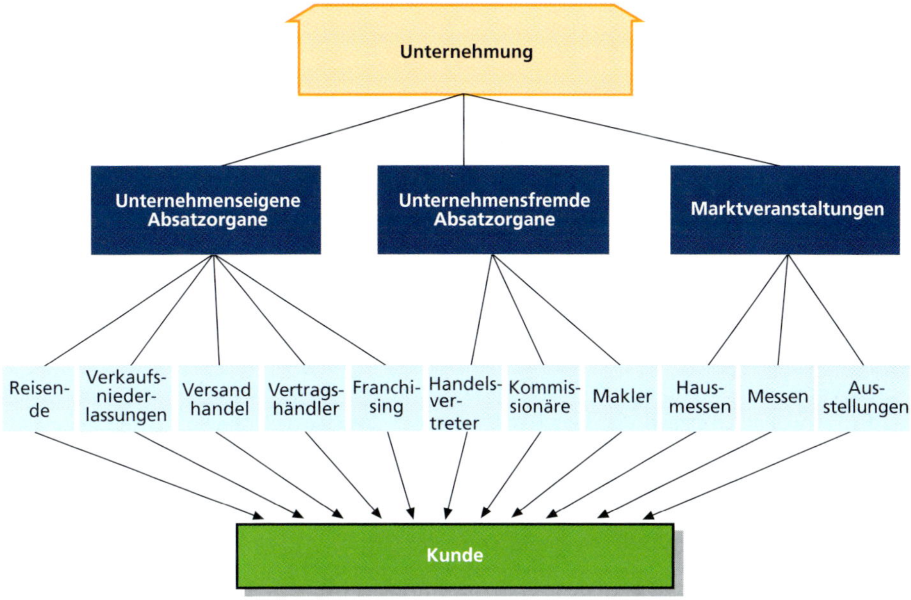


♦ *Unternehmenseigene Absatzorgane*

Die wichtigsten unternehmenseigenen Absatzorgane für den Industriebetrieb sind der eigene Außendienst (Reisende), Verkaufsniederlassungen, der Versandhandel, Franchising oder das Vertragshändlersystem.

- **Vertragshändler:** Ein Industriebetrieb und ein Handelsbetrieb schließen miteinander einen Vertrag, in dem sich der Händler verpflichtet, die Produkte des Herstellers nach dessen Marketingkonzept anzubieten. Der Vertragshändler ist **rechtlich selbstständiger Unternehmer** und vertreibt seine Produkte unter **eigenem Namen.** Er benutzt aber seinen Kunden gegenüber die Marke des Herstellers. Deshalb wirkt er auf einige Kunden wie eine Filiale (Außenstelle) des Industriebetriebes.
  Beispiel *Automobilhersteller vertreiben ihre Kraftfahrzeuge häufig über Vertragshändler.*
- **Franchising:** Hierbei handelt es sich um eine enge Kooperationsform, bei der der Franchisegeber (Franchisor = Kontraktgeber) aufgrund einer langfristigen Bindung dem rechtlich selbstständigen Franchisenehmer (Franchisee = Kontraktnehmer) gegen Entgelt das Recht einräumt, bestimmte Waren oder Dienstleistungen unter Verwendung der Firma, der Marke, der Ausstattung und der technischen und wirtschaftlichen Erfahrungen des Franchisegebers zu vertreiben.
- **Factory-Outlets (Fabrik-Verkaufsflächen):** Hersteller, die vorwiegend an Großabnehmer und Wiederverkäufer verkaufen, haben am Ort der Produktion Läden (Fabrikläden) für Endverbraucher eingerichtet. Wenn verschiedene Hersteller gemeinsam ein Factory-Outlet betreiben, spricht man von Factory-Outlet-Center.
- **Eigener Außendienst (Reisende):** Ein Unternehmen beschäftigt Mitarbeiter (Reisende), die im Außendienst Kunden beraten und Vertragsabschlüsse herbeiführen. Oft erhalten sie neben einem Grundgehalt (Fixum) und ihren Reisekosten (Spesen) zusätzlich Verkaufsprovision (Prämie für Absatzleistung). Sie besuchen die Kunden und präsentieren dort ihre Produkte über Kataloge, CD- oder Videopräsentationen bzw. mit Mustern oder Modellen. Der Kontakt zu den Kunden kann auf verschiedenen Wegen hergestellt werden.

**Beispiele**
- *Gezielte Werbebriefe*
- *Anzeigen in Fachzeitschriften, auf die Kunden mit der Aufforderung zu einem „Vertreterbesuch" reagieren*
- *Anfragen von Kunden, Versenden von Angeboten*
- *Kontakte auf Messen und Ausstellungen*
- *Gezielte Anrufe bei Kunden (Telefonmarketing)*

Für den Einsatz eines Reisenden spricht die meist starke Identifikation mit der Ware bzw. dem Unternehmen. Reisende sind strikt weisungsgebunden und geben durch ihre Besuchsberichte wertvolle Marktinformationen. Allerdings entstehen durch die Gehaltszahlungen hohe Fixkosten.

- **Verkaufsniederlassungen:** Um eine größere Nähe zu den Abnehmern zu erreichen, werden häufig Verkaufsniederlassungen (Verkaufsfilialen, -büros) errichtet. Hierbei kommt der Kunde zur Verkaufsniederlassung und kann Produkte betrachten, ggf. ausprobieren und nach einer Beratung auswählen.
  Der Vorteil der Einrichtung von Verkaufsniederlassungen besteht vor allem in der Beratung und dem Service durch eigene Mitarbeiter. Nachteilig ist jedoch, dass ein eigenes Vertriebsnetz weitaus höhere Kosten verursacht als die Einschaltung von Absatzmittlern.
- **Versandhandel:** Im Rahmen des Versandhandels wird das Sortiment über Kataloge, Anzeigen, Prospekte oder elektronische Medien angeboten. Die Zustellung erfolgt durch die Deutsche Post AG, private Paketdienste oder eigene Auslieferung.
  **Beispiel** *Die Medi@ AG plant, ihr Produktionsprogramm in Zukunft über Internet anzubieten. Interessierte Kunden können sich informieren und sofort online bestellen. Dabei gelten dieselben Lieferbedingungen wie im herkömmlichen Bestellverfahren: „24-Stunden-Service ohne Aufschlag – bis 12:00 Uhr bestellt, bis 12:00 Uhr am nächsten Tag versandt."*

♦ ***Unternehmensfremde Absatzorgane***
Als unternehmensfremde Absatzorgane stehen für Medienunternehmen Handelsvertreter, Kommissionäre oder Makler zur Auswahl.
- **Verkauf über Handelsvertreter:** Ein Handelsvertreter ist ein **selbstständiger Gewerbetreibender**, der ständig damit beauftragt ist, für andere Unternehmen Kontakte zu Kunden herzustellen und Geschäfte zu vermitteln oder abzuschließen (§ 84 ff. HGB). Selbstständig ist, wer im Wesentlichen seine Tätigkeit frei gestalten und seine Arbeitszeit frei bestimmen kann. Hierfür erhält er eine **Provision**.

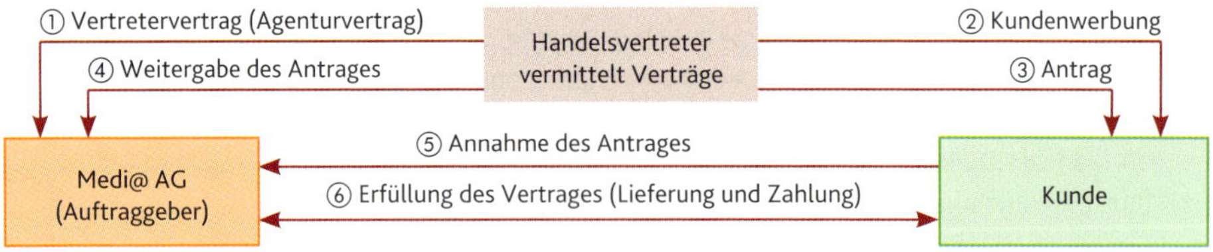


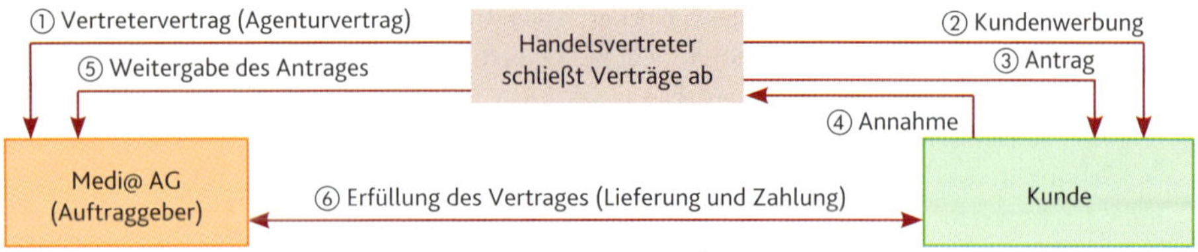


Für einen Industriebetrieb bedeutet der Einsatz von Handelsvertretern, dass er zunächst keinen direkten Kontakt zu den Kunden aufbaut und der Handelsvertreter bei Ausscheiden oft die Kunden mitnimmt. Vorteilhaft sind jedoch wesentlich niedrigere Fixkosten und häufig die höhere Besuchszahl/-frequenz bei Kunden sowie seine Marktkenntnis.

Der **Handelsvertreter** verkauft im indirekten Absatz die Produkte der Industrieunternehmung. Er tritt im Namen der Industrieunternehmung auf. Der Handelsvertreter kann jedoch für mehrere Unternehmen tätig sein. Ob eine Industrieunternehmung sich für einen Handelsvertreter oder einen Reisenden entscheidet, hängt neben den genannten Vor- und Nachteilen auch von den **Kosten** ab. Häufig ist es bei geringerem Umsatz günstiger, mit Handelsvertretern zu arbeiten, da die Umsatzprovision erst mit dem Umsatz anfällt, während der Reisende sein Gehalt immer erhält. Bei höheren Umsätzen ist der Einsatz von Reisenden günstiger.

- **Verkauf über Kommissionär:** Der Kommissionär ist ein **selbstständiger Kaufmann**, der gewerbsmäßig **Waren auf Rechnung eines anderen im eigenen Namen kauft oder verkauft** (§ 383 ff. HGB). Beim Kommissionsgeschäft schließt der Käufer (Kommissionär) mit seinem Lieferer einen **Kommissionsvertrag** ab, wobei der Lieferer (Kommittent) Eigentümer der Ware bleibt. Der Kommissionär wird lediglich Besitzer der Ware. Er verkauft sie in seinem Namen, d. h., sein Kunde weiß nicht, dass die Ware dem Kommissionär nicht gehört. Die verkaufte Ware rechnet der Kommissionär mit seinem Lieferer ab und behält eine **Provision** ein. Nicht verkaufte Ware gibt er an den Lieferer zurück.
  Beispiel *Für eine Open-Air-Veranstaltung schließt die iVent GmbH mit dem Getränkelieferanten Wagner einen Kommissionsvertrag ab. Dadurch wird iVent zum Kommissionär, Wagner zum Kommittenten. Die iVent GmbH braucht die Getränke erst zu bezahlen, wenn sie das Geld dafür von den Kunden der Veranstaltung erhalten hat.*

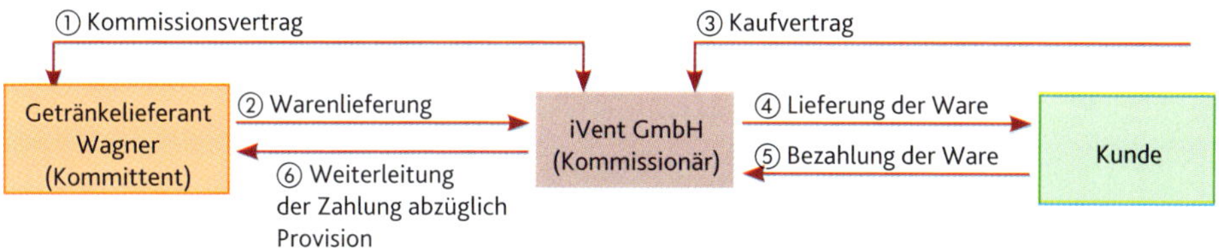


- **Verkauf über Makler:** Ein Makler (§§ 93 bis 104 HGB) **vermittelt nur von Fall zu Fall** den Abschluss von Verträgen. Er erhält für seine Dienstleistung eine **Courtage** (Maklerlohn). Sie ist i. d. R. je zur Hälfte von Käufer und Verkäufer zu tragen.

### ♦ *Marktveranstaltungen*

Marktveranstaltungen besitzen für das Industrieunternehmen den Vorteil, dass zahlreiche Anbieter und Nachfrager an einem Ort zusammengeführt werden.

- **Hausmessen:** Hausmessen ermöglichen es dem Industrieunternehmen, sein Angebot repräsentativ einer großen Anzahl von Kunden gleichzeitig vorzustellen. In regelmäßigen Abständen können so die Kunden in den Betrieb eingeladen und über das Angebot bzw. die neuen Artikel informiert werden. Verträge können aufgrund der ausgestellten Muster abgeschlossen werden.
- **Messen** sind Verkaufsveranstaltungen, die i. d. R. nur für das Fachpublikum (Wiederverkäufer und gewerbliche Verbraucher) in regelmäßigen Abständen an demselben Ort (Messeplatz) abgehalten werden. Verkäufe werden hier aufgrund von Mustern abgeschlossen. Für den Aussteller sprechen mehrere Gründe für die Beteiligung an einer Messe:
  - Verkaufsmöglichkeiten
  - Gewinnung neuer Kunden
  - Repräsentation des Unternehmens
  - Marktforschung und Marktinformation
  - Einführung neuer Produkte

  Eine Messe ist jedoch mit hohen Kosten für die Standentgelte, die Gestaltung des Messestandes, die Auswahl und Beschaffung von Werbemitteln und meist auch die Herstellung eines Messeprospektes verbunden.
  Beispiele *Deutsche Industriemesse Hannover, Leipziger Messe, Internationale Frankfurter Messe, Möbelmesse Köln*

Vergleiche hierzu Seite 353

- **Ausstellungen**: Im Unterschied zu Messen wenden sich Ausstellungen auch an die Allgemeinheit. Ausstellungen dienen hauptsächlich der Repräsentation und Information, weniger dem Verkauf.
  Beispiel *Internationale Automobilausstellung in Frankfurt*

***Distributionspolitik***
- *Die **Distributionspolitik** beschäftigt sich mit der Gestaltung der Absatzmethoden, -wege und -organe.*
- ***Absatzwege**: Der **direkte Absatz** kann durch die Geschäftsleitung selbst oder durch Reisende, Verkaufsniederlassungen, Hausmessen oder den Versandhandel erfolgen. Im **indirekten Absatz** (Verkauf über den Handel) kann das Unternehmen sich zwischen der Einschaltung des Großhandels, dem Einzelhandel, Marktveranstaltungen oder dem Einsatz von Handelsvertretern, Kommissionären, Maklern entscheiden.*
- ***Absatzformen:***
  - ***unternehmenseigene Absatzorgane:** Reisende, Verkaufsniederlassungen, Versandhandel, Franchising, Vertragshändler*
  - **unternehmensfremde Absatzorgane:** *Handelsvertreter, Kommissionäre, Makler*
  - **Marktveranstaltungen:** *Hausmessen, Messen, Ausstellungen*

## Aufgaben

1 Für viele Hersteller von Konsumartikeln (Lebensmittel, Gegenstände des täglichen Gebrauchs) ist der indirekte Absatz über den Einzelhandel der bedeutendste Absatzweg. Begründen Sie, weshalb die Hersteller diesen Absatzweg bevorzugen.

2 a) Beschreiben Sie die Vor- und Nachteile des Franchisingsystems aus der Sicht des Franchisegebers und -nehmers.
b) Erläutern Sie den Absatz über Handelsvertreter und nennen Sie Vor- und Nachteile für den Hersteller.

3 a) Erläutern Sie, weshalb es sinnvoll ist, mehrere Absatzwege zu kombinieren.
b) Erläutern Sie, welche Gesichtspunkte zu berücksichtigen sind, wenn ein Unternehmen verschiedene Absatzwege kombiniert.

4 Erstellen Sie mithilfe einer Tabellenkalkulation eine Entscheidungshilfe für den Kostenvergleich zwischen Handelsvertretern und Reisenden! Berücksichtigen Sie beim Reisenden ein Jahresgehalt von 45 000,00 EUR, Reisekosten von 25 000,00 EUR, Personalnebenkosten von 60 % des Jahresgehaltes, Betreuungskosten von 10 000,00 EUR und eine Umsatzprovision von 2 %. Für den Handelsvertreter sind zu berücksichtigen: Umsatzprovision von 12 % und Kosten für Produktschulungen, Prospekte, Kataloge usw. von 6 000,00 EUR.

5 Beschreiben Sie die Bedeutung des Großhandels für Industriebetriebe und für Endverbraucher.

6 Erläutern Sie die Unterschiede zwischen Handelsvertreter und Kommissionär sowie zwischen Franchising und Vertragshändler.

7 Der Buchverlag der Medi@ AG denkt über den Einsatz eigener Reisender nach. Führen Sie einen Kostenvergleich zwischen dem Einsatz von Handelsvertretern und Reisenden durch. Der erwartete Umsatz wird mit 250 000,00 und 500 000,00 EUR angenommen.

| | Handelsvertreter | Reisender |
|---|---|---|
| **Fixum** | *500,00 EUR/Monat* | *2 000,00 EUR/Monat* |
| **Provision** | *7,5 % vom Umsatz* | *1,5 % vom Umsatz* |

## 6.3.4 Kommunikationspolitik

### 6.3.4.1 Instrumente der Kommunikationspolitik

Die Markteinführung des neuen Szenemagazins „YUP" geht gut voran. Viele Vorüberlegungen sind schon angestellt, wie die Bestimmung der Absatzwege und die Preisfestlegung. Sven Schneider, der Herausgeber, schwärmt: „Dieses Magazin ist einfach Spitzenklasse, es wird sich wie von selbst verkaufen!" Die Vertriebschefin Sarah Parchim bremst ihn in seiner Euphorie: „Nun mal halblang! Kein Produkt verkauft sich von selbst, mag es noch so toll sein. Bisher ist YUP doch noch gar nicht so bekannt. Bis auch der letzte potenzielle Käufer von YUP erfährt, liegt noch eine Menge Arbeit vor uns." „Sie haben recht", räumt Herr Schneider ein. „Wir müssen ordentlich die Werbetrommel rühren – Fernsehen, Radio, Zeitungsanzeigen, Zeppelinwerbung ..." „Jetzt übertreiben Sie aber mal nicht! Wir engagieren unsere Werbeagentur, die West GmbH, die werden dann schon wissen, was nötig ist, um YUP bekannt zu machen", entgegnet Frau Parchim. „Und Werbung alleine genügt nicht - darüber hinaus müssen wir unser gesamtes Unternehmen in ein positives Licht setzen und unser Image pflegen."

**Arbeitsaufträge**

- Erarbeiten Sie, welchen Einfluss Werbung, Verkaufsförderung und Öffentlichkeitsarbeit auf den Erfolg eines Unternehmens haben.
- Erstellen Sie eine Übersicht über die Instrumente der Kommunikationspolitik der Medi@ AG.

Die **Kommunikationspolitik** umfasst jede bewusste und geplante Gestaltung der auf den Markt gerichteten Informationen eines Unternehmens.

Zu den Instrumenten der Kommunikationspolitik zählen die **Absatzwerbung**, die **Verkaufsförderung** (Salespromotions) und die **Öffentlichkeitsarbeit** (Public Relations). Mit dem Übergang vom Verkäufer- zum Käufermarkt sind die Unternehmen in zunehmendem Maße gezwungen, ihre Absatzmärkte systematisch zu erschließen und zu bearbeiten.

#### Absatzwerbung

Die Werbung informiert über Produkte und Dienstleistungen eines Unternehmens. Sie ist ein Bindeglied zwischen Anbietern und Nachfragern von Produkten und nimmt gezielt Einfluss auf Kaufentscheidungen von Abnehmern.

Die Aufgaben der Werbung werden mit der **AIDA-Formel** umschrieben:

| | | | | |
|---|---|---|---|---|
| A | = | Attention | = | Aufmerksamkeit erregen |
| I | = | Interest | = | Interesse wecken |
| D | = | Desire | = | Wünsche nach Produkten schaffen |
| A | = | Action | = | Kauf der Produkte |

**Ziele der Absatzwerbung:** Ziel der Absatzwerbung ist es, die potenzielle Zielgruppe über den geplanten Leistungsumfang zu informieren.

- **Bekanntmachung von Produkten bei den Abnehmern:** Nur durch Werbung können Abnehmer von der Existenz eines Produktes erfahren. Die Werbung informiert über den Grund- und Zusatznutzen eines Produktes bzw. einer Dienstleistung. Dadurch können ein **bestehendes Marktpotenzial** ausgeschöpft und **neue Abnehmer** gewonnen werden. Außerdem sollen bereits vorhandene Abnehmer, z. B. **Stammkunden**, gehalten werden.

  Beispiel *Die Medi@ AG vertreibt ihre Produkte vorwiegend an den Facheinzelhandel. Durch Werbung werden die Kunden auf die Medi@ AG, ihr Produktionsprogramm und die sonstigen Leistungen aufmerksam gemacht.*

Vergleiche hierzu Seite 322

- Wecken von neuen Bedürfnissen: Einen großen Teil der heute existierenden Produkte hat es vor 20 Jahren noch nicht gegeben. Die Bedürfnisse nach ihnen wurden erst durch Werbung geweckt. Es entstand ein Bedarf, da ein großer Teil der Bevölkerung bereit war, für diese Produkte Teile des Einkommens auszugeben.
  Durch das Wecken neuer Bedürfnisse entsteht ein neues Marktpotenzial und eine Nachfrage, die von Anbietern entsprechender Produkte befriedigt werden kann.
  **Beispiele**
  - ***MP3-Player:*** *Die Unterhaltungsindustrie hat durch Werbung das Bedürfnis geweckt, jederzeit und überall, unabhängig von einer Steckdose, bequem und individuell Musik hören zu können, ohne Mitmenschen durch eine Geräuschkulisse zu stören. Es entstand der Bedarf für den MP3-Player.*
  - ***Faxgeräte:*** *Die Telekommunikationsindustrie weckte durch Werbung das Bedürfnis, schnell und kostengünstig schriftliche Mitteilungen zu versenden. Heute ist aus Unternehmen ein Faxgerät nicht mehr wegzudenken. Man wundert sich, wie noch vor zwanzig Jahren ein Unternehmen ohne „Faxen" existieren konnte.*

## Grundsätze der Werbung

- **Wahrheit:** In erster Linie soll die Werbung der sachlichen Information der Kunden dienen. Zwar wird mit einer Werbebotschaft häufig versucht, bestimmte Assoziationen beim Kunden zu erwecken oder eine Scheinwelt mit Sachinhalten zu vermischen, um ihn zu einem Kauf zu bewegen. Jedoch darf die Werbung keine Unwahrheiten beinhalten.
  Vergleiche hierzu Seite 361
  **Beispiel** *Ein Elektronikhersteller wirbt: „Alle unsere DVD-Player sind von der Stiftung Warentest mit ‚sehr gut' bewertet worden", obwohl nie ein Test durchgeführt wurde. Hier liegt ein grober Verstoß gegen das Gebot der Wahrheit in der Werbung vor.*
- **Klarheit:** Der Werbezweck ist eindeutig und unmissverständlich anzustreben. Der Kunde soll eindeutig über die Vorzüge eines Produktes informiert werden.
  **Beispiel** *Ein Spielwarengeschäft wirbt in der Vorweihnachtszeit für Modelleisenbahnen. Es soll die Produktlinie „Mini-Trax" durch besondere Preiswürdigkeit herausgestellt werden. In einer Anzeige wird aber nur ausgesagt: „Wir bieten Ihnen ein interessantes Angebot von Spielzeug aller Art!" Diese Aussage ist unklar und wird ihr beabsichtigtes Ziel nicht erreichen.*
- **Wirksamkeit:** Die Art und Weise der Werbung muss den Werbezweck unterstützen und den Marketingzielen dienen, sie muss wirksam sein.
  **Beispiel** *Ein Käsegroßhändler in Oberammergau möchte für ein Sonderangebot an Weichkäse werben. Der Geschäftsinhaber denkt an einen Fernsehspot. Diese Werbemaßnahme ist selbstverständlich unwirksam, da sie den Zielkreis der Umworbenen nicht trifft (starke Streuverluste).*
- **Wirtschaftlichkeit:** Die finanziellen Aufwendungen für die Werbemaßnahmen müssen in einem angemessenen Verhältnis zu ihrem möglichen Erfolg stehen.

Der Werbeplan sollte unter Berücksichtigung der Grundsätze der Werbung erstellt werden.

## Arten von Werbung

Die Erscheinungsformen der Absatzwerbung sind vielfältig. Folgende Abgrenzungen sind gebräuchlich.

Nach der **Zahl der Umworbenen** werden unterschieden:

- **Einzelumwerbung:** Werbung eines Unternehmens richtet sich direkt an einen Umworbenen. Die Kosten hierfür sind relativ hoch.
  **Beispiel** *Die Medi@ AG wirbt für ihren Buchclub mit persönlichen Werbebriefen, die jeden Kunden direkt ansprechen.*
- **Massenumwerbung:** Werbung eines Unternehmens richtet sich an mehrere Umworbene oder an die Allgemeinheit.
  **Beispiel** *Die Medi@ AG wirbt für Musik-CDs mit Anzeigen in Zeitschriften.*

Nach der **Zahl der Werbenden** sind zu unterscheiden:

- **Einzel- oder Alleinwerbung:** Ein Unternehmen wirbt für sich allein.
  **Beispiel** *Die Medi@ AG schaltet eine Anzeige in einer Fachzeitschrift.*

- **Sammel-, Verbundwerbung:** Mehrere Unternehmen unterschiedlicher Branchen werben gemeinsam mit Angabe ihrer Firmen.
  Beispiel *Als Anzeige werden in der Tageszeitung die Namen aller am Bau eines Einkaufszentrums beteiligten Unternehmen genannt.*
- **Gemeinschaftswerbung:** Mehrere Unternehmen derselben Branche werben ohne namentliche Nennung der Werbenden gemeinsam für ihre Belange.
  Beispiel *Im Werbefernsehen wird ein Spot eingeblendet mit dem Text: „Aus deutschen Landen frisch auf den Tisch."*

Der **Werbeplan:** Es ist nicht sinnvoll, Werbung ohne sorgfältige Zielbestimmung, ohne Koordination mit den übrigen Marketinginstrumenten und ohne genaue Planung durchzuführen. In einem **Werbeplan** müssen deshalb folgende Punkte festgelegt werden:

| Inhalte des Werbeplans | Beispiele |
|---|---|
| ① **Streukreis**<br>Das ist die Personengruppe, die umworben werden soll, sie kann in spezielle **Zielgruppen** unterteilt werden. Der Streukreis wird durch Marktforschung festgestellt. | • *Die Media AG möchte ihren Absatz vergrößern. Ihr Marktpotenzial ist die gesamte Bevölkerung. Der Streukreis der Werbung umfasst somit die Zielgruppen private Haushalte und Unternehmen. Diese beiden Zielgruppen können weiter unterteilt werden, z. B. private Haushalte mit 1, 2, 3, 4 oder mehr Personen.* |
| ② **Werbebotschaft**<br>Hier wird festgelegt, was der Zielgruppe mitgeteilt werden soll. Durch die Werbung soll ein Produkt vom Nachfrager eindeutig identifiziert werden können, z. B. durch einen einprägsamen Namen, durch ein Markenzeichen, ein Logo oder ein Symbol. Gleichzeitig muss in der Werbebotschaft der Zielgruppe ein besonderer Nutzen (Grund- und Zusatznutzen) des Produktes mitgeteilt werden. Ferner wird bestimmt, wie die Botschaft präsentiert wird, durch Auswahl geeigneter Sprache, Farben, Sounds, Aktionsformen usw., und dabei Verstand (rationale Werbung) oder Gefühl (emotionale Werbung) ansprechen soll. | • *Das neue Szenemagazin der Medi@ AG berücksichtigt neben einem ansprechenden Design die Bedürfnisse der Menschen nach Information und Entertainment. Da es eine junge, dynamische Zielgruppe anspricht, wurde der Name „YUP" (Young Urban Professionals) gewählt.*<br>• *Die Medi@ AG wählt für die Präsentation des neuen Szenemagazins „YUP" eine dynamische, freche Sprache und stellt dabei klar den unterhaltsamen und „hippen" Charakter des neuen Produkts heraus.* |
| ③ **Bestimmung der Werbemittel**<br>Mit **Werbemitteln** werden die Werbebotschaften an die Abnehmer herangetragen. Mögliche Auswahlkriterien der Werbemittelauswahl sind z. B. die Reichweite, die Darstellungsmöglichkeiten oder die Kontaktfrequenz der Zielgruppe. | • *Anzeigen, Beilagen in Zeitungen*<br>• *Fernseh-, Kino-, Rundfunkspots*<br>• *Plakate, Prospekte, Kataloge, Flugblätter*<br>• *Schaufensterwerbung*<br>• *Werbegeschenke*<br>• *Werbebriefe*<br>• *Bandenwerbung bei Sportveranstaltungen*<br>• *Product Placement (Produkte werden in Kino- oder Fernsehfilmen eingesetzt. In einer Krimiserie benutzt ein Detektiv immer ein Fernglas eines bestimmten Herstellers, ein Schauspieler trinkt ein bestimmtes Bier usw.)*<br>• *Zeitungen, Fachzeitschriften, Anzeigenblätter*<br>• *Fernseh- und Rundfunkanstalten*<br>• *Plakatwände, Litfaßsäulen, Schaufenster*<br>• *Adressbücher, Datenbanken, Internet*<br>• *Direktwerbung (Werbebriefe, Drucksachen, Wurfsendungen)* |

| Inhalte des Werbeplans | Beispiele |
|---|---|
| ④ **Streuzeit**<br>Hier werden **Beginn und Dauer** der Werbung kalendermäßig festgelegt. Meist wird in einem Ablaufplan auch bestimmt, in welchem zeitlichen Umfang die Vorbereitungsarbeiten für die Werbung stattfinden (Fristen für Anzeigen in Zeitungen, Fristen für die Erstellung von Werbespots usw.). | *Die Medi@ AG möchte für ihr neues Szenemagazin „YUP" im Fernsehen und auf Plakaten werben. Hierzu muss festgelegt werden, zu welchem Zeitpunkt die Spots erscheinen bzw. die Plakate aufgehängt werden sollen. Sie entschließt sich, die Werbung erstmals mit dem Erscheinen des Magazins im Frühjahr zu schalten, weil zu dieser Jahreszeit die Zahl der Veranstaltungen zunimmt und die Leute somit mehr Bedarf nach gezielter Information über Veranstaltungstipps und Termine haben.* |
| ⑤ **Streugebiet**<br>Hier wird der **geografische Raum für die Werbung** festgelegt. Häufig bestimmt das Streugebiet die Auswahl der Werbemittel.<br>Die Medien, die die Werbemittel an die Zielgruppen herantragen, heißen Werbeträger. Durch sie soll die in den Werbemitteln enthaltene Werbebotschaft gestreut werden. | *Die Medi@ AG hat bei ihrer Werbung als Streugebiet Deutschland und wirbt u. a. in Fachzeitschriften mit Anzeigen. Für bestimmte Produkte kann sie kleinere Gebiete festlegen, z. B. den Verkaufsbezirk Nordrhein-Westfalen.* |
| ⑥ **Werbeintensität**<br>Sie ergibt sich als **Verhältnis der eingesetzten Werbemittel zum Streugebiet und zur Zielgruppe** und legt die **Häufigkeit der Werbung** fest. Wenn die Auswahl der Werbemittel und -träger nicht auf das Streugebiet und die Zielgruppe abgestimmt ist, kommt es zu Streuverlusten. | *Die Medi@ AG inseriert einmal pro Woche in bundesweiten Zeitschriften. Sie hat mit keinem großen Streuverlust zu rechnen, da die Zielgruppe dem Bevölkerungsdurchschnitt bzw. der Gesamtbevölkerung entspricht.* |

**Das Werbebudget:** Das Werbebudget bzw. der Werbeetat ist der Betrag in EUR, der für Werbezwecke ausgegeben werden kann. Dieser Betrag kann für einzelne Produktgruppen, Produkte oder spezielle Werbeaktionen aufgeteilt werden. Häufig wird er als Prozentanteil am Umsatz angegeben. Die Aufwendungen für Werbung werden in die Preiskalkulation der Produkte einbezogen.
Beispiel *Die Medi@ AG hat in den vergangenen Jahren regelmäßig etwa 4 % vom Jahresumsatz für Werbezwecke ausgegeben. Durch die Vermarktung des neuen Musik-Samplers werden im ersten Jahr etwa 200 000,00 EUR Umsatz erwartet. Da es sich um eine Neueinführung handelt, sollen die Werbeausgaben 6 % vom geplanten Umsatz betragen, also 18 000,00 EUR. Für diesen Betrag können z. B. Anzeigen geschaltet, Sonderprospekte, Plakate und Poster gedruckt und versandt werden.*

**Die Werbeerfolgskontrolle:** Mit Werbemaßnahmen und -aktionen werden wirtschaftliche Ziele angestrebt. Sie verursachen Kosten. Deshalb ist es erforderlich, diese Maßnahmen auf ihren Erfolg hin zu kontrollieren. In jedem Unternehmen kann es geschehen, dass neue Waren nicht vermarktet werden können und zu einem **„Flop"** werden. Die Ursachen hierfür können im Produkt selbst liegen, z. B. wenn kein Bedarf für dieses Produkt auf dem Markt vorhanden ist oder der Preis zu hoch angesetzt war. Es kann aber auch eine „falsche Werbung" verantwortlich sein, wenn z. B. die Zielgruppe nicht richtig angesprochen wurde.
Beispiel *Ein Software-Hersteller hat ein Programm entwickelt, das alle Finanzgerichtsurteile gespeichert hat. Der Benutzer gibt ein Stichwort ein, z. B. Abschreibung auf Fuhrpark, und erhält alle dazu gesprochenen Urteile, die er sich bei Bedarf ausdrucken lassen kann. Das Softwarehaus wirbt in allen Computerzeitschriften. Das Produkt wurde ein Flop, weil die Zielgruppe der Steuerberater mit der Auswahl der Werbeträger nicht getroffen wurde.*

Der wirtschaftliche Erfolg einer Werbeaktion ist durch **Umsatz- bzw. Absatzsteigerungen** messbar.
Beispiel *Die Medi@ AG hatte mit der Produktgruppe Zeitschriften einen Umsatz von 11,1 Mio. EUR. Innerhalb eines Jahres wurde eine Werbekampagne mit Kosten in Höhe von 300 000,00 EUR*

*durchgeführt. Nach einem Jahr ergab sich ein Umsatz mit der Produktgruppe Zeitschriften von 13,33 Mio. EUR, also eine Steigerung um 20,1 %.*

Neben den messbaren Größen im Absatz muss bei jeder Werbemaßnahme auch die psychologische Werbewirkung ermittelt werden. Hierzu zählt die Erhöhung des Bekanntheitsgrades des Unternehmens in der Öffentlichkeit.

**Einschalten einer Werbeagentur:** Viele Unternehmen überlassen die Werbung Spezialisten einer Werbeagentur. Sie haben i. d. R. eine höhere Fachkompetenz und sind Experten für spezielle Probleme, z. B. die Auswahl geeigneter Werbeträger und die Gestaltung von Werbemitteln. Außerdem haben sie gute Kontakte zu den Medien und arbeiten mit Marktforschungsinstituten zusammen, deren Ergebnisse sie mehrfach und somit kostengünstiger nutzen können. Sie beraten das Unternehmen in allen Fragen der Werbung gegen ein vereinbartes Honorar.

## ● Verkaufsförderung (Salespromotions)

Die **Verkaufsförderungsmaßnahmen** dienen der Motivation, Information und Unterstützung aller Beteiligten am Absatzprozess, den Verkäufern im Innen- und Außendienst, dem Groß- und dem Einzelhandel. Ferner sollen sie die Werbung unterstützen, die sich an den Endverbraucher richtet. Gemessen an den Gesamtausgaben für die Kommunikationspolitik nahmen die Ausgaben für Verkaufsförderung in den letzten Jahren erheblich zu. In einigen Bereichen und Branchen, z. B. der Lebensmittelindustrie, haben sie einen Anteil von etwa 50 %.

**Zielgruppen der Verkaufsförderung:** Adressaten der verkaufsfördernden Maßnahmen sind die eigenen Verkaufsorgane im Innen- und Außendienst, die Absatzmittler und die Verbraucher.

**Verkaufspromotion (Staff Promotions):** Diese Maßnahmen richten sich an das **Verkaufspersonal** im Innen- und Außendienst, dessen Leistungsfähigkeit und -bereitschaft verbessert werden soll.

**Beispiele**

- **Schulungen:** *Die Medi@ AG veranstaltet für ihre Verkaufsmitarbeiter folgendes Lehrgangsprogramm:*
  - **Produktschulung**: *Hier wird den Mitarbeitern das gesamte Produktionsprogramm ihres Unternehmens vorgestellt, damit sie bei Verkaufsverhandlungen über die Merkmale und die Qualität ihrer Produkte Bescheid wissen.*
  - **Verkaufstraining und Rhetorik:** *Hier werden Fähigkeiten der Gesprächsführung, der Argumentationstechnik, Techniken der Kundenansprache und -betreuung, Telefonverkaufstechniken u. Ä. trainiert.*
  - **Info-Dienst:** *Die Mitarbeiter erhalten monatlich eine geeignete Auswahl aus Presseberichten, Fachaufsätzen und Fachliteratur zum eigenen Studium.*
- **Motivation:** *Insbesondere die Mitarbeiter des Verkaufsaußendienstes werden durch gezielte Motivationsmaßnahmen zu Leistungssteigerungen angeregt. Hierzu gehören Provisions- und Prämiensysteme, Verkäuferwettbewerbe mit attraktiven Preisen und sonstige finanzielle Anreize. Ebenfalls zählt hierzu die private Benutzung eines repäsentativen Geschäftswagens.*
- **Verkaufsunterstützung:** *Alle Verkaufsmitarbeiter der Medi@ AG erhalten einen repräsentativen Aktenkoffer für ihre Preislisten, Kataloge und Prospekte. Ferner haben sie ein Handy, damit sie jederzeit mit der Zentrale in Verbindung treten können. Sie verfügen über ein leistungsstarkes Notebook mit Drucker und Modem, womit sie über den Telefonanschluss Texte, Tabellen und Notizen empfangen und versenden können. Für Demonstrations- und Präsentationszwecke können sie über eine mobile DVD-Anlage verfügen, auf der sie ihre Produktpalette vorführen können. Diese DVDs können sie potenziellen Kunden kostenlos überlassen.*

**Händlerpromotions (Dealer Promotions):** Beim indirekten Absatzweg über Groß- und Einzelhandel müssen die Händler durch geeignete Maßnahmen bewegt werden, die vom Hersteller angebotenen Produkte in ihr Sortiment aufzunehmen und zu verkaufen. Alle Aktionen erfolgen in der Regel in enger Zusammenarbeit mit den jeweiligen Herstellern. Hierzu werden folgende Promotionsaktivitäten eingesetzt:

| Art der Händlerpromotion | Erläuterungen | Beispiel |
|---|---|---|
| **Ausbildung und Information des Handels** | Das Personal der Groß- und Einzelhändler wird von den Herstellern geschult und ständig mit Produktinformationen versorgt. | *Spezielle Händlerzeitschriften, die vom Hersteller herausgegeben werden, Händler-Meetings oder -Tagungen, Ausbildung von Verkäufern des Händlers (Herstellerseminare mit hauseigenen Zertifikaten)* |
| **Beratung bei der Gestaltung der Verkaufsräume und der Kundenbetreuung** | Der Hersteller gibt dem Händler konkrete Hilfen für den Verkauf seiner Produkte in seinen Verkaufsräumen und für seine Werbung. | *Hilfen bei der Einteilung der Verkaufsfläche, der Warenplatzierung, Bereitstellen von Regalen, Vitrinen, Displays (Verkaufsständer, Poster, Schaufensterdekoration u. Ä.), Verpackungsmaterial, Druck von Prospekten und Katalogen für Händler usw.* |
| **Preis- und Kalkulationshilfen** | Der Hersteller empfiehlt den Händlern Verkaufspreise. | *Einführungs- und Mengenrabatte, Verkaufsaktionen mit Sonderrabatten* |
| **Motivation des Handels** | Der Hersteller motiviert durch Anreize den Handel, seine Produkte zu verkaufen. | *Händlerpreisausschreiben, Händlerwettbewerbe, Produktdemonstrationen beim Händler, Ausrichten von Verkaufsshows beim Händler, Schaufensterwettbewerbe usw.* |

**Verbraucherpromotions (Consumer Promotions):** Maßnahmen der Verbraucherpromotions beziehen sich auf den Ort des Verkaufs an den Endverbraucher, den sogenannten **POS (Point of Sale)**, also den Verkaufsraum eines Einzelhändlers. Das Ziel besteht darin, den Verbraucher auf bestimmte Produkte des Herstellers aufmerksam zu machen, ihn mit den Produkten in Kontakt zu bringen und einen Kaufanreiz zu schaffen.

**Beispiele** *Preisausschreiben für Kunden, Produktproben (z. B. Lebensmittel), Modenschauen bei Textilien, Aktionen mit Prominenten (Autogrammstunden im Warenhaus), Displays im Verkaufsraum usw.*

### ● Öffentlichkeitsarbeit (Public Relations)

Maßnahmen der Öffentlichkeitsarbeit (PR-Arbeit) eines Unternehmens beziehen sich nicht auf ein bestimmtes Produkt oder eine Produktreihe, sondern auf das Bild des Unternehmens, sein Image in der Öffentlichkeit. Sie sind getragen durch den Gedanken

„Tue Gutes und sprich darüber!"

**Wirksamkeit der PR-Arbeit:** Für die PR-Arbeit wird wie für die Werbung und die Verkaufsförderung ein Etat bereitgestellt. Eine exakte Kontrolle der Wirksamkeit ist jedoch nicht immer möglich, da mit Öffentlichkeitsarbeit kein direkter Umsatzzuwachs bei einzelnen Produkten angestrebt wird.

Jedoch kann eine gezielte PR-Arbeit auch **wirtschaftliche Erfolge** erzielen, wenn das Image eines Unternehmens in der Öffentlichkeit verbessert wird. Letztlich kann gute PR-Arbeit zum Überleben eines Unternehmens beitragen und seine Wettbewerbsfähigkeit stärken.

Beispiel *Das Bild von Lebensversicherungsgesellschaften war in der Öffentlichkeit jahrelang geprägt durch Begriffe wie Sterbegeld, Todesfall, Witwen, Waisen usw. Umsatzzuwächse waren nur in bescheidenem Maße zu erzielen, weil Lebensversicherungen mit einem negativen Image belastet waren. Durch aktive Öffentlichkeitsarbeit verschiedener Unternehmen konnte dieses Image teilweise korrigiert werden. Heute verbindet man mit einer Lebensversicherung (wie Umfragen ergeben haben) die Begriffe Sicherheit, Sparen für den Ruhestand, Finanzierungshilfe usw. Dadurch konnte die Zahl der abgeschlossenen Verträge erheblich gesteigert und der Bestand der Gesellschaften gesteigert werden.*

**Maßnahmen der PR-Arbeit:** Der Katalog möglicher PR-Arbeit ist unerschöpflich, es liegt an der Kreativität des einzelnen Unternehmens, sinnvolle PR-Aktivitäten zu initiieren. Häufig sind PR-Effekte auch recht preisgünstig zu erzielen. In jedem Fall ist es aber wichtig, die Öffentlichkeit über diese Aktivitäten zu informieren. Deshalb sind gute Kontakte zur Presse und zu den Medien Basis jeder PR-Arbeit. Auch hierbei können sich Unternehmen der Hilfe von Experten (PR-Agenturen) bedienen.

Beispiele *Die Medi@ AG hat im Rahmen ihrer Öffentlichkeitsarbeit folgende Maßnahmen und Aktivitäten durchgeführt:*

- *Einrichtung einer **Pressestelle**: Diese Funktion nimmt eine Mitarbeiterin der Marketingabteilung wahr. Sie informiert Journalisten über die Geschäftstätigkeit des Unternehmens, berichtet ihnen von Umstellungen im Produktionsprogramm, von größeren Investitionen, Mitarbeiterjubiläen usw.*
- *Jedes Jahr wird ein Tag der **offenen Tür** durchgeführt. Eingeladen sind neben der Presse alle Bürger, die sich für die Produkte der Medi@ AG interessieren. Sie werden kostenlos bewirtet und erhalten einen Firmenprospekt sowie einen Katalog. Für Kinder werden Spielstände aufgestellt.*
- *Die Medi@ AG fördert einen örtlichen Fußballverein **(Sponsoring)**. Es werden Trikots mit Firmenaufschrift und Bälle zur Verfügung gestellt.*
- *Die Geschäftsführung der Medi@ AG stiftet jährlich einen beträchtlichen Betrag für Kindergärten. Ebenfalls werden **Geld- und Sachspenden** für karitative Zwecke bereitgestellt.*
- *Frau Farthmann ist als Prüferin für die Ausbildungsberufe Werbekaufmann/Werbekauffrau und Verlagskaufmann/Verlagskauffrau bei der IHK bestellt, sie schreibt regelmäßig Artikel zur beruflichen Aus- und Fortbildung mit Nennung ihres Unternehmens **(Veröffentlichungen)**.*
- *Die Medi@ AG legt großen Wert auf **gute Ausbildung** in ihrem Hause. Über ihre Aus- und Fortbildungsaktivitäten berichtet sie regelmäßig in der Presse. Einige Schulungsveranstaltungen sind auch für betriebsfremde Interessenten zugänglich.*
- *Die Medi@ AG gibt Studenten und Schülern die Möglichkeit zur Absolvierung von **Betriebspraktika**. Es ist ein Fond eingerichtet worden, aus dem jährlich eine herausragende Examensarbeit prämiert wird.*
- *Die Medi@ AG informiert über die Presse die Öffentlichkeit, dass bei allen Produkten ihres Produktionsprogramms von ihren Lieferern ausschließlich umweltschonende Materialien verwendet und ökologisch vertretbare Produktionsverfahren eingesetzt wurden **(Umweltschutz)**.*

**Corporate Identity (CI):** Die Palette an Produkten und Dienstleistungen auf den Märkten wird immer größer. Gleichzeitig verwischen aber immer mehr die Unterschiede zwischen den einzelnen Produkten. Für Unternehmen, die sich auf dem Markt behaupten wollen, wird es daher zunehmend wichtiger, sich durch klare Image- und Profilgebung abzuheben.

Eine Möglichkeit, das Unternehmen in der Öffentlichkeit als geschlossene Einheit zu präsentieren, ist das Konzept der Corporate Identity. Hierbei handelt es sich um das Bestreben, eine eindeutige **Identifizierung (Erkennung) des Unternehmens** durch die Kunden, Lieferer und Mitbewerber zu ermöglichen. Corporate Identity zielt dabei auf eine Außenwirkung auf dem Markt. Dort sollen die Produkte mit dem **Qualitätsmerkmal „made by ..."** erkennbar sein. Vor allem bei Konsumgütern

vermitteln Image und Wert eines Produktes einen für den Verbraucher erstrebenswerten Lebensstil. Zwischen zwei bekannten Unternehmen wird der Kunde i. d. R. Produkte desjenigen Unternehmens bevorzugt kaufen, welches das bessere Image hat.
Beispiel *Die Medi@ AG hat ihre Arbeitsabläufe und Verantwortlichkeiten in einem Qualitätsmanagement-Handbuch beschrieben und durch ein Autorisierungsunternehmen[1] zertifizieren (= bescheinigen) lassen (Qualitätsaudit ISO 9000 ff.).*

Die gewünschte Außenwirkung wird durch das visuelle Erscheinungsbild des Unternehmens erreicht **(Corporate Design)**. Hierzu gehören z. B. einheitliche Firmenfarben und -symbole oder -logos, die sich von der Einrichtung der Gebäude, der Kleidung der Mitarbeiter bis hin zur Gestaltung von Briefköpfen und Vordrucken erstrecken.
Beispiel *Die Medi@ AG präsentiert ihr Firmenlogo auf allen Briefen, Rechnungen, Lieferscheinen, Lkw, Visitenkarten usw.*

Corporate Identity zielt auch auf unternehmensinterne Wirkungen. Angestrebt wird eine **Identifizierung der Mitarbeiter mit dem Unternehmen**. Hierzu gehören ein einheitlicher Führungsstil in allen Abteilungen und Maßnahmen der Personalförderung und -entwicklung. Gut **ausgebildete und motivierte Mitarbeiter** sind ein wesentlicher Wettbewerbsfaktor für Unternehmen. In den Ausbildungsstand der Mitarbeiter müssen enorme Summen investiert werden. Durch die Identifizierung der Mitarbeiter mit ihrem Unternehmen soll erreicht werden, dass diese Ausgaben sich lohnen und qualifiziertes Personal nicht zu Mitbewerbern abwandert.

***Instrumente der Kommunikationspolitik***

- ***Werbung***
  - *Die Werbung ist ein **Bindeglied zwischen Anbietern und Nachfragern** von Produkten. Werbung bietet für Unternehmen eine Möglichkeit der **Bestandssicherung** und **für Verbraucher** die Möglichkeit, sich über ein vielfältiges Produktangebot zu informieren.*
  - ***Ziele der Werbung:***
    - ***Ausschöpfen eines bestehenden Marktpotenzials** durch Bekanntmachung von Produkten bei den Abnehmern*
    - *Schaffung eines neuen Marktpotenzials durch Weckung neuer Bedürfnisse*
    - *Gewinnung neuer Kunden, Halten vorhandener Kunden*
  - ***Grundsätze der Werbung:***
    - *Wahrheit* • *Wirtschaftlichkeit*
    - *Klarheit* • *Wirksamkeit*
  - *Im **Werbeplan** werden festgelegt:*
    - ***Streukreis** (umworbene Personengruppe)*
    - ***Werbebotschaft** (Inhalte der Werbung für Zielgruppe)*
    - ***Werbemittel** (Anzeige, Fernsehspot)*
    - ***Werbeträger** (Zeitung, Fernsehanstalt)*
    - ***Streuzeit** (Beginn und Dauer der Werbung)*
    - ***Streugebiet** (geografischer Werbebereich)*
    - ***Werbeintensität** (Häufigkeit der Werbung)*
  - *Das **Werbebudget** legt die Höhe der Ausgaben für die Werbung fest.*
  - *Die **Werbeerfolgskontrolle** überprüft, ob die Werbemaßnahmen zu einem Umsatzzuwachs geführt haben.*
  - ***Werbeagenturen** übernehmen gegen Entgelt Planung und Realisation von Werbemaßnahmen. Sie helfen durch Fachkompetenz und Kontakte zu den Medien.*

[1] TÜVCERT (TÜV-Zertifizierungsgemeinschaft e. V.), VDE

- ***Verkaufsförderung (Salespromotions):*** *Diese Maßnahmen dienen der Motivation, Information und Unterstützung aller Beteiligten am Absatzprozess.*
  - ***Verkaufspromotions*** *beziehen sich auf das eigene Verkaufspersonal.*
    - ***Schulungen*** *(Produktkunde und Verkaufstechnik)*
    - ***Motivationsmaßnahmen*** *(finanzielle Anreize)*
    - ***Verkaufsunterstützung*** *(Prospekte, Präsentationsmedien)*
  - ***Händlerpromotions*** *richten sich an* ***Groß- und Einzelhändler sowie an Handelsvertreter****.*
    - *Ausbildung und Information*
    - *Beratung bei Verkaufsraumgestaltung und Kundenbetreuung*
    - *Preis- und Kalkulationshilfen*
    - *Motivationshilfen (Verkaufswettbewerbe)*
  - ***Verbraucherpromotions*** *richten sich an den* ***Endverbraucher*** *am Ort des Verkaufsgeschehens* ***(POS)****, z. B. Preisausschreiben, Displays im Verkaufsraum, Produktproben.*
- *Die* ***Öffentlichkeitsarbeit (Public Relations)*** *eines Unternehmens bezieht sich nicht auf einzelne Produkte, sondern soll ein* ***positives Bild bzw. Image des Unternehmens in der Öffentlichkeit erzeugen*** *und verstärken.*
  - ***Maßnahmen*** *sind z. B.: Sponsoring, Spenden, Kundenzeitschriften, Berichte über erfolgreichen Umweltschutz.*
  - ***Corporate Identity*** *umfasst Maßnahmen, die das Unternehmen in der Öffentlichkeit als geschlossene Einheit präsentieren und Mitarbeitern helfen, sich mit ihrem Unternehmen zu identifizieren.*

## Aufgaben

1 Beschreiben Sie das Marktpotenzial von Herstellern für
a) Kühlschränke, b) Autoradios, c) Büroschreibtische, d) Flachbildschirme, e) CD-Laufwerke für Computer.

2 Zählen Sie aus Ihrem Erfahrungsbereich Marktpotenziale auf, die vor fünf Jahren noch nicht vorhanden waren, und erläutern Sie, welche neuen Bedürfnisse damit geweckt wurden.

3 Die Medi@ AG benötigt für die Vermarktung des neuen Szenemagazins „YUP" einen Werbeplan. Sie sollen dabei behilflich sein. Als Werbebudget wird von der Medi@ AG ein Betrag von 80 000,00 EUR zur Verfügung gestellt. Dokumentieren Sie alle Ihre Arbeiten in einer hierfür angelegten „Werbeplan-Mappe". Machen Sie sich für alle Arbeiten einen zeitlichen Ablaufplan!
a) Legen Sie den Streukreis fest! Dabei können Sie auch verschiedene Zielgruppen bestimmen.
b) Formulieren Sie die Werbebotschaft. Stellen Sie den Nutzen des Produktes für die Zielgruppe(n) heraus, wählen Sie eine geeignete Sprache. Entwerfen Sie ein Plakat.
c) Geben Sie an, welche Werbemittel und Werbeträger ausgewählt werden sollen. Entwerfen Sie eine Anzeige in einer Fachzeitschrift, skizzieren Sie den Ablauf eines Werbespots im Fernsehen (etwa 30 Sekunden). Ermitteln Sie die Kosten für Anzeige bzw. Werbespot.
d) Legen Sie die Streuzeit fest.
e) Bestimmen Sie das Streugebiet.
f) Machen Sie Vorschläge, wie der Erfolg Ihrer Werbekampagne gemessen werden kann.

4 Erläutern Sie, welche Vorteile Sie durch die Einschaltung einer Werbeagentur haben.

5 Der Inhaber einer großen Werbeagentur behauptet: „Wir sind der Motor der Wirtschaft!" Sammeln Sie Argumente für und gegen diese Aussage und stellen Sie sie in einer Liste gegenüber.

6 Herr Dr. Sommer, der Leiter der Verwaltung, spricht mit Herrn Hoelk, dem Leiter des Geschäftsfeldes „Buch". Er sagt: „Ist es eigentlich nötig, dass für Ihre Verkäufer jährlich Tausende von Euro

ausgegeben werden, um sie in Verkaufstechnik zu schulen? Reicht es nicht aus, wenn jeder Verkäufer ein Buch erhält, das er dann selbst lesen kann?“ Herr Hoelk antwortet: „Die Ausgaben für die Verkäuferschulung sind gut angelegt, sie rentieren sich.“ Erläutern Sie, was Herr Hoelk damit meint.

7 Erstellen Sie für die Medi@ AG ein ausführliches Konzept für die Händlerpromotions! Alle Arbeitsergebnisse sind schriftlich zu dokumentieren, legen Sie hierzu eine Mappe „Verkaufsförderung“ an. Arbeiten Sie in Gruppen und vergleichen Sie anschließend die Arbeitsergebnisse! Berücksichtigen Sie folgende Aspekte:
   a) Ausbildung und Schulung des Handels (Schulungsinhalte, Formen der Information)
   b) Hilfen bei der Gestaltung der Verkaufsräume (entwerfen Sie Displays, Vorschläge für Dekorationen)
   c) Hilfen bei der Kundenbetreuung (Werbegeschenke, Kundenlisten)
   d) Preis- und Kalkulationshilfen (Rabatte)
   e) Motivation des Händlers (Verkaufsshow, Händlerwettbewerbe)

8 Im Rahmen der Verbraucherpromotions möchte die Medi@ AG über den Facheinzelhandel ein Preisausschreiben durchführen. Entwickeln Sie hierzu ein Konzept. Bedenken Sie, dass das Preisausschreiben letztlich einen Kaufanreiz für Produkte der Medi@ AG ausüben soll, zumindest aber die Produkte den Kunden näher bringen soll.

9 Erläutern Sie den Grundgedanken der PR-Arbeit „Tue Gutes und sprich darüber!“.

10 Beschreiben Sie an selbst gewählten Beispielen, weshalb der Erfolg der PR-Maßnahmen nicht exakt gemessen werden kann.

11 Untersuchen Sie den Katalog für PR-Arbeiten der Medi@ AG.
   a) Welche Maßnahmen sind Ihrer Meinung nach besonders wirksam, welche sind weniger wirksam? Begründen Sie jeweils Ihre Meinung.
   b) Machen Sie Vorschläge zur Ergänzung von PR-Maßnahmen, die kostengünstig, aber wirksam sind.

12 Erläutern Sie Corporate-Identity-Maßnahmen an einem Beispiel Ihrer Wahl.

### 6.3.4.2 Rechtliche Rahmenbedingungen der Kommunikationspolitik

Die Medi@ AG hat viel Geld in den Aufbau des neuen Szenemagazins „YUP“ investiert. Aus diesem Grunde möchte sie sich davor schützen, dass Konkurrenten dieses Konzept kopieren und damit an den Markt gehen. „Wir haben die Zeitschrift doch nicht erfunden, deshalb können wir auch kein Patent anmelden“, meint Herr Schneider, der Herausgeber. „Aber den Namen können wir zumindest schützen lassen“, antwortet Anna Behrendt, eine der Redakteurinnen.

**Arbeitsaufträge**

- Stellen Sie fest, ob es für die Medi@ AG möglich ist, den Namen „YUP“ schützen zu lassen.
- Untersuchen Sie weitere Möglichkeiten, wie die Medi@ AG die Konzeption neuer Zeitschriften vor Nachahmung schützen kann.

Um sicherzugehen, dass es im Kampf um Marktanteile fair zugeht, hat der Gesetzgeber eine Reihe von Gesetzen und Verordnungen erlassen, die Verbraucher und Mitbewerber vor unlauteren Maßnahmen schützen sollen.

#### Gesetz gegen den unlauteren Wettbewerb

Die wichtigste Rechtsgrundlage ist das **Gesetz gegen den unlauteren Wettbewerb (UWG)**. In diesem Gesetz ist im Paragraf 1 der Zweck des Gesetzes beschrieben, in dem es heißt:

### §1 Zweck des Gesetzes

*Dieses Gesetz dient dem Schutz der Mitbewerber, der Verbraucherinnen und der Verbraucher sowie der sonstigen Marktteilnehmer vor unlauterem Wettbewerb. Es schützt zugleich das Interesse der Allgemeinheit an einem unverfälschten Wettbewerb.*

Aufgrund dieser Verordnung sind u. a. folgende Handlungen verboten:

| Handlung | Beispiele |
|---|---|
| Irreführende Angaben | *Ein Musikfachhandel macht in der Werbung falsche Angaben über die Herkunft, die Herstellungsart, die Beschaffenheit oder den Preis seiner Waren.* |
| Benutzung fremder Firmen und Marken | *Ein Industriebetrieb kopiert das Firmenlogo der Medi@ AG, um von dem guten Ruf zu profitieren.* |
| Herabsetzen oder Anschwärzen eines Konkurrenten | *Ein Unternehmer behauptet wider besseren Wissens Kunden gegenüber, sein Hauptkonkurrent stehe kurz vor dem Insolvenzverfahren.* |
| Bestechung von Angestellten | *Einkäufer des Kunden werden mit Schmiergeldern oder Geschenken bestochen.* |
| Verrat von Geschäftsgeheimnissen | *Ein Konkurrent der Medi@ AG versucht über einen Mitarbeiter der Medi@ AG deren Bezugsquellen zu erfahren.* |

Vergleichende Werbung ist grundsätzlich zulässig, wenn der Vergleich nicht irreführend ist, nachprüfbare und typische Eigenschaften miteinander verglichen werden und der Mitbewerber nicht herabgesetzt oder verunglimpft wird. Ferner dürfen Imitationen nicht mit dem Original verglichen werden.

**Beispiele**

- ***Erlaubt:*** *„Leistungsstarke Bohrmaschinen – ab sofort 20 % billiger als beim Baumarkt XYZ"*
- ***Verboten:*** *„Bei uns steht der Kunde im Mittelpunkt – beim Baumarkt XYZ steht er nur im Weg!"*

## ● Gewerblicher Rechtsschutz

Bestimmte Leistungen genießen den Rechtsschutz durch den Gesetzgeber, um sie vor Missbrauch zu schützen.

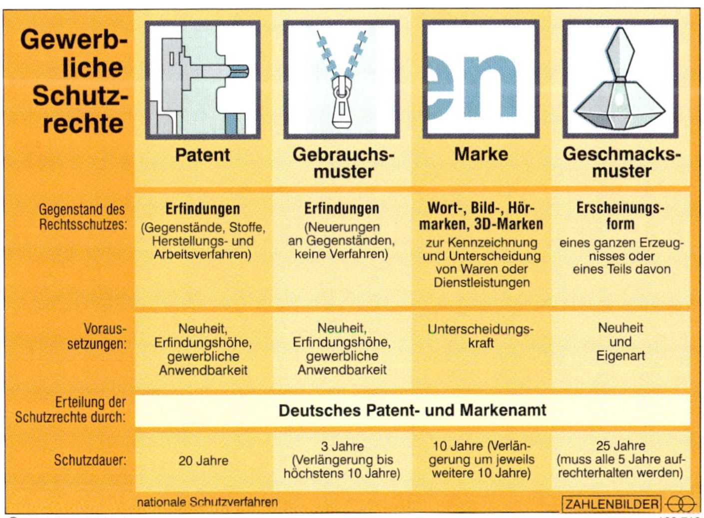

| Gewerbliche Schutzrechte | Patent | Gebrauchsmuster | Marke | Geschmacksmuster |
|---|---|---|---|---|
| Gegenstand des Rechtsschutzes: | **Erfindungen** (Gegenstände, Stoffe, Herstellungs- und Arbeitsverfahren) | **Erfindungen** (Neuerungen an Gegenständen, keine Verfahren) | **Wort-, Bild-, Hörmarken, 3D-Marken** zur Kennzeichnung und Unterscheidung von Waren oder Dienstleistungen | **Erscheinungsform** eines ganzen Erzeugnisses oder eines Teils davon |
| Voraussetzungen: | Neuheit, Erfindungshöhe, gewerbliche Anwendbarkeit | Neuheit, Erfindungshöhe, gewerbliche Anwendbarkeit | Unterscheidungskraft | Neuheit und Eigenart |
| Erteilung der Schutzrechte durch: | **Deutsches Patent- und Markenamt** | | | |
| Schutzdauer: | 20 Jahre | 3 Jahre (Verlängerung bis höchstens 10 Jahre) | 10 Jahre (Verlängerung um jeweils weitere 10 Jahre) | 25 Jahre (muss alle 5 Jahre aufrechterhalten werden) |

nationale Schutzverfahren

ZAHLENBILDER

© Erich Schmidt Verlag 128 710

♦ ***Patent***

**Patentgesetz**

§ 1 Patentgesetz

*Patente werden für Erfindungen erteilt, die neu sind, auf einer erfinderischen Tätigkeit beruhen und gewerblich anwendbar sind.*

Patente werden im Patentblatt bekannt gemacht. Bei einem **Sach- oder Erzeugnispatent** wird die erfundene Sache geschützt, bei einem **Verfahrenspatent** wird ein Herstellungsverfahren geschützt. Ein Patentinhaber kann seine Erfindung einem anderen überlassen, indem er ihm gegen eine Lizenzgebühr eine **Lizenz** erteilt.

**Beispiel** *Die Medi@AG hat ein Programm zum Musik-Downloaden entwickelt und als Patent angemeldet. Sie hat dieses Verfahren mehreren Unternehmen überlassen und erhält dafür regelmäßig Lizenzgebühren.*

Der Patentschutz dauert höchstens 20 Jahre, danach kann jedermann die bisher geschützte Erfindung verwerten.

**Beispiel** *Die Medi@AG nutzt ein patentiertes Verfahren zur Bindung von Taschenbüchern. Sie zahlt dem Patentinhaber dafür Tantiemen.*

♦ ***Marke***

**Markengesetz**

§ 1 Markengesetz

*Geschützte Marken und sonstige Kennzeichen. Nach diesem Gesetz werden geschützt:*
*1. Marken,*
*2. geschäftliche Bezeichnungen,*
*3. geografische Herkunftsangaben.*

Marken dienen dazu, in Wort und Bild eigene Erzeugnisse von denen anderer Hersteller oder Händler zu unterscheiden. Sie sind ein wichtiges Werbemittel auf Geschäftsbriefen, in Anzeigen und Katalogen. Nach der Anmeldung beim Patentamt werden sie zehn Jahre lang geschützt.

**Beispiele**

NIVEA

Mercedes-Benz

TUI

Deutsche Post

♦ ***Gütezeichen***

Sie werden von verschiedenen Herstellern als Garantie für bestimmte Mindestqualitäten ihrer Produkte verwendet und von Verbänden und Organisationen vergeben. Die Überwachung der Gütezeichen wird durch eine Einrichtung des Deutschen Normenausschusses, dem Ausschuss für Lieferbedingungen und Gütesicherung (RAL), durchgeführt.

Hierzu zählen auch die zertifizierten Qualitätsmanagementsysteme nach ISO 9000.

**Beispiele**

- ***Gebrauchsmuster***

> **§ 1 Gebrauchsmusterschutzgesetz**
>
> *Als Gebrauchsmuster werden Erfindungen geschützt, die neu sind, auf einem erfinderischen Schritt beruhen und gewerblich anwendbar sind.*

Geschützt werden Neuerungen an Arbeitsgerätschaften und Gebrauchsgegenständen (Werkzeuge, Haushaltsgeräte), jedoch keine Verfahren.
**Beispiel** *Die Soundvision GmbH, ein Anbieter von Veranstaltungstechnik, hat eine neuartige Linse zur Großbildprojektion von DVDs entwickelt, die vor einen handelsüblichen Beamer gesetzt werden kann. Das Gebrauchsmuster reicht sie beim Patentamt zum gewerblichen Schutz ein.*

> **§ 3 GebrMG (Begriff der Neuheit)**
>
> *Der Gegenstand eines Gebrauchsmusters gilt als neu, wenn er nicht zum Stand der Technik gehört.*
>
> **§ 4 GebrMG (Anmeldung)**
>
> *Erfindungen, für die der Schutz als Gebrauchsmuster verlangt wird, sind beim Patentamt schriftlich anzumelden.*
>
> **§ 23 GebrMG (Schutzdauer)**
>
> *(1) Der Gebrauchsmusterschutz dauert drei Jahre, die mit dem Tag beginnen, der auf die Anmeldung folgt.*
> *(2) Die Schutzdauer wird durch Zahlung einer Gebühr nach dem Tarif zunächst um drei Jahre, sodann um jeweils zwei Jahre bis auf höchstens zehn Jahre verlängert.*

- ***Geschmacksmuster***

> **§ 2 Geschmacksmusterschutzgesetz**
>
> *(1) Als Geschmacksmuster wird ein Muster geschützt, das neu ist und Eigenart hat.*
> *(2) Ein Muster gilt als neu, wenn vor dem Anmeldetag kein identisches Muster offenbart worden ist. Muster gelten als identisch, wenn sich ihre Merkmale nur in unwesentlichen Einzelheiten unterscheiden.*

Als Muster werden Darstellungen in der Fläche (zweidimensional) einschließlich der verwendeten Farbkombinationen bezeichnet.
**Beispiele** *Tapeten-, Stoffmuster, Schriftzeichen*
Modelle sind dreidimensionale Erzeugnisse. Hier können Formen und Farbkombinationen geschützt werden.
**Beispiele** *Geschirr, Möbel, Schmuck*

## Geräte- und Produktsicherheitsgesetz

**Mit dem Geräte- und Produktsicherheitsgesetz (GPSG) soll eine allgemeine Rechtsgrundlage dafür geschaffen werden, dass die von Herstellern und Händlern in den Verkehr gebrachten, für den privaten Verbrauch bestimmten Produkte sicher sind.**

Mit diesem Gesetz wird der **vorbeugende Verbraucherschutz** gestärkt. Die Behörden können bei Vorliegen von Produktgefahren Warnungen an die Bevölkerung veranlassen oder selbst aussprechen, den Rückruf unsicherer Produkte anordnen und den weiteren Verkauf untersagen. Grundsätzlich ist der Hersteller der primär Verantwortliche für die Produktsicherheit. Gleichwohl verpflichtet das Geräte- und Produktsicherheitsgesetz vom 1. Juli 1997 auch den Händler, dazu beizutragen, dass nur **sichere Produkte in den Verkehr** gebracht werden dürfen. Der Händler darf somit kein Produkt verkaufen, von dem er weiß oder anhand der ihm vorliegenden Informationen wissen müsste, dass das Produkt nicht sicher ist. Für den Fall, dass der Hersteller oder der Händler wissentlich ein unsicheres Produkt in den Verkehr bringt, sieht das Gesetz eine Strafe bis zu 30 000,00 EUR vor.
Beispiel *Ein Büromöbelhersteller erfährt, dass bei einem von ihm hergestellten Bürostuhl die Gasdruckfeder explodiert ist. Sofort informiert er alle Kunden, die diesen Stuhl gekauft haben, und nimmt den Stuhl in einer groß angelegten Rückrufaktion vom Markt.*

## Produkthaftungsgesetz

§ 1 Produkthaftungsgesetz

*Wird durch den Fehler eines Produktes jemand getötet, sein Körper oder seine Gesundheit verletzt oder eine Sache beschädigt, so ist der Hersteller des Produktes verpflichtet, dem Geschädigten den daraus entstehenden Schaden zu ersetzen.*

Der Hersteller eines Produktes haftet für alle Schäden, die aus dem Ge- oder Verbrauch fehlerhafter Ware entstehen. Er ist zu Schadenersatz verpflichtet. Die Haftung ist auf 85 Mio. EUR begrenzt. Der Hersteller kann die Schadenersatzpflicht weder ausschließen noch beschränken.
Beispiel *Wenn ein Automobilhersteller ein fehlerhaftes Auto ausliefert und ein Benutzer dieses Autos aufgrund eines Fehlers damit einen Unfall erleidet, so haftet der Hersteller für den entstandenen Schaden.*

Gegen das Risiko der Produkthaftpflicht können Versicherungsverträge abgeschlossen werden.

***Rechtliche Rahmenbedingungen der Kommunikationspolitik***
- ***Gesetz gegen den unlauteren Wettbewerb:*** *Verboten sind u. a. Handlungen, die gegen die guten Sitten verstoßen, irreführende Angaben, Benutzung fremder Firmen und Marken, Herabsetzung oder Anschwärzung eines Konkurrenten, Bestechung von Angestellten, Verrat von Geschäftsgeheimnissen.*
- ***Gewerblicher Rechtsschutz*** *(Missbrauchsschutz durch gesetzliche Vorschriften):*
  - *Patentgesetz*
  - *Geschmacksmustergesetz*
  - *Markengesetz*
  - *Gebrauchsmustergesetz*
  - *Gütezeichenschutz*
- ***Geräte- und Produktsicherheitsgesetz:*** *Stärkung des vorbeugenden Verbraucherschutzes durch Verpflichtung der Hersteller und Händler zu sicheren Produkten.*
- ***Produkthaftungsgesetz:*** *Der Hersteller eines Produktes haftet für alle Schäden, die aus dem Ge- oder Verbrauch fehlerhafter Ware entstehen.*

## Aufgaben

1 a) Erläutern Sie den Sinn des Gesetzes gegen den unlauteren Wettbewerb.
  b) Bilden Sie fünf eigene Beispiele für Verstöße gegen das Gesetz gegen den unlauteren Wettbewerb.

2 Ein mittelständischer Mitbewerber der Medi@ AG wirbt mit der Bezeichnung „größter Medienkonzern Deutschlands". Erläutern Sie, gegen welche gesetzlichen Vorschriften dieser Mitbewerber verstößt.

3 Erläutern Sie Patent-, Marken-, Gütezeichen-, Gebrauchs- und Geschmacksmusterschutz mit je einem Beispiel aus Ihrer Branche.

4 Zeigen Sie an verschiedenen Beispielen die Vorteile des Geräte- und Produktsicherheitsgesetzes für den Endverbraucher.

5 Welche der folgenden Aussagen über die Kommunikationspolitik sind richtig?
  a) Werbung soll die Aufmerksamkeit der Kunden auf die Produkte und Dienstleistungen lenken, Bedürfnisse wecken sowie neue Kunden gewinnen und den Kundenstamm erhalten.
  b) Grundsätze bei der Werbung sind: Klarheit, Wahrheit, Wirksamkeit, Wirtschaftlichkeit und eine damit verbundene soziale Verantwortung.
  c) Der Werbeplan gibt Auskunft über den Streukreis der Werbung, die Streuzeit, das Streugebiet.
  d) Die Öffentlichkeitsarbeit (Public Relations) ist Bestandteil der Verkaufsförderung.
  e) Verkaufsförderung (Salespromotions) ist Bestandteil der Absatzwerbung, z. B. durch den Einsatz von Propagandisten oder durch Zeitungsanzeigen.

6 Bei welchem Beispiel handelt es sich um Sammelwerbung?
  a) Ein Kaufmann lässt an alle Haushaltungen einen Werbebrief verteilen.
  b) An der Bushaltestelle werden Plakate angebracht mit der Aufschrift: „Fahr mit der Bahn."
  c) Im Werbefernsehen wird ein Spot eingeblendet mit dem Text: „Aus deutschen Landen frisch auf den Tisch."
  d) Als Anzeige werden in der Tageszeitung die Namen aller am Bau eines Einkaufszentrums beteiligten Unternehmen genannt.
  e) Auf einer Messe werden kostenlos Kosmetikbehandlungen mit Produkten eines Herstellers angeboten.

## Wiederholungsaufgaben

Die eternal GmbH produziert hochwertige Qualitätsuhren unter der Dachmarke „eternal" für Damen und Herren. Das mittelständische Traditionsunternehmen hat seinen Stammsitz in Pforzheim, dem Zentrum der deutschen Uhren-, Schmuck- und Silberwarenindustrie.
Die Uhren der eternal GmbH überzeugen in der Kombination aus innovativer Technik, verbunden mit einer sehr hohen Ganggenauigkeit und der Verwendung modernster Hightech-Materialien. Die Uhren haben darüber hinaus einen hohen Tragekomfort. Wegen ihres ausgefallenen Designs genießen die Uhren unter Kennern einen gewissen Kultstatus.
Vor fünf Jahren hatte die Marke „eternal" in der relevanten Zielgruppe einen Bekanntheitsgrad von 80 %. Mit einem Marktanteil von knapp 10 % in der Preisklasse zwischen 500,00 EUR und 5 000,00 EUR gehörte die eternal GmbH zu den ersten fünf in ihrer Branche.
Das Unternehmen hat in der Folgezeit die Werbemaßnahmen stark eingeschränkt. Seit zwei Jahren verzeichnet das Unternehmen kontinuierliche Absatzrückgänge. Eine im Jahr 2004 durchgeführte Untersuchung ergab, dass der aktive Markenbekanntheitsgrad in der Zielgruppe auf 10 % zurückgegangen ist.
Daher plant die Unternehmensleitung der „eternal GmbH" ein umfangreiches Marketing-Mix-Konzept. Unter anderem beabsichtigt sie im Rahmen der Produktpolitik, eine neue Uhrenserie im Bauhaus-Stil einzuführen. Die Uhren sollen für ca. 3 500,00 EUR je Stück angeboten werden. Zudem

soll in der „eternal GmbH" eine neue Uhr entwickelt werden, für die ein Endverbraucherpreis von 30,00 EUR vorgesehen ist. Dies ermöglicht die Erschließung neuer Marktsegmente.

**Der Markt**

Der Wettbewerb auf dem Markt für Luxusuhren ist relativ hoch. Es gibt hier eine große Anzahl von Marken, wobei andererseits ein starker Konzentrationsprozess durch Übernahmen und Aufkäufe zu beobachten ist. Für kleinere Uhrenanbieter mit weniger Mitteln ist es immer schwieriger, gegen die Vertriebsstärke der Großkonzerne bestehen zu können. Die bekanntesten und umsatzstärksten Marken unter den Luxusuhren sind Rolex und Cartier.

Das Thema Uhrendesign spielt zurzeit in der Uhrenwelt eine wichtige Rolle. Der permanent wachsende Stellenwert des Designs macht die ästhetische Gestaltung zu einem entscheidenden Wettbewerbsfaktor.

**Der Werbemarkt**

Im Werbemarkt findet sich der unerbittliche Konkurrenzdruck im Uhrenmarkt wieder. Um das kleine Potenzial der Luxusuhren-Käufer buhlen sehr viele Marken. Hier kommt es zu einem Verdrängungsmarkt, in dem die finanzstarken Uhrenkonzerne sich durch massive Verbraucherwerbung einen Vorteil im Wettbewerb verschaffen.

**Die Verbraucher**

Die Schmuckbranche versucht, sich mit neuen Konzepten auf veränderte Konsumbedürfnisse einzustellen. Neue Lifestyle-Konzepte fordern die Fachgeschäfte heraus. Die Gesellschaft wird immer stärker geprägt von ihren Freizeitgewohnheiten und Unterhaltungswünschen. Die bloße Bereitstellung von attraktiven Warensortimenten reicht nicht mehr aus, um Kunden zu begeistern. Es gilt, durch ein attraktives Umfeld Spontankäufe zu initiieren. Das Geschäft muss durch eine außergewöhnliche Gestaltung auffallen, durch neue Servicekonzepte überzeugen oder zum Ort attraktiver Veranstaltungen werden.

Sie werden als Marketingberater/-in gebeten, erste grundsätzliche Überlegungen für ein Marketingkonzept zu entwickeln. Dabei sollen folgende Schwerpunkte berücksichtigt werden:

a) Ziele
b) Zielgruppen
c) Positionierung
d) Maßnahmen

## Prüfungsaufgaben

1 Der Auszubildende der Buchhandlung Meyer muss jeden Morgen 20 km mit dem Auto zur Arbeit fahren. Daher beobachtet er aufmerksam die Entwicklung der Benzinpreise der Mineralölkonzerne.

a) Um welche der folgenden Marktformen handelt es sich bei den Mineralölkonzernen in Deutschland?

1. Angebotsmonopol
2. Polypol
3. Angebotsoligopol
4. Nachfrageoligopol
5. Zweiseitiges Oligopol

b) Welche der folgenden Aussagen über den Benzinmarkt in Deutschland sind zutreffend?

1. Tankstellen dürfen laut Kartellgesetz ihre Preise untereinander nicht absprechen.
2. Auf der Anbieterseite ist der Benzinmarkt sehr überschaubar, sodass die Preise der Mitbewerber untereinander bekannt sind.
3. Jeder einzelne Autofahrer beeinflusst durch sein Nachfrageverhalten den Preis. Der Anbieter kann den Preis nicht selbst bestimmen.
4. Auf dem Benzinmarkt sind die Anbieter nur Mengenanpasser.
5. Nur durch die Genehmigung der Kartellbehörde ist der Zutritt eines neuen Anbieters zulässig.

2 Die Beherbergungsunternehmung „dream well AG" betreibt in den großen Metropolen Deutschlands jeweils ein Hotel. Alle Hotels besitzen neben einem Restaurant und einer Bar auch gut ausgestattete Tagungsräume. Hinsichtlich Ausstattung und Qualität befinden sich die Hotels im gehobenen Segment. Der Preis für eine Übernachtung inkl. Frühstück beträgt im Durchschnitt 90,00 EUR pro Person. Leider musste die dream well AG feststellen, dass der Auslastungsgrad der Hotels in den letzten Jahren kontinuierlich gesunken ist.
Die Geschäftsleitung möchte mit Unterstützung einer Werbeagentur durch geeignete Maßnahmen den Auslastungsgrad mittelfristig wieder steigern. Die Gesamtkapazität der Hotelkette der dream well AG beträgt 2 000 Betten. In der Zeit von Montag bis Donnerstag beträgt der durchschnittliche Auslastungsgrad 51 %. Am Wochenende sinkt der Auslastungsgrad auf unter 30 %.
Die Werbeagentur schlägt der Geschäftsleitung der dream well AG vor, einen Wochenendtarif einzuführen und statt 90,00 EUR nur einen Betrag von 70,00 EUR pro Person und Nacht zu verlangen.
a) Erläutern Sie, welche Art von Preisdifferenzierung hier vorliegt.
Die variablen Kosten je Übernachtung liegen bei 15,00 EUR.
b) Ermitteln Sie den Deckungsbeitrag, der sich ohne Preisdifferenzierung ergibt.
c) Ermitteln Sie, auf wie viel Prozent der Auslastungsgrad am Wochenende mindestens steigen müsste, damit der gesamte Deckungsbeitrag pro Nacht durch die Preisdifferenzierung nicht verringert wird.
d) Durch welche Kommunikationsmaßnahmen könnte die Beherbergungsunternehmung ihren Auslastungsgrad mittelfristig erhöhen?

3 Die Greta GmbH ist eine mittelgroße Unternehmung, die sich auf die Herstellung von Stofftieren und Puppen spezialisiert hat. Die Unternehmensleitung möchte ein neues Stofftier entwickeln und sucht hierfür neue Ideen.
Zu den verschiedenen Techniken zur Generierung von neuen Produktideen gehört u. a. der „morphologische Kasten".
Erstellen Sie einen morphologischen Kasten für die geschilderte Situation.

4 Der Zentralverband der Werbewirtschaft veröffentlicht jährlich Statistiken über Umsatzzahlen seiner Branche. Erläutern Sie, wie diese Daten für die Zwecke der Marktforschung von der Werbeagentur West GmbH genutzt werden können.

5 Die „Brauhaus GmbH" ist eine mittelständische Brauerei mit Sitz in Dortmund. In diesem Jahr plant sie, im Bereich Öko-Sponsoring aktiv zu werden. Zu diesem Zweck soll jährlich ein Umweltschutzpreis an Personen oder Organisationen vergeben werden, die sich für den Umweltschutz in besonderer Weise eingesetzt haben.
a) Erläutern Sie, was man unter dem Begriff Öko-Sponsoring versteht.
b) Welche Ziele werden mit dem Öko-Sponsoring verfolgt?
c) Beschreiben Sie zwei Möglichkeiten, wie der Bierhersteller diese Sponsoringaktivitäten für die Unternehmungskommunikation verwenden kann.
d) Formulieren Sie drei Überlegungen zur Beurteilung der Eignung dieser Sponsoringaktivitäten.

6 Trotz zahlreicher Kommunikationsmaßnahmen musste die Brauhaus GmbH in den letzten Jahren kontinuierliche Absatzeinbußen hinnehmen. Die Unternehmungsleitung will mögliche Ursachen hierfür erforschen. Erläutern Sie
a) was man unter Marktbeobachtung, Marktanalyse und Marktprognose versteht.
b) folgende Begriffe: Marktvolumen, Marktanteil, Marktpotenzial, Sättigungsgrad.
c) was man unter dem Marktpotenzial für Bier versteht.
d) zwei Faktoren, die das Marktpotenzial für Bier beeinflussen.

7 Im Rahmen einer zeitlichen und leistungsbezogenen Preisdifferenzierung bietet ein deutsches Bahnunternehmen spezielle Wochenendtickets für 25,00 EUR an. Von Freitag 24:00 Uhr bis

Sonntag 24:00 Uhr können für diesen Preis alle Züge (ausgenommen IC und ICE) benutzt werden.

a) Erläutern Sie, was man unter einer zeitlichen Preisdifferenzierung versteht.
b) Erklären Sie, was man unter einer leistungsbezogenen Preisdifferenzierung versteht.
c) Erläutern Sie, warum diese Preisdifferenzierung die Ertragslage des Unternehmens vermutlich verbessert.

8 In der Chemowerke AG sind in letzter Zeit mehrfach Störfälle aufgetreten, bei denen giftige Stoffe in die Umwelt gelangt sind. Die Unternehmungsleitung hat daraufhin den Betriebs- und Produktionsablauf so verbessert, dass Störfälle in Zukunft nahezu ausgeschlossen werden können.

a) Überlegen Sie, welche drei wichtigen Dialoggruppen durch PR-Maßnahmen über den neuen Sicherheitsstandard unterrichtet werden sollten, und begründen Sie jeweils kurz Ihre Wahl.
b) Welche Möglichkeiten der Pressearbeit hat die Chemowerke AG?
c) Was sollte eine Pressemappe beinhalten?
d) Auch wenn die Pressearbeit den Schwerpunkt bildet, zeichnet sich PR dadurch aus, dass es eine Vielzahl von anderen wirksamen Maßnahmen gibt, darunter auch solche, die mit verhältnismäßig wenig Aufwand und kostengünstig realisiert werden können. Nennen Sie Beispiele für interne und externe PR.
e) Sie haben sich für die Betriebsbesichtigung als eine geeignete PR-Maßnahme entschieden. Entwerfen Sie stichwortartig den Ablauf einer Betriebsbesichtigung für eine externe Dialoggruppe.

9 Der Waschmittelhersteller Weißer-Waschen GmbH möchte einen neuen Weichspüler über den Handel vertreiben. Hierfür soll – neben anderen Kommunikationsmaßnahmen – ein geeignetes Verkaufsförderungskonzept erarbeitet werden. Das Ziel liegt in einer Platzierung des Weichspülers in möglichst vielen geeigneten Verkaufsstellen. Innerhalb der Verkaufsstellen soll eine möglichst günstige Produktplatzierung erreicht werden.

a) Beurteilen Sie die Bereitschaft des Handels, den neuen Weichspüler zu listen.
b) Geben Sie drei verkaufsfördernde Maßnahmen für den Hineinverkauf in den Handel an.

10 Eine französische Unternehmung möchte eine Kosmetikserie auf dem deutschen Markt einführen. Der Vertrieb soll jedoch nicht über den Handel, sondern direkt erfolgen. Erläutern Sie für diesen Fall zwei Formen des Direktvertriebs.

11 Die Compusoft GmbH ist ein kleines Softwareunternehmen mit zwei Verwaltungsangestellten und acht Softwareentwicklern. Das Unternehmen entwickelt im Auftrag von Unternehmungen Spezialsoftware und hat sich im Laufe der Jahre einen guten Ruf und dementsprechend einen relativ hohen Bekanntheitsgrad geschaffen. Der geschäftsführende Gesellschafter beschäftigt sich in seiner Freizeit schon seit Längerem mit linguistischen Problemstellungen. Vor Kurzem ist es ihm gelungen, ein Übersetzungsprogramm zu entwickeln, das beliebige Texte nahezu fehlerfrei, semantisch und grammatikalisch richtig vom Französischen oder vom Englischen ins Deutsche und umgekehrt übersetzt. Das Programm ist auf allen gängigen PC lauffähig. Für die Übersetzung eines Textes im Umfang einer DIN-A4-Seite benötigt das Programm etwa 20 Sekunden.

Der Geschäftsführer überlegt, ob er das Programm zunächst vorwiegend Unternehmungen zu einem Preis von 2 000,00 EUR oder einer breiten Zielgruppe zu einem Preis von 500,00 EUR anbieten soll. Die variablen Stückkosten betragen 150,00 EUR, die Fixkosten 1 Mio. EUR im Jahr. In den angegebenen Kosten sind weder Aufwendungen für den Vertrieb noch für Werbe- oder Kommunikationsmaßnahmen enthalten. Mitbewerber für ein solches Übersetzungsprogramm gibt es bislang noch nicht. Der Erfinder vermutet allerdings, dass spätestens nach zwei Jahren mehrere Konkurrenzprogramme mit vergleichbaren Leistungen angeboten werden.

a) Für welche der angegebenen Strategien sollte sich die Compusoft GmbH entscheiden? Begründen Sie Ihre Entscheidung.
b) Schlagen Sie eine geeignete Vertriebsform und entsprechende Werbemaßnahmen vor, wenn sich die Compusoft GmbH entscheiden sollte, das Programm an eine breite Zielgruppe zu vertreiben.

12 Die Welt schrieb:

> „Jeder kennt Billy. Fast jeder besitzt Billy. Billy hat die Welt verändert. Zumindest für Menschen mit dauerhaft erhöhten Lektürebedürfnissen. Für sie teilt sich die Zeit in zwei Epochen: Vor Billys Geburt (v. B.) und danach (n. B.). Denn Billy ist mehr als ein Regal. Billy ist die einrichtungstechnische Grundierung des jüngsten Kapitels unserer Geistesgeschichte.
> Billy ist seit 25 Jahren auf dem Markt. 1975 bot IKEA Billy zum ersten Mal an als Ordnungslifter für Bücherleser. Der Erfolg war durchschlagend und mächtiger als der Hersteller selbst: Als IKEA Billy im Jahre 16 n. B. (1991) aus dem Katalog nahm und seinen Kunden ein anderes, irgendein dahergelaufenes Non-Billy-Regal vor die Nase setzte, kam es zu Protesten und Boykottdrohungen. Die Legende berichtet, sogar Ex-Kanzler Helmut Schmidt habe sich für Billys Fortleben engagiert. Nach knapp zwei Jahren war Billy wieder im Programm und ist es seither kontinuierlich geblieben. Macht zusammen also 25 Jahre Billy. 28 Millionen Stück verkauft. Welch ein Jubiläum."

a) Nennen Sie die Phasen, die ein Produktlebenszyklus idealtypischerweise durchläuft.
b) Welche Phasen des Produktlebenszyklus hat das Regal „Billy" im Laufe seines Bestehens durchlaufen und in welcher Phase befindet es sich zurzeit? Begründen Sie Ihre Antwort.

13 Die Rheinische Verlag GmbH gibt eine regionale Tageszeitung, das „Rhein-Blatt", mit einer Auflage von 350 000 Exemplaren heraus. Der Wettbewerber, der Verlag Münger e. K., gibt außerhalb des Verbreitungsgebiets des Rheinischen Verlags die Tageszeitung „Ragener Morgenblatt", Auflage 80 000 Exemplare, heraus. Der Markt für Presseerzeugnisse im Verbreitungsgebiet der beiden Verlage ist ein „Käufermarkt".

a) Legen Sie dar, was man unter einem „Käufermarkt" versteht.
b) Zeigen Sie drei Möglichkeiten der beiden Verlage auf, ihre verkaufte Auflage durch entsprechende Marketingmaßnahmen zu steigern.

14 Die Medi@ AG plant die Markteinführung eines neuen Artikels innerhalb ihrer Produktpalette. Es bestehen bislang noch keine klaren Vorstellungen über Nachfrageverhalten, Preis und geeignete Webemaßnahmen. Bringen Sie durch Eintragen der Ziffern 1 bis 5 die folgenden Planungsmaßnahmen in die richtige Reihenfolge:

| | |
|---|---|
| Einsatz der Werbemittel im Streugebiet | ☐ |
| Durchführung einer Marktanalyse | ☐ |
| Werbeerfolgskontrolle | ☐ |
| Definition der Marketingziele | ☐ |
| Auswahl geeigneter Werbeträger | ☐ |

15 Der Verlag Trösser GmbH hat sich auf Lehrbücher für die Erwachsenenbildung spezialisiert. Zurzeit steht die Herausgabe eines neuen Aufgabenbuches für Englisch an. Der Verlag plant, zu Beginn des nächsten Semesters ergänzend zum Aufgabenbuch ein Lösungsheft und eine Audio-

kassette mit Sprachübungen anzubieten. Die drei Komponenten sollen einzeln und auch als Kombipaket angeboten werden.
Ihre Aufgabe ist es, als Produktmanager/-in des Verlags einen Bericht zu erstellen, in dem Sie darlegen, wie die Einführung dieses Kombipaketes marketingpolitisch unterstützt werden kann.

16 Stellen Sie die unterschiedliche Bedeutung der absatzpolitischen Instrumente bei folgenden Produkten dar:

a) Brötchen
b) Kaffee
c) Herrenoberbekleidung
d) Pkw
e) Lkw
f) Landmaschinen

17 Was versteht man unter Marktanalyse?

1. Die methodische Untersuchung der fortlaufenden Marktentwicklung;
2. die methodische Untersuchung der Marktverhältnisse zu einem bestimmten Zeitpunkt;
3. die methodische Untersuchung der Marktverhältnisse zurückliegender Zeiträume;
4. die permanente Untersuchung der Marktverhältnisse;
5. die langfristige Vorhersage einer zu erwartenden Marktsituation.

18 Ein Produkt soll auf dem direkten Absatzweg vertrieben werden. Welcher Sachverhalt beschreibt diese Art des Verkaufs?

1. Erzeuger – Einzelhandel – Endverbraucher
2. Erzeuger – Groß- und Außenhandel – Endverbraucher
3. Erzeuger – Reisender – Endverbraucher
4. Erzeuger – Handelsvertreter – Groß- und Außenhändler – Endverbraucher
5. Erzeuger – Kommissionär – Endverbraucher

19 Ein Unternehmen untersucht während eines Jahres fortlaufend den Markt für ein Produkt. Wie lautet der Fachausdruck für diese Untersuchung?

1. Markterkundung
2. Marktanalyse
3. Marktbeobachtung
4. Konkurrenzbeobachtung
5. Marktprognose

20 Welche der folgenden Marketingaktivitäten gehören nicht zu einem Werbeplan?

1. Festlegung des Verkaufspreises
2. Bestimmung der Zielgruppe
3. Festlegung des Streukreises
4. Produktvariation und -elimination
5. Entscheidungen über Werbeträger und -mittel

21 Welche der folgenden Aussagen über die Kommunikationspolitik sind richtig?

1. Werbung soll die Aufmerksamkeit der Kunden auf die Waren und Dienstleistungen lenken, Bedürfnisse wecken sowie neue Kunden gewinnen und den Kundenstamm erhalten.
2. Grundsätze bei der Werbung sind: Klarheit, Wahrheit, Wirksamkeit, Wirtschaftlichkeit und eine damit verbundene soziale Verantwortung.
3. Der Werbeplan gibt Auskunft über den Streukreis der Werbung, die Streuzeit, das Streugebiet.
4. Die Öffentlichkeitsarbeit (Public Relations) ist Bestandteil der Verkaufsförderung.
5. Verkaufsförderung (Salespromotion) ist Bestandteil der Absatzwerbung, z. B. durch den Einsatz von Propagandisten oder durch Zeitungsanzeigen.

# 7 Investitions- und Finanzierungsprozesse planen

## 7.1 Investitionen als Finanzierungsanlässe

Caroline Zander, Auszubildende zur Kauffrau für Marketingkommunikation bei der Werbeagentur West GmbH, und ihr Klassenkamerad Jörg Lehmann haben im Berufskolleg das Fach Allgemeine Wirtschaftslehre. Das Stundenthema lautet: „Arten und Ziele von Investitionen". Nach der Unterrichtsstunde diskutiert Caroline mit Jörg. „So ein Unsinn, was der Schneider mal wieder erzählt hat. ‚Investitionen in Mitarbeiter und Öffentlichkeitsarbeit', als ob ein Betrieb sein Geld nicht für sinnvollere Investitionen ausgeben könnte", sagt Jörg. „Du hast mal wieder nicht aufgepasst", antwortet Caroline. „Natürlich ist ein Betrieb an der Qualität seiner Mitarbeiter interessiert. Nimm doch nur die West GmbH. Erst letzte Woche waren alle Projektleiter während ihrer Arbeitszeit zu einem Seminar." „Aber das ist doch keine Investition. Eine Investition liegt doch nur dann vor, wenn ich eine Maschine, einen Lkw oder ein Gebäude kaufe." „Du bist ein hoffnungsloser Fall", erwidert Caroline. „Natürlich ist die Fortbildung von Mitarbeitern eine Investition."

**Arbeitsaufträge**
- Überprüfen Sie, ob Caroline mit ihrer Ansicht recht hat.
- Stellen Sie fest, welche Ziele und Arten von Investitionen sich unterscheiden lassen.

### Zusammenhang zwischen Finanzierung und Investition

Das Finanzmanagement ist mit der Finanzierung (Beschaffung von Finanzmitteln, von Kapital) für Investitionen befasst.
**Bei einer Investition werden finanzielle Mittel in Sachvermögen** (z. B. Grundstücke, Gebäude, Maschinen, Rohstoffe usw.), **Finanzvermögen** (z. B. Aktien) oder **immaterielles Vermögen** (z. B. Patente, Fortbildung von Mitarbeitern) umgewandelt. Investitionen zeigen sich auf der Aktivseite der Bilanz in den Positionen Anlage- und Umlaufvermögen.

Ein Unternehmen wird nur dann Kapital investieren, wenn erwartet werden kann, dass die Ausgaben für die getätigte Investition in angemessener Zeit durch Verkäufe wieder in das Unternehmen zurückfließen. Wird durch den betrieblichen Umsatzprozess Kapital wieder freigesetzt (= Kapitalrückfluss in Form von Einnahmen), spricht man von **Desinvestition**.
**Beispiel** *Die Werbeagentur West GmbH kauft eine DTP-Anlage im Wert von 15 000,00 EUR. Diese Investition wird als Kosten (Abschreibungen, Wartungs- und Reparaturkosten usw.) in die Auftragspreise einkalkuliert, da mit dieser Computeranlage der grafische Teil der Aufträge erledigt wird. Das in diesem Investitionsgut gebundene Kapital fließt somit im Laufe der Zeit als Einnahmen in das Unternehmen zurück.*

Die **Finanzierung** dient der Kapitalbeschaffung. Das Kapital kann beschafft werden durch eigene Einlagen des Unternehmers (**Eigenkapital**) oder durch Aufnahme von Krediten (**Fremdkapital**). Alle Maßnahmen zur Beschaffung von Geld- oder Sachkapital für die Unternehmung werden als Finanzierung bezeichnet.
**Beispiele**
- ***Für Sachkapital:*** *Die Druckerei MG Digital & Print KG kauft Papier ein; eine Werbeagentur kauft für Präsentationen in der Agentur einen neuen Beamer.*
- ***Für Geldkapital:*** *Caroline Hermann überlegt, einen weiteren Gesellschafter in die Werbeagentur West GmbH mitaufzunehmen; die Geschäftsleitung der Medi@ AG beantragt bei der Hausbank ein Darlehen über 500 000,00 EUR.*

Investition und Finanzierung bedingen einander, denn **Kapitalverwendung (Investition)** setzt immer **Kapitalbeschaffung (Finanzierung)** voraus. Kapital wird in einem Unternehmen ständig gebunden und wieder freigesetzt, d. h., es findet ein ständiger Prozess von Investition, Desinvestition und neuerlicher Investition (**Reinvestition**) statt. Mit der Kapitalfreisetzung sind der Absatz und der Verkauf verbunden. Sie führen zu Einnahmen und zu Kapital freisetzenden Zahlungsströmen.

Die Beschaffung und Verwendung des Kapitals ist aus der **Bilanz** eines Unternehmens zu ersehen:

| Aktiva | Bilanz der Druckerei MG Digital & Print KG, Köln, zum 31. Dezember .. | | Passiva |
|---|---|---|---|
| A. Anlagevermögen | | A. Eigenkapital | |
| I. Sachanlagen | | I. Gezeichnetes Kapital | 600 000,00 |
| 1. Grundstücke, Gebäude | 300 000,00 | II. Gewinnrücklagen | 50 000,00 |
| 2. Maschinen | 200 000,00 | III. Jahresüberschuss/ -fehlbetrag | 206 250,00 |
| 3. Werkzeuge | 17 500,00 | | |
| 4. Fuhrpark | 160 000,00 | B. Rückstellungen | |
| 5. Geschäftsausstattung | 105 000,00 | 1. Pensionsrückstellungen | 100 000,00 |
| | | 2. Steuerrückstellungen | 25 000,00 |
| B. Umlaufvermögen | | 3. Sonstige Rückstellungen | 17 500,00 |
| I. Vorräte | | | |
| 1. Roh-, Hilfs- und Betriebsstoffe | 186 000,00 | C. Verbindlichkeiten | |
| 2. Unfertige Erzeugnisse | 65 000,00 | 1. Verbindlichkeiten gegenüber Kreditinstituten | 62 500,00 |
| 3. Fertige Erzeugnisse | 14 000,00 | 2. Verbindlichkeiten a. LL | 100 000,00 |
| | | 3. Sonstige Verbindlichkeiten | 27 500,00 |
| II. Vorräte | | | |
| 1. Forderungen a. LL | 105 500,00 | D. Passive Rechnungs-abgrenzung | 7 250,00 |
| 2. Übrige sonstige Forderungen | 17 500,00 | | |
| III. Liquide Mittel | 82 500,00 | | |
| C. Aktive Rechnungs-abgrenzung | 6 500,00 | | |
| | 1 200 000,00 | | 1 200 000,00 |

↑ Die Aktivseite stellt die **Formen des Vermögens** dar, d. h. die **Mittelverwendung = Investition**

↑ Die Passivseite stellt die **Quellen des Kapitals** dar, d. h. die **Mittelherkunft = Finanzierung**

Kapitalbeschaffung ist kein einmaliger Vorgang, der nur bei Gründung eines Unternehmens erforderlich ist, sondern eine laufende Tätigkeit des Unternehmens.
**Beispiele** *Die Werbeagentur West GmbH muss u. a. Umbaumaßnahmen durchführen, Betriebserweiterungen realisieren, veraltete Einrichtungsgegenstände erneuern, die Computer auf dem neuesten Stand halten, Mitarbeiter fortbilden.*

## ● Ziele von Investitionen (Investitionsanlässe)

Unternehmen investieren aus verschiedenen Gründen. Diese Gründe lassen sich anhand folgender Investitionsziele unterteilen.

### ♦ *Ökonomische Ziele*

- Ersatz verbrauchter oder veralteter Betriebsmittel durch neue Betriebsmittel zur Erhaltung der Betriebsbereitschaft (**Ersatzinvestitionen**)
  **Beispiel** *Kauf einer leistungsfähigen DTP-Anlage*
- Kapazitätserweiterung durch zusätzliche oder leistungsfähigere Betriebsmittel (**Erweiterungsinvestitionen**)
- Anpassung der Betriebsmittel an den technischen Fortschritt
- Ertragssteigerung durch Erhöhung der Leistungsfähigkeit mit produktiveren oder kostengünstigeren Betriebsmitteln (**Rationalisierungsinvestitionen**)
  **Beispiel** *Die Druckerei MG Digital & Print KG kauft zwei neue Offsetdruckmaschinen, die eine um 40 % höhere Kapazität als die alten Maschinen haben. Ferner können zwei Arbeitskräfte eingespart werden.*

- Investition in andere Bereiche, um eine Risikostreuung zu erreichen
- Umstellungsinvestition, bei Änderung der Produktionsziele muss die Nutzung vorhandener Anlagen verändert werden (**Umstrukturierung**)
- Forschung und Entwicklung zur Verbesserung von Zukunftsaussichten eines Unternehmens
  **Beispiel** *Die Druckerei MG Digital & Print KG schickt drei Mitarbeiter zu einer Fortbildungsveranstaltung, in der diese in neue Produktionstechniken eingewiesen werden.*

### ♦ *Soziale Ziele*

- Sicherung von Arbeitsplätzen
- Verringerung von Unfallgefahren am Arbeitsplatz
- Verbesserung der Arbeitsumgebung

### ♦ *Ökologische Ziele*

- Vermeidung von Umweltbelastungen
- Verringerung des Verbrauchs von knappen Rohstoffen

## ● Arten der Investitionen

Investitionen lassen sich in Sach-, Finanzinvestitionen und immaterielle Investitionen unterscheiden.

### ♦ *Sachinvestitionen*

Sie unterteilen sich in Anlage- und Vorrats- oder Lagerinvestitionen. Anlageinvestitionen führen zu einer Erweiterung des Anlage- oder Umlaufvermögens.

Gegenstand der **Anlageinvestitionen** sind
- der Ersatz verbrauchter Betriebsmittel durch gleichartige oder gleichwertige Betriebsmittel (**Ersatzinvestitionen**),
- die Erweiterung der Kapazität des Betriebes (**Erweiterungsinvestitionen**),
- die Verbesserung der Leistungsfähigkeit des Betriebes durch Ersatz alter Betriebsmittel durch leistungsfähigere (**Rationalisierungsinvestitionen**).

Durch Rationalisierungsinvestitionen sollen insbesondere Personalkosten eingespart, die Produktivität erhöht und die Ausschussquote gesenkt werden, d. h., es soll ein Rationalisierungseffekt erzielt werden.

Volkswirtschaftlich hat eine solche Investition möglicherweise nachteilige Folgen, da freigesetzte Arbeitskräfte zu einer höheren Arbeitslosenquote führen können. Hieraus ergibt sich ein **Zielkonflikt**, da das ökonomische Ziel der Produktivitätssteigerung unter Umständen nicht mit dem sozialen Ziel der Arbeitsplatzsicherung harmoniert.

Vergleiche hierzu Seite 540

Beispiel *Die Druckerei MG Digital & Print KG stellt ihre Produktion zunehmend auf den Digitaldruck um. Bisher waren drei Mitarbeiter im Hause für die Reproduktion erforderlich. Da diese für einen Großteil der Aufträge entfällt, müssen eventuell zwei Arbeitskräfte entlassen werden.*

Auch die **Erstinvestitionen** (**Gründungsinvestitionen**), die bei der Betriebsgründung erforderlich sind, zählt man zu den Sachinvestitionen.

Beispiele *Grundstücke, Gebäude, Fuhrpark, Maschinen der MG Digital & Print KG*

Die erforderlichen liquiden Mittel sind ebenfalls zu berücksichtigen.

- **Vorratsinvestitionen** (**Lagerinvestitionen**) führen zu einer Zunahme der Werkstoffe (Roh-, Hilfs- und Betriebsstoffe) und der noch nicht verkauften eigenen Erzeugnisse (unfertige und fertige Erzeugnisse). Diese Investitionen bewirken eine Vergrößerung des Umlaufvermögens.

  Beispiel *Kopierpapier, Papierrollen, Druckfarben*

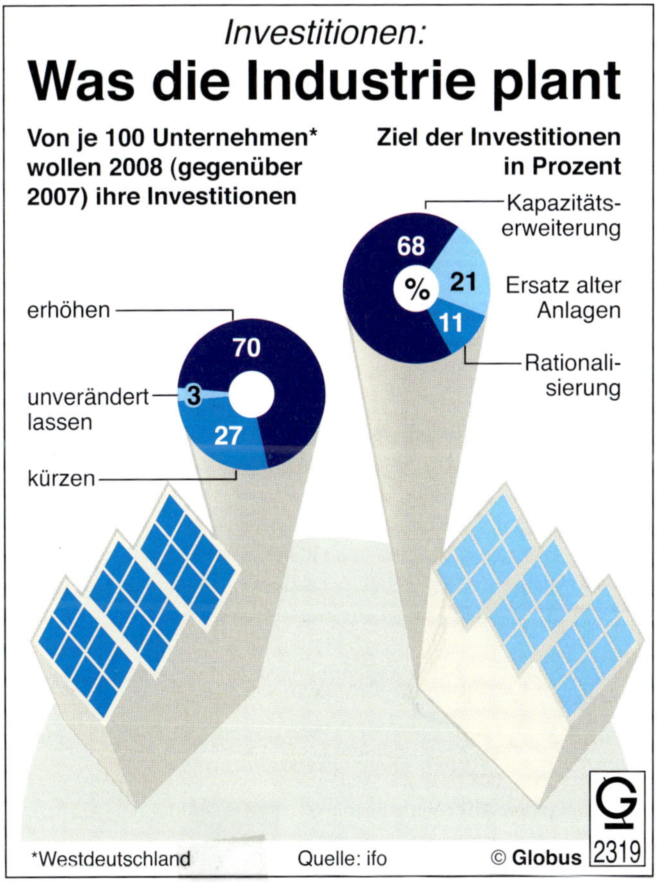

Während im allgemeinen Sprachgebrauch unter Investition meistens die langfristige Anlage von Kapital im Anlagevermögen (z. B. Kauf von Maschinen, Fuhrpark) verstanden wird, schließt der moderne Investitionsbegriff auch die Anlage von Kapital in das weitere Vermögen des Unternehmens ein.

### ♦ *Finanzinvestitionen*

Sie unterteilen sich in Beteiligungs- und Forderungsrechte. Finanzinvestitionen erhöhen das Finanzanlagevermögen eines Unternehmens.

- **Beteiligungsrechte** ergeben sich aus dem Kauf von Aktien, dem Kauf von Lizenzen, Patenten oder der Beteiligung an anderen Unternehmen.

  **Beispiele**
  - *Die Werbeagentur West GmbH erwirbt 500 Aktien der Bayer AG, um Kapital mittelfristig anzulegen.*
  - *Die Werbeagentur West GmbH beteiligt sich als Gesellschafter an der MG Digital & Print KG, um Einfluss auf den Lieferer nehmen zu können.*
- **Forderungsrechte** ergeben sich
  - aus Darlehen, die anderen Unternehmen gewährt werden,
  - aus dem Kauf von festverzinslichen Wertpapieren oder
  - aus der Anlage von Kapital gegen Zinsen bei Geldinstituten.

Ziel dieser Investitionen kann die verzinsliche Anlage von Kapital oder die Einflussnahme auf die Geschäftspolitik eines anderen Unternehmens sein.

**Beispiel** *Die Werbeagentur West GmbH legt 200 000,00 EUR für 60 Tage zu 7 % bei der Kreissparkasse Köln an.*

### ♦ *Immaterielle Investitionen*

Durch Investitionen für Forschung, Werbung, Aus- und Weiterbildung wird die Wettbewerbsfähigkeit des Unternehmens erhalten bzw. gesteigert. Der Nutzen dieser Investitionen ist oftmals nicht unmittelbar erkennbar.

**Beispiel** *Kapital, das von der Medi@ AG im Absatzbereich, z. B. für Public-Relations-Maßnahmen, investiert wird, erbringt nicht unmittelbar höhere Umsätze. Man erhofft sich jedoch für die Zukunft durch den positiven Ruf des Unternehmens bessere Marktchancen.*

Die immateriellen Investitionen erscheinen nicht im Vermögen der Bilanz, sondern sie gehen als Aufwendungen in die GuV-Rechnung ein. Sie senken somit den Jahresgewinn.

Vergleiche hierzu Seite 355 ff.

- **Investitionen im Absatzbereich:** Zu ihnen zählen alle Ausgaben für Werbung, Verkaufsförderung und Öffentlichkeitsarbeit.
- **Investitionen im Forschungs- und Entwicklungsbereich:** Zu ihnen zählen Ausgaben, die dazu dienen, neue Erzeugnisse und neue oder bessere Produktionsverfahren zu entwickeln. Ebenso zählen hierzu die Investitionen für den **Umweltschutz**.
- **Investitionen im Personalbereich:** Qualifizierte Mitarbeiter haben heute als Wettbewerbsfaktor eine zentrale Bedeutung. Folglich investieren Unternehmen in die weitere Qualifizierung ihrer Mitarbeiter. Hierzu zählen alle Ausgaben der Personalentwicklung. Es wird in das sogenannte **Humanvermögen (Human Capital)** eines Unternehmens investiert.

  **Beispiele**
  - *Katja Becker, Auszubildende der iVent GmbH, beabsichtigt, nach ihrer Ausbildung eine Weiterbildung zur Eventmanagerin zu machen.*
  - *Thorsten Warthofer, Auszubildender zum Kaufmann für Marketingkommunikation, macht zeitgleich im Abendstudium den Abschluss zum Kommunikationsfachwirt.*

  Investitionen im Personalbereich können gleichzeitig Sachinvestitionen und immaterielle Investitionen sein.

**Beispiele**

- *Die Medi@ AG erstellt einen Schulungsraum mit Schulungsmöbeln und mehreren PCs, um Mitarbeiter weiterzuqualifizieren.*
- *Die MG Digital & Print KG richtet eine Lehrwerkstatt für ihre Auszubildenden ein.*

In kleineren und auch mittleren Unternehmen befinden sich die Leitung des Unternehmens und die finanzwirtschaftliche Führung meistens in einer Hand. Investitionsentscheidungen werden hier oft durch die Unternehmensleitung getroffen. Werden diese nicht sorgfältig abgestimmt, kann es durch **ungeplante Investitionen** zu existenzbedrohenden Situationen für das Unternehmen kommen. Große Unternehmen haben in ihrem Organisationsbereich eine eigene finanzwirtschaftliche Abteilung, die Investitionen erst nach einer sorgfältigen Überprüfung tätigt (**geplante Investitionen**).

***Investitionen als Finanzierungsanlässe***

- ***Finanzierung*** *= Beschaffung von Kapital (Mittelherkunft).*
- ***Investition*** *= Verwendung von finanziellen Mitteln für die Anschaffung von Sach-, Finanz- oder immateriellem Vermögen (Mittelverwendung).*
- *Investitionen können* ***ökonomische, soziale und/oder ökologische Ziele*** *haben.*

**Arten von Investitionen**

| Sachinvestitionen | Finanzinvestitionen | Immaterielle Investitionen |
|---|---|---|
| • Anlageinvestitionen<br>• Vorratsinvestitionen | • Beteiligungsrechte<br>• Forderungsrechte | • im Absatzbereich<br>• im Forschungs- und Entwicklungsbereich<br>• im Personalbereich |

## Aufgaben

1 Erläutern Sie den Vorgang der Desinvestition an einem Beispiel.

2 Bilden Sie je zwei Beispiele für jede Investitionsart, die von einem Medienunternehmen durchgeführt werden kann.

3 „Immaterielle Investitionen im Personalbereich eines Unternehmens gewinnen zunehmend an Bedeutung!" Nehmen Sie zu dieser Aussage Stellung.

4 Ordnen Sie folgende Ausgaben der MG Digital & Print KG den Investitionsarten zu:
   a) Kauf einer Druckmaschine auf Ziel zur Erweiterung der Produktionskapazität.
   b) Durchführung des Fortbildungsseminars „Marketing" durch die Werbeagentur West GmbH für alle Abteilungsleiter.
   c) Einkauf eines Schreibtischstuhls, der bandscheibengeschädigten Personen die Arbeit am Schreibtisch erleichtern soll.
   d) Die Medi@ AG gewährt der West GmbH ein Darlehen über 100 000,00 EUR.

5 Bilden Sie jeweils zwei Beispiele für Investitionen in der West GmbH, mit denen ökonomische, ökologische und soziale Ziele verfolgt werden.

6 „Jede Investition sollte auch ökologische Ziele verfolgen." Sammeln Sie Argumente für diese Aussage und suchen Sie zehn Beispiele für die West GmbH, bei denen ökologische Ziele berücksichtigt werden sollten.

## 7.2 Finanzierungsarten

Die Medi@ AG hat bei der MG Digital & Print KG angefragt, ob sie den Druck für das neue Szenemagazin „YUP" ausführen möchte. Um die entsprechenden Produktionskapazitäten erfüllen zu können, überlegen die Gesellschafter der MG Digital & Print KG, eine Rollenoffset-Druckmaschine im Wert von 1,8 Mio. EUR anzuschaffen.
Von der Hausbank hat die MG Digital & Print KG ein Darlehensangebot über 1 Mio. EUR zu einem Zinssatz von 5,5 % bei einer Laufzeit von zehn Jahren vorliegen. Die Vollhafterin Inge Friedrich wäre bereit, zusätzlich zu ihren jetzigen Einlagen 0,8 Mio. EUR einzubringen. Als Alternative dazu macht Caroline Hermann das Angebot, sich als Kommanditistin mit 400 000,00 EUR an der MG Digital & Print KG zu beteiligen. Die Vollhafter Mirco Stein und Inge Friedrich überlegen, welche der Alternativen – Bankkredit oder neue Gesellschafterin – sie in Anspruch nehmen sollen.

### Arbeitsaufträge

- Sammeln Sie Argumente für die beiden Finanzierungsalternativen.
- Erklären Sie die Einlagenfinanzierung der unterschiedlichen Unternehmensformen.
- Beschreiben Sie, warum Abschreibungen ein Mittel der Selbstfinanzierung sind.

Ein Unternehmen kann eine Finanzierungsmaßnahme mit Eigenkapital (**Eigenfinanzierung**) oder Fremdkapital (**Fremdfinanzierung**) vornehmen. Der Kapitalbedarf eines Unternehmens hängt u. a. ab von

- der Branche und der Umschlagshäufigkeit des Lagers,
- den erforderlichen Bau- und Einrichtungskosten und den laufenden Betriebskosten,
- den Zahlungszielen der Lieferer und der Kreditgewährung an die Kunden.

Nach der Herkunft des Kapitals unterscheidet man **Außenfinanzierung** (Kapitalzuführung erfolgt von außen) und **Innenfinanzierung** (Kapitalbildung im Unternehmen).

**Finanzierungsarten**

- Außenfinanzierung
  - Fremdfinanzierung
    - Aufnahme von Fremdkapital (z. B. bei Kreditinstituten)
    - → Finanzierung mit Fremdkapital
  - Einlagen- bzw. Beteiligungsfinanzierung
    - Erhöhung des Eigenkapitals (z. B. Bareinlage eines Gesellschafters)
    - → Finanzierung mit Eigenkapital
- Innenfinanzierung
  - Selbstfinanzierung
    - Finanzierung aus einbehaltenen Gewinnen (offene Selbstfinanzierung)
    - Auflösung von stillen Rücklagen (stille Selbstfinanzierung)
    - → Finanzierung mit Eigenkapital
  - Finanzierung durch Kapitalfreisetzung
    - Abschreibungen (Eigenfinanzierung)
    - Verkauf von Anlagegegenständen (Eigenfinanzierung)
    - Rückstellungen (Fremdfinanzierung)
    - → Finanzierung mit Eigen- oder Fremdkapital

## Außenfinanzierung

Bei der Außenfinanzierung wird dem Unternehmen Kapital von den Eigentümern oder Kreditgebern zugeführt.

### *Fremdfinanzierung*

Bei dieser Finanzierung fließt der Unternehmung **durch Kreditgeber Kapital von außen zu**. Die Kreditgeber werden als **Gläubiger** bezeichnet. Gläubiger können **u. a. Kreditinstitute, Lieferer, Kunden** sein. Sie haben einen Anspruch auf Verzinsung und pünktliche Tilgung ihres Kredites. Allerdings haben sie kein Mitspracherecht im Unternehmen und keinen Anspruch auf einen Gewinnanteil. In der Bilanz des Unternehmens erscheint der Kredit auf der Passivseite **als Fremdkapital**. Die Innenfinanzierung durch Rückstellungen zählt ebenfalls zur Fremdfinanzierung, da Rückstellungen als Verbindlichkeiten auf der Passivseite der Bilanz ausgewiesen werden.

*Vergleiche hierzu Seite 381*

**Nach der Laufzeit der Kredite** (Überlassungsfrist) wird unterschieden in

- **langfristige Kredite**: Zu ihnen zählt man Darlehen mit einer **Laufzeit von über vier Jahren**. Es sind meistens Kredite, die zur Finanzierung des **Anlagevermögens** aufgenommen werden. Das Unternehmen muss dem Kreditgeber entsprechende Sicherheiten (Hypothek, Grundschuld, Sicherungsübereignung usw.) bieten können.
- **mittelfristige Kredite**: Zu ihnen zählen Darlehen mit einer **Laufzeit von ein bis vier Jahren**. Sie werden für die Finanzierung kurzlebiger Güter des **Anlagevermögens** aufgenommen (z. B. Fuhrpark, Maschinen, Computer).
- **kurzfristige Kredite**: Sie haben eine **Laufzeit bis zu einem Jahr** und werden in erster Linie für die Finanzierung des **Umlaufvermögens**, insbesondere der Waren, aufgenommen.
  Beispiel *Die MG Digital & Print KG kauft Papier im Wert von 44 000,00 EUR von der Papyros AG auf Ziel ein (**Lieferantenkredit**).*

*Vergleiche hierzu Seite 393 ff.*

### *Einlagen- bzw. Beteiligungsfinanzierung*

Hier wird dem Unternehmen Eigenkapital auf unbestimmte Zeit zur Verfügung gestellt, der Kapitalgeber ist am Gewinn und Verlust beteiligt.

- **Einlagenfinanzierung:** Stellen der Eigentümer (**Einzelunternehmung**) bzw. die Gesellschafter (**OHG, KG**) dem Unternehmen das Kapital zur Verfügung, spricht man von Einlagenfinanzierung. Bei dieser Finanzierung erwirbt der Kapitalgeber Eigentum am Unternehmen. In der Bilanz erscheint das eingebrachte Kapital unter dem Posten **Eigenkapital** (Haftungskapital) auf der **Passivseite**. Das Eigenkapital steht i. d. R. der Unternehmung unbefristet zur Verfügung.
  Beispiel *An der MG Digital & Print KG beteiligt sich die Werbeagentur West GmbH als zusätzlicher Gesellschafter mit 1 Mio. EUR. Mit diesem Kapital wird eine neue Offsetdruckmaschine finanziert.*
- **Beteiligungsfinanzierung:** An Kapitalgesellschaften (AG, GmbH) können sich Kapitalgeber in unterschiedlicher Weise beteiligen.
  - Bei der **GmbH** bringen die Gesellschafter mit ihren Stammeinlagen das im Gesellschaftsvertrag festgelegte Stammkapital auf. Bei der Beteiligungsfinanzierung in einer GmbH können entweder das Stammkapital der vorhandenen Gesellschafter erhöht oder neue Gesellschafter aufgenommen werden. In der Bilanz erscheint das eingebrachte Kapital unter **Eigenkapital/Gezeichnetes Kapital** auf der **Passivseite**. Die Gesellschafter gehen ein beschränktes Risiko ein, da sie nur mit ihrem Anteil haften.
  - Bei **Aktiengesellschaften** erfolgt die Beteiligungsfinanzierung durch den Beschluss der Hauptversammlung mit qualifizierter Mehrheit (mindestens 75 % des Kapitals müssen zustimmen, da hierzu eine Satzungsänderung notwendig ist), das Grundkapital durch die Ausgabe neuer (junger) Aktien zu erhöhen. Die Kapitalzuführung erfolgt durch den Verkauf der Aktien. Durch den Erwerb der Aktien wird der Aktionär Miteigentümer der AG. Bei der AG ist eine Beteiligung einer großen Zahl von Kapitalgebern möglich, wobei eine Veräußerung einzelner Anteile die Unternehmung nicht berührt. Die Kapitalgeber gehen nur ein beschränktes Risiko ein, da sie nicht persönlich haften.

*Vergleiche hierzu Seite 120*

Eine andere Möglichkeit besteht darin, dass **freie Rücklagen** aufgelöst werden. Freie Rücklagen können aufgrund der Satzung gebildet werden. Sie können zweckbestimmt, z. B. für beabsichtigte Neuinvestitionen, gebildet werden. Die freie Rücklage kann aber auch hinsichtlich der Verwendung zweckfrei sein. Sie dient dann über die gesetzliche Rücklage hinaus der Tilgung von Verlusten. In der Bilanz erscheint das eingebrachte Kapital unter **Gezeichnetes Kapital** auf der Passivseite.

| Vorteile — Einlagen- bzw. Beteiligungsfinanzierung | Nachteile |
|---|---|
| • Eigenkapital steht zeitlich unbefristet zur Verfügung.<br>• Keine laufenden Zins- und Tilgungsraten, dadurch wird die ständige Zahlungsbereitschaft (Liquidität) nicht beeinflusst; zwar muss das Eigenkapital in Form von Gewinnausschüttungen verzinst werden, die Höhe dieser Ausschüttungen wird aber von den Eigentümern selbst festgelegt.<br>• Kreditwürdigkeit steigt, da das Haftungskapital größer wird, es kann somit leichter Fremdkapital beschafft werden.<br>• Risikoverteilung bei der Einlagenfinanzierung, wenn neue Gesellschafter aufgenommen werden, da mehrere Personen haften.<br>• Keine Beschränkung in der Verwendung des Kapitals. | • Bei Aufnahme neuer Gesellschafter als Vollhafter sind diese an der Geschäftsführung und am Gewinn zu beteiligen. Insbesondere bei der OHG wird sehr genau zu überlegen sein, ob neue Gesellschafter aufgenommen werden, da bei dieser Rechtsform ein enges Vertrauensverhältnis der Gesellschafter bestehen muss.<br>• Teilhafter sind bei der KG nur dann zu gewinnen, wenn eine höhere Verzinsung der Einlage als auf dem Kapitalmarkt zu erzielen ist.<br>• Bei der GmbH sind Gesellschafter oft nur dann zu gewinnen, wenn ihnen als Geschäftsführer Einflussmöglichkeiten auf das Betriebsgeschehen eingeräumt werden. Dieses bedeutet einen Verlust an Selbstständigkeit.<br>• Bei der AG ist die Ausgabe junger Aktien nur dann sinnvoll, wenn für das Unternehmen positive Zukunftsaussichten bestehen. |

## ● Innenfinanzierung

Bei der Innenfinanzierung fließt das Kapital dem Unternehmen nicht von außen zu, sondern es stammt aus einbehaltenen Gewinnen, Rückstellungen, Abschreibungen oder den Erlösen aus Anlagenabgängen.

### ♦ *Selbstfinanzierung (Eigenfinanzierung)*

Sie kann in Form der offenen und verdeckten Selbstfinanzierung durchgeführt werden.

- **Offene Selbstfinanzierung:** Hierunter versteht man eine Finanzierung aus erwirtschafteten und einbehaltenen Gewinnen (**Gewinnthesaurierung**). Durch diesen Vorgang erhöht sich das Eigenkapital. Das Unternehmen finanziert sich aus eigener Kraft mit den Mitteln, die erwirtschaftet wurden. Bei dieser Finanzierung spricht man von **offener Selbstfinanzierung**, weil der einbehaltene Gewinn in der Bilanz offen ausgewiesen wird. Bei Einzelunternehmen und Personengesellschaften werden die Gewinne den Kapitalkonten der Inhaber gutgeschrieben. Bei der AG und der GmbH wird der Gewinn den offenen Rücklagen zugeführt. Bei Kapitalgesellschaften bleibt das gezeichnete Kapital wegen der Haftungsbeschränkung konstant.
  **Beispiel** *Die Werbeagentur West GmbH hat im vergangenen Geschäftsjahr einen Gewinn in Höhe von 206 250,00 EUR erzielt. Die Gesellschafterin, Frau Hermann, entnimmt ihren Gewinnanteil nicht, sondern verwendet ihn für eine Betriebserweiterung. Somit erhöhen sich die offenen Rücklagen des Unternehmens um 206 250,00 EUR.*
- **Verdeckte (stille) Selbstfinanzierung:** Neben dem Gewinn können **stille Rücklagen**, die in einem Unternehmen gebildet worden sind, für die Finanzierung von Investitionsvorhaben herangezogen werden. Diese entstehen durch **unterschiedliche Bewertungsansätze**, die das Bilanz-

recht den Unternehmen einräumt. Sie können durch die **Überbewertung von Schulden oder Unterbewertung von Vermögensgegenständen** in der Bilanz gebildet werden. Bei der Auflösung der stillen Rücklage wird diese Reserve als Gewinn ausgewiesen.

**Beispiele**

- *Die Medi@ AG hat vor zehn Jahren ein 2 000 m² großes Grundstück für 60,00 EUR/m² gekauft. Obwohl der heutige Grundstückswert bei 170,00 EUR/m² liegt, muss die Medi@ AG das Grundstück mit seinen Anschaffungskosten bilanzieren. Es ergeben sich somit stille Reserven in Höhe von 220 000,00 EUR. Erst wenn das Grundstück verkauft wird, kommt es zur Auflösung der stillen Rücklagen (**Unterbewertung von Vermögensgegenständen**).*
- 

| | |
|---|---|
| *Steuerrückstellung für geschätzte Steuerverbindlichkeiten des Vorjahres* | *80 000,00 EUR* |
| *– Tatsächliche Steuerzahlung* | *60 000,00 EUR* |
| ***Überbewertung der Steuerschuld*** | ***20 000,00 EUR*** |

In Kapitalgesellschaften wird eine Selbstfinanzierung oft durch den Gesellschaftsvertrag (GmbH) oder das Gesetz (AG) vorgeschrieben.

| Vorteile — Selbstfinanzierung | Risiken |
|---|---|
| • Das Unternehmen bleibt unabhängig, keine Verschiebung der Herrschaftsverhältnisse in der Unternehmensführung.<br>• Keine Kreditkosten, Zinsen, Tilgungsraten, die Liquidität des Unternehmens wird nicht eingeschränkt.<br>• Erhöhung des Eigenkapitalanteils, die Kreditwürdigkeit steigt.<br>• Verringerung des Fremdkapitalanteils.<br>• Das Kapital steht i. d. R. unbefristet auch für langfristige Investitionen zur Verfügung. Dies gilt nicht für die in Steuerrückstellungen enthaltenen stillen Rücklagen. | • Gefahr von Fehlinvestitionen: Bei der Investition von nicht ausgeschütteten Gewinnen erfolgt keine wirkungsvolle externe Überprüfung der Wirtschaftlichkeit dieser Investition. Da Eigenkapital häufig keiner strengen externen Rentabilitätskontrolle unterliegt, kann dieses ein Unternehmen zu Investitionen veranlassen, die nicht durch die Marktlage gerecht-fertigt sind (= Fehler der Betriebsführung).<br>Deshalb ist es wichtig, bei der Selbstfinanzierung die gleichen strengen Maßstäbe anzulegen wie bei der Kreditvergabe von Kreditinstituten.<br>• Bei erheblichen stillen Reserven vermindert sich die Aussagekraft der Bilanz. |

♦ ***Finanzierung durch Kapitalfreisetzung***

- **Finanzierung aus Abschreibungen:** Jedes Unternehmen kalkuliert Abschreibungen in seine Verkaufspreise ein. Infolgedessen fließen die Abschreibungen über die Verkaufspreise in das Unternehmen zurück (**Refinanzierung**). Da diese Geldmittel dem Unternehmen kontinuierlich zufließen, stehen sie lange vor dem Ersatzzeitpunkt des Anlagegutes zuwr Verfügung und können für Finanzierungszwecke verwendet werden.

  **Beispiel** *Die MG Digital & Print KG hat einen Lieferwagen zu einem Listeneinkaufspreis (netto) von 54 000,00 EUR + 19% USt. gekauft. Am Ende des 1. Nutzungsjahres kann das Unternehmen vom Lieferwagen bei einer geschätzten Nutzungsdauer von sechs Jahren 16 2/3% linear abschreiben. Somit ergibt sich am Ende des 1. Nutzungsjahres ein Abschreibungsbetrag von 9 000,00 EUR, der über die Umsatzerlöse freigesetzt wird und im 2. Jahr zur Verfügung steht. Da die Neuanschaffung des Lieferwagens erst nach Ablauf der Nutzungsdauer von sechs Jahren anfällt, kann der freigesetzte Kapitalbetrag zur Finanzierung anderweitiger Investitionen eingesetzt werden.*
- **Finanzierung aus Rückstellungen:** Rückstellungen werden für Aufwendungen des abgelaufenen Geschäftsjahres gebildet, deren Höhe und/oder Fälligkeit am Bilanzstichtag noch nicht feststehen. Rückstellungen sind Verbindlichkeiten und werden auf der Passivseite der Bilanz ausgewiesen.

**Beispiele**
- *Erwartete Gewerbesteuernachzahlungen*
- *Prozesskosten für einen laufenden Rechtsstreit*
- *Pensionsverpflichtungen gegenüber Mitarbeitern*

Mit der Bildung von Rückstellungen werden Teile des Gewinnes für längere Zeit an den Betrieb gebunden. Sie sind demnach **langfristiges Fremdkapital**, da zwischen der Ansammlung und der Auszahlung zum Teil viele Jahre liegen.

- Finanzierung durch den Verkauf von nicht mehr benötigten Anlagegegenständen.

***Finanzierungsarten***
- *Bei der* ***Fremdfinanzierung (Außenfinanzierung)*** *gewähren Kreditinstitute, Versicherungsgesellschaften, Kunden und Lieferer dem Unternehmen kurz-, mittel- oder langfristige Kredite gegen Zinszahlung. Das Fremdkapital erscheint in der Bilanz unter dem Posten Verbindlichkeiten.*
- ***Einlagen- bzw. Beteiligungsfinanzierung (Außenfinanzierung)*** *liegt vor, wenn der bzw. die Eigentümer Kapital in das Unternehmen einbringen. Das Eigenkapital bzw. gezeichnete Kapital des Unternehmens wird größer.*
- *Bei der* ***Selbstfinanzierung (Innenfinanzierung) werden einbehaltene Gewinne*** *des Unternehmens wieder investiert.*
- *Bei der* ***Finanzierung durch Kapitalfreisetzung (Innenfinanzierung)*** *erhält das Unternehmen die Abschreibungen durch deren Berücksichtigung in den Verkaufspreisen zurück. Diese Geldmittel stehen dem Betrieb wieder für Investitionen zur Verfügung. Eine andere Form der Finanzierung durch Kapitalfreisetzung stellen die* ***Finanzierung aus Rückstellungen*** *(Fremdfinanzierung) und der* ***Verkauf von Anlagegegenständen*** *(= Eigenfinanzierung) dar.*

## Aufgaben

1 Beschreiben Sie die Einlagen- und die Beteiligungsfinanzierung.

2 Geben Sie an, welche Finanzierungsart in den folgenden Fällen beschrieben wird.
   a) Ein Komplementär erhöht seine Einlage.
   b) Eine GmbH nimmt einen neuen Gesellschafter auf.
   c) Eine AG gibt neue Aktien aus.
   d) Ein Unternehmer wandelt seine Einzelunternehmung in eine OHG um und nimmt einen Gesellschafter auf.
   e) Eine GmbH nimmt bei ihrer Bank ein Darlehen auf.
   f) Die Vollhafter einer KG belassen ihren Gewinn im Unternehmen, damit ein Grundstück gekauft werden kann.

3 Die Gesellschafter der MG Digital & Print KG planen, eine neue Fertigungshalle mit Kosten von 400 000,00 EUR zu errichten. Die Vollhafterin, Frau Friedrich, schlägt vor, die Halle ausschließlich mit Eigenkapital zu finanzieren. Der Vollhafter Herr Stein ist der Ansicht, dass es vorteilhafter sei, einen Kredit bei der Bank aufzunehmen.
   a) Stellen Sie in einer Übersicht die Vorteile einer Finanzierung mit Eigenkapital dar.
   b) Sammeln Sie Argumente, die für den Vorschlag von Herrn Stein sprechen.
   c) Bilden Sie zwei Gruppen und diskutieren Sie die unterschiedlichen Ansichten stellvertretend für die Geschäftsführer.

4 Erläutern Sie die Selbstfinanzierung.

5 Die Klaus Oswald e. K. Papiergroßhandlung ist Kunde der Werbeagentur West GmbH. Herr Oswald ist alleiniger Inhaber. Er möchte seinen Betrieb erweitern. Hierzu sind 200 000,00 EUR

erforderlich. Herrn Oswald stehen 120 000,00 EUR Kapital zur Verfügung. Einen Bankkredit möchte Herr Oswald wegen der Zins- und Tilgungsbelastung nicht aufnehmen. Er sucht Gesellschafter und denkt an die Gründung einer OHG, einer KG oder GmbH.
a) Beschreiben Sie, wie sich in den drei Fällen die Kapitalbeschaffung vollzieht.
b) Erläutern Sie die jeweiligen Vor- und Nachteile, die sich aus der entsprechenden Kapitalbeschaffung ergeben.

6 Unterscheiden Sie die Kredite hinsichtlich ihrer Laufzeit und geben Sie an, ob sie für die Finanzierung des Anlage- oder Umlaufvermögens aufgenommen werden.

7 Erläutern Sie die Finanzierung durch Abschreibung! Geben Sie an, welche Bedeutung dieser Finanzierungsform in Unternehmen zukommt.

8 Gehen Sie zu Kreditinstituten und beschaffen Sie sich Unterlagen zur Kreditvergabe an Privatpersonen und Unternehmen! Vergleichen Sie die Konditionen (Zinsen, sonstige Kosten) der Kreditinstitute miteinander.

## 7.3 Kreditarten bei der Fremdfinanzierung

Die MG Digital & Print KG hat sich entschlossen, neben der Aufnahme von Caroline Hermann als Kommanditistin mit 50 000,00 EUR ein Bankdarlehen über 50 000,00 EUR aufzunehmen. Mirco Stein beauftragt seinen Angestellten damit, einen Termin mit dem zuständigen Sachbearbeiter der Hausbank zu vereinbaren. Zum Abschluss des Telefongesprächs sagt der Sachbearbeiter der Bank: „Bringen Sie bitte nächste Woche die notwendigen Unterlagen mit."

**Arbeitsaufträge**
- Überlegen Sie, welche Unterlagen ein Kreditinstitut vom Kreditnehmer haben möchte.
- Stellen Sie die verschiedenen Arten der Fremdfinanzierung in einer Übersicht dar.

### Der Kreditvertrag

Der **Kreditvertrag** wird üblicherweise **schriftlich** abgeschlossen und kommt durch die Bewilligung des Kreditantrages und die Einverständniserklärung des Kreditnehmers zustande. Kreditinstitute haben zu diesem Zweck bereits vorgefertigte Vordrucke.

Über folgende **Inhalte** werden im Kreditvertrag Vereinbarungen getroffen:
- Höhe des Kredites
- Sicherung des Kredites
- Rückzahlung und Tilgungsrate des Kredites
- Verwendungszweck des Kredites
- Zinssatz und Fälligkeit der Zinsen
- Laufzeit des Kredites

Bevor ein Kreditinstitut einen Kredit gewährt, wird eine Kreditprüfung vorgenommen. Hierbei werden die **Kreditfähigkeit** und die **Kreditwürdigkeit** (**Bonität**) des Kunden überprüft. **Kreditfähig** sind
- alle natürlichen Personen, die voll geschäftsfähig sind,
- alle juristischen Personen,
- alle Personenhandelsgesellschaften (OHG, KG).

Bei der **Kreditwürdigkeit** wird überprüft, ob ein Kreditnehmer in der Lage ist, einen aufgenommenen Kredit zurückzuzahlen. Hierzu werden eine sachliche und eine persönliche Kreditwürdigkeitsprüfung der Person des Kreditnehmers vorgenommen. Im Rahmen der **sachlichen Kreditwürdigkeitsprüfung** können u. a. überprüft werden:

- GuV-Rechnung, Bilanz, Anhang, Lagebericht, Geschäftsbücher
- Handelsregister-, Grundbuchauszüge
- Steuerunterlagen
- Gesellschaftsvertrag

Ferner können **Betriebsbesichtigungen** vorgenommen werden, um sich ein Bild vom Zustand des Unternehmens zu verschaffen. Kreditinstitute bedienen sich zudem der Hilfe von **Wirtschaftsauskunfteien**. Diese verfügen über Informationen der kreditnehmenden Unternehmen, die laufend auf dem neuesten Stand gehalten werden. Die Auskunfteien erteilen die Auskünfte gegen Entgelt.
Beispiele *Auskunfteien bieten Auskünfte als Normalauskunft (schriftlich, telefonisch), Telefaxauskunft oder Online-Auskunft mittels direkter Datenleitungen an.*

Zur **persönlichen Kreditwürdigkeitsprüfung** zählen bei natürlichen Personen die Überprüfung von

- **persönlichen Daten**
  Beispiele *Unterhaltszahlungen bei Ehescheidungen, Vertrauenswürdigkeit, Zahlungsgewohnheiten, ehelicher Güterstand, Tüchtigkeit, Vermögensverhältnisse*

- **fachlichen Qualifikationen**
  Beispiele *Prüfungsabschlüsse, Studium, unternehmerische Fähigkeiten*

- **persönlichen Haftungsverhältnissen**
  Beispiele *Vollhafter oder Teilhafter bei der KG*

Auskünfte von Kreditinstituten können nur in begrenztem Umfange genutzt werden, da das Bankgeheimnis die Auskunftsmöglichkeiten einschränkt. Besteht eine längere Geschäftsbeziehung zwischen Unternehmen und Kreditinstitut und hat das Kreditinstitut gute Erfahrungen mit dem Unternehmen gemacht, besitzt dieses Unternehmen eine hohe Bonität. Kreditinstitute sind oft bereit, nur aufgrund des **Firmen- oder Geschäftswertes (= Goodwill oder guter Ruf)** eines Unternehmens Kredite zu vergeben. Nach der zufriedenstellenden Überprüfung der Kreditwürdigkeit des Antragstellers erfolgt die Kreditbewilligung durch das Kreditinstitut.

## Kurzfristige Fremdfinanzierung

Kreditinstitute stellen Unternehmen kurz-, mittel- und langfristige Kredite zur Verfügung. Zu den kurzfristigen Krediten zählen der Kontokorrentkredit sowie der Lieferantenkredit, zu den mittel- und langfristigen Krediten das Darlehen und Industrieobligationen.

*Vergleiche hierzu Seite 386 f.*

### ♦ *Kontokorrentkredit*

Hat ein Unternehmen die Möglichkeit, **sein Konto bei einem Kreditinstitut bis zur Höhe eines vereinbarten Betrages (= Kreditlimit) in Anspruch zu nehmen**, d. h., das Unternehmen kann sein Betriebskonto bis zu diesem Betrag überziehen, liegt ein Kontokorrentkredit vor. Für das Unternehmen fallen **folgende Kosten** an:

- Für den in Anspruch genommenen Kredit müssen **Zinsen (Sollzinsen)** bezahlt werden.
- Da das Kreditinstitut das Kapital für das Unternehmen bereithält, kann es dieses Kapital nicht für andere Zwecke verwenden. Deshalb verlangt das Kreditinstitut auch für den nicht in Anspruch genommenen Kredit eine **Kreditprovision (Bereitstellungentgelt)**.
- Für die Kontoführung wird **Umsatzprovision** berechnet.
- Wenn das Unternehmen das Kreditlimit überschreitet, berechnet das Kreditinstitut zusätzlich zu den Sollzinsen **Überziehungsprovision**. Dies ist ein Zinssatz, der zusätzlich zu den Sollzinsen erhoben wird. Dieser weiter gehende Überziehungskredit ist eine freiwillige Leistung der Bank und kann daher verweigert werden.
  Sollte das Kontokorrentkonto ein Guthaben aufweisen, hat das Unternehmen Anspruch auf Habenzinsen. Der Ausgleich eines in Anspruch genommenen Kontokorrentkredits erfolgt durch

Zahlungseingänge auf das Konto, z. B. Überweisungen von Kunden, Bareinzahlungen.

**Beispiel** *Die Werbeagentur West GmbH unterhält bei der Sparkasse Köln Bonn ein Kontokorrentkonto. Im Monat Januar hat die Werbeagentur West GmbH den Kontokorrentkredit für 10 Tage über 50 000,00 EUR und für die letzten 20 Tage über 60 000,00 EUR in Anspruch genommen. Es wurden 130 Überweisungen an Lieferer getätigt. Das Kreditlimit beträgt 80 000,00 EUR, Sollzinsen 8 %, Habenzinsen 0,5 %, pro Buchung 0,15 EUR Buchungsentgelt (Umsatzprovision), die Bereitstellungsentgelt (Kreditprovision) beträgt 3 % vom nicht in Anspruch genommenen Kredit. Die Sparkasse Köln Bonn führt zum Monatsende folgende Abrechnung durch:*

| | | | |
|---|---|---|---|
| *Sollzinsen* | *50 000,00 EUR für 10 Tage* | = | *111,11 EUR* |
| | *60 000,00 EUR für 20 Tage* | = | *266,67 EUR* |
| *Umsatzprovision* | *130 · 0,15 EUR* | = | *19,50 EUR* |
| *Kreditprovision vom nicht in Anspruch* | *30 000,00 EUR für 10 Tage* | = | *25,00 EUR* |
| *genommenen Kredit* | *20 000,00 EUR für 20 Tage* | = | *33,33 EUR* |
| *Insgesamt* | | | *455,61 EUR* |

*Das Kontokorrentkonto der West GmbH wird mit 455,61 EUR belastet.*

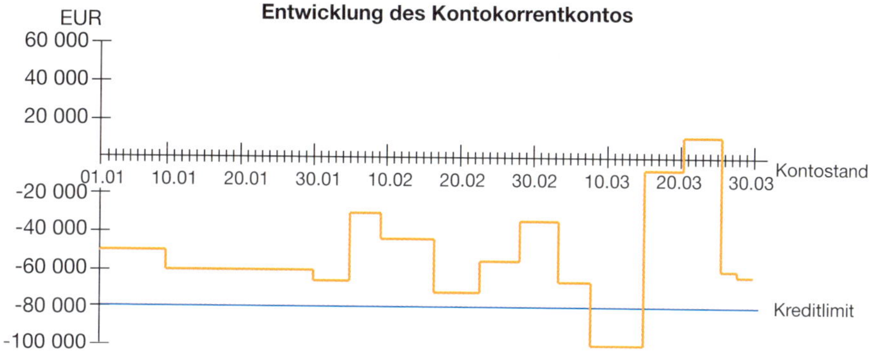


Bei Unternehmen ist diese Kreditform wegen der **folgenden Vorteile** sehr beliebt:

- Stetige Anpassung an den jeweiligen Finanzbedarf des Kreditnehmers, der Kontokorrentkredit stellt somit einen Puffer für die kurzfristige Finanzierung dar.
- bequeme Inanspruchnahme, da nach der Kontokorrentvereinbarung keine besonderen Anträge an das Kreditinstitut gestellt werden müssen.

### ♦ *Lieferantenkredit*

Beim Lieferantenkredit räumt der Lieferer seinen Kunden für gelieferte Waren ein **Zahlungsziel** ein. Das bedeutet, dass der Kunde seine Schuld erst zu einem späteren Zeitpunkt bezahlen muss. Dieser Kredit wird ohne Formalitäten gewährt und in der Regel durch den Eigentumsvorbehalt gesichert.

Vergleiche hierzu Seite 246

**Beispiel** *Zahlungsbedingung eines Lieferers „Zahlbar innerhalb von 40 Tagen netto Kasse oder innerhalb von 10 Tagen unter Abzug von 2 % Skonto".*

Ein Unternehmen sollte immer bemüht sein, Skonto auszunutzen, da die Inanspruchnahme des Zahlungsziels zu den teuersten Krediten gehört.

Für viele kleine, mit wenig Kapital ausgestattete Unternehmen stellt der Lieferantenkredit eine wesentliche Finanzierungsform dar, insbesondere, wenn der Betrieb nicht über die notwendigen Sicherheiten für entsprechende Bankkredite verfügt. Die Lieferer verlangen aber meistens eine Absicherung des Kredites in der Form, dass sie die **Ware nur unter** Eigentumsvorbehalt liefern.

Vergleiche hierzu Seite 169

Im Rahmen der Debitorenverwaltung werden in Unternehmen zunehmend Computerprogramme eingesetzt, um die optimale Ausnutzung gegebener Zahlungsziele vornehmen zu können.

## Langfristige Fremdfinanzierung

### *Darlehen*

Ein Darlehen ist ein Kredit, bei dem eine Auszahlung in festgelegter Höhe erfolgt. Kreditinstitute bieten Unternehmen für die Finanzierung des Anlagevermögens **mittel- und langfristige Darlehen (= Investitionskredit)**. Hierbei verlangen sie i. d. R. Sicherheiten wie Bürgschaften oder Pfandrechte.

*Vergleiche hierzu Seite 389 ff*

| Darlehensarten | Art der Tilgung | Kreditkosten |
|---|---|---|
| **Festdarlehen** | Darlehen wird zum Ende der Laufzeit in einer Summe zurückgezahlt | Zinsen vom Darlehen |
| **Annuitäten-darlehen** | Der Kreditnehmer erbringt jährlich gleich bleibende Leistungen (Tilgung + Zinsen) | Zinsen von der jeweiligen Restdarlehensschuld |
| **Abzahlungs-darlehen** | Der Kreditnehmer erbringt jährlich fallende Leistungen (Tilgung + Zinsen) | Zinsen von der jeweiligen Restdarlehensschuld |
| **Ratenkredit** | Darlehen wird in festen monatlichen Raten zurückgezahlt | Einmaliges Bearbeitungsentgelt<br>Zinsen (Monatszinssatz vom Anfangsdarlehen) |

Die Darlehenszinsen werden vom Zeitpunkt der Bereitstellung an berechnet. Der Zinssatz ist niedriger als bei Kontokorrentkrediten, da das Kreditinstitut bei Darlehen langfristiger planen kann. Meistens ist der Auszahlungsbetrag etwas niedriger als die Darlehenssumme, die zurückgezahlt werden muss. Man nennt den nicht ausgezahlten Teil des Darlehens **Disagio (Abgeld) oder Damnum**. Als Ausgleich für das Disagio zahlt der Kreditnehmer einen geringeren Zinssatz als bei einem Darlehen ohne Disagio.

**Beispiel**

| | | |
|---|---|---|
| *Darlehensgewährung* | *100 %* | *140 000,00 EUR* |
| *– Disagio (Damnum)* | *2 %* | *2 800,00 EUR* |
| *Tatsächlich zur Verfügung gestellter Betrag* | *98 %* | *137 200,00 EUR* |

Bei den Finanzierungskosten muss zwischen Nominal- und Effektivzinssatz unterschieden werden. Beim **Nominalzinssatz** wird nur die Verzinsung des Darlehens ohne Berücksichtigung von Disagio, Bearbeitungsentgelten usw. angegeben, während beim **Effektivzinssatz** (= tatsächlicher Zinssatz) alle zusätzlichen Kosten berücksichtigt werden. Die Kreditinstitute müssen für alle Darlehen Effektivzinssätze angeben.

Häufig werden von den Kreditinstituten bei der Darlehensgewährung **Bearbeitungsentgelte** verlangt. Diese Entgelte werden prozentual von der Kreditsumme oder pauschal berechnet, und zwar unabhängig von der Laufzeit des Kredits.

**Beispiel** *Zwei Kreditinstitute bieten der West GmbH ein mittelfristiges Darlehen über 140 000,00 EUR für eine Laufzeit von zwei Jahren zu folgenden Konditionen an:*

1. ***Bank:** Auszahlung 100 % = 140 000,00 EUR, Nominalzinssatz 9,5 %, Bearbeitungsentgelt 0,5 % von der Darlehenssumme*
2. ***Bank:** Auszahlung 98% = 137 200,00 EUR, Nominalzinssatz 8,5%, Disagio 2%*

*Die Rückzahlung des Darlehens erfolgt nach Ablauf der zwei Jahre in einer Summe. Die Geschäftsführerin der Werbeagentur West GmbH bittet ihre Auszubildenden, den Effektivzinssatz für beide Kredite zu ermitteln.*

*Die Effektivverzinsung kann auf zwei Wegen errechnet werden:*

1. *Sämtliche Kosten, die über die Laufzeit des Kredites entstehen, werden addiert (Zinsen, Bearbeitungsentgelte, Spesen, Disagio) und dann als Jahreszinssatz zum eingesetzten Kapital ausgedrückt.*

2. *Da ein Teil der Kosten schon als Jahreszinssatz (Zinsen) angegeben ist, genügt es, die übrigen Kosten, die für die Laufzeit des Kredites entstehen, als Jahreszinssatz auszudrücken und zum Zinssatz des Kredites zu addieren.*

Lösung

***Angebot 1. Kreditinstitut***

| | | |
|---|---|---|
| *9,5 % Zinsen für 2 Jahre* | *140 000,00 EUR* | *26 600,00 EUR* |
| *+ 0,5 % Bearbeitungsentgelt von* | *140 000,00 EUR* | *700,00 EUR* |
| *Kosten des Kredits* | | *27 300,00 EUR* |

***Angebot 2. Kreditinstitut***

| | | |
|---|---|---|
| *8,5 % Zinsen für 2 Jahre* | *140 000,00 EUR* | *23 800,00 EUR* |
| *+ 2 % Disagio von* | *140 000,00 EUR* | *2 800,00 EUR* |
| *Kosten des Kredits* | | *26 600,00 EUR* |

*Die Kosten des Kredites entstehen für die Laufzeit von zwei Jahren.*

$$\text{Zinssatz 1. Kreditinstitut} = \frac{27\,300 \cdot 100}{140\,000 \cdot 2} = \underline{\underline{9{,}75\,\%}} \qquad \text{Zinssatz 2. Kreditinstitut} = \frac{26\,600 \cdot 100}{137\,200 \cdot 2} = \underline{\underline{9{,}69\,\%}}$$

*Es ist für die Werbeagentur West GmbH günstiger, das Angebot des zweiten Kreditinstitutes anzunehmen, da der Effektivzinssatz für dieses Darlehen geringer ist.*

♦ ***Industrieobligationen (Anleihen)***

Sie sind **Schuldverschreibungen**, mit denen sich große und namhafte Unternehmen aus Industrie, Handel und Verkehr langfristiges Fremdkapital beschaffen. Es handelt sich hierbei um hohe Kreditsummen, die von einzelnen Kreditinstituten nicht aufgebracht werden können. Obligationen werden in vielen kleinen Anteilscheinen zu mindestens 100,00 EUR angeboten. Sie sind somit Wertpapiere und können an der Börse zum Tageskurs ge- oder verkauft werden. Für die Bonität dieser Papiere sind insbesondere der Ruf, die wirtschaftliche Lage und die Ertragskraft des Anleiheschuldners maßgebend. Industrieobligationen sind durch die Ertragskraft und die Substanz des jeweiligen Unternehmens gesichert.

Industriebligationen sind an keine bestimmte Rechtsform eines Unternehmens gebunden, werden aber fast nur von Aktiengesellschaften ausgegeben, da sie sich wegen hoher Ausgabekosten nur bei Anleihebeträgen von mehreren Millionen EUR lohnen. **Wandelschuldverschreibungen** sind Obligationen, die dem Eigentümer die Wahl zwischen Rückzahlung des Anleihebetrages am Fälligkeitstag oder unter festgelegten Bedingungen einen Eintausch in Aktien des Unternehmens einräumen. Die Sicherung von Anleihen erfolgt üblicherweise durch die Eintragung eines **Grundpfandrechts** ins Grundbuch.

*Vergleiche hierzu Seite 393*

♦ ***Leasing***

*Vergleiche hierzu Seite 396*

♦ ***Factoring***

*Vergleiche hierzu Seite 398*

***Kreditarten bei der Fremdfinanzierung***

- *Vor der Kreditvergabe wird die **persönliche und sachliche Kreditwürdigkeit (Bonität)** und die **Kreditfähigkeit** des Kreditnehmers durch den Kreditgeber überprüft.*
- *Beim **Kontokorrentkredit** kann das Unternehmen sein laufendes Konto bis zu einem vereinbarten Betrag überziehen.*
- *Beim **Lieferantenkredit** wird dem Käufer ein Zahlungsziel durch den Lieferer gewährt.*
- *Auch bei der Zahlung mit einem **Wechsel** wird der Liefererkredit durch einen Wechselkredit abgelöst.*
- ***Darlehenskredite** sind mittel- und längerfristige Kredite insbesondere für die Finanzierung des Anlagevermögens, wobei die Auszahlung in einem Betrag oder in Teilbeträgen und die Rückzahlung in einer Summe oder in Teilbeträgen nach einem Tilgungsplan erfolgen kann.*
- ***Darlehensarten:** Fest-, Annuitäten-, Abzahlungsdarlehen*
- ***Nominalzinssatz:** nominale Verzinsung des Darlehens ohne Berücksichtigung von Disagio, Bearbeitungsentgelten usw.*
- ***Effektivzinssatz:** tatsächlicher Zinssatz unter Berücksichtigung von Zinsen, Disagio, Bearbeitungsentgelten usw.*
- ***Industrieobligationen** sind Schuldverschreibungen über Forderungsrechte gegen Industrie- und Handelsunternehmen.*

## Aufgaben

1 Die MG Digital & Print KG will einen Kredit für die Neuanschaffung einer Rollenoffsetmaschine bei der Stadtsparkasse Köln aufnehmen. Geben Sie an, über welche Inhalte in einem Kreditvertrag Vereinbarungen getroffen werden sollten.

2 Die MG Digital & Print KG bezieht von einem Großhändler Rohstoffe im Wert von 34 200,00 EUR. Die Zahlungsbedingung lautet: „40 Tage netto Kasse, bei Zahlung innerhalb von 14 Tagen 3 % Skonto.“ Für einen Kontokorrentkredit der Hausbank wären 14 % effektiver Jahreszins zu entrichten. Das Unternehmen möchte den Skonto in Anspruch nehmen, muss dafür aber das Kontokorrentkonto in Anspruch nehmen.

a) Ermitteln Sie den Überweisungsbetrag nach Abzug vom Skonto.
b) Ermitteln Sie die Zinsen für den in Anspruch genommenen Kontokorrentkredit.
c) Ermitteln Sie den Finanzierungsgewinn, wenn der Skonto unter Inanspruchnahme des Kontokorrentkredites ausgenutzt wird.
d) Ermitteln Sie den Effektivzinssatz für den Skonto.

3 Erklären Sie die verschiedenen Arten des Darlehens.

4 Beschreiben Sie, auf welche Weise Kreditinstitute die Kreditwürdigkeit ihrer Kunden überprüfen.

5 Für Investitionszwecke benötigt die Medi@ AG einen Kredit über 200 000,00 EUR mit einer Laufzeit von drei Jahren. Sie erhält zwei Angebote:
Bank A: 9 % Zinsen zuzüglich 800,00 EUR Bearbeitungsentgelt,
Bank B: 8 % Zinsen zuzüglich 0,5 % Bearbeitungsentgelt von der Kreditsumme und 1 % Disagio.
Die Rückzahlung des Kredites soll jeweils in einer Summe nach drei Jahren erfolgen.

a) Ermitteln Sie, wie viel EUR die Kreditkosten für die gesamte Laufzeit bei jeder Bank betragen.
b) Ermitteln Sie die Effektivverzinsung beider Kredite.

6 a) Erkundigen Sie sich bei Kreditinstituten nach den Konditionen für einen Kontokorrent- und einen Darlehenskredit. Vergleichen Sie die Konditionen der Kreditinstitute miteinander.
b) Suchen Sie nach Begründungen dafür, dass die Zinssätze bei den einzelnen Kreditinstituten unterschiedlich sind.

## 7.4 Kreditsicherung

Die MG Digital & Print KG benötigt eine neue Rollenoffsetmaschine, deren Anschaffungskosten 1,8 Mio. EUR betragen. Als Herr Stein bei der Hausbank einen Kredit in dieser Höhe beantragt, stellt der zuständige Bankangestellte die Frage: „Können Sie mir Sicherheiten für diesen Kredit bieten?" Herr Stein weiß, dass für die MG Digital & Print KG aufgrund der in den letzten Monaten getätigten Investitionen ein Liquiditätsengpass besteht. In den nächsten drei Monaten ist mit dem Eingang von Forderungen in Höhe von 350 000,00 EUR zu rechnen.

**Arbeitsaufträge**
- Stellen Sie fest, welche Möglichkeiten Herr Stein hat, der Bank Sicherheiten für den Kredit anzubieten. Ziehen Sie hierzu die Bilanz von S. 373 heran.
- Welche Vorteile weist die Sicherungsübereignung gegenüber dem Lombardkredit auf?

### Personalkredite

Bei der Kreditgewährung haftet entweder ausschließlich die Person des Kreditnehmers (reiner Personalkredit) oder neben dem Kreditnehmer als Hauptschuldner haften weitere Personen als Nebenschuldner (verstärkter Personalkredit).

**Der reine Personalkredit (Blankokredit):** Bei diesem Kredit sind für den Kreditnehmer **keine Sicherheiten erforderlich**, da das Kreditinstitut auf die sichtbar guten Ertrags- und Vermögensverhältnisse und den guten Ruf des Kreditnehmers vertraut. Diese Kredite werden meist nur kurzfristig gewährt, in der Regel als Kontokorrentkredite, seltener als Darlehen.

- *Der verstärkte Personalkredit*

Bürgschaftskredit: Die Bürgschaft (§ 765 ff. BGB, §§ 349 bis 351 HGB) entsteht durch einen Vertrag zwischen dem Kreditgeber und dem Bürgen, wonach der Bürge für die Erfüllung der Verbindlichkeiten des Kreditnehmers haftet. Für Bürgschaftsversprechen ist per Gesetz die **Schriftform** vorgeschrieben. Nur **Kaufleute können im Gegensatz zu Kleingewerbetreibenden auch mündlich bürgen**.

Vergleiche hierzu Seite 161

Beispiel *Dieter Friedrich, Sohn der Geschäftsführerin Friedrich der MG Digital & Print KG, hat einen Kredit über 20 000,00 EUR aufgenommen, für den Frau Friedrich eine Bürgschaft übernimmt.*

**Kreditnehmer** Dieter Friedrich ←→ Kreditvertrag ←→ **Kreditgeber** ←→ Bürgschaftsvertrag ←→ **Bürge** Inge Friedrich

Wird ein Bürge von einem Kreditgeber in Anspruch genommen, kann er das Geld vom Kreditnehmer zurückverlangen. Haften bei einem Bürgschaftskredit mehrere Bürgen neben dem Kreditnehmer, spricht man von einer **gesamtschuldnerischen Bürgschaft**. In diesem Fall kann der Kreditgeber seine Forderungen an alle oder auch nur an eine der bürgenden Personen richten.

Man unterscheidet zwei Arten der Bürgschaft:
- **Ausfallbürgschaft** (§ 771 BGB): Bei dieser Bürgschaft muss der Bürge erst dann zahlen, wenn der Kreditgeber nachweisen kann, dass der Kreditnehmer zahlungsunfähig ist. Der Bürge hat somit das **„Recht der Einrede der Vorausklage"**. Der Nachweis ist erbracht, wenn der Kreditgeber gegen den Kreditnehmer erfolglos die Zwangsvollstreckung betrieben hat.
  Beispiel *Für einen damaligen Kredit des Herrn Stein beim Geschäftsfreund Peter Pade hat seine Mutter, Frau Helma Stein, eine Ausfallbürgschaft übernommen. Nach dem Fälligkeitstermin für die Rückzahlung des Darlehens, den Herr Stein nicht eingehalten hat, mahnt Peter Pade zweimal vergeblich. Danach wendet sich Herr Pade an die Bürgin mit der Aufforderung zur Zahlung. Helma Stein nimmt das Recht der Einrede der Vorausklage in Anspruch, d. h., sie ist erst dann zur*

*Zahlung verpflichtet, wenn ihr der Kreditgeber nachweisen kann, dass eine Zwangsvollstreckung erfolglos war.*

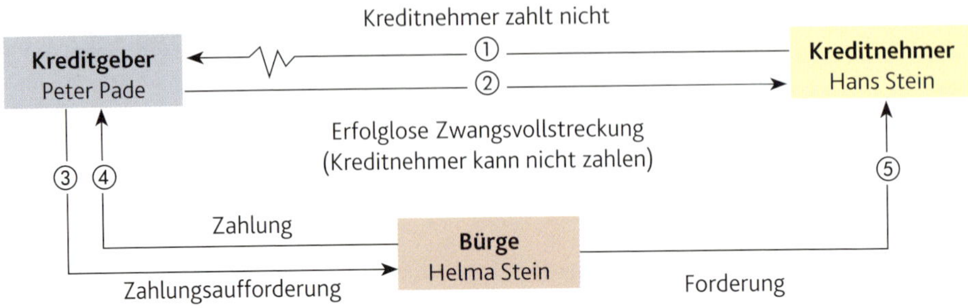


- **selbstschuldnerische Bürgschaft** (§ 773 BGB): Bei dieser Art der Bürgschaft haftet der Bürge wie der Hauptschuldner, da er auf das „Recht der Einrede der Vorausklage" verzichtet. Der Bürge kann vom Kreditgeber schon dann zur Zahlung herangezogen werden, wenn der Kreditnehmer den Kredit nicht rechtzeitig zurückzahlt. Kreditinstitute verlangen immer eine selbstschuldnerische Bürgschaft. Unter Kaufleuten ist eine Bürgschaft immer eine selbstschuldnerische Bürgschaft (§ 349 HGB).
  **Beispiel** *Herr Stein hat bei seiner Bank ein Darlehen über 30 000,00 EUR aufgenommen. Seine Mutter, Helma Stein, hat hierfür eine selbstschuldnerische Bürgschaft übernommen. Als Herr Stein am Fälligkeitstag nicht zahlt, verlangt die Bank sofort die Zahlung vom Bürgen. Frau Stein muss als Bürgin zahlen, da sie eine selbstschuldnerische Bürgschaft übernommen hat.*

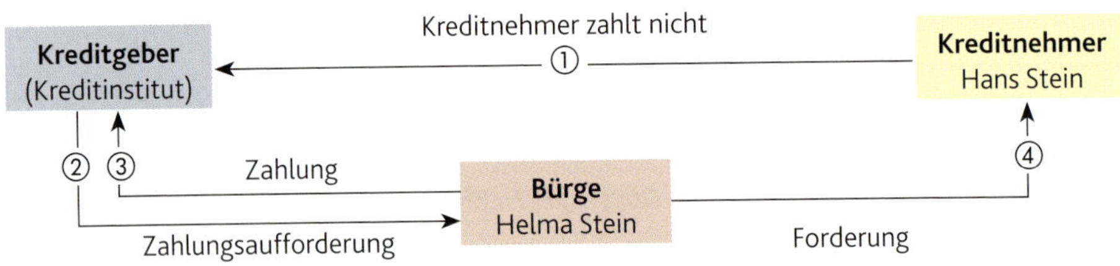


### ♦ *Zessionskredit*

Bei einem Zessionskredit tritt ein Kreditnehmer eine oder alle Forderungen zur Sicherung eines Kredites an den Kreditgeber ab **(= Forderungsabtretung)**. Ein Zessionskredit hat für solche Unternehmen eine Bedeutung, die ihre Waren an Kunden auf Ziel verkaufen. Kreditgeber und Kreditnehmer schließen über die Forderungsabtretung einen **Zessionsvertrag** ab. Beim Zessionskredit werden zwei Arten unterschieden.

- **Stille Zession: Erfährt der Schuldner des Kreditnehmers nichts von der Forderungsabtretung**, dann spricht man von einer stillen Zession. Der Schuldner des Kreditnehmers zahlt seine Warenschuld an den Kreditnehmer, der das Geld unverzüglich an den Kreditgeber weiterleitet. Der Vorteil der stillen Zession ist darin zu sehen, dass keine anderen Personen von der Forderungsabtretung erfahren. Somit bleibt die Bonität des Kreditnehmers gewahrt.
  **Beispiel** *Die MG Digital & Print KG beabsichtigt, ihren Fuhrpark zu erweitern. Sie nimmt bei ihrer Bank einen Kredit über 60 000,00 EUR auf, da sie auf einer Versteigerung einen Lkw erwerben möchte. Zur Sicherheit tritt sie an die Bank ausstehende Kundenforderungen in Höhe von 60 000,00 EUR ab. Sollte sie ihren Ratenzahlungen nicht nachkommen, muss sie die Kundenzahlungen der Druckerei unverzüglich an den Kreditgeber abführen.*

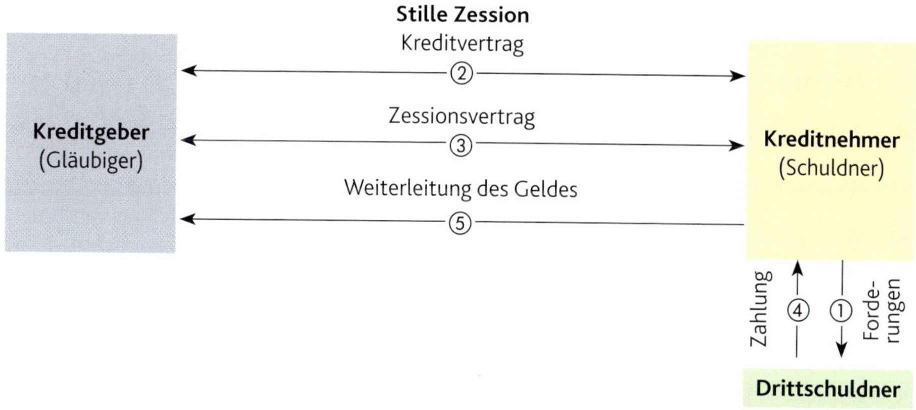


- **Offene Zession:** Bei dieser Kreditform wird dem Schuldner des Kreditnehmers die Abtretung der Forderung mitgeteilt. In diesem Fall darf der Schuldner nicht mehr an den Kreditnehmer, sondern nur noch an den Kreditgeber zahlen. Zahlt er trotzdem an den Kreditnehmer, ist er gegenüber dem Kreditgeber nicht von seiner Zahlungspflicht befreit.
  **Beispiel** *Die MG Digital & Print KG nimmt bei der Stadtsparkasse Köln einen kurzfristigen Kredit über 60 000,00 EUR auf. Zur Sicherheit tritt sie eine Kundenforderung über 60 000,00 EUR an die Stadtsparkasse ab. Die Druckerei informiert die Kunden von der Forderungsabtretung. Ein Kunde vergisst die Forderungsabtretung und zahlt an die Druckerei. Die Stadtsparkasse kann die nochmalige Zahlung vom Kunden verlangen.*

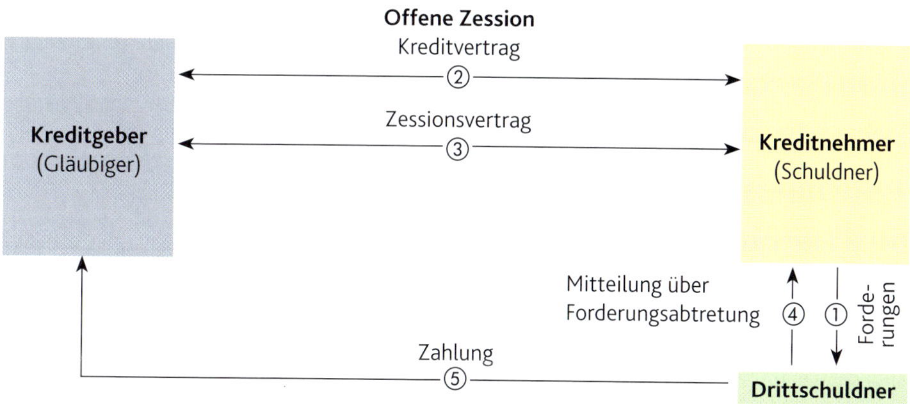


## ● Realkredite

Bei den Realkrediten werden die Forderungen des Kreditgebers durch ein unmittelbares **Zugriffsrecht auf bewegliche** (z. B. Schmuck, Wertpapiere) **und unbewegliche Sachen oder Vermögenswerte** (z. B. Grundstücke, Gebäude) des Kreditnehmers abgesichert. Realkredite werden auch als **dinglich gesicherte Kredite** bezeichnet. Zu den Realkrediten zählen Lombard-, Sicherungsübereignungs- und Grundpfandkredit.

### ♦ *Lombardkredit*

Bei diesem Kredit (= Faustpfandkredit, § 1204 ff. BGB) wird meist **ein kurzfristiger Kredit gegen Verpfändung von beweglichen, wertvollen Sachen** (z. B. Schmuck, Wertpapiere, Lebensversicherungen) gewährt. Zwischen Kreditgeber und Kreditnehmer wird neben dem Kreditvertrag ein **Pfandvertrag** geschlossen. Das Pfand geht dabei in den **Besitz des Kreditgebers** über, der **Kreditnehmer bleibt Eigentümer**. Der Kreditgeber stellt dem Kreditnehmer aber nicht den vollen Wert des verpfändeten Gegenstandes zur Verfügung, sondern nur den sogenannten Beleihungswert. Dieser beträgt je nach Pfand bis zu 90 % des Pfandwertes. Kommt der Kreditnehmer am Fälligkeitstag seiner Zahlungsverpflichtung nicht nach, kann der Kreditgeber nach vorheriger Androhung das Pfand versteigern lassen. Das Pfandrecht erlischt, wenn der Kreditnehmer seine Schulden bezahlt hat.

**Beispiel** *Zur Absicherung eines kurzfristigen Kredits über 40 000,00 EUR überlässt der Gesellschafter der MG Digital & Print KG der Bank Schmuck im Wert von 60 000,00 EUR. Da die MG Digital & Print KG am Fälligkeitstag ihren Zahlungsverpflichtungen nicht nachgekommen ist, erhält der Gesellschafter von der Bank die schriftliche Mitteilung, dass der Schmuck nach zehn Tagen versteigert werde, wenn die MG Digital & Print KG ihrer Zahlungsverpflichtung nicht nachkomme. Nach Ablauf der zehn Tage wird der Schmuck für 45 000,00 EUR versteigert. Die Bank schreibt dem Konto der MG Digital & Print KG nach Abzug der Kosten (= 440,00 EUR) und Ausgleich des Kredites über 40 000,00 EUR noch 4 560,00 EUR gut.*

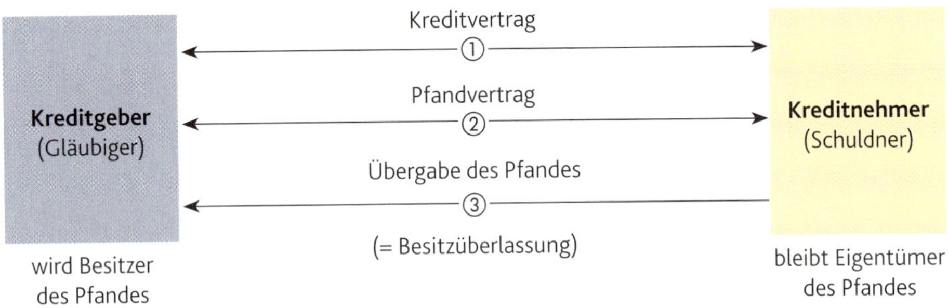


### ♦ *Sicherungsübereignungskredit*

Bei der Sicherungsübereignung (§ 930 BGB) wird im Gegensatz zum Lombardkredit der **Kreditgeber Eigentümer der Sicherungsgegenstände (mittelbarer Besitzer)**, während der **Kreditnehmer der unmittelbare Besitzer der Gegenstände** bleibt. Der Kreditnehmer kann also mit den übereigneten Gegenständen weiterarbeiten. Übereignet werden meistens Gegenstände des Anlagevermögens (z. B. Fuhrpark, Geschäftsausstattung), gelegentlich auch Warenvorräte. Beim Sicherungsübereignungskredit wird neben dem Kreditvertrag zwischen dem Kreditgeber und dem Kreditnehmer ein **Sicherungsübereignungsvertrag** abgeschlossen. Es handelt sich aber um ein beschränktes Eigentumsrecht, das der Kreditgeber nur bei Nichtrückzahlung des Kredites durch den Kreditnehmer geltend machen kann (sog. Treuhandeigentum). Bei Nichtrückzahlung des Kredits durch den Kreditnehmer kann der Kreditgeber die sicherungsübereigneten Gegenstände verwerten.

**Beispiel** *Die MG Digital & Print KG nimmt bei ihrer Bank ein Darlehen über 30 000,00 EUR auf. Zur Sicherheit übereignet sie der Bank durch die Übergabe der Zulassungsbescheinigung Teil 2 zwei Lieferwagen im Wert von 45000,00 EUR. Am Fälligkeitstag erfolgt durch die MG Digital & Print KG keine Tilgung des Darlehens. Die Bank hat das Recht, die Lieferwagen sofort abholen und versteigern zu lassen. Sollte beim Verkauf ein höherer Preis als 30 000,00 EUR erzielt werden, erhält die MG Digital & Print KG den höheren Betrag nach Abzug der entstandenen Kosten gutgeschrieben.*

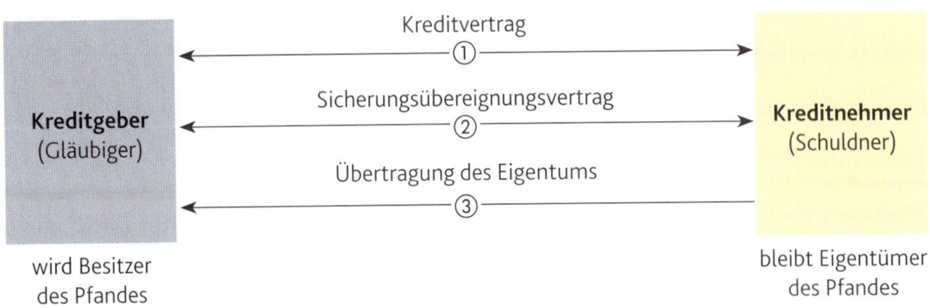

Mit der Tilgung des Kredites durch den Kreditnehmer geht das Eigentum automatisch wieder auf den Kreditnehmer über. Für den Kreditgeber und den Kreditnehmer können sich bei der Sicherungsübereignung **folgende Vor- und Nachteile** ergeben:

| | Vorteile | Nachteile |
|---|---|---|
| **Kreditgeber** (KG) | • KG hat im Insolvenzfall Recht auf Absonderung.<br>• KG kann bei Zahlungsverzug des KN Sicherungsgegenstand sofort verkaufen. | • Auf den übereigneten Gegenständen ruht Eigentumsvorbehalt des Lieferers.<br>• Verlust des Eigentums des KG beim Weiterverkauf vom KN an gutgläubige Dritte.<br>• Gegenstände sind bereits anderweitig vom KN sicherungsübereignet worden.<br>• Übereignete Gegenstände können beschädigt oder zerstört werden. |
| **Kreditnehmer** (KN) | • KN kann sowohl mit dem sicherungsübereigneten Gegenstand als auch mit dem Kredit arbeiten.<br>• Übereignung ist nach außen nicht erkennbar. | • KG kann bei Zahlungsverzug den übereigneten Gegenstand sofort verkaufen lassen. |

Vergleiche hierzu Seite 410

Beispiel *Bei der Kreditsicherung durch Fahrzeuge muss der Kreditnehmer dem Kreditgeber die Zulassungsbescheinigung Teil 2 übergeben. Damit wird der Weiterverkauf an gutgläubige Dritte verhindert. Ferner kann der Kreditgeber sicher sein, dass das Fahrzeug nicht bereits an Dritte sicherungsübereignet ist. Das Risiko der Beschädigung oder Zerstörung wird durch Versicherungen abgedeckt.*

♦ *Grundpfandkredite*

Immobilien sind wegen ihrer im Zeitablauf stabilen Werte besonders für die Absicherung langfristiger Kredite geeignet. Beim Grundpfandkredit wird dem Kreditgeber ein Pfandrecht an unbeweglichen Sachen (Immobilien) übertragen. Das Grundpfandrecht wird in das **Grundbuch**, das beim Amtsgericht geführt wird, eingetragen. Das Grundbuch ist ein öffentliches Register, das Auskunft über Eigentumsverhältnisse, Größe, Lage, Lasten usw. eines Grundstückes gibt. Einsicht in das Grundbuch kann jeder nehmen, der ein berechtigtes Interesse nachweisen kann. Pfandrechte können als Hypotheken oder Grundschuld eingetragen werden. Kommt ein Kreditnehmer seiner Zahlungsverpflichtung aus einem Grundpfandkredit nicht nach, kann der Kreditgeber das Grundstück und das dazugehörige Gebäude, das mit einem Pfandwert belastet ist, zwangsversteigern lassen.

- **Hypothek (§ 1113 ff. BGB):** Die Hypothek setzt immer das Bestehen einer Forderung voraus. Der Kreditgeber hat nur einen Anspruch in Höhe der ursprünglichen Forderungen abzüglich der geleisteten Rückzahlungen. Der Kreditnehmer haftet mit dem Grundstück **(= dingliche Haftung)** als Pfand. Zudem haftet er persönlich mit seinem ganzen Vermögen **(= persönliche Haftung)** für das Darlehen. Der Kreditgeber kann also bei einer Zwangsvollstreckung sowohl die Befriedigung seiner Forderungen aus dem Vermögen des Kreditnehmers als auch aus dem Grundvermögen verlangen. Die Hypothek erlischt mit der Rückzahlung des Kredites.
- Beispiel *Die Werbeagentur West GmbH nimmt bei ihrer Bank ein Hypothekendarlehen über 100 000,00 EUR auf. Als Sicherheit wird im Grundbuch eine Hypothek auf ein Grundstück mit dazugehörigem Gebäude, das sich im Eigentum der West GmbH befindet, eingetragen. Wenn die West GmbH nach einem halben Jahr mit ihren Tilgungsraten in Verzug geraten sollte, könnte die Bank das Grundstück mit dem Gebäude zwangsversteigern lassen. Falls das Gebäude z. B. durch Feuer vernichtet worden ist und der Wert des Grundstücks zur Befriedigung der Forderung nicht*

*mehr ausreicht, kann die Bank die Befriedigung der Restforderung aus dem Privatvermögen des Kreditnehmers verlangen.*

Eine Hypothek kann als **Buchhypothek** oder als **Briefhypothek** bestellt werden. Eine **Buchhypothek** entsteht durch Einigung und Eintragung. Bei einer **Briefhypothek** wird zusätzlich ein Hypothekenbrief ausgestellt, der zum Erwerb, zur Übertragung und Geltendmachung der Hypothek erforderlich ist. Durch eine Briefhypothek wird die Übertragung der Hypothek auf einen anderen Gläubiger erleichtert, da hierzu die Übergabe des Briefes zusammen mit einer schriftlichen Abtretungserklärung genügt. Eine Umschreibung im Grundbuch muss nicht vorgenommen werden.

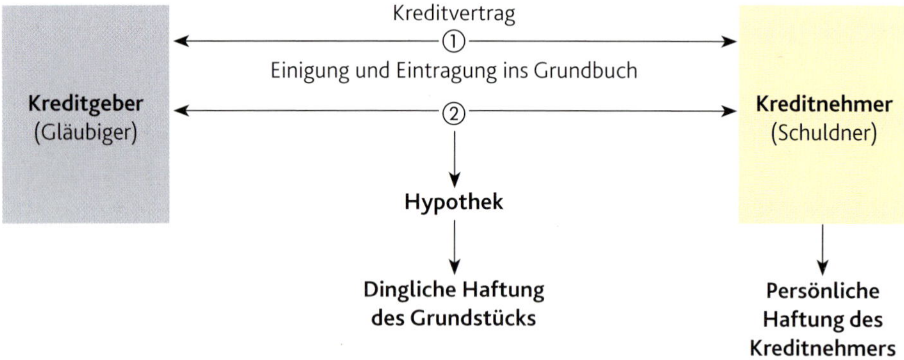


- Grundschuld **(§ 1191 ff. BGB):** Das Bestehen einer Forderung ist im Gegensatz zur Hypothek nicht erforderlich (= abstrakte dingliche Schuld). Bei der Grundschuld wird ein Grundstück mit einer bestimmten Geldsumme zugunsten des Kreditgebers belastet. In das Grundbuch wird nur die Grundschuld, aber nicht der Schuldgrund, z. B. Aufnahme eines Darlehens, eingetragen. Der Kreditgeber hat zwei Ansprüche gegen den Kreditnehmer:
  - einen dinglichen Anspruch aus der Grundschuld,
  - einen persönlichen Anspruch aus dem Darlehen.

Im Falle einer Zwangsvollstreckung muss eine Forderung des Kreditgebers nicht nachgewiesen werden. Auch bei voller Rückzahlung aller Verbindlichkeiten durch den Kreditnehmer erlischt die Grundschuld nicht. Sie erlischt erst, wenn sie im Grundbuch gelöscht wird.
Beispiel *Nimmt die Werbeagentur West GmbH bei ihrer Bank ein Grundschulddarlehen über 100 000,00 EUR auf, könnte sie das Darlehen in Teilbeträgen nach und nach abrufen. (Vorteil: nur eine einmalige Eintragung ins Grundbuch.) Die Bank könnte das Grundstück mit dem Gebäude zwangsversteigern lassen, wenn die West GmbH mit ihren Tilgungsraten in Verzug geriete. Falls das Gebäude, z. B. durch Feuer, vernichtet sein sollte und der Wert des Grundstücks zur Befriedigung der Forderung nicht mehr ausreichen sollte, könnte die Bank die Befriedigung der Restforderung aufgrund des persönlichen Anspruchs aus dem Darlehen aus dem Vermögen des Kreditnehmers verlangen.*

Die Grundschuld kann auch mit **Zwangsvollstreckungsklausel** eingetragen werden. Im Falle des Verzugs ist dann ein schneller Zugriff möglich. Auf das langwierige Einklagen eines vollstreckbaren Titels gegen den bisherigen Eigentümer kann dann verzichtet werden.

In der Praxis wird von den Kreditinstituten meistens die Grundschuld verlangt, da sie wesentlich flexibler als die Hypothek zu handhaben ist.

***Kreditsicherung***
- *Der **reine Personalkredit (Blankokredit)** wird ohne Sicherheiten aufgrund der besonderen **Bonität des Kreditnehmers** gewährt.*
- ***Verstärkter Personalkredit** = Sicherung durch Personen*

| Bürgschaft | Zession |
|---|---|
| Ein oder mehrere Bürgen haften zusätzlich zum Kreditnehmer (KN).<br>• **Ausfallbürgschaft:** Bürge hat Recht der Einrede der Vorausklage.<br>• **Selbstschuldnerische Bürgschaft:** Bürge hat nicht das Recht der Einrede der Vorausklage. | Abtretung von Forderungen an den Kreditgeber (KG).<br>• **Stille Zession:** Schuldner des KN wird nicht von der Forderungsabtretung informiert.<br>• **Offene Zession:** Schuldner des KN wird von der Forderungsabtretung informiert. |

- ***Realkredite*** *= dingliche Sicherung (bewegliche und unbewegliche Sachen haften für eine Forderung)*

| Lombardkredit Faustpfandrecht | Sicherngsübereignungskredite | Grundpfandrechte |
|---|---|---|
| Verpfändung von beweglichen wertvollen Gegenständen oder Wertpapieren an den KG, wobei KG Besitzer wird, KN bleibt Eigentümer. | Bewegliche Gegenstände des Anlagevermögens oder Warenvorräte werden zur Sicherheit vom KN an den KG übereignet. KG wird Eigentümer, KN bleibt Besitzer. Gegenstände: Fuhrpark, Maschinen, Geschäftsausstattung, unfertige und fertige Erzeugnisse. | • **Hypothek:** KG erhält Pfandrecht an einem Grundstück durch Einigung und Eintragung ins Grundbuch. **KN haftet mit Privatvermögen und mit Grundstück** als Pfand.<br>• **Grundschuld:** Belastung des Grundstücks mit einer bestimmten Geldsumme zugunsten des KG. **KN haftet mit dem Grundstück** als Pfand. |

## Aufgaben

1 Erläutern Sie die Bürgschaft und ihre Arten.

2 Worin liegt der Vorteil der stillen Zession für den Kreditnehmer?

3 Geben Sie an, welche Vor- und Nachteile bzw. Risiken die Sicherungsübereignung
a) für den Kreditgeber, b) für den Kreditnehmer hat.

4 Nennen Sie die Merkmale des Lombardkredites.

5 Erläutern Sie die Besitz- und Eigentumsverhältnisse beim Sicherungsübereignungs- und Lombardkredit.

6 Erklären Sie das Wesen einer Grundschuld.

7 Geben Sie für nachfolgende Sachen an, für welche Kreditsicherung sie sich eignen.
a) Fahrzeuge c) Gebäude e) Geschäftsausstattung g) Forderungen gegen Kunden
b) Schmuck d) Warenvorräte f) Goldmünzen

8 Einer Ihrer Freunde will bei einem Kreditinstitut einen Kredit über 10 000,00 EUR für die Anschaffung einer Wohnungseinrichtung aufnehmen. Allerdings verlangt das Kreditinstitut, dass ein Bürge zusätzlich für den Kredit haften soll. Ihr Freund bittet Sie, für ihn zu bürgen.
a) Sammeln Sie Argumente, ob Sie als Bürge für Ihren Freund zur Verfügung stehen.
b) Überlegen Sie, welche Anforderungen ein Kreditinstitut an einen Bürgen stellt.

9 Die MG Digital & Print KG will eine Falzmaschine im Wert von 80 000,00 EUR für das kommende Geschäftsjahr kaufen. Die Maschine soll über einen Darlehenskredit finanziert werden. Erstellen Sie für die MG Digital & Print KG eine Liste der verschiedenen Formen der Kreditsicherung, die der Darlehensgeber verlangen könnte, und stellen Sie die jeweiligen Vor- und Nachteile in einer Übersicht gegenüber. Entscheiden Sie sich für eine Kreditsicherung und begründen Sie Ihre Entscheidung.

## 7.5 Sonderformen der Finanzierung

Die MG Digital & Print KG möchte ihre Veredelungsmöglichkeiten um den Bereich der Lasergrafik erweitern. Sie überlegt, eine Maschine anzuschaffen, mit der sie bisher nicht mögliche filigrane und feinste Ausstanzungen aus Papier oder Karton vornehmen kann. Die Druckerei hat allerdings im Rahmen der vorangegangenen Betriebserweiterung momentan ihren Kreditrahmen ausgeschöpft. Mirco Stein hat aber in der Vergangenheit gute Erfahrungen mit dem Leasing von Pkw gemacht, sodass er überlegt, ob auch Maschinen geleast werden sollten.

### Arbeitsaufträge

- Überprüfen Sie, welche Gegenstände von Unternehmen geleast werden können.
- Stellen Sie die verschiedenen Leasingarten gegenüber.
- Erläutern Sie, was Sie unter einem Factoringgeschäft verstehen.

### Leasing

Ein Unternehmen hat die Möglichkeit, benötigte Gegenstände zu leasen (= mieten oder pachten) statt zu kaufen. Beim Leasing werden in einem Leasingvertrag die Nutzungsrechte an Gütern des Anlagevermögens (Grundstücke mit Gebäuden, Fahrzeuge, Geschäftsausstattung) für eine bestimmte Zeit vom Leasinggeber auf den Leasingnehmer übertragen, wobei der Leasingnehmer die geleasten Gegenstände in seinem Betrieb einsetzt.

Der **Leasingnehmer wird Besitzer, der Leasinggeber bleibt Eigentümer** der geleasten Gegenstände. Am Ende der vertraglich vereinbarten Leasingdauer kann der Leasingnehmer den geleasten Gegenstand zurückgeben oder zum Restwert kaufen. Das **Leasingentgelt** richtet sich nach der Vertragsdauer und beträgt

- bei dreijähriger Vertragsdauer monatlich etwa 3 % des Kaufpreises,
- bei zweijähriger Vertragsdauer monatlich etwa 4 % des Kaufpreises.

Unter der Voraussetzung, dass mit den Leasingobjekten ein zusätzlicher Gewinn erwirtschaftet wird, kann ein Unternehmen mit Leasing seine Anlagegegenstände erneuern oder erweitern, ohne Eigen- oder Fremdkapital in Höhe der Anschaffungskosten zu beschaffen. Die Leasingraten können als Betriebsausgaben abgesetzt werden, sie mindern somit die Gewerbe-, Einkommen- bzw. Körperschaftssteuer.

Durch Leasing verbessern sich die Kennzahlen bei einer Bilanzanalyse, z. B. das Verhältnis von Fremd- zu Eigenkapital, weil bei entsprechender Vertragsgestaltung weder das Anlagevermögen aus dem Leasinggeschäft noch die Verbindlichkeiten daraus bilanziert werden. Leasing ist somit für jene Unternehmen interessant, die einen noch unausgeschöpften Vorrat an langfristigen Verbindlichkeiten haben.

Bei allen Arten von Leasingverträgen ist der „**wirtschaftliche Eigentümer**" des Leasinggutes verpflichtet, das Leasinggut zu aktivieren und somit auch abzuschreiben. Der Leasinggeber gilt immer dann als wirtschaftlicher Eigentümer, wenn die Grundleasingzeit 40–90 % der betriebsgewöhnlichen Nutzungsdauer beträgt und die Restmiete/der Restkaufpreis unter Berücksichtigung der bis dahin erfolgten linearen Abschreibungen kostendeckend ist.

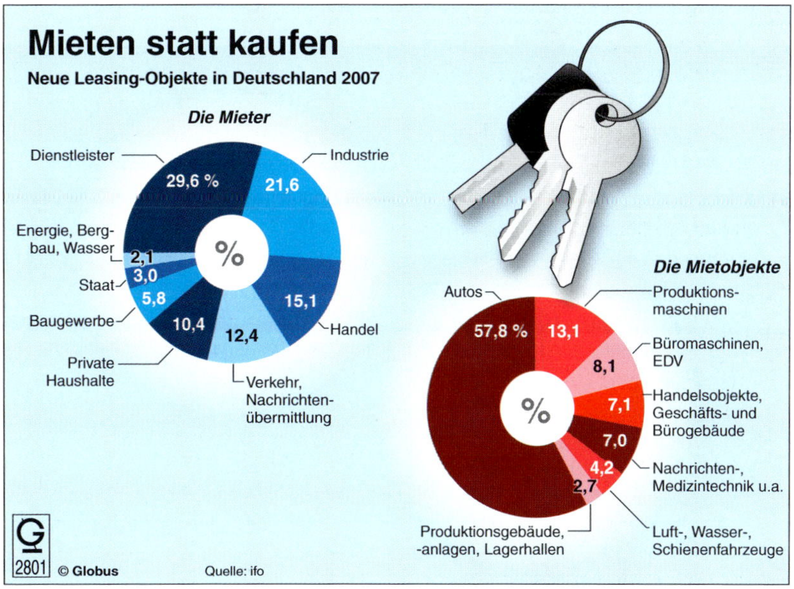


**Leasinggeber kann**

- der Hersteller des Anlagegutes, z. B. Maschinen-, Fahrzeughersteller **(= direktes Leasing)**,
- eine Leasinggesellschaft sein, die die Gegenstände vom Hersteller gekauft hat und sie nun im Rahmen des Leasings gegen Entgelt zur Verfügung stellt **(= indirektes Leasing)**.

**Leasingverträge können unterschieden werden in**

- **Operating-Leasing:** Bei dieser Form hat der Leasingnehmer das **Recht, den Vertrag jederzeit kurzfristig zu kündigen**, da keine feste Grundleasingzeit vereinbart worden ist. Der Leasinggeber trägt somit das volle Investitionsrisiko. Der Leasingnehmer hat immer die neueste Technologie zur Verfügung. Es handelt sich um Leasingobjekte (Kraftfahrzeuge, Fotokopiergeräte, Büromaschinen), die nach Beendigung des Leasingverhältnisses vom Leasinggeber problemlos erneut anderen Leasingnehmern zur Verfügung gestellt werden können.
- **Financial-Leasing** (Finanzierungsleasing): Hier handelt es sich um **langfristige Verträge**, die **während der Grundleasingzeit unkündbar** sind. Nach Ablauf der Grundleasingzeit kann der Leasingnehmer entscheiden, ob er den Vertrag verlängern oder einen neuen Vertrag über ein neues Leasingobjekt abschließen will. Er kann das Leasingobjekt auch vom Leasinggeber kaufen. Bei dieser Leasingform trägt der Leasingnehmer das Investitionsrisiko, d. h. das Risiko der wirtschaftlichen Wertminderung durch technischen Fortschritt. Beim Financial-Leasing handelt es sich bei den Leasingobjekten in der Regel um Gegenstände, die häufig eigens für den Leasingnehmer hergestellt worden sind.

**Hinsichtlich der Leasingobjekte kann man unterscheiden in:**

- **Leasing von beweglichen Gegenständen = Mobilien-Leasing**
  Beispiele *Maschinen, Computer, Fotokopierer, Regalsysteme, Arbeitskleidung, Fahrzeuge, Telefonanlagen, Büroausstattung, Filmkameras, Fernsehkameras*
  Das Leasing einzelner Ausrüstungsgegenstände wird auch als **Equipment-Leasing** bezeichnet.
- **Immobilien-Leasing**
  Beispiele *Lagerräume, Verwaltungsgebäude, Grundstücke*
  Das Leasing ganzer Betriebsanlagen wird auch als **Plant-Leasing** bezeichnet.
- **Personal-Leasing:** Auch Personal kann durch Arbeitskräftevermittlungen (Zeitarbeit) geleast werden.

Leasing bringt **für den Leasingnehmer folgende Vor- und Nachteile**:

| Vorteile | Nachteile |
|---|---|
| • Geleaste Objekte sind meistens auf dem neuesten Stand der Technik, vorausgesetzt es wurden keine langfristigen Leasingverträge vereinbart.<br>• Leasingnehmer hat bestimmte monatliche Raten, die genaue Kalkulation ermöglichen.<br>• Verringerung des Kapitalbedarfs.<br>• Kreditsicherheiten sind nicht erforderlich.<br>• Leasingkosten können aus den laufend erwirtschafteten Erträgen des Leasingobjektes bezahlt werden.<br>• Keine Aktivierung der Leasinggüter in der Bilanz, steuerliche Abzugsfähigkeit der Leasingraten als Betriebskosten. | • Hohe Fixkostenbelastung des Betriebes durch Leasingraten.<br>• Leasing ist i. d. R. teurer als eine Finanzierung des Gegenstandes beim Kauf. Die Leasingrate setzt sich aus Zinsen und einem Entgelt für die Überlassung und Nutzung der Leasinggegenstände zusammen.<br>• Beim Financial-Leasing ist der Leasingnehmer vertraglich lange gebunden. |

## Factoring

Factoring stellt eine **Form der** Forderungsabtretung dar und ist als besondere Finanzierungshilfe des Umlaufvermögens eines Unternehmens gedacht. Sogenannte **Factoring-Banken** kaufen von ihren Kunden **(Factoringnehmer)** Forderungen aus Lieferungen und Leistungen auf. Der Factoringnehmer erhält dann von der Factoring-Bank etwa 80 bis 90 % des Rechnungswertes abzüglich der Zinsen und einer Factoring-Provision (0,8 bis 1,5 % der Gesamtsumme) sofort gutgeschrieben. Den Restbetrag erhält der Factoringnehmer nach Eingang der Zahlung abzüglich der Provision und der Zinsen bei der Factoring-Bank. Bilanzmäßig liegt beim Factoring ein Aktivtausch vor, da die Kundenforderungen gegen Bankforderungen (Factoring-Bank) getauscht werden.

Der Hauptvorteil für den Factoringnehmer besteht darin, dass er vorzeitig über die erst später fällig werdenden Geldmittel aus Forderungen verfügen kann. Factoring-Banken übernehmen gegen ein zusätzliches Entgelt **(Delkredereprovision)** das Risiko eines Forderungsausfalles. Als weitere Dienstleistungen bieten die Factoring-Banken an:

- Ausstellung der Rechnungen
- Führung der Kundenbuchhaltung (Debitorenbuchhaltung)
- Einzug weiterer fälliger Forderungen
- Übernahme eines notwendig werdenden Mahnverfahrens

Somit werden betriebliche Funktionen aus dem Unternehmen ausgegliedert (Outsourcing).

**Beispiel**

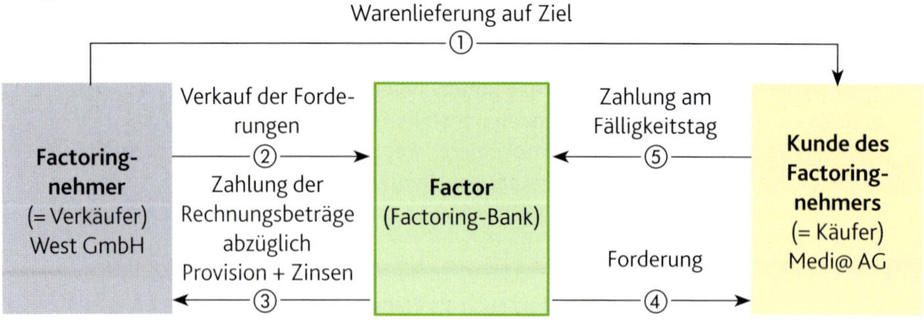

Ähnlich wie bei der Zession unterscheidet man offenes und stilles Factoring.

- Beim **offenen Factoring** ist auf der Rechnung gleich die Kontonummer der Factoring-Bank angegeben. Der Kunde zahlt direkt an die Factoring-Bank.
- Beim **stillen Factoring** zahlt der Kunde erst an den Factoringnehmer, der dann die Zahlungen unverzüglich an die Factoring-Bank weiterleitet.

Durch Factoring ergeben sich **für den Factoringnehmer folgende Vor- und Nachteile**:

| Vorteile | Nachteile |
|---|---|
| • Verringerung des Kapitalbedarfs<br>• Liquiditätserhöhung<br>• Wegfall des Mahnverfahrens<br>• Verringerung von Verwaltungsarbeiten, geringere Personalaufwendungen<br>• Kein Risiko des Forderungsausfalls | • Factoringnehmer muss der Factoring-Bank Zinsen und Provision für Dienstleistungen zahlen<br>• Unsichere Forderungen werden nicht angekauft |

Beispiel *Die MG Digital & Print KG ist aufgrund ihrer regelmäßigen Betriebserweiterung auf einen zügigen Forderungseinzug ihrer Kunden angewiesen. Die Decaux GmbH, ein wichtiger Kunde der Druckerei, ist allerdings in Zahlungsschwierigkeiten, da ihre eigenen Gläubiger mit dem Bezahlen der Rechnungen in Verzug sind. Die Hausbank der Decaux GmbH schlägt dem Unternehmen vor, ihre Forderungen – abzüglich der Zinsen und einer Factoring-Provision – abzutreten. Die Decaux GmbH erhält dafür im Gegenzug die fälligen Beträge sofort ausbezahlt und ist damit imstande, ihren eigenen Verpflichtungen nachzukommen.*

***Sonderformen der Finanzierung***

- ***Leasing***
  - *Beim Leasing werden **Güter des Anlagevermögens** geleast, wobei die Leasinggeber Hersteller oder Leasinggesellschaften sein können.*
  - *Es können sowohl **Immobilien als auch bewegliche Güter** geleast werden.*
  - *Beim **Financial-Leasing** werden langfristige Verträge abgeschlossen, der Leasingnehmer hat nach Ablauf der Vertragsdauer ein Kaufrecht des geleasten Gegenstandes (Maschinen, Betriebs- und Geschäftsausstattung usw.). Leasinggegenstände werden häufig eigens für den Leasingnehmer angefertigt.*
  - *Beim **Operating-Leasing** kann der Vertrag jederzeit vom Leasingnehmer gekündigt werden (Fotokopiergeräte, Kfz usw.).*
  - ***Hauptvorteil** für den Leasingnehmer ist ein **verringerter Kapitalbedarf**, Hauptnachteil sind die anfallenden Kosten.*
- ***Factoring***
  - *Unter Factoring versteht man den **Verkauf von Kundenforderungen** an eine **Factoring-Bank**.*
  - ***Vorteil:** Der Factoringnehmer kann über Geldmittel aus Forderungen verfügen, die erst später fällig werden.*
  - *Neben den Zinsen verlangen Factoring-Banken eine **Provision** für Rechnungserstellung und Zahlungsüberwachung sowie eine **Delkredereprovision** für die Übernahme des Kreditrisikos.*
  - *Factoring ist **verhältnismäßig teuer**.*

## Aufgaben

1 Geben Sie Beispiele an, welche Gegenstände
   a) von der Werbeagentur West GmbH geleast werden könnten,
   b) die Werbeagentur West GmbH von ihren Kunden leasen lassen könnte.

2 Die Geschäftsführer der Werbeagentur West GmbH überlegen, ob man den Kunden Messemöbel als Leasingobjekte anbieten soll. Sammeln Sie Argumente, mit denen Sie die Kunden der West GmbH von der Vorteilhaftigkeit dieser Möglichkeit überzeugen können.

3 Erläutern Sie offenes und stilles Factoring.

4 Die Werbeagentur West GmbH will einen neuen Mittelklasse-Pkw für den Außendienst anschaffen. Besorgen Sie sich bei Autohändlern Leasingangebote für Pkw und vergleichen Sie diese in einer Übersicht miteinander.

5 Die Werbeagentur West GmbH beschließt, einen Teil ihrer Forderungen an eine Factoring-Bank zu verkaufen.
   a) Beschreiben Sie, welche Bedeutung Factoring für die West GmbH haben kann.
   b) Beschreiben Sie, wie sich der Abschluss eines Factoring-Vertrages in der Bilanz auswirkt.

6 Die Werbeagentur West GmbH hat ausstehende Forderungen in Höhe von 340 000,00 EUR mit einem durchschnittlichen Zahlungsziel von 30 Tagen. Um die Liquidität zu verbessern, wollen die Geschäftsführer die Forderungen an eine Factoring-Bank verkaufen. Gleichzeitig soll der Factor Dienstleistungs- und Delkrederefunktion übernehmen. Der Factor macht folgendes Angebot: Zinsen 14 % p. a., Vergütung für Dienstleistungs- und Delkrederefunktion: 3 % von 340 000,00 EUR.
   a) Ermitteln Sie die Kosten für einen Monat, die der Factor in Rechnung stellen wird.
   b) Beurteilen Sie, ob es sinnvoll ist, das Angebot des Factors in Anspruch zu nehmen.

## 7.6 Merkmale, Ursachen und Folgen von Zahlungsschwierigkeiten

Die Auszubildende Caroline Zander wird in die Aufgaben der Allgemeinen Verwaltung eingewiesen. Dort lernt sie u. a. die Kreditorenbuchhaltung kennen. Nach einigen Tagen stellt sie überrascht fest, wie schleppend der Zahlungseingang einiger Schuldner ist. Und jetzt kommt auch noch ein Scheck des langjährigen Kunden, der Pro Öko Buchhandlung GmbH, mit dem folgenden Vermerk zurück:

„Nicht eingelöst, da das Konto nicht die erforderliche Deckung aufweist."

„Das könnte mir nicht passieren", sagt Caroline zu Kai Friese, dem Leiter der Abteilung. „Ich habe immer reichlich Geld auf dem Girokonto!" Das sei genauso falsch, belehrt sie Kai Friese, wichtig sei das finanzielle Gleichgewicht. Caroline ist verwirrt. Was kann daran falsch sein, reichlich Geld auf dem Girokonto zu haben?

**Arbeitsaufträge**

- Stellen Sie fest, welche Konsequenzen sich aus einem finanziellen Ungleichgewicht ergeben können.
- Erläutern Sie, welche Ursachen und welche Folgen Zahlungsschwierigkeiten haben können.

### Liquidität

#### *Finanzielles Gleichgewicht*

Alle Überlegungen zum Kapitalbedarf, zur Zusammensetzung des Kapitals, zur Kapitalbindung und zur Kapitalüberlassung haben zum Ziel, das **finanzielle Gleichgewicht** im Unternehmen zu sichern. Dies ist gegeben, wenn die Zahlungsfähigkeit zu jedem Zeitpunkt gesichert ist und keine überschüssigen Finanzierungsmittel vorhanden sind, die die Rentabilität mindern.

#### *Unter- und Überliquidität*

Um das finanzielle Gleichgewicht zu sichern, stellt das Unternehmen die erwarteten Einnahmen den erwarteten Ausgaben in einem **Finanzplan** gegenüber. Auch bei sorgfältiger Finanzplanung bleiben jedoch Unsicherheiten über die zukünftigen Einnahmen und Ausgaben.

**Beispiele**
- *Zahlungen können schleppend oder gar nicht eingehen.*
- *Erwartete Umsätze können nicht realisiert werden.*
- *Kosten können höher ausfallen als geplant.*

Darüber hinaus können Fehlentscheidungen im Rahmen der Finanzierung zu kurzfristigen Zahlungsschwierigkeiten **(Unterliquidität)** oder dauerhafter Zahlungsunfähigkeit **(Illiquidität)** führen. Aber auch die **Überliquidität**, d. h. die Überdeckung finanzieller Mittel, stört das finanzielle Gleichgewicht.

**Beispiele**
- *Nachdem aufgrund der wirtschaftlich schwierigen Lage mehrere Kunden der Decaux GmbH ihre Rechnungen nicht mehr zahlen können, gerät auch die Decaux GmbH selbst in Zahlungsschwierigkeiten (Unterliquidität). Sie nimmt bei der Bank einen weiteren Kredit auf und begleicht ihre Verbindlichkeiten. Als aber weitere ihrer Kunden mit den Zahlungen nicht nachkommen, kann auch die Decaux GmbH ihre Verbindlichkeiten nicht mehr begleichen, sie ist zahlungsunfähig **(Illiquidität)**.*
- *Geschäftsführerin Hermann stellt fest, dass die Kontostände auf den Kontokorrentkonten der Werbeagentur West GmbH vor einem Jahr um 30 % über den benötigten Mitteln lagen **(Überliquidität)**. Durch Anlage der nicht benötigten Mittel auf einem Festgeldkonto hätte ein Zinsgewinn von 4 000,00 EUR erwirtschaftet werden können.*

**Konsequenzen aus dem finanziellen Ungleichgewicht:** Werden die Folgen falscher Finanzierung rechtzeitig erkannt, können geeignete Maßnahmen zur Rettung des Unternehmens ergriffen werden. Die Rettung kann auf Kosten des Unternehmers in Form der Sanierung oder auf Kosten der Gläubiger in Form des Vergleichs erfolgen. Werden die Maßnahmen zur Rettung des Unternehmens versäumt oder zu spät ergriffen, kommt es zur zwangsweisen Auflösung im Insolvenzverfahren.

*Vergleiche hierzu Seite 402, 405, 407*

## Merkmale finanzieller Schwierigkeiten

Finanzielle Schwierigkeiten sind an einer Reihe von **Merkmalen** erkennbar:
- Gewinnrückgang oder Verluste
- Umsatzrückgang
- Verminderung des Eigenkapitals
- Zunahme der Verschuldung
- Zahlungsschwierigkeiten **(Zahlungsstockung)** bis zur Zahlungsunfähigkeit **(Illiquidität)**

## Ursachen von Zahlungsschwierigkeiten

Zahlungsschwierigkeiten können inner- und außerbetriebliche Ursachen haben:

| Ursachen für finanzielle Schwierigkeiten | |
|---|---|
| innerhalb des Unternehmens | außerhalb des Unternehmens |
| • Produkte entsprechen nicht den Wünschen der Kunden<br>• Zu geringes Eigenkapital<br>• Zu hohe Privatentnahmen<br>• Fehlinvestitionen<br>• Zu teure Produkte<br>• Zu hohe Personal- und Lagerkosten u. a. | • Schlechte Konjunkturlage<br>• Starke Konkurrenz<br>• Forderungsausfall<br>• Änderung der Verbrauchergewohnheiten<br>• Preissteigerung bei Roh-, Hilfs- und Betriebsstoffen u. a. |

## Folge von Zahlungsschwierigkeiten

Als **Folge von Zahlungsschwierigkeiten** können Maßnahmen zur Erhaltung **(Sanierung)** oder Maßnahmen zur Auflösung des Unternehmens **(Insolvenzverfahren)** ergriffen werden.

***Merkmale, Ursachen und Folgen von Zahlungsschwierigkeiten***
- ***Ziel*** *der Finanzplanung ist die Sicherung des* ***finanziellen Gleichgewichts.***
- ***Falsche Finanzplanung*** *kann zu kurzfristiger Unterliquidität und zu dauerhafter Illiquidität oder zur Überliquidität führen.*
- ***Merkmale finanzieller Schwierigkeiten*** *sind* ***Zahlungsstockung*** *(= vorübergehende Zahlungsschwäche) und* ***Zahlungseinstellung*** *(= dauernde Zahlungsunfähigkeit).*
- *Die* ***Ursachen für finanzielle Schwierigkeiten*** *können innerhalb und/oder außerhalb des Unternehmens liegen.*

## Aufgaben

1 Zur Sicherung des finanziellen Gleichgewichts ist es erforderlich, die Liquidität zu überwachen. Dabei sollen sowohl die Unterliquidität als auch die Überliquidität vermieden werden.
   a) Geben Sie an, welche Maßnahmen ein Unternehmen zur Verbesserung seiner Liquidität treffen kann.
   b) Erläutern Sie, wie Über- und Unterliquidität in einem Unternehmen vermieden werden können.

2 Der Weg eines Unternehmens in die Zahlungsunfähigkeit ist oft durch folgende Phasen gekennzeichnet:
   Rückgang der Umsätze → Rückgang der Gewinne → anhaltende Verluste → Rückgang des Eigenkapitals → zunehmende Verschuldung → Zahlungsschwierigkeiten → Zahlungsunfähigkeit
   a) Überlegen Sie, an welchen Stellen im Unternehmen die genannten „Symptome" festgestellt werden können.
   b) Stellen Sie den Symptomen Maßnahmen gegenüber, die die drohende Zahlungsunfähigkeit des Unternehmens abwenden.

3 Stellen Sie eine Liste innerbetrieblicher und außerbetrieblicher Ursachen zusammen, die zur Zahlungsunfähigkeit eines Unternehmens führen können.

4 Erläutern Sie einige Merkmale und Arten von Zahlungsschwierigkeiten von Unternehmen.

# 7.7 Außergerichtliche Maßnahmen im Rahmen der Insolvenz eines Unternehmens

## 7.7.1 Die Sanierung

Die Decaux GmbH als Full-Service-Agentur, ein Kunde der Medi@ AG, übernimmt seit Jahren die Beratung, Kreation und Mediaplanung sowie die Konzeption von Internetauftritten für kleinere und mittlere Unternehmen. Doch die rückläufige Entwicklung der Werbung in den klassischen Medien hält weiter an. Die Bruttowerbeaufwendungen der Markenartikel- und Dienstleistungsunternehmen sowie der Betriebe des Einzelhandels gehen laut Nielsen Media Research drastisch zurück. Im harten Preiskampf um neue Aufträge kann die Decaux GmbH mit den weit größeren Agenturen nicht mithalten. Hinzu kommt, dass die Standorte Köln und Bonn besonders für die Medienbranche immer attraktiver werden, was zum einen zu mehr Konkurrenz führt, zum anderen steigen gleichzeitig auch die Mietpreise. Diese höheren Mietkosten stellen für die Decaux GmbH eine enorme zusätzliche Belastung dar. Der schleppende Umsatz und die gestiegenen Kosten haben zur Folge, dass die Decaux GmbH ihren Zahlungsverpflichtungen nicht mehr nachkommen kann.

### Arbeitsauftrag

- Zeigen Sie Ursachen auf, die zu den Zahlungsschwierigkeiten der Decaux GmbH geführt haben könnten, und machen Sie Vorschläge zur Wiederherstellung der Leistungsfähigkeit des Unternehmens.

Bei der **Sanierung** handelt es sich um finanzielle, personelle, sachliche oder organisatorische Maßnahmen zur Wiederherstellung der Leistungsfähigkeit eines Unternehmens. Untersuchungen über Insolvenzursachen kommen zu dem Ergebnis, dass Unternehmenskrisen folgende Gründe haben können.

## Insolvenzursachen

**Finanzielle Ursachen:** Probleme im Bereich der Finanzierung sind der Hauptgrund für Insolvenzen. Die Höhe des erforderlichen Eigenkapitals wird von vielen Kaufleuten unterschätzt. Darüber hinaus entstehen Probleme durch zu hohe Zinsbelastungen und zu optimistische Rückzahlungsfristen. Weitere finanzielle Gründe sind Fehler bei der Mittelverwendung, z. B. wenn Anlagevermögen mit kurzfristigen Krediten finanziert wird oder zu hohe Privatentnahmen getätigt werden.

**Personelle Ursachen:** Probleme können mit der Person des Unternehmersverbunden sein.

| Probleme | Beispiele |
|---|---|
| Mangelhafte **Unternehmerqualifikation** | Fehlende kaufmännische Ausbildung |
| Unzureichende **Marktkenntnisse** | Unkenntnis der Fördermöglichkeiten durch Kammern und Verbände |
| Ungenügende **Führungskenntnisse** | Unkenntnis moderner Methoden der Mitarbeiterführung |
| Mangelnde **Praxiserfahrung** | Gründung eines Unternehmens kurz nach der Kaufmannsgehilfenprüfung |

Darüber hinaus spielen unqualifizierte und nicht motivierte **Mitarbeiter** und Probleme bei der Personalbeschaffung als Ursache für Unternehmenskrisen eine wichtige Rolle.

**Sachliche Ursachen:** Die Verschärfung des Wettbewerbs ist einer der am häufigsten genannten Gründe von Unternehmenskrisen. Darüber hinaus spielen Standortprobleme und die Mietkosten eine Rolle. Der Nachfragerückgang durch Änderung der Verbrauchergewohnheiten oder eine allgemeine Verschlechterung der Konjunktur aufgrund der weltweiten Wirtschaftskrise können ebenfalls Ursachen für Unternehmenskrisen sein.

**Organisatorische Ursachen:** Unzureichende Regelungen im Bereich der Aufbau- und Ablauforganisation können zu folgenden Problemen führen:

- mangelhaftes Kalkulations- und Berichtswesen
- falsche Beschaffungsmengen mit der Folge zu hoher Lagerbestände
- mangelnde Terminplanung
- Lagerhaltungsprobleme
- fehlende Kompetenzabgrenzungen
- fehlerhafte Personaleinsatzplanung

## Maßnahmen

Die **Maßnahmen** zur Lösung einer Unternehmenskrise im Wege der Sanierung sind ebenso vielfältig wie ihre Ursachen.

**Finanzielle Maßnahmen sind u. a.:**

- Eigenfinanzierung, z. B. durch Verkauf von Vermögensteilen.
  Beispiel *Ein dem Unternehmer gehörendes Grundstück wird verkauft. Der Erlös wird verwendet, um Zahlungsverpflichtungen nachzukommen.*
- Fremdfinanzierung durch Aufnahme von Bank- oder Liefererkrediten oder durch das Anmieten von Wirtschaftsgütern.
  Beispiel *Der erforderliche Fuhrpark wird geleast statt gekauft.*

Vergleiche hierzu Seite 378

Vergleiche hierzu Seite 379

Vergleiche hierzu Seite 405.

- **Stundung von Verbindlichkeiten**, d. h. das Hinausschieben des Zahlungsziels, oder der Schulderlass.
  Beispiel *Die Druckerei MG Digital & Print KG stundet der Decaux GmbH die anstehenden Forderungen für die drei Monate.*

**Personelle Maßnahmen sind u. a.:**
- Qualifizierung des Unternehmers und seiner Mitarbeiter durch **Fort- und Weiterbildung**.
  Beispiel *Inanspruchnahme der Seminarangebote der Industrie- und Handelskammern oder der Handwerkskammern.*
- **Einstellung qualifizierter Mitarbeiter** bzw. Überprüfung des Personalbestandes mit dem Ziel, unfähige Mitarbeiter zu entlassen.
- Einführung **leistungsbezogener Entlohnungsgrundsätze** zur Motivation der Mitarbeiter.

**Sachliche Maßnahmen sind u. a.:**
- Stärkung der Wettbewerbsfähigkeit durch **Kooperation** mit anderen Unternehmen.
- **Bereinigung von Absatz- oder Produktionsprogramm** mit dem Ziel der Anpassung an die veränderten Verbrauchergewohnheiten.

**Organisatorische Maßnahmen sind u. a.:**
- Steuerung und Kontrolle des Warenflusses im Unternehmen durch Einsatz der **EDV**.
- Planung und Kontrolle der Lagerbestände mit dem Ziel der Annäherung an den **optimalen Lagerbestand**.
- Schaffung von eindeutigen Verantwortungsbereichen.
- Festlegung von Über- und Unterstellungen.
- Optimierung von Personaleinsatzplänen.
- Verbesserung von Durchlaufzeiten in der Fertigung.

***Die Sanierung***
- *Bei der Sanierung handelt es sich um finanzielle, personelle, sachliche oder organisatorische Maßnahmen zur Wiederherstellung der Leistungsfähigkeit eines Unternehmens.*

| Sanierungsgründe | Sanierungsmaßnahmen |
|---|---|
| **finanzieller Art**<br>• Zu geringes Eigenkapital<br>• Zu hohe Zinsbelastung oder unrealistische Rückzahlungstermine | **finanzieller Art**<br>• Eigenfinanzierung durch Kapitalerhöhung, Beteiligungsfinanzierung oder Verkauf von Vermögensteilen<br>• Fremdfinanzierung durch Aufnahme von Krediten oder Anmietung von Anlagevermögen<br>• Überprüfung der Privatentnahmen |
| **personeller Art**<br>• Mangelnde Unternehmerqualifikation<br>• Mängel im Bereich Personal | **personeller Art**<br>• Fortbildung<br>• Einstellung qualifizierter Mitarbeiter<br>• Einführung leistungsbezogener Entlohnungsgrundsätze |
| **sachlicher Art**<br>• Ruinöser Wettbewerb<br>• Hohe Mietkosten | **sachlicher Art**<br>• Kooperation<br>• Spezialisierung auf bestimmte Sortiments- oder Produktionsbereiche<br>• Wechsel des Standortes |

| Sanierungsgründe | Sanierungsmaßnahmen |
|---|---|
| **organisatorischer Art**<br>• Mangelnde Kalkulation<br>• Zu hohe Personalkosten<br>• Falsche Beschaffungsmengen | **organisatorischer Art**<br>• Fortbildung<br>• Überprüfung des Personalbestandes<br>• Einsatz der Datenverarbeitung |

## Aufgaben

1 Erläutern Sie, welche finanziellen, personellen, sachlichen oder organisatorischen Gründe zu einer Unternehmenskrise führen können.

2 Sanierungsmaßnahmen können nicht nur an die Problembereiche anknüpfen, sondern auch anhand der Marketinginstrumente aufgezeigt werden. Erläutern Sie mögliche Sanierungsmaßnahmen der Decaux GmbH anhand der Marketinginstrumente:
a) Produkt- und Sortimentspolitik
b) Preispolitik
c) Konditionenpolitik
d) Servicepolitik
e) Kommunikationspolitik
f) Distributionspolitik

*Vergleiche hierzu Seite 312*

3 Die Decaux GmbH will die Personalkosten senken und die Effektivität der Mitarbeiter erhöhen. Erläutern Sie Möglichkeiten, wie dieses Ziel erreicht werden kann.

4 Einer der größten Gläubiger der Decaux GmbH ist die MG Digital & Print KG. Herr Richter entschließt sich, mit Herrn Stein, dem Geschäftsführer der MG Digital & Print KG, ein Gespräch zu führen, in dem er um Zahlungsaufschub bittet.
a) Stellen Sie Argumente zusammen, mit denen Sie Herrn Stein überzeugen.
b) Führen Sie das Gespräch zwischen Herrn Stein und Herrn Richter im Rollenspiel.

### 7.7.2 Der Vergleich

Noch während der Geschäftsführer der Decaux GmbH nach Lösungsmöglichkeiten für die Sanierung seines Unternehmens sucht, spitzt sich die Situation zu. Zwei der wichtigsten Gläubiger kündigen ihre Lieferantenkredite und verlangen sofortige Zahlung. Da die Banken sich weigern, die Kreditlinie nochmals heraufzusetzen, ist die Decaux GmbH zahlungsunfähig. In dieser Situation rät der Betriebsberater der IHK Herrn Richter, dem Geschäftsführer der Decaux GmbH, den beiden Großgläubigern und der MG Digital & Print KG einen außergerichtlichen Vergleich anzubieten. Nur wenn diese auf einen Teil ihrer Forderungen verzichten, hat das Unternehmen eine Chance, sein Sanierungskonzept durchzusetzen und die Leistungsfähigkeit wiederherzustellen

#### Arbeitsaufträge

- Diskutieren Sie, welche Gründe die MG Digital & Print KG und die beiden Gläubiger veranlassen könnten, auf einen Teil ihrer Forderungen zu verzichten.
- Erläutern Sie einige Nachteile, die der Druckerei MG Digital & Print KG durch einen Vergleich entstehen können.

Beim **Vergleich** wird das Unternehmen auf Kosten der Gläubiger saniert. Einem vorübergehend zahlungsunfähig gewordenen Schuldner werden Forderungen erlassen **(Erlassvergleich)** oder gestundet **(Stundungsvergleich)**.

Beim Vergleich verhandelt der Schuldner mit einem oder mehreren Gläubigern ohne Mitwirkung der Gerichte. Die Bemühungen um einen Vergleich sind immer dann angebracht, wenn die begründete Aussicht besteht, dass ein Unternehmen seine Schwierigkeiten überwindet und damit in seiner Existenz erhalten werden kann.

**Es wird zwischen dem Stundungs- und dem Erlassvergleich unterschieden:**

- Der **Stundungsvergleich** beinhaltet einen Zahlungsaufschub, d. h., die Gläubiger stimmen einem Tilgungsplan zu, der eine Stundung der Forderungen vorsieht.
  Beispiel *Die Decaux GmbH hofft, die Leistungsfähigkeit des Unternehmens innerhalb eines Jahres wiederherstellen zu können. Für diesen Zeitraum werden ihr die Schulden gestundet. Nach Ablauf des Jahres zahlt die GmbH ihre Verbindlichkeiten im Rahmen eines vereinbarten Tilgungsplanes zurück.*

- Der **Erlassvergleich** beinhaltet den Verzicht auf einen Teil der Forderungen durch die Gläubiger.
  Beispiel *In der Hoffnung auf eine Gesundung der Decaux GmbH verzichten die Gläubiger auf 40 % ihrer Forderungen und geben der GmbH so die Möglichkeit, die Leistungsfähigkeit des Unternehmens wiederherzustellen.*

**Voraussetzung** für das Zustandekommen des Vergleichs ist die Zustimmung der Gläubiger.

**Vorteile für den Schuldner**

- Weiterführung der Geschäfte mit dem Ziel der Gesundung des Unternehmens.
- Der Gläubiger kann über sein Vermögen frei verfügen. Es schaltet sich kein Insolvenzverwalter ein.
- Es findet keine Veröffentlichung statt. Der Schuldner muss seine Zahlungsschwierigkeiten lediglich den Vergleichspartnern gegenüber eingestehen. Ansonsten bleibt seine Bonität erhalten.
- Das Verfahren kann schnell abgewickelt werden.

*Vergleiche hierzu Seite 408*

**Vorteile für den Gläubiger**

- Der Schuldner bleibt als Kunde erhalten und kann nach erfolgreicher Sanierung die Restforderungen begleichen.
- Der Prozentsatz der Forderungen (die **Quote**), der zurückgezahlt wird, ist i. d. R. höher als bei der Durchführung des Insolvenzverfahrens zur Liquidation.
- Ohne Einschaltung der Gerichte erfolgt die Zahlung i. d. R. schneller.

*Vergleiche hierzu Seite 410*

**Nachteile für den Gläubiger**

- Der Verzicht auf einen Teil der Forderungen kann die Gläubiger selbst in Schwierigkeiten bringen und im schlimmsten Fall auch bei ihnen zur Zahlungsunfähigkeit führen.
- Durch die fehlende gerichtliche Kontrolle ist eine Ungleichbehandlung der Gläubiger möglich. So können z. B. nur einige Gläubiger in den Vergleich einbezogen werden oder es werden den Gläubigern unterschiedliche Quoten geboten. Um dieser Gefahr zu begegnen, können die Gläubiger einen **Treuhänder** einsetzen.
- Wer in einem Vergleich vertraglich auf einen Teil seiner Forderung verzichtet, kann in einem späteren Insolvenzverfahren auch nur die Restforderung geltend machen.

***Der Vergleich***

- ***Stundungsvergleich:*** *Die Gläubiger gewähren einen Zahlungsaufschub.*
- ***Erlassvergleich:*** *Die Gläubiger verzichten auf einen Teil ihrer Forderungen.*
- ***Vorteile*** *für die Gläubiger:*
  - *Schuldner bleibt als Kunde erhalten*
  - *Quote i. d. R. höher als beim Insolvenzverfahren zur Liquidation*
- ***Nachteile*** *für die Gläubiger:*
  - *Verzicht auf die Forderung*
  - *Ungleichbehandlung möglich*

## Aufgaben

1 Die Decaux GmbH legt der MG Digital & Print KG und den beiden Großgläubigern ein Sanierungskonzept vor und unterbreitet ihnen einen Vorschlag für einen Vergleich. Wenn die Gläubiger auf 60 % ihrer Forderungen verzichteten, wäre Herr Richter in der Lage, die restlichen 40 % binnen eines Jahres zurückzuzahlen. Herr Stein, der Gesellschafter der MG Digital & Print KG, und der erste Gläubiger stimmen dem Vorschlag zu, der zweite Gläubiger lehnt ihn rundweg ab.
   a) Sammeln Sie Argumente, die für und gegen eine Zustimmung sprechen.
   b) Bilden Sie in Ihrer Klasse drei Gruppen und führen Sie das Streitgespräch der drei Gläubiger.

2 Herr Stein verlangt im Rahmen des Vergleichs die Einsetzung eines Treuhänders. Überlegen Sie, welche Gründe ihn zu dieser Forderung veranlasst haben könnten.

3 Erläutern Sie Erlass- und Stundungsvergleich.

# 7.8 Gerichtliche Maßnahmen im Rahmen der Insolvenz eines Unternehmens

Trotz aller Bemühungen gelingt es der Decaux GmbH nicht, das Unternehmen zu retten. Sie gerät auch mit der Rückzahlung der Raten ihrer Vergleichsquote in Verzug. Die Zahlungen erfolgen immer schleppender und müssen dann ganz eingestellt werden. Als die Druckerei erfährt, dass es bereits neue Gläubiger gibt, die durch raschen Zugriff im Wege der Zwangsvollstreckung versuchen, ihre Forderungen voll zu befriedigen, ist Herr Stein, der Geschäftsführer der MG Digital & Print KG, mit seiner Geduld am Ende.

### Arbeitsaufträge

- Überlegen Sie, welche Möglichkeiten es gibt, die Zwangsvollstreckungen der anderen Gläubiger zu verhindern.
- Erläutern Sie die Durchführung des Insolvenzverfahrens zur Liquidation.
- Stellen Sie die Möglichkeiten der Restschuldbefreiung dar.

## Allgemeine Vorschriften

Das Insolvenzverfahren ist in der **Insolvenzordnung** (InsO) geregelt. Ziel des Insolvenzverfahrens ist es die Gläubiger zu befriedigen, indem Vermögen des Schuldners verwertet und der Erlös verteilt (Liquidation) oder in einem Insolvenzplan Regelungen zur Sanierung des Unternehmens getroffen werden. Der redliche Schuldner, der sich sechs Jahre bemüht, seine Schulden zu tilgen, kann im Rahmen des Verfahrens von seinen restlichen Verbindlichkeiten befreit werden.

Das Verfahren wird vom **Insolvenzgericht** durchgeführt, in dessen Bezirk der Schuldner seinen Gerichtsstand hat.

Vergleiche hierzu Seite 249

## Die Eröffnung des Insolvenzverfahrens

Ein Insolvenzverfahren kann über das Vermögen jeder **natürlichen und juristischen Person** und über das Vermögen der **Personengesellschaften** eröffnet werden.

Der **Antrag** kann vom Gläubiger und vom Schuldner gestellt werden. Bei juristischen Personen kann der Antrag aufseiten des Schuldners von jedem Mitglied des Vertretungsorgans (Geschäftsführer der GmbH, Vorstand der AG) gestellt werden.

Voraussetzung für die Eröffnung des Verfahrens ist die **Zahlungsunfähigkeit** des Schuldners. Bei juristischen Personen wird das Verfahren darüber hinaus eröffnet, wenn sie überschuldet sind. Eine Überschuldung liegt vor, wenn die aufgelaufenen Verluste größer sind als das Eigenkapital.

**Beispiel** *Die Decaux GmbH hat folgende Bilanz erstellt:*

| Aktiva | Bilanz der Decaux GmbH, Bonn | | Passiva |
|---|---|---|---|
| A. Anlagevermögen | 150 000,00 | A. Eigenkapital | |
| B. Umlaufvermögen | 205 000,00 | I. Gezeichnetes Kapital | 50 000,00 |
| C. Nicht durch Eigenkapital | | II. Verlustvortrag | – 26 000,00 |
| gedeckter Fehlbetrag | 557 125,00 | III. Jahresfehlbetrag | – 47 000,00 |
| | | B. Verbindlichkeiten | |
| | | 1. Verbindlichkeiten gegenüber Kreditinstituten | 172 500,00 |
| | | 2. Verbindlichkeiten a. LL | 519 625,00 |
| | | 3. Sonstige Verbindlichkeiten | 85 000,00 |
| | 912 125,00 | | 912 125,00 |

*Die Decaux GmbH muss sofort ein Insolvenzverfahren beantragen, da sie überschuldet ist.*

Auch im Fall **drohender Zahlungsunfähigkeit** kann der Antrag auf Eröffnung des Insolvenzverfahrens gestellt werden. Dieser Antrag kann jedoch nur vom Schuldner selbst gestellt werden. Der Schuldner droht zahlungsunfähig zu werden, wenn er voraussichtlich nicht in der Lage sein wird, die bestehende Verpflichtung zum Zeitpunkt der Fälligkeit zu erfüllen.

Sobald der Antrag auf Eröffnung des Verfahrens beim Insolvenzgericht eingeht, kann das Gericht **Sicherungsmaßnahmen** anordnen. Das Gericht kann

- einen vorläufigen Insolvenzverwalter bestellen,
- dem Schuldner ein Verfügungsverbot über das Vermögen auferlegen oder dieses nur mit Zustimmung durch den Insolvenzverwalter gestatten,
- Maßnahmen der Zwangsvollstreckung gegen den Schuldner untersagen.

Hat das Gericht einen **vorläufigen Insolvenzverwalter** eingesetzt, wird dies öffentlich bekannt gemacht. Aufgabe des vorläufigen Insolvenzverwalters ist es, das Vermögen des Schuldners zu sichern, zu erhalten und zu prüfen, ob das Vermögen des Schuldners zur Deckung der Kosten des Verfahrens ausreicht. Betreibt der Schuldner ein Unternehmen, kann der Insolvenzverwalter dieses bis zur Entscheidung über die Eröffnung des Verfahrens fortführen.

Reicht das Vermögen des Schuldners nicht zur Deckung der Kosten des Verfahrens aus, wird der Antrag auf Eröffnung des Insolvenzverfahrens **mangels Masse abgewiesen**. Der Schuldner wird in diesem Fall in ein **öffentliches Schuldnerverzeichnis** eingetragen.

§ 30 Abs. 1 InsO

*(1) Die Geschäftsstelle des Insolvenzgerichts hat den Eröffnungsbeschluss sofort öffentlich bekannt zu machen.*

Im Falle der Eröffnung des Verfahrens ergeht ein **Eröffnungsbeschluss**, der öffentlich bekannt gemacht und in das Handelsregister eingetragen wird. Ist der Schuldner Eigentümer von Immobilien, wird die Eröffnung des Verfahrens auch in das Grundbuch eingetragen. Der Eröffnungsbeschluss enthält:

- Firma, Namen, Vornamen, Geschäftszweig oder Beschäftigung, gewerbliche Niederlassung oder Wohnung des Schuldners,
- Name und Anschrift des Insolvenzverwalters,
- das Datum der Eröffnung,
- die Aufforderung an die Gläubiger, ihre Forderungen schriftlich innerhalb einer bestimmten Frist beim Insolvenzverwalter anzumelden. Die Frist darf mindestens zwei Wochen und höchstens

drei Monate betragen. Inhaber von Sicherungsrechten an beweglichen Sachen (vgl. Sicherungsübereignung S. 389) müssen diese ebenfalls mitteilen.

**Beispiel**

*55 K 88/99: Über das Vermögen der Decaux GmbH wird heute am 1. Oktober .. um 08:00 Uhr das Insolvenzverfahren eröffnet. Insolvenzverwalter ist Herr RA Dr. Schmidt-Thomae, Landgrafenstraße 39, 50931 Köln, Telefon 0221 554397. Alle Gläubiger werden gebeten, ihre Forderungen bis zum 1. November .. dem Insolvenzverwalter anzumelden.*
*Köln, 1. Oktober ..* *Amtsgericht, Abt. 71*

## Die Durchführung des Insolvenzverfahrens zur Liquidation des Unternehmens

Die Eröffnung des Insolvenzverfahrens hat für Schuldner und Gläubiger einschneidende Konsequenzen:

**Konsequenzen für den Schuldner**

- Mit der Eröffnung des Verfahrens geht das Recht des Schuldners, das zur Insolvenzmasse gehörende Vermögen zu verwalten, auf den Insolvenzverwalter über. Der Insolvenzverwalter verwaltet, verwertet und verteilt die Insolvenzmasse an die Gläubiger.
- Alle vom Schuldner erteilten Vollmachten sind erloschen.
- Er darf die Geschäftspost nicht öffnen (Postsperre).
- Er muss dem Insolvenzverwalter in allen geschäftlichen Angelegenheiten Auskunft geben. Das Insolvenzgericht kann anordnen, dass der Schuldner die verlangten Auskünfte unter Eid leisten muss.

**Konsequenzen für die Gläubiger**
§ 89 Abs. 1 InsO

*Zwangsvollstreckungen für einzelne Insolvenzgläubiger sind während der Dauer des Insolvenzverfahrens weder in die Insolvenzmasse noch in das sonstige Vermögen des Schuldners zulässig.*

Im Eröffnungsbeschluss bestimmt das Insolvenzgericht den Termin für eine Gläubigerversammlung. Die Gläubiger beschließen auf dieser Versammlung den Fortgang des Insolvenzverfahrens **(Berichtstermin)** und den Termin, an dem die angemeldeten Forderungen geprüft werden **(Prüfungstermin)**.

Das Insolvenzverfahren erfasst das gesamte Vermögen des Schuldners, das ihm zum Zeitpunkt der Eröffnung des Verfahrens gehört und das er während des Verfahrens erlangt. Dieses Vermögen wird als **Insolvenzmasse** bezeichnet. Hierzu gehört auch das Vermögen, das der Schuldner während der Durchführung des Verfahrens erlangt, wenn die Geschäfte eines Unternehmens durch den Insolvenzverwalter weitergeführt werden.

Dem vorhandenen Vermögen werden in einer Vermögensübersicht die Verbindlichkeiten gegenübergestellt. Die Insolvenzgläubiger haben ihre Forderung schriftlich beim Insolvenzverwalter anzumelden. Im Prüfungstermin werden die angemeldeten Forderungen ihrem Betrag und ihrem Rang nach geprüft und festgestellt.

**Beispiel** *Der Insolvenzverwalter ermittelt bei der Decaux GmbH folgende Werte in EUR*

| | |
|---|---|
| *Gesamtvermögen* | *355 000,00 EUR* |
| *Lieferschulden* | *519 625,00 EUR* |
| • *Davon unter Eigentumsvorbehalt geliefert* | *87 000,00 EUR* |
| *Darlehensverbindlichkeiten* | *172 500,00 EUR* |
| • *Davon durch Grundpfandrecht gesichert* | *60 000,00 EUR* |
| *Rückständige Lohn- und Gehaltsforderungen* | *194 000,00 EUR* |
| *Sonstige Masseverbindlichkeiten* | *7 500,00 EUR* |
| *Massekosten* | *5 000,00 EUR* |

Sind die Forderungen festgestellt, erfolgt die Verteilung der Insolvenzmasse in einer in der Insolvenzordnung festgelegten Reihenfolge (§ 35 ff. InsO) an die folgenden **Gläubigerklassen**:

Insolvenzmasse

① **Aussonderung (§ 47 InsO)**
Gegenstände, die dem Schuldner nicht gehören, werden ausgesondert und dem Eigentümer zurückgegeben. Sie gehören nicht zur Insolvenzmasse.
**Beispiel** *Die Decaux GmbH hat die DTP-Anlage unter Eigentumsvorbehalt geliefert bekommen. Diese wird dem Eigentümer zurückgegeben.*

② **Absonderung (§ 49 ff. InsO)**
Sachen, die mit fremden Rechten belastet sind, werden abgesondert und zur Befriedigung der Gläubiger verwertet. Die Verwertung wird durch den Insolvenzverwalter durchgeführt. Er kann die Sachen unmittelbar verwerten oder im Rahmen des Insolvenzverfahrens weiter nutzen. Dies kann z. B. bei Maschinen sinnvoll sein, die bis zum Abschluss des Verfahrens weiterlaufen und für die Gläubiger Erträge erwirtschaften sollen. Für die Dauer der Nutzung muss den Gläubigern eine Nutzungsentschädigung gezahlt werden.
**Beispiel** *Büromaschinen, die zur Sicherung einer Forderung sicherungsübereignet wurden, werden für die Dauer des Insolvenzverfahres im Unternehmen weiter genutzt. Der Eigentümer erhält dafür eine Nutzungsentschädigung in Höhe von 4 % p. a. vom Buchwert.*

③ **Massegläubiger (§ 53 ff. InsO):**

> § 53 InsO
>
> *Aus der Insolvenzmasse sind die Kosten des Insolvenzverfahrens und die sonstigen Masseverbindlichkeiten vorweg zu berichtigen.*

Die **Kosten des Insolvenzverfahrens** (Massekosten) sind die Gerichtskosten und die Auslagen des Insolvenzverwalters und der Mitglieder des Gläubigerausschusses.
**Beispiel** *Dem Insolvenzverwalter und dem Gläubigerausschuss sind Kosten in Höhe von 5 000,00 EUR entstanden.*

Die **sonstigen Masseverbindlichkeiten** sind Kosten, die durch die Handlungen des Insolvenzverwalters im Rahmen der Verwaltung, Verwertung und Verteilung der Insolvenzmasse entstehen, und Kosten aus laufenden Verträgen, soweit deren Erfüllung zur Insolvenzmasse verlangt wird.
**Beispiel** *Die Miete für die Geschäftsräume und die Gas- und Stromversorgung für die Dauer des Verfahrens belaufen sich auf 7 500,00 EUR. Seit der Eröffnung des Verfahrens wurden Löhne und Gehälter in Höhe von 194 000,00 EUR gezahlt. Für die letzten drei Monate vor der Eröffnung des Verfahrens erhalten die Arbeitnehmer auf Antrag Insolvenzausfallgeld durch die Arbeitsagentur*

④ **Insolvenzgläubiger (§ 38 InsO)**
**Insolvenzgläubiger** sind alle Gläubiger, die bei Eröffnung des Verfahrens einen begründeten Vermögensanspruch gegen den Schuldner haben.
**Beispiel** *Die Forderungen der Insolvenzgläubiger der Decaux GmbH belaufen sich auf 700 000,00 EUR.*

> § 38 InsO
>
> *Die Insolvenzmasse dient zur Befriedigung der persönlichen Gläubiger, die einen zur Zeit der Eröffnung des Insolvenzverfahrens begründeten Vermögensanspruch gegen den Schuldner haben (Insolvenzgläubiger).*

⑤ **Nachrangige Insolvenzgläubiger (§ 39 InsO)**
Haben die Insolvenzgläubiger ihre Forderung in der vereinbarten Weise befriedigt, erhalten die **nachrangigen Insolvenzgläubiger** ihr Geld. Dies geschieht in folgender Rangfolge:

§ 39 Abs. 1 InsO

*1. die seit der Eröffnung des Insolvenzverfahrens laufenden Zinsen der Forderungen der Insolvenzgläubiger;*
*2. die Kosten, die den einzelnen Insolvenzgläubigern durch ihre Teilnahme am Verfahren erwachsen;*
*3. Geldstrafen, Geldbußen, Ordnungsgelder und Zwangsgelder sowie solche Nebenfolgen einer Straftat oder Ordnungswidrigkeit, die zu einer Geldzahlung verpflichten;*
*4. Forderungen aus einer unentgeltlichen Leistung des Schuldners;*
*5. Forderungen auf Rückgewähr des Kapital ersetzenden Darlehens eines Gesellschafters oder gleichgestellte Forderungen.*

Insolvenzmasse

**Beispiel** *Die nachrangigen Insolvenzgläubiger können Forderungen in Höhe von 2 500,00 EUR geltend machen.*

Sobald die Verwertung der Insolvenzmasse beendet ist, kommt es zum Schlusstermin und zur **Aufhebung des Insolvenzverfahrens**. Die Insolvenzgläubiger können ihre restlichen Forderungen gegen den Schuldner im Rahmen der Verjährung unbeschränkt geltend machen.

Durch Anordnung des Insolvenzgerichts oder durch Wahl der Gläubigerversammlung kann ein **Gläubigerausschuss** eingesetzt werden. Im Ausschuss sollen absonderungsberechtigte Gläubiger, Insolvenzgläubiger mit den höchsten Forderungen, Kleingläubiger und Arbeitnehmer vertreten sein. Der Gläubigerausschuss unterstützt den Insolvenzverwalter bei der Wahrnehmung seiner Aufgaben und überwacht ihn. Beschlüsse werden mit der Mehrheit der abgegebenen Stimmen gefasst.

Die **Gläubigerversammlung** wird vom Insolvenzgericht, durch den Insolvenzverwalter oder auf Antrag der Gläubiger einberufen. Ihr gehören die absonderungsberechtigten Gläubiger, die Massegläubiger, die Insolvenzgläubiger, der Insolvenzverwalter und der Schuldner an. Beschlüsse werden mit der Mehrheit der Forderungsbeträge gefasst. Nachrangige Insolvenzgläubiger und aussonderungsberechtigte Gläubiger sind nicht Mitglieder der Gläubigerversammlung.

## Die Sanierung durch Insolvenzplan

Besteht die Möglichkeit, dass die wirtschaftlichen Schwierigkeiten des Schuldners überwunden werden können und die Auflösung des Unternehmens abgewendet werden kann, können der Schuldner oder der Insolvenzverwalter einen **Insolvenzplan** (§ 217 ff. InsO) aufstellen und diesen dem Insolvenzgericht zur Genehmigung vorlegen.

Im Insolvenzplan wird beschrieben, welche Maßnahmen nach Eröffnung des Verfahrens getroffen wurden, um die Gläubiger zu befriedigen, und wie in der Zukunft verfahren werden soll. Dem Plan ist eine **Vermögensübersicht** und ein **Ergebnis- und Finanzplan** beizufügen. Hier wird dargestellt, welche Aufwendungen und Erträge zu erwarten sind und durch welche Einnahmen und Ausgaben die Zahlungsfähigkeit des Unternehmens für die Dauer des Verfahrens gewährleistet werden soll. Bei der Festlegung der Rechte der Gläubiger werden die Beteiligten in die Gruppen der absonderungsberechtigten Gläubiger, der Insolvenzgläubiger und der nachrangigen Insolvenzgläubiger eingeteilt. Innerhalb jeder Gruppe sind die Gläubiger gleich zu behandeln.

Die **absonderungsberechtigten Gläubiger** sind, soweit der Insolvenzplan nichts anderes bestimmt, voll zu befriedigen.

Für die **Insolvenzgläubiger** ist anzugeben, um welchen Prozentsatz die Forderungen gekürzt werden **(Erlassvergleich)**, für welchen Zeitraum sie gestundet werden **(Stundungsvergleich)**, wie sie gesichert und wie sie zurückgezahlt werden sollen.

Die Forderungen der **nachrangigen Insolvenzgläubiger** gelten, soweit der Insolvenzplan nichts anderes bestimmt, als erlassen.

Der Insolvenzplan wird vom Insolvenzgericht geprüft. Stimmt das Gericht dem Plan zu, bestimmt das Insolvenzgericht einen Termin, in dem der Plan erörtert und anschließend abgestimmt wird. Der **Erörterungs- und Abstimmungstermin** wird öffentlich bekannt gemacht. Stimmberechtigt sind alle Gläubiger, die eine Forderung angemeldet haben und deren Forderung als berechtigt festgestellt worden ist.

Nach der Annahme des Insolvenzplanes durch die Gläubiger und der Zustimmung durch den Schuldner wird der Plan durch das Insolvenzgericht bestätigt. Mit der Bestätigung durch das Gericht treten alle im Insolvenzplan festgelegten Wirkungen für den Schuldner und die Gläubiger ein. Sobald die Bestätigung des Insolvenzplanes rechtskräftig ist, beschließt das Gericht die **Aufhebung des Verfahrens**. Das Amt des Insolvenzverwalters erlischt und der Schuldner kann wieder frei über sein Vermögen verfügen. Kommt der Schuldner mit seinen Leistungen gegenüber einem Gläubiger in Verzug, so werden Stundung oder Erlass gegenüber dem Gläubiger hinfällig **(Wiederauflebensklausel)** und er muss die gesamte Forderung zahlen.

§ 244 Abs. 1 InsO

*(1) Zur Annahme des Insolvenzplans durch die Gläubiger ist erforderlich, dass in jeder Gruppe*
*1. die Mehrheit der abstimmenden Gläubiger dem Plan zustimmt und*
*2. die Summe der Ansprüche der zustimmenden Gläubiger mehr als die Hälfte der Summe der Ansprüche der abstimmenden Gläubiger beträgt.*

## Die Restschuldbefreiung

Ist der Schuldner eine natürliche Person, so kann er von den im Insolvenzverfahren nicht erfüllten Forderungen befreit werden. Der Antrag ist vom Schuldner spätestens im Berichtstermin zu stellen. Die Restschuldbefreiung wird durch das Insolvenzgericht ausgesprochen.

§ 287 Abs. 2 InsO

*(2) Dem Antrag ist eine Erklärung beizufügen, dass der Schuldner seine pfändbaren Forderungen auf Bezüge aus einem Dienstverhältnis oder an deren Stelle tretende laufende Bezüge für die Zeit von sechs Jahren nach der Aufhebung des Insolvenzverfahrens an einen vom Gericht zu bestimmenden Treuhänder abtritt (...)*

Der Schuldner muss während der sechs Jahre:
- eine angemessene Erwerbstätigkeit ausüben oder sich um eine solche bemühen und darf keine zumutbare Tätigkeit ablehnen,
- ererbtes Vermögen zur Hälfte an den Treuhänder herausgeben,
- jeden Wechsel des Wohnsitzes oder der Arbeitsstelle dem Insolvenzgericht anzeigen und
- Zahlungen zur Befriedigung seiner Gläubiger nur an den Treuhänder leisten.

Verstößt der Insolvenzschuldner gegen seine Pflichten, kann das Gericht auf Antrag eines Gläubigers die Restschuldbefreiung zurücknehmen. Hat der Schuldner seine Pflichten sechs Jahre lang gewissenhaft erfüllt, erteilt das Gericht die Restschuldbefreiung und **die Schulden sind erloschen**.

## Das Verbraucherinsolvenzverfahren

Die Möglichkeit der Restschuldbefreiung gilt auch für Personen, die keine oder nur eine geringfügige selbstständige wirtschaftliche Tätigkeit ausüben **(**Verbraucherinsolvenzverfahren**)**.

Hier stellt der Schuldner den Antrag auf Eröffnung des Insolvenzverfahrens. Mit diesem Antrag sind vorzulegen:

1. eine Bescheinigung, aus der sich ergibt, dass eine außergerichtliche Einigung innerhalb der letzten sechs Monate erfolglos versucht worden ist,
2. der Antrag auf Restschuldbefreiung,
3. ein Verzeichnis des vorhandenen Vermögens und des Einkommens,
4. ein Verzeichnis der Gläubiger und ihrer Forderungen,
5. ein **Schuldenbereinigungsplan**, in dem ausgeführt wird, wie der Schuldner seine Schulden zurückzahlen wird.

Das Insolvenzgericht stellt den Gläubigern den **Schuldenbereinigungsplan** zu. Der Schuldenbereinigungsplan ist angenommen, wenn

- mehr als die Hälfte der benannten Gläubiger mit
- mehr als der Hälfte der Summe der Ansprüche

dem Plan zustimmt. Wie bei der Restschuldbefreiung muss sich der Schuldner **sechs Jahre wohlverhalten**, seine Arbeitskraft nutzen und den nicht pfändbaren Teil seines Vermögens an den Treuhänder übertragen. Nach Ablauf der sechs Jahre **sind die Schulden erloschen**.

***Gerichtliche Maßnahmen im Rahmen der Insolvenz eines Unternehmens***

*Ziel des Insolvenzverfahrens ist es, die Gläubiger eines Schuldners durch Verwertung des Vermögens und Verteilung des Erlöses zu befriedigen oder in einem Insolvenzplan Regelungen zur Sanierung des Unternehmens zu treffen. Der redliche Schuldner kann von seinen restlichen Verbindlichkeiten befreit werden.*

| | |
|---|---|
| **Voraussetzung** | • Zahlungsunfähigkeit<br>• Überschuldung<br>• Drohende Zahlungsunfähigkeit |
| **Antrag** | • Durch Schuldner oder Gläubiger<br>• Bei drohender Zahlungsunfähigkeit nur durch den Schuldner |
| **Durchführung** | • Eröffnung des Verfahrens durch das Gericht<br>• Eintragung der Eröffnung in das Handelsregister<br>• Ernennung des Insolvenzverwalters<br>• Zwangsvollstreckungen sind ausgesetzt |
| **Aufgaben des Insolvenzverwalters** | • Sicherung und Erhaltung des Vermögens des Schuldners<br>• Erstellung des Insolvenzplanes |
| **Liquidation** | Befriedigung der Gläubiger durch Verwaltung, Verwertung und Verteilung des Vermögens des Schuldners durch den Insolvenzverwalter in der vorgesehenen Reihenfolge |
| **Insolvenzplan** | • Darstellung von Maßnahmen zur Überwindung der wirtschaftlichen Schwierigkeiten und zur Sanierung des Unternehmens<br>• Zustimmung durch<br>– die Mehrheit der abstimmenden Gläubiger<br>– die Mehrheit der Ansprüche<br>• Erlass oder Stundung der Forderungen<br>• Bei Zahlungsverzug Wiederaufleben der Forderungen |

| | |
|---|---|
| **Restschuldbefreiung** | • Bei natürlichen Personen möglich<br>• Abtretung der pfändbaren Forderungen aus Lohn und Gehalt für sechs Jahre<br>• Bei gewissenhafter Erfüllung der Pflichten wird der Schuldner nach sechs Jahren von der Restschuld befreit |
| **Verbraucherinsolvenz** | • Für Nichtselbstständige und Kleingewerbetreibende<br>• Zustimmung durch<br>– die Mehrheit der abstimmenden Gläubiger<br>– die Mehrheit der Ansprüche<br>• Bei gewissenhafter Erfüllung der Pflichten für die Dauer von sechs Jahren wird dem Schuldner die Restschuldbefreiung erteilt. |

## Aufgaben

1 Prüfen und begründen Sie, welche der unten stehenden Gegenstände
a) ausgesondert,
b) abgesondert,
c) zu den Massekosten,
d) zu den Masseverbindlichkeiten,
e) zu den Insolvenzgläubigern,
f) zu den nachrangigen Insolvenzgläubigern zählen.

1. Geschäftswagen, der aufgrund eines Leasingvertrages überlassen wurde
2. Grundschuld, die von einer Bank zur Sicherung eines Kredites eingetragen wurde
3. Maschinen, die einem Kreditinstitut zur Sicherung übereignet wurden
4. Auslagen der Mitglieder des Gläubigerausschusses
5. Miete der Geschäftsräume für die Dauer des Insolvenzverfahrens
6. Zinsen auf Forderungen der Insolvenzgläubiger
7. Forderungen eines Lieferanten

2 Stellen Sie fest, ob unten stehende Aussagen auf
a) die Restschuldbefreiung,
b) die Sanierung durch Insolvenzplan,
c) das Insolvenzverfahren zur Liquidation zutreffen.

1. Die Verteilung der Insolvenzmasse erfolgt durch den Insolvenzverwalter.
2. Für die Zustimmung ist die Mehrheit der abstimmenden Gläubiger mit der Mehrheit der Ansprüche erforderlich.
3. Der Schuldner tritt seine pfändbaren Forderungen für die Dauer von sechs Jahren ab.

3 Erläutern Sie die Rangfolge, in der die Verteilung der Insolvenzmasse im Rahmen der Liquidation erfolgt.

4 Erläutern Sie das Verbraucherinsolvenzverfahren.

## Wiederholungsaufgaben

Im Mittelpunkt der Diskussion innerhalb der Vorstandssitzung der Medi@ AG steht die sehr schwierige Situation in der Medienbranche. Es herrscht starke Konkurrenz, in deren Folge schon seit Längerem die eigenen Umsätze stagnieren.

Die Vorstandsmitglieder erwägen nun, die Geschäftstätigkeit auch auf EURopäische ausländische Märkte auszudehnen. Dies erscheint dem sehr risikoscheuen Vorstand nach der Einführung des Euro und dem damit verbundenen Wegfall des Währungsrisikos ein zukunftsweisender Weg.

Die Geschäftsleitung rechnet allerdings im Zuge der beabsichtigten Expansion, innerhalb derer zunächst umfangreiche Rationalisierungsinvestitionen getätigt werden müssen, mit einer Anspannung der Liquiditätslage.

1 Erläutern Sie, inwiefern ein Zusammenhang zwischen Investition und Finanzierung besteht.

2 Nennen Sie drei weitere betriebliche Gründe, die zu Investitionen führen können.

3 Für die vorgesehenen Rationalisierungsinvestitionen sind 1,2 Mio. EUR erforderlich. Die Möglichkeit der Selbstfinanzierung wird besprochen.
   a) Wann spricht man von Selbstfinanzierung?
   b) Nennen Sie je zwei Vor- und Nachteile der Selbstfinanzierung.
   c) Auf welche Art und Weise kann die Selbstfinanzierung bei einer AG praktisch durchgeführt werden?

4 In der Besprechung wird auch die Erhöhung des Grundkapitals durch Ausgabe neuer Aktien erwogen. Um welche Finanzierungsarten handelt es sich hierbei?

5 Eine weitere Finanzierungsmöglichkeit sehen die Vorstandsmitglieder aufgrund der vorhandenen Sicherheiten in der Aufnahme von Fremdkapital.
   a) Wie könnte das Betriebsgrundstück der Medi@ AG als Sicherheit dienen?
   b) Der Darlehensvertrag könnte als Fälligkeitsdarlehen abgeschlossen werden. Beschreiben Sie kurz diese Darlehensart.
   c) Welchen Vorteil und welchen Nachteil hat diese Form des Darlehens für die Medi@ AG?

6 Die Hausbank der Medi@ AG ist bereit, Kapital in Höhe von 70 % des Anschaffungswertes der neuen Anlagegüter gegen deren Sicherungsübereignung zur Verfügung zu stellen.
   a) Beschreiben Sie kurz, wie die Sicherungsübereignung der Maschinen erfolgt.
   b) Warum beleiht die Bank die Maschinen der Medi@ AG nur mit 70 % des Anschaffungswertes? Führen Sie zwei Gründe an.

7 Die Hausbank hat eine Tochtergesellschaft für Ausrüstungsleasing.
Welche Vorteile des Leasings wird die Bank gegenüber der Medi@ AG hervorheben? Nennen Sie vier Vorteile.

8 Hans Hartlieb, ein Freund eines Vorstandsmitglieds und Inhaber einer Druckerei, wäre bereit, für die Medi@ AG zu bürgen, falls die Bank als Sicherheit eine Bürgschaft verlangen würde.
   a) Zwischen wem kommt der Bürgschaftsvertrag zustande?
   b) Welche Art der Bürgschaft wird die Bank verlangen? Begründen Sie Ihre Antwort.

## Prüfungsaufgaben

1 Entscheiden Sie, welche der folgenden Finanzierungsarten in den nachstehenden Fällen vorliegt.
   a) Beteiligungsfinanzierung/Einlagenfinanzierung
   b) Fremdfinanzierung
   c) Selbstfinanzierung

   Tragen Sie den Buchstaben vor der jeweils zutreffenden Finanzierungsart in das Kästchen ein.
   1. Zur Finanzierung eines neuen Lieferwagens wandelt ein Buchhändler seine Einzelunternehmung in eine KG um. Der Lieferwagen wird mit dem Kapital des Kommanditisten bezahlt. ☐
   2. Zur Finanzierung der Renovierung seiner Geschäftsräume verkauft ein Buchhändler ein betriebseigenes Grundstück. ☐
   3. Die Buchhandlung Buchhaus AG möchte ihr Filialnetz ausbauen. Zur Finanzierung dieses Vorhabens erhöht sie ihr Grundkapital durch Ausgabe neuer Aktien. ☐
   4. Mit ihrem Lieferanten vereinbart die Buchhaus AG ein Zahlungsziel von 30 Tagen. ☐

2 Die beiden Gesellschafter der Buchhandlung Kemper KG möchten die finanzielle Situation der Unternehmung verbessern und sich u. a. neue Finanzmittel beschaffen.
Entscheiden Sie, um welche Finanzierungsform (A) und um welche Form der Mittelaufbringung (B) es sich handelt.

| **A Finanzierungsform** | **B Arten der Mittelbeschaffung** |
|---|---|
| a) Außenfinanzierung | d) Selbstfinanzierung |
| b) Innenfinanzierung | e) Beteiligungsfinanzierung |
| c) Fremdfinanzierung | |

| | A | B |
|---|---|---|
| 1. Der langjährige Prokurist wird mit Zustimmung beider Gesellschafter mit einer Einlage von 50 000,00 EUR in die KG aufgenommen. | ☐ | ☐ |
| 2. Am Ende des Jahres sollen die Abschreibungssätze im Rahmen der gesetzlichen Vorschriften ausgeschöpft werden. | ☐ | ☐ |
| 3. Die Gesellschafter beschließen, ihre Privatentnahmen zu reduzieren, um so den Anteil des in der Unternehmung verbleibenden Gewinns zu erhöhen. | ☐ | ☐ |
| 4. Die Gesellschafter entschließen sich, den neuen Geschäftswagen nicht zu kaufen, sondern von ihrem Autohändler zu leasen. | ☐ | ☐ |
| 5. Zudem beschließen sie, dass in der Zukunft bei allen Auslandsgeschäften nur noch gegen Vorkasse geliefert wird. | ☐ | ☐ |

3 Die Buchhandlung Kemper KG benötigt zum Umbau ihrer Geschäftsräume einen Kredit ihrer Hausbank. Dazu kann sie die folgenden Kreditsicherungsmöglichkeiten anbieten.
Zu welchen der folgenden Kreditarten zählen die folgenden Möglichkeiten?

| | |
|---|---|
| a) Hypothek | d) Zessionskredit |
| b) Lombardkredit | e) Bürgschaftskredit |
| c) Sicherungsübereignung | f) Personalkredit |

1. Die Buchhandlung Kemper KG könnte ein umfangreiches Wertpapierdepot an ihre Bank verpfänden.
2. Das Gebäude, in dem sich die Buchhandlung befindet, ist das Eigentum eines Gesellschafters. Es könnte belastet werden.
3. Das Unternehmen könnte alle Forderungen an die Hausbank abtreten.
4. Ein alter Geschäftsfreund könnte sich gegenüber der Bank der Buchhandlung Kemper KG verpflichten, für den Kredit einzutreten.

4 Herr Sommer und Herr Winter gründeten vor kurzer Zeit eine Werbeagentur in der Rechtsform der KG. Der Reingewinn der neuen Gesellschaft (KG) betrug im ersten Geschäftsjahr 590 000,00 EUR. Die Privatentnahmen von Herrn Winter beliefen sich für dieses Geschäftsjahr auf insgesamt 120 000,00 EUR. Im folgenden Geschäftsjahr müssen dringende Investitionsvorhaben finanziert werden.

a) Ermitteln Sie den Betrag der offenen Selbstfinanzierung dieser Gesellschaft.
b) Erläutern Sie offene Selbstfinanzierung und verdeckte Selbstfinanzierung.

Damit die Gesellschaft einen teuren Bankkredit vermeiden kann, veräußert Herr Sommer zusätzlich festverzinsliche Wertpapiere aus seinem Privatvermögen und zahlt den Erlös von 130 000,00 EUR auf das Geschäftskonto der Werbeagentur ein.

c) Erläutern Sie, welche weitere Art der Finanzierung hier vorgenommen wurde.

5 Da die Kapitaleinlagen der Werbefix KG nicht ausreichen, müssen einige Investitionsvorhaben über die Bank finanziert werden. Die Anschaffungskosten einer DTP-Anlage betragen 270 000,00 EUR. Die Anlage soll zu 70 % über einen Kredit finanziert werden, der unter Berücksichtigung von 2,5 % Disagio ausgezahlt wird. Der Jahreszinssatz für den Kredit beträgt 5,5 %. Der gesamte Kredit soll nach fünf Jahren in einer Summe getilgt werden.

Berechnen Sie
a) den benötigten Auszahlungsbetrag,
b) den Betrag des aufzunehmenden Kredits (auf volle EUR runden),
c) den Zinsaufwand für das erste Jahr in EUR (auf volle EUR runden),
d) den effektiven Zinssatz für den Kredit (auf zwei Stellen nach dem Komma runden).

6 Die betriebliche Nutzungsdauer der DTP-Anlage (Anschaffungskosten 270 000,00 EUR) beträgt fünf Jahre. Der Geschäftsführer prüft, ob die Anlage gekauft und durch einen Bankkredit finanziert oder geleast werden soll.
a) Die Bank macht folgendes Angebot: Fälligkeitsdarlehen, Auszahlung 95 %, Nominalzins 8 % p. a., Rückzahlung nach fünf Jahren in einem Betrag, Sicherstellung durch eine Grundschuld auf das Betriebsgrundstück.
Ermitteln Sie die Kosten dieses Bankkredits für die gesamte Nutzungsdauer der Anlage und die Gesamtkosten für die Anschaffung und Finanzierung dieser Anlage.
b) Eine Leasing-Gesellschaft macht der Werbeagentur folgendes Angebot:
Grundleasingzeit drei Jahre, monatliche Leasingrate einschließlich Wartung: 4 330,00 EUR und nach Ablauf der Grundleasingzeit eine Vertragsverlängerung bis Ende der Nutzungsdauer zu 1 490,00 EUR/Monat oder Anschlussleasing einer neuen Anlage.
1. Ermitteln Sie die Kosten für das Leasing der DTP-Anlage für die gesamte Nutzungsdauer von fünf Jahren.
2. Erläutern Sie die Auswirkungen eines Leasings auf die Erfolgsrechnung der Werbeagentur.

7 In Gesprächen mit den Kunden der Werbefix KG erfährt Paul Schulz, dass immer mehr Medienunternehmungen zwecks Rechnungsausgleichs Factoring in Anspruch nehmen.
a) Erläutern Sie
1. die Servicefunktion,
2. die Kreditfunktion,
3. die Delkrederefunktion, die in Factoringverträgen vereinbart werden können.
b) Ist Factoring als Sonderform der Finanzierung für Werbeagenturen geeignet? Begründen Sie Ihre Entscheidung.

8 Obwohl sich die Auftragslage der Werbefix KG deutlich verbessert hat, ist der KG die weitere Aufnahme von Fremdkapital zurzeit nicht möglich.
Beschreiben Sie zwei Möglichkeiten für die Werbefix KG, zusätzlich Kapital zu beschaffen, das für ein langfristiges Investitionsvorhaben benötigt wird.

9 Paul Schulz gibt als Gesellschafter der Werbefix KG einem guten Geschäftskunden mündlich eine Bürgschaft über 10 000,00 EUR. Der Geschäftskunde hätte jedoch lieber eine schriftliche Bürgschaftserklärung.
a) Erläutern Sie die Rechtslage.
b) Erklären Sie in diesem Zusammenhang die selbstschuldnerische Bürgschaft und die Ausfallbürgschaft.

10 Die Druckerei Print GmbH beantragt zur Finanzierung einer neuen Druckmaschine bei ihrer Hausbank einen Kredit von 500 000,00 EUR. Für einen Kontokorrentkredit von 200 000,00 EUR verlangt die Hausbank keine besondere Sicherheit. Zusätzliche Kredite möchte die Hausbank allerdings nur gewähren, wenn ausreichende Sicherheiten gegeben werden.
a) Erläutern Sie die Kreditart „Kontokorrentkredit“.
b) Zur Finanzierung der Druckmaschine tritt die Druckerei Print GmbH ihrer Hausbank Forderungen aus Lieferung und Leistung in Höhe von 1,4 Mio. EUR im Rahmen einer „stillen Zession“ ab.
Erläutern Sie diese Kreditsicherungsmöglichkeit und grenzen Sie diese gegenüber der „offenen Zession“ ab.

11 Für einen Überbrückungskredit verpfändet die Werbeagentur Design-Line AG ihrer Bank 1600 Aktien im Nennwert von je 50,00 EUR. Die Bank beleiht die Aktien mit 70 % des Kurswertes, der 200,00 EUR beträgt. Die Agentur zahlt für die Zeit vom 18.08. bis 31.10. 4752,00 EUR Kreditzinsen.
Ermitteln Sie unter Angabe des Lösungswegs (Monat = 30 Tage)
a) die Kreditsumme, b) den Zinssatz, zu dem der Kredit gewährt wird.

12 Die Werbeagentur Design-Line AG besitzt u. a. folgende Vermögenswerte:
a) ein unbebautes und unbelastetes Grundstück im Wert von 1 Mio. EUR.
b) Maschinen zum Buchwert (Restwert) von 700 000,00 EUR.
c) Aktien zum Kurswert von 450 000,00 EUR.
1. Nennen Sie jeweils eine Art der Kreditsicherung, für die sich diese Vermögenswerte eignen.
2. Erläutern Sie, welche Risiken die Bank bei der Beleihung der o. a. Vermögenswerte gegenüber der Werbeunternehmung jeweils ansprechen könnte.

13 a) Welche Möglichkeiten der Fremdkapitalbeschaffung sind aufgrund der nachstehenden Bilanz gegeben?
b) Wie hoch wäre der Mittelzufluss bei einem durchschnittlichen Beleihungssatz von 65 %?

| Aktiva | Bilanz in EUR | | Passiva |
|---|---|---|---|
| Grundstücke | 160 000,00 | Eigenkapital | 398 000,00 |
| Fuhrpark | 20 000,00 | Grundschulddarlehen | 80 000,00 |
| Maschinen | 100 000,00 | Verbindlichkeiten | 112 000,00 |
| Wertpapiere | 40 000,00 | | |
| Rohstoffe | 170 000,00 | | |
| Forderungen | 70 000,00 | | |
| Zahlungsmittel | 30 000,00 | | |
| | 590 000,00 | | 590 000,00 |

14 Welche der unten stehenden Aussagen trifft auf „Leasing“ zu?
1. Durch Vertrag erwirbt der Leasingnehmer das Recht, Waren unter Verwendung von Namen, Marke und Verkaufskonzept gegen Entgelt zu verkaufen.
2. Durch Vertrag erwirbt der Leasingnehmer das Recht, Anlagen gegen Entgelt zu nutzen.
3. Durch Vertrag mit einem Kreditinstitut über den Verkauf einer Kundenforderung an das Kreditinstitut erhält der Unternehmer den Rechnungsbetrag vor Fälligkeit der Forderung.
4. Durch Vertrag mit einem Hersteller erwirbt der Unternehmer das Recht, Waren in seinem eigenen Namen für eine bestimmte Zeit für Rechnung des Herstellers zu verkaufen und dafür eine Vergütung zu erhalten.

15 Sie rechnen damit, dass auf der Hauptversammlung einige einflussreiche Aktionäre eine höhere Dividende einfordern. Bestimmen Sie die Finanzierungsart, die durch die Ausschüttung der Dividende unmittelbar eingeschränkt wird.
1. Außenfinanzierung
2. Kreditfinanzierung
3. Beteiligungsfinanzierung
4. Selbstfinanzierung
5. Finanzierung aus freigesetztem Kapital (Abschreibungsrückflüsse)

# 8 Steuern und Versicherungen als wirtschaftliche Rahmenbedingungen einbeziehen

## 8.1 Steuern

### 8.1.1 Steuerarten und Steuerverfahren

Fast 561 Milliarden Euro Steuern haben Bund, Länder und Gemeinden im Jahr 2008 eingenommen. Ergiebigste Steuerquelle war die Umsatzsteuer: Sie brachte fast 176 Milliarden Euro in die staatlichen Kassen. An zweiter Stelle stand die Lohnsteuer mit 141 Milliarden Euro.

Die Lohnsteuer ist allerdings keine eigenständige Steuer, sondern nur eine besondere Erhebungsform der Einkommensteuer. Rechnet man alle Steuern auf alle Arten von Einkommen zusammen, so wird schnell klar, dass diese Steuerquelle am kräftigsten sprudelt: Lohnsteuer, Körperschaftsteuer, Kapitalertragssteuer, Solidaritätszuschlag, veranlagte Einkommensteuer und Zinsabschlag bringen es zusammen auf über 200 Milliarden Euro.

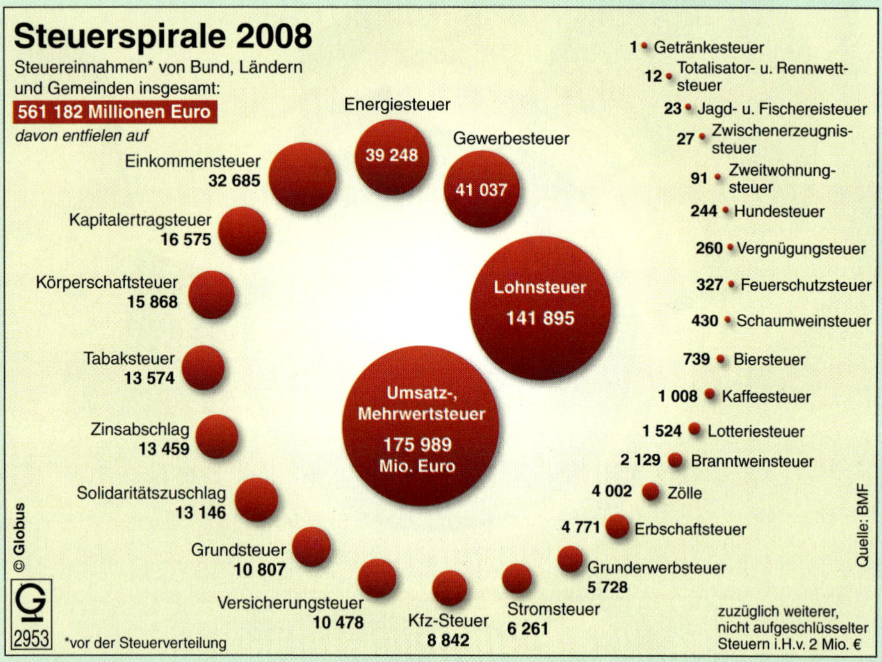


### Arbeitsaufträge

- Überlegen Sie, welche der Steuern die Medi@ AG zahlen muss.
- Diskutieren Sie die Folgen, die sich aus der zunehmenden Verschuldung der öffentlichen Haushalte ergeben.

#### Steuerarten

Steuern sind Zwangsabgaben an den Staat ohne Anspruch auf direkte Gegenleistungen. In der Bundesrepublik Deutschland gibt es über 30 verschiedene Steuern, die man nach verschiedenen Gesichtspunkten gliedern kann.

**Nach dem Empfänger der Steuer unterscheidet man:**

- **Bundessteuern**
  Beispiele *Branntwein-, Kaffee-, Strom-, Mineralöl-, Tabaksteuer*

- **Landessteuern**
  Beispiele *Kfz-Steuer, Grunderwerb-, Bier-, Erbschaftsteuer*

- **Gemeindesteuern**
  Beispiele *Grund-, Hunde-, Gewerbesteuer*

- **Gemeinschaftssteuern**, die zwischen Bund, Ländern und Gemeinden aufgeteilt werden
  Beispiele *Umsatz-, Körperschafts-, Lohn-, Einkommensteuer*

**Nach der Art der Erhebung unterscheidet man:**

- **direkte Steuern**, die der Steuerpflichtige selbst und unmittelbar an das Finanzamt zu entrichten hat
  Beispiele *Einkommensteuer, Gewerbesteuer, Grundsteuer, Kfz-Steuer*

- **indirekte Steuern**, bei denen der Steuerschuldner die Steuer auf andere Personen abwälzen kann
  Beispiele *Umsatzsteuer, Tabaksteuer, Biersteuer*

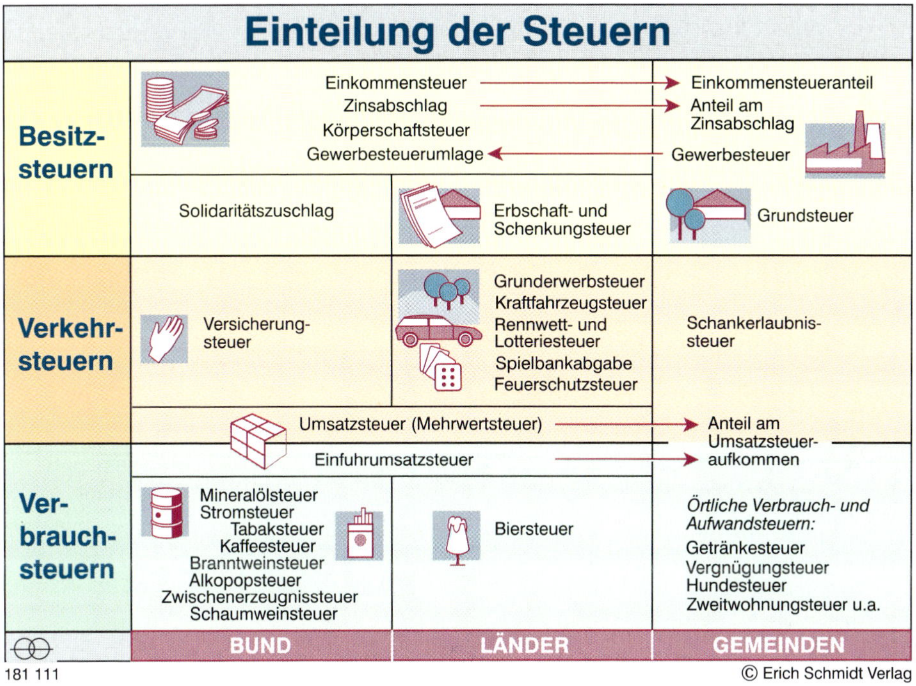


**Nach dem Gegenstand der Besteuerung unterscheidet man:**

- **Besitzsteuern**, hier werden Einkommen, Erträge oder das Vermögen besteuert
  Beispiele *Einkommen-, Kirchen-, Gewerbe-, Hunde-, Erbschaft-, Körperschaft-, Grund-, Zinsabschlagsteuer*

- **Verkehrsteuern**, hier werden in erster Linie die Umsätze von Lieferungen und Leistungen besteuert
  Beispiele *Umsatzsteuer, Kfz-Steuer, Grunderwerb-, Versicherungssteuer*

- **Verbrauchsteuern**, die auf den Verbrauch von bestimmten Gütern erhoben werden
  Beispiele *Mineralöl-, Branntwein-, Tabak-, Strom-, Kaffee-, Biersteuer*

## Steuerverfahren

Die Behörden, die mit dem Einzug, der Verwaltung und der Ausgabe öffentlicher Gelder befasst sind, gehören zur **Finanzverwaltung**. Sie besteht aus drei Ebenen: dem Bundesminister der Finanzen, den Oberfinanzdirektionen und den Finanzämtern. Die Steuern werden von den örtlichen Finanzämtern im Veranlagungsverfahren oder im Abzugsverfahren erhoben.

### ♦ *Veranlagungsverfahren*

Nach Ablauf eines Kalenderjahres muss der Steuerpflichtige in einer Steuererklärung alle Angaben machen, die zur Errechnung seiner Steuerschuld notwendig sind. Aufgrund der Steuererklärung ermittelt das Finanzamt die Steuerschuld und teilt dies dem Steuerpflichtigen in einem **Steuerbescheid** mit. Bereits gezahlte Steuern werden mit der Steuerschuld verrechnet, zu viel gezahlte Steuern werden zurückerstattet.

### ♦ *Abzugsverfahren*

Bei Einkünften aus nichtselbstständiger Arbeit wird die Einkommensteuer vom Arbeitgeber errechnet und vom Gehalt abgezogen. Sie muss bis zum 10. des nächsten Monats an das Finanzamt abgeführt werden.
Beispiel *Brigitte Koch, Gruppenleiterin Absatz in der Buchhandlung Medi@Point GmbH & Co. KG, hat ein Bruttoeinkommen von 2 415,85 EUR. Die Personalabteilung zieht hiervon in Steuerklasse I 420,32 EUR Lohnsteuer ab.*

### ♦ *Elektronische Steuererklärung*

Arbeitnehmer, Unternehmen und Arbeitgeber übermitteln verschiedene Steuererklärungen via Internet an das Finanzamt. Die Arbeitnehmer erhalten hiervon Kopien, die als **vereinfachte Steuererklärung** genutzt werden können.

***Güter als Mittel der Bedürfnisbefriedigung***

- *Steuern sind zwangsweise **abzuführende Geldleistungen**, ohne dass dafür eine direkte Gegenleistung des Staates erbracht wird.*

**Steuerarten**

**Nach dem Empfänger der Steuern**
- Bundessteuern
- Landessteuern
- Gemeindesteuern
- Gemeinschaftssteuern

**Nach der Art der Erhebung**
- Direkte Steuern
- Indirekte Steuern

**Nach dem Gegenstand der Besteuerung**
- Besitzsteuern
- Verkehrsteuern
- Verbrauchsteuern

**Steuerverfahren**

**Veranlagungsverfahren**
- Aufgrund der Steuererklärung errechnet das Finanzamt die Steuerschuld und teilt sie in einem Steuerbescheid mit.
- Die Einkommensteuer ist vierteljährlich im Voraus zu zahlen.

**Abzugsverfahren**
- Der Arbeitgeber
- errechnet aufgrund des Bruttogehalts die Lohnsteuer,
- behält sie ein,
- führt sie an das Finanzamt ab.

## Aufgaben

1 Erläutern Sie
a) Bundessteuern, b) Landessteuern, c) Gemeinschaftssteuern.

2 Erläutern Sie, wodurch sich direkte und indirekte Steuern unterscheiden.

3 Man unterscheidet Besitz-, Verkehr- und Verbrauchsteuern. Ordnen Sie die nachfolgenden Steuern diesen Gruppen zu.
a) Mineralölsteuer c) Kfz-Steuer e) Kirchensteuer g) Grundsteuer
b) Einkommensteuer d) Umsatzsteuer f) Tabaksteuer h) Branntweinsteuer

4 Erstellen Sie eine Liste der Steuern, die
a) Sie als Verbraucher zahlen, b) Ihr Ausbildungsbetrieb zahlt.

5 Erläutern Sie den Unterschied zwischen Steuerveranlagung und Steuerabzug.

## 8.1.2 Steuern des Arbeitnehmers

### 8.1.2.1 Einkommen- und Lohnsteuer

Rainer Wagner brütet über seiner Einkommensteuererklärung. Freibeträge, Sonderausgaben, Pauschbeträge, er ist schon ganz durcheinander und würde die Unterlagen am liebsten einem Steuerberater geben. Aber irgendwie ist er der Meinung, dass er als Gruppenleiter bei der Medi@ AG seine Steuererklärung selbst erstellen sollte.

Rainer Wagner ist verheiratet, hat eine Tochter und hatte im vergangenen Jahr folgende Einkünfte:

| | |
|---|---|
| Bruttogehalt als Gruppenleiter | 48 958,00 EUR |

Folgende Belege hat er im Laufe des Jahres gesammelt:

Fahrten mit dem eigenen Pkw an 212 Tagen jeweils 22 km zur Arbeit

| | |
|---|---|
| Teilnahme an einem Computerkurs | 318,00 EUR |
| eine neue Aktentasche | 47,00 EUR |
| ein Anzug | 220,00 EUR |
| Beitrag zur Gewerkschaft | 100,00 EUR |
| Bücher | |
| – Einführung in das Steuerrecht | 15,00 EUR |
| – Betriebswirtschaftslehre | 22,00 EUR |
| – Reiseführer Griechenland | 20,00 EUR |
| anrechenbare Vorsorgeaufwendungen | 3 880,00 EUR |
| an Kirchensteuer wurde gezahlt | 194,00 EUR |
| Spende für Brot für die Welt | 25,00 EUR |

#### Arbeitsauftrag

♦ Ermitteln Sie für Herrn Wagner das zu versteuernde Einkommen.

**Einkommensteuer** wird laut § 2 Einkommensteuergesetz (EStG) auf die Einkünfte aller natürlichen Personen erhoben. Das Finanzamt unterscheidet dabei zwischen folgenden Einkunftsarten:

- Einkünfte aus Land- und Forstwirtschaft
- Einkünfte aus Gewerbebetrieb
- Einkünfte aus selbstständiger Arbeit
- Einkünfte aus nichtselbstständiger Arbeit
- Einkünfte aus Kapitalvermögen
- Einkünfte aus Vermietung und Verpachtung
- sonstige Einkünfte

**Die Lohnsteuer** ist die Einkommensteuer der nichtselbstständig tätigen Arbeitnehmer. Sie wird im Abzugsverfahren erhoben. Übersteigt das zu versteuernde Jahreseinkommen eines Arbeitnehmers bei Unverheirateten 13 805,00 EUR und bei Verheirateten 27 610,00 EUR, wird er zur Einkommensteuer veranlagt. Die im Laufe des Jahres einbehaltene Lohnsteuer rechnet das Finanzamt auf die ermittelte Einkommensteuer an.

Seit 1998 wird ein Zuschlag von 5,5 % zur Einkommensteuer als **Solidarzuschlag** erhoben.

Das zu **versteuernde Einkommen** eines Arbeitnehmers wird nach folgendem Schema ermittelt:

| |
|---|
| Einkünfte aus den sieben Einkunftsarten |
| – Werbungskosten |
| = Summe der Einkünfte |
| – Altersentlastungsbetrag |
| = Gesamtbetrag der Einkünfte |
| – Sonderausgaben |
| – außergewöhnliche Belastungen |
| = Einkommen |
| – Kinderfreibetrag |
| – Sonderfreibeträge |
| **= zu versteuerndes Einkommen** |

**Werbungskosten** sind Aufwendungen, die zu Erwerb, Sicherung und Erhaltung der Einnahmen gemacht werden, d. h. Aufwendungen, die durch den Beruf veranlasst sind:

- Beiträge zu Berufsverbänden und Kosten, die aufgrund ehrenamtlicher Tätigkeit in diesen Verbänden entstehen.
  Beispiel *Mitgliedsbeitrag zur Gewerkschaft*

- Aufwendungen für Fahrten zwischen Wohnung und Arbeitsstätte werden je Entfernungskilometer bei Fahrten mit öffentlichen Verkehrsmitteln mit den tatsächlichen Kosten, mit dem Pkw mit 0,30 EUR.
  Beispiel *Rainer Wagner wohnt 42 km vom Sitz der Medi@AG entfernt. Er fährt täglich 2 x 42 km, darf aber nur 42 Entfernungskilometer absetzen.*
  Neben diesen Beträgen können auch außergewöhnliche Aufwendungen berücksichtigt werden.
  Beispiel *Die Kosten eines Autounfalls auf der Fahrt zur Arbeit.*

- Aufwendungen für Arbeitsmittel
  ***Beispiele** Fachliteratur oder Berufskleidung. Bekleidungsaufwand ist nur absetzbar, wenn er typische Berufsbekleidung betrifft, z. B. Arbeitsanzug in der Produktion.*

- Aufwendungen der beruflichen Fortbildung
  Beispiele *Berufsspezifische Lehrgänge, Tagungen, Vorträge*

- Reisekosten, sofern sie nicht vom Arbeitgeber ersetzt werden

Die Werbungskosten müssen einzeln nachgewiesen werden, d. h., es muss für jede Ausgabe ein Beleg vorliegen. Um das Verfahren zu vereinfachen, hat die Finanzverwaltung **Pauschalbeträge** festgelegt, die ohne Einzelnachweis von den Einkünften abgezogen werden. Sie sind bereits in die Lohnsteuer-Abzugstabellen eingearbeitet worden. Die Werbungskosten-Pauschale beträgt für Lohn- und Gehaltsempfänger 920,00 EUR.

Der **Altersentlastungsbetrag** wird Arbeitnehmern gewährt, die vor Beginn des Kalenderjahres das 64. Lebensjahr beendet haben.

**Sonderausgaben** sind bestimmte, im Gesetz aufgezählte Aufwendungen, die aus sozial-, wirtschafts- und finanzpolitischen Gründen steuerlich begünstigt werden.

**Beispiele**

- *Vorsorgeaufwendungen:*
  - *Beiträge zur Kranken-, Renten-, Pflege-, Unfall- und Haftpflichtversicherung.*
  - *Beiträge zu Bausparkassen, sofern nicht Wohnungsbauprämie beantragt wird.*
- *Unterhaltsleistungen an geschiedene oder getrennt lebende Ehegatten bis 13 805,00 EUR.*
- *Renten, Kirchensteuer, Steuerberatungskosten, Kosten der eigenen Berufsausbildung und der Weiterbildung in einem nicht ausgeübten Beruf bis zu 920,00 EUR jährlich und Spenden.*

**Außergewöhnliche Belastungen** sind zwangsläufige Aufwendungen, die dem Arbeitnehmer in höherem Maße erwachsen als der überwiegenden Mehrzahl der Steuerpflichtigen.
**Beispiele** *Krankheitskosten, soweit sie nicht von dritter Seite erstattet werden, Kosten für Kuren, besondere Aufwendungen Behinderter.*

**Für ein Kind bis zu 16 Jahren** wird **Kindergeld** für das erste und zweite Kind je 164,00 EUR, für das dritte Kind 170,00 EUR und für jedes weitere Kind 195,00 EUR oder ein **Kinderfreibetrag** gewährt. Der Kinderfreibetrag kann unter bestimmten Voraussetzungen, z. B. wenn sich Kinder in der Berufsausbildung befinden, bis zur Vollendung des 27. Lebensjahres berücksichtigt werden. Auch der Kinderfreibetrag ist bereits in die Lohnsteuer-Abzugstabelle eingearbeitet.

**Sonderfreibeträge** können für bestimmte im Einkommensteuergesetz festgelegte Fälle gewährt werden.
**Beispiele** *Unterhaltsleistungen für bedürftige Angehörige, Ausbildungsfreibeträge für Kinder in der Ausbildung.*

Die Steuerfreibeträge können auf Antrag des Steuerpflichtigen in die Lohnsteuerkarte **eingetragen** werden, wenn im laufenden Kalenderjahr die vom Finanzamt anerkannten Ausgaben die gewährten Arbeitnehmer-Pauschalbeträge übersteigen.

Durch die Einteilung der Steuerpflichtigen in sechs **Lohnsteuerklassen** werden der Familienstand, das Alter und die Kinderzahl bei der Besteuerung berücksichtigt.

| Steuerklassen | Personenkreis |
|---|---|
| I | • Ledige<br>• Geschiedene<br>• Verwitwete<br>• Verheiratete Arbeitnehmer, die von ihrem Ehegatten dauernd getrennt leben, oder wenn der Ehegatte im Ausland wohnt |
| II | • Alle in Steuerklasse I aufgeführten Arbeitnehmer, in deren Wohnung mindestens ein Kind gemeldet ist, für das sie einen Kinderfreibetrag erhalten |
| III | • Verheiratete Arbeitnehmer, wenn ein Ehegatte keinen Arbeitslohn bezieht oder der andere Partner arbeitet und in Steuerklasse V eingestuft ist |
| IV | • Verheiratete Arbeitnehmer, die beide Arbeitslohn beziehen |
| V | • Tritt für einen Ehegatten an die Stelle der Steuerklasse IV, wenn der andere Ehegatte in die Steuerklasse III eingestuft ist |
| VI | • Wird auf eine zweite oder weitere Lohnsteuerkarte eingetragen, wenn der Arbeitnehmer Arbeitslohn von mehreren Arbeitgebern bezieht |

**Berufstätige Ehegatten** werden grundsätzlich gemeinsam besteuert. In der Regel arbeiten sie jedoch bei verschiedenen Arbeitgebern und diese können die Lohnsteuer nur von dem Einkommen des bei ihnen angestellten Ehegatten berechnen. Damit der Steuerabzug der gemeinsamen Steuerschuld möglichst nahe kommt, können die Eheleute zwischen zwei Steuerklassen wählen. Dabei gilt folgende Faustregel:

- Bei etwa gleich hohem Einkommen wählen beide die Steuerklasse IV.
- Bei unterschiedlich hohem Einkommen wählt der Ehegatte mit dem höheren Einkommen die günstigere Steuerklasse III, der mit dem niedrigeren Einkommen die ungünstigere Steuerklasse V.

Wenn die Steuerklasse feststeht, kann der Arbeitgeber den Lohnsteuerabzug mithilfe der **Lohnsteuertabelle** ermitteln.

| Lohn/ Gehalt | Abzüge an Lohnsteuer, Solidaritätszuschlag (SolZ) und Kirchensteuer (8%, 9%) in den Steuerklassen | | | | | | | | | | | | | | | | | | | | | | | | |
|---|---|---|---|---|---|---|---|---|---|---|---|---|---|---|---|---|---|---|---|---|---|---|---|---|---|
| | I – VI | | | | | I, II, III, IV | | | | | | | | | | | | | | | | | | | |
| | | | ohne Kinderfreibeträge | | | | | mit Zahl der Kinderfreibeträge . . . | | | | | | | | | | | | | | | | | |
| | | | | | | | | 0,5 | | | 1 | | | 1,5 | | | 2 | | | 2,5 | | | 3** | | |
| bis €* | | LSt | SolZ | 8% | 9% | | LSt | SolZ | 8% | 9% | SolZ | 8% | 9% | SolZ | 8% | 9% | SolZ | 8% | 9% | SolZ | 8% | 9% | SolZ | 8% | 9% |
| 2 393,99 | I,IV | 361,91 | 19,90 | 28,95 | 32,57 | I | 361,91 | 15,89 | 23,12 | 26,01 | 12,08 | 17,58 | 19,77 | 8,46 | 12,31 | 13,85 | 2,10 | 7,32 | 8,23 | — | 2,88 | 3,24 | — | — | — |
| | II | 329,83 | 18,14 | 26,38 | 29,68 | II | 329,83 | 14,22 | 20,68 | 23,27 | 10,49 | 15,26 | 17,16 | 6,94 | 10,10 | 11,36 | — | 5,26 | 5,92 | — | 1,29 | 1,45 | — | — | — |
| | III | 113,16 | — | 9,05 | 10,18 | III | 113,16 | — | 4,98 | 5,60 | — | 1,45 | 1,63 | — | — | — | — | — | — | — | — | — | — | — | — |
| | V | 713,91 | 39,26 | 57,11 | 64,25 | IV | 361,91 | 17,87 | 26,— | 29,25 | 15,89 | 23,12 | 26,01 | 13,97 | 20,32 | 22,86 | 12,08 | 17,58 | 19,77 | 10,25 | 14,91 | 16,77 | 8,46 | 12,31 | 13,85 |
| | VI | 746,16 | 41,03 | 59,69 | 67,15 | | | | | | | | | | | | | | | | | | | | |
| 2 396,99 | I,IV | 362,75 | 19,95 | 29,02 | 32,64 | I | 362,75 | 15,94 | 23,19 | 26,09 | 12,13 | 17,64 | 19,85 | 8,50 | 12,37 | 13,91 | 2,23 | 7,37 | 8,29 | — | 2,93 | 3,29 | — | — | — |
| | II | 330,75 | 18,19 | 26,46 | 29,76 | II | 330,75 | 14,26 | 20,75 | 23,34 | 10,53 | 15,32 | 17,23 | 6,98 | 10,16 | 11,43 | — | 5,32 | 5,98 | — | 1,33 | 1,49 | — | — | — |
| | III | 113,83 | — | 9,10 | 10,24 | III | 113,83 | — | 5,02 | 5,65 | — | 1,49 | 1,67 | — | — | — | — | — | — | — | — | — | — | — | — |
| | V | 715,25 | 39,33 | 57,22 | 64,37 | IV | 362,75 | 17,92 | 26,07 | 29,33 | 15,94 | 23,19 | 26,09 | 14,01 | 20,38 | 22,93 | 12,13 | 17,64 | 19,85 | 10,29 | 14,97 | 16,84 | 8,50 | 12,37 | 13,91 |
| | VI | 747,41 | 41,10 | 59,79 | 67,26 | | | | | | | | | | | | | | | | | | | | |
| 2 399,99 | I,IV | 363,66 | 20,— | 29,09 | 32,72 | I | 363,66 | 15,99 | 23,26 | 26,16 | 12,17 | 17,70 | 19,91 | 8,54 | 12,43 | 13,98 | 2,38 | 7,43 | 8,36 | — | 2,98 | 3,35 | — | — | — |
| | II | 331,58 | 18,23 | 26,52 | 29,84 | II | 331,58 | 14,30 | 20,81 | 23,41 | 10,57 | 15,38 | 17,30 | 7,03 | 10,22 | 11,50 | — | 5,37 | 6,04 | — | 1,37 | 1,54 | — | — | — |
| | III | 114,33 | — | 9,14 | 10,28 | III | 114,33 | — | 5,08 | 5,71 | — | 1,53 | 1,72 | — | — | — | — | — | — | — | — | — | — | — | — |
| | V | 716,50 | 39,40 | 57,32 | 64,48 | IV | 363,66 | 17,97 | 26,14 | 29,40 | 15,99 | 23,26 | 26,16 | 14,05 | 20,44 | 23,— | 12,17 | 17,70 | 19,91 | 10,33 | 15,03 | 16,91 | 8,54 | 12,43 | 13,98 |
| | VI | 748,66 | 41,17 | 59,89 | 67,37 | | | | | | | | | | | | | | | | | | | | |
| 2 402,99 | I,IV | 364,50 | 20,04 | 29,16 | 32,80 | I | 364,50 | 16,03 | 23,32 | 26,24 | 12,21 | 17,77 | 19,99 | 8,58 | 12,49 | 14,05 | 2,51 | 7,48 | 8,42 | — | 3,02 | 3,40 | — | — | — |
| | II | 332,41 | 18,28 | 26,59 | 29,91 | II | 332,41 | 14,35 | 20,88 | 23,49 | 10,61 | 15,44 | 17,37 | 7,07 | 10,28 | 11,57 | — | 5,42 | 6,10 | — | 1,41 | 1,58 | — | — | — |
| | III | 115,— | — | 9,20 | 10,35 | III | 115,— | — | 5,12 | 5,76 | — | 1,57 | 1,76 | — | — | — | — | — | — | — | — | — | — | — | — |
| | V | 717,75 | 39,47 | 57,42 | 64,59 | IV | 364,50 | 18,01 | 26,20 | 29,48 | 16,03 | 23,32 | 26,24 | 14,10 | 20,51 | 23,07 | 12,21 | 17,77 | 19,99 | 10,37 | 15,09 | 16,97 | 8,58 | 12,49 | 14,05 |
| | VI | 749,91 | 41,24 | 59,99 | 67,49 | | | | | | | | | | | | | | | | | | | | |
| 2 405,99 | I,IV | 365,33 | 20,09 | 29,22 | 32,87 | I | 365,33 | 16,08 | 23,39 | 26,31 | 12,26 | 17,83 | 20,06 | 8,62 | 12,54 | 14,11 | 2,65 | 7,54 | 8,48 | — | 3,06 | 3,44 | — | — | — |
| | II | 333,25 | 18,32 | 26,66 | 29,99 | II | 333,25 | 14,39 | 20,94 | 23,55 | 10,66 | 15,50 | 17,44 | 7,10 | 10,34 | 11,63 | — | 5,47 | 6,15 | — | 1,45 | 1,63 | — | — | — |
| | III | 115,66 | — | 9,25 | 10,40 | III | 115,66 | — | 5,16 | 5,80 | — | 1,61 | 1,81 | — | — | — | — | — | — | — | — | — | — | — | — |
| | V | 719,— | 39,54 | 57,52 | 64,71 | IV | 365,33 | 18,06 | 26,27 | 29,55 | 16,08 | 23,39 | 26,31 | 14,14 | 20,58 | 23,15 | 12,26 | 17,83 | 20,06 | 10,41 | 15,15 | 17,04 | 8,62 | 12,54 | 14,11 |
| | VI | 751,16 | 41,31 | 60,09 | 67,60 | | | | | | | | | | | | | | | | | | | | |
| 2 408,99 | I,IV | 366,16 | 20,13 | 29,29 | 32,95 | I | 366,16 | 16,12 | 23,46 | 26,39 | 12,30 | 17,89 | 20,12 | 8,66 | 12,60 | 14,18 | 2,80 | 7,60 | 8,55 | — | 3,11 | 3,50 | — | — | — |
| | II | 334,08 | 18,37 | 26,72 | 30,06 | II | 334,08 | 14,44 | 21,— | 23,63 | 10,70 | 15,56 | 17,51 | 7,15 | 10,40 | 11,70 | — | 5,52 | 6,21 | — | 1,49 | 1,67 | — | — | — |
| | III | 116,33 | — | 9,30 | 10,46 | III | 116,33 | — | 5,21 | 5,86 | — | 1,65 | 1,85 | — | — | — | — | — | — | — | — | — | — | — | — |
| | V | 720,25 | 39,61 | 57,62 | 64,82 | IV | 366,16 | 18,10 | 26,34 | 29,63 | 16,12 | 23,46 | 26,39 | 14,19 | 20,64 | 23,22 | 12,30 | 17,89 | 20,12 | 10,46 | 15,22 | 17,12 | 8,66 | 12,60 | 14,18 |
| | VI | 752,41 | 41,38 | 60,19 | 67,71 | | | | | | | | | | | | | | | | | | | | |
| 2 411,99 | I,IV | 367,08 | 20,18 | 29,36 | 33,03 | I | 367,08 | 16,17 | 23,52 | 26,46 | 12,34 | 17,96 | 20,20 | 8,70 | 12,66 | 14,24 | 2,93 | 7,65 | 8,60 | — | 3,16 | 3,55 | — | — | — |
| | II | 334,91 | 18,42 | 26,79 | 30,14 | II | 334,91 | 14,48 | 21,07 | 23,70 | 10,74 | 15,62 | 17,57 | 7,19 | 10,46 | 11,76 | — | 5,58 | 6,27 | — | 1,53 | 1,72 | — | — | — |
| | III | 117,— | — | 9,36 | 10,53 | III | 117,— | — | 5,25 | 5,90 | — | 1,69 | 1,90 | — | — | — | — | — | — | — | — | — | — | — | — |
| | V | 721,50 | 39,68 | 57,72 | 64,93 | IV | 367,08 | 18,15 | 26,41 | 29,71 | 16,17 | 23,52 | 26,46 | 14,23 | 20,70 | 23,29 | 12,34 | 17,96 | 20,20 | 10,50 | 15,28 | 17,19 | 8,70 | 12,66 | 14,24 |
| | VI | 753,75 | 41,45 | 60,30 | 67,83 | | | | | | | | | | | | | | | | | | | | |
| 2 414,99 | I,IV | 367,91 | 20,23 | 29,43 | 33,11 | I | 367,91 | 16,21 | 23,58 | 26,53 | 12,38 | 18,02 | 20,27 | 8,74 | 12,72 | 14,31 | 3,08 | 7,71 | 8,67 | — | 3,20 | 3,60 | — | — | — |
| | II | 335,75 | 18,46 | 26,86 | 30,21 | II | 335,75 | 14,52 | 21,13 | 23,77 | 10,78 | 15,68 | 17,64 | 7,22 | 10,51 | 11,82 | — | 5,63 | 6,33 | — | 1,57 | 1,76 | — | — | — |
| | III | 117,66 | — | 9,41 | 10,58 | III | 117,66 | — | 5,30 | 5,96 | — | 1,73 | 1,94 | — | — | — | — | — | — | — | — | — | — | — | — |
| | V | 722,75 | 39,75 | 57,82 | 65,04 | IV | 367,91 | 18,20 | 26,47 | 29,78 | 16,21 | 23,58 | 26,53 | 14,27 | 20,76 | 23,36 | 12,38 | 18,02 | 20,27 | 10,54 | 15,34 | 17,25 | 8,74 | 12,72 | 14,31 |
| | VI | 755,— | 41,52 | 60,40 | 67,95 | | | | | | | | | | | | | | | | | | | | |
| 2 417,99 | I,IV | 368,75 | 20,28 | 29,50 | 33,18 | I | 368,75 | 16,26 | 23,65 | 26,60 | 12,43 | 18,08 | 20,34 | 8,79 | 12,78 | 14,38 | 3,21 | 7,76 | 8,73 | — | 3,25 | 3,65 | — | — | — |
| | II | 336,58 | 18,51 | 26,92 | 30,29 | II | 336,58 | 14,57 | 21,20 | 23,85 | 10,82 | 15,74 | 17,71 | 7,26 | 10,57 | 11,89 | — | 5,68 | 6,39 | — | 1,61 | 1,81 | — | — | — |
| | III | 118,16 | — | 9,45 | 10,63 | III | 118,16 | — | 5,34 | 6,01 | — | 1,76 | 1,98 | — | — | — | — | — | — | — | — | — | — | — | — |
| | V | 724,— | 39,82 | 57,92 | 65,16 | IV | 368,75 | 18,25 | 26,54 | 29,86 | 16,26 | 23,65 | 26,60 | 14,32 | 20,83 | 23,43 | 12,43 | 18,08 | 20,34 | 10,58 | 15,40 | 17,32 | 8,79 | 12,78 | 14,38 |
| | VI | 756,25 | 41,59 | 60,50 | 68,06 | | | | | | | | | | | | | | | | | | | | |
| 2 420,99 | I,IV | 369,66 | 20,33 | 29,57 | 33,26 | I | 369,66 | 16,30 | 23,72 | 26,68 | 12,47 | 18,14 | 20,41 | 8,83 | 12,84 | 14,45 | 3,36 | 7,82 | 8,80 | — | 3,30 | 3,71 | — | — | — |
| | II | 337,50 | 18,56 | 27,— | 30,37 | II | 337,50 | 14,62 | 21,26 | 23,92 | 10,87 | 15,81 | 17,78 | 7,31 | 10,63 | 11,96 | — | 5,74 | 6,45 | — | 1,65 | 1,85 | — | — | — |
| | III | 118,83 | — | 9,50 | 10,69 | III | 118,83 | — | 5,38 | 6,05 | — | 1,80 | 2,02 | — | — | — | — | — | — | — | — | — | — | — | — |
| | V | 725,25 | 39,88 | 58,02 | 65,27 | IV | 369,66 | 18,29 | 26,61 | 29,93 | 16,30 | 23,72 | 26,68 | 14,36 | 20,90 | 23,51 | 12,47 | 18,14 | 20,41 | 10,62 | 15,46 | 17,39 | 8,83 | 12,84 | 14,45 |
| | VI | 757,50 | 41,66 | 60,60 | 68,17 | | | | | | | | | | | | | | | | | | | | |

Die **abgeführte Lohnsteuer** muss der Arbeitgeber auf der **Lohnsteuerkarte** zum Jahresende bescheinigen. Die Lohnsteuerkarte wird dem Arbeitnehmer von der Gemeinde zugestellt. Sie enthält u. a. folgende Angaben:

Vergleiche hierzu Seite 425

- Name und Anschrift des Steuerpflichtigen,
- Geburtsdatum und Familienstand,
- Religionszugehörigkeit,
- Steuerklasse,
- Zahl der Kinder und Kinderfreibeträge.

Am Jahresende oder bei Beendigung des Arbeitsverhältnisses bescheinigt der Arbeitgeber auf der Rückseite der Lohnsteuerkarte bzw. bei elektronischer Übermittlung der Daten auf dem Ausdruck der elektronischen Lohnsteuerbescheinigung.

- die Beschäftigungsdauer,
- vermögenswirksame Leistungen,
- den Bruttoarbeitslohn,
- die Arbeitnehmersparzulage,
- die einbehaltene Lohnsteuer,
- die einbehaltene Kirchensteuer,
- den Arbeitnehmer- und Arbeitgeberanteil zur Sozialversicherung.

**Neben der Lohnsteuer** muss der Arbeitgeber bei der Gehaltszahlung auch die **Kirchensteuer** abziehen und an das Finanzamt abführen. Der Steuersatz beträgt in Bayern und Baden-Württemberg 8 % und in den übrigen Bundesländern 9 % der Lohnsteuer. Steuerpflichtig sind alle Personen, die einer steuererhebenden Religionsgemeinschaft angehören.

***Einkommen- und Lohnsteuer***
- ***Steuern vom Einkommen***

| Einkommensteuer | Lohnsteuer |
|---|---|
| wird auf die Einkünfte aller natürlichen Personen erhoben | wird auf die Einkünfte der nicht selbstständig Tätigen erhoben |

- *Die **Steuertabelle** ermöglicht es Arbeitnehmer und Arbeitgeber, den Steuerabzug zu ermitteln.*
- *Die **Kirchensteuer** wird von der Lohnsteuer berechnet. Sie beträgt je nach Bundesland 8 % oder 9 % der Lohnsteuer.*
- *Der **Solidaritätszuschlag** wird in Höhe von 5,5 % von der Einkommensteuer berechnet.*

## Aufgaben

1 Erläutern Sie, nach welchem Schema das zu versteuernde Einkommen berechnet wird.

2 Nennen Sie Aufwendungen, die im Rahmen der Werbungskosten geltend gemacht werden können.

3 Welche der folgenden Aufwendungen kann eine Medienkauffrau als Werbungskosten geltend machen?
   a) Fahrtkosten mit öffentlichen Verkehrsmitteln zur Arbeit und nach Hause
   b) Fahrtkosten zu einer Veranstaltung der Industrie- und Handelskammer zum Thema „Neue Entwicklungen im Bereich der Bürokommunikation"
   c) Gewerkschaftsbeitrag
   d) Berufshaftpflicht
   e) Kosten des Steuerberaters
   f) Reinigungskosten für Arbeitskleidung

4 Welche der nachfolgenden Aufwendungen können als Sonderausgaben geltend gemacht werden?
   a) Beiträge zur Krankenversicherung
   b) Beiträge zu einer Berufshaftpflichtversicherung
   c) Beiträge zur Bausparkasse
   d) Kosten einer Hausratversicherung
   e) Steuerberatungskosten
   f) Spende für „Brot für die Welt"

5 Erläutern Sie, welche Aufwendungen als außergewöhnliche Belastungen geltend gemacht werden können.

6 Ermitteln Sie anhand der Lohnsteuertabelle auf S. 426 das Nettogehalt für einen Arbeitnehmer (21 Jahre) in Steuerklasse I, ohne Kinder, bei einem Tarifgehalt in Höhe von 2 407,50 EUR.

7 Bei welchen der folgenden Aussagen eines einkommensteuerpflichtigen Arbeitnehmers handelt es sich um
   a) Sonderausgaben
   b) Werbungskosten
   c) außergewöhnliche Belastungen
   d) steuerlich nicht berücksichtigungsfähige Ausgaben?

   Ausgaben für ...
   1. Beiträge an Bausparkassen
   2. gezahlte Kirchensteuer
   3. Prämie für Hausratversicherung
   4. Unterstützung bedürftiger Eltern
   5. besondere Berufskleidung

### 8.1.2.2 Die Antragsveranlagung zur Einkommensteuer

Nachdem Rainer Wagner sein zu versteuerndes Einkommen errechnet hat, weiß er, dass er einen Antrag auf Veranlagung zur Einkommensteuer stellen muss. Selbstverständlich will er den Antrag auf Veranlagung selbst ausfüllen. Hierzu sind folgende weitere Angaben erforderlich:

| | Rainer Wagner | Ehefrau Renate |
|---|---|---|
| **Geburtsdatum** | 19. März 1970 | 7. März 1970 |
| **Konfession** | Evangelisch | Evangelisch |
| **Adresse** | Am Tiergarten 10, 50763 Köln | |
| **Verheiratet seit** | 24. Dezember 1991 | |
| **Kinder** | Tochter Anna Wagner<br>Geburtsdatum: 24. Dezember 1992<br>Geburtsort: Köln | |
| **Bankverbindung** | Stadtsparkasse Köln<br>Konto-Nr.: 8532394870<br>BLZ: 370 501 98 | |

Die anrechenbaren Vorsorgeaufwendungen setzen sich wie folgt zusammen:

| | |
|---|---|
| Arbeitnehmeranteil zur Sozialversicherung | 3 380,60 EUR |
| Auto-Unfallversicherung | 111,46 EUR |
| Kfz-Haftpflicht (ohne Kasko-Versicherung) | 210,65 EUR |
| private Haftpflicht | 39,88 EUR |
| Krankheitskosten | 2 152,54 EUR |
| davon durch die Krankenkasse erstattet | 1 477,63 EUR |
| Einkünfte aus Kapitalvermögen | |
| Zinsen Sparbuch Rainer Wagner | 110,44 EUR |
| Zinsen Sparbuch Renate Wagner | 60,84 EUR |
| An Lohnsteuer und Solidaritätszuschlag wurden gezahlt | 2 073,57 EUR |
| An Kirchensteuer wurde gezahlt | 176,90 EUR |

Als Rainer Wagner sich den Vordruck für das Antragsverfahren und die entsprechenden Anlagen beim Finanzamt abholt, ist er erleichtert. Jede Zeile des Formulars ist nummeriert und in einer umfangreichen Anleitung ist für jede Zeile angegeben, was eingetragen werden muss.

**Arbeitsauftrag**

- Beschaffen Sie sich die Antragsunterlagen und die Anleitung und füllen Sie den Antrag für Rainer Wagner und seine Familie aus.

**Übersteigt das Einkommen** 27 610,00 EUR bei zusammen veranlagten Ehegatten und 13 805,00 EUR bei ledigen Steuerpflichtigen, muss der **Antrag auf Veranlagung zur Einkommensteuer** gestellt werden.

**Abgabefrist** für den Antrag auf Veranlagung zur Einkommensteuer ist der 31. Dezember des übernächsten Jahres, also für 2009 der 31. Dezember 2011. Antragsformulare und Anleitungen finden Sie im Internet unter http://www.elster.de.

Zu viel gezahlte Lohnsteuer wird nach Abschluss des Verfahrens **erstattet**.

**Der Antrag auf Veranlagung zur Einkommensteuer** besteht aus dem vierseitigen Hauptvordruck, den Anlagen KAP und SO und der Anlage N.

- Im **Hauptvordruck** werden die allgemeinen Angaben erfasst und Sonderausgaben und die außergewöhnlichen Belastungen geltend gemacht.
- Die **Anlagen KAP und SO** erfassen die Einkünfte aus Kapitalvermögen. Die Bescheinigungen über Zinsen aus Bausparguthaben oder Lebensversicherungen werden von den Bausparkassen und Versicherungen in der Regel unaufgefordert zugestellt.

Zum 1. Januar 2009 wurde in Deutschland ein erweiterter Steuerabzug für Kapitalvermögen (§ 20 EStG) eingeführt. Mit der einbehaltenen Kapitalertragsteuer gilt für den Privatanleger seine Steuerpflicht als „abgegolten", das heißt, dass die bereits versteuerten Kapitalerträge nicht mehr in seiner jährlichen Einkommensteuererklärung aufgeführt werden müssen und nicht mit seinem individuellen Steuersatz versteuert werden. Für betriebliche Anleger gilt der Steuerabzug nicht als abgegolten, eine Steuererklärung des Unternehmens muss diese Einkünfte weiterhin berücksichtigen.

♦ *Umfang der Abgeltungsteuer*

Zu den Einkünften aus Kapitalvermögen gehören ab 2009 auch private Veräußerungsgewinne sowie Stillhaltergeschäfte und sonstige Zahlungen aus Wertpapieren und Derivaten, nicht jedoch Einkünfte aus Währungsgeschäften und Derivate mit physikalischer Lieferung von Währung im Moment der Ausübung. Damit sind auch solche Gewinne, die bisher nur im Rahmen der Spekulationsgeschäfte steuerlich erfasst wurden, erstmals auch bei einer Haltedauer von mehr als einem Jahr steuerpflichtig. Einkommen aus Anlagen im Wirtschaftsgut „Währung" (z. B. Devisenkursgewinne auf Fremdwährungskonten) bleiben weiterhin nach § 23 als privates Veräußerungsgeschäft steuerpflichtig und sind in der jährlichen Einkommensteuererklärung anzugeben. Der bisherige Ausweis dieser Einkünfte über die Jahresbescheinigung fällt weg, da die Banken dazu nicht mehr gesetzlich verpflichtet sind. Freiwillige Bescheinigungen sind je nach Bank verfügbar und dort ggf. kostenpflichtig.

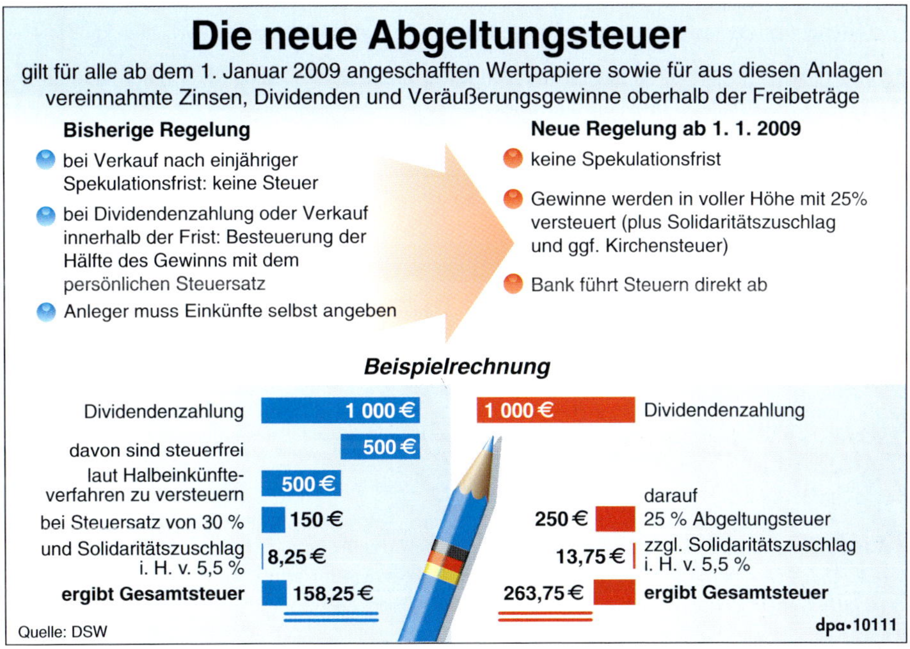

- *Höhe der Abgeltungsteuer*

Der Abgeltungsteuersatz beträgt 25 % zuzüglich Solidaritätszuschlag (5,5 % der Abgeltungssteuer) und ggf. Kirchensteuer (8 oder 9 % der Abgeltungssteuer). Das ergibt eine Gesamtbelastung mit Abgeltungsteuer in Höhe von 26,375 % ohne Kirchensteuer. Bei zusätzlicher Kirchensteuerpflicht wird die Abgeltungsteuer um 25 % der auf die Kapitalerträge entfallenden Kirchensteuer ermäßigt. Damit ergibt sich inklusive der Kirchensteuer eine Belastung von 27,819 % bei 8%iger und von 27,995 % bei 9%iger Kirchensteuer.

- *Sparer-Pauschbetrag*

Der Sparer-Pauschbetrag hat mit der Einführung der Abgeltungsteuer ab dem 1. Januar 2009 den bis dahin geltenden Sparerfreibetrag als Höchstgrenze für steuerfrei zu vereinnahmende Zinserträge und Dividenden abgelöst. Er beträgt für Einzelpersonen bzw. getrennt Veranlagte 810,00 EUR und 1602,00 EUR für zusammen veranlagte Ehepaare.

*Vergleiche hierzu Seite 424*

- In der **Anlage N** sind der Bruttoarbeitslohn, die gezahlten Steuern, vermögenswirksame Leistungen und die Werbungskosten anzugeben.

***Die Antragsveranlagung zur Einkommensteuer***

| Hauptvordruck | Anlagen KAP und SO | Anlage N |
|---|---|---|
| • Allgemeine Angaben<br>• Sonderausgaben<br>• Außergewöhnliche Belastungen | • Einkünfte aus Kapitalvermögen | • Einkünfte aus nichtselbstständiger Arbeit<br>• Vermögenswirksame Leistungen<br>• Werbungskosten |

## Aufgaben

1 Katja Becker kauft sich ein Fachbuch für die berufliche Weiterbildung. Überprüfen Sie, unter welcher Position der Einkommensteuererklärung sie diese Kosten geltend machen kann.

2 Beschaffen Sie sich die Antragsunterlagen für eine Einkommensteuererklärung und erläutern Sie, welche Angaben im Hauptvordruck, der Anlage KAP und SO und der Anlage N erfasst werden.

3 Die Medienkauffrau Isabel Staudt will ihren Antrag auf Veranlagung zur Einkommensteuer selbst erstellen. In der Mappe „Steuern" haben sich folgende Belege angesammelt:
Kosten der Krankenversicherung, Reparaturkosten Kfz für einen Unfall auf dem Weg zur Arbeit, Beitrag zur Gewerkschaft, private Haftpflichtversicherung, Quittungen für ein Fachbuch „Steuerrecht" und ein Fachbuch „Allgemeine Betriebswirtschaftslehre", private Unfallversicherung, Kfz-Haftpflicht, Quittung: Arbeitskleidung, Reinigungskosten Arbeitskleidung. Ordnen Sie die Belege den entsprechenden Aufwandsarten in der Einkommensteuererklärung zu.

### 8.1.3 Steuern der Unternehmung

Meike Lutz, Gruppenleiterin Marketing im Geschäftsfeld Musik der Medi@ AG, will sich selbstständig machen. Sie plant sehr sorgfältig. Es ist eine Standortanalyse in Auftrag gegeben und auch die Finanzierung ist gesichert. Meike ist für die Gründung einer Personengesellschaft, da sie gehört hat, dass Kapitalgesellschaften eine zusätzliche Steuer entrichten müssen. Ihr Freund Markus ist skeptisch. Er ist der Meinung, dass nur natürliche Personen Steuern zahlen müssen.

**Arbeitsaufträge**

- Erarbeiten Sie den nachfolgenden Sachinhalt und klären Sie die Frage, welchen Steuern die Einkommen der Personen- und Kapitalgesellschaften unterliegen.
- Stellen Sie fest, welche weiteren Steuern das Unternehmen von Frau Lutz entrichten muss.

## Einkommensteuer und Körperschaftsteuer

Die **Einkünfte aller natürlichen Personen** unterliegen der **Einkommensteuer**. Einkünfte der Gesellschafter einer Personengesellschaft sind Einkünfte aus Gewerbebetrieb. Bemessungsgrundlage für die Besteuerung ist der Gewinn. Er wird aufgrund der Gewinn-und-Verlust-Rechnung ermittelt. Auf der Grundlage des Gewinns werden unter Berücksichtigung der steuerlich abzugsfähigen Entlastungen das zu versteuernde Einkommen und die entsprechende Einkommensteuer ermittelt.

Der **Steuersatz** der Einkommensteuer liegt in der Progressionszone je nach Höhe des Einkommens zwischen 15 % und 42 % (2008). Ab einem Einkommen von 250 000,00 EUR (Ledige) bzw. 500 000,00 EUR (Verheiratete) wird ein Aufschlag von 3 % auf den Spitzensteuersatz (Reichensteuer) erhoben.

Die **Einkünfte der juristischen Personen** unterliegen der **Körperschaftsteuer** (§ 1 ff. KStG). **Steuerpflichtig** sind z. B. die GmbH, die AG und die Genossenschaften. Bemessungsgrundlage der Körperschaftsteuer ist der Gewinn des Unternehmens.

Der **Steuersatz der Körperschaftsteuer** beträgt einheitlich 15 %.
**Beispiel** *Die an die Gesellschafter der Werbeagentur West GmbH ausgeschütteten Gewinne unterliegen dem Körperschaftsteuersatz von 15 %.*

Da **Körperschaftsteuer und Einkommensteuer** nebeneinander bestehen, würde ein ausgeschütteter Gewinn bei der Kapitalgesellschaft der Körperschaftsteuer unterliegen und beim Gesellschafter nochmals im Rahmen der Einkommensteuer besteuert. Um diese Doppelbesteuerung zu vermeiden, wird die bereits gezahlte Körperschaftsteuer mit der Einkommensteuerschuld verrechnet.

## Gewerbesteuer

**§ 1 Steuerberechtigte**

*Die Gemeinden erheben eine Gewerbesteuer als Gemeindesteuer.*

**§ 2 Steuergegenstand**

*(1) Der Gewerbesteuer unterliegt jeder stehende Gewerbebetrieb, soweit er im Inland betrieben wird.*

- Die Gewerbesteuer ist eine **direkte Steuer**. Steuergegenstand ist die Ertragskraft eines Gewerbebetriebes. Die persönlichen Verhältnisse des Inhabers werden nicht berücksichtigt.

Vergleiche hierzu Seite 421

- Gewerbesteuern (§ 1 ff. Gewerbesteuergesetz) sind **Kosten**. Sie mindern dadurch den steuerlichen Gewinn und beeinflussen somit auch die Höhe der Einkommen- und Körperschaftsteuer.
- Die Gewerbesteuer ist eine **Gemeindesteuer** und eine wichtige Einnahmequelle der Gemeinden und kreisfreien Städte. Bund und Länder werden durch eine Umlage an der Steuer beteiligt. Da die Gemeinden die Hebesätze zur Gewerbesteuer individuell festlegen, ist die steuerliche Belastung von Gemeinde zu Gemeinde unterschiedlich.
  **Beispiel** *Für die Standortwahl eines Unternehmens kann auch der unterschiedliche Hebesatz der Gewerbesteuer ausschlaggebend sein. So beträgt er z. B. in Köln 450 %, in Aachen 445 %, aber in einer ländlicheren Region, wie z. B. Grafschaft bei Ahrweiler, nur 330 %.*

**Bemessungsgrundlage** der Gewerbesteuer ist der **Gewerbeertrag** des Betriebes.

- Grundlage des **Gewerbeertrages** ist der im Rahmen der Einkommen- bzw. Körperschaftsteuer ermittelte Gewinn des Gewerbebetriebes. Dieser Gewinn wird um bestimmte, im Gesetz festgelegte Beträge vermehrt bzw. vermindert.
- Während bei **Kapitalgesellschaften** der **gesamte Jahresgewinn** von dem ersten Euro an steuerpflichtig ist, bleiben bei **Einzelunternehmen und Personengesellschaften** die ersten 24 500,00 EUR steuerfrei.

**Mithilfe der vom Finanzamt festgelegten Steuermesszahlen** wird der Steuermessbetrag für Gewerbeertrag und Gewerbekapital errechnet.

Die so ermittelten Messbeträge werden addiert und zu einem einheitlichen **Steuermessbetrag** zusammengefasst. Multipliziert man den so ermittelten Steuermessbetrag mit dem von der Gemeinde festgelegten **Steuersatz (Hebesatz)**, so erhält man die Gewerbesteuerschuld.

**Gewerbeertrag**
Gewinn des Gewerbebetriebes
\+ Hinzurechnungen
– Kürzungen
= Gewerbeertrag
– Freibetrag
= verbleibender Gewerbeertrag
· Steuermesszahl
= Steuermessbetrag
Gewerbeertrag

↓

einheitlicher Steuermessbetrag
· Hebesatz der Gemeinde
= **Gewerbesteuerschuld**

## Umsatzsteuer

Die Umsatzsteuer ist eine **Verkehrsteuer**, mit der der gesamte private und öffentliche Verbrauch belastet wird, d. h., die Umsatzsteuer wird vom Endverbraucher getragen (§ 1 ff. UStG).

Da es technisch nicht möglich ist, die Umsatzsteuer beim Verbraucher selbst zu erheben, ist der **Steuerschuldner** der Unternehmer, der den Umsatz ausführt. Er ist verpflichtet, die Umsatzsteuer an das Finanzamt abzuführen. Das Finanzamt bedient sich also des Unternehmers, um die Umsatzsteuer einzutreiben.

**Wirtschaftlicher Träger** der Steuer ist jedoch der Endverbraucher, da der Unternehmer die Umsatzsteuer über den Verkaufspreis an den Kunden abwälzt. Die Umsatzsteuer ist demnach eine **indirekte Steuer**.

*Vergleiche hierzu Seite 421*

**Steuerpflichtige Umsätze sind:**

- alle Lieferungen und Leistungen eines Unternehmers gegen Entgelt
- der Eigenverbrauch des Unternehmers für private Zwecke
- die Einfuhr von ausländischen Gütern (Einfuhrumsatzsteuer)

**Bemessungsgrundlage** der Umsatzsteuer ist der Nettoverkaufspreis. Verdirbt eine Ware oder kann sie aus anderen Gründen nicht verkauft werden, findet kein Umsatz statt und es ist auch keine Umsatzsteuer zu entrichten.

**Der allgemeine Steuersatz** der Umsatzsteuer beträgt 19 %. Der **ermäßigte Steuersatz** beträgt 7 %. Er gilt u. a. für Lebensmittel, Kaffee, Tee, Kakao, Waren des Buchhandels, Zeitschriften und Kunstgegenstände.

**Berechnung der Zahllast:** Die Umsatzsteuer ist so gestaltet, dass alle Waren und Leistungen in gleicher Weise belastet werden. Dabei spielt es keine Rolle, wie viele Wirtschaftsstufen sie auf dem Weg zum Verbraucher durchlaufen haben. Um dies zu erreichen, ist der Unternehmer berechtigt, von der Steuer, die er für seine Umsätze schuldet, die Steuer abzuziehen, die er beim Wareneinkauf bereits gezahlt hat. Da er diese Steuer vorab entrichten muss, nennt man die Umsatzsteuer in diesem Zusammenhang **Vorsteuer**. An das Finanzamt muss er also nur den Betrag abführen, der auf den von ihm erzielten Mehrwert entfällt **(Zahllast)**. Aus diesem Grund wird die Umsatzsteuer auch **Mehrwertsteuer** genannt.

Umsatzsteuer
– Vorsteuer
= **Zahllast**

Ist die Vorsteuer größer als die Umsatzsteuer, kann der Unternehmer gegenüber dem Finanzamt eine **Forderung** geltend machen.

- Die Umsatzsteuer stellt für den Unternehmer keinen Kostenfaktor dar, sondern ist lediglich ein **durchlaufender Posten**.
- Zehn Tage nach Ablauf eines Kalendermonats muss der Unternehmer beim Finanzamt eine **Umsatzsteuer-Voranmeldung** einreichen. Für die von ihm errechnete Zahllast muss er gleichzeitig eine Vorauszahlung leisten. Nach Ablauf eines Kalenderjahres muss der Unternehmer eine **Umsatzsteuererklärung** abgeben. Übersteigt die bereits gezahlte Umsatzsteuer die errechnete Steuerschuld, wird der Differenzbetrag erstattet.
- Jeder Unternehmer muss die Umsatzsteuer auf Rechnungen an ein anderes Unternehmen gesondert ausweisen. Bei Rechnungen, deren Gesamtbetrag 150,00 EUR nicht übersteigt (Kleinbetragsrechnung), und bei Rechnungen an Privatpersonen muss die Umsatzsteuer **nicht gesondert ausgewiesen** werden.

***Steuern der Unternehmung***

- ***Einkommen-*** *und* ***Körperschaftsteuer***

**Steuern vom Einkommen**

Natürliche Personen, z. B. Kommanditist → **Einkommensteuer**

Juristische Personen, z. B. GmbH → **Körperschaftsteuer**

Bemessungsgrundlage = Gewinn

**Steuersatz**

Einkommensteuer:
- Vom Tarif abhängig
- In der Progressionszone 15 % bis 42 %

Körperschaftsteuer:
- 25 % für nicht ausgeschüttete Gewinne
- 25 % für ausgeschüttete Gewinne

- ***Gewerbesteuer:*** *Die Gewerbesteuer ist eine Gemeindesteuer, der alle Gewerbebetriebe unterliegen.*

| Umsatzsteuer | |
|---|---|
| • Steuerschuldner | Unternehmer |
| • Steuerträger | Endverbraucher |
| • Steuerpflichtige Umsätze | Lieferungen und Leistungen gegen Entgelt<br>Privatentnahmen<br>Einfuhr ausländischer Güter |
| • Bemessungsgrundlage | Nettoverkaufspreis |
| • Steuersätze | 19 %, ermäßigter USt.-Satz: 7 % |
| • Berechnung | Umsatzsteuer – Vorsteuer = Zahllast |

## Aufgaben

1 Bernhard Schiller ist Gesellschafter der iVent GmbH. Am Jahresende will die iVent GmbH einen Gewinn ausschütten. Dieser Gewinn unterliegt in der Gesellschaft der Körperschaftsteuer in Höhe von 25 %. Bei dem Gesellschafter Schiller unterliegt er als „Einkünfte aus Gewerbebetrieb" der Einkommensteuer. Erläutern Sie, wie die Finanzverwaltung dieser Doppelbesteuerung Rechnung trägt.

2 Das zu versteuernde Einkommen einer GmbH beträgt 500 000,00 EUR. Hiervon sollen 60 % im Unternehmen verbleiben und 40 % ausgeschüttet werden. Errechnen Sie die Summe der Körperschaftsteuer.

3 Erläutern Sie, warum es für einen Gewerbetreibenden sinnvoll sein kann, den Hebesatz der Gewerbesteuer bei der Standortwahl zu berücksichtigen.

4 Welche der nachfolgenden Aussagen sind richtig? Die Gewerbesteuer ist eine
a) Bundessteuer, b) direkte Steuer, c) Gemeindesteuer, d) indirekte Steuer.

5 Eine Werbeagentur kauft ein Fotokopiergerät zum Preis von 5 250,00 EUR zuzüglich Umsatzsteuer. Sie verkauft das Gerät zum Preis von 6 300,00 EUR zuzüglich Umsatzsteuer. Ermitteln Sie die Zahllast, die die Werbeagentur an das Finanzamt abführen muss.

6 Grenzen Sie Bruttogehalt, steuerpflichtiges Gehalt, Nettogehalt und Auszahlungsbetrag gegeneinander ab.

7 Stellen Sie in einem Schaubild eine Kette von Unternehmen dar und erläutern Sie anhand der Beziehungen der Unternehmen Umsatz- und Vorsteuer.

8 Weisen Sie nach, dass die Umsatzsteuer ein durchlaufender Posten ist.

9 Ergänzen Sie folgende Aussagen mit den angeführten Begriffen.
1) Einkommensteuer 2) Gewerbesteuer 3) Umsatzsteuer
a) Der Betrag der zu zahlenden ... hängt auch vom Familienstand ab.
b) Der Betrag der gezahlten ... ist buchhalterisch auf einem Aufwandskonto zu erfassen.
c) Die ... ist eine Verkehrssteuer.
d) Durch die Ermittlung der Zahllast wird der Betrag der abzuführenden ... festgestellt.
e) Zahlt der Steuerpflichtige die ... durch Überweisung vom Bankkonto seiner Unternehmung, so lautet der Buchungssatz „Privat an Bank".

## 8.2 Versicherungen

### 8.2.1 Individualversicherungen

Große Aufregung bei einem Nachbarbetrieb der Medi@ AG. Durch einen Kurzschluss sind eine Lagerhalle und ein Teil der Produktionsanlage abgebrannt. „Die armen Angestellten", sagt Yvonne Klein zu ihrer Kollegin Nicole Esser. „Bei einem so großen Schaden wird der Betrieb sicher schließen müssen!" „Das glaube ich nicht", antwortet Nicole. „Das zahlt doch die Feuerversicherung." „Vielleicht den Sachschaden", antwortet Yvonne. „Aber den entgangenen Gewinn während des Produktionsausfalls zahlt keiner."

**Arbeitsauftrag**

- Stellen Sie fest, durch welche Versicherungen sich ein Unternehmen gegen die wirtschaftlichen Folgen eines Feuers oder anderer Schäden absichern kann.

- Jedes unternehmerische Handeln ist mit **Unsicherheiten** behaftet. Bei der Aufnahme eines neuen Artikels in das Produktionsprogramm oder einer Investition sind für den Unternehmer keine oder nur unzureichende Erkenntnisse über den Ausgang des jeweiligen Geschäftes vorhanden. Das Leben mit diesen Unsicherheiten ist **unternehmerischer Alltag**.

- Daneben gibt es **Risiken**, deren Eintritt für den Einzelnen zwar ungewiss, für die Gemeinschaft jedoch vorhersehbar ist. Gesundheit und Arbeitskraft des Arbeitnehmers und des Unternehmers, die Güter und das Vermögen sind durch Krankheit, Unfall, Feuer, Diebstahl, Ausfall von Maschinen und Anlagen oder Forderungsausfall bedroht. Gegen die wirtschaftlichen Folgen dieser Risiken kann man sich **versichern**.

- **Individualversicherungen** überlassen es der Verantwortung des Einzelnen, sich gegen diese Risiken abzusichern. Die **Sozialversicherungen** kennen diese Freiwilligkeit nicht. Sie zwingen den Großteil der Arbeitnehmer, sich gegen Alter, Krankheit, Arbeitslosigkeit, Unfall und Pflegebedürftigkeit zu versichern.

*Vergleiche hierzu Seite 439*

- **Betriebswirtschaftlich** gesehen sind Versicherungsprämien Kosten, die im Rahmen der Steuern und der Kalkulation berücksichtigt werden. Versicherungen bieten dem Unternehmer Schutz vor finanzieller Not und ermöglichen es ihm, auch bei Eintritt eines Schadensfalles seine Geschäfte fortzuführen.
  Beispiel *Dr. Sommer prüft den Abschluss einer Schwachstromanlagenversicherung. Er wägt die Kosten der Prämie gegen die Wahrscheinlichkeit eines Schadenfalls ab.*

- **Volkswirtschaftlich** gesehen entlasten Versicherungen den Staat von seiner Unterstützungs- und Fürsorgepflicht, ermöglichen die Weiterführung der Unternehmen auch im Schadensfall und verhindern Störungen im Wirtschaftsablauf.
  Beispiel *Durch ausreichenden Versicherungsschutz kann der Nachbarbetrieb der Medi@ AG nach dem Brand wieder aufgebaut und weitergeführt werden. Wäre keine Versicherung vorhanden gewesen, hätte dies unter Umständen das Ende des Unternehmens bedeutet und die Mitarbeiter wären entlassen worden.*

- Bei der Frage, ob ein Unternehmer eine Individualversicherung abschließt, muss er folgende Punkte gegeneinander abwägen:
  - den **Risikoumfang**, d. h. den Wert der Vermögensteile und ihr Verhältnis zum Gesamtvermögen
  - die **Schadenswahrscheinlichkeit**, d. h. die Wahrscheinlichkeit, mit der ein bestimmter Schaden eintritt
  - die **Kosten** des Versicherungsschutzes, d. h. die Höhe der Prämie

Bei der folgenden Darstellung der Versicherungen wird nach dem Gegenstand der Versicherung in Personen-, Sach- und Vermögensversicherungen unterschieden.

## ● Personenversicherungen

Wer nicht sozialversicherungspflichtig ist oder wem der Schutz der Sozialversicherung nicht ausreicht, hat die Möglichkeit, sich gegen die Folgen von Krankheit, Unfall, Arbeitsunfähigkeit, Alter und Tod privat zu versichern.

*Vergleiche hierzu Seite 441*

**Private Krankenversicherung:** Bei Vertragsabschluss ist i. d. R. eine ärztliche Untersuchung erforderlich. Falls Vorerkrankungen vorliegen, kann ein Beitragszuschlag oder ein Leistungsausschluss vorgenommen werden. Die Leistungen sind denen der gesetzlichen Krankenversicherung ähnlich.

*Vergleiche hierzu Seite 442*

**Private Unfallversicherung:** Die gesetzliche Unfallversicherung (Berufsgenossenschaft) tritt nur bei Unfällen am Arbeitsplatz, bei Wegeunfällen und Berufskrankheiten ein. Der Schutz der privaten Unfallversicherung umfasst hingegen alle Unfälle des täglichen Lebens, deckt also das Berufs- und das Freizeitrisiko ab. Die Versicherung kann als Einzelversicherung und als Gruppenversicherung abgeschlossen werden.

**Private Pflegeversicherung:** Privat Krankenversicherte sind verpflichtet, eine private Pflegeversicherung abzuschließen. Die Leistungen umfassen die häusliche und stationäre Pflege und weitere Leistungen.

**Private Altersvorsorge:** Sie ist die wichtigste Ergänzung zur gesetzlichen Rentenversicherung. Die wichtigsten Formen hierbei sind Lebensversicherungen, private Rentenversicherungen, Banksparpläne und Investmentfonds.
Unter **„Riester-Rente"** versteht man die zum 01.01.2002 eingeführte zusätzliche Altersvorsorge, die aus allgemeinen Steuermitteln durch Zulagen und ggf. Steuervorteile gefördert wird. Benannt wurde sie durch den bei Einführung der „Riester-Rente" amtierenden Bundesminister für Arbeit und Sozialordnung Walter Riester.
Die Förderung ist auf Personenkreise beschränkt, die in erster Linie einem System der Altersvorsorge angehören, dessen Leistungsniveau in Zukunft abgesenkt wird. Hierzu gehören in erster Linie Versicherte in der gesetzlichen Rentenversicherung und Beamte.
Gefördert wird die zusätzliche Altersvorsorge, die für eine lebenslange Absicherung regelmäßige Zahlungen in monatlichen Raten vorsieht (Rentenversicherungsverträge oder Auszahlungsplan mit Restverrentung). Gefördert werden auch verschiedene Durchführungswege der betrieblichen Altersversorgung.

**Die wichtigsten Punkte der Riester-Rente im Überblick:**

- Private und betriebliche Altersvorsorge können durch staatliche Zulagen oder Steuerfreiheit gefördert werden.
- Die Teilnahme ist freiwillig. Es besteht keine Verpflichtung zur privaten Altersvorsorge und auch keine Verpflichtung, die staatliche Förderung in Anspruch zu nehmen.
- Bei Eheleuten kann jeder Ehepartner einen eigenen Versorgungsanspruch mit der staatlichen Förderung aufbauen. Wer nicht selbst förderungsberechtigt ist, erhält die Förderung, wenn der Ehepartner zum geförderten Personenkreis gehört.
- Um eine Förderung zu erhalten, müssen bestimmte Mindestbeiträge selbst gezahlt werden.
- Die Beiträge für die zusätzliche Altersversorgung können als Sonderausgaben in der Einkommensteuererklärung angesetzt werden. Das Finanzamt prüft automatisch, ob dies für den Steuerpflichtigen günstiger ist als die Zulagen.
- Die Vergünstigungen werden unter bestimmten Voraussetzungen auch für Aufwendungen zur betrieblichen Altersvorsorge im Rahmen von Pensionskasse, Direktversicherung und Pensionsfonds gewährt. Alternativ gibt es hier (außer bei der Direktversicherung) die Möglichkeit, steuer- und sozialabgabenfreie Zahlungen – also aus dem Bruttoentgelt – zu leisten.

- Wird eine Förderung in Anspruch genommen, sind die darauf beruhenden späteren Rentenzahlungen einkommensteuerpflichtig.

Mietfreies Wohnen im Alter soll der neue „Wohn-Riester" ermöglichen. Hierbei handelt es sich um eine Eigenheimrente. Wer mit einem Riester-Vertrag privat für sein Alter vorsorgt, kann das angesparte Geld komplett entnehmen und damit eine Immobilie kaufen oder bauen.

**Lebensversicherung:** Die Lebensversicherung ist eine der wichtigsten Versicherungen des selbstständigen Kaufmanns, da sie seine Familie gegen den Tod des Ernährers versichert und ihm selbst bei Eintritt des Versicherungsfalls durch Auszahlung der Versicherungssumme oder Zahlung einer Rente Sicherheit gewährt.

## Sachversicherungen

Die Sachversicherung deckt Schäden, die der Versicherungsnehmer durch Verlust oder Beschädigung einer Sache infolge von Feuer, Wasser, Einbruch o.Ä. erleiden kann.
Die Leistungen richten sich nach dem tatsächlich entstandenen Schaden. Der **Versicherungswert**, d.h. der tatsächliche Wert (Zeitwert) oder der Wiederbeschaffungswert (Neuwert), soll der vereinbarten **Versicherungssumme** entsprechen.

**Feuerversicherung:** Sie deckt Schäden, die durch Brand, Blitzschlag oder Explosion verursacht werden. Auch die unmittelbaren Folgeschäden wie Rettungskosten, Schäden durch Löschen, Rauch, Ruß usw. sind abgedeckt. Ein Schwelbrand, bei dem keine Flamme sichtbar wird, ist kein Brand und fällt i.d.R. **nicht** unter den Schutz der Feuerversicherung.

**Leitungswasserversicherung:** Sie deckt Schäden, die „durch den bestimmungswidrigen Austritt von Leitungswasser" verursacht werden.
Beispiel *Durch einen Rohrbruch wird das Lager der Medi@ AG unter Wasser gesetzt.*

Schäden, die durch Regen-, Grund- oder Hochwasser verursacht sind, fallen nicht unter den Schutz der Leitungswasserversicherung.

**Einbruchdiebstahlversicherung:** Sie deckt Schäden, die durch Einbruchdiebstahl verursacht sind. Ein Einbruch liegt vor, wenn ein Dieb in ein Gebäude gewaltsam einbricht, es mit falschen Schlüsseln öffnet oder sich einschließen lässt. **Nicht** versichert ist der Diebstahl durch Angestellte während der Arbeitszeit.

**Schwachstromanlagenversicherung:** Die im Unternehmen vorhandene Hardware kann im Rahmen einer Schwachstromanlagenversicherung (gegebenenfalls in Verbindung mit einer Datenträgerversicherung) gegen Wasser, Feuchtigkeit, Kurzschluss, aber auch Bedienungsfehler versichert werden.
Beispiel *Dr. Sommer entscheidet sich aufgrund der Höhe der Versicherungsprämie gegen den Abschluss einer Schwachstromanlagenversicherung und lässt stattdessen einen Überspannungsschutz einbauen.*

**Transportversicherung:** Frachtführer können ihr Transportrisiko durch diese Versicherung abdecken. Nicht versichert sind Schäden infolge unsachgemäßer Verpackung und solche Schäden, mit denen schon vor dem Transport zu rechnen war.

Bei allen genannten Versicherungen **muss die Versicherungssumme dem Versicherungswert entsprechen**. Ist die Versicherungssumme kleiner als der Versicherungswert, liegt eine **Unterversicherung** vor und Schäden werden nur anteilig ersetzt. Bei einer **Überversicherung** wird nur der tatsächliche Versicherungswert ersetzt.
Beispiel *Die Medi@ AG versichert ihr Warenlager im Rahmen einer Einbruchdiebstahlversicherung. Der Wert des Lagers beträgt laut Inventur 198 200,00 EUR, die Versicherungssumme 99 100,00 EUR. Eines Nachts wird bei der Medi@ AG eingebrochen und es werden Waren im Wert von 20 000,00 EUR entwendet. Herr Dr. Sommer ruft die Versicherung an und diese macht zu seiner Überraschung fol-*

*gende Rechnung auf: Da die Versicherungssumme nur 50 % des Versicherungswertes ausmachte, ist die Medi@ AG zu 50 % unterversichert und bekommt Schäden auch nur zu 50 % vergütet. Die Versicherung zahlt im vorliegenden Fall demnach 10 000,00 EUR.*

## ● Vermögensversicherungen

Die Vermögensversicherung deckt Schäden, die der Versicherungsnehmer durch Schadenersatzforderungen Dritter, Forderungsausfall, Betriebsunterbrechung o. Ä. an seinem Vermögen erleiden kann.

**Haftpflichtversicherung**
§ 823 Abs. 1 BGB

*Wer vorsätzlich oder fahrlässig das Leben, den Körper, die Gesundheit, die Freiheit, das Eigentum oder ein sonstiges Recht eines anderen widerrechtlich verletzt, ist dem anderen zum Ersatz des daraus entstehenden Schadens verpflichtet.*

Die **Betriebshaftpflichtversicherung** deckt alle Schadenersatzansprüche ab, die gegen den Inhaber eines Unternehmens, seine gesetzlichen Vertreter oder sonstige Betriebsangehörige geltend gemacht werden.
Beispiel *Ein Kunde rutscht im Winter auf dem Hof der Medi@ AG aus und bricht sich den Arm. Die Medi@ AG ist schadenersatzpflichtig. Den entstandenen Schaden deckt die Betriebshaftpflichtversicherung ab.*

**Kreditversicherung:** Die Kreditversicherung deckt Schäden, die durch den Ausfall von Forderungen verursacht werden. Dies kann z. B. bei Verkauf von Waren auf Ziel oder bei Teilzahlungsgeschäften der Fall sein.
Beispiel *Die Buchhandlung Medi@Point GmbH & Co. KG liefert an einen Großkunden Bücher im Wert von 25 000,00 EUR mit einem Zahlungsziel von 90 Tagen. Thomas Müller schließt über die Summe eine Kreditversicherung ab.*

**Betriebsunterbrechungsversicherung:** Sie deckt Vermögensschäden, die durch eine Unterbrechung des Geschäftsbetriebes infolge von Brand oder Ausfall von Anlagevermögensgegenständen, z. B. einer Maschine, entstehen. Versichert sind der Gewinnausfall und alle fortlaufenden Kosten, z. B. Löhne und Gehälter.

**Firmen-Rechtsschutzversicherung:** Sie schützt Unternehmer und Angestellte bei rechtlichen Auseinandersetzungen, die sich aus ihrer Berufstätigkeit ergeben. Ersetzt werden z. B. Anwalts- und Gerichtskosten.

***Individualversicherungen***

**Individualversicherungen**

| Personenversicherungen | Sachversicherungen | Vermögensversicherungen |
| --- | --- | --- |
| • Private Krankenversicherung<br>• Private Unfallversicherung<br>• Private Pflegeversicherung<br>• Lebensversicherung | • Feuerversicherung<br>• Leitungswasserversicherung<br>• Einbruchdiebstahlversicherung<br>• Schwachstromanlagenversicherung<br>• Transportversicherung | • Haftpflichtversicherung<br>• Kreditversicherung<br>• Betriebsunterbrechungsversicherung<br>• Rechtsschutzversicherung |

## Aufgaben

1 Stellen Sie fest, welcher der unten stehenden Sachverhalte durch
1. eine Sachversicherung, 2. eine Haftpflichtversicherung, 3. keine dieser Versicherungsarten abgesichert werden kann.
a) Verluste infolge Forderungsausfalls
b) Leitungswasserschaden infolge eines Rohrbruchs
c) Wasserschaden infolge eines Hochwassers
d) Gegen den Unternehmer geltend gemachter Personenschaden infolge eines Unfalls im Geschäft
e) Kosten eines Kündigungsschutzprozesses
f) Diebstahl durch eigene Angestellte während der Arbeitszeit
g) Ladendiebstahl in der Buchhandlung

2 Stellen Sie fest, welche der unten stehenden Versicherungen
1. Sachversicherungen sind,
2. Vermögensversicherungen sind.
a) Glasversicherung
b) Rechtsschutzversicherung
c) Haftpflichtversicherung
d) Betriebsunterbrechungsversicherung
e) Einbruchdiebstahlversicherung
f) Feuerversicherung
g) Kreditversicherung

3 Prüfen Sie in den nachfolgenden Fällen, durch welche Versicherung Versicherungsschutz bestehen könnte:
a) Ein Kunde lässt sich in einem Warenhaus einschließen. Er bricht eine Vitrine auf, entwendet einen Computer und entwischt durch einen Notausgang.
b) Die Kölner Altstadt wird im Frühjahr durch ein Rhein-Hochwasser überflutet. Im Lager eines Kaufmanns entsteht ein Wasserschaden in Höhe von 150 000,00 EUR.
c) Aufgrund eines Kurzschlusses nimmt die EDV-Anlage eines Unternehmens Schaden.
d) Geschäftsführer Stein bricht sich bei einem Squash-Turnier ein Bein.
e) Ein Kunde stürzt im Eingangsbereich der Medi@ AG über die Fußmatte und verletzt sich.
f) Ein Großkunde wird insolvent und kann die Rechnung über 75 000,00 EUR nicht begleichen.
g) Der Auszubildende Fritz stößt einen Kistenstapel um, dadurch wird eine Scheibe zertrümmert.

## 8.2.2 Sozialversicherung

„Wenn die Beiträge zur Sozialversicherung weiter so steigen", sagt Dr. Sommer zu Dr. Prutsch, „wird der Wirtschaftsstandort Deutschland ernsthaft gefährdet." „Wie hoch ist eigentlich der Beitrag zur Sozialversicherung?", fragt Diana Feld, die das Gespräch ihrer Vorgesetzten mitgehört hat, ihre Ausbilderin, Frau Hellmann-Berghäuser. „Die Sozialversicherung als eigenständige Versicherung gibt es nicht", erwidert Frau Hellmann-Berghäuser. „Sie ist ein Sammelbegriff für fünf eigenständige Versicherungen, die Arbeitnehmer gegen das Risiko von Alter, Arbeitslosigkeit, Krankheit, Unfall am Arbeitsplatz und Pflegebedürftigkeit versichern. Und die Höhe der Beiträge können Sie anhand der Beitragssätze und der Beitragsbemessungsgrenzen selbst ermitteln!"

### Arbeitsaufträge

- Verschaffen Sie sich einen Überblick über die Zweige der Sozialversicherung.
- Ermitteln Sie die Höhe der Beiträge und stellen Sie diese den Leistungen gegenüber.
- Stellen Sie fest, welcher Zusammenhang zwischen der Höhe der Beiträge zur Sozialversicherung und dem „Wirtschaftsstandort Deutschland" besteht.

## Sozialversicherung

Der Ursprung der Sozialversicherung liegt im vorletzten Jahrhundert. Als Folge der fortschreitenden Industrialisierung und der damit einhergehenden Verelendung der Arbeiter in den Städten kam es zu Unzufriedenheit und Unruhe. Als Reaktion darauf formulierte **Otto von Bismarck** 1881 den Rechtsanspruch der Arbeiter auf Leistungen bei Krankheit, Invalidität und materieller Not im Alter. Per Gesetz entstanden daraufhin 1883 die Krankenversicherung, 1884 die Unfallversicherung und 1889 die Invaliditäts- und Alterssicherung. 1927 folgte die Arbeitslosenversicherung und 1995 die Pflegeversicherung.

In der Sozialversicherung sind alle Arbeiter und Angestellten **pflichtversichert**. Die Beiträge werden, abgesehen von geringfügig Beschäftigten, je zur Hälfte von Arbeitgeber und Arbeitnehmer getragen. Für die geringfügig Beschäftigten führt der Arbeitgeber pauschal 30 % an die Bundesknappschaft/Verwaltungsstelle Cottbus ab.
Beispiel *Geringfügig beschäftigt sind Arbeitnehmer, deren monatliche Entlohnung 400,00 EUR nicht übersteigt. Der Arbeitgeber zahlt pauschal 30 %, davon 13 % Krankenversicherung, 15 % Rentenversicherung und 2 % Lohnsteuer.*

Zur Berechnung der Beiträge zur Sozialversicherung legt der Gesetzgeber jährlich Beitragsbemessungsgrenzen fest. Die Beitragsbemessungsgrenzen erhöhen sich entsprechend der Lohn- und Gehaltsentwicklung von Jahr zu Jahr. Oberhalb dieser Grenzen werden Löhne und Gehälter nicht mit Beiträgen belastet.
Beispiel *Thomas Müller erhält als Geschäftsführer der Buchhandlung Medi@Point GmbH & Co. KG ein Gehalt von 5 412,00 EUR. Die Beitragsbemessungsgrenze zur Krankenversicherung beträgt 3 675,00 EUR (2009). Die Beiträge zur Krankenversicherung werden auf der Basis von 3 675,00 EUR berechnet, das Einkommen oberhalb der Grenze bleibt beitragsfrei.*

Die Versicherungsleistungen der Sozialversicherungen werden grundsätzlich aus den Beitragseinnahmen des jeweiligen Versicherungsjahres im **Umlageverfahren** finanziert. Eine Kapitalbildung wie bei den Individualversicherungen findet hier nicht statt.
Beispiel *Die Renten der Gegenwart zahlen die Arbeitnehmer. Diese erhalten ihre Rente von den dann berufstätigen Arbeitnehmern.*

Für die Rentenversicherung bedeutet dies, dass die im Beruf stehenden Arbeitnehmer mit ihren Beiträgen die Renten der jeweiligen Rentnergeneration zahlen. Diese Vereinbarung wird auch als **Generationenvertrag** bezeichnet. Probleme bei dieser Art der Finanzierung ergeben sich, wenn die Zahl der Rentner gegenüber den Beitragszahlern überproportional steigt.

Durch jährliche Rentenanpassungsgesetze wird die Rente der allgemeinen Entwicklung der Nettolöhne angepasst. Durch diese **Dynamisierung der Rente** wird sichergestellt, dass die Rentenempfänger an der Erhöhung des Lebensstandards teilnehmen.

Die Krankenkassenbeiträge der Versicherten fließen seit dem 1. Januar 2009 in den **Gesundheitsfond**, aus dem das Geld an die einzelnen Krankenkassen verteilt wird.
Jede Krankenkasse erhält so viel Geld, wie sie objektiv braucht. Das Fachwort für diese Aufteilung lautet „morbiditätsorientierter Risikostrukturausgleich". Der Begriff „Morbidität" kommt vom lateinischen Wort „morbidus" und kann mit „krank" übersetzt werden.
Gemeint ist also Folgendes: Die Kasse mit mehr kranken Mitgliedern bekommt mehr Geld als diejenige, in der junge, gesunde Menschen versichert sind. Damit ändern sich auch die bisher üblichen unterschiedlichen Beitragssätze zur Krankenversicherung. Wie bei der Renten-, Arbeitslosen- und der Pflegeversicherung gilt: Ein Beitragssatz für alle.

| Rentenversicherung | |
|---|---|
| **Aufgabe** | • Zahlung von Renten im Alter (Altersruhegeld) ab 65 Jahre, flexibles Altersruhegeld ab 63 Jahre<br>• Erhalt, Verbesserung und Wiederherstellung der Erwerbsfähigkeit<br>• Renten für Hinterbliebene |
| **Träger** | • Deutsche Rentenversicherung |
| **Versicherungspflicht** | • Alle gegen Entgelt beschäftigten Arbeiter, Angestellten, Auszubildenden<br>• Wehr- und Ersatzdienstleistende<br>• Selbstständige auf Antrag |
| **Leistungen** | • Altersruhegeld ab Vollendung des 65. Lebensjahres<br>Zwischen 2012 und 2029 steigt das gesetzliche Renteneintrittsalter schrittweise von 65 auf 67 Jahre<br>• Flexibles Altersruhegeld ab 63 Jahren<br>• vorzeitiges Altersruhegeld ab 60 Jahren für Frauen und Arbeitslose, die die Wartezeit von 15 Jahren erfüllt haben und innerhalb der letzten 10 Jahre vor Rentenbeginn mindestens 8 Jahre Pflichtbeiträge gezahlt haben.<br>• Erwerbsminderungsrente<br>• Maßnahmen der Rehabilitation |
| **Beitrag** | • 19,9 % (2009)<br>• Arbeitgeber und Arbeitnehmer zahlen je die Hälfte |
| **Beitragsbemessungsgrenze** | • 5 400,00 (4 550,00)[1] EUR/monatlich (2009) |

| Krankenversicherung | |
|---|---|
| **Aufgabe** | • Übernahme von Risiken, die aufgrund von Krankheiten entstehen |
| **Träger** | • AOK, Ersatzkassen, Betriebs- und Innungskrankenkassen |
| **Versicherungspflicht** | • Arbeiter und Angestellte, wenn ihr regelmäßiges Arbeitsentgelt die Jahresarbeitsentgeltgrenze nicht übersteigt (2009: 48 600,00 EUR)<br>• Auszubildende, Arbeitslose, wenn sie Leistungen von der Bundesagentur für Arbeit beziehen, Rentner |
| **Leistungen** | • Vorsorgeuntersuchungen<br>• Ärztliche und zahnärztliche Beratung, Untersuchung und Behandlung<br>• Verordnungsfähige Arznei- und Verbandmittel<br>• Heil- und Hilfsmittel<br>• Krankenhausbehandlung<br>• Krankengeld (ab der 7. Woche 70 % des Bruttoentgelts) |
| **Beitrag** | • Einheitlicher Satz von 14,9 % (2009) inkl. Sonderbeitrag der Arbeitnehmer<br>• Arbeitgeber und Arbeitnehmer zahlen je die Hälfte<br>• Arbeitnehmer zahlen einen Sonderbeitrag von 0,9 % für Zahnersatz und Krankengeld |
| **Beitragsbemessungsgrenze** | • 3 675,00 EUR/monatlich (2009) |

[1] Die Werte in Klammern gelten für die neuen Bundesländer einschließlich Ostberlin.

| Arbeitslosenversicherung | |
|---|---|
| **Aufgabe** | • Erreichung und Erhalt eines hohen Beschäftigungsstandes<br>• Hilfe bei Arbeitslosigkeit |
| **Träger** | • Bundesagentur für Arbeit, Nürnberg, und Agenturen für Arbeit |
| **Versicherungspflicht** | • Alle gegen Entgelt beschäftigten Arbeitnehmer, Auszubildende, Wehr- und Ersatzdienstleistende |
| **Leistungen** | • Förderung der beruflichen Bildung durch Ausbildung, Fortbildung, Umschulung<br>• Förderung der Arbeitsaufnahme<br>• Berufliche Rehabilitation<br>• Kurzarbeitergeld<br>• Arbeitslosengeld I (60 % des durchschnittlichen Nettoentgelts ohne Kind, 67 % mit Kind) und Arbeitslosengeld II, das der Sozialhilfe entspricht<br>• Berufsberatung und Arbeitsvermittlung |
| **Beitrag** | • 2,8 % (2009)<br>• Arbeitgeber und Arbeitnehmer zahlen je die Hälfte |
| **Beitragsbemessungsgrenze** | • 5 400,00 (4 550,00) EUR/monatlich (2009) |

| Pflegeversicherung | |
|---|---|
| **Aufgabe** | • Soziale Absicherung des Risikos der Pflegebedürftigkeit |
| **Träger** | • Pflegekassen bei den gesetzlichen Krankenkassen |
| **Versicherungspflicht** | • Alle pflichtversicherten und freiwillig versicherten Mitglieder der gesetzlichen Krankenkassen<br>• Privat Versicherte müssen eine private Pflegeversicherung abschließen |
| **Leistungen** | • Nach drei Pflegestufen je nach Pflegebedürftigkeit gestaffelt |
| **Beitrag** | • 1,95 % (2009)<br>• Arbeitgeber und Arbeitnehmer zahlen je die Hälfte, wenn das Bundesland zur Finanzierung der Pflegeversicherung einen Feiertag abgeschafft hat<br>• Kinderlose zahlen ab dem 23. Lebensjahr bis zum 64. Lebensjahr einen um 0,25 % höheren Betrag |
| **Beitragsbemessungsgrenze** | • 3 675,00 EUR/monatlich (2009) |

| Unfallversicherung | |
|---|---|
| **Aufgabe** | • Übernahme von Risiken, die aufgrund von Arbeitsunfällen, Wegeunfällen oder Berufskrankheiten entstehen<br>• Erlass und Überwachung von Unfallverhütungsvorschriften |
| **Träger** | • Berufsgenossenschaften |
| **Versicherungspflicht** | • Alle Beschäftigten |

| | |
|---|---|
| **Leistungen** | • Heilbehandlung nach einem Unfall<br>• Maßnahmen der Rehabilitation<br>• Übergangsgeld während der Rehabilitation<br>• Verletztenrente und Hinterbliebenenrente<br>• Berufsberatung und Arbeitsvermittlung |
| **Beitrag** | • Beitragshöhe ist abhängig von der Gefahrenklasse<br>• Arbeitgeber zahlt allein |

***Sozialversicherung***

- *Die **Sozialversicherungsbeiträge** zur Kranken-, Renten-, Pflege- und Arbeitslosenversicherung werden je zur Hälfte vom Arbeitgeber und Arbeitnehmer getragen.*
- *Bei der **Krankenversicherung** zahlen Arbeitnehmer einen Sonderbeitrag für Zahnersatz und Krankengeld, bei der **Pflegeversicherung** zahlen Kinderlose zwischen dem 23. und 64. Lebensjahr einen Sonderbeitrag.*
- *Die **Beiträge zur Unfallversicherung** trägt der Arbeitgeber allein.*

## Aufgaben

1 Erläutern Sie, wer in der Rentenversicherung pflichtversichert ist.

2 Abteilungsleiter Thomas Gebauer, 64 Jahre alt, verdient 5 900,00 EUR monatlich. Er möchte aus der gesetzlichen Rentenversicherung austreten und eine private Lebensversicherung abschließen.
   a) Begründen Sie, ob dies zulässig ist.
   b) Wie hoch ist der Beitrag, den Gebauer monatlich an die Rentenversicherung zahlen muss?
   c) Berechnen Sie die Beiträge zur Sozialversicherung, die Gebauer insgesamt zahlen muss.

3 Erläutern Sie, wer in der gesetzlichen Krankenversicherung pflichtversichert ist.

4 Prokurist Müller hat ein Jahreseinkommen von 52 000,00 EUR. Der Beitrag zur Krankenversicherung beträgt 14,9 % inkl. 0,9 % Sonderbeitrag des Arbeitnehmers.
   a) Begründen Sie, ob er die gesetzliche Krankenversicherung verlassen kann.
   b) Errechnen Sie, wie hoch Müllers Monatsbeitrag ist, falls er sich entschließt, in der gesetzlichen Krankenversicherung zu verbleiben.

5 Erläutern Sie sieben Leistungen der Arbeitslosenversicherung.

6 Margret Müller ist arbeitslos geworden. Nach zwölf Jahren Betriebszugehörigkeit hat man ihr gekündigt. Sie ist ledig und hat eine 15-jährige Tochter. In den letzten Monaten hatte sie ein Durchschnittsgehalt von 1 400,00 EUR monatlich. Berechnen Sie das Margret Müller zustehende Arbeitslosengeld.

7 Frau Weber, Ehefrau des Inhabers einer Buchhandlung, arbeitet an den langen Donnerstagen und am Samstag im Betrieb mit. Begründen Sie, ob Frau Weber gegen Unfälle im Rahmen der gesetzlichen Unfallversicherung versichert ist.

8 Ein Kunde verletzt sich in einer Geschäftsstelle der Medi@ AG. Begründen Sie, ob die gesetzliche Unfallversicherung für den Schaden aufkommen muss.

9 Diskutieren Sie die Notwendigkeit der sozialen Pflegeversicherung.

## Wiederholungsaufgaben

Diana Feld hat eine eigene Wohnung. Durch Vermittlung ihrer Freundin Helga hat sie eine kleine Zwei-Zimmer-Wohnung am Stadtrand mieten können. Zusammen mit ihrem Freund Jan hat sie die Wohnung renoviert und ihr Vater hat den Umzug organisiert.

Eine Woche nach dem Umzug klingelt es bei Diana, und ein Vertreter der Versicherungs AG steht vor der Tür. Er erzählt Diana eine Menge über Risiken und deren Absicherung, die Risiken des täglichen Lebens, den bestimmungswidrigen Austritt von Leitungswasser und vieles mehr. Als das Gespräch zu Ende ist, schwirrt Diana der Kopf. Grundsätzlich ist auch sie der Meinung, dass sie sich und ihre Wohnung gegen Risiken versichern muss, aber als angehende Kauffrau ist sie gewohnt, Entscheidungen abzuwägen und zunächst Kosten und Nutzen gegenüberzustellen. Sie sollen Diana Feld bei dieser Arbeit helfen.

1 Bilden Sie zunächst drei Gruppen. Eine Gruppe erarbeitet die Personenversicherungen, eine Gruppe die Sachversicherungen und eine Gruppe die Vermögensversicherungen.

2 Setzen Sie sich in den Gruppen zusammen. Lesen Sie die Ausführungen zu der von Ihnen gewählten Versicherungsgruppe im Lehrbuch nach! (Seiten 429 ff.)

3 Erstellen Sie eine Liste aller möglichen Versicherungen Ihrer Versicherungsgruppe, die Diana Feld als Privatperson abschließen könnte.

4 Diskutieren Sie, welche Versicherungen Ihrer Versicherungsgruppe für eine Auszubildende im dritten Lehrjahr mit eigenem Hausstand sinnvoll sind.

5 Wählen Sie eine/-n Gruppensprecher/-in, der/die die möglichen Versicherungen Ihrer Gruppe erläutert und anschließend die von Ihnen getroffene Auswahl begründet.

## Prüfungsaufgaben

1 Stellen Sie fest, ob unten stehende Schadensfälle von
   a) einer Sachversicherung,
   b) einer Haftpflichtversicherung,
   c) keiner der Versicherungen
   abgesichert werden können.

   1. Schäden, die aufgrund einer Unterbrechung des Geschäftsbetriebes entstehen.
   2. Verluste infolge von Zahlungsunfähigkeit eines Kunden.
   3. Gegen einen Unternehmer von einem Kunden geltend gemachter Personenschaden infolge eines Unfalls im Verkaufsraum.
   4. Verluste durch Fehlinvestitionen in eine neue Filiale.

2 Welche der nachfolgenden Aussagen über die Schadensbegleichung bei der Sachversicherung ist zutreffend?
   a) Im Falle einer Unterversicherung von 70 % werden Schäden nur zu 30 % ersetzt.
   b) Im Falle der Überversicherung von 130 % werden Schäden zu 130 % ersetzt.
   c) Im Falle der Unterversicherung von 70 % werden Schäden nur zu 70 % ersetzt.

3 Vervollständigen Sie die unten stehenden Sätze durch Einsetzen der folgenden Begriffe zu richtigen Aussagen.
   Begriffe:
   a) Einkommensteuer    c) Umsatzsteuer
   b) Gewerbesteuer    d) Körperschaftsteuer

   1. Die Einnahmen aus der ... stehen den Gemeinden zu.
   2. Die ... stellt für den Unternehmer einen durchlaufenden Posten dar.
   3. Die ... ist die Einkommensteuer der juristischen Person.
   4. Zahlt der Unternehmer die ... durch Überweisung von seinem betrieblichen Bankkonto, so lautet der Buchungssatz „Privat an Bank“.
   5. Die ... ist in jedem Fall als Kosten buchhalterisch zu erfassen.

4 Welche der nachfolgenden Aussagen über die Steuern der Unternehmung sind richtig?
   a) Eine Erhöhung der Umsatzsteuer führt in jedem Fall zu einer Kostensteigerung beim Unternehmer.

b) Der Unternehmer zieht von der einbehaltenen Umsatzsteuer die gezahlte Vorsteuer ab. Nur die Differenz muss er als Zahllast an das Finanzamt abführen.
c) Da der Einzelhandelsbetrieb kein Produktionsbetrieb ist, ist er von der Gewerbesteuer befreit.

5 In welche Steuerklasse werden die nachfolgenden Personen eingestuft?
a) Abteilungsleiter, alleinerziehend, ein Kind
b) Sekretärin, ledig, keine Kinder
c) Abteilungsleiterin, verheiratet, der Ehegatte ist in Steuerklasse III eingestuft
d) Kaufmännische Angestellte, verheiratet, der Ehegatte ist in Steuerklasse IV eingestuft
e) Abteilungsleiter, verheiratet, die Ehefrau bezieht keinen Arbeitslohn

6 Bei welcher der nachfolgenden Ausgaben handelt es sich um Werbungskosten?
a) Kosten einer Fortbildung im ausgeübten Beruf
b) Fahrtkosten zur Arbeitsstelle
c) Kauf eines Sakkos, das i. d. R. im Betrieb getragen wird
d) Sozialversicherungsbeiträge
e) Spende an Greenpeace
f) Gewerkschaftsbeitrag

7 Vervollständigen Sie die unten stehenden Satzteile durch Einsetzen der folgenden Begriffe zu richtigen Aussagen über die Lohn- bzw. Gehaltsabrechnung:
a) Steuerfreibetrag
b) Arbeitnehmersparzulage
c) Arbeitgeberanteil zu vermögenswirksamen Leistungen
d) Lohnsteuer
e) Kirchensteuer
f) Sozialversicherungsbeitrag

Der/die
1. ... ist die Berechnungsgrundlage für die Ermittlung der Kirchensteuer.
2. ... erhöht das sozialversicherungspflichtige Bruttogehalt.
3. ... wird vom zuständigen Finanzamt auf der Lohnsteuerkarte eingetragen.
4. ... wird im Abzugsverfahren erhoben.
5. ... ist eine direkte Steuer.

8 Was versteht man unter „dynamischer Rente"?
a) Die Anpassung der Renten an die Inflationsrate.
b) Die jährliche Erhöhung der Renten in Abhängigkeit vom Lebensalter der Rentner.
c) Die Anpassung der Renten an die Einnahmen der Rentenversicherungsträger.
d) Die Anpassung der Renten an die Einkommensentwicklung der Arbeiter und Angestellten.

9 Welche Steuerart gehört zu den indirekten Steuern?
a) Einkommensteuer
b) Grundsteuer
c) Mineralölsteuer
d) Kfz-Steuer

10 Welche Aussage zur Umsatzsteuer ist richtig?
a) Die Umsatzsteuer ist eine Bundessteuer, weil sie ausschließlich dem Bund zufließt.
b) Die Umsatzsteuer ist eine Betriebssteuer, weil sie als Betriebsausgabe den Gewinn mindert.
c) Die Umsatzsteuer ist eine Gemeindesteuer, weil das Steueraufkommen den Gemeinden zufließt.
d) Die Umsatzsteuer ist eine direkte Steuer, weil der Steuerzahler zugleich der Steuerträger ist.

11 Sie sind mit der Abführung der Sozialversicherungsbeiträge beauftragt worden. An wen muss der Arbeitgeber die Sozialversicherungsbeiträge mit Ausnahme der Unfallversicherung abführen?
a) immer an die Allgemeine Ortskrankenkasse
b) jeweils an die zuständige Krankenkasse
c) an die Landesversicherungsanstalt
d) an die Deutsche Rentenversicherung
e) an die Gemeindekasse

12 In welchen der folgenden Fälle ist
a) die gesetzliche Krankenkasse
b) die Bundesagentur für Arbeit
c) die Berufsgenossenschaft
d) die Deutsche Rentenversicherung
e) keiner der genannten Versicherungsträger zuständig?
1. Ein Arbeitsloser erhält Arbeitslosengeld.
2. Ein Arbeitnehmer erhält eine Rente aufgrund eines Wegeunfalls.
3. Ein Arbeitnehmer bezieht Rente aufgrund eines Lebensversicherungsvertrages.
4. Während einer sechswöchigen nicht berufsbedingten Krankheit erhält ein Arbeitnehmer weiterhin Gehalt.
5. Ein Arbeitnehmer erhält die vom Arzt verordneten Medikamente.

13 Welche der folgenden Aussagen treffen
a) nur auf die Krankenversicherung
b) sowohl auf die Rentenversicherung als auch auf die Arbeitslosenversicherung
c) auf alle oben genannten Sozialversicherungszweige zu?
1. Ein Angestellter ist in jedem Falle versicherungspflichtig.
2. Ist die Beitragsbemessungsgrenze erreicht, wird für das sie überschreitende Einkommen kein Beitrag erhoben.
3. Die Beiträge werden je zur Hälfte vom Arbeitgeber und Arbeitnehmer gezahlt.
4. Ein Angestellter mit einem monatlichen Bruttoeinkommen von 3 000,00 EUR muss sich versichern lassen.
5. Bei Erhöhung des Bruttogehalts eines Angestellten kann unter Umständen die Versicherungspflicht entfallen.

14 Durch einen Brandschaden werden die Geschäftsräume eines Unternehmers völlig zerstört. Der Wiederaufbau nimmt mehrere Monate in Anspruch. Der Kaufmann hat eine Feuerversicherung, eine Betriebshaftversicherung und eine Betriebsunterbrechungsversicherung abgeschlossen. Stellen Sie fest, welche der untenstehenden Schäden von
1. der Feuerversicherung,
2. der Betriebshaftpflichtversicherung
3. der Betriebsunterbrechungsversicherung
4. keiner der genannten Versicherungen zu regulieren sind.

Schäden:
a) Bau- und Instandsetzungskosten
b) Gewinneinbußen
c) Kosten des Rechtsstreites mit der Feuerversicherung über die Höhe der Versicherungsleistung
d) Lohn- und Gehaltsforderungen der Mitarbeiter für die Zeit der Beschäftigungslosigkeit zwischen Brandereignis und Wiedereröffnung

15 Kennzeichnen Sie die unten aufgeführten Versicherungen mit einer
1. wenn sie zu den Sachversicherungen,
2. wenn sie zu den Haftpflichtversicherungen
3. wenn sie weder zu den Sach- noch zu den Haftpflichtversicherungen gehören.
a) Lebensversicherung
b) private Krankenversicherung
c) Glasversicherung
d) Einbruchdiebstahlversicherung
e) Vollkaskofahrzeugversicherung
f) Feuerversicherung
g) Transportversicherung
h) Insassenunfallversicherung

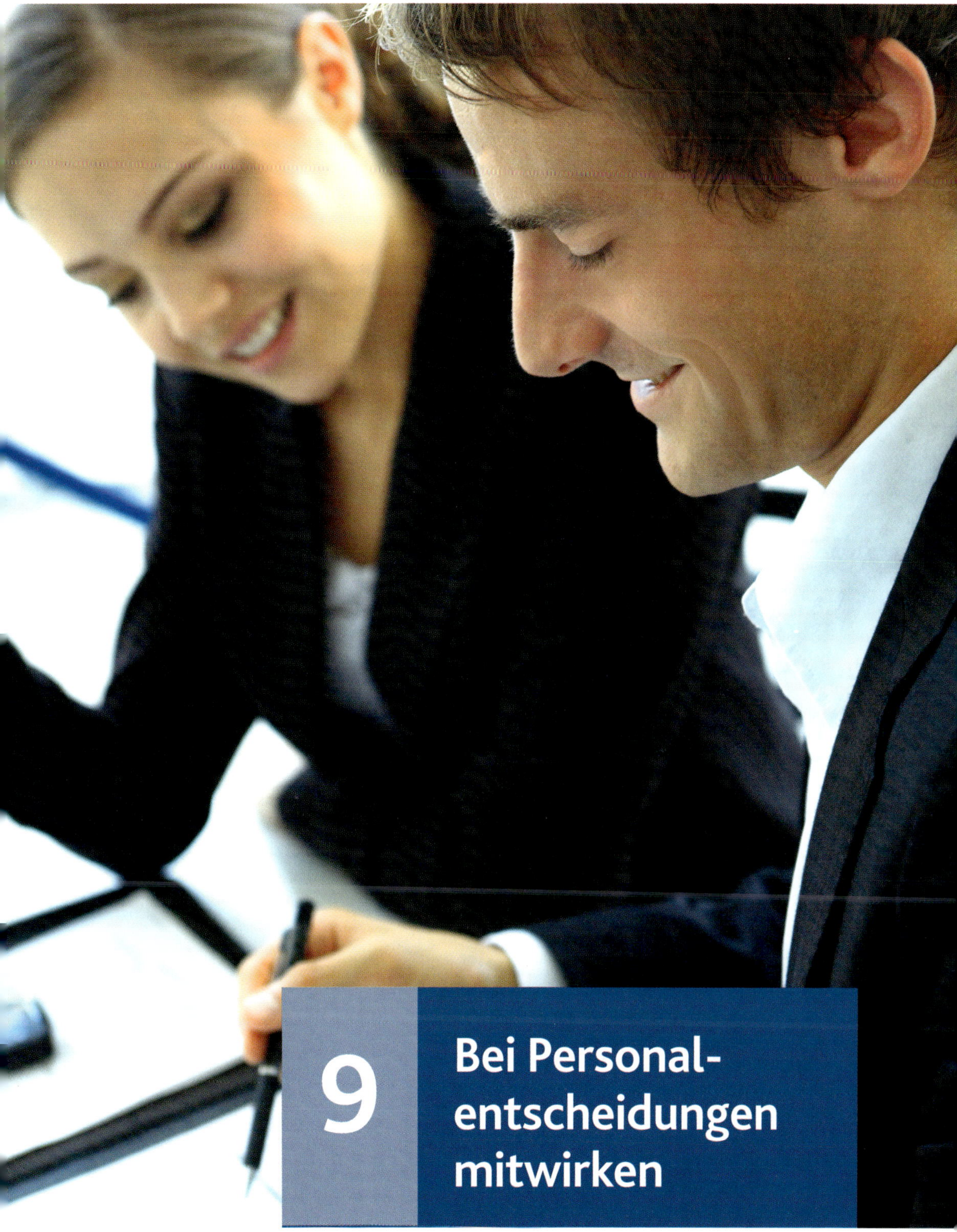

# 9 Bei Personalentscheidungen mitwirken

## 9.1 Personalbedarfsplanung

Frau Nolden, Mitarbeiterin der Abteilung Finanzbuchhaltung der Zentralabteilung der Medi@ AG, soll der Abteilungsleitung die Personalbedarfsplanung für das kommende Kalenderjahr vorlegen. Der Abteilung ist ein Soll-Personalbestand von sieben Vollzeitkräften zugewiesen worden. Frau Nolden weiß, dass eine Sachbearbeiterin in Rente geht und ihre Stellvertreterin zum Jahresende in Elternzeit geht. Zwei Sachbearbeiterinnen wollen nur noch halbtags arbeiten, da sie geheiratet haben. Als Personalzugänge sind ihr zwei neue Sachbearbeiterinnen angekündigt worden. Die Abteilung ist zurzeit mit sechs Vollzeitkräften besetzt. Als Hilfsmittel steht ihr der abgebildete Vordruck zur Verfügung.

| Personalbedarfsplan | Abteilung Finanzbuchhaltung |
|---|---|
| Ist-Personalbestand am Anfang des Jahres | |
| – voraussichtliche Personalabgänge | |
| + erwartete Personalzugänge | |
| = Zwischensumme | |
| Soll-Personalbestand | |
| Erforderlicher Personalbedarf/-abbau | |

### Arbeitsaufträge

- Stellen Sie Voraussetzungen und Möglichkeiten für die Inanspruchnahme von Elternzeit dar.
- Ermitteln Sie den Personalbedarf der Abteilung.

### Aufgaben der Personalwirtschaft

Vergleiche hierzu Seite 45

In der Volkswirtschaftslehre unterscheiden wir die Produktionsfaktoren **Arbeit, Boden (Natur) und Kapital**. Der Produktionsfaktor Arbeit und damit der Mensch steht hier als ein Produktionsfaktor gleichgewichtig neben anderen.

Vergleiche hierzu Seite 47

Die **Betriebswirtschaftslehre** gliedert die Produktionsfaktoren wie folgt:

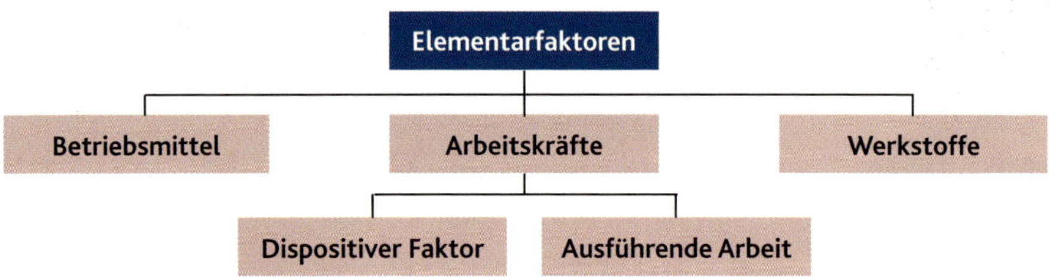


- Planung
- Kontrolle
- Organisation

Hier steht der Produktionsfaktor **Arbeit** und damit die Mitarbeiterinnen und Mitarbeiter im Mittelpunkt der Betrachtung. Die Versorgung eines Unternehmens mit qualifizierten und motivierten Mitarbeitern ist Aufgabe der Personalwirtschaft.

## Personalbedarfsplanung

Die **Personalbedarfsplanung** verfolgt den Zweck, den mittel- und langfristigen Personalbedarf eines Unternehmens quantitativ und qualitativ zu ermitteln, d. h., sie soll festlegen, wie viele Mitarbeiter mit welcher Qualifikation benötigt werden.

Dieser zukünftige Personalbedarf kann mithilfe der Stellenplanmethode oder der Kennzahlenmethode ermittelt werden.

Bei der **Stellenplanmethode** werden die benötigten Stellen (Stellenbestand) dem tatsächlichen Personalbestand gegenübergestellt.

| Stellenplan | | Personalabteilung | | |
|---|---|---|---|---|
| **Stellenart** | **Tarifgruppe** | **Personalbestand** | **Stellenbestand** | **Differenz** |
| Abteilungsleiter/-in | T4 | 1 | 1 | – |
| Stellvertr. Abteilungsleiter/-in | T3 | 1 | 1 | – |
| Sachbearbeiter/-in | T2 | 1 | 2 | –1 |

Im **Stellenbesetzungsplan** werden die verfügbaren Stellen den Mitarbeitern zugeordnet.

Bei der **Kennzahlenmethode** wird ebenfalls vom aktuellen Personalbestand ausgegangen. Dieser wird in Beziehung zu bestimmten betrieblichen Kennzahlen, wie z. B. Umsatz oder Zeitbedarf, gesetzt.

**Beispiele**

- *Eine Geschäftsstelle der Medi@ AG hat im vergangenen Jahr mit fünf Mitarbeitern einen Umsatz von 500 000,00 EUR erzielt. Für das kommende Geschäftsjahr ist eine Umsatzsteigerung von 15 % geplant. Bei unveränderten Bedingungen steigt der Personalbedarf ebenfalls um 15 %.*
- *In der Finanzbuchhaltung werden 1 500 Geschäftsfälle bearbeitet. Der Zeitbedarf pro Fall beträgt eine Stunde. Geht man von einer monatlichen Arbeitsstundenzahl pro kaufmännischem Mitarbeiter von 150 Stunden aus, werden 1 500 Arbeitsstunden : 150 Arbeitsstunden = 10 kaufmännische Mitarbeiter benötigt.*

Die Personalbedarfsplanung legt aber nicht nur die Zahl der Mitarbeiter fest, sondern auch deren erforderliche **Qualifikation**.

Hilfsmittel hierfür ist die **Stellenbeschreibung**, die alle wesentlichen Merkmale einer Stelle genau festlegt. Sie ermöglicht es der Personalabteilung, bei der Stellenbesetzung Qualifikation des Mitarbeiters und Anforderung der Stelle optimal aufeinander abzustimmen.

Inhalt einer Stellenbeschreibung sind u. a.

- Stellenbezeichnung
- Stellenziele
- Stellenvertretung
- Stelleneinordnung
- Stellenbefugnisse
- Stellenanforderungen
- Stellenaufgabe
- Stellenverantwortung

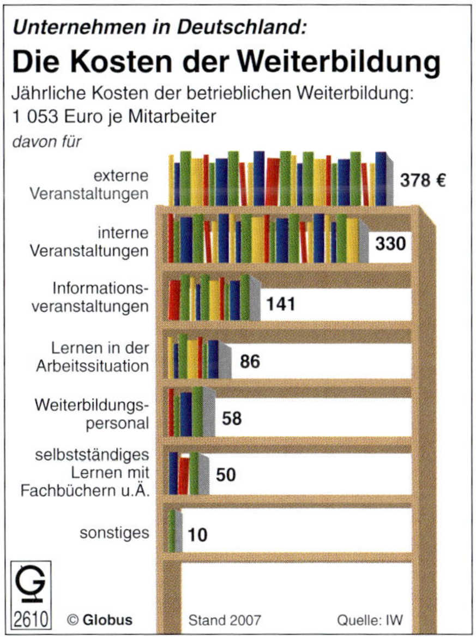

Beispiel

| Stellenbeschreibung | |
|---|---|
| Stellenbezeichnung: | Gruppenleiterin/-leiter der Abteilung Personalbeschaffung und -einsatz |
| Stelleneinordnung: | |
| • Unterstellung | Abteilungsleiter/-in Verwaltung |
| • Überstellung | Stellvertr. Leiterin/Leiter Personal<br>Sachbearbeiterin/Sachbearbeiter Personal |
| Stellenaufgabe: | Fachliche und disziplinarische Leitung der Personalabteilung |
| Stellenziele: | Personalplanung<br>Personalbeschaffung<br>Personalkostenberechnung |
| Stellenbefugnisse: | Handlungsvollmacht gemäß den Richtlinien für Gruppenleiter |
| Stellenverantwortung: | gemäß den Richtlinien für Gruppenleiter |
| Stellenvertretung: | stellvertretende(r) Gruppenleiterin/Gruppenleiter der Abteilung Personal |
| Stellenanforderungen: | |
| • Ausbildung | Kaufmannsgehilfenprüfung<br>Prüfung gemäß Ausbildereignungs-VO |
| • Erfahrung | Fünf Jahre Betriebszugehörigkeit<br>Fünf Jahre Tätigkeit im Personalbereich |
| • Kenntnisse | EDV-Anwendung im Personalwesen |

## ● Personaleinsatzplanung

Die Personaleinsatzplanung verfolgt den Zweck, **den kurzfristigen Personaleinsatz zu regeln**. Ziel ist es, unter Berücksichtigung der geplanten Produktion den wirtschaftlichen Einsatz der vorhandenen Mitarbeiter sicherzustellen.

Der **Personaleinsatzplan** enthält die Namen der Mitarbeiter, die Wochentage, den geplanten Einsatz und vorhersehbare Fehlzeiten wie Urlaub, Freizeitausgleich oder Berufsschultage. Oft ist noch eine Mindestbesetzung vorgegeben.

Beispiel *Ellen Klein, Teamleiterin der Marketingabteilung im Buchverlag der Medi@ AG, plant die zweite Oktoberwoche. Sie hat zwei Vollzeitkräfte, eine Teilzeitkraft und einen Auszubildenden zur Verfügung: ihre Stellvertreterin, Frau Heine, Herrn Horn, Frau Keller und den Auszubildenden Alexander Staupe. Es sind folgende vorhersehbaren Fehlzeiten bekannt:*

- *Frau Klein ist am Donnerstag ganztägig auf der Buchmesse.*
- *Frau Heine ist Montag und Dienstag in Urlaub.*
- *Herr Horn muss am Dienstag um 08:00 Uhr zum Arzt und wird um 12:00 Uhr zurück sein.*
- *Frau Keller bekommt am Donnerstag ab 14:00 Uhr ihren Freizeitausgleich.*
- *Der 17-jährige Auszubildende Staupe hat Mittwoch von 08:00 bis 11:30 und Donnerstag von 08:00 Uhr bis 13:00 Uhr Berufsschule.*

*Die Abteilung muss zu folgenden Zeiten besetzt sein:*

- *Montag bis Donnerstag 07:30 Uhr bis 16:30 Uhr.*
- *Freitag bis 14:30 Uhr.*
- *Von 12:00 bis 13:00 Uhr ist Mittagspause.*

Die Wochenarbeitszeit beträgt laut Tarifvertrag 37 Stunden. Frau Keller steht als Teilzeitkraft 19 Stunden zur Verfügung. Produktionsbedingt ist eine Mindestbesetzung von drei Arbeitnehmern vorgeschrieben. Frau Klein oder ihre Stellvertreterin muss ständig anwesend sein. Der Personaleinsatzplan der Abteilung könnte folgendermaßen aussehen:

| **Personaleinsatzplan Marketingabteilung im Buchverlag der Medi@ AG** | | | | | | |
|---|---|---|---|---|---|---|
| **Name** | **Montag** | **Dienstag** | **Mittwoch** | **Donnerstag** | **Freitag** | **Summe** |
| Klein | 8 | 8 | 6 | 8A | 7 | 37 |
| Heine | 8U | 8U | 8 | 5 | 8 | 37 |
| Horn | 8 | 4K+4 | 8 | 6 | 7 | 37 |
| Keller | 8 | 4 | – | 4,5+2,5F | – | 19 |
| Staupe | 8 | 8 | 3,5B+4,5 | 8B | 5 | 37 |

A = betrieblich außer Haus, U = Urlaub, K = Krankheit, F = Freizeitausgleich, B = Berufsschule

***Personalbedarfsplanung***

- *Grundlage der Personalplanung ist der **aktuelle Personalbestand**. Bei seiner Ermittlung sind die verschiedenen **Arten von Arbeitnehmern** und die **Personalveränderungen** zu berücksichtigen.*
- *Die **Personalbedarfsplanung** verfolgt den Zweck, den mittel- und langfristigen Personalbedarf eines Unternehmens quantitativ und qualitativ zu ermitteln. Hilfsmittel sind der Stellenplan, der Stellenbesetzungsplan und die Stellenbeschreibung.*
- *Im **Personaleinsatzplan** wird der kurzfristige Personaleinsatz geregelt.*

## Aufgaben

1 Das Lektorat des Buchverlags der Medi@ AG wird ausgegliedert. Die verbliebene Arbeit kann jetzt statt von einem Cheflektor und fünf Lektoren von einer Assistenz geleistet werden. Die Personalkosten werden auf ein Minimum reduziert. Diskutieren Sie die Vor- und Nachteile dieser Veränderung.

2 Stellen Sie fest, welche Bereiche der Personalwirtschaft durch die in Aufgabe 1 dargestellten Veränderungen berührt werden.

3 „Die Bedeutung des Menschen im Unternehmen nimmt immer mehr zu!“

„In der Fabrik des nächsten Jahrtausends ist für den Menschen kein Platz mehr!“

Versuchen Sie, jede dieser Aussagen durch Argumente zu vertreten. Wählen Sie sich eine Stellungnahme aus und diskutieren Sie in der Klasse Pro und Kontra. Fertigen Sie über den Verlauf der Diskussion ein Protokoll an.

4 Suchen Sie in den Stellenanzeigen der Wochenendausgabe Ihrer Tageszeitung nach Beispielen für die unterschiedlichen Arten von Arbeitnehmern.

5 Erläutern Sie Möglichkeiten der Ermittlung des zukünftigen Personalbedarfs.

6 Erstellen Sie eine Stellenbeschreibung für die Abteilungsleiterin Marketing des Buchverlags der Medi@ AG.

7 Erkundigen Sie sich bei der Gewerkschaft, in welchem Ausmaß in Ihrer Region Arbeitnehmer in Teilzeitarbeit, Jobsharing und als Leiharbeitnehmer beschäftigt werden. Stellen Sie die Ergebnisse z. B. als Kreis- oder Balkendiagramm grafisch dar und erläutern Sie diese in der Klasse.

## 9.2 Personalbeschaffung

Am Ende des Geschäftsjahres stellt man bei der Medi@ AG fest, dass der Umsatz im Geschäftsbereich „Buchverlag" um 30 Prozent zurückgegangen ist. Diesem Umsatzeinbruch soll nicht nur mit einer Senkung der Kosten begegnet werden. Die Geschäftsleitung hat entschieden, dass die Verkaufsaktivitäten intensiviert werden sollen. In der Marketingabteilung wird aus diesem Grund die Stelle eine Sachbearbeiterin für Messen geschaffen.

**Arbeitsaufträge**

- Stellen Sie fest, welche Möglichkeiten es gibt, den hierfür erforderlichen Mitarbeiter zu beschaffen.
- Erläutern Sie Vor- und Nachteile des Personalleasings aus der Sicht des Unternehmens und der Mitarbeiter.

### Beschaffungswege

Die Personalbeschaffung befasst sich mit der **Bereitstellung der für das Unternehmen erforderlichen Mitarbeiter**. Um die erforderlichen Mitarbeiter in qualitativer und quantitativer Hinsicht bereitstellen zu können, kann sich ein Unternehmen **interner und externer Beschaffungswege** bedienen.

**Interne Personalbeschaffung** bedeutet, dass Stellen mit Mitarbeitern aus dem Unternehmen besetzt werden. Dies kann auf folgende Weise erfolgen.

- **Innerbetriebliche Stellenausschreibung:** Gemäß § 93 BetrVerfG kann der Betriebsrat verlangen, dass Arbeitsplätze vor ihrer Besetzung innerhalb des Betriebes ausgeschrieben werden.
  Beispiele *Aushang am Schwarzen Brett, Veröffentlichung in der Hauszeitschrift*

- **Versetzung**
  Beispiel *Eine Sachbearbeiterin aus dem Rechnungswesen wird in die Personalabteilung versetzt.*

- **Mehrarbeit bei kurzzeitigem Personalmehrbedarf**
  Beispiel *Um eine Großproduktion fristgerecht abliefern zu können, werden nach Rücksprache mit dem Betriebsrat Überstunden geleistet.*

- **Fort- und Weiterbildung im Rahmen der Personalentwicklung**
  Beispiel *Ein Medienkaufmann besucht die Berufsakademie. Nach erfolgreicher Prüfung wird er als stellvertretender Gruppenleiter eingesetzt.*

Die interne Personalbeschaffung, insbesondere im Wege der innerbetrieblichen Stellenausschreibung, hat für das Unternehmen folgende **Vorteile**:

- Motivation der Mitarbeiter, da die Möglichkeit des Aufstiegs besteht
- Erleichterung der Einarbeitung
- geringe Beschaffungskosten

Dem stehen folgende **Nachteile** gegenüber:

- bei einer Ablehnung empfindet der Mitarbeiter dies als Misserfolg
- negative Reaktionen des bisherigen Vorgesetzten auf die Bewerbung
- Betriebsblindheit, da kein „frischer Wind" von außen kommt

Die **externe Personalbeschaffung** bezieht sich auf den Teil des Arbeitsmarktes, der außerhalb des Unternehmens liegt. Hierbei können folgende Vermittler eingeschaltet werden.

- **Arbeitsverwaltung:** Die Arbeitsvermittlung wird in der Bundesrepublik Deutschland von der Bundesagentur für Arbeit wahrgenommen. Um möglichst wirkungsvoll beraten und vermitteln zu können, ist es für die Agenturen für Arbeit wichtig, die Unternehmen möglichst genau zu kennen. Aus diesem Grund sollten die Unternehmen möglichst engen Kontakt zu den örtlichen Agenturen für Arbeit halten.

- **Stellenanzeigen:** Die meisten Unternehmen versuchen ihr Personal durch Stellenanzeigen zu beschaffen. Voraussetzung für den Erfolg dieser Maßnahme ist, dass der geeignete Werbeträger ausgewählt wird, die Anzeige zum richtigen Termin erscheint und Aufmachung und Inhalt ansprechend sind.
- **Personalleasing:** Personalleasing-Unternehmen verleihen bei ihnen beschäftigte Arbeitnehmer an ein Unternehmen. Diese Form der Personalbeschaffung eignet sich immer dann, wenn Arbeitnehmer kurzfristig eingesetzt werden sollen, also z. B. im Saisongeschäft, in der Urlaubszeit oder bei Krankheit.
- **Sonstige Beschaffungswege:** Neben den genannten Möglichkeiten der Personalbeschaffung gibt es eine Vielzahl weiterer Möglichkeiten.
  Beispiele
  - *Kontakte mit Schulen und sonstigen Bildungseinrichtungen, die z. B. zu Betriebsbesichtigungen eingeladen werden*
  - *Vermittlung durch eigene Mitarbeiter, die über den Personalbedarf informiert werden*
  - *Plakate, Handzettel usw.*
  - *Stellenanzeigen auf der Homepage des Unternehmens*

## Das Stellenangebot

Der häufigste Weg der externen Personalbeschaffung durch Unternehmen ist die Suche von Mitarbeitern durch eine Stellenanzeige.

Der **Inhalt der Anzeige** sollte klar und informativ sein. Die Anzeige sollte Aussagen über folgende Punkte enthalten:

- das Unternehmen
  Beispiele *Name des Unternehmens, Standort, Größe*
- die freie Stelle
  Beispiele *Aufgabenbeschreibung, Entwicklungschancen*
- die Anforderungsmerkmale
  Beispiele *Ausbildung, Fähigkeiten, Berufserfahrung*
- die Leistungen
  Beispiele *Hinweis auf Lohn- und Gehaltshöhe, Sozialleistungen*
- die Bewerbungsunterlagen
  Beispiele *Lebenslauf, Zeugnisse, persönliches Vorstellungsgespräch*

In ihrer Aufmachung sollte die Stellenanzeige Aufmerksamkeit wecken und sich von anderen Anzeigen abheben. Zur Gestaltung von Stellenanzeigen wird i. d. R. eine Werbeagentur eingeschaltet.

**Für Stellenanzeigen stehen folgende Werbeträger zur Verfügung:**

- regionale Tageszeitungen
  Beispiele *Kölner Stadt-Anzeiger, Bonner General-Anzeiger*
- überregionale Tageszeitungen
  Beispiele *Frankfurter Allgemeine Zeitung, WAZ, Süddeutsche Zeitung*
- überregionale Wochenzeitungen
  Beispiele *Die Zeit, Welt am Sonntag*

- Fachzeitschriften
  **Beispiele** *Börsenblatt für den deutschen Buchhandel, Werben + Verkaufen*
- Internet

**Leitende Mitarbeiter** oder Spezialisten sucht man vorzugsweise über überregionale Tages- oder Wochenzeitungen und in Fachzeitschriften. **Arbeitskräfte der unteren bis mittleren Hierarchie-Ebene** werden überwiegend in regionalen Tageszeitungen gesucht. **Arbeitskräfte mit Spezialkenntnissen** werden über Fachzeitschriften angesprochen.
**Beispiel** *Die Medi@ AG sucht einen Hubwagenfahrer über eine Anzeige im Kölner Stadt-Anzeiger. Ein neuer Vorstand würde durch Anzeigen in der FAZ und der Zeit gesucht.*

## Die Bewerbung

Grundlage jeder Personalauswahl sind die **Bewerbungsunterlagen**. Hierzu gehören

- das Bewerbungsschreiben,
- ein Lichtbild,[1]
- der Lebenslauf,
- Arbeitszeugnisse,
- Zeugnis der Abschlussprüfung,
- Schulzeugnisse.

*Vergleiche hierzu Seite 455*

Das **Bewerbungsschreiben** sollte folgende Fragen beantworten:

- Aus welchem Grund erfolgt die Bewerbung?
- Welche Qualifikationen sind vorhanden?
- Welche besonderen Kenntnisse und Erfahrungen hat der Bewerber?
- Befindet sich der Bewerber in einem Arbeitsverhältnis?
- Wann steht der Bewerber frühestens zur Verfügung?

**Gehaltsforderungen** sollten nur gestellt werden, wenn dies ausdrücklich verlangt wurde.

Die **Form** des Bewerbungsschreibens sollte der DIN 5008 entsprechen. Es kann mit dem Computer oder sauber mit der Hand auf weißem unliniertem Papier geschrieben sein. Der Stil soll zeigen, wie der Bewerber sich einschätzt, was er will und wie er von anderen gesehen werden möchte.

Das **Lichtbild** sollte ein Passbild sein. Auf der Rückseite sind Namen und Anschrift anzugeben.

Der **Lebenslauf** gibt Auskunft über die persönliche und berufliche Entwicklung des Bewerbers. Er kann tabellarisch oder in Aufsatzform verfasst und mit der Hand oder dem Computer geschrieben werden. Er sollte folgende Angaben enthalten:

- Name und Vorname
- Wohnort und Straße
- Geburtsdatum und Geburtsort
- Familienstand
- Berufstätigkeit
- berufliche Ausbildung
- schulische Ausbildung
- Prüfungen
- berufliche Fähigkeiten und Weiterbildungen
- Ort, Datum und Unterschrift

Der Lebenslauf soll zeitlich lückenlos sein. Er kann Ereignisse hervorheben, die für die angestrebte Stelle von Wichtigkeit sind.

### *Zeugnisse*

**Schulzeugnisse** sind in beglaubigter Kopie beizufügen. Dabei sind das jeweils letzte Zeugnis und die Zeugnisse, mit denen Abschlüsse erworben wurden (z. B. die Fachoberschulreife), beizulegen.

**Arbeitszeugnisse** sind die Zeugnisse der vorherigen Arbeitgeber. Es kann sich hierbei um ein einfaches oder ein qualifiziertes Arbeitszeugnis handeln.

[1] Das Allgemeine Gleichbehandlungsgesetz von 2006 hat viele Unternehmen dazu gebracht, ihre Bewerbungsverfahren umzustellen. Bewerber/-innen sollten in ihre Unterlagen nur noch dann ein Lichtbild integrieren, wenn dies in der Stellenanzeige ausdrücklich gefordert wird.

**Beispiel**

Michael Brandt
Hansastraße 12
45276 Essen
Tel.: 0201 41 7 1 18

..-02-15

Medi@ AG
Personalabteilung
Hugo-Eckener-Straße 1
50829 Köln

Unser Gespräch auf der Ausbildungsmesse am 13. Februar ..
im Berufsinformationszentrum (BIZ) des Arbeitsamtes

Sehr geehrter Herr Gebauer,

durch unser Gespräch auf der Ausbildungsmesse des Berufsinformationszentrums habe ich interessante Informationen über die Medi@ AG erhalten.

Das Verlagsprofil und der von Ihnen erläuterte kooperative Führungsstil haben mir so gut gefallen, dass ich mich hiermit um einen Ausbildungsplatz als Medienkaufmann Digital und Print in Ihrem Unternehmen bewerbe.

Zurzeit besuche ich die Höhere Handelsschule am Berufskolleg 3 in Essen, die ich im Juni dieses Jahres erfolgreich abschließen werde. Meinen Interessen und Fähigkeiten entsprechend interessiert mich der Beruf des Medienkaufmanns besonders. Ich habe als Wahlfach den Kurs Wirtschaftsinformatik/Organisationslehre belegt und wirke aktiv im Redaktionsteam sowie bei Herstellung und Vertrieb unserer Schülerzeitung mit. Verstärkt wurde mein Interesse am Beruf des Medienkaufmanns durch ein Praktikum bei der WAZ in Essen.

Es würde mich freuen, wenn meine Bewerbung Ihr Interesse findet. Zu einem
persönlichen Gespräch stehe ich jederzeit zur Verfügung.

Mit freundlichen Grüßen

*Brandt*
Michael Brandt

**Anlagen**
Lebenslauf
Lichtbild
Zeugniskopien

Die **Zeugnisse der Abschlussprüfungen**, z. B. der Kaufmannsgehilfenbrief oder das Zeugnis des schulischen Teils der Fachhochschulreife, sind in beglaubigter Kopie beizufügen.
Alle arbeitsrechtlich zulässigen Fragen müssen **wahrheitsgemäß** beantwortet werden. Falsche Antworten können zu einer fristlosen Kündigung führen.

Aufgrund der eingereichten Bewerbungsunterlagen wird eine Vorauswahl getroffen. Viele Unternehmen führen bei Auszubildenden eine zusätzliche **Eignungsfeststellung** (Test) durch.

## Eignungsfeststellung

Die sorgfältige Analyse der Bewerbungsunterlagen vermittelt den Mitarbeitern der Personalabteilung eine Vielzahl von Erkenntnissen über den Bewerber. Weitere Hinweise können durch Arbeitsproben, Eignungstests oder situative Verfahren gewonnen werden.

**Arbeitsproben** können mit den Bewerbungsunterlagen eingereicht oder unter Aufsicht durchgeführt werden.

**Beispiele**

- *Ein Journalist legt seinen Bewerbungsunterlagen eine von ihm geschriebene und mit einem Preis prämierte Reportage als Arbeitsprobe bei.*
- *Die Bewerberin für eine Stelle als Schreibkraft wird aufgefordert, ein Stenogramm nach Diktat aufzunehmen und eine Reinschrift am PC anzufertigen.*

**Psychologische Eignungstests** sollten nur von dafür ausgebildeten Diplom-Psychologen durchgeführt werden. Sie sind nur zulässig, wenn der Bewerber seine Zustimmung gegeben hat. Im Rahmen der Personalbeschaffung werden sie als Fähigkeits- und Persönlichkeitstests eingesetzt:

- Mithilfe von **Fähigkeitstests** können Intelligenz, Merkfähigkeit, Konzentration, Geschicklichkeit oder technisches Verständnis gemessen werden. Hier sind i. d. R. bestimmte Aufgaben in einer begrenzten Zeit zu lösen. Um die Aussagekraft zu erhöhen, werden meist mehrere Tests nebeneinander **(Testbatterien)** eingesetzt.
  **Beispiel** *Eine Reihe von Zahlen ist in einer bestimmten Weise angeordnet. Diese Regel soll herausgefunden werden. Dann soll die Zahl gefunden werden, die als nächste kommen würde.*
  *Aufgabe: 1 3 6 10 15 21 28 Lösung: A = 29 B = 34 C = 36*
- Mithilfe von **Persönlichkeitstests** können soziale Verhaltensweisen oder charakterliche Eigenschaften festgestellt werden.
  **Beispiel** *Aussage: „Auf Partys stehe ich gern im Mittelpunkt"*
  *Trifft zu ○ Trifft nicht zu ○ Weiß nicht ○*

**Situative Verfahren**, z. B. im Rahmen eines Accruement-lenkers, simulieren Situationen, die der späteren Tätigkeit des Bewerbers nahe kommen.
**Beispiel** *Fünf Bewerber für die Stelle der Projektleitung Messe werden gemeinsam eingeladen und zur Diskussion über ein bestimmtes Thema aufgefordert. Die Mitarbeiter der Personalabteilung beobachten das Verhalten der Kandidaten und ziehen Schlüsse auf Auffassungsgabe, Redefähigkeit, Durchsetzungsfähigkeit usw.*

## Das Vorstellungsgespräch

**Ziel** des Vorstellungsgespräches ist es, die in den Bewerbungsunterlagen gegebenen Informationen zu bestätigen, zu ergänzen und abzurunden. Darüber hinaus soll ein persönlicher Eindruck des Bewerbers gewonnen werden. Um das Gespräch erfolgreich durchführen zu können, ist eine sorgfältige **Vorbereitung** erforderlich. So ist z. B. festzulegen, wer an dem Gespräch teilnimmt, wo Lücken oder Unklarheiten in den Bewerbungsunterlagen vorliegen, welche Anforderungen an die zu besetzende Stelle zu stellen sind. Das Vorstellungsgespräch sollte als Dialog geführt werden. Die **Durchführung** kann anhand eines Leitfadens erfolgen.
**Beispiel** *Um Vorstellungsgespräche rationeller führen zu können, hat die Medi@ AG einen Gesprächsleitfaden entwickelt:*

**Phase 1:** *Begrüßung des Bewerbers*
*z. B. Vorstellung der Bewerber, Dank für die Bewerbung*

**Phase 2:** *persönliche Situation*
*z. B. Herkunft, Elternhaus, Familie, Wohnort*

**Phase 3:** *Bildungsgang*
*z. B. schulischer Werdegang, Weiterbildungsaktivitäten und -pläne*

**Phase 4:** *berufliche Entwicklung*
*z. B. erlernter Beruf, berufliche Tätigkeiten, berufliche Pläne*

**Phase 5:** *Information über das Unternehmen*
*z. B. Unternehmensdaten, Unternehmensorganisation, Abteilung, Arbeitsplatz*

**Phase 6:** *Vertragsverhandlungen*
*z. B. bisheriges Einkommen, erwartetes Einkommen, sonstige Unternehmensleistungen*

**Phase 7:** *Abschluss des Gespräches*
*z. B. Hinweis auf Benachrichtigung, Dank, Verabschiedung*

Im Interesse aller Beteiligten sollte nach dem Vorstellungsgespräch eine **schnelle Entscheidung** erfolgen.

***Personalbeschaffung***

- ***Beschaffungswege***

**Personalbeschaffung**

**Intern**
- Innerbetriebliche Stellenausschreibung
- Versetzung
- Mehrarbeit
- Fort- und Weiterbildung

**Extern**
- Arbeitsverwaltung
- Stellenanzeigen
- Personalleasing
- Sonstige Beschaffungswege

- *Bei der Schaltung einer **Stellenanzeige** müssen folgende Punkte beachtet werden:*

**Stellenanzeige**

**Anzeigeninhalte**
- klar und informativ

**Gestaltung**
- Aufmerksamkeit

**Werbeträger**
- z. B. Tageszeitung

- ***Die Bewerbung***
  *Grundlage der Personalauswahl sind die Bewerbungsunterlagen. Sie enthalten:*
  *1. Bewerbungsschreiben 3. Lebenslauf 5. Zeugnisse der Abschlussprüfungen*
  *2. Lichtbild 4. Schulzeugnisse 6. Arbeitszeugnisse*
- ***Eignungsfeststellung***
  – *Verfahren: – Arbeitsproben – Eignungstests – situative Verfahren*
- ***Vorstellungsgespräch***
  – ***Ziel:*** *Gewinnung eines persönlichen Eindrucks vom Bewerber*
  – ***Durchführung:*** *kann sich an einem Gesprächsleitfaden orientieren*

## Aufgaben

1 Unter welchen Voraussetzungen ist die Besetzung einer Stelle
   a) nach innerbetrieblicher Stellenausschreibung,
   b) bei Versetzung,
   c) bei Mehrarbeit,
   d) nach durchgeführter Fort- und Weiterbildung
   sinnvoll?

2 Die Medi@ AG sucht eine/n Auszubildende/n für den Beruf Medienkaufmann/Medienkauffrau Digital und Print (alternativ: Kaufmann/Kauffrau für Marketingkommunikation, Veranstaltungskauffrau/Veranstaltungskaufmann).
   a) Formulieren Sie die Stellenbeschreibung.
   b) Entwerfen Sie die Stellenanzeige.
   c) Wählen Sie geeignete Werbeträger aus.
   d) Erstellen Sie einen Gesprächsleitfaden für das Vorstellungsgespräch.

3 Begründen Sie, wann die Stellenanzeige veröffentlicht werden sollte und welchen Werbeträger Sie auswählen würden.

4 Erläutern Sie das Personalleasing. Für welche Fälle ist diese Form der Personalbeschaffung besonders geeignet?

5 Beschaffen Sie sich Informationsmaterial eines Personalleasing-Unternehmens. Stellen Sie die Vor- und Nachteile dieser Form der Personalbeschaffung
a) für den Arbeitnehmer, b) für den Arbeitgeber
gegenüber. Tragen Sie die Ergebnisse in der Klasse vor.

6 a) Die Medi@ AG sucht eine/n Teamleiter/-in für die Datenverarbeitung. Formulieren Sie einen Text für eine Stellenanzeige.
b) Wählen Sie einen geeigneten Anzeigentermin und einen Werbeträger für die Anzeige aus. Begründen Sie Ihre Entscheidung.
c) Fertigen Sie einen Entwurf der Stellenanzeige an.

7 Sammeln Sie Stellenanzeigen aus Tageszeitungen und Fachzeitschriften. Stellen Sie fest, welche Qualifikationen gefragt sind, und versuchen Sie, diese zu systematisieren.

8 Verfassen Sie Ihren Lebenslauf
a) in tabellarischer Form, b) in Aufsatzform.

9 Die Medi@ AG geht vermehrt dazu über, offene Stellen für qualifizierte Mitarbeiter im Internet anzubieten. Erläutern Sie
a) drei Gründe für die Wahl dieses Mediums,
b) zwei Aspekte, die den Erfolg einer derartigen Stellenanzeige beeinflussen.

10 Immer mehr Unternehmen gehen dazu über, bei der Einstellung von Auszubildenden Eignungstests durchzuführen. Diskutieren Sie die Ursachen für diese Entwicklung.

11 Erläutern Sie Arbeitsproben, Eignungstests und situative Verfahren anhand je eines Beispiels.

12 Planen Sie ein Vorstellungsgespräch in Form eines Rollenspiels.
a) Beschreiben Sie die zu besetzende Stelle möglichst genau und formulieren Sie den Text für eine Stellenanzeige.
b) Teilen Sie die Klasse in zwei Gruppen, die Bewerber und die Personalchefs. Jede Gruppe legt Kriterien für ihre Arbeit fest. Bewerber und Personalchef werden aus der jeweiligen Gruppe ausgewählt.
c) Führen Sie drei Bewerbungsgespräche anhand eines Gesprächsleitfadens durch.
d) Die Personalchefs wählen einen Bewerber aus und begründen ihre Entscheidung! Falls es an Ihrer Schule eine Videokamera gibt, nehmen Sie die Gespräche auf Video auf und werten Sie diese anschließend aus.

## 9.3 Personalentwicklung

Erinnern Sie sich noch an die ausgeschriebene Stelle einer Sachbearbeiterin für Messen? Frau Blümel und Frau Eberle wurden zu Vorstellungsgesprächen eingeladen und Frau Blümel wurde eingestellt. Leider hat Frau Blümel die Medi@ AG bereits in der Probezeit wieder verlassen, da ihr das Gehalt zu niedrig war. In der Konferenz der Abteilungsleiter werden die mit der externen Personalbeschaffung verbundenen hohen Kosten angesprochen. Herr Gebauer, Abteilungsleiter Personal, macht daraufhin den Vorschlag, der Personalentwicklung größere Beachtung zu schenken. Der Geschäftsführer, Herr Dr. Sommer, beauftragt Sie, in der nächsten Sitzung kurz Aufgaben und Ziele der Personalentwicklung darzustellen.

**Arbeitsaufträge**

- Bereiten Sie eine Liste von Argumenten für Herrn Gebauer vor.
- Stellen Sie Ihre Argumente in Form einer kleinen Präsentation in der Klasse vor.

## Maßnahmen der Personalentwicklung

Qualifikation ist gefragt. Lebenslanges Lernen ist gefordert. Wer heute einen Beruf erlernt, kann sich nicht ein Leben lang auf seinen Kenntnissen ausruhen. Es wird davon ausgegangen, dass die **„Halbwertzeit" beruflicher Bildung** nur noch drei bis fünf Jahre beträgt, d. h. dass nach dieser Zeit nur noch die Hälfte des erlernten Wissens aktuell ist.
Die Veränderungen und neuen Entwicklungen in der Berufswelt führen zu veränderten Anforderungen und Qualifikationen der Mitarbeiter. Komplexe Informationstechnologien und Arbeitsmethoden, moderne Marketingkonzepte und Fertigungsverfahren verändern die geforderten beruflichen Qualifikationen. Diesen Veränderungen wird im Rahmen der Personalentwicklung durch eine stetige Qualifikationsanpassung und -erweiterung begegnet.

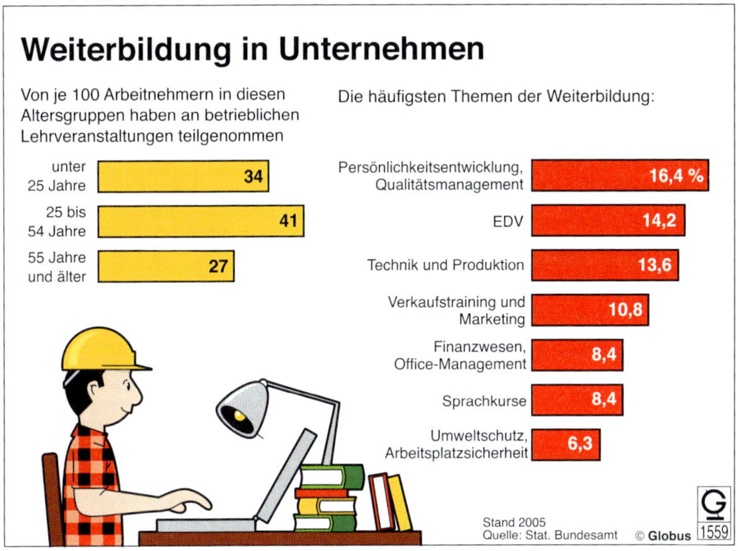


Als Personalentwicklung bezeichnen wir die **Summe aller Maßnahmen, die eine Verbesserung der Qualifikation der Mitarbeiter zum Ziel haben**.

Diesem Ziel wird die Personalentwicklung durch die Wahrnehmung folgender **Aufgaben** gerecht:
- Im Wege der **Ausbildung** wird qualifizierter Mitarbeiternachwuchs herangezogen.
- Durch die **Fortbildung** wird den Mitarbeitern neues Wissen vermittelt.
- Die **Aufstiegsschulung** bereitet auf Führungsaufgaben vor.
- Im Wege der **Umschulung** können Mitarbeiter, z. B. bei Einsatz neuer Techniken, im Unternehmen gehalten werden.

Die **berufliche Ausbildung** findet in der Bundesrepublik Deutschland an zwei Lernorten statt, im Ausbildungsbetrieb und in der Berufsschule. Da zwei Einrichtungen bei der Berufsausbildung zusammenwirken, bezeichnet man diese Art der Ausbildung als **„duales Berufsausbildungssystem"**.

Die **Fortbildung** dient der Verbesserung der fachlichen Qualifikation der Mitarbeiter am Arbeitsplatz. Sie kann im Rahmen einer betriebsinternen oder unabhängigen Fortbildung durchgeführt werden.
- **Unabhängige Fortbildungen** werden von den Mitarbeitern selbstständig durchgeführt. Um dies zu unterstützen, kann der Arbeitgeber z. B. Kosten übernehmen oder den Arbeitnehmer für die Teilnahme freistellen.
  Beispiel *Ein Mitarbeiter der Marketing-Abteilung meldet sich zum Studium an einer Fachschule für Wirtschaft an. Der Unterricht findet zweimal wöchentlich abends und am Samstag statt. Nach Rücksprache mit der Personalabteilung kann der Arbeitnehmer an den Wochentagen jeweils eine Stunde früher gehen.*

- **Betriebsinterne Fortbildungen** können regelmäßig oder zu bestimmten Anlässen durchgeführt werden.
  Beispiel *Auszug aus dem Fortbildungskonzept der Medi@ AG:*

| Zielgruppe | Maßnahmen |
|---|---|
| Auszubildende | Betriebsunterricht<br>Prüfungsvorbereitungskurse<br>Exkursionen in Betriebe von Kunden und Lieferanten<br>Entsendung zu überbetrieblichen Seminaren<br>Alle kaufmännischen Auszubildenden durchlaufen ein vierwöchiges Praktikum in der Produktion |
| Kaufmännische Mitarbeiter | Grundkurs Wirtschaftsinformatik<br>Einführung Datenbanken<br>Tabellenkalkulation<br>Präsentationsgrafik |
| Mitarbeiter Rechnungswesen | Finanzbuchhaltungsprogramm<br>Lohn- und Gehaltsabrechnung<br>Praxis des Electronic Banking |
| Mitarbeiter Marketing | Schulung Verkaufsförderung<br>Einsatz von Notebooks, DFÜ und Fax<br>Outdoor-Training zur Förderung der Teamfähigkeit |
| Abteilungs- und Gruppenleiter | Führungsverhalten<br>Techniken des Personalgesprächs<br>Motivation am Arbeitsplatz |

Während die **Aus- und Fortbildung** in erster Linie der Vermittlung von Wissen dient, wird im Rahmen der **Aufstiegsschulung** Führungsverhalten trainiert.
Beispiel *In der Versandabteilung häufen sich die Fehlzeiten. Herr Gebauer trainiert im Rahmen der Fortbildung „Technik des Personalgesprächs" in Form eines Rollenspiels das Gespräch mit dem Mitarbeiter.*

**Kann ein Mitarbeiter**, z. B. durch Einsatz neuer Techniken, aus krankheitsbedingten Gründen oder durch Aufgabe eines Produktes oder einer Produktgruppe, nicht mehr am alten Arbeitsplatz eingesetzt werden, ist die Möglichkeit einer **Umschulung** zu prüfen.
Beispiel *Der Buchverlag der Medi@ AG gibt die Buchreihe „Gastro-Service" auf. Die Mitarbeiter dieses Lektorats werden in das Lektorat für Belletristik umgesetzt. Hierfür ist eine zweiwöchige Schulung erforderlich.*

## Personalbeurteilung

Aufgabe des Personalwesens ist es, den richtigen Mitarbeiter zur richtigen Zeit am richtigen Ort einzusetzen. Diese Aufgabe kann nur erfüllt werden, wenn die Leistungen und die Möglichkeiten einer weiteren beruflichen Entwicklung der Mitarbeiter durch geeignete Verfahren erfasst und beurteilt werden.

Die **Beurteilung der Mitarbeiter** eines Unternehmens soll aus folgenden Gründen erfolgen:

- Eine gezielte **Personalentwicklung** durch Beförderung, Versetzung, Umschulung oder Fortbildung setzt die Kenntnis der wesentlichen Eigenschaften des Mitarbeiters voraus.
- Eine gerechte **Entlohnung** ist nur aufgrund einer objektiven Leistungsbeurteilung möglich.
- Ein optimaler **Personaleinsatz** erfordert die genaue Kenntnis der Leistungsfähigkeit und -bereitschaft des Mitarbeiters.

- Eine fehlerfreie **Zeugniserteilung** setzt eine möglichst regelmäßige Beurteilung voraus.
- Die Personalbeurteilung dient der **Motivation** und ist damit Ansporn für bewusstes Leistungsverhalten.

Die **Arten der Personalbeurteilung** sind vielfältig. In Großbetrieben wird i. d. R. in regelmäßigen Abständen anhand fester Bewertungskriterien beurteilt. Kleine und mittlere Betriebe beurteilen Mitarbeiter oft nur im Rahmen eines geforderten Arbeitszeugnisses oder anhand konkreter Anlässe, z. B. einer Beförderung.

Für die Leistungsbeurteilung werden u. a. die nachfolgenden **Bewertungskriterien** genutzt:
- **Arbeitsverhalten**, z. B. Arbeitsqualität, Ausdauer, Belastbarkeit, Fachkenntnisse, Pünktlichkeit, Zuverlässigkeit
- **Sozialverhalten**, z. B. Hilfsbereitschaft, Kooperationsbereitschaft, Aufgeschlossenheit
- **Führungsverhalten**, z. B. Durchsetzungsvermögen, Delegation, Motivationsfähigkeit
- **geistige Anlagen**, z. B. Auffassungsgabe, Gedächtnis, Kreativität
- **persönliches Auftreten**, z. B. Erscheinungsbild, Umgangsformen, Ausdrucksfähigkeit

Neben der reinen **Leistungsbeurteilung** können auch Aussagen über die Eignung für bestimmte neue Aufgaben und die Möglichkeiten der weiteren beruflichen Entwicklung in die Beurteilung einbezogen werden **(Potenzialbeurteilung)**.
Beispiel *„Für Führungsaufgaben geeignet"*

Mit der regelmäßigen und systematischen Personalbeurteilung sind aber auch **Probleme** verbunden:
- Sie erfordert **Zeit** und führt so zu zusätzlicher Arbeitsbelastung der Vorgesetzten.
  Beispiel *Die Dauer für die Beurteilung eines Mitarbeiters wird bei der Medi@ AG mit 2,5 Stunden angesetzt. Wenn alle Angestellten der Zentralabteilung einmal jährlich beurteilt werden sollen, müssen die Vorgesetzten dafür 150 Stunden jährlich aufwenden.*
- Sie kann **Konflikte** auslösen, die anhand einer Beurteilung zum Ausbruch kommen.
- Sie kann **fehlerhaft** sein.
  Beispiel *Der Beurteiler schließt von einem wesentlichen Merkmal auf alle Kriterien oder übernimmt kritiklos früher vorgenommene Beurteilungen.*

Gemäß § 82 Abs. 2 BetrVerfG kann ein Arbeitnehmer die **Erörterung seiner Beurteilung** sowie der Möglichkeiten seiner beruflichen Entwicklung im Betrieb verlangen.

Beispiel *Nach erfolgter Beurteilung wird mit jedem Mitarbeiter der Medi@ AG ein Personalgespräch geführt. Hier wird die Beurteilung erläutert und es werden Möglichkeiten der beruflichen Weiterentwicklung besprochen.*

***Personalentwicklung***
- ***Maßnahmen der Personalentwicklung***

**Qualifikation der Mitarbeiter**

| Ausbildung | Fortbildung | Aufstiegsschulung | Umschulung |
|---|---|---|---|
| Qualifizierung von Mitarbeiternachwuchs | Vermittlung von neuem Wissen an Mitarbeiter | Vorbereitung auf Führungsaufgaben | z. B. beim Einsatz neuer Techniken |

- ***Personalbeurteilung***
  *Die Personalbeurteilung gibt Auskunft darüber, inwieweit ein Mitarbeiter den Anforderungen und Erwartungen, die der Arbeitsplatz an ihn stellt, entspricht.*

## Aufgaben

1 Werten Sie den Anzeigenteil der Tageszeitung und der Fachpresse nach Angeboten für Fortbildungen aus.

2 Ein Mitarbeiter kommt häufig zu spät. Führen Sie in Form eines Rollenspiels ein Mitarbeitergespräch zu diesem Thema durch.

3 Sammeln Sie Gründe, die eine Umschulung erforderlich machen können.

4 Stellen Sie Stärken und Schwächen jeweils eines Mitschülers Ihrer Klasse zusammen. Formulieren Sie im Rahmen eines Personalentwicklungskonzeptes Vorschläge, wie Ihr Mitschüler seine Stärken ausbauen und seine Schwächen ausgleichen kann. Stellen Sie die Ergebnisse Ihrer Arbeit in Form eines Kurzreferates vor.

5 Bei der Personalauswahl wird in zunehmendem Maße der Bewerber nicht nur nach seiner Fachkompetenz, sondern auch nach seiner Sozialkompetenz beurteilt.
   a) Erläutern Sie, was man unter Fachkompetenz und Sozialkompetenz versteht.
   b) Nennen Sie zwei Gründe, warum besonders in der heutigen Zeit die Sozialkompetenz zunehmende Bedeutung hat.

6 Erläutern Sie die Gründe, die für eine regelmäßige und systematische Personalbeurteilung sprechen.

7 Erläutern Sie den Begriff der Potenzialbeurteilung.

8 Diskutieren Sie, welche Vor- und Nachteile mit einer regelmäßigen Personalbeurteilung verbunden sind.

9 Jede Klasse hat einen Klassensprecher.
   a) Erstellen Sie eine Liste von Qualifikationen, die ein Klassensprecher erfüllen sollte.
   b) Entwickeln Sie einen Beurteilungsbogen, anhand dessen die Qualifikationen gemessen werden können.
   c) Führen Sie eine Beurteilung anhand der gefundenen Kriterien durch.
   d) Diskutieren Sie die mit dem Verfahren verbundenen Probleme! Fertigen Sie über diese Diskussion ein Protokoll des Diskussionsprofils an.

10 In der Medi@ AG soll die Stelle des Abteilungsleiters für das Controlling besetzt werden.
   a) Erstellen Sie eine Liste von Qualifikationen, über die der Bewerber verfügen sollte.
   b) Entwickeln Sie einen Beurteilungsbogen, anhand dessen die Qualifikationen gemessen werden können.

## 9.4 Personalführung und Managementsysteme

Die Vorstandsmitglieder der Medi@ AG sitzen im Rahmen ihrer regelmäßigen Vorstandssitzungen zusammen. „Die Produktentwicklung verursacht einfach zu hohe Kosten", trägt Herr Effer vor, „wenn ich an die vielen Ideen und nicht realisierten Projekte denke ..." „Aber nur durch die Innovationen der Produktentwicklung bekommen unsere Kundenberater Impulse für die Verkaufsgespräche mit unseren Kunden", erwidert Herr Gebauer. „Das ist ja die Ungerechtigkeit", stellt Frau Schneller fest. „Ich muss mich für die Kosten rechtfertigen und Herr Gebauer hat den Nutzen!" „Und wie wäre es, wenn wir die Produktentwicklung als Profitcenter führten? Dann verrechnen wir intern die Kosten von Frau Schneller mit dem Nutzen, den Herr Gebauer aus den Innovationen zieht", schlägt Herr Effer vor. „Wenn ich für die Produktideen bezahlen muss, kann ich mich ja gleich an freie Designer wenden", wirft Herr Gebauer ein. „Ein Outsourcing steht für mich nicht zur Debatte", erwidert Herr Effer.

**Arbeitsaufträge**
- Klären Sie die von den Vorstandsmitgliedern der Medi@ AG verwendeten Begriffe.
- Stellen Sie weitere Managementansätze vor.
- Machen Sie einen begründeten Vorschlag zur Lösung für das dargestellte Problem der Medi@ AG.

## Personalführung

Die **Unternehmenskultur** ist die gewachsene informelle Struktur eines Unternehmens. Dabei handelt es sich um die nach innen und außen wirkenden Denkweisen und Verhaltensregeln, das Werte- und Normengefüge und das Konzept der Unternehmenskommunikation, das auch als Corporate Identity bezeichnet wird. Da konkrete Verhaltensvorschriften aus der informellen Struktur nicht abzuleiten sind, werden diese durch **Unternehmensgrundsätze**, **Führungsgrundsätze** und **Führungsrichtlinien** konkretisiert.

**Unternehmensgrundsätze** sind relativ offen formulierte Oberziele des Unternehmens.
Beispiele *aus der Medi@ AG*
- *Verantwortliches Handeln aus Verpflichtung gegenüber den Kunden und Mitarbeitern.*
- *Vermeidung von Umweltbelastungen und sparsame Verwendung der begrenzten Ressourcen.*

**Führungsgrundsätze** beziehen sich auf das Verhältnis der Unternehmensleitung zu den Mitarbeitern. Sie werden durch **Führungstechniken** konkretisiert. Bekannte Führungstechniken sind:

- **Management by Exception:** Der Vorgesetzte greift nur in Ausnahmefällen in das Betriebsgeschehen ein. Die Ausnahmefälle werden sichtbar, wenn die üblichen Regeln für Problemlösungen nicht ausreichen.
  Beispiel *Alle Sachbearbeiter in der Zentralabteilung der Medi@ AG dürfen bis zur Höhe von 5 000,00 EUR Materialien beim Lieferer bestellen. Liegen die Bestellungen über 5 000,00 EUR, muss der Abteilungsleiter der Zentralabteilung, Dr. Sommer, zustimmen.*

- **Management by Delegation:** Die Vorgesetzten übertragen (delegieren) hier Führungsaufgaben, insbesondere bei Routinearbeiten, auf die Mitarbeiter.
  Beispiel *Die Sachbearbeiter in der Abteilung „Zentraler Einkauf" der Medi@ AG dürfen im Falle von Mängelrügen bei Materiallieferungen ohne Rücksprache mit dem Abteilungsleiter dem Lieferer Mängelrügen erteilen und die entsprechenden Rechte aus der Mängelrüge für die Medi@ AG fordern.*

- **Management by Objectives:** Die Vorgesetzten beziehen Mitarbeiter in Planungs- und Zielbildungsprozesse ein und treffen klare Zielvereinbarungen.
  Beispiel *Die Medi@ AG hat beschlossen, die Beschaffungskosten für Büroartikel innerhalb des nächsten Jahres um 5 % zu senken. Hierzu sollen die jeweiligen Sachbearbeiter mit den Lieferern Preisverhandlungen führen und gegebenenfalls preiswertere Lieferer ausfindig machen. Kann für ein Material keine Kostensenkung erreicht werden, ist der Abteilungsleiter einzuschalten.*

## Managementsysteme

**Moderne Managementansätze** sind die Konzepte des Profitcenters, das Outsourcing, Kaizen und das Total-Quality-Management.

Ein **Profitcenter** ist ein eindeutig bestimmbarer Unternehmensbereich, dessen Erfolg am Gewinn gemessen wird. Das Profitcenter erbringt für das Unternehmen bestimmte Leistungen, die mit den verursachten Kosten verrechnet werden. Bei der Leistungserstellung muss sich ein Profitcenter häufig auch externer Konkurrenz stellen.

**Beispiel** *Die Anzeigenabteilung der Medi@ AG wird als Profitcenter geführt. Dem Profitcenter werden alle verursachten Kosten, z. B. Löhne und Gehälter, Miete, Energie- und Kommunikationskosten, zugeschrieben.*

Beim **Outsourcing** wird unter Kosten-, Kapazitäts- und Personalaspekten überlegt, ob eine Leistung im Betrieb erbracht oder aus dem Betrieb ausgegliedert wird.
**Beispiele** *Schon vor Jahren hat die Medi@ AG den Fuhrpark abgeschafft und bedient sich für die Zeitungszustellung einer Spedition.*

**Kaizen** ist japanischen Ursprungs und bedeutet „ununterbrochene Verbesserung" **(= kontinuierlicher Verbesserungsprozess – KVP)**. Die Philosophie des Kaizen beruht auf der Annahme, dass ein Schritt vorwärts von 100 Mitarbeitern mehr wert ist als 100 Schritte vorwärts von einem Chef. Im Zentrum steht deshalb das Team, das unabhängig von der Hierarchie permanent gemeinsam nach Verbesserungen bei der Aufgabenerfüllung strebt. Bei Fehlern werden nicht Sündenböcke gesucht, sondern Ursachen und Maßnahmen, wie das Team zukünftig Fehler vermeiden kann. Voraussetzung für das Kaizen ist, dass sich die Mitarbeiter mit dem Unternehmen identifizieren, lernfreudig und problembewusst sind.

**Total-Quality-Management** (TQM) ist ein langfristiges, ganzheitliches Konzept, um die Qualität von Produkten und Dienstleistungen eines Unternehmens in allen Abteilungen durch Mitwirkung aller Mitarbeiter zu günstigen Kosten zu gewährleisten, um die Kundenbedürfnisse zu befriedigen. TQM ist geprägt durch starke **Kundenorientierung**, Null-Fehler-Mentalität und Eigenverantwortung der Mitarbeiter mit dem Ziel, die Kompetenzen des Unternehmens zu stärken. Kundenorientierung bedeutet hierbei nicht nur die Erfüllung der Bedürfnisse der externen Kunden, sondern auch der internen Kunden. Interne Kunden sind dabei alle Abteilungen eines Unternehmens, die Leistungen von anderen Abteilungen benötigen.

***Personalführung und Managementsysteme***

- ***Personalführung***
  - ***Unternehmenskultur:*** *die gewachsene informelle Struktur eines Unternehmens.*
  - ***Unternehmensgrundsätze:*** *relativ offen formulierte Oberziele des Unternehmens.*
  - ***Führungsgrundsätze:*** *Sie beziehen sich auf das Verhältnis der Unternehmensleitung zu den Mitarbeitern.*
  - ***Führungstechniken:*** *Sie konkretisieren die Führungsgrundsätze.*
    ***Management by Exception:*** *Der Vorgesetzte greift nur in Ausnahmefällen in das Betriebsgeschehen ein. Die Ausnahmefälle werden sichtbar, wenn unvorgesehene Probleme auftreten.*
    ***Management by Delegation:*** *Vorgesetzte übertragen Führungsaufgaben auf Mitarbeiter.*
    ***Management by Objectives:*** *Vorgesetzte beziehen Mitarbeiter in Planungs- und Zielbildungsprozesse ein und treffen klare Zielvereinbarungen.*
- ***Managementsysteme***
  - ***Profitcenter:*** *eindeutig bestimmbarer Unternehmensbereich, dessen Erfolg am Gewinn gemessen wird.*
  - ***Outsourcing:*** *Unter Kosten-, Kapazitäts- und Personalaspekten wird überlegt, ob eine Leistung im Betrieb erbracht („make") oder aus dem Betrieb ausgegliedert („or buy") wird.*
  - ***Kaizen:*** *ununterbrochener Verbesserungsprozess, der auf das Team gerichtet ist.*
  - ***Total-Quality-Management (TQM):*** *Kundenorientierung, Null-Fehler-Mentalität und Eigenverantwortung der Mitarbeiter mit dem Ziel, die Kompetenzen des Unternehmens zu stärken.*

## Aufgaben

1 In den Führungsgrundsätzen einer Event-Marketing-Agentur findet sich folgende Formulierung: „Lasst uns zu einer Gruppe von positiven Fanatikern zusammenwachsen, die sich mit unerschütterlicher Hartnäckigkeit weigern, das Unmögliche zu akzeptieren. Was wir wollen, können wir und werden es auch gemeinsam tun." Ordnen Sie das hier sichtbar werdende Konzept einem der dargestellten Managementansätze zu.

2 Beobachten Sie das Führungsverhalten Ihrer Vorgesetzten. Ordnen Sie das Verhalten den dargestellten Führungstechniken zu.

3 Diskutieren Sie die Möglichkeit, die Ausbildung im Wege des Outsourcing aus Ihrem Unternehmen auszugliedern. Stellen Sie Vor- und Nachteile dieses Konzeptes gegenüber.

4 Die Medi@ AG hat in der Vergangenheit 10 % des Betriebsgewinns an Mitarbeiter ausgeschüttet, und zwar in Form von Barzahlungen. Die Medi@ AG plant, die Gewinnanteile in Zukunft in Form von Belegschaftsaktien zu verteilen.
   a) Erläutern Sie zwei Gründe der Medi@ AG, ihre Mitarbeiter am Gewinn zu beteiligen.
   b) Erläutern Sie drei Gesichtspunkte für die Bemessung des Gewinnanteils je Mitarbeiter.
   c) Erläutern Sie zwei Vorteile der genannten Gewinnbeteiligung aus der Sicht der Mitarbeiter.

# 9.5 Verfahren zur Humanisierung der Arbeit

„Sie sind heute aber spät dran", stellt Herr Sommer fest, als er die Abteilungsleiterin der Finanzbuchhaltung Sonja Nolden um 9:00 Uhr auf dem Parkplatz trifft. Frau Nolden murmelt etwas Unverständliches und geht mit rotem Kopf Richtung Bürogebäude. „Frau Nolden bringt doch jeden Morgen ihre Tochter in den Kindergarten und kommt deshalb erst um 9:00 Uhr", sagt Frau Esser. „Und außerdem ist sie alleinerziehende Mutter." „Und sie ist Abteilungsleiterin der Finanzbuchhaltung und sollte während der Kernarbeitszeit für alle Kunden und Mitarbeiter ansprechbar sein", erwidert Herr Sommer verärgert.

### Arbeitsaufträge

- Erarbeiten Sie die dargestellten Verfahren zur Verbesserung der Arbeitsbedingungen.
- Stellen Sie die unterschiedlichen Möglichkeiten der Arbeitszeitgestaltung dar.
- Erarbeiten Sie ein Konzept der Arbeitszeitgestaltung, das den besonderen Belangen alleinerziehender Mütter und Väter Rechnung trägt.

In den Zwanzigerjahren des letzten Jahrhunderts versuchte man, die **Arbeit in möglichst kleine Handgriffe** zu zerlegen, damit sie in der **schnellstmöglichen Zeit** erledigt werden konnte. Die Arbeitskräfte wurden durch taktgebundene Fließbandfertigung zu einer **Maximalleistung** gebracht, wodurch sich wiederum die **Stückkosten minimieren** ließen. Dabei wurden die Interessen und Belange des einzelnen Mitarbeiters oft völlig außer Acht gelassen.

### Humanisierung

Grundsätzlich versucht jeder Kaufmann, die Kosten möglichst niedrig zu halten. Dabei müssen jedoch die Bedürfnisse der Mitarbeiter berücksichtigt werden, da eine bestimmte Arbeitsleistung sich auf Dauer nur erzielen lässt, wenn

- die Mitarbeiter motiviert sind, weil ihre Fähigkeiten und Qualifikationen berücksichtigt werden,
- sich Streitigkeiten vermeiden lassen,
- das Betriebsklima stimmt,
- die Bezahlung angemessen ist,
- sich Aufstiegschancen ergeben.

**Humanisierung der Arbeit bedeutet, die Arbeit und den Arbeitsablauf stärker an die Fähigkeiten (Qualifikationen) und Bedürfnisse der Mitarbeiter anzupassen.**

## Verfahren zur Verbesserung der Arbeitsbedingungen

Durch die Zerlegung der Arbeit in kleinste Handgriffe wurden zwar die Ausbringungsmenge erhöht und die Stückkosten gesenkt, aber es wuchs auch der Krankenstand, die Fehlzeiten stiegen, die Ausschussquote nahm zu und die Mitarbeiter waren wegen der monotonen Arbeit immer weniger motiviert. Deshalb versuchte man, die Aufgaben der Mitarbeiter interessanter und abwechslungsreicher zu gestalten.

Dies kann auf folgende Weise geschehen.

**Arbeitsplatzwechsel (Jobrotation):** Die Beschäftigten tauschen innerhalb eines festgelegten Arbeitsabschnittes in bestimmten Abständen ihre Arbeitsplätze. Die Arbeit wird dadurch **abwechslungsreicher**.
Beispiel *Bei den Druckfarbenwerken Wilhelm Weil AG wechseln die gewerblichen Arbeitnehmer innerhalb eines Fertigungsabschnittes alle 14 Tage ihre Arbeitsplätze.*

**Aufgabenerweiterung (Jobenlargement):** Mehrere hintereinander geschaltete Arbeitsgänge werden zu einer Aufgabe zusammengefasst.
Beispiel *In der grafischen Industrie wurde bis vor einem Jahrzehnt stark arbeitsteilig gearbeitet. Es gab Layouter, Setzer, Reprografen und Metteure, die eine Drucksache vom Entwurf bis zum Druck begleiteten. Heute liegen alle diese Funktionen in der Hand von Mediengestaltern.*

**Aufgabenbereicherung (Jobenrichment):** Es wird versucht, die Arbeit des Mitarbeiters **qualitativ** aufzuwerten. Er soll die Art und Weise, wie die einzelnen Arbeiten erledigt werden sollen, selbst herausfinden und die Qualität seiner Arbeit und seiner Werkstücke selbst überwachen.
Beispiel *Ein Mediengestalter setzt nicht nur Texte und nimmt den Seitenumbruch vor, sondern entwirft auch ein künstlerisch anspruchsvolles Layout.*

**(Teil-)Autonome Arbeitsgruppen:** Ihre Mitglieder planen und organisieren ihre Arbeit selbstständig; sie führen alle Arbeitsgänge, -entscheidungen und -kontrollen in eigener Verantwortung aus.
Beispiel *Die Redaktion eines Loseblattverlags ist als Profitcenter organisiert, d. h., alle Mitarbeiter in dieser Gruppe tragen für die durch sie verursachten Kosten und erzielten Verkaufserlöse Verantwortung.*

**Ziele:** Durch die unterschiedlichen Formen der Humanisierung der Arbeit sollen folgende Ziele erreicht werden:
- Verringerung der Eintönigkeit der Arbeit,
- umfassende Informationen über den gesamten Produktionsprozess und damit ein erhöhtes Interesse an der Arbeit,
- Förderung der Teamfähigkeit bei den Mitarbeitern,
- Verbesserung der Motivation und der Arbeitszufriedenheit,
- Möglichkeit zur Selbstverwirklichung durch Mitgestaltung der Arbeitsabläufe und Mitverantwortung bei der Kontrolle.

## Gestaltung der Arbeitszeit

Die Gestaltung der Arbeitszeit muss einerseits die Interessen der Mitarbeiter berücksichtigen, andererseits aber auch die Ziele des Betriebes unterstützen.

### ♦ *Arbeitszeitgesetz*

Vergleiche hierzu Seite 70

Das Arbeitszeitgesetz (ArbZG) schreibt vor, welche Arbeitszeiten nicht überschritten werden dürfen. Andererseits vereinbaren Arbeitgeber und Arbeitnehmer in ihren Tarifverhandlungen immer geringere Wochenarbeitszeiten, sodass der Freizeitanteil immer größer wurde. In den letzten Jahren wurde zunehmend über eine Flexibilisierung der Arbeitszeit diskutiert. Flexibilisierung bedeutet hier, dass sich die Arbeitszeit nach der augenblicklichen Produktivität richtet.

Abweichend von diesen mehr generellen Regelungen gibt es verschiedene **Möglichkeiten der Arbeitszeitgestaltung**, um den Interessen von Betrieb und Mitarbeitern entgegenzukommen. Flexibel gestaltete Arbeitszeiten sind aus folgenden Gründen sinnvoll:

- Sie entsprechen dem Wunsch der Mitarbeiter nach mehr Freiheit und Selbstbestimmung,
- sie ermöglichen dem Betrieb einen Mitarbeitereinsatz entsprechend dem Auftragseingang,
- sie ermöglichen eine gleichmäßige Auslastung der Maschinenkapazität im Mehrschichtbetrieb,
- sie sparen Kosten.

♦ *Gleitende Arbeitszeit*

Bei der gleitenden Arbeitszeit wird die Arbeitszeit in eine **Kernarbeitszeit** und eine **Gleitzeit** aufgeteilt. Während bei der Kernarbeitszeit eine Anwesenheitspflicht besteht, kann der Mitarbeiter im Gleitzeitbereich Beginn und Ende seiner täglichen Arbeitszeit selbst bestimmen. Bedingung ist lediglich, dass er die vorgeschriebene Wochenarbeitszeit einhält.

**Beispiel** *Die Geschäftsleitung der Medi@ AG diskutiert folgendes Arbeitszeitmodell:*

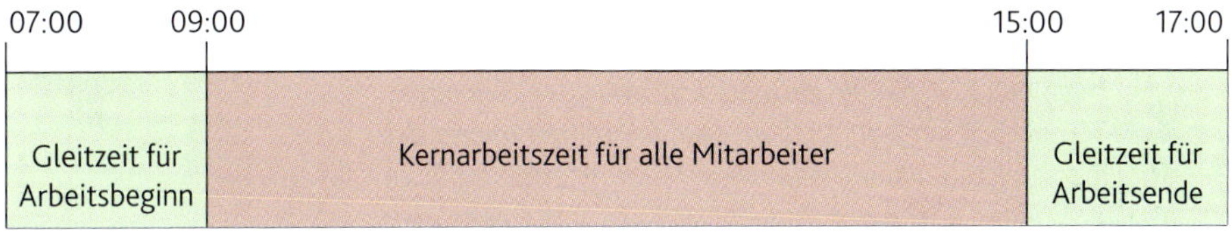


*Ein Mitarbeiter hat jetzt mehrere Möglichkeiten. Er kann um 08:00 Uhr beginnen, muss jedoch dann bis 16:00 Uhr bleiben. Er kann aber auch früh um 07:00 Uhr kommen und dafür schon um 15:00 Uhr gehen. Falls ein Arbeitnehmer um 14:00 Uhr gehen möchte, kann er die fehlende Arbeitsstunde innerhalb von 14 Tagen nacharbeiten.*

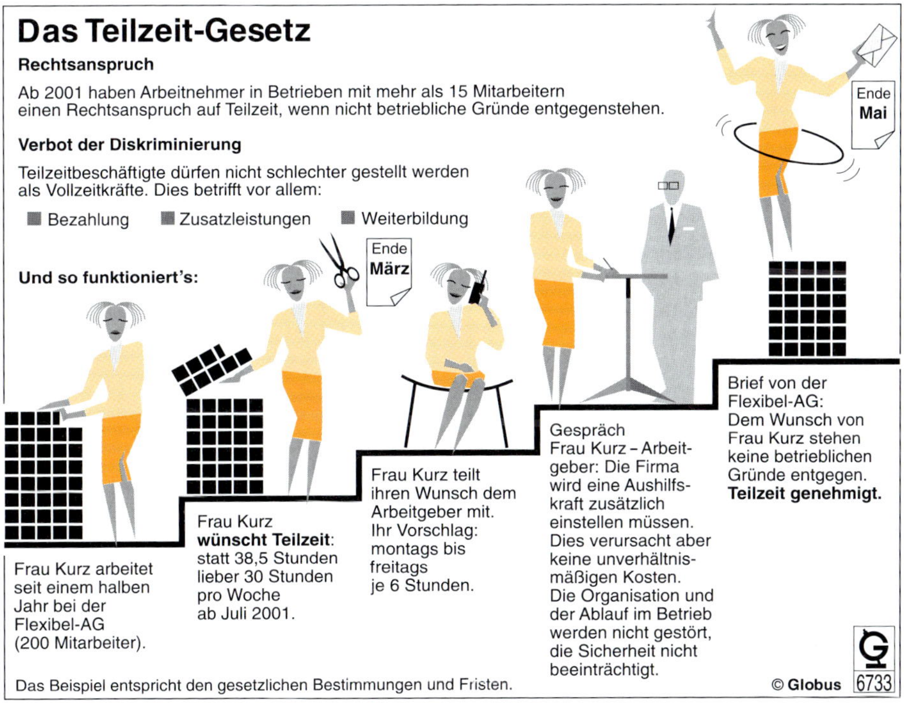

♦ *Teilzeitarbeit*
Bei der Teilzeitarbeit handelt es sich meist um Halbtagsarbeit. Die Mitarbeiter stehen dem Betrieb nur einen Teil der tariflichen Arbeitszeit zur Verfügung. Diesen Teilzeitarbeitsplätzen stehen viele Unternehmen skeptisch gegenüber. Die Gründe hierfür sind:

- Die meisten Arbeitskräfte wollen ausschließlich am Vormittag arbeiten, dies lässt sich jedoch nicht immer mit dem Arbeitsanfall koordinieren.
- Die Teilzeitkräfte sind nicht hinreichend flexibel, und bei Geschäftsreisen, längeren Konferenzen und zu Außenterminen können sie nicht eingesetzt werden.
- Die Kosten für eine solche Stelle sind recht hoch.

Die Teilzeitarbeit spielt in allen Wirtschaftsbereichen eine zunehmend bedeutende Rolle.

♦ *Telearbeit*
Werden flexible Arbeitszeitmodelle mit den Möglichkeiten der modernen Informations- und Kommunikationstechnologie verknüpft, so ergeben sich völlig neue Modelle. Es öffnet sich ein neuer Markt für **Heimarbeit am PC**, in dem Mitarbeiter von zu Hause interaktiv in ständiger Verbindung mit dem Zentralrechner stehen und Arbeiten erledigen. Der Arbeitsplatz wird also in die private Umgebung des Arbeitnehmers verlagert.

Beispiel *Die Medi@ AG hat die gesamte Erfassung der Kleinanzeigen in die Heimarbeit verlegt. Auch die beiden Programmierer des Unternehmens leisten einen erheblichen Teil ihrer Arbeitszeit zu Hause. Alle verfügen über einen firmeneigenen PC und stehen über ein Modem mit dem Betriebsrechner in dauernder Verbindung. Alle wichtigen Vorgänge werden auf den „Heimrechner" überspielt, dort gelöst und wieder zurückgespeichert. Die begleitenden Informationen werden per Telefon, E-Mail oder Fax ausgetauscht.*

Diese Form von Heimarbeit eignet sich insbesondere für qualifizierte Arbeitskräfte zu Hause,

- die aus persönlichen Gründen (Kindererziehung) nicht ganztags arbeiten können,
- die keine starre Arbeitszeit akzeptieren können,
- die weitab von ihrem Arbeitsplatz wohnen.

***Verfahren zur Humanisierung der Arbeit***

- ***Humanisierung*** *der Arbeit bedeutet, die Arbeit und den Arbeitsablauf* ***stärker an die Fähigkeiten, Qualifikationen und Bedürfnisse der Mitarbeiter anzupassen****.*
- *Verfahren zur Verbesserung der Arbeitsbedingungen:*
  - ***Aufgabenerweiterung (Jobenlargement)***
  - ***Aufgabenbereicherung (Jobenrichment)***
  - ***Arbeitsplatzwechsel (Jobrotation)***
  - ***(teil-)autonome Arbeitsgruppen***
- *Das* ***Arbeitszeitgesetz*** *gibt die Rahmenbedingungen für die Arbeitszeit vor.*

**Flexibilisierungsmöglichkeiten**

| Gleitende Arbeitszeit | Teilzeitarbeit | Telearbeit |
|---|---|---|
| • Gleitzeit<br>• Kernarbeitszeit | • Teil der tariflichen Arbeitszeit | • Arbeiten am häuslichen PC |

- ***Heimarbeit*** *verlagert bestimmte Arbeiten in die private Umgebung des Arbeitnehmers. Dieser bestimmt seine Arbeitszeit selbst.*

## Aufgaben

1 Erklären Sie den Begriff „Humanisierung der Arbeit".

2 Beurteilen Sie folgende Maßnahmen zur Humanisierung der Arbeit:
a) Jobrotation b) Jobenlargement c) Jobenrichment

3 Untersuchen Sie die Belastungen von Schülern und Lehrern am „Arbeitsplatz Schule" (Mobiliar, Beleuchtung, Arbeitszeiten ...) und entwerfen Sie ein ideales Konzept, wie mögliche Belastungen abgebaut werden können.

4 Stellen Sie dar, welche Vorteile ein Betrieb durch die Einführung flexibler Arbeitszeiten erlangen kann.

5 Unterscheiden Sie Kernarbeitszeit, Gleitzeit und Teilzeitarbeit.

6 Formulieren Sie für das Gleitzeitmodell der Medi@ AG eine Betriebsvereinbarung.

7 Die Medi@ AG will Telearbeit einführen.
a) Erläutern Sie, was man unter Telearbeit versteht.
b) Nennen Sie aus der Sicht der Industrieunternehmung je zwei Vor- und Nachteile der Telearbeit.

## Wiederholungsaufgaben

Die Medi@ AG stellt pro Jahr mehrere auszubildende Medienkaufleute ein. In den Monaten Oktober und November eines jeden Jahres werden Stellenanzeigen in regionalen und überregionalen Tageszeitungen geschaltet, um Bewerber über eine Ausbildung zum(r) Medienkaufmann/Medienkauffrau Digital und Print zu informieren. Ihre Aufgaben als Mitarbeiterin/Mitarbeiter der Personalabteilung bestehen darin, bei der Vorbereitung, Durchführung und Auswertung des Bewerbungsverfahrens mitzuwirken.

1 Entwerfen Sie eine Stellenanzeige für den Ausbildungsberuf „Medienkaufmann/Medienkauffrau Digital und Print". Sie können dazu die unten stehenden Textbausteine verwenden.

Textbaustein 1 „Unternehmensvorstellung":
Eine Berufsausbildung bei der Medi@ AG ist für Sie der Einstieg in die Welt der Medien in ihrer ganzen Vielfalt – der Grundstein Ihrer beruflichen Laufbahn. Die Integration in den täglichen Arbeitsprozess gibt Ihnen größte Einblicke in die verschiedensten Aufgabenbereiche und Tätigkeitsfelder. Auf qualifizierte Betreuung und sinnvolle Ausbildungspläne legen wir großen Wert. Interne Schulungen und andere weiterführende Angebote unterstützen Sie in Ihrem Bemühen, Ihr Ausbildungsziel zu erreichen und ein echter Medienprofi zu werden.
Übrigens: Wir bilden aus, um langfristig mit Ihnen zusammenzuarbeiten.

Textbaustein 2 „Aufgaben":
Medienkaufleute werden in verschiedenen Abteilungen eingesetzt und unterstützen dort den jeweiligen Arbeitsprozess. Ihre berufliche Tätigkeit ist vielfältig und ausbaufähig.

Textbaustein 3 „Beispiele":
In der Herstellung werden Produktionsabläufe geplant und gesteuert, die Gestaltung der Seiten und Schriftbilder festgelegt, Produktionsaufträge erteilt und überwacht. Das Marketing führt Marktanalysen durch, plant die Verkaufsförderung und führt die Werbung durch. Im Vertrieb werden die Vertriebswege und -strategien geplant und begleitet. Im Bereich Anzeigen liegt der Schwerpunkt auf dem Beraten und dem Verkaufen von Anzeigen. In der Produktion lernen Auszubildende den kompletten Druckablauf und die Druckverfahren kennen. In der kaufmännischen Abteilung werden Kenntnisse des Zahlungsverkehrs und -verzugs sowie der Kosten- und Leistungsrechnung vermittelt.

Darüber hinaus lernen die Auszubildenden in allen Abteilungen die betriebsinterne Büroorganisation sowie Informations- und Kommunikationstechniken kennen.

Textbaustein 4 „Voraussetzungen":
Gute Mittlere Reife oder (Fach-)Abitur, ausgeprägtes Interesse am Verlagswesen, hohe Flexibilität, Fähigkeit, selbstständig und im Team zu arbeiten, Organisationstalent, Freude an der PC-Arbeit.

Textbaustein 5 „Einsatzgebiete":
Kaufmännischer Bereich, Produktion, Herstellung, Werbung, Warenwirtschaft, Marketing, Redaktion, Anzeigen, Vertrieb.

Textbaustein 6 „Ausbildungsmodalitäten":
Die Ausbildung dauert zweieinhalb Jahre. Die Ausbildungsvergütung erfolgt nach dem jeweils gültigen Mantel- und Entgelttarifvertrag für Buchhandlungen und Verlage.

Textbaustein 7 „Abschluss":
Überzeugen Sie uns mit Ihren vollständig eingesandten Bewerbungsunterlagen (inkl. Anschreiben, Lebenslauf, Lichtbild und Zeugniskopien). Sollten Ihnen diese Unterlagen auch in elektronisch versendbaren Formaten vorliegen, können Sie sich gerne auch direkt online bewerben.

Textbaustein 8 „Ansprechpartner":
Medi@ AG
Herr Thomas Gebauer
Hugo-Eckener-Straße 1
50829 Köln

Telefon: 0221 4453692
Fax: 0221 4453698
E-Mail: Thomas.Gebauer@mediaag.de

2 Nach dem Erscheinen einer Stellenanzeige treffen gewöhnlich sehr viele Bewerbungsschreiben ein. Eine der ersten Aufgaben besteht darin, geeignete von ungeeigneten Bewerbungen zu trennen. Entwerfen Sie eine Checkliste, die die Aspekte Vollständigkeit der Bewerbungsunterlagen (was muss vorhanden sein?) und Eignung des Bewerbers im Sinne der Stellenanzeige enthält.

3 Eine Reihe von Bewerbern soll zu einem Vorstellungsgespräch eingeladen werden. Um diese Gespräche rationeller führen zu können, ist es sinnvoll, einen Gesprächsleitfaden zu verwenden.
Entwerfen Sie einen Gesprächsleitfaden, der die bisherige Situation der Bewerber für einen Ausbildungsplatz berücksichtigt.

4 Nach Abschluss des Bewerbungsverfahrens werden die Bewerber schriftlich informiert, ob sie berücksichtigt werden konnten oder abgelehnt wurden.
Formulieren Sie a) ein Zusageschreiben und b) ein Absageschreiben.

## Prüfungsaufgaben

1 Stellen Sie fest, ob der Kündigungsgrund in den unten stehenden Sachverhalten
a) in der Person des Arbeitnehmers,
b) im Verhalten des Arbeitnehmers oder
c) in dringenden betrieblichen Erfordernissen zu suchen ist:

1. wiederholtes unentschuldigtes Fehlen des Arbeitnehmers
2. Arbeitsverweigerung
3. längere Krankheit
4. Schließung einer Abteilung
5. Insolvenz des Unternehmens

2 Das Arbeitsrecht unterscheidet einfache und qualifizierte Arbeitszeugnisse. Welcher Satz aus dem nachfolgendem Zeugnis macht dieses Zeugnis zu einem qualifizierten Zeugnis?

a) Herr Müller, geb. am 17. August .., trat am 1. Januar .. als Kaufmann für audiovisuelle Medien in unser Unternehmen ein.
b) Er wurde als Aufnahmeleiter eingesetzt.
c) Herr Müller erfüllte die ihm übertragenen Aufgaben zu unserer vollen Zufriedenheit.
d) Er verlässt unser Unternehmen zum 31. Dezember .. auf eigenen Wunsch.

3 Bringen Sie durch Einsetzen der Ziffern 1 bis 7 die nachfolgenden Arbeitsschritte bei der Beschaffung von Mitarbeiterinnen/Mitarbeitern in die richtige Reihenfolge.

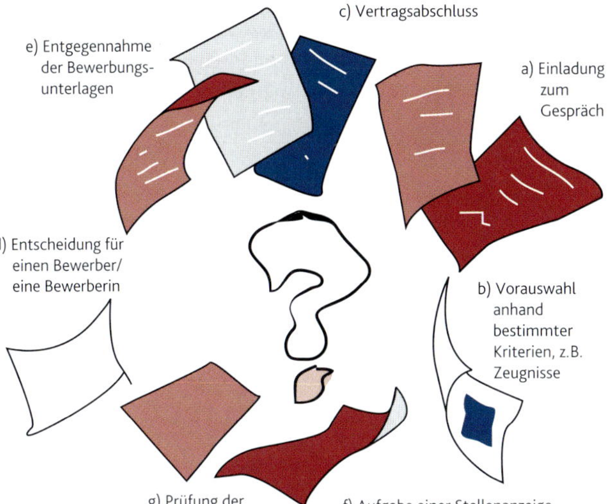


4 Welche der nachfolgenden Aussagen trifft auf den Betriebsrat zu?

a) In Betrieben mit mindestens zwanzig ständigen wahlberechtigten Mitarbeitern werden Betriebsräte gewählt.
b) Wahlberechtigt sind alle Arbeitnehmer, die das 18. Lebensjahr vollendet haben.
c) Die Amtszeit des Betriebsrates beträgt drei Jahre.
d) Wird der Betriebsrat vor einer Kündigung nicht gehört, ist diese unwirksam.
e) Betriebsratsmitglieder sind während der Amtszeit und ein Jahr danach unkündbar.

5 Neben den gesetzlichen Sozialleistungen werden von den Arbeitgebern auch freiwillige Sozialleistungen erbracht. Ermitteln Sie, bei welchen der unten stehenden Fälle es sich um

1. gesetzliche,
2. freiwillige,
3. weder eine gesetzliche noch eine freiwillige Sozialleistung handelt.

a) Beitrag zur Rentenversicherung
b) Subventioniertes Essen in der Kantine
c) Gesetzliche Unfallversicherung der Mitarbeiter
d) Durchführung der Weihnachtsfeier
e) Einrichtung eines Betriebskindergartens

6 Bringen Sie durch Einsetzen der Ziffern 1 bis 7 die nachfolgenden Arbeitsschritte bei der Beschaffung von Mitarbeiterinnen/Mitarbeitern in die richtige Reihenfolge.

a) Einladung zum Gespräch
b) Vorauswahl anhand bestimmter Kriterien, z. B. Zeugnisse
c) Vertragsabschluss
d) Entscheidung für einen Berwerber/eine Bewerberin
e) Entgegennahme der Bewerbungsunterlagen
f) Aufgabe einer Stellenanzeige
g) Prüfung der Bewerbungsunterlagen

7 Das Arbeitsrecht unterscheidet einfache und qualifizierte Arbeitszeugnisse. welcher Satz aus dem nachfolgenden Zeugnis macht dieses Zeugnis zu einem qualifizierten Zeugenis?
   1. Herr Müller, geb. am 17. August . ., trat am 1. Januar . . als Kaufmann im Groß- und Außenhandel in unser Unternehmen ein.
   2. Er wurde als Einkäufer eingesetzt.
   3. Herr Müller erfüllte die ihm übertragenen Aufgaben zu unserer vollen Zufriedenheit.
   4. Er verlässt unser Unternehmen zum 31. Dezember . . auf eigenen Wunsch.
   5. Für eine erfolgreiche Zukunft wünschen wir Herrn Müller alles Gute.

8 Elke Sommer beginnt zum 1. Januar 20.. ihre Tätigkeit als Kauffrau für Medien- und Informationsdienste. Im Arbeitsvertrag wurde die gesetzliche Urlaubsregelung vereinbart. Nach achtmonatiger Beschäftigung nimmt sie 15 Werktage Urlaub.
Stellen Sie anhand des nachstehend abgebildeten Auszuges aus dem Bundesurlaubsgesetz fest, wie viele Werktage Urlaub Elke Sommer für das Jahr 20.. noch zustehen.

**Bundesurlaubsgesetz**

§ 1 Urlaubsanspruch

*Jeder Arbeitnehmer hat in jedem Kalenderjahr Anspruch auf bezahlten Erholungsurlaub.*

§ 2 Geltungsbereich

*Arbeitnehmer im Sinne des Gesetzes sind Arbeiter und Angestellte sowie die zu ihrer Berufsausbildung Beschäftigten. Als Arbeitnehmer gelten auch Personen, die wegen ihrer wirtschaftlichen Unselbständigkeit als arbeitnehmerähnliche Personen anzusehen sind; für den Bereich der Heimarbeit gilt § 12.*

§ 3 Dauer des Urlaubs

*(1) Der Urlaub beträgt jährlich mindestens 24 Werktage.*
*(2) Als Werktage gelten alle Kalendertage, die nicht Sonn- oder gesetzliche Feiertage sind.*

§ 4 Wartezeit

*Der volle Urlaubsanspruch wird erstmalig nach sechsmonatigem Bestehen des Arbeitsverhältnisses erworben.*

§ 5 Teilurlaub

*(1) Anspruch auf ein Zwölftel des Jahresurlaubs für jeden vollen Monat des Bestehens des Arbeitsverhältnisses hat der Arbeitnehmer*
   *a) für Zeiten eines Kalenderjahres, für die er wegen Nichterfüllung der Wartezeit in diesem Kalenderjahr keinen vollen Urlaubsanspruch erwirbt;*
   *b) wenn er vor erfüllter Wartezeit aus dem Arbeitsverhältnis ausscheidet;*
   *c) wenn er nach erfüllter Wartezeit in der ersten Hälfte eines Kalenderjahres aus dem Arbeitsverhältnis ausscheidet.*

*(2) Bruchteile von Urlaubstagen, die mindestens einen halben Tag ergeben, sind auf volle Urlaubstage aufzurunden.*

*(3) Hat der Arbeitnehmer im Falle des Absatzes 1 Buchstabe c bereits Urlaub über den ihm zustehenden Umfang hinaus erhalten, so kann das dafür gezahlte Urlaubsentgelt nicht zurückgefordert werden.*

9 Nicole Esser, die Leiterin der Abteilung Controlling der Medi@ AG, stellt ein leichtes Ansteigen der Personalfluktuation im Unternehmen fest.
   a) Erläuten Sie zwei innerbetriebliche Quellen, aus denen Sie Informationen über die Gründe der Fluktuation gewinnen können!
   b) Stellen Sie in einer Liste mögliche Gründe für die Personalfluktuation zusammen!

# 10 Wirtschaftliche Rahmenbedingungen in Entscheidungen der Unternehmen und der privaten Haushalte einbeziehen

## 10.1 Ordnungspolitischer Rahmen der Unternehmen und Haushalte

Die Medi@ AG überprüft eine Form der Gewinnbeteiligung für ihre Mitarbeiter. Ziel ist, dass die Mitarbeiter sich durch eine Beteiligung am Erfolg des Unternehmens stärker mit ihrem Arbeitsplatz identifizieren und motiviert sind, eigenverantwortlich die Ziele des Unternehmens zu gestalten und zu erreichen. Zusätzlich zu ihrem Gehalt sollen sie am Jahresende einen Teil des Jahresgewinns ausgezahlt bekommen. In einer Betriebsversammlung wird das Konzept zur Diskussion gestellt. Es bilden sich bei den Mitarbeitern zwei Fraktionen. Die eine Gruppe meint: „Gemeinwohl geht vor Eigenwohl! Deshalb ist es wichtig, alle Gewinnanteile im Unternehmen zu belassen, damit Geld für Investitionen bereitsteht und die Arbeitsplätze gesichert werden." Die andere Gruppe meint: „Die Geschäftsführung will nur auf Lohnerhöhungen verzichten und uns an das Unternehmen binden. Aber andererseits bekommen wir auch mehr Geld, wenn wir gut gearbeitet und einen Gewinn erzielt haben."

**Arbeitsaufträge**

- Die eine Fraktion betont das Gemeinwohl und fühlt sich als Kollektiv, das seine individuellen Ziele den betrieblichen unterordnet. Die andere Fraktion betont stärker ihre Individualziele. Diskutieren Sie die beiden Ansichten.
- Ähnliche Ansichten findet man auch in den Wirtschaftsordnungen verschiedener Länder wieder. Erläutern Sie, in welchen Wirtschaftsordnungen das Gemeinwohl bzw. das Eigenwohl im Vordergrund steht.

### Individualismus und Kollektivismus

Menschliches Handeln in der Gesellschaft kann von zwei grundsätzlichen Werthaltungen oder Prinzipien gesteuert sein.

#### Individualismus

Hier wird die Freiheit des Einzelnen betont, das Handeln wird bestimmt durch das **Individualprinzip**. Der Mensch wird als selbstständiges, freies und unabhängiges Wesen betrachtet, das seine Interessen verfolgt und sich entsprechend seinen eigenen Werten entfaltet. Kraft der Vernunft des Menschen wird unterstellt, dass er selbstständig erkennt, in welcher Form er einen Beitrag zum Gemeinwohl erbringen und dabei gleichzeitig seine eigenen Interessen verfolgen kann.

Beispiel *Gerhard Schmitz, ein ehemaliger Angestellter der Medi@ AG, hat sich selbstständig gemacht, um seine eigenen Interessen wie höheres Einkommen, Selbstbestimmung bei der Arbeit, höheres Prestige usw. zu verfolgen. Er eröffnet ein Geschäft für gebrauchte Tonträger. Er möchte seine Ware möglichst günstig einkaufen und zu einem möglichst hohen Preis verkaufen. Seine Kunden hingegen verfolgen das Ziel, eine bestimmte Ware zu einem möglichst niedrigen Preis zu kaufen. Verkäufer und Käufer verfolgen somit unterschiedliche Einzelinteressen. Beharren beide auf ihren Ansichten, wird es nicht zu einem Kaufvertrag kommen und ihre Ziele werden nicht erreicht. Weil die Menschen bei ihren Handlungen ihre Vernunft einsetzen, ist es möglich, dass Angebot und Nachfrage sich bei einem Gleichgewichtspreis einpendeln und beide Parteien ihre Ziele erreichen.*

Vergleiche hierzu Seite 331

Wenn sich jedes Individuum frei entfalten kann, so wird dadurch letztlich ein Maximum an Gemeinnutz erzielt. Eine Wirtschaftsordnung, die das Individualprinzip verfolgt, verfährt nach dem Grundsatz: **Eigennutz erzeugt Gemeinnutz**.

Beispiel *Dadurch, dass Gerhard Schmitz ein eigenes Geschäft für gebrauchte Tonträger eröffnet, kann sein Eigennutz (höheres Einkommen, selbstständiges Arbeiten usw.) erhöht werden. Durch den Verkauf seiner Ware ermöglicht er bestimmten Nachfragern, Tonträger zu einem günstigen Preis zu erwerben. Dadurch trägt er zum Gemeinnutz bei.*

◆ **Kollektivismus**

Hier stehen nicht die Interessen des Einzelnen, sondern die des Staates bzw. der Gesellschaft im Vordergrund. Das Handeln des Menschen hat sich dem **Kollektivprinzip**, d. h. den Gruppeninteressen und den Vorgaben des Staates unterzuordnen.

Für das Wirtschaften bedeutet das Kollektivprinzip, dass die Produktion von Gütern und deren Verteilung von einer zentralen Stelle geplant und gesteuert wird. Letztlich liegt das Eigentum an Produktionsmitteln beim Staat. Es gilt der Grundsatz: **Gemeinnutz geht vor Eigennutz**

## Modelle der Wirtschaftsordnung

Es gibt zwei Grundmodelle des Wirtschaftens, die sich auf Individualismus und Kollektivismus beziehen. Sie existieren in der Realität nicht in reiner Form, vielmehr tendieren einige Volkswirtschaften mehr oder weniger zu einem der beiden Grundmodelle und haben sie nach ihrer Gesellschaftsordnung ausgestaltet.

◆ **Modell der Zentralverwaltungswirtschaft**

Eine Zentralverwaltungswirtschaft versucht, die Gedanken des Kollektivismus in einer Volkswirtschaft umzusetzen. Im Modell der Zentralverwaltungswirtschaft befindet sich das **Eigentum an Produktionsmitteln in der Hand des Staates (Staatseigentum)**. Hierdurch ergibt sich eine **zentrale Lenkung der gesamten Produktion durch den Staat**. Ebenso wird der **Arbeitskräfteeinsatz zentral gesteuert**, d. h. die freie Wahl des Arbeitsplatzes ist weitgehend eingeschränkt.

Hieraus ergibt sich, dass alle Mitglieder der Volkswirtschaft einen Arbeitsplatz zugewiesen bekommen, wobei meist nur geringe Unterschiede in der Entlohnung der Arbeit gegeben sind. Wegen der Fremdbestimmung der einzelnen Menschen durch den staatlichen Zentralplan wird ihre Eigeninitiative nicht gefördert. Schließlich wird von ihnen nicht ein rationelles Arbeiten, sondern lediglich das **Ziel der Planerfüllung** verlangt. Hierdurch wird jedoch eine optimale Produktivität von Produktionsmitteln und Arbeitskräften selten erreicht.
Beispiel *Ein Mitarbeiter einer Druckerei in einer Zentralverwaltungswirtschaft erhält an einer Druckmaschine einen Arbeitsplatz zugewiesen. Da dieser Arbeitsplatz nicht seinen Neigungen entspricht und auch keine Möglichkeit bietet, das Arbeitseinkommen zu erhöhen, wird er nicht motiviert sein, seine Arbeitsleistung maximal zu erbringen. Er wird lediglich bestrebt sein, seine Planvorgaben zu erfüllen. Wenn er in der Lage wäre, täglich 60 000 Bogen zu drucken, seine Planvorgabe jedoch nur 40 000 Bogen vorsieht, so ist die Produktivität seiner Arbeitskraft und der Maschine nicht ausgelastet.*

In der Zentralverwaltungswirtschaft wird die **Produktion und die Verteilung der Güter zentral von einer staatlichen Kommission geplant**. Sie versucht, den Bedarf aller benötigten Güter der Volkswirtschaft zu erfassen und ihre Produktion zentral zu steuern. Die Produktion wird somit nicht durch die Nachfrage nach Gütern (Bedürfnisse der Menschen) geregelt, sondern nur durch die staatliche Planfestsetzung **(Subordinationsprinzip)**. Die Bedürfnisse werden somit nicht in vollem Umfang erfüllt. Ebenso entfällt eine freie Preisbildung durch Angebot und Nachfrage, da die **Güterpreise staatlich festgelegt** sind.

Vergleiche hierzu Seite 330

Beispiel *Eine Familie in einer Zentralverwaltungswirtschaft möchte einen Kühlschrank erwerben. Sie kann nicht in verschiedenen Geschäften das Angebot vergleichen und sich für ein bestimmtes Modell entscheiden. Sie ist abhängig von der Menge und der Qualität des Angebotes, das von der staatlichen Plankommission festgelegt wurde. Letztlich kann sie nur auf die „Zuteilung" eines Kühlschrankes hoffen.*

Der Hauptmangel der Zentralverwaltungswirtschaft liegt darin, dass nicht Nachfrage und Preise, sondern die staatliche Planung die Produktion steuert. Da ein Produktionsplan und nicht die Individuen den Bedarf bestimmen, bestehen zum Teil sehr große **Unterschiede zwischen dem Plan und dem tatsächlichen Konsumverhalten**. Dies führt zu einer häufigen Korrektur von Produk tionsplänen, die allerdings erst mit starken zeitlichen Verzögerungen erfolgt. Zwischenzeitlich können sich

die Bedürfnisse in der Volkswirtschaft bereits wieder verändert haben, sodass eine optimale Erfüllung der Bedürfnisse letztlich nicht möglich ist.
**Beispiel** *In einer Zentralverwaltungswirtschaft entsteht während einer Hitzewelle im Sommer bei einigen Menschen das Bedürfnis nach moderner Strandbekleidung. Im laufenden Produktionsplan waren diese Güter jedoch nicht in ausreichender Menge vorgesehen. Bis der Bedarf erfasst und im Produktionsplan des nächsten Jahres berücksichtigt wird, ist die Hitzewelle vorbei. Wenn im kommenden Jahr die Produktion für diese Güter gestartet wird, so kann es zu einem Überangebot kommen, weil die Nachfrage, z. B. aufgrund eines regnerischen Sommers, zurückgegangen ist.*

Zentralpläne geben nur Mengenvorgaben vor. Das Ziel der Produktionseinheiten (Betriebe) besteht in der **Erfüllung des Plan-Solls**, nicht in der Erzielung von Gewinn. Somit wird das Denken in Kosten und Leistungen nicht unterstützt. Technische Neuerungen, Rationalisierungsmaßnahmen, Investitionen in Forschung und Entwicklung neuer Produkte sowie Maßnahmen zur Verbesserung der Arbeitsbedingungen der Mitarbeiter werden häufig zugunsten einer mengenmäßig orientierten Planerfüllung zurückgestellt.

Vergleiche hierzu Seite 474

- **Modell der freien Marktwirtschaft**

Eine freie Marktwirtschaft basiert auf den Gedanken des **Individualismus**. Die Produktionsmittel sind in privater Hand, es herrscht freie Wahl des Arbeitsplatzes mit frei aushandelbarer Entlohnung, freier Wettbewerb und Gewinnstreben.
**Beispiel** *In der freien Marktwirtschaft kann ein Mitarbeiter seinen Arbeitsplatz selbst auswählen, er richtet sich dabei vorwiegend nach seinen individuellen Bedürfnissen, wie Einkommen, Entfernung zum Arbeitsplatz, Fortbildungsmöglichkeiten, Aufstiegschancen usw. Er kann aber auch jederzeit selbst einen eigenen Betrieb eröffnen, wenn er über entsprechendes Know-how, Kapital und Risikobereitschaft verfügt.*

Die einzelnen Wirtschaftssubjekte (Haushalte, Unternehmen) erstellen ihre eigenen **individuellen Pläne (dezentrale Planung)**. Das Angebot und die Nachfrage nach Gütern wird über den Preismechanismus geregelt, d. h., der Preis eines Gutes bildet sich auf dem jeweiligen Markt. Die einzelnen Märkte übernehmen eine Ausgleichsfunktion zwischen Angebot und Nachfrage.

Vergleiche hierzu Seite 330

**Beispiel** *Wenn in einer freien Marktwirtschaft die Nachfrage nach Gütern abnimmt, so passen die Unternehmen ihre Kapazität an, sie entlassen nicht mehr benötigte Arbeitskräfte und senken so ihre Kosten (Lohnkürzungen).*

Ein staatlicher Eingriff in das Wirtschaftsleben unterbleibt. Der Staat hat lediglich die Aufgabe, die Menschen und ihr Eigentum zu schützen und auf die Einhaltung von gesellschaftlichen und gesetzlichen Normen zu achten. Deshalb wird dem Staat in diesem volkswirtschaftlichen Modell lediglich eine **„Nachtwächter-Funktion"** zugeschrieben.
**Beispiel** *In der freien Marktwirtschaft ist es möglich, dass ein Unternehmen jederzeit Mitarbeiter entlässt, da kein gesetzlicher Kündigungsschutz existiert.*

Menschen und Unternehmen in der freien Marktwirtschaft können dank ihrer Entscheidungsfreiheit schnell und flexibel auf Marktveränderungen reagieren. So verändern sich bei Unternehmen marktbedingt Produktionsmengen und -preise, und neue Produkte werden entwickelt, wenn sie marktfähig sind, d. h. wenn mit ihnen Gewinn erwirtschaftet werden kann. Die Nachfrager nach Gütern können frei über Art, Menge und Qualität entscheiden und zwischen verschiedenen Anbietern auswählen.
**Beispiel** *Eine Familie in einer freien Marktwirtschaft, die einen Kühlschrank kaufen möchte, kann bei verschiedenen Anbietern Geräte mit unterschiedlichen Leistungsdaten und Preisen erwerben.*

### Vergleich der idealtypischen Wirtschaftsordnungen

| Marktwirtschaft | | Zentralverwaltungswirtschaft |
|---|---|---|
| Individualprinzip | **Ordnungsprinzip** | Kollektivprinzip |
| dezentral (durch alle Individuen) | **Planung** | zentral (durch den Staat) |
| Gewinnmaximierung | **Ziele der Unternehmen** | Planerfüllung |
| Privateigentum | **Eigentum an Produktionsmitteln** | staatliches bzw. gesellschaftliches Eigentum |
| durch Angebot und Nachfrage auf dem Markt | **Preisbildung** | Festlegung durch den Staat |
| kein Eingreifen in die Wirtschaft; nimmt Sicherheitsfunktionen wahr | **Funktion des Staates** | Gestaltung des Wirtschaftsablaufs |

♦ **Merkmale der sozialen Marktwirtschaft**

Während die reine Zentralverwaltungswirtschaft und die freie Marktwirtschaft lediglich Modelle für Wirtschaftsordnungen sind, gibt es in der Realität eine Vielzahl von Formen, die die jeweiligen Nachteile beider Modelle vermeiden sollen.

Als Gründer der sozialen Marktwirtschaft gilt Alfred Müller-Armack (1901–1978), der diese im Rahmen seiner Tätigkeit als Professor der Volkswirtschaftslehre theoretisch begründet und später als Staatssekretär von Ludwig Erhard (1897–1977) mit durchgesetzt hat. Ludwig Erhard machte sie als Wirtschaftsminister zur Grundlage der Wirtschaftsordnung der Bundesrepublik. Die soziale Marktwirtschaft, so wie sie als Wirtschaftsordnung der Bundesrepublik zu verstehen ist, wird von zwei zentralen Prinzipien gekennzeichnet: dem **Individualprinzip** als freiheitlichem Prinzip **(Liberalismus)** und dem **sozialen Prinzip**, welches das Freiheitsprinzip in gewisser Weise einschränkt.

In der sozialen Marktwirtschaft sind die **Produktionsmittel grundsätzlich Privateigentum**. Arbeitnehmer können sich durch Erwerb von Aktien und sonstigen Anteilen an Unternehmen am Produktivvermögen beteiligen. Daneben verfügt auch der Staat über Produktionsmittel, die **öffentliches Eigentum** sind (staatliche Betriebe, z. B. Bundesbank und Beteiligungen an privaten Betrieben). Ferner besteht **Gewerbefreiheit**, d. h., jeder Bürger ist berechtigt, selbstständig ein Gewerbe zu betreiben.

*Vergleiche hierzu Seite 96*

**Beispiele**
- *Die Medi@ AG gehört den Kapitalgebern (Aktionären).*
- *Ein Mitarbeiter der iVent GmbH macht sich selbstständig und eröffnet eine Marketing-Eventagentur.*

Unternehmen planen marktabhängig ihre Produktion und ihre Investitionen, die Haushalte verfügen frei über ihr Einkommen. Durch **Leistungswettbewerb** auf den Märkten wird eine **freie Preisbildung** durch Angebot und Nachfrage gesteuert.

**Beispiel** *Die Medi@ AG bringt ein neues Musikalbum heraus, sie entscheidet über die Interpreten, die Höhe der Investitionen, den Preis und das Design. Dabei orientiert sie sich an den Marktbedingungen (Konkurrenz, Kundenwünsche usw.). Der Markt entscheidet letztlich über den Erfolg des Produktes.*

Arbeitnehmervertreter (Gewerkschaften) und Arbeitgebervertreter handeln als **autonome Sozialpartner** Löhne und Arbeitsbedingungen aus **(Tarifautonomie)**.

*Vergleiche hierzu Seite 82*

**Beispiel** *Die Medi@ AG ist dem Arbeitgeberverband BDZV (Bundesverband Deutscher Zeitungsverleger) angeschlossen, der ihre Interessen gegenüber den Gewerkschaften vertritt. Vereinbarungen über Löhne, Urlaub, Arbeitsbelastungen usw. werden in Tarifverträgen festgelegt, an die sich beide Parteien halten müssen.*

Vergleiche hierzu Seite 538

**Ordnungspolitik, Ablaufpolitik** (Prozess- oder Stabilitätspolitik) und **Strukturpolitik** bilden die Teilbereiche der Wirtschaftspolitik. Diese beinhaltet sämtliche Maßnahmen, die darauf abzielen, das Wirtschaftsleben zu ordnen, zu beeinflussen oder unmittelbar festzulegen.

## ● Ordnungspolitik

Unter **Ordnungspolitik** werden die Maßnahmen des Staates verstanden, welche die Wirtschaftsordnung – im Falle Deutschlands also die soziale Marktwirtschaft – gestalten, erhalten und ausbauen. Damit werden langfristig die rechtlichen, sozialen und wirtschaftlichen Rahmenbedingungen festgelegt, innerhalb derer sich der Wirtschaftsprozess vollzieht. Trotz ihres grundlegenden Charakters ist Ordnungspolitik keineswegs starr, sondern entwickelt sich entsprechend veränderten Bedingungen und Einschätzungen weiter.

Beispiel *Bis zum Jahr 2000 gab es das Ministerium für Landwirtschaft. Nun heißt es Bundesministerium für Ernährung, Landwirtschaft und Verbraucherschutz. Durch den Wandel vom Verkäufer- zum Käufermarkt hat der Verbraucherschutz eine stärkere Bedeutung erlangt.*

Vergleiche hierzu Seite 492

Bei der **Strukturpolitik** handelt es sich um staatliche Maßnahmen zur Beeinflussung und Verbesserung der bestehenden Wirtschaftsstruktur. Dazu zählen insbesondere die sektorale (Branchen) und die **regionale Strukturpolitik**.

Beispiel *Der Staat fördert durch Investitionszuschüsse und Subventionen den Wirtschaftsaufbau in den neuen Bundesländern, damit der Anpassungsprozess an das wirtschaftliche Niveau der westlichen Bundesländer beschleunigt wird.*

## ● Ablaufpolitik

Die **Ablaufpolitik (Prozess- oder Stabilitätspolitik)** hat die Aufgabe, zielgerichtet, ergänzend und korrigierend in den Wirtschaftsprozess einzugreifen, wenn der Marktmechanismus versagt. Die Maßnahmen haben im Vergleich zu ordnungspolitischen Maßnahmen eher kurz- bis mittelfristigen Charakter und dienen vornehmlich dazu, Schwankungen zu vermeiden oder zu dämpfen. Die Ablaufpolitik wird im Wesentlichen durch die Konjunktur- und Wachstumspolitik bestimmt.

Beispiel *Ende der Sechzigerjahre des letzten Jahrhunderts wurde aufgrund der ersten Nachkriegsrezession durch die Bundesregierung beschlossen, Ausgaben für die Elektrifizierung des Schienennetzes zur Steigerung der gesamtwirtschaftlichen Nachfrage zu tätigen. Ziele waren ein höheres Wirtschaftswachstum und eine höhere Beschäftigung.*

Bei allen angewandten Maßnahmen der Ablaufpolitik gilt der Grundsatz der **Marktkonformität**. Eingriffe in den Wirtschaftsprozess sind dann marktkonform, wenn sie den Marktmechanismus nicht stören, also die Preisfunktion nicht außer Kraft setzen.

Beispiel *Vom Staat garantierte Abnahmepreise für Agrarprodukte sichern den Herstellern zwar ein bestimmtes Mindesteinkommen, sind aber marktunkonform, weil der Marktpreis seine eigentliche Funktion nicht mehr erfüllen kann. Der Wettbewerb zwischen den einzelnen Landwirtschaftsbetrieben wird unterbunden. Im Vergleich dazu sind Subventionen, die an Landwirte für bestimmte Mengen an Agrarprodukten gezahlt werden, marktkonform. Die Preise werden zwar beeinflusst, nicht aber der Preisbildungsmechanismus über Angebot und Nachfrage.*

Eingriffe des Staates in das Marktgeschehen sind nicht immer optimal, da der Staat als Entscheidungsträger nicht über vollständige Informationen verfügt. So ist z. B. die Datenbasis, die als Grundlage für wirtschaftspolitische Entscheidungen dient, unzuverlässig oder es können zukünftige Entwicklungen auf Märkten nicht rechtzeitig erkannt werden.

## ● Ziele der Ordnungspolitik

Das Grundgesetz bildet den Rahmen für die Ordnungspolitik. Der Begriff „soziale Marktwirtschaft" ist nicht ausdrücklich erwähnt. Damit ist im Grundgesetz keine bestimmte Wirtschaftsordnung verankert und vorgeschrieben. Allerdings sind weder die Zentralverwaltungswirtschaft noch die freie Marktwirtschaft mit dem Grundgesetz vereinbar.

Beispiel *Das in Artikel 2 des Grundgesetzes enthaltene Grundrecht auf die freie Entfaltung der Persönlichkeit ist mit der Wirtschaftsordnung einer Zentralverwaltungswirtschaft unvereinbar. Demgegenüber sind Artikel 14 (2) und 14 (3) des Grundgesetzes, die die Sozialpflichtigkeit des Eigentums bzw. die Möglichkeit zur Enteignung zugunsten des Allgemeinwohles behandeln, mit der Wirtschaftsordnung einer freien Marktwirtschaft unvereinbar.*

Die soziale Marktwirtschaft ist eine von mehreren möglichen Wirtschaftsordnungen innerhalb des Ordnungsrahmens des Grundgesetzes. Gesetzgeber und Regierung haben die Aufgabe, diese zu gestalten und wirtschaftspolitische Ziele abzuleiten, ohne den Wesensgehalt der Grundrechte anzutasten. Daraus ergibt sich, dass ordnungspolitische Ziele in ein Zielsystem eingebunden sind, da die Ordnungspolitik Teilbereich der Wirtschaftspolitik und diese wiederum Teilbereich der Gesellschaftspolitik ist. Untergeordnete Ziele tragen jeweils zur Erreichung übergeordneter Ziele bei.

**Wesentliche ordnungspolitische Ziele sind:**

- **Sicherung der Wirtschaftsordnung:** Der Staat muss dafür Sorge tragen, dass die individuellen Freiheitsrechte im Hinblick auf Berufswahl und Gewerbefreiheit, Bildung von Privateigentum, Vertragsfreiheit, freie Wahl von Wohnort und Arbeitsplatz gewahrt bleiben, sofern kein anderer dadurch in diesen Rechten beeinträchtigt wird. Darüber hinaus muss er dem sozialen Aspekt der Marktwirtschaft insofern Rechnung tragen, als er auch sozial und wirtschaftlich Schwächere in das Gesellschaftsleben integriert.
  Beispiel *Die Medi@ AG hat ihre Vertragsbedingungen in den sogenannten allgemeinen Geschäftsbedingungen festgelegt. Trotz der Vertragsfreiheit wurden begrenzende rechtliche Regelungen in Form der Paragrafen im BGB (§ 305 ff. BGB) geschaffen, um die rechtliche Position des Käufers gegenüber dem Verkäufer zu stärken.*

- **Sicherung der Funktionsfähigkeit des Marktes und damit Erhaltung des Wettbewerbs**
  Beispiel *Für die Medi@ AG existieren keine staatlichen Vorgaben hinsichtlich der Art und Menge der zu produzierenden Güter. Diese Koordinierungsaufgabe erfüllt der Wettbewerb unter den Anbietern. Der Preismechanismus stellt sicher, dass sich Unternehmen an den Wünschen der Nachfrager orientieren müssen, wenn sie gegenüber anderen Konkurrenten bestehen wollen.*

## Bereiche und Maßnahmen der Ordnungspolitik

Aus den beschriebenen Zielen leiten sich folgende Bereiche und entsprechende Maßnahmen der Ordnungspolitik in der sozialen Marktwirtschaft der Bundesrepublik Deutschland ab:

- **Verbraucherpolitik:** Die Verbraucherpolitik hat das Ziel, den Verbraucher in seiner Marktposition gegenüber dem Produzenten zu stärken, d. h. den Verbraucher durch ordnungspolitische Regelungen direkt und indirekt zu schützen. Damit wird dem Wandel vom Verkäufer- zum Käufermarkt Rechnung getragen. Auch Wettbewerbspolitik ist letztendlich ein Teilbereich der Verbraucherpolitik, da durch Aufrechterhalten des Wettbewerbs der Verbraucher indirekt geschützt wird.
  Beispiele *Preisangabenverordnung, Paragrafen im BGB zu den allgemeinen Geschäftsbedingungen, Gesetz über die Haftung fehlerhafter Produkte, Geräte- und Produktsicherheitsgesetz.*

Vergleiche hierzu Seite 364

- **Arbeits- und Sozialpolitik:** Nach Artikel 20 des Grundgesetzes (Sozialstaatsprinzip) hat der Staat dafür Sorge zu tragen, dass ein Ausgleich sozialer Gegensätze und eine gerechte Verteilung der Lasten angestrebt werden. Die Arbeits- und Sozialpolitik verfolgt zum einen das Ziel, einer durch den Marktmechanismus entstehenden ungleichmäßigen Einkommens- und Vermögensverteilung entgegenzuwirken, zum anderen sollen unter strenger Berücksichtigung des Subsidiaritätsprinzips sozial schwächer gestellte oder in Not geratene Menschen unterstützt und abgesichert werden. Der Staat entspricht dadurch dem Anspruch auf soziale Sicherheit und Gerechtigkeit. Folgende Gesetze und Maßnahmen sind wichtige staatliche Instrumente der Einkommensumverteilung, der sozialen Sicherung, des Arbeitnehmerschutzes und der Gleichberechtigung:

**Steuerrecht:** Mit den Steuereinnahmen finanziert der Staat im Wesentlichen seine Ausgaben. Durch Steuererhöhungen oder -senkungen kann der Staat regulierend in das Wirtschaftsgeschehen eingreifen. **Soziale Aspekte** werden berücksichtigt, indem Freibeträge und ansteigende Steuersätze (Steuerprogression) festgelegt werden.
Beispiele *Einkommensteuergesetz, Körperschaftsteuergesetz, Umsatzsteuergesetz, Gewerbesteuergesetz*

**Sozialversicherungsbeiträge:** Einkommensabhängige Pflichtbeiträge, die mit Ausnahme der Unfallversicherung je zur Hälfte von Arbeitgeber und Arbeitnehmer getragen werden.
Beispiele *Kranken-, Renten-, Arbeitslosen-, Pflege- und Unfallversicherung*

**Transferzahlungen:** Zahlungen des Staates an private Haushalte ohne Gegenleistung.
Beispiele *Arbeitslosengeld I und II, Kindergeld, Erziehungsgeld, Wohngeld, Ausbildungsförderung*

**Arbeitsrecht:** Der Staat schreibt verbindlich bestimmte Normen für Arbeitnehmer und Arbeitgeber vor.
Beispiele *Mutterschutzgesetz, Kündigungsschutzgesetz, Berufsbildungsgesetz, Jugendarbeitsschutzgesetz, Arbeitszeitgesetz, Mitbestimmungsgesetz*

*Vergleiche hierzu Seite 66 ff.*

- **Umweltschutzpolitik:** Regelungen zum Umweltschutz zielen darauf ab, Umweltbelastungen zu vermeiden oder zu reduzieren. Zunehmend wird der Versuch unternommen, mit marktwirtschaftlichen Mechanismen Umweltschutzpolitik zu betreiben, so z. B. mit dem Emissionshandel.
  Beispiele *Gesetz über die Vermeidung und Entsorgung von Abfällen (Abfallgesetz), Gesetz zum Schutz vor schädlichen Umwelteinwirkungen durch Luftverunreinigung, Geräusche, Erschütterungen und ähnliche Belastungen (Bundes-Immissionsschutzgesetz), Verpackungsverordnung, Kreislaufwirtschaftsgesetz*

## Wettbewerbspolitik als Kernbereich der Ordnungspolitik

Wettbewerb und freie Preisbildung auf dem Markt sind das Fundament einer marktwirtschaftlichen Ordnung und Voraussetzung für ihr Funktionieren. Der Wettbewerb soll Anbietern und Nachfragern die Freiheit in ihren Entscheidungen garantieren und erfüllt damit eine **gesellschaftliche Aufgabe**.

Beispiele
- *Die iVent GmbH hat entschieden, ihre Veranstaltungen auf Marketing-Events auszurichten und damit ihre Produkte einer wachsenden Zielgruppe anzubieten.*
- *Die Kunden entscheiden entsprechend ihren Bedürfnissen und Präferenzen, ob sie ihre Veranstaltungen bei der iVent GmbH oder lieber bei einem Konkurrenzunternehmen in Auftrag geben.*

Darüber hinaus erfüllt ein leistungsfähiger Wettbewerb auch **ökonomische Aufgaben**. Da Unternehmen am Markt nur bestehen, wenn sie ihr Güterangebot auf die Präferenzen der Nachfrager ausrichten, werden die zur Gütererstellung notwendigen Produktionsfaktoren automatisch in ihre effizienteste Verwendung gelenkt **(Steuerungsfunktion)**. Weiterhin sind Anbieter bestrebt, sich durch Produktverbesserungen und Kostensenkungen Wettbewerbsvorteile zu verschaffen, was letztendlich zu einer Förderung des technischen Fortschritts und zur Wohlstandssteigerung beiträgt **(Anreiz- und Innovationsfunktion)**.
Beispiel *Durch ökologisches Controlling der Produktionsprozesse ist es der Medi@ AG gelungen, die Energiekosten erheblich zu senken.*

Trotz dieser Vorteile zeigen praktische Erfahrungen, dass zueinander in Konkurrenz stehende Anbieter immer wieder bestrebt sind, den Wettbewerb einzuschränken oder ganz zu verhindern. So schließen sich Unternehmen mehr oder weniger eng zusammen – das reicht von einfachen Absprachen bis zur Aufgabe der rechtlichen und wirtschaftlichen Selbstständigkeit –, um damit ihre Wettbewerbsposition zu verbessern, oder sie versuchen, Konkurrenten durch „unlautere Praktiken" vom Markt zu verdrängen.

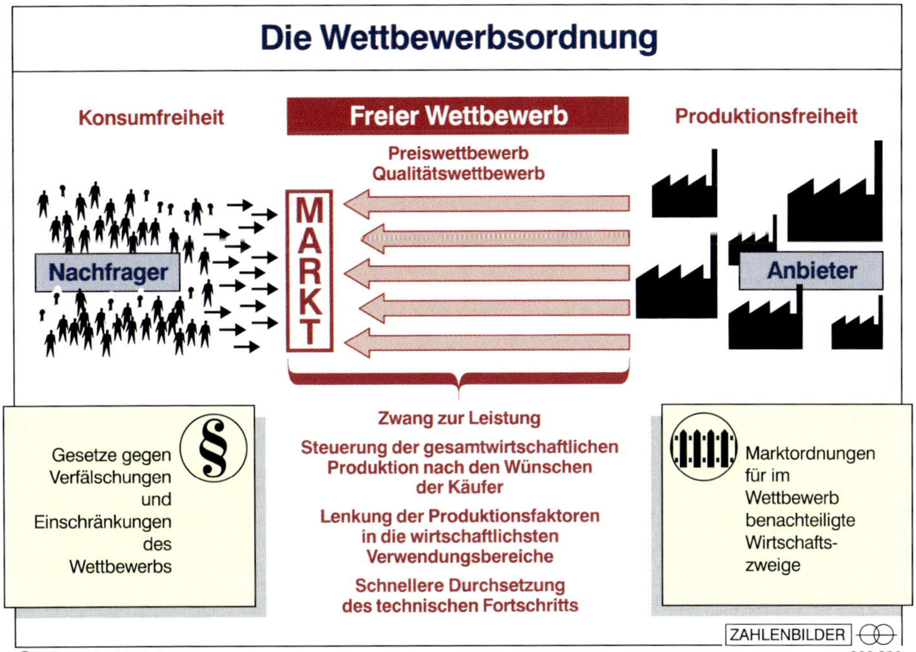


© Erich Schmidt Verlag 200 290

Beide Tendenzen zeigen, dass ein sich selbst überlassener Wettbewerb auf Dauer nicht die ihm zugeschriebenen Aufgaben erfüllen kann. Er muss deshalb durch entsprechende ordnungspolitische Maßnahmen und Institutionen geschützt werden. Ziel staatlicher Wettbewerbspolitik ist damit die Förderung und Sicherung des wirtschaftlichen Wettbewerbs als wesentliches Element der Wirtschaftsordnung in der Bundesrepublik Deutschland. Zu den wesentlichen Maßnahmen staatlicher Wettbewerbspolitik zählen das

- **Gesetz gegen Wettbewerbsbeschränkungen (GWB)**, auch „Kartellgesetz" genannt, das den fairen Wettbewerb der Anbieter untereinander und damit auch den Verbraucher schützt. Die Kartellbehörden sorgen für die Einhaltung der Vorschriften.
- **Gesetz gegen unlauteren Wettbewerb (UWG)**, das die Anbieter und damit letztendlich die Verbraucherinteressen schützt, da es unlautere Wettbewerbspraktiken verbietet.
  Beispiele *Unlautere Handlungen sind Täuschung und Irreführung des Konsumenten, gezielte Preisunterbietung eines Konkurrenten, Anschwärzen von Konkurrenten oder sogenannte Lockvogelangebote.*
- **Markengesetz**, das Unternehmen, die für ihre Produkte ein Waren- oder Markenzeichen erworben haben, vor Nachahmung durch die Konkurrenz schützen soll.
- **Patentgesetz**, das dem Erfinder ein zeitlich begrenztes Monopol auf seine Erfindung einräumt als Anreiz dafür, überhaupt innovativ tätig zu werden.

*Vergleiche hierzu Seite 362*

## Kooperation und Konzentration als Formen von Unternehmenszusammenschlüssen

Maßnahmen der Wettbewerbspolitik beziehen sich auf bestimmte Formen von Absprachen und Zusammenschlüssen von Unternehmen.

### *Kooperation*

Eine Kooperation liegt vor, wenn rechtlich selbstständig bleibende Unternehmen sich zur Zusammenarbeit verpflichten, dabei gegebenenfalls einen Teil ihrer wirtschaftlichen Selbstständigkeit aufgeben. Im Vordergrund steht bei diesen Unternehmenszusammenschlüssen eine Erhöhung der Wirtschaftlichkeit und damit der Leistungs- und Wettbewerbsfähigkeit. Das schließt jedoch nicht aus, dass durch die Bildung von Marktmacht eine Beschränkung des Wettbewerbs die Folge ist. Zu unterscheiden sind folgende Formen:

- **Arbeitsgemeinschaften** sind i. d. R. zeitlich begrenzte Zusammenschlüsse von Unternehmen, die ihre rechtliche und wirtschaftliche Selbstständigkeit behalten.
  Beispiele *Kooperation zur gemeinsamen Forschungs- und Entwicklungsarbeit; Zusammenschluss mehrerer Bauunternehmen für die Durchführung größerer Bauvorhaben*
- **Interessengemeinschaften/Verbände** sind Zusammenschlüsse von Unternehmen, die ihre rechtliche und wirtschaftliche Selbstständigkeit behalten, zur Verfolgung eines gemeinsamen wirtschaftlichen Zwecks.
  Beispiel *Die iVent GmbH ist im IDKV (Bundesverband der Veranstaltungswirtschaft) organisiert, der die Interessen seiner Mitglieder vertritt.*

**Kartelle** sind vertragliche Zusammenschlüsse von rechtlich selbstständigen, gleichartigen Unternehmen, die einen Teil ihrer wirtschaftlichen Selbstständigkeit verlieren. Sie verfolgen das Ziel, den Wettbewerb durch Absprachen über Preise, Lieferungs- und Zahlungsbedingungen, Produktionsmengen u. a. auszuschalten oder zu begrenzen. Nach § 1 GWB sind Kartelle grundsätzlich verboten. Das Gesetz lässt allerdings Ausnahmen zu.
In der sog. 7. Kartellnovelle wird das deutsche Kartellrecht der Europäischen Rechtsentwicklung angeglichen. Wiederholt werden in den §§ 1 und 2 GWB die Art. 81 (Kartellverbot) und 82 (Legalausnahme). Die Regelungen für das Konditionenkartell und das Mittelstandskartell sind entfallen.

Die wichtigsten Kartellarten im Überblick:

| Kartellart | Erläuterung |
|---|---|
| **Preiskartell** | Vertragliche Vereinbarungen über Absatz- oder Mindestpreise mit dem Ziel, den Preiswettbewerb der Mitglieder untereinander auszuschalten. |
| **Gebietskartell** | Aufteilung des Absatzgebietes auf einzelne Anbieter mit dem Ziel, den Wettbewerb zu verhindern. |
| **Quotenkartell (Mengenkartell)** | Vereinbarungen über die Höhe der Produktion oder des Absatzes. |
| **Submissions-kartell** | Öffentliche Aufträge werden unter den Kartellmitgliedern zu abgesprochenen überhöhten Preisen aufgeteilt. |
| **Normen- und Typenkartell** | Vereinbarungen über die einheitliche Anwendung von Normen und Typen. |
| **Konditionen-kartell** | Absprachen über gemeinsame Lieferungs- und Zahlungsbedingungen (s. o.). |
| **Spezialisierungs-kartell** | Rationalisierung wirtschaftlicher Vorgänge durch Spezialisierung. |
| **Mittelstands-kartell** | Zusammenarbeit mittelständischer Unternehmen zur Stärkung ihrer Wettbewerbsposition (s.o.). |
| **Rationalisierungs-kartell** | Zusammenschluss zur Rationalisierung betriebswirtschaftlicher Vorgänge zur Steigerung der Leistungsfähigkeit der beteiligten Unternehmen. |
| **Strukturkrisen-kartell** | Zusammenschluss mit dem Ziel, die Produktionskapazitäten planmäßig an die nachhaltig gesunkene Nachfrage anzupassen. |

♦ *Konzentration*

Eine Konzentration liegt vor, wenn sich Unternehmen durch Kapitalbeteiligung unter Aufgabe ihrer rechtlichen und/oder wirtschaftlichen Selbstständigkeit unter einer gemeinsamen Leitung zusammenschließen, verbunden mit dem Ziel, eine größere Marktmacht zu erreichen. Nach den durch den Zusammenschluss beteiligten Produktionsstufen unterscheidet man horizontale, vertikale und anorganische (diagonale, konglomerate) Zusammenschlüsse.

**Horizontale Zusammenschlüsse** erfolgen zwischen Unternehmen derselben Branche.
Beispiel *Zusammenschluss der Automobilhersteller Daimler-Benz und Chrysler, der aber 2008 beendet wurde*

**Vertikale Zusammenschlüsse** erfolgen zwischen Unternehmen aufeinanderfolgender Produktionsstufen.
Beispiel *Die Medi@ AG plant den Zusammenschluss mit einem CD-Presswerk und einer Druckerei.*

**Anorganische (diagonale, konglomerate) Zusammenschlüsse** erfolgen durch Unternehmen verschiedener Branchen mit dem Vorteil eines möglichen Risikoausgleichs.
Beispiel *Die Preussag AG, die Mannesmann AG und die Daimler-Benz AG waren Beispiele für sogenannte Mischkonzerne, bestehen jedoch in dieser Form nicht mehr, da sich große Unternehmen zunehmend auf ihr Kerngeschäft konzentrieren.*

Konzerne sind ein Zusammenschluss rechtlich selbstständig bleibender Unternehmen unter einer gemeinsamen Leitung. Die wirtschaftliche Selbstständigkeit geht verloren. Nach der **Abhängigkeit**, die zwischen den Unternehmen eines Konzerns besteht, unterscheidet man **Unterordnungs-** und **Gleichordnungskonzerne**.

- In einem **Unterordnungskonzern** erwirbt ein herrschendes Unternehmen z. B. die Aktienmehrheit eines oder mehrerer abhängiger Tochterunternehmen. Die gemeinsame Leitung erfolgt durch die Konzernmutter **(herrschendes Unternehmen)**. Die Muttergesellschaft kann auch durch eine sogenannte Dachgesellschaft (Holding) gebildet werden, die keine operative Tätigkeit ausübt, sondern lediglich Kapitalbeteiligungen an den einzelnen Unternehmen hält und den Konzern lenkt.
  Beispiel *Die Deutsche Post AG hält Anteile an den Obergesellschaften verschiedener Teilkonzerne wie der Postbank AG (Bankdienstleistungen) und der Danzas AG (Logistik), die inzwischen in der Marke DHL mit aufgegangen ist.*
- In einem **Gleichordnungskonzern** bleiben die Konzernunternehmen insofern unabhängig voneinander, als sie gegenseitig Kapitalbeteiligungen tauschen und die Leitung gemeinsam übernehmen.

**Trust** ist ein Zusammenschluss von Unternehmen, die sowohl ihre rechtliche als auch ihre wirtschaftliche Selbstständigkeit aufgeben und durch Verschmelzung (Fusion) eine neue Unternehmung bilden. Ziele sind Marktbeherrschung und Ausschaltung des Wettbewerbs. Hier übernimmt der Staat eine Kontrollfunktion, indem er derartige Unternehmenszusammenschlüsse prüft und ggf. verbietet. Zu unterscheiden sind **Fusionen durch Aufnahme und Fusionen durch Neubildung**.

- Bei **Fusionen durch Aufnahme** werden alle Vermögen- und Schuldenpositionen eines abhängigen Unternehmens komplett auf ein aufnehmendes Unternehmen übertragen.
  Beispiele *Übernahme der Dresdner Bank durch die Commerzbank; Übernahme von Mannesmann durch Vodafone*

- Bei **Fusionen durch Neubildung** wird aus zwei beteiligten Unternehmen ein neues, drittes gebildet, in das beide ihr Vermögen einbringen.
  Beispiel *Eine Bank und eine Versicherungsgesellschaft schließen sich zu einem neuen Unternehmen zusammen.*

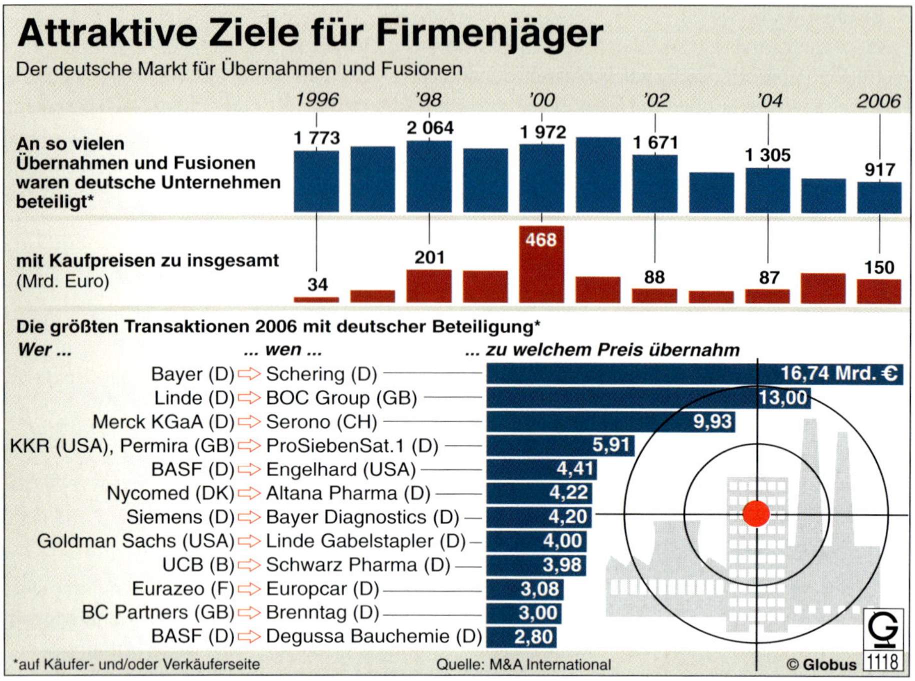


**Gesetz gegen Wettbewerbsbeschränkungen als wichtigste Maßnahme staatlicher Wettbewerbspolitik**

*Vergleiche hierzu Seite 135*

Das **Gesetz gegen Wettbewerbsbeschränkungen (GWB)**, das seit 1958 gilt und zuletzt 2005 mit der 7. Kartellnovelle neu geordnet und an Europäisches Recht angepasst wurde, basiert auf dem Gedanken, dass der Staat im Rahmen der Wettbewerbspolitik dafür zu sorgen hat, dass jeder Einzelne die Freiheit hat, sich dem Wettbewerb zu stellen.

Wettbewerbsüberwachende Stellen sind das Bundeskartellamt in Bonn, die jeweiligen Landeskartellbehörden und – falls die Wettbewerbsbeschränkungen eine über die nationalen Grenzen hinausgehende Bedeutung für Europa haben – die EU-Kommission in Brüssel (= Europäisches Wettbewerbsrecht). Ihnen obliegt die Aufgabe, wettbewerbsbeschränkende Verhaltensweisen zu unterbinden bzw. wettbewerbsbeschränkende Marktstrukturen zu verhindern. Ziel des Europäischen Wettbewerbsrechts ist gemäß dem EG-Vertrag die Schaffung und Erhaltung eines Systems, das den Wettbewerb innerhalb des Binnenmarktes vor Verfälschungen schützt. Damit wird der Wettbewerbsschutz in allen Mitgliedsstaaten der EG rechtlich sowohl auf einzelstaatlicher als auch auf gemeinschaftlicher Ebene organisiert.

Die Hauptinhalte des Gesetzes gegen Wettbewerbsbeschränkungen (GWB) sind das Kartellverbot, die Fusionskontrolle und die Missbrauchsaufsicht über marktbeherrschende Unternehmen.

- **Kartellverbot:** Da **Kartelle** den Wettbewerb einschränken, sind sie nach § 1 GWB grundsätzlich verboten.

**Auszug aus dem Gesetz gegen Wettbewerbsbeschränkungen (GWB)**
§ 1 Kartellverbot

*Vereinbarungen zwischen Unternehmen, Beschlüsse von Unternehmensvereinigungen und aufeinander abgestimmte Verhaltensweisen, die eine Verhinderung, Einschränkung oder Verfälschung des Wettbewerbs bezwecken oder bewirken, sind verboten.*

**Beispiele** *Preis-, Gebiets- und Quotenkartelle*

Ausnahmen von diesem grundsätzlichen Kartellverbot sind in § 2 GWB geregelt. In diesem Paragrafen löst das sogenannte **Prinzip der Legalausnahme** das seit 40 Jahren bestehende Anmeldesystem ab und entlässt die Unternehmen in die Eigen verantwortung. Kartelle, die bisher einer Anmeldung oder gar Ministererlaubnis bedurften, gelten nun als legal, solange bestimmte Vorraussetzungen erfüllt sind. Auf der Grundlage von Auslegungshilfen, z. B. Leitlinien der EU-Kommission, müssen die Unternehmen nun selbstständig entscheiden, ob eine Abrede gegen das Kartellverbot verstößt. Einzelfreistellungen durch die EU-Kommission gibt es nicht mehr.

**Ausnahmevorraussetzungen** sind:
- eine angemessene Beteiligung der Verbraucher am entstehenden Gewinn,
- ein Beitrag zur Verbesserung der Warenerzeugung oder -verteilung,
- die Förderung des technischen oder wirtschaftlichen Fortschritts.

**Auszug aus dem Gesetz gegen Wettbewerbsbeschränkungen (GWB)**
§ 2 Freigestellte Vereinbarungen

*(1) Vom Verbot des § 1 freigestellt sind Vereinbarungen zwischen Unternehmen, Beschlüsse von Unternehmensvereinigungen oder aufeinander abgestimmte Verhaltensweisen, die unter angemessener Beteiligung der Verbraucher an dem entstehenden Gewinn zur Verbesserung der Warenerzeugung oder -verteilung oder zur Förderung des technischen oder wirtschaftlichen Fortschritts beitragen, ohne dass den beteiligten Unternehmen*
1. *Beschränkungen auferlegt werden, die für die Verwirklichung dieser Ziele nicht unerlässlich sind, oder*
2. *Möglichkeiten eröffnet werden, für einen wesentlichen Teil der betreffenden Waren den Wettbewerb auszuschalten.*

- **Fusionskontrolle:** Durch Unternehmenszusammenschlüsse kann die Funktionsfähigkeit des Wettbewerbs gefährdet werden. Aus diesem Grund muss das Bundeskartellamt prüfen, ob durch den Unternehmenszusammenschluss eine **marktbeherrschende Stellung** entsteht oder verstärkt wird. Ist dies zu erwarten, kann das Bundeskartellamt den Zusammenschluss verbieten.

  Die Kontrolle erstreckt sich auf Unternehmenszusammenschlüsse, bei denen der Weltumsatz der beteiligten Unternehmen mehr als 500 Mio. EUR und der Umsatz in Deutschland mindestens eines der beteiligten Unternehmen mehr als 25 Mio. EUR beträgt. Die Werte beziehen sich auf das dem Zusammenschluss vorangegangene Geschäftsjahr. Die beteiligten Unternehmen sind verpflichtet, einen derartigen Zusammenschluss vor seinem Vollzug beim Kartellamt anzumelden.

  Liegt eine marktbeherrschende Stellung vor oder wird eine bestehende verstärkt, verbietet das Kartellamt den Zusammenschluss, es sei denn, die beteiligten Unternehmen weisen nach, dass sich durch den Zusammenschluss die Wettbewerbsbedingungen verbessern und diese Vorteile höher zu bewerten sind als die Nachteile, die durch die marktbeherrschende Stellung entstehen. Auch hier kann eine Ministererlaubnis beantragt werden.

- **Missbrauchsaufsicht über marktbeherrschende Unternehmen:** Unternehmen, die eine marktbeherrschende Stellung haben, stehen unter der Missbrauchsaufsicht des Bundeskartellamtes. Dieses muss sicherstellen, dass die betreffenden Unternehmen ihre Marktmacht nicht missbrauchen.
  - Eine **Marktbeherrschung** liegt nach § 19 (1) GWB dann vor, wenn ein Unternehmen keinem oder keinem wesentlichen Wettbewerb ausgesetzt ist oder zwischen zwei oder mehr Unternehmen kein wesentlicher Wettbewerb besteht. Eine Marktbeherrschung wird nach § 19 (1) GWB dann vermutet, wenn ein Unternehmen über einen Marktanteil von mindestens einem Drittel verfügt oder bis zu drei Unternehmen zusammen einen Marktanteil von 50 % erreichen oder bis zu fünf Unternehmen zusammen einen Marktanteil von zwei Dritteln erreichen.

- Eine **missbräuchliche Ausnutzung** einer marktbeherrschenden Stellung liegt nach § 19 (1) und (4) GWB dann vor, wenn das marktbeherrschende Unternehmen
  - die Wettbewerbsmöglichkeiten anderer Unternehmen ohne sachlich gerechtfertigten Grund beeinträchtigt,
  - zu Bedingungen handelt, die sich bei wirksamem Wettbewerb nicht ergeben würden,
  - ungünstigere Bedingungen auf einem Markt zugrunde legt, als es das auf vergleichbaren Märkten tut.

Die missbräuchliche Ausnutzung einer marktbeherrschenden Stellung ist verboten, wenn auch in der Praxis oft schwer nachzuweisen. Wesentlich für die Frage der Marktbeherrschung ist die Abgrenzung der Märkte.

Beispiel *Porsche hat bei Sportwagen einen sehr hohen Marktanteil, bezogen auf den Markt der Personenkraftwagen ist er ausgesprochen gering.*

***Ordnungspolitischer Rahmen der Unternehmen und Haushalte***

- ***Gesellschaftsordnung, Modelle der Wirtschaftsordnung und soziale Marktwirtschaft als Grundlage der Ordnungspolitik***
  - ***Staatliche Ordnungspolitik*** *bezieht sich auf die Gestaltung und Erhaltung der Wirtschaftsordnung.*
  - *Wirtschaftsordnungen sind das Ergebnis der Gesellschaftsordnungen.*
    - ***Individualismus:*** *betont die Freiheit des Einzelnen*
    - ***Kollektivismus:*** *betont die Interessen des Staates*
  - ***Modell der Marktwirtschaft***
    - *Privateigentum an Produktionsmitteln*
    - *Angebot und Nachfrage werden durch Preismechanismus abgestimmt*
    - *Gewinn und Verlust möglich*
  - ***Modell der Zentralverwaltungswirtschaft***
    - *Kollektiveigentum an Produktionsmitteln*
    - *Angebot und Nachfrage sind Ergebnis von zentralen Plänen*
    - *Planerfüllung oder -abweichung möglich*
  - *In der sozialen Marktwirtschaft wird das* ***Individualprinzip*** *mit dem sozialen Prinzip verbunden.*
  - ***Produktionsmittel*** *sind grundsätzlich* ***Privateigentum****.*
  - *Auf den Märkten ist* ***Leistungswettbewerb*** *vorhanden.*
  - *Angebot und Nachfrage werden durch* ***freie Preisbildung*** *geregelt.*
  - ***Arbeitnehmer und Arbeitgeber*** *handeln als* ***autonome Sozialpartner (Tarifautonomie)****.*

- ***Ordnungspolitik in der sozialen Marktwirtschaft***
  - *Die* ***Ordnungspolitik*** *ist neben der Ablauf- und Strukturpolitik* ***Teilbereich der Wirtschaftspolitik****.*
  - *Die* ***Wirtschaftspolitik*** *ist Teilbereich der* ***Gesellschaftspolitik****.*

**Gesellschaftspolitik**

**Wirtschaftspolitik**

**Ordnungspolitik**
- Festlegung der Rahmenbedingungen der Wirtschaftsordnung

**Ablaufpolitik (Prozess- oder Stabilitätspolitik)**
- Eingriffe in den Wirtschaftsprozess bei Marktversagen

**Strukturpolitik**
- Beeinflussung der bestehenden Wirtschaftsstruktur

langfristig — kurzfristig

- *Die soziale **Marktwirtschaft** ist eine von mehreren möglichen Wirtschaftsordnungen innerhalb des **Ordnungsrahmens des Grundgesetzes**.*
- *Wesentliche **ordnungspolitische Ziele** sind die Sicherung der Wirtschaftsordnung, die Sicherung der Funktionsfähigkeit des Marktes und damit die Erhaltung des Wettbewerbs.*
- *Dem **Individualprinzip** wird durch **konstitutive** und **regulierende Prinzipien** Rechnung getragen.*
- *Das **soziale Prinzip** umfasst das **Subsidiaritätsprinzip**, das **Solidaritätsprinzip** und das **Sozialstaatsprinzip**.*
- ***Bereiche der Ordnungspolitik** sind die **Wettbewerbspolitik**, die **Verbraucherpolitik**, die **Arbeits- und Sozialpolitik** und die **Umweltschutzpolitik**.*
- *Der **Staat** übernimmt durch **Gesetze** und **Verordnungen** eine soziale **Ausgleichsfunktion** (Wettbewerbs-, Arbeits-, Umwelt-, Steuerrecht, Verbraucherschutzbestimmungen).*

• ***Wettbewerbspolitik als zentrale Aufgabe der Ordnungspolitik in der sozialen Marktwirtschaft***
  - ***Wettbewerb** erfüllt gesellschaftliche und **ökonomische Aufgaben** (Steuerungs-, Anreiz- und Innovationsfunktion) und ist das Fundament einer marktwirtschaftlichen Ordnung.*
  - ***Ziel staatlicher Wettbewerbspolitik** ist die Förderung und Sicherung des Wettbewerbs.*
  - *Wesentliche **wettbewerbspolitische Maßnahmen** sind das Gesetz gegen Wettbewerbsbeschränkungen, das Gesetz gegen unlauteren Wettbewerb, das Markengesetz und das Patentgesetz.*
  - ***Wettbewerbsüberwachende Stellen** sind das **Bundeskartellamt** in Berlin, die jeweiligen **Landeskartellbehörden** und die **EU-Kommission** in Brüssel.*
  - ***Absprachen zwischen Unternehmen oder Unternehmenszusammenschlüsse** dienen dazu, die eigene **Wettbewerbsposition zu verbessern**.*

| Form des Zusammenschlusses | Beispiel | Erläuterung | Wirtschaftliche Selbstständigkeit | Rechtliche Selbstständigkeit |
|---|---|---|---|---|
| **Kooperation** | Arbeitsgemeinschaften | I. d. R. zeitlich begrenzte Zusammenarbeit | Bleibt | Bleibt |
| Zusammenarbeit aufgrund von Verträgen | Interessengemeinschaften/ Verbände | Gemeinsamer wirtschaftlicher Zweck | Bleibt | Bleibt |
| | Kartelle | Grundsätzlich verboten | Wird eingeschränkt | Bleibt |
| **Konzentration** Zusammenschluss durch Kapitalbeteiligung unter einer gemeinsamen Leitung | Konzerne | Unterordnungs- und Gleichordnungskonzerne | Wird aufgehoben | Bleibt |
| Nach beteiligter Produktionsstufe unterscheidet man horizontale, vertikale und anorganische Zusammenschlüsse | Trust/Fusionen | Fusion durch Aufnahme und durch Neubildung | Wird aufgehoben | Wird aufgehoben |

- ***Gesetz gegen Wettbewerbsbeschränkungen (GWB)***

| Hauptinhalte des GWB | | |
|---|---|---|
| **Kartellverbot** | Grundsätzliches Kartellverbot | Preis-, Gebiets-, Quotenkartelle |
| | Prinzip der Legalausnahme | Normen- und Typen-, Submissions-, Konditionen-, Spezialisierungs- und Mittelstandskartelle Rationalisierungs-, Strukturkrisen- und sonstige Kartelle |
| **Fusionskontrolle** | Entsteht durch einen geplanten Unternehmenszusammenschluss eine marktbeherrschende Stellung oder wird diese verstärkt, kann das Kartellamt den Zusammenschluss verbieten | Ausnahmen:<br>entsprechender Nachweis der beteiligten Unternehmen hinsichtlich hoher Bedeutung des Zusammenschlusses für das Gemeinwohl: Ministererlaubnis |
| **Missbrauchsaufsicht über marktbeherrschende Unternehmen** | Prüfung:<br>1. Liegt eine marktbeherrschende Stellung vor?<br>2. Wird diese Stellung missbräuchlich ausgenutzt? | Folgen:<br>wettbewerbsschädliches Verhalten untersagen und Verträge für unwirksam erklären (in der Praxis häufig schwer nachweisbar) |

## Aufgaben

1 Beschreiben Sie die Merkmale von Individualismus und Kollektivismus als Prinzipien menschlichen Handelns in der Gesellschaft.

2 Erläutern Sie die These „Eigennutz erzeugt Gemeinnutz" mit Beispielen aus der Wirtschaft.

3 Erläutern Sie, weshalb zentrale Planwirtschaft und freie Marktwirtschaft lediglich als Modelle anzusehen sind.

4 Erklären Sie, weshalb in der freien Marktwirtschaft dem Staat eine „Nachtwächter-Funktion" zugeschrieben wird.

5 Beschreiben Sie die Merkmale der sozialen Marktwirtschaft im Vergleich zur freien Marktwirtschaft.

6 Erläutern Sie, warum nach dem Zweiten Weltkrieg die wirtschaftliche Entwicklung in Westdeutschland erfolgreicher war als in der DDR.

7 Konstitutive Elemente der sozialen Marktwirtschaft sind das Privateigentum und die Sozialbindung des Eigentums.

a) „Das Verfügungsrecht am Privateigentum an Produktionsmitteln wird durch das Mitbestimmungs-Gesetz eingeschränkt!" Erläutern Sie diese Behauptung und nehmen Sie dazu Stellung.

b) Sozialbindung des Eigentums bedeutet, dass der Gebrauch des Eigentums zugleich dem Wohle der Allgemeinheit dienen soll. Erläutern Sie die Sozialbindung des Eigentums anhand eines konkreten Beispiels.

8 Nennen Sie die Teilbereiche der Wirtschaftspolitik und erläutern Sie deren Gegenstand anhand von Beispielen.

9 Lesen Sie Artikel 14 des Grundgesetzes und zeigen Sie, dass dieses Grundrecht weder mit einer Zentralverwaltungswirtschaft noch mit einer freien Marktwirtschaft vereinbar ist.

10 Der Staat verfolgt mit seinen Eingriffen in das Wirtschaftsgeschehen aus sozialen Gründen bestimmte Zielsetzungen. Erläutern Sie diese.

11 Erläutern Sie, wie der Staat seine soziale Ausgleichsfunktion innerhalb der sozialen Marktwirtschaft wahrnimmt, am Beispiel
a) des Arbeitsrechtes, b) des Umweltrechtes, c) des Steuerrechtes.

12 Erläutern Sie, wie Menschen, die in wirtschaftliche Not geraten sind, durch das soziale Netz aufgefangen werden können.

13 Erläutern Sie anhand von Beispielen die folgenden Funktionen des Wettbewerbs:
a) Steuerungsfunktion, b) Anreizfunktion, c) Innovationsfunktion.

14 Nennen Sie die wesentlichen wettbewerbspolitischen Maßnahmen, die dem Staat im Rahmen der Ordnungspolitik zur Verfügung stehen, und geben Sie jeweils ein Beispiel.

15 Erläutern Sie drei Kartellarten und beschreiben Sie die jeweilige Zielsetzung, die damit verfolgt wird.

16 Erläutern Sie die Unterschiede zwischen einem Konzern und einem Kartell anhand der folgenden Gesichtspunkte:
a) Ziele der Zusammenarbeit, c) wirtschaftliche Selbstständigkeit,
b) rechtliche Selbstständigkeit, d) rechtliche Einschränkungen.

17 In den letzten Jahren sind die Zahlen der Unternehmenszusammenschlüsse stark gestiegen.
a) Erläutern Sie, was man unter einer Fusion versteht.
b) Geben Sie zwei Beispiele für Unternehmenszusammenschlüsse.
c) Erläutern Sie mögliche positive und negative Auswirkungen einer Fusion auf den Wettbewerb.
d) Erläutern Sie, welche Aufgabe dem Staat im Rahmen der Fusionskontrolle zukommt.
e) Stellen Sie mögliche Folgen einer Unternehmensfusion für die Mitarbeiter dar.

18 Ludwig Erhard, erster Wirtschaftsminister der Bundesrepublik Deutschland, hat das 1957 erlassene Gesetz gegen Wettbewerbsbeschränkungen als „Grundgesetz der Marktwirtschaft" bezeichnet. Nehmen Sie zu dieser Aussage kritisch Stellung.

19 Die zunehmende Globalisierung der Märkte macht Wettbewerbspolitik zu einer internationalen Aufgabe. Neben nationalen Kartellbehörden wird bei Unternehmenszusammenschlüssen, die eine über die nationalen Grenzen hinausgehende Bedeutung haben, auch die EU-Kommission in Brüssel tätig. Informieren Sie sich unter der Internetadresse http://ec.europa.eu/index.htm über Aufbau und Aufgaben im Bereich der Wettbewerbskontrolle der Europäischen Kommission in Brüssel.

## 10.2 Strukturpolitik

Als Julika Driesch, Auszubildende zur Kauffrau für audiovisuelle Medien bei der Medi@ AG, beim Frühstück die Zeitung aufschlägt, fällt ihr die folgende Meldung auf:

**Auf dem Weg in die Dienstleistungsgesellschaft**

Die Arbeitswelt in der Zukunft wird sich deutlich von der gegenwärtigen unterscheiden. Im primären Sektor wird es dabei zu den größten Veränderungen kommen. So werden in Bergbau und Landwirtschaft gut 50 % aller Arbeitsplätze verloren gehen. Aber auch der sekundäre Sektor muss Einbußen hinnehmen. Deutlicher Gewinner ist der tertiäre Sektor. Hier wird mit einer Zunahme der Erwerbstätigen von rund 40 % gerechnet.

„Deutlicher Gewinner ist der tertiäre Sektor – das trifft doch auch auf die Medienbranche zu, oder?", fragt Julika ihre Mutter. „Ja, zumindestens ist die Medienbranche Teil des tertiären Sektors. Allerdings gehören dazu noch eine ganze Reihe anderer Bereiche, wie zum Beispiel der Handel. Die Frage ist, ob die Medienbranche langfristig auch von dieser Entwicklung profitiert", überlegt Julikas Mutter.

### Arbeitsaufträge

- Erläutern Sie, ob der in dem Zeitungsartikel dargestellte Wandel auch auf Ihre Region zutrifft.
- Diskutieren Sie, welche Folgen der dargestellte Wandel für Ihre Region hat.
- Erläutern Sie, inwiefern Standortfaktoren den Strukturwandel beeinflussen.

### Wirtschaftsstruktur und Erwerbsstruktur

Unter der **Wirtschaftsstruktur** versteht man den Aufbau und die Zusammensetzung der Wirtschaft einer Region oder eines Landes. Die Wirtschaftsstruktur kann dabei anhand der **Wirtschaftsstufen** oder **Wirtschaftssektoren** beschrieben werden. Die Einteilung der Wirtschaft in unterschiedliche Wirtschaftsstufen oder -sektoren bezeichnet man als **volkswirtschaftliche Arbeitsteilung**. Die einzelnen Sektoren lassen sich wie folgt unterscheiden:

- Dem **primären Sektor** werden die Unternehmen der Urerzeugung zugeordnet. Gegenstand sind der landwirtschaftliche Anbau und der Abbau der Bodenschätze. Der primäre Sektor sorgt damit für die Voraussetzungen der Produktion.
  Beispiele *Betriebe der Landwirtschaft, der Forstwirtschaft, der Fischerei, des Bergbaus und der Öl- und Gasgewinnung*

- Zum **sekundären Sektor** gehören die Unternehmen der Weiterverarbeitung. Hierbei kann es sich um Handwerksbetriebe oder Industriebetriebe handeln. Der Bereich der Industrie wird in die Grundstoff-, die Investitionsgüter- und die Konsumgüterindustrie gegliedert.
  Beispiele *Stahlindustrie, Maschinenbaubetriebe, Büromöbelhersteller, Textilindustrie*

- Dem **tertiären Sektor** lassen sich die Dienstleistungsbetriebe zuordnen.
  Beispiele *Handelsbetriebe, Kreditinstitute, Versicherungen, Medienbetriebe, Transportunternehmen, Unternehmen der Telekommunikation, Werbeagenturen*

Der Anteil der Beschäftigten in den drei Wirtschaftsstufen kennzeichnet die **Erwerbsstruktur** einer Volkswirtschaft. In der Wirtschaft der Bundesrepublik Deutschland vollzieht sich ein stetiger **Strukturwandel** vom primären zum tertiären Sektor. Immer weniger Menschen arbeiten in den Bereichen Urerzeugung und Weiterverarbeitung und immer mehr Menschen sind im Bereich von Handel und Dienstleistungen beschäftigt.

**Vorteil** volkswirtschaftlicher Arbeitsteilung:
- Die Arbeitsproduktivität und damit der Wohlstand werden gesteigert.

**Nachteil** volkswirtschaftlicher Arbeitsteilung:
- Durch den Strukturwandel der Wirtschaft kann es zu Krisen ganzer Branchen wegen unzureichender Anpassungsgeschwindigkeit kommen.

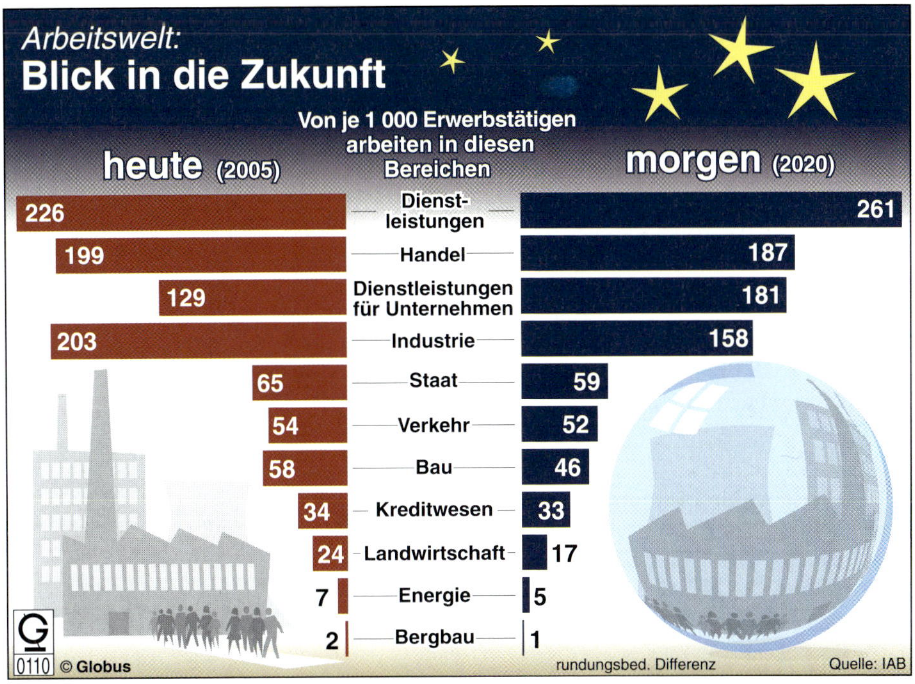


## Standortfaktoren

Ausschlaggebend für die Wirtschaftsstruktur einer Region oder eines Landes sind die **Standortfaktoren**. Die Qualität des Standortes Deutschland wird beispielhaft an verschiedenen Standortfaktoren untersucht.

- **Infrastruktur:** Zur Infrastruktur gehört die Ausstattung einer Region mit Verkehrs- und Informationssystemen, mit Energieversorgung, Bildungseinrichtungen und Krankenhäusern. In Deutschland bestehen im internationalen Vergleich gute Verkehrs- und Kommunikationsnetze.
- **Verwaltung:** In Deutschland existieren zwar Rechtssicherheit und eine gut organisierte Verwaltung, auf der anderen Seite aber auch hohe Steuern und Abgaben, eine hohe Staatsverschuldung und eine starke Bürokratisierung.
- **Gesellschaft:** Eine breite Mittelschicht sorgt für eine hohe Massenkaufkraft. Die Gesellschaft ist andererseits überaltert. Dies führt in Zukunft zu Problemen bei der Finanzierung der sozialen Sicherungssysteme, aber auch zu Problemen bei der Beschaffung von Arbeitskräften.
- **Lebensqualität:** Es besteht ein breites Bildungs-, Kultur- und Freizeitangebot.
- **Politische und soziale Stabilität:** Grundsätzlich herrschen politische Stabilität, sozialer Friede und eine gute Gesundheitsversorgung.
- **Außenwirtschaft:** Deutschland ist ein sehr exportorientiertes Land, es werden aber auch EU-Schutzmauern gegenüber Einfuhren aus Drittländern aufgebaut.

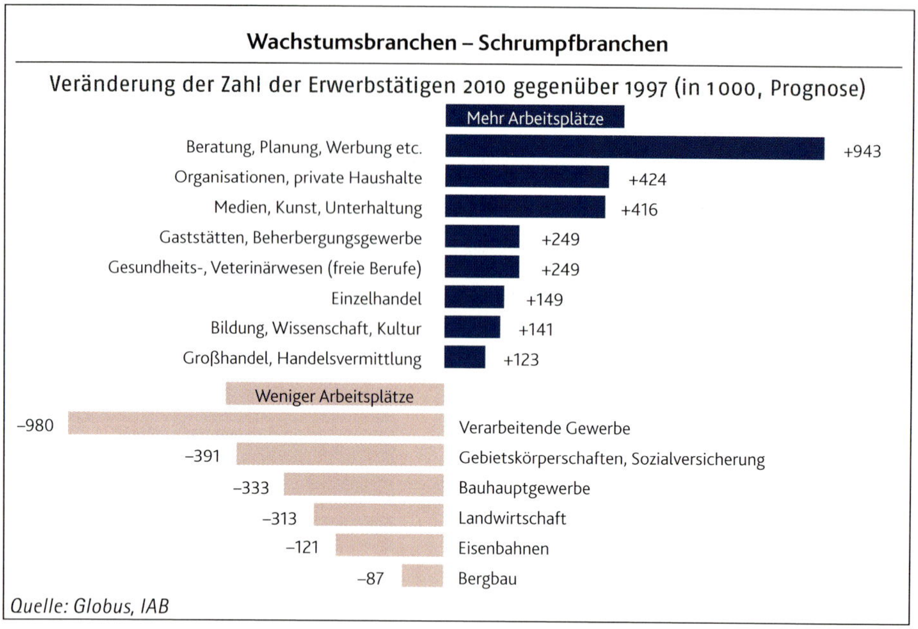


- **Unternehmen und Sektoren:** Die deutsche Unternehmensstruktur ist stark mittelständisch geprägt. Handwerks- und Industriebetriebe (Sekundärsektor) bestimmen das Bild. Eher negativ zu beurteilen sind der hohe Anteil an traditionellen Industriegütern sowie der unterentwickelte Tertiärsektor.
- **Regionen:** Es gibt viele polystrukturierte Gebiete, aber auch einige strukturschwache, monostrukturierte Gebiete.
- **Natürliche Ressourcen:** Deutschland besitzt außer teuer zu gewinnender Kohle kaum eigene Rohstoffe. Eine hoch entwickelte Umwelttechnologie entstand aufgrund strenger gesetzlicher Umweltauflagen.
- **Arbeitskräfte:** Die duale Ausbildung trägt dazu bei, dass die Arbeitskräfte in der Regel gut ausgebildet sind. Insgesamt ist der deutsche Arbeitsmarkt jedoch sehr inflexibel, die Lohnkosten sind vergleichsweise hoch und die Ausbildungszeiten sehr lang. Die Mobilität der Arbeitskräfte ist eher gering.

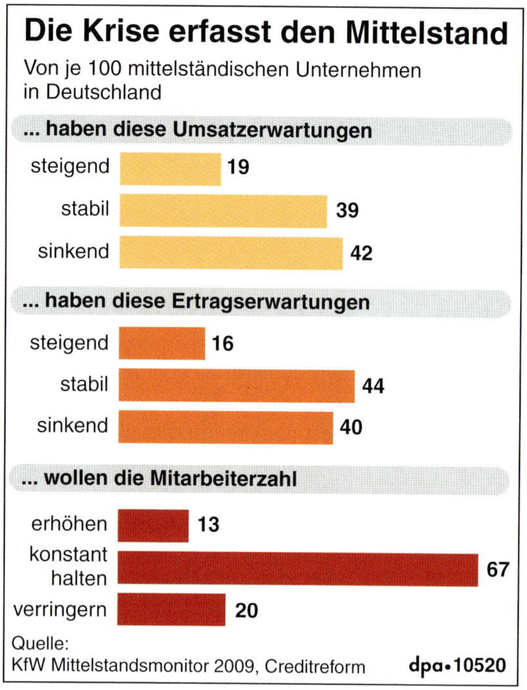


*Vergleiche hierzu Seite 531*

Der **Beitrag einer Region zum Bruttoinlandsprodukt** ist je nach Wirtschaftsstruktur des Landes unterschiedlich.

Vergleiche hierzu Seite 511

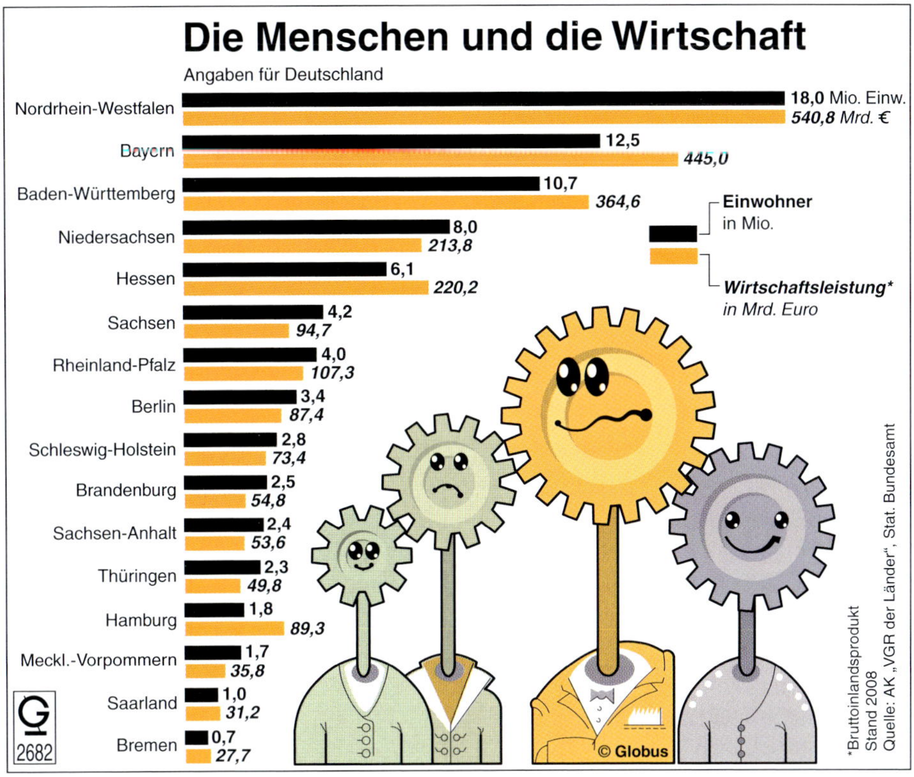


Eine ganz andere Reihenfolge als in der Abbildung ergibt sich, wenn man das Bruttoinlandsprodukt auf die Zahl der Einwohner bezieht, also die Pro-Kopf-Wirtschaftsleistung ermittelt. Dann liegt Hamburg konkurrenzlos an der Spitze, Nordrhein-Westfalen erreicht Rang sechs.

## Internationaler Standortwettbewerb

Im Zusammenhang mit der Diskussion um den Standort Deutschland wird häufig der Begriff **Globalisierung der Wirtschaft** genannt. Unter Globalisierung der Wirtschaft versteht man die zunehmende weltweite Verflechtung von Unternehmen und Finanz-, Waren- und Dienstleistungsmärkten. Viele deutsche Unternehmen besitzen Produktionsstätten im Ausland und beliefern von dort aus die Weltmärkte. Damit verlieren die nur auf eine Nation beschränkte Herstellung und der Verbrauch von Gütern und anspruchsvollen Dienstleistungen zunehmend an Bedeutung. Diese multinationalen Unternehmen werden als **Global Player** bezeichnet.

Beispiele *Sony, Ford, Vodafone, Bayer*

**Ursachen** für diese in den letzten Jahren immer stärker zunehmende weltweite Verflechtung und damit des weltweiten Wettbewerbs sind:

- **Fortschritte in der Informations- und Kommunikationstechnologie**
  Beispiele *Satellitentechnik, Glasfaserkabel, Mobiltelefon, Internet und E-Mail ermöglichen eine immer schnellere und preiswertere Informationsbeschaffung und Kommunikation. Informationen sind an allen wichtigen Orten der Erde unmittelbar verfügbar. Damit verkürzen sich die Zeiträume für Entscheidungen und Reaktionen auf Marktänderungen.*

- **zunehmende Liberalisierung:** Die Globalisierung hat seit Gründung des Allgemeinen Zoll- und Handelsabkommens (GATT) und dessen Ablösung durch die Welthandelsorganisation (WTO) im

Jahre 1995 stark zugenommen, da durch Liberalisierungsbestrebungen tarifäre (z. B. Zölle, Kontingente) und nichttarifäre Handelsbeschränkungen (z. B. diskriminierende Zulassungsvorschriften) zwischen einzelnen Ländern immer weiter abgebaut wurden. Zunehmend beziehen sich Liberalisierungsmaßnahmen neben dem Austausch von Gütern und Dienstleistungen auch auf den Kapitalverkehr.

- **größere Mobilität des Produktionsfaktors Kapital:** Der Einsatz moderner Techniken und der Abbau von Kapitalverkehrsbeschränkungen erlauben es, Kapital unmittelbar von einem Land in ein anderes zu transferieren. Damit kann Kapital effizient dort eingesetzt werden, wo bei gegebenem Risiko die höchste Rendite zu erzielen ist.

Globalisierung geht damit über die **internationale Arbeitsteilung**, bei der der Im- und Export von Waren, Dienstleistungen und Rechten und damit der Wettbewerb um Produktqualität, Preis und Service im Vordergrund steht, hinaus. Die mit der Globalisierung der Wirtschaft verbundene zunehmende Verlagerung von Produktionsstätten in andere Länder führt zusätzlich zu einem Standortwettbewerb.
Beispiel *Arbeitsintensivere Produktionen wie die Textilindustrie werden zunehmend von West- nach Osteuropa verlagert.*

Im **internationalen Standortwettbewerb** konkurrieren Länder und Regionen um den knappen, aber mobilen Produktionsfaktor Kapital und sind bestrebt, möglichst günstige Investitionsbedingungen und damit Anreize für Unternehmen zu schaffen. Je besser ein Standort in diesem Wettbewerb um Investitionen abschneidet, umso günstiger sind in der Regel die Chancen für Beschäftigung und Wirtschaftswachstum an diesem Standort.
Im internationalen Standortwettbewerb sind folgende **Standortfaktoren** für weltweit operierende Unternehmen von besonderer Bedeutung:

- **Infrastruktur**
- **Gestaltung des Bildungswesens**
- **Rechtsordnung und innere Sicherheit**
- **Steuern und Abgaben:** Unternehmen sind bestrebt, die Abgaben an den Staat möglichst gering zu halten. Es kommt zu einem **Steuerwettbewerb**, bei dem nationale Steuersysteme verglichen und deren Unterschiede derart genutzt werden, dass die Steuerlast international optimiert wird. Vor diesem Hintergrund ist es günstig, Aufwendungen dort entstehen zu lassen, wo die Steuern am höchsten sind.
- **Lohnstückkosten:** Im internationalen Vergleich sind die Arbeitskosten je Stunde als Vergleichsmaßstab wenig geeignet, da sie nichts über die Produktivität, also das Produktionsergebnis in Bezug zur Arbeitszeit, aussagen. International werden die **Lohnstückkosten** verglichen. Das sind die Kosten des Produktionsfaktors Arbeit im Verhältnis zum Nutzen (Arbeitsproduktivität) bezogen auf eine Produkteinheit.
  Beispiel *Deutschland weist zwar im internationalen Vergleich sehr hohe Arbeitskosten auf, aber auch eine überdurchschnittlich hohe Arbeitsproduktivität. Von 1997 bis 2001 sind die deutschen Lohnstückkosten nur um 1,2 % gestiegen. In den USA dagegen stiegen sie um 13, in Italien um 6,8 und in Frankreich um 5,6 %. Daraus kann gefolgert werden, dass deutsche Produkte in diesem Zeitraum wettbewerbsfähiger geworden sind.*

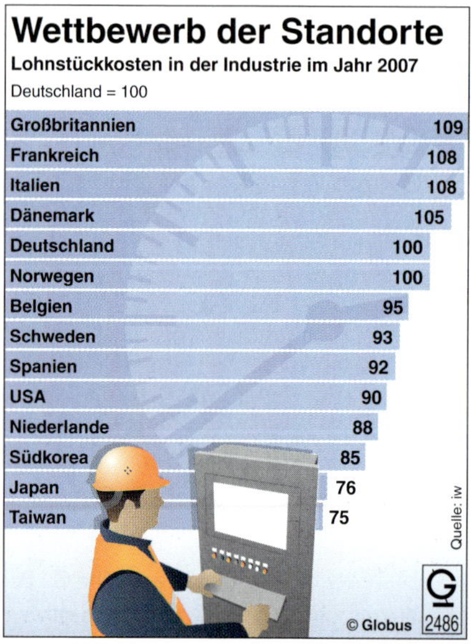

- **internationale Arbeitszeiten**
- **Energie- und Transportkosten**
  Beispiel *Im wachsenden Dienstleistungsbereich (z. B. Finanzberatung) spielen Transportkosten eine geringere Rolle als in der Industrie.*

## Bereiche der Strukturpolitik

Anliegen der Strukturpolitik ist es, gezielt in die Bereiche des Wirtschaftsgeschehens einzugreifen, bei denen es durch den Strukturwandel von Wirtschaft und Gesellschaft zu Ungleichgewichten gekommen ist oder kommen könnte.

**Teilbereiche** staatlicher Strukturpolitik sind die Infrastrukturpolitik, die Umweltpolitik, die sektorale und die regionale Strukturpolitik.

### Infrastrukturpolitik

Die Infrastruktur einer Region, d. h. die Gesamtheit aller öffentlichen/halböffentlichen Investitionen und Institutionen ist eine wesentliche Standortentscheidung für die Unternehmen. Die Infrastruktur beinhaltet im Einzelnen:

- die **institutionelle Ausstattung**, z. B. die Rechtsordnung, Verwaltung, Berufsordnung,
- die **materielle Ausstattung**, z. B. Verkehrswesen, Energie, Telekommunikation,
- die **personelle Ausstattung**, z. B. die Qualifikation der Arbeitnehmer, die Motivation, die Gesundheit.
  Beispiele *Das Land Nordrhein-Westfalen richtet EU-Geschäftsstellen bei den Bezirksregierungen ein, die Unternehmen über Fördermöglichkeiten der EU beraten (institutionelle Ausstattung), es schließt eine Lücke in der Autobahn A 31, die die Fahrzeiten für Lkws nach Norddeutschland um eine Stunde verkürzt (materielle Ausstattung), und es errichtet ein neues Berufsschulzentrum in Köln. Die Qualifikation der Lehrerinnen und Lehrer ist in der IT-Technik auf dem letzten Stand (personelle Ausstattung).*

### Umweltpolitik

> Art. 20a GG
>
> *Der Staat schützt in Verantwortung für die künftigen Generationen die natürlichen Lebensgrundlagen im Rahmen der verfassungsmäßigen Ordnung durch die Gesetzgebung und nach Maßgabe von Gesetz und Recht durch die vollziehende Gewalt der Rechtsprechung.*

Unsere Umwelt wird durch Luftverschmutzung, Bodenverseuchung, Wasserverunreinigung und Lärm belastet.

Die **Luftverschmutzung** erfolgt im Wesentlichen durch folgende Stoffe:

- **Kohlendioxid**, das bei der Verbrennung fossiler Stoffe (Kohle, Öl) entsteht und zum sogenannten **Treibhauseffekt** führt,
- **Kohlenmonoxid**, das bei der unvollständigen Verbrennung in Motoren und Feuerungsanlagen entsteht,
- **Stickstoffoxide**, die bei der Verbrennung in Kraftwerken, Flugzeugturbinen und Automotoren entstehen und zum sogenannten **sauren Regen** führen,
- **Schwefeloxid**, das bei der Verbrennung von Braunkohle entsteht.

Die **Wasserverunreinigung** erfolgt durch die Einleitung von Abwässern in die Gewässer, die übermäßige Düngung mit Gülle oder Kunstdünger und den sauren Regen.

Die **Bodenverseuchung** hängt eng mit der Luftverschmutzung zusammen, da die in die Luft abgegebenen Schadstoffe mit dem Regen wieder zur Erde zurückkehren. Darüber hinaus wird der Boden auch unmittelbar durch Überdüngung und Pestizide belastet.

Die **Lärmbelästigung** ist Folge der Technisierung und der hohen Bevölkerungsdichte in Europa.

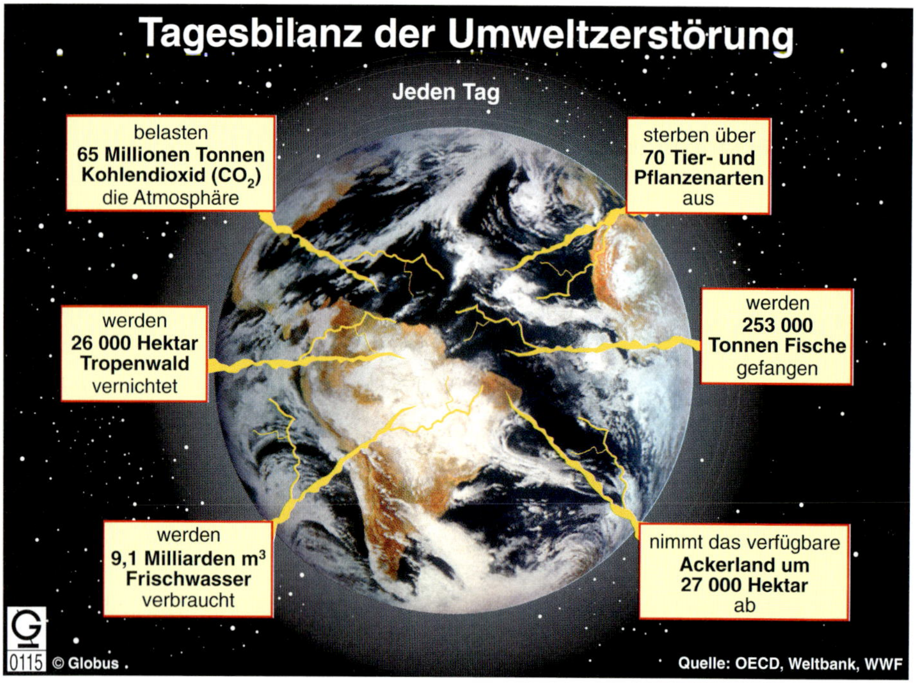
Tagesbilanz der Umweltzerstörung
Jeden Tag
belasten 65 Millionen Tonnen Kohlendioxid ($CO_2$) die Atmosphäre
sterben über 70 Tier- und Pflanzenarten aus
werden 26 000 Hektar Tropenwald vernichtet
werden 253 000 Tonnen Fische gefangen
werden 9,1 Milliarden m³ Frischwasser verbraucht
nimmt das verfügbare Ackerland um 27 000 Hektar ab
0115 © Globus
Quelle: OECD, Weltbank, WWF

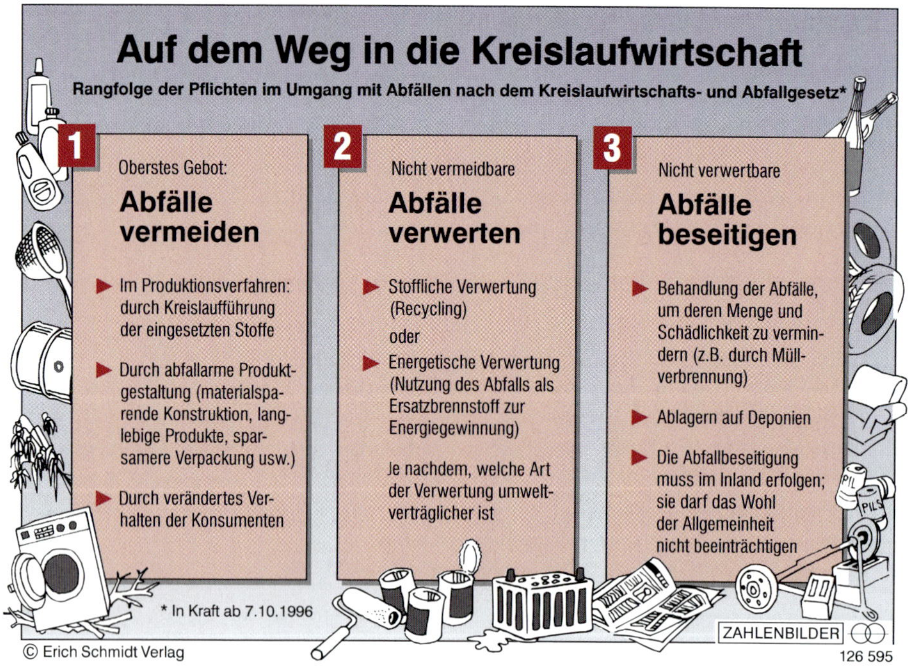
Auf dem Weg in die Kreislaufwirtschaft
Rangfolge der Pflichten im Umgang mit Abfällen nach dem Kreislaufwirtschafts- und Abfallgesetz*
1 Oberstes Gebot: Abfälle vermeiden
Im Produktionsverfahren: durch Kreislaufführung der eingesetzten Stoffe
Durch abfallarme Produktgestaltung (materialsparende Konstruktion, langlebige Produkte, sparsamere Verpackung usw.)
Durch verändertes Verhalten der Konsumenten
2 Nicht vermeidbare Abfälle verwerten
Stoffliche Verwertung (Recycling)
oder
Energetische Verwertung (Nutzung des Abfalls als Ersatzbrennstoff zur Energiegewinnung)
Je nachdem, welche Art der Verwertung umweltverträglicher ist
3 Nicht verwertbare Abfälle beseitigen
Behandlung der Abfälle, um deren Menge und Schädlichkeit zu vermindern (z.B. durch Müllverbrennung)
Ablagern auf Deponien
Die Abfallbeseitigung muss im Inland erfolgen; sie darf das Wohl der Allgemeinheit nicht beeinträchtigen
* In Kraft ab 7.10.1996
© Erich Schmidt Verlag
ZAHLENBILDER
126 595

**Instrumente der Umweltpolitik sind:**

- Erlass von Gesetzen, Verordnungen und technischen Vorschriften
  Beispiele *Abfallbeseitigungsgesetz, Umwelthaftungsgesetz, Verpackungsverordnung, Bundes-Immissionsschutzgesetz, Kreislaufwirtschaftsgesetz*
- Verbot bestimmter Produkte oder Produktionsverfahren
  Beispiel *Regelungen zur Reduzierung des FCKW-Ausstoßes*
- Erlass von Auflagen
  Beispiel *Die Stadt Köln erhebt ein Zwangspfand für Einweggeschirr bei öffentlichen Veranstaltungen*
- wirtschaftliche Belastung oder Entlastung in Form von Steuern oder Subventionen

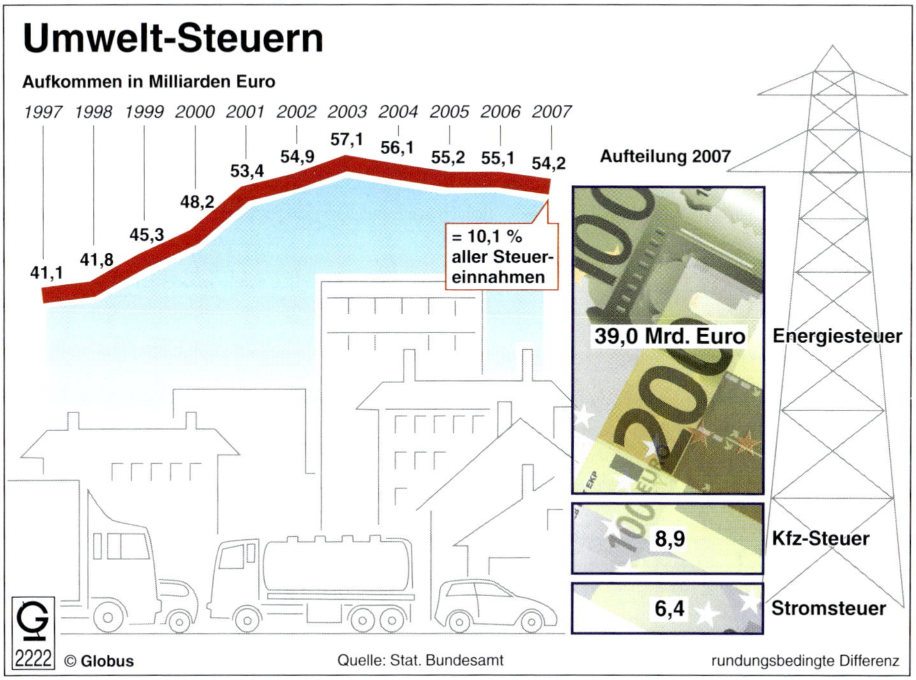


◆ **Sektorale Strukturpolitik**

Im Rahmen der sektoralen Strukturpolitik werden Wirtschaftszweige oder ganze Wirtschaftssektoren unterstützt.

Beispiele *Förderung des Steinkohlebergbaus und der Landwirtschaft*

Das Problem der sektoralen Strukturpolitik besteht darin, dass hier die Gesetze des Marktes außer Kraft gesetzt werden und nicht mehr wettbewerbsfähige Branchen künstlich am Leben gehalten werden.

◆ **Regionale Strukturpolitik**

Nach Art. 72 Absatz 2 GG hat der Bund die Pflicht der Wahrung der Einheitlichkeit der Lebensverhältnisse über das Gebiet eines Bundeslandes hinaus, d. h. er hat die Aufgabe, regionalen Unterschieden, die durch die Wirtschaftsstruktur der Region, natürliche Standortnachteile oder Infrastrukturnachteile entstanden sind, durch Maßnahmen der Strukturpolitik abzuhelfen.

Dies kann z. B. durch öffentliche Investitionen oder die Förderung von privatwirtschaftlichen Investitionen geschehen.
**Beispiel** *Die Filmstiftung NRW fördert die Produktion von Filmen.*

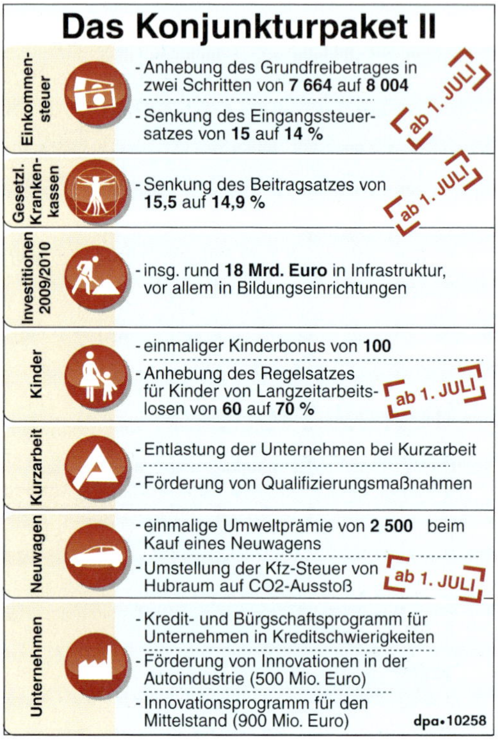


## Ziele der Strukturpolitik

Mit jedem wirtschaftlichen Wachstumsprozess ändert sich die branchenmäßige und regionale Struktur einer Volkswirtschaft. Mögliche Folgen dieses **Strukturwandels** sind veränderte Arbeitsplätze, veränderte Produkte und veränderte Einkommensverteilungen.

Vergleiche hierzu Seite 530

Wachstumsprozesse werden ausgelöst durch

- **Veränderungen in der Nachfrage nach Gütern und Dienstleistungen**
  **Beispiel** *Das gestiegene Umweltbewusstsein der Kunden hat dazu geführt, dass Kosumgüter-hersteller verstärkt auf Langlebigkeit ihrer Produkte durch Reparaturfreundlichkeit, vollständige Demontierbarkeit und Wiederverwertbarkeit setzen, um den veränderten Kundenwünschen gerecht zu werden.*
- **technischen Fortschritt**
  **Beispiel** *Durch die Einführung digitaler Schnitttechnik kann die Medi@ AG in kürzerer Zeit größere Mengen Film bearbeiten.*
- **Änderungen in der Verfügbarkeit von Produktionsfaktoren**
  **Beispiel** *Trotz der hohen Arbeitslosigkeit ist es für die Medi@ AG schwierig, geeignetes Fachpersonal zu finden. Aus diesem Grund engagiert sich das Unternehmen besonders in der innerbetrieblichen Weiterbildung.*
- **Ausdehnung von Märkten im Rahmen der Globalisierung**
  **Beispiel** *Der Fortschritt im Bereich der Informations- und Kommunikationstechnologien hat wesentlich zur Öffnung der Märkte beigetragen. Das Internet erlaubt es Unternehmen, Mitarbeiter in der ganzen Welt zu beschäftigen, ohne sie räumlich zu konzentrieren. Konsumenten können über nationale Grenzen hinaus Preisvergleiche anstellen und durch E-Commerce weltweit einkaufen.*

Wesentliches **Ziel der Strukturpolitik** ist es, die mit jedem Strukturwandel einhergehenden Anpassungsprozesse an wirtschaftliche Entwicklungen zu fördern, zu erleichtern und die damit verbundenen negativen Folgen für die Betroffenen abzumildern. Damit beeinflussen die Ziele Richtung und Tempo des Strukturwandels. Im Einzelfall ist dieses allgemeine Ziel der Strukturpolitik noch durch ergänzende Unterziele zu konkretisieren, die sich im Zeitablauf durchaus in ihrer Gewichtung verändern können, da Strukturanpassungsprozesse langfristige Prozesse sind. In Deutschland gibt es viele Beispiele für strukturelle Veränderungen.
**Beispiel** *Das Ruhrgebiet, ein ursprünglich auf Kohle und Stahl basierender monostrukturierter Wirtschaftsraum, der zu den ersten industriellen Ballungsräumen in Deutschland gehört, hat sich in*

*den vergangenen Jahren immer stärker zu einem Dienstleistungszentrum entwickelt. Ursachen hierfür waren die Kohlekrisen von 1957 und 1981 bzw. die Stahlkrise von 1975. Zur Bewältigung des Strukturanpassungsprozesses, der seit Ende des Zweiten Weltkrieges bis heute andauert, wurden viele Arbeitsgruppen – z. B. die „Zukunftsinitiative NRW" – gegründet. Ziel war es, ein umfassendes Aktionsprogramm für die Lösung der strukturellen Probleme zu entwickeln. So setzt das Ruhrgebiet nun verstärkt auf Kultur und Medien, z. B. Museen, Konzerthallen, Warner Brothers Movieworld in Bochum und die Oberhausener Kurzfilmtage.*

Die Hauptzielsetzung der **Schaffung von Arbeitsplätzen** ist über alle Jahre konstant geblieben. Die jeweils verfolgten Unterziele waren sehr eng an die Probleme, die in den oben genannten Krisen bestanden, angelehnt und wechselten daher im Zeitablauf. Verfolgte man in den Sechzigerjahren das Ziel des „Gesundschrumpfens im Bergbau", war es in den Achtzigerjahren die „Neuansiedlung von Industrien", um die auf Kohle basierende Monostruktur abzubauen. Seit den Achtzigerjahren zielt die Strukturpolitik darauf ab, das „Image der Region insgesamt zu verbessern" und die Attraktivität des Ruhrgebietes nicht nur unter dem Aspekt Produktionsstandort, sondern auch unter dem Aspekt Lebensraum zu erhöhen. Heute sind viele Städte des Ruhrgebietes bergbaufrei, darunter auch Essen. Die Region weist mit 53 Hochschulen, 62 Technologiezentren und -parks, 31 Technologietransferstellen, 21 Forschungsinstituten und 36 Landesinitiativen, die sich mit der Entwicklung bestimmter Technologien beschäftigen, die dichteste Hochschul- und Forschungslandschaft in Europa auf.

Ziele der Strukturpolitik können entsprechend den Bereichen in **regionale, sektorale und infrastrukturelle Ziele** unterteilt werden.

- **Ziele regionaler Strukturpolitik:** Liegt der Zielschwerpunkt auf der Förderung wirtschaftlich zurückgebliebener Wirtschaftsräume, um Ungleichheiten abzubauen, handelt es sich um Ziele regionaler Strukturpolitik, die in der Regel **Ziele der Infrastrukturpolitik** enthalten.
  Beispiel *Zur Förderung des wirtschaftlichen Aufbaus in den neuen Bundesländern wurde der „Verkehrswegeplan deutsche Einheit" entwickelt. Der Bau und Ausbau von Verkehrswegen wie Straße und Schienenverkehr standen im Vordergrund.*

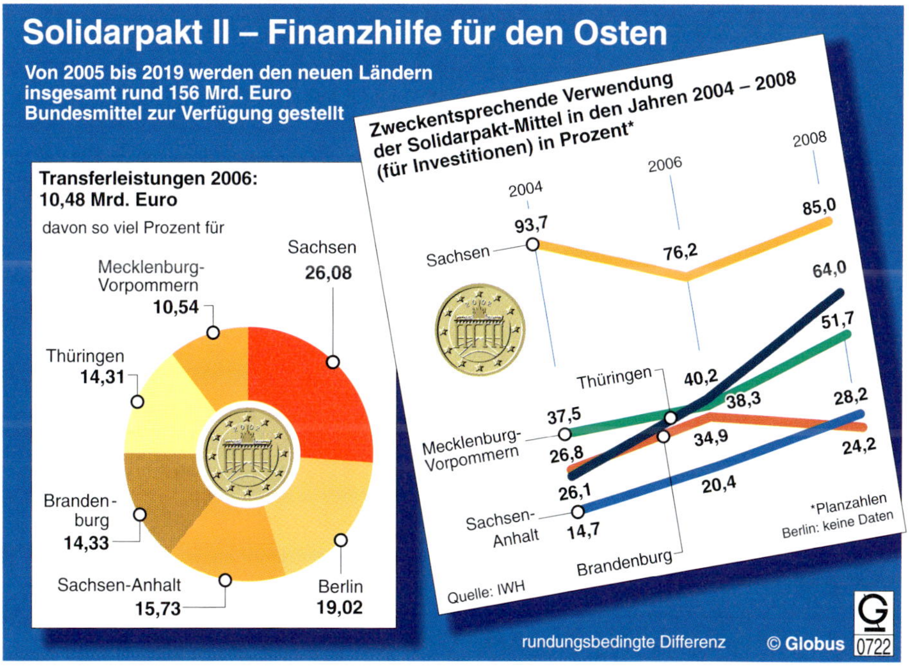

Indikatoren für wirtschaftlich unterschiedlich strukturierte Regionen – das können Bundesländer oder einzelne Wirtschaftsgebiete sein – sind beispielsweise das Wohlstandsniveau, die Wirtschaftskraft, die Verschuldung, die Erwerbstätigkeit und die Exportquote.

Beispiel *Aufgrund des geringen Wirtschaftswachstums in der ehemaligen DDR haben die ostdeutschen Bundesländer einen erheblichen Nachholbedarf, sodass sie insgesamt einer intensiven strukturpolitischen Förderung bedürfen. Auch in den westdeutschen Ländern gibt es strukturschwache Gebiete wie beispielsweise den Bayerischen Wald und Mittelgebirgsregionen wie die Eifel.*

- **Ziele sektoraler Strukturpolitik:** Die Ziele der sektoralen Strukturpolitik sind auf einzelne Wirtschaftssektoren wie Technologien, Einzelbranchen bzw. Unternehmen ausgerichtet. Liegt das Ziel darin, hohe Arbeitslosigkeit zu vermeiden, wird eine Verzögerung des Strukturwandels angestrebt.

  Beispiel *In der Textilindustrie, einem schrumpfenden Wirtschaftszweig, werden Arbeitsplätze reduziert. In der Regel können die davon betroffenen Arbeitnehmer kurzfristig nicht in wachsenden Branchen eingesetzt werden, da die nötigen Qualifikationen und ggf. Mobilität nicht vorhanden sind. Strukturelle Arbeitslosigkeit ist die Folge.*

Vergleiche hierzu Seite 539

**Zielkonflikt**: Strukturpolitische Ziele stehen nicht immer im Einklang miteinander, sodass die Erreichung eines Ziels zulasten eines anderen Ziels geht. Ein grundsätzlicher Zielkonflikt in der Strukturpolitik besteht in der Abwägung folgender Ziele: Strukturanpassungen möglichst **sozialverträglich** vorzunehmen – der Einsatz wettbewerbsverzerrender Maßnahmen wird in Kauf genommen, indem z. B. ineffiziente alte Strukturen gefördert und damit erhalten werden – oder **wettbewerbsstärkende** Strukturänderungen durch Initiierung von Wachstumsprozessen in neuen zukunftsträchtigeren Branchen anzustreben, die aber kurzfristig für die Betroffenen soziale Härten bedeuten würden.

Beispiel *Die Förderung des Steinkohlebergbaus ist strukturpolitisch zwiespältig. Einzelwirtschaftlich profitieren die Betroffenen zwar von der Unterstützung, da ihre Arbeitsplätze und Einkommen – zumindest kurzfristig – gesichert sind. Gesamtwirtschaftlich betrachtet werden aber die Produktionsfaktoren ineffizient eingesetzt, was zu Wohlstandsverlusten führt. So werden heute noch Berufsanfänger im Bergbau ausgebildet, obwohl die beruflichen Zukunftsaussichten sehr gering sind.*

## ● Maßnahmen der Strukturpolitik

Zur Verwirklichung der Ziele kann der Staat im Rahmen der Strukturpolitik auf nachfolgende ordnungs- oder ablaufpolitische (prozesspolitische) Maßnahmen zurückgreifen, die den Markt unterschiedlich stark beeinflussen, je nachdem, ob sie lediglich den Marktmechanismus sichern sollen oder eine bewusste Lenkung, beispielsweise durch Ge- und Verbote, darstellen. Marktkonforme Strukturpolitik sollte sich stets auf die Sicherung der Rahmendaten, also auf ordnungspolitische Maßnahmen, die den Wettbewerb sichern, konzentrieren. In der Realität sind jedoch ablaufpolitische Maßnahmen weit verbreitet und führen nicht immer zum optimalen Ergebnis.

**Wesentliche ordnungspolitische Maßnahmen:**

- **Verstaatlichung oder Privatisierung von Unternehmen:** In den letzten Jahren hat es keine wesentlichen Verstaatlichungen gegeben. Aufgrund der ohnehin schon hohen Staatsquote ist mittelfristig nicht mit weiteren Verstaatlichungen zu rechnen. Im Gegenteil, es wird versucht, viele Aufgaben, die bisher durch den Staat durchgeführt wurden, auf private Unternehmen zu verlagern.

  Beispiele *Deutsche Telekom AG, Deutsche Post AG*

- **Regulierung bzw. Deregulierung von Märkten:** Verschiedene Märkte sind heute noch reguliert, d. h., es herrscht kein freier Wettbewerb (= Handelshemmnisse). Vielmehr wird einem oder mehreren Unternehmen ein bevorzugter Zugang zu diesen Märkten gegeben.

**Beispiele** *Die Deutsche Post AG besaß bis 2007 ein Monopol auf den Transport von Briefen. Der Markt für Telefondienstleistungen wurde dereguliert. Das Monopol der Deutschen Telekom AG wurde 1998 aufgelöst.*

**Wesentliche ablaufpolitische Maßnahmen:**
Es gibt eine Vielzahl von ablaufpolitischen Maßnahmen, die alle im weitesten Sinne Subventionen darstellen. Subventionen sind vom Staat gewährte Finanzhilfen, Zuschüsse und öffentliche Aufträge bzw. Steuervergünstigungen und Abschreibungsmöglichkeiten für einzelne Branchen und Unternehmen.

Subventioniert werden beispielsweise der Steinkohlebergbau, der soziale Wohnungsbau, einige Existenzgründer, die Landwirtschaft, der Auf- und Ausbau neuer Technologien und der Mittelstand im Rahmen der Mittelstandsförderung. Für jeden dieser Bereiche gibt es Argumente für eine Subventionierung.

**Beispiele**

- *Die Marktversorgung mit heimischer Steinkohle soll gewahrt bleiben, um international unabhängig zu bleiben.*
- *Risikobehaftete Investitionen (Hochgeschwindigkeitszüge) und Forschungsaufwendungen sind staatlich zu unterstützen, da sie der Weiterentwicklung der gesamten Volkswirtschaft dienen. Kritisch betrachtet, verstärken Subventionen die Abhängigkeit der Unternehmen, Wirtschaftszweige und Regionen vom Staat.*

## ● Wirtschaftsförderung und Strukturpolitik der Europäischen Union (EU)

Vergleiche hierzu Seite 551

**Regionale Unterschiede in der EU:** Die EU ist mit derzeit 27 Staaten eine große und starke Wirtschaftsmacht, die in wenigen Jahren voraussichtlich bis zu 30 Staaten Europas umfasst. Jedoch besteht in der EU ein starkes wirtschaftliches Nord-Süd-Gefälle.

**Beispiel** *London erwirtschaftete gemessen in Jahresdurchschnitten von 2003 bis 2006 ein bereinigtes Pro-Kopf-Bruttoinlandsprodukt, das den EU-Durchschnitt um ca. 300 % übertraf. Die griechische Region Ipeiros erreichte dagegen nicht einmal die Hälfte des EU-Mittels.*

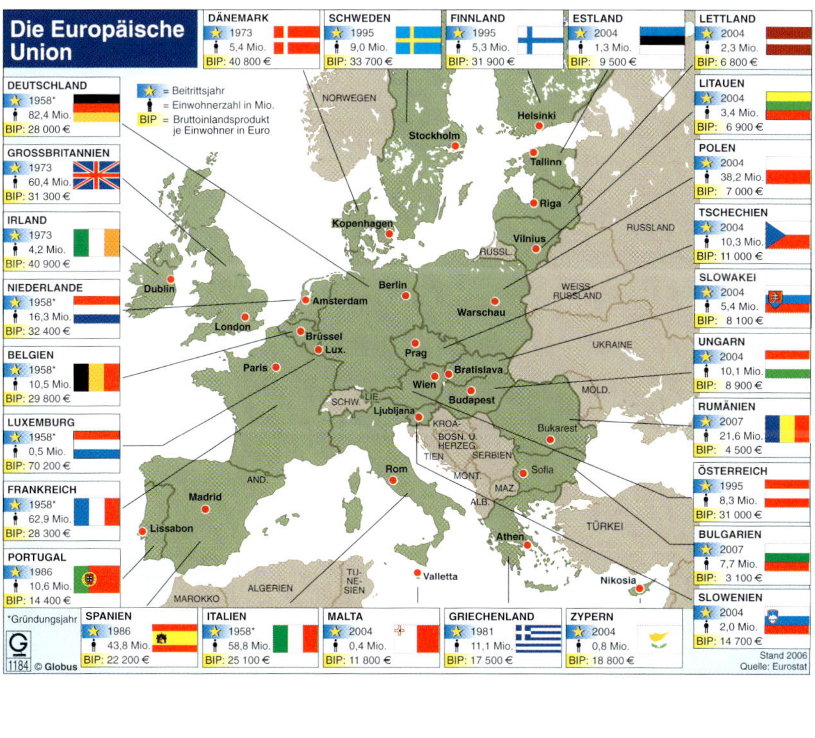

**Maßnahmen der Wirtschaftsförderung und Ziele der EU-Strukturpolitik:**
Die Strukturpolitik der EU zielt darauf ab, einer ungleichen Entwicklung der Mitgliedstaaten entgegenzuwirken bzw. diese zu vermeiden, da ein gemeinsamer Binnenmarkt umso besser funktioniert, je angeglichener die Lebens- und Wirtschaftsbedingungen in allen EU-Staaten sind. Der wirtschaftliche und soziale Zusammenhalt in der Gemeinschaft soll gestärkt werden. Dies macht eine gezielte Förderung wirtschaftlich schwächerer Regionen durch wirtschaftlich stärkere Regionen notwendig, was auch dem Selbstverständnis der Europäischen Union als einer **Solidargemeinschaft** entspricht. Das grundsätzlich geltende Prinzip des freien Wettbewerbs im Rahmen der Gestaltung der EU wird bei der regionalen Strukturpolitik somit durchbrochen.

Eine weitere wesentliche **Maßnahme** zur Erreichung dieses Ziels ist die Einrichtung sogenannter **Strukturfonds**.

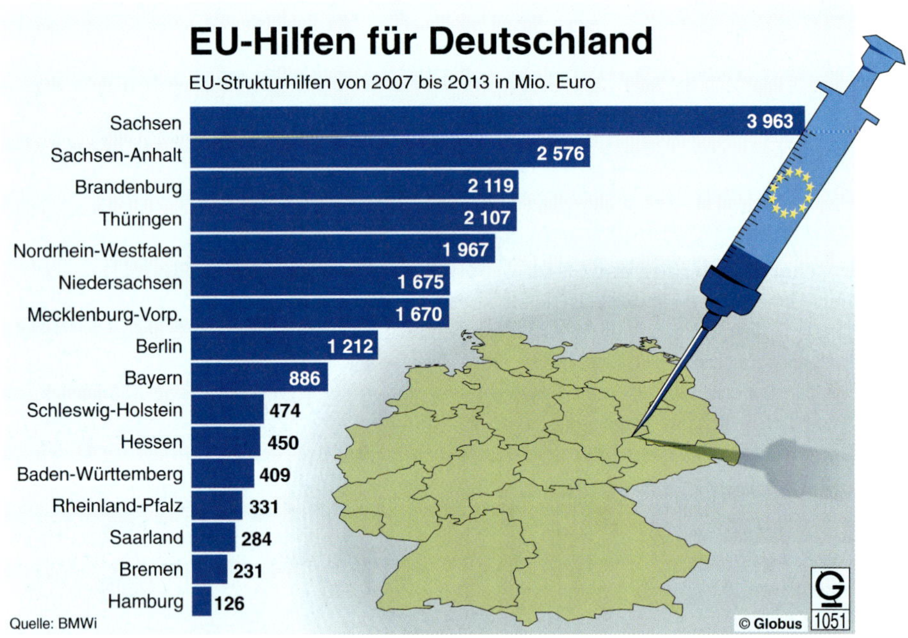


***Strukturpolitik***
***Wirtschaftsstruktur und Standortfaktoren***

- ***Wirtschaftsstruktur:*** *Aufbau und Zusammensetzung der Wirtschaft einer Region oder eines Landes*
- *Einteilung der Wirtschaft in* ***Wirtschaftssektoren: volkswirtschaftliche Arbeitsteilung***
  - *Primärer Sektor (Urerzeugung)*
  - *Sekundärer Sektor (Industrie und Handwerk)*
  - *Tertiärer Sektor (Handel und Dienstleistungen)*
- ***Standortfaktoren:*** *bestimmen die Wirtschaftsstruktur eines Landes oder einer Region*
  - *Infrastruktur*
  - *Verwaltung*
  - *Gesellschaft*
  - *Lebensqualität*
  - *politische und soziale Stabilität*
  - *Außenwirtschaft*
  - *Unternehmen und Sektoren*
  - *Regionen*
  - *natürliche Ressourcen*
  - *Arbeitskräfte*

- ***Internationaler Standortwettbewerb***
  - ***Globalisierung der Wirtschaft:*** *zunehmende weltweite Verflechtung von Unternehmen und Märkten*
  - ***Global Player:*** *multinational tätige Unternehmen*
  - ***Ursachen*** *für die Zunahme der Globalisierung: Fortschritte in der Informations- und Kommunikationstechnologie, zunehmende Liberalisierung, Mobilität des Produktionsfaktors Kapital*
  - ***Internationale Standortfaktoren:*** *Infrastruktur, Gestaltung des Bildungswesens, Rechtsordnung und innere Sicherheit, Steuern und Abgaben, Lohnstückkosten, internationale Arbeitszeiten, Energie- und Transportkosten*

***Strukturpolitik***

- ***Infrastrukturpolitik***
  - *Förderung der institutionellen, materiellen oder personellen Ausstattung*
- ***Umweltpolitik***
  - *Schutz der Natur vor nachteiligen Einwirkungen*
  - *Beseitigung bereits eingetretener Umweltschäden*
- ***Sektorale Strukturpolitik***
  - *Förderung ganzer Wirtschaftszweige oder -sektoren*
- ***Regionale Strukturpolitik***
  - *Unterstützung ganzer Regionen mit dem Ziel der Einheitlichkeit der Lebensverhältnisse*

***Ziele, Zielkonflikte und Maßnahmen regionaler und Europäischer Strukturpolitik***

- *Veränderungen der* ***Konsumentenwünsche, technischer Fortschritt****, Veränderungen in der* ***Verfügbarkeit*** *von* ***Produktionsfaktoren*** *und zunehmende* ***Globalisierung*** *führen zu* ***Strukturwandel*** *und* ***Wirtschaftswachstum****.*
- ***Ziel der Strukturpolitik ist es****, Richtung und Tempo des* ***Strukturwandels*** *zu beeinflussen und damit verbundene* ***negative Folgen*** *für die Betroffenen zu* ***minimieren****.*
- ***Ziel der regionalen Strukturpolitik*** *ist die Förderung wirtschaftlich zurückgebliebener Wirtschaftsräume.*
- ***Ziel der sektoralen Strukturpolitik*** *ist eine Beschleunigung oder auch Verzögerung des Strukturwandels.*
- ***Ziel der Infrastrukturpolitik*** *ist die Verbesserung der Ausstattung mit öffentlichen Gütern wie Verkehrswegen, Schulen, Krankenhäusern und sonstigen Einrichtungen, die wesentliche Voraussetzungen für künftiges Wirtschaftswachstum sind.*
- ***Zielkonflikte*** *bestehen stets zwischen* ***wettbewerbsverzerrenden****, aber* ***kurzfristig sozial verträglichen*** *Strukturerhaltungen und* ***längerfristig wettbewerbsstärkenden*** *Strukturänderungen, die kurzfristig mit* ***sozialen Härten*** *verbunden sind.*
- *Wesentliche* ***ordnungspolitische Maßnahmen*** *der Strukturpolitik sind* ***Privatisierungen*** *von Unternehmen und* ***Deregulierungen*** *von Märkten.*
- ***Ablaufpolitische Maßnahmen*** *der Strukturpolitik stellen im weitesten Sinne* ***Subventionen*** *dar.*
- *In der* ***EU*** *herrschen* ***regionale Unterschiede*** *in Bezug auf Wirtschaftskraft, Arbeitslosigkeit und Beschäftigungsstruktur, die durch die geplante* ***EU-Erweiterung*** *auf bis zu 30 Staaten zunehmen werden.*
- *Ziel der* ***EU-Strukturpolitik*** *ist es, durch Förderung bestimmter Regionen und Vorhaben eine* ***Angleichung der Lebensbedingungen*** *in den Mitgliedstaaten zu erreichen.*

## Aufgaben

1 Die Wirtschaftsstruktur der Bundesrepublik Deutschland wandelt sich.
  a) Erörtern Sie, welche Folgen dies für die Nachfrage nach einzelnen Berufen hat.
  b) Erläutern Sie die Folgen des Wandels im Bereich der Dienstleistungen für die Medienberufe.

2 Erstellen Sie eine Liste der Unternehmen, die mit Ihrem Ausbildungsbetrieb zusammenarbeiten, und ordnen Sie diese den Sektoren der Volkswirtschaft zu.

3 Erkundigen Sie sich in Ihrem Ausbildungsbetrieb, welche Gründe für die Standortwahl ausschlaggebend waren, und erläutern Sie diese Ihren Mitschülerinnen und Mitschülern.

4 Entwickeln Sie ein Mind-Map zum Thema „Standort Deutschland – Pro und Kontra" und halten Sie anhand Ihres Maps einen Kurzvortrag zu diesem Thema in der Klasse.

5 Erläutern Sie internationale Standortfaktoren, die eine Wirtschaftsregion für ein investitionsbereites Unternehmen unattraktiv machen, und geben Sie jeweils ein Beispiel.

6 Erläutern Sie die Aufgaben des Staates im Rahmen der Strukturpolitik.

7 Stellen Sie die Instrumente der Umweltpolitik dar. Nennen Sie Beispiele, bei denen Maßnahmen der Umweltpolitik in Ihren Betrieben wirksam werden.

8 Stellen Sie Ursachen für regionale Unterschiede bei der Kaufkraft in Deutschland dar.

9 Die Bundesregierung hat eine Ökosteuer eingeführt, um den Verbrauch an Energie zu verteuern. Gleichzeitig sollen über eine Senkung der Beiträge zur Rentenversicherung die Lohnnebenkosten verringert und damit der Produktionsfaktor Arbeit verbilligt werden. Erläutern Sie, welches politische Konzept sich hinter diesen Plänen verbirgt und welche Maßnahmen der Strukturpolitik hier ineinandergreifen.

10 Erläutern Sie das Problem der Subventionen anhand der Abbildung „EU-Hilfen für Deutschland" auf S. 504.

11 Erläutern Sie die Wirtschaftsstruktur der Region Ihres Ausbildungsbetriebes und leiten Sie die strukturpolitische Bedeutung ab.

12 Erläutern Sie Ziele der sektoralen Strukturpolitik und geben Sie Beispiele für Maßnahmen zur Zielerreichung.

13 Auch zwanzig Jahre nach der deutsch-deutschen Vereinigung ist das Land in vielen Dingen noch zweigeteilt. Die Wirtschaft im Osten hat das Westniveau noch längst nicht erreicht.
   a) Erläutern Sie in diesem Zusammenhang die Hauptziele regionaler Strukturpolitik.
   b) Welche Maßnahmen werden angewandt, um die bestehenden Ungleichheiten abzubauen?

14 Begründen Sie, inwiefern ein Zielkonflikt zwischen sozial verträglichen Strukturanpassungen einerseits und wettbewerbsstärkenden Strukturänderungen andererseits besteht.

15 Erläutern Sie im Zusammenhang mit der Strukturkrise in der Kohle- und Stahlindustrie mögliche strukturpolitische Maßnahmen vor dem Hintergrund der angestrebten Ziele (vgl. S. 500).

16 Erläutern Sie die Bedeutung einer regionalen Strukturpolitik in der EU und diskutieren Sie anhand ausgewählter Regionen Maßnahmen zur Wirtschaftsförderung.

17 Caroline Zander ist erbittert. „Wenn ich das schon lese: Jahr für Jahr steckt die Regierung Milliarden Euro in marode Branchen. Wenn es nach mir gehen würde, müsste das alles sofort gestrichen werden." Ihr Großvater vertritt eine andere Meinung: „Na, so einfach ist das nun auch wieder nicht. Stell dir doch bloß einmal vor, was passieren würde." „Ach Opa, du denkst doch immer nur an die alten Zeiten. Stell du dir doch bitte einmal vor, was man mit dem Geld alles machen könnte."
   a) Diskutieren Sie die beiden unterschiedlichen Standpunkte.
   b) Entwickeln Sie Vorschläge für einen zukunftsweisenden politischen Umgang mit dieser Problematik.

# 10.3 Volkswirtschaftliche Gesamtrechnung

## 10.3.1 Der Wirtschaftskreislauf

Julika Driesch möchte sich ein Auto kaufen! 1 000,00 EUR hat sie selbst, den Rest des Kaufpreises sollen ihr die Eltern geben. Der Vater ist jedoch nicht zu überzeugen. „Für ein zweites Auto ist kein Geld da. Unsere Einnahmen decken gerade die Ausgaben." Um Julika zu überzeugen, stellt er mit ihr Einnahmen und Ausgaben in Form eines Haushaltskontos zusammen:

| Einnahmen | Haushaltskonto der Familie Driesch | | Ausgaben |
|---|---|---|---|
| Einkommen „Vater" | 2 000,00 | Lebensmittel | 400,00 |
| Einkommen „Julika" | 550,0 | Wohnung | 1 000,00 |
| Pacht für ein Grundstück | 150,00 | Kleidung | 500,00 |
| | | Auto, Urlaub, Sonstiges | 800,00 |
| | 2 700,00 | | 2 700,00 |

Julika ist enttäuscht. Aber sie sieht ein, dass man nicht mehr ausgeben kann, als man einnimmt. Als sie in der Schule etwas über den Wirtschaftskreislauf erfährt, überlegt sie, ob dieser Grundsatz vielleicht auch auf die ganze Volkswirtschaft zutrifft.

### Arbeitsaufträge

- Stellen Sie fest, bei welcher Modellbetrachtung Julikas Überlegungen zutreffen.
- Erläutern Sie, wo die Mängel dieses Modells liegen und um welche Annahmen es ergänzt werden muss, um der Realität nahe zu kommen.

Um die Volkswirtschaft als Ganzes betrachten zu können, bedient man sich eines **Modells**, d. h. einer Abbildung der Wirklichkeit. So wie ein Globus eine vereinfachte Wiedergabe der Erde und ein Stadtplan eine vereinfachte Abbildung einer Stadt ist, versucht ein volkswirtschaftliches Modell die wesentlichen Zusammenhänge der Volkswirtschaft in vereinfachter Form wiederzugeben. Da die Volkswirtschaft aus einer Vielzahl sehr komplizierter Beziehungen besteht, ist es erforderlich, das Modell auf wenige Grundannahmen (Prämissen) zu beschränken. Die am Wirtschaftsgeschehen Beteiligten werden zu den Gruppen Haushalte, Unternehmen, Staat, Banken und Ausland zusammengefasst und als **Wirtschaftssubjekte** bezeichnet.

### Die stationäre Wirtschaft

Dem **Modell eines einfachen Wirtschaftskreislaufs** werden folgende Annahmen **(Prämissen)** zugrunde gelegt:

- Es gibt nur zwei Gruppen von Beteiligten **(Wirtschaftssubjekte)** am Wirtschaftsgeschehen: die privaten Haushalte und die Unternehmen.
- Alle privaten Haushalte und alle Unternehmen werden zu je einem **Sektor** zusammengefasst.
- Die **Haushalte** stellen den Unternehmen die Produktionsfaktoren Arbeit, Boden und Kapital zur Verfügung.
- Die **Unternehmen** zahlen den Haushalten für die Nutzung der Produktionsfaktoren Einkommen in Form von Lohn (für Arbeit), Miete und Pacht (für Boden) und Zinsen (für Kapital).
- Die Unternehmen stellen durch die Kombination der Produktionsfaktoren alle in der Volkswirtschaft benötigten Konsumgüter her.
- Alle in den Unternehmen produzierten Konsumgüter werden an die Haushalte abgesetzt.

*Vergleiche hierzu Seite 45*

*Vergleiche hierzu Seite 47*

- Die Haushalte verwenden ihr gesamtes Einkommen (Einkommen = Y) für die Beschaffung der Konsumgüter (Konsumgüter = C).

Das vereinfachte **Modell einer Volkswirtschaft** lässt sich grafisch darstellen:

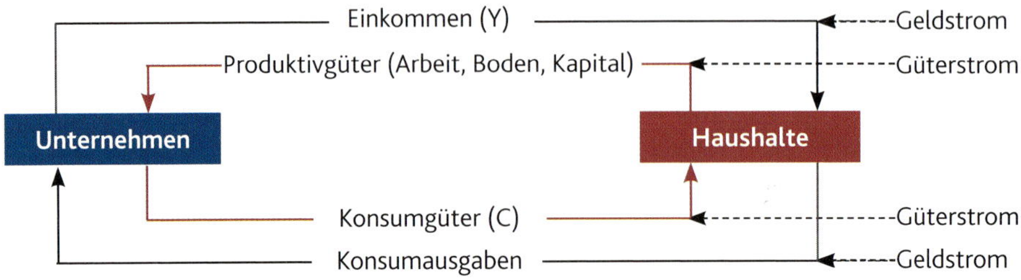


Anhand dieses Modells einer Volkswirtschaft lassen sich jetzt folgende **Aussagen** machen:
- Im Modell lässt sich ein **geschlossener Wirtschaftskreislauf** erkennen, der von einem Geldstrom und einem Güterstrom gebildet wird.
- Der **Geldstrom** besteht aus den Einkommen der Haushalte und ihren Ausgaben für Konsumgüter.
- Der **Güterstrom** besteht aus den von den Haushalten bereitgestellten Produktivgütern und den von den Unternehmen produzierten Konsumgütern.
- Jedem Güterstrom läuft ein Geldstrom von gleichem Wert entgegen, d. h., **Güter und Geldkreislauf sind wertmäßig gleich**.

**Y = C**

Das Modell des geschlossenen Wirtschaftskreislaufs zeigt, dass zwischen den Sektoren der Volkswirtschaft, also zwischen Haushalten und Unternehmen, eine ständige Wiederholung von Produktion und Konsum stattfindet. Da sich Geld und Güterstrom wertmäßig entsprechen, kann nur das konsumiert werden, was auch produziert wurde. Es kann ebenfalls nur das ausgegeben werden, was auch an Einkommen erzielt wurde. Das heißt:

Summe der Faktoreinkommen = Gesamtausgaben für Konsumgüter

Da der einfache Wirtschaftskreislauf eine Volkswirtschaft beschreibt, in der es keine Veränderungen gibt, spricht man auch von einer statischen Betrachtung oder von einer **stationären Wirtschaft**.

## Die evolutorische Wirtschaft bei Einbeziehung der Kreditinstitute

Das Modell des Kreislaufs einer evolutorischen (wachsenden) Wirtschaft bei Einbeziehung der Kreditinstitute wird um folgende **Prämissen** erweitert:
- Die Haushalte geben nicht ihr gesamtes Einkommen für Konsumgüter aus, sondern **sparen** (sparen = S) einen Teil. Den Prozentsatz des verfügbaren Einkommens in einer Volkswirtschaft, der durchschnittlich gespart wird, gibt die **Sparquote** an.

$$\text{Sparquote} = \frac{\text{private Ersparnisse}}{\text{verfügbares Einkommen}} \cdot 100$$

- Die gesparten Beträge werden auf Konten bei **Kreditinstituten** (Banken, Sparkassen) angelegt, die zu einem eigenen Sektor zusammengefasst werden.
- Die Kreditinstitute stellen den Unternehmen das Geldkapital für **Investitionen** (Investieren = I) zur Verfügung.

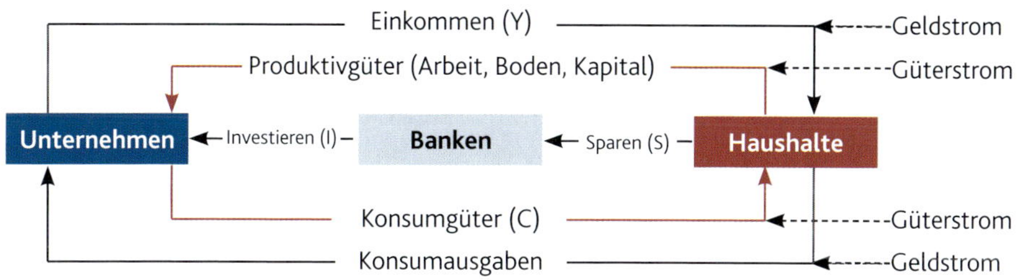


Die **Einkommensentstehungsgleichung:** Aus der Sicht der Unternehmen entsteht das Einkommen durch den Verkauf von Konsumgütern (C) und die Ausgaben für Investitionen (I).

$$Y = C + I$$

Die **Einkommensverwendungsgleichung:** Die Haushalte verwenden das Einkommen für Konsumausgaben (C) und Sparen (S).

$$Y = C + S$$

Daraus folgt: C + I = C + S oder: I = S, d. h., es können nur die Beträge investiert (I) werden, die dem Bankensystem in Form von Sparguthaben (S) zur Verfügung gestellt werden.

## Die evolutorische Wirtschaft bei Einbeziehung der Kreditinstitute und des Staates

Um das Modell des Wirtschaftskreislaufs der Realität weiter anzunähern, werden die Aktivitäten des Staates einbezogen. Zum Sektor Staat gehören dabei alle öffentlichen Haushalte, das sind die Gebietskörperschaften (Bund, Länder, Kommunen), die Einrichtungen der Sozialversicherungen und alle sonstigen gemeinnützigen staatlichen Institutionen. Öffentliche Unternehmen, wie z. B. die Versorgungsbetriebe, gehören nicht zum Sektor Staat, sondern werden den Unternehmen zugerechnet.

Das Modell der evolutorischen Wirtschaft bei Einbeziehung des Staates wird um folgende **Prämissen** erweitert:

- Der Staat erbringt Dienstleistungen zur Erfüllung der **Kollektivbedürfnisse**. Diese können nicht vom einzelnen Haushalt befriedigt werden.

  Beispiele
  - *Bundesaufgaben: Verteidigung, Außenpolitik*
  - *Länderaufgaben: Schulwesen, Polizei*
  - *Gemeindeaufgaben: soziale Angelegenheiten, Kultur*

- Eine weitere Aufgabe des Staates ist die **Umverteilung der Einkommen** durch Transferzahlungen und Subventionen.

Um die vielfältigen Staatsaufgaben durchführen zu können, muss der Staat Einnahmen erzielen. **Staatseinnahmen** sind direkte und indirekte Steuern, Gebühren und Beiträge.

Beispiele
- *direkte Steuern: Einkommensteuer*
- *indirekte Steuern: Umsatzsteuer*
- *Gebühren: Ausstellungsgebühr für den Bundespersonalausweis*
- *Beiträge: Beiträge zur Sozialversicherung*

Reichen die Staatseinnahmen zur Finanzierung der Ausgaben nicht aus, müssen Kredite aufgenommen werden. Dies geschieht durch die Ausgabe von Schuldverschreibungen, die durch Vermittlung der Kreditinstitute an Anleger verkauft werden.

Beispiel *Die Deutsche Bundesbank gibt Bundesobligationen zum Zinssatz von 5 % mit einer Laufzeit von sieben Jahren heraus.*

- **Staatsausgaben** fließen an die Haushalte und Unternehmen. Staatsausgaben sind:
  - **Realausgaben**, wenn sie als Gegenleistung für den Kauf von Gütern oder für eine Dienstleistung gezahlt werden,
    Beispiel *Die Bundesrepublik Deutschland baut die Autobahn A 31. Sie investiert dafür 5 Mrd. EUR.*
  - **Transferausgaben**, wenn sie an Haushalte (Transferzahlungen) oder Unternehmen (Subventionen) ohne direkte Gegenleistung gewährt werden.
    Beispiele *Transferzahlungen: Wohngeld, Kindergeld*
- **Subventionen:** Die Werftindustrie erhält staatliche Unterstützung zur Sicherung der Arbeitsplätze (direkte Subvention), für einen befristeten Zeitraum werden die Abschreibungsmöglichkeiten verbessert (indirekte Subventionen).

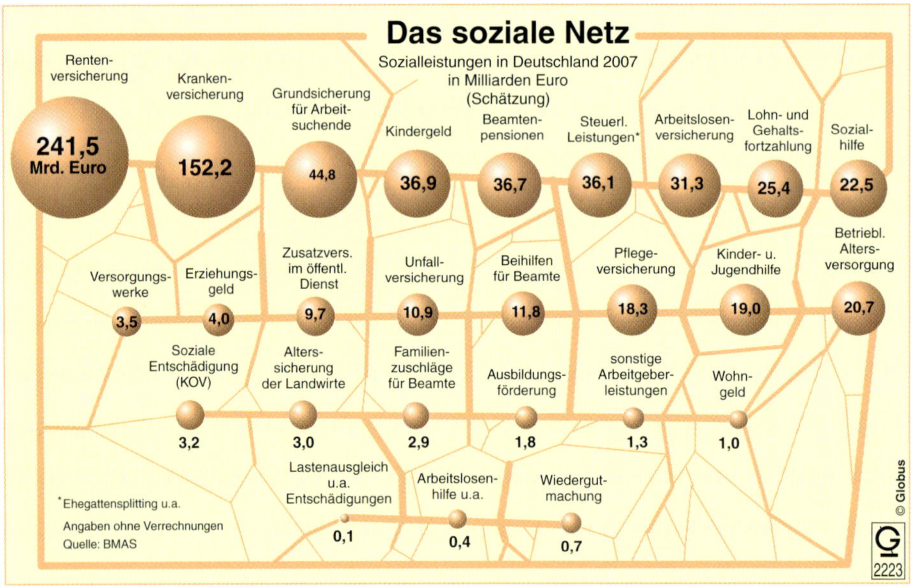


Sind die Staatsausgaben größer als die Staatseinnahmen, liegt ein **Budgetdefizit** vor. Sind die Einnahmen größer als die Staatsausgaben, handelt es sich um einen **Budgetüberschuss**.

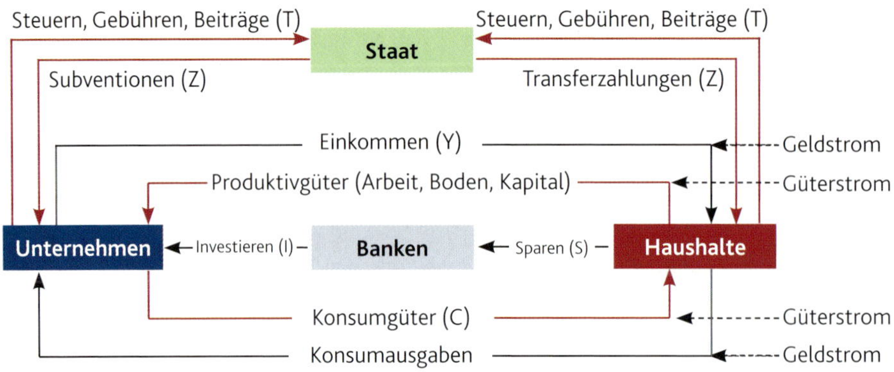

## Die evolutorische Wirtschaft bei Einbeziehung der Kreditinstitute, des Staates und des Auslands

Als letzter Sektor werden in das Modell des Wirtschaftskreislaufs die **Transaktionen mit dem Ausland** eingeführt. Der Außenwirtschaftsverkehr umfasst dabei folgende Transaktionsarten:

- **Warenverkehr:** Im- und Export von Gütern

  Beispiele
  - *Die Medi@ AG bezieht CD-Rohlinge aus Großbritannien (Import).*
  - *Sie verkauft ihre Musik-CDs weltweit (Export).*

- **Dienstleistungsverkehr:** Inanspruchnahme von Dienstleistungen des Auslands durch Inländer oder von inländischen Dienstleistungen durch Ausländer.

  Beispiele
  - *Julika Driesch verbringt ihren ersten selbst verdienten Urlaub in Palma auf Mallorca.*
  - *Die DeHaan Filmproduktion aus den Niederlanden lässt sich durch die Betriebswirtschaftliche Beratungsstelle der IHK eine Standortanalyse für eine Filiale in Köln anfertigen.*

- **Kapitalverkehr:** Anlage von Geld durch Inländer im Ausland oder durch Ausländer im Inland.

  Beispiele
  - *Der Abteilungsleiter für das Rechnungswesen der Medi@ AG prüft die Anlagemöglichkeiten für Tagesgeld in der Schweiz.*
  - *Da die Standortanalyse der IHK zu einem positiven Resultat gekommen ist, investiert die DeHaan Filmproduktion in Köln, indem sie eine Filiale errichtet.*

- **Übertragungen:** Zahlungen ohne direkte Gegenleistung durch Inländer an das Ausland oder durch Ausländer an das Inland.

  Beispiele *Ein Mitarbeiter des Rechnungswesens der Medi@ AG, Herr Murat Güvec, überweist regelmäßig 25 % seines Nettoeinkommens an seine Familie in Istanbul. Der Auszubildende Emilio Lanzetti erbt von einem Onkel in Neapel 5 000,00 EUR. Er lässt sich das Geld auf sein Konto bei der Deutschen Bank Köln überweisen.*

Der **Außenbeitrag** ist positiv, wenn die Exporte von Sachgütern und Dienstleistungen (X) größer als die Importe (M) sind. Er ist negativ, wenn die Importe größer als die Exporte sind.

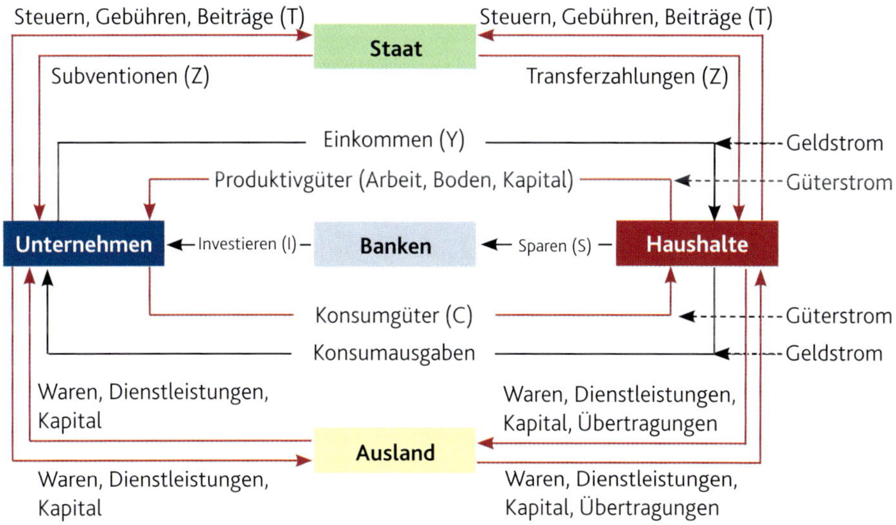

***Der Wirtschaftskreislauf***

- *Der Wirtschaftskreislauf ist ein ökonomisches Modell, das die komplexen Zusammenhänge in der Volkswirtschaft in vereinfachter Form mithilfe von Annahmen (Prämissen) abbildet.*
- *In der stationären Wirtschaft gibt es zwei Sektoren, die Haushalte und die Unternehmen.*
- *Aufgabe der **Unternehmen** ist die Erzeugung von Sachgütern und Dienstleistungen.*
- *Die **Haushalte** verwenden ihr gesamtes Einkommen für die Beschaffung der Güter bei den Unternehmen.*
- *In der **evolutorischen Wirtschaft** bei Einbeziehung der Kreditinstitute geben die Haushalte nicht ihr gesamtes Einkommen für Konsumgüter aus, sondern **sparen** einen Teil.*
- *Die Sparguthaben werden bei den Kreditinstituten angelegt, die sie den Unternehmen für **Investitionen** zur Verfügung stellen.*
- *Das Modell der evolutorischen Wirtschaft kann durch Einbeziehung des **Staates** und des **Auslands** der Wirklichkeit weiter angenähert werden.*

## Aufgaben

1 Erläutern Sie, warum man bei der Erklärung der Volkswirtschaft von stark vereinfachten Modellen ausgeht.

2 Erläutern Sie die Prämissen, die dem einfachen Wirtschaftskreislauf zugrunde gelegt werden.

3 Stellen Sie das Modell der evolutorischen Wirtschaft mit den Sektoren Staat und Ausland grafisch dar und erläutern Sie die Geld- und Güterströme.

4 Erläutern Sie Staatseinnahmen und Staatsausgaben anhand von Beispielen.

5 Erläutern Sie den Zusammenhang von Sparen und Investieren innerhalb einer Volkswirtschaft.

6 In einer geschlossenen Volkswirtschaft mit den Sektoren Haushalte, Unternehmen, Banken und Ausland fließen ausschließlich die nachfolgenden Geldströme in Mio. EUR:

| | |
|---|---|
| Faktoreinkommen (Y) | 9000 |
| privater Konsum (C) | 7000 |
| staatlicher Konsum (C) | 2600 |
| Steuern, Gebühren, Beiträge der Unternehmen (T) | 1600 |
| Steuern, Gebühren, Beiträge der Haushalte (T) | 1400 |
| Transferzahlungen (Z) | 800 |
| Subventionen (Z) | 600 |

Ermitteln Sie
a) das Gesamteinkommen der Haushalte,
b) das verfügbare Einkommen der Haushalte,
c) die Ersparnisse der Haushalte,
d) Budgetüberschuss oder -defizit des Staates.

7 Die Einkommenverwendungsgleichung lautet Y = C + S, die Einkommenentstehungsgleichung lautet Y = C + J. Erläutern Sie, warum S und J gleich groß sein müssen.

## 10.3.2 Entstehung, Verwendung und Verteilung des Bruttoinlandsproduktes

Nachdem Julika Driesch in der Berufsschule den „Kreislauf der evolutorischen Wirtschaft" kennengelernt hat, ist sie beeindruckt. Wenn man so ein Modell für die Medi@ AG hätte, wären Entscheidungen viel einfacher zu treffen. Als sie Herrn Effer, dem Leiter des Rechnungswesens, von ihrer Idee berichtet, lacht dieser. „So ein Modell haben wir doch, das ist unser Organisationsplan. Aber um ein Unternehmen steuern zu können, braucht man Zahlen, und die kommen aus dem Rechnungswesen."

### Arbeitsaufträge

- Stellen Sie fest, wo Gemeinsamkeiten zwischen der Ermittlung von Inlandsprodukt und Volkseinkommen und dem betrieblichen Rechnungswesen bestehen.
- Erläutern Sie den Zusammenhang von Nettoinlandsprodukt und Faktorkosten sowie Volkseinkommen.

Die Aufgabe der Buchführung für die gesamte Volkswirtschaft erfüllt die **volkswirtschaftliche Gesamtrechnung**. Sie ist die Grundlage für die Berechnung des Inlandsproduktes und des Volkseinkommens der Bundesrepublik Deutschland.

Das **Inlandsprodukt** ist der Gesamtwert aller in einer Volkswirtschaft von In- und Ausländern in einem Jahr erwirtschafteten Güter und Dienstleistungen.

Das **Volkseinkommen** ist die Summe aller Einkommen der Produktionsfaktoren (Arbeit, Boden, Kapital), die bei der Erwirtschaftung des Inlandsproduktes in einer Volkswirtschaft in einem Jahr erzielt wurden.

Im Rahmen der **volkswirtschaftlichen Gesamtrechnung** werden Inlandsprodukt und Volkseinkommen unter drei Gesichtspunkten analysiert:

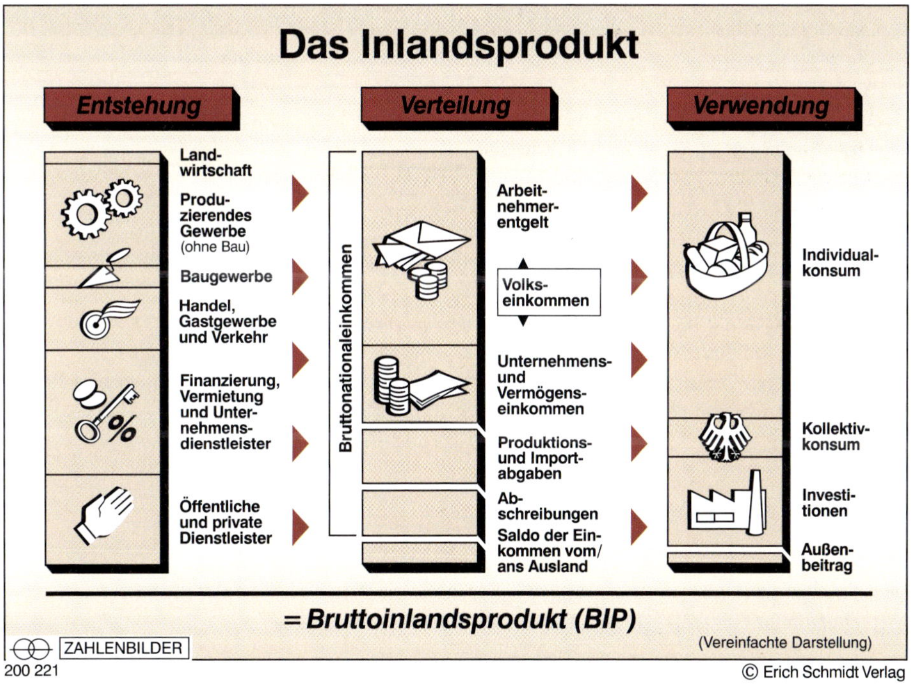

- In der **Entstehungsrechnung** wird der Beitrag festgelegter Wirtschaftsbereiche zum Inlandsprodukt ermittelt.
  Beispiel *Die Wirtschaftsbereiche sind in der oben stehenden Abbildung angegeben.*
- In der **Verwendungsrechnung** wird analysiert, von welchen Wirtschaftssubjekten die produzierten Güter und Dienstleistungen beansprucht wurden bzw. für welche Zwecke sie eingesetzt wurden.
- In der **Verteilungsrechnung** wird ermittelt, welche Einkommen den Produktionsfaktoren zugeflossen sind.

♦ *Die Entstehungsrechnung*

Um festzustellen, wie groß das Inlandsprodukt ist, müssen die Produktionsleistungen am Ort ihrer Entstehung erfasst werden. Dabei werden die erwirtschafteten Güter und Dienstleistungen zunächst mit ihrem Marktpreis bewertet. Von diesem Wert sind die Vorleistungen abzuziehen, die von anderen Wirtschaftsbereichen erwirtschaftet wurden. Man erhält so die **Bruttowertschöpfung** des einzelnen Unternehmens.

Beispiel *Die Medi@ AG kauft einen Pausenraumtisch bei der Karl Schneider GmbH zum Preis von 380,00 EUR. Bei der Ermittlung des Bruttoinlandsprodukts wird dieser Tisch wie folgt berücksichtigt:*

1. *Ein Forstbetrieb verkauft Kiefernholz zum Preis von 100,00 EUR an die Andreas Schneider Holzwerke KG.*
2. *Die Andreas Schneider Holzwerke KG verarbeitet das Holz zu Brettern und verkauft diese an die Bürotec GmbH zum Preis von 160,00 EUR.*
3. *Die Bürotec GmbH verarbeitet die Bretter zu einem Pausenraumtisch und verkauft diesen zum Preis von 250,00 EUR an den Bürofachhandel Karl Schneider GmbH.*
4. *Der Bürofachhandel Karl Schneider GmbH verkauft den Pausenraumtisch zum Preis von 380,00 EUR an die Medi@ AG.*

| Betrieb | Vorleistung | Bruttowert-schöpfung | Produktions-wert |
|---|---|---|---|
| Forstbetrieb | – | 100,00 | 100,00 |
| Andreas Schneider Holzwerke KG | 100,00 | 60,00 | 160,00 |
| Bürotec GmbH | 160,00 | 90,00 | 250,00 |
| Bürofachhandel Karl Schneider GmbH | 250,00 | 130,00 | 380,00 |
| | 510,00 | 380,00 | 890,00 |

Die Bruttowertschöpfung eines Unternehmens ist die Differenz zwischen dem Verkaufserlös (Produktionswert) und dem Wert der von anderen Unternehmen bezogenen Vorleistungen.
Die so bewerteten Produktionsleistungen der Unternehmen, des Staates und der Haushalte stellen das **Bruttoinlandsprodukt** zu Marktpreisen einer Volkswirtschaft dar.

Produktionswert
– Vorleistungen
= Bruttoinlandsprodukt zu Marktpreisen

Die Entstehung des Bruttoinlandsproduktes wird in Europa nach dem **Europäischen System volkswirtschaftlicher Gesamtrechnungen (ESGV)** einheitlich ermittelt:

| | |
|---|---|
| | Land- und Forstwirtschaft, Fischerei |
| + | Produzierendes Gewerbe (ohne Baugewerbe) |
| + | Baugewerbe |
| + | Handel, Gastgewerbe und Verkehr |
| + | Finanzierung, Vermietung und Unternehmensdienstleister |
| + | öffentliche und private Dienstleister |
| = | Bruttoinlandsprodukt zu Marktpreisen |

Da die Güter mit ihren Marktpreisen bewertet werden, wirken sich Preissteigerungen in Form von Erhöhungen des **nominalen Bruttoinlandsproduktes** aus.
Beispiel *Der Pausenraumtisch geht mit dem Endverkaufspreis von 380,00 EUR in die Ermittlung des BIP ein. Erhöhen sich die Preise im Folgejahr um 10 % auf 418,00 EUR, erhöht sich das BIP um 38,00 EUR, ohne dass dafür ein entsprechender Gegenwert erbracht wurde.*

Um den tatsächlichen Zuwachs des BIP erfassen zu können, bezieht man die Preise auf ein Basisjahr und erhält so das **reale Bruttoinlandsprodukt**. Veränderungen im Zeitablauf sind so nur auf Veränderungen der tatsächlichen Menge zurückzuführen.
Beispiel *Wird das Vorjahr als Basisjahr festgelegt, beträgt der Beitrag des Pausenraumtisches zum Bruttoinlandsprodukt unverändert 380,00 EUR.*

Im Rahmen des Produktionsprozesses werden von den Unternehmen Produktionsmittel eingesetzt, die sich im Zeitablauf abnutzen und erneuert werden müssen. Die buchmäßige Erfassung der Wertminderung des Anlagevermögens wird als **Abschreibung** bezeichnet. Das Steuerrecht nennt diese Abschreibung „Absetzung für Abnutzung" (AfA). Im Rahmen der Kalkulation werden die Abschreibungen entsprechend berücksichtigt und fließen durch die Verkaufserlöse in das Unternehmen zurück. Sie dienen der Finanzierung der Ersatzinvestitionen.

Das um die Abschreibungen geminderte Bruttoinlandsprodukt stellt das **Nettoinlandsprodukt** einer Volkswirtschaft dar. Es ist identisch mit den Faktoreinkommen der privaten Haushalte.

Bruttoinlandsprodukt zu Marktpreisen
– Abschreibungen
= Nettoinlandsprodukt zu Marktpreisen

Beispiel *Die Bürotech GmbH verkauft den Pausenraumtisch zum Preis von 250,00 EUR. In die Herstellung sind Vorleistungen in Höhe von 160,00 EUR eingeflossen. Für die Wertminderung des Anlagevermögens werden Abschreibungen in Höhe von 8,00 EUR berücksichtigt. An weiteren Kosten fallen an: 55,00 EUR für Gehälter, 5,00 EUR für Zinsen, 10,00 EUR Miete und ein Gewinn in Höhe von 12,00 EUR.*

*Wertschöpfung der Bürotech GmbH bei der Produktion eines Pausentisches*

| | | | | |
|---|---|---|---|---|
| | *Vorleistungen* | *160,00* | *Verkaufserlöse* | *250,00* |
| | *Abschreibungen* | *8,00* | | |
| *Nettowertschöpfung = Faktoreinkommen der Haushalte* | *Gehälter* | *55,00* | | |
| | *Zinsen* | *5,00* | | |
| | *Miete* | *10,00* | | |
| | *Gewinn* | *12,00* | | |
| | | *250,00* | | *250,00* |

An der Schaffung der Werte einer Volkswirtschaft sind auch **ausländische Produktionsfaktoren** beteiligt.
**Beispiele** *Die Medi@AG nutzt Lizenzen ausländischer Lizenzgeber. Bei der DeHaan Filmproduktion arbeiten 5 % Arbeitnehmer aus Deutschland, die täglich zur Arbeit nach Venlo pendeln.*

Einkommen, die aus dem Ausland bezogen werden, erhöhen das Nettoinlandsprodukt, Einkommen, die an das Ausland fließen, vermindern es. Wird das Nettoinlandsprodukt um diese Effekte korrigiert, erhalten wir das **Nettonationaleinkommen zu Marktpreisen**.

Nettoinlandsprodukt zu Marktpreisen
– Einkommen an das Ausland
+ Einkommen aus dem Ausland
= Nettonationaleinkommen zu Marktpreisen

Der Staat erhebt Steuern und zahlt Subventionen. Diese Einflüsse wirken sich preiserhöhend (Steuern) oder preisdämpfend (Subventionen) aus und müssen berücksichtigt werden, wenn man die realistische Leistung einer Volkswirtschaft ermitteln will. Werden der Wert des Nettonationaleinkommens zu Marktpreisen um die indirekten Steuern verringert und die Subventionen vermehrt, erhält man das **Nettonationaleinkommen zu Faktorkosten**. Faktorkosten sind die Einkommen der Produktionsfaktoren Arbeit, Boden und Kapital. Dieses Einkommen bezeichnet man als **Volkseinkommen**.

Nettonationaleinkommen zu Marktpreisen
– indirekte Steuern
+ Subventionen
= Nettonationaleinkommen zu Faktorkosten
= Volkseinkommen

♦ *Die Verwendungsrechnung*
Die Verwendungsrechnung gibt Auskunft darüber, wofür das Bruttoinlandsprodukt verwendet wurde. Es wird dabei nach folgenden Verwendungsbereichen unterschieden:

| | **Beispiele** |
|---|---|
| *Private Konsumausgaben* | *Käufe von Sachgütern und Dienstleistungen durch private Haushalte* |
| + *Konsumausgaben des Staates* | *Güterkäufe durch den Staat und Zahlung von Einkommen an den öffentlichen Dienst* |
| + *Ausrüstungen* | *Maschinen, Fahrzeuge, Produktionsmittel* |
| + *Bauten* | *Hochbau, Tiefbau* |
| + *Sonstige Anlagen* | *IT-Anlagen* |
| + *Vorratsveränderungen* | *Saldo zwischen Anfangs- und Endbestand der Vorräte* |
| + *Außenbeitrag* | *Differenz zwischen Im- und Export* |
| = *Bruttoinlandsprodukt* | |

♦ *Die Verteilungsrechnung*
Die Verteilungsrechnung gibt Auskunft darüber, welche Einkommen von Inländern innerhalb eines Jahres im In- und Ausland erzielt wurden. Dabei werden zwei Einkommensarten unterschieden:

- **Arbeitnehmereinkommen** (Einkommen aus unselbstständiger Arbeit): Die Arbeitnehmereinkommen umfassen das Bruttoarbeitsentgelt zuzüglich der Lohnnebenkosten (Arbeitgeberanteile zur Sozialversicherung und weitere Sozialaufwendungen der Arbeitgeber). Der Anteil der Arbeitnehmereinkommen am Volkseinkommen wird durch die **Lohnquote** ausgedrückt. Die Veränderung der Lohnquote im Zeitablauf ist eine wichtige Schlüsselgröße im Rahmen von Tarifverhandlungen.

*Vergleiche hierzu Seite 515*

$$\textbf{Lohnquote} = \frac{\text{Arbeitnehmereinkommen}}{\text{Volkseinkommen}} \cdot 100$$

Der Teil des Einkommens, der den Haushalten tatsächlich zur Verfügung steht, wird als **verfügbares Einkommen** bezeichnet. Es handelt sich um das Arbeitnehmereinkommen abzüglich Steuern und Sozialabgaben zuzüglich Transferzahlungen wie Kindergeld, Wohngeld usw.

- **Einkommen aus Unternehmertätigkeit und Vermögen:** Hier werden Erträge aus Zinsen, Mieten, Pacht und die ausgeschütteten Gewinne der Unternehmen erfasst. Der Anteil der Einkommen aus Unternehmertätigkeit und Vermögen am Volkseinkommen wird durch die **Gewinnquote** ausgedrückt.

$$\textbf{Gewinnquote} = \frac{\text{Einkommen aus Unternehmertätigkeit und Vermögen}}{\text{Volkseinkommen}} \cdot 100$$

Das Bruttoinlandsprodukt ist ein wichtiger Indikator für die Leistungsfähigkeit einer Volkswirtschaft. Aussagen über den Wohlstand einer Volkswirtschaft sind jedoch nur bedingt möglich. Die **Kritik am Bruttoinlandsprodukt als Wohlstandsindikator** wird wie folgt begründet:

- Das **Bruttoinlandsprodukt wird zu hoch ausgewiesen**, da Vorgänge erfasst werden, die keine Wohlstandsmehrung bedeuten.
  Beispiel *Ein Produktionsfahrer der Medi@ AG verursacht schuldhaft einen Verkehrsunfall. Die Reparaturkosten für den Lkw und die Krankenhauskosten in Höhe von insgesamt 6 650,00 EUR mehren das Bruttoinlandsprodukt.*

- **Das Bruttoinlandsprodukt wird zu gering ausgewiesen**, da Vorgänge vernachlässigt werden, die nicht über den Markt abgewickelt werden.
  Beispiel *Der Wert der monatlichen Hausarbeit für eine Familie mit zwei Kindern kann mit 1 698,00 EUR monatlich veranschlagt werden. Da diese Leistung nicht über den Markt abgewickelt wird, erfasst man sie nicht im Bruttoinlandsprodukt.*

Auch **Schwarzarbeit** wird im Bruttoinlandsprodukt nicht ausgewiesen.

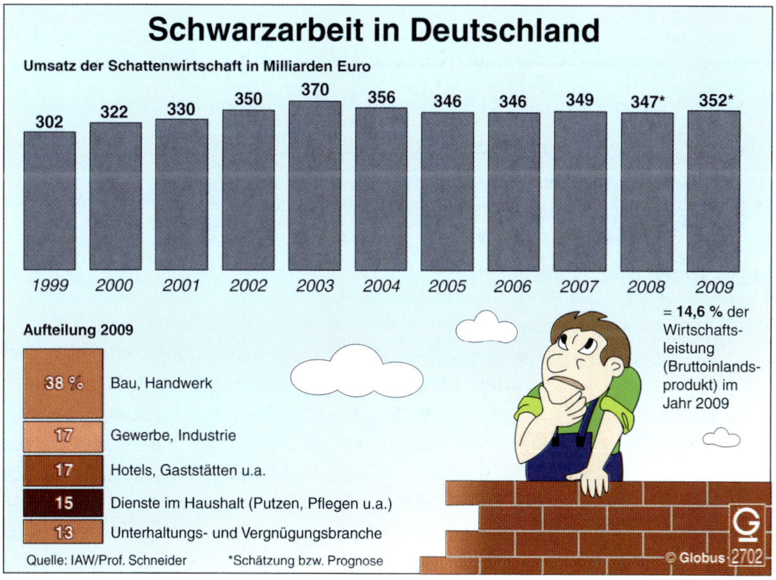

***Entstehung, Verwendung und Verteilung des Bruttoinlandsproduktes***

- *Das **Inlandsprodukt** ist der Gesamtwert aller in einer Volkswirtschaft von In- und Ausländern in einem Jahr erwirtschafteten Güter und Dienstleistungen.*
- *Das **Volkseinkommen** ist die Summe aller Einkommen der Produktionsfaktoren (Arbeit, Boden, Kapital), die bei der Erwirtschaftung des Inlandsproduktes in einer Volkswirtschaft in einem Jahr erzielt wurden.*
- *In der **Entstehungsrechnung** wird der Beitrag festgelegter Wirtschaftsbereiche zum Inlandsprodukt ermittelt.*
- *In der **Verwendungsrechnung** wird analysiert, von welchen Wirtschaftssubjekten die produzierten Güter und Dienstleistungen beansprucht bzw. für welche Zwecke sie eingesetzt wurden.*
- *In der **Verteilungsrechnung** wird ermittelt, welche Einkommen den Produktionsfaktoren zugeflossen sind.*

| | |
|---|---|
| | *Produktionswert* |
| – | *Vorleistungen* |
| = | ***Bruttoinlandsprodukt zu Marktpreisen*** |
| – | *Abschreibungen* |
| = | ***Nettoinlandsprodukt zu Marktpreisen*** |
| – | *Einkommen an das Ausland* |
| + | *Einkommen aus dem Ausland* |
| = | ***Nettonationaleinkommen zu Marktpreisen*** |
| – | *indirekte Steuern* |
| + | *Subventionen* |
| = | ***Nettonationaleinkommen zu Faktorkosten*** |
| = | ***Volkseinkommen*** |

$$\textbf{Lohnquote} = \frac{\text{Arbeitnehmereinkommen}}{\text{Volkseinkommen}} \cdot 100$$

$$\textbf{Gewinnquote} = \frac{\text{Einkommen aus Unternehmertätigkeit und Vermögen}}{\text{Volkseinkommen}} \cdot 100$$

## Aufgaben

1 Erklären Sie den Unterschied zwischen realem und nominalem Bruttoinlandsprodukt.

2 Erläutern Sie anhand von vier Beispielen die Kritik am Bruttoinlandsprodukt als Wohlstandsindikator.

3 Begründen Sie, welche der folgenden Positionen zum Volkseinkommen zählen:
   a) Arbeit eines Maurers im Rahmen der Nachbarschaftshilfe
   b) Erdbeeren aus dem eigenen Garten
   c) Mieteinnahmen eines Hauseigentümers
   d) Pension eines nicht mehr erwerbstätigen Beamten
   e) Zinseinnahmen aus einem Festgeldkonto
   f) Zahlung von Ausbildungsförderung (BAföG)

4 Erläutern Sie
   a) Bruttoinlandsprodukt zu Marktpreisen,
   b) Nettoinlandsprodukt zu Marktpreisen,
   c) Nettonationaleinkommen zu Marktpreisen,
   d) Nettonationaleinkommen zu Faktorkosten,
   e) reales Bruttoinlandsprodukt,
   f) nominales Bruttoinlandsprodukt.

## 10.4 Wirtschaftspolitische Steuerung

### 10.4.1 Träger der Wirtschaftspolitik in der Bundesrepublik Deutschland

„Im Vergleich mit Volkswirtschaften anderer Länder steht die Bundesrepublik Deutschland doch ganz gut da", meint Barbara Wolf, Auszubildende der Buchhandlung Medi@Point, zu Thomas Müller. Trotzdem sind im Bezirk der IHK Köln rund 10 % der Beschäftigten ohne Arbeit. Auch die Medienbranche ist von vielen Insolvenzen betroffen. „Ich verstehe den Wirtschaftsminister nicht", sagt Barbara Wolf zu Thomas Müller. „In einer starken Volkswirtschaft und bei dem Zukunftspotenzial der Medienbranche muss es doch möglich sein, dass alle Menschen Arbeit haben." „So einfach ist das nicht", entgegnet Thomas Müller. „Wirtschaftspolitik wird nicht nur vom Wirtschaftsminister gemacht, hier müssen viele Entscheidungsträger zusammenwirken." Barbara Wolf ist verblüfft, ist die Wirtschaftspolitik nicht die alleinige Aufgabe des Wirtschaftsministers?

**Arbeitsaufträge**
- Erläutern Sie die Träger der Wirtschaftspolitik und ihre jeweiligen Aufgaben.
- Stellen Sie den Einfluss der Medien auf wirtschaftspolitische Entscheidungen dar.

Alle Maßnahmen, die darauf gerichtet sind, das Wirtschaftsleben zu gestalten und im Sinne vorgegebener Ziele zu ordnen, werden als **Wirtschaftspolitik** bezeichnet. Sie wird in der Bundesrepublik Deutschland von den Gebietskörperschaften (Bund, Länder, Gemeinden), den Interessenverbänden (Unternehmerverbände und Gewerkschaften), den Medien und überstaatlichen Organisationen (Europäische Union, Internationale Organisationen) beeinflusst.

#### ● Gebietskörperschaften

Hauptträger der Wirtschaftspolitik ist die Bundesregierung. Sie erarbeitet im Rahmen bestehender Vorgaben, z. B. des Stabilitätsgesetzes, Gesetzesvorlagen, die dem Bundestag und gegebenenfalls dem **Bundesrat** zur Beschlussfassung vorgelegt werden. Über den Bundesrat sind auch die Länderparlamente beteiligt, die im Rahmen der regionalen Wirtschaftspolitik auch eigene Initiativen ergreifen.

Beispiel *Der Bundesminister für Finanzen legt im Kabinett einen Entwurf zur Reform der Einkommensteuer vor. Nach Abstimmung mit den beteiligten Fachministerien, insbesondere dem Bundesminister für Wirtschaft und dem Bundesminister für Arbeit und Sozialordnung, wird der Entwurf in den Bundestag eingebracht. Nach der Beschlussfassung durch den Bundestag wird der Gesetzentwurf dem Bundesrat vorgelegt.*

Im Rahmen ihrer örtlichen Zuständigkeiten beeinflussen auch die **Gemeinden** die Wirtschaftspolitik der Bundesrepublik Deutschland.

Beispiel *Um die regionale wirtschaftliche Entwicklung zu beleben, senkt die Stadt Köln den Hebesatz der Gewerbesteuer und stellt Medienbetrieben Bauland preiswert zur Verfügung.*

#### ● Europäische Zentralbank

Das vorrangige Ziel der Europäischen Zentralbank (EZB) ist es, die Preisstabilität zu sichern. Soweit dies ohne Beeinträchtigung des Zieles der Preisstabilität möglich ist, unterstützt die EZB die allgemeine Wirtschaftspolitik in der Gemeinschaft.

Vergleiche hierzu Seite 545

Bei der Wahrnehmung der Aufgaben und Pflichten darf weder die EZB noch eine nationale Zentralbank noch ein Mitglied ihrer Beschlussorgane Weisungen von Organen oder Einrichtungen der Gemeinschaft, Regierungen der Mitgliedstaaten oder anderen Stellen einholen oder entgegennehmen.

## ● Interessenverbände

Verbände einzelner Wirtschaftszweige (z. B. Bundesverband der Deutschen Industrie, Bundesverband der Holz und Kunststoff verarbeitenden Industrie) sowie bestimmter Berufs- oder Bevölkerungsgruppen (z. B. Bauernverband, Verbraucherschutzverbände) nehmen die Interessen ihrer Mitglieder wahr. Sie versuchen im Gespräch mit den Abgeordneten, als Sachverständige oder als Mitglieder der Parlamente Einfluss auf wirtschaftspolitische Maßnahmen zu nehmen. Eine herausragende Rolle spielen hierbei die **Unternehmerverbände** und die **Gewerkschaften**. Sie sind im Rahmen der **Tarifautonomie** für den Abschluss von Tarifverträgen und damit für die Festlegung von Lohn- und Arbeitsnormen zuständig.

Beispiel *Die geplante Einkommensteuerreform soll durch den Wegfall von Subventionen für die Werften und die Landwirtschaft finanziert werden. Der Bundesverband der Deutschen Industrie und der Bauernverband nehmen deshalb gegen die Gesetzesvorlage Stellung und versuchen die Abgeordneten zu einer Ablehnung der Gesetzesvorlage zu bewegen.*

## ● Medien

Neben den Interessenverbänden wächst der **Einfluss der Medien** auf die wirtschaftliche Entwicklung. Die öffentliche Meinung und damit das Verhalten der Verbraucher wird zunehmend durch **Massenmedien** (Fernsehen, Zeitschriften usw.) beeinflusst. Werbung lenkt z. B. die Nachfrage nach Konsumgütern, und Wirtschaftsnachrichten und Kommentare beeinflussen die Entscheidungen der Unternehmen und der Verbraucher.

## ● Überstaatliche Organisationen

Im Rahmen ihrer Mitgliedschaft in der **Europäischen Union** hat die Bundesrepublik Deutschland nationale Hoheitsrechte abgetreten. Dies gilt insbesondere für die Geldpolitik, die seit 1999 von der **Europäischen Zentralbank** betrieben wird. Staatliche Wirtschaftspolitik kann deshalb nur in enger Abstimmung mit den Gremien der Europäischen Union erfolgen. Auch **internationale Organisationen**, z. B. die Welthandelsorganisation WTO, beeinflussen die nationale Wirtschaftspolitik. Nationale Regelungen dürfen sich immer nur im Rahmen der in internationalen Verträgen getroffenen Festlegungen bewegen.

Beispiel *Unternehmen können im gemeinsamen Binnenmarkt der EU ihre Erzeugnisse in allen Ländern unter gleichen Bedingungen wie im eigenen Land absetzen. Dies hat zur Folge, dass die Steuerbelastung der einzelnen Länder vereinheitlicht (harmonisiert) werden muss, da die Unternehmen sonst in ein Land mit geringerer Steuerbelastung abwandern würden. Die geplante Einkommensteuerreform sollte deshalb nach Abstimmung mit den anderen EU-Ländern erfolgen.*

***Träger der Wirtschaftspolitik in der Bundesrepublik Deutschland***

- ***Gebietskörperschaften***
  - *Bund*
  - *Länder*
  - *Gemeinden*
- ***Europäische Zentralbank***
  *ist autonom*
- ***Interessenverbände***
  - *Arbeitgeberverbände*
  - *Gewerkschaften*
- ***Medien***
- ***Überstaatliche Organisationen***
  - *Europäische Union*
  - *Internationale Organisationen*

## Aufgaben

1 Erläutern Sie die Träger der Wirtschaftspolitik und ihre Einflussmöglichkeiten in der Bundesrepublik Deutschland.

2 Vertreter der Interessenverbände suchen das Gespräch mit Mitgliedern der Länderparlamente und des Bundestages.
   a) Stellen Sie Vor- und Nachteile einer engen Abstimmung zwischen Politik und Vertretern von Interessengruppen gegenüber.
   b) Diskutieren Sie die Vor- und Nachteile in der Klasse.

### 10.4.2 Konjunkturphasen und Konjunkturindikatoren

„In der Zeitung habe ich gelesen, dass die Stimmung in der deutschen Wirtschaft als eher pessimistisch bezeichnet wird", sagt Barbara Wolf, Auszubildende Buchhändlerin der Buchhandlung Medi@Point. „Und was hat unser übervolles Lager mit der Stimmung zu tun?", erwidert Thomas Müller. „Die Konjunktur wird schon wieder anziehen", glaubt Barbara Wolf. Thomas Müller schaut sich im Verkaufsraum um, in dem nur drei Kunden an den Regalen stehen. „Die Stimmung in der deutschen Wirtschaft bringt uns auch keine neuen Kunden in den Laden", sagt er.

**Arbeitsaufträge**
- Stellen Sie fest, welcher Zusammenhang zwischen der Stimmung und der Erwartung der Wirtschaftssubjekte und dem Konjunkturverlauf besteht.
- Erläutern Sie, anhand welcher Merkmale noch Aussagen über den Konjunkturverlauf gemacht werden können.

Die wirtschaftliche Entwicklung der hoch industrialisierten Volkswirtschaften vollzieht sich nicht gleichmäßig. Sie ist durch ein regelmäßiges **Auf und Ab** der wirtschaftlichen Aktivität gekennzeichnet. Es wechseln Zeiten lebhafter wirtschaftlicher Aktivität mit Zeiten nachlassender Produktion und Konsumtätigkeit.

Der **Wachstumstrend** ist die langfristige Tendenz der wirtschaftlichen Entwicklung. Er wird durch die langfristige Zunahme des realen Bruttoinlandsproduktes ausgedrückt.

#### Arten von Wirtschaftsschwankungen

Anhand der unterschiedlichen Ursachen kann man verschiedene Arten von Wirtschaftsschwankungen unterscheiden.

**Saisonale Schwankungen**

Damit wird ein **jahreszeitliches** Auf und Ab im Wirtschaftsleben bezeichnet. Sie haben ihre Ursache im Wechsel der Jahreszeiten oder in den Gewohnheiten der Konsumenten.

**Beispiele**
- *Die Zahl der Übernachtungen durch Touristen an Nord- und Ostsee nimmt in den Wintermonaten ab.*
- *Im Weihnachtsgeschäft steigen die Umsätze im Bucheinzelhandel.*

Saisonale Schwankungen dauern meist nur wenige Wochen oder Monate. Da sie vorhersehbar sind, können sich die Unternehmen durch gezielte Maßnahmen auf sie einstellen.

**Beispiele**
- *Die Ferienorte an Nord- und Ostsee bieten in der Vor- und Nachsaison Übernachtungen zu Sonderpreisen an.*
- *Durch gezielte Sonderaktionen schon im Oktober und November versucht der Einzelhandel die Spitzenbelastung an den vier Wochenenden vor Weihnachten zu vermeiden.*

- *Gezielte Personaleinsatzplanung (Urlaubssperren/Aushilfskräfte) ist im Buchhandel im Semester- bzw. Weihnachtsgeschäft und während der Inventurarbeiten zwingend erforderlich.*

**Konjunkturelle Schwankungen**

Dies sind mittelfristige Schwankungen der wirtschaftlichen Aktivität, die mehrere Jahre dauern und mithilfe der Veränderungsrate des realen Bruttoinlandsproduktes gemessen werden. Das Auf und Ab der wirtschaftlichen Entwicklung von einem Tiefstand bis zum nächsten Tiefstand bezeichnet man als **Konjunkturzyklus**. Er wird in **vier Phasen** unterteilt:

- Im **Tiefstand** sind die Produktionskapazitäten unausgelastet, es kommt zu hoher Arbeitslosigkeit. Lohnerhöhungen und Preissteigerungen fallen gering aus und die Zinsen sind niedrig. Die Wirtschaftssubjekte haben wenig Vertrauen in die Entwicklung der Wirtschaft. Nimmt das Bruttoinlandsprodukt real ab, bezeichnet man den Tiefstand als **Rezession**, handelt es sich um eine tief greifende Krise, spricht man von einer **Depression**.
- Im **Aufschwung** (Expansion) kommt es zu einem langsamen Anstieg der Produktion. Arbeitskräfte werden eingestellt und durch die steigenden Einkommen kommt es zu einem Anstieg der gesamtwirtschaftlichen Nachfrage. Da die zusätzliche Nachfrage durch eine bessere Auslastung der Kapazitäten befriedigt werden kann, steigen die Preise zunächst noch nicht. Auch die Löhne steigen nur langsam, da zunächst die Arbeitslosigkeit abgebaut wird und durch das stabile Preisniveau keine inflationsbedingten Lohnsteigerungen erforderlich sind. Das Vertrauen in die Wirtschaft wächst und Unternehmen und Haushalte sehen optimistisch in die Zukunft.

Vergleiche hierzu Seite 528

Vergleiche hierzu Seite 524

- In der **Hochkonjunktur** (Boom) sind die Produktionskapazitäten voll ausgelastet. Kurzfristig kommt es zu Überbeschäftigung. Die Gewerkschaften betreiben eine expansive Lohnpolitik und das Lohnniveau steigt. Durch die Zunahme der gesamtwirtschaftlichen Nachfrage und die Steigerung der Kosten kommt es zu steigenden Preisen und damit zur Inflation. Gelingt es den Unternehmen nicht, die gestiegenen Kosten über die Preise abzuwälzen, kommt es zu Gewinneinbußen und in der Folge zu einem Rückgang der Nachfrage nach Investitionsgütern. Die wirtschaftliche Stimmung wird skeptisch.
- Im **Abschwung** (Rezession) kommt es zu einem sich verstärkenden Rückgang der wirtschaftlichen Aktivität. Durch den Rückgang der Investitionsgüternachfrage kommt es in diesem Bereich zu Produktionseinschränkungen und Arbeitslosigkeit. Die Einkommen der privaten Haushalte nehmen ab. Dadurch kommt es zu einem Rückgang der Konsumgüternachfrage und auch in diesem Bereich zu Produktionseinschränkungen und Entlassungen. Die Gewinne schrumpfen, die Zuwachsraten der Löhne werden geringer und auch die Preissteigerung nimmt ab. Die Wirtschaftssubjekte sehen pessimistisch in die Zukunft.

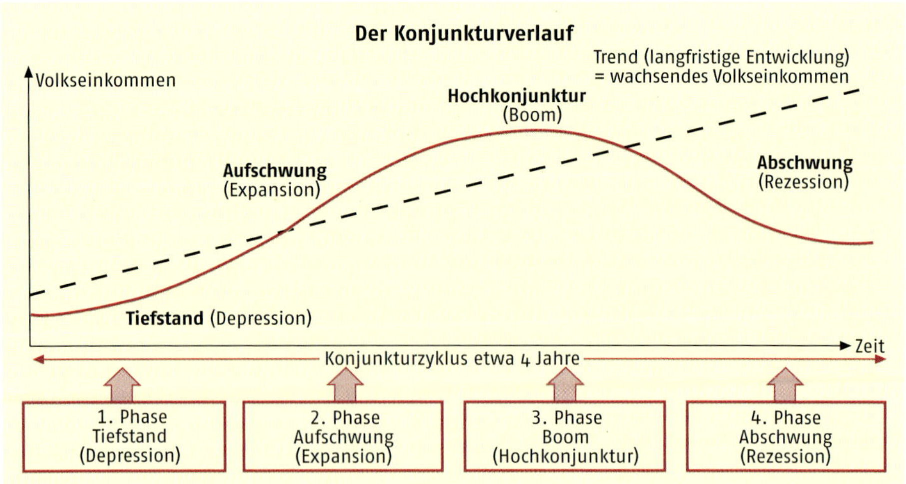

In welcher Phase der Konjunktur sich die Wirtschaft jeweils befindet, versucht man mithilfe der **Konjunkturindikatoren** zu beschreiben. Hierbei handelt es sich um volkswirtschaftlich aussagefähige Größen, die eine möglichst zuverlässige Beschreibung des gegenwärtigen Konjunkturzustandes **(Konjunkturdiagnose)** und Aussagen über die zukünftige wirtschaftliche Entwicklung **(Konjunkturprognose)** ermöglichen.

Beispiele *Investitionsgüternachfrage, Konsumgüternachfrage, Kapazitätsauslastung, Preisniveau, Beschäftigung, Entwicklung der Löhne, Zinsentwicklung, Stimmung und Erwartungen der Wirtschaftssubjekte*

## Ursachen von Konjunkturschwankungen

Über die Ursachen von Konjunkturschwankungen gibt es eine Fülle von Theorien. Fast alle gehen jedoch von einer **Störung des gesamtwirtschaftlichen Gleichgewichts** aus. Das gesamtwirtschaftliche Gleichgewicht gilt als erreicht, wenn die gesamtwirtschaftliche Nachfrage gleich dem gesamtwirtschaftlichen Angebot ist und Vollbeschäftigung herrscht. Da dieser volkswirtschaftliche Idealzustand nahezu nie eintritt, befinden sich Volkswirtschaften immer in einer der Phasen des Konjunkturzyklus.

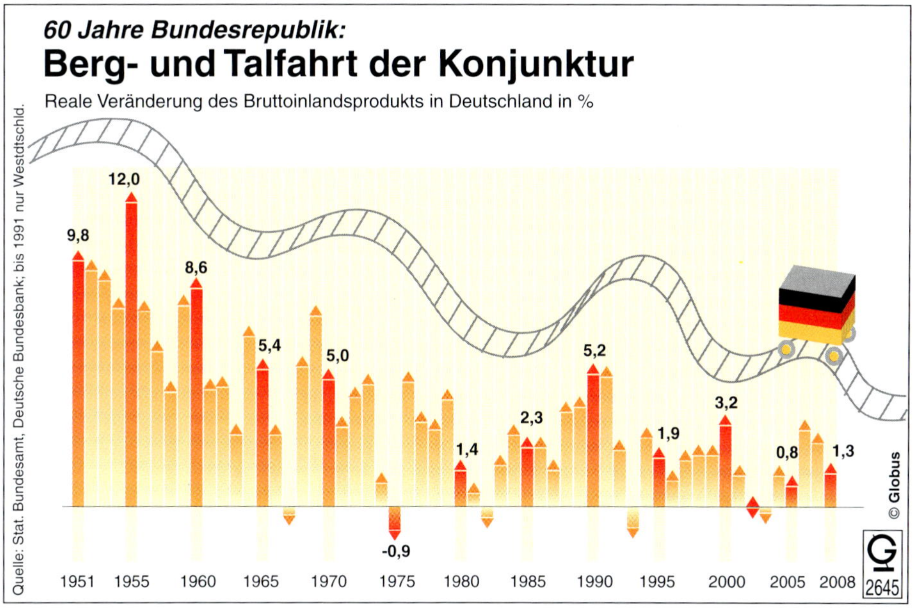


> ***Konjunkturphasen und Konjunkturindikatoren***
> - ***Wachstumstrend:*** *langfristige Tendenz der wirtschaftlichen Entwicklung*
> - ***Saisonale Schwankungen:*** *Ursache sind der Wechsel der Jahreszeiten oder die Gewohnheiten der Konsumenten*
> - ***Konjunkturelle Schwankungen:*** *Sie verlaufen in den* ***Phasen*** *Tiefstand → Aufschwung → Hochkonjunktur → Abschwung*
> - ***Ursache*** *von Konjunkturschwankungen sind Störungen des gesamtwirtschaftlichen Gleichgewichts*

## Aufgaben

1 Beschreiben Sie mithilfe aktueller Informationen aus dem Wirtschaftsteil der Tageszeitung die derzeitige konjunkturelle Situation in der Bundesrepublik Deutschland.

2 Erklären Sie folgende gesamtwirtschaftliche Begriffe: Konjunktur, Konjunkturzyklus, Konjunkturphase.

3 Die obige Grafik zeigt das Wachstum der Wirtschaft in Deutschland in den vergangenen Jahren.
   a) Erläutern Sie die Abbildung.
   b) Erläutern Sie, warum man immer noch von einem Wachstumstrend spricht, obwohl die Aufschwünge jedes Mal schwächer ausfallen.

4 Erläutern Sie, wie eine Volkswirtschaft aus der Hochkonjunktur in den Abschwung übergeht.

5 Beschreiben Sie anhand weiterer Beispiele Ursachen für saisonale Wirtschaftsschwankungen und machen Sie Vorschläge, wie die Unternehmen darauf reagieren können.

6 Die Zinsentwicklung ist ein wichtiger Konjunkturindikator. Beschreiben Sie die Zinsentwicklung durch alle Phasen der Konjunktur.

7 Informieren Sie sich über die Entwicklung des Bruttoinlandsprodukts (BIP) in der Bundesrepublik Deutschland in den letzten zehn Jahren. Greifen Sie dazu z. B. auf das im Internet veröffentlichte Datenmaterial der Deutschen Bundesbank bzw. des Statistischen Bundesamtes zurück (www.deutsche-bundesbank.de, www.destatis.de). Entwerfen Sie mit einem Grafikprogramm eine Darstellung, die die Entwicklung der Konjunktur veranschaulicht.

### 10.4.3 Ziele der Wirtschaftspolitik im Stabilitätsgesetz

Barbara Wolf geht die Arbeitslosenquote von 10,8 % in der Region nicht aus dem Kopf. „Auch wenn der Wirtschaftsminister nicht allein verantwortlich ist“, sagt Barbara, „die Bekämpfung der Arbeitslosigkeit gehört an die erste Stelle aller wirtschaftspolitischen Aktivitäten.“ Herr Müller ist schon wieder anderer Meinung. „Ziel der Wirtschaftspolitik der Bundesrepublik Deutschland ist das gesamtwirtschaftliche Gleichgewicht.“ Als Barbara fragt, was denn das konkret bedeutet, wird Herr Müller am Telefon verlangt. „Sie haben doch sicher eine Sammlung von Wirtschaftsgesetzen in der Berufsschule. Da können Sie auch selbst im Stabilitätsgesetz nachschlagen“, erwidert Herr Müller kurz angebunden und greift zum Hörer.

**Arbeitsaufträge**
- Helfen Sie Barbara bei der Beantwortung ihrer Frage.
- Erläutern Sie die Ziele des StabG.
- Führen Sie zum Stichwort „Stabilitätsgesetz“ eine Internetrecherche durch und präsentieren Sie das Ergebnis.

Das **Grundgesetz der Bundesrepublik Deutschland** schreibt keine bestimmte Wirtschaftsordnung zwingend vor. Es legt lediglich einen Rahmen fest, innerhalb dessen die Träger der Wirtschaftspolitik gestaltend tätig werden können.
Beispiele *Die Festlegung der Bundesrepublik als sozialer Bundesstaat (Art. 20 GG), der Schutz des Privateigentums (Art. 14 GG), die Tarifautonomie (Art. 9 GG).*

Innerhalb dieses Rahmens wurde die Wirtschaftsordnung der Bundesrepublik Deutschland als **soziale Marktwirtschaft** gestaltet und durch weitergehende Gesetze konkretisiert.

*Vergleiche hierzu Seite 477*

Als die Bundesrepublik Deutschland Ende der Sechzigerjahre des letzten Jahrhunderts nach Abschluss der Wiederaufbauphase in eine Krise geriet, setzte sich die Auffassung durch, dass der Wirtschaftsablauf durch die Träger der Wirtschaftspolitik aktiv gestaltet werden muss. Eine derartige Steuerung (Globalsteuerung) setzt klare Ziele und einen entsprechenden rechtlichen Rahmen voraus. Dieser Rahmen wurde im Jahre 1967 mit dem Gesetz zur **Förderung der Stabilität und des Wachstums der Wirtschaft (Stabilitätsgesetz)** geschaffen. Darin werden Bund und Länder verpflichtet, bei ihren wirtschafts- und finanzpolitischen Maßnahmen das gesamtwirtschaftliche Gleichgewicht zu beachten.

§ 1 StabG

*Bund und Länder haben bei ihren wirtschafts- und finanzpolitischen Maßnahmen die Erfordernisse des gesamtwirtschaftlichen Gleichgewichts zu beachten. Die Maßnahmen sind so zu treffen, dass sie im Rahmen der marktwirtschaftlichen Ordnung gleichzeitig zur Stabilität des Preisniveaus, zu einem hohen Beschäftigungsstand und außenwirtschaftlichem Gleichgewicht bei stetigem und angemessenem Wirtschaftswachstum beitragen.*

Stabilität des Preisniveaus, hoher Beschäftigungsstand, außenwirtschaftliches Gleichgewicht und stetiges und angemessenes Wirtschaftswachstum stehen dabei als Ziele **gleichwertig** nebeneinander.

Da keines der Ziele ohne gleichzeitige Beeinflussung eines oder mehrerer anderer verwirklicht werden kann, spricht man auch von einem **magischen Viereck**. „Magisch" sind hierbei nicht die Einzelziele selbst, sondern die gleichzeitige Verwirklichung aller Ziele bedarf der Kraft eines „Magiers".

In der Realität legen die Träger der Wirtschaftspolitik, insbesondere Regierung und Parlament fest, welchem Ziel Vorrang vor anderen gegeben wird. Die Schwerpunktsetzung innerhalb der Ziele des StabG ist also eine **politische Entscheidung**.
Beispiel *Sozialdemokratische Bundesregierungen favorisieren das Ziel der Vollbeschäftigung, christlich-demokratisch/liberale Bundesregierungen die Preisniveaustabilität.*

Dabei ist die Erreichung der Ziele des StabG für jeden einzelnen Bürger der Bundesrepublik Deutschland von großer Bedeutung.

- Die **Stabilität des Preisniveaus** sorgt dafür, dass Sparguthaben sowie Löhne und Gehälter ihren Wert behalten.
  Beispiel *Barbara Wolf hat ein Sparguthaben zu 5 % verzinst angelegt. Die Inflationsrate beträgt 3 %, sodass sich ihr Kapital real nur um 2 % vermehrt.*

- Ein **hoher Beschäftigungsstand** garantiert einen Arbeitsplatz und damit Einkommenssicherheit.
  Beispiel *Barbaras Onkel wird arbeitslos. Sein verfügbares Einkommen verringert sich dadurch um etwa 40 %.*

- Das **außenwirtschaftliche Gleichgewicht** sichert Arbeitsplätze im Export und garantiert die Bezahlung der Importgüter.
  Beispiel *Durch die Globalisierung und die damit verbundene Vernetzung der Märkte werden zunehmend Dienstleistungs- und Warenaustausch mit ausländischen Geschäftspartnern notwendig. Die Medi@ AG plant, neue Mitarbeiter für das Auslandsgeschäft einzustellen.*

- Ein **stetiges und angemessenes Wirtschaftswachstum** garantiert steigenden Wohlstand für alle.
  Beispiel *Die durchschnittlichen Nettogehälter je Monat in Deutschland sind in den letzten zehn Jahren von knapp 1 300,00 EUR auf etwa 1 500,00 EUR gestiegen.*

Neben den Zielen des Stabilitätsgesetzes gewinnen zunehmend andere Ziele an Bedeutung, so die **gerechte Einkommensverteilung** und eine **lebenswerte Umwelt**. Das magische Viereck wird so zu einem magischen Fünf- oder Sechseck.

***Ziele der Wirtschaftspolitik im Stabilitätsgesetz***

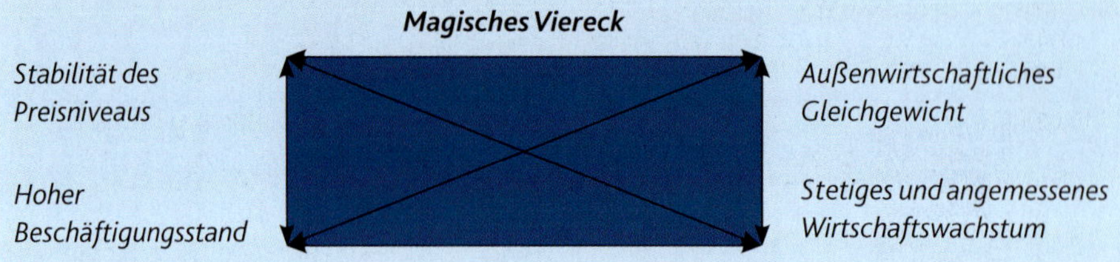


## Aufgaben

1 Bilden Sie in der Klasse vier Gruppen. Jede Gruppe sammelt Argumente, die für die Erreichung eines der Ziele des StabG sprechen.
   a) Stellen Sie Ziel und Argumente vor der Klasse vor. Benutzen Sie dabei Medien wie die Tafel oder den Overheadprojektor.
   b) Diskutieren Sie, welchem Ziel die größte Bedeutung zukommt.

2 Von dem ehemaligen Bundeskanzler Schmidt ist das Zitat überliefert, 5 % Inflation seien ihm lieber als 5 % Arbeitslosigkeit. Nehmen Sie zu dieser Behauptung begründet Stellung.

3 Erläutern Sie, warum die gleichzeitige Erreichung der Ziele des Stabilitätsgesetzes auch als „magisches Viereck" bezeichnet wird.

4 Formulieren Sie weitere Ziele der Wirtschaftspolitik und begründen Sie Ihre Entscheidung.

### 10.4.3.1 Stabilität des Preisniveaus

„Alles wird teurer", stöhnt Barbara Wolfs Vater beim Abendessen. „Erst das Benzin, dann die Zigaretten, und jetzt haben sie uns auch noch die Miete um 10 % erhöht." Barbara widerspricht. So schlimm könne es doch gar nicht sein. Im Wirtschaftsteil der Tageszeitung war von einer Steigerung der Verbraucherpreise um lediglich 3,5 % gegenüber dem Vorjahr die Rede. Barbaras Vater ist anderer Meinung, bei Benzin, Zigaretten und der Miete beträgt die Steigerung mindestens 10 %.

#### Arbeitsaufträge

- Überlegen Sie, wie der Widerspruch zwischen den hohen Preissteigerungen bei der Miete und der geringeren Steigerung der durchschnittlichen Verbraucherpreise zustande kommen kann.
- Erläutern Sie die Arten und Ursachen der Inflation.

#### Preisniveau, Preisindex und Kaufkraft

Unter **Preisniveau** versteht man die durchschnittliche Höhe der Preise für Güter und Dienstleistungen einer Volkswirtschaft.

*Vergleiche hierzu Seite 506*

In einer wachsenden **(evolutorischen) Wirtschaft** haben die Preise immer eine leichte Tendenz zur Steigerung. Aus diesem Grund gilt die im Stabilitätsgesetz geforderte Stabilität des Preisniveaus als erreicht, **wenn das Preisniveau im Jahr um nicht mehr als 2 % steigt**.

Da es unmöglich ist, die Preisveränderungen aller Güter einer Volkswirtschaft zu erfassen, stellt das Statistische Bundesamt bestimmte, repräsentative Güter zu einem **Warenkorb** zusammen und veröffentlicht dessen Preisentwicklung.

Für die verschiedenen Interessengruppen gibt es **etwa 25 verschiedene Warenkörbe**, so z. B. für die Erzeugerpreise industrieller Produkte, für die Einfuhrpreise oder für das Bruttoinlandsprodukt.

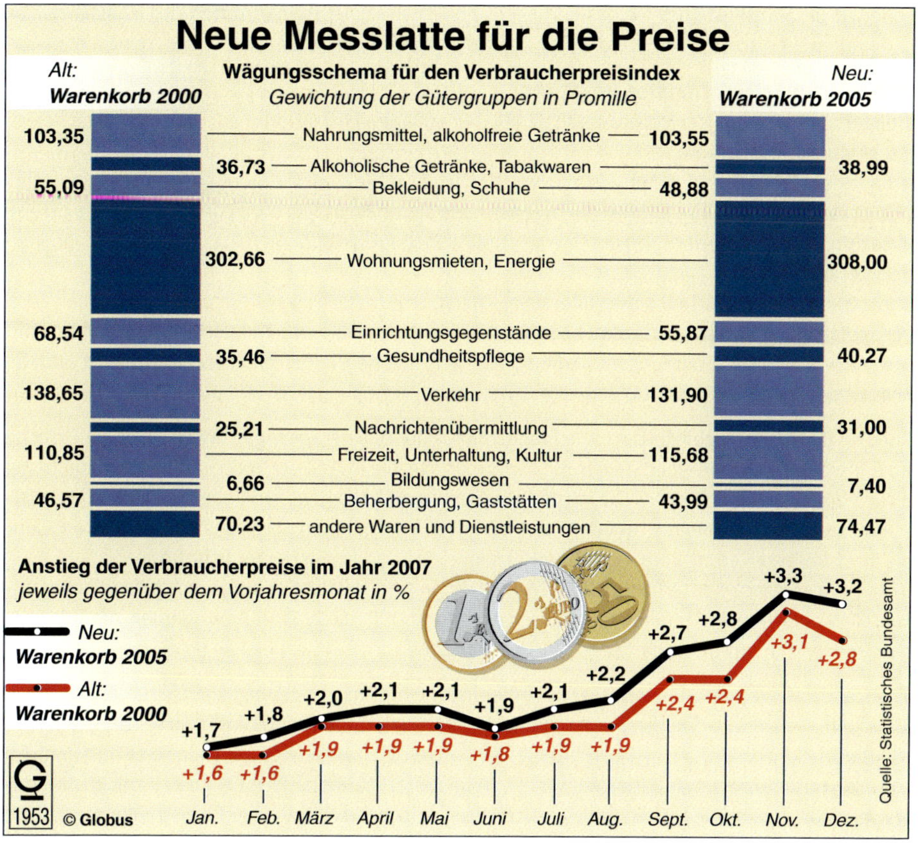


Die privaten Haushalte interessieren besonders die **Preise für Lebenshaltung**, also die Ausgaben für Ernährung, Miete, Heizung usw. Um diese zu ermitteln, wird für eine Durchschnittsfamilie mit statistisch 2,3 Personen ein **Warenkorb** zusammengestellt, der eine Auswahl von Waren und Dienstleistungen enthält, die eine solche Familie typischerweise in Anspruch nimmt. Da sich die Verbrauchsgewohnheiten, die Einkommenshöhe und die Haushaltsgröße laufend ändern, wird der Warenkorb von Zeit zu Zeit den veränderten Bedingungen **angepasst**.

Das Jahr der Zusammenstellung des Warenkorbes wird als Basisjahr bezeichnet. Für den zurzeit verwendeten Warenkorb ist das Basisjahr 2005. Man kann jetzt zu jedem Zeitpunkt den Preis für den Warenkorb neu ermitteln und diesen mit dem Basisjahr vergleichen.

Zur Berechnung der Preissteigerungsrate wird der Preis des Warenkorbes im **Basisjahr** gleich 100 gesetzt und mit dem **Berichtsjahr** verglichen. Die ermittelte Zahl ist der **Preisindex**, der die Veränderung des Geldwertes, bezogen auf die zugrunde gelegten Güter, angibt.

Beispiel *Veränderungen der Preise für die Lebenshaltung eines mittleren Arbeitnehmerhaushalts:*

| | | |
|---|---|---|
| *Basisjahr* | *2005* | *100,00 %* |
| *Preisindex* | *2006* | *102,50 %* |
| *Preisindex* | *2007* | *103,80 %* |

*Gegenüber dem Basisjahr sind die Preise um 3,80 % gestiegen. Die Preissteigerung von 2006 auf 2007 beträgt:*

| | | | | |
|---|---|---|---|---|
| *102,50 %* | *entsprechen* | *100 %* | *x = 101,27 %* | *Die Preise sind gegenüber* |
| *103,80 %* | *entsprechen* | *x %* | | *dem Vorjahr um 1,27 % gestiegen.* |

Die ermittelte Preissteigerungsrate wird auch als **Inflationsrate** bezeichnet. Je niedriger die Preissteigerungsrate ist, desto mehr Güter kann man für einen bestimmten Geldbetrag erwerben, desto höher ist die **Kaufkraft** des Geldes und desto höher ist das **Realeinkommen** der Haushalte. Die Kaufkraft stellt also den Wert des Geldes in einer Volkswirtschaft dar.

## ● Arten und Ursachen der Inflation

Steigen die Preise in einer Volkswirtschaft über einen längeren Zeitraum an, bezeichnet man diese Erscheinung als **Inflation**.

Je nach dem Tempo der Geldentwertung wird zwischen **schleichender oder galoppierender Inflation** unterschieden. Tritt die Inflation für jedermann sichtbar zutage, bezeichnet man sie als **offene Inflation**, wird der Preisanstieg durch einen staatlichen Preisstopp begrenzt, spricht man von **verdeckter Inflation**.

Vergleiche hierzu Seite 505

Ähnlich wie bei der Abbildung der Geld- und Güterströme in der Volkswirtschaft versucht man auch bei der Inflation die Grundzusammenhänge anhand von Modellen zu erklären.

Aus der Vielzahl der Erklärungsmodelle sollen hier die Theorie der **Nachfrageinflation** und die Theorie der **Angebotsinflation** dargestellt werden.

**Theorie der Nachfrageinflation:** Die **Nachfrage-** oder **Nachfragesoginflation** sieht die Ursache für Preissteigerungen in einer Steigerung der Nachfrage, die im Fall der Vollbeschäftigung kurzfristig nicht befriedigt werden kann. Die vermehrte Nachfrage kann dabei von allen Sektoren des Wirtschaftskreislaufs ausgehen, also vom Staat, von den Unternehmen oder von den Haushalten. Geht die Nachfragesteigerung vom Ausland aus, spricht man von **importierter Inflation**.

Beispiel *Die Konsumgüternachfrage steigt, da die privaten Haushalte aufgrund optimistischer Zukunftserwartungen ihre Ersparnisse auflösen oder Konsumkredite in Anspruch nehmen. Als Folge der gestiegenen Nachfrage kommt es zu Preissteigerungen.*

**Theorie der Angebotsinflation:** Hier liegt die Ursache für Preissteigerungen aufseiten der Anbieter. Sie erhöhen die Preise, weil entweder die Kosten gestiegen sind **(kosteninduzierte Inflation oder Kostendruckinflation)** oder weil sie höhere Gewinne erzielen wollen (gewinninduzierte Inflation). Zu einer **kosteninduzierten** Inflation kommt es, wenn z. B. Lohnerhöhungen über den Produktivitätszuwachs hinausgehen. Die Unternehmen wälzen die gestiegenen Kosten über Preiserhöhungen auf die Haushalte ab. Diese Preiserhöhungen würden unter sonst gleichen Bedingungen eigentlich zu einem Rückgang der Nachfrage führen. Da die Haushalte aber durch die gestiegenen Löhne über mehr Kaufkraft verfügen, können sie die gestiegenen Preise bezahlen, die Nachfrage steigt.

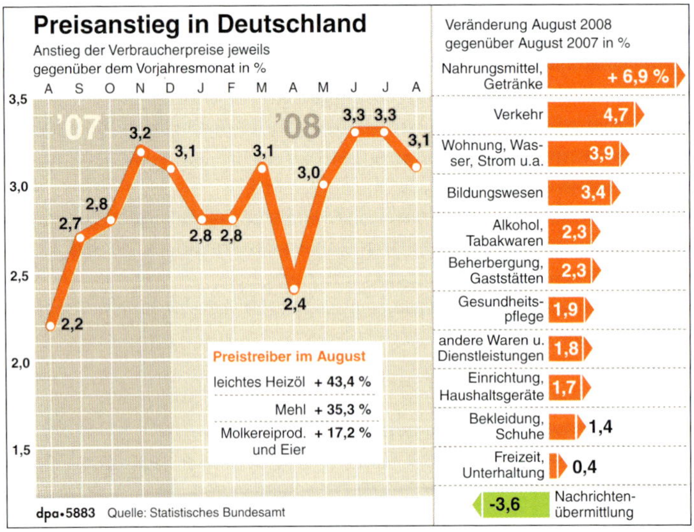

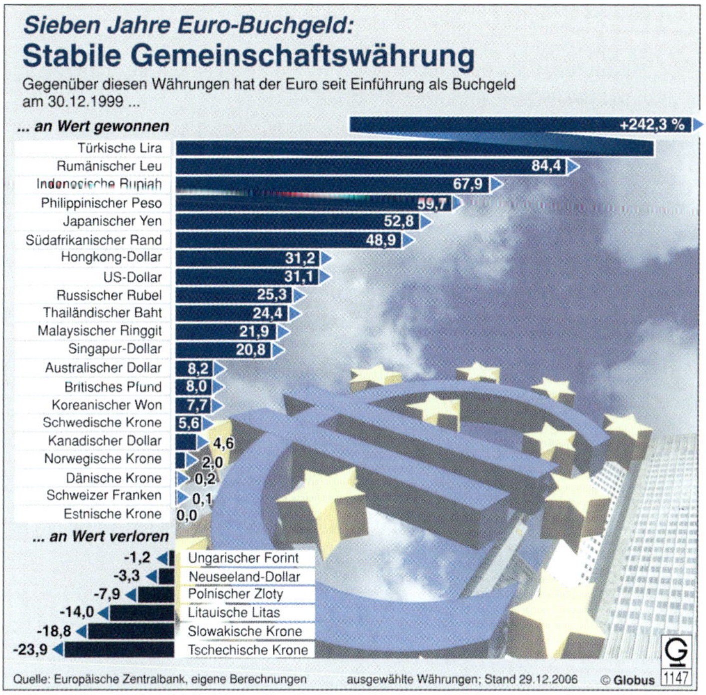


Führen steigende Löhne zu steigenden Preisen, spricht man von der **Lohn-Preis-Spirale**.

## ● Deflation

Deflation liegt vor, wenn das **Preisniveau anhaltend absinkt**. Die Folge sind ein Rückgang der Investitionen und der Beschäftigung. Durch den Ausfall der Konsumgüternachfrage kommt es zu einem weiteren Rückgang der Nachfrage und letztendlich zu **Massenarbeitslosigkeit**.

Beispiel *Als Folge der Deflation in der Weltwirtschaftskrise der Dreißigerjahre des letzten Jahrhunderts waren allein in Deutschland 6 Mio. Menschen arbeitslos.*

***Stabilität des Preisniveaus***

- ***Preisniveau, Preisindex und Kaufkraft***
  - *Das **Preisniveau** ist die durchschnittliche Höhe der Preise für Güter und Dienstleistungen in einer Volkswirtschaft.*
  - *Mithilfe des **Preisindex** werden Güterpreise im Berichtsjahr mit einem Basisjahr verglichen.*
  - *Die **Kaufkraft** ist diejenige Gütermenge, die für eine Geldeinheit in einer Volkswirtschaft gekauft werden kann.*
- ***Arten der Inflation***
  - *Schleichende*
  - *Galoppierende*
  - *Offene*
  - *Verdeckte*
- ***Ursachen der Inflation***
  - ***Nachfrageinflation:** Steigende Nachfrage bei ausgelasteten Kapazitäten führt zu steigenden Preisen.*
  - ***Angebotsinflation:** Kostenbedingte Preiserhöhungen führen bei anhaltender Nachfrage zu steigenden Preisen.*
- ***Deflation:** Das Preisniveau sinkt anhaltend.*

## Aufgaben

1 Arbeitnehmervertreter behaupten, dass man nicht von einer Lohn-Preis-Spirale, sondern von einer Preis-Lohn-Spirale sprechen müsse. Erläutern Sie diese Aussage.

2 Das Statistische Bundesamt ermittelt den Preisindex für Lebenshaltung anhand des Warenkorbes.
   a) Erläutern Sie, welche Probleme Ihrer Meinung nach mit der Zusammensetzung des Warenkorbes verbunden sind.
   b) Stellen Sie anhand der Abbildung „Neue Messlatte für die Preise“ auf S. 527 fest, wo es Abweichungen und wo es Übereinstimmungen zwischen dem repräsentativen Haushalt und dem Haushalt Ihrer Familie gibt.

3 Das Statistische Bundesamt gibt bekannt: „Die Inflationsrate im Monat Mai beträgt 1,5 %“ Erläutern Sie, wie diese Zahl berechnet wurde.

4 Erläutern Sie, in welchem Verhältnis Kaufkraft und Preisniveau zueinander stehen.

5 Unter http://www.desratis.de werden regelmäßig die Preisindizes des Statistischen Bundesamtes veröffentlicht. Beschaffen Sie sich solch eine Veröffentlichung und stellen Sie die Zahlen in der Klasse vor. Setzen Sie bei der Darstellung geeignete Medien ein.

### 10.4.3.2 Hoher Beschäftigungsstand

Eine Unternehmungsberatungsgesellschaft hat der Medi@ AG geraten, zur Steigerung der Ertragslage dringend Personalabbau zu betreiben und diesen durch gezielten Einsatz preiswerterer neuer Technologien zu kompensieren. Betriebsrat und Geschäftsleitung diskutieren die Problematik.
Dr. Hans Sommer: „Die fetten Jahre sind vorbei! Wo die Märkte zusammenwachsen, kommen wir nicht drumherum, über Optimierungsmöglichkeiten hinsichtlich unserer Ertragslage nachzudenken. Personalintensive Abteilungen müssen verschlankt, Beteiligungen überdacht werden. Da leistet sich z. B. die Medi@Point Buchhandlung derzeit vier Vollbuchhändler. Das ist bei sinkenden Umsätzen doch nicht finanzierbar! Kostensenkung durch Personalabbau heißt die Devise! Beratung am Regal kann durch effizienten Einsatz gedruckter Materialien ersetzt werden, Warenwirtschaftssysteme sparen Mitarbeiter im Bereich Organisation oder Beschaffung ein.“
Sonja Nolden erwidert: „Kosten, Kosten, ich höre immer Kosten! Denken Sie auch an die gut 14 % Arbeitslosen in der Region? Keiner der von Ihnen Entlassenen hätte die Chance auf einen neuen Arbeitsplatz!“
„Sie verallgemeinern, Frau Nolden“, entgegnet Dr. Sommer. „Die 14 % Arbeitslosen muss man differenziert betrachten. Ein Drittel davon sind saisonale Arbeitslose und bei einem weiteren Drittel ist die Konjunktur die Ursache für die Arbeitslosigkeit. Und die Konjunktur zieht wieder an!“
„Das sind doch Taschenspielertricks! Wenn ich meinen Job verliere, ist es mir egal, in welchem Teil der Statistik ich lande!“
„Sie verallgemeinern schon wieder ...“

**Arbeitsaufträge**
- Erläutern Sie die Ursachen der Arbeitslosigkeit anhand von Beispielen.
- Sammeln Sie Argumente für die unterschiedlichen Standpunkte von Frau Nolden und Herrn Dr. Sommer und setzen Sie die Diskussion fort.

Der Beschäftigungsstand einer Volkswirtschaft wird mithilfe der Arbeitslosenquote ermittelt. Sie gibt an, wie viel Prozent der Erwerbspersonen (= Erwerbstätige und Arbeitslose) arbeitslos sind.

$$\text{Arbeitslosenquote} = \frac{\text{Zahl der Arbeitslosen}}{\text{Zahl der Erwerbspersonen}} \cdot 100$$

## Vollbeschäftigung

Absolute **Vollbeschäftigung** liegt vor, wenn bei gegebenen Löhnen das Angebot an Arbeit durch die privaten Haushalte (Arbeitnehmer) gleich der Nachfrage an Arbeit durch die Unternehmen und den Staat (Arbeitgeber) ist. Die Arbeitslosenquote beträgt in diesem Fall 0 %. Dieser Wert wird in der Realität nie erreicht, da auch bei einer Volkswirtschaft mit hohem Beschäftigungsstand immer Arbeitnehmer gerade den Arbeitsplatz wechseln und aus diesem Grund kurzfristig arbeitslos sind (friktionelle Arbeitslosigkeit) oder aus saisonalen Gründen keine Beschäftigung haben (saisonale Arbeitslosigkeit). Aus diesem Grund ist im Stabilitätsgesetz auch nicht von **absoluter Vollbeschäftigung**, sondern von einem **hohen Beschäftigungsstand** die Rede.

*Vergleiche hierzu Seite 531*

Wann das Ziel „hoher Beschäftigungsstand" in der Bundesrepublik Deutschland erreicht ist, wird je nach der gesamtwirtschaftlichen Lage definiert. Im Jahreswirtschaftsbericht der Bundesregierung von 1967 wurde als Zielvorgabe eine Arbeitslosenquote von unter 0,8 % festgelegt. International spricht man von **Vollbeschäftigung**, wenn die Arbeitslosenquote nicht größer als 2 % ist.

## Über- und Unterbeschäftigung

Ist die Nachfrage nach Arbeit kleiner als das Angebot, herrscht **Unterbeschäftigung** (Arbeitslosigkeit). Ist die Nachfrage größer als das Angebot, liegt **Überbeschäftigung** vor.

**Folgen der Unterbeschäftigung** sind gesamtwirtschaftlich gesehen der Nachfrageausfall durch den Rückgang der Einkommen der privaten Haushalte und die Kürzung der Staatsausgaben in der Folge verringerter Steuereinnahmen. In den Familien der Arbeitslosen kommt es verstärkt zu finanziellen und sozialen Problemen. Mit steigender Dauer der Arbeitslosigkeit verschlechtert sich auch der psychische (seelische) und physische (körperliche) Zustand der Betroffenen.

Die einschneidende **Einschränkung in der materiellen Existenz** gerade für Langzeitarbeitslose wird anhand folgender Abbildung deutlich:

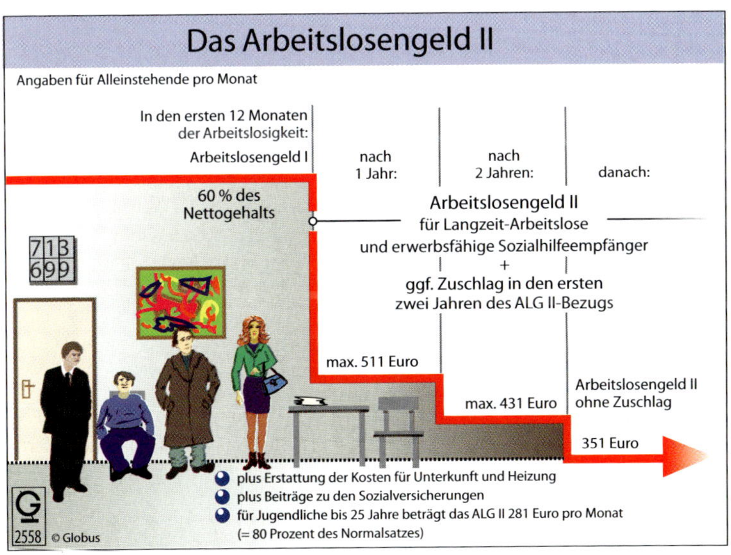

Die **Folgen der Überbeschäftigung** sind starker Konkurrenzkampf bei der Suche nach qualifizierten Arbeitnehmern und steigende Löhne, die zu steigenden Preisen führen.
Beispiel *Gut ausgebildete Mitarbeiter in den sog. „IT-Berufen" sind gesucht. In diesem Segment des Arbeitsmarktes herrscht zurzeit Überbeschäftigung.*

## Ursachen der Arbeitslosigkeit

Die **Situation am Arbeitsmarkt in der Bundesrepublik Deutschland** wird zunehmend als bedrohlich empfunden, da die Zahl der Langzeitarbeitslosen in den letzten Jahren zugenommen hat. Das Ziel „hoher Beschäftigungsstand" ist aus diesem Grund zu einem vordringlichen Ziel der Wirtschaftspolitik geworden. Um gezielte wirtschaftspolitische Maßnahmen ergreifen zu können, ist es wichtig, die **Ursachen der Arbeitslosigkeit** zu kennen. Demnach unterscheidet man folgende Arten von Arbeitslosigkeit.

**Strukturelle Arbeitslosigkeit:** Sie hat ihre Ursachen in Veränderungen des Aufbaus der Volkswirtschaft oder in der Zusammensetzung der Erwerbsbevölkerung. Dies führt zu folgenden Arten der Arbeitslosigkeit:

- **regionale Arbeitslosigkeit** in wirtschaftlich schwach entwickelten Gebieten
  Beispiel *Im Bezirk der Industrie- und Handelskammer Essen ist die Arbeitslosenquote deutlich höher als die durchschnittliche Arbeitslosenquote der Bundesrepublik.*
- **altersbedingte Arbeitslosigkeit**, die ihre Ursache in der Veränderung der Leistungsfähigkeit älterer Menschen hat
  Beispiel *Trotz größerer Erfahrung werden bei schwacher Auftragslage zuerst oft ältere Arbeitnehmer entlassen.*
- **branchenbedingte Arbeitslosigkeit**, die entsteht, wenn sich ganze Wirtschaftszweige umstrukturieren
  Beispiel *Viele Betriebe des buchherstellenden Gewerbes (Druckereien/Setzereien) wurden in den letzten Jahren geschlossen. Die Arbeitnehmer wurden entlassen.*
- **ausbildungsbedingte Arbeitslosigkeit**, die ungelernte Arbeitskräfte trifft
  Beispiel *Bei anstehenden Entlassungen werden zunächst die ungelernten Kräfte freigesetzt.*
- **technologische Arbeitslosigkeit**, die durch die Substitution des Produktionsfaktors Arbeit gegen Kapital entsteht und ihre Ursache in dem Bemühen der Unternehmer um Rationalisierung und Automation hat
  Beispiel *In der Medi@Point Buchhandlung wird aufgrund der Einführung eines Warenwirtschaftssystems ein Mitarbeiter entlassen.*

*Vergleiche hierzu Seite 530*

**Konjunkturelle Arbeitslosigkeit:** Sie hat ihre Ursache im Rückgang der gesamtwirtschaftlichen Nachfrage in der Phase des Abschwungs.
Beispiel *Der Rückgang des Wirtschaftswachstums und Rationalisierungsmaßnahmen Anfang der Neunzigerjahre des letzten Jahrhunderts führten zu hoher Arbeitslosigkeit.*

**Saisonale Arbeitslosigkeit:** Diese Form der Arbeitslosigkeit ist jahreszeitlich- oder witterungsbedingt.

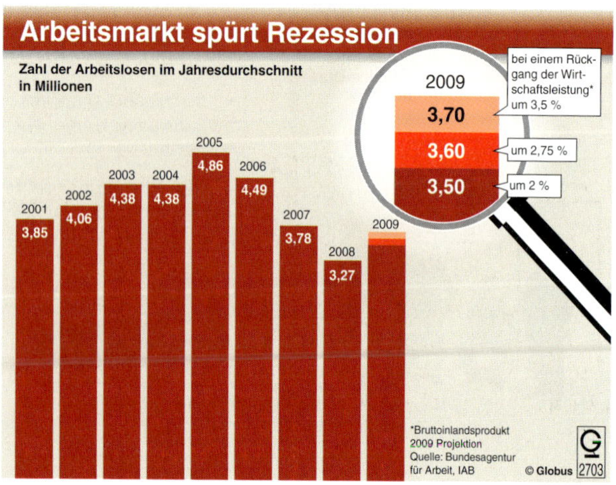

**Beispiel** *Trotz vieler Verbesserungen bei der Verarbeitungsfähigkeit von Baustoffen bei Frost steigt die Arbeitslosigkeit im Baugewerbe in den Wintermonaten erheblich. In den Wintermonaten steigt ebenfalls die Arbeitslosigkeit bei den Saisonkräften in der Gastronomie und in der Landwirtschaft.*

**Friktionelle (reibungsbedingte) Arbeitslosigkeit** entsteht, wenn bei einem Arbeitsplatzwechsel zwischen der Aufgabe des bisherigen und der Aufnahme des neuen Arbeitsplatzes ein relativ kurzer Zeitraum verstreicht und der Arbeitnehmer für diesen Zeitraum arbeitslos ist.
**Beispiel** *Eine Buchhändlerin kündigt fristgerecht zum 31. März. Die neue Stelle kann sie jedoch erst zum 1. Mai antreten.*

Neben der **offenen Arbeitslosigkeit**, die sich in der amtlichen Arbeitsmarktstatistik niederschlägt, kommt es zunehmend zu **verdeckter Arbeitslosigkeit**, d. h. Arbeitslosen, die in keiner Statistik erfasst werden.
**Beispiele** *Jugendliche, die keinen Ausbildungsplatz finden, besuchen weiter die Schule. Arbeitswillige Frauen gehen zurück in die Familie und melden sich nicht arbeitslos. Ältere Arbeitnehmer scheiden vorzeitig aus dem Erwerbsleben aus.*

Neben den genannten Ursachen spielt der **Preis des Produktionsfaktors** Arbeit am Wirschaftsstandort Deutschland eine zentrale Rolle. Dabei wird die Wettbewerbsfähigkeit der deutschen Arbeitskräfte im internationalen Vergleich zunehmend durch die Höhe der **Lohnnebenkosten** beeinflusst.

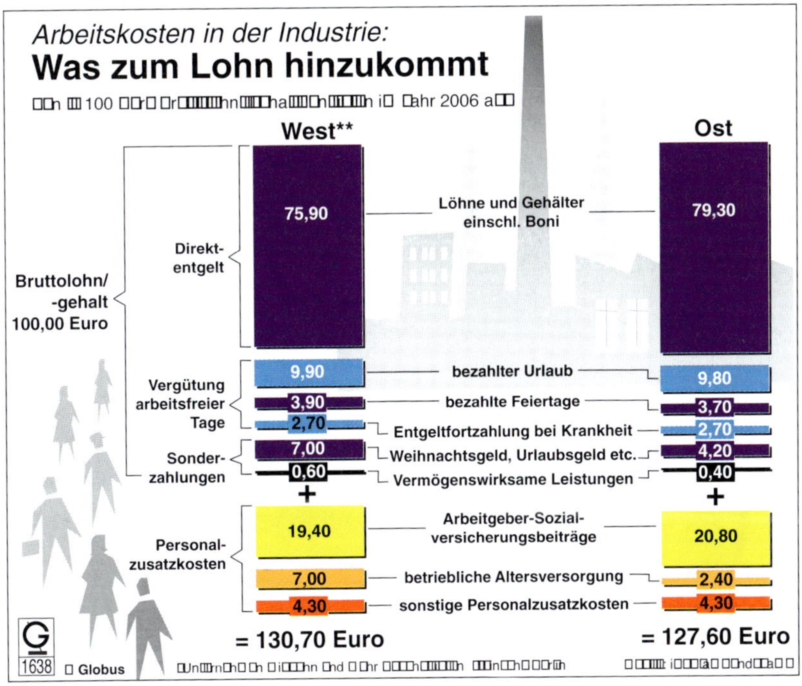


## ● Arbeitsmarktpolitische Maßnahmen

Sie erfordern das Zusammenwirken aller Träger der Wirtschaftspolitik. Neben Maßnahmen im Rahmen der Konjunktur- und Geldpolitik kommt einer gründlichen Berufsausbildung und einer lebenslangen Weiterbildung eine zentrale Bedeutung zu. Darüber hinaus spielen die Maßnahmen der Bundesagentur für Arbeit, z. B. Umschulung, ABM, Gründungszuschuss (Nachfolger von Ich-AG und Überbrückungsgeld), eine große Rolle.

*Vergleiche hierzu Seiten 478*

**Beispiel** *Die Medi@Point Buchhandlung stellt einen schwer vermittelbaren Langzeitarbeitslosen ein. Die Arbeitsverwaltung zahlt für ein Jahr einen Zuschuss zu seinem Gehalt in Form einer Eingliederungsbeihilfe.*

***Hoher Beschäftigungsstand***

$$\textbf{Arbeitslosenquote} = \frac{\text{Zahl der Arbeitslosen}}{\text{Zahl der Erwerbspersonen}} \cdot 100$$

***Vollbeschäftigung*** *liegt vor, wenn bei gegebenen Löhnen das Angebot an Arbeit gleich der Nachfrage an Arbeit ist.*
***Unterbeschäftigung*** *liegt vor, wenn die Nachfrage nach Arbeit kleiner als das Angebot ist.*
***Überbeschäftigung*** *liegt vor, wenn die Nachfrage nach Arbeit größer als das Angebot ist.*
***Arten der Arbeitslosigkeit:***

- *strukturelle* • *saisonale* • *offene*
- *konjunkturelle* • *friktionelle* • *verdeckte*

***Offene Arbeitslosigkeit*** *ist im Gegensatz zur* ***verdeckten Arbeitslosigkeit*** *in den amtlichen Statistiken ausgewiesen.*

## Aufgaben

1 Das Haushaltsbruttoeinkommen beträgt zz. 3 561,99 EUR. Nach Abzug aller Steuern und Abgaben verbleibt ein ausgabefähiges Einkommen von 2 885,00 EUR. Die Ausgaben für den privaten Verbrauch sind aus nachfolgender Abbildung zu ersehen.

a) Berechnen Sie ausgehend von einem Bruttoeinkommen in Höhe von 3 561,00 EUR das Arbeitslosengeld I.

b) Kürzen Sie die Ausgaben für Miete, Nahrungsmittel usw. entsprechend den Einnahmen aus dem Arbeitslosengeld I.

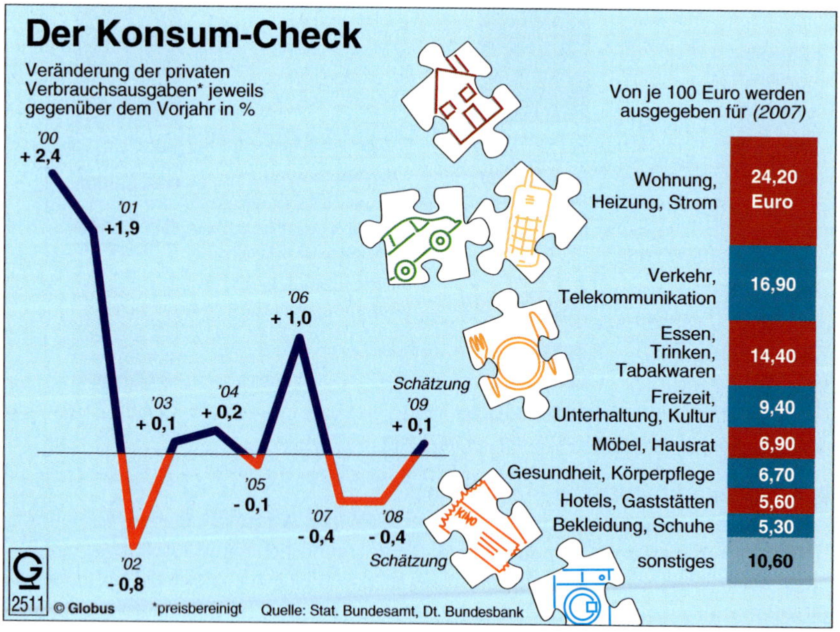

2 „Eine gute Ausbildung und die Vermittlung von Schlüsselqualifikationen sind die beste Vorsorge gegen spätere Arbeitslosigkeit." Nehmen Sie zu dieser Behauptung Stellung.

Vergleiche hierzu Seite 54

3 Erläutern Sie die Ursachen der Arbeitslosigkeit anhand je eines Beispiels.

4 Um das Ziel der Vollbeschäftigung zu erreichen, könnte die vorhandene Arbeit auf alle arbeitswilligen Arbeitnehmer aufgeteilt werden. Verkürzung der Wochenarbeitszeit ohne Lohnausgleich wäre die Folge.
   a) Bilden Sie zwei Gruppen. Eine Gruppe sammelt Argumente für dieses Modell, die andere Gruppe stellt Argumente gegen das Modell zusammen.
   b) Stellen Sie Ihre Argumente in der Klasse vor.
   c) Diskutieren Sie auf der Grundlage der unterschiedlichen Positionen.

5 Welche der folgenden Arten von Arbeitslosigkeit werden in den unten stehenden Fällen verstärkt bzw. abgeschwächt?
   a) Konjunkturelle,
   b) strukturelle,
   c) saisonale Arbeitslosigkeit
   1. Ein Hersteller von Kunststoff-Fensterrahmen entlässt Mitarbeiter, weil zunehmend Holz-Fensterrahmen nachgefragt werden.
   2. Ein Bauunternehmer stellt zu Beginn des Sommers Mitarbeiter ein.
   3. Eine Druckerei rüstet auf Digitaldruck um und entlässt Mitarbeiter.

### 10.4.3.3 Außenwirtschaftliches Gleichgewicht

Barbara Wolf unterhält sich mit José Ortega, einem Mitarbeiter der iVent GmbH. Er erzählt, dass die iVent GmbH beauftragt wurde, zum 50-jährigen Bestehen des Verlags Duogena in Zürich eine Jubiläumsfeier zu gestalten. Dabei wurden besonders pyrotechnische Eventelemente vom Kunden gewünscht. Die iVent GmbH plante entsprechend. Beim Grenzübertritt wurde der Lkw der iVent GmbH festgehalten, weil die Feuerwerkselemente angeblich nicht den Sicherheitsbestimmungen der Schweiz entsprechen. „Wir machen Veranstaltungen in vielen Ländern der Europäischen Union, und nirgends gibt es Probleme", schimpft José Ortega. „Das ist der reine Protektionismus!" Da die Auszubildende Barbara Wolf den Begriff nicht kennt, schlägt sie im Duden nach. Aber klar ist ihr der Sachverhalt immer noch nicht. Was haben Handelsbeschränkungen mit Feuerwerkskörpern zu tun?

**Arbeitsaufträge**
- Klären Sie den Begriff des Protektionismus.
- Erläutern Sie die Aussage von José Ortega.

#### Zahlungsbilanz

Die Gesamtheit aller wirtschaftlichen Beziehungen eines Staates zu anderen Staaten (Außenhandel) bezeichnet man als **Außenwirtschaft**.

Beispiele *Im- und Export von Waren und Dienstleistungen, Entwicklungshilfe, Überweisungen ausländischer Arbeitnehmer in ihre Heimatländer, Auslandsinvestitionen deutscher Unternehmen*

Die Gegenüberstellung aller Forderungen und Verbindlichkeiten aus diesen Beziehungen innerhalb eines Jahres erfolgt in der **Zahlungsbilanz**. Sie umfasst alle grenzüberschreitenden Geld- und Kapitalströme.

Der Saldo zwischen Ein- und Ausfuhren wird als **Außenbeitrag** bezeichnet. Ist er aktiv, hat die einheimische Wirtschaft mehr Leistungen an das Ausland abgegeben, als sie erhalten hat. Ist er passiv, hat die einheimische Wirtschaft mehr Leistungen erhalten als erbracht.

| Zahlungsbilanz der Bundesrepublik Deutschland | |
|---|---|
| **Export** (Warenlieferungen und Dienstleistungen) | **Import** (Warenlieferungen und Dienstleistungen) |
| | **Außenbeitrag** (Ausfuhren – Einfuhren) |

Da die reine Gegenüberstellung von Im- und Exporten nicht aussagekräftig genug ist, wird die Zahlungsbilanz in verschiedene **Teilbilanzen** gegliedert:

♦ **Leistungsbilanz**
Sie besteht aus
- der **Handelsbilanz**, d. h. der Gegenüberstellung des Exports und Imports von Waren,
- der **Dienstleistungsbilanz**, d. h. der Gegenüberstellung der gewährten und erhaltenen Dienstleistungen,
- der **Übertragungsbilanz**, d. h. der nicht aus Handelsgeschäften entstehenden Zahlungen.
  Beispiele *Zahlungen der Gastarbeiter an ihre Familien im Heimatland, Überweisungen an internationale Organisationen, Entwicklungshilfe*

♦ **Kapitalverkehrsbilanz**
Sie besteht aus
- der **Bilanz des kurzfristigen Kapitalverkehrs**, d. h. dem Ein- und Ausgang von Sorten und Devisen,
- der **Bilanz des langfristigen Kapitalverkehrs**, d. h. der langfristigen Kapitalbewegungen wie Forderungen oder Verbindlichkeiten an das Ausland, Aufnahme oder Vergabe von Krediten, Zielgeschäfte im Im- und Export.

Die **Zahlungsbilanz** der Bundesrepublik Deutschland ist formal immer ausgeglichen, da es für jede Buchung eine Gegenbuchung gibt. Trotzdem wird in der Praxis von aktiver oder passiver Zahlungsbilanz gesprochen. Eine Zahlungsbilanz wird als **aktiv** bezeichnet, wenn ihr Ausgleich durch eine **Zunahme der Gold- und Devisenbestände** erfolgt, und sie wird **passiv**, wenn die **Devisenbestände abnehmen**.

## ● Ursachen für Zahlungsbilanzungleichgewichte

Die Ursachen liegen meist im Bereich der Leistungsbilanz.

Beispiele
- *Es wird mehr importiert als exportiert → passive Handelsbilanz.*
- *Deutsche geben im Urlaub mehr Geld im Ausland aus als Ausländer in der Bundesrepublik Deutschland → passive Dienstleistungsbilanz.*
- *Ausländische Arbeitnehmer überweisen mehr Geld in ihre Heimatländer als Deutsche im Ausland in die Bundesrepublik → passive Übertragungsbilanz.*

Importe aus Nicht-Euroländern müssen mit Devisen bezahlt werden, die aus Exporten stammen. Ein langfristiger **Importüberschuss** führt durch die abnehmende Beschäftigung im Inland zu Arbeitslosigkeit und durch den Devisenmangel langfristig zu internationaler Zahlungsunfähigkeit. Bei einem langfristigen **Exportüberschuss** steigen die Devisenvorräte einer Volkswirtschaft an. Die Devisen werden von der Bundesbank in Euro gewechselt und erhöhen den inländischen Geldumlauf mit der Folge eines Ansteigens des Preisniveaus **(importierte Inflation)**.

Da Zahlungsbilanzungleichgewichte das **gesamtwirtschaftliche Gleichgewicht** nachhaltig beeinflussen können, ist im Stabilitätsgesetz als Ziel das außenwirtschaftliche Gleichgewicht festgelegt. Es gilt als erreicht, wenn bei langfristiger Betrachtung die **Währungsreserven unverändert** bleiben und von der Außenwirtschaft **keine Gefahren für binnenwirtschaftliche Ziele ausgehen**.

## Liberalismus und Protektionismus

In einem zusammenwachsenden Europa, in dem die Bedeutung des einzelnen Staates abnimmt, und bei Zunahme der internationalen wirtschaftlichen Verflechtung kommt einem **freien Welthandel (Liberalismus)** immer größere Bedeutung zu. Dem steht häufig das Verhalten von Staaten gegenüber, die die Wirtschaft ihres Landes vor ausländischer Konkurrenz schützen wollen **(Protektionismus)**. Sie erheben Zölle auf Auslandsware, um diese gegenüber inländischen Gütern zu verteuern, legen bestimmte Gütermengen fest, die höchstens eingeführt werden dürfen (Importkontingentierung), oder erlassen **Einfuhrverbote** für ausländische Waren. Auch durch administrative Maßnahmen, z. B. strenge Normen oder erforderliche Prüfverfahren, können diese Länder die Einfuhr erschweren.

Beispiel *Auf die Einfuhr von Bananen aus Nicht-EU-Ländern werden Zölle erhoben.*

Durch internationale Abkommen versuchen die Staaten, das Ziel des freien Welthandels zu sichern. Einer der wichtigsten Zusammenschlüsse ist die **Welthandelsorganisation WTO**, deren Ziel der Abbau der Handelsschranken zwischen den Ländern ist.

Vergleiche hierzu Seite 555

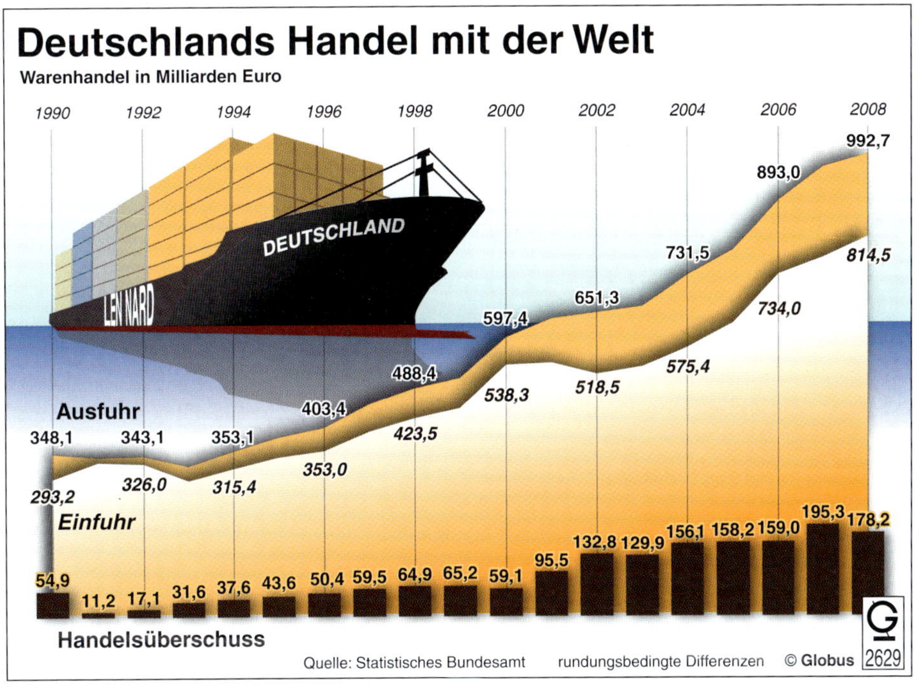


***Außenwirtschaftliches Gleichgewicht***

- ***Außenwirtschaft:*** *Gesamtheit aller ökonomischen Beziehungen eines Staates zu anderen Staaten*
- ***Außenbeitrag:*** *Saldo zwischen Ein- und Ausfuhren*
- ***Zahlungsbilanz:*** *Erfassung aller grenzüberschreitenden Geld- und Kapitalströme*
  - ***Aktive Zahlungsbilanz:*** *Zunahme der Devisenbestände*
  - ***Passive Zahlungsbilanz:*** *Abnahme der Devisenbestände*
- *Das **außenwirtschaftliche Gleichgewicht** gilt als erreicht, wenn bei langfristiger Betrachtung die Währungsreserven unverändert bleiben und von der Außenwirtschaft keine Gefahren für binnenwirtschaftliche Ziele ausgehen.*

## Aufgaben

1 Trotz aktiver Handelsbilanz kann eine Zahlungsbilanz passiv sein. Erläutern Sie diesen vermeintlichen Gegensatz.

2 Erläutern Sie an je einem konkreten Beispiel die Folgen von Import- bzw. Exportüberschüssen.

3 Bilden Sie zwei Gruppen. Die eine Gruppe sammelt Argumente für einen freien Welthandel, die andere Gruppe Argumente für protektionistische Maßnahmen.
   a) Stellen Sie die Argumente in der Klasse vor.
   b) Diskutieren Sie die unterschiedlichen Argumente.

4 Erläutern Sie die Begriffe „Liberalismus“ und „Protektionismus“ anhand von Beispielen.

5 „Der positive Außenbeitrag der Deutschen Wirtschaft beruht nicht auf der Kraft der Deutschen Industrie, sondern ist auf den schwachen Euro zurückzuführen.“ Nehmen Sie zu dieser Behauptung einer Europäischen Tageszeitung Stellung.

### 10.4.3.4 Stetiges und angemessenes Wirtschaftswachstum

Nach einer Unterrichtsstunde zum Thema Bruttoinlandsprodukt diskutiert Barbara Wolf noch lange mit ihrer Freundin Helga.
„Wachstum, Wachstum, ich höre immer nur Wachstum“, sagt Barbara. „Es geht uns doch gut! Die Menschen sollten zufrieden sein mit dem, was sie haben!“ Helga ist anderer Meinung. „Ich will, dass es mir besser geht als meinen Eltern, und dazu muss ich mehr verdienen als sie.“

**Arbeitsaufträge**

- Erarbeiten Sie den nachfolgenden Sachinhalt in der Gruppe und stellen Sie fest, wozu ein stetiges und angemessenes Wirtschaftswachstum notwendig ist.
- Erläutern Sie das Konzept des „Net Economic Welfare“ auf der folgenden Seite und stellen Sie die Probleme dar, die mit dem Versuch der Einbeziehung des qualitativen Wachstums verbunden sind.

*Vergleiche hierzu Seite 512*

Man spricht von einer wachsenden Wirtschaft, wenn die Produktion von Waren und Dienstleistungen im Berichtsjahr größer ist als im Vorjahr. In der Bundesrepublik Deutschland wird Wirtschaftswachstum als **Wachstumsrate des realen Bruttoinlandsproduktes** pro Jahr gemessen.

*Vergleiche hierzu Seite 511*

Das Bruttoinlandsprodukt wird im Rahmen der **volkswirtschaftlichen Gesamtrechnung** ermittelt, die sich an dem Wirtschaftskreislauf orientiert.

*Vergleiche hierzu Seite 519*

Stetig ist das Wachstum, wenn die Wachstumsraten möglichst geringe Unterschiede aufweisen und es nur zu minimalen Schwankungen im Wirtschaftsablauf kommt.

Welche Wachstumsraten **angemessen** sind, muss von den Trägern der Wirtschaftspolitik entschieden werden. In der Bundesrepublik Deutschland wurde in den vergangenen Jahren eine Wachstumsrate des realen Bruttoinlandsproduktes von jährlich 2 % als angemessen angesehen, aber nicht immer erreicht.

#### ● Notwendigkeit eines stetigen und angemessenen Wirtschaftswachstums

**Wirtschaftswachstum sichert einen hohen Beschäftigungsstand:** Wächst eine Volkswirtschaft nicht, wird auf Nettoinvestitionen verzichtet. Die Folge ist ein Rückgang gesamtwirtschaftlicher Nachfrage, der letztlich zu einem Rückgang der Beschäftigung führt. Darüber hinaus können nur in einer wachsenden Wirtschaft die durch Rationalisierung oder neue technische Entwicklungen entfallenden Arbeitsplätze durch neue ersetzt werden.

Beispiel *Durch die Krise in der Stahlindustrie hat sich die Zahl der in diesem Bereich beschäftigten Arbeitnehmer in den letzten zehn Jahren halbiert. Die Zahl der Beschäftigten im Bereich der Medien hat im gleichen Zeitraum deutlich zugenommen.*

**Wirtschaftswachstum sichert die sozialen Leistungen des Staates:** Nur in einer wachsenden Wirtschaft sind durch entsprechende Einnahmen die Leistungen des Staates finanzierbar.
Beispiel *Wächst die Wirtschaft und werden hohe Einkommen gezahlt, werden hohe Steuereinnahmen erzielt und ermöglichen dem Staat die Wahrnehmung sozialer Aufgaben.*

**Wirtschaftswachstum sichert die Lebensqualität:** Ein hoher Beschäftigungsstand, ein angemessenes Einkommen und soziale Sicherheit verbessern den Lebensstandard. Durch die Verkürzung der Arbeitszeit und eine aktive Gestaltung der Freizeit wird der persönliche Freiraum erweitert.
Beispiel *Die Wochenarbeitszeit im Bucheinzelhandel wurde in den letzten Jahren von 40 auf 37,5 Stunden gesenkt. Die privaten Haushalte geben einen immer größeren Teil ihres Einkommens für die Gestaltung der Freizeit aus.*

**Wirtschaftswachstum ermöglicht hohe Investitionen zum Schutz der Umwelt:** Die Entwicklung neuer Verfahren zur Energiegewinnung, die Entsorgung von Industrieabfällen, das Recycling und die Entwicklung umweltfreundlicher Produktionsmethoden erfordern einen hohen Investitionsbedarf, der nur bei einer wachsenden Wirtschaft finanziert werden kann.
Beispiele *Das Barsortiment Köllermann installiert im Auslieferungslager Köln eine automatische Packanlage für Kleinbeischlüsse zum Preis von 180 000,00 EUR. Die Investition ist möglich, da im vergangenen Jahr eine Umsatzsteigerung von 6 % erreicht wurde.*

**Wirtschaftswachstum ermöglicht es, das Ziel einer gerechten Einkommensverteilung ohne soziale Spannungen zu erreichen:** Bei Lohnsteigerungen, die sich im Rahmen des Produktivitätszuwachses bewegen, muss lediglich der Zuwachs umverteilt werden. Das Verhältnis zwischen Arbeitnehmereinkommen und Gewinn bleibt erhalten. Tarifabschlüsse sind deshalb ohne größere Arbeitskampfmaßnahmen zu erreichen.
Beispiel *Der durchschnittliche Produktivitätszuwachs im Bereich der buchherstellenden Industrie betrug im vergangenen Jahr 2,5 %. Im Tarifvertrag wird ein Abschluss in gleicher Höhe vereinbart.*

## ● Kritik am Bruttoinlandsprodukt als Wohlstandsindikator

Bereits in den Siebzigerjahren des letzten Jahrhunderts haben führende Wissenschaftler („Club of Rome") die Grenzen des Wachstums aufgezeigt. Es entstanden Konzepte, die ein **qualitatives Wachstum** in den Vordergrund stellten. Eine einseitig auf Wachstum ausgerichtete Wirtschaftspolitik hat nach Ansicht der Wissenschaftler den Blick auf die vielfältigen sozialen und ökologischen Probleme versperrt. Begrenzte Rohstoffvorkommen und wachsende Umweltbelastungen durch die sich ausdehnende Industrieproduktion gefährden oder zerstören das ökologische Gleichgewicht und machen deutlich, dass die Wachstumsjahre der Nachkriegszeit in Deutschland vorbei sind.

Um das qualitative Wachstum mit in die Berechnung einzubeziehen, benutzt man z. B. die Kennziffer des **„Net Economic Welfare"** (NEW), d. h. den wirtschaftlichen Nettowohlstand.

Ausgehend vom Bruttoinlandsprodukt werden hier **soziale Kosten**, wie die des Umweltschutzes oder die Ausgaben für die äußere und innere Sicherheit **abgezogen** und **Leistungen, die keinen Marktpreis haben**, wie die Hausarbeit, Schwarzarbeit und andere immaterielle Werte, z. B. Freizeit, **addiert**.

Bruttoinlandsprodukt
− soziale Kosten
\+ Leistungen, die keinen Marktpreis haben
= Net Economic Welfare

Das **Problem** dieser Rechnung ist die Messung und Erfassung einiger Größen. So ist der Wert der Freizeit schwer quantifizierbar und auch die Kosten des Umweltschutzes sind nur schwer zu erfassen.

## Wachstumspolitik

Zur Förderung eines quantitativen, aber auch eines qualitativen Wachstums muss der Staat im Rahmen der **Wachstumspolitik** geeignete Rahmenbedingungen schaffen.

- Im Rahmen der **Rechtspolitik** werden Gesetze und Verordnungen erlassen, die den freien Wettbewerb sichern, Innovationen fördern und Umweltschäden vermeiden.
  Beispiele *Gesetz gegen Wettbewerbsbeschränkungen, Umwelthaftungsgesetz, Verpackungsverordnung, Fahrverbote bei Sommersmog*
- Im Rahmen der **Bildungspolitik** wird für einen hohen Ausbildungsstand der Beschäftigten gesorgt. Ausgaben für Bildung stellen dabei immaterielle Investitionen in die Zukunft einer Volkswirtschaft dar.
  Beispiel *Die Bildungsausgaben der Bundesrepublik Deutschland betragen knapp 5 % des Bruttoinlandsproduktes.*
- Im Rahmen der **Subventionspolitik** wird die internationale Wettbewerbsfähigkeit der Unternehmen gefördert und die Entwicklung umweltfreundlicher Technologien unterstützt.
  *Beispiel Die Bundesrepublik übernimmt im Rahmen einer Kreditversicherung die Bürgschaft für ein Auslandsgeschäft.*
- Im Rahmen der **Spar- und Vermögenspolitik** wird die Sparneigung der privaten Haushalte durch finanzielle Anreize erhöht, um das erforderliche Kapital für Investitionen zu schaffen.
  Beispiel *Arbeitnehmer erhalten im Rahmen der Vermögensbildung eine Arbeitnehmerspar-zulage.*
- Im Rahmen der **Forschungs- und Entwicklungspolitik** fördert der Staat Grundlagenforschung für zukunftsträchtige Technologien und schafft so die Voraussetzungen für den hohen technischen Stand der deutschen Wirtschaft in den nächsten Jahrzehnten.
- Im Rahmen der **Strukturpolitik** fördert der Staat bestimmte Wirtschaftszweige oder Regionen.
  Beispiel *Förderung der Stahlindustrie, um ihre Wettbewerbsfähigkeit zu erhalten.*

*Vergleiche hierzu Seite 478*

***Stetiges und angemessenes Wirtschaftswachstum***
- *Ein stetiges und angemessenes Wachstum* ***sichert***
  - *einen hohen Beschäftigungsstand*
  - *soziale Leistungen des Staates*
  - *Lebensqualität der Bürger*
  - *Investitionen zum Schutz der Umwelt*
  - *gerechte Einkommensverteilung ohne soziale Spannungen*
- *Eine einseitig auf Wachstum ausgerichtete Wirtschaftspolitik* ***gefährdet***
  - *das ökologische Gleichgewicht*
  - *die Rohstoff- und Energievorkommen der Zukunft*
- *Das* ***qualitative Wachstum*** *wird z. B. mithilfe des „Net Economic Welfare" in die Berechnung einbezogen.*
- *Maßnahmen der* ***Wachstumspolitik*** *werden im Rahmen der Rechts-, Bildungs-, Subventions-, Spar- und Vermögens-, Forschungs- und Entwicklungspolitik ergriffen.*

## Aufgaben

1 Auf Seite 536 f. werden fünf Argumente für die Notwendigkeit eines stetigen und angemessenen Wirtschaftswachstums formuliert.
   a) Sammeln Sie für jedes der angeführten Argumente Gegenargumente.
   b) Diskutieren Sie vor dem Hintergrund von Argumenten und Gegenargumenten die Notwendigkeit des Wachstums.

2 Als Barbara Wolf beim Spülen in der Küche ein Glas herunterfällt und sie sich beim Einsammeln der Scherben in den Finger schneidet, bemerkt sie trocken: „Da haben wir ja wieder mal das Bruttoinlandsprodukt gesteigert.“ Diskutieren Sie anhand dieser Szene Sinn und Unsinn des quantitativen Wachstumsbegriffs.

3 Im Rahmen des NEW (Net Economic Welfare) werden Leistungen, die keinen Marktpreis haben, zum Bruttoinlandsprodukt addiert.
   a) Machen Sie Vorschläge für Leistungen, die hier erfasst werden sollten.
   b) Stellen Sie dar, wie Sie die jeweilige Leistung messen wollen.

4 Erläutern Sie, welche Bedeutung der technische Fortschritt für Wachstum und Umweltschutz hat.

5 Stellen Sie Vor- und Nachteile eines ungebremsten quantitativen Wachstums für Sie persönlich in einer Liste gegenüber.

6 In einer Volkswirtschaft ist das BIP zu Marktpreisen gegenüber dem Vorjahr um 9 % gestiegen. Das Preisniveau hat sich im gleichen Zeitraum um 4 % erhöht. Erläutern Sie, wie hoch das reale Wachstum in der Volkswirtschaft ist.

### 10.4.3.5 Zielkonflikte, Grad der Zielerreichung, Abweichungsursachen

Barbara Wolf hat verstanden, dass im Stabilitätsgesetz das gesamtwirtschaftliche Gleichgewicht und damit die gleichgewichtige Verwirklichung aller Ziele gefordert wird. „Trotzdem bin ich immer noch der Meinung, dass alle wirtschaftspolitischen Maßnahmen zur Bekämpfung der Arbeitslosigkeit eingesetzt werden müssen“, sagt Barbara zu Herrn Müller. „Ihr Engagement in allen Ehren“, erwidert dieser, „aber überlegen Sie einmal, ob dadurch nicht andere Ziele, z. B. das der Preisniveaustabilität, gefährdet werden.“ „Was hat denn die Vollbeschäftigung mit der Preisniveaustabilität zu tun?“, fragt Barbara verblüfft.

#### Arbeitsaufträge

- Stellen Sie fest, welcher Zusammenhang zwischen des Einzelzielen des Stabilitätsgesetzes besteht und wo Zielkonflikte zwischen den Einzelzielen auftauchen können.
- Stellen Sie Zielkonflikte zwischen möglichen weiteren Zielen der Wirtschaftspolitik und den Zielen laut StabG dar.

Das Stabilitätsgesetz fordert die gleichzeitige und gleichgewichtige Verwirklichung der vier grundlegenden Ziele staatlicher Wirtschaftspolitik. Dabei können sich die wirtschaftspolitischen Ziele **ergänzen**, sich **neutral zueinander verhalten** oder **miteinander konkurrieren**. Man spricht in diesem Fall von Zielharmonie, Zielneutralität oder Zielkonflikt.

- **Zielharmonie**

Sie liegt vor, wenn die Verwirklichung eines Ziels die Erreichung eines anderen Ziels begünstigt.

Beispiel *Wirtschaftspolitische Maßnahmen zum Abbau der Arbeitslosigkeit in der Rezession fördern zugleich auch das Wirtschaftswachstum, da durch eine höhere Auslastung der Produktionsfaktoren die Güterproduktion gesteigert wird.*

♦ **Zielneutralität**

Diese liegt vor, wenn die Erfüllung von Einzelzielen des Stabilitätsgesetzes unabhängig voneinander möglich ist.

Beispiel *Die Ziele außenwirtschaftliches Gleichgewicht und Wirtschaftswachstum können i. d. R. unabhängig voneinander angestrebt werden.*

♦ **Zielkonflikt**

Die Erreichung eines Ziels geht auf Kosten eines anderen Ziels, d. h. die Annäherung an ein Ziel ist mit der Entfernung von einem oder mehreren anderen Zielen verbunden. Es ist vor allem das Ziel der Preisniveaustabilität, das mit anderen Zielen des Stabilitätsgesetzes in Konflikt gerät.

Beispiele *Folgende Zielkonflikte sind denkbar:*

- **Preisniveaustabilität ⟷ hoher Beschäftigungsstand**
  *Um einen hohen Beschäftigungsstand zu erreichen, werden z. B. Beschäftigungsprogramme durchgeführt, ABM-Stellen geschaffen oder Arbeitsplätze subventioniert. Die Folge sind steigende Einkommen, die nach dem Gesetz von Angebot und Nachfrage zu steigenden Preisen führen und damit das Ziel der Preisniveaustabilität gefährden.*
- **hoher Beschäftigungsstand ⟷ außenwirtschaftliches Gleichgewicht**
  *Ein hoher Beschäftigungsstand ist in der Bundesrepublik Deutschland nur mithilfe der Exportindustrie möglich. Eine Förderung des Exports, z. B. durch Subventionen oder den Abbau von Handelsschranken, kann zu Handelsbilanzüberschüssen und damit zu Zahlungsbilanzungleichgewichten führen.*
- **außenwirtschaftliches Gleichgewicht ⟷ Preisniveaustabilität**
  *Wenn bei stabilem Preisniveau der Geldwert im Ausland sinkt, verbessern sich die Exportmöglichkeiten der deutschen Wirtschaft, da deutsche Waren im Ausland preiswerter werden. Einfuhren werden sinken, da ausländische Ware im Verhältnis teurer wird. Die inländische Beschäftigung steigt, und durch die steigende Nachfrage steigen die Preise.*
- **Wirtschaftswachstum ⟷ Preisniveaustabilität**
  *Maßnahmen zur Förderung des Wirtschaftswachstums führen zu einer Steigerung der Güterproduktion und der Einkommen. Steigende Einkommen führen zu einer Zunahme der Nachfrage und damit zu steigenden Preisen.*

Das **Stabilitätsgesetz** sieht die gleichgewichtige Zielerreichung aller Ziele vor. Da die Verfolgung eines Ziels oft nur zulasten eines anderen möglich ist, müssen die Träger der Wirtschaftspolitik Prioritäten (Vorrangigkeiten) bei der Zielerreichung festlegen. Die Entscheidung, welchem Ziel Vorrang vor einem anderen zu geben ist, ist also eine **politische Entscheidung**, die zwischen Bund, Ländern und Gemeinden, der Europäischen Zentralbank und den Interessenverbänden getroffen werden muss. Unabhängig von politischen Prioritäten wird aber immer das Ziel vorrangig zu verfolgen sein, das am stärksten gefährdet ist. Die Abweichungsursachen können vielfältiger Art sein. So spielen konjunkturelle und strukturelle Ursachen und Prioritäten im Rahmen der Wirtschaftspolitik eine Rolle.

Beispiele

- *In den Randregionen Deutschlands ist die Arbeitslosigkeit höher als in den Ballungsgebieten. Ursache ist die Wirtschaftsstruktur der Regionen.*
- *Die Inflationsrate in der Europäischen Union ist im internationalen Vergleich sehr niedrig. Ursache ist die hohe Priorität der Geldwertstabilität bei der EZB.*
- *Die EU-Länder erwirtschaften hohe Außenbeiträge. Ursache ist der gemeinsame Markt der 25 Mitgliedsländer.*

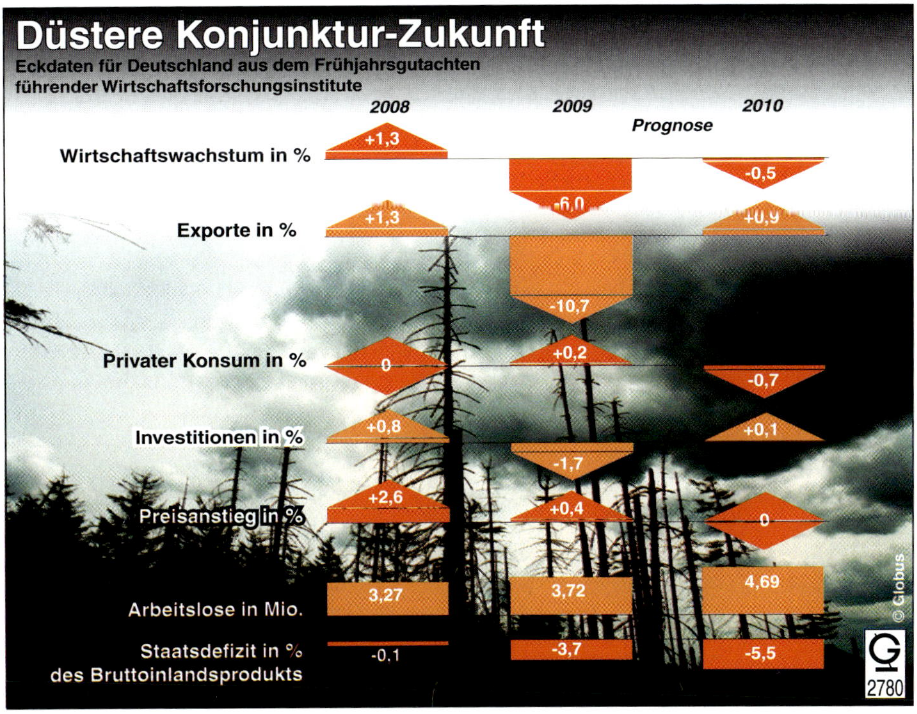


***Zielkonflikte, Grad der Zielerreichung, Abweichungsursachen***

- ***Zielharmonie***
  - *Wirtschaftswachstum ⟷ hoher Beschäftigungsstand*
  - ***Zielneutralität***
  - *Außenwirtschaftliches Gleichgewicht ⟷ Wirtschaftswachstum*
- ***Zielkonflikte***
  - *Preisniveaustabilität ⟷ hoher Beschäftigungsstand*
  - *Hoher Beschäftigungsstand ⟷ außenwirtschaftliches Gleichgewicht*
  - *Außenwirtschaftliches Gleichgewicht ⟷ Preisniveaustabilität*
  - *Wirtschaftswachstum ⟷ Preisniveaustabilität*
- *Die **Abweichungsursachen** können konjunkturelle und strukturelle Ursachen haben.*

## Aufgaben

1 In der Bundesrepublik Deutschland ist das Ziel der Vollbeschäftigung das am meisten gefährdete Ziel des Stabilitätsgesetzes.
   a) Erläutern Sie, welche Zielkonflikte sich bei der Verfolgung dieses Ziels ergeben können.
   b) Versuchen Sie festzustellen, für welche Träger der Wirtschaftspolitik dieses Ziel die höchste Priorität hat.

2 Erläutern Sie die Auswirkungen von Beschäftigungsprogrammen auf das Preisniveau anhand der Angebots- und Nachfragekurve.

3 Formulieren Sie zehn persönliche Ziele.
   a) Stellen Sie fest, zwischen welchen Zielen Zielharmonie, Zielneutralität und Zielkonflikte bestehen.
   b) Legen Sie Prioritäten innerhalb der Ziele fest.

c) Vergleichen Sie Ihre Ziele und Prioritäten mit denen Ihrer Mitschüler und diskutieren Sie die Unterschiede.

4 Auch zwischen betriebswirtschaftlichen Zielen können Zielkonflikte entstehen. Formulieren Sie Ziele der Medi@ AG und stellen Sie mögliche Zielkonflikte dar.

### 10.4.4 Fiskalpolitik als staatliche Wirtschaftspolitik

Barbara Wolf und ihr Vater diskutieren wieder einmal über die wirtschaftliche Lage in Deutschland. „Bei ca. 4,3 Millionen Arbeitslosen muss der Staat eingreifen und öffentliche Aufträge vergeben. Stell dir vor, alle Ämter würden mit neuen Gesetzessammlungen ausgestattet. Da könntet ihr bei der Medi@ AG glatt 20 Leute einstellen", sagt Barbaras Vater. „Der Staat ist doch nicht dazu da, den Rückgang der gesamtwirtschaftlichen Nachfrage auszugleichen", erwidert Barbara. „Wir haben schließlich eine Wirtschaftsordnung, in der der Markt entscheidet!"

**Arbeitsaufträge**

- Erarbeiten Sie das nachfolgende Thema und stellen Sie fest, ob der Staat in der Marktwirtschaft in den Konjunkturverlauf eingreifen kann, und welche Probleme damit verbunden sind.
- Stellen Sie Instrumente der Fiskalpolitik dar und erläutern Sie die beabsichtigte Wirkung.
- Präsentieren Sie die Ergebnisse Ihrer Arbeit.

Im Rahmen der Fiskalpolitik versucht der Staat, durch Veränderung seiner Einnahmen und Ausgaben die gesamtwirtschaftliche Nachfrage zu beeinflussen und so stabilisierend auf den Konjunkturverlauf einzuwirken.

#### Antizyklische Fiskalpolitik

Der englische Wirtschaftswissenschaftler **John Maynard Keynes** (1883 bis 1946) stellte fest, dass sich die staatliche Einnahmen- und Ausgabenpolitik zu seiner Zeit am Konjunkturverlauf orientierte.
**Beispiel** *Im Aufschwung steigen die Gehälter und damit die Steuereinnahmen des Staates. Der Staat verwendet die Einnahmen unverzüglich für öffentliche Ausgaben. Im Abschwung gehen die Steuereinnahmen zurück. Der Staat schränkt seine Ausgaben ein.*

Durch dieses Verhalten wird der Rückgang der privaten Nachfrage im Abschwung durch einen weiteren Rückgang der Staatsnachfrage beschleunigt und die Konjunkturkrise verschärft.

Keynes leitete aus dieser Erkenntnis die Forderung ab, dass der Staat sich in seiner Einnahmen- und Ausgabenpolitik **antizyklisch**, d. h. entgegen dem Konjunkturverlauf verhalten solle. Geht die gesamtwirtschaftliche Nachfrage zurück, solle er die Ausgaben erhöhen und die Staatsnachfrage ausweiten. Steigt die gesamtwirtschaftliche Nachfrage, solle der Staat die Ausgaben einschränken und die Staatsnachfrage senken.

#### Instrumente der Fiskalpolitik

Im Rahmen der Fiskalpolitik stehen dem Staat als Instrumente die Ausgabenpolitik, die Einnahmenpolitik, die Möglichkeit der Beeinflussung privater Investitionen und die Budgetpolitik zur Verfügung. Sie werden zur Beeinflussung der gesamtwirtschaftlichen Nachfrage eingesetzt und sollen im Boom **kontraktiv** (abschwächend) und in der Rezession **expansiv** (belebend) wirken.

- **Ausgabenpolitik**

Staatsausgaben sind Transferzahlungen an die Haushalte (z. B. Wohngeld), Lohn- und Gehaltszahlungen des Staates, Subventionen und öffentliche Investitionen. Der Staat variiert diese Ausgaben, um die konjunkturell bedingten Schwankungen der gesamtwirtschaftlichen Nachfrage auszugleichen.

- **Kontraktive Wirkung:** Im Boom wird die geplante Erhöhung von Transferzahlungen und Lohn- und Gehaltszahlungen im öffentlichen Dienst verschoben und Subventionen werden gekürzt. Eingesparte Mittel werden als **Konjunkturausgleichsrücklage** bei der Deutschen Bundesbank stillgelegt.
- **Expansive Wirkung:** In der Rezession tätigt der Staat zusätzliche Ausgaben und finanziert diese durch Auflösung der Konjunkturausgleichsrücklage oder Aufnahme von Krediten **(Deficit Spending)**.

◆ **Einnahmenpolitik**

Staatseinnahmen sind Steuern, Zölle und Gebühren. Dabei wirkt das Steuersystem in der Bundesrepublik als **automatischer Stabilisator**. Steigen die Einkommen im Aufschwung, wird durch den höheren Steuersatz ein größerer Teil der Einkommen abgeschöpft und der gesamtwirtschaftlichen Nachfrage entzogen. Sinken die Einkommen in der Rezession, sinkt der Steuersatz und die Haushalte können einen größeren Teil ihrer Einkommen konsumieren. Darüber hinaus hat der Staat im Rahmen des **Stabilitätsgesetzes** die Möglichkeit, die Einkommen- und Körperschaftsteuer fallweise um bis zu 10 % herauf- oder herabzusetzen und so die gesamtwirtschaftliche Nachfrage zu beleben oder zu dämpfen.

*Vergleiche hierzu Seite 522*

◆ **Beeinflussung der privaten Investitionen**

Ein wichtiger **Konjunkturindikator** ist die Investitionstätigkeit der Unternehmen. Investitionen wirken unmittelbar auf die Beschäftigung und die gesamtwirtschaftliche Nachfrage und damit auf das Wirtschaftswachstum. Durch Variation der Abschreibungsmöglichkeiten kann der Staat Einfluss auf das Investitionsverhalten der Unternehmen nehmen.

*Vergleiche hierzu Seite 520*

- **Expansive Wirkung:** In der Rezession kann der Staat Investitionsprämien gewähren, die von der Steuerschuld abgezogen werden können.
  Beispiel *Die Bundesregierung beschließt eine Investitionsprämie in Höhe von 7,5 %. Die Medi@ AG schafft daraufhin einen neuen Lkw an. Sie darf 7,5 % der Investitionssumme in Höhe von 100 000,00 EUR, d. h. 7 500,00 EUR, von ihrer Körperschaftsteuerschuld abziehen.*
- **Kontraktive Wirkung:** In der Phase des Booms werden Sonderabschreibungen im Wohnungsbau für ein Jahr ausgesetzt.

◆ **Budgetpolitik**

Bei der Aufstellung des Haushaltes sollen sich Bund, Länder und Gemeinden antizyklisch zum Konjunkturverlauf verhalten. In der Hochkonjunktur sollten Einnahmen stillgelegt werden (Konjunkturausgleichsrücklage). In der Rezession sollten öffentliche Haushalte die ausfallende gesamtwirtschaftliche Nachfrage auszugleichen suchen. Die Finanzierung erfolgt durch die Aufzehrung der Konjunkturausgleichsrücklage und die Aufnahme von Krediten.

## Grenzen der Fiskalpolitik

Die Kritik an der antizyklischen Fiskalpolitik richtet sich auf die einseitige Ausrichtung an der gesamtwirtschaftlichen Nachfrage **(Nachfrageorientierung)**. Liegen die Ursachen für den Rückgang z. B. in einer Strukturkrise, verhindert diese Politik die notwendige Anpassung.

Beispiel *Durch die Veränderung der Wirtschaftsstruktur kommt es im primären Sektor der Volkswirtschaft zu Entlassungen. Beschäftigungsprogramme oder Subventionen, z. B. im Bergbau, würden diesen Prozess nur hinauszögern.*

*Vergleiche hierzu Seite 490*

Ein weiterer wesentlicher Kritikpunkt ist, dass die **zunehmende Staatsverschuldung** die fiskalpolitischen Möglichkeiten drastisch einschränkt. Der Anteil des Schuldendienstes am Gesamthaushalt wird immer höher und kann den Staat letztlich handlungsunfähig machen.
Beispiel *Die Schulden des Bundes betrugen Anfang 2009 ca. 1 517 Mrd. EUR. Die Zinslast wird rd. 20 % des Bundeshaushalts beanspruchen.*

Die nachfrageorientierte Konjunkturpolitik wird in letzter Zeit von einer Politik der **Angebotsorientierung** abgelöst. Durch eine Verbesserung des Investitionsklimas und günstigere Gewinnchancen für Unternehmen sollen die Investitionen und damit die gesamtwirtschaftliche Nachfrage und die Beschäftigung steigen.
Beispiel *Die Bundesregierung prüft Möglichkeiten zur Senkung der Lohnnebenkosten.*

***Fiskalpolitik als staatliche Wirtschaftspolitik***
- *Die Fiskalpolitik versucht, durch eine **antizyklische Ausgaben- und Einnahmenpolitik** den Konjunkturverlauf zu glätten.*
- ***Instrumente der Fiskalpolitik** sind die Ausgabenpolitik, die Einnahmenpolitik, die Beeinflussung der privaten Investitionen und die Budgetpolitik.*
  - *Ausgabenpolitik: Erhöhung bzw. Senkung der Staatsausgaben*
  - *Einnahmenpolitik: Steuersenkungen, Steuererhöhungen*
  - *Beeinflussung der privaten Investitionen: Freigabe bzw. Bildung einer Konjunkturausgleichsrückgabe*
  - *Budgetpolitik: Erhöhung bzw. Senkung der Kreditnachfrage durch den Staat*
- ***Die Grenzen der Fiskalpolitik** liegen in ihrer einseitigen Ausrichtung auf die Nachfrageseite und in der zunehmenden Staatsverschuldung.*

## Aufgaben

1 Erläutern Sie die Instrumente der Fiskalpolitik und stellen Sie jeweils fest, wie diese abschwächend oder belebend auf die gesamtwirtschaftliche Nachfrage wirken.

2 Die Bundesregierung beschließt eine Erhöhung der Abschreibungssätze für Investitionen und eine Senkung der Einkommensteuer. Erläutern Sie, welche Wirkungen diese Maßnahmen auf die Ziele des Stabilitätsgesetzes haben können.

3 Diskutieren Sie die Unterschiede einer antizyklischen Fiskalpolitik des Staates und der Einnahmen- und Ausgabenpolitik der Unternehmen.

4 Diskutieren Sie anhand der nachfolgenden Abbildung die Folgen der zunehmenden Staatsverschuldung.

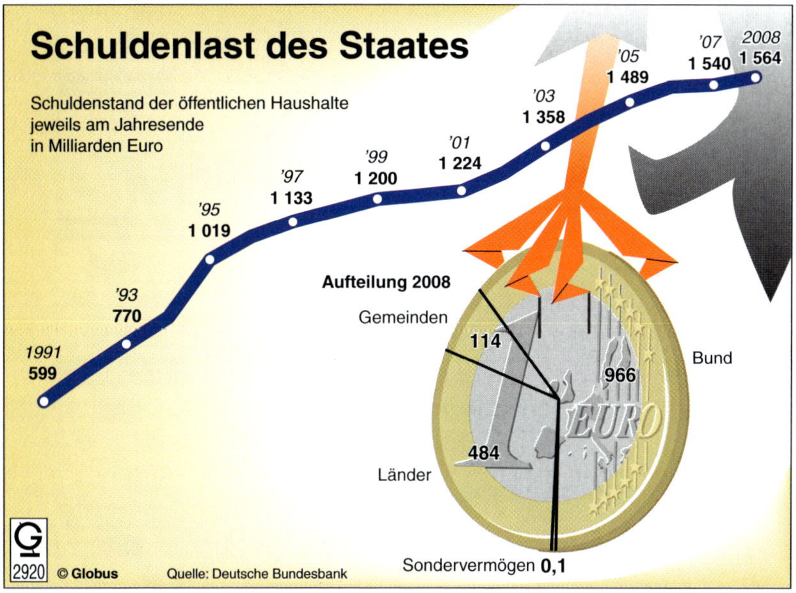


5 Erläutern Sie, wie die Variation der Abschreibungen auf das Anlagevermögen konjunkturbelebend bzw. konjunkturdämpfend wirken kann.

## 10.4.5 Die Geldpolitik des Europäischen Systems der Zentralbanken (ESZB)

Herr Wolf liest Barbara beim Frühstück aus der Zeitung vor, dass die Europäische Zentralbank den RePo-Satz gesenkt habe, um die Konjunktur in den Mitgliedstaaten zu beleben. „Du bist doch bald eine ausgebildete Kauffrau", sagt Herr Wolf, „kannst du mir erklären, was der RePo-Satz der Europäischen Zentralbank mit der Konjunktur in Deutschland zu tun hat?" „Zinsen sind für ein Unternehmen Kosten", erklärt Barbara, „und niedrigere Kosten führen zu niedrigeren Preisen am Markt." Als ihr Vater noch mal nachfragt, was denn das alles mit der Konjunktur in Deutschland zu tun habe, zögert sie. Sie will sich zunächst einmal sachkundig machen und dann auf die Beantwortung der Frage zurückkommen.

### Arbeitsaufträge

- Stellen Sie die Instrumente der Europäischen Zentralbank dar.
- Erarbeiten Sie den Wirkungszusammenhang zwischen Maßnahmen der Europäischen Zentralbank und den Folgen für die Konjunktur.

Mit dem Eintritt in die dritte Stufe der Europäischen Währungsunion ist die Zuständigkeit für die Geld- und Währungspolitik auf das **Europäische System der Zentralbanken** (ESZB) übergegangen. Es besteht aus der **Europäischen Zentralbank** (EZB) und den nationalen Zentralbanken (z. B. Deutsche Bundesbank) der teilnehmenden Mitgliedstaaten. Die nationalen Zentralbanken sind integraler Bestandteil des ESZB. Sie führen die Geld- und Währungspolitik der EZB im jeweiligen Mitgliedsland aus.

*Vergleiche hierzu Seite 547*

Vorrangiges Ziel der ESZB ist die Sicherung des Geldwertes durch Regulierung der nachfragewirksamen Geldmenge. Hierzu setzt sie das **geldpolitische Instrumentarium** ein.

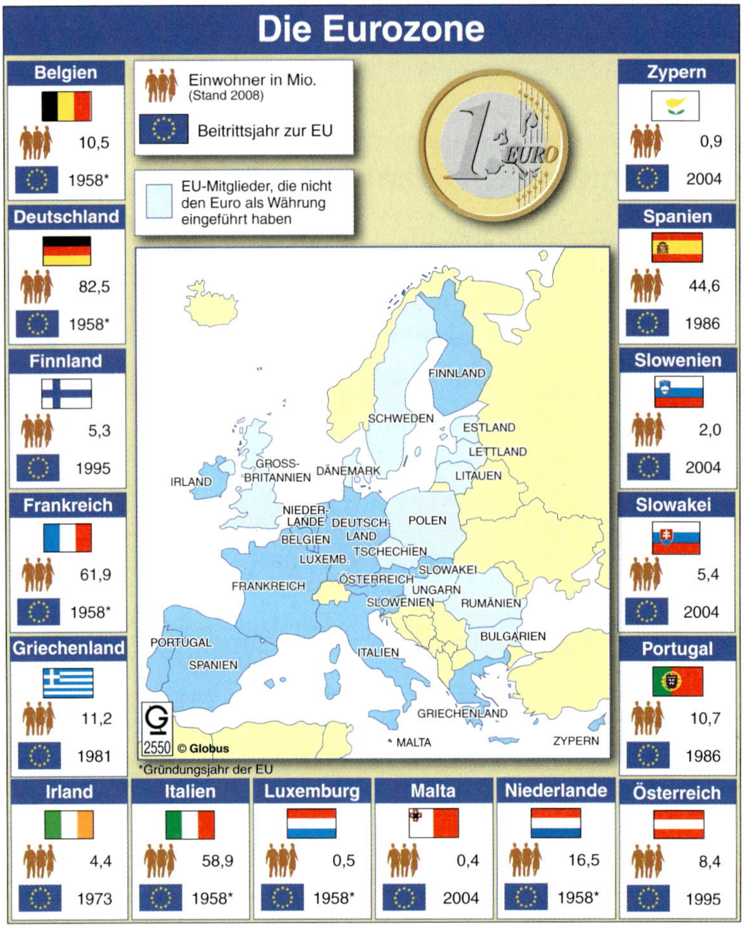


§ 2 Bundesbankgesetz

*Die deutsche Bundesbank ist eine bundesunmittelbare juristische Person des öffentlichen Rechts. Ihr Grundkapital im Betrage von 2,5 Milliarden Euro steht dem Bund zu. Die Bank hat ihren Sitz in Frankfurt am Main.*

§ 3 Bundesbankgesetz

*Die Deutsche Bundesbank ist als Zentralbank der Bundesrepublik Deutschland integraler Bestandteil des Europäischen Systems der Zentralbanken. Sie wirkt an der Erfüllung seiner Aufgaben mit dem vorrangigen Ziel mit, die Preisstabilität zu gewährleisten, und sorgt für die bankmäßige Abwicklung des Zahlungsverkehrs mit dem Inland und dem Ausland.*

## Die Europäische Zentralbank (EZB)

Mit Beginn der Währungsunion am 1. Januar 1999 ging die Geldhoheit von den nationalen Notenbanken auf die **Europäische Zentralbank** (EZB) über. Nach dem Maastrichter Vertrag ist es die vorrangige Aufgabe der EZB, die Preisstabilität zu gewährleisten. Seit dem 1. Januar 1999 wacht die Europäische Zentralbank also darüber, dass der Euro auf Dauer so stabil wird, wie die Deutsche Mark es war. Die EZB ist nach dem Vorbild der Bundesbank aufgebaut und hat ihren Sitz ebenfalls in Frankfurt am Main.

Das entscheidende Merkmal der EZB ist ihre Unabhängigkeit von politischen Weisungen jeder Art. Der Maastrichter Vertrag stattet die Europäische Zentralbank mit einer dreifach gesicherten Unabhängigkeit aus: **Sie ist institutionell, personell und operativ unabhängig**.

Die EZB steuert die Geldpolitik der sechzehn Mitgliedstaaten Belgien, Deutschland, Finnland, Frankreich, Griechenland, Irland, Italien, Luxemburg, Malta, Niederlande, Österreich, Portugal, Slowakei, Slowenien, Spanien, Zypern, verwaltet die Währungsreserven und gibt die Banknoten aus.

Geldpolitische Entscheidungen werden vom **EZB-Rat** getroffen. Ihm gehören die Präsidenten der nationalen Zentralbanken und das sechsköpfige **Direktorium der EZB** an. Das Direktorium setzt sich aus in Währungs- und Bankfragen erfahrenen Persönlichkeiten aus den Mitgliedstaaten zusammen. Unter ihnen sind der Präsident und der Vizepräsident der EZB, die einvernehmlich von den Staats- und Regierungschefs der Teilnehmerstaaten ernannt werden.

Die Amtszeit des EZB-Präsidenten beträgt acht, die seines Stellvertreters vier Jahre.

Das **Grundkapital** der EZB von 5 Mrd. EUR für alle Mitgliedstaaten wird von den Notenbanken eingezahlt. Es ist nach der Wirtschaftskraft der Mitgliedstaaten bemessen.

Bei Entscheidungen zu geldpolitischen Maßnahmen hat jedes Mitglied im Zentralbankrat nur eine Stimme, wobei im Falle von Patt-Situationen die Stimme des Präsidenten doppelt zählt. Wenn es um Entscheidungen geht, die das Kapital der EZB, die Verteilung von EZB-Gewinnen oder die Übertragung von Devisenreserven betreffen, entspricht das Gewicht der Stimmen eines Landes seinem Anteil am Grundkapital.

## Geldpolitische Instrumente

Der Handlungsrahmen der EZB besteht aus einer Reihe von Instrumenten, mit denen das Ziel der Preisstabilität gewährleistet werden soll. Diese Instrumente sind
- ständige Fazilitäten,
- Offenmarktgeschäfte und
- Mindestreserven der Kreditinstitute.

### Ständige Fazilitäten

Ständige Fazilitäten sind eine Art Kontokorrentkonto der Kreditinstitute bei den Notenbanken. Wie beim Kontokorrentkonto gibt es auch hier zwei Möglichkeiten:
- Das Kreditinstitut „überzieht" sein Konto gegen Sollzinsen **(Spitzenrefinanzierungsfazilität)**,
- das Kreditinstitut bildet Einlagen gegen Habenzinsen **(Einlagenfazilität)**.

Die Nutzung der Fazilitäten ist als kurzfristiges Instrument der Geldpolitik gedacht. Es gibt den Kreditinstituten die Möglichkeit, überschüssige Habensalden jeweils „über Nacht" bis zum Beginn des nächsten Geschäftstages als Einlage zu einem vorgegebenen Zinssatz bei der Notenbank anzulegen **(Übernachtguthaben)** oder kurzfristigen Liquiditätsbedarf über Nacht zu decken **(Übernachtkredit)**.

Für die Inanspruchnahme der Spitzenrefinanzierungsfazilität müssen die Kreditinstitute Zinsen zahlen und refinanzierungsfähige Sicherheiten hinterlegen. **Refinanzierungsfähige Sicherheiten** sind
- in den von der EZB veröffentlichten Verzeichnissen aufgelistete Wertpapiere,
- Handelswechsel und
- Kreditforderungen der Geschäftsbanken gegen notenbankfähige Kreditschuldner.

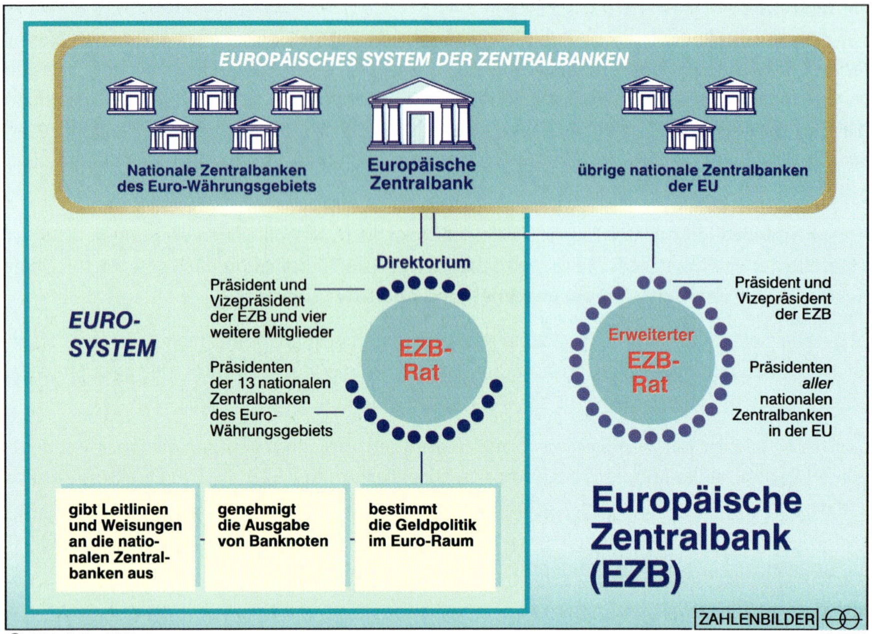


 715 560

* Die europäische Währungsunion umfasst inzwischen 16 Mitgliedsländer (Stand 2009).

Die Zinssätze der ständigen Fazilitäten stecken den Rahmen oder **Zinskanal** für die Zinsen am Geldmarkt ab. Dabei bildet der Zinssatz für die Spitzenrefinanzierungsfazilität die Obergrenze für Tagesgeld im Handel zwischen den Banken und die Einlagefazilität die Untergrenze.

Erhöht die EZB die Zinsen für Übernachtkredite, verteuert sich die Refinanzierungsmöglichkeit für die Kreditinstitute. Geben diese die Kosten an ihre Kunden weiter, ist eine allgemeine Erhöhung des Zinsniveaus mit entsprechend dämpfender Wirkung für die Konjunktur die Folge. Eine Senkung der Zinsen hat die gegenteilige Wirkung.

♦ **Offenmarktgeschäfte**

Durch den Kauf oder Verkauf von geldmarktfähigen Wertpapieren an der Wertpapierbörse (dem offenen Markt) kann die EZB dem Wirtschaftskreislauf Geld entziehen oder zuführen. In der Rezession kauft die EZB Wertpapiere und zahlt mit Euro. Sie erhöht so die Liquidität der Kreditinstitute (Geldschöpfung). In der Hochkonjunktur bietet sie Wertpapiere zu günstigen Kursen an. Werden diese von den Kreditinstituten erworben, wird der Geldumlauf verringert und dem Wirtschaftskreislauf Liquidität entzogen (Geldvernichtung).

Wichtigstes Instrument sind die **Hauptrefinanzierungsgeschäfte** in Form von regelmäßigen wöchentlichen Wertpapierangeboten durch die EZB (Standardtendern) mit jeweils zweiwöchiger Laufzeit und die **längerfristigen Refinanzierungsgeschäfte** mit dreimonatiger Laufzeit. Die Kreditinstitute geben hierbei Wertpapiere bei der Zentralbank „in Pension" (Englisch „repurchase agreement" = RePo). Der Zinssatz für die Hauptrefinanzierungsgeschäfte wird deshalb als **RePo-Satz** (Basiszinssatz) bezeichnet. Er hat die Funktion eines **Europäischen Leitzinses**.

Die EZB unterscheidet zwischen Mengentender und Zinstender. Bei dem Tenderverfahren handelt es sich um ein Ausschreibungsverfahren, bei dem dem Bankensystem auf der Basis konkurrierender Angebote der Geschäftsbanken Zentralbankgeld zugeführt oder entzogen wird.

Bei einem **Zinstender** geben die Geschäftsbanken Angebote über die Höhe der Beträge und die Zinsen ab, zu denen sie Wertpapiere bei der EZB in Pension geben wollen. Die EZB entscheidet vor dem Hintergrund ihrer stabilitätspolitischen Überlegungen, zu welchem Zins und in welcher Höhe sie den Geschäftsbanken Wertpapiere abnimmt. Dabei erfolgt die Zuteilung nach der Höhe der Angebote.

Beispiel *Die EZB möchte dem Geldmarkt Liquidität im Umfang von 10 Mrd. EUR zuführen (Geldschöpfung). Die Banken nennen Beträge und Zinsvorstellungen. Bank A 5 Mrd. zu 6,5 %, B 5 Mrd. zu 6,0 %, C 5 Mrd. zu 5,5 %. Bank A und B bekommen jeweils 5 Mrd. zugeteilt, C geht leer aus.*

Bei einem **Mengentender** legt die EZB den Zinssatz und die Menge fest, zu dem sie Wertpapiere in Pension nehmen will und veröffentlicht diese. Die Geschäftsbanken geben daraufhin ihre Gebote über die Höhe ab, zu der sie abschließen wollen und die EZB teilt den Geschäftsbanken den Betrag zu, der ihren liquiditätspolitischen Vorstellungen entspricht.

Beispiel *Die EZB möchte dem Geldmarkt Liquidität zuführen (Geldschöpfung). Sie bietet einen Mengentender zu einem Zinssatz von 2,5 % an. Die Banken wünschen zu den gegebenen Konditionen insgesamt 30 Mrd. EUR. Bank A 10 Mrd., Bank B 10 Mrd. und Bank C 10 Mrd. Die EZB beschließt, die Geldmenge um 15 Mrd. EUR zu erhöhen. Die Geschäftsbanken erhalten jeweils 50 % ihrer Gebote zugewiesen, d. h. Bank A 5 Mrd., Bank B 5 Mrd. und Bank C 5 Mrd. EUR.*

- **Mindestreserve**

Zur Beeinflussung des Geldumlaufes kann die EZB nach Artikel 19.1 der ESZB-Satzung verlangen, dass die Kreditinstitute Mindestreserven auf Konten bei den nationalen Zentralbanken unterhalten. Bei Mindestreserven handelt es sich um einen Prozentsatz der Einlagen der Banken, die diese bei den Zentralbanken hinterlegen müssen. Über die Höhe des Mindestreservesatzes nimmt die EZB Einfluss auf die Liquidität der Bank.

Erhöht die EZB die Mindestreservesätze, stehen dem Bankensektor weniger Kreditmittel zur Verfügung. Als Folge steigen die Zinsen, Investitionen werden zurückgestellt, die gesamtwirtschaftliche Nachfrage geht zurück und die Konjunktur wird gedämpft. Eine Senkung der Mindestreserve hat die gegenteilige Wirkung.

**Reservepflichtige Verbindlichkeiten** sind

- Sichteinlagen, d. h. die Einlagen auf den Girokonten,
- befristete Einlagen, d. h. Termingelder, die für eine bestimmte Zeit festgelegt sind,
- und Spareinlagen mit gesetzlicher Kündigung.

Der Reservesatz des ESZB beträgt zurzeit (2009) 1 % der mindestreservepflichtigen Verbindlichkeiten. Ein Reservesatz in dieser Höhe ist notwendig, um zu gewährleisten, dass die gewünschten Geldmarktsteuerungsfunktionen erfüllt werden können. Gleichzeitig ist dieser Satz so niedrig, dass er nicht zu einer unerwünschten Belastung auf der Aktivseite der Bilanzen der Kreditinstitute führt.

Das ESZB hat einen pauschalen **Freibetrag** in Höhe von 100 000,00 EUR festgesetzt, der vom Mindestreservesoll eines Kreditinstituts abgezogen wird, sodass Kreditinstitute mit einer kleinen Reservebasis keine Mindestreserven unterhalten müssen.

***Die Geldpolitik des Europäischen Systems der Zentralbanken (ESZB)***

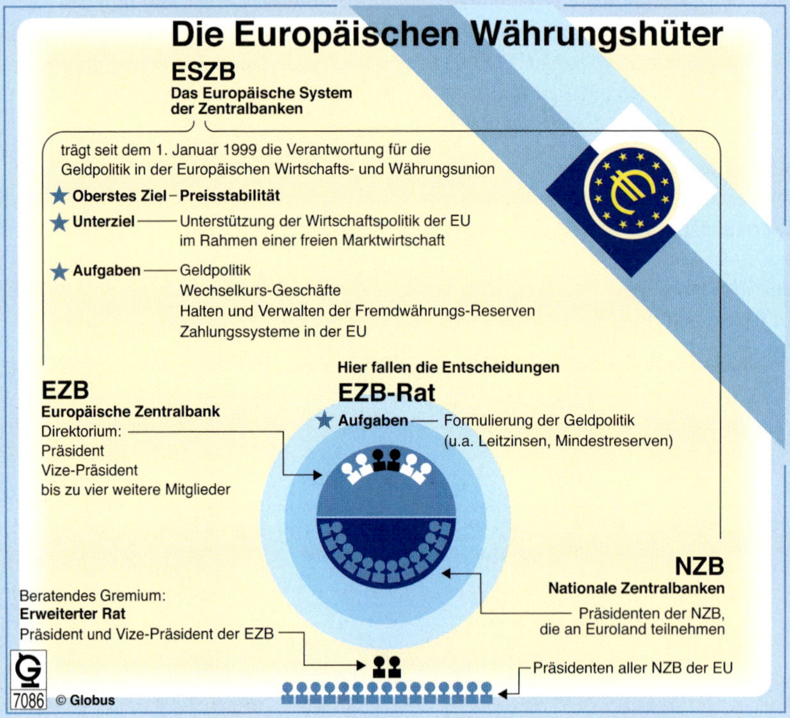


## Aufgaben

1 Durch eine Erhöhung der Mindestreserve sinkt die Bankenliquidität. Das Kreditangebot wird verknappt, die Zinsen steigen, Investitionen gehen zurück und die gesamtwirtschaftliche Nachfrage wird gedämpft. Erläutern Sie die gleiche Wirkungskette für die
   a) Offenmarktpolitik,
   b) ständigen Fazilitäten.

2 Der Zinssatz für die Spitzenrefinanzierungsfazilitäten ist der Zinssatz, zu dem sich die Kreditinstitute refinanzieren, also der „Einkaufspreis" für Geld. Der Zinssatz für Privatdarlehen ist der „Verkaufspreis" der Kredite an die privaten Haushalte.
   a) Ermitteln Sie bei Ihrem Kreditinstitut den Zinssatz für die Spitzenrefinanzierungsfazilitäten.
   b) Stellen Sie fest, wie hoch die Zinsen für Privatdarlehen sind.
   c) Diskutieren Sie, für welche Leistungen (Funktionen) die Kreditinstitute die Differenz zwischen dem „Einkaufs-" und „Verkaufspreis" bekommen.

3 Beschreiben Sie, welches Instrumentarium die Europäische Zentralbank
   a) in der Hochkonjunktur,
   b) in der Rezession

   einsetzen wird und erläutern Sie die jeweils beabsichtigte Wirkungskette.

4 Der Maastrichter Vertrag legt fest, dass die EZB institutionell, personell und operativ unabhängig ist. Diskutieren Sie das Für und Wider der Autonomie der Europäischen Zentralbank.

5 Das ESZB besteht zurzeit aus 16 Mitgliedern. Stellen Sie Vor- und Nachteile dar, die ein Eintritt in das ESZB z. B. für Großbritannien nach sich zieht.

### 10.4.6 Überstaatliche Wirtschaftspolitik

Die Medi@ AG hat zur Stromerzeugung eine Windenergie-Anlage angeschafft. Die Kosten der Energiegewinnung sind dadurch deutlich verringert worden, nicht zuletzt wegen der staatlichen Subventionen von 0,03 EUR je kWh. „Trotzdem rechnet sich die Anlage immer noch nicht", sagt Herr Dr. Sommer enttäuscht. „Wie wäre es, wenn Sie versuchen, Mittel aus dem Strukturfonds der EU zu beantragen", schlägt Petra Lauer, die Umweltbeauftragte, vor. „Die EU zahlt doch keinem Medienunternehmen in Köln die Stromrechnung, die haben Wichtigeres zu tun", erwidert Herr Dr. Sommer unwillig.

**Arbeitsaufträge**

- Erläutern Sie anhand von Beispielen, durch welche Maßnahmen der überstaatlichen Wirtschaftspolitik die Wirtschaftspolitik Deutschlands beeinflusst wird.
- Ermitteln Sie, welche Aufgaben die Europäische Union hat.
- Stellen Sie fest, wo Maßnahmen der Europäischen Union in Ihr persönliches Leben eingreifen.

Die Wirtschaftspolitik in der Bundesrepublik Deutschland wird zunehmend durch überstaatliche Wirtschaftspolitik bestimmt oder ersetzt. Träger überstaatlicher Wirtschaftspolitik sind z. B. die **Europäische Union (EU)**, die **Organisation für wirtschaftliche Zusammenarbeit und Entwicklung (OECD)** und internationale Organisationen wie der **Internationale Währungsfonds (IWF)**, die **Welthandelsorganisation (WTO)** oder die **Organisation Erdöl exportierender Länder (OPEC)**.

Ziel dieser Zusammenschlüsse ist das Bestreben nach wirtschaftlicher Integration, dem Abbau von Handelshemmnissen und dem Interessenausgleich zwischen den Industrieländern und den Entwicklungsländern **(Nord-Süd-Konflikt)**. Unter dem Nord-Süd-Konflikt versteht man die Diskrepanz zwischen den reichen Ländern auf der nördlichen Halbkugel und den armen Ländern der Dritten Welt, die sich überwiegend auf der südlichen Halbkugel befinden.

Der **Nord-Süd-Konflikt** zwischen den reichen Industrieländern des Nordens und den armen Entwicklungsländern des Südens kann anhand von vier Zahlen verdeutlicht werden: Im Norden leben 21,8 % der Menschheit; sie erarbeiten 62 % der Weltwirtschaftsleistung und verfügen somit über 79 % des Welteinkommens. In den Entwicklungs- und Schwellenländern des Südens leben 78,2 % der Weltbevölkerung. Sie teilen sich 38,1 % der Weltwirtschaftsleistung und 21 % des Welteinkommens.

Als Folge des Nord-Süd-Konfliktes wächst die **Verschuldung der Entwicklungsländer** ständig und beansprucht einen immer größeren Teil der Einnahmen aus dem Export. Die Industrieländer versuchen dieses Ungleichgewicht durch **Entwicklungshilfe** zu mindern.

Durch **Mobilkommunikation**, **Videokonferenzen**, die weltweite **informationstechnische Vernetzung (Internet)** und den Durchbruch der interaktiven Medien sowie eine globale Verkehrsinfrastruktur sind die räumlichen Entfernungen zwischen den Volkswirtschaften, den Anbietern und Verbrauchern aufgehoben worden. Unternehmen können diese **globale Vernetzung** von Individuen, Unternehmen und Institutionen zur Erschließung internationaler Produktions- und Vertriebsstandorte in allen Teilen der Erde nutzen. Dieser Vorgang wird auch als **Globalisierung** bezeichnet.

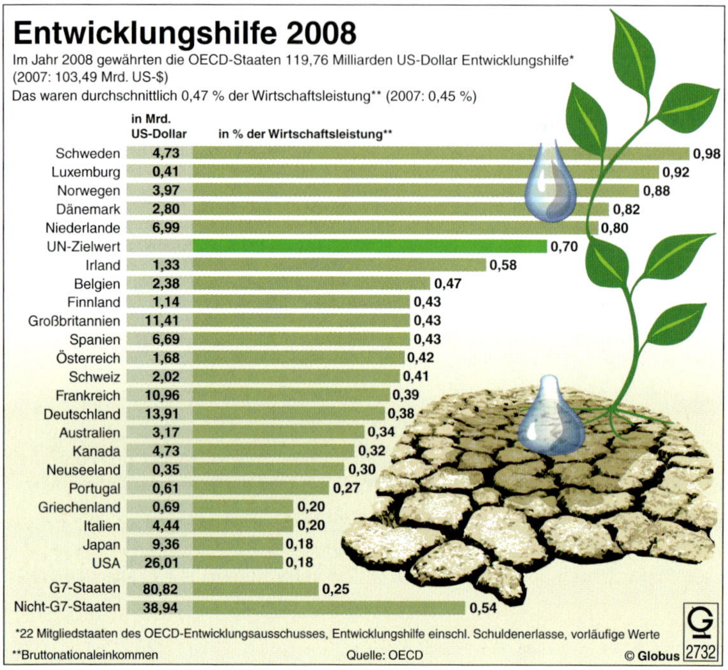


## Europäische Union (EU)

Die **Europäische Gemeinschaft (EG)** entstand 1965 aus der Europäischen Gemeinschaft für Kohle und Stahl (EGKS), der Europäischen Wirtschaftsgemeinschaft (EWG) und EURatom. Die EU, entstanden 1992 nach Unterzeichnung des EU-Vertrags in Maastricht durch 15 Staaten, umfasst heute nach mehreren Erweiterungen 27 Mitgliedstaaten (s. Schaubild auf S. 503).

Die **Merkmale der Europäischen Union** sind ein gemeinsamer Binnenmarkt ohne Grenzen für den Verkehr von Personen, Waren, Dienstleistungen und Kapital, die Einführung einer gemeinsamen Europawährung, die Europäische Unionsbürgerschaft, eine gemeinsame Außen- und Sicherheitspolitik und damit die politische Union der Mitgliedstaaten.

Die wichtigsten **Organe der Europäischen Union** sind das Europäische Parlament, der Ministerrat und die Kommission sowie der Europäische Rat der Regierungschefs und der Europäische Gerichtshof:

- Das **Europäische Parlament** besteht aus den Abgeordneten der Mitgliedsländer. Es hat eine kontrollierende und beratende Funktion.
- Dem **Ministerrat** gehören die 27 Fachminister der einzelnen Länder an. Er beschließt über die Vorschläge der Kommission.
- Die **Kommission** besteht als eigentliche „Regierung" der EU aus 27 Mitgliedern. Sie arbeitet Vorschläge aus, die nach Zustimmung durch den Ministerrat für alle Mitgliedsländer verbindliche Rechtsnormen darstellen.
- Grundsatzentscheidungen der Europäischen Union werden vom **Europäischen Rat**, dem die Regierungschefs der Mitgliedsländer angehören, getroffen.
- Über die Einhaltung der durch die EU festgelegten Rechtsnormen wacht der **Europäische Gerichtshof**.

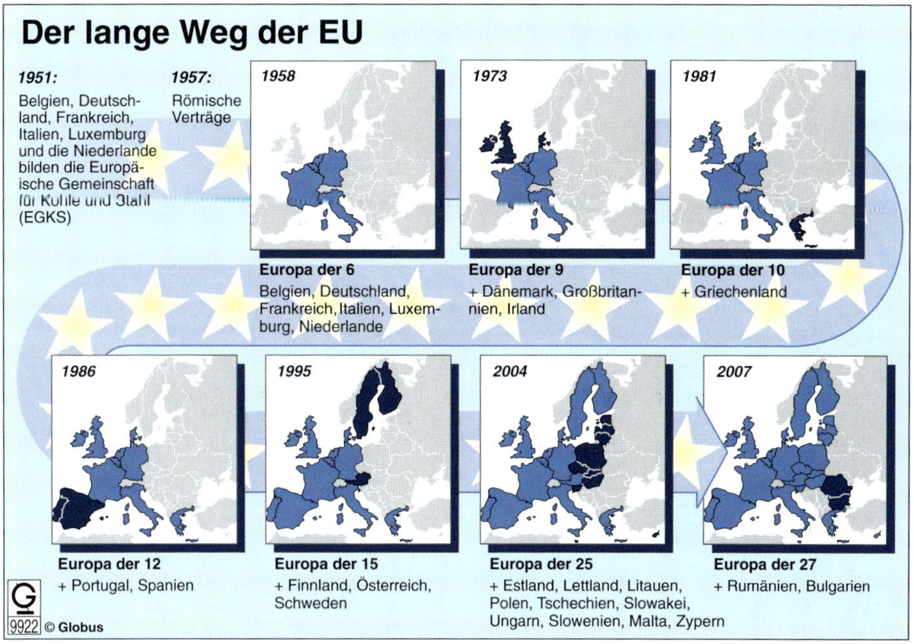


1979 wurde das **Europäische Währungssystem** (EWS) geschaffen, das als Kernpunkt die Einführung der Europäischen Währungseinheit **ECU** (European Currency Unit) vorsah. Der ECU war keine eigenständige Währung, er wurde lediglich als Verrechnungseinheit zwischen den Mitgliedsländern benutzt.

Beispiel *Im Rahmen des Strukturprogramms der EU wurde die Windenergieanlage der Medi@ AG gefördert. Der Betrag in dem entsprechenden Bewilligungsbescheid wurde in ECU ausgewiesen.*

Der ECU war die Vorstufe zu einer gemeinsamen Europäischen Währung (Euro), die bis zum Jahre 2002 schrittweise eingeführt wurde.

## Organisation für wirtschaftliche Zusammenarbeit und Entwicklung (OECD)

**Mitglieder** sind neben den Staaten der Europäischen Union z. B. USA, Japan, Kanada, Australien, Neuseeland und die Schweiz.

**Ziel** der OECD ist es, durch Koordination der Wirtschaftspolitik der Mitgliedsländer deren wirtschaftlichen Wohlstand zu fördern.

Zur Erreichung dieses Ziels wurden verschiedene **Ausschüsse** eingesetzt, die aus Vertretern der Mitgliedsländer bestehen.

- Der **wirtschaftspolitische Ausschuss** erarbeitet Vorhersagen und Empfehlungen zur Währungs-, Struktur- und Konjunkturpolitik der Mitgliedsländer. Auf der Grundlage einer von den jeweiligen Mitgliedsländern durchgeführten Analyse werden vergleichende Länderberichte erstellt und Vorschläge zur Lösung anstehender Probleme gemacht.
- Der **Entwicklungshilfeausschuss** koordiniert die Hilfe an die Entwicklungsländer und versucht so, ihren Nutzeffekt zu steigern.
- Die Förderung der internationalen Zusammenarbeit bei der friedlichen Nutzung der Kernenergie koordiniert die **Atomenergie-Agentur** in Wien.

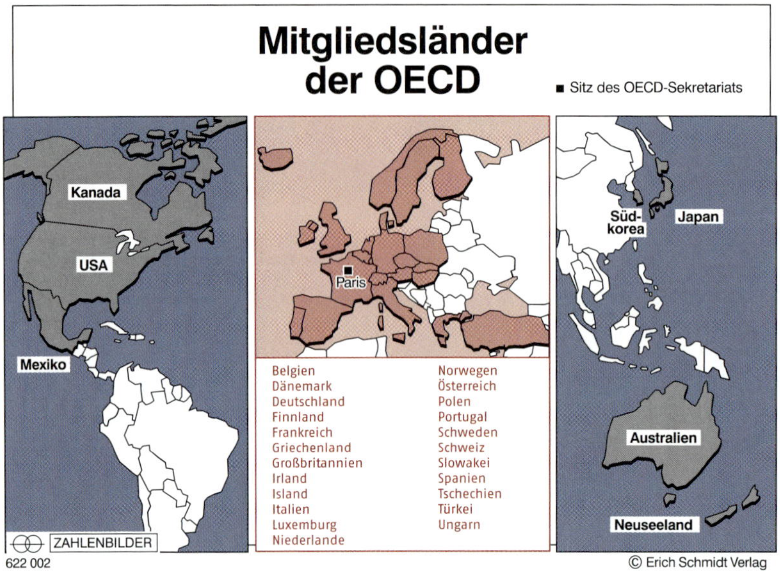


## Internationaler Währungsfonds (IWF)

Der IWF ist eine Unterorganisation der Vereinten Nationen. Ihm gehören 184 Mitgliedstaaten an. Seine Hauptaufgabe ist die **Überwachung der internationalen Währungs- und Wechselkurspolitik** mit dem Ziel stabiler Wechselkurse. Die Mitgliedstaaten sind berechtigt, Kredite des IWF in Anspruch zu nehmen. Die Verrechnungseinheiten zwischen den Notenbanken der Mitgliedsländer werden als **Sonderziehungsrechte** bezeichnet.

Gerade die **Entwicklungsländer** sind zunehmend auf Kredite des IWF angewiesen. Ihre Vergabe wird an harte Auflagen geknüpft, so müssen z. B. Haushaltsdefizite abgebaut und Subventionen gestrichen werden. Zur Förderung der Exporte wird z. B. die Forderung erhoben, die Landeswährung abzuwerten. Die Folge können Entlassungen im öffentlichen Dienst, Streichung von Subventionen bei Grundnahrungsmitteln und eine Verteuerung der Importe sein. Wegen dieser z. T. gravierenden Eingriffe in die Wirtschaftspolitik der Empfängerländer ist der IWF nicht unumstritten.

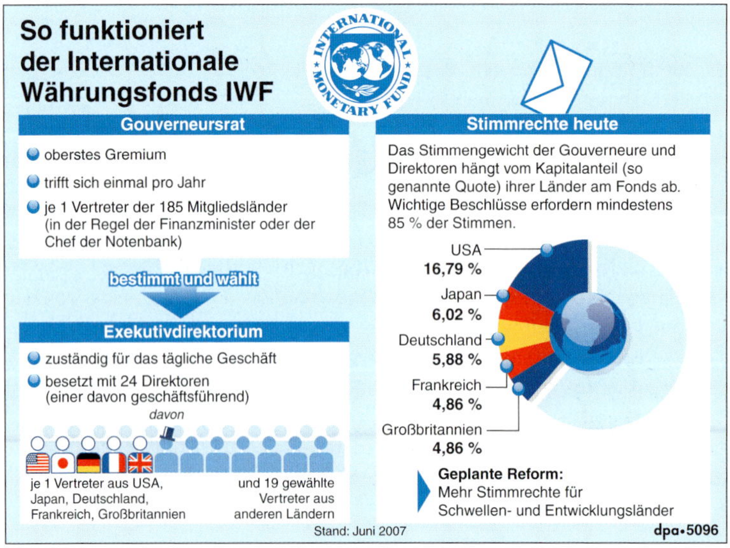

## Die Welthandelsorganisation WTO

Die Welthandelsorganisation WTO (World Trade Organization) hat sich zum Ziel gesetzt, Handelshemmnisse abzubauen und Zölle zu senken.

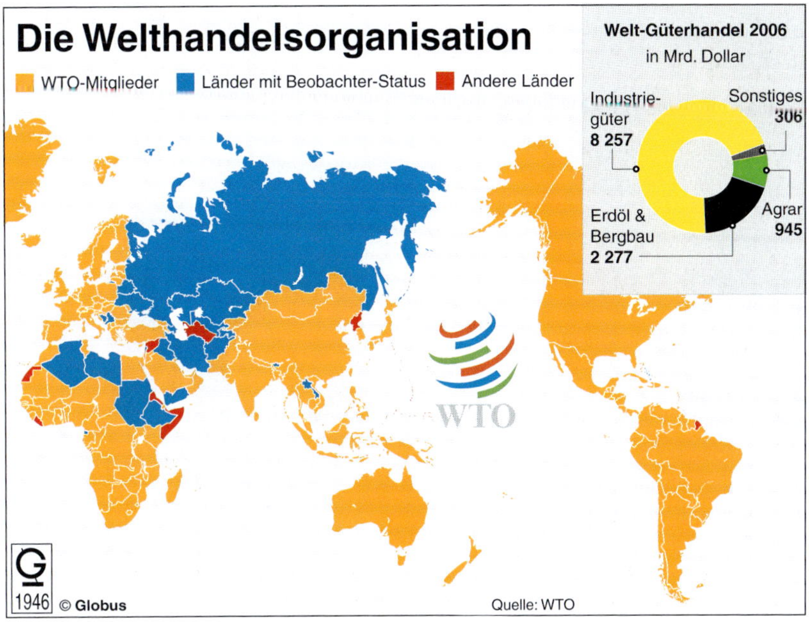


## Organisation der Erdöl exportierenden Länder (OPEC)

Zur **Beeinflussung des Weltmarktpreises von Rohöl** haben sich die zwölf führenden Erdöl exportierenden Länder (u. a. Algerien, Libyen, Saudi-Arabien, Kuwait, Venezuela, Indonesien und Nigeria) zur OPEC zusammengeschlossen. Sie sind am Exportvolumen der westlichen Welt mit über 90 % beteiligt und versuchen durch gemeinsame Vertragsverhandlungen und Steuerung des Angebotes, den Erdölpreis hoch zu halten. Durch Erschließung neuer Ölfelder, z. B. in der Nordsee, den sparsameren Verbrauch und die Nutzung neuer Energiequellen gelang es den Industrienationen, den Einfluss der OPEC zurückzudrängen.

***Überstaatliche Wirtschaftspolitik***

- ***Europäische Union (EU)***
  ***Merkmale:***
  - *gemeinsamer Binnenmarkt ohne Grenzen für den Verkehr von Personen, Waren, Dienstleistungen und Kapital*
  - *gemeinsame Europawährung (Euro)*
  - *Unionsbürgerschaft*
  - *gemeinsame Außen- und Sicherheitspolitik*
- ***Organisation für wirtschaftliche Zusammenarbeit und Entwicklung (OECD)***
  ***Ziel:***
  - *Koordination der Wirtschaftspolitik der Mitgliedsländer, um deren Wohlstand zu fördern*
- ***Internationaler Währungsfonds (IWF)***
  ***Ziel:***
  - *Überwachung der internationalen Währungs- und Wechselkurspolitik zur Erreichung stabiler Wechselkurse*
- ***Organisation Erdöl exportierender Länder (OPEC)***
  ***Ziel:***
  - *Durch eine gemeinsame Angebots- und Vertragspolitik soll der Preis für Erdöl hoch gehalten werden.*

## Aufgaben

1 Erläutern Sie Gemeinsamkeiten und Unterschiede der Träger überstaatlicher Wirtschaftspolitik.

2 Erläutern Sie anhand der untenstehenden Abbildung die Folgen der zunehmenden Schuldenlast des Staates.

3 Stellen Sie die wichtigsten Organe der Europäischen Union vor.

4 Endziel der Europäischen Union ist die politische Union der Mitgliedstaaten.
   a) Erläutern Sie die Stationen auf dem Weg zur Erreichung dieses Ziels.
   b) Stellen Sie in einer Liste Vor- und Nachteile einer politischen Union gegenüber.
   c) Diskutieren Sie die Vor- und Nachteile in der Klasse.
   d) Diskutieren Sie mögliche Probleme, die sich aus der unterschiedlichen Wirtschaftsleistung der Teilnehmerstaaten ergeben können.

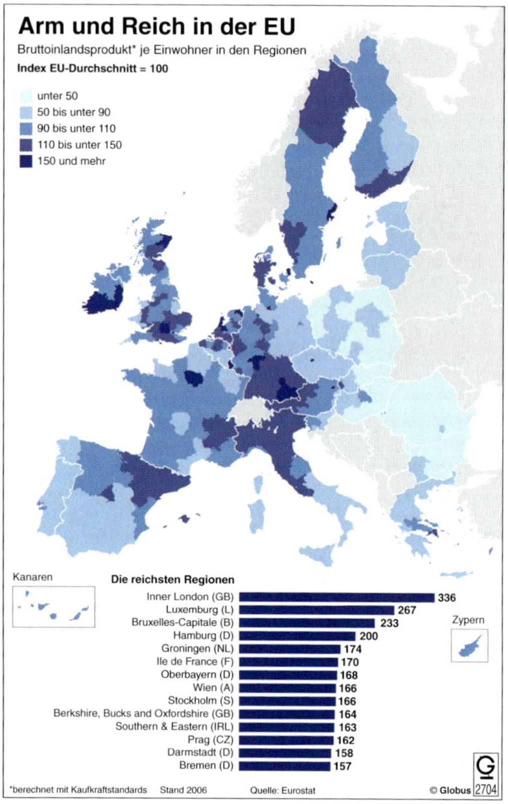


5 Führen Sie eine Internetrecherche durch, bei der Sie die Seiten der EU, der OECD, des IWF und der OPEC aufsuchen. Stellen Sie das Ergebnis Ihrer Recherche in Form von Printouts in der Klasse vor.

## Wiederholungsaufgaben

Die Medi@ AG ist ein großer Konzern mit angegliederten Beteiligungsgesellschaften. Wie die Medi@ AG, so rüsten sich viele Unternehmen in Deutschland und der EU durch Zusammenschlüsse für den wachsenden Wettbewerb im Zeichen der Globalisierung.

1 Um was für eine Art des Zusammenschlusses handelt es sich hierbei? Welches sind die gesetzlichen Grundlagen?

2 Welche Gründe sprechen für den Zusammenschluss von Unternehmen? Wo sehen Sie im konkreten Fall der Medi@ AG die Vorteile?

3 Sammeln Sie Argumente aus Sicht von Unternehmen, Arbeitnehmern und Verbrauchern hinsichtlich Chancen bzw. Risiken des zunehmenden Globalisierungsprozesses und stellen Sie diese in einer Tabelle gegenüber.

4 Nehmen Sie zu folgender Aussage Stellung: *„Je größer ein Unternehmen ist, desto besser sind die Chancen, im weltweiten Konkurrenzkampf zu bestehen.“*

5 Die Medi@ AG hat ihren Sitz am Medienstandort Köln. Nennen und erläutern Sie die Standortvorteile dieser Stadt. Gehen Sie dann auf die Attraktivität des Standorts Deutschland im Allgemeinen ein.

6 In Zeiten der Krise und der bröckelnden Attraktivität des Standortes Deutschland hat der Staat verschiedene Instrumente der Strukturpolitik zur Hand. Erläutern Sie, mit welchen Maßnahmen der Staat diesem Problem begegnen kann.

## Prüfungsaufgaben

1 Welche der folgenden Aussagen trifft auf die Wirtschaftsordnung in Deutschland zu?
- a) Der Staat greift nicht in das Wirtschaftsgeschehen ein.
- b) Die Preise werden durch vollständige Konkurrenz bestimmt.
- c) Im Wettbewerb gilt völlige Vertragsfreiheit. Gesetzliche Bestimmungen greifen nur beim Fehlen einzelvertraglicher Vereinbarungen.
- d) Die Unternehmen sind in ihren Investitionsentscheidungen frei, der Staat kann aber durch entsprechende Impulse (z. B. Steuergesetzgebung) Investitionen fördern oder erschweren.
- e) Die Bundesregierung legt den Geldmengenrahmen fest.

2 In einer Volkswirtschaft werden die Preise unter anderem durch folgende drei Faktoren gebildet:
- a) durch Angebot und Nachfrage auf den Güter- und Dienstleistungsmärkten
- b) durch Zinspolitik der Notenbanken
- c) durch staatliche Maßnahmen, z. B. Subventionen und Steuern

Dabei unterliegen die Preise durch das Zusammenwirken der genannten Faktoren Schwankungen. Wie heißt die beschriebene Wirtschaftsordnung?

| | |
|---|---|
| 1. Freie Marktwirtschaft | 3. Soziale Marktwirtschaft |
| 2. Planwirtschaft | 4. Sozialistische Marktwirtschaft |

3 Auch das Unternehmen Medi@ AG ist abhängig von der Wirtschaftspolitik unseres Landes. Welche Beschreibung enthält eine wichtige Rahmenbedingung der Wirtschaftsordnung Deutschlands?
- a) Strukturschwache Regionen oder Branchen erhalten keine Subventionen, da dies die Anpassung an die Weltwirtschaft verzögern könnte.
- b) Die Interessen der Konsumenten werden weitreichend durch Gesetze und Verordnungen geschützt.
- c) Der Staat lässt der Wirtschaft völlig freie Hand.
- d) Der Staat schreibt grundsätzlich ein Mindestentgelt für Arbeitnehmer vor.

4 Zu welchen der folgenden Wirtschaftssektoren einer Volkswirtschaft gehören die unten stehenden Branchen?

| | | |
|---|---|---|
| a) Primärer Sektor | b) Sekundärer Sektor | c) Tertiärer Sektor |
| 1. Versicherungsgewerbe | 4. Nachrichtenübermittlung | 7. Musikproduktion |
| 2. Möbelindustrie | 5. Energiewirtschaft | 8. Hochseefischerei |
| 3. Bergbau | 6. Stahlindustrie | 9. Buchhandel |

5 Welches der nachstehenden Gesetze enthält grundsätzliche Regelungen über den Zusammenschluss von Unternehmen?

a) Bürgerliches Gesetzbuch
b) Gesetz gegen Wettbewerbsbeschränkungen
c) Gesetz gegen den unlauteren Wettbewerb
d) Handelsgesetzbuch

6 Welche Aussage bezieht sich auf ein Kartell?

a) Dieser Unternehmenszusammenschluss führt zu einer rechtlichen und finanziellen Verschmelzung der Unternehmungen.
b) Diesen Unternehmenszusammenschluss erkennt man daran, dass mehrere rechtlich selbstständige Betriebe eine einheitliche Leitung haben.
c) Dieser Unternehmenszusammenschluss erfolgt durch eine gegenseitige Kapitalbeteiligung.
d) Dieser Unternehmenszusammenschluss entsteht durch einen Vertrag, der zum Ziel hat, die Marktmacht der Vertragspartner zu vergrößern.
e) Dieser Unternehmenszusammenschluss kommt durch ein Gesetz zustande.

7 Stellen Sie fest, in welchen der dargestellten Sachverhalte

a) eine Arbeitsgemeinschaft, b) ein Kartell, c) ein Konzern, d) ein Trust vorliegt.

1. Das Vermögen der übertragenden Gesellschaft geht als Ganzes auf die übernehmende Gesellschaft über.
2. Ziel der Vereinbarung sind brancheneinheitliche Lieferungs-, Zahlungs- und Geschäftsbedingungen.
3. Die rechtlich selbstständig bleibenden Unternehmen schließen sich durch gegenseitigen Aktienaustausch unter einer einheitlichen Leitung zusammen. Die wirtschaftliche Selbstständigkeit wird dabei aufgegeben.
4. Mehrere Unternehmen schließen einen Vertrag zur gemeinsamen Durchführung eines Projektes.

8 Die Europäische Zentralbank (EZB) in Frankfurt am Main beschließt eine Erhöhung des Mindestreservesatzes. Was soll damit bezweckt werden?

a) Erhöhung der umlaufenden Geldmenge.
b) Reduzierung der Einfuhr ausländischer Währungen in den Euro-Währungsraum.
c) Die Kreditnachfrage soll gebremst werden.
d) Die Konjunktur soll belebt werden.
e) Erhöhung der Umlaufgeschwindigkeit des Geldes.

9 Welche der unten stehenden Definitionen trifft auf den Begriff „Bruttoinlandsprodukt“ zu?

a) Der Wert aller Güter und Dienstleistungen, die in einer Volkswirtschaft produziert werden.
b) Das gesamte Güterangebot einer Volkswirtschaft.
c) Der Wert aller Güter, die in einer Volkswirtschaft in einem Jahr produziert werden.
d) Das Handelsvolumen einer Volkswirtschaft.
e) Der Wert aller Sachgüter und Dienstleistungen, die in einem Kalenderjahr in einer Volkswirtschaft produziert werden.

10 Welche der folgenden Aussagen betrifft a) die Entstehung, b) die Verteilung, c) die Verwendung des Inlandsprodukts?

1. Der Anteil an Dienstleistungen übersteigt den des Handels und Verkehrs.
2. Der deutsche Außenbeitrag ist kontinuierlich gestiegen.
3. Eine Fernsehanstalt produziert eine neue Fernsehserie.
4. Die Unternehmergewinne stiegen prozentual stärker als die Löhne.
5. Der Warenkorb dient als Gradmesser für den privaten Verbrauch.

11 Im Rahmen der sozialen Marktwirtschaft greift der Staat durch verschiedene Maßnahmen korrigierend in den Marktprozess ein. Welche der folgenden Maßnahmen sind hauptsächlich der a) Konjunkturpolitik, b) Wettbewerbspolitik, c) Sozialpolitik, d) Strukturpolitik zuzuordnen?

1. Eine staatliche Behörde überwacht die Fusion von Großunternehmungen und die Bildung von Kartellen.
2. Zur Förderung des Aufbaus der neuen Bundesländer erfolgen Transferzahlungen zur Verbesserung des dortigen Straßenverkehrsnetzes.
3. Beim Verlust des Arbeitsplatzes wird nicht selbstständig Beschäftigten unter bestimmten Voraussetzungen Arbeitslosengeld gewährt.
4. Bei einem Nachlassen der privaten Nachfrage nach Gütern und Dienstleistungen weitet der Staat seine Nachfrage aus.

12 Welche Konjunkturphase ist nachfolgend idealtypisch beschrieben?
„Rückgang der Produktion, steigende Arbeitslosigkeit, fallende Wertpapierkurse, sinkendes Zinsniveau, rückläufige Lohnentwicklung“

a) Tiefstand/Depression
b) Abschwung/Rezession
c) Aufschwung/Expansion
d) Hochkonjunktur/Boom
e) Aufschwung/Boom

13 Die abgebildete Grafik zeigt das vereinfachte Modell eines erweiterten Wirtschaftskreislaufs. Im Hinblick auf die Aufgabenstellung gilt:

a) Die Handelsbilanz ist ausgeglichen.
b) Der Staat gibt alle eingenommenen Steuern aus.
c) Die nicht konsumierten Netto-Gesamteinkommen der privaten Haushalte werden durch Einschaltung der Banken, die ihrerseits keine Kreditschöpfung betreiben, von den Unternehmen für Investitionen verwendet.

Ermitteln Sie in Geldeinheiten (GE) folgende Größen!

1. Sparen der privaten Haushalte
2. Ausgaben des Staates für Güter und Dienstleistungen
3. Investitionen der Unternehmen
4. Importe

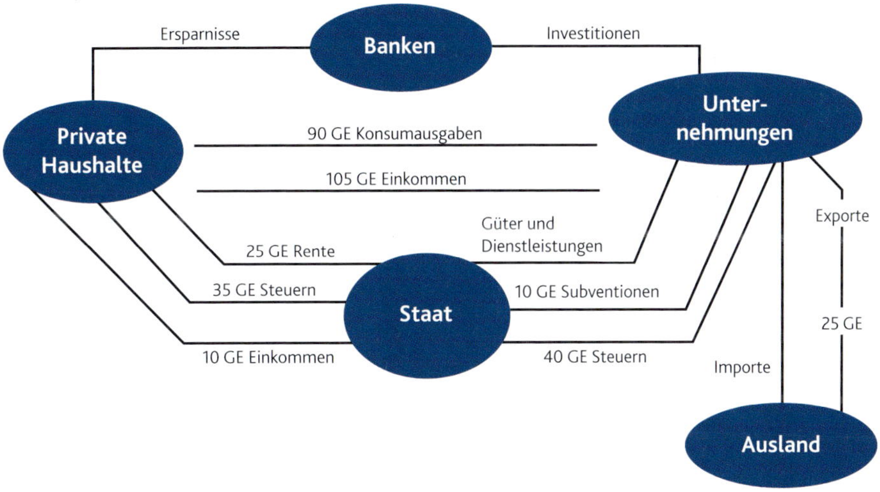


14 Welche der folgenden Aussagen über den Wirtschaftskreislauf sind richtig?

a) Der von den privaten Haushalten eingebrachte Produktionsfaktor Arbeit ist Bestandteil des Wirtschaftskreislaufs.
b) Geld- und Güterkreislauf fließen im Wirtschaftskreislauf in der gleichen Richtung.
c) Der Staat beeinflusst nur den Güterkreislauf.

d) Die Leistungen von Versicherungsunternehmen werden im Wirtschaftskreislauf nicht berücksichtigt.
e) Der Gewinn aus dem Verkauf von Dienstleistungen fließt den Unternehmen sowohl vom Staat als auch von den Haushalten über den Geldkreislauf zu.

15 Welcher Vorgang trägt zur Stabilisierung des Preisniveaus bei einer inflationären Entwicklung bei?
a) Erhöhung der Staatsausgaben
b) Senkung der Lohn- und Einkommensteuer
c) Verstärkung der Spartätigkeit
d) Verstärkung des Exportes
e) Verkürzung der wöchentlichen Arbeitszeit bei vollem Lohnausgleich

16 Welche Maßnahmen sind geeignet die Konjunktur zu beleben?
1. Erhöhung des RePo-Satzes
2. Herabsetzung des RePo-Satzes
3. Erhöhung der Mindestreservesätze
4. Erhöhung der Einkommensteuer
5. Senkung der Abschreibungssätze

17 Welche Maßnahmen der Europäischen Zentralbank sollen zu einer Erhöhung des Zinsniveaus führen?
1. Erhöhung der Mindestreservesätze
2. Senkung der Mindestreservesätze
3. Erhöhung des RePo-Satzes
4. Senkung des RePo-Satzes
5. Offenmarktkäufe

18 Welche Folgen hat eine Höherbewertung des EUR gegenüber anderen Währungen?
1. Der Export wird erschwert.
2. Der Export wird erleichtert.
3. Der Import wird erschwert.
4. Arbeitsplätze werden gesichert.
5. Inflation wird gefördert.

19 In welchem der folgenden Fälle liegt ein wirtschaftspolitischer Zielkonflikt vor?
1. Bei Vollbeschäftigung erhöht sich das Preisniveau.
2. Bei Vollbeschäftigung bleiben die Gehälter stabil.
3. Bei steigender Beschäftigung erhöht sich die Kaufkraft.
4. Bei stabilen Preisen steigt die Kaufkraft.
5. Bei hohem Beschäftigungsstand herrscht außenwirtschaftliches Gleichgewicht.

20 Welche Maßnahme der Europäischen Zentralbank erhöht die Geldmenge?
1. Erhöhung der Mindestreservesätze
2. Erhöhung des RePo-Satzes
3. Verkauf von Devisen
4. Verkauf von Offenmarktpapieren
5. Kauf von Offenmarktpapieren

21 Stellen Sie fest, welche der folgenden konjunkturpolitischen Maßnahmen zur Überwindung einer Rezession beitragen können.
1. Der Bund streicht im Haushalt vorgesehene Maßnahmen im Umfang von 10 Mrd. EUR.
2. Die Gehälter im öffentlichen Dienst werden gekürzt.
3. Die Europäische Zentralbank senkt den RePo-Satz.
4. Die Mindestreservesätze werden gesenkt.
5. Die Abschreibungssätze werden erhöht.

# Anhang

## Verzeichnis der Gesetzesabkürzungen

| | |
|---|---|
| **AktG** | Aktiengesetz |
| **AGG** | Allgemeines Gleichbehandlungsgesetz |
| **AO** | Abgabenordnung |
| **ArbZG** | Arbeitszeitgesetz |
| **BAföG** | Bundesausbildungsförderungsgesetz |
| **BBankG** | Bundesbankgesetz |
| **BBiG** | Berufsbildungsgesetz |
| **BetrVerfG** | Betriebsverfassungsgesetz |
| **BImSchG** | Bundes-Immissionsschutzgesetz |
| **BGB** | Bürgerliches Gesetzbuch |
| **BUrlG** | Bundesurlaubsgesetz |
| **EStG** | Einkommensteuergesetz |
| **GebrMG** | Gebrauchsmustergesetz |
| **GeschmMG** | Geschmacksmustergesetz |
| **GewO** | Gewerbeordnung |
| **GewStG** | Gewerbesteuergesetz |
| **GG** | Grundgesetz |
| **GmbHG** | GmbH-Gesetz |
| **GPSG** | Geräte- und Produktsicherheitsgesetz |
| **GWB** | Gesetz gegen Wettbewerbsbeschränkungen |
| **HGB** | Handelsgesetzbuch |
| **InsO** | Insolvenzordnung |
| **JArbSchG** | Jugendarbeitsschutzgesetz |
| **KreislWG** | Kreislaufwirtschaftsgesetz |
| **KSchG** | Kündigungsschutzgesetz |
| **KStG** | Körperschaftssteuergesetz |
| **KuG** | Kunsturhebergesetz |
| **MarkenG** | Markengesetz |
| **MitbestG** | Mitbestimmungsgesetz |
| **MontanMG** | Montan-Mitbestimmungsgesetz |
| **MuSchG** | Mutterschutzgesetz |
| **PAngV** | Preisangabenverordnung |
| **PatG** | Patentgesetz |
| **ProdHaftG** | Gesetz über die Haftung für fehlerhafte Produkte |
| **SchulG** | Schulgesetz |
| **SchG** | Scheckgesetz |
| **SigG** | Signaturgesetz |
| **StabG** | Stabilitätsgesetz |
| **StGB** | Strafgesetzbuch |
| **UmweltHG** | Umwelthaftungsgesetz |
| **UrhG** | Urheberrechtsgesetz |
| **UStG** | Umsatzsteuergesetz |
| **UWG** | Gesetz gegen den unlauteren Wettbewerb |
| **VerpackVO** | Gesetz über die Vermeidung von Verpackungsabfällen |
| **VVG** | Gesetz über den Versicherungsvertrag |
| **WahrnG** | Urheberwahrnehmungsgesetz |
| **WG** | Wechselgesetz |
| **ZPO** | Zivilprozessordnung |

# Sachwortverzeichnis

## C



## D



## E

## N



## O

# Bildquellenverzeichnis

Beiersdorf AG, Hamburg, Seite 362
Bundesanstalt für Landwirtschaft und Ernährung, Referat 512 - Informationsstelle Bio-Siegel, Bonn, Seite 363
Daimler AG/Mercedes Car Group, Stuttgart, Seite 362
Deutsche Post AG, Bonn, Seite 362
DHL Vertriebs GmbH & Co. OHG, Bonn, Seite 483
dpa Infografik GmbH, Hamburg, Seiten 51, 52, 57, 84, 375, 429, 449, 459, 467, 484, 491, 492, 493, 494, 496, 497, 498, 499, 501, 502, 508, 515, 521, 525, 526, 527, 529, 530, 531, 532, 535, 541, 544, 545, 546, 548, 549, 550, 552, 553, 554, 555, 556
Erich Schmidt Verlag GmbH & Co., Berlin, Seiten 58, 80, 81, 83, 85, 86, 90, 129, 361, 397, 421, 481, 496, 511, 554
MEV Verlag GmbH, Augsburg, Seiten 10, 29, 38, 45, 190, 192, 241, 276, 322, 330, 331, 371, 390, 448, 453, 455, 473, 543
OBI GmbH & Co. Deutschland KG, Wermelskirchen, Seite 194
RAL gemeinnützige GmbH, Sankt Augustin, Seite 363
sk stiftung jugend und medien, AIM KoordinationsCentrum für Ausbildung in Medienberufen, Köln, Seite 30
Stollfuß Medien GmbH & Co. KG, Bonn, Seite 426
TUI AG, Hannover, Seite 362

**Fotolia, NEW York, USA:**

Benicce: Seite 468
bernhard weber: Seite 219
Bertrand Benoit: Seite 336
Chlorophylle: Seite 212
Claudiaveja: Seite 207
endostock: Seiten 95, 166
Franz Pfluegl: Seiten 64, 183
fotoman 65: Seite 318
Gernot Krautberger: Seite 303
Hannes Strasser: Seite 306
János Gehring: Seite 419
Kaarsten: Seite 186
Monkey Business: Seiten 69, 537
PicturenetCorp: Seite 227
pressmaster: Seite 143
starush: Seite 313
Sunnydays: Seite 197
Volker Wille: Seite 233
Yuri Arcurs: Seiten 447, 448